監修

東國大學校 名譽敎授 趙明基 博士

延世大學校 名譽敎授 閔泳珪 博士

編纂委員長

吳杲山 스님 (前 梵魚寺 講師)

韓國 佛敎大辭典

五

韓國佛敎大辭典編纂委員會 編

明文堂

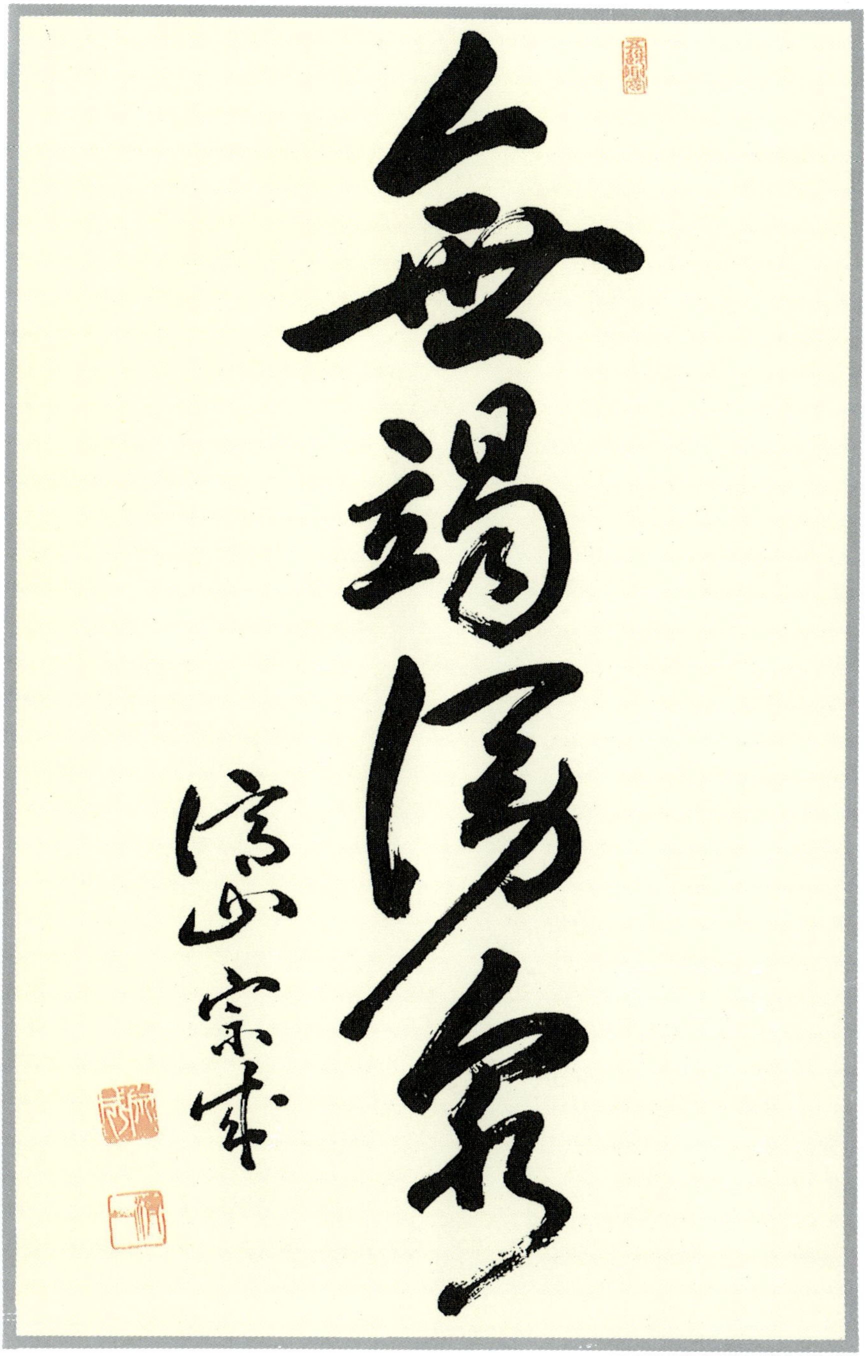

恩津彌勒（295p. 參照）

淨慧寺址十三層塔 (913p. 參照)

元曉大師（93p. 參照）

金剛三昧經論卷上

新羅國沙門　元曉　述

此經略開四門分別初述大意次辨經宗三釋題名四消文義第一述大意者夫一心之源離有無而獨淨三空之海融眞俗而湛然湛然融二而不一獨淨離邊而非中非中而離邊故不有之法不即住無不無之相不即住有不一而融二故非眞之事未始爲俗非俗之理未始爲眞也融二而不一故眞俗之性無所不立染淨之相莫不備焉離邊而非中故有無之法無所不作是非之義莫不周焉爾乃無破而無不破無立而無不立可謂無理之至理不然之大然

三昧論上　一

矣是謂斯經之大意也良由不然之大然故能說之語妙契環中無理之至理故所詮之宗超出方外無所不破故名金剛三昧無所不立故名攝大乘經一切義宗無出是二是故亦名無量義宗且擧一目以題其首故言金剛三昧經也

第二辨經宗者此經宗要有開有合合而言之一味觀行爲要開而說之十重法門爲宗言觀行者觀是橫論通於境智行是竪望亘其因果果謂五法圓滿因謂六行備足智即本始兩覺境即眞俗雙泯雙泯而不滅兩覺而無生無生之行冥會無相無相之法順成本利利旣是本利而無得故不動實際際旣是

大乘起信論疏記會本卷一

馬鳴菩薩造論　梁天竺三藏眞諦譯

海東沙門元曉疏并別記

將釋此論略有三門初標宗體次釋題名其第三者依文顯義

第一標宗體者然夫大乘之爲體也蕭焉空寂湛爾沖玄玄之又玄之豈出萬像之表寂之又寂之猶在百家之談非像表也五眼不能見其軀在言裏也四辯不能談其狀欲言大矣入無內而莫遺欲言微矣苞無外而有餘引之於有一如用之而空獲之於無萬物乘之而生不知何以言之强號之謂大乘

起信論海東疏卷一　一

別記 其體也曠兮其若太虛而無其私焉蕩兮其若巨海而有至公焉有至公故動靜隨成無其私故染淨斯融染淨融故眞俗平等動靜成故昇降參差昇降差故感應路通眞俗等故思議路絶思議絶故體之者乘影響而無方感應通故祈之者超名相而有歸所乘影響非形非說旣超名相何超何歸是謂無理之至理不然之大然也

元曉著 (金剛三昧經論)(大乘起信論疏)

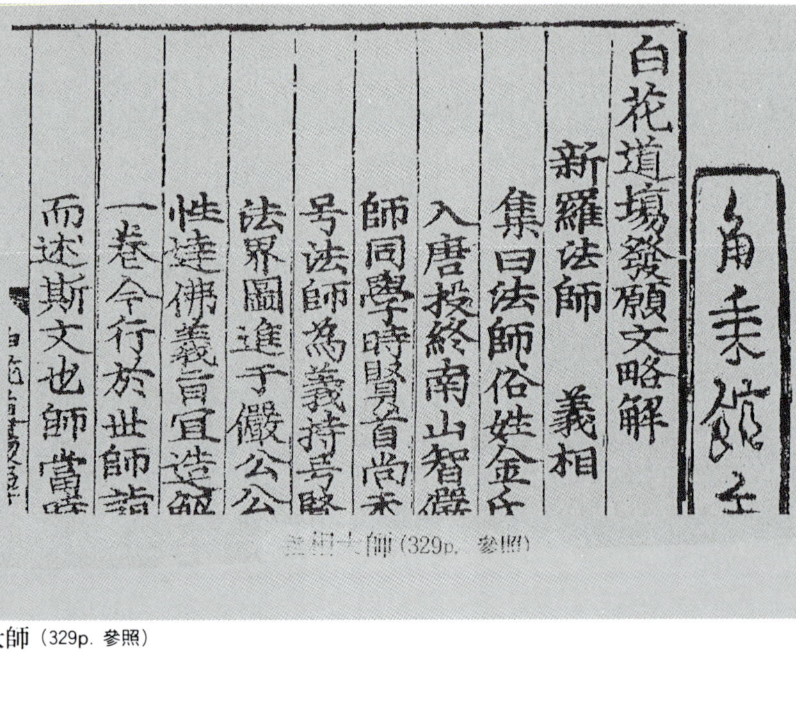

白花道場發願文略解
新羅法師　義相
集曰法師俗姓金氏
入唐投終南山智儼
師同學時賢首尚未
号法師為義持号
法界圖進于儼公公
性達佛義旨宜造
一卷今行於世師詣
而述斯文也師嘗

義湘大師 (329p. 參照)

義湘大師 (329p. 參照)

臨濟像（657p. 参照）

七世圓鑑國師 (60p. 參照)

維摩居士 (150p. 參照)

八世慈覺國師 (674p. 參照)

十一世慈圓國師 (708p. 參照)

慈藏大國統 (713p. 參照)

六世慈靜國師 (716p. 參照)

五世慈眞國師 (719p. 參照)

九世湛堂國師 (733p. 參照)

正禮(李觀照 寫眞集에서) (862p. 參照)

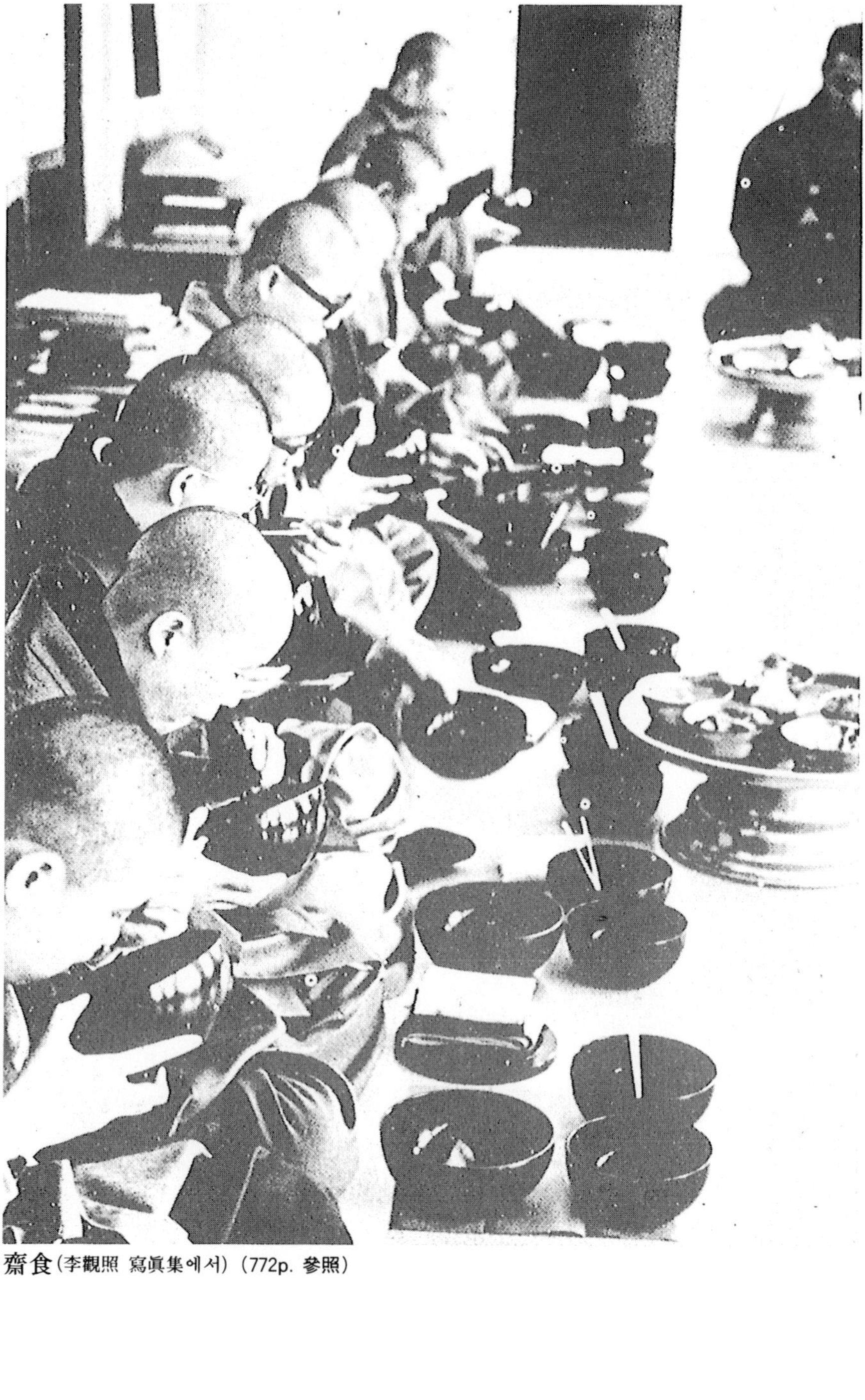

齋食(李觀照 寫眞集에서) (772p. 參照)

靜眞大師圓悟塔碑(902p. 參照)

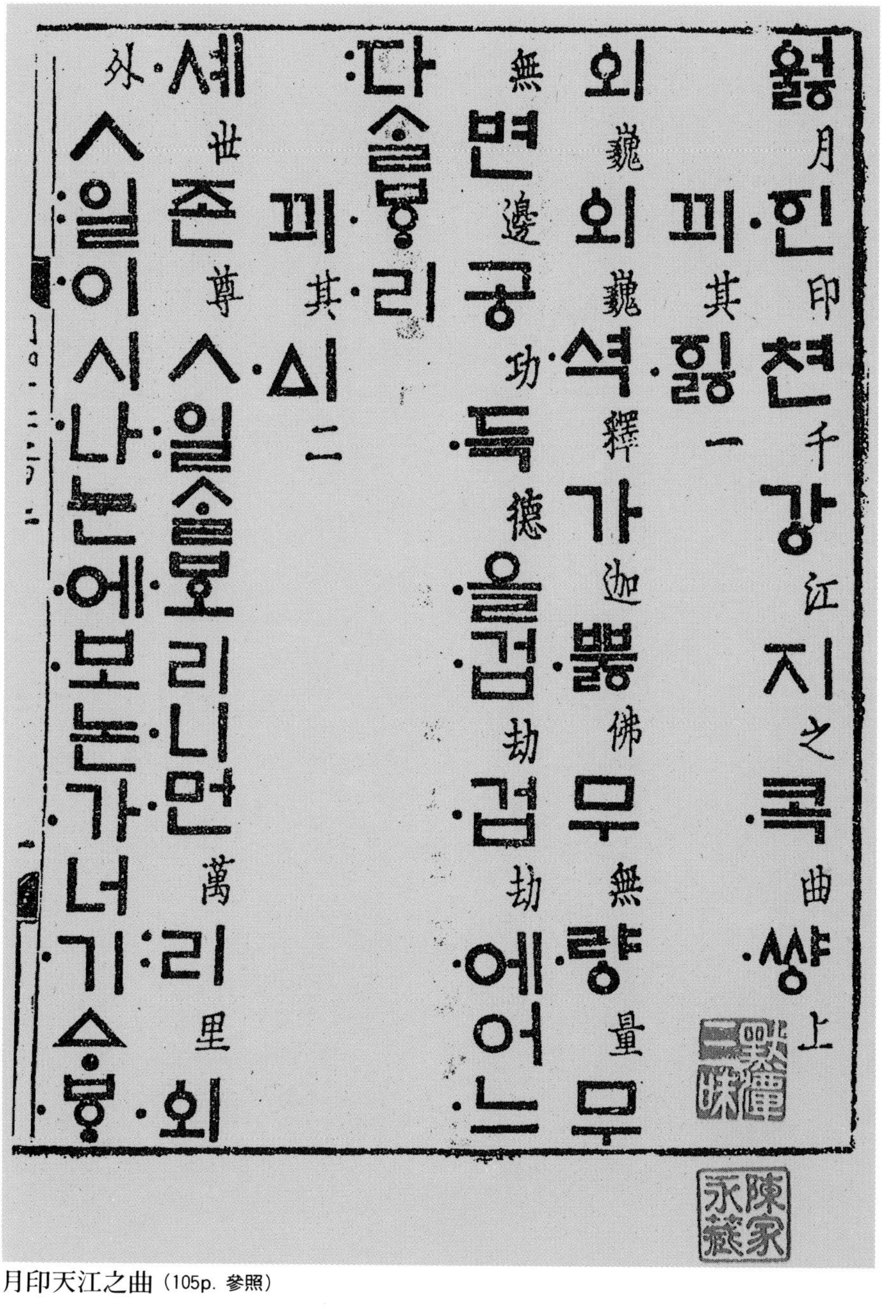

月印千江之曲 上

其一

巍巍 釋迦佛 無量無邊 功德을 劫劫에 어느 다 ᄉᆞᆲᄫᆞ리

其二

世尊ㅅ 일 ᄉᆞᆲᄫᆞ리니 萬里外ㅅ 일이시나 눈에 보논가 너기ᅀᆞᄫᆞ

月印天江之曲 (105p. 參照)

우(牛) ①부처님을 소(牛)에 비유하여 '牛王'이라 했음. →牛王. ②梵〈go〉 소. ③牛毛塵의 준말. 物質의 單位 이름으로 七個의 羊毛塵에 該當함.

우(友) 梵〈mitra·su-ḥrd〉 親舊. 朋友.

우(右) ①板本의 各張에 表裏가 있고, 모두 印刷되어 있으나, 表를 右라 하고, 裏를 左라한다. 이것은 中國에서 비롯한 慣習이고, 印度나 티벳에는 없다. ②西와 같음.

우(宇) ①𑖄 梵〈u〉 塢와 같음. →塢. ②𑖅 梵〈ū〉. 汙와 같음. →汙.

우(汙) 𑖅 梵〈ū〉 또는 于·宇·烏·憂·優·歐·甌. 悉曇五十字門의 하나. 十二母韻의 하나. (汙·汚는 同字) 經論에서는 이 字는 이 음절로 始作되는 梵〈ūna〉(損減)의 意義가 있다고 解釋함.

우(寓) 依支가 되는 곳이란 뜻.

우(愚) ①愚直. (雲萍雜志) ②梵〈m-oha〉 對象에 對하여 迷惑하는 것. (俱舍論)

우(遇) 梵〈abhigamana〉가서 만나는 것. (百五十讚)

우(憂) 梵〈daurmanasya〉 西〈yidmi bdeda〉 憂惱의 뜻. 근심 걱정의 뜻. 心不悅의 相을 말함. 五受中에는 憂受라 하고 二十根中에는 憂根이라 함.

우가(優伽) 梵(ulkā) 書本行集經十一에 「優伽는 中國語의 嚴熾다」라고 하였음.

우가사(漚呵沙) 梵〈okas〉 번역하여 明闢開라 한다. 佛國土의 이름. (阿闍世王經上)

우가사국발(優伽賒國鉢) 또는 憂伽賒. 또는 烏伽賒라함. 모두 하나임. 모든 比丘가 이 나라의 귀중한 瓦鉢을 얻어도 감히 받지 아니하니 부처님이 이 말을 듣고서 받아서 비축하였음.

우각(牛角) 소의 뿔인데, 事物이 서로 맞섬을 비유한 말. 止觀輔行一에 「소뿔이 한쌍을 나타냈다」라고 하였음.

우각사라림(牛角娑羅林) 娑羅雙樹林의 別稱. 雙樹가 四方에 서 있는 모습이 마치 牛角과 같음. 또는 拘尸那城을 번역하여 角城이라 함. 娑羅林은 이 地方에 있으므로 牛角이라 함. 輔行一의 一에 「牛角으로서 둘이라는 것을 表하고 沙羅로서 나무를 이름한 것. 沙羅란 西竺의 音이며 堅固하다는 뜻. 堅固하다는 것은 덕을 세울 수 있기 때문이다. 이는 최후에 涅槃을 說하신 곳이다」라고 하였음.

우각사라림경(牛角娑羅林經) 經中阿含經四十八에 攝受됨. 舍利佛과 阿難이 함께 이 숲속에서 發起한 法을 說하였으므로 佛이 이를 讚하였음.

우각산(牛角山) →牛頭山.

우각일촉(牛角一觸) 소의 뿔에 한번 袈裟가 스쳐도 하늘에 태어난다는

傳說. 文句記三中에 「瓔珞經에 '天龍이 八部에서 鬪諍하는 것은 이 袈裟를 생각하여 慈悲心을 낸 것이다. (中略) 龍이 하나의 실오라기를 얻고 소가 뿔로 한번 스쳤다' 하였고 또는 牛觸一角이라고 하니 소가 袈裟를 한 뿔로 스쳐도 죽어서 天上에 태어 난다」 함.

우강(偶講) 維摩會나 法華會등 때에 講者와 問者가 서로 마주 앉아서 質問하고 對答하는 것을 偶講이라 함.

우강(優降) 더낫고. 못함.

우거(牛車) 三車의 하나로 菩薩乘에 비유함. 法華譬 喩品에서 羊·鹿·牛의 三車를 說하여 成佛하는 道가 牛車같음을 譬喩한 것. →火宅.

우거(寓居) ①남의 집에 붙어서 삶. ②他鄕에 임시로 삶.

우걸(雨乞) 몹시 가물때에 修法으로 僧을 모셔다가 비오기를 비는 것을 말함. 또는 請雨, 祈雨라고도 하는데 옛날 印度에서부터 행해졌다. 그뒤 中國·韓國·日本등지에서 널리 행해짐. 海龍王經·大雲內請兩品·大雲輪請雨經·孔經 등은 모두 이 法을 說한 것인데 모두 龍王에게 비를 請한 것.

우계(牛戒) 戒禁取見의 一種. 天竺國의 外道에 소가 하는 일을 함으로써 天上에 태어날 因이 된다고 여기는 執着. 百論疏上中에 「牛戒를 지키는 사람은 俱舍의 論說에 '눈을 감고 머리를 숙이고 풀을 먹으면서 소가 하는 짓을 하여 그 사람이 죽어서 天上에 태어나는 것을 보았다'는 것과 같음, 곧 이 소를 찾아서 八萬劫동안을 아직도 소로 되어서 너의 앞에 있는 天上에 태어날 因을 達치 못하였으니 소가 죽어야 天上에 태어난다고 말하는 것이다. 그러므로 서로 牛戒를 지키고 있다. 成論에 이르기를 '牛戒를 지키어 만약 이뤄지면 소가 되는 것이고 못이루면 地獄에 들어간다. 그런데 外道들의 苦行을 世上 사람들은 믿고 있다'」라고 하였고, 智度論二十二에 「外道들의 戒는 牛戒 鹿戒·狗戒·羅刹鬼戒·啞戒·聾戒다」라고 하였음.

우고(憂苦) ㊵〈daurmanasya〉 근심의 苦痛. 人間의 苦痛. →苦. (灌頂經)

우곡(迂曲) 迂遠邪曲의 약칭. 멀리 이리저리 구부러진 것. (佛光錄)

우공(藕孔) 阿修羅가 天帝와 싸우다가 敗北하여 四方의 兵士들이 모두 하나의 藕絲의 구멍 가운데로 들어갔다는 것. (雜阿含經十六) 觀佛三昧經에 「阿修羅王이 帝釋을 虛空 가운데로 쳐들어갔으나 칼날이 자연히 내려와 阿修羅의 위에 떨어져 귀와 눈과 手足이 一時에 모두 떨어져 나가 버렸다. 그 때에 阿修羅王은 놀래어 도망가려했으나 도망갈 곳이 없어 연꽃줄기의 구멍 사이로 들어 갔었다」고 하였음.

우과창령(牛過窓欞) ㉧五祖가 佛眼遠에게 演示하여 말하기를 「비유하면 마치 水牯牛가 窓欞을 지난 것과 같다. 頭角과 四蹄(네발)는 모두 지났는데 어찌하여 꼬리는 지나가지 못하였는고」하였음.

우구(憂懼) ㉻〈āvega〉 걱정. 근심. (佛所行讚)

우구외도(牛狗外道) 牛戒·狗戒를 受持하는 外道로 六種苦行外道의 하나임. 스스로 前生을 조감하여 牛狗 중에서 人間으로 온 것을 알고 혹 牛狗가 죽어서 天上에 往生할줄 알아서 牛戒나 狗戒를 가지며 풀을 씹고 더러움을 핥아 또한 天上에 나기를 기약하는 것을 말함.

우구타좌(優俱吒坐) ㉻〈utkuta〉또는 蘊俱吒. 번역하여 憤怒의 형상을 나타낼때의 坐法임.

우근(憂根) ㉻〈daurmanasya-indriya〉 外界의 對象을 感受하였을 때의 印象感覺의 하나로 二十二根의 하나를 말함. (俱舍論)

우금(牛禁) 소를 貴히 여겨, 소의 흉내를 내는 戒律. 印度의 外道가 行한다 함. (俱舍論)

우기(雨期) 여름 3個月을 말함. 釋尊 당시에 비가 많이 오는 기간을 修養하는 시기로 정한 것. →安居.

우기(祐祈) 朝鮮朝 僧侶. 號는 智峰 楊州사람. 三角山 道詵庵에서 出家하여 仁波竺紘에게 중이 되고 그 法을 이었다. 사람됨이 仁慈하여 남을 사랑하고 特히 父母에게 孝誠이 至極하였다. 恒常 큰 놋 茶罐을 만들어서 王의 行次때에 사람들에게 물을 주어 목을 축이게 하였다. 어느때 雲峴大院君이 한 그릇을 마시고 判書라 불렀다. 그 뒤부터 智峰 判書라 하였다. 뒤에 表忠祠의 總攝과 寂滅宮 總攝을 지내고 表忠祠를 重修할 때는 全羅按察使의 都監董差帖을 받기도하였다. 뒤에 國使가 北京에 갔더니 어떤 清國大官이 어린 손자의 팔에 海東智峯의 네글자가 있음을 보이면서 산 이름인가 사람 이름인가를 물었다는 逸話가 있다 함.

우납(愚衲) ①어리석은 중. ②중의 자기에 대한 謙稱, 愚僧, 愚禿.

우뇌(憂惱) ①㉻〈duḥkha〉마음의 苦惱. (金七十論) ②㉻〈viṣāda〉 산가 哲學에 있어서, 翳質의 能力. (金七十論)

우다(憂多) ㉶〈opāta〉 구덩이에 떨어뜨려서 죽이는 것. (十誦律)

우다가(優陀伽) ㉻〈Udaka〉 번역하여 水. →鬱持.

우다가사라전단(優陀伽娑羅旃檀) ㉻〈Uragasāracandana〉 木名. 探玄記二十에 「優陀伽娑羅栴檀은 地毘烏羅伽娑羅의 略名. 地毘란 妙라는 것이며, 烏羅伽는 腹行이라는 것. 即 龍蛇의 類다. 娑羅는 勝이며 또한 堅固한다는 것. 이는 栴檀이 堅

固하고 잘 자라며 龍宮에 있었기 때문에 이렇게 이름한 것」임.

우다긱다 (遇茶喫茶) 遇飯喫飯이라고도 한다. 깨달은 자는 淡淡하게 日常生活을 하며(茶를 먹고, 밥을 먹는 것) 그것에 아무 拘礙도 없고, 그대로가 佛道의 生活이다라는 뜻. (碧巖錄)

우다나 (憂陀那) ①㊵〈udāna〉 또는 優陀那·烏拕南·鄔陀南·優檀那·鄔馱南·欝陀那등이라 함. 말을 할 때에 목 구멍에서 나오는 바람을 말함. 智度論六에「사람이 말을 하고자 할 때 입속에서 바람이 나오는 것을 優陀那라 함. 이 바람이 나왔다가 되돌아가서 臍에 이르러서 배꼽에 부딪쳐 울려나온다. 울려서 나올 때 七處에 觸하여 울리는 것을 말이라 한다」하였음. ②中. 天台의 禪門口訣에「一脉이 곧 臍에 가는 것을 優陀那風이라 부른다. 優陀那란 中이다. 그러므로 이 脉을 中脉이라 한다」하였음. ③번역하여 丹田이라 함. 圓覺經 大鈔十一의 下에 「어떤 스승이 말하기를 "臍下의 한 치가 憂陀那다. 이를 丹田이라 한다」하였고, 名義集六에「優陀那는 天台禪門에는 丹田이라 하고 배꼽아래 두치 반쯤이다」하였음. ④번역하여 自說이라 함. 十二部經中에 물음없이 自說한 經을 말함. 묻는 사람이 없이 佛이 法을 自說하는 것. 俱舍光記一에「鄔陀南을 번역하여 自說, 곧 十二部經中의 第五는 自說經이다. 묻는 사람 없이 佛이 自說하기 때문이다. 嗢陀南을 번역하여 集散이라 함과 같은 것. 說을 集散하기 때문이다. 或은 集施라하며 所說의 뜻을 모아 有情에게 施하기 때문이다」하였고, 慧苑音義上에 「鄔馱南은 번역하여 無問自說이라 한다」하였음. ⑤번역하여 印·標相·總略이라 함. 一切行이 無常등의 四法印이다. 瑜伽倫記十一의 下에 「四烏拕南은 嗢字를 지음과 같아서 모두 改正해야 되며 舊語는 바르지 못하다함을 四優陀那라 하며 번역하여 印이라 한다. 지금 번역하여 說이라 하며 곧 世尊께서 恒常誦說한 것. 이 뜻은 無問自說과 같으며 뜻에 따라 傍翻한 것. 또한 印이라하며 或은 總略의 뜻이라 하며 或은 標相이라 하며 無常을 有라하여 標相이 된다함과 같다. (中略) 涅槃은 寂靜하여 無爲法의 標相이 된다. 만약 嗢拕南이라하면 곧 集施다」하였고, 大乘義章二에「優檀那는 外國語다. 이를 印이라하며 法相이 楷定하여 바뀌지 않음을 印이라 한다」하였음. 四法印의 頌을 생각해 보면 四烏拕南 또는 四嗢拕南이라 했는데 다만 烏拕南을 말하면 自說·或은 法印의 뜻이라 하고 嗢拕那를 말하면 集散 或은 集施의 뜻이라 한다. 이 가운데 烏拕那라고 하는 것이 本義가 된다고 할 것임.

우다나가타(優陀那伽陀) ㉵〈uddāna-gāthā〉 內容을 정리한 目次와 같은 韻文. 伽陀는 ㉶㉵〈gāthā〉 頌이라 하며 韻文句를 말함.

우다남송(鄔柁南頌) ㉵〈udāna〉 또는 夏柁南 번역하여 頌. 頌은 詩句의 뜻(俱舍論). →憂陀那.

우다라(優多羅) ㉵〈uttara〉 '上'이라 번역함. 百緣經五에 「부처님이 王舍城 迦蘭陀 竹林園에 계실적에 그곳에 한 長者가 있었는데 그 아내가 妊娠하여 열달이 다 차서 한 사내아이를 낳았다. 용모가 端正하고 빼어나 세상에 稀有한 아이인지라 그 父母가 몹시 기뻐하여 이름을 '優多羅'라 했다」라고 했음.

우다라(優陀羅) ①바람 이름. (風名) 번역하여 '火破'라 함. ②優陀羅羅摩子의 略稱임.

우다라경(憂陀羅經) ㊐→優陀羅.

우다라경(優陀羅經) 優陀羅羅摩子가 癰本을 알지 못함을 말한 것임. 비록 非想天에 태어났으나 도리어 狸中에 떨어짐. 몸은 癰이 되고 愛는 癰本이 됨. 中阿含經 二十八에 攝受함. →鬱頭藍佛

우다라라마자(優陀羅羅摩子) →鬱頭藍子.

우다라마납(優多羅摩納) ㉵〈uttara-manas〉 번역하여 '上志'인데 婆羅門의 이름으로 大梵志의 貴族임. (慧上菩薩問大善權經下)

우다라승(漚多羅僧) 袈裟의 名稱. →欝多羅僧.

우다라승(優多羅僧) →鬱多羅僧.

우다야기리(udayagiri) 이는 梵名으로 印度 鄔陀國 Puri州 Bhura-nes-warn市의 西方 四마일 지점의 山의 名稱임. 산중에는 四十四個의 동굴이 있고 耆那教에 속함.

우다연(優陀筵) ㉵〈udayana〉 ㉷〈hc-har-ba〉 또는 鄔陀延이라 함. 優陀筵은 日出의 뜻으로 이를 神格化한 山의 이름이고 또 神話化한 山의 名稱으로 해가 그 山에서 떠오른다 하여서 태양참배의 起因이 되었다 함.

우다연산(優陀延山) 日出處라 번역함. →鄔陀延.

우다연왕(優陀延王) 번역하여 出愛인데 優塡古優陀延王의 약칭. →優塡.

우타이(優陀夷) ①㉵〈Udāyin〉 또는 烏陀夷, 鄔陀夷, 번역하여 出現 唯識述記七本에 「鄔陀夷는 번역하여 '出現'이라 칭하는데 해 돋을 때 태어났기 때문에 그렇게 이름지었다」라고 하였음. ②經名으로 順正論十二에 나오며 사람에 依하여 經을 말함.

우단(牛檀) 植物로 牛頭栴檀의 약칭.

우단나(優檀那) 또는 優壇那. 번역하여 說印이라 함.

우단다푸라(Udandapura) ㉵〈Udantapura〉이라고도 함. (O-tan-ta-puri) 印度의 비팔(Bihar)附近에 있었던 寺院의 名稱. A.D 8世紀의 中葉 파라 王朝의 鼻祖 고팔라(Gopala)王이 建立하여 附近의 那爛陀寺와 빅라마시라(Vikramasila)와 함께 金剛乘의 中心地가 되었다. 西藏傳에 依하면 (otanta)는 높게 솟은 것 (hsur-byed)을 意味하며 一教徒가 呪術에 依하여 얻은 黃金을 使用하여 한 陵丘위에 높게 세웠다고 함.

우담(雨潭) 朝鮮 末期 僧侶. 有定의 法號. →有定.

우담(優曇) 朝鮮朝 僧侶. 洪基의 法號. →洪基.

우담(優曇) ㊵〈udumbara〉 또는 烏曇이라하며 꽃의 이름. 優曇婆羅·烏曇跋羅·鄔曇鉢羅·優曇鉢등 번역하여 靈瑞·瑞應이라 함. 法華文句 四上에 「優曇花는 번역하여 靈瑞다. 三千年에 한번 나타나며 나타나면 金輪王이 나온다」하였음. 慧琳音義 二十六에 「번역하여 起空이라하며 또한 瑞應이라 한다」하였고, 玄應音義二十一에 「烏曇跋羅花는 舊에 優曇波羅花라하며 或은 優曇婆羅花라 함. 잎사귀는 배와 같고 果는 크기가 주먹만 하며 맛이 달다. 꽃 없이 열매가 맺으며 또한 꽃이 있으나 심기 어려우므로 經中에 希有라 말한다」하였으며, 慧苑音義下에 「烏曇花는 번역하여 希有라 하며 이 꽃이 많을 때에 한번 핀다」하였고, 法華義疏三末에 「河西 道朗이 말하기를 이것은 靈瑞花라 하며 또는 空起花라 한다. 天竺에 그 나무는 있지만 꽃이 없고 輪王이 出世하면 이 꽃이 나타난다」하였음. →優曇華.

※翻梵語九에 「鬱曇鉢林 亦云優曇婆羅 亦云優曇鉢 譯曰 優者起也 曇婆羅者空也」 法華經方便品에 「譬如優曇華一切皆愛樂 天人所希有 時時乃一出」 同品에 「如是妙法 諸佛如來 時乃說之 如優曇鉢華時一現耳」 同化城喩品에 「昔所未曾覩 無量智慧者 如優曇鉢羅」 同妙莊嚴王品에 「佛難得値 如優曇鉢羅華」

우담바라(優曇波羅) 꽃이름 또는 優曇婆羅라고도 함. →優曇.

우담바라(優曇婆羅) ㊵〈udumbara〉 三千年에 한번 피는 꽃. →優曇華. (妙法蓮華經大意)

우담바라경(優曇婆邏經) ㊶王舍城에 實悉居士가 있는데 優曇娑羅林의 異學園에 나아가 異學한 이에게 말하기를 「내가 一論으로써 瞿曇을 없애는 것은 빈 병을 가지고 노는 것 같다」고 하니 世尊이 이말을 듣고 그 異學園에 이르러 갖가지 법을 說하여 그를 屈服시킨 것을 收錄한 經. 中阿含經二十六에 攝受되었음.

우담바라수(憂曇婆羅樹) 憂曇婆羅는 ㊵〈udumbara〉 過去七佛의 柯那柯佛(拘那含牟尼佛)이 이 나무아래에서 成佛하였다 함. →優曇華. (孔

雀王呪經)

우담발 (優曇鉢) 꽃이름. 또는 優曇盛이라고도 함. →優曇跋羅華.

우담발라화 (優曇跋羅華) 梵〈uḍumbara〉 烏曇鉢羅 鄔曇鉢羅 優曇鉢華 優曇華라 하며 靈瑞花라 번역됨. 桑科에 딸린 無花果의 一種. 學名〈Ficus Glomerata〉 나무 크기는 한 길 남짓하고 잎은 4～5寸 뾰쪽한 끝이 가늘고, 꽃은 雌雄의 구별이 있다. 항시 열매를 맺되 3천년만에 처음으로 꽃이 핀다 함. 이 나무에 꽃이 필때면 부처님이 세상에 나온다고해서 世上에 흔이 없는 일을 비유할 때에 쓰임.

우담발화 (優曇鉢花) 優曇跋羅華의 준말.

우담발화 (優曇鉢華) 梵〈udumbara-puṣpa〉 優曇華와 같음.

우담화 (優曇華) 또는 優曇·優曇鉢華·優曇跋羅華·烏曇波羅·鄔曇鉢羅라고도 한다. 桑科에 屬한 無花果의 一種이다. 히말라야 山麓 및 德干高原, 스리랑카등 여러 곳에 自生함. 줄기의 높이가 한길이 넘고 나무잎은 二種이 있는데 하나는 매끄럽고 또 하나는 거칠고 울룩불룩하다. 모두 길이가 四·五寸이 되고 끝은 뾰쪽하다. 암·수가 꽃이 다른데 암꽃은 매우 가늘고 壺狀의 움푹패어진 꽃속에 숨겨져 있어 흔히 隱花植物이라고 잘못 말하여진다. 숫꽃은 꽃이 크기가 주먹만 하고 혹은 엄지손가락 같은데 十餘個가 모여 열린다. 먹을 만 하나 맛은 없어 世稱 三千年만에 한번씩 꽃이 피는데 부처님이 世上에 나오실때에야 비로소 핀다고 한다. 南史에 「優曇華는 부처님의 祥瑞에 應하여 三千年만에 한번 나타나는데 나타나면 金輪이 出世한다」하였고. 그러므로 지금 不出世의 物을 稱하여 曇華一現이라 하는 것은 이것을 본딴 것이다. 또 풀에 蜻蛉의 卵子가 붙은 것을 가리킨다. 그 알은 버드나무잎에 附着하는데, 有線形의 긴 자루에 依托하여 多數가 옹기종기 달라 붙어 마치 나무에 꽃이 핀 것처럼 생기므로 優曇華라 함. →優曇.

우도수 (于道邃) 燉煌 사람. 어려서 父母를 잃고 16세에 출가하여 于法蘭의 弟子가 되었다. 病으로 31세의 젊은 나이로 요사하였음.

우독 (愚禿) 愚는 우매 무지한 것이며 禿은 머리카락이 없는 것으로 승려가 자기를 낮추어 하는 말.

우독 (憂毒) 근심이 毒이 되어 마음을 들볶는 것. 毒있는 근심. 激甚한 근심. (無量壽經)

우독현 (羽毒縣) 威儀를 表示하는 깃발.

우동 (愚童) 因果의 道理를 알지 못하고 生死에 惑溺하는 凡夫에 비유한 것. 大日經一에 「生死가 無始한 愚童과 凡夫가 我名과 我有에 無量

한 我分을 分別하는 것이다」하였고, 大日經疏一에 「薩埵에 大略 三種이 있다. ①愚童薩埵는 六道凡夫라하며 實諦의 因果를 알지못하고 마음으로 邪道를 行하며 苦忍을 修習하여 三界에 戀着하고 堅執不捨하므로 愚童이라 한다(下略)」하였음.

우동지재심(愚童持齋心) 眞言宗에서 세운 十住心의 第二. 凡夫가 世間因果의 道理를 믿고 持齋가 善이 됨을 알아서 行하는 것. 持齋는 中食을 지내지 않는 法(正午가 지나면 먹지 않음) 이것이 善道가 된다 함. 印度 古來의 風俗은 中國이나 우리나라의 仁義의 道와 다름이 없었다. 그래서 이 것이 人乘의 住心이 된 것. 大日經一에 「愚童과 凡夫觀은 羝羊과 같다. 或때로는 한 法相이 생하기도 하는 것. 持齋란 그 思惟의 少分이 發起하면 歡喜하여 자주자주 修習한다. 秘密主는 처음 種子인 善業이 發生해서 다시 이것이 因이 되며 六齊日에 父母 男女 親戚에게 施與한다. 이는 第二의 芽種이며 다시 이 것을 施하여 親戚이 아닌 者에게 授與하면 이는 第三疱種이 되며 다시 器量高德에게 施與하면 이는 第四葉種이 되고 다시 伎樂人등과 尊宿에게 드리는 것을 第五敷華가 되며 親愛心을 發하여 供養함은 第六成果가 된다」하였음.

※秘藏寶鑰上에 「愚童持齋心 由外因緣忽思節食施心萌心 如穀遇緣」 俱舍光記十四에 「西方國俗 斷食名齋」

우두(牛頭) 地獄의 鬼卒로 어떤 것은 牛頭人身도 있고, 어떤 것은 馬頭人身도 있다. 楞嚴經八에 「죽은 사람의 神識이 大鐵城에 가면 불뱀(火蛇)·불개(火狗)·虎狼이·獅子 쇠대가리 獄卒·말대가리 羅刹이 손에 踰矟을 쥐고 城門으로 몰려온다」라고 하였고, 五句辛經에 「獄卒의 이름은 阿傍인데 소의 머리에 사람의 손이며, 두다리에 소발굽이며 힘이 壯士라 山을 지고 다닌다」고 하였으며, 智度論十六에 「地獄에서 큰 會合을 하는 것을 보면 惡羅刹獄卒들이 갖가지 모습을 하고 있는데, 소·말·돼지·羊·수리(鵰)·독수리(鷲)·메추리(鶉)의 形相을 가졌다. 이 갖가지의 새 짐승의 머리가 달린 것들이 와서 罪人을 삼키고, 씹고, 깨물고 물어뜯고, 새김질하고, 서로 잡아당겨 찢고 한다」라고 하였다. 冥祥記에 「宋나라 何澹之가 病이 나서 한 鬼神을 보니 形體가 매우 壯大한데 쇠머리의 사람으로 손에는 鐵叉를 들고 있었다고 하니 沙門慧義가 이르기를 이것은 牛頭阿旁이다」라고 하였음.

우두라찰(牛頭羅刹) 牛頭를 한 地獄의 羅卒. 香頭와 並稱함. (首楞嚴經)

우두류(牛頭流) →牛頭宗.

우두마두(牛頭馬頭) 牛頭人身의 지옥의 獄卒과 馬頭人身의 지옥의 獄卒.

우두산(牛頭山) ①梵〈Gosriṅga〉 瞿室餕伽. 新疆 和闐市 南쪽 十三里 地點에 있는 山. 西域記 第十二에 「王城의 西南 二十餘里에 瞿室餕伽山이 있다. 번역하여 牛角이라 한다. 山봉우리가 兩쪽에 솟아 있고 바위언덕이 四方으로 깎아 지른듯 하다. 골짜기에 한 伽藍을 세웠는데 그 中의 佛像이 때로 光明을 放한다. 옛날 如來께서 이곳에 와서 諸天人을 위하여 法要를 略說하였고 記를 달아 이 땅에 國土를 세워서 遺法을 恭敬하며 大乘을 遵習한 것이다」하였고, 大集經四十五에 「閻浮提于闐國中 河水의 언덕 위는 牛頭山의 가이며 河岸側에 가까운 곳은 瞿摩娑羅 大聖人 支提의 住處다. 吃利呵婆達多龍王에게 付屬하여 守護供養케 하였다. 如來께서 지금 이 于闐國 牛角峯山 瞿摩娑羅 乾多牟尼 大支提의 곳에서 나에게 付囑하였다」함과 相合된다. 舊華嚴經 菩薩住處品에 「邊夷의 國土는 菩薩의 住處가 있어 이름을 牛頭山이라 한다」하였고, 新華嚴經第三十二에 「疏勒國에 한 住處가 있는데 牛頭山이라 한다」한 것은 疏勒과 于闐이 땅은 비록 같지 않지만 境域은 가까우니 곧 같은 山이 아닌가 疑心된다 함. ②江蘇 江寧의 南쪽 三十里에 있는 山. 雙峯이 우뚝 솟아 마주 보는 것이 마치 牛角과 같으므로 牛頭山이라 함. 또는 雙峯·天闕·破頭山이라 함. 後世에 牛首山이라 불렀으며 梁武帝가 이곳에 精舍를 지었으므로 古來로 古僧이 駐錫한 者가 많았다 함. 華嚴探玄記第十五에 「潤州 江南에 牛頭山이 있어 그 가운데 佛窟寺가 들어 났다. 또한 四辟支佛의 그림자가 때때로 出現한다」한 것. 唐나라 貞觀年間에 法融禪師가 이 곳 北巖石室(幽棲寺)에서 四祖 道信의 가르침을 듣고 뒤에 이 곳에서 宗風을 振作하여 牛頭禪의 一派라고 불리워 졌다 함. 日本의 傳敎大師가 日本에 傳入한 禪이 곧 法流라 함.

우두산법(牛頭山法) 牛頭山 法融禪師의 一派. →牛頭禪.

우두선(牛頭禪) 牛頭山의 法融을 初祖로하는 宗派 또는 牛頭宗이라 함. 四祖 道信의 밑에서 旁出한 禪宗을 말하는 것. 처음에 法融이 金陵 牛頭山 幽棲寺에 들어가 北巖石室에 拈坐하나 百鳥가 꽃을 물어다 주는 祥瑞로움이 있었다. 唐나라 貞觀中(627～649)에 四祖 道信이 듣고 尋訪하여 法을 傳하였다. 이 때부터 法席이 크게 盛하여 法融의 밑에 智巖·慧方·法持·智威·慧忠이 六世를 서로 付屬하였다. 慧忠의 밑에 維則이 있고 維則의 밑에 雲居智가 있다. 또한 智威의 門下에 玄素가 있고 玄素의 아래 道欽이 있어 經山을 열고 代宗의 信仰을 받아 國一禪師의 號가 下賜되었다. 道欽의 門下에 鳥巢道林이 있어 白居易와 問答한 것은 너무나 有名하다. 牛頭의 門風이 비록 唐代의 一時를 振動시켰지만 그 끝에는 盛하지 않았다. 宗密의 中華傳心地禪門 師資承襲圖에 「牛頭宗의 뜻과 體의 諸法이 꿈과 같다. 本來無事하면 心境이 本寂한데 지금에 와서 비로소 空한 것이 아니나 이 것에 迷하여 있다고 한다. 곧 榮枯貴賤의 일을 보고 事跡이 있으나 相違相順하므로 愛와 惡등의 情이 생긴다. 情이 생기면 苦의 所繫가 되어 꿈을 짓고 꿈을 꾼다. 무엇이 損되며 무엇이 利益될까 한다. 비록 이러한 能了의 智가 있으나 또한 꿈꾸는 마음과 같다. 設似 一法이 涅槃보다 나은 것이 있을지라도 또한 꿈과 같고 幻과 같아서 이미 本來無事함에 達하면 理는 當然히 自己가 없어지고 情을 잊게 될 것이다. 情을 잊으면 곧 苦의 因이 끊어져서 一切苦厄이 濟度되므로 이 忘情을 닦는다고 한다」하였음. 곧 이 것으로 그 宗風을 볼 수 있는 것이다. 南宗의 諸師는 자못 牛頭一派를 詆擊하였다. 그 黃檗希運은 말하기를 「四祖 밑의 牛頭法融大師는 橫說竪說하여 아직 向上關의 捩子를 모르고 있다. 이 眼腦가 있으면 비로소 邪正의 宗黨을 辨得할 것이다」한 것이 그 一例라 함.

우두전단(牛頭栴檀) ㊵〈Gośirṣaka-candana〉 또는 赤栴檀이라 함. 栴檀은 香樹의 이름이며 牛頭山에서 生產되므로 牛頭檀栴이라 함. 名義集三에 「正法會經에 이르기를 "이 洲에 高山이 있는데 그 산봉우리에 牛頭栴檀이 많이 난다. 이 峯의 形像이 牛頭와 같으므로 이 峯가운데서 나는 栴檀을 牛頭栴檀이라"함. 華嚴에 이르기를 "摩羅耶山에 栴檀香이 生產되므로 牛頭라 함. 만약 몸에 바르면 設似 불구덩이 속에 들어가도 불에 타지 않는다"하고 大論에 말하기를 "摩梨山을 除한 一帶에는 栴檀香이 나지 않는다"하였다」하고, 西域記十에 「國의 南海가에 秣剌耶山이 있다. 언덕이 높고 재가 險하며 谷이 深하고 도랑이 넓어 그 가운데 白檀樹·栴檀儞婆樹·白檀의 樹類가 있으나 區別할 수 없다. 오직 한 여름에 높이 올라가서 멀리 바라보면 그 大蛇가 매어 달린 것으로 안다. 오직 그 나무가 凉冷하므로 뱀이 서린다. 겨울 뱀이 구멍에 들어 간 뒤에 採代한다」하였음. 觀佛三昧海經一에 「牛頭栴檀은 伊蘭叢中에서 생한다. 牙莖과 枝葉은 閻浮提의 竹筒과 같다. 仲秋에 달이 둥글면 갑자기 땅속에서 솟아나서 栴檀樹가 되므로 衆人이 모두 牛頭栴檀의 上妙한 香

을 맡을수 있다」하였음.

우두종(牛頭宗) 牛頭禪 牛頭流라고도 한다. 四祖 道信의 弟子인 牛頭法融이 세운 中國 禪宗의 一派. 法融이 金陵 牛頭山 幽棲寺의 北巖石室에 있으면서 禪風을 宣揚하였다. 그의 뒤를 이어 智巖, 慧方, 法持, 智威, 慧忠, 玄素, 道欽, 道林등의 高僧이 많이 나서 대개 牛頭에서 法融의 宗風을 크게 떨쳤다. 이를 牛頭宗이라 한다. 이는 一切皆空 곧 畢竟空으로써 宗旨를 삼았으나 頑空, 單空의 枯禪은 아니다. 그 法系는 당나라 初期에 끊어지고 말았음. →牛頭禪.

우두천신(牛頭天王) →牛頭天王.

우두천왕(牛頭天王) 祇園天神이라고도 하며 梵語로 瞿摩揭唎婆耶提婆囉惹라 부르며 祇園精舍의 수호신인 藥師如來의 化身임.

牛頭天王

우두향(牛頭香) 牛頭栴檀의 香. 香氣가 麝香과 닮은 木香.

우둔(于遁) 地名. 곧 于闐. →于闐.

우둔(愚鈍) 마음이 어리석고 根器와 性禀이 鈍濁한 者. 行事鈔中의 四에 「만일 事懺을 論한다면 저 愚鈍한 이에게 屬하는 것이다」하고 文類에 「凡小한 이는 쉽게 眞教를 닦고 愚鈍한 이는 쉽게 捷徑을 간다」고 함.

우둔물(愚鈍物) 吐羅難陀比丘尼가 迦葉尊者를 꾸짖어 愚鈍物이라고 하였다. 毘奈耶 雜事三十一에 「吐羅難陀苾芻尼가 밖으로 부터 와서 居住하는 處所에 들어가려는데 河水가 泛溢하는 것을 만나서 迦攝波가 板橋上에 있는 것을 보고 吐羅難陀가 생각하기를 "이 愚鈍物은 지금 善治할 수가 있다" 하고 빨리 다리가에로 가서 힘써 발밑의 널판을 밀치니 즉시 迦攝波가 河水에 떨어져서 衣服이 모두 젖고 鉢盂는 물속으로 가라 앉았으며 錫杖은 떠내려갔다. 迦攝波가 말하기를 "姊妹여 너는 罪過를 犯하지 말라" 하였다. 이에 具壽阿難陀가 이 過失을 지었는데에 대해 世尊께 强請하여 이와 같은 類의 惡行女를 濟度하였다」라고 하였음.

우둔염불(愚鈍念佛) 우치하고 둔한 사람이 單信으로 念佛하여 往生을 얻는다는 뜻임.

우득(友得) ㊵〈suhṛtprapti〉 친구를 얻는 것. (金七十論)

우라니사토(優羅尼沙土) ㊵〈uraniṣad〉 또는 優婆尼沙曇이라하며 印度

哲學의 根本 思想을 記述한 것. 一人이 만든 것이 아니고 또한 一時에 만든 것이 아니므로 그 成立한 年代를 確定하지 못한다. 다만 西曆前 七八世紀頃에 나온 것이라 보면 큰 差異는 없을 것 같다. 印度의 宗敎는 吠陀의 讚頌으로 始作되었고 뒤에는 그 用法과 儀式을 說하여 目的이 되는 佛羅般摩那〈Brāhmaṇa〉를 일으켰다. 그 中에 있는 이른바 阿蘭若迦〈Arāṇyaka〉의 章을 說한 것이 甚히 幽微森嚴하다. 優波尼沙土는 곧 說明을 위하여 일으킨 것으로 宇宙의 原始와 諸神의 性質과 精神物質의 本性과 그 關係 등에 哲學的 解釋을 지어 자못 神秘한 비유가 많다. 이 所以는 이른바 六派哲學이 依持하여 나온 源泉이 되었다. 이 글이 나온 時代를 史家들이 曆史上에서 優波尼沙土時代라 한다. 優波尼沙土란 最上의 精神認識에 依하여 殘餘無明을 破한 것을 말함. 或은 다른 사람의 발아래 侍坐하여 그 言敎를 傾聽함을 말하며 或은 神秘의 뜻을 말한다. 그 思想의 大要를 詳考하여 보면 吠陀時代의 末期에 世界의 太原을 究明하여 中心點을 考察한 結果로 或은 大自在天이 世界의 本原이 된다 하고 或은 神我가 되며 或은 소리가 된다고 그 原因을 說하고자하여 드디어 完全히 神話的인 區域을 脫皮하고 一個 原體인 「梵」〈Brahunan〉의 思想을 產出하였다. 因하여 世界를 開發生成한 것. 이는 唯一한 梵이 스스로 繁殖의 意志를 行하여 이 所造한 世界는 差別的인 惡毒한 世界가 되며 苦痛 虛妄의 世界로 眞樂이 없다고 發現한 것. 이 優波尼沙土의 思想은 厭世思想으로 이른바 平等과 差別이 對立하여 龐大한 印度 哲學을 孕胎하게 된 것임. 그 解說의 方法은 그들의 差別된 生活精神과 最上精神은 原來 別物이 아니라고 말한 것. 愛着은 差別에 不過하고 迷惑은 生活精神일 뿐이다. 그러므로 個人精神이 만약 그 自性을 알면 直과 最上精神을 얻어서 梵과 合하여 하나가 된다. 梵은 世界의 太原이며 또한 世界의 萬有로 人格的 根本인 精神力이 아니다. 差別된 萬有로 그 一原을 探하여 一原을 알아서 差別하고 內認하여 神과 世界가 對立하여 막힘이 없는 것. 二者의 合一을 說하는 것이 그 特長이라 할 수 있다. 곧 梵은 中心의 一元的 萬有神敎로 他와 同時하여 平等・差出・對立의 觀을 짓는다. 이로 因하여 厭離와 解脫이 可能하게 한 것이다. 이른바 「그는 너다」(tat tvam ais) 한 것과 「나는 梵이다」(Ahsm Brahma asmi)의 二句로 優波尼沙土 哲學의 最高眞義라 한다. 그 思想이 비록 高潮에 達했으나 言語가 矇朧하여 素朴幼稚한 觀을 벗지 못한 點이 없지 않다 함. →優婆尼沙曇.

우란경(盂蘭經) ㊂盂蘭盆經의 약칭.

우란분(盂蘭盆) ㊵<ullambuna> 또는 烏藍婆拏라하며 번역하여 倒懸이라 함. 苦가 甚한 것을 말함. 玄音應義十三에 「盂蘭盆은 訛이며 바르게는 烏藍婆拏라 하며 번역하여 倒懸이라 함. 西域의 法을 詳考해 보면 衆僧이 自恣하는 날에 供養을 갖추어 佛僧에게 奉施하고 먼저 죽은 倒懸의 苦를 救한다. 舊에는 盂盆은 貯食의 器라하나 訛된 것이다」 하였음. 그러나 宗密의 盂蘭盆經疏에 「盂蘭은 西域의 말이다. 번역하여 倒懸이라하며 盆은 中國말이며 救器라 함. 만약 方俗에 따라서 말하면 倒懸을 救하는 盆이며 이는 尊者의 親魂이 沉闇하는 길에 饑渴에 실려서 命이 倒懸함과 같은 것이 聖子의 威靈을 놓아서는 塗炭을 건질수 없다. 佛이 盆에 百味를 나열하여 三尊에게 恭敬하여 바치고 大衆의 恩光을 우러러 倒懸의 窘하고 急함을 救請한다」하였음. 이에 依하면 盆의 一字는 漢語가 되며 救懸의 苦를 救하기 위하여 百味을 盆에 담아 三寶에 供하므로 盂蘭盆이라 함.

※元照之盂蘭盆疏新記上評之에 「按應法師經音義云 梵語烏藍婆拏 此翻倒懸 今詳烏藍即盂蘭也 婆拏即今之盆也 是則三字並是梵言 但音之訛轉耳 疏主且據經文安著盆中之語 故作華言解釋 音義則梵言得實 疏家則一往符經 疑故兩存隨人去取.

우란분경(盂蘭盆經) ㊂佛說盂蘭盆經의 略稱 一卷. 西晋 竺法護 번역. 盂蘭盆의 緣起와 修法을 說하였음. 즉 目連尊者가 죽은 어머니의 苦痛의 救하던 일을 說한 經典, 盂蘭盆會가 이에 依해서 생겼다. 各家의 註疏는 다음과 같다. ①盂蘭盆經疏 二卷, 唐 宗密撰. ②盂蘭盆經疏新記 二卷, 唐 宗密疏와 宋 元照記. ③盂蘭盆經疏一 會古通今記 二卷, 宋 普觀 述. ④盂蘭盆經疏 孝衡鈔科 一卷, 宋 遇榮 排. ⑤盂蘭盆經疏孝衡鈔二卷宋 遇榮鈔 壇式附. ⑥盂蘭盆經疏鈔餘義 一卷, 宋 日新錄. ⑦盂蘭盆經新疏 一卷, 明 智旭의 新疏를 道昉이 參訂한 것. ⑧盂蘭盆經疏折中疏 一卷 靈耀撰, ⑨盂蘭盆經略疏 一卷, ⑩盂蘭盆經箋註, 丁福保註 등이다. 그리고 다른 번역으로 報恩奉盆經一卷이 있음.

우란분공(盂蘭盆供) 일백가지의 음식 및 백가지의 器具로서 安居를 마치는 僧侶를 供養하는 行事. 先祖의 魂靈과 餓鬼에게 올리는 것은 本意가 아님. 雲棲의 正訛集에 「세상 사람들이 七月十五日에 귀신에게 음식을 올리는 것을 盂蘭盆大齊의 모임이라고 생각하나 이는 訛傳된 것. 盂蘭齊란 目連尊者에게서 비롯 된 것이다. 七月十五日이란 많은 중들이 해제를 하여 마음대로 규약을 받지 않는 날이니 90일을 참선하여 得道한 사람이 많기 때문에 이 날에 공양을 하면 그 복이 백배나 된다는 것이며 귀신에게 施食하는 것은 아니다 施食이란 阿難에게서 비롯된 것이니 七月十五日에만 한정된 것은 아니다」라고 하였음.

우란분재(盂蘭盆齋) 음력 7월 보름날에 행하던 佛事. 일명 盂蘭盆供. 조상의 넋에 供養하고 아울러 부처중, 중생에게 공양하여 부모의 長養慈愛의 은혜를 갚음을 말함. → 盂蘭盆會.

우란분회(盂蘭盆會) 梵〈ullambana〉 烏藍婆拏라고도 하며 倒懸이라 번역. 일명 盂蘭盆. 우란분이란 梵語의 울람바나(ullambana=심한 고통이란 뜻)에서 나온 말. 이것은 地獄·餓鬼途에 떨어진 이의 酷甚한 괴로움을 救援하기 위하여 우란분의 供養을 한다고 한다. 盂蘭盆經에는 釋迦의 十大弟子인 目連이 六神通을 얻은 후, 부모를 찾아보니 죽은 어머니가 餓鬼途에서 苦痛을 받고 있으므로 모친을 위하여 쟁반에 먹을 것을 담아 주었으나 숯(炭)이 되어 먹을 수가 없게 되자. 悲嘆에 빠진 목련은 釋迦世尊에게 모친을 구해줄 것을 哀願하였다. 그러나 석가는 모친의 죄가 중하여 어찌할 수 없다고 拒絕하면서, 지금 살아 있는 부모와 七代의 죽은 부모를 위하여 7월 15일(음력)에 큰 잔치를 벌여야 한다고 하니, 목련은 석가의 가르침에 따라 큰 잔치를 베풀어 十方의 大德에게 공양을 하고 조상의 成佛을 기원한 것이 盂蘭盆의 시초라 한다. 그래서 이날이 되면 民家와 절에서는 여러 가지 음식을 만들어 盆에 담아 조상의 영전이나 부처에게 공양하였다 함.

우란재(盂蘭齋) 盂蘭盆齋의 略稱. 齋는 齋食으로, 盂蘭盆 當日(陰 7月 15日)에 齋食의 供養을 올림을 말함. 다시 말하면 盂蘭齋는 救倒懸으로 人間世上에서 罪지은 사람을 地獄에서 거꾸로 매달아서 治罪하는데 이 齋를 올려서 救濟함.

우려이유(牛驢二乳) 같으면서 아닌 것에 비유함. 智度論十八에 「牛乳와 驢乳는 빛은 비록 같지만 牛乳는 枰하면 蘊이 되고 驢乳는 枰하면 똥이 된다. 佛의 法語와 外道의 말에 不殺·不盜하고 衆生을 慈愍하며 攝心·離欲하고 空을 觀함이 비록 같지만 外道의 말은 처음에 妙한 것 같으나 그 歸處를 窮盡해 보면 虛誑 됨에 비유한 것. 一切 外道에 모두 我見에 執著한다」하였음.

우령(尤靈) 가장 훌륭한 것. (三教指歸)

우로(雨露) ① 지붕 天井에서 비가 새는 것. (正法眼藏 坐禪儀) ② 비와 이슬 등 草木을 기르는 것.

우로(愚魯) 愚鈍한 것.

우루(優樓) 人名. 優樓迦의 略稱, 止觀十上에 「優樓僧佉」라 하였음. →優樓迦.

우루가(優樓迦) ㊵〈ūlūka〉 또는 憂流迦·嘔盧伽·優婁佉·嘔露迦·漚樓(僧佉) 優樓(僧佉)라하며 번역하여 鵂鶹라하며 仙人의 이름임. 佛이 出世하기 八百年前에 난 사람으로 六句義의 勝論을 說한 것. 百論疏上의 中에 「優樓迦는 번역하여 鵂鶹仙. 또는 鶹角仙이라하며 또한 臰胡仙이라 함. 이 사람은 釋迦가 나오기 八百年前에 이미 出世하여 낮에는 論을 짓고 밤중에 다니면서 供養하고자 하면 밤중이 되어 飮食을 營辦하면 眷屬과 같이 와서 供養하였다. 所說한 經은 衛世師라 하며 十萬偈나 되어 六諦를 밝혔다」 하였고, 玄應音義二十四에 「優婁佉는 번역하여 鵂鶹라 함. 이는 鞞世師論을 지은 이로 六諦義를 說하였다」하였으며, 唯識述記一末에 「成劫末에 人壽가 無量하였다. 外道가 出世하여 이름을 嘔露迦라 하며 번역하여 鵂鶹라 함. 낮에는 色聲을 避하여 山속에 자취를 숨겼고 밤에는 視聽을 끊어 다니면서 乞食하니 時人들이 鵂鶹와 같다하여 이름을 붙인 것. 舊에 優婁佉는 訛다. 或은 羯拏僕이라 하며 羯拏는 米齋라하고 僕은 번역하여 食이라 함. 먼저 밤에 다니다가 다른 稚婦를 놀라게 해서 방아 찧는 곳에 가서 糠粃가운데서 米齋를 거두어 먹었다. 그러므로 時人이 米齋仙人이라 하며 舊에 塞尼陀라 함은 잘못 된 것. 또한 吠世師迦 이는 번역하여 勝이며 六句論을 지었다. 諸論에 견줄 사람이 드물기 때문에 勝이라 함. 或은 勝人이 造한 것이므로 勝論이라 함. 舊에 衞世師 或은 鞞世師라 함은 모두 訛略이다」하였음. →勝論宗·數論.

※止觀十上에 「漚樓(僧佉)此翻休睺 計因中無果」同輔行에 「優樓(僧伽)此云休留仙」

우루빈라(漚樓頻螺) →優樓頻螺.

우루빈라(優樓頻螺) 또는 漚樓頻螺·烏盧頻羅·烏盧頻螺·優樓毘蠡·優樓頻蠡라 하며 木名으로 번역하여 木瓜라 함. 智度論 三十四에 「釋迦牟尼佛이 漚樓頻螺 나무 숲 속에서 一麻와 一米를 먹었다」는 文句하나의 아래에 「優樓頻蠡도 또한 優樓毘尼다(中略) 이는 木瓜의 숲을 번역한 것이다」 하고 또한 村名으로 苦行하였던 숲이 있던 곳.

우루빈라가섭(優樓頻螺迦葉) ㊵〈Uruvilva-krāśyasyapa〉 또는 優樓頻贏迦葉·優盧頻螺迦葉·優樓頻蠡迦葉·優留毘迦葉·烏盧頻螺迦葉波라고도 한다. 羅漢의 이름으로 번역하여 木瓜林이라 함. 三迦葉의 第一. 優樓頻螺는 中印度 伽耶城 部近의 地名이다. 그는 그 村落의 事火

外道의 修行者의 頭目으로 부처님이 伽倻城에 가서 敎化함을 만나서 弟子五百人을 거느리고 歸依하였다. 玄應音義二十五에 「烏盧頻螺는 여기서 木瓜林이라 번역하는데 이 숲속에서 修道하였기 때문에 이렇게 이름지어 부른다. 迦葉波는 姓으로 舊譯에는 優樓頻螺다. 正法華經에 上時迦葉은 兄弟三人 가운데 맨 위에 있는 사람이다」하였고, 玄贊一에 「迦葉波는 姓인데 번역하여 飮光으로 婆羅門의 姓이다. 上古에 한 神仙이 있어 몸에 光明이 있었는데 그것은 日月의 光明을 마셔버리기 때문이다. (中略) 三迦葉이 모두 飮光種으로 兄弟三人이다. 梵語로 鄔盧頻螺요. 優樓라고 말하는 것은 잘못된 것이다. 번역하여 木瓜인데 그 사람의 가슴에 한 癰起가 있어 마치 木瓜처럼 생겼기 때문에 그렇게 불렀으며, 또 연못속의 龍名이 또한 木瓜인데 그를 따라 불렀기 때문에 그렇게 이름한다」라고 하였다. 佛前에 歸依한 五百弟子의 外道論師가 부처님을 毒蛇窟로 引導하였으나 해칠수가 없었기에 두 아우와 弟子들을 데리고 함께 佛에 歸依하여 出家하였음. (四分律三十二)

우루빈라취락(優樓頻螺聚落) 地名. 中印度 摩揭陀國 伽耶城 東南 七里쯤에 있는 마을인데, 迦葉이 태어난 곳이요. 부처님이 이곳에서 苦行한 것으로 有名함. →優樓頻螺.

우루승카(漚樓僧佉) 人名. 또는 優樓僧佉라고도 한다. 漚樓와 僧佉의 두 仙人의 이름이다. 漚樓는 勝論의 始祖요. 僧佉는 數論師를 가리킴. →優樓迦.

우루카(優婁佉) →優樓迦.

우루카(優樓佉) →優樓迦.

우류만타(優流漫陀) (地名)〈Urumaṇḍa〉 또한 優留曼茶라 하니 山名. 阿育經 七에 「優流漫은 山名이다. 이는 大醍醐를 翻譯한 것이다」하고, 翻梵語에 「優留曼茶는 大醍醐이다」고 함.

우류비가섭(優留毘迦葉) 人名. →優樓頻螺迦葉.

우마지(漚痲池) 삼(痲)을 적시는 웅덩이. (碧巖錄)

우마타(優摩陀) →烏摩.

우만타라화(雨曼陀羅華) 佛法의 奇異한 瑞兆로 하늘에서 曼陀羅꽃이 비오듯 쏟아져 내려옴을 말함. 法華經分別功德品에 「부처님이 諸菩薩摩訶薩이 大法利를 얻었음을 說하실 때에 虛空中에서 曼陀羅꽃·摩訶曼陀羅꽃이 無量百千萬億寶樹아래 있는 師子座위 諸佛앞에 비오듯 흩뿌려졌다」라고 하였음.

우명(右命) 右를 上位로 하여 命令을 右에서 내리는 것. 右에 복종하라. 中國의 風習이나, 印度에서도 右을 높인다 함. (敎行信證 化身土卷).

우명(愚冥) 어리석고, 眞理에 어두운 것. (灌頂經)

우모진(牛毛塵) ㊵〈Gorajas〉 소털 끝에 붙을 수 있는 아주 작은 티끌로 極微의 117649곱이며 羊毛塵의 七倍임. (俱舍論十二)

우몽(愚蒙) 어리석은 사람. (正法眼藏 佛性)

우문삼급랑(禹門三級浪) 中國의 禹門에 三級으로 흐르는 물결이 있는데, 三月이 되어 복숭아꽃이 필 무렵 물결이 불었을 때에 고기가 물을 거슬러 뛰어 올라서 三級浪을 지나가면 龍이 되면서 번개와 우뢰를 일으켜 꼬리가 타버리고 하늘에 올라간다고 하는 것으로 宗門에서는 크게 깨달아 大機·大用을 活現함에 비유함. 魚化龍·燒尾魚·赤梢鱗·透得三級浪등이 모두 같은 뜻으로 사용됨.

우미(愚迷) ①㊵〈sammoha〉 어리석고 迷惑한 것. ②㊵㊶〈bāla〉 어리석고 迷惑한 凡夫. (法集要頌經 愛欲品)

우바가라(優波柯羅) ㊵〈Upākala〉 鄔波哥羅라 하기도 함. 夜叉名. 번역하여 小黑이라고 함. 〈孔雀王咒經下〉

우바계설니동자(優婆髻設尼童子) ㊵〈upakesini〉 ㊷〈ne-barskara-can〉優婆髻設尼·鄔波髻尸尼·優婆戒悉尼·髻悉尼등으로 불리워 지며 胎藏界 曼茶羅 文殊院 중에 妙吉祥 菩薩의 왼쪽 第二位에 봉안된 이며분 文殊의 五獅子의 하나임. 能觀의 德을 주로 함.

優婆髻設尼童子

우바교사라(優波憍舍羅) ㊵〈Upāya-kausalya〉 또는 漚恕拘舍羅라고 하며 善巧方便이라 번역함. 髻波羅蜜의 第七波羅蜜의 이름임. 空을 證하되 空에 그치지 않고 有에 있으되 有에 물들지 아니하여 자유 자재한 것을 말함.

우바국다(優婆毱多) ㊵〈Upagupta〉 鄔波笈多·優波掘多라 함. 近護, 大護, 近藏, 無相이라 번역. 西乾 第四祖로 阿育王의 스승임. 摩突羅國에서 출생, 姓은 首陀, 父名은 善意. 17세에 出家하여 商那和修에게 가서 배우고 阿羅漢果를 證得. 阿育王을 위하여 우타산으로부터 화씨성에 이르러 說法하고 王에게 권하여 부처님의 遺蹟에 八萬四千의 탑을 세웠다 한다. 한 長者의 아들를 만나 提多迦라 命名하고 傳

法偈에 心自本來心이요. 本心은 非有法이라 有法은 本心이요. 非心은 非本法이라 하고 跏趺入寂하니 東周 平王 30年(B.C. 740)이었다. 在世時에 한 사람을 제도할 때마다 房에 쌓아두었던 籌木으로 火葬木에 充當하고도 남았다고 함.

우바국제(優婆毱提) →優婆毱多.

우바굴다(優婆掘多) 또는 鄔波屈多라고도 함. →優婆毱多.

우바급다(優波笈多) 羅漢이름. 또는 鄔波笈多, 鄔波級多라고도 함. →優婆毱多.

우바나하(優波那訶) →優婆馱耶.

우바난타(優波難陀) 梵〈Upananda〉 또는 優鉢難陀·優拔難陀·跋難陀라고도 하며 近喜·大喜·重喜라 翻譯함. 龍王의 이름으로 法華經을 비롯하여 여러 大乘經典에 나오는데 密敎에서는 胎藏戒 外金剛部의 一尊으로 함.

우바난타(優婆難陀) 梵〈Upananda〉 比丘名. 譯에 重喜·大喜라 함. 慧琳音義 二十五에 「優婆難陀 또는 拔難陀라 하며 번역하여 重喜다」하였고 涅槃經疏 一에 「優婆難陀는 大喜라 翻譯하며 또는 重喜라 한다. 그 모습이 端正하여 父母가 사랑하는 것이 大喜가 된다」고 함.

우바난타용왕(優波難陀龍王) 梵〈upananda〉 優波難陀은 西〈ne-dgah-bo〉 優婆難陀·優鉢難陀·婆難陀·跋難陀라고도 함. 延喜·大喜·賢喜·重喜라고 번역됨. 八大龍王의 하나. 法華經 玄贊第二本에 「人心에 응해 風雨를 잘 調節. 百姓을 기쁘게 해주므로……이 이름 있다」하였음.

우바니사담(優婆尼沙曇) 梵〈Upaniṣad〉 또는 優波尼沙土라 함. 吠陀 뒤에 나온 佛羅般摩那(Brāhmana) 文學의 末期에 附屬한 阿蘭若迦(Araṇyaka) 部分의 一大文學을 優婆尼沙曇이라 한다. 優婆尼沙曇은 그 數가 極히 많다. 그 內容은 一人의 意思가 아니고, 그 說한 것이 區區하다. 지금 全體에 亘하여 그 思想의 傾向을 觀하고 宇宙의 本源과 造化의 本體를 論하여 印度 思想의 根本을 確立하고 梵과 我의 大義가 둘이 아니라하여 婆羅門傳說의 宗敎的 色彩를 脫皮하고 純然한 自由思索의 哲學을 만들었다. 優婆尼殺曇의 字源은(Upa-ni-sad)가 되며 根(asd)에 二義가 있다. ①「坐」가 되고 ②는 「滅」이 된다. 歐洲의 學者는 오로지 前義를 採擇하여 解釋하기를 「近侍」「侍坐」라 하였다. 그 이름은 스승에게 近侍하여 따르며 들으러 온다는 것이라 하고 印度의 學者들은 흔히 香羅의 說을 踏襲하여 後義로 돌아 간다. 그 것은 사람이 欲情과 迷妄을 打破함에 따라 智識을 얻게 된다. 그러나 原義는 「近侍」의 뜻과는 相違하여 公

會나 稠坐中에서는 說할 수 없다. 오직 秘密對坐間에만 傳할 수 있는 뜻이다. 이 優婆尼殺曇은 秘奧·秘密·秘義등의 意味가 있으며 優婆尼殺曇中에 이들의 뜻이 많아서 用한다. 因하여 優婆尼殺曇의 異名은 有用秘密教·最上秘密·至上秘密의 이름 등이 있다. 印度에 二種의 優婆尼殺曇이 있는데 하나는 五十二種이 包含되고 하나는 百八種이 있다. 五十二集은 印度 學者 사이에 公認한 定數이며 百八集은 오직 南印度에만 있다. 그 內容은 全혀 信用하지 못할 것 같다. 비록 그렇지만 그 全體의 數는 極히 많아서 프랑스의 婆婁德氏는 總數가 二百 五十種이나 된다하고 獨逸의 曷勃羅氏는 二百 三十五種을 列擧하였다. 그 가운데 四吠陀에 屬하여 世上에 承認된 것은 約 五十種이 되며 新舊에 나누어 最古의 三吠陀에 屬한다. 곧 利俱·撒門·雅求斯로 十一種은 古優婆尼沙曇이라 하며 第四吠陀에 屬하는 곧 阿答樓華의 三十九種은 新優婆尼沙曇이라 한다. 優婆尼沙曇의 번역은 페르샤譯·라틴譯·獨逸譯·英譯의 四種이 있다. 페르샤譯은 西曆 1657年 페르샤 皇子達臘脩賣弗(Dārāshukoh)가 婆羅門學士를 시켜 번역한 것. 라틴역은 프랑스 安愷知竇丕隆(Anquetil du peron)가 페르샤譯을 라틴 語로 再번역한 것. 이를 優潑納伽曇이라 함. 獨逸譯은 勃烏羅牘伊孫(Paul Deussen) 四吠陀의 五十種이외에 屬한다. 優潑納伽曇中에 所存한 十種의 原本을 合하여 六十優婆尼沙曇(Sechzig Ūpaniṣads, dés Veda)이라 함. 英譯에는 여러가지 있다. 그 中에 馬翁의 東方聖書 第一卷과 第十五卷의 十二種의 譯이 있다. 印度의 圖書(Bibliotheca Indica)中에 同數의 번역이 重置된 것. 위의 四種번역中에 더욱 完全하여 學者의 坐右에서 없어서는 않될 것은 牘伊孫의 獨逸語로 번역한 것이라 할 수 있음. →優婆尼沙土.

우바니사타(優波尼沙陀) →鄔波尼殺曇.

우바니사타(優婆尼沙陀) →鄔波尼殺曇.

우바니사토(優波尼沙土) ㊵〈Upaniṣad〉 印度 六派 哲學의 源泉哲學 典籍임. 古代의 讚頌詩를 모은 吠陀文學이 지난 後에 Brāhmaṇa(부라후마나) 文學이 生기고 末期에 Āraṇyaka(아라니야가) 森林書 一章이 생겼다. 이것은 玄妙한 思想을 포함한 것으로 優波尼沙土는 이 森林書를 해석한 것이며 오랫 동안에 많은 사람이 지어 둔 것을 편집한 것임. 그래서 組織의 統一的인 면은 없지만 그 內容은 儀禮에만 속한 것이 아니라 자유로이 사람과 神과 宇宙의 性質 또는 三者의 關係를 말한 것임.

우바니쇄담 (優婆尼殺曇) →鄔波尼殺曇.

우바다야 (優婆駄耶) ㉵〈Upādhyāya〉 또는 鄔波柁耶·優波那訶·憂波第耶夜·鄔波陀耶·優波陀訶·郁波弟耶·鄔波馳耶·塢波陀耶·鄔婆提耶·郁波弟耶夜등이라 하며 번역하여 親敎師·依止師·依學등 師를 부르는 稱號다. 善見律四에 「優波那訶는 번역하여 瞋盛이다」하였고, 百一羯磨一注에 「鄔波駄耶는 번역하여 親敎師·和尙이라 함. 이는 西方의 俗語이며 經典의 말이 아니다. 그러나 諸經律과 梵本에는 모두 鄔波駄耶다」하였으며, 寄歸傳三에 「鄔波는 그 親近이다. 波字는 長喚中에 阿字가 있다. 뜻은 敎讀에 該當되며 和尙이란 말은 틀린다. 西方에서 띄워서 놓고 博士를 부르기를 鄔社라 하며 (中略) 北方諸國은 모두 和社라 부른다. 번역하여 傳하는데 訛音에 익숙해진 것이다」하였고, 業疏三上에 「中梵의 本音은 鄔波陀耶로 中國에서 번역하여 依學이라 함. 依는 이 사람에 附하여 배움의 道를 나가기 때문이다. 예로 부터 번역은 흔히 蕃胡가 섞여서 胡傳의 天語가 聲實함을 얻지 못하므로 訛僻이 되어 轉하여 和上이라 함. 옛 사람의 解釋은 和中이 最上이나 이 逐字의 解釋은 本音을 알지 못한다. 또한 解하기를 翻力生이라 함. 弟子의 道力은 假敎가 生成하여 그 遠意를 얻고 그 近語를 잃었다. 眞諦가 번역한 論疏에 優波陀訶라 밝히니 梵音에 조금 가깝다 하나 오히려 聲論을 乖함. 내 親히 參譯하여 本音을 委問하여 위와 같이 述한다」하였고 彥琮의 번역에 郁波弟耶라하니 소리가 비슷하다 함.

우바라차 (優婆羅叉) 優波羅懺.

우바라참 (優波羅懺) ㉵〈Upalakṣa〉 또는 優波羅叉 번역하여 律이라 함. 四分律開宗一本에 「律藏은 梵語의 優波羅懺인데 번역하여 律이라 함. 律은 法이니 法이 아니면 嚴肅한 威儀가 없는 것이다」라고 하였음.

우바리 (優波離) 人名. 또는 鄔波離, 優婆利, 憂波利라 함. →優婆離.

우바리 (優婆離) ㉵〈Upāli〉 또는 優婆利·鄔波離·優波離·憂波利라고도 한다. 번역하여 近取·近執이라고 한다. 羅漢의 이름으로 悉達太子에게 執事하던 사람이다. 이는 本行集經五十三 優婆離 因緣品에서 說한 것으로 持律 第一의 比丘임. 優婆離란 이름에 또한 사람이 있는데, 本來 尼犍外道의 弟子다. 이는 中阿含經三十二 優婆離經에서 說한 것. 註維摩經三에 「肇가 말하기를 '優婆離는 中國말의 上首인데 弟子中에 戒律을 第一 잘 지키던 사람이다' 하였다」라고 하였고, 二十唯識述記下에 「鄔波離는 번역하여 近執인데 王의 側近에서 王事를 執事

하는 사람이다. 世說 朝延執事와 같은 것이다」라고 하였으며, 彌勒上生經疏下에 「優波離는 번역하여 近執인데 부처님이 太子이었을적에 이 사람이 大臣이 되어 항상 太子의 親近에서 執事하던 臣下다. 古人이 佛家사람이라고 말한 것은 잘못한 말이다」라고 하였음.

※淨名疏五에 「優波離 此云上首 有翻化生」

優婆離

우바리결집율장(優婆離結集律藏) 부처님이 돌아가신 뒤 第一結集 때 만든 經이 이 優婆離結集임. (智度論二·四分律五十四·善見律毘婆沙一·西域記九)

우바리경(優婆離經) ㊃二部가 있다. 하나는 中阿含經 三十三에 攝하였음. 苦行尼健의 弟子에 優婆離居士가 있었다. 三業 中에 意業이 가장 重한 것이라 말하고 부처님의 立義를 破하려고 왔다가 도리어 부처님에게 感化를 입어 의혹을 끊고 果을 證得하였다」 살펴보면 이것이 別度의 하나로 優婆離이다. 하나는 中阿含經 五十二에 攝하였음. 七滅淨等의 問答에 法과 같고 法과 같지 않는 것은 持律 第一의 優婆離임.

우바리문경(優婆離問經) ㊃優婆離問佛經의 약칭.

우바리문보살수계경(優婆離問菩薩受戒經) ㊃一卷. 菩薩善戒經의 다른 이름.

우바리문불경(優婆離問佛經) ㊃一卷 宋나라 求那跋摩번역. 優婆離의 물음에 대해서 小乘戒의 大要를 說한 것.

우바리율(優婆離律) ㊃優婆離問佛經의 다른 이름.

우바리인연품(優婆離因緣品) ㊃優婆離의 史傳인데 佛本行集經 五十三 가운데 攝受되었음.

우바리타야(憂婆唎駄夜) 번역하여 小心法이라 함. (陀羅尼集經二)

우바마(優波摩) ㊵㊴〈upamā〉 譬喩를 말함.

우바마나(優波摩那) ㊵〈Upamāna〉 人名. 번역하여 譬喩. 이는 부처님의 庶子임. (慧琳音義二十六)

우바바사(優波婆娑) ㊵〈Upavasa〉 鄔婆娑·鄔婆婆沙라고도 한다. 번역하여 近住로 聖道에 가까이서 산다는 뜻이다. 또는 齋라고 하는데 八齋戒를 간직한다는 뜻이며, 또 善宿이라 하는데 惡을 여의고 善道에 산다는 뜻이다. 男女를 不拘하고 八齋戒를 간직하는 것. 玄應音義二十三에 「鄔波波娑는 優波婆婆라고 하는데 번역하여 近住다. 八戒를 받은 사람이 阿羅漢등 善人들 가까이서 사는 것을 말한다」라고 하였고, 俱舍光記十四에 「鄔波婆娑는 혹 번역하여 齋라 하는데 西域에 어떤 사람이 하루에 齋戒를 지키는 것을 또한 鄔波婆沙라 하고 모두 함께 八齋戒를 받는 것을 亦是 優波婆沙라 하였다」라고 했으며, 成實論九에 「八齋戒를 받는 것을 또한 優波婆沙라고 하는데 번역하여 善宿이라고 한다. 이 사람은 善心으로 破戒함을 여의고 戒를 간직(宿)하였기 때문에 善宿이라 한다」라고 하였음.

우바사(優婆私) ㊵㊁〈Upāsikā〉 優婆夷와 같음. →優婆夷. (中阿含經·四分律)

우바사(優婆斯) →優婆夷.

우바사(優婆娑) →優波婆娑.

우바사가(優波娑迦) →優婆塞.

우바사가(優波私柯) 또는 鄔波斯迦. →優婆夷.

우바사가(優婆娑柯) →優婆塞.

우바사극(愚鄙斯極) 어리석고 野鄙하게 되어 버림. (無量壽經)

우바사나(優波斯那) ㊵〈Upasena〉 梵志의 이름. 번역하여 最上征將이라 함. (本行集經 四十二)

우바새(優婆塞) ㊵〈Upāsaka〉 舊에는 伊蒲塞라하고 新稱은 鄔波索迦·優波娑迦·優波娑柯·鄔波塞迦·鄔波索迦등이라 하며 번역하여 淸信士·近事男·善宿男이라 함. 三寶를 親近奉事한다는 뜻. 五戒를 받은 男子를 總稱하는 것. 四衆의 하나, 또는 七衆의 하나. 西域記九에 「鄔波索迦는 번역하여 近事男이라 하며 舊에 伊蒲塞 또는 優波塞는 모두 訛轉된 것이다」하였고, 玄應音義二十一에 「鄔波娑迦는 優波娑迦라 하며 近侍다. 번역하여 近善男 또는 近宿男이라 하며 三寶를 가까이하여 住宿하는 것. 或은 淸信士 善宿男은 義譯한 것이다」하였으며, 同二十三에 「鄔波索迦는 三歸를 받고 五戒에 住한 것. 優婆는 번역하여 受라하며 娑柯는 번역하여 男이라 한다」하였음.

※希麟音義五에 「烏波塞迦 舊云優婆塞 新云鄔波索迦 鄔波 此云近 迦 此云事 索 即男聲也 即近事男也 謂親近承事三寶者故云」 華嚴疏鈔六十二에 「親近比丘而承事故」 業疏二下에 「正音云鄔波塞迦 唐翻善宿也 故成論云 此人善能離破戒宿 古錄以爲淸信士者 淸是離過之名 信爲入道之本 士即男子通稱 取意得矣 在言少異」 涅槃經八에 「歸依於佛者 眞名優婆塞」

우바새가(優婆塞迦) →優婆塞.

우바새경(優婆塞經) ㊢優婆塞가 五戒를 지키고 三寶를 念하면 證果얻을 수 있음을 말한 것임. 中阿含經 三十에 攝함.

우바새계(優婆塞戒) 優婆塞가 마땅히 지켜야 할 다섯가지 戒法으로 不殺生·不偸盗·不邪婬·不妄語·不飮酒이다. 優婆塞는 善男子, 즉 在家修行者임.

우바새계경(優婆塞戒經) ㊵〈upāsaka-silasūtra〉 七卷. 北凉曇無讖의 번역. 在家菩薩의 入道修行하는 法을 說한 것.

우바새오계상경(優婆塞五戒相經) 佛說優婆塞五戒相經 一卷의 略, 宋 求那跋摩의 번역. 淨飯王의 請에 依하여 부처님이 小乘戒律을 다섯가지 相으로 구분하여 說하심.

우바새오계위의경(優婆塞五戒威儀經) ㊙一卷. 宋 求那跋摩의 번역. 이 經은 曇無讖이 번역한 '菩薩戒經'과 玄奘이 번역한 '菩薩戒本'과 同本異譯으로 菩薩의 戒相을 記錄한 책임. 五戒는 五邪命, 五放逸事 등을 말함인데 殺生, 偸盗등을 하지 말라는 五戒는 大勝律에 攝受되어 있음.

우바새우바이(優婆塞優婆夷) 在家男女의 信者. (法華經)

우바새율의(優婆塞律儀) 優婆塞戒와 같음. 男性의 在俗信者가 지켜야 할 戒律로 殺生·偸盗·邪婬·妄語·飮酒의 五種의 過誤를 禁制함.

우바선다(優波扇多) ㊵〈Upaśānta〉 또는 優婆擅駄. BC 3C때 사람으로 著書로는 阿毘曇心論을 註釋한 阿毘曇心論經六經을 지음.

우바야바라밀(漚波耶波羅蜜) ㊵〈Upaya-paramita〉 方便度의 뜻으로 十波羅蜜의 하나. 漚波耶는 方便이요, 波羅蜜은 到彼岸의 뜻. 좋고 재미있는 方便을 써서 衆生으로 하여금 涅槃의 境界에 到達하게 하는 것.

우바이(優婆夷) ㊵〈Upāsikā〉 舊譯에는 優波夷·優婆斯라 하였고, 新譯에는 鄔婆斯·優波賜迦·優婆私柯라 함. 번역하여 淸淨女·淸信女·近善女·近事女라 한다. 三寶를 가까이서 섬긴다는 뜻으로 五戒를 받은 女子를 總稱한 것. 四衆의 하나 또는 七衆의 하나. 淨名疏에 「優婆夷는 번역하여 淸淨女다」하였고, 玄應音義二十一에 「鄔波斯迦는 혹 優波賜迦라고도 하는데 번역하여 近善女다. 優婆夷라 말한 것은 잘못된 것이다」라고 하였으며, 同二十三에 「優婆는 번역하여 受, 私柯는 번역하여 女다」하였으니 受는 즉 五戒를 받았다는 뜻이다. 慧琳音義十三에 「鄔波斯迦는 中國말로 近善女인데, 혹은 近事女라고도 말한다」라고 하였고, 西域記九에 「鄔波斯迦는 中國語의 近事女인데 舊譯에 優波斯 또는 優波夷라 한 것은 모두 잘못된 것이다」라고 하였다. 華嚴疏六十二에 「比丘尼에 親近하여 일을 받들기 때문이다(俗家의 信女)」라고 하였음.

우바이계(優婆夷戒) 婦人의 在俗信者가 지켜야 할 戒律.

우바이정행경(優婆夷淨行經) ㊃優婆夷淨行法門經의 약칭.

우바이정행법문경(優婆夷淨行法門經) ㊃二卷. 譯者未詳. 毘舍佉母의 물음으로 因하여 優波夷의 淨行을 널리 설법한 것. 方等部에 攝受되었음.

우바이타사가경(優婆夷墮舍迦經) 부처님이 설법한 優波夷墮舍伽經 一卷. 譯者未詳. 佛說 齋經과 모두 中阿含經五十五 持齋經의 別譯임. 優婆夷墮舍迦에 對하여 齋戒의 法과 그 功德을 說한 것. 墮舍迦는 夫人의 이름.

우바제사(優波提舍) →優婆提舍.

우바제사(優婆提舍) ㊵〈Upadeśa〉또는 鄔波題鑠·優婆題舍·優波提舍·鄔波弟鑠·優波替舍등으로 쓴다. ①번역하여 論議, 逐分別所說이라 하며 부처님이 論議하고 문답하여 온갖 法의 모양을 명백히 말한 경문. 十二部經의 하나. 大乘義章一에「優婆提舍는 번역하여 論이라 함. 모든 法을 論하기 때문이다」라고 하였고, 同卷에「優婆提舍는 번역하여 論議라 하며, 論理를 問答하기 때문에 論義經이라고 말한다」하였음. ②舍利弗의 다른 이름.

※法苑義林章二之本에 「鄔波題鑠 古優婆題舍 此云論議」玄應音義十七에「優婆提舍 此云逐分別所說 沙門隋彼即釋舊人義譯 爲論議經也」

우바제사경(優波提舍經) ㊵〈upadeśaḥ〉論議. 九分教의 하나. (法華經)

우바제삭(優波弟鑠) →優婆提舍.

우바제야야(優波弟耶夜) →優婆馱耶.

우바지사(優波底沙) ㊵〈Upateja〉阿羅漢이름. 번역하여 大光이라 함. 解脫論을 지은 사람. (解脫道論一)

우바지사(優婆底沙) 人名. →優波底沙.

우바체(優波替) ㊵〈Upatisya〉舍利弗의 이름.

우바체사(優波替舍) →舍利弗.

우바타(優波陀) →優鉢羅.

우반긱반(遇飯喫飯) 遇茶喫茶.

우발(優鉢) 꽃 이름. 優鉢羅의 略稱임. 또는 烏鉢이라고도 함. 法華經 隨喜功德品에「優鉢華의 향기가 그 입으로부터 나온다」라고 했음. →優鉢羅.

우발라(漚鉢羅) ㊵〈Utpala〉또는 嗢鉢羅·優鉢羅·烏鉢羅라고도 한다. 꽃 이름으로 번역하여 青黛花 또는 青蓮花라 하는 것으로 蓮꽃의 一種임. 그 꽃은 검푸른 빛깔에 잎은 가늘고 길며 香氣는 매우 진하다. 摩訶般若行珞音義에 「漚鉢羅 번역하여 青蓮華 또는 青黛花라 한다」라고 하였고, 慧琳音義二에「嗢鉢羅花는 번역하여 青蓮花인데 그 꽃의 빛깔은 푸르며 잎은 가늘고 좁으며 길다랗다. 香氣는 아주 진해 멀리까지 퍼진다. 人間世界에는 없고 오직 無熱惱의 大龍池中에 있다. 혹 優鉢羅라 이름한다」라고 하였음. →優鉢羅.

우발라(優鉢羅) 梵〈Utpala〉 또는 烏鉢羅·漚鉢羅·優鉢剌라고도 하는데 蓮꽃의 一種이다. 번역하여 靑蓮花·黛花·紅蓮花라고 한다. 곧 睡蓮으로 根莖은 물 밑에 뻗고 잎만 水面에 뜬다. 七月에 꽃이 피는데 아침에 피었다가 저녁에 오무린다. 經典에는 佛眼에 비유하였다. 慧苑音義上에 「優鉢羅의 바른 이름은 尼羅烏鉢羅이다. 尼羅 (Nila)는 번역하여 靑, 烏鉢羅는 꽃 이름이다. 그 잎은 좁고 길며 밑부분은 조금 둥글고 위로 갈수록 점점 뾰족하다. 부처님의 눈과 같기 때문에 經에서는 많이 비유하였다. 그 꽃 줄기는 蓮뿌리와 비슷한데 조금 가시가 있다」라고 하였고, 玄應音義三에 「優鉢剌는 또 漚鉢羅라고 쓰는데 번역하여 黛花라 한다」하였으며, 法華玄贊一에 「優鉢羅는 번역하여 紅蓮花라고 한다」라고 하였다. 大日經疏十五에 「優鉢羅花는 赤·白 二色이 있고, 또 붉지도 않고 희지도 않은 것이 있는데 모양이 泥盧鉢羅花 같다」라고 하였음.

우발라반나(優鉢羅槃那) 王舍城의 婬女. →夢.

우발라비구니(優鉢羅比丘尼) 곧 華色比丘尼. →華色比丘尼.

우발라용왕(優鉢羅龍王) 梵〈Utpala〉 法華經序品에 列擧한 八大龍王中의 하나. 흔히 優鉢羅華가 나는 연못에 산다고 한다. 文句二上에 「漚鉢羅는 번역하여 黛色蓮花池인데 龍이 이 연못에서 살기 때문에 그 연못의 이름을 따라서 이름한 것이다」라고 하였고, 法華義疏二에 「漚鉢羅龍은 蓮華池의 이름을 따서 이름한 것이다」라고 하였음.

우발라지옥(優鉢羅地獄) 優鉢羅는 梵〈Utpala〉 八寒地獄의 하나. 여기서는 寒苦때문에 몸빛이 變하여 靑蓮華와 같이 되므로 이렇게 부름.

우발라화(憂鉢羅花) 梵〈Utpala〉 憂鉢羅는 靑蓮華를 말함.

우발라화(優鉢羅華) 梵〈Utpala〉 연꽃의 一種. 學名 Nymphaea. tetragona. 根莖은 물밑에 뻗고, 잎만 水面에 뜬다. 7월에 흰꽃이 피는데 아침에 피고 저녁에는 오무린다. 줄여서 優鉢羅라고도 하며 또는 반드시 4월 8일에 꽃이피고 겨울에 열매를 맺는다 함. 경전에는 佛眼에 비유함. →優鉢羅.

우법(愚法) 小乘二類의 하나. 聲聞·緣覺 二種의 小乘은 다만 自法에만 迷執하여 大乘法空의 妙理에는 愚昧하기 때문에 愚法小乘이라고 말하고 一旦 비록 小乘果를 取하였을지라도 大乘의 妙理를 깨달아서 드디어 마음을 돌이켜 大乘을 向한 사람은 不愚法 小乘이라고 말한다. 大乘義章十七末에 「小乘 가운데 二種의 人이 있다. 小에 執着하여 大에 迷한 사람을 愚法人이라 하고,

小를 알아서 大를 이해하는 사람을 不愚法이라고 한다」라고 하였고, 冠註五敎章上의 三에 「①小乘敎 ②大乘始敎 ③終敎 ④頓敎 ⑤圓敎인데 前一은 곧 愚法二乘이요. 後一은 곧 別敎一乘이다」라고 하였으며, 義苑에 「자세히는 愚法小乘인데 法空에 愚昧하기 때문에 이름지어진 것이다. 이는 大乘에서 貶斥하여 부르는 이름인 까닭이다」라고 하였음.

우법개(于法開) 于法蘭의 從弟. 數學을 특히 잘하다. 東晉 哀帝때(362～365) 사람.

우법란(于法蘭) 高陽 사람. 15세에 출가함.

우법소승(愚法小乘) 自己의 法만 고집하고 大乘의 深妙한 理致를 모르는 聲聞·緣覺임.

우법우(雨法雨) ㊵〈dharma-ambu-varṣa〉 비(雨)에 比喩되는 佛의 가르침을 가르쳐 주는 것.

우법이승(愚法二乘) 愚法小乘·愚法聲聞·愚法이라고도 함. 萬有는 모두 實體가 없고 또한 自性이 없는 것이라는 空한 이치에 어두운 聲聞·緣覺을 말함. ↔不愚法二乘.

우보(雨寶) 妙法의 功德을 寶物에 譬喩함.

우보(紆步) 빙빙 돌아 다니는 것.

우보경(雨寶經) ㊷佛說持世陀羅尼經의 다른 이름.

우보다라니경(雨寶陀羅尼經) ㊵〈V-asudhārā dhāraṇi〉 一卷. 唐나라 不空이 翻譯했으며 密敎部의 經典으로 一切如來稱讚雨寶陀羅尼經·能獲一切財寶伏藏經·妙月長者所問經이라고도 함. 부처님이 犍陀迦林에 계실 적에 長者 妙越이 재물을 얻고 질병을 제하는 法을 묻자 雨寶陀羅尼를 說하여 이를 외우고 써서 널리 流通하는 사람은 安樂과 財物과 곡식을 얻는다고 하여 長者가 실행하자 큰 效驗을 얻었다고 함.

우부(愚夫) ㊵〈Bāla〉 번역하여 愚夫 즉 愚癡한 凡夫를 가리킴. 新譯仁王經에 「愚夫는 垢識으로 젖어있어 虛妄에 染着되었다」라고 했음. 또는 縛羅·毛道라고도 씀.

우부소행선(愚夫所行禪) 四種禪의 하나. 二乘人 및 外道들이 無我의 性·無常·不淨한 相등을 觀함을 말하는 것.

우분(牛糞) ㊵〈Gomaya〉 瞿磨夷·巨磨. 印度의 風俗에 牛糞을 가장 淸淨한 것이라 하여 淨物로 꼭 사용한다. 密敎의 儀軌에서 또한 본받는다. 牛糞으로 壇을 발라서 汚穢를 除去하는 法으로 사용하고 있다. 大日經疏에 '牧牛場의 牛跡으로 曼陀羅를 만든 일에 대해서 말하기를 「牛欄은 西域의 聚落인데 牧牛들과 함께 한곳에서 산다. 村落에서 十·五里쯤 떨어진 곳에 오래전부터 소의 오줌과 똥이 온 땅에 많이 쌓여 있는데 印度風俗에는 깨끗하다고 여긴다」라고 하였고, 또 壇만드는 法을 說하여 이르기를 「이와 같이 차례대로 모든 거친 것을 다 除去하고 파낸 흙을 가늘게 부수어 조금씩 조금씩 눌러 놓고 소오줌을 발라서 쌓아 堅固하게 하고 平正하기가 마치 손바닥처럼 하여 놓은 다음에 瞿摩夷 瞿模怛囉〈Gomātra〉를 사용하여 섞어서 바른다. 쉽고 간략히 解釋하는 사람은 이 쇠똥과 소오줌을 順이라 하는데 저 印度地方에서 清淨하다고 한 까닭이다」라고 하였다. 準胝陀羅尼經에 「瞿摩夷는 번역하여 牛糞이다」라고 하였고, 惟楞嚴經七에 「佛이 阿難에게 말씀하시기를 "만약 末世人이 道場을 세우기를 願하거던 먼저 雪山의 大力白牛가 그 山中 地膩香草먹은 똥을 取하라. 이 소는 오직 雪山의 清水만을 마시기 때문에 그 똥은 微細하다」라고 하였음.

우분재(盂盆齊) 盂蘭盆齊의 약칭.

우분종(牛糞種) 瞿曇姓의 別名. 釋迦의 姓은 瞿曇인데 瞿曇의 元祖가 甘蔗園 牛糞속에 태어났기 때문에 牛糞種이라 칭함. (俱舍光記 二十七)

우비(憂悲) 巴〈soka-parideva〉 梵〈śoka〉 근심과 슬픔. (雜阿含經·佛所行讚)

우비환(憂悲患) 梵〈śoka〉 근심. (佛所行讚)

우사(牛詞) 소를 神으로 받들어 모시고 崇拜하는 것. (俱舍論)

우사(禹舍) 梵〈vaisakara〉 巴〈vassakara〉 또는 婆利沙迦羅 婆利迦·雨舍·雨勢라 하며 雨行 또는 行雨라 번역 함. 摩竭陀國 阿闍世王의 大臣이 되어 王에게 重用되었다. 華氏城을 쌓은 것으로 有名함. 어느날 禹舍는 佛과 弟子를 請하여 供養하고 說法을 請하였고 그 자리에 門樓를 짓고 喬答摩門이라 하였음.

우사(藕絲) 見道에서 斷할 수 있는 迷理惑은 그 性이 猛利하여 끊기가 쉽기 때문에 破石에 비유하고 修道에서 斷할 수 있는 迷事惑은 그 性이 鈍弱하여 끊기가 도리어 어렵기 때문에 藕絲에 비유 함. 古德의 頌에 「見道는 破石과 같고 修道는 藕絲와 같다」하였고, 朝野群載二仁王會呪願文에 「藕絲를 끊고 함께 蓮藥에 오르자」 하였음.

우사광(遇斯光) 阿彌陀佛의 清淨한 光明(攝取의 光明)을 만나는 것. (讚阿彌陀佛偈)

우사나(于闍那) 梵〈Kāñcana〉 또는 建折那·于闍羅·那闍羅로 씀. 혹 千闍那로 쓰기도 하나 잘못이다. 잎사귀는 나비 날개와 같고, 꽃은 紅·白 二種이 있으나 향기는 없다. 열매는 莢·豆처럼 생겼고 그 씨는 납작하며 아주 작다. 그 나무는 矮小한 灌木인데 혹 二·三丈되는 喬

木도 있다. 그러나 꽃잎은 전부 똑같고 原產地는 印度임.

우사라(于闍羅) ㊵〈Kuñjara〉 번역하여 好라 함. 또는 于闍那라고도 하며 나무의 이름임.

우사쓰(Uṣas) 梵語로 印度 神話에 나오는 女神이며 아침 별이 아름다운 것을 神格化한 것임. 富貴를 祇願할 때에는 對象神으로 사용함.

우산(牛山) 牛頭山의 약칭. →牛頭山.

우상(羽觴) 盃. (三教指歸)

우상(偶像) 흙, 木材, 또는 金屬등으로 神·佛의 像을 만든 것. 漢書에「霍去病이 焉耆山을 지나다가 休屠王 祭天金人을 얻었는데 이것이 中國 偶像의 가장 오래된 것이다」라고 하였음.

우생(愚生) ㊵〈bāla〉 凡夫.

우선(右旋) 부처님의 白毫가 오른쪽 방향으로 빙둘러쳐짐. 觀無量壽經에「眉目과 白毫가 오른쪽으로 순탄하게 펼쳐져 꼭 다섯 須彌山과 같다」라고 함.

우선가마(優禪伽摩) ㊵〈Uccaṅgama〉 憂承伽摩라 하며 印度에서는 새를 總稱함. (起世因本經)

우세(憂世) 苦가 가득한 娑婆世界를 말함. 또한 浮世·浮生과 뜻이 같게 사용함은 浮草·浮雲과 같이 변화가 無常無定함을 뜻함.

우세경(雨勢經) ㊄부처님이 雨勢大臣을 爲하여 七不褢法을 說한 것으로 中阿含經 三十五에 모두 攝取되었 있음.

우수(右手) 오른손을 智慧에 配對함. 大日經疏三에「왼손은 三昧의 뜻이요. 오른손은 般若의 뜻이니, 열손가락은 바로 十波羅蜜의 뜻으로 滿足을 의미한다」라고 했고, 秘藏記本에「오른 손으로 一切의 모든 일을 주관하여 처리하기 때문에 '智慧'라 名命했으니, 오른손 다섯 손가락은 金剛界의 五智를 가리킨다」라고 하였음.

우수(憂受) 五受의 하나로 즐겁지 않은 마음의 狀態를 말함.

우수(憂愁) ㊵〈śoka〉 근심. 걱정. (法華要頌經)

우슬착지(右膝着地) 印度의 敬禮法이다. 右膝과 右指를 땅에 尖着하고 右股를 空中에 세우며 또한 左膝을 위로 세우고 左足을 땅에 蹠着한다. 또는 瓦跪라 함. 歸敬儀下에「瓦跪는 右左의 두무릎을 交瓦하여 땅에 꿇으며 이를 有所啓請이라 하며 悔過하여 授受하는 儀式이다. 佛法은 右를 順하므로 곧 右膝을 地에 拄하고 右胶를 空에 두며 右指로 땅을 짚는다. 또는 左膝上에 左指를 붙이고 땅을 짚으며 三處로 하여 翹翹하게 몸을 굽혀 앞에 나가므로 마음에 專志를 얻으며 뉘우쳐서 罪를 請하는 것으로 끝난다」하였고 (三處는 右膝과 右脂와 左脂를 말함) 同下에「僧은 丈夫며

剛幹事를 세우므로 互跪로 制御하며 尼는 女弱하여 翹苦가 疲勞하기 쉬우므로 長跪하게 한다. 兩膝이 地에 據하고 兩脛은 空에 翹하며 兩足은 地에 拄하며 挺身하여 선 것이다」하였음.

※象器箋十에 「忠曰 今人所爲互跪者 右膝着地 右蹠承尻 植左膝屈之 左蹠蹈地 都無在空者 如此互跪 易於長跪 寧長跪可踣 互跪不可倒 翻令人疑互跪難爲長跪易爲之說」 法華經信解品에 「偏袒右肩 右膝着地 一心合掌」

우승(愚僧) 愚昧한 出家者를 排斥하여 지적하는 말이다. 資持記上一의 三에 「不學愚僧은 傳으로 口實을 삼는다」라고 하였고, 通鑑 唐紀七에 「愚僧의 矯詐는 모두 佛로부터 시작되었다 라고 말한다」하였다. 지금은 자기 자신을 가리키는 말이 되었음.

우승가마(愚承伽摩) 鳥名. →優禪伽摩.

우시라(優尸羅) 梵〈Uśira〉 學名은 Andropogan Muricatus로 憂尸羅·嗢尸羅라 하며 香菜라 翻譯되는 청량한 느낌을 주는 香草를 말함. (四分律疏九)

우심(愚心) 나.

우안거(雨安居) 雨季의 定住. 雨季間. 一定한 場所에 머물러 遍歷하지 않는 것. →安居.

우암(愚闇) 梵〈aprabuddha〉 智慧가 없는 것. (佛所行讚)

우양심안(牛羊心眼) 牛羊眼과 같음. 金光明玄義上에 「이 뜻을 알지 못하면 소나 양의 心眼과 같은 것이니 족히 더불어 道를 論할 바가 못된다」라고 하였음. →牛羊眼.

우양안(牛羊眼) 소나 양의 눈으로 智見이 아주 저열함을 비유한 말. 智度論八十二에 「肉眼의 소견은 소나 양과 다를바 없다」라고 했고, 玄義二上에 「소나 양의 눈으로서는 衆生을 다 觀視할 수 없고, 凡夫의 마음으론 衆生을 評量할 수 없는 것이다」라고 하였음.

※止觀一下에 「如牛羊眼不解方隅」

우열(優劣) 優等과 劣等, 훌륭한 것과 뒤 떨어지는 것, 좋은 것과 나쁜 것. 勝劣.

우옥(憂獄) 憂愁의 苦痛이 감옥 속과 같음을 비유한 말. 智度論十八에 「勝負는 기쁨과 슬픔을 품게 되는 것이니 勝者는 憍慢한 坑속에 떨어지게 되고 敗負한 사람은 憂愁의 감옥속에 떨어지게 된다」라고 하였음.

우왕(牛王) 소 가운데 勝한 者를 말함. 勝鬘經에 「牛王과 같다. 形色을 比할 수 없이 一切牛에 勝한다」 이것으로 佛菩薩에 比喩한 것. 涅槃經十八 嘆佛에 「人中의 象王이며 人中에 牛王이며 人中의 龍王이다」하였고, 無量壽經下 嘆菩薩之德에 「牛王과 같이 能히 이길사람 없기 때문임과 같다」하였으며, 大毘婆沙

一百七十七　釋迦菩薩　讚底沙佛의 偈에 「丈夫牛王大沙門이 땅을 찾아 山中에 等없이 遍한다」하였음.

우왕가지회(牛王加持會)　招福·除災의 牛王寶印의 加持法會.

우왕인전득(牛王引前得)　먼저 얻은 사람이 자기의 얻은 것을 引用하여 남을 얻게 하는것. 時間的으로 앞인 경우를 말한다. 소가 車를 끄는 것에 比喩하여 하는 말로 소와 車가 같은 길을 가지만 소가 車보다 앞서서 車를 끌고 가는 것. →法前得.

우왕존자(牛王尊者)　佛弟子憍梵波提의 譯名. 尊者牛王이라 하고 그나머지 經에는 牛阿·牛跡·牛相等으로 번역함. →憍梵波提.

우왕첩상(牛王睫相)　눈이 牛王과 같이 뛰어난 相. 三十二相의 하나. →三十二相. (大毘婆沙論)

우요(右遶)　㊵〈pradakṣiṇā〉 右旋이라고도 하며 오른쪽으로 도는 것 즉 右回. 堂 中央에 右肩이 向하도록 時計針이 도는 方向으로 도는 것. 印度의 禮法. 古代 印度에서는 貴人에게 尊敬의 뜻을 表示할 때 右脇을 貴人에 向하게하여 그 周圍를 세번 돌았다. 또 軍隊가 凱旋하여 돌아 왔을 때는 城壁둘레를 三番右回하고 城中으로 들어갔다. 베다 學生은 聖火를 右回한다. 이런 風俗이 佛敎에 採用된 것이다. 印度에서는 佛에 對하여 修行僧은 右遶三匝하는 것이 禮法이다. 中國에서는 戒壇을 돌 때에 左遶法을 취할 때가 있으며, 日本에서도 禪宗의 巡香時에는 左遶하나 其他의 行道는 모두 右遶함. →右繞 (彌勒成佛經)

우요(右繞)　敬禮의 一種. 높은 분의 곁에 있을 때는 오른쪽으로 도는 것. 無量壽經上에 「佛足에 머리를 조아리고 오른 쪽을 세번 돌았다」하였고, 象器箋十에 「四分律에 말하기를 "客의 比丘가 塔가에서 왼쪽으로 지나치면 護塔神이 瞋한다. 佛께서 말하기를 左邊으로 지나가지 말고 塔도 오른쪽으로 돌아서 지나가라"하였으며 薩婆多毘尼毘婆沙에 이르기를 "右繞은 佛法에 따르기 때문이다. 그럼으로 右繞라 한다"」하였으며 寄歸傳三에 「旋右는 梵語로 鉢喇特崎拏(Pradakṣiṇa)라 함. 鉢羅는 繞로 많은 뜻이 있다. 이 가운데 意趣는 旋行의 일을 表한 것. 特崎拏는 곧 右로 모두 尊과 便의 순서를 밝힌 것. 그 때 사람들은 右手를 特崎拏라 하였다. 뜻은 그 右邊을 따르라는 것으로 尊도 되고 便도 된다. 비로소 旋繞의 儀에 合한다는 것이다」하였음. 그러나 右繞의 古義를 解釋한 것이 甚히 많다. 南山 義淨의 뜻에 依하면 尊者를 向하여 바른 손쪽으로 돌아서 左手 쪽으로 나오는 것이 右繞가 된다 하고 反對는 곧 左繞가 된다

하였다. 南山의 歸敬儀에 「右繞는 얼굴을 西로 向하고 北으로 도는 것으로 右肩에 袒侍하고 佛을 向하여 恭敬하고 僧에 比見하면 이法으로 하지 않고 문득 東을 向하여 北으로 도는 것을 右繞라 한다. 西竺의 梵僧이 京邑에 閬聚하여 經을 行하며 旋繞한다. 눈으로 그 자취를 보니 모두 西廻하여 右繞라 하였다. 天道를 願하는 日月과 같았다」하였음. 이는 尊者의 左手를 東이라 하고 그 右手를 西라 한 것. 義淨의 寄歸傳三에 「다만 梵本에만 依하면 人情을 杜塞하게 된다. 右邊을 向하면 右繞가 되고 左邊을 向하면 左繞가 되는데 이것이 聖制가 되니 疑惑하지 말라」하니 이는 尊者의 左手가 左邊이 되고 右手가 右邊이 된다. 그러나 南山의 感通傳에 「戒壇의 儀式은 住持의 式相이다. 衆僧이 說戒 受戒할 때는 모두 가서 오른다. 일이 끝나면 東으로 돌아 左轉하여 南으로 나와서 돌아온다」한 것은 左旋相이다. 이 相違된 것을 元照가 解釋하기를 "歸敬儀는 繞佛의 儀를 示한 것이며 感通傳은 繞壇의 뜻을 示한 것이다. 資持紀下三의 二에 「그러나 諸經論에는 모두 右繞하게 하였다. 古今의 諍論이 粉粉하여 그치지 않아 都緣을 밝히지 못하나 繞佛과 遶壇의 兩儀가 自別된다. (中略) 遶佛은 敬을 이루는데 根本이 있고 遶壇은 行事에 便利하게 한 것. 敬을 이루면 반드시 右遶하여 執持의 恭勤을 表하고 行事는 반드시 左遶하여 上下의 倫序를 지키게 한다」하였음. 또는 慧琳音義二十一에는 萬字(卍)의 形과 白毫 右旋의 圖를 表示하였음. 右繞와 左繞는 나로 말미암아 尊者의 左右를 標準하는 것이라 함.

우요불탑공덕경(右繞佛塔功德經) 佛說右繞佛塔功德經을 말함. 一卷. 唐 實叉難陀의 번역인데, 내용은 舍利佛의 請問에 의하여 부처님이 繞塔의 功德에 대하여 答說한 것임.

우요삼잡(右澆三匝) 右繞三匝과 같음. (東海寄歸傳)

우요삼잡(右繞三匝) ㉵〈dakṣinj-kṛt-ya…〉 세번右回. 佛을 自身의 右側으로 向하게 하여 右回三周하는 것. (無量壽經)

우욕(憂欲) 激質에 依한 意欲. 산캬哲學에서 말함. ㉵(samsaro bhavati rājasād rāgāt) 激質에 依한 欲에서 生死(輪廻)가 生긴다고 해석함. (金七十論)

우욕의(雨浴衣) ㉶〈vassika-sāṭikā-civara〉 ㉵〈varṣāśāṭi-civara〉 雨季의 옷. 비에 沐浴할 때 입는 옷.

우용지인(愚庸之人) 愚痴하고 庸劣한 사람.

우운(友雲) ①高麗 僧侶. 속성은 金氏. 어려서 華嚴宗에 들어가 중이 되고, 賢首教觀을 배웠다. 北京에 가서 江蘇, 浙江등지로 여행하였고, 恭愍王의 信任을 받아 이름난 寺刹에 주지하고, 늙어서 鷄林의 檀庵에 있었다. 후에 다시 대공산 符仁寺에 있다가 오래지 않아서 개성 法王寺로 초청되고, 華嚴宗師가 되어 宗風을 크게 宣揚하였다. ② 宋나라때 僧 宗鑒의 號.

우위(愚位) 愚法小乘의 位. 또는 發心하지 않을 때. (五教章)

우위(憂危) ㊵〈Kheda〉 疲勞를 뜻함. (五百十讚)

우은(紆隱) 迂遠하고 숨기고 있는 것. (四教儀註)

우은(愚隱) 朝鮮朝 僧侶. 楡岾寺 達善의 法號. →達善.

우음(愚音) 나 個人의 愚見. (往生要集)

우이(偶爾) 우연히. 爾는 如, 然과 같이 형용의 조사로 쓰임.

우익(藕益) 또는 蕅益. 明나라 高僧 智旭의 法號. 藕益이 靈峰에 住錫하였음. →智旭.

우인(雨仁) 韓國末期의 僧侶. 號는 幻鏡 俗姓은 黃氏. 人格이 傑出하고 智慧가 뛰어나 大衆의 推仰을 받는 嶺南의 大講師였음.

우인(愚人) ㊵〈moha-puruṣa〉 어리석은 사람.

우일행수일행(遇一行修一行) 한 行에 遭遇하는 것은 唯一絶對의 行을 修行하는 것. (正法眼藏 現成公案)

우자(愚者) ①㊴〈duppañña〉 ㊵〈bāla〉 어리석은 者. (那先經 · 雜阿含經 · 出曜經 親品) ②㊴〈ajānant〉 모르고 있는 者. (那先經)

우자나마라(于遮那摩羅) ㊵〈Kāmoana-mālā〉 王妃의 이름. 번역하여 金鬘. 于爲干의 잘못된 梵語. 阿育經에 「于遮那는 번역하여 金, 摩羅는 번역하여 鬘이다」하였음. 于는 干字의 잘못이라 함.

우자문(愚者問) 어리석은 者의 議論. (那先經)

우작의(牛嚼衣) 十種糞掃衣의 一種. 소가 씹어서 不潔하게 되어 버린 옷을 주어서 補綴하여 袈裟를 만든 것. 소가 씹어서 다 헤어진 것. 印度에서는 소가 마음대로 徘徊하고 있으므로 씹는 일이 많다. (四分律 · 十誦律)

우장(牛鏘) ㊵〈go-kaṇṭaka〉 ㊄〈rad rod can〉 소가 밟은 高底있는 땅. (百五十讚)

우재(遇哉) 幸福하다는 감탄사. (十二門論序)

우적(牛跡) 소가 간 자취. 佛을 牛王이라 稱하고, 佛의 가르침을 牛跡이라 함. (維摩經 弟子品)

우적가(遇賊歌) 鄕歌. 新羅의 僧侶 永才 지음. 元聖王 때 중 永才가 山賊을 만나 그 노래를 지어 부르자 도적이 感化하여 佛教에 귀의했다 함.

우적방(牛跡方) ㊵〈goṣ-pada〉 소가 지나간 곳에 있는 발굽자취에 얕은

물이 괴어 있는 곳. (百五十讚)

우적비구(牛跡比丘) ㊵〈Gavāmpati〉 佛弟子 憍梵波提 法華文句二上에 「憍梵波提는 牛呞라고 번역하며 無量壽란 牛王을 칭하는 것이다. 增一에 牛跡이라 함. 이 사람은 옛 五百世에 일찍이 牛王이었기 때문이다. 소란 언제나 먹은 후에 되새김을 하니 이는 남은 業報가 다하지 아니하여 언제나 되새김을 하므로 사람들이 牛呞라 말하였다.」하였고, 增一阿含 三에 「天上에 기쁘게 居하고 사람 가운데 살지 않는다. 牛跡比丘를 말한다」하였으며, 寶物集 三에 「羅漢이 漏를 다하고 牛跡名稱을 남겼다」하였음.

우전(于闐) 또는 于殿·于塡·于遁·谿丹·屈丹등으로 부르며 梵語 瞿怛薩那〈Kustana〉 번역하여 地乳라 함. 지금의 〈Khotan〉으로 和闐의 땅임. 離車族이 尼波羅에서 부터 西藏高原을 縱斷하여 이곳에서 나라를 세웠음. 大乘이 行하는 곳으로 中國에 오는 經典이 모두 이 땅을 經由하여 온다함. 西域紀十二에 이땅의 歷史가 記錄되어 있음.

우전(寓錢) 종이로 돈의 모양을 만들어 돈을 흉내낸 것이니, 바로 紙錢을 말함. →紙錢.

우전왕(優塡王) ㊵〈Udayana〉 ㊴〈udena〉 舊稱于闐·優塡이라 하고 新稱은 優陀延 鄔陀衍那 嗢陀演那伐蹉라 함. 拘睒彌國王의 이름. 번역하여 出愛라 함. 西域記五에 「鄔陀衍那王은 中國語로 出愛라 한다. 舊에 優塡王은 잘못된 것이다」하였고, 釋迦誌上에 「鄔陀衍那王은 古優陀延이다. 번역하여 出愛라한다」하였으며, 瑜伽略纂十六에 「出愛王은 舊言 優塡王이다. 正本音에 嗢陀演那(번역하여 出이라 함) 伐嗟(번역하여 愛라 함) 揭剌闍(번역하여 王이라 함) 優塡은 訛傳된 것이다」하였고, 心地觀經一에 「于闐王이다」하였음.

우전왕경(優塡王經) 佛說優塡王經 一卷, 西晋 法炬 번역, 이 經과 佛說大乘日子王所問經은 모두 大寶積經 九十七卷 優陀延王會의 異譯임. 優塡王의 正后가 부처님에 歸依하여 須陀洹果를 얻었는데, 王은 無比夫人의 참소를 믿어 그 正后를 죽이고자 세개의 화살을 쏘았으나, 화살은 돌아와 王의 이마 위인 空中에 머무르니, 王은 크게 놀래어 후회하고 無比夫人과 함께 부처님 계신 곳을 찾아가 참회하였다. 이때 부처님이 大夫와 夫人을 爲하여 說한 것.

우전왕작불형상경(優塡王作佛形像經) 佛說作佛形像經의 別名 一卷. 譯者未詳. 부처님이 優塡王의 물음에 불상을 짓는 功德을 說한 것.

우전왕조불상(優塡王造佛像) 釋尊께서 一夏九旬을 忉利天에 올라가 어머니를 爲하여 說法하고 閻浮를 돌아오지 않을 때에 拘睒彌國 優塡王이 이를 思慕하여 牛頭栴檀으로 如來像을 造成하니 높이는 五尺이었다. 如來께서 天宮에서 돌아오니 栴檀에 새긴 佛像이 일어나 그를 맞이 하였다. 이에 世尊이 그 佛像에게 末世의 敎化를 부탁하였다는 說話가 있음. (增一阿含經 二十八 西域記 五·經律異相六) 또한 부처님이 上天할 때에 優塡王이 금으로 부처님의 모습을 鑄造하였다 함. (觀佛三昧經 六)

우제(雨際) 雨期를 말함.

우제외도(雨際外道) ㊵〈Varsagana〉 또는 嚩利沙鍵拏라고도 하며 雨衆外道라 함. 數論外道의 十八派의 하나로 迦毘羅仙의 弟子인 伐里沙를 中心으로 하며 因中有果의 學說을 主張하는 派임. 伐里沙는 雨期에 낳았다는 뜻.

우조(優詔) ①優渥한 詔書. 임금의 두터운 勅令.

우족(羽族) 마음의 迷惑을 새에 比喩한 말. (三教指歸)

우종(寓宗) 또는 附宗. 한 宗派로 독립하지 못하고 다른 宗에 딸린 宗旨를 말하는데 즉 俱舍宗·成實宗과 같이 다른 宗의 사람들이 겸해서 배울 뿐 獨立된 宗旨가 되지 못한 것을 말함.

우중(雨衆) ㊵〈Vārṣya〉 數論派의 別稱. 唯識述記 一末에 「外道에 劫比羅가 있다. 舊는 迦毘羅라 하나 訛傳된 것. 이는 黃赤色을 말함, 수염·머리털·낯빛이 모두 黃色이기 때문이다. 이제 西方에 貴婆羅門種은 모두 黃赤色이므로 當時에 黃赤色仙人이라고 불렀다. 그後 弟子의 가운데 上首인 十八部中의 部主를 伐里沙라 부르고 번역하여 雨가 되며 비가 내릴적에 낳았기 때문에 이름 지은 것이다. 그 雨의 徒黨을 雨衆外道라 한다」 하였음.

우중(禺中) 巳時. 지금의 午前 十時·五時 곧 高山·幽谷·食時·禺中·正中의 하나임. 說文에 「해가 巳時에 있는 것을 禺中이라고 한다」라고 하였음. 天台宗에서는 華嚴經의 日出 三照의 文을 따라서 五時敎에서 第四의 般若로써 配對하여 禺中時의 敎로 定하였음.

우중삼덕(雨中三德) 數論派의 二十五諦 가운데 그 第一에 自性冥諦가 있다, 이는 薩埵·剌闍·答摩의 三德이 있음. →三德

우지(盂只) 놋쇠로 만든 큰 합. 行者들의 밥그릇.

우지(寓止) 臨時로 사는 집. 임시로 살음. (正法眼藏 行持)

우지(愚智) ㊵〈mūrkha〉 어리석은 者. (金七十論)

우차바발다(優差波跋多) ㊵〈Uccāpavarta〉 ㊎번역하여 舉轉. (本行集經十一)

우척(憂慼) ①근심하여 아파함. ② ㊵〈madgu-bhūta〉 理性을 잃는 것.

(瑜伽論 因明)

우취(疣贅) 혹.

우치(愚稚) 推考力이 없는 幼稚한 者. (瑜伽論)

우치(愚痴) ㊵〈Moha〉 慕何. 번역하여 痴라 함. 三毒의 하나. 心性이 闇昧하여 事理를 通達하는 智明이 없는 것. 無明과 같음. 瑜伽論八十六에 「痴는 異名이며 또한 無智라 하며 또한 無見 또한 非現觀 또는 惛昧 또는 無明 또는 黑闇이라 한다」하였고, 法界次第上에 「迷惑의 性이 痴가 된다고 한다. 만일 一切事理에 迷하면 無明이 끊어지지 않아 迷惑을 妄取하여 모든 邪行이 일어난다. 곧 이는 痴毒이며 또한 無明이다」하였음. 大乘義章五本에 「闇惑을 痴라 한다」하였고, 華嚴大疏鈔二十에 「四諦에 迷함을 모두 愚痴라 한다」하였음.

우치망(愚癡網) ㊵〈moha-paśa〉 迷惑을 網에 比喩하여 말함. (佛所行讚)

우치범인(愚癡凡人) ㊵〈mūrkha-jana〉 어리석은 者. 凡人은 凡庸한 사람이란 뜻.

우치인(愚癡人) ㊹〈mogha-purisa〉 ㊵〈moha-puruṣa〉 ㊵〈durmedha〉 어리석은 사람. (中阿含經·有部律破僧事)

우치재(愚痴齋) 愚癡하고 蒙昧하여 般若의 慧眼이 열리지 못하고 世情에 戀戀하여 사람의 죽음을 슬퍼하는 사람을 위로하기 위하여 齋를 베풀어 깨닫게 하는 것을 말함. 洞山良价가 臨終時에 僧齋를 베푼 것을 이름하여 愚痴齋라 한다. 이것은 弟子들의 戀戀하는 世情을 깨우쳐주기 위한 것이다. 傳燈錄十五(良价傳)에 「唐나라 咸通十(869)年 三月에 師가 弟子를 시켜 머리를 깎고 옷을 갈아 입은 뒤에 鍾을 울리게 하고 儼然히 坐化하였다. 그때에 大衆들이 울부짖으며 슬퍼하여 해그림자가 훨씬 옮기도록 그칠 줄을 몰랐다. 師가 문득 눈을 번쩍 뜨고 일어나서 말하기를 "무릇 出家한 사람은 마음을 事物에 붙여서는 아니 된다. 이것이 참 修行인 것이다. 괴로운 生·死를 쉬어버리는 것인데 무엇을 슬퍼할 것이 있느냐" 하고는 이에 住持僧을 불러서 愚痴齋一中을 베풀도록 하니, 대개 그 戀戀하는 人情을 꾸짖기 위한 것이다. 그래도 大衆들이 아직도 戀慕해 마지 않고 延하여 七日에 이르렀다. 飮食이다 갖추어지니 師 또한 齋를 마치고, 말하기를 "僧家에서는 大率이 臨行할 때에 宣動하기를 이와 같이 하지 말라"하고 八日째 이르러서 沐浴을 마치고 端正히 앉아서 入寂하였다」라고 하였음.

우치전도(愚癡顚倒) 凡夫에 叡智가 없고, 事物의 道理를 거꾸로 理解하는 것. (沙石集)

우치지인(愚癡之人) ㊹〈bāla-purmedha〉 어리석은 凡人. (那先經)

우치품(愚癡品) 無明. (五教章)

오탁가한다(烏鐸迦漢茶) (梵)〈Uṭakhāṇda〉 北印度 健馱羅國의 都城 이름. 信度河의 北岸에 있음.

우통(憂痛) (巴)〈parideva-soka〉 근심과 슬픔. (義足經)

우티야나(Uddiyana) 或은 (梵)〈Odiyana〉 단드라佛教가 發生하여 가장 盛하였던 나라의 하나로 그 四聖地 안에 들어있다. 우티야나의 地理的 位置에 對하여는 異說이 많다. 그것은 大別하여 오릿사(Orissa) 또는 앗삼(Assam)이라는 說과 스와트(Swat) 河 流域의 西北印度라고 하는 說로 나누어진다. 地理學者 율(H. Yule)은 스와트河流域 배샤왈(Peshawal)의 北方이라고 생각하였고 왓델(L.A waddell)은 이 說을 받아 가슈밀(Kashmirs)의 北西部에 있는 가즈니(Ghazni) 곧 우디야나(Udana) 或은 울간(Urgan)이라고 보았음.

우파나야나(Upanayana) 바라문教의 入盟式. 印度의 四姓中 最下의 세도라以外의 少年이 스승 밑에서 聖紐을 준다. 그 式이 마치면 베다學習의 資格을 얻음.

우파니샤드(Upaniṣad) 古代印度의 一群의 哲學書. 산스크리트로 쓰였으며, 師弟가 서로 對座하여 傳授하는 「秘密의 教義」를 意味하는 말로 그 때문에 東洋의 學者들이 奧義書라 번역하였다. 現在 二百餘種이 傳해지며 그中 主要한 것 十數種은 古우파니샤드라 總稱되어, B.C 6～3世紀頃 늦어도 紀元前後에 成立된 것이다. 이 以後 十數世紀에 이르기까지 繼續하여 作製된 것을 新우파니샤드라 하며 文體에 따라 古散文, 散文, 新散文의 셋으로 分類한다. 베다聖典의 最後部分을 形成하고 各各 四베다의 어느 것에 屬하며, 古來 슈루티(梵〈śruti〉 天啓文學)로서 神聖視한다. 印度의 正統바라몬哲學思想의 淵源으로서 그 後의 哲學·宗教思想의 根幹·典據로 되어 있다. 個個의 우파니샤드는 統一된 思想을 同一한 作者가 一定한 形式下에 叙述한 것이 아니고, 오랜 歲月동안 編集·整備된 것으로 생각되며, 또 베다의 祭式萬能主義에 對한 反潑로도 解釋되며, 그 때문에 마침내 佛教의 興起를 促求하는 思想的 契機로도 되었다고 한다. 따라서 그中에는 新舊 雜多한 思想이 混合되어 있으며 全體로서의 統一을 缺하고 있으나 그 編纂은 바라몬의 손으로 된 것은 疑心할 여지가 없다. 全體를 貫通하는 根本思想은 萬有의 根本原理를 探究하여 大宇宙의 本體인 부라후만(梵〈Brahman〉梵)과 個人의 本質인 아트만(梵〈Ātman〉我)이 一體임을 說明하는 梵我一如의 思想이고, 觀念的 一元哲學이라 할 수 있다. 더우기 이 根本原理에서 萬物이 一定한 順序下에 發生하였다고 말한다. 人間은 칼만(梵〈Karman〉業)에 따라 輪廻를 反復하나 사람은 禪定·苦行에 따라 透徹한 梵我一如의 眞理의 認識에 到達하므로 輪廻의 境涯를 解脫하여 常住不滅의 부라후마·로카(梵〈brahmaloka梵界)에 살게 되는 것을 人生의 最高目的으로 하였음.

우포사타(uposatha) 元來 印度의 牧牛者間에 一種의 休息으로 施行하였으나 자이나敎 등의 諸宗敎에 採用되어, 謹身行事로 되었다. 그것이 佛敎에 採用되었음. 一布薩.

우피(牛皮) 牛皮를 입고 해를 向하면 더욱 굳어지고 龍鬚로 동여 매고 물에 들어가면 더욱 조여 든다. 牛皮와 龍鬚가 비록 貴한 것이지마는 境遇에 따라서는 몸을 害함을 人天有漏의 福이 法身의 慧命을 傷하는데 비유한 것. 止觀五에 「設似 三途欣과 五戒와 十善을 버리고 相心으로 福을 닦고자하면 市場의 交易같아서 翻更하면 罪를 더하여 魚가 筍口에 들어가고 蛾가 燈가운데 모이는 것과 같다. 狂計와 邪黠은 더욱 速하기도 하고 더욱 멀기도 하다. 목마를 때 짠 물을 마시며 龍鬚로 몸을 동여 매어서 물에 들어가면 苦痛으로 바꾸이며 牛皮로 몸을 싸서 해를 向하면 彌堅하고 장님이 가시숲으로 들어가고 물에 빠져서 洄澓에 떨어짐과 같다」하였고, 同輔行에 「有相의 福은 龍鬚牛皮와 같다. 戒와 定과 慧는 如身 如體하고 有相으로 마음을 닦으면 如縛如繫하며 人天의 果를 받으면 如入如向하고 문득 三途에 떨어지면 彌堅轉痛함과 같으므로 大論에 이르기를 利養은 龍鬚繩으로 몸을 묶어 물에 들어감과 같다. 처음에는 껍질이 傷할까 조심하지만 나중에는 定肉이 損하고 뒤에는 慧骨이 損한다」하였음.

우필사(優畢捨) 梵〈Upeksa〉 또는 憂畢叉라 하며 번역하여 捨. 平等·持心平等·不偏一方이라 함. 捨는 偏心을 버리는 것. 涅槃經三十에 「憂畢叉는 平等이라 하며 또한 不諍, 또한 不觀 또는 不行이라 하며 번역하여 捨라한다」하였고, 慧琳音義二十六에 「憂畢叉는 번역하여 捨다」하였으며, 大乘義章十에 「止觀捨는 經가운데도 또한 定慧와 捨라하며 이 것은 修行하는 가운데 差別이다. 修의 뜻이 不同하여 一門을 三으로 나눈다. 止는 梵語로 奢摩他이며 번역하여 止가 된다. 마음을 지켜 緣에 住하며 散動을 여의므로 止라 한다. 또한 止心이 어지럽지 않으므로 定이라 함. 觀은 梵語로 毘婆舍那라 하며 번역하여 觀이라 함. 法을 推究하고 簡擇하는 것을 觀이라하고 觀에 達함을 慧라 함. 捨는 梵語로 優畢叉라하고 번역하여 捨라 함. 行하는 마음이 平等하며 偏執을 捨離하므로 捨라 한다」하였음.

우필차(優畢叉) ㊵〈Upekṣā〉 平等·捨·不諍이라 翻譯되며 天台宗에서는 空과 有의 양쪽에 치우치지 아니한 中道觀을 말한 것으로 不苦不樂이라 함. →優畢捨

우한(優閑) 점잖고 아담함. 또 優遊閑寂의 뜻도 됨.

우함(羽含) 감싸 保護함. 原意는 어미새가 새끼를 나래 밑에서 養育하는 것.

우해(偶諧) 偶는 둘이 併行함. 諧는 잘 어울림. 相合하는 것. 打成一片의 뜻으로 쓰임. (碧巖錄)

우해(憂悔) 근심 걱정의 깊이가 바다와 같음에 비유한 것. 智度論二에 「마음이 근심의 바다에 빠지면 스스로 헤어나올 수가 없다」라고 하였음.

우행(雨行) ㊵〈Varṣakāra〉 ㊣〈Vassakāra〉 또는 雨舍·禹舍·雨執·行雨라고도 하며 印度 磨揭陀國 阿闍世王의 대신의 이름이다. 大涅槃經三十三卷에 「阿闍世王이 太子 때에 父王 頻婆娑羅王을 廢하고 자하니 雨行이 提婆達多를 달래어 太子의 逆謀를 보조하였다」 함.

우협(右脇) 右脇을 밑으로 하여 자는 것. (中阿含經)

우호(牛醐) 소에서 醍醐味를 取한 것. 秘藏寶鑰上에 「驢乳와 牛醐를 구별하지 않을 수 없다」라고 하였음.

우혹(愚惑) 마음이 어리석어 事理에 어두운 者를 말함. 無量壽經下에 「愚惑으로 꽉 덮혀 있어 深思 熟計할 수 없다」라고 함.

우화(雨花) 또는 雨華. 꽃비가 내림 大曆初에 大同坊 雲花寺에서 僧儼이 經을 講하는데 하늘에서 꽃비가 내려 地上에서 한자쯤까지 내려와서는 사라지곤 했다. 밤이 되자 촛불을 켠것처럼 환히 방안을 밝혀주니 王이 消息을 듣고 命을 내려 절 이름을 雲華寺라고 고쳤음. (酉陽雜俎)

우화(雨華) 하늘에서 꽃비가 내림. 法華經序品에 「이때에 하늘에서 曼陀羅華·摩訶曼陀羅華·曼殊沙華·摩訶曼殊沙華가 부처님座上과 여러 大衆앞에 비오듯 우수수 쏟아졌다」고 했고, 無量壽經上에 「만약 간절한 祈願이 극치에 이르면 三千大千이 모두 感動하여 虛空에서 諸天이 珍妙한 꽃을 흩뿌린다」라고 하였음.

우화(漚和) ㊵〈upāya〉 方便이라 함. 方法 · 手段. (純眞陀羅所問如來三昧經)

우화(憂火) 근심 걱정 煩惱의 타오르는 것이 마치 불길처럼 맹렬함에 비유한 말. 金光明經四에 「내가 항상 부처님을 우러러 뵈옵고 몹시 애타게 기다리다가 이 일로 말미암아 걱정의 불길이 타오르고 있아오니 願컨대 世尊이시여 저에게 慈悲心을 베푸시와 맑고 시원한 法水를 내려주시어 이 불길을 꺼주시옵소서」라고 하였음.

우화구사라(漚和拘舍羅) ㊵〈Upāya-kauśalya〉 또는 漚和俱舍羅·傴和拘舍羅라고도 한다. 번역하여 方便勝智·善巧方便·方便善巧라 함. 法華義疏四上에 「外國에서는 傴和拘舍羅라 稱하는데 漚和는 方便이라 稱하고, 拘舍羅는 勝智라 稱한다」라고 하였고, 可洪音義五에 「漚和拘舍羅는 또 憂波憍舍羅라 하는데 번역하여 妙라 하고, 또는 善巧方便이라 한다」라고 하였으며, 放光般若經 行瑫音義에 「漚和의 윗글자 漚의 音은 '우'요. 아랫 글자 和는 혹 惒로 쓰는데 漚惒拘舍羅는 번역하여 方便이라 한다」라고 하였고, 華嚴疏鈔十四에 「漚和俱舍羅는 번역하여 方便善巧라 한다」라고 하였음.

우화대(雨花臺) 地名. 江蘇 江寧縣 南쪽 가장 높은 곳에 있는데 멀리 유유히 흐르는 長江을 바라보고 발밑에 臨城市를 굽어보며 金陵의 가장 要衝地로 되어 있다. 梁武帝때 한 法師가 여기에서 講經을 하는데 하늘이 감동하여 꽃비가 내렸다. 그래서 불려진 이름.

우화서(雨華瑞) 法華六瑞 가운데 第三瑞. 世尊께서 法華經을 說하려고 三昧에 드셨는데 하늘에서 四種의 꽃이 비오듯 쏟아졌다. 그래서 '雨華瑞'이라 함. 法華經疏二에 「事에 依하여 말하면 이미 非常法을 說하니 諸天이 感動하여 꽃供養을 한 것이고, (中略) 理에 의해서 말하면 하늘은 淸淨한 것이며 四衆의 마음도 이미 淸淨하였으므로 經을 듣자 바로 成佛한 것이다. (中略) 四種의 꽃비는 바로 四衆이 成佛한 것을 나타낸 것」이라고 하였음.

우화주(牛貨洲) 古語에 瞿伽尼 또는 瞿耶尼·瞿陀尼라 하나 모두 訛傳임. 바르게는 遇嚩柅라 하고 번역하여 牛貨라 함. 毘曇에 말하기를 그곳에는 소가 많아 소로써 재물을 바꾸었기 때문에 이것을 因하여 地名을 삼음. 〈希麟音義.〉

우환(憂患) ㊵〈upasarga〉 근심. 걱정. (法華經譬喩品·灌頂經)

우황가지(牛黃加持) 修行하는 法으로 또는 牛王加持라고도 한다. 安產加持 作法의 하나. 이 法은 七俱胝佛母가 說한 准提陀羅尼經에서 나온 것. 그 文에 이르기를 「만약 女人이 子息이 없을 때는 牛黃으로 자작나무 껍질에다가 이 眞言을 써 가지고 차고 다니면 오래지 않아서 틀림없이 子息을 갖게 된다」라고 하였음.

우회(迂回) 迂廻와 같음. 멀리 돌아가는 길. 最澄의 批判에 依하면 小乘佛敎는 헤아릴수 없을 만큼 오랜 時期의 몇 生涯에 걸친 修行을 말하므로, 돌아가는 길(迂廻)의 가르침이라고 말함.

우회(迂廻)→迂回.

우회(憂悔) 憂愁와 悔恨. (往生要集)

우희야(俁呬野) 諸天의 이름. (慧琳音義 三十五)

욱가(郁迦) 梵〈Ugra〉〈ugravati〉 迦羅越의 약칭. 舍衛國 長者의 이름. 번역하여 功德. 또는 威德이라 함. 慧琳音義 二十六에 「郁迦長者가 佛陀를 찾아 出家를 하니 佛陀께서 郁迦에게 菩薩行을 說法하였다」라고 함.

욱가라월문보살행경 (郁迦羅越問菩薩行經) 經西晋竺法護 번역. 一卷.

욱가라촌(郁伽羅村) 梵〈Ulkastha〉 巴〈Ukkattha〉 또는 憂迦支·有迦帝라 함. 히말라야山이 가까운 山地의 마을로서 長老偈經(Thera-gatha)의 二一九~二二一偈에 詩를 남긴 안가니카·바라드바자(Anganika Bharadva) 比丘가 出生한 곳.

욱가시(郁伽市) 梵〈Ugra〉 巴〈Ugga〉 고살라國(Kosala) 憍薩羅國의 都市 侑伽比丘가 出生한 곳임. 侑伽比丘는 이 都市의 長子의 아들로 出生하여 成長, 出家하여 覺性을 得하였음.

욱가장자경(郁迦長者經) 經郁迦羅越問菩薩行經의 약칭.

욱가지라(郁伽支羅) 地名인데 所在가 分明치 않음.

욱가지라경(郁伽支羅經) 巴〈Ukkacelā〉 부처님이 郁伽支羅에 계시면서 佛法의 要緊한 것을 說하신 것으로 中阿含經十八에 모두 들어 있음.

욱가지라촌(郁伽支羅村) 梵〈Ulkacela〉 巴〈Ukkacela Ukka〉 神祇라고 번역함. 밧지國(Vajji) 跋者國에 있어 간지스河가 바라보이는 마을이 있음.

욱다(郁多) 七條衣, 鬱多羅僧과 같음. 玄應音義十二에 「郁多는 혹은 鬱多라고 하는데 七條衣다」라고 했다. 郁多羅僧伽의 약칭. →鬱多羅僧.

욱다라구류(郁多羅鳩留) 北大洲이름 →鬱多羅究留.

욱다라승(郁多羅僧) 郁多羅僧伽의 약칭. →鬱多羅僧.

욱다라승가(郁多羅僧伽) 梵〈Uttarāsanga〉 袈裟의 이름으로 또는 上衣·大衣·七條衣라고도 한다. 飾宗記五末에 「郁多羅僧伽는 번역하여 上著衣다. 日常으로 입는 옷에 맨 위에 입기 때문이다」라고 하였음. →鬱多羅僧.

욱면비(郁面婢) 新羅 景德王때 阿干 貴珍의 女子종임. 주인이 일을 게을리 하자 每日 곡식 두섬씩을 찧으라 하여 郁面은 밤새도록 찧고 이웃 彌陀寺에 가서 念佛하였다. 뜰 가운데 左右에 말뚝을 박고 끈으로 두 손바닥을 꿰어 말뚝에 매어놓고 흔들면서 9年 동안 念佛하다가 공중으로 올라 갔는데 山에 신 한짝을 버리고 西方에 往生하였다. 그때 신이 떨어진 곳에 菩提寺를 지었고 貴珍도 그 집이 異人이 난 집이라 하여 절을 만들고 法王寺라 하였다 함.

욱사(旭師) 明나라 藕益大師, 이름이 智旭이므로 旭師라고 함. →智旭.

운(云) ①말한다. ②是(있다) ③有(가지다. 지니다) ④如(萬若) ⑤或(아마. 뜻밖에) ⑥意味없이 文頭에 使用한다. ⑦然. 副詞的 終止辭. 글의 맺음을 表示한다. ⑧文中에 意味없는 助字로 使用한다. ⑨終止辭로 使用한다. ⑩「云乎」는 意味없는 終止辭) ⑪「云云」은 如此如此란 뜻. ⑫「云爾已矣」의 云爾는 이렇게 말함. 또는 「不過如此」란 뜻.

운(韻) 母音. 悉曇文字에는 六個가 있음.

운객(雲客) ①구름속의 사람. 仙人등을 말함. ②堂上官.

운거(雲居) 雲居道膺禪師는 幽州의 玉田 王氏의 집에 태어났다. 일찌기 洞山에 參學하였다. 어느날 洞山이 묻기를 "大闡提人이 五逆大罪을 지었는데 어찌 孝養을 할 수 있겠는가" 師 "비로소 孝養이 自爾함을 이루었읍니다"하니 洞山이 室中의 領袖가 된다고 認證하였다. 師가 雲居를 住持한지 三十年에 道가 天下에 周徧하여 大衆이 千五百人이나 되었다. 南昌鍾王이 師를 尊敬하여 世世로 스승이 되어 주기를 願하였다. 唐나라 天復 2(902)年에 示寂하니 諡를 弘覺禪師라 賜하였다 함.

운거라한(雲居羅漢) 雲上에 居하는 羅漢. 멀리 俗界를 超脫하여 孤高한 기상을 形容한 것임. (碧巖錄十一則)

운거산(雲居山) 中國 江西省 南康府 建昌縣西南三十里에 있는 山, 그 山은 매우 嶮峻하고 頂上에는 항상 구름이 있기 때문에 이름을 雲居山이라 했다. 또는 歐山이라고도 부른다. 歐岌이 得道한 곳이란 뜻이다. 또는 洞山의 上足인 道膺이 이 山에 住錫하여 洞山의 宗風을 크게 떨쳤기 때문에 有名함.

운건(運蹇) 움직이는 것과 멎는 것.

운고(雲皐) 朝鮮朝 僧侶. 號는 靄峯 또는 靄山雲史라 함. 嶺南 사람. 全州威鳳寺에 住하였다. 文章이 뛰어나 艸衣 海鵬·艸廬과 함께 有名하다. 草衣와 함께 眞默祖師 語錄을 校正 刊行함.

운고(雲鼓) 午齋를 알리는 북. 雲形을 그렸기 때문에 雲鼓라 함. (象器箋十八)

운금강(雲金剛) 또는 時雨金剛이라 함. ཝ(鑁字)의 智水는 煩惱의 불을 끄므로 雲金剛이라 함.

운납(雲衲) 구름이나 물처럼 정처없이 떠돌아다니는 行脚僧, 佛祖通載

에 「雲水衲子들이 四方에서 몰려들어 三堂이 모두 꽉들어찼다」라고 함. 衲은 納으로 씀.

운납하메(雲衲霞袂) 出家의 修行僧들. (正法眼藏 禮拜得髓)

운담(雲潭) 師名은 喜求, 號는 雲潭白荷. 謹學禪師에게 入寶, 白荷는 望海知一의 嗣요, 望海晶岩은 即圓의 嗣며, 師는 荷潭贊弘과 同門兄弟임.

운당(雲堂) 또는 僧堂이라고도 함. 大衆들의 集合하는 곳으로 大衆들이 매우 많이 모이는 것을 구름에 비유한 것. 象器箋一에 「僧堂을 또는 雲堂이라 하는데 大衆들이 모이는 것이 구름같이 많음을 말한 것이다」라고 하였음.

운당공계(雲堂公界) 雲堂은 僧堂인데 즉 坐禪堂이다. 修行僧이 함께 正式으로 坐禪하므로 公界(公의 場所)라 함. (正法眼藏 行持)

운명(運命) 人生의 八字. 中國思想에 由來하는 말.

운묵(雲默) 高麗 僧侶. 字는 無寄號는 浮庵이라 함. 佛印靜照國師를 따라 중이 되다. 上上科에 뽑히고 末年에는 始興山에 있으면서 절을 짓고 法華經을 외우고 阿彌陀佛을 念하며 佛畵를 그리고 二十年間 經典을 썼다 함. 著書 釋迦如來行蹟頌 二卷. 畫苑·名筆.

운문(雲門) 韶州 雲門山 文偃禪師를 가리킴. 姑蘇嘉興 사람. 俗姓 張氏 雪峰의 法을 이음. 南漢主 晟이 歸依하여 匡眞禪師의 號를 내림. 乾和七(949)年 己酉에 示寂함. 後에 宋太祖 乾德 四(699)年(南漢主 天寶九年)에 大慈雲 匡眞弘明禪師의 諡號를 줌(傳燈錄十九, 會元十五, 稽古略三). →文偃.

운문(韻文) →偈.

운문거령(雲門擧令) ㊬雲門이 어느날 말하기를 "宗門에 누가 命令을 擧行턴가"하니 自代하여 "아(吽 고함지르는 소리)" 하였음. (雲門廣錄)

운문광명자재(雲門光明自在) ㊬雲門이 말하기를 "사람들이 모두 光明이 自在하나 보면 보이지 않고 어두울 뿐이다. 어떤 것이 諸人의 光明인가" 自代하여 말하기를 "厨庫三門이다" 또 말하기를 "好事는 없는 것만 못하다"한 것. (種電鈔九)

운문광진선사광록(雲門匡眞禪師廣錄) 三卷. 門人 守堅 編. 中國 雲門宗의 開祖 文偃禪師의 法語와 偈頌·詩歌등을 編修하여 雲門匡錄이라 함. 上卷에 對機 三百二十則. 中卷에 室中語要 百八十五則, 垂示代語 二百九十則. 下卷에 勘辨 百六十五則 遊方語錄 三十一則 遺表 遺誡 行錄과 아울러 請疏를 收錄한 것.

운문광진선사어록(雲門匡眞禪師語錄) ㊖雲門禪師語錄의 구체적인 이름.

운문금모사자(雲門金毛獅子) ㊬「僧이 雲門에게 묻기를 "어떤 것이 淸淨

한 法身입니까" 雲門 "花藥欄이다" 僧 "문득 그렇게 되면 어찌합니까" 雲門 "金毛獅子다"」한 것. 花藥欄이란 竹林園의 芍藥·牧丹等 四邊을 말하는 것.

운문노자(雲門露字) ㊟「어떤 僧侶가 雲門에게 묻기를 "父母를 죽이면 佛前을 向하여 懺悔하지만 殺佛殺祖하면 어느 곳을 向하여 懺悔하여야 하는가" 雲門이 말하기를 "露하라" 露라는 것은 顯露를 말함. 모든 法界에 일찌기 감추어 숨켜진 것이 없다는 것. 自身의 罪惡을 自身을 向하여 참회한다는 뜻.

운문노주(雲門露柱) ㊟雲門이 大衆에게 말하기를 "古佛과 露柱가 서로 사귀는 것은 몇번째 機인가" 自代하여 말하기를 "南山은 구름이 일어나고 北山에는 비가 오겠지"하였음.

운문대일설(雲門對一說) ㊟어느날 한 僧이 雲門에게 묻기를 "부처님의 가르침에는 갖가지가 있지만, 본래 이 一代時敎'란 무엇입니까? 眞理는 하나일텐데 '다섯이다', '여덟이다'하고 분류하는건 어째서입니까" 雲門 "'一代時敎'는 때와 장소와 사람에 따라 가르침이므로 저것은 저것대로 이것은 이것대로 모두 옳다. 華嚴도 옳고 阿含도 옳고 般若도 옳다. 저것도 一時, 이것도 一時다"하고 대답했다(碧巖錄十四則, 種電鈔二本). 一代는 釋迦牟尼佛의 一生, 時敎는 五時八敎, 五時란 佛陀의 說法時代를 다섯가지 小時代로 나눔. 一華嚴時·二阿含時·三方等時·四般若時·五法華時·八敎란 敎理分類로 藏·通·別·圓의 四敎와 頓·漸·秘密·不定의 四敎를 合한 것. 對一說은 對機一說의 略語로 一代時敎의 어떤 敎說도 機根에 따른 說, 즉 佛陀의 臨機應變의 手段에 依한 것이므로 각기 모두 가치가 있음.

운문도일설(雲門倒一說) ㊟僧이 雲門에게 묻기를 "이것이 目前의 機도 아니며 또한 目前의 事도 아닐 때는 어떻게 합니까" 門 "一說을 倒하라"하였음.

운문발통(雲門鉢桶) ㊟碧巖錄五十則의 塵塵三昧와 같음. →塵塵三昧.

운문산(雲門山) 中國 廣東省 韶州 曲江縣에 있음. 五代 後晉의 末期 雲門宗의 宗祖인 文偃이 이 山에 옮겨와 살면서 廢址를 再與하고 堂宇를 새로 세워 三年半後에 竣功하고 號를 光泰禪寺라 불렀다. 그때에 禪徒들이 輻湊하고 門風이 매우 왕성하였다. 이 山 이름을 따서 宗名을 세움.

운문삼고(雲門三高) 雲門宗의 세 高僧을 말함. 元나라 至正年間에 (1341~1361) 雲門山에 있던 세 禪師를 말하는데 ①浮休允若 ②斷江覺恩 ③休耕逸이다. 三禪師가 그때 韶州의 雲門山에 居하면서 서로 함

께 諷詠 吟誦하며 지내니 世人이 그 高風을 欽慕하여 雲門三高라 稱하였음.

운문삼구(雲門三句) ㉻「師가 말하기를 "나에게 三句가 있으니 너희 모든 사람에게 보이리라. 一句는 函蓋乾坤이며, 一句는 截斷衆流이며, 一句는 隨波逐浪이다. 만일 辯論할 수 있다면 參學分이 있는 것이며 만일 辯論을 하지 못한다면 長安路上에 輥輥地이다"하였다. 雲門三句는 起信論에 의한 것. 第一句는 一心門이며 第二句는 眞如門이며 第三句는 生滅門이다. (會元十五 德山緣密章, 人天眼目中 雲門宗部)

운문선사어록(雲門禪師語錄) ㉶三卷 一名 雲門廣錄 雲門 文偃禪師의 말을 門人 守堅이 集錄하고 蘇解가 序하였으며 鼓山 宗演이 勘校하여 照寧丙辰 9(1076)年에 刊行한 것.

운문성색(雲門聲色) ㉻雲門이 大衆에게 말하기를「소리를 듣고 道를 깨달으며 色을 보고 마음을 밝힌다. 觀世音菩薩이 돈을 가지고 가서 餬餠을 사왔는데 놓고 보니 饅頭였다」하였음.

운문수미(雲門須彌) ㉻한 중이 雲門에게 묻기를 "한 생각이 일어나지 않으면 아직 허물이 있읍니까, 없읍니까" 雲門 "須彌山이니라"(從容錄十九則, 會元十五雲門章) 즉 是·非에 思量·分別이 없는 限 須彌山 같다는 뜻. 즉 言語文字로 풀이 할 수 없는 禪門의 祖師公案으로 是非有無의 分別을 떠난 의미에서 須彌山이란 疑頭 要目으로 雲門 禪師가 提示한 것임.

운문수미산(雲門須彌山) →雲門須彌.

운문시궐(雲門屎橛) ㉻한 중이 雲門에게 묻기를 "어떤 것이 부처입니까?" 雲門 "똥 막대다" 했다. 乾屎橛은 人糞을 치는 막대기인데 가장 더러운 것을 의미한 말이다. (會元十五, 無門關二十一則)

운문실통(雲門失通) ㉻靈樹는 世世生生에 通을 잃지 않았고(중이 되어 淨業을 닦았기 때문에) 雲門은 三生에 王이 되었기 때문에 通을 잃었다(五欲의 더러운 때(垢穢)에 染着되었기 때문에). 靈樹는 雲門과 同門人임(碧巖錄六則評).

운문십오일(雲門十五日) ㉻雲門「十五日 以前은 너에게 묻지 않거니와 十五日 以後를 한 마디 말하라」雲門이 스스로 대신하여 「날마다 좋은 날이다」하였음.

운문약병상치(雲門藥病相治) ㉻雲門이 어느날 座下의 修行者에게 말하기를 "세상 사람들이 흔히 藥이란 病을 고치고, 病은 藥을 다스리는 것이라고만 생각하는데 사실은 藥은 病을 고치고 病은 藥을 다스리는 것이다. 온 세상이 다 藥인데 너희들 자신은 대체 무엇이냐?" 라고 했다. (碧巖錄八十七則, 種電鈔九) 藥이란 病이 생겨서 먹는 것이지만 病이 나아도 藥을 버리고 싫어하지 않는다면 역시 病임. 따라서 서로 다 함께 벗어나야 비로소 완전히 고쳤다고 할 수 있음. 그래서 藥은 病을 고치고 病은 藥을 다스리는 것.

운문육불수(雲門六不收) ㊍法身이 다스린 몸은 對對의 世界에서는 包收될 수 없음을 表現한 것. 僧이 雲門에게 묻기를 "어떤 것이 法身입니까" 雲門 "六不收니라」하였음.

운문일곡(雲門一曲) ㊍「僧이 묻기를 "어떤 것이 雲門의 一曲입니까" 師 "臘月 二十五日이다" 僧이 앞으로 나가서 묻기를 "어떻게 부릅니까" 師 "또한 緩緩히 하라"」하였음. (黃帝紀에 大容에게 命하여 承雲의 樂을 짓게 하였다. 이를 雲門과 大卷의 二曲을 삼았다. 그 中 雲門의 一曲으로 語端을 삼은 것)

운문일보(雲門一寶) ㊍雲門이 說한 하나의 寶物. 雲門이 衆人에게 보이기를 하늘과 땅안 宇宙의 사이에 한개의 寶具가 숨겨져 있는데 形山과 같다. 燈籠을 들고 바라보면 佛殿안에 있고 三門에 들어오면서 보면 燈籠위에 있다」하였음. 이는 肇公의 寶藏論廣照空有品에 依據한 것으로 「天地 안과 宇宙사이에 한 寶物이 있는데 山을 形體한데 숨겨져 있어 物件을 비추이면 알게되나 內外가 빈것 같으며 寂寞하여 보기 어려워서 玄玄이라 부른다」하였음. 燈籠을 들고란 말 아래는 雲門이 脚注한 것이며 形山은 四大와 五蘊이 되고 燈籠은 一寶의 明照에 비유한 것이며 佛殿속은 形山의 空虛한데 比喩하고 三門은 곧 山門이라 함.

운문종(雲門宗) 雲門山의 文偃을 宗祖로 하는 禪宗의 一派. 雲門山 文偃禪師로써 宗祖를 삼기 때문에 雲門宗이라 함. 稽古略三에 「師는 雪峰存을 이었고, 存은 德山 鑒을 이었고, 鑒은 龍潭信禪師을 이었으니 師의 法道를 世上에서 欽仰하고 지목하여 雲門宗이라 한다」라고 하였음.

운문주장자(雲門柱杖子) ㊍雲門禪師가 柱杖子를 大衆에게 보이면서 "이 柱杖子가 化해서 龍이 되어 乾坤을 삼켜버린다면 山河大地를 어디서 찾겠느냐」하였음. 一柱杖頭로 乾坤을 攝盡하여 本體가 平等一相임을 보인 것.

운문진진삼매(雲門塵塵三昧) ㊍한 중이 雲門和尙에게 물었다. "華嚴經에 塵塵三昧란 말이 있는데 그게 무슨 뜻입니까" 그러자 雲門和尙은 "바리때 속의 밥과 통속의 밥"이라고 대답하였음. (碧巖錄 五十則)

운문체로금풍(雲門體露金風) ㊍「한 중이 雲門을 찾아와서 "나뭇잎이 시들어서 떨어지면 어떻게 됩니까" 하고 묻자 雲門 "나무는 앙상한 모습을 드러내고 天地에 가을바람만

가득하지"」하였음. (碧巖錄 二十七則 種電鈔三)

운문칠조(雲門七條) 五燈會元雲門章에 「上堂이 鍾소리를 듣고서 말하기를 "世界가 이처럼 廣濶한데 무슨 鍾소리가 七條에 울려퍼지는 것일까"」고 말하였던 故事.

운문호병(雲門餬餠) ㊞僧이 雲門에게 묻기를 "어떤 것이 超佛 越祖의 말입니까" 門 "餬餠이니라"」하였음. 萬松着語에 「하나로 四十九를 들다」하니 這一個 餬餠의 맛을 알게 되면 四十九를 모두 알수 있다. 다만 저 餬餠을 밥에 섞으면 或은 醍醐가 되며 或은 毒藥이 된다. 이 중은 自己의 見識이 未熟하여 도리어 向上底事를 質問하였으므로 이같이 答한 것.

운문호일(雲門好日) ㊞一時에 吉凶禍福이 있을 수 없고 三業이 淸淨하면 나날이 좋은 날이라는 것을 표시하는 뜻임.

운미(雲美) 高麗 僧侶 俗姓은 金氏며 溟州 사람임. 젊어서 出家하여 雉岳山 開善寺 胤公에게 공부하여 學門이 넉넉하고 道行이 높아 明宗의 존경을 받았으며 王命을 받들어 尙州 만악산 龍巖寺를 創建함.

운방(雲房) 구름이 끼는 높은 집. 중들이 거처하는 곳.

운봉(雲峰) →文悅.

운산(雲山) 山 봉우리에 구름이 걸린 것으로 먼산 또 깊은 산을 말함.

운서(雲捿) ①(1532～1612) 俗名은 袾宏으로 字는 佛慧이며 號는 蓮池. 30歲에 出家하여 行脚生活을 하다가 운서사에서 修行함. 神宗 萬曆 43年에 죽음. 著書에는 三十二種이 있음. ②中國 恒州部 五雲山 西方에 있는 절로 처음에 眞濟寺·天池寺·雲捿寺가 있었으나 장마에 유실되거나 폐사됨. 隆慶 五(1571)年에 袾宏이 이곳에 와서 庵子를 짓고 念佛道場을 만듬.

운서산(雲棲山) 中國 江蘇省 杭州府 五雲山의 西쪽에 있고 元來 眞濟·雲棲·天池의 三院이 있었으나 뒤에는 雲棲의 一寺만 남아 있다 함.

운손(雲孫) ①八代孫을 말함. 子·孫·曾孫·玄孫·來孫·昆孫·仍孫·雲孫의 順이다. 때로는 末孫의 意味로 使用한다. ②禪宗에서는 祖師의 가르침을 繼承하는 遠孫.

운수(雲水) 行脚僧임. 行雲流水의 뜻. 禪林의 말임. 從容錄一에 「兩堂의 雲水는 모두 紛拏하고 王老師 能히 正邪를 試驗한다」하였음.

운수단(雲水壇) 齋하는 의식을 정교롭게 뽑은 책으로 淸虛가 지음.

운수단가사(雲水壇歌詞) 一卷. 佛偈, 眞言등을 기록한 것으로 孝宗 때에, 敬熙 刊行.

운수반시(運水搬柴) 물을 運搬하고, 땔나무를 옮긴다는 뜻. ①日常의 行動. ②할일 등의 勞役을 말함.

운수승(雲水僧) 托鉢僧을 아름답게

일컫는 말. 동냥 다니는 중. 雲水.

운수승가례(雲水僧家禮) 一卷. 佛家의 偈誦이나 供養에 대한 것과 送迎魂式의 차례를 쓴 책으로 肅宗 45年에 海印寺에서 重刊됨.

운심(雲心) 雲時의 마음을 말함. 구름이 자욱하고 비가 내릴적에는 사람의 氣分이 답답하고 막히어 憂慮더욱 많기 때문에 항시 괴로움과 즐거움을 생각하여 마음이 상쾌하지 않음으로 雲時의 마음이라 함. 六十心의 하나. 大日經一에 「무엇을 雲心이라 하는가 언제나 비가 내릴적에 생각을 하는 것을 말한다」하였고, 疏 二에 「西方과 같은 곳은 여름 三月 가운데 장마가 매우 심하여 항시 축축하고 질펀거리기 때문에 근심하고 생각하는 마음이 더욱 많아지므로 降雨時 생각이라고 말하는 것이다」라고 함.

운심(運心) 菩薩戒를 받을 때에 傳戒師의 앞에서 자기의 罪를 참회하는 것을 말하며 生死의 흐름에 따르는 向下的 方面의 順流와 生死의 흐름에 거슬리는 向上的 方面의 逆流가 있는데 여기에 각각 十心이 있다. 順流의 十心에는 ①虛妄하게 내가 있다고 고집하는 것. ②惡한 親友가 많아짐. ③다른 사람의 善을 기뻐하지 않는 것. ④三業을 제멋대로 함. ⑤惡心이 퍼지는 것. ⑥주야로 상속함. ⑦허물을 감춤. ⑧惡道를 두려워 하지 않음. ⑨부끄러운 마음이 없음. ⑩因果를 믿지 않음. 등이며 逆流의 十心은 ①因果를 바로 믿음. ②부끄러워하여 자책함. ③악도를 두려워 함. ④허물을 發露함. ⑤상속심을 끊음. ⑥菩提心을 發함. ⑦空을 닦아 허물을 보충함. ⑧正法을 수호함. ⑨시방 부처님을 생각함. ⑩죄의 性品이 空함을 觀함등. 이 二十心을 써서 자기의 罪를 참회 함.

운심공양(運心供養) 다만 心中에 일어나는 供養의 생각이 事實에 나타나지 않는 것. 또한 心中에서 일어나는 至誠인 供養想을 말함. 蘇悉地經 가운데 말하기를 「四供養이 있어 遍諸部 一切處에 通用된다. ①合掌 ②閼伽 ③用眞言及慕捺羅 ④但運心이다. 이 善品 가운데 힘에 따라 맞게 한다. 或 長時間을 反復할 때는 供養中에 運心供養보다 나은 것이 없다. 世尊의 說하심과 같이 모든 行法 가운데 마음이 그 머리가 되며 만일 마음에 標하여 供養하면 一切의 所願이 圓滿해진다」하였고, 同 上述한 運心의 相에 「花을 올리고 養根 菓獻함과 같음이 없다. 供養花드리는 것을 보고 들으니 或은 스스로 獻花했으며 應함에 따라 생각을 運하여 供養함이 가장 勝上의 供養尊法이 된다 한다. 비록 前과 같이 花菓등을 獻하고 만일 能히 至心과 虛虔으로 合掌頂奉하며 本尊에게 花菓를 供

養하면 이 같은 心意供養이 最上이 되어 더 지나는 者 없다」하였음.

운심수방 (雲心隨方) 眞言宗의 事相行法에 있는 두 法. 運心이란 가령 例를 들면 몸은 어느 곳을 向하든 간에 나의 前方을 東이라 말하는 것이며, 隨方이란 東西南北의 四方을 따르는 것이니 이는 方位의 하나를 들어 그 나머지 類로써 미루어 가는 것. (辨惑指南四)

운암 (雲巖) 潭州 雲巖寺 曇晟의 이름. 鍾陵 建昌사람으로 俗姓은 王氏. 어려서 出家하여 처음 百丈海禪師를 찾아가 左右에서 侍奉하길 20年이나 했으나 그 玄妙한 奧旨를 깨치지 못하고 百丈이 歸寂한 뒤에 다시 藥山을 찾아 뵈니 言下에 단박 깨쳤다. 唐 會昌元年에 世壽 60歲로 入寂. (宋高僧傳十一, 傳燈錄十四, 五燈會元五)

운암 (運庵) 宋나라 때 湖州 道場山 運庵巖禪師의 이름. 松源岳禪師에게서 法을 이어 虛堂愚禪師에게 法을 傳함. (稽古略四)

운암대비 (雲巖大悲) ㊞→雲巖問道吾手眼.

운암문도오수안 (雲巖問道吾手眼) ㊞ 碧岩 八十九則에 「雲岩이 나에게 묻기를 "大悲菩薩이 많은 손과 눈으로 무엇을 하는가" 나는 말하기를 (사람이 한 밤중에 손을 뒤로 돌려 베개를 더듬는 것과 같다)」하였음.

운암소지 (雲巖掃地) ㊞從容二十則에 「雲巖이 땅을 쓸고 있을 때 道吾가 보고 "가장 區區한 人生이군" 雲巖 "무슨 말이야 참 區區한 것을 알지 못하면서" 道吾 "지금이 二月 아닌가" 雲巖이 비를 세우면서 "어느 때가 되어야 내가 便히 쉴수 있을가" 이는 바쁜 가운데 閑暇함을 보여 뒤에 물러 나 있음을 바라지 않으며 땅을 쓸 때는 비 하나뿐인 王三昧에 들어 가는 것으로 곧 森羅萬象이 모두 一本의 掃地三昧가 된다는 것이라 함.

운야 (雲夜) 비가 올 것같은 기미의 밤.

운연 (雲烟) ①筆跡이 훌륭한 것을 형용한 말. ②구름과 연기, 또는 구름과 연기가 낀 하늘.

운용 (運用) 活用. (景德傳燈錄)

운운 (云云) 말을 다하지 못한 모양. 止觀輔行一의 二에 「云云은 未盡한 모양이며 云은 말이다. 俗言에 이르기를 "구름을 象徵함은 氣가 하늘에서 廻轉하는 모양을 말한다. 말이 입에 있는 것이 구름이 潤物하는 것과 같다 하고 廣雅에는 云云은 말이 남아 있다는 뜻. 下文에 오히려 구름과 같은 말이 있다」하였음. 文句記一上에 「云云은 象氣의 分散이다. 구름이 하늘에 있을 때 卒然히 헤아릴수 없음을 말한다. 뜻하건데 말 아래 說하지 못한 것이 오히려 구름과 같이 많다」하였음.

운위(云爲) ①言行과 動作. ②한 行動. (正法眼藏 行持)

운위(運爲) 움직인다는 말. 施爲와 같음.

운유(雲遊) 行雲流水와 같이 여러 地方의 禪匠을 찾아 修行을 더하며 걷는 것. 尋師訪道·遍參. 雲水遊歷하는 것.

운유평기(雲遊萍寄) 구름과 같이 떠돌고 浮萍草와 같이 떠돌아다닌다고 하는 一處不住의 境涯. (正法眼藏 辯道話) 구름이 떠돌듯 浮萍草가 붙듯 定한 住處가 없는 것.

운이(云爾) 문장의 끝에 써서 위에 말한 바와 같다는 뜻을 나타내는 말. 위의 글을 받아서 끝 맺을때 씀.

운자력(運自力) 運勢는 스스로의 힘으로 모든 것을 움직인다는 뜻. 運은 運載의 뜻이 아니라, 運行의 뜻. 運搬하여 가는 것.

운전(運轉) 도는 것. 活動시키는 것 부리는 것. →動搖.

운종(雲宗) 白雲宗의 약칭. 宋나라 白雲岩 淸覺이 創立한 一派임.

운중공양보살(雲中供養菩薩) 飛雲을 타고 阿彌陀佛을 찬양하는 菩薩.

운중수중(雲衆水衆) 雲兄水弟와 같음. →雲兄水弟.

운집(雲集) ①구름과 같이 많이 모여드는 모양. ②구름처럼 無心히 모였다가 無心히 흩어지는 모양. 즉 다른 곳으로부터 찾아오는 많은 大衆을 말함. 八十華嚴經二에 「그때에 如來의 道場에 群衆들이 구름처럼 모여들었다」라고 하였음.

※大疏二에 「多數大身 重重無礙 雲之象也 又浮雲無心 龍吟則起 菩薩無住 佛現爰來」

운집종(雲集鍾) 大衆이 모이라고 치는 鍾.

운집중(雲集衆) 如來의 弟子를 둘로 구분하면 항상 如來의 곁을 따라다니며 說法을 듣고 敎化를 도왔던 자들을 常隨衆이라 하고 이따금 때와 장소에 따라 그때그때 다른 곳에서 구름처럼 몰려드는 자들을 雲集衆이라 한다. 이 雲集衆들은 大乘經에만 局限되었다 함.

※智旭之楞嚴文句一에 「與大比丘衆已下具列常隨雲集兩類 顯同聞衆成就」

운총(雲聰) 高句麗 僧侶. 高句麗 嬰陽王 13(602)年에 僧隆과 함께 日本에 건너 감.

운출(運出) 運搬하여 나감. (四敎儀註)

운파(雲坡) ①朝鮮 末期 僧侶. 益化의 法號. →益化. ②朝鮮朝 僧侶. 金剛山에 住한 淸眼의 法號. →淸眼.

운판(雲版) 版形을 鑄하여 雲形을 만들었으므로 雲版이라 함. 時間을 알리기 위하여 치는 것. 또는 大版이라 함. 庫司의 앞에 거는 것. 象器箋十八에 「雲章에 版形으로 雲樣을 鑄作하므로 雲版이라 함. 俗事

考에 말하기를 宋나라 太祖가 북소리 때문에 잠을 깨는 일이 많아 鐵磬으로 바꾸었다. 이것이 更鼓가 變한 것. 或은 鉦이라 함. 곧 지금의 雲版이다」하였음.

雲 版

운하(云何) 梵〈kathaṃ kṛtvā〉 왜 그런가. 어떻게 생각하는가. 너의 생각으론 어떠냐. 上住人이 下位者에 向하여 묻는 말. (阿彌陀經)

운하패(云何唄) 涅槃經三의 四句의 偈頌 첫머리에 〈云何〉二字가 있으므로 云何唄라 함. 唄는 唄匿의 略稱. 音調에 맞추어 읊는 行事. 涅槃經 三에 「어찌하여(云何) 이 經은 마침내 열반에 이르는가, 원하옵건대 부처님은 은미한 비밀을 열어서 널리 중생에게 말씀하여 주소서」

운학(雲學) (1934～1981) 本名은 彊模. 號는 南何 靈岩사람. 21세때 智曉에게 중이 되고 1966년에 東國大學院 修了, 日本 駒澤大學에서 博士學位 받음. 1963 世界佛教徒協議會 韓國支部 事務局長 1969 大韓佛教 曹溪宗第一興法院教務局長 1973 僧伽大學教授 1978 東國大學教 佛教文化研究所長 1981 入寂.

운한(雲漢) ①銀河. 大空. 하늘. (「正法眼藏」 即心是佛, 佛性) ②憍心, 慢心, 癡心, 貌.

운해(雲海) 物의 많음을 비유함. 大日經疏 一에 「一切處에 두루하여 깨끗한 보리의 마음으로 供養의 구름을 일으켜 널리 佛事를 짓다」하였고 金剛界禮懺文에 「모든 法界의 雲海菩薩摩訶薩 一切를 供養하라」 하였음. 秘藏寶鑰上에 「八供天女가 妙供을 雲海처럼 일으키다.」

운허(耘虛) (1892～1980) 俗姓은 李氏. 貫鄕은 全州. 本名은 鶴洙. 法名은 龍夏. 耘虛는 그 法號다. 平安北道出身 庚戌國恥後 平壤에서 大成中學校修了, 滿州桓仁縣에 머물며 東昌學校教師로 就任하여 排日思想을 鼓吹, 1914年 奉天省紅廟子에서 興東學校를 設立運營하고 1917年 半拉背에서 培達學校를 設立運營함. 1919年 源浦에서 新韓族이라는 獨立機關紙를 發行. 이후 歸國하여 倭警을 避해 1922年 江原道 淮陽鳳逸寺에 隱身하였다가 同年 五月에 慶松禪師에 依해 榆岾寺에서 得道하였다. 이후 震應講伯에게 四教修了하고 映湖講伯에게 大教를 修了하였다. 八年間 修行타가 祖國光復을 위해 다시 滿州 通化縣에 가서 化興中學校·普成學校에서 教鞭을 잡으며 朝鮮革命黨에 加入하였고 光復以後 1959年 奉先寺 住持로 취임하여 廢墟가 된 寺刹을 重修하고 1963年 東國譯經院을 創設하고 初代院長에 취임. 이후 涅

槃할 때까지 海印寺 八萬藏經 譯經 事業을 主導함. 1961年 韓國最初로 佛敎辭典을 編撰. 1962年 宗敎文化에 寄與한 功勞로 文化勳章을 受賞. 1978年 宗立東國大學으로부터 名譽 哲學博士學位를 받음. 1980年 11月 18日 入寂. 世壽 八九歲. 法臘 五九.

耘虛大師

운형수제(雲兄水弟) 禪僧들끼리 서로 親하다는 뜻으로 쓰는 말. 俗談에 所謂四海兄弟·四海同胞라는 말과 같음. 雲水大衆이라고도 함. 永平淸規에 「方今 온 雲兄水弟들은 衆心이 自心이 되고 道念이 自念이 되어야 한다」라고 하였음.

운화(雲華) 華嚴宗 第四祖 智儼의 號. 八宗綱要에 「第四 智儼禪師는 杜順佛을 이어서 이 華嚴宗을 성하게 하였으며 制作이 많았다. 雲華寺에 居하였으므로 雲華尊者라 부름.

운회(雲會) 구름과 같이 모이는 것. 雲集과 같음. →雲集. (景德傳燈錄)

운횡산(雲橫山) 또는 雲黃山이라고도 하는데 浙江省 義烏에 있다. 위에는 峴壁이 있는데 높이가 百丈 넓이가 三十五丈이나 되어 華溪를 모두 굽어볼 수가 있고, 곁에 如來峰과 七佛峰이 있다. 梁 天監 年中(502~519)에 善慧大士가 이 山頂에 棲居하면서 몸소 밭갈고 道를 行한 것으로 有名하다. 師가 "빈손으로 호미를 잡고 물소를 타고 걸어가네. 사람들이 다리 위를 지나가는데 다리는 흐르고 물은 흐르지 않네"라고 한 偈句를 읊었으니 대개 當時의 景物을 노래한 것이다. 大同 5(539)年에 절을 雙檮下에 創建하고 이름하여 雙林寺라 하였다. 陳 天嘉 2(561)年에 師가 雙檮樹를 돌면서 道를 行하다가 七佛이 서로 따름을 느꼈다. 山頂에 갑자기 누런 구름이 빙 둘러서 그 모양이 盤旋하여 恰似 蓋와 같았다. 그로 인해 雲橫山이라 이름하였다 함. (傳燈錄 二十七)

울가타달마보살(鬱伽陀達磨菩薩) 梵 <Udgatadharmg> 菩薩의 이름. 번역하여 法盛이라 함. 智度論 九十七에 「鬱伽陀란 秦나라 말로는 盛이며 達磨란 秦나라 말로는 法이다. 이 보살은 衆香城의 가운데에 있으면서 衆生을 爲하여 마음대로 說法을 하여 衆生에게 많은 善根을 심어주었기 때문에 法盛이라고 부른다」하였음.

울금(鬱金) ㊵〈Kuṅkuman〉 蕃紅花·泊夫藍라 하며 鳶尾科에 딸린 植物로 학명은 Crocus sativus임. 味藥의 一種임.

鬱　金

울금향(鬱金香) ㊵〈Kuṅkumain〉 恭矩磨이다. 鬱金 풀이름. 그 꽃은 黃色인데 香氣가 있어 薰香을 만들기에 적합하다. 名義集三 「恭矩磨는 鬱金이라고도 하며 周禮의 春官인 鬱땅의 사람이 采取하여 祭酒를 만들었다」라고 함. 說文에 「鬱金草의 꽃은 옛날 朝貢바치던 물건인데 鬱땅의 사람이 술을 빚어 宗廟의 祭祀에 降神酒로 사용했다」라고 함.

울니사(鬱尼沙) →烏瑟膩沙.

울다가(欝陀伽) 仙人의 이름. 번역하여 勝 또는 盛이다. 涅槃經二十一에 「한 밤중에 城을 넘어서 鬱陀伽·阿羅羅등의 大仙人이 사는 곳을 찾아갔다」 함. →欝頭藍弗.

울다나(鬱陀那) →憂陀那.

울다라(鬱多羅) 또는 優多梨 仙人이름. 釋迦世尊의 本生으로 일찌기 過去世에 波羅捺國에 살았는데 正道를 求하는 念願이 깊어서 스스로 자기몸의 가죽을 벗겨서 종이로 삼고, 자기 몸의 뼈를 부러뜨려 붓을 만들고 피를 뽑아서 먹에 섞어 婆羅門에 외우는 偈頌을 듣는 대로 받아써서 부지런히 닦았다고 함. (賢愚經一, 菩薩本行經下)

울다라가(鬱陀羅伽) →鬱頭藍弗.

울다라가신(鬱多羅迦神) ㊵〈Uttaraka〉 天竺 雪山神으로 禪法을 携護하겠다는 誓願이 있음.

울다라구루(鬱多羅拘樓) →欝多羅鳩婁.

울다라구류(欝多羅究留) ㊵〈Uttarakuru〉 또는 欝多羅鳩婁·欝多羅拘樓·郁多羅鳩留·欝恒羅究瑠·欝怛羅越·欝單越·欝單曰·殟怛羅句嚧·殟怛羅矩嚕·北拘盧 拘盧등이라 함. 四大洲 가운데 北方의 大洲名임. 玄應音義十二에 「欝單越(中略)은 번역하여 高上作이라 함. 다른 地方보다 높고 위라는 뜻. 또한 勝이라하며 鳩留는 번역하여 作이라 하며 또한 姓이라 한다. 어떤 뜻으로 이름을 부쳤는지 詳細하지 않다」하였고 華嚴疏鈔十三上에 「欝單越은 번역하여 勝生이다. 定壽가 千歲로 衣食이 自然하기 때문이다」하였으며 起世因本經二에 「어떤 因緣으로 그 이름을 欝多羅究留洲라

說하는가 四天下가 다른 三洲에 比하여 最上·最妙·最勝하므로 欝多羅究留洲라 說한다. 欝多羅究留洲는 번역하여 上作이다」하였음.

※慧苑音義上에 「鬱單越 具正云殟怛羅句嚧 言殟怛羅者 此云上也 勝也 句嚧所作也 謂彼洲人 於所作事 皆無我所勝餘三洲故也」西域記一에 「北拘盧洲 舊曰鬱單越 又曰 鳩樓 訛也」 慧琳音義一에 「殟怛羅矩嚧 此譯爲高勝 常受樂勝故爲名 古鬱單越 Uttravatti 或鬱拘樓」

울다라라마(鬱陀羅羅摩) →鬱頭藍弗

울다라미만사(Uttaramimāṇsā) 이는 梵名으로 印度 六派의 哲學中 Vedānta의 別稱임. 後彌曼差라고도 하며 彌曼差 즉 聲論의 사업을 크게 일으킴.

울다라승(鬱多羅僧) ㉵〈Uttarāsaṅga〉 또는 嗢多羅僧·優多羅僧·郁多羅僧伽·嗢怛羅僧伽라고도 한다. 袈裟의 一種으로 三衣의 하나. 번역하여 上衣·上着衣라고 함. 즉 七條衣를 말함. 보통때 맨 위에 입는 옷. 또는 왼쪽 어깨를 덮음으로 覆左肩衣라고 하고, 값이 五條와 九條의 中間이므로 中價衣라고도 한다. 짓는 法은 兩長一短스물 한 조각으로 베어서 다시 꿰매어 만든다. 玄應音義十四에 「鬱多羅僧은 혹은 郁多羅僧伽라 하고 혹은 優多羅僧이라 하고, 혹은 漚多羅僧이라 하기도 하는데 역시 梵語의 訛轉이다. 여기서 번역하여 上着衣라 한다. 着은 몸에 착 들어맞는 것을 말함이니 日常服中에 맨 위에 입는 옷이기 때문에 이렇게 이름한 것이다. 혹은 覆左肩衣라고 한다」라고 하였고, 慧琳音義十五에 「鬱多羅伽는 梵語 僧衣의 이름으로 즉 七條袈裟를 가리킴. 이는 三衣中의 하나로 日常服이다. 또는 上衣라 부른다」라고 하였으며, 瑜伽論二十五에 「嗢怛羅僧伽다」라고 하였음.

울다라시라부(鬱多羅施羅部) ㉵〈Uttarásailāḥ〉 小乘 二十部의 北山住部임.

울다마(鬱多摩) ㉵〈Uttama〉 번역하여 明이라함. 金光明經의 明을 말함. 見金光明經玄義. 鬱多摩는 번역하여 最勝이라 하니 明이라는 梵語는 아니다. 예로부터 金光明經의 明이라고 말하는 것은 잘못임.

울다선(鬱陀仙) ㉵〈Udraka〉 釋尊이 修行中 訪問한 大仙. (佛所行讚)

울단(鬱單) 鬱單越의 略. →鬱單越.

울단왈(鬱單曰) →鬱多羅究留.

울단월(鬱單越) ㉵〈Uttara-Kuru〉 須彌四洲의 하나로 鬱怛羅矩嚕·鬱多羅究留·鬱怛羅越이라 하며 勝生·勝處·最勝·最上이라 번역된다. 須彌山의 北方에 있으며 北俱盧洲라 함.

울달라구류(鬱怛羅究瑠) →鬱多羅究留.

울달라월(鬱怛羅越) ㉵〈Uttara-Kuru〉의 音譯. →鬱單越.

울담발(鬱曇鉢) 꽃이름. →優曇.

울두(鬱頭) 婆羅門 이름. 鬱頭藍弗의 약칭.

울두람(鬱頭藍) 鬱頭藍弗의 약칭.

울두람불(鬱頭藍弗) 梵〈Udraka Ramaputra〉 巴〈Uddaka-Rama putta〉 또는 鬱頭藍子라고도 한다. 悉達多太子의 스승이던 仙人. 印度王舍城 곁에서 살면서 七百弟子를 두고 非想非非想定을 말하여 弟子를 가르치었음. 悉達太子는 阿羅邏仙人에게서 떠나 이 鬱頭藍弗仙人을 찾아갔다 함. 涅槃經三十八에는 '鬱頭藍弗' 同二十一에는 '鬱陀伽' 佛本行集經二十二에는 '優陀羅羅摩子', 中阿含 優陀羅經에는 '優陀羅羅摩子', 中阿含 羅摩經에는 '鬱陀羅羅摩子', 十輪經三에는 '嗢達洛迦', 智度論十七에는 '鬱陀羅伽仙人'이라고 하였는데 모두 똑같은 梵語임. 부처님이 出家하여 道를 물은 仙人의 이름. 慧琳音義二十六에 「鬱頭藍弗은 번역하여 獺戲子라 함. 앉아서 非想定을 얻고 五神通을 얻어서 王宮으로 날아 들어갔다가 드디어 定을 잃어버리고 걸어서 山으로 되돌아갔다」라고 하였고, 名義集二에 「鬱陀羅羅摩子는 또는 鬱頭藍弗이라고도 하는데 번역하여 猛喜 또는 極喜라고도 한다」라고 하였음.

울두람자(鬱頭藍子) 梵〈Udraka-Rāmaputra〉 巴〈Uddaka-Rāmaputta〉 싯달다 太子의 先人으로 印度 王舍城 곁에서 非想非非想定을 말하여 七百 弟子를 가르침. 太子는 阿羅邏 仙人에게서 떠나 이를 방문하였다 함. →鬱頭藍弗.

울두생비상천후위비리(鬱頭生非想天後爲飛狸) 저 鬱頭가 어느날 잃어버린 五神通을 얻고자 하여 숲속에 앉아서 一心으로 精進하여 방금 얻으려는 즈음에 새가 나무위에서 몹시 울어대어 그 마음을 散亂시켜서 禪定을 깨뜨려 버렸다. 그래서 숲을 버리고 냇가에 이르러 禪定을 求하였다. 그런데 또 물고기가 풀떡거려 요란스런 물소리를 내어서 또 禪定을 얻지 못하였다. 그래서 몹시 화가 나서 "내 마땅히 저놈의 새와 물고기를 전부 죽여 버려 씨를 말리리라"하고 오랜동안 애써 定을 얻어 非想天에 태어났다. 壽가 八萬劫만에 죽어서 내려와 태어나서 날아다니는 삵괭이가 되었다. 그래서 모든 물고기와 새를 죽여서 無量罪를 짓고 三惡道에 떨어졌다고 하는 傳說. (智度論十七, 止觀輔行四의 二)

울두위녀실오통(鬱頭爲女失五通) 智度論에 나오는 傳說. 智度論 十七에 「鬱多羅伽仙人은 五神通을 얻어 날마다 宮中에 날아와서 밥을 먹었다. 王大夫人이 그 國法과 같이 발을 붙들고 禮를 올렸다. 夫人의 손이 닿자 곧 神通力을 잃고서 王에게 수레를 구하여 이를 타고서 그

本處로 돌아갔다」는 故事.

울릉가(鬱楞伽) ㉵〈Ullanga〉 緣生論과 大乘緣生論의 作者.

울발라화비구니(鬱盋羅華比丘尼) 華色比丘尼를 가리킴. →華色, 蓮華女.

울비라(鬱鞞羅) ㉵〈Uruvirvā〉 河川의 이름. 번역하여 過時라 함. (翻梵語) 優婁頻螺와 같음. 본래는 苦行하였던 숲속의 마을에 이름이었는데 그 마을에 강이 흐르기 때문에 또한 河水의 이름이 되었음.

울비라니련선(鬱鞞羅尼連禪) (地) 河名. 번역하여 大時不受라 함. (翻梵語) 곧 優累頻螺村의 尼連禪河를 말함. 世尊이 成道하기 이전에 苦行을 버리고 沐浴하였던 河水임.

울수(鬱樹) ㉵〈druma〉 樹木.

울수가라(鬱瘦歌邏) 婆羅門이름.

울수가라경(鬱瘦歌邏經) ㉶〈Eskāri〉 鬱瘦歌羅婆羅門이 四種의 奉事를 說法하여 四姓의 差別를 세우니 부처님께서 갖가지 비유를 들어서 四姓의 平等을 說明한 經典. (中阿含經)

울슬니사(鬱瑟尼沙) →烏瑟膩沙.

울울황화(鬱鬱黃花) 秦나라 道生法師의 말로 풀과 나무도 모두 佛性을 갖추고 있어 한 眞法界의 理를 나타내고 있음을 말한 것. 祖庭事苑五에 「道生法師가 無情物도 역시 佛性이 있다고 說하여 이르기를 "靑靑한 푸른 대나무도 모두 다 眞如이며 鬱鬱한 菊花꽃도 般若아님이 없다. (中略)라고 하니 어떤 禪客이 南陽國師에게 묻기를 '靑靑한 翠竹도 모두 다 眞如요. 鬱鬱한 黃花도 般若아님이 없다'라고 하였으니, 사람이 믿어야 합니까. 안믿어야 합니까. 그 뜻이 무엇입니까" 師 말하기를 "이는 모두 文殊·普賢같은 大人의 境界요. 모든 凡夫나 小人의 境界는 아니다. 그러나 능히 믿고 잘 간직하면 모두 大乘了義經의 뜻과 合하기 때문이다. 그러므로 華嚴經에 이르기를 '佛身이 法界에 充滿하여 一切衆生의 앞에 두루 나타나니 因緣을 따라 感應하여 두루하지 않음이 없어서 항상 이 菩提座에 處한다 하였으니 푸른 대나무도 法에 벗어나지 않는데, 어찌 法身이 아니겠느냐' 하였고 經에 또 이르기를 '色이 無邊하므로 般若도 또한 無邊하며, 黃花가 이미 色을 벗어나지 않았으니 어찌 般若가 아니겠는가' 하였다」라고 하였음.

울유가파라(鬱庾伽波羅) ㉵〈Udyogapāla〉 夜叉의 이름. 번역하여 勤守이다(梁譯孔雀王咒經 下) 一名 溫獨伽波羅, 번역하여 勇進勤護라 함. (唐譯大孔雀王咒經中)

울제시(鬱提尸) ㉵〈Udeśin〉 山의 이름. 번역하여 遠聞이라 함. 探玄記十五에 「鬱提山은 여기에서 遠聞山이라 불리어지는데 이것은 먼곳까지 많은 사람에게 다 알려졌기 때문이다. 이 나라는 전체가 병풍처럼 빙둘러쳐져 있다」하였음. ②번역하여 咄處.

울주융가(鬱周隆伽) 벌레 이름. 몸에 털이 많고 발이 많다. 「四分名儀標釋」에 「毒虫」이라 解釋되어 있음. (四分律)

울증가(鬱曾伽) ㉵〈Ucchaṅga〉 數의 이름으로 번역하여 數千萬百. (本行集經十二)

울지(鬱持) ㉵〈Udaka〉 물의 別名. 또는 鬱持迦·憂陀伽·烏娜迦·波尼·紫利藍이라 함. 慧琳音義二十六에 「鬱持는 東天竺사람들이 水를 지칭하는 이름이다」 함. 생각컨대 持는 特의 잘못임.

울지가(鬱低迦) →鬱底迦.

울지가(欝底迦) ㉵〈Uktika〉 外道人의 이름. 또는 郁胝歌, 欝低迦, 嗢底迦라고도 하며 能說이라 번역함. 釋迦牟尼 당시 外道들이 釋迦牟尼를 찾아와서 世間의 有邊·無邊등의 四句를 물었음. (雜阿含經三十四)

울지가(鬱持迦) 鬱持와 같음. →鬱持.

울지을승(尉遲乙僧) 于闐 사람(一說 吐火羅의 사람) 尉遲는 姓이요, 乙僧이란 兄 甲僧에 對한 對稱임. 또 그 父親 尉遲跋質那를 大尉遲라고 하는데 對하여 乙僧을 小尉遲라고도 함. 唐代의 畫家. 乙僧은 丹青을 잘하며 用筆이 緊勁하여 쇠를 굽히고 실을 서리도록 한다고 함. 畫로 唐太宗의 宿衛官이 되었으며 郡公의 封을 받음.

울파라반니가(鬱波羅槃尼柯) ㉵〈Utpalavarṇikā〉 比丘尼 이름. 阿育王經三에 「鬱波羅는 번역하여 靑, 槃尼柯는 번역하여 色, 즉 靑色이다」 하였고, 智度論十三에 「鬱盋羅華다」라고 하였음.

울파시(鬱波尸) ㉵〈Upāsi〉 女名. 번역하여 自在. (慧琳音義二十五)

웃카라(Utkara) ㉵〈Ukkala Ukkalata〉 律藏大品의 記述에 依하면 釋尊에게 石蜜을 布施하여 最初의 在家信者가 된 二人의 商人 타프샤(Tapussa), 발리야(Bhalliya)는 이 웃카라에서 商用을 마치고 歸路에 붓다가야에서 釋尊을 供養한 것임.

웃타라파다(Uttarapatha) 巴利名北路라고 번역함. 닥키나파다(Dakkhinapatha=南路)에 對稱되는 말. 大事(Mahavastu)에 웃타라파다에 탁크샤실라(Takasila)라고 하는 都市가 있다」라고 하였으므로 北路란 西北印度國境에 가까운 地方을 카리키는 것이라고 思料됨.

웅(熊) 곰. (灌頂經)

웅건천(雄健天) 第六天의 魔王. 勢力이 强하고, 힘이 세기 때문에 雄健이라 함.

웅기(雄基) 國家를 泰平하게 하는 雄大한 基業. 禪僧이 大機用을 떨치는 것에 比喩함. (碧巖錄)

웅랑(雄朗) (梵)〈tejasvin〉 (西)〈brjidpa〉 討論에서 說得力이 있는 것. (瑜伽論)

웅량(雄亮) 뛰어나고 眞實한 것.

웅맹(雄猛) →勇猛.

웅이산(熊耳山) 達磨의 浮屠塔이 있는 곳. 塔記에 「大師가 涅槃할적에 傳法할 사람을 얻고서 이에 端正히 앉아서 돌아가시니 즉 大同 2年 12月 5日이다. 熊耳山에 장사를 지내고 定林寺에 浮屠를 세웠음. 大明一統志二十九 河南府에 「熊耳山은 盧氏縣에 있는데 山이 永寧縣에까지 뻗었다. 雙峯이 우뚝 솟아 마치 熊耳처럼 생겼다」라고 하였음.

웅황(雄黃) 黃色의 顏料. (有部律)

원(元) 根元. (上宮維摩疏)

원(爰) ①于·於(에 對하여 …에 있어서) ②於是(거기서. 그때) ③爲(…이다) ④與(…와 함께).

원(怨) ①(梵)〈vira〉 원수. 怨望. ②(梵)〈śatru〉 敵. (百五十讃) ③〈yad attagarahi〉 悲難함.

원(苑) 禽獸를 飼育하는 곳을 말함. →鹿苑. (一切經音義)

원(院) (梵)〈Ārāma〉 羅摩. 번역하여 院이라 한다. 土墻이 빙둘러 있는 屋舍를 말한다. 또는 官廨를 院이라고 하였는데 뒤에 僧侶가 사는 집의 名稱이 되었다. 또 後世에 伽藍의 總稱이 되어버렸고, 또 院은 寺中에 別舍의 이름이 되었다. 唐의 慈恩寺에 翻經院이 있었는데 이때부터 시작되었다. 名義集七에 「羅摩는 번역하여 院인데 담이 둘러 있는 작은 院이다」라고 하였고 釋氏要覽上에 「院은 印度에서 羅摩라 하는데 中國에서는 院이라 부른다」라고 하였음.

원(寃) 원통함. 원한. 親하지 않음. (四教儀註)

원(園) (梵)(巴)〈ārāma〉 樹木이 있는 遊園. (中阿含經)

원(圓) ①(梵)〈māṇḍalyalya〉 滿月과 같이 둥근 것. (俱舍論) ②圓教를 말함. 圓融·圓滿의 가르침. 天台의 가르침. (顯戒論) ③圓滿·圓頓. 完全한 것. 法華經의 立場을 가리킴. ④慧光(光統律師)의 三種教(漸·頓·圓)의 教判에 依하면 華嚴經을 가리켜 말함. (五教章)

원(猿) 意馬心猿의 心猿을 가리키며 끊임없이 움직이고 떠들어 조용할 줄 모르는 人間의 마음을 象徵함. (正法眼藏 即心是佛)

원(遠) (巴)〈parivajjeti〉 멀리하다. ②(梵)〈dūra〉 作用이 멀리 達하는 것. ③(梵)〈dūra〉 멀리 떨어져 있는 것. ④大乘의 가르침.

원(願) (梵)〈Pranidhana〉 尼底. 번역하여 願. 마음속으로 滿足을 구하는 것으로, 바라는 것을 기필코 얻으려는 希望을 말함. 法界次第下의 上에 「스스로 그 마음을 抑制하는 것을 誓라 하고 뜻으로 滿足을 바라는 것을 願이라 한다」라고 하였고, 法窟上末에 「出世道에 希求하는 것을 願이라 하고 또 마음으로 期約하는 것을 願이라 한다」라고 하였음.

※止觀七下에 「發願者誓也 如許人物 若不分券 物則不定 施衆生善 若不要心 或恐退悔 加之以誓 又無誓願 如牛無御 不知所趣 願來持行 將至行在(中略)二乘生盡 故不須願 菩薩生生化物 須總願別願 四弘是總願 法華華嚴所說 一一善行陀羅尼 別有別願」

원가(怨家) 나와 結怨한 사람. 無量壽經下에 「怨家의 債主는 焚漂劫奪한다」하였고 遺敎經에 「모든 煩惱의 賊은 恒常 殺人할 것을 엿보니 怨家보다 甚하다」하였음.

원가(寃家) 梵〈vairin〉 寃은 冤의 俗字. 怨恨을 품고 있는 者. (法集要頌經 怨家品)

원각(圓覺) 佛의 圓滿한 깨달음을 일러 圓覺이라고 한다. 一切의 有情이 모두 本來부터 깨달음이 있고 眞心이 있어서 시작이 없는 까마득한 옛날부터 지금까지 언제나 清淨하여 昭昭히 비치고 了了히 밝게 알아 體에 맞으면 圓覺이라 하고 因에 맞으면 如來藏이라 하고 果에 맞으면 圓覺이라 한다. 圓覺은 圓滿한 靈覺을 말하는 것. 圓覺經에 「善男子야 無上法王에게 大陀羅尼門이 있어 이름하여 圓覺이라 하는데 一切의 清淨·眞如·菩提·涅槃 그리고 波羅蜜을 流出하여 菩薩을 敎授한다」라고 하였으며, 또 말씀하기를 「善男子야 圓覺의 清淨한 本性이 몸과 마음에 나타나서 機類에 따라서 各各 應한다」라고 하였다. 圭峰의 圓覺經略疏序에 이르기를 「萬法이 모두 虛僞인데 緣이 모여 生한 것이다. 生法도 本來 無라 一切가 唯識인 것이다. 識은 幻夢과 같은 것, 다만 이 한 마음뿐인 것이다. 마음이 고요하여 覺知하는 것을 지목하여 圓覺이라고 한다」하였다. 佛이 이 圓覺을 證明하기 위하여 大方廣 圓覺 修多羅 了義經을 說한 것임.

원각경(圓覺經) 梵〈mahāvaipulya-pūrṇabuddha-sūtra-prasannārtha-sutru〉 經一卷. 자세히는 大方廣圓覺修多羅了義經, 唐나라 佛陀多羅 번역. 大乘의 圓頓의 教理를 말함. 부처님이 神通大光明藏三昧에 들어서 모든 淨土에 나타나니 文殊·普賢菩薩등 十二大士가 차례로 因地修證法門을 請問하여 부처님이 하나하나 答하여 주시었다. 그로 因하여 一經十二章의 經이 있다. 諸家의 註述은 아래와 같음. 圓覺經略疏 四卷. 唐나라 宗密지음. 圓覺經大疏鈔科 三卷. 唐나라 宗密지음. 圓覺經略疏鈔 二十五卷. 唐 宗密의 大鈔에서 略出한 것. 圓覺經大疏 十二卷. 唐나라 宗密述, 圓覺經大疏釋義鈔 十三卷. 唐나라 宗密 撰. 圓覺經略疏科 一卷. 唐나라 宗密 撰 圓覺修多羅了義經略疏注 四卷. 唐

宗密 述, 圓覺經略鈔 十二卷. 唐 宗密의 大鈔에서 略出한 것. 圓覺經鈔辨疑誤 二卷. 宋 觀復撰 圓覺疏鈔隨文要解 十二卷. 宋淸遠述, 御卷圓覺經 二卷. 宋孝宗皇帝註 圓覺經類解八卷. 宋行霆이 解釋한 것. 圓覺經略疏序注 一卷, 宋 如山 注. 圓覺經略疏序注 一卷, 宋 如山 註序. 圓覺經心鏡 六卷, 宋 智聰 述, 圓覺經集注 二卷, 宋 元粹 述. 圓覺經夾頌集解講義 十二卷, 宋 周琪 述. 圓覺經直解 二卷, 明 德淸 解釋. 圓覺經近釋 六卷, 明 通潤 述. 圓覺經要解二卷, 明 寂正 要解. 圓覺經句釋正白 六卷, 弘麗著. 圓覺經連珠 一卷, 淨挺著등이 있고, 또 別度로 閱經에 收入된 것이 十二種이 있는데 여기에는 나오지 않았으며, 圓覺經析義疏 四卷, 通理述, 前附大義懸示 各 一卷. 圓覺經精解評林卷上, 明 焦竑 纂. 圓覺經講義 二卷, 諦閑講演. 圓覺經 佚文등.

원각경언해(圓覺經諺解) 十二卷. 圓覺經을 한글로 해석한 책. 僧 信眉와 孝寧大君, 韓繼禧, 成任, 姜希孟, 尹贊등이 세조의 명을 받아 저술. 刊經都監에서 黃守身 朴元亨등이 세조 10(1464)年 3월에 간행, 分身舍利와 함께 서울 圓覺寺의 13층 탑에 안치한 것을 宣祖 8(1575)年에 安心寺에서 元刊本을 다시 새겨 간행했음.

원각경오성차별(圓覺經五性差別) 經中에 一切衆生이 理·事의 二障을 斷하는 淺·深·遲·速에 依하여 五性의 差別이 있으니, ①凡夫性. 凡夫는 善이 흩어진 사람이요, 한 터럭끝만 惑도 끊지 못하는 사람이다. ②二乘性. 聲聞·緣覺의 二乘은 다만 事障만을 除하였으나(見惑·思惑의 二惑) 아직 理障은 끊지 못한 사람이다. (塵砂無明) ③菩薩性. 二障을 차차로 끊고 大圓覺을 修證한 사람. ④不定性. (이것은 圭峰의 說로 文에 頓漸二性을 䟦하였음) 또는 頓超如來性. (이것은 鳳潭의 說로 頓覺의 사람에 따라 말한 것임) ⑤外道性. 外道들의 邪說을 믿고 佛의 正道를 모르는 사람이다. 이 五性도 亦是 成佛할 수 있다는 것은 法相宗에서 세운 五性과 비교할 때 어찌 하늘과 땅사이 뿐이겠는가. 圓覺經에 「一切衆生이 根本貪欲이 發揮하고자 하는 無明에 따라 나타나는 五性의 差別이 不等함을 말한다」라고 하였음.

원각근각(遠覺近覺) 梵<dūra-antikam bodhaṃ…> 未熟한 慧를 遠覺이라 하고, 已熟한 慧를 近覺이라 함. (莊嚴經論 功德品).

원각사기(圓覺私記) 二卷. 圓覺經疏抄의 요점을 자세하게 풀이한 책으로 蓮潭이 지음.

원각사지다층석탑 (圓覺寺址多層石塔) 國寶 第四號. 서울특별시 鍾路 2가 탑동 공원에 있음.

원각삼관(圓覺三觀) 圓覺經에서 說한 三種의 觀法을 일러 圓覺의 三觀이라고 한다. ①奢摩他觀. 奢摩他는 번역하여 止라고 하는데 오로지 心念을 고요하게 하여 涅槃에 드는 것. ②三摩鉢底觀. 三摩鉢底는 번역하여 觀이라고 하는데, 幻과 같은 相을 觀하여 幻化의 淨行을 證하는 것. ③禪那觀. 禪那는 번역하여 思惟라고 하는데, 靜相이나 幻化를 取하지 않고 思惟하여 中道의 實相을 證하는 것이다. 이 三觀이 單·複으로 重疊하여 二十五清淨定輪이된다고 한다(經에는 二十五種을 낱낱이 說하였음). 經偈에 「所謂 奢摩他는 三摩提禪那라고 하는데 三法에 頓漸修로 二十五種이 있다. 十方의 모든 如來와 三世의 修行者가 이 法으로 因하여 菩提를 得成하지 않은 사람이 없다」라고 하였음.

원각회(圓覺會) 禪林에 圓覺會가 있어 圓覺經을 해석하고 講論·研究함.

원감(圓鑑) (1226～1292) 俗姓은 魏氏. 이름은 法桓. 또는 元凱. 다시 沖止라 함. 號는 蜜菴, 定安人, 十九세에 장원급제하여 日本에 使臣으로 다녀옴. 이후 세속을 등지고 禪源寺 圓悟禪師에 得度. 師의 나이 四十一에 圓悟가 入寂하니 그의 뒤를 이어 曹溪의 第六世 法主가 됨. 大師의 名望이 元에 까지 들려 元世祖는 大都로 請하여 賓主의 禮로 맞이하고 金襴袈裟와 흰 부처님을 하사함. 大師의 나이 六十七세 되던 해 忠烈王 十八年 홀연한 계송을 읊었는데, 「閱過行年六十七, 及到今朝萬事畢, 故鄕歸路坦然平, 路頭分明未曾失」이라 하고는 泊然히 示寂함. 謚號를 圓鑑이라 下賜하고 塔號를 普明이라 함. 遺著는 圓鑑國師歌頌一卷이 있으며, 그의 詩는 매우 淸節하여 東文選에 많이 실려 있음.

원감국사가송(圓鑑國師歌頌) 一冊. 海東 曹溪宗 第六世 원감국사의 가송을 모은 책. 고려때 僧 沖止가 저술. 忠烈王 23(1297)年에 간행되었음.

원개(圓蓋) 하늘의 둥근 天井. (三教指歸)

원겁(遠劫) 劫을 지난지가 久遠한 것. 劫은 梵語의 劫波의 略으로 이 世界가 한번 이루어졌다가 무너지는 時量를 計算한 것.

원게(願偈) 願生偈의 略名. 願生淨土의 偈文. 天親菩薩이 지음. 淨土論에 「나는 修多羅의 眞實功德相에 의거하여 願偈의 總持를 말하니 佛教와 相應하다」고 함.

원견(圓堅) 圓極의 果와 堅實의 德. 寄歸傳 二에 「九門의 헛된 거짓을 버리고 十地의 圓堅을 바랍니다」하였음.

원결(怨結) 怨恨의 마음이 맺어져서

풀리지 않는 것. 唐華嚴經 六十八에 「恩人에게 도리어 殺害를 加하는 것. 恩이 없는 곳에 怨結을 품는다」하였고 心地觀經六에 「能히 自他를 損하여 서로 結怨한다」하였음.

원결(圓潔) ①梵〈pariśuddhatā〉 깨끗한 것. 맑은 것. (百五十讚) ②梵〈visodhana〉 깨끗게 하는 것. (百五十讚)

원겸어업(願兼於業) (衆生의)業을 兼할 것을 願하여 世間에 태어난다는 뜻. 法華文句에 「願은 業을 兼할 것이라」 쓰여 있음. (開目鈔)

원경(元卿) 中國 杭州 招賢寺 會通禪師. 姓은 吳氏. 本名은 元卿 號는 會通, 唐나라 德宗때(780～804) 六宮使로 있다가 世上의 無常함을 느끼고, 鵲巢道林禪師에게 가서 중이 되어 온갖 勞苦를 무릅쓰고 8年間이나 모시고 있었으나 한마디의 가르침도 없으므로 會通이 하루는 道林에게 하직 하니, 道林이 묻되 "너 어째서 가려느냐" 會通은 "法을 위하여 출가하였사온데. 和尙께서는 가르쳐 주시지 않으시니, 이제 諸方에 다니면서 佛法을 배우려 합니다" "佛法을 찾는다면 내게도 조금쯤은 있지" "어떤 것이 스님의 佛法입니까" 道林이 몸에서 布毛(헝겊의 실오리)를 집어 들고 이것을 훅 불어버리니, 會通이 마침내 깊은 뜻을 깨닫게 되었다. 그리하여 그때 사람들이 布毛侍者라 부르게 되었음.

원경(圓鏡) 高麗 僧侶. 王族으로 楊州郡 檜岩寺 壁위에 글씨를 쓴 名筆임.

원경만다라(圓鏡曼茶羅) 마음이 환히 밝혀진데로 부터 글자 印 形의 셋이 빙빙 돌아서 成就한 것을 이름하여 圓鏡曼茶羅라고 하고 이 內心의 妙로 말미암아 曼茶羅의 音聲이 나오는 것을 轉法輪이라 하며 그 音聲이 十方世界에 널리 두루 퍼짐을 法螺라고 한다. 大疏八에 「字輪이 수레바퀴처럼 빙빙 돌아서 이뤄진 것과 같이 모두 똑 같은 一體가 된다. 印輪, 身輪도 또한 그렇다. 이러므로 圓鏡曼茶羅를 알 때에 바로 나의 隱密히 감춰진 마음속의 轉法輪의 뜻을 알게 되고, 이 法輪을 굴릴 때에 一音聲으로써 十方世界를 널리두루 퍼지어 衆生들을 깨우치므로 大法螺를 분다라고 말한다」하였으며 演密鈔七에 「圓鏡曼茶羅는 百字位成品偈에 이르기를 그가 능히 이 內心의 大我를 알면 그 自心의 位를 따라서 師의 所住處로 引導하며 八葉이 뜻을 따라 生하고 蓮華가 極히 莊嚴하고 아름다우며 圓滿한 月輪中에 티없이 맑은 것이 마치 깨끗한 거울과 같이 그가 그곳에 항상 安住하여서 眞言으로 世上을 救濟하는 것이다. (中略) 늘 淸淨한 것을 내어서 갖가지 스스로 業을 짓는다. (中略) 眞言은 능히 一切 諸佛의 일을 한다」라고 하였음.

원경왕사비(元景王師碑) 慶尙南道 陜川郡 伽倻面 倻川里 般耶寺 터에 있으며 國寶 第203號임.

원계(圓戒) ①圓頓戒임 天台宗에서 傳하는 大乘戒를 말함. 法華玄義四에 「佛戒는 곧 圓戒다」하였음. ② 南山大師가 四分律宗을 나누어 大乘의 戒를 通稱하여 圓戒가 된다 함.

원계상승(圓戒相承) 時宗에서 中央蓮華台上 毘盧遮那佛·西天二十八祖·震旦六祖 大通·普寂등에 傳하여 온 大乘戒律의 傳承의 系脈을 말함.

원공(源空) 俗姓은 漆間이며 號는 法然房으로 日本 淨土宗의 始祖임. 九歲에 美作國 菩提寺에서 出家하여 一八歲에 圓頓敎와 密敎를 배워 43歲에 阿彌陀佛의 本願이 큰 것을 알고 念佛門에 귀의함. 東大寺에서 建久 2(1191)年에 淨土三部經을 講하고 建久 9(1198)年에 念佛三昧를 얻었으며 選擇本願念佛集을 지어서 淨土의 宗要를 定하였다. 建曆 2(1212)年에 世壽 80歲로 죽음. 圓光·東漸·慧成·弘覺·慈敎등의 諡號를 받음.

원공(圓供) 圓壇에 獻供한 物件을 말함. 修法의 壇에 方壇, 圓壇의 二種이 있음.

원공(圓空) ①空에 執着하는 것을 偏空이라 하는데 對하여 空마저 空으로서 다시 執着하는 일이 없는 것. 또는 第一義라고도 함. ② (1262~1340) 姓은 趙氏. 名은 海圓. 咸悅人. 10歲에 金山寺 釋宏師에게 祝髮. 13歲에 佛科에 뽑힘. 34세에 元에 들어간 이후 29年間 元에 머물러 있었다 함.

원공(願公) →上竹先生.

원공국사승묘탑비(圓空國師勝妙塔碑) 國寶 第119號 江原道 原城郡 富論面 鼎山里 居頓寺에 있던 것으로 지금은 景福宮안에 소장됨.

원공국사현묘탑(圓空國師玄妙塔) 國寶 第314號 서울 法天寺터에 있음.

원공사교(苑公四敎) 唐나라 賢首의 弟子. 慧苑이 '寶性論'에 "四種의 衆生은 如來藏을 알지 못한다"고 하는 데에 因하여 四敎를 세웠음. ①迷眞異執敎. 모든 凡夫 外道는 眞性에 迷하여 여러가지의 다른 고집을 일으키는 것. ②眞一分半敎. 聲聞·緣覺의 二人이 眞如의 隨緣, 不變의 두가지 뜻가운데서 다만 隨緣의 一分만을 얻었으므로 眞一이라 하고 그 隨緣一分中에 오직 性空으로 나타나는 道理만을 說하고 法空을 說하지 않은 것을 半이라 한다. 이것을 合하여 眞一分 半의 敎라고 한다. ③眞一作 滿敎. 初心菩薩은 다만 不變의 一分만을 얻고 隨緣을 얻지 못한 까닭에 一分이라 하고 不變 가운데 二空의 理致를 雙顯하므로 滿이라고 한다. ④眞具分滿教. 菩薩이 隨緣·不變의 두가지 뜻을 了知하여 眞實한 理致를 나타내고 如來藏을 아는 것을 말함. (華嚴玄談四)

원과(圓果) 涅槃을 말함. 이는 圓滿行因으로서 圓滿果德을 證得하였기 때문에 圓果라 함. 大日經 三에 「願하옵건대 一切에 막힘이 없고 모든 衆生을 安樂케하여 如來께서 稱讚하신 圓果를 이루고자 함을 즐겁게 하소서」하였고 法華玄義四에 「大乘은 圓因이며 涅槃은 圓果다」하였음.

원관(園觀) 園은 園林. 觀은 高臺. 法華經譬喩品에 「恒常 地獄에 處하여 있으면서 마치 園林과 高臺에서 노니는 기분으로 산다」라고 하였음.

원관(圓觀) 天台宗 圓教에서 說한 圓頓의 觀法이다. 圓은 곧 圓融·圓滿·圓頓등의 뜻. →圓教.

원관일(遠關日) 遠忌. →遠忌.

원광(圓光) ①佛·菩薩의 頂上에서 放하는 圓輪光明을 말함. 觀無量壽經에 「그 佛의 圓光은 百億三千大千世界의 圓光中에 百萬億那由他恒河沙 化佛이 있다」하였음. ②新羅時代의 高僧. 姓은 朴氏. 집에서 世世로 儒業에 從事하였음. 二十五歲 때 배를 타고 中國 金陵에 들어가서 처음으로 莊嚴寺에서 僧旻의 弟子에게 講을 듣고 크게 感悟하여 自嘆하기를 "일찌기 世典의 理를 窮究한다 하지마는 이제 釋宗을 듣고는 腐芥와 같구나 陳主의 勅許를 얻어 祝髮하고 具足戒를 받았다. 講肆를 游歷하여 成實·涅槃과 아울러 三藏等에 通하였다. 뒤에 吳의 虎丘山에 가서 오로지 禪觀을 修하고 山下에 한 信士의 請으로 山을 내려와 成論과 般若를 講하였다. 그 뒤로 講筵에 자주 나가니 그 名望이 嶺表에 振動하여 聽衆이 날로 接踵하였다. 때에 隋軍이 揚都에 들어와 師는 그들에게 捕虜가 되었다. 將次 行刑하려할 때 主將이 멀리 寺塔에 타오르는 불을 바라보고 달려가서 보니 불은 없고 오직 圓光師가 塔前에 結縛되어 있음을 보고 풀어서 釋放하였다. 隋開皇 9年에 長安에 와서 攝論이 일어남을 만나 이를 研究하여 名譽가 中國에 들리었다. 멀리 新羅에서 그 名聲을 듣고 上啓하여 還國을 請하였다. 帝가 勅하여 歸國을 許하니 眞平王 建福 22(600)年 故國으로 돌아 왔다. 年齒가 이미 높아 國王이 乘輿入內를 許하고 親히 衣服藥食을 스스로 辦備하였다. 眞平王 建福 30(608)年에 高句麗가 邊方을 자주 侵犯하자 王命으로 師表를 지어 隋나라에 보냈더니 隋나라에서 30萬名을 보내어 高句麗를 치게하였으니 그 文章의 뛰어남도 알 수 있다. 또한 貴山 箒項에게 傳한 世俗五戒(①事君以忠 ② 事親以孝 ③交友以信 ④臨戰無退 ⑤殺生有擇)를 가르쳐 花郞의 基本精神으로 오늘까지 傳해 온다. 眞平王 52(630)年 世壽 99歲로 黃龍寺에서 入寂하였다. 三岐山 金谷寺에 浮屠를 세웠다 함.

원광관음(圓光觀音) 三十三觀音의 하나. 등에 火焰을 진 觀音이다. 刑戮을 만났을 때 念하면 免할 수 있다는 것. 法華經 普門品에 「或은 王의 苦難을 만났거나 刑을 臨하여 命이 將次 끊어지려 할때에 念하면 觀音의 힘을 입어 칼이 마디 마디 부러진다」하는 뜻.

圓光觀音

원광법사전(圓光法師傳) 고려때 朴寅亮이 지은 殊異傳에 실려 있던 說話. 현재 海東高僧傳·三國遺事에 각각 실려 전한다. 신라 皇隆寺의 僧이던 圓光이 중국에 가서 佛道를 닦고 돌아온 이야기. 圓光은 불도에 깊이 통달하고, 名望이 널리 알려져, 비록 異域에서의 傳敎이지만 그의 가르침을 받고자 하는 이가 많았다. 한번은 陳의 國運이 기울고, 隋軍이 揚都를 공격할 때 수의 대장이 寺塔이 불타는 것을 바라 보고, 뛰어가 구하려 한즉, 불타는 광경은 없고, 오직 圓光이 塔前에 결박되어 피살되려고 하니, 隋의 대장이 그의 영검함을 보고 곧 풀어 놓았다 한다. 그가 고국에 돌아오니 왕이 손수 맞이 하고, 遺法과 濟民할 것을 물었다 함.

원굉도(袁宏道) 中國 湖北 公安 사람. 字는 中郞 石頭居士라 號함. 兄宗道와 아우 中道와 함께 才名이 높아서 三袁이라 불리워졌다. 先後하여 進士試에 登第하고 뒤에 禮部主事가 되었으나 病으로 辭하였음. 처음 禪을 李卓吾에게 배웠으나 空談이며 實際가 아니라하여 淨土에 歸依하여 朝夕으로 禮誦하였다. 萬曆二十七年 西方 合論 十卷을 撰하고 淨土의 敎義를 闡明하였다. 이 글은 文辭가 婉雅하고 義旨槪博하여 世의 愛翫을 받았다. 宗道와 中道도 發心하여 念佛을 修行하였다. 다시 出仕하여 稽勳司郞中이 되었으나 또한 病으로 辭하고 荊州城의 僧寺에 들어가 萬曆 42(1614)年에 逝하였음.

원교(圓敎) 圓滿한 敎法이란 뜻. 大乘窮極의 實敎를 이름. 圓敎란 이

름은 後魏때 光統律師(1139～1208)가 三教(漸教, 頓教, 圓教)를 세워 그 셋째에 圓教라고 한데서부터 시작되었고, 華嚴經에 "圓滿因緣修多羅" 또는 "圓滿經"이라고 한 經文에 의하여 圓教의 이름을 세웠다. 이것으로 불교를 비판하여 勝劣, 淺深을 定하는 教相判釋을 삼았으며, 그후 天台의 四教, 華嚴의 五時, 道宣의 教判에 이 名相을 使用하였으며 자기가 가장 믿는 經典을 圓教에 배당하였음.

원교(願巧) 巧妙한 本願인데, 말이 뒤바뀌어 願巧가 되었음. 마치 巧善이 바뀌어 善巧가 된것과 같음.

원교사문(圓教四門) 圓教는 萬法이 圓融하다하므로 門마다 各各 뜻이 있을 수 없다고 세웠으나 一法 위에 四門에 들어가는 差異가 없지 못하다하였다. ①有門. 見思의 假. 곧 이 法界에 一切佛法이 具足함을 觀하는 것. 이는 三諦가 相則하는 假를 말함. ②空門. 一切法이 不在하는 因과 緣에 屬하지 않음과 나와 涅槃이 모두 空함을 觀하는 것. 이는 三諦相即한 空이다. ③亦有亦空門. 空과 假가 相即히므로 亦有와 亦空이 된다. 이는 空과 假가 相雙하는 中道임. ④非有非空門. 見思는 곧 法性이므로 見思는 有가아니며 法性은 見思이므로 法性은 空이 아니다. 이는 雙非空假의 中道라 함. (止觀六)

원교십진여(圓教十眞如) 圓教의 十眞如는 法華에서 說한 오직 佛과 佛만이 窮盡할 수 있는 諸法 實相 如是등 十如是의 法이다. 그러므로 十眞如와 十如是는 名義가 서로 같다. 天台에서는 無作의 無作이라 하고 眞言宗에서 眞如十界라 한다. 理趣釋에서는 上下十峯의 金剛智處 가운데 如來의 十地와 十眞如와 十法界가 곧 이 것이라 解釋한다 함. 即身成佛義釋十界中에 地獄등의 地獄을 든 것은 또한 天台와 같다. 이는 佛性의 假眞如를 解釋함과 같으므로 眞如라 함. (菩提心義四)

원교이종삼제(圓教二種三諦) ①名隨德用三諦. 空·假·中의 三諦에 各各 하나의 功能이 있음. 空諦는 破情의 用이 있으며, 假諦는 立法의 用이 있으며, 中諦는 絕待의 功能이 있음. ②體一互用三諦. 三諦는 本來 圓融하지만 一相一味로 그 界畔을 볼 수 없는 法. 곧 三諦가 各各 세가지 功能을 갖추고 있음을 말함.

원교종(圓教宗) 律宗의 教判에서 制教에 셋을 세운 것 중의 하나. 第八識中에 熏習으로서 維持되고 있는 心所의 種子를 戒體로 하는 唯識圓教의 說에 命名한다. 때로는 四分律宗도 包含시킴.

원구(怨仇) ㊵<ripu> 敵.

원구(圓具) 具足戒의 다른 이름. 옛날에는 具足戒라 했고 지금은 圓戒

라 함. 具足戒를 받은 사람은 涅槃의 圓果에 가까워졌기 때문에 圓具라 함.

※寄歸傳四에 「圓具圓心遵修律藏」

원구(願求) 願하여 求하는 것.

원극(圓極) 圓滿至極함을 말함. 五敎章上에 「果海가 圓極하다」라고 하였음.

원근대(遠近對) 淨土敎의 正行·雜行의 區別인 五番相對의 하나. 正行은 阿彌陀佛에 가까운 行이지만 雜行은 멀어서 佛을 現前에 볼 수는 없다 함.

원기(元奇) (1852～1936) 韓國末期의 僧侶 號를 擎雲. 俗姓은 金氏로 熊川 사람. 求禮 燕谷寺 幻鏡에게 중이 되고 景鵬益運의 法嗣가 되었다. 仙岩寺 大勝庵에서 開講하였고 册書를 잘 썼다. 85세로 仙岩寺에서 죽음.

원기(圓機) 圓頓의 機根, 法華玄義六에 「圓機와 圓應이다」라고 하였음.

원기(遠忌) 五十回忌·百回忌 등 먼 年忌를 말하며 一宗의 開祖나 中興의 祖, 其他 절의 開基 등을 위하여 行함.

원기서(原起序) 事項을 說明하기 始作하는 序章. (上宮維摩疏)

원길수(元吉樹) 菩提樹의 다른 이름. 輔行一의 一에 「佛樹를 元吉樹 또는 道樹, 菩提樹라 한다」하였음.

원내도행의(院內道行衣) 安陀會의 異名. 또는 袈裟의 제일 밑에 입는 것. 院內에 있거나 또는 길을 갈 때 着用할 수 있다. →安陀會.

원내도행잡작의(院內道行雜作衣) 三衣 가운데 安陀會의 다른 이름. 安陀會衣는 五條이며 袈裟의 最下이다. 오직 홀로 院內에 居할 때나 或은 行道할 때 着用하는 것. 그러므로 院內道行衣라 한다. 마을에 들어 갈 때나 大衆을 모을 때는 입을 수 없는 것. 六物圖에 「安陀會의 이름은 下衣이다(가장 아래 居하기 때문 또는 아랫사람이 입는 것이기 때문) 使用에 따라 院內道行衣(사람을 모으거나 뭇사람을 따를 때는 입지 않음)라 한다」하였음.

원년기(遠年忌) 死者에 對한 十三年·十七年·二十五年·五十年 등의 年忌의 法要를 말함. →遠忌

원념(願念) 念願이라고도 한다. 마음의 바램. 願하는 일. (反故集)

원단(圓壇) ㉵〈Maṇḍala〉 曼茶羅. 舊譯에는 〈壇〉이라하고 新譯에는 輪圓具足이라 함. 모든 世尊을 安置하는 壇場이므로 圓壇이라 함. 大日經疏 一에 「薩婆若가 平等한 마음으로 諸佛菩薩 乃至 二十八部 等 四重法界 圓壇을 그려서 만드니 이 하나하나는 이 本尊의 身語와 心印이 말함이니 모두 하나의 差別乘이다」하였고 止觀 二에 「圓壇에 彩畵를 한다」하였음.

원단(圓斷) 台宗圓敎의 斷法. 台宗

이 元來 性이 惡함을 알았기 때문에 見思·塵沙·無明의 三惑을 보고서 同時에 모두 끊음을 말함. 指要鈔 二에「諸宗이 이미 性에 갖추고 있는 十界에 밝지 못함으로 圓斷·圓悟의 義가 없는 것이다. 이러므로 即名은 있으나 即義는 없다」고 함.

원담(圓潭) 名은 乃圓, 無等山 元曉寺에 오래 머물며 그림으로 世上에 알려짐.

원담(圓談) 諸法의 實相이 圓融한 理致를 說함.

※金光明玄義上에「法性之圓談」

원당(願堂) 죽은 사람의 畵像이나 位牌를 모시고, 그 願主의 冥福을 빌던 法堂. 삼국시대에도 원당이 있었는지 기록상으로는 확실치 않으나, 신라에 願堂典이란 관청이 있었던 것으로 보아 이미 원당이 있었으리라 추측된다. 고려때에는 크게 성행하였다. 명종 5(1175)年에는 毅宗을 禧陵에 장사지내고 그 畵像을 海安寺에 奉安하여 願堂으로 삼은 일이 있었으며, 忠宣王 3(1311)年에는 興天寺를 元나라 晋王의 願堂으로 정한 일등이 있었다. 高麗에서는 왕족 뿐만 아니라 일반 귀족들도 앞을 다투어 지방의 여러 곳에 願堂을 세웠기 때문에 그 弊端이 몹시 심하여, 忠宣王이 즉위하여서는 양반들의 願堂건립을 일체 금할 것을 下教한 일도 있었다. 그러나 願堂의 건립은 여전하여서 李祖에 까지도 계승되었다. 太祖의 繼妃 康氏가 죽자 太祖는 서울 西部 皇華坊의 貞陵에 장사지내고, 그 옆에 興天寺를 세워 그 願堂으로 한것을 필두로 그 뒤에도 역대의 왕이나 왕비의 陵 근처에 대부분 원당이 세워졌다. 儒教를 숭상하고 佛教를 배척하는 국책에 따라 太宗 같은 임금은 그의 妃가 죽었을때 古習을 버리고 원당을 세우지 않았으나, 太宗이 죽은 뒤에는 철저히 금지되지 못하였다. 正祖 即位(1776)年까지에도 각 道에 있는 원당에서 생기는 弊端이 많았으므로 명령을 내려, 各京司, 各宮房의 원당을 일체 없애고, 이미 건축한 것은 헐어버리고, 건축하지 못한 것은 건축하는 것을 엄금한다는 것이 法典化됨으로써 그 뒤로는 사실상 금해지게 되었다. 한편 大闕 안의 원당은 內願堂이라 일컬었음.

원대(院代) ①院家·院主의 職務를 代行하는 僧. ②虛無僧寺의 住持의 칭호.

원대(猿待) →庚申會.

원덕(圓德) 完全性. →三圓德. (俱舍論)

원도(圓道) 三諦圓融한 眞實한 道. 天台宗에서 말함.

원도(願度) 十度의 하나. →度.

원도피안(願到彼岸) ㊵⟨praṇidhāna-pāramitā⟩ ㊴⟨smon lam gyi pha rol tu phyin pa〉 誓願의 行을 完成한 것. 完成된 誓願. 願波羅蜜과 같음 →願波羅蜜.

원돈(圓頓) ①頓은 頓極. 頓足의 뜻이니, 모든 法이 본래 圓融한 까닭에 一法이 一切法을 圓滿하게 하고, 한 생각에 크게 깨달아 頓疾極足佛果하는 것을 圓頓이라 한다. ②法華宗의 異名 ③台宗의 圓教.

원돈계(圓頓戒) 天台宗의 戒法을 말함. 또는 圓頓無作戒, 大乘圓頓戒, 一心金剛戒, 一乘圓戒, 圓戒라고도 한다. 이 宗은 이른 바 諸法을 圓融하면 당장 成佛한다는 圓頓의 旨로 宗을 삼고 所依하는 戒를 圓頓戒라고 한다. 十宗略記에 이 戒와 小乘律宗과는 天壤의 差異가 있다. 原來 法華經은 開顯의 妙理로써 根本을 삼고 梵網經은 十重禁戒와 四十八輕戒등을 兼하였다. 止觀에 이르기를 「中道의 妙觀, 戒의 正體, 上品清淨, 究竟持戒를 아는 것이 바로 圓戒의 正意이다」라고 하였음.

원돈계단(圓頓戒壇) 法華 圓頓의 宗旨에 依하여 세운 것으로 바로 純一한 大乘戒壇이다. 大乘僧은 반드시 마땅히 나아가서 受戒해야 함.

원돈관(圓頓觀) 圓頓止觀의 약칭.

원돈관해(圓頓觀解) 圓頓의 觀解로 圓頓止觀을 닦는 法을 말함.

원돈교(圓頓教) 圓이 곧 頓이라는 教理로 天台의 教法을 말하거나 圓教이면서 頓教란 뜻으로 天台宗에서 華嚴經을 말한다. 그 教相判釋인 化儀·化法에 각각 四教가 있는데 化義 四教중에 頓教와 化法 四教 중의 圓教는 華嚴의 教法이란 뜻으로 圓頓教라 함.

원돈대계(圓頓大戒) 圓滿하고 빠른 大乘의 戒律이란 뜻. 法華經의 가르침의 立場에 서서 梵網經의 十重禁·四十八輕戒를 授受하는 것. →戒. →圓頓. →圓頓菩薩大戒.

원돈무작대계(圓頓無作大戒) 天台宗에서 傳하는 圓頓戒임. 圓頓과 大戒는 戒德을 讚歎하는 말로 無作이라 하며 新譯家는 無表라 하여 戒體를 通稱하는 것. 戒體는 色도 아니고 心도 아니며 받는 者의 心中에 住하여 非를 막고 惡을 그치게 하는 功能이 있는 것이며 결코 造作 發動할 수 있는 法이 아니므로 無作이라 함. →無作色.

원돈범부(圓頓凡夫) 圓頓教를 받을 만한 뛰어난 智慧를 가진 사람을 말함.

원돈보살대계(圓頓菩薩大戒) 天台宗의 圓頓戒로 戒는 菩薩大戒이며 聲聞·緣覺들이 닦는 小戒가 아님을 표시한 것.

원돈성불(圓頓成佛) 高麗의 普照國師 知納의 主張. 衆生이 문득 完全하게 되고, 成佛되는 것을 말함.

원돈성불론(圓頓成佛論) 普照知訥이 지은 論임.

원돈일승(圓頓一乘) 모든 法이 원만하여 많은 시간을 경과하지 않고 즉시에 成佛하는 一乘敎를 말함.

원돈종(圓頓宗) 天台宗의 異名임.

원돈중원돈(圓頓中圓頓) 처음 圓頓이란 말은 華嚴法華에 걸리는 말이다. 漸敎에 對한 頓敎이며 華嚴은 別途로 圓滿修多羅의 經이므로 圓이라 한 것. 뒤의 圓頓은 本願一乘을 가리킴.

원돈지관(圓頓止觀) ①약하여 圓頓觀이라 함. 妄念을 靜止시키는 것을 止라 하고 眞智가 通達하는 것을 觀이라 함. 止에 따라 觀을 成하며 觀에 따라 止가 생김. 觀에 止하여 여의지 않으므로 略하여 止觀이라 함. 또한 單으로 觀이라 함. 이 止觀의 法에 三種이 있는데 漸次·不定·圓頓이다. 法華에서 說한 觀法은 圓頓止觀이 되며 天台 大師가 宣說하고 章安大師가 編集한 것을 摩訶止觀이라 하며 十卷의 大本이라 함. 一止觀. ②摩訶止觀은 一名 圓頓止觀이라 함. 書中에 圓頓止觀의 法義를 說했기 때문이라 함.

원돈행자(圓頓行者) 圓頓의 가르침을 받드는 修行者.

원두(園頭) 또는 園主라고도 하며 禪宗에서 菜園을 관리하는 소임을 맡은 사람을 말함.

원라천부(遠羅天釜) 三卷. 臨濟宗 白隱慧鶴 지음. 慧梁 編 禪師가 道人 또는 俗人과 往復한 書簡을 모은 글이라 함.

원래(元來) 中國明代의 曹洞宗僧. 大艤라고도 한다. 字는 無異. 廬舒安徽省 舒城縣의 沙氏家에서 出生. 五台山에 出家. 寶方寺의 無明慧經에 參禮하고, 傳燈錄을 閱하여 省을 得하였다. 天啓 7(1627)年 鼓山의 衆僧에게 招致되어 湧泉寺로 옮기니 모여드는 徒侶가 千數에 達하였다. 崇禎 2(1629)年 金陵 天界寺의 主가 되었음. 一生卒未詳

원력(願力) 誓願의 힘으로 또는 本願力, 宿願力, 大願業力이라고도 한다. 즉 부처님이 菩薩때의 세운 本願이 完成되어 그 힘을 나타내는 것을 말한다. 陸游의 詩에 「香火만 부지런히 피워야 쓸데 없이 願力만 어그러진다」라고 하였고, 智度論七에 「莊嚴한 佛界의 일은 너무나 커서 혼자 功德을 行해야 이루어지지 않기 때문에 반드시 願力이 필요하다」라고 하였음.

원력백도(願力白道) 本願一實의 直道大般涅槃無上의 大道.

원력성취보토(願力成就報土) 極樂世界를 말함. 如來의 本願力에 報答하여 成就된 報土.

원력신심(願力信心) 如來의 本願力으로 주어지는 信心. 또는 如來의 本願力으로 구제하여지는 信心. 信心의 名號에 對하여 하는 말.

원력자연(願力自然) 衆生들의 往生은 修行者의 思惟分別에 依하는 것

이 아니고 阿彌陀佛의 本願力에 따라 自然히 極樂에 往生하게 되는 것을 말함.

원력지도(願力之道) 本願力은 道와 같다. 本願의 大道.

원력회향(願力廻向) 또는 他力廻向이라고도 한다. 阿彌陀佛의 本願力에 依하여 因位의 萬行이나 果地의 萬德을 名號內에 거두어들여 衆生에게 주는 것을 말함. 즉 行信·因果·往相·還相은 모두 如來의 清淨한 願心으로부터 衆生에게 베풀어 廻向되는 것.

원령(怨靈) 怨恨을 품고 죽은 사람의 혼을 말하며 살아서 의지하는 것을 生靈, 죽어서 나타나는 것을 怨靈, 모두 夜叉와 같이 처참한 形象으로 身心을 혼란하게 하는 것을 惡靈이라 함.

원로지도(圓顱之徒) 머리를 박박 깎은 무리. 곧 중을 낮추어 일컫는 말.

원류(源流) 物我가 一如한 根本源流이니 源은 自心인 體요, 流는 隨하는 用임.

원륜(圓輪) 眞言月輪觀의 月輪을 말함. 金剛頂疏 一에 「시험하여 圓輪을 보니 즐거움을 주지 않음이 없다」하였음.

원륜(願輪) ①菩薩의 誓願이 堅固하여 一切의 敵을 쳐부셔버리는 것이 마치 轉輪王의 輪寶와 같기 때문에 '願輪'이라고 함. ②菩薩의 몸은 언제나(終始) 自己의 誓願 대로 輪轉하기 때문에 願을 輪이라고 하였음.

원리(圓理) 眞理. 眞實한 道理.

원리(遠離) 無爲法의 性이 空하여 一切의 事相에 매임을 벗어남을 말함. 維摩經菩薩行品에 「遠離에 觀하여야 身心이 修善된다」했고, 註에 「肇가 말하기를 遠離는 無爲의 別稱이다. 비록 無爲 遠離의 要를 보아도 몸과 마음은 有爲善을 떠나지 않는다」라고 하였음.

원리공안정처(遠離空安靖處) 無所有處와 같음. →無所有處. (中阿含經)

원리락(遠離樂) 五種樂의 하나. 初禪天에서 欲界愛染의 煩惱를 멀리 여의고 禪定을 내는 喜樂.

원리소멸류(遠離所滅流) →七流.

원리수연(圓理隨緣) 本體即現象이라고 解釋하는 世界觀.

원리아심(遠離我心) 我心을 끊어버리는 것.

원리우미(遠離愚迷) 梵〈asaṃmoha〉 迷惑하지 않는 것.

원리이변(遠離二邊) 梵〈anta-dvaya-varjana〉 두 極端으로부터 멀어져 있는 것.

원리제과환(遠離諸過患) 梵〈advaṃ-dvin〉 근심이 根源이 되는 對立을 끊는 것. (百五十讚)

원리처(遠離處) 멀리 마을을 떠나 있는 곳.

원림(園林) ①梵〈ārāma〉 遊園을 뜻

함. (法華經分別功德品) ②梵〈ārāma〉 園을 말함. 敎團의 敷地를 말함. 園觀과 같음. (法華經) ③사람이 없는 園. 또는 숲(林). (大悲空智經 灌頂品)

원림유희지문(園林遊戲地門) 淨土論에서 說하는 五功德門의 第五. 極樂에 往生한 以上에는 衆生濟度의 마음으로 大悲心을 일으켜 生死의 園林에 나와 神通을 얻어서 衆生을 引導하여 淨土에 往生시키는 것을 말함.

원림주(園林主) 梵〈ārāmika〉 僧園에서 일하는 사람.

원만(圓滿) 天台宗 圓敎의 圓體에는 圓融·圓滿의 二義가 있음. →圓敎

원만구경(圓滿究竟) 完成하게 遂行한다. (往生要集)

원만덕호(圓滿德號) 一切의 德을 갖춘 阿彌陀佛의 名號. 諸功德圓滿의 彌陀의 名號. (正信偈大意)

원만성취(圓滿成就) 梵〈paripūraṇa〉 完成하는 것.

원만수다라(圓滿修多羅) 華嚴經을 말함. 修多羅란 번역하여 經이라 함. 晋 華嚴經五十五에 「그때 如來께서 모든 衆生들이 感化를 받음을 알고서 圓滿因緣修多羅를 演說하셨다」하였고 또 말하기를 「自在하신 힘을 나타내시어 圓滿經을 演說하시니 한량없는 중생들이 모두 보리의 記를 받았다」하였음. 이로 因하여 華嚴經의 別稱이 되었으며 또한 華嚴·天台·判敎에서 말하는 圓敎라는 名題도 모두 이 글을 의하여 나온 것.

원만여의(圓滿如意) 생각한대로 條件이 具足하는 것. (正法眼藏 行持)

원망(怨望) 梵〈avyathātva〉 앙심을 품는 것. (有部律破僧事)

원명(元明) ①眞如의 覺體는 本來 밝게 비치기 때문에 元明이라고 말함. 楞嚴經六에 「元明은 生所에 비치고, 所가 立하면 照性이 亡한다」라고 함. ②一名 '本明'이라고도 함. 이는 本覺의 自性과 淸淨한 마음을 가지고 불리어지는 이름이라 함. 楞嚴經一에 「元明이 능히 諸緣을 生한다」라고 함.

원명(圓明) ①梵〈uttapta-pūrṇatva…〉 훌륭하고 完全한 것. ②圓滿明朗. 完全한 明朗. (五敎章)

원명구덕종(圓明具德宗) 華嚴宗의 十宗判釋의 第十으로 五敎중에 圓敎의 所詮임. 華嚴宗에서 現象差別의 萬有各個가 一即一切의 絶對로서 事와 事가 相即無礙함을 말하여 모든 사물중에 우주의 重重無盡한 起緣을 표현한 것으로 낱낱 현상에 모두 一切의 功德을 갖추었다는 뜻임. 이런 敎理를 말하는 宗旨란 뜻으로 圓明具德宗이라 부름.

원묘(元妙) 涅槃의 覺體는 本來 不可思議하기 때문에 元妙라 함. 楞嚴經六에 「海性의 澄圓함을 覺하고 圓澄은 元妙함을 覺한다」라고 했

음. 吳興이 말하기를 「眞覺의 性은 마치 大海와 같아서 澄湛圓融하다. 이는 고요하면서도 항상 밝게 비침에 비유한 것. 또 圓澄을 들어 비유한 것은 본래 밝게 비치면서도 항상 고요하기 때문에 '元妙'라한다」하였음.

원묘(原妙) 中國 蘇州 吳江 사람. 俗姓은 徐氏 字는 高峯 宋나라 嘉熙 2(1238)年에 出生함. 15歲에 嘉禾 密印寺 法住에게서 중이 되고 17歲에 具足戒를 받다. 18歲에 天台의 敎相을 배우고 20歲에 杭州에서 死限精修하였다. 宣居寺에서 法欽을 參한 뒤에 龍鬚寺에 居하기 五年 벗과 같이 자다가 땅에 침벨는 소리를 듣고 廓然徹悟하였다. 元나라 至元 16(1979)年 杭州 天目山 師子巖에 들어가 小室을 經營하고 死關이라 하였다. 閉戶한지 十五年 學徒가 參請하여 虛日이 없었고 僧俗이 戒른 받은者 數萬이 되었다 함. 元貞元年 나이 58歲로 죽음.

원묘(圓妙) ①台家에서 圓敎의 圓을 解釋하는데 圓妙의 뜻이 있다. 空·假·中 三諦가 圓融하여 不可思議한 것을 圓妙라 하는데, 妙는 이 不可思議한 것으로써 이름한 것. 四敎儀集註下에 「三諦가 圓融하여 不可思議한 것을 圓妙라고 한다」라고 하였음. ②(1133～1145) 姓은 徐氏. 名은 了世, 字는 安貧, 新繁縣人, 十二歲에 天樂寺에 出家, 均定和尙에게 削髮 萬德寺에서 入寂.

원무상(願無常) (梵)〈praṇidhānākalpita〉 (西)〈sm: on lam (ma)〉 本願에 依하여 裝飾되어 있는 菩薩의 功德名號의 하나.

원문(院門) 寺院 經營方面. (隨聞記) 절을 말함.

원문(願文) ①所願을 記錄한 글로 造寺·造塔·造像등을 할 적에 시주가 자기가 願하는 사연을 적은 글임. ②佛·菩薩이 세운 本願을 적은 글.

원밀(圓密) 天台의 圓敎와 眞言의 密敎. 日本의 台密이 세운 天台眞言의 理密이 同一하기 때문에 圓密이라 함.

원밀선계(圓密禪戒) ①圓敎. 곧 止觀業이며, ②密敎. 곧 遮那業이며, ③禪宗. 即 牛頭禪이며 ④戒律. 곧 梵網宗을 말함.

원밀십진여(圓密十眞如) 모든 敎를 通別하여 眞如等 十種을 두루 行하는 것을 十眞如라 함. 圓敎 및 眞言敎는 이를 가르쳐 오직 부처님과 부처님만이 窮盡할 수 있다 함. 諸法實相은 如是相 等의 十如是의 法을 十眞如라 하고 十如是와 十眞如는 名義가 모두 같음. (菩提心義四)

원바라밀(願波羅蜜) ①(梵)〈praṇidhāna-pārami:tā〉 (西)〈smon lam gyi pha rol tu phyin pa〉 念願의 完成.

十波羅蜜中의 第八. 깨달음을 얻으려고 願하며 또 一切衆生을 救濟하려고 願하는 것. 여기서는 願이란 善이라는 것으로 태어날 것을 願하는 것. 이것에 依하여 여러 生涯에서 佛이 出現될 것을 敬重하여 恒常布施 등의 行爲를 한다. 〈華嚴經〉 ②密敎에서 말하는 十波羅蜜菩薩의 하나. 胎藏界 曼茶羅의 虛空藏院에 있음.

원바라밀보살(願波羅蜜菩薩) 胎藏界 虛空藏院 上行의 오른쪽 第三位의 一尊. 密號는 成就金剛이라 함. 四弘誓願을 주장하므로 이름한 것. 白黃色이며 羯磨衣를 입고 左手에 漉水囊을 들었으며 바른 쪽의 無名指와 二指를 세우고 나머지는 모두 굽혀서 刀印을 짓고 赤蓮위에 앉아 있다 하였음.

願波羅蜜菩薩

원바라밀십덕(願波羅蜜十德) ①一切衆生을 모두 成就하는 것. ②一切世界를 모두 莊嚴하게 하는 것. ③一切諸佛을 모두 供養하는 것. ④無障礙의 法을 모두 通達하는 것. ⑤法界에 가득한 行을 모두 修行하는 것. ⑥몸이 恒住하여 未來劫을 盡하는 것. ⑦智慧로 一切의 心念을 모두 아는 것. ⑧流轉還滅을 모두 깨닫는 것. ⑨一切의 國土를 모두 示現하는 것.

원반(鴛班) 誦經할 때에 승려들이 서로 마주 보고 선 것을 말함.

원발(遠鉢) 멀리가서 托鉢하는 것.

원백법(圓白法) 梵〈śukla-dharma-yoga〉 完全하고 깨끗한 것.

원복(圓伏) 台宗圓敎의 法으로 惑에 達하며 體를 融通하고 亡見思·塵沙·無明三惑의 差別을 없이하여 同時에 調伏하는 法을 말함.

원복(圓覆) 天.

원본(元本) ①事物의 根元. ②本心의 마음을 가리킨다. ③元金. 利子의 對. ④杭州本이라 하는 大藏經.

원부(原夫) 佛法의 根源을 말하려고 發하는 말.

원분대치(遠分對治) →對治.

원불(圓佛) 圓敎의 法身佛. 곧 毘盧舍那佛임. 또한 台家의 圓敎에서 十界 圓融의 佛을 말한다. 普賢觀經義疏下에 「釋迦牟尼佛의 이름이 毘盧舍那이며 이는 곧 圓佛果의 成相이다」하였고 法華文句一에 「隱前의 三相은 오직 不可思議한 虛空相을 보이는 것과 같다. 곧 圓佛의

自覺과 覺他이다」하였으며 四教儀에「虛空으로 자리를 만들어 淸淨法身을 이루며 常寂光土에 居하니 곧 圓教佛相이다」하였음.

원불(願佛) ①十種佛의 하나. 八相으로 成道한 化身佛은 因行 때의 誓願을 성취한 부처님이므로 願佛이라 함. ②사사로 모시고 禮敬하는 부처님.

※謂八相成佛道之化身佛 是爲酬報因願之佛 故名願佛.

원불교(圓佛教) 우리나라 불교 교파의 하나. 1916年 朴重彬이 全羅北道 益山郡에 總本山을 두고, 개창한 교파로서 1946年 圓佛教라고 칭하게 되었다. 佛教의 현대화, 생활화를 주장하며 특히 종래의 불교와 특이하게 다른 점은 信仰의 대상이 佛像이 아니고, 法身佛의 一圓相이며 施主, 동냥, 佛供 등을 폐지하고 각자 정당한 직업에 종사하며 교화사업을 시행한다는 점이다. 1970年 2월 현재 교당수 130여개, 신도수 62만여명에 달하고 있음.

원불승(圓佛乘) 圓教라는 佛乘. (四教儀註)

원사(遠師) 隋나라 慧遠 法師를 말함.

원사(願事) 願하는 일. 願이란 智慧 方便 無鄣 勝眞의 四種을 뜻한다. 事란 禮拜 등의 五念門의 行이며, 願이란 二利의 願이며, 事란 事業이다. 作業事는 五念門의 作業을 뜻하며, 願이란 菩薩心이요 事란 五念門을 말하는 것.

원사이교(遠師二教) 淨明寺 慧遠의 教判으로 漸教와 頓教를 判斷함. →二教.

원산가사(遠山袈裟) ①糞掃衣의 俗名. 袈裟가 얇아진 곳에 다른 천을 붙인 것. 작은 山形으로 벤 천을 몇장 붙이고, 그 위를 꿰맨다. 袈裟에 꿰맨 낡은 천이 山形이므로 이렇게 이름함. ②變하여 現今에는 약간 희미해진 山模様이 들어간 高價인 袈裟를 말함.

원상(圓上) 梵〈pauri〉 品位있는. 洗練된 것.

원상(圓相) 衆生의 마음은 빛깔도 없고 形象도 없어 長·短·方·圓으로 표현할 수 없으나 마음이 平等 周圓한 뜻을 표시하기 위하여 圓形으로 表象한 것. 곧 동그라미로 흔히 禪宗에서 쓰이며 圓光佛教에서 쓰임. →一圓相.

원상육의(圓相六義) 五峰이 圓相에 暗機·義海·字海·意語·默論·圓相의 六名이 있다고 한 것을 말함. 이것은 圓相의 意義를 여섯 角度로 보고 說明한 것.

원상인기(圓相因起) 潙仰宗에서 圓相을 傳한 由來. 圓相은 처음 南陽의 慧忠에서 始作하여 以下 南陽·耽源·仰山으로 傳하여진 것인데 所謂 九十四個의 圓相이 그것임. (人天眼目)

원생(願生) 願往生이라고 하며 淨土에 往生하기를 願함.

원생게(願生偈) 世親 菩薩의 無量壽經 優婆提舍願生偈의 준말로 往生論·淨土論이라고도 함.

원생귀명(願生歸名) 眞宗의 異安心의 하나. 善導의 二河白導의 比喩에 나오는 願往生心의 文字를 曲解하여 歸命 즉 信心이라 하는 것은 淨土에 往生하려고 願하는 것이라고 主張함.

원생수(園生樹) 梵〈pārijāta〉 圓生樹의 訛語. (俱舍論)

원생수(圓生樹) 梵〈pārijāta〉 波利質多樹와 같음. →波利質多樹. (俱舍論)

원생수(願生樹) 忉利天善見城의 東北쪽에 있음. 俱舍論頌疏에 「城밖 東北편에 圓生樹가 있는데 여기는 三十三天의 欲樂을 받는 곳이다. 이 圓生樹의 根盤은 넓이가 五十踰繕那를 넘고 줄기는 위로 하늘 높이 솟아 가지와 잎이 주위를 덮었고 그 높이는 百由繕那나 된다. 꽃이 피면 그 妙한 香氣가 바람을 따라 百由繕那까지 가득차고 逆風時에도 오히려 五十由繕那까지 진동한다」라고 했음.

원생수경(圓生樹經) 經一卷. 趙宋 施護 번역. 中阿含盡樹度經과 同本임.

원생안락국토(願生安樂國土) 梵〈sukhāvatyāṃ praṇidhānaṃ kariṣyanti〉 淨土에 태어나기를 願하는 것.

원서(遠序) 久遠實成을 나타내는 端緖라는 뜻. (開目鈔)

원석(圓席) 完全無缺한 法席. 無缺無餘의 法席을 말함.

원선(願船) 彌陀의 本願은 衆生을 彼岸에 濟度하므로 배에다가 비유한 것. 迦才淨土論下에 「阿彌陀佛과 觀世音과 大勢至가 大願船을 타고 死海에 떠서 이 娑婆世界에 와 衆生을 불러서 大願船에게 오르게 한다」하였음. 龍舒淨土文二에 이 글을 引用하여 淨土傳에 나온다 하였고 往生要集中에도 이 글을 引用하여 清淨覺經에 나온다고 말하나 經에는 그 글이 없다. 敎行證文類二에 「大悲願船을 타고 廣海에 光明을 띄워 德風이 고요한데 이르고 衆禍의 波濤가 轉한다」하였음.

원성(圓成) 圓滿을 成就한 것. 楞嚴經一에 「一功衆生이 無量功德을 圓滿히 成就할 것을 發意했다」라고 하였음.

원성(遠性) 梵〈dūratā〉 멀리 떨어져 있는 것. (俱舍論)

원성실(圓成實) 梵〈pariniṣpanna〉 西〈yoṅs su grub pa〉 梵〈pariniṣpanna-lakṣaṇa〉 完成된 것. (成唯識論)

원성실상(圓成實相) 梵〈pariniṣpanna-lakṣaṇa〉 圓成實自性과 같음.

원성실상법(圓成實相法) 圓滿히 成就한 眞實한 眞如란 뜻. 三性의 하나. 圓成實性과 같음. (瑜伽論)

원성실성(圓成實性) 三性의 하나. 空의 煩惱와 所知二障은 眞理를 顯한 것. 諸法 眞實의 體性이라 함. 眞如·實相·法界·法性·涅槃은 모두 同體異名임. 圓滿·成就·諸法·功德의 實性이 되므로 圓成實性이라 함. 그 갖춘 德을 따르는 것. 唯識論八에 「二空이 圓滿·成就·諸法의 實性을 나타내므로 圓成實이라 한다」하였음.

원성실자성(圓成實自性) ㉵〈pariniṣpannaḥ sva: bhāvaḥ〉 人間本然의 完成된 그 自體.

원성십성(圓成十成) 缺陷된 곳이 없다는 말이다. 充足된 것.

원성취(願成就) 修行時期(因位)에서 誓願을 成就한 것. 本願에 對한 報應으로 얻은 德相.

원성취문(願成就文) 法藏菩薩이 세운 四十八願 가운데 第十八願으로써 國王을 爲하여 올리는 本願이니 이 十八願成就의 글을 願成就文이라고 한다. 無量壽經下卷 첫머리에 「모든 중생은 그 이름을 듣고 信心으로 기뻐하여 一念에 이르고 至心으로 廻向하여 그 나라에 태어나기를 願한다. 곧 往生을 얻으면 그곳에 머물어 물러나지 아니하고 오직 五逆들이 正法을 비방하는 일을 없게 한다」하였음.

원수(怨讎) ①怨望하는 것. (灌頂經) ②㉵〈śatru〉敵.

원수(冤讐) 원수. 敵. 仇 사이가 나쁜 것. (四敎儀註)

원수(圓修) 台家 圓敎에 있어서 空·假·中 三觀을 同時에 닦음을 말함. 또는 圓滿하게 萬行을 닦음을 말함. 圓覺經에 「圓滿하게 三種을 닦는다」하였고, 元照彌陀經疏上에 「萬行을 圓滿하게 닦는것이 가장 좋아 홀로 추대 받을 수 있는 果號이다」하였음.

원수(圓數) 十이라는 數. (五敎章)

원습인(寃習因) 一十因 十果.

원승(圓乘) 三乘가운데 佛乘을 말하며 衆生을 佛果에 이르게 하는 원만한 敎法을 말함. 즉 一乘·佛乘을 말함.

원승(遠勝) 大端히 훌륭한 것.

원시불교(原始佛敎) 옛날 佛敎라는 뜻으로 佛敎의 初期에 敎理가 아직 發展되지 않은 상태나 大乘 思想이 發達되기 以前의 佛敎인 古代의 佛敎를 말함.

원시천존(元始天尊) 神의 이름. 道家에서 元始天尊은 太元보다 먼저 生하였다 함.

원식(遠識) 오래前까지 看破하는 見識. (出三)

원식(願食) 五食. 또는 四食의 하나로 聖者가 願力으로써 몸을 資持하고 萬行을 닦기 때문에 일컬어 食이라고 한다. 다시말하면 現在의 身으로는 窮亡함을 느끼나 어떤 願望을 達成할 것을 바라고 살아가는 것을 말한다. 三藏法數二十四에

「願食은 聖道를 닦는 사람이 願力으로써 몸을 가지고 萬行을 버리지 않고 一切의 善根을 오래도록 기르는 것이 마치 世間의 飮食物이 身根을 資益함과 같음을 말한 것이다. 이러므로 願食이라고 한다」라고 하였음.

원신(員神) 둥굴둥굴한 마음.

원신(圓信) 圓常의 正信을 말함. 四敎儀集註 下에 「圓信은 圓常正信이라」고 하니 이는 天台家 圓敎의 機가 一念에 十界 三千이 갖추어져 있다는 法.

원신(願身) 佛이 갖춘 十身의 하나. 一佛身.

원실(圓實) 圓頓一實. 天台圓敎의 敎理를 일컬음. 一行은 一切의 行과 圓融하고, 一位는 一切의 位를 圓具하면 成佛을 頓極頓成하는 것을 圓頓이라 한다. 이理는 하나이며, 둘과 셋이 없고 眞實하여 虛妄하지 아니함으로 一實이라고 말함.

원실돈오(圓實頓悟) 缺陷없는 完全히 一切의 眞理를 문득 깨닫는 것. 天台宗의 말. 圓頓이라고 약칭함.

원실타(圓實墮) 煩惱가 곧 菩提이며 生死가 곧 涅槃이라 하며 또는 邪와 正이 둘이 아니며 善과 惡이 하나라는 等의 말의 圓實 理談에 墮落하여 戒行을 破하고 放逸하는 것을 말함.

원심(元心) 絶對圓滿의 一心이 森羅萬象의 根元이 되기 때문에 元心이라고 말함. 즉 起信論에서 말한 「一心」과 같음. 楞嚴經三에 「一切世間의 모든 所有物이 바로 菩提의 妙明한 元心이니, 心은 精하고 圓하여 十方世界를 두루 包含한다」라고 하였음.

원심(怨心) 怨望하는 마음.

원심(圓心) 完全圓滿한 涅槃을 求하는 마음.

원심(願心) 부처님의 願은 衆生을 救濟하는 마음. 衆生의 願은 成佛하는 마음이니 모두 四弘誓願의 마음임을 말함.

원십선계(圓十善戒) 圓敎의 十善戒. 天台宗에서 使用하는 梵網經의 十重戒를 가리킨다. 通常의 十善戒와는 다름.

원안(圓安) 新羅 때 僧侶. 眞平王때 圓光의 弟子. 北으로 九都, 東으로 不耐, 西로 燕·衛를 두루 遍歷하고 뒤에 帝京에 이르러 地方 風俗을 잘 알고 經論을 硏究하여 大綱을 仔細히 通徹하였다. 晩年에 마음 工夫를 힘쓰고 京師에 있을 때에 道行으로 有名하였다. 蕭瑀가 王께 上奏하여 藍田의 秦良寺에 있게하니 四事의 供養이 六時에 不絕하였다 함.

원암(圓庵) (?～1885) 이름은 得圓. 靑溪山에 出家하여 戒律을 嚴守하고 後學을 開導하였다. 恒常 煩雜함을 싫어하고 사람이 없는 閑寂處를 찾아 智異山 燕谷 土窟에 居하

면서 一日 一食하고 數年을 지내면서 道를 求였다함. 年壽未詳

원업(冤業) 過去 또는 前世에서 뿌렸던 惡의 씨.

원연(遠緣) ①間接的인 緣. (上宮維摩疏) ②아직 佛道修行을 별로 하지 않는 未熟한 衆生도 먼 將來에 깨달음을 얻을 外緣이 되는 것. (起信論)

원예(遠裔) 먼 後世의 子孫. 먼 世代의 子孫.

원오(圓悟) ①圓滿하게 眞理를 깨달음. 圓覺經에 「善男子야 그 마음이 圓悟하여 涅槃에 이르면 모두 我이다(佛)」하였음. 또한 台家의 圓敎에서는 三諦와 三觀이 圓融하므로 空假中의 諦理를 同時에 覺悟하는 것. 指要鈔上에 「이미 不明性이 十界에 具하므로 圓斷과 圓悟의 뜻이 없다」하였음. ②宜興사람. 姓은 蔣氏며 號는 密雲이라 함. 30歲에 幻有正傳을 따라 祝髮하여 중이 되고 經學을 專攻하여 銅棺山을 지나다가 豁然大悟하니 나이 49歲였다. 轉轉한 衣鉢로 六大刹을 歷住하고 宗風을 大振하더니 崇禎中에 나이 77歲로 入寂하였다. 全錄十二卷이 있음. ③(1694～1758) 朝鮮의 스님 號는 萬化. 젊었을 때 水軍의 貢生이 되었다가 대둔사에서 중이되어 喚醒·虎巖에게 참학하여 30歲에 모든 經義를 통달함. 學行이 온전하고 華嚴을 잘 통달하여 사람들이 華嚴菩薩이라 불렀으며 上院庵에서 華嚴 三十九品의 宗旨를 밝히고 만년에는 坐禪으로 究竟法을 삼다. 英祖 34年에 죽음. 世壽 56.

원오불과선사어류(圓悟佛果禪師語錄) ㊖二十卷. 宋 虎丘·紹隆等이 圓悟佛果禪師가 入寂하기 二年前, 宋 紹興 3(1133)年에 編輯한 것. 佛果禪師의 一生의 上堂·小參·普說·法語·拈古·偈頌·眞讃·雜著·佛事등을 彙集한 것으로, 宋代 臨濟의 宗風과 禪師의 造詣 및 事歷을 알려면 이 책이 실로 없어서는 않됨.

원오선사(圜悟禪師) →克勸.

원오화문(圜悟禍門) ㊟禪宗 公案이름. 그 뜻은 佛敎의 眞理는 言語文字로 表現할 수 없는 것인데 억지로 言端 語端으로 설명하려 들다가는 결국 그 眞意를 잃어버린다는 것이다. 圓悟錄에 「圜悟克勤禪師에게 어떤 僧이 묻기를 "어떤것이 부처입니까"하니, 師 "입이바로 禍門이니라" 했다. 이렇게 言語 文字로 함부로 얘기하는 것을 경계한 말임.

원왕(怨枉) 怨望함. 故意로 뜻을 굽힘. (無量壽經)

원왕생(願往生) 願生과 같음. →願生.

원왕생가(願往生歌) 新羅時代 鄕歌의 하나. 文武王때 작자의 독실한 佛敎 신앙을 노래한 것으로 十句體

이다. 종래 그 작자를 廣德의 아내로 보았으나, 요즈음 광덕이라는 설이 더 유력시되고 있다. 三國遺事에 실려 있음.

원왕생심(願往生心) 阿彌陀佛의 淨土에 往生할 것을 願求하는 마음이란 뜻. 또는 願生心·求生心·欲生心이라 함.

원요(圓繞) ㊵〈parivṛ: ta〉 둘러 싸다.

원요(願樂) ①㊵〈ājñtu-kāmatā-āsay-aḥ〉 알려고 하는 것. (莊嚴經論) ②㊵〈spṛhaṇiyatva〉 願하는 것. 願하여 즐김. (無量壽經)

원요대보살(願樂大菩薩) ㊵〈mahāb-odhi-praṇidh: āna〉 뛰어난 깨달음에 對한 바람. (莊嚴經論 功德品)

원욕(願欲) 願을 세워서 極樂往生을 바라는 것. (灌頂經)

원우(元宇) (1675～1740) 朝鮮 僧으로 號는 錦溪이며 字는 慕雲이고 俗姓은 羅氏 임. 鞭羊彦機의 法을 傳하고 英祖 16年 나이 66歲, 法臘 51歲로 죽음.

원원(圓元) 十方衆生의 知覺이 冥通하여 하나로 만드는 곳. 楞嚴經十에「能히 己身의 根隔을 合開하여 또한 十方의 諸類와 覺을 通한다. 覺知가 通溜하면 能히 圓元에 들어간다」하였음.

원위(圓位) 圓敎의 位次를 말함. 位마다 圓融함을 서로 攝受하고 있음. 四敎儀集註 下에「圓位란 位와 位마다 서로 攝受한 것이다」하였음.

원융(圓融) 圓은 周遍·圓滿의 뜻이고 融은 融通·融和의 뜻이다. 만약 分別 妄執의 見에 따라서 말하면 千差萬別의 諸法이 모두 事事物物에 差別的 現象이 인정되고 諸法이 본래 갖추어진 理性에 따라서 말한다면 事理의 萬法이 두루 融通無礙하여 둘도 없고 다름도 없어 마치 水波와 같기 때문에 圓融이라 한다. 그러므로 煩惱가 곧 菩提요, 生死가 곧 涅槃이며 衆生이 곧 本覺이요. 娑婆가 곧 寂光이라고 말한다. 이 모두가 圓融의 理趣인 것이다. 이 法門이야말로 性宗의 樞機요, 實大乘의 極談이다. 楞嚴經四에「부처님은 地·水·火·風의 本性이 圓融하고 周徧法界가 湛然히 常住함을 觀한다」하였고, 止觀에「만약 妄執으로 事物을 分別한다면 곧 언제나 融和치 못하는 것이요. 만약 心性緣起의 用에 根據한다면 곧 서로 攝收할 수 있다」하였으며, 宗鏡錄九十九에「事理가 圓融하다는 것은 곧 갖가지 事物이 理致에 맞아 周遍하니 마치 眞如의 理는 洪鑪가 되고 萬事를 融合함은 大冶가 되어 鐵汁이 철철 넘치나 다른 相이 없다」하였음. ↔隔歷.

원융무애(圓融無礙) 원융하여 一切의 事理가 조금도 거리낌이 없음.

원융무작(圓融無作) 絕對不動. (往生要集)

원융문(圓融門) 二門의 하나. 圓融相攝門의 준말임. 華嚴宗에서 華嚴經에 說한 것을 따라서, 行布, 圓融의 二門을 세움. →行布門.

원융삼관(圓融三觀) 一心觀이라고도 한다. 天台에서 一念의 마음이 곧 圓融三諦라고 觀하는 것을 말함. →一心三觀.

원융삼체(圓融三諦) 天台教學의 근본 골자를 이룬 것으로 다른 教學에서는 三諦가 각각 孤立하고 또 일방에 치우친 實在를 말하는데 대하여 이 三諦는 三과 一이 融通하므로 相即無礙함을 말함. 그래서 不次第三諦·不縱不横三諦라고도 한다. 空諦라 하여도 假과 中을 여윈 但空이 아니고 三諦가 相即한 空이므로 이는 破인 否定과 立인 肯定과 絕待의 세 뜻을 포함한다. 空에는 有의 思想을 否定하는 破有의 뜻과 空한 思想을 그대로 肯定하는 立空의 뜻도 있는데 즉 空이 單破·單立이 아니고 立을 함께한 破, 破를 함께한 立인 즉 非破非立·亦破亦立 絕對의 空인 의미가 있다. 이처럼 空諦에서 三諦를 원만히 갖춤을 即空이라 하고 假諦에서 세 뜻을 원만히 갖추어 假諦 그대로 空假中의 三諦인 것을 即假라 하며 中諦가 그 당체에서 三諦의 뜻을 원만히 갖춘 것을 即中이라 하며 이들 모두가 天台教學의 主張임. ↔隔歷三諦.

원융삼학(圓融三學) 華嚴 天台에서 나눈 가운데 圓教의 三學을 말함. 戒·定·慧가 서로 融和하여 即 三은 即 一이며 一은 即 三의 理致을 갖추고 있어 다른 教의 三學과 다름.

원융상섭문(圓融相攝門) 三門의 하나. 줄여서 圓融門이라고도 한다. 華嚴教義에서 菩薩이 修行하여 나아가 佛果를 얻는 지위에 대하여 行布門에서 一位를 얻으면 一切位를 얻어 금방 成佛한다고 하는 것. ↔行布門.

원융십승(圓融十乘) 天台에서 나누었던 四教 가운데 圓教의 十乘觀法을 말함. 이 十乘觀法은 藏·通·別·圓의 四法에 通하기 때문에 特別히 圓教의 十乘을 가르켜 圓融十乘이라고 말한다, 이는 十乘의 하나하나가 모두 事理의 圓融으로써 理致가 되기 때문임.

원융자재(圓融自在) 對立을 모두 融合시켜서 自由롭다는 것. (二教論)

원융지덕가호(圓融至德嘉號) 南無阿彌陀佛의 名號. 永劫의 修行으로 말미암아 諸善萬行을 원만히 갖추고, 兆載의 思性으로 말미암아 一切功德을 融攝하여 無上 至極한 福德을 갖춘 것이 이 名號의 뜻임.

원융행포(圓融行布) 圓融과 行布의 并稱임. 처음 住行向地등의 階位를 安置布列하고 淺深의 次第를 세우고 끝에 佛果에 到達한다는 말을

行布하여 一位 가운데 橫으로 一切位를 融攝하고 一位는 곧 一切位, 一德은 곧 一切德, 一成은 곧 一切成으로 하여 차례로 行布을 要하지 않고 說함을 圓融이라 한다 함.

원음(圓音) 圓滿具足한 音聲. 곧 부처님의 말씀을 일컬음.

원응(圓應) ①朝鮮 僧侶. 志勤의 法號. ②高麗의 僧으로 (1052～1144) 姓은 李氏 名은 學一, 保安人, 字는 逢渠, 十一歲에 眞藏에게 落髮, 十三世에 具足戒를 受持, 謚號는 圓應, 碑는 雲門寺에 있음.

원응(圓凝) 凝然한 圓寂의 涅槃을 말함. 寄歸傳四에 「四眞을 배우게 여 圓凝의 兩得을 證한다」 하였음.

원응국사비(圓應國師碑) 國寶 第472號로 慶尙北道 淸道郡 雲門面 新院里 雲門寺에 있음.

원의(元意) 原意. 처음의 趣旨. (五敎章)

원의(圓椅) 世間에서 흔히 말하는 曲彔(僧侶用 椅子)을 뜻함.

원의(圓義) 圓敎의 참뜻. 圓敎의 趣意. (四敎儀註)

원의계(圓意戒) 小乘戒와 區別하고, 唯識圓敎의 學問的 理解에 依하여 닦는 戒律.

원이삼점(圓伊三點) →伊字三點.

원이차공덕(願以此功德) →回向文.

원인(元因) 佛本行論에 「佛이 世人을 閔惘히 여겨 조심하여 因을 짓지 못하게 하였다. 因緣이 相을 生하는 것이 元因이 되어 遠因은 遠果를 結하고 近因은 近果를 結하며 善因은 善果를 結하고 惡因은 惡果를 結하며 無量因은 無量果를 結하여 劫을 지내면서 消受한다」하였음. 元因은 지금의 原因임.

원인(圓人) 圓滿完全한 가르침을 받드는 사람. (往生要集)

원인(圓仁) 日本人. 일찌기 唐에 들어가서 五臺山에 禮參하고 志遠法師를 만나서 台家의 여러 책을 써서 벳기게 되었다. 또 元政阿闍梨·義眞阿闍梨·玄法寺法全阿闍梨등에 나아가 兩部 曼茶羅의 大法을 傳受받았고, 또 智者의 八代 高弟 醴泉寺宗頴에게 나아가서 止觀을 받았다. 長安에 六年동안 住錫하다가 비로소 歸國하여, 世壽七十一에 入寂하니 謚號를 慈覺이라 하였음.

원인(圓因) 圓敎에서 說하는 因. (五敎章)

원인(願人) 神佛앞에 願을 세운 사람.

원인과(遠因果) 久遠의 因(行)과 果(德)란 뜻. (本尊抄)

원인방주(願人坊主) 訴願하는 坊主라는 뜻. 市中을 徘徊하며 人家의 門前에서 錢米를 求乞하는 墮落無賴漢인 法師를 말함.

원인론(原人論) 一卷. 唐나라 圭峯宗密이 지은 것으로 華嚴原人論이라고 하며 斥迷執·斥偏淺·直顯眞源·會通本末의 四篇으로 나눈다.

이 책은 순차적으로 儒教·道教의 迷執을 破하고 다음은 小乘과 權大乘教의 뜻이 얕음을 破하며, 實大乘의 珍貴함을 나타내고 끝으로 破한 여러 教의 뜻을 和會하는 것 등을 나타내었다. 비록 단편이나 儒教·道教와 佛教의 大小乘의 教理를 說明하여 佛教摘要라고 할 만한 책으로 註釋書로는 宋 淨源의 發微錄과 元圓覺의 論解가 있다 함.

원입별(圓入別) 別教의 利根인 菩薩이 圓教에 들어가는 것. 圓接別과 같음. →圓接別.

원입통(圓入通) 가르침에 通한 菩薩이 圓教에 들어가는 것. 圓接通과 같음. →圓接通.

원자각(元字脚) ①几字란 뜻으로 元字의 다리는 "儿"이니 几字다. ②乙이란 뜻으로 元字의 다리는 乙이요. 乙은 一과 通하니 元字脚은 一字란 뜻. 흔히 이 말을 사용함. ③元字란 뜻으로 脚은 먹으로 그은 劃이란 뜻이며 元字脚은 元字의 劃이란 말이다. 元字는 위에 가로 두획이 아래에 세로 두획이니 文字의 總名이므로 이는 文字를 표하는 것임.

원자재(願自在) ㊵〈praṇidhāna-vaśa〉 ㊷〈smon lam la dbaṅ ba〉 願에 關한 自在. 菩薩十力의 하나.

원작도생(願作度生) 願作佛心과 願作度衆生心을 일컬음. →願作佛心.

원작불심(願作佛心) 佛이 되기를 願하는 마음임. 往生論註下에 「王舍城에서 說한 無量壽經에 三輩生에는 비록 行의 優劣이 있으나 모두 無上菩提의 心을 發한다. 이 無上菩提心은 곧 願作佛心이며 願作佛心은 度衆生心이며 곧 衆生을 攝取하여 佛國土에 태어 나고자 하는 마음이다」하였음. 菩提心은 위로 求하고 아래로 化하는 마음으로 願作佛心은 上求菩提의 마음이며 度衆生心은 下化衆生하는 마음이라 함.

원작심사(願作心師) 涅槃經 二十八에 願컨대 마음의 스승이 될지언정 마음을 스승으로 삼진 않겠다」라고 하였음.

원장(元藏) 元代에 刊刻한 大藏經을 말함. 또는 元本이라고도 한다. 杭州路餘杭縣 白雲宗終南山 大普寧寺에서 刊刻했다. 思溪 福州 二本을 對照하여 校勘하였다. 元世祖 至元十四(1267)年에 始作하여 至元 二十七(1290)年에 이르러 雕造가 竣功되었다. 總計 一千四百二十二部, 六千十七卷. 五百五十八函이다. 그中에 大乘經이 五百二十八部, 二千百七十四卷이요, 小乘經이 二百四十二部, 六百二十一卷이며, 大乘律이 二十五部, 五十二卷이고, 小乘律이 五十四部, 四百三十九卷이다. 그리고 大乘論이 九十七部, 五百二十三卷이며 小乘論이 三十六部, 七百二十卷이고, 賢聖傳記錄이 一百八部, 五百四十四卷이며, 續藏經이

三百三十二部, 九百四十四卷이 들어 있다. 그 函號部數등은 大略은 宋藏과 같음.

원장(願狀) →願文.

원장목록(元藏目錄) ㊂大普寧寺 大藏經目錄의 다른 이름.

원재(院宰) 院主와 같음. →院主. (景德傳燈錄)

원저(源底) 至極處·銀元處를 말함. 華嚴經十四에 「모든 부처님 마음의 至極한 곳을 얻었다」라고 하였고, 天台戒疏上에 「無始 無明의 源底를 觀하여 通達했다」 하였음.

원적(怨賊) 人命을 害하고 남의 財物을 劫奪하는 도적을 말함. 維摩經方便品에 「이 몸은 毒蛇와 같고, 怨賊과 같고, 空聚와 같다」 하였고, 遺經에 「사람의 마음이 무서운 것이 毒蛇보다도, 惡獸보다도, 怨賊보다도 심하다」라고 하였음.

원적(怨敵) 怨恨의 讐敵.

※金光明經二에 「鄰國怨敵與如是念」

원적(冤敵) 敵. 원수. (萬民德用)

원적(圓寂) 涅槃을 舊譯은 滅度·新譯은 圓寂이라 함. 諸德이 圓滿하고 諸惡이 寂滅한다는 뜻. 곧 生死의 苦를 여의고 靜妙의 樂을 完全히 하는 窮極의 果德임. 이 가운데 말한 生死의 苦를 여의는데 따라 말하면 賢聖이 命을 마치는 것을 圓寂이라 하며 곧 涅槃에 드는 것임. 寶積經五十六에 「나는 圓寂을 求하여 欲染을 除하다」하였고, 宗輪論述記에 「위가 없는 法王은 오래도록 圓寂에 들었다」하였으며, 唯識述記一本에 「西域을 梵語로 波利暱縛라 함. 波利는 圓이며 暱縛明은 寂이다. 곧 圓滿體가 寂滅하다는 뜻. 舊에 涅槃은 訛다」하였음.

※賢首心經略疏에 「涅槃 此云圓寂 謂德無不備 稱圓 障無不盡名寂」

원적사덕(圓寂四德) 涅槃의 四德인 常·樂·我·淨.

원전(圓詮) 圓理를 詮顯한 經이니, 華嚴經, 法華經이 바로 이것임. 止觀一의 一에 「音聲으로 佛事를 하는 것을 稱하여 經이라 하고 圓詮初를 지목하여 序라 한다」라고 하였음.

원점(原漸) 始作하는 곳. 基本으로 하여 일어나는 곳.

원점묘도(遠沾妙道) 佛에서 멀리 떨어진 衆生이 法華妙道에 沾하여 利益을 얻는다는 뜻. 法華文句一에 「뒤 五百歲에 妙道遠沾하였다」 함.

원접별(圓接別) 天台宗의 말로 別教地前의 賢位가 空·假에 合하여 假가 되는 것. 또는 假를 닦는 位內에서 點示 發習하여 圓教의 菩薩이 되는 것을 圓接別이라고 한다. 다시 말하면 別教의 根機가 教中에 말한 不但中인 圓教의 理致를 通達하여 圓教에 들어감을 말한다. 즉 圓教로써 別教 菩薩을 引接하는 뜻임.

원접통(圓接通) 天台宗의 教義에 化

法 四教의 第二인 通教의 根機중 智慧가 수승한 菩薩이 教中에 포함된 不但中인 圓教의 教理를 체달하여서 圓教에 들어가는 것을 말함.

원정(元禎) 朝鮮朝 僧侶. 高麗 末期 忠臣 曺漢龍의 出家한 法名.

원정(圓頂) ①깎은 중의 머리. 圓頭 ②중.

원정열반(圓淨涅槃) 三涅槃의 하나이며 智慧로 煩惱를 끊고 證得한 涅槃을 말함.

원조(元祖) 하나의 宗門을 開創한 元初의 祖師를 말한다. 理惑論에 「부처님은 道德의 元祖다」라고 하였고, 輔行一의 一에 「이의 因果로써 똑같이 諸師들이 받드는 元祖가 되었다」라고 하였음.

원조(元照) (1048~1116) 律宗의 僧侶. 中國 餘杭 浙江省 杭州府 錢塘 사람. 姓은 唐氏. 이름은 元照字는 湛如 또는 湛然, 別號는 安忍子. 諡號는 大智(宋나라 紹興 11年(1141) 高宗이 賜), 처음에 錢塘의 祥符寺 慧鑑律師에게 出家, 戒律을 배우고, 뒤에 神悟處謙을 따라 天台의 教學觀心을 연구하다. 宋나라 神宗 元豊 元(1078)年 3月에 道俗千餘人과 함께 雷峰에 이르러 慧才에게 가서 具足戒를 받다. 항상 베옷을 입고 錫杖을 끌고 발우를 들고 市街에서 乞食하고 부처님의 禁戒를 嚴守하다. 宋 哲宗 元符 1(1098)年에 사명 개원사에 戒壇을 창립, 晩年에는 西湖 靈芝의 崇福寺에서 30年을 지내다, 스님의 教法을 받은 道俗이 항상 三百人에 達하였고, 傳戒度僧이 六十여회에 미쳤다 한다. 일찍 淨土에 귀향하는 것을 가벼이 여기더니, 후에 重病을 얻어 天台의 十疑論을 읽고는 淨土를 篤信하다. 宋나라 徽宗 政和 6(1116)年 9月 1日 世壽 69세로 坐化하다. 著書로는 四分律行事鈔資持記 四十二卷, 觀無量壽經疏 三卷, 芝園集 二卷등이 있음.

원조(圓照) ①圓覺經에 「一切如來의 本起因地는 모두 圓照한 淸淨覺相에 依하여 無明을 永遠히 斷絕하고 바야흐로 佛道를 成就한다」하였고, 또는 「生死涅槃은 起滅과 같고 妙覺圓照는 華翳에서 떠난다」하였음. ②京兆 藍田(陜西省 藍田縣) 사람이다. 姓은 張氏이며 10歲에 西明寺 景雲律師에 依하여 出家하고 維摩·法華·因明·唯識등을 究鑽하고 여가로 儒典도 研究하였으나 特히 律藏에 精進하였다. 唐나라 開元年間(713~741)에 敕書를 받고 譯經에 參預하였고 大曆年間(766~779)에는 兩京의 律師 十四人을 詔勅하여 新舊兩疏의 律條를 定하였다. 師와 超濟등이 함께 筆受의 任을 맡으니 勅僉定 四分律疏라는 것이다. 82歲로 入寂하다. 所著로 新定釋教目錄등 十九種이 있다 함.

원조지(圓照智) →大圓鏡智.

원종(元宗) 〈869~958〉 姓은 金氏, 名은 璨幽, 河南人, 字는 道光, 十三歲에 尙州 公山에 出家하여 融諦師에게 祝髮, 高麗 廣宗 九年에 慧目山에서 入寂, 諡號를 元宗大師, 塔名을 慧眞이라 함.

원종(圓宗) 耆闍寺 凜法師가 세운 六宗教의 第六을 圓宗이라고 하는데 華嚴經에서 說한 圓融 具德한 法門을 가리킨다. 그러나 天台宗이 일어나므로부터 圓頓一實의 宗旨를 강력히 鼓吹하여 드디어 이 圓宗이란 別稱이 되었음.

원종국사혜진탑(元宗國師慧眞塔) 國寶 第14號로 京畿道 驪州郡 高達寺터에 있음.

원종문류(圓宗文類) 22卷. 華嚴經을 중심으로 한 圓宗의 교리를 요약하고 역대 여러 사람의 저술을 모은 책. 고려의 大覺國師 義天이 엮음. 현재는 겨우 몇 권만이 남아 있음.

원종식(圓宗式) 天台圓宗의 式.

원종종무원(圓宗宗務院) 大韓 隆熙 2(1908)年에 佛教를 진흥하려는 僧侶들이 모여 圓宗 宗務院을 東大門 밖 元興寺에 設立하고 教務를 관리하였다. 宗正 晦光이 단독으로 日本에 가서 曹洞宗 管長 弘律說三과 연합조약 七條를 맺고 왔다. 漢永·震應·龍雲·錦峰등의 여러 스님이 反對運動을 일으켜 順州 松廣寺에 臨時 宗務院을 두고 臨濟宗을 발기하였다가 뒤에 梵魚寺로 옮겼었다. 그러나 두 宗務院이 모두 庚戌國治(1910)後 자연 폐지됨.

원주(院主) 또는 寺主라고도 한다. 禪家의 한 所任인 監事의 옛 이름이다. 한 僧寮의 살림살이를 맡는 직책, 지금의 監事를 옛날에는 院主, 또는 寺主라고 불렀다. 院主란 이름은 住持의 稱號가 이미 너무 많기 때문에 고쳐서 監事라고 부르게 되었다. (절에 머물면서 한 山의 主가 됨) 釋氏要覽下에 「監寺會要에 이르기를 監은 總領의 稱이므로 寺主·院主라 부르지 않는 것은 대개 長老를 推戴하기 때문이다」라고 하였음.

원주(園主) 園頭라고도 하며 禪院에서의 所任의 하나. 菜園의 耕作과, 衆僧에 蔬菜를 供給하는 職. (雲門廣錄)

원주(圓珠) 心想이 奔忙轉轉하여 멈추지 않고 마치 盤上의 둥근 구슬과 같다는 것.

원주(願主) 塔이나 佛像을 造成하거나 經典을 書寫하는 등을 發起하는 사람으로 모두 佛道에 善根의 사람들이 관계한다. 이 사람들은 이 善根으로 말미암아 成佛, 또는 往生을 發願하기 때문에 願主라 부르고 또는 本願이라고 한다. 無量壽經下에 「塔·像을 造成하고, 沙門들에게 飮食을 먹이고 然燈을 달고, 꽃을 뿌리고, 香을 피우고 하는 것등은 이러한 廻向으로 極樂淨土에 태어 나기를 發願하는 것이다」라고 하였음.

원중(圓中) 實有와 皆空의 二偏(두 개의 極端)을 包括한 絶對의 中道.

원증자(怨憎者) ㊵〈ripu〉 敵. (佛所行讚)

원증취집(怨憎聚集) ㊵〈apriya-saṃyoga〉 밉살스러운 者와 만나는 것. (金七十論)

원증회(怨憎會) 원수(敵)를 만나는 것. (四教儀註)

원증회고(怨憎會苦) 八苦의 하나. 세상에서 받는 苦痛中에 자기가 怨讐로 생각하고 미워하는 사람이나 또는 싫어하고 꺼리는 事物과 매양 서로 만나서 함께 살지 않을 수 없는 苦痛을 말한다. 涅槃經十二에 「怨憎會苦는 사랑하지 않는 者와 함께 모여사는 것이다」라고 하였음.

원지(圓智) 一切智. (五教章)

원지(願智) 如來共德의 하나. (共德은 不共德과는 다른 말) 生來의 妙智를 願하는 것을 말한다. 俱舍論 二十七에 「願力으로 爲先하여 妙智를 이끌어 일으키면 願이 이뤄지므로 願智라고 말한다」 하였음.

원지문(願知文) ㊵〈praṇidhi-jñāna〉 ㊁〈smon gnas śes pa〉 願의 知識이 있다는 뜻.

원진(元禛) 麗末鮮初 僧侶. 名은 漢龍, 恭愍王때 乙未試에 壯元하였고 李朝때 들어와 保義將軍이 되었으나 忠臣不事二君 六字를 쓰고 衿川에서 중이되었다. 世祖大王이 國師로 追贈함. →漢龍.

원진(圓珍) 日本人. 일찌기 唐에 들어가 福州 開元寺에서 般若多羅三藏에게 나아가 梵學을 배웠다. 天台山에 올라가서 台宗의 章疏를 배우고 長安에 들어가 青龍寺 傳教和尙을 만나서 長生殿에서 大德法全을 持念하여 兩部의 秘旨를 傳受하였다. 또한 傳法阿闍梨의 자리의 灌頂을 받았다. 나이 78歲에 죽으니 諡를 智證이라 하였음.

원진(遠塵) ㊇〈viraja〉 ㊵〈virajas〉 不淨함이 없는 것. 먼지와 같은 더러움을 멀리하는 것. (雜阿含經)

원진국사(圓眞國師) 高麗 僧侶. 永廻(1171～1221)의 諡號. →永廻.

원진국사비(圓眞國師碑) 國寶 第391號. 慶尙北道 迎日郡 松羅面 寶鏡寺에 있음.

원진리고(遠塵離苦) 더러움을 멀리하고 苦痛에서 떠나는 것.

원진성(元辰星) 혹 元神星이라고도 한다. 本命星을 싸고 도는 별이라고 할 수 있다. 本命星에 壽命을 빌면 곧 元辰星에 官位·榮祿과 病惱·憂患등을 除할 것을 빌고서 本命星에 供養을 닦을 때에 마땅히 이 元辰星의 方을 向하여 佛·菩薩을 供養하며, 本命星이 陽星이면 元辰星이 그 第八의 星에 해당하며 本命星이 陰星이면 元辰星이 그 第六의 星에 해당한다. 즉 子年은 陽

이요. 丑年은 陰이며, 寅年은 陽이요. 卯年은 陰이다. 이렇게 類推하면 된다. 子年에 태어난 사람은 子年貪狼星의 第八星인 즉 未方의 武曲星이 元辰星이 되고 丑年에 태어난 사람은 丑年巨門星의 第六星인 즉 午方의 破軍星이 元辰星이 된다. 역시 이를 미뤄 가히 알것이다. 密敎에서는 이러한 說이 盛히 傳해짐. (日本眞言宗 密敎聖典)

원진이구(遠塵離垢) 塵垢를 멀리 여의는 것. 塵垢가 비록 煩惱의 總名이지만 그러나 여기서는 八十八使의 見惑을 가리킴. 八十八使의 見惑을 끊고 正見을 얻는 것을 遠塵離垢 得法眼淨이라고 한다. 여기에 二乘初果와 菩薩 初地의 利益을 얻는다. 다만 흔히들 小乘의 初果에 따라 말하기도 한다. 法華經 妙莊嚴王品에 「부처님께서 이 妙莊嚴王本事品을 說하실 때에 塵을 멀리하고 垢를 여의면 諸法가운데 法眼淨을 얻을 것이다」하였고, 維摩經方便品에 「三萬二千의 天과 人이 모두 다 有爲法은 無常한 것임을 알고 塵을 멀리하고 垢를 여의어 法眼淨을 얻었다」하였음.

원질(怨疾) ㊁〈vera〉 怨恨을 뜻함.

원첨묘도(遠沾妙道) 佛敎에서 오래된 末法의 衆生이 法華의 妙道에 젖어서 이익을 얻게 된다는 뜻.

원청정(遠淸淨) ㊵〈viśuddhi-dūratā〉 淸淨에서 멀리 떨어져 있는 것.

원체(圓體) ㊵〈parimaṇḍala〉 球體. 바이세시카哲學에서는 極微(原子)는 球體를 이루고 있다고 함. (十句義論)

원초무명(元初無明) 元品無明이라고도 함.

원초일념(元初一念) 善惡을 분별하는 생각이 일어나지 않다가 갑자기 一念이 일어나는 마음으로 眞如가 無明의 熏習을 받아 생기는 최초 1刹那의 阿梨耶識을 말함.

원총(圓塚) ㊵〈stūpa〉 卒塔婆를 말함. →塔.

원측(圓測) (613～696) 新羅 高僧. 이름은 文雅. 圓測은 字. 新羅의 왕손. 어려서 출가. 15세에 唐나라에 건너가 法常·僧辨에게서 불법을 배웠다. 中國語 梵語에 능통하였고 唐나라 太宗때는 元法寺에서 毘曇論·成實論·俱舍論등을 읽고 고금의 章疏에 정통했다. 그때 三藏法師 玄奘이 印度로 부터 돌아와서 그의 法嗣인 慈恩·窺基를 위해 唯識論을 강의할 적에 圓測은 몸을 숨기고 몰래 듣고서 모든 宗義에 통하여 현장이 講義를 끝마칠 무렵 원측은 벌써 西明寺에서 사람을 모아놓고 규기보다 먼저 唯識論을 강의하였다. 玄奘이 窺基에게 瑜伽論을 가르칠때도 전과 같이 하여 규기에 앞서 결국 西明寺의 大德까지 됐다. 唯識論疏를 지어 窺基의 唯識述記를 反迫하고, 唐 高宗末에 印

度의 地婆訶羅가 唐나라 서울에 와서 密嚴經을 번역할 때 大德 5名중의 首席으로 참여, 또 大乘顯識經등을 번역할 적에는 證義가 되었다. 唐나라 佛授記寺에서 나이 84세로 죽으니 그의 제자들이 舍利를 모아 終南山 豊德寺에 탑을 세우고, 貢士 宋復이 그 塔銘을 찬하였다. 지금도 중국 陝西省 西安府 咸寧縣 樊川 興敎寺에 玄奘·窺基·圓測의 탑이 있는 것을 미루어 보아도 당나라에 있어서의 그의 뚜렷한 존재를 알 수 있다. 著書는 解深密經疏·仁王經疏·般若心經疏·無量義經疏·唯識論疏·金剛般若經疏·瑜伽論疏등이 있음.(宋高僧傳四)

원치(怨恥) 怨望.

원친(怨親) 怨은 나를 해하는 것. 親은 나를 사랑하는 것. 大集經二十六에 「怨親中에도 平等無二하다」하였고, 焰羅王供行法次第에 「師와 함께 一念을 運하여 自와 他의 다른 것을 없앤다. 그러므로 遮心이 없다. 怨親의 念을 끊는 것을 平等이라 부른다」하였으며, 智度論二十에 「慈心이 轉廣하면 怨親이 同等하다」하였음.

원친(寃親) 원수와 사랑을 말함. 五燈會元에 「佛敎의 慈悲는 원수나 親者에게 平等하다」라고 하였음.

원친평등(寃親平等) 佛敎의 평등 大慈悲心으로 원수이거나 친한 이를 평등하게 취급함. 원수와 친한 이가 본래 평등한 것.

원친평등심(寃親平等心) →七種懺悔心.

원타(圓墮) 煩惱가 곧 菩提로 生死가 곧 涅槃이라는 圓敎의 敎理를 듣고서 나쁘게 理解하여 戒律을 지키지 않는 行爲를 敢行하는 것을 말함.

원타타(圓陀陀) 陀陀는 곱고 아름답다라는 뜻으로 둥글고도 아름답기가 구슬과 같음에 비유하여 말한 것임. 圓陀陀地라고도 함.

원타타지(圓陀陀地) 圓은 圓滿, 陀陀는 곱고 아름답다는 뜻. 둥글고 아름답기 구슬과 같은 것을 나타내는 말. 圓陀陀라고도 함.

원탑(圓塔) ①金剛界의 法身塔. →法身塔. ②塔은 修行한 生의 智慧를 나타낸 것.(密門雜抄)

원토(願土) 西方極樂 世界를 말함. 阿彌陀佛의 四十八願力에 依하여 成就된 國土란 뜻으로 즉 極樂淨土를 말한다. 往生禮讚에 「저 阿彌陀極樂世界를 보면 廣大 寬平하여 여러가지 보배로 이루어지고 四十八願力이 莊嚴히 일어나 諸佛刹보다도 특히 뛰어나 가장 精하다」라고 하였음.

원통(圓通) 佛, 菩薩이 깨달은 境界로 妙智를 證得한 理를 圓通이라 함. 性體가 周徧한 것을 圓이라 하고 妙用이 無礙한 것을 通이라 하며 또 覺慧가 周徧通解하여 法

性에 通入한 것을 圓通이라 한다. 이 前義는 所證한 理體에 따라 解釋한 것이요. 後義는 能證한 行門에 따라 解釋한 것이다. 楞嚴經에서 圓通을 지목한 것은 後義에 依據한 것. 經가운데 二十五大士가 있어 각각 부처님의 물음에 따라 圓通의 法門을 陳述하였으니 이것은 音聲으로 圓通의 門을 삼은 것이요. 또는 耳根으로 圓通의 門을 삼은 것을 말한다. 經五에 「阿難과 모든 大衆들이 부처님의 開示를 입어 慧覺이 圓通하여 疑惑이 없게 되었다」라고 하였고 또 말하기를 「내가 이제 너에게 묻노니 最初의 發心으로 十八界를 깨달아 누가 圓通하였으며 무슨 方便으로 三摩地에 들어갔느뇨(中略) 내가 證한 것은 音聲이 가장 上이 되었다」하였고, 楞嚴經正脈疏에 「六根을 互用하여 周徧圓融하며 이 妙果를 이루어 그 닦아 들어가는 方法에 들어간다. 最上의 方便은 곧 耳根을 쫓아 修入하는 것이다. 耳根의 듣는 性은 사람마다 本來부터 圓通한 것이어서 十方에서 북을 치면 一時에 똑같이 들리는 것은 바로 圓인 것이다. 담장이 막혔어도 소리가 들리며 遠近이 모두 다 듣는 것은 바로 通이다. 소리에는 動靜이 있어 循環代謝하여도 듣는 性은 湛然히 常住하여 了하거나 生滅이 없다. 만약 소리의 流轉을 찾지 않고 능히 自性을 反聞한다면 차차 動靜이 함께 없어지는데에 이르러 根塵을 逈脫하고 寂滅이 앞에 나타나며 六根이 서로 用이 되어 드디어 圓通을 얻을 것이다」라고 하였으며, 三藏法數 四十六에 「性體가 周遍한 것을 圓이라 하고 妙用이 無礙한 것을 通이라 한다, 一切衆生이 本有한 心源은 諸佛 菩薩이 所證한 것이 聖境이다」라고 하였음. 또 觀音을 圓通大士라 함.

원통관음(圓通觀音) 觀音은 耳根圓通의 聖者이기 때문에 이같이 말함.

원통대사(圓通大士) 觀音의 別號. 楞嚴會上에 大小 二十五聖이 各自가 所證한 圓通方便을 說하니 佛이 文殊에 敕하여 是非를 料簡하게 하였다. 文殊가 歷評한 뒤에 홀로 最後 觀世音의 耳根이 圓通함이 最上이라 하였다. 이 땅의 衆生의 六根中에 耳根이 最利하므로 耳根이 圓通의 方便에 最上이 된다는 것. 因해 二十五聖 가운데 圓通의 이름을 얻은이는 觀世音이 第一 높다 함.

원통삼매(圓通三昧) 楞嚴會上에서 二十五大士가 각각 法性圓通의 三昧行을 말하였음. 憍陳那의 音聲을 圓通三昧라 하는데 觀音의 耳聞을 圓通三昧라 하는 것과 같음.

원통자재(圓通自在) 모두 圓融하는 것. (五教章)

원통참마법(圓通懺摩法) 圓通懺法과 같음. 梵語 懺摩(ksama)은 略하여

懺. 寬恕를 請한다는 뜻.

원통참법(圓通懺法) 觀音懺法의 다른 이름. 이 法은 觀音菩薩을 本尊으로 하는 道場이기 때문에 觀音懺悔法이라고 이름한다. 또는 觀音菩薩을 圓通大士라고 稱하기 때문에 圓通懺法이라고 말함.

원파기(遠波忌) 七年忌를 말함.

원판(圓板) 둥근 모양의 鐘板. 鐘을 치는 것.

원표(元表) 신라 때 僧侶. 唐나라 天寶年間(742～756) 唐나라를 經由하여 印度에 가서 聖跡을 巡禮하고 心王菩薩을 만나 支提山의 靈府를 찾을 것을 指示받았다. 이에 華嚴經 八十卷을 頂戴하고 마침 霍童을 찾아 천관보살께 예배하고 支提의 石室에 들어가 住하였다. 會昌(841～846)毁佛 때 經을 華櫚한 本函속에 넣어 石室에 깊이 간직하였다. 그 뒤 慧評이 그 이야기를 듣고 甘露都尉院에 맞아 들여 내어 보니 紙墨이 방금 쓴 것과 같았다 함.

원품능치(元品能治) 元品인 無明을 退治하는 것은 等覺智인가 妙覺智인가하고 옛날 開善과 莊嚴이 서로 다투었다. 開善法師가 말하기를 "妙覺智가 斷한다. 勝鬘經에 引用한 無明住地는 그 힘이 가장 커서 佛菩提智를 能斷하는 글이다"하고 莊嚴師는 말하기를 "等覺智가 斷한다. 大經을 引用하여 所斷을 上士라 하고 無所斷을 無上士라 하는 글이다"하였음.

원품무명(元品無明) 또는 根本無明·無始無明이라고도 한다. 中道 實相의 理에 迷하기 때문에 이름을 無明이라 한다. 그 無明에는 淺·深·麤·細의 分別이 있기 때문에 天台의 別教에서는 十二品으로 나누었고, 圓教에서는 四十二品으로 나누었는데 그 中의 가장 微細 深遠한 元本品類를 元品이라고 말한다. 이것은 一切衆生의 迷의 元初 根本이므로 根本無明이라 말하고, 이 無明과 眞如의 無始는 더불어 모두 無始이기 때문에 無始 無明이라고 한다. 그러하면 이 元品無明이 無始生死의 根元이 된다. 만약 이를 다 끊어버린다면 一念이 바로 成佛의 位인 것임. →無始無明.

원한상(怨恨想) ㊵<vaira> 敵意.(佛所行讚)

원합(圓合) 諸法을 圓滿히 融合시킨 것을 말함. 圓覺經에 「圓覺慧로써 一切를 圓滿融合하면 모든 性相에 覺을 여의지 않는다」라고 하였음.

원해(怨害) 남을 怨하게 여겨 害하는 것.

원해(圓海) ①如來 果上의 功德이 廣大 圓滿한 것을 大海에 譬喩하여 圓海라 하였음. 二教論에 「天親의 十地는 因分을 따라 가히 說할 수 있는 말이지만 龍猛의 釋論은 圓海를 挾하여 말할 수 없는 說이다」하였음. ②姓은 陰氏. 名은 文周. 順

天興陽사람 어려서 曹溪山 松廣寺에 들어가 守山圓滿禪師에게 染衣하고 比丘戒·菩薩戒를 頭輪山 梵海覺岩師에게 받음.

원해(願海) 菩薩의 願事는 深廣함이 바다와 같음에 비유한 것. 江總의 詩에 「띄우지 못하는 慈舟는 멀어지고 한 갓 願海만 깊어 진다」하였고, 八十華嚴經六에 「一切의 大願海를 顯示한다」하였으며, 萬善同歸集六에 「三有의 苦津을 건너서 普賢의 願海로 들어 간다」하였고, 往生要集上本에 「한 實道를 들으면 普賢의 願海에 들어간다」하였음.

원해(願解) 神佛에 願을 세운뒤 그 禮로서 參詣하는 것.

원해부담지설(圓海不談之說) 이미 깨달은 佛의 境地를 말로 하기는 不可能하다는 것. (二教論)

원행(圓行) 圓教의 修行法으로 一行이 곧 一切行임을 말함. 天台宗의 十勝觀과 같음. 四教儀集註下에 「圓行의 一行이 바로 一切行이다」라고 하였음.

원행(遠行) 梵〈dūraṃ-gama〉 遠行地와 같음. →遠行地. (讚法界頌)

원행(願行) 誓願과 修行. 이 두가지는 서로 기다려서 成事가 되며 하나만 缺하여도 되지않는다. 大智度論七에 「莊嚴佛國事는 크다. 홀로 功德을 行하여 能히 이루지 못하므로 모름지기 願力을 要한다. 牛力이 비록 수레를 끌 수 있지만 御者가 있어야만 目的地에 갈수 있는 것과 같음에 비유한다」하였고, 讚阿彌陀佛偈에 「一切의 菩薩은 願行을 增加한다」하였고, 玄義五上에 「念念으로 一切法界를 開發하여 願行과 事理가 自然和融한다」하였음.

원행구족(願行具足) 證果를 얻는데 필요한 本願과 修行이 具足하다는 뜻. 善導의 觀經疏一에 「經中의 說과 같이 다만 그行만 있으면 行은 곧 虛하여 이르는 곳이 없고 다만 그願만 있으면 願은 곧 虛하여 이르는 곳이 없다. 要는 願과 行이 相扶하여 所爲를 모두 剋한다. (中略) 지금 이 觀經中에 十聲으로 佛을 부르면 곧 十願과 十行이 具足하다. 무엇이 具足하다 하는가 南無는 곧 歸命이며 發願廻向의 뜻이고 阿彌陀佛은 곧 그 行이며 이 뜻이므로 반드시 往生을 얻는다」하였음.

원행지(遠行地) 菩薩十地 가운데 第七地의 이름. 이 땅의 菩薩이 純無相觀에 住하여 過世間과 二乘의 有相行을 벗어났으므로 遠行地라 함. 唯識論九에 「七인 遠行地는 無相住功用의 後邊에 이르면 過世間과 二乘道에 나가기 때문이다」하였음.

원현(元賢) 福建省 建陽縣 사람임. 姓은 蔡氏요. 字는 永覺이다. 어려서 儒學을 배우고 20歲에 弟子員을 補職 받고 25歲에 僧이 法華經을 외움을 듣고 嘆息하기를 "周公과

孔子의 밖에도 果然다른 一大事가 있구나"하고 이로부터 敎乘을 留意하여 經典을 博通하였다. 壽昌慧經이 邑의 董岩寺에서 開法할 때 元賢이 따라서 參禪하였고 40歲에 落髮하여 중이 되었다. 慧經이 遷化한 뒤에 同門의 博山元來에게 依止하여 具足戒를 받다. 얼마후에 辭를 찾아 閩땅으로 돌아올 때 배가 劍津을 지나다가 偶然히 중이 法華經을 외우는 소리를 듣고 廓然히 大悟하고 말하기를 "金鷄는 푸른 琉璃를 쪼아서 깨고 萬歇과 千休를 다만 스스로 알뿐일세, 조각배에 편히 누었으니 하늘은 正히 明朗한데 앞山에선 다시 兩鳩가 울지않네"하였다. 때는 明 天啓 3(1623)年 九月로 46세때였다. 崇禎 6(1633)年에 聞谷廣印을 拜謁하고 受棲袾宏의 戒本을 받다. 뒤에 鼓山에 돌아가서 洞上에 宗風을 크게 闡明하여 몸을 山岳같이 세웠고 操行이 서릿발과 같았다. 道를 護衛하여 世上을 건지고 福慧가 圓明하니 모두 높여서 古佛의 再來라고 尊稱하였다. 淸나라 順治 14(1657)年에 入寂하니 世壽가 80이며 門下가 甚히 많았다 함.

※得法者惟爲霖道霈而已 所著有楞嚴經略疏 金剛經略疏 般若心經指掌 四分戒本約義等十餘種 見永覺賢公塔銘等.

원형이정(元亨利貞) 乾(天)道의 四德. 元은 萬物의 始로 春에 屬하며 仁을 뜻하고, 亨은 萬物의 長으로 夏에 屬하며 禮를 뜻하고, 利는 萬物의 遂로 秋에 屬하며 義를 뜻하고, 貞은 萬物의 成으로 多에 屬하며 智를 뜻한다. 이를 配圖하면 다음과 같음.

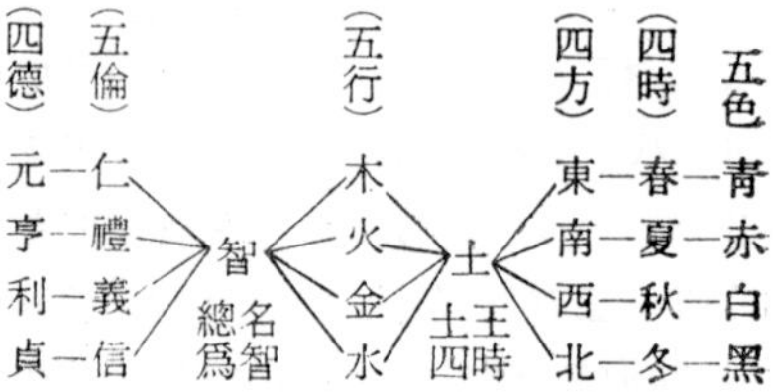

원혜(圓慧) 高麗 때 僧으로 開城의 妙蓮寺에 있으면서 忠烈王·忠宣王의 歸依를 받아 國統이 됨. 無畏國統의 스승임.

원혜(願慧) 誓願과 智慧. 無量壽經上에 「願慧가 모두 成就하여 圓滿하면 三界의 英雄이 된다」고 하였음.

원화(圓華) (1839～1893) 이름은 德柱. 俗姓은 鄭氏며 潭陽사람이다. 17歲에 智異山 華嚴寺에 들어가서 西藕에게 중이 되고 法을 斗月에게 받다. 일찌기 禪院에 들어가 禪을 배우고 經學을 探究하여 八萬藏經을 모두 閱覽하고 特히 華嚴을 精讀하였다. 優曇·抱虛·應月·四大宗師에게 參詣하고 會鏡錄 一卷을 짓고 世壽 55세로 入寂하였음.

원환(圓皖) 高麗 僧侶. 萬德山 白蓮寺의 第三世 祖師.

원황(元皇) 老子의 異稱. 唐나라 太

宗이 追贈한 것.

원효(元曉) (617～686) 新羅 末期의 高僧. 姓은 薛氏. 어릴때 이름은 誓幢, 號는 元曉. 奈麻談捺의 아들. 薛聽의 아버지. 湘州(慶尙北道 慶山郡 慈仁面) 사람. 그 어머니가 꿈에 流星이 품속에 드는 것을 보고 元曉를 배었으며, 滿朔이 된 몸으로 押梁郡(慶山지방으로 추측)의 南佛地村 栗谷 마을을 지나다가 娑羅樹 아래에 이르러 갑자기 낳았는데 三國遺事에 이르기를 그때 五色구름이 땅을 덮었다 한다. 29세때 출가하여 黃龍寺에 들어 갈때 집을 희사하여 初開寺를 세우게 했으며, 사라수 옆에도 절을 세워 娑羅寺라 하였다. 靈鷲山의 郞智. 興輪寺의 緣起와 고구려 盤龍山의 普德등을 찾아 다니며 불도를 닦으니, 뛰어난 資質과 총명이 드러났다. 34세때 同學義湘과 함께 불법을 닦으러 唐나라에 가던 길에 遼東에 이르러 어느 무덤 사이에서 자다가 목이 말라 물을 한 그릇마셨던바 다음날 아침에 깨어보니 해골속의 더러운 물이었음을 알고 급히 토하다가 깨닫기를 "마음이 나면 여러가지 법이 나고. 마음이 없어지면 해골과 둘이 아니다(心生則 種種法生, 心滅則髑髏不二) 부처님 말씀에 三界가 오직 마음뿐이라 하셨으니 어찌 나를 속였으랴"하고 바로 본국으로 돌아오고 말았다. 그 뒤 芬皇寺에 있으면서 독자적으로 通佛教(元曉宗, 芬皇宗, 海東宗이라고도 함)를 제창하며 민중속에 불교를 보급하기에 노력했다. 하루는 장안 거리로 다니면서 노래하기를 "누가 자루없는 도끼를 내게 주겠느냐, 내 하늘을 받칠 기둥을 깎으리로다(誰許沒柯斧, 我斫支天柱)"하니 사람들이 듣고 그 뜻을 몰랐으나, 太宗 武烈王이 듣고 "大師가 貴夫人을 얻어 슬기로운 아들을 낳고자 하는구나"하고 瑤石宮의 홀로된 公主로 짝을 짓게 하기 위하여 瑤石宮에 들게 하였다. 사신이 스님을 蚊川의 다리에서 만나 일부러 물에 떠밀어 옷을 젖게 하여 스님을 맞아 宮으로 모시고 젖은 옷을 말리느라고 유숙케 되었다. 과연 공주가 아이를 배어 薛聰(新羅十賢의 第一人)을 낳았다. 그후부터 破戒하였다고 俗服으로 바꾸어 입고 小性居士 또는 卜性居士라 자칭하였다. 우연히 한 광대가 괴상한 박(瓠)을 가지고 춤과 만담을 벌리는 것을 보고 그와 같은 물건을 만들어 華嚴經의 一切無㝵人 一道出生死에서 "無㝵"를 따다가 박의 이름을 짓고 無㝵歌라는 노래를 지어 춤추고 노래하며, 여러 마을을 돌아다녔다. 일찍 芬皇寺에 있으면서 華嚴經疏를 지어 第四十卷 十回向品에 이르러 그만 두었고, 또 金剛三昧經疏五卷을 지었다가 도적에게 빼앗기고 다시 畧疏 三卷을 지어 황룡사에서 강설하였다. 經教의 註釋이 九十九部 二百四十餘卷으로써 古今을 독보한 大著述家이며 現存하는 것만도 法華經宗要, 金剛三昧經論등의 二十部 二十三卷이 있고, 그中에 大師의 中心思想을 論述한 것이 十門和諍論이다. 神文王 6(686)年 3月 30日 70세를 一期로 穴寺에서 죽다. 뒤에 高麗 肅宗 6(1101)年에 大聖和靜國師라는 시호를 주었다. 著書로는 法華經宗要 一卷, 大涅槃經宗要 一卷, 大無量壽經宗要 一卷 彌勒上生經宗要 一卷, 瓔珞本業經疏 三卷등 많음. (宋高僧傳四)

※新羅國黃龍寺元曉 從湘法師入唐遊往處處 華嚴唯識 最其所達 後還 化振海東 所著起信論疏 彌陀經疏等盛行於世 世稱其人爲海東師 疏曰 海東疏.

원효사교(元曉四教) 元曉가 부처님의 一代時教를 四教로 구분한 것으로 ①三乘教는 四諦와 緣起 ②三乘通教의 般若經·深密經등 ③一乘分教로 梵網經 ④一乘滿教로 華嚴經등임.

원효종(元曉宗) 元曉宗은 元曉大師를 宗祖로 하며 元曉大師의 通佛教理念과 大乘行願을 받들어 萬善同歸의 地上佛國을 建設함을 그 宗旨로 한다. 그 創宗의 由緖는 淸信女 徐大光明이 佛門에 歸依한 뒤 晩年에 慶北 月城郡 內南面 拜里에 八萬坪의 垈地와 林野를 買入하여 寺院을 建立하고 祇林寺 丁海印(壽鎔)을 招請하여 布教하다가 1963年 12月에 文教部에 「元曉宗 布教院」으로 登錄하고 獨立된 宗團으로 發展하려 하였다. 그 뒤에 釜山市 草梁四街 金水寺住持 李法弘師는 큰 願을 세우고 末世衆生教化를 위하여 當寺에 萬日念佛會를 設立하고 淨土宗을 開立코자 하여오던바 1965年 元曉宗에 入籍하고 그 院長이 되어서 日本에 갔을적에 東京 荒川區에 있는 韓國僧 徐桐雲師가 創立한 平等寺를 元曉宗 海外布教院으로 登錄시키고 其他 몇 곳의 절도 本宗으로 入籍하였다. 1967年 歸國하여 于先 本宗宗徒의 指導體系 및 教化運動의 指針을 세우기 위하여 斯界學者 十餘名을 모아 元曉宗聖典編纂委員會를 구성하여 同 七月에 五百餘面의 「元曉宗聖典」을 刊行하고 同時에 元曉宗 布教院을 元曉宗總本院으로 改稱하고 本宗의 서울 事務室을 東大門區 昌信洞 安養庵에 두고 布教活動을 하였다. 그 指針書인 元曉宗聖典은 대체로 元曉大師의 思想을 줄거리로 하여 大師가 특히 註解하고 論述한 經典中, 華嚴·勝鬘·法華·梵網經·彌陀經·解深密·維摩經·起信論·金剛三昧經論·遊心安樂道·發心修行章등을 總括하여 國文으로 번역하여 편찬한 것이다. 그 內容은 다음과 같다. 第一編 信仰門·第二編 教義門·第三編 修道門 第四編

行願門으로 조직되었다. 그리고 宗旨로서는 (1)大乘佛敎思想의 具現體며 民族精神文化의 創造者이신 元曉聖師의 大道를 받들고, (2)三界唯心의 根本眞理를 探求하며, (3)萬法寂滅의 金剛三昧에 굳건히 머물러서 (4)一道解脫의 菩薩行願을 힘차게 닦아서, (5)萬善同歸의 地上佛國을 建設하려 한다」라고 한바 그것은 元曉大師의 根本思想을 一括하여 集約한 것이다. 1973年 6月 李法弘師가 總務院長으로 就任하여 서울 昌信洞 安養庵에 元曉宗 總務院看板을 달고 寺刹不法爭占에 관한 紛糾등의 障難을 打開하면서 十餘年間 獻身하여 오므로 現在 登錄寺院 260個所 宗徒 10萬名에 이르고 있다. 1967年 以後 오늘에 이르기까지 그 宗團을 維持·發展하여 온 것은 法弘師의 힘이지만 그동안 總務院看板을 걸고 있는 安養庵에 다른 派와의 爭占紛糾로 인하여 그 發展에 큰 支障이 있었음.

원후착월(猿猴捉月) 원숭이가 水面에 비친 달을 잡으려 한다는 뜻. 이 말의 根元은 어리석은 사람이 서로 隨從하여 苦痛을 받은 本生說話에서 發端되었음. 變轉하여 憍慢한 者의 失策에 譬諭하는 話題가 되었다 함.

원휘(圓暉) 唐 大雲寺 僧侶. 性相을 硏窮하고 특히 俱舍一門에 깊음. 光寶 二師의 뒤에 오직 이 사람이 있다고 하였음. 俱舍論頌疏를 지었는데 天下에서 이를 珍奇하게 여겼다 함. (宋高僧傳五)

원휘(圓輝) ①(1630～1694) 朝鮮朝僧. 字는 會魄. 號는 松溪. 俗姓은 崔氏. 延城사람이다. 15歲때에 智運에게 出家하여 중이 되고 龍門山 楓潭에게 心印을 얻다. 講堂을 다니면서 敎學을 硏究하고 西岳의 大宗丈이 되었다. 늦게 白雲으로 부터 七葉에 옮겼다가 肅宗 20年 65歲로 죽다. 法臘 51歲 ②中國 唐代의 僧. 俱舍論頌疏를 지었다. 性相學을 工夫, 特히 俱舍論에 精通하였고 顯宗때에 禮部侍郎 嘉會가 와서 俱舍論을 듣다가 煩雜한 解釋이 싫어서 偈頌을 簡略하게 解釋한 것이 곧 頌疏 29卷. 後人이 一卷을 보태어 30卷이 되다 함.

월(月) ㊵〈Candra〉 戰捺囉. 遺敎經에 「달로 하여금 덥게할 수 있고 해로 하여금 차게도 할 수 있으나 佛說 四諦는 다르게 할 수 없다」라고 하였고, 止觀一에 「달이 重山에 숨으니 부채를 든 것과 같고, 바람이 大虛에 자니 나무를 흔들어 가르친다」하였으니, 달은 勢至菩薩의 化現이다」라고 하였음. →月天子.

월(越) ①㊵〈abhyatikrama〉 違越. 戒를 犯하는 것. ②㊵〈samatikramaṇa〉 넘어 감.

월개(月蓋) 毘舍離國 長者의 이름.

일찌기 維摩의 方丈에 들어가 不二의 法門을 듣고 西方三尊을 請하여 國內의 惡疫을 救하였다. 禪宗의 山門閣 위와 觀音의 右邊에 安置하는 長者의 像은 곧 그가 請한 三尊이다. 維摩經香積佛品에 「이에 長者主 月蓋가 八萬 四千人을 따라 와서 維摩詰의 집에 들어 갔다」하였고, 同注八에 「什이 말하기를 "그 나라에 王이 없고 오직 五百의 居士가 國政을 함께 다스렸다. 지금 主라고 말한 것은 衆이 推重한 것이다」하였으며, 請觀世音菩薩消伏毒害陀羅尼呪經에 「毘舍離大城 가운데 月蓋라 하는 長者가 있어 그 同類 五百長者와 같이 佛所에 가서 頭面으로 절하고 一面을 물러나서 佛께 아뢰기를 "世尊이시여 이나라 人民이 큰 惡病을 만났는데 良醫인 耆婆가 道術을 다하였으나 고치지 못하였으니 오직 世尊께서 一切를 慈愍하사 病苦를 救해 주셔서 患病이 없게하여 주시기를 바랍니다" 이때 世尊이 長者에게 말하기를 "이곳에서 西方으로 멀지 않은 곳에 佛世尊이 계시니 無量壽라 하고 그곳에 菩薩은 觀世音과 大勢至라 하여 恒常 大悲로써 一切을 憐愍하고 苦厄을 救濟하니 네 마땅히 五體를 投地하여 그를 向해 禮를 하고 香을 사르고 꽃을 뿌리며 繫念하여 數息을 마음에서 不散하면 十念이 지날 때 줍해서 衆生을 위하기 때문에 마땅히 佛과 三菩薩을 請하게 되리라"하였다. 이렇게 말할 때에 佛光中에서 西方의 無量壽佛과 二菩薩을 得見할 수 있었다. 如來의 神力으로 佛과 菩薩이 함께 이 나라에 와서 毘舍離로 가 城門閫에 住하였다. (中略) 이 때 毘舍離 사람이 곧 楊枝와 淨水를 갖추어 觀世音菩薩에게 주니 大悲觀世音은 憐愍하여 一切衆生을 救護하므로 呪를 說하기를(中略) 毘舍離 사람이 平復하여 처음과 같았다」하였음.

월격(越格) 固定的인 形式을 超越한 것.

월계(越界) ㉵〈dhātu-vairāgya〉三界의 束縛을 끊는 것. (俱舍論)

월과(越過) 뛰어 넘는 것.

월관(月官) ㉵〈Candragomin〉㉿〈B-tsun-pa zla-ba.〉西紀 7世紀頃의 印度 瑜伽派의 學僧. 東印度 뱅갈(Bengal) 王族出身의 學匠 비세샤카(Visesaka)의 아들. 弱冠때 學文이 深厚하였고 一大乘阿闍梨을 따라 三歸五戒를 받음. 阿闍梨의 密旨로 바렌드라(Varendra)의 王女 다라(Tara)와 婚姻하였다. 後至尊世自在(Bhaṭṭāraka-lokeś vara) 觀自在菩薩의 教酷에 依하여 大乘典籍을 製作하였음.

월광(月光) 梵語戰達羅鉢刺婆로 金剛界 曼茶羅 三昧耶會 七十三尊의 하나. 密號를 淸凉金剛이라 함. 種

子는 ᄌ字가 되며 遷變이 義가됨. 이 尊은 如來 化他의 德을 主하며 遷變하는 衆生의 苦厄을 表示하여 利益과 安樂하게 하는 것. 그 形像身은 白色이 되며 左手는 주먹쥐어 허리에 붙이고 右手는 蓮華를 들었다. 그 蓮華위에 半月의 形이 있고 半月形은 三形이 된다. 또한 胎藏界 曼茶羅 文殊院 가운데도 또한 이 尊을 安置하였다 함. →月光菩薩.

월광동자(月光童子) 또는 月光兒라 함. 그 아비 德護가 摩竭陀國 王舍城의 長者가 되어 佛을 믿지 않고 六師의 말을 들어 불 구덩이를 만들어 佛을 害하려하니 그 아들 月光童子가 諫하여 그치게 하나 듣지 않았다. 뒤에 佛이 이르자 불구덩이가 변하여 서늘한 연못이 됨을 보고 마음에 크게 後悔하여 自責하고 佛에게 歸依하여 須陀洹果를 얻었다. 佛이 月光童子에게 成佛의 記를 주고 또한 佛滅後 支那國王이 되어 三寶를 興隆시킬 것이다 하였다. 德護長者經下에 「또한 이 童子는 내가 涅槃한 뒤에 未來世에 我法을 護持(中略)하고 當來世 佛法末時에 剡浮提 支那國內에 大國王이 될 것이며 이름을 大行이라 하여 能히 支那國內의 一切衆生으로 佛法을 믿게하여 諸善根을 심을 것이다. 그 때의 大行王은 大信心과 大威德力을 가지고 나의 바릿데를 供養할 것이며 그 數年에 나의 鉢이 沙勒國에 갈 것이니 너희들은 次例로 支那國에 가게 될것이다」하였고, 佛說申日經에 「佛이 阿難에게 말하기를 내가 般涅槃한 뒤 千歲後에 經法이 또 끊어지려하면 月光童子가 秦國에나와 聖君이 되어 나의 經法을 받아 興隆하여 道化할 것이며 秦土와 모든 邊國의 鄯善·烏萇·歸茲·疏勒·大宛·于塡과 모든 羌虜夷狄이 모두 佛의 尊法을 받들어 널리 比丘가 되게 하리라」하였음. 이 童子는 月燈三昧經의 對告衆이며 그 異譯인 月明菩薩經에 月明童男이라 稱하였음. 寶雨經一에 「이때 東方의 一天子는 月光이라 하며 五色구름을 타고 佛에게 와서 右邊으로 세번 돌고 佛足에게 절하고 一面을 물러 앉았다. 佛이 月光天子에게 말하기를 "너의 光明은 甚히 드믄 것이다. (中略) 네가 일찌기 심은 無量善根의 因緣으로 이제 이와 같은 光明이 照耀함을 얻었다. 天子야 이 緣故로 내가 涅槃한 뒤 最後時分인 第四의 五百年中 法이 滅하려 할 때 너는 北贍部洲의 東北方인 摩訶支那國에서 位가 阿鞞跋致가 될 것이다. 實은 菩薩이기 때문이다. 女身을 나타내어 自在主가 되어 여러해 지내면 正法으로 治化하여 衆生을 養育하기를 赤子와 같이 할 것이며 十善을 닦게하여 能히 나의 法을 廣大하게 住持하고 塔寺를 建立하고 또한 衣

服·飮食·臥具·湯藥으로 沙門을 供養하고 一切時에 恒常 梵行을 닦아서 月淨光이라 할것이다」 함.

월광동자경(月光童子經) 佛說月光童子經의 약칭. 一卷. 西晉 竺法護의 번역. 佛說德護長者經과 同本異譯이나 내용이 약간 다름. 그밖에 申日兒本經·佛說申日經과 同本異譯.

월광마니(月光摩尼) ㊵〈Candra-Kānta-maṇi〉 月精摩尼·明月摩尼·月愛珠라고도 함. 千手觀音의 40手 가운데 그 왼편의 한 손에 가진 구슬로 寶珠의 이름임. 寶珠의 光彩가 달빛처럼 환하기 때문에 그렇게 이름하였음, 無量壽經上에 「月光摩尼는 여러 海輪寶 가운데서도 寶의 王이기 때문에 가지면 莊嚴하다」라고 하였음.

월광명(月光明) ㊵〈candra-aṃśu〉 달빛.

월광보살(月光菩薩) ㊵〈candra-prabha〉 ①藥師如來 二脇士의 하나. 藥師經에 「그 나라에 二菩薩 摩訶薩이 있다. (1) 日光遍照요 (2) 月光

月光菩薩

遍照다. 이는 無量 無數菩薩의 上首다」하였음. ②胎藏界 第七 文殊院의 一衆이다. 秘藏記末에 「月光菩薩은 黃色이며 左手에 靑蓮華를 가지고 위에 半月形이 있다」하였음. 釋尊在因位時에 大國王이 되어 婆羅門에 施頭할 때의 이름. 또는 月光王이라 함. (佛說月光菩薩經)

月光菩薩

월광보살경(月光菩薩經) 佛說月光菩薩經의 약칭. 一卷. 趙宋 法賢의 번역. 月光施頭의 緣事를 說한 것.

월광사지삼층석탑(月光寺址三層石塔) 國寶 第204號로 慶尙南道 陜川郡 冶爐面 月光里 月光寺 터에 있음.

월광왕(月光王) 釋尊이 過去世에 婆羅門의 施頭로 있을 때의 이름. 또는 月光菩薩이라고도 함. →月光菩薩.

월광태자(月光太子) 釋迦世尊이 過去世에 國王의 太子가 되었을 때에 이름이 月光太子였음. 어느날 놀러 나갔다가 癩病患者를 만나니 그가

癩病을 治療하기 위하여 太子의 피와 骨體髓를 달라고 하였다. 太子가 즉시 자신의 뼈를 분질러 骨髓를 내어 患者의 皮膚에 바르고 자기의 피를 내어 患者에게 먹였다 함. (智度論十二, 經律異相三十一)

월굴(月窟) ①달속 ②西域의 月氏國의 땅을 일컬음. ③中國 僧侶 慧淸의 號.

월궁(月宮) 月天子의 宮殿으로 月의 世界를 말함. 起世經十에 「月天子의 宮은 縱과 廣이 같아서 各各 四十九由旬이 된다. 四面周圍에는 七重의 垣牆이 있다. (中略) 七寶로 되었으며(中略) 月天의 宮殿은 純全히 天銀과 天青瑠璃가 서로 間錯되어 있고(中略) 그 月天子의 最勝한 宮殿은 五種風에 실려서 간다. 무엇이 五냐하면 ①持 ②住 ③願 ④攝 ⑤行이다. 이 五風이 싣고 가기때문에 月天의 宮殿은 空中을 依持해 간다. (中略) 이 月天의 大宮殿中 大輦이 있고 青瑠璃로 되었으며 그 輦의 높이는 十六旬이고 廣은 八由旬이며 月天子와 諸天女가 이 輦가운데 있다. 이 天의 여러가지 五欲의 功德이 和合하여 樂을 받으므로 보면 즐겁고 기쁘며 뜻대로 行한다. 모든 比丘와 그 月天子는 天의 年月과 같이 壽가 五百歲며 子孫이 相承하여 모두 그의 다스림을 받는다」하였고, 立世阿毘曇論五日月行品에 「剡浮提地에서 부터 높이 四萬由旬에 가면 그곳은 日月에 가는 半으로 須彌山이 있고 같은 거리에 乾陀山이 있는데 이곳은 日月宮殿이다. 둥글기가 북과 같으며 月宮은 지름이 五十由旬에 廣이 五十由旬이며 周廻는 一百 五十由旬이다. 이 月宮殿은 瑠璃로 만들었으며 白銀으로 덮었다. 水大分이 많아서 아래는 水分이며 또한 量이 가장 많다. 그 아래는 光이며 또한 最勝하다. (中略)이 宮殿을 說하여 栴檀이라 하며 이 月天子가 그 가운데 住한다」하였음.

월궁전(月宮殿) 月天子의 宮殿으로 달을 가르키기도 함. 달이 須彌山 중턱에 즉 땅 위 四萬 由旬되는 공중을 돌면서 四州을 비친다고 하며 宮殿은 寶物로 이루어졌고 清淨하고 무한한 광명을 發한다고 함. 달 가운데 있다고도 믿음.

월기(月忌) 年忌의 相對語로 每月 한번씩 있는 忌日을 말함. 즉 每月 故人이 死亡한 날에 行하는 法要임.

월난경(越難經) 一卷. 西晉 聶承遠의 번역. 越難長者가 큰 부자였으나 인색하여 죽어서 눈먼 乞兒가 되어 乞食하면서 그 집에 이르러 그 아들에게 맞았다는 이야기를 說한 것.

월단(月單) 禪院에서 院主가 大衆人員을 計算하여 每月 한번씩 그 달의 收入 支出을 맞추는 것을 月單이라고 말함. (象器箋十六)

월단(月壇) 殿堂의 壁밖에 드러난 壇을 모두 月壇이라 함. 대개 달의 光明을 받는다는 뜻. (象器箋一)

월담(月潭) (1632～1704) 姓은 金氏 昌化人, 十三歲에 雪岳山 崇揖에게 出家하고 十六歲에 永平의 楓潭에게 具足戒를 받았으며 金華山 證光寺에서 入寂함.

월도리취(越度理趣) ㊵〈panthā ayanāya〉 넘어가기 爲한 길. (大毘婆娑論)

월등삼매(月燈三昧) 부처님이 月光童子를 상대하여 一切諸法體性平等無戱論三昧의 法門을 말한 것으로 童子의 이름을 따라 月燈三昧라 부름.

월등삼매경(月燈三昧經) 中國等에는 그리 流行되지 아니하였으나 네팔에서는 九法寶의 하나로 손꼽히고 있다. 中觀學派의 大成者 찬드라길티(Candrakirti)의 入中論 中論釋 프라산나파타(Prasanna pada) 및 그 後繼者 샨티이데바(Santideva)의 大乘集菩薩學論(Siksasamuccaya)等에 점점 本經을 引用하여 中觀學派에 있어 重要한 經典으로서 重要視되었음을 알 수 있음.

월련(月輦) 月天子의 수레. 起世經에 「저 月天子의 身分은 光明하여 저 푸른 수레를 비추고, 그 수레는 光明하여 月宮殿을 비추고, 殿光은 四大洲를 비춘다」고 하였음.

월례(越例) 보통 사람보다 卓越하다 또는 特例하다는 뜻.

월륜(月輪) 달을 말함. 직경 五十由旬으로 四大天王에 속한 天中에 살며, 俱舍論十一에 「해와 달의 經量으로 몇 由繕那에 비유함. 해는 낮에 五十一繕那를 비치는데 달은 밤에 五十由繕那만 비침(中略) 月輪의 下面은 頗胝迦寶水珠로 이루어졌는데 자체가 能히 冷하고 能히 비친다」라고 하였음. →月宮.

월륜관(月輪觀) 胎藏界는 自心에 八葉의 佛身을 열고 干栗馱耶 곧 肉團心의 八分으로 八葉의 蓮華를 觀하는 것. 金剛界의 一은 滿月 圓明의 體와 菩提心이 相類하므로 一은 自心의 十六菩薩이 열리게 되며 肉團心으로 十六分의 月輪을 觀하는 것. 月의 十六分은 그믐날 밤 해와 달이 서로 합쳐질 때에 月光은 日光에게 빼앗겨서 오로지 숨어서 간다. 만약 해와 달에 一分이 지나간 뒤면 月光이 반드시 조금 나타난다. 이 小分이 그 뒤의 달의 十五分의 밝음을 合하여 十六分이 된다. 이 十六分은 곧 金剛界 十六大菩薩을 表하며 般若經에서 說한 十六空이다. 그러므로 菩提心論에 「어찌하여 月輪에 비유하는가 滿月의 圓明한 體는 菩提心과 相類한다 月輪에 十六分이 있음은 瑜伽中에 金剛薩埵에서 金剛拳에 이르는 十六大菩薩에 비유한다. (中略) 摩訶般若經中에 內空에서 無性自性空까지 十六義가 있다. 一切有情은 心質中에 一分淨性이 있고 衆行이 모두 갖추어지면 그 體가 極微妙하여 歸然明白하다. 輪廻하여 六趣에 가더라도 變易되지 않음이 달의 十六分의 一과 같다. 달의 그 一分의 明相 合朔때를 당하면 모두 日光에게 明性을 빼앗겨서 나타날수 없지만 뒤에 달이 처음 생길 때 漸漸 커져서 十五日이 되면 圓滿하여 걸림이 없다」하였고, 守護國界經九에 「善男子야 잘 들어라 너희들을 위하여 말할 것이다. 네 지금 鼻端에 月輪을 생각하여 月輪 가운데 唵字의 觀을 지어라. (中略) 唵字는 곧 毘盧遮那의 眞身이니라」하였으며, 秘藏記本에 「念誦의 分限을 마치면 곧 印을 結定하라. 五字를 觀하면 이 것이 月輪觀이다. 또는 實相觀이며 阿卑羅吽欠이라하고 먼저 月輪을 心上에 安置하고 輪上에 五字를 布하라. (中略) 오직 한결같이 月輪의 周遍을 觀하라. 오랜 뒤에 月輪이 周遍하여 얼마 뒤에는 몸과 月輪을 잊어버리고 오로지 無分別智에 住하리라 그런 뒤에 衆生을 利롭게하여 大悲門에 住하여 出觀하면 月輪이 卷縮되어 自心속에 거두어질 것이다」하였음.

※辨惑指南一에 「言觀字 則先於我身心中觀經一肘量圓明之月輪 於其中觀八葉白色之開敷蓮花 於其蓮臺中觀念有金色之𑖀字(若於蓮華上觀月輪 則於其中觀阿字) 如斯念念相續 而不交餘念 則妄想日退 無明漸盡 本覺心佛自然而顯」心地觀經八에 「凡夫所觀菩提心相猶如清淨圓滿月輪 於胸臆上明朗而住 (中略) 端身正念結前如來金剛縛印 冥目觀察胸中明月 作是思惟 滿月輪五十由旬 無垢淨明 內外澄徹 最極清凉 月即是心 心即是月 塵翳無染 妄想不生」證道歌에 「心鏡明 鑑無礙 廓然瑩徹周沙界 萬象森羅影現中 一顆圓光非內外」

월륜삼매(月輪三昧) 月輪觀. 佛祖統紀三十五에 「十三祖 龍樹는 南天竺에서 法藏을 迦那提婆에게 付屬하고 月輪三昧에 들어 허물을 벗고 갔다」라고 하였음.

월면(月面) (1872～1946) 韓國 末期의 僧侶. 姓은 宋氏. 諱는 月面. 俗名은 道岩. 號는 滿空. 父名은 宋神通. 母는 金氏. 高宗 9年(1872) 3月 7日에 全北 井邑郡 泰仁面 上一里에서 출생. 13세에 瑞山 天藏寺에 가서 그해 12月 8日에 泰虛禪師을 恩師로 鏡虛스님을 戒師로 活句禪을 參究하여 西來密旨를 悟得하고 그의 法을 잇다. 禮山 德崇山 定慧寺, 見性庵을 重創하여 많은 四部衆을 거느리고 禪風을 떨치다가 金剛山 楡岾寺 摩訶衍에 가서 三夏를 지낸 후 다시 德崇山으로 돌아와 瑞山郡 安眠面 看月島에 看月庵을 重創하고 末年에 一間芽屋을 지어 轉月舍라 이름하고 홀로 달을 희롱하다가 어느날 沐浴端坐하고 거울에 비치는 자기 그림자를

보며 허허 웃고 1946年 10月 20日 世壽 75, 法臘 62세를 一期로 定慧寺에서 入寂하였다. 茶毘를 모시던 날 白鶴이 徘廻하고 光明이 하늘에 뻗쳤다. 釋尊後 七十六代임.

월면불(月面佛) 이 佛의 壽命이 겨우 하루 밤 하루 낮이란 뜻. 華嚴疏鈔十二에 「月面佛의 壽는 一日夜이므로 佛名經에 第六이라 함(中略) 月面佛의 壽는 一日 夜이며 日面佛의 壽는 一千 八百歲며 梵面佛의 壽는 二萬 三千歲다」하였고 彌陀經 略記에 「或佛은 짧고 衆生은 길다. 東方의 月面如來와 같은 것. 그 佛의 壽命은 一日 一夜다」하였음.

※碧巖第三則에 「馬大師不安 院主問近日尊候如何 大師云 日面佛 月面佛」

월명(月明) 新羅 僧侶. 能俊의 문인. 景德王 19(760)年 4월에 두개의 해가 함께 떠서 10여일 동안을 없어지지 않자 王이 스님을 청하여 壇을 차리고 빌라 하매 스님이 兜率歌를 지어 읊으니 해의 괴변이 없어졌다 한다. 또한 죽은 누이를 위해 祭亡妹歌를 지어 불러 그 영혼을 위로하였다 한다. 또 피리를 잘 불어 고요한 달밤이면 문앞 큰 길에 나아서 불렀는데, 달이 그 소리에 가기를 멈추어 그 길을 月明里라 하고, 스님 이름을 月明이라 불렀다 함.

월명보살(月明菩薩) 또는 月明童子·月明童男·月光童子와 異稱同人임.

월명보살경(月明菩薩經) 佛說月明童子經 一卷 吳나라 支謙 번역. 이 經은 月燈三昧經의 一分임. 부처님이 月明童男(月光童子)을 對하여 法과 財의 二施를 說한 것. 過去의 智止太子가 身肉으로 比丘의 病을 治療한 것. 月燈經에는 智意女라 함.

월미(月眉) 부처님의 눈섭이 초승달과 같음을 말함.

월법죄(越法罪) 또한 越三昧耶罪라 하며 三世諸佛의 秘密法을 違越한 罪임. 大日經疏二十에 「이는 大乘密教에서 法과 같이 相承된 것. 만일 授受가 適宜함을 잃게 되면 곧 이는 專擅自恣하여 法則을 어기는 것이므로 住不放逸이라 한다」하였고, 演密抄十에 「만일 傳受를 失宜하고 오로지 제 멋대로 擅斷하면 放逸이 된다. 三世諸佛의 秘密을 어기면 越法罪가 된다. 越法罪란 이 가운데 三昧耶 四波羅夷中의 第三戒임. 傳法하는 사람은 善識根緣을 기다려야 된다. 또한 法門의 分際를 알면 病에 따라 藥을 주며 根差를 시키지 말게 한다」하였음.

월분과두(越分過頭) 자기의 分數를 모름.

월비니(越毘尼) 毘尼가 어기는 罪 즉 比丘尼가 戒律을 어기는 罪로, 眞言에서 말한 越法罪와 같음. 혹은 越三昧耶라고도 함. 行事鈔中의

一에 「女人이 正을 敗하고 德을 毁함은 걷잡을 수 없는 것이다. 染心으로 보는 사람도 越毘尼罪에 해당한다」라고 하였음.

월비니죄(越毘尼罪) 越毘尼라고도 하며 毘尼가 어기는 罪로 부처님의 戒律을 어기는 죄를 말함. 後世에 와서 가벼운 罪名일때 사용함.

월사(越闍) ㉵〈Vajra〉 번역하여 金剛이라 함. 智度論十에 「越闍는 金剛이며 龍珠는 如意珠다」라고 하였음.

월삼마야죄(越三摩耶罪) 곧 越三昧耶의 罪를 말함. →越三昧耶.

월삼매야(越三昧耶) 如來의 本誓를 三昧耶라 하고, 如來의 本誓를 違越하는 것을 越三昧耶라고 한다. 秘法을 輕率히 주고 받는 사람의 罪名이다. 傳授받지 못하고 사사로이 眞言을 讀誦하거나 또는 灌頂받지 못한 사람에게 秘法을 주는 것도 모두 越三昧耶의 罪를 받는다. 또는 越法罪라고도 한다. 大日經四에 「만약 이와 다른 사람은 모든 佛·菩薩을 誹謗하는 사람과 똑같이 越三昧耶罪로 決定코 惡趣에 떨어진다」라고 하였고, 同十四에 「그렇지 않은 사람은 곧 바로 越三昧耶罪를 얻는데 三昧耶는 바로 自誓이다. 一切 如來가 세운 誓願이며 (中略) 方便으로 이 法을 세웠기 때문에 마치 世間大王의 敎勅을 어길 수 없는것 처럼 罪過를 지은 사람은 반드시 重한 責罰을 받는 것과 같다」 하였고, 觀智軌에 「낱낱의 印契·儀軌·眞言을 응당 灌頂한 阿闍梨의 處所에 가서 몸소 親히 禀受해야 한다. 만약 禀受하여 決擇하지 않고 專擅으로 하는 사람은 이게 바로 越三昧耶라고 이름하는 것으로 준 사람이나 받은 사람이 함께 重罪를 받는다」 하였음. →越法罪.

월삼매야죄(越三昧耶罪) 三昧耶에 위반하는 罪로 三昧耶는 梵語임. 平等·誓願·除障·驚覺등의 뜻으로 如來의 願에 어기고 秘法을 주지 못할 사람에게 주며 또한 秘書를 읽을 자격이 없는 사람에게 읽게 하는 罪.

월상녀(月上女) 維摩詰의 딸. 나서 얼마되지 않아서 크기가 八歲와 같고 容姿가 端正하였다. 城內의 사람이 다투어 와서 求婚하여 그치지 않으니 月上女가 말하기를 "내가 스스로 사람을 擇할 것입니다"하였다. 날이 되자 城內의 士人들이 모이니 그 때 月上女가 大衆의 머리 위 虛空에서 說偈하여 衆人에게 듣게하니 大衆이 듣고나서 모두 婬心을 멈추고 女子의 발 아래 머리를 조아려 절하였다. 月上女가 佛所에 가서 舍利弗과 깊은 뜻을 對揚하였다 함. (月上女經)

월상녀경(月上女經) ㊇佛說月上女經의 약칭. 二卷. 隋나라 闍那崛多번

역.

월서(月鼠) 쥐로써 달에 비유한 것. →白黑二鼠.

월수의(月水衣) 十種糞掃衣의 하나. 婦女의 生理에 依해 더러워진 옷. 또는 이것을 주어 씻어서 補綴하여 만든 옷을 말함.

월애삼매(月愛三昧) 月光을 사랑하여 사람의 熱惱를 除함과 같은 것. 佛이 이 三昧에 들어가면 淨光을 放하여 다른 衆生의 貪瞋의 熱惱를 除하므로 月愛라 함. 涅槃經二十에 「盛夏 때에 一切衆生이 恒常 月光을 생각함과 같다. 月光이 이미 비치면 欝熱이 곧 除한다. 月愛三昧도 또한 이와같다. 能히 衆生으로 하여금 貪惱의 熱을 除하게 한다」 하였음.

월애주(月愛珠) →月光摩尼.

월양(月陽) 巴〈sukka-pakkhe candimā〉 달이차는 半個月동안의 달.

월여(月如) 道光 四年生 姓은 金氏. 名은 梵寅, 海南人, 어려서 頭輪山 羊岳禪師를 의지해 出家하여 具足戒를 받고, 菩薩戒를 草衣師에게 받음, 經學을 華潭·開菴·龍淵·雲居·應化講伯에게 배움.

월염존(月黶尊) 降三世明王의 다른 이름. 大日經疏五에 「다음에 다시 執金剛 아래에 忿怒持明을 두고 三世의 一切 障礙가 되는 것들을 降伏시키는 분으로 月黶尊이라 한다. 얼굴에 눈 셋이 있고 어금니 네개가 밖으로 나왔으며 마치 여름날 비가 올 때 구름빛 같으며 크게 웃는 모습을 짓고 있다. 金剛寶로써 瓔珞을 만들었다. 이것이 持金剛은 無量門大勢威猛으로써 衆生의 三昧를 攝護한다」라고 하였음. 이 菩薩은 半月輪속에 黑色 忿怒를 나타냈기 때문에 月黶이라고 한 것. 秘藏記末에 「月黶忿怒菩薩은 검은 살색이며 몹시 忿怒한 모습을 짓고 있으며 손이 네개가 있는데 左右두손은 結印을 하고 있으며 왼손 하나는 一股 跋折羅를 가지고 있고, 오른손 하나로는 鉾鑞를 가지고 있다」라고 하였음.

월요(月曜) 七曜의 하나. 胎藏界外金剛院의 一衆. 秘藏記末에 「月曜는 肉色으로, 半月形을 가지고 있으며 맨위에는 토끼 形이 있다」라고 하였음.

월유경(月喩經) 佛說月喩經의 약칭. 一卷. 趙宋 施護의 번역. 皎月이 圓滿한 것으로써 比丘의 戒行을 경계한 것.

월음(月陰) 巴〈kāla-pakkhe candimā〉 달이 이지러지는 半個月의 달.

월인석보(月印釋譜) 月印千江之曲과 釋譜詳節을 합편한 책. 李朝 世祖 5(1459)年에 刊行. 月印千 江之曲의 각절은 본문이 되고, 그에 해당한 내용의 釋譜詳節을 注釋같이 하여 편찬하였다. 이것은 訓民正音 이후 제일 먼저 나온 佛經諺解書이고, 당시의 글자나 말을 그대로 보존하고 있어서 國語史上 귀중한 문헌이다. 모두 二十卷으로 되었음. 1956年 5~12월 東方學硏究所에서 卷七, 八(국립도서관소장), 卷九, 十(梁柱東 소장), 卷十七, 十八(江原道 壽陀寺 소장)을 國故叢刊 第五~七로서 影印本으로 간행했음.

월인천강지곡(月印千江之曲) 世宗 29(1447)年에 世宗이 釋譜詳節을 보고 釋迦의 공덕을 찬양한 頌歌. 이 책은 世宗 31(1449)年 上·中·下 三卷으로 간행되었다. 이 노래는 訓民正音 제정후 국문으로 간행된 것으로써 龍飛御天歌 다음 가는 最古文獻이고, 主文이 국문자 위주로 되어 있어 국어, 국문 존중의 사상을 엿볼 수 있다. 이외에도 국어학상 귀중한 자료가 된다. 그 동안 월인석보를 통해서 그 일부를 알뿐이었는데, 近年에 上卷이 발견되어 1962年 通文館, 新丘文化社에서 各各 影印本을 발견하였음.

월장경(月藏經) 大方等大集月藏經의 略名 十卷. 高齊의 那連提耶舍 번역. 大集經 六十卷中에 第四十六부터 五十六의 月藏分 十一卷임. 月藏은 菩薩의 이름. 月藏菩薩은 西方에서 와서 方等의 妙理를 說한 사람.

월저(月渚) 師名은 道安. 姓은 劉氏. 平壤人 崇禎十一年 戊寅生. 康熙五四年(肅宗乙未終), 世壽 78, 僧臘 69, 天信長老를 따라 受戒하고 楓潭을 參訪하고 西山의 密傳을 다 이음, 甲辰에 妙香山에 들어 華嚴大義를 講究하여 세상에서 華嚴宗主라 稱하였음. 宗風을 드날릴 때 마다 座下의 聽衆이 항상 數百人이었으며, 大乘諸經을 刊行하여 道俗에게 印布함. 己丑年獄事 誣告되었으나 上이 본래 그 名望을 듣고 있었으므로 特命으로 釋放함. 示寂한 날 저녁에 상서로운 광명이 하늘을 밝혀 百里밖에서도 보지 않은 자가 없었음. 茶毗하여 舍利三顆를 얻어 普賢 서쪽 기슭에 탑을 세우고, 또 箕城·海南에 나누어 간직함. 海南의 釋法明은 師의 高足임. 傳法弟子는 秋魏, 碑文은 弘文舘大提學 李德壽가 짓고 碑는 大芚寺에 있으며, 門人은 三十九人이라 함.

월정(月精) 또는 月精摩尼라고도 한다. 千手觀音의 四十手 가운데 오른쪽 한 손에 所持한 것으로 그 손을 또한 月精手라고 한다. 千手千眼觀世音菩薩大悲心陀羅尼에 「만약 熱病 患者나 毒病에 걸린 사람이 淸凉水를 찾으면 月精摩尼手에 가서 眞言으로 唵引蘇悉地揭哩(二合) 薩嚩(二合)賀를 외우라」고 하였음.

월정마니(月精摩尼) →月光摩尼.

월제(越濟) →越濟人.

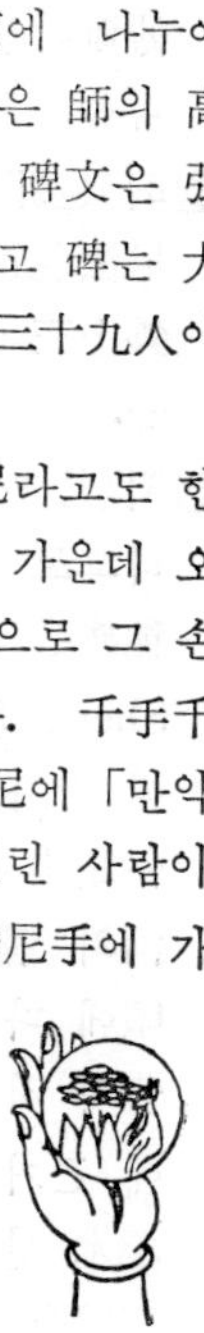

月精

월제인(越濟人) ㊁〈titthiya-pakkantaka〉 元來 外道였던 者가 佛敎에 歸入하여 出家하고, 다시 外道에 되돌아 갔다가 또 다시 佛敎에 돌아오려고 하는 者. 僧祇律에「食前에는 沙門의 標가 되어 聚落에 들어와 乞食하고, 食後에는 外道의 標가 되어 林中에 들어가는 者가 있다. 佛이 말씀하시기를 이것이 越濟人이다」하였음. 四分律에 壞內外道라고 함. (十誦律)

월종(月種) ㊵〈Candra-vaṁśa〉 刹帝利族의 一姓. 日種과 함께 印度二大王種의 하나. 月天子의 子孫이라 傳하여짐. 印度의 神話辭書 등에 나옴.

월죄(越罪) 越毘尼罪의 약칭. 越毘尼法(戒律)을 거슬리는 罪. 行事鈔上三에「僧이 越罪를 얻다」하였음.

월지(月支) ㊃〈Kuṣana〉 또는 月氏라고도 하며 西域의 큰 王國. 이 種族은 원래 中國의 甘肅省(Kansu-Sheng) 地方인 燉煌과 祁連의 사이에 살다가 B.C 174 흉노에게 쫓겨 伊犂川과 悉陀犂耶川의 上流인 熱河의 南方으로 옮겼으나 B.C 158 頃에 다시 烏孫의 침략을 받아 지금의 사마르칸트(Samarkand) 地方에 근거를 定하고 塞種을 征伐하고 嬀水 연안의 大夏國을 征服하여 大王國을 建設하였다. 第三世 迦膩色迦王 때에 勢力이 크게 떨쳐 西로는 페르샤(Persia)의 東部에서부터 中央 亞細亞·印度에 걸친 乾陀羅王國이 되자 佛敎의 外護者가 되고 五百 阿羅漢을 모으고 大毘婆沙를 편찬함. 그후 佛敎가 大成하여 支婁迦讖등 많은 僧이 中國에 佛經을 傳했고 支亮·支謙·法護·支法度·支道根·支施崙 또는 支姓의 著者가 모두 月支國人 들이다. 이 나라가 亡한 것은 미상이나 5C頃으로 보고 있음.

월지국(月氏國) →月支國.

월차강(月次講) 佛法을 듣고 修行하기 위하여 每月 行하는 講會.

월천(月天) ㊵〈candra〉 戰捺那의 번역. 혹은 戰達羅라고 하며 太陰을 神格化 한 것. 十二天의 하나. 금강계 만다라외부 二十天의 하나, 태장계만다라 외금강부원의 一尊이다. 옛날에는 蘇摩의 이름으로 알려졌으나 혹은 蘇摩提婆라 불리우고 星宿의 一로서 星宿王·創夜·大白光·冷光·野兎形·鹿形등으로

月天(Ⅰ)

불리웠다. 또는 인두 연화주·백만주 濕婆神의 頭飾등 異名이 있었음.

月天(Ⅱ)

월천비(月天妃) 秘藏記末에 「月天妃는 흰 살색(白肉色)으로 靑蓮華를 가지고 있다」라고 하였음.

월천자(月天子) 月宮의 天子. 그 이름은 寶吉祥. 勢至 菩薩의 化現임. 胎藏界 曼陀羅 外金剛部院의 一衆으로 列位되었음. 起世經十 및 立世阿毘曇論 日月行品에 月宮의 일을 說하였음. 大日經疏五에 「西門의 南쪽에 日天을 相對하여 月天을 두었는데 흰 거위 수레(白鵝車)를 타고 있다」라고 하였고, 秘藏記末에 「月天子는 흰살색으로 장대위에 半月形이 있으며 세거위를 타고 앉았다」라고 하였으며, 嘉祥法華疏二에 「經에 이르기를 大勢至菩薩의 이름은 寶吉祥인데 月天子가 되었다」라고 하였음.

월초(月初) 韓國 末期 僧侶. 楊州·奉先寺 巨淵의 號. →巨淵.

월취락식정(越聚落食淨) ㊁〈gāmantara-kappa〉 聚落間淨과 같다. →聚落間淨. (五分律)

월칭(月稱) ㊵〈Candrakirti〉 ㊹〈Zlaba gras-pa〉AD 7世紀頃 印度中觀具緣派의 學僧. 南印度 사만다(Samanta)의 婆羅門의 家庭에서 出生. 出家하여 가마라붓디(Kamaḷabuddhi)를 따라 龍樹의 宗義와 諸論書를 배움, 兼하여 諸怛特羅를 익혀 畵牛로 부터 젖을 짜고 손을 데지 아니하고 石柱를 던지는 秘術을 얻었다고 한다. 뒤에 那爛陀寺를 主宰하고 龍樹中論을 注함.

월토(月兎) →兎.

월파(月波) 朝鮮朝 僧侶. 兌律의 法號. 著書 月波集 一卷.

월파수나(月婆首那) ㊵〈Upasunys〉 高空이라 번역된다. 인도 優先尼國의 王子로 天姿가 俊朗하여 佛學을 배우고 音韻과 方言을 잘하였다. 東魏初에 중국 鄴都에 와서 元象元(538)년에 司徒 공손등의 집에서 僧伽吒經 四卷을 번역하였고 흥화四에는 頻婆娑羅王請佛供養經 一卷 마하가 섭경 二卷을 번역하고 僧昉之의 필을 받다. 강주흥업가람에서 승천왕반야경을 번역하였음.

월패(月牌) 寺院에서 檀信徒의 死者의 位牌에 對하여 每月 忌日에 行하는 供養·讀經.

월화(月華) 한국 末期 스님. 俗姓은 徐氏. 德海에게 出家하여 具足戒를 받다. 海印寺의 중으로 安邊의 釋王寺에 居住하고 震河의 講會에서 經學을 正密히 硏究하여 優秀한 講師가 되다. 1916年 華溪寺에서 죽음.

월희삼매(越喜三昧) 耶輸陀羅女가 들어간 三昧. 이 三昧에 의하면 갖가지의 歡喜가 生하고 아울러 一切衆生으로 하여금 歡喜를 生하게 하므로 越喜三昧라 함. 越은 超越·無比의 뜻. →耶輸多羅.

웨버(Weber, Albrecht Friedrich) 獨逸의 印度學者. 言語學者. 1825年生. 1856年에서부터 1901年까지 베를린 大學敎授. 골부르크以來의 吠陀學 開發에 盡力하였고 산스크리트의 文獻學的·言語學的硏究의 方法論을 確立하였다. 또한 베를린王立圖書館에 산스크리트文獻의 目錄編集(53～92) 俗語硏究및 金剛針論의 原文校訂 獨譯詳註의 公刊等多數의 業蹟이 있음.

웨스터갈(Westergaard) 덴마크의 東洋學者. 1815年 코펜하겐에서 出生하여 본大學을 卒業하고 印度 페루샤에 건너가서(1841～44) 아베스타의 寫本을 蒐集·硏究에 從事하였다. 歸國後 코펜하겐大學敎授를 지냈다. 그의 最大의 功績은 젠드아베스타(Zend Avesta) 原典의 刊行임.

위(位) ①梵〈daśā〉 자리. 狀態. ②階級. 階梯. (五敎章) ③身分. 地位. ④種類. 項目. 事項. ⑤正位. 깨달음의 한복판. ⑥分位와 같음. →分位. (俱舍論) ⑦王位. 受位.

위(威) ①勇猛스러움. 嚴肅함. ②梵〈ojas〉 精力. 거룩한 靈.

위(爲) ①梵〈bhavati〉 되다. 하다의 뜻. ②까닭. 理由. ③有爲法을 말함. 만드는 것. ④한다. 만들어 낸다. ⑤말한다. 부른다. ⑥배운다 ⑦다스린다 ⑧用使用한다. ⑨將未來를 나타 냄. ⑩如 萬若에 ⑪使 만일 ⑫그래서 함께 ⑬謂 생각한다. ⑭助辭 意味 없는 것.

위(違) ①梵〈pratikūla〉 西〈mi mth-un pa〉 맞지 않음. 不快한 이란 뜻. (俱舍論) ②梵〈viruddha〉 矛盾된. …와 矛盾하는 것이란 뜻. (俱舍論) ③梵〈prati:gha〉 敵意를 갖는 것. (百五十讚) ④巴〈samati-vattati〉 넘어가다. (義足經) ⑤梵〈vaiṣamya〉 身體를 構成하는 四元素의 平衡이 破壞되는 것.

위(僞) 거짓 僞造物.

위(謂) ①爲. …이다. ②何謂는 何爲·胡爲. 왜. 어떻게. ③與. …에 對하여. …와 함께. ④謂何는 如何·奈何·云何. 어떻게 하는가. 如何이. ⑤즉. (雜阿含經) ⑥意味한다. 생각하다. 情謂. 凡夫의 妄情으로써 생각하는 것.

위거(違拒) 梵〈durāgata〉 歡迎받지

못하는. ↔歡迎

위경(違境) 自己의 心身의 境界를 違逆하면 곧 바로 瞋恚를 일으켜 苦痛을 받는 事象이다. 境相에는 本來 差別이 없으나 自己의 마음 내키는대로 判斷하는 것임.

위경(僞經) 佛說이란 이름을 빌려서 僞造한 經典으로 옛부터 僞經이라 하면 中國에서 새로 만든 經·論만을 지목하였고, 印度에서 傳해온 것은 眞經이라 하였다. 漢魏以後, 佛經 飜譯이 매우 왕성하여 僞似의 經論이 雜然히 簇出하여 이것을 分辨하지 않을 수 없었다. 道安의 疑經錄序에 「外國에서 僧이 法을 배울 적에 모두 무릎을 꿇고 입으로 傳해 받는다. 한 스승밑에서 받는 사람이 열이나 스물이 되는데 이 사람들이 돌아가 각기 後學들을 轉授할 때에 만약 한자라도 틀리는 것이 있다면 함께 생각하고 推校해서 잘못된 것을 고쳐서 僧法을 바로잡아야 한다. 佛經이 中國에 들어온지가 얼마 되지 않아 기쁜 일이나, 모래에다 金을 발라 찬란히 빛을 내고 있으니 바로잡지 않으면 무엇으로 眞·僞를 분간하며(中略) 어떻게 감히 後學들을 가르치리오. 涇·渭의 雜流에서 龍과 뱀이 함께 오름을 보고 어찌 부끄럽지 않을 수 있을까. 이제 그 뜻에 佛經이 아니라고 여기는 것을 다음과 같이 列擧하여 將來 後學들에게 보여주노라」라고 하였으니 가히 安公의 時代에 僞糸 이미 盛했음을 알 수 있음.

위경목록(僞經目錄) 三藏記集五에 나온것이며 道安의 疑經錄과 僧祐의 疑經錄에 揭載된 것. 大唐內典錄十에 歷代에 所出한 疑僞經論錄을 揭記하였고 大周刊定衆經目錄 四十에도 僞經의 目錄이 있다. 開元釋敎錄十八에도 疑惑錄을 揭記하였고 그의 歷代의 衆經目錄에도 各各 僞經一科가 있다 함.

위경위궤(僞經僞軌) 大黑天의 本說로 仁王經·大日經·三世最勝心明王經·理趣經·孔雀經·仁王經疏·大日經疏·寄歸傳등이다. 世間에 佛說摩訶迦羅大黑天神大福德圓滿陀羅尼經·摩訶迦羅大黑天神所問經등이 있는데 모두 僞經이다. 모든 記錄에 실리지 않았음. 또 嘉祥寺 神愷의 大黑天神法을 世稱 大黑天儀軌라 하여 사람의 證據하는 바가 되었으나 그러나 眞本이 아니고 亦是 僞作이다. 다만 書中에서 引用한 經疏의 말은 모두 바른 것임.

위광(威光) 梵〈prabhāva〉 위엄스러운 빛. 威力. (百五十讚)

위기(爲己) 梵〈sva-artha〉 自身을 爲한. (百五十讚)

위념재탐욕(爲念在貪欲) 巴〈kāma-sukhallika-an: uyoga〉 欲樂에 耽著하는 것을 行하는 것도 생각하는 것도 貪欲에 있는 것. (轉法輪經)

위노(威怒) 크게 威勢를 떨치며 忿怒하는 것.

위노왕(威怒王) 金剛部의 諸尊 가운데 忿怒를 나타낸 身의 總稱. 聖無動經에 「聖無動 摩訶威怒王이다」라고 하였음.

위노왕사자염송법(威怒王使者念誦法) ㊣底哩三昧耶不動尊威怒王使者念誦法의 약칭.

위노왕념송법(威怒王念誦法) ㊣聖閻曼德迦威怒王立成大神驗念誦法의 약칭.

위뉴천(韋紐天) ㊵〈Viṣṇu〉 또한 韋紐天·毘紐·韋糅·毘瑟紐·毘瑟笯·毘瑟怒·毘捜紐·毘瘦紐라 함. 번역하여 遍淨等이라 하며 大自在天의 別名. 劫初의 大水中에 一千頭·二千手가 그 배꼽 가운데서 나와 大蓮華를 따라 蓮華위에서 化生한 梵天王이라 함. 智度論二에 「韋紐天은 中國語로 遍聞이라 하며 四臂로 貝持輪을 가지고 金翅鳥를 탔다」하였고. 同八에 「劫이 盡燒될 때 一切가 모두 空하다. 衆生은 福德의 因緣力이기 때문이다. 十方에서 風이 와서 相對 相觸하여 能히 大水를 加持며 물위에 一千頭人·二千手足이 있어 韋紐라 한다. 이 韋紐人의 배꼽속에서 千葉金色 妙寶蓮華가 나와 그 光이 大明하여 萬日이 함께 비치는 것과 같고 꽃 가운데 跏趺坐를 한 사람이 있어 다시 無量한 光明이 있다. 이를 梵天이라 하며 이 梵天王의 마음에서 八子가 나고 八子가 天地의 人民을 생하였다. 이 梵天王은 모든 婬과 瞋을 이미 消盡하여 남음이 없다」하였고, 廣百論一에 「韋紐天은 中國語로 遍勝天이라 한다」하였고, 三論檢幽鈔一에 「韋紐는 번역하여 遍淨이라 한다」하였으며, 大日經疏五에 「微瑟紐는 舊譯에 毘紐라 하며 이는 곧 那羅延天이다」하였음.

위덕(威德) 두려운 것을 威라 하고 사랑스러운 것을 德이라 함. 法華嘉祥疏七에 두려우면 威, 사랑스러우면 德이라 하고 또 折伏을 威, 攝受를 德이라 한다」고 하였음.

위덕관음(威德觀音) 三十三觀音의 하나. 왼손에 蓮꽃을 쥐고 바위 위에 앉은 像, 法華經普門品에 「가히 天大將軍身이 得度한 者로써 天大將軍身을 化現하여 說法을 한다」에 配對한 것. 이 將軍身의 威德은 廣

威德觀音

大하고 殊勝하기 때문에 威德이라 함.

위덕구실(威德俱失) ㉵〈yat tad abhūd unmadg: umātraṃ vā pratibhānamātraṃ vā tat sarv: am prativigatam abhūt〉 威도 才能도 함께 없어지는 것. (有部律 出家事)

위덕무구칭왕우바새(威德無垢稱王優婆塞) 維摩居士의 尊稱. 無垢稱은 維摩詰(Vimalakirti) 優婆塞는 在家의 信士, 威德과 王은 尊稱.

위덕삼매(威德三昧) 百八三昧의 하나. 威德力을 發하는 禪定. 智度論 四十七에 「威德三昧는 菩薩이 이 三昧를 證得하면 威德이 莊嚴하다」고 하였음.

위덕외외(威德巍巍) 뛰어난 德의 高尙함. (往生要集)

위덕자재(威德自在) ㉵〈vipularddhi〉 굉장한 威力. (法華經)

위덕정(威德定) 威德三昧와 같음. 往生十因末에 「眼識은 오직 色塵에 緣하고 威德에 依해 定한다. 또한 法에 緣하고 色에 處한다」라고 하였음.

위두(位頭) 禪林에서 衆位에 있는 最上者를 일컬음.

위려(違戾) ①㉶〈vilometi〉 反對함. 反逆하여 背反함. 엇갈림. (無量壽經) ②마음에 거슬리는 것. 意向에 反하는 것. (那先經)

위력(威力) ㉵〈anubhāva〉 ㉵〈māhātmya〉 威神力과 같음. →威神力.

(方廣大莊嚴經)

위리도설계(爲利倒說戒) 四十八輕戒의 第十六. 利養을 위하여 法을 아끼며 對答할 것을 對答하지 않고 앞 뒤 없이 三寶를 誹謗하며 經律의 文字를 倒說함을 誡한 것. 法藏은 惜法規利戒라 하고 太賢은 貪財惜法戒라 함. 大小乘을 모두 制御 함. 或은 오직 大乘에 限한다 함.

위리사사계(爲利詐師戒) 四十八輕戒의 第四十一. 誡에 안으로 人師가 될 智德이 없고 밖으로는 거짓 智德이 된다고하여 利養과 名聞으로 多數의 弟子를 貪求하는 것. 法藏에는 無德作師戒라 하고 太賢은 惡求弟子戒라 함. 出家二衆의 大小乘을 모두 制御하는 것.

위만(位滿) 菩薩이 修行하는 階位의 五十二位중에 第五十位인 法雲地를 가리킴.

위면밀(僞綿密) 면밀하지 못한 것이 억지로 면밀한 모양을 꾸미는데 대한 評語로 叢林의 隱語임.

위모설법경(爲母說法經) ㉿佛昇忉利天爲母說法經의 약칭.

위목(位目) 聖賢이나 魂靈의 이름을 종이에 쓴 것.

위묘(位妙) 迹門十妙의 하나. 位는 修行의 階位. 修行이 벌서 深遠하여 훌륭하다면 體得한 位도 또한 深遠最勝하기 때문에 이렇게 말함.

위무위(爲無爲) 有爲法과 無爲法. 涅

槃虛空등 因緣의 爲作을 여읜 것을 無爲法, 色心등 因緣의 爲作의 法이 있는 것을 有爲法이라 함.

위문(慰問) ①梵<pratisaṃmodayati> 기쁘게 함. 慰勞함. 親切한 人事를 한다. ②手苦를 따뜻하게 慰勞함. (往生要集)

위물신(爲物身) 他人을 위하여 世上에 出現하여 깨우치는 佛身으로 實相身과 反對語임.

위배(違背) 矛盾되는 것. (五敎章)

위범(違犯) ①梵<visaratā> 弛緩된 것. ②戒律을 犯하는 것. (瑜伽論) ③梵<adhyāpanna> 잘못을 犯하는 것. (往生要集)

위병청주(爲病聽酒) 病때문에 술을 許可함. 分別功德論에 「祇園精舍에 한 比丘가 있어 病苦에 시달린지가 六年을 지났다. 優婆離가 가서 그가 필요로 하는 것을 물으니 答이 오직 술만이 생각난다 하였다. 優婆離가 말하기를 "내가 부처님께 물어서 올테니 그때까지 기다려라" 하고 부처님께 묻기를 "病든 比丘가 있어 술이 藥이 된다고 생각하고 있는데 주어야 합니까 어쩝니까" 부처님이 말씀하시기를 "나의 制法은 病苦를 除去해 주는 것이다"라고 하셨다. 優婆離가 다시 술을 사가지고 가서 마시게 하니 病이 快差하여 平常으로 回復되었다. 거듭 그를 위하여 說法을 하여 그로 하여금 阿羅漢果를 證得케하였다」 하였고, 毘尼母論에 「病者가 술동이의 냄새를 맡도록 하고 病이 나은 뒤에는 냄새를 맡지 못하도록 한다」라고 하였다. 그러나 戒律을 지키는 사람은 술이 本性의 罪로 여기기 때문에 비록 病者일지라도 역시 許하지 못하게 함. (俱舍論十四)

위보(僞寶) 가짜. (玄義)

위부(慰賻) 香奠.

위불(位佛) 나아간 位에서 成佛하는 것. (五敎章)

위불퇴(位不退) 四不退의 하나인 三不退로 菩薩 修行의 過程임. 한번 얻은 地位에서 退墮하지 아니 하는 것임.

위사(違舍) 梵<vaiśya> 庶民을 뜻함. (成實論)

위산(潙山) 唐나라 潭州 潙山 禪師. 이름은 靈祐 福州 長谿 사람. 나이 十五歲에 出家. 杭州 龍興寺에 住在하면서 大·小乘敎를 窮究하고 나이 二十三에 江西를 遊歷하여 百丈 懷海禪師를 參訪하고 心法을 窮究하였다. 潙山에 가서 梵宇를 짓고 살았는데 때마침 武宗의 佛敎 彈壓을 만나 머리를 싸고 俗家에 숨어 살았다. 大中初(847)에 裴休가 師를 請하여 潙山에 돌아왔다. 連帥 李景讓이 寺額을 奏請하여 同慶寺라 하였다. 禪會가 매우 왕성하였고 宗敎를 敷揚하기 四十餘年 大中 7(853)年에 入寂하니 世壽 83이었

다. 詔敕으로 諡號를 大圓禪師라 하였다. 百丈懷海禪師를 잇고 또 馬祖道一을 이었음. (傳燈錄九, 會元八, 稽古略三)

위산거미(潙山擧米) ㊟ 潙山靈祐禪師語錄에 「石霜이 潙山에 이르러 米頭가 되다. 어느날 쌀을 체(篩)질할 때에 師가 말하기를 "시주한 물건을 흩는 일이 없게하라" 石霜 "흩은 일이 없오 "師가 땅에 떨어진 한알을 주어서 말하기를 "너는 흩지않았다고 말했다. 그렇다면 이것은 무엇이냐" 石霜은 대답을 하지 못하였다. 師가 또 말하기를 "저 한알을 가볍게 여기지 말라 百千의 낱알도 전부 저한알에서부터 시작된다. 아직도 저한알에서 백천알의 시초가 있다" 師가 呵呵大笑하고 方丈으로 돌아가다」라고 한 것임.

위산경책(潙山警策) 一卷. 潙山靈祐의 著. 후세에 遺敎經과 四二章經을 合하여 佛祖三經이라 한다. 註釋書로는 潙山警策註 一卷(宋의 守遂註). 潙山警策指南 一卷(明의 道霈述) 同 句釋記 二卷(明의 弘贊註). 潙山 警策註 一卷(明의 大香註). 日本의 山田道者의 著인 潙山警策講議가 있음.

위산구인(爲山九仞) 높이가 九仞(곧 七十二尺)이나 되는 山을 쌓는데 한 삼태기의 흙만 더 올려다 쌓으면 다 될 것을 그만 둔다는 뜻으로 積年의 功을 들인 일을 한번의 실수로 허사로 돌아감을 비유한 말.

위산대원선사경책(潙山大圓禪師警策) 一卷. 潙山靈祐編. 요약해서 潙山警策이라고도 한다. 당시의 學人들이 점점 懈怠하여 晏然히 寸陰을 空過하고 威儀를 지키지 아니하여 弊風이 날로 성행함을 깊히 慨嘆하고 이들의 墮行을 警策하여 修行의 정도로 돌아가게 하기 위하여 만든 것. 全篇이 文과 銘으로 이루워져 있음.

위산수고우(潙山水牯牛) ㊟ 潙山이 大衆에게 「老僧이 三年 後에 이 山 아래 檀越집에 水牯牛로 태어나서 왼쪽 옆구리에 "潙山僧 아무개"라고 쓰였을 것이니 그때에 만일 潙山僧이라 하려면 곧 水牯牛이고 만일 水牯牛라고 부르려면 "곧 潙山僧 아무"일 것이니 말하여 보라! 무엇이라 불러야 하겠는가?」 仰山이 나와 禮拜하고 가다. 水牯牛는 牛라는 뜻이고 牯는 암소를 水는 소의 털빛을 말함.

위산시립백장(潙山侍立百丈) ㊟潙山과 五峯과 雲巖이 함께 百丈을 侍立하였더니 百丈이 潙山에게 묻기를 "咽喉와 唇吻이 없이도(却) 살길이 있을까" 潙山이 말하기를 "却하면 和尙에게 道를 請하겠읍니다" 百丈 "나는 말없이 너의 길을 따를 것이다. 이 뒤에 내 子孫을 喪할까 두렵다"하였음.

위산양환(潙山兩喚) ㊋潙山이 院主를 불러서 「내가 院主를 불렀는데 그대는 왜 왔느냐?」 院主가 對答이 없자. 다시 侍者를 시켜 第一座를 불러 「내가 第一座를 불렀는데 그대는 왜 왔느냐?」 第一座가 對答이 없었다는 것을 말하는 것.

위산업식(潙山業識) ㊋潙山과 仰山이 業識에 對하여 商量한 것. 潙山이 仰山에게 묻기를 "갑자기 어떤 사람이 묻기를 一切衆生이 다만 業識이 있어도 茫茫하여 本據를 알 수 없다고 한다면 자네는 무엇으로 徵驗할 터인가" 仰山 "만일 僧이 오는데 부르기를 '아무개'한다면 僧이 곧 머리를 돌려서 무슨 일인가 할 것입니다. 그가 오기를 기다려 어디로 가느냐고 묻는데 비길 것이니 오직 業識이 茫茫하여 또한 本據가 없다고는 못할 것입니다" 潙山 "훌륭하다"하였음. (從容錄三十七則)

위산적다(潙山摘茶) ㊋摘茶로 因하여 體用을 商量한 것. 潙山과 仰山이 摘茶하다가 潙山이 仰山에게 말하기를 "하루 終日자네 소리만 들리고 자네는 보이지 않는 군" 仰山이 茶樹를 흔들었다. 潙山 "자네는 다만 用만 알았지 體는 모르는 군" 仰山 "和尙께서는 다만 그 體만 얻고 用을 모르십니다" 潙山 "너에게 三十棒을 때리겠다" 仰山 "스님의 매는 달게 맞겠읍니다. 그러나 저의 매는 누가 맞아야 하나요" 한 것. (宗門葛臘集)

위삼(爲甚) 무엇을 위하여, 무엇때문에

위상(位相) 修行의 자리의 모양. 修行位의 特質. (五教章)

위상(威相) 高尙한 모양. (無量壽經)

위서(爲誓) 盟誓하는 것.

위성(危城) 몸을 危城에 비유한 것. 歸敬儀中에 「大聖의 垂訓을 法喩에 돌아가게 함은 心身에 約하여 逸欲에 빠짐이 없도록 警誡하여 그치게 함에 있다. 或은 行厠한 畵瓶에 비유하고 危城과 杯器에 비긴다. 涅槃經一에 「이 몸은 城과 같고 血肉筋骨은 그 위에 가죽으로 싸며, 手足은 敵을 물리치는 樓櫓가 되고 눈은 竅孔이 되며 머리는 殿堂이 되어 心이 그 가운데 處한다. 이 같은 身城은 諸佛과 世尊이 버리는 것이다. 凡夫와 愚人은 恒常 味着하여 婬·瞋恚·愚痴·羅刹을 貪하고 그 가운데 住한다」하였음.

위세(委細) 자세히. 詳細히. 委曲등과 같은 말.

위세(違細) 비슈누 (㊵〈Viṣṇu〉) 神의 이름. (雜譬喩經)

위세사(衛世師) 또는 鞞世師라 하며 新稱은 吠世史迦 ㊵〈Vaiścsika〉 번역하여 勝이라 하며 古仙이 지은 論名이다. 成劫末에 人壽가 無量할 때에 外道가 出世하여 이름을 嗢露迦 즉 번역하여 鵂鶹라 하며 또한

羯拏僕 즉 번역하여 食米齋라 하였다. 이 사람이 多年修道하여 五通을 成就하고 六句義를 證하여 宗을 삼고 因해 論을 지어 吠世史迦라 하며 번역하여 勝論이라 함. 諸論이 짝이 없기 때문이다. 그것은 勝論의 師가 되므로 또한 勝論師라 하며 그 後裔에 慧月이 있어 다시 四句義를 加하여 十句義가 되었음. 慧琳音義二十六에 「衛世師는 번역하여 無勝이라 하며 外道의 論이다」하였고, 唯識述記一末에 「吠世史迦는 번역하여 勝이며 六句論을 지었다. 諸論이 짝할수 없으므로 勝이라 한다. 或은 勝人이 지은 것이므로 勝論이라 한다. (中略) 多年間 修道하여 드디어 五通을 얻고 菩提를 證하였다 한다. 문득 入滅하려 할 때에 깨달은 것을 傳할 사람이 없음을 슬퍼하고 世上의 有情이 어리석어 慧目이 없음을 민망하게 생각하여 七德을 觀하고 法을 주어 傳하게 하였다. ①印度에 날 것. ②父母가 모두 婆羅門姓일 것. ③般涅槃性이 있을 것. ④身相이 具足할 것. ⑤聰明하고 辨捷할 것. ⑥性行이 柔和할 것. ⑦大悲心이 있을 것. 無量時를 지내도 七種을 갖춘자가 없었다. 뒤 여러劫을 지나고 婆羅痆斯國의 婆羅門인 摩納縛迦(번역하여 儒童)의 아들 般遮尸棄 번역하여 五頂이라 하며 頂髮에 五旋이 있고 머리에 五角이 있으며 七德을 비록 갖추었으나 根熟이 조금 늦어 이미 妻拏에게 染着되어 마침내 化度하지 못하고 無量歲를 지냈으나 그 根熟을 살펴보니 뒤 三千歲가 되어야 익을것 같았다. 因해 戱園에 들어가 그 妻室과 꽃을 다투다가 서로 忿을 내었다 鵂鶹가 이것을 因하여 通化하려하니 五頂이 따르지 않으므로 仙人이 돌아가 버렸다. 三千年이 지나도 化함을 얻지 못하여 다시 三千年이 지나도 둘이 다투는 것이 더욱 甚하였다. 서로 싫어함이 끊어지자 空中의 仙人을 仰念하니 仙人이 때를 따라 神力으로 化引하여 空中을 날아 所住하는 山中으로 데려갔다」하였음.

위송(衛送) 護送.

위수(萎粹) 시들고 마르는 것.

위순(委順) 중의 죽음을 말함. 이는 因緣에 맡겨 順從한다는 뜻. 稽古略二에 「翟이 祖에게 罪를 지으니 祖가 이에 因緣에 맡겨버렸다」라고 하였음.

위순(違順) 違境과 順境. 苦를 感하는 境界를 違境이라 하고 樂을 感하는 境界를 順境이라 함. 常平에는 順違라 하나 지금은 苦樂의文字 차례에 따라 違順이라 한다. 唯識論三에 「受는 領納을 말하나 順과 違는 모두 틀리며 境相이 性이 된다」하였고, 往生要集上末에 「貪瞋境은 違順이 많으므로 煩惱가 일어나서 도리어 惡道에 떨어진다」하였음.

위시장자문관신행경(威施長者問觀身行經) ㊂菩薩修行經의 다른 이름.

위신(威神) 威勢勇猛을 測度할 수 없음. 無量壽經下에 「無量壽佛의 威神功德은 不可思議하다」라고 하였고, 勝鬘寶窟中本에 「겉으로 다른 사람에게 무섭게 느끼는 것을 지목하여 威라 하고 안으로 測度하기 어려운 것을 神이라 한다」하였음.

위신견(僞身見) ㉵〈sat-kāya-dṛṣṭi〉 가짜인 身見. →身見.

위신광(威神光) 위엄이 있고 勇敢한 모양.

위신광명(威神光明) 不思議한 빛. (往生要集)

위신력(威神力) 佛果위에 있는 尊嚴하고 측량할 수 없는 不思議한 힘을 말함.

위신무극(威神無極) 威力이 끝없는 것. (讚佛偈)

위실(委悉) 자세함. 委細·委曲이라고도 함.

위실(爲實) 實을 明白하게 하기 爲하여. (四教儀註)

위실시권(爲實施權) 眞에 돌아가게 하는 것을 實이라 하고 假로 施設하는 것을 權法이라 한다. 法華玄義 第一序에 「蓮의 故華는 實施權에 비유함」이는 法華經의 題目인 蓮華二字를 解釋한 三義中의 一義다. 爾前에는 法華와 相對하고 爾前에 四時의 逗機益物의 法을 說한 것은 모두 法華眞實의 妙圓에 돌아오게 한 것. 假設의 方便權說은 비록 暫間 有用하여도 마침내는 廢하여 버리는 것.

위악인설계(爲惡人說戒) 四十八不輕戒의 하나. 惡人을 向하여 佛의 戒律을 말하는 것을 警戒한 것. 聽者에 有益함이 없고, 말하는 者는 도리어 罪를 얻게 되기 때문임.

위악인설계계(爲惡人說戒戒) 四十八輕戒의 하나. 惡人에게 佛戒를 說한 것을 誡한 것. 菩薩戒를 받지 않은 者나 或 外道의 惡人과 邪見人의 무리가 佛戒를 받지 않은 것을 畜生이라 함. 生生에 三寶를 보지 못하여 木頭와 다름이 없으므로 만일 利養을 向하는 이들 惡人을 위하여 七佛의 教誡를 說한다면 所化에도 有益함이 없어 說하는 者가 오직 罪를 얻는다. 法藏과 太賢은 모두 非處說戒戒라 하였음. 이들 惡人들은 모두 非處가 된다. 道俗의 七衆과 大小의 二乘을 함께 制止시킨 것임. (梵網經卷下)

위안(威顏) 光明한 顏色.

위앙종(潙仰宗) 南山禪 五家九宗의 하나. 唐나라 潙山靈祐와 그의 弟子 仰山 慧寂이 세운 宗派. 150년 후 宋나라에 이르러 그 후계가 끊어짐.

위액(危厄) 危險과 災難. (灌頂經)

위역(違逆) ①㉵〈aniṣṭa〉 바람직하지

못한 것. (莊嚴經論) ②梵〈pr : ati-viruddha〉 사이가 나쁨. (有部律雜事)

위역악사(違逆惡事) 梵〈vipratipatti〉 邪行. (莊嚴經論 述求品)

위연(違緣) 내 마음에 거슬리는 事緣. 盜賊·水火의 難 등과 같음. 또는 다른 일을 思慮하는 것. 輔行五의三에 「마음에 異緣이 없다」고 하였음.

위연탄(喟然嘆) 喟然은 탄식하는 모양. 한숨을 쉬며 크게 탄식하는 것.

위요(威曜) 不可思議한 빛. 威光. (觀無量壽經)

위요(圍繞) 儀式. 오른쪽으로 돌면서 敬禮하는 것으로, 즉 오른쪽으로 세번을 돈다. 法會때 行道하는 法式이 이것을 본뜬 것이다. 賢愚因緣經九에 「須達이 멀리 世尊을 바라보고 마치 金山을 본 것처럼(中略) 마음 속 깊이 기쁨이 복받혀서 禮法을 알지 못하고 곧바로 世尊에게 묻기를 "瞿曇이 요새 가뵙지 못했읍니다. 어떠하십니가" 하니 世尊이 즉시 "자리에 앉으라"고 命令하시었다. 그때에 首陀會天이 멀리서 須達을 보니, 世尊을 보고도 禮拜供養하는 法을 모르므로 化身하여 四人이 되어서 줄을 지어 와서 世尊의 處所에 到着하여 世尊의 발에다 이마를 대고 禮를 하고 起居의 輕便함을 묻고 오른편으로 세번을 돈 뒤 한쪽 자리에 물러나 앉았다. 이 때에 須達이 이와 같이 하는 것을 보고 깜짝 놀라 스스로 속으로 이르기를 "恭敬하는 禮法을 이와 같이 해야 하는구나" 하고 즉시 자리에서 일어나 그와 같이 禮敬하여, 起居를 묻고, 오른편으로 세번을 돈 뒤 자리 한편에 물러나 앉았다」하였고, 法華文句二下에 「圍繞는 부처님이 처음 世上에 나오실 때 사람들이 禮敬法을 모르기 때문에 淨居天이 사람의 모습으로 化하여 와서 오른편으로 돈뒤 禮敬하고 물러나 자리에 앉아서 法門을 들었다. (中略) 圍繞는 行施하는 威儀다」 하였음.

위위수수지(萎萎隨隨地) 땅에 따라 巡廻하는 것. 主體性이 없는 것. (臨濟錄)

위유(慰喩) ①梵〈upavatsati〉〈upa-vatsa: yati〉 愛撫한다. ②慰勞하며, 잘 타이름. (維摩經 問疾品) 慰는 이 安慰란 뜻. 喩는 開喩란 뜻이다. ③慰勞한다. 慰問한다의 뜻. (上宮維摩疏)

위음(威音) 威音王 이전. 또는 威音王佛 出世 이전의 약칭.

위음나반(威音那畔) ①威音王佛 出世 已前이란 말이니 過去 莊嚴劫에 있던 最初의 佛을 威音王佛이라 한다. 그러므로 父母未生 이전, 天地未開 이전과 같이 過去의 過去際를 表하는 말. ②向上第一義諦를 보이는 말. 威音王 이전이란 實地理地

를 밝힌 것. 威音王 이후란 佛事門中이란 뜻. ③威는 威儀의 威이니 色의 뜻, 音은 聲의 뜻. 즉 聲色이 아직 未起한 最初를 말한 것.

위음왕불(威音王佛) ㉵〈Bhiṣmagarajitasvarāja〉 佛의 이름. 法華經 常不輕品에 「지난 옛날 無量無邊 不可思議 阿僧祇劫前에 威音王如來라는 佛이 있었다. 劫名은 離衰라 하고 國號를 大成이라 하였다. 이 威音王佛의 壽는 四十萬億 那由他 恒河沙劫이다. 正法이 住世한 劫數는 一閻浮提微塵과 같고 像法이 住世한 劫數는 四天下의 微塵과 같다. 그 佛이 衆生을 饒益한 이후에 滅度하고 正法과 像法이 滅盡한 뒤에 이 國土에 다시 佛이 나서 또한 號를 威音王如來라하여 이 같이 차례로 二萬億의 佛이 모두 同一한 號를 가졌다. 最初의 威音王如來가 滅度하고 正法이 滅한 뒤 像法中에 增上慢比丘가 큰 勢力이 있었는데 이때 菩薩比丘의 이름을 常不輕이라 한다」하였고, 楞嚴經五에 「跋陀婆羅는 모두 同伴한 十六開士다. 곧 자리에서 일어나 佛足에 頂禮하고 佛께 아뢰기를 "저희들은 먼저 威音王佛이 法을 듣고 出家함을 들었읍니다. 僧은 沐浴할 때 例에 따라 浴室에 들어갔다가 忽然히 水因을 깨달았다 하였읍니다」하였다. 그러나 禪錄에서 이 佛名을 빌려 보면 때가 極遠함을 볼 수 있다. 또한 向上의 本分은 威音王佛 이전이라 가르쳤다. 祖庭事苑五에 「威音王佛 이전에도 實際의 理智를 밝혔고 威音이후에는 곧 佛事門中에 나갔다. 이 말을 빌리면 道를 들어 낸것은 사람을 따라서 얻지 않음을 알 수 있다 後人이 音王이라 한것은 實로 이 緣에 있다 하니 모두 藏敎를 자세히 보지 않음에 있다하겠다」함. 法華通義六에 「이는 空劫 初成의 佛이다. 이전에는 佛이 없었으므로 宗門에서 向上을 威音那畔이라 한다」하였고, 五燈會元十九에 「空劫의 威音 앞에는 一壺米가 있었다」함.

위음왕이전(威音王已前) 威音王佛이 출세하기 已前. ①過去莊嚴劫에 있어 最初의 佛을 威音王佛이라 한다. 그러므로 父母未生前, 天地未分前이라는 말과 같이 過去의 過去際를 表示하는 말. ②向上第一義諦를 표시하는 말이니 祖庭事苑에는 威音王 以前은 實際理地를 밝힌 것이고 威音王 以後란 佛事門中을 밝힌 것이라 하였다. ③仁岳義沼는 威는 色, 音은 聲이니 即 色과 聲이 아직 일어나지 않는 最初라 하였음.

위음이전(威音以前) →威音王以前.

위의(威儀) 坐·作·進·退에 威德과 儀則이 있는 것. 法華經序品에 「또한 具足戒를 보니 威儀가 缺함이 없다」하였고, 觀無量壽經에 「具

足한 衆戒는 威儀를 犯하지 않았다」하였으며, 戒疏一下에 「善을 行하여 미치는 곳에 各各 憲章이 있다. 이를 威儀라 한다. 威는 容儀가 可觀인 것을 말하며 儀는 軌度에 맞는 物件을 말한다」하였고, 左傳에 「威嚴이 있어서 두려워 하는 것을 威라 하고 儀가 있어 模範이 되는 것을 儀라 한다」하였음.

위의(違意) ㊵〈a-mana-āpa〉 不快한.

위의(違義) ㊴㊵〈apārthaka〉 ㊶〈don med pa〉 無意味한. (瑜伽論 因明) ②相違義와 같음. →相違義. (正理門論)

위의계(威儀戒) 二戒의 하나며 겉치레로 威儀를 정돈하여 다른 사람의 존경을 받고 名利를 구하려고 戒를 받는 것.

위의구족(威儀具足) ㊵〈cāritra-ācār-a-samanvita〉 動作과 行爲를 갖춘, 規律에 맞는 威嚴이 있는 起居動作을 完全히 갖춘 狀態. (法華經 藥草喩品)

위의로(威儀路) ㊵〈airyāpathika〉 威儀에 關한 것이란 뜻.

위의로무기(威儀路無記) →威儀無記. (俱舍論)

위의로심(威儀路心) 威儀는 行住坐臥의 行動. 路는 마음이 遍歷하는 領域(對象)을 말한다. 行動을 對象으로 하여 發動하는 마음을 威儀路心이라 함. (瑜伽論)

위의무결(威儀無缺) 完全히 修行하는 것. (法華經)

위의무기(威儀無記) 四無記의 하나로 우리가 行住坐臥하는 모든 동작은 善이나 惡에 속하지 않으므로 無記性이라 함.

위의법사(威儀法師) 威儀師와 같음. →威儀師.

위의사(威儀師) 戒를 줄 적에 三師·七證 가운데 教授師가 있어서 授戒者에게 앉고 動作하고 나아가고 물러나는 威儀를 指示하는 사람으로 이를 教授師 또는 威儀師라고 한다. 行事鈔上三에 「威儀師 한 분만을 白差한다」라고 하였는데 이로부터 一般法會에서 衆僧의 儀式作法을 指揮하는 僧을 威儀師라고 함.

위의세(威儀細) 五條袈裟의 一種. 淨土宗에서 사용하는 생략된 袈裟.

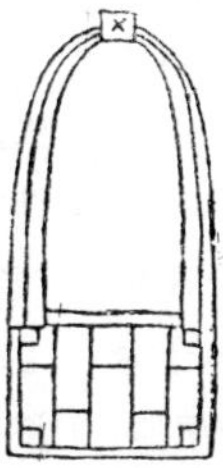

威儀細

위의소(威儀所) 威儀바른 行動. (往生要集)

위의승(威儀僧) 威儀師와 같음. →威儀師.

위의업로(威儀業路) 威儀作法을 뜻함. (瑜伽論)

위의업행(威儀業行) →威儀業路.

위의여사자(威儀如獅子) ㉵〈siṃha-vikrānta-gāmin〉 ㊇〈seṅ geḥi stabs sugśegs pa〉 佛이 獅子가 걸어가듯 걷는 것. 八十種好의 하나.

위의원만(威儀圓滿) ㉵〈su-upasampanna〉 ㊇〈legs par bsñen par rdṣogs pa〉 잘 具足戒를 받음.

위이(謂以) 생각컨데. 그 까닭은 …라 생각하였기 때문임. (上宮維摩疏)

위인(爲人) ①師家가 學人을 指導하는 것. 또 그것을 爲하여 使用하는 가르침이나 方便. (景德傳燈錄) ②㉵〈para-artha〉 他人을 爲함. (金七十論)

위인사(爲人師) 참으로 사람을 爲하여 指導者가 되는 스승. (正法眼藏行持)

위인실단(爲人悉檀) 四悉檀의 하나로 부처님이 說法할 적에 智慧가 얕고 깊은 것이나 過去의 善根이 있고 없는 것을 생각하여 알맞게 하는 敎法을 말함. 올바른 믿음을 내어 善한 種子를 심게 하는 것.

위자순타(違自順他) 違他順自에 對하여 이르는 말. 自家의 本性을 違背하고 他性에 隨順함을 말한다. 起信論義記卷中 解心生滅門下에 隨緣眞如와 成事無明에 나아가 論하였는데 거기에 各各 이 뜻이 있다. ①隨緣眞如의 違自는 眞如가 自家의 本性을 違背하여 그 眞體를 隱覆함을 말하고 順他는 眞如가 他의 無明을 隨順하여 妄法을 顯現함을 말한다. 이것이 바로 流轉門의 뜻이다. ②成事無明의 違自는 無明이 自家의 本性을 違背하여 眞如의 功德을 詮示함을 말하고 順他는 無明이 他性의 眞如를 隨順하여 능히 그 名, 義를 알고 淨用을 이루는 것을 말한다. 이것이 바로 還滅門의 뜻임.

위작(爲作) ㉶〈abhisaṅkharati〉 만들어 냄. (雜阿含經)

위작조작(爲作造作) 人爲的으로 만드는 것.

위장군(韋將軍) 韋天將軍을 말함. →韋天將軍.

위장엄심등시(爲莊嚴心等施) 八種施의 하나. 마음을 淸淨히 하여 훌륭하게 裝飾하며 마음의 때를 除去하고, 精神統一을 얻어 涅槃을 求하여 布施를 行하는 것.

위적(爲積) 쌓아 올림. 겹쳐 쌓음.

위정(違情) 마음에 들지 않는 것. (四敎儀註)

위정(違諍) ①사이가 나빠서 다투는 것. (無量壽經) ②서로 論爭하는 것. (高僧傳)

위제(韋提) ①吠陀聖典을 말함. ②韋提希의 준말.

위제(威制) 威光으로써 邪見者를 折伏하는 것. (無量壽經)

위제구정토(韋提求淨土) 韋提가 이미 獄에 갇힌 몸이 되어 살고 싶은 마음을 버리고 極樂世界에 往生하기만을 願하였다. 觀無量壽經에 「世尊이시여 내가 宿世에 무슨 罪를 지었기에 이런 惡子를 낳았나이까 世尊이시어 또 어떠한 因緣이 있기에 提婆達多와 같은 眷屬이 되었나이까, 오직 願하옵건대 世尊이시여 다를 위하여 근심 걱정 번뇌가 없는 곳을 가르쳐 주옵소서. 내 마땅히 往生하오리다. 閻浮提의 濁惡世는 즐겁지 않습니다. 이 濁惡處는 地獄·餓鬼·畜生들이 꽉 들어차서 不善聚들이 많습니다」라고 하였음.

위제득오(韋提得悟) 韋提希가 觀經의 說法을 듣고 無生法忍을 활짝 깨친 것을 말함. 觀無量壽經에 「이 말씀을 說할 때에 韋提希가 五百侍女를 데리고 부처님의 말씀을 듣고 바로 極樂世界의 廣長의 相을 보고 佛身과 二菩薩을 得見하고 마음에 歡喜心이 생겨 일찌기 없었던 일을 讚歎하고 廓然히 크게 悟徹하여 無生忍을 얻었다. 五百侍女들도 阿耨多羅三藐三菩提心을 發하여 佛國土에 往生하기를 願하였다」라고 하였음.

위제유수(韋提幽囚) 阿闍世太子가 惡友 提婆達多의 말을 듣고 그 母后 韋提希夫人을 宮內에 잡아 가두었던 故事. →阿闍世.

위제희(韋提希) 梵〈Vaidehi〉또는 毘提希, 吠提希라고도 하는데 새로 吠題呬弗多羅라고 한다. 번역하여 思惟·思勝·勝妙身이라 함. 摩竭陀國 頻婆沙羅王의 王后요, 阿闍世王의 母后이다. 法華文句二에 「韋提希는 번역하여 思惟다」라고 하였고 同記에 「또는 思勝이다」라고 하였으며, 法華玄贊二에 「梵語의 吠題呬弗多羅는 舊稱에는 '思惟子'라 하였고, 新稱 吠는 바로 勝의 뜻이요. 題呬는 身을 말하니 곧 東毘提訶의 이름이다. 저 毘提訶男聲中呼는 이 吠題呬를 女聲으로 부르면 이것이 바로 山의 이름이요. 또한 그 山中에 사는 神의 이름이다. 그것을 따라 빌려서 이름을 지은 것이니 韋提希는 訛傳된 것이다」라고 하였음.

위좌(危坐) 危는 正이란 뜻. 바로 앉는 것.

위중위인(爲衆爲人) 修行者를 爲하여 指導하고 盡力하는 것. (正法眼藏 行持)

위차(位次) ①梵〈anusaṃdhi〉 修行하는 位의 順序. (四教儀註) ②자리. (四教儀註)

위천장군(韋天將軍) 姓은 韋요 이름은 琨이며 四天王의 四王밑에 各各 八將軍이 있는데 이는 南天王 八將軍의 한 사람이다. 南山의 道宣律師가 示現한 것. 南山에 依하여 著한 靈威要略과 律相感通傳의 二書中 律相感通傳에 나온 것. 韋將軍은 法苑珠林에 天人 韋琨이 東西南의 三洲를 擁護하여 佛로 化할 宿願이 있었다. 古來의 禪錄에 흔히 韋馱天

과 混一하였는데 잘못 된 것임. 感通傳에 「한 天人이 와서 禮敬하거늘 人事를 마친 뒤에 말하기를 "弟子의 姓은 王이요. 名은 蟠입니다. (中略) 弟子는 南天 韋將軍의 使者로 將軍의 事務가 極히 많으나 三洲의 佛法을 擁護합니다. (中略) 다음에 또 一天이 말하기를 姓은 費氏라 하고 禮敬함이 前과 같았다. 말하기를 "弟子는 迦葉佛 때에 初禪天에 태어나서 韋將軍아래 있었으나 諸天이 貪欲에 醉하여도 弟子는 宿願力으로 天欲을 받지 않았읍니다"하고 淸淨한 梵行으로 두루 毘尼를 偏敬하였다. 韋將軍은 童眞梵行으로 天欲을 받지 않는다 함. 一王 밑에 八將軍이 있으니 四王에 三十二將이 四天下를 周遊하다가 돌아가서 모든 出家人을 護助한다」하였고, 法苑珠林十六에 「또한 天人韋琨이 있는데 역시 南天王八大將軍의 一臣下다. 四天王을 合하면 三十二名의 將軍이 되며 韋琨이 首將이다. 나면서 智慧가 聰明하고 일찌기 欲塵을 여의어 淸淨한 梵行으로 童眞業을 닦고 佛을 對하여 付囑을 받아 弘護할 뜻을 가지어 두루 三洲를 統率하며 住持하는데 最上이라 한다」하였음.

위축(爲祝) 나라를 위하여 하는 기도.

위취(危脆) 연하고 危殆로운 것. (往生要集)

위타(韋陀) ㉵〈Veda〉 또는 圍陀·毘陀·皮陀등이라 하며 新稱은 吠陀·吠馱·薛陀·鞞陀등이라 함. 번역하여 明智·明分등이라 하며 波羅門에서 傳하는 經典의 이름이다. 實事를 밝히고 智慧를 發生하므로 韋陀라 함. 大本을 나누어 四分한 것. 西域記二에 「婆羅門은 四吠陀論을 배운다. 毘陀라 함은 잘못 된 것. ①壽. 養生繕性하는 것. ②祠. 祭祀하고 祈禱하는 것. ③平. 禮儀占卜하는 것과 兵法軍陣임. ④術. 異能·伎數·禁呪·醫方을 말한다」하였고, 金光明最勝王經 慧沼疏五에 「四明法은 곧 四薛陀論이다. 舊에는 韋陀·或은 毘伽羅論이라 함은 모두 訛謬다. ①顔力薛陀 번역하여 壽明이라 하며 命의 長短의 일을 解釋한 것. ②耶樹薛陀 번역하여 祀明이라 하며 祀祠의 일을 解釋한 것. ③娑摩薛陀 번역하여 平明이라 하며 是非事를 平하는 것. ④阿達薛陀 번역하여 術明이라 하며 伎術의 일을 밝힌 것이다」하였으며, 玄應音義十九에 「毘陀는 번역하여 分 또는 知라 한다」하였고, 摩登伽經上에 「옛날 어떤 사람의 이름을 梵天이라 하였다. 禪道를 修習하여 大知見이 있어 一圍陀를 지어 敎化를 流布하였다. 그 뒤에 仙人의 이름을 白淨이라 하여 世上에 出興하여 四圍陀를 지었다. (1)讚誦 (2)祭祀 (3)歌詠 (4)禳灾라 하였다.

뒤에 한 婆羅門의 이름을 弗沙라 하였다. 그 弟子衆이 二十五名이 있어 一圍陀를 廣分別하였다. 곧 二十五分이 된 것. 그 뒤에 鸚鵡·婆羅門이 나와 一圍陀를 十八分으로 變하게 하였고 그 뒤善導 婆羅門의 弟子衆이 二十五名이 나와 또 한 圍陀를 二十五로 나누었다. 그 다음 鳩求婆羅門이 나와 圍陀를 合變하여 二分하였다. 二가 變하여 四가 되고 四가 變하여 八이 되며 八이 變하여 十이 되고 이 같이 展轉하여 千 二百 六十六種이 된다. 그러므로 圍陀經典이 쉽게 變易하였음을 알수 있다」 함. 詳考해 보면 吠陀란 印歐語系 가운데 最古의 文獻이며 印度 最古의 聖典이다. 阿利亞民族이 中央高原에서부터 내려와 印度에 이르러 五河(Paujab) 流域을 占居하고 雪山의 西麓과 恒河의 流域間의 讚歌는 婆羅門敎 根本의 聖典이며 西歷 紀元前 千年前의 記錄이다. 三吠陀或은 四吠陀가 있어 利俱吠陀(RgVeda) 撒買吠陀(Sāma Veda) 亞求羅吠陀(Yajur Veda)는 三吠陀이며 阿他羅滑吠陀(Atharva-Veda)를 加하여 四吠陀가 된다. 利俱吠陀란 百論疏의 말인 荷力皮陀로 太古의 讚美歌를 모은 것으로 十卷 一千十七篇 一萬五百八十頌이다. 撒買吠陀란 三磨皮陀가 되며 讚歌에 音樂과 祭式의 實用을 加한 것. 一千五百四十九頌이며 이 가운데 七十八頌을 除하면 모두 利俱吠陀의 讚歌가 된다. 亞求羅吠陀란 冶受皮陀에 相應하여 四時의 祭祀의 祭式 呪文祭祠에 쓸 것을 모은 것. 이 吠陀에 特有한 呪文은 모두 散文이다. 이 吠陀를 나누어 黑部(Krsuayajus) 白部(Suklayajus)가 된다. 黑部는 呪文과 解說이 나누어지지 않았으나 四種이 있다. (1) Taitiriya-Saṁhitā (2) Maitrāyaṇi-Saṁhitā (3) Kāṭhaka-Saṁhitā (4) (Kapiṣṭhala-Kātha-Saṁhitā)이다. 白部는 呪文과 解說이 섞이지 않았으며 一種이 있다. 곧(Vājasaneyi-Saṁhitâ)이다. 阿他羅滑吠陀는 阿闥皮陀라 하며 禳灾와 禁呪를 모은 것. 日常 祈念修法에 쓰는 祭歌를 말하며 二十卷 七百六十六篇 六千頌이나 된다 함.

위타(韋駄) 天名. 翻譯名義集에 「韋駄는 바로 符檄으로 徵召에 쓴다. 지금 일컫는 護法韋駄와는 아무 상관이 없다. 그 護法은 대개 跋闍羅波膩를 가리키는 것으로, 跋闍羅는 번역하여 金剛이요. 波膩는 번역하여 手이다. 그는 손에 金剛杵를 가지고 있기 때문에 그렇게 불리어진다」라고 하였고, 正法念經에 「옛적에 한 國夫人이 아들 千名을 낳았는데 當來에 成佛할 차례를 試驗코자 樓에 이르러 화살 千개를 쏘도록 하였다. 그의 第二 夫人이 二子를 낳았는데, 하나는 梵王이 되기를 願하여 千兄이 法輪을 굴리기를 請하였고 다음은 密跡 金剛神이 되기를 願하여 千兄의 教法을 護衛하기를 請하였다. 지금 그의 모습을 본떠서 伽藍의 大門에 그린다」라고 하였음.

위타(爲他) ㉵〈para-artha〉 남을 爲함. (金七十論)

위타(圍陀) ㉵〈veda〉 베다聖典을 말함. (金剛針論)

위타경(圍陀經) 바라문敎의 聖典인 四駄陀. 吠陀聖典. (十誦律)

위타라(韋陀羅) ㉵〈Vetāla〉 또는 毘陀羅라고도 함. →毘陀羅.

위타론사(韋陀論師) 梵天을 奉事하고 圍陀論을 受持하는 者. 大日經疏二에 「韋陀는 梵王이 演한 四種의 明論이며 大圍陀論師가 그 經을 受持하여 能히 教授하는 者. 能히 出欲을 開示하는 行이므로 歸依하는 것. 그 部類 가운데 梵王은 佛과 같고 四韋陀典은 十二部經과 같다. 이 法을 傳하는 者는 和合僧과 같고 때에 그들이 들은 如是 등 世間三寶를 歡喜하고 歸依하며 隨順하여 修行한다」하였음.

위타범지(韋陀梵志) 吠陀를 爲主하는 梵志. 곧 韋陀論師임. 大日經疏一에 「또한 어떤 사람이 뜻으로 五通智道를 求하여 곧 大悲胎藏을 따라 韋陀梵志의 形을 나타내고 瞿曇仙등의 眞言行法을 說하였다. 行者는 精勤한지 오래지 않아 이 神仙의 몸을 成就하고 다시 方便을 轉하여 毘盧遮那身을 이루었다」하였음.

위타수(韋陀輸) ㉵〈Vitāśoka〉 또는 〈Vigatāśoka〉 達磨 阿輸迦王의 아우다. 智度論二十에는 韋駄輸라 하고 阿育王經三에는 毘多輸迦라 하며 阿育王傳二에는 宿大哆라 하고 善見律二에는 帝須라 하며 阿輸迦의 方便에 따라 七日間 王이 되었다가 드디어 發心한 者. 阿育王經三에 「阿育王의 아우 毘多輸迦가 外道의 法을 믿고 王이 供養하는 佛僧을 誹謗하였다. 王이 大臣에게 이르기를 "내 아우가 外道의 말을 믿으니 내 마땅히 方便으로 佛法에 들어가게 하리라. 내 지금 浴室에 들어가 天冠과 寶衣를 벗을 것이니 너는 관과 내 옷으로 아우를 입혀 莊嚴하게 하고 王座에 올라 가게하라" 大臣이 王의 말과 같이 하니 王이 나와서 보고 크게 怒하여 죽이고자 하였다. 大臣이 諫하기를 "이 분은 大王님의 아우입니다. 바라건데 怒여움을 풀고 辱을 참으소서" 王이 말하기를 "내 辱을 七日을 참아 저를 王을 삼은 뒤에 죽이리라 七日안에는 네마음대로 하고 싶은대로 하라" 하였다. 하루가 지나자 旃陀를 시켜 칼을 가지고 가서 門앞에 서서 말하기를 "하루가 지났으니 엿세만 있으면 죽게 됩니다"하게하여 이 같이 七日이 지났다. 王이 묻기를 "너 王은 七日간 여러가지 伎樂을 자주 들었더냐" 答하기를 "나는 도무지 듣도 보도 못하였읍니다. 旃陀羅가 날마다 칼을 가지고 와 높은 소리로 외치기를 七日中에 이미 며칠이 지났다. 너는 며칠후면 죽는다 하니 나는 이 소리를 듣고 비록 閻浮提의 王이 되어 妙欲의 五妙를 얻었으나 근심이 깊어서 보도 듣도 못하였읍니다" 이에 王이 여러가지 生死의 苦法을 說하니 王弟가 드디어 發心出家하여 阿羅漢果를 證하였다」함.

위타순자(違他順自) 違自順他에 對하여 이르는 말로 他性에 違背하고 自家의 本性에 隨順함을 말하는 것이다. 起信論義記卷中 解心生 滅門의 下에 「隨緣眞如와 成事無明에 나아가 論하였는데 거기에 各各 이 뜻이 있다. ①隨緣眞如의 違他는 眞如가 他性을 反對함을 말함. 無明妄染이 自家의 德을 顯現하는 것. 順自는 眞如가 自家의 本性에 隨順하고 안으로 無明에 自重하여 그로 하여금 淨用을 일으키게 하는 것. 이것이 바로 還滅門의 뜻이다. ②成事無明의 違他는 無明이 他性의 眞如의 理體를 違背하고 眞理를 掩覆함을 말한다. 順自는 無明이 自家의 本性에 隨順하여 妄心을 이루는 것을 말함. 이것이 바로 流轉門의 뜻임.

위타천(韋馱天) 天의 이름. 또는 違陀天이라고도 한다. 婆羅門에서 섬기는 天神이다. 慧琳師는 말하기를 "私建陀<Skanda>天은 잘못이라 번역하여 陰天이라 한다"」하였고, 金光明經鬼神品에 「風·水의 諸神은 韋陀天神 및 毘紐天이다」라고 하였으며, 天方等大雲經三에 「韋馱를 섬기는 이를 보면 韋馱의 像을 그렸고, 天母를 섬기는 이를 보면 天母像으로 그렸다」라고 하였고, 涅槃經七에 「梵天·大自在天·違陀天·迦旃延天이다」라고 하였다. 慧琳音義二十五에 「違陀天은 번역하여 校勘이라 함. 梵音에 私建陀提婆라고 하였는데, 私建陀는 번역하여 陰이요. 提婆는 天을 말한다. 다만 建과 違가 서로 비슷하므로 筆家가 잘못 記載한 것이다」 하였다. 法華經 陀羅尼品을 살펴보면 韋陀羅鬼가 있는데 韋陀羅는 또 毘陀羅로 기록하였으며 起屍鬼였다. 韋馱天이 바로 이것이다. 또 世上에서 韋馱天은 韋天將軍이라고 하는데 잘못인 것. →毘陀羅.

위타천환불아(韋馱天還佛牙) 傳說. 俗說에 부처님이 涅槃時에 捷疾鬼가 부처님 어금니 한 雙을 盜取하여 달아났는데 그때에 韋馱天이 急히 추적하여 빼앗아 가지고 돌아와서 唐代에 이르러 南山 道宣律師에게 주었다고 한다. 鬼神이 어금니 한쌍을 盜取했다는 說은 後分 涅槃

經에 나오는데 이르기를 「그때에 帝釋天이 七寶瓶을 가지고 荼毘하는 곳에 이르니 그 불이 一時에 저절로 꺼져버렸다. 帝釋天이 바로 如來의 寶棺을 열고 부처님의 어금니를 가지려 하니 樓豆가 말하기를 "자기 마음대로 가져가지 마십시요 大衆들이 똑같이 나눠가지는 것이 옳습니다" 帝釋이 말하기를 "부처님이 먼저 나에게 한 牙舍利를 주신다고 하였기 때문에 내가와서 불이 꺼진 것이다" 하고 부처님 입속 오른쪽 턱 위쪽에서 牙舍利를 取해가지고 곧바로 天上으로 되돌아가서 塔을 造成하고 供養하였다. 그때에 捷疾羅刹 둘이 있어서 몸을 숨기고 있다가 帝釋의 뒤를 따라갔으나 大衆들은 모두 보지 못하였다. 드디어 한쌍의 부처님의 牙舍利를 盜取하였다」 함.

위패(位牌) 죽은 이의 影像을 神主로 삼고 官位. 姓名을 記載한 것을 位牌라 말한다. 우리나라에서 종이로 접어서 佛壇위에 安置하기도 함. 本來는 儒家의 禮에서 비롯된 것이다. 位牌를 또 神牌·神板·靈牌·主牌라 부르기도 한다. 宋代 禪家에서 사용하였는데 位牌의 位는 靈牌中陰의 뜻이 아니고 尊敬하는 뜻이기 때문에 僧俗이 모두 그 位牌를 쓴다. 朱子語錄에 「主牌는 荀勗禮로써 隋 煬帝가 엮은 禮書를 상고하면 一篇荀勗禮가 있는데 바로 이것이다. 그곳에 이르기를 넓이는 四寸 두께는 五分·八分體로 某人神坐라 크게 쓴다. 그렇지 않으면 楷書로 작게 쓴다」라고 하였다. 經濟錄六에 「先祖나 父母에게 祭祠를 지낼 적에도 神主나 神牌가 있어야 한다. 神主는 亡者의 正體로 影像과 같은 의미이고, 神牌는 亡者神靈의 所居를 記載하는 것으로 禮이다. 비록 나무 판대기로 만든 物件이지만 그 뜻은 다른 의미가 있고, 그 制度도 같지 않다. 神主에는 某의 神主라 쓰고 神牌에는 某의 神位라 쓴다. 그러기 때문에 神牌를 또는 神板이라 하는데 지금 世上에서 所謂位牌라고 하는 것이 바로 이것임.

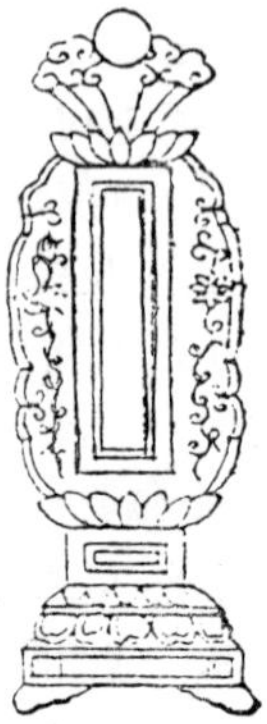

位　牌

위패당(位牌堂) 祠堂과 같음. →祠堂.

위해(違害) ①梵〈viruddha〉 敵意를 가진. (百五十讚) ②矛盾되는 것.

(正理門論)

위호(衛護) 西〈skyabs〉 梵〈śaraṇa〉 믿고 의지할 수 있는 것. 如來와 同義語.

윈딧츠(Windisch, Ernst) 獨逸의 印度學者. 켈트學者. 印歐比較言語學者. 1844年 드레스덴에서 出生. 1871～1918年까지 라이브치히 大學教授로 活躍하였다. 梵語學史의 公刊은 印度學上의 重要한 業蹟이 됨.

윈터닛트(Winternitz, Moriz) 오스트리아의 人類學者, 印度學者. 산스크리트學者. 1863年生. 渡英하여 옥스포드大學에서 막스뮤러에 나아가 同大學印度學硏究所司書가 되다. 베다文獻寫本 南印度關係寫本을 整備하였다. 타골에게 招致되어 산티니개단大學客員教授가 되어 印度學界에 寄與하고 特히「마라파하다」에 關한 硏究 原典批判의 功績은 크다. 著 印度文學史等 數編.

윌슨(Wilson, Horace Hayman) 英國의 東洋學者. 印度學者. 1786年生. 醫學을 修業하여 東印度會社內科醫로써 渡印(1808) 켈컨다에서 산스크릿트를 배우고 同地의 벵갈아시아協會會長이 되었다. 古典梵文學 印度史等을 硏究하여 歸國 옥스포드大學 梵語學教授가 되었다. 19世紀 印度史等 著·譯多數.

윌킨스(Wilkins, Sircharles) 英國의 東洋學者. 1749年生. 東印度會社의 書記가 되어 벵갈에 건너가(1770) 나·존스를 도와서 벵갈 아시아協會를 設立 東洋語專門의 印刷工場의 開設에 盡力하였다. 歸國後(1786)에도 印度硏究에 從事하여 산스크리트學者로 알려져서 初代印度圖書館長이 되었다. 페루시아·아라비아語典數等 多암의 著書있음.

유(由) ①(1)以(…까닭으로) (2)猶(오히려) (3)用(…에서) 奪格을 表示한다. (4)攸와 同義. (5)…와 같이. (6)「由一後」는 …한 後, …以란 뜻. (7)…形便이다. (8)「由一故」는 …를 理由로 말미암아 …때문에란 뜻. (9)「由來」는 尙今이란 뜻. (10)「由一以後」는 …以來. 只今까지란 뜻. ②「由一來」는 …때부터. …以來란 뜻. 英語의 since에 相當하는 것 같다. 「本由寂滅來」(長阿含經) ③條理(四教儀註) ④緣由. 실마리. ⑤根據. 支柱. 「學道有由」(上宮維摩疏) ⑥까닭. 事由. (三教指歸) ⑦…에 依(據)하는 梵〈abalambin〉 梵〈ga: ta〉 이 由字는 佛書에 普通의 모양은 由는 緣由來由 등으로 使用하여 根據로 生起는 理由라고 하는 곳에 쓰는 文字.

유(有) ①無와 空에 對한 말. 이는 實有 假有 妙有等의 分別이 있고 三世實有와 같이 實有한 것. 因緣이 다른 法에 依한 것을 假有라 하고 圓成實性을 妙有라 함. ②十二因緣의 하나. 만들어서 當來果의 業으로 끌어오는 자리임. 곧 業에 能히

當果의 뜻이 있는 것. 이는 因의 이름이다. 또는 有支라 함. 만일 分位의 十二因緣에 돌아가면 壯年 이후가 該當된다. ③果의 이름. 因果不亡의 뜻. 三有·二十五有·四有등과 같은 것. ④色界와 無色界와 定과 依身이다. 外道가 執着하여 解脫 하므로 遮遣하여 特別히 有라 함. 有는 生死相續의 뜻. 眞滅이 아님을 나타내는 뜻. 위 二界의 貪을 有貪이라 하고 위 二界의 漏를 有漏(三漏의 하나)라 함은 곧 이 뜻에 따른 것임.

유(攸) ①所以. 바의 것. 關係代名詞로 씀. ②猷. 文中의 意味없는 助詞로 씀.

유(乳) ①梵〈kṣira〉 젖. (中論) ②梵〈kṣira〉 西〈ḥoma〉 五味의 하나. →蜜. ③天台宗에서는 五味의 比喩에 依하여 華嚴經을 가리킨다. 이 經典이 五味中 最初의 乳味에 該當하므로 이렇게 말함. (法華文句)

유(油) 기름. 律攝에 「油는 苣藤과 蔓青 그리고 木蜜等을 말하며 또는 五種脂로 法·澄·濾 같은 것이다. 苣藤은 바로 胡麻요. 蔓菁은 바로 蕪菁이다. 그 뿌리·줄기·잎이 菜食할만 하며, 그 씨는 壓縮하여 기름을 짠다」함.

유(流) ①梵〈drava〉 흘러 나오는 것. (百五十讚) ②巴〈āsava〉 梵〈visāra; sāra; niṣyanda〉 漏라고도 함. 煩惱라는 것. (一切流攝守因經) ③梵〈srotas〉마음이 떠돌음. ④사람들. …種類의 사람 들. 同類者. (五教章) ⑤流轉의 略. 輪廻. (沙石集) 한무리. 한패. (往生要集)

유(唯) 梵〈mātrata〉 摩怛剌多 ①簡別의 뜻. 他法에 簡別되는 것을 唯라고 말함. ②決定의 뜻. 決定코 이 法이 있음을 唯라고 말한다. ③顯勝의 뜻. 이法의 顯勝함을 보여 주는 것을 唯라고 한다. 義林章一末에 「梵語의 摩怛剌多는 번역하여 唯라 하는데 唯에는 세가지의 뜻이 있다. ①簡持義 ②決定義 ③顯勝義다」라고 하였고, 唯識述記一本에 「唯는 顯을 말하는데 그 뜻이 둘이 있다. 하나는 簡別의 뜻이요. 또 하나는 決定의 뜻이다」라고 하였음.

유(帷) 홑옷. 夏衣. 夏衣가 暑熱을 덜고, 시원하게 하므로 焰王光佛의 德에 比較함.

유(惟) ①意味없는 文頭辭. 唯·維라고도 쓴다. ②文中에서 意味없는 助詞. ③獨. …뿐. 오직. 단지. 唯·維라고도 쓴다. (四教儀註) ④有. 있다. 存在한다. ⑤乃. 틀림없이. ⑥爲. …이다. …라 한다. ⑦以故(…때문에)의 以. ⑧與. 함께. …와 같이. ⑨及. 그래서 接續詞로 使用함.

유(喩) 古因有의 五分作法의 하나. 新因明三支作法의 하나. 因의 다음에 存在하여 因을 도와서 宗으로 하여금 成立하게 하는 것이다. 즉 이미 알고 있는 事實로써 비유를 하여 未知의 事實을 推定하는 用으로 쓰는 것이다. 예를 들면 "長官도 韓國 法律을 지켜야 한다. (宗) 韓國 사람인 까닭에(因), 비유하면 다른 國民과 같다(喩)" 하는 등이다. 新因明에서는 喩에 同喩·異喩의 둘을 들고 古因明의 合과 結을 除한다. 同喩는 因을 도와 宗의 뜻을 정면적으로 明瞭케 하는 것이고, 異喩는 因의 정당하고 정당치 못함을 分別하는 것이며, 또 同喩와 異喩에 각각 喩體와 喩依가 있다. 宗과 因에 비슷한 理論을 引用하는 것을 喩體라 하고, 이 喩體가 依支하여 있는 事物을 喩依라 한다. 예를 들면 同喩는 "무릇 國民된 이는 모두 法律을 지켜야 한다(喩體). 비유하면 다른 一般國民과 같다(喩依)"고 함과 같은 것이다. 異喩는 "法律을 지킬 義務를 갖지 않는 이는 國民이 아니다(喩體) 비유하면 外國人과 같다(喩依)"라는 것과 같은 것.

유(猷) 길(道). (碧巖錄)

유(遊) ①存在한다. 있다. 「俱遊」(함께 있다)(上宮維摩疏) ②巴〈viharati〉…하고 있다. 住와 같음. (中阿含經) 산스크리트梵語나 巴利語에는 英語의 …ing에 相當하는 現在進行形이 없으므로, 梵巴〈carati〉 梵巴〈viharati〉 등으로서 現在進行形을 나타낸다. 따라서 漢譯의 遊는 대개 現在進行形을 意味한다. ③梵〈vicarati〉 遍歷하는 것. (法華經 神力品) ④一時 悠悠히 留宿하는 것(般泥洹經) 現代의 산스크리트語와 힌두語에서는 아이들이 노는 遊園地나 레저센터 등을 梵〈vihāra-kendra〉라고 함.

유(誘) 梵〈parikṣeptṛ〉 教導하는 것. (百五十讚)

유(遺) ①잊는다. 忘과 같음. ②남김.

유(類) 梵〈jati〉 種類. 出生에 따라 規定되어 있는 狀態. →五類. (俱舍論)

유가(遊賈) 와서 貿易하는 것.

유가(瑜伽) 梵〈yoga〉 또는 瑜誐. 男聲을 부를 때 瑜伽라 하고 女聲을 부를 때 瑜祇 梵〈yogin〉라 함 物件과 서로 相應한다는 뜻. (瑜祇〈yogin〉는 瑜伽〈yoga〉의 修行者를 위해 그 體聲이 第一格이 되고〈yogi〉 女聲은 yogini가 되나 이 解釋과 끝해 나온 大日經疏의 解가 疑心스럽다) 相應에 五義가 있다. (1)與境相應 (2)與行相應 (3)與理相應 (4)與果相應 (5)與機相應 이 가운데 顯宗은 흔히 理相應의 理를 取하여 瑜伽唯識의 瑜伽라하고, 密教는 行相應의 뜻을 取하여 瑜伽三密의 瑜伽라 한다. 唯識述記二本에 「瑜伽란 말은 相應이라하며 다섯 가지의 뜻을 가지므로 따로 번역하

지 않는다. (1)境과 相應하며 一切法의 自性을 어기지 않는다. (2)行과 相應하며 定慧등의 行相에 應하는 것. (3)理와 相應하며 安과 非安의 二諦의 理를 세우는 것 (4)果와 相應하여 能히 無上菩提果를 얻으며 (5)得果가 이미 圓滿하면 生에 利한 物을 救하고 機에 따라 感應하여 藥과 病이 相應한다. 이는 瑜伽를 말하는 것이며 法과 相應하고 理와 相應함을 取한 것이나 흔히 禪定이 相應되는 것이라 한다」하였으며 大日經疏二에 「瑜伽를 解釋하여 相應이라 한다. 만일 女聲으로 부르면 瑜祇가 된다. 이른바 相應이란 곧 行을 觀하여 理에 應하는 사람이다」하였음.

※即身義에 「瑜伽者翻云相應 相應涉入即是即義」

유가갈마(瑜伽羯磨) ㊵〈Yogakarman〉 瑜伽論에서 밝힌 授戒作法으로 法相三乘家에서 相承함. 授戒하는 作法을 羯磨라 함.

유가경(瑜伽經) 瑜伽大敎王經의 약칭. 또는 密經을 총칭함.

유가관자재왕여래수행법 (瑜伽觀自在王如來修行法) 金剛頂經瑜伽觀自在王如來修行法의 약칭.

유가교(瑜伽敎) 密敎의 總稱. 密敎는 三密의 瑜伽를 宗으로 삼는 宗者이므로 瑜伽敎라고 함.

유가금강정석자모품 (瑜伽金剛頂經釋字母品) 一卷. 唐 不空의 번역. 내용은 遏阿 등 五十字門의 뜻을 注釋한 것.

유가기(瑜伽記) 三十六卷으로 新羅 憬興이 지음.

유가단(瑜伽壇) 密敎의 修法을 하는 壇道場.

유가대교왕(瑜伽大敎王) 金剛界의 諸經을 일컬음. 大敎王經上에 「내가 지금 瑜伽大敎王께 歸命禮를 하고 一佛乘과 如來三密藏을 開演한다」라고 하였음.

유가대교왕경(瑜伽大敎王經) 五卷. 趙宋 法賢의 번역. 大遍照金剛如來가 淨光天의 大樓閣에서 瑜伽大敎王經을 說한 것. 즉 金剛界의 秘法임.

유가론(瑜伽論) ㊟瑜伽師地論의 약칭.

유가론석(瑜伽論釋) 瑜伽師地論釋의 약칭.

유가론소(瑜伽論疏) 十卷으로 新羅 憬興이 지음.

유가밀종(瑜伽密宗) 眞言宗과 같음. →眞言宗.

유가법수(瑜伽法水) 密敎에서 三一瑜伽의 敎法을 流行시킴을 말함. 瑜伽를 密敎에서는 普通三一瑜伽라 하는데 眞言行者의 瑜伽는 身·口·意 三密의 修行이 있으므로 그렇게 말함.

유가사(瑜伽師) ㊵〈yogācārya〉 觀行者의 總名임. 瑜伽는 相應한다는 뜻. 相應에 다섯가지 뜻이 있음.

그 中에 흔히 第二瑜伽의 뜻을 取한다. 觀行 곧 禪定에 相應하는 사람을 瑜伽師라 하며 이 이름은 비록 顯과 密의 二教에 通하나 흔히 密教의 觀行者라 부른다. 이 總은 곧 別名이 된다. 唯識述記二本에 「瑜伽는 法이 相應한다는 말이며 理와 相應함을 取한 것이다. 흔히 오직 禪定으로 相應한다고 말하며 瑜伽의 師는 곧 士에 依하여 解釋된다. 師가 瑜伽에 있으면 瑜伽師라 하는데 곧 있는 곳에 따른 解釋이다」하였고, 圓覺大鈔七本에 「瑜伽는 번역하여 相應이다. 이에 다섯가지 뜻이 있어서 따로 번역하지 않으며 ①與境 ②興行 ③與理 ④與果 ⑤與機相應하는 것이다. 비록 이에 대한 說이 많지만 지금은 오직 禪定과 相違된다고 한다. 師는 곧 觀行人이며 이 師란 稱號는 禪師라 함과 같다」하였으며, 俱舍光記 業品一에 「瑜伽師는 곧 觀行者의 다른 이름이다」하였음. →瑜伽.

유가사업(瑜伽事業) 마음의 統一에 依한 瞑想作用. 密教에서는 行者가 손에 結印하고, 입에 眞言을 부르며, 意에 本尊을 念한다. 이렇게 佛의 三密과 서로 相應涉入하는 것을 말함.

유가사지(瑜伽師地) ㉵〈Yogācārya-bhūmi〉 瑜伽의 觀行을 닦는 사람의 所依·所行·所攝의 境界를 말하는데 十七位가 있다. 곧 ①五識身相應地 ②意地 ③有尋有伺地 ④無尋唯伺地 ⑤無尋無伺地 ⑥三摩呬多地 ⑦非三摩呬多地 ⑧有心地 ⑨無心地 ⑩聞所成地 ⑪思所成地 ⑫修所成地 ⑬聲聞地 ⑭獨覺地 ⑮菩薩地 ⑯有餘依地 ⑰無餘依地등임.

유가사지론(瑜伽師地論) ㉵〈yogācā-ry-abhūmi-śāstra〉 百卷 彌勒菩薩이 說한 것을 唐나라 玄奘이 번역함. 三乘의 行人을 瑜伽師라 함. 瑜伽師가 依하고 行해야 되는 境界의 十七聚인 瑜伽師地를 瑜伽師의 地라 한다. 이 論에는 瑜伽師가 行할 十七地를 밝혔으므로 瑜伽師地論이라 함. 十七地는 第一 五識身相應地에서 十七 無餘依地에 이르는 것. 玄應音義二十二에 「瑜伽는 번역하여 相應이라 하며 一切의 乘·境·行·果등의 所有한 諸法을 모두 相應이라 함. 境은 一切所緣境을 말하며 이 境은 마음과 相應하므로 境相應이라 부르며, 行은 一切行을 말하며 이 行과 理가 相應하므로 行相應이라 하고, 果는 三乘聖果를 말하며 이는 果位의 모든 功德이 다시 서로 符順하므로 果相應이라 한다. 師地의 師는 三乘行者를 말하며 聞思등에 따라 차례로 習行한다. 이와같이 瑜伽의 隨分이 滿足하여 轉輾하여 諸衆生을 調化하므로 瑜伽師라 하고 師는 사람에게 道를 가르친다는 말이다. 舊經 가운데 觀行人者라 한 것이며 地는 境界에

依하여 行하는 것. 或은 所攝의 뜻이라 하며 이는 踰伽師가 行하는 境界이므로 地라 함. 곧 十七地다」하였음. 佛이 去世한지 千年中에 無著菩薩이 阿踰陀國 講堂에서 夜摩天에 올라가 彌勒菩薩에게 받아서 밤 낮으로 大衆을 위하여 宣說한 것. 本論의 著述은 아래와 같다. 瑜伽論略纂 十六卷 唐나라 窺基 지음. 瑜伽論劫章頌 一卷. 唐나라 窺基 지음. 瑜伽倫記 四十八卷(或은 二十四卷이라 함) 唐나라 遁倫이 集撰함.

유가사지론석(瑜伽師地論釋) 一卷. 最勝子菩薩 등이 짓고, 唐 玄奘이 번역함. 瑜伽師地의 名義와 略釋十七地의 名義를 注釋한 것.

유가사지론약찬(瑜伽師地論略纂) 十六卷. 窺基 지음. 또한 瑜伽師地論略纂疏라 하며 瑜伽論略纂이라 要略된다. 瑜伽師地論의 文義를 略解한 것. 처음에 最勝子의 瑜伽師地論譯에 依하여 七言 七行의 歸敬頌을 記載하고 다음에 所爲·所因·宗緒·藏攝·釋題의 六門을 세웠음.

유가삼밀(瑜伽三密) ①瑜伽는 相應한다는 뜻. 三密은 身·口·意의 三業이니, 손으로 印契를 맺고, 입으로 眞言을 외우고, 마음 속으로 本尊을 생각하여 이 三密이 서로 即하며, 또는 부처님의 三密이 修行者의 三密에 涉入하는 것을 일러 相應이라 한다. 이 相應으로써 觀行이 成就되는 것을 말한다. ②또는 瑜伽師의 三密이란 뜻임. 眞言의 觀行者를 일러 瑜伽師라고 함.

유가상(瑜伽像) 眞言瑜伽經을 닦는 이가 觀想하는 尊像. 瑜祇經에 「만일 曼茶羅와 瑜伽像을 그린다」하였음.

유가상승(瑜伽上乘) 瑜伽는 相應한다는 뜻인데, 身·口·意의 三密의 行業이 相應하여 理에 契合하기 때문에 瑜伽라고 한다. 이 行은 無上의 佛乘이 되므로 上乘이라고 한다 眞言教의 美稱임.

유가성취(瑜伽成就) 三密相應의 行法成就.

유가수습비로자나삼마지법 (瑜伽修習毘盧遮那三摩地法) 金剛頂經瑜伽修習毘盧遮那三摩地法의 약칭.

유가승(瑜伽僧) 應赴僧. 禪宗記에 「禪僧은 褐, 講僧은 紅, 瑜伽僧은 葱白을 입는다」고 하였음.

유가아(瑜伽我) 大日經에서 說한 三十種外道의 하나.

유가아사리(瑜伽阿闍梨) 梵〈yogācārya〉 또는 見諦阿闍梨라고도 한다. 身·口·意의 三密이 相應하여 眞諦를 비춰보는 初地以上의 阿闍梨.

유가연화부염송법(瑜伽蓮華部念誦法) 一卷. 唐 不空의 번역. 觀自在菩薩의 念誦法. 觀自在는 蓮華部의 主가 됨.

유가염주경(瑜伽念珠經) 金剛頂瑜伽

念珠經의 약칭.

유가외도(瑜伽外道) ㉵〈yoga〉 번역하여 相應이라 함. 調息과 制感등의 法에 依하여 三昧를 得하고 神我를 現見하여 解脫에 到達한다고 하는 印度外度의 一派를 말함.

유가유기경(瑜伽瑜祇經) 金剛峯樓閣一切瑜伽瑜祇經의 약칭.

유가유기관념(瑜伽瑜祇觀念) 佛의 三密과 衆生의 三業을 相應시킨 眞言密敎의 觀法.

유가유식(瑜伽唯識) 瑜伽論과 唯識論을 并稱한 말. 즉 印度의 空宗과 有宗을 말함.

유가자재(瑜伽自在) 心身의 完全한 自由. 마음과 마음이 融合된 世界. (理趣經)

유가종(瑜伽宗) 密敎의 總名임. 따로는 密敎中의 大日宗이라 함. 大日經에서 說한 胎藏部의 眞言을 말함. 金剛部의 金剛頂宗과 相對한다. 菩提心論心鈔上에 「瑜伽는 大日經宗의 通名임. 大日經등을 말하는 것. 이 經疏 가운데 大日經을 가리킨 것은 瑜伽宗이기 때문이다」하였음. ②中國의 法相宗은 印度의 瑜伽宗이 된다. 寄歸傳一에 「말하는 大乘은 二種에 지나지 않는다. ①中觀 ②는 瑜伽다」하였음.

유가좌(瑜伽座) 瑜伽를 닦는 行者의 座床임. 大疏八에 「瑜伽座에 住하여 五輪字로 持身한다」하였고, 大日經七 持誦法則品에 「阿字는 遍金色이며 金剛輪을 지어 下體를 加持하여 瑜伽座를 說한다」하였음.

유가파(瑜伽派) 印度 六代 哲學의 하나. patañjali를 敎祖로 한 學派로 성립은 불멸후 B.C 450~350년경 數論派의 學理를 이어 그 실제적 방면을 발전시키고 觀行冥想하는 힘에 의하여 最上神 Isvaraer 合一하는 것을 목적으로 함. 瑜伽經은 이 學派의 聖典으로서 관행하는 방면을 가르친 것으로 지금도 盛行하며 學派라기 보다는 實踐法이다. 印度 大乘佛敎의 比較的 後期의 著作인 蓮華戒(kamalasila)의 攝眞實集註(tattvasaṃgralapañjikā)와 智心髓集의 覺賢註·中觀寶燈論. 不二金剛(Advayavajra)의 眞理는 寶環(Tattvaratnāvah)등의 所詮에 依하면 瑜伽唯識派는 二派로 나누어진다. 一派는 陳那를 創始者로 하여 護法과 法稱이 繼承한 有相唯識派이며 다른 것은 無着·世親·德慧·安慧가 傳한 無相唯識派를 말함.

유가항삼세극심밀법문(瑜伽降三世極深密法門) 金剛順瑜伽降三世極深密法門의 약칭.

유가행(瑜伽行) ①㉵〈yoga〉 宗敎上의 修行一般을 말함. (法集要頌經貪品) ②佛敎에서의 요가의 修行. 唯識觀의 修行. ㉵〈yogācāra〉의 譯語.

유가호마의궤(瑜伽護摩儀軌) 金剛頂

瑜伽護摩儀軌의 약칭.

유각경사(有脚經笥) 다리가 달린 册床子란 뜻으로 智識이 많은 사람을 부르는 愛稱임. 宋僧傳十六에「後唐의 貞峻을 時人들이 有脚經笥라 하여 俱舍論을 듣고 따라서 講하고 誦頌한 것이 八品 六百行이 된다」하였음.

유각유관삼매(有覺有觀三昧) 三三昧의 하나. 初禪天에 들면 覺·觀이 함께 妙하여짐을 말한다. 初心이 禪에 있음을 覺이라 하고, 細心이 禪味를 分別하는 것을 觀이라 한다. 空, 無相, 無作, 相應心으로써 初禪에 들어가면 一功의 覺觀이 모두 正直하여지기 때문에 有覺有觀三昧라고 이름한 것임.

유간(有間) 無間에 對하여 이르는 말이다. 間은 間雜 또는 間隔의 뜻이니, 곧 다른 마음이 서로 사이에 섞이어 一心이 되지 못한다는 말이다. 또는 時間上이나 空間上에 間隔이 있는 것을 말한다. 즉 往生論註上에는 '有間心'이라 하고. 選擇集上에서는 '雜行을 닦는자는' 阿彌陀佛을 '憶念하는데 항상 間斷하므로 有間이라고 한다' 한 것. 이 모두가 다 時間 間隔의 뜻이 있음.

유간심(有間心) 雜念 있는 마음. 바깥 마음이 間雜하는 것.

유건(由乾) 山名. 由乾陀羅의 약칭.

유건다라(瑜乾馱羅) ㊵〈yugaṁdhara〉 또는 由犍陀羅·瑜健達羅·由乾陀羅·遊犍陀羅·逾健達羅·七金山의 第一. 번역하여 雙持, 山에 두 길이 있기 때문에 이같이 말함. 玄應音義一에 「由乾은 大論에 犍陀羅山이라 했는데 번역하기를 由犍은 雙으로, 陀羅는 持로 하여 雙持山이라 했다」라고 했음. 同二十四에「特健達羅는 舊言으로 由乾陀羅山인데 여기서 雙持山이라 부른다. 이는 이 山峰에 두개의 언덕 길이 있기 때문에 그로 인하여 이름지어진 것이다」라고 했음. 俱舍光記十一에「번역하여 持雙이라 한다 이는 이 山 頂上에 두 길이 있는데 마치 수레바퀴 자국처럼 나란히 나 있기 때문에 山이 두 발자취를 가졌으므로 持雙이라 한다」라고 했음.

유건다라산(由乾陀羅山) 由乾陀羅는 ㊵〈yo: gaṃdhara〉 喩乾馱羅라고도 함. →瑜乾馱羅.

유건달라(逾健達羅) 天竺의 山名. 번역하여 雙迹. 이 산의 봉우리에 두 언덕길이 있어 수레자취와 같으므로 이같이 말함. (翻譯名義集)→瑜乾馱羅.

유건달라(踰健達羅) ㊵〈yugaṃdhara〉 →瑜乾馱羅.

유게(遺偈) 禪僧이 臨終에 만들어 남기는 偈. 禪僧이 죽을 때에 學人에게 써서 남기는 偈. 禪門에서의 遺言.

유격(有隔) 무엇으로 男根을 싸거나

또는 女根에 揷入하여 直接 서로 닿지 않게 하는 것. (四分律)

유견(有見) 梵〈sanidarśanaṁ〉 ①有의 邪見에 執着하는 것. 또는 常見이라 함. 智度論七에 「二種의 見이 있는데 有見과 無見이다」하였고, 法華經 方便品에 「邪見의 稠林에 들어 가면 有와 空等이 있다. 이 諸見에 依持하면 六十二種 有情이 具足하다」하였고, 法華經義疏四에 「智度論에 이르기를 사랑이 많은 者는 有에 愛着하므로 見이 생기고 見이 많은 者는 着이 없으므로 見이 없게 된다 하고 또는 말하기를 四見이 많은 者는 着이 있고 邪見이 많은 者는 着이 없다」하였으며, 法華玄贊四에 「만약 有者는 我의 後身이 有하다고 執着하는 것이 常見이고 만약 無한者가 我의 後身이 없다고 執着하면 斷見이다」하였음. ②十八界에 따라 有見과 無見으로 分別된다. 오직 色界의 하나는 見이 있고 다른 것은 모두 見이 없다. 顯色과 形色 두가지는 在彼와 在此에 따라 差別이 같지 않고 彼와 此의 言說을 示現한다. 言說은 見이라 하며 그 彼의 言說이 있으므로 有見이라 한다. 또한 見은 눈에 根色이 비치는 것이므로 有見이 되고 色은 눈에 보이므로 有見이라 함.

유견유대(有見有對) 可見이며 不可侵入性의 것. (俱舍論)

유견유대색(有見有對色) 梵〈sanidarśana-sap: ratigha-rūpa〉 巴〈sanidarśana-sapaṭigha-rùpa〉 十二處·十八界의 色處·色界. (集異門論)

유결(有結) 有는 生死의 果報, 그 果報의 煩惱를 불러오는 것을 結이라고 한다. 즉 貪·瞋·癡의 煩惱는 사람을 束縛하여 그로하여금 生·死의 輪廻속에 住在하게 하기 때문에 結이라고 한다. 法華經序品에 「모든 有結을 다 없애버리면 다음이 自在를 얻는다」라고 하였고, 法華文句一上에 「모든 有는 二十五有가 生하는 곳이요. 結은 二十五有가 生하는 因이다」라고 하였음.

유겸(有謙) 朝鮮時代 僧侶. 재주가 특출한 畵員임. 어느 절에 갔다가 어떤 畵員이 佛畵를 그리는 것을 보니 변변치 않았다. 다른 방에서 금박지 한 장에 四天王을 그렸는데 바람에 날려 畵員의 방에 떨어졌다. 畵員이 보고 깜짝 놀라 자기의 그림을 맡아 달라고 請하였다. 그 후부터 이름을 떨쳤다 함.

유경(有境) ①對象를 갖고 있는 것. 눈등 五個 認識機官. (俱舍論) ②存在의 世界.

유경(乳經) 天台宗에서 五味를 經에 配對하는데 乳味를 華嚴經에 배대하여 華嚴經을 乳經이라 함.

유경(遺經) 遺敎經의 약칭.

유경무식(唯境無識) 順世外道가 地·水·火·風의 四大는 極微하나 恒常 實하다고 計하여 唯境無識(지금

의 唯物論)의 뜻을 세웠고 淸辯論師는 眞諦 가운데 心과 境이 모두 眞空하다고 세우고 俗諦 가운데는 唯境無識의 뜻을 세워서 護法論師의 唯識無境에 對立시켰다. 內識에는 境과 心이 있어 心은 반드시 境에 依託하여 일어나기 때문이라 함. 義林章一末에 「或 順世外道와 淸辯等은 境唯를 成立하여 그 言識의 唯를 簡略하게 하였다」하였음.

유경의(有境義) ㉵〈sattārtha〉 存在한다는 뜻. 存在한다고 하는 意義. (俱舍論)

유경종(劉敬鍾) (1857～?) 韓國 末期 居士로 號는 伊齊이며 또는 梵聾. 佛法에 信心이 독실하고 經倫을 많이 가졌으며 항상 宗鏡錄을 좋아한 近世의 有數한 居士임.

유계(有界) 有世界의 약칭. 欲界·色界·無色界의 三界를 총칭하여 有의 世界라 함.

유계(有繫) ㉵〈apta〉 三界中의 어딘가에 束縛되어 있는 것. (俱舍論)

유계(幽界) 死後의 世界.

유계(遺誡) 後人에게 끼친 敎誡. 唐僧傳 道安에 「遺誡九章을 지어서 門人을 가르쳤다」하였음.

유곡(幽谷) 그윽하고 깊은 곳. (四教儀註)

유공(有空) 森羅萬象이 歷然한 것을 有, 그 實體가 空虛한 것을 空이라 함.

유공법(有空法) 十八空의 하나. 因緣이 서로 化合하여 생긴 物心의 모든 現象(有法)의 自性이 空함을 말함. →空.

유공불이(有空不二) 有相이 空性이요. 空性이 有相임을 말한 것임. 般若心經의 「色即是空 空即是色」이 바로 이것임. 維摩經八不二法門品에 「色과 空이 둘이지만 色이 바로 空이기 때문에 色이 空을 滅하는게 아니라 色의 性이 스스로 空한 것이다. 이와 마찬가지로 受·想·行·識도 識과 空이 둘이지만 識이 바로 空이기 때문에 識이 空을 滅하는게 아니라 識의 性이 스스로 空한 것이다. 그理致 안에서 通達한 자라야 바로 不二法門에 들어가는 것이다」라고 하였음.

유공용(有功用) ㉵〈sa-prayatna〉 努力하는 것.

유공용위(有功用位) ㉵〈sakaraṇiya-avasthā〉 努力할 必要가 있는 狀態.

유공중(有空中) 三時教를 말하며 法相宗에서 釋尊 一代의 敎를 三時期에 나누어 말하는 것으로 有教·空教·中道教를 가리킴.

유공중삼시(有空中三時) 法相宗에서 부처님 一代의 敎法을 나누어 有·空·中의 三敎라 함. 부처님이 최초에 凡夫와 外道의 我執을 破하기 위하여 阿含經등을 說하여 法有 我無의 理를 들어보이고, 다음에는 그 法執을 破하기 위하여 般若經등을 說하여 諸法皆空의 理를 들어보이고 끝으로 有·空의 二執을 破하기 위하여 解深密經등을 說하여 非空·非有·中道의 理를 들어 보인 것을 말함. 이는 大乘의 至誠으로서 이에 의하여 初時의 說을 有教, 第二時를 空教, 第三時를 中道教라 함. (唯識述記一本·了義燈一本)

유과(有果) 生滅 變化하는 有爲法은 반드시 結果가 있다는 有爲法을 말함.

유곽(幽廓) 숨은 것이란 뜻.

유관정(流灌頂) 灌頂幡을 바다에 떠내려 보낸다는 뜻. 또는 流水灌頂이라고 함. 물 속 물고기들에게 이롭게 하기 위하여 灌頂幡이나 塔婆를 바다에 흘려 보내는 것을 말함.

유광(乳光) 부처의 名號. (乳光佛經) 過去世에 어떤 長者가 욕심이 많아 利息을 貪하고 남과 싸우기를 좋아했다. 그 業因으로 今生에 소(牛)로 태어나 罪를 갚았는데 釋尊께 젖을 供養한 因緣으로 來世에 成佛하여 이름을 乳光如來라 할 것이다함.

유광경(乳光經) 乳光佛經의 약칭.

유광불경(乳光佛經) 一卷. 西晋 竺法護의 번역. 부처님이 風疾이 있어서 阿難에게 命하여 梵志家에 가서 牛乳를 빌어 오게 하니 梵志가 싫어하고 몹시 꺼리므로 維摩가 說法하여 깨우쳐 주었다. 帝釋이 童子로 化하여 소젖을 짜니 어미소와 송아지가 모두 기뻐하여 布施하였다. 阿難이 사실대로 부처님께 아뢰니 佛께서 소의 前世의 因을 說하여 成道의 記를 주었다 함.

유괴(有愧) 梵語 地底迦. 자기가 지은 것이 부끄러워 하는 마음이 있는 것. 遺教經에 「부끄러워하는 사람은 善法이 있다」하였음.

유교(有教) 空教에 대하여 하는 말로 小乘의 俱舍宗과 大乘의 法相宗을 가리키는 말이다. 하나는 小乘에 있어서 諸法이 實有하다는 뜻을 세운 것이고, 또 하나는 大乘에 있어서 唯識本有의 뜻을 세운 것, 이에 依하여 一은 小乘의 成實宗에 對한 것이고, 一은 大乘의 三論宗에 對한 것으로 有教, 또는 有宗이라 稱한다. 다시 말하면 俱舍宗은 過去·現在·未來의 三世를 통하여 物·心 現象의 本體가 實在하다고 主張한 것이고, 法相宗은 第八識으로써 萬有開展의 原因이라고 主張함.

유교(遺教) 後人에게 끼쳐 준 教法.

유교경(遺教經) ㊄一卷. 佛垂般涅槃略說教誡經의 다른 이름. 後秦때 鳩摩羅什의 번역. 釋尊께서 成道한지 四十餘年동안 教化를 마치고 拘尸那城밖 沙羅雙樹 사이에서 涅槃에 들려고 하면서 弟子들을 위하여 말씀한 最後의 警誡이다. 佛滅後 모든 弟子들의 나아갈 길을 指示한 것, 波羅提木叉를 스승으로 삼고, 마음을 警戒하며 三毒五欲의 煩惱를 억제하고, 多求·睡眠·瞋恚·

貢高·諂曲등의 邪된 일을 버리고 八大人覺을 닦아 退轉치 말고 항상 고요한 곳을 구하여 精進하라고 말씀한 것임. 이 經을 어떤이는 大乘이라 말하고 또 어떤 이는 小乘이라 말하는데, 台家에서는 大乘이라 하여 涅槃部의 結經으로 삼음. (文句私記三)

유교경론(遺教經論) 書一卷. 天親菩薩이 짓고, 陳 眞諦三藏이 七種으로 나눠서 解釋하였는데, 菩薩이 닦아야 할 所法을 세워 놓았다. 이 論釋에 依하면 遺教經이 바로 大乘部가 됨.

유교무인(有教無人) 오직 教道만 있고 實際로 行證하는 사람이 없음을 말함. 天台의 一家는 藏教의 斷惑位를 判하여 通教의 八地이상과 別教의 初地이상은 有教無人이라 한다. 藏教·通教·別教의 前三教는 行人의 禀教하는 方面에 돌아가서 말하면 진실로 教도 있고 사람도 있다하여 當教의 極果를 바라보고 나아간다. 그러나 因成 果滿上에서 論하면 先示한 極果는 恰似 빈 주먹으로 어린 아이를 속이는 것과 같아 因中에 被接하는 利益을 입어 모두 後教에 接入할 수는 있어도 當教의 極果를 實證할 수는 없다 함. 摩訶止觀三下에 「別教의 因中에 教와 行證人이 있다. 만일 果에 따르면 다만 그 教만 있고 行證人이 없다. 왜냐하면 만약 無明을 破하고 처음 登地를 올라갈 때 곧 이것은 圓家의 初住의 位가 되고 다시 別家의 初地位는 되지 않는다. 초지도 오히려 그러하건데 하물며 後地와 後果를 말할수 있겠는가 그러므로 因의 사람이 果位에 이르지 못함을 알기 때문에 果頭에 사람이 없다고 한다」하였음. 이는 곧 別教의 有教無人을 說한 것이라 함.

유교색(有教色) 表色과 같음. →表色.

유구(有句) 有·無의 뜻을 四句로 구별하는데 第一句는 有句로 有이고 無가 아니다. 第二句는 無句로 無이고 有가 아니며 第三句는 雙亦句로 亦有이고 亦無이다. 第四句는 雙非句로 有도아니고 無도 아니라는 것으로 이 四句 가운데 第一句임.

유구(有求) 梵〈bhava-eṣaṇā〉 色·無色界에 사는 者의 色·無色界의 諸法에 對한 欲求心을 말함. (集異門論)

유구(有垢) 梵〈samala〉 西〈dri ma daṅ bcas〉 不淨을 同伴하는 것. (辯中邊論 辯相品)

유구무구(有垢無垢) 梵〈samala-amalatā〉 不潔함이 있는 것과 不潔함이 없는 것.

유구식(維口食) 四邪命食의 하나. 維는 四維인데, 比丘가 갖가지의 方相·呪術·卜占등을 배워서 生活을 하는 것을 말함.

유규(劉虯) 中國의 南陽 涅陽사람. 字는 靈預 또는 德明이라 함. 晋나라 豫州刺史 喬의 七世孫으로 代代 江陵에 살았다. 劉宋의 泰始(465～471)年間에 晋平王 驃騎記室 當陽令이 되었으나 벼슬을 버리고 鄕里로 돌아가서 佛理를 硏精하고 善不受報 頓悟成佛의 길을 唱道하였다. 뒤에 國子博士에 除授되었으나 나아가지 아니함.

유규소립오시교(劉虯所立五時教) 晋나라 武都山의 隱士 劉虯가 처음에 頓과 漸 二教를 나누어 華嚴經을 頓教라 하고 다른 것을 漸教라 하며 漸教 가운데서 五時로 나누었다. 이는 唐土가 判教한 嚆矢가 됨. ①最初에 說한 提謂經 五戒와 十善의 人天教를 연 것. ②成道後 十二年中에 說한 阿含經등으로 三乘 差別의 教門을 연 것. ③佛이 成道後 三十年 가운데 說한 般若經 維摩經 等으로 三乘同觀의 空理를 說한 것. ④佛이 成道後 四十年에서 부터 八年사이에 說한 法華經으로 一乘을 辨明한 것. ⑤佛이 滅度日을 당해서 一日과 一夜 가운데 涅槃經을 說한 것으로 모두 佛性이 있고 佛性이 常住하는 理를 밝힌 것. 이는 最後究竟의 說이다. 淨影이 痛破한 것.

유극(幽極) 西方의 淨土.

유근신(有根身) 자세히는 有色根身으로 즉 肉身임. 眼・耳・鼻・舌・身의 五根을 말하는 것으로 身根은 모든 他根을 가지고 있기 때문이다. 곧 外界의 對象을 받아들이는 기관을 가진 몸을 말함. 唯識述記 三本에 「身은 總名이요. 身속에는 根이 있기 때문에 有根身이라고 한다」라고 하였음.

유금(遊禽) 梵〈pakṣin〉 작은 새. (無量壽經)

유금(瑜金) 佛滅後 小乘의 分派를 金杖을 부러뜨림에 비유한 것. → 金杖.

유기(有記) 梵〈vyākṛta〉 →有記法. (俱舍論)

유기(有璣) (1707～) 朝鮮時代 僧侶. 號는 好隱이며 俗性은 柳로 文化 사람이다. 海印寺 寺跡碑를 지은 雲客 有璣와 同一人인 것 같으며 16歲에 出家하여 80歲에 入寂함.

유기(流記) 寺院의 緣起・什物・資產등을 記載한 記錄物을 말함.

유기(瑜祇) 梵〈yogia〉 또는 瑜岐・瑜祁라 함. 梵〈yoga〉 瑜伽는 相應이라 번역 됨. 理와 相應하는 法體를 말하며 瑜祇는 人師를 말하는 것으로 瑜伽의 觀行을 닦는 사람.

유기경(瑜祇經) 金剛峯樓閣一切瑜伽瑜祇經의 약칭.

유기관정(瑜祇灌頂) ①日本東密의 一流로 金胎兩部의 灌頂外에 瑜祇經에 따로 灌頂法을 세워 瑜祇灌頂이라 함. 兩部의 灌頂은 金剛과 胎藏이 다르고 瑜祇灌頂은 金剛과 胎

藏이 같다. 五種三昧中의 地五三昧耶의 秘密灌頂이 된다 함. ②마음으로 하는 以心灌頂의 別稱이다. 瑜祇經內의 作業灌頂品에 以心灌頂을 밝혔고 또한 平印灌頂을 밝혔다 함.

※經所에 「置華於印中 令散彼支分 隨華所墮處 行人而尊奉 教彼本明印 令共作成就」是也.

유기난(維祇難) 梵〈vighna〉 印度사람으로 沙門의 이름. 번역하여 障礙라 함. 처음에 事火外道를 믿다가 後에 佛敎로 전환했음. 吳나라 黃易 3(224)年에 竺律炎과 함께 武昌에 와서 法句經, 阿遮末菩經을 번역하였음. (歷代三寶記五)

유기법(有記法) 無記法의 對로 善·惡의 二法은 그 相이 顯著히 나타나기 때문에 當來의 果相을 識別할 수 있으므로 有記法이라고 한다. 즉 異熟果를 끌어낼 수 있는 表象의 法 임. (毘婆沙論五十一)

유나(留拏) 梵〈rugṇa〉 犍이라 함. 安全한 男性이 아닌 五種類人의 하나.

유나(維那) 梵〈karmadāṇa〉 羯磨陀那. 寺院 가운데 事務를 맡는다는 뜻. 寺中 三綱의 하나로 維那라 함. 維는 中國語로 綱維의 뜻. 那는 羯磨陀那의 那를 取한 것. 또한 綱維·次第·授事·知事·悅衆·寺護등으로 불리워 진다. 寄歸傳四에 「授事는 梵語로 羯磨陀那다. 陀那는 授라는 뜻이며 羯磨는 事·意道이며 못된 雜事를 남에게 주어서 시키는 것. 舊에 維那는 잘못된 것 維는 周遍하다는 말이며 意道는 綱維다. 那는 梵音이며 羯磨陀를 줄인 것이다」하였고, 行事鈔集僧通뎡篇에 「維那는 聲論에서 번역하여 次第라 하며 知事의 次第를 말하는 것. 相傳에는 悅衆이라 한다」하였으며, 同赴請設則篇에 「十誦에 知事請이 되므로 모름지기 維那를 세운 것. 出要律儀에는 번역하여 寺護라 하고 또는 悅衆이라 하며 本正音에는 婆邏로 번역하여 次第라 한다」하였고, 僧史略上에 「詳考해보니 西域의 知事僧을 모두 羯陀那라 한다. 번역하여 知事 또는 悅衆이라 하며 그 일을 알아서 그 大衆을 즐겁게 한다는 뜻이다」하였으며 또한 「寺를 지으면 三綱을 둔다. 綱罟의 巨綱과 같다. 당기면 바르게 되므로 綱이라 하며 梵語로 摩摩帝·悉替那·羯磨陀那는 번역하여 寺主上座·悅衆이다」하였음.

※名義集一에 「隋智琳 潤州刺史李海遊命琳爲斷事綱維 爾後寺立三綱 上座維那典座也」

유나세계국(叟那世界國) 叟那는 巴〈yona〉 梵語 葉筏那〈yavana〉 또는 餘尼·喩尼·渝匿·夜嚩那·夜婆那·或은 耶般那라 함. 印度의 西쪽에 있는 나라 이름.

유나야경(蹂捺野經) 薩鉢夜酥里瑜捺

野經의 약칭.

유난(留難) 邪魔가 와서 사람의 善事를 留止하여 修行의 障難이 되게 하는 것. 涅槃經三에 「어찌하여 天魔가 衆人에게 留難이 되는가」하였고, 往生論註上에 「第六天魔가 恒常佛所에서 모든 留難을 짓는다」하였음.

유날(扭揑) 비비는 것. 휘젓는 것. (碧巖錄)

유념(有念) ①㊁〈sa-buddhika〉 智慧가 있는 것. (那先經) ②無念의 對. 念想分別이 남아 있는 마음. 差別相에 對하여 分別하는 마음. (沙石集)

유념(惟念) ㊵〈smṛti〉 思念. 생각.

유념·무념(有念·無念) ①有念이란 差別的인 事相에 對하여 念想分別하는 것(事觀) 無念이란 平等한 理性에 對하여 想을 떠나서 體得하는 것(理觀) ②淨土門에 있어서는 有念이란 거칠게 動搖하는 마음으로써 닦는 善, (散善) 無念이란 散亂한 마음을 鎭靜하여 닦는 善(定善)을 말함.

유니화(游泥華) 진흙탕 속에 浮遊하는 꽃이라는 뜻. 蓮華를 말함. 진흙탕이라는 더러움 속에 있으면서, 그것에 물들지 않고, 아름다운 꽃을 피게 하므로, 淸淨한 菩提心에 比喩된다. 貪瞋煩惱의 泥中에서 一念歸命의 眞因의 꽃이 피는 것을 말하며 (筆記) 願作佛身 卽無上菩提心을 말한다. 菩提心에 比喩한 것.

유다명행(留多命行) ㊵〈āyuḥsaṃskārāḥ···abh: iṣṭhitāḥ; jivitasaṃskārānadhiṣṭhāya···〉 釋尊이 120歲의 壽命을 80歲로 短縮하였으나(捨多壽行), 다시 三個月間 壽命을 延長한 것. (俱舍論)

유다수행(留多壽行) 阿羅漢이 自在한 神通을 成就하여 願力과 第四禪의 定力으로 富의 業因을 轉感하고 壽의 業因을 感하여 世에 永住하는 것. 俱舍論二에 「留多壽行은 阿羅漢이 神通을 成就하여 得心이 自在하여 僧衆에 若하거나 別人에 若하여 모든 命緣으로 衣體등의 物을 分에 따라 布施하며 布施를 마친 뒤에 發願하여 곧 第四邊際靜慮에 들어가며 定에서 나온 뒤에 마음으로 생각하고 입으로 말하기를 모두 나에게 能히 富의 異熟業를 感하고 願을 모두 轉해서 壽의 異熟果를 招來케 하소서"한다. 때에 그는 能히 富異熟業을 感하게 되면 모두 能히 壽異熟果를 轉招하게 된다」하였음.

유단(油單) 諸道具의 덮개 또는 깔개로 雨露가 스며 나오는 것을 막기 爲하여 종이에 桐油를 먹인 것. 감물을 먹인 것은 柿油單이라 한다. 複子(책보로 싼 보따리)를 싸서 雨露를 막는데 쓴다. 變하여 複子를 油單이라고 할 때도 있음.

유단(油斷) 정신을 늦춤. 넋을 잃고 있는 것. 不注意. 옛날 油鉢을 든

者가 不注意해서 鉢을 떨어뜨리자 罰로서 죽여 목숨을 끊었다는 데서 온 말.

유대(有大) ㊵〈bhautika〉 元素로 構成되어 있는 것.

유대(有待) 人身이 食物과 衣服등의 資具를 기다리기 위하여 세운 것을 말함. 止觀四上에 「有得의 身은 반드시 資籍을 빌린다」하였고, 南山의 戒疏四上에 「有待하는 身形은 資具를 빌려야 바로 나아간다」하였음. 有待의 待는 本來 莊子 逍遙遊에 「猶有所待也」에서 온 것 같다 함.

유대(有對) ㊵〈saprauigha〉 十八界에 따라 三種의 有對를 分別한 것. ①障礙有對 ②境界有對 ③所緣有對. 對는 礙의 뜻으로 二種이 있다. (1)障礙의 뜻. (2)拘礙의 뜻. 障礙의 뜻은 第一의 障礙有對를 말하고 五境과 五根의 小色이 體가 되며 이 十色이 서로 障礙된다. 손은 손을 막고 돌은 돌을 막는 것과 같으므로 障礙라 함. 障礙는 곧 有對란 뜻이다. 拘礙의 뜻이란 第二의 境界有對와 第三의 所緣有對다. 境界有對란 六根 六識의 十二界와 法界一分의 心所法이며 이 十三界의 法은 境에 拘礙되므로 有對라 하며 境界有對가 된다. (主釋에 依함) 所緣有對란 六識과 境界의 七이 心界와 法界의 一分心所法이 되는 것이다. 이 八界는 所緣하는 境에 拘礙되므로 有對라 하며 所緣有對의 主釋에 依함. 이 가운데 境界와 所緣의 差別에 많은 뜻이 있다. 이제 그 一義를 말하면 取根과 心識의 境一邊의 이름을 境界有對라 하고 緣心과 所의 境 一邊을 有緣有對라 한다 함.

유대부정(有待不定) 有待의 몸은 無常하다는 것.

유대상(有對想) ㊁〈paṭigha-saññā〉 對立하여 障礙되는 것이 있다고 생각하는 것. (中阿含經)

유대전변(有待轉變) 有待의 몸은 轉變한다는 것.

유대촉(有對觸) 增語觸에 대하여 이르는 말. 前五識으로 더불어 相應하여 일어나는 觸의 心所, 所依하는 五根의 有對를 따라서 말한 것. 俱舍論十에 「眼등의 五識과 相應하여 일어나는 觸의 心所를 이름하여 有對라 하며, 有對根으로써 所依하기 때문이다. 有對觸은 所依를 따라 이름한 것이다」라고 하였음. ↔增語觸. →增語觸.

유덕(有德) ㊵〈guṇin〉 ㊵〈guṇavat〉 바이세시카學派에서 性質이 內屬하는 基體로서의 實體(實)를 말함. (正理門論)

유덕(柔德) 柔順한 德.

유덕녀(有德女) 波羅奈城에 사는 有德婆羅門의 딸. 그녀는 부처님의 相好(三十二相·八十種好)를 보고 淨信을 發하여 深法을 물었다고 함.

유덕녀소문대승경(有德女所問大乘經)

一卷. 唐 菩提流志의 번역. 내용은 부처님이 有德女의 물음에 따라 第一義諦의 理와 그에게 菩提의 記別을 준 것을 說한 것.

유도(有道) 巴〈ariya〉 眞理를 把握한 者. 사람으로서의 길을 實踐하는 者. (法句經 奉持品·正法眼藏 洗淨)

유도(幽途) 幽冥의 길로써 冥途·地獄 또는 餓鬼道라고도 한다. 죽은 뒤에 가는 곳으로 地獄·餓鬼·畜生의 三惡道가 있음. 止觀四上에 「幽途는 까마득히 먼데 資糧은 없다」라고 하였음.

유도(幽塗) 幽途와 같음. 地獄으로 가는 길.

유도심(有道心) 無道心의 對. 늘 佛道修行에 힘쓰고 精進하는 者.

유독자명료(唯獨自明了) 오직 自己 혼자만이 佛祖의 大道를 아는 것. 佛祖의 大道는 修行하는 者만이 스스로 이것을 開悟하는 것으로서, 他人이 엿보아 알 수 있는 것우 아니라는 것.

유동(乳湩) 巴〈khira〉 짜낸 牛乳. (那先經)

유동(儒童) 梵〈Mānavaka〉 磨納縛迦. 번역하여 儒童 즉 童子의 總稱임. 그러나 또 別稱으로 쓰는 儒童이 있으니 바로 孔子를 가리킨다. 漂水縣 南方 七十五里쯤에 서로 傳하는 儒童寺가 있는데 본래는 孔子의 祠堂으로 唐 景福二年에 建立한 것이다. 孔子가 楚에 갈적에 이곳을 지났기 때문에 세운 것인데 南唐때 고쳐서 儒童寺라 불렀다. 대개 釋氏의 이른 바 造天地經에 「寶曆菩薩이 世間에 내려와 태어나신 분이 伏羲요, 吉祥菩薩이 世間에 내려와 태어나신 분이 女媧氏요. 摩訶迦葉이 老子요. 儒童菩薩이 孔子다」라고 했고, 또 清淨法行經에 「眞丹國 사람은 化世하기 어려운데 佛이 摩訶迦葉을 보내어 가서 老子가 되었고, 淨光童子가 가서 孔子가 되었고 또 月明儒童을 보내어 가서 顏回가 되었다」라고 했음. (焦氏筆乘)

유동(孺童) 梵〈kumāra-bhūta〉 少年. 文殊菩薩을 形容하는 말.

유동(類同) 梵〈prakaraṇa-sama〉 因明에서 似因의 하나. 因이 프라카라나(問題가 생기는 것)와 같은 것. (方便心論)

유동보살(儒童菩薩) 梵〈māṇava〉: 〈bram-zehikhy cḥu〉 摩那婆 年少한 菩薩이란 뜻. ①釋尊이 往昔에 菩薩이 되어 燃燈佛을 供養할 때의 이름임. →燃燈佛. ②孔子를 말하는 것. 海錄碎事十三에 清淨法行經을 引用하여 말하기를 「佛께서 三弟子를 보내어 震旦을 敎化하였다. 儒童菩薩은 孔丘를 말하고 淨光菩薩은 顏回를 말하고 摩訶迦葉은 老子를 말한다」하였음. 詳考해 보면 清淨行法經은 大藏經에는 실려 있지 않다. 僞經인 것 같다. 竹窻二

筆에 相傳하기를 孔子의 號는 儒童菩薩이라 하며 童은 純一無僞하다는 뜻. 文殊가 七佛師가 되었지만 文殊師利童子라 하고 善財는 一生에 無上菩提를 얻었으나 善財童子라 함. 四十二位賢聖을 有童眞住라 함은 모두 嘆德의 極이며 幼小를 말하는 것이 아니라 함. →儒童.

儒童菩薩

유동분(類同分) 人間 등의 類의 共通特性.

유락(有樂) ㉵〈bhava-sukha〉 迷妄의 世界에서의 生存을 즐기는 것.

유락작의(有樂作意) ㉵〈rati-manaskāra〉 사랑하고 즐기려는 뜻을 일으키는 것. (莊嚴經論述求品)

유람(游藍) 飮食物의 맛. 慧琳音義 七十九에 「游藍은 바로 阿修羅王이 즐기던 飮食의 맛인데, 혹은 蘇陀라고 하여 天甘露라 한다. 그 모양은 말로 表現하기가 어렵다」라고 하였음.

유람풍(惟藍風) →毘嵐.

유랑(流浪) 흐름. 내. (要集)

유랑삼계상(流浪三界相) 迷惑의 生死를 反復하고 있는 모양. (一遍語錄)

유래(由來) 事物의 까닭. 成立. (敎行信證)

유래(流來) 無始로부터 生死海에 流轉하여 지금에 이른 것.

유래생사(流來生死) 七種生死의 하나. 眞에 迷한 始初로 부터 無明이 流來한 生死를 말함. 止觀輔行七의 一에 「大乘師가 세운 七種生死를 攝하면 一은 分段이니 三界의 果報를 말함이요. 二는 流來이니 眞에 迷한 始初를 말한 것이다」라고 했으며, 中論疏二末에 「無明의 流來로 부터 왔다」라고 하였음.

유량(有量) 無量에 對한 말로 世界의 事物에 限定이 있음을 말함. ↔無量. →無量.

유량제상(有量諸相) 實體는 絕對가 되므로 彼와 此의 限量이 없다. 그러나 有爲의 事相은 반드시 彼와 此의 限量을 얻지 못한다. 이것을 有量諸相이라 함. 넓은 뜻으로는 迷界의 만법을 가르키는 것이나 좁은 의미로는 그중에 사는 衆生을 말함. 곧 世間의 一切 事物이 모두 限量이 있으므로 이 一事相은 實體가 아니다. 體는 一味平等하여 無限絕待한 것임. 讚阿彌陀偈에 「智慧의 光明은 헤아릴 수 없으므로 佛을 無量覺이라 號한다. 有量의

諸相이 빛을 받게 되므로 眞實明에 머리 조아린다」하였고, 智度論八十二에 「有相有量은 麤가 되고 無相無量은 細가 된다」하였음.

유력(有力) ①身體에 活力이 있는 것. (長阿含經) ②精神이 堅固하여 困難에 견디는 佛敎信者.

유력(遊歷) 善知識을 참방하여 여러 곳으로 다님.

유련(留連) ①流를 따라 오르나 忘返함을 留라 하고 流를 따라 내려가나 忘返함을 連이라 함. 즉 道가 天下에 傳播함을 말한다. ②계속하여 머무르는 것. 客地에 묵고 있음. ③주저하여 차마 떠나지 못하는 모양. ④직업을 잃고 방랑하는 모양.

유령(有靈) 靈魂이 있는 것. 有情과 같음. 唯識樞要上本에 「有靈의 類는 누가 恭敬心을 가지지 않겠는가」하였음.

유령(幽靈) 幽界의 精靈. 六途의 衆生이 눈으로 볼 수 없는 것을 幽靈이라 함. 사람의 목숨이 끝난 뒤에는 그 형체를 볼 수 없기 때문에 幽靈·幽儀라 함. 道宣律師感通錄에 「幽靈이 隨喜한다」하였고, 二十唯識述記序에 「幽靈은 어두움을 지켜서 길이 가리운다」하였음.

유령(庾嶺) 廣東省에 있는 산마루. 六祖가 이곳에 와서 衣鉢을 放置하였다 함. 大明一統志 卷八十廣東南雄府에 「大庾嶺은 府城의 北쪽 八十里에 있다. 漢兵이 呂嘉를 攻擊할 때 裨將에 庾字 姓을 가진 사람이 이곳을 지켰으므로 이름한 것. 梅花나무가 많기 때문에 梅嶺이라 한다. (中略) 六祖塔이 大庾嶺위에 있다」하였고, 祖庭事苑三에 「六祖 盧行者가 密로 부터 衣法을 받고 그날 밤에 사라 졌다. 道明이 數十人을 데리고 追跡하여 大庾嶺에 와서 道明이 가장 먼저보니 六祖가 衣鉢을 盤石 위에 놓았기에 "이 옷은 表信인데 힘으로 뺏을까" "그대의 마음대로 가져가라"하였다. 明이 들고자하나 山과 같이 움직이지 않았다」하였음.

유령서화(猶靈瑞華) 本願을 만나기 어렵기는 마치 靈瑞華(三千年에 한번 핀다고 하는 優曇華)가 되는 것 같이 絶對로 없는 것.

유로(由路) 本으로 삼아 따라야 하는 길.

유로(幽路) 숨은 길.

유록화홍(柳綠花紅) 自然狀態. 自然의 理致. 蘇東坡의 詩에 「柳綠花紅眞面目」이라 하였다. 草木에 나타난 自然 그대로의 모습이 諸法의 實相이라는 뜻.

유론(糅論) 여러가지 學說을 混合하여 敍述한 論書.

유료경(唯了境) ㉵〈artha-dṛṣṭi; artha-ma: tre dṛṣṭiḥ〉 對象을 보는 것. 對象一般의 認識. 識의 作用에 對하여 말함. (眞諦譯에는 唯塵智라

고 함)

유료경침(鏐鐐瓊琛) 아름다운 金. 아름다운 銀. 구슬과 보배.

유루(有漏) ㉵〈Sāsrava〉 ㉶〈Sassava〉 漏는 煩惱의 異名. 煩惱의 事物을 含有하였으므로 有漏라 함. 一切世間의 事體는 모두 有漏法이 되고 煩惱의 出世間의 事體를 여의는 것은 모두 無漏法이 된다. 毘婆沙論에 「有는 業과 같아 能히 後生으로 하여 生을 繼續하게 함을 有라 하고 漏는 留住한다는 뜻. 有情으로 하여 欲界와 色界와 無色界에 留住시키는 것을 말한다」하였고, 涅槃經에 「有漏法에 二種이 있다. ①因 ②果다. 有漏果는 이를 苦라하고 有漏因은 이를 集이라 한다」하였음.

유루과(有漏果) 有漏의 業因으로 말미암아 받게 되는 果報. 즉 人間·天上·地獄등 三界·五趣의 몸과 國土를 말함.

유루단(有漏斷) 有漏道로써 煩惱를 끊는 것을 말함. 凡夫가 有漏의 六觀行을 닦아서 八地 七十二의 修惑을 끊음을 말한다. 즉 끊을 煩惱는 三果를 九地에 나누고 各 地마다 九品의 煩惱가 있어 모두 八十一品이다. 그 가운데 앞에 八地의 煩惱인 七十二品의 修惑이니, 凡夫는 六行觀으로 끊고, 聖者는 世俗道에 의하여 끊는다. 三界 九地의 最上인 有頂天은 그 위의 地가 없으므로 有漏斷은 없음. ↔無漏斷.

유루도(有漏道) ㉵〈Sāsravamārga〉 有漏의 修道로 世間道·世俗道라고도 한다. 六行觀을 닦아 三界·九地中 無色界의 最上地인 非想非非想處地를 제하고 다른 八地의 修惑을 끊는 行이다. 人·天三界의 果報를 부르는 行法을 有漏道라 하고 涅槃果를 成就할 수 있는 道를 無漏道라고 한다. 그러므로 三界는 모두 有漏道요. 涅槃은 無漏道가 됨.

유루로(有漏路) 有漏道와 같음. 또는 迷世界라고도 한다. 즉 煩惱에 더럽힌 凡夫의 境界란 뜻.

유루리왕(綴樓黎王) →毘琉璃.

유루무루(有漏無漏) 煩惱에 엉켜서 迷妄의 世界에 流轉시키는 것을 有漏(法), 이것을 斷滅한 狀態를 無漏(法)라 한다. 四諦中 迷妄의 果와 因인 苦諦·集諦는 有漏法이며 깨달음의 果와 因인 滅諦·道諦 등은 無漏法이라 하고, 有漏의 肉身을 有漏身, 佛身을 無漏身·世俗을 對象으로 생기는 智를 有漏智佛의 깨달음을 對象으로 하는 聖者의 그것을 無漏智, 凡夫가 하는 善을 有漏善, 聖者의 그것을 無漏善이라고 함. (俱舍論)

유루법(有漏法) ㉵〈sasvava〉 ㉷〈zagpa〉 諸漏와 같이 隨增하는 法이란 뜻. 四諦中의 苦·集二諦의 法을 말함. ↔無漏法. →有漏.

유루삼계(有漏三界) 三界는 煩惱의 結果이기 때문에 모두 有漏라 함.

유루선(有漏善) 大·小乘教에서 無漏智를 일으키기 前에 凡夫가 하는 善한 일로 五戒·十善등과 見道 以前에 일어나는 善한 일을 말함. ↔ 無漏善.

유루선(有漏禪) 無漏禪에 대한 말로 또는 有漏定·有漏觀·世間禪이라고도 함. 凡夫가 修行할 적에 四眞諦등에 依하지 않고 다만 厭下 欣上의 有漏의 六行觀에 依하여 닦는 禪定의 이름. 즉 色界의 四禪과 無色界의 四定과 四無量心定을 말함.

유루선근(有漏善根) 有漏善과 같음. 煩惱를 갖는 凡夫의 善行.

유루선법(有漏善法) 有漏의 業因에 善惡이 있는데 五戒·十善은 이 善法이요, 五逆·十惡은 이 惡法이다. 有漏의 善法이 有漏의 樂果를 불러들이는 것은 곧 人天의 果報요. 有漏의 惡法이 有漏의 苦果를 불러들이는 것은 곧 鬼畜의 果報임.

유루선정(有漏禪定) 漏란 煩惱를 말함. 實行을 하면 할수록 迷惑을 增長케 하는 精神統一을 말함. (開目鈔)

유루세계(有漏世界) 三界. 一切迷惑衆生의 住處를 말함.

유루식(有漏識) ㊵〈vijñānaṃ sāsravam〉 煩惱를 同伴한 識. (俱舍論)

유루신(有漏身) 肉體를 말한다. 이것이 나와 남의 煩惱를 늘게 하는 根本體.

유루심(有漏心) 煩惱에 束縛된 마음 (俱舍論) 漏는 煩惱를 뜻하며, 漏와 相應하여 漏에 束縛된 것을 有漏心이라 함.

유루업(有漏業) ㊵〈sāsrava-karman〉 情欲的 行爲. (寶性論)

유루인(有漏因) 三界의 果報를 부른 業因. 즉 五蘊을 내는 原因으로 五逆·十惡등의 惡法과 五戒·十善등의 善法으로 佛教로서 보는 世俗的인 善惡을 말함.

유루정토(有漏淨土) 有漏心의 變作에 依한 淨土를 말하는 것. 群疑論 一에 依據하면 阿彌陀佛의 淨土를 말함. 비록 佛의 無漏心의 變現에 따라 無漏가 되나 凡夫의 心은 有漏가 되므로 곧 無漏의 淨土에 날 수는 없고 다만 佛이 所變한 無漏淨土上에서 自己의 有漏心에 따라 無漏의 淨土와 같이 變作하고 그 가운데 往生을 말함. 거듭 말하면 곧 極樂淨土는 佛의 本土에 對하여 말한다면 無漏의 淨土가 되며 凡夫의 所變과 受用에 對하여 論하면 곧 有漏의 淨土가 됨을 免치 못한다. 이를 唯識家의 法相에 準하여 判斷한 것.

유루종자(有漏種子) 植物의 種子와 같이 모든 現象을 생기게 하는 可能力을 種子라고 하며 이 可能性이 迷惑의 根源으로 되어 있는 경우를 無漏種子와 區別하여 有漏種子라 함.

유루지(有漏智) 有漏인 煩惱의 허물

을 띄고 있어 도저히 迷理의 煩惱를 끊을 힘이 없는 智慧를 말한다. 비록 一切의 有爲無爲의 法을 觀하나 그러나 흔히 世俗의 法을 對象으로 重히 여기기 때문에 또한 世俗智라고 함. ↔無漏智.

유루행(有漏行) ①有漏心으로 닦는 行法. 見道以前에 닦는 行爲. 또는 修道位中에 온갖 靜慮를 닦는 有漏心이다. ②有漏法 그대로 行하는 것을 말한다. 有漏法은 곧 有爲法의 뜻이니, 行으로써 造作하는 뜻으로 有爲의 다른 이름임.

유루혜(有漏慧) 世俗을 對象으로 하여 일어나는 智慧. 有漏智와 같음.

유류(有流) ①有는 三界의 果報를 말하며 流는 四種의 惑이다. 三界의 果報는 實有하므로 有라 하고 四種의 惑이 사람을 三界의 生死海에 漂沒시키므로 流라 함. 四流는 (1)見流 (2)欲流 (3)有流(지금의 有流와는 다름) (4)無明流이다. 止觀一下에 「死海를 橫截하고 有流를 超度한다」하였고, 輔行一의 四에 「有는 三有를 말하며 流는 四流를 말한다. 이 세곳에 因果가 없어지지 못하므로 有라 하여 이 四法이 되며 漂溺하여 쉬지 않으므로 流라 함. 見流는 三界欲이며 欲流는 欲界의 一切諸惑으로 見과 痴를 除한 것이며 有流는 上 二界의 一切諸惑으로 見과 痴를 除한 것이며 無明流는 三界痴다」하였음. ②四流中의 見流. →四流.

유류(流類) ①한패. (正法眼藏 佛性)

유류(瑠流) ㊵〈abhrapaṭala〉 →瑠璃.

유륜(有輪) 有라는 것은 生·死의 果報이며 곧 三有·二十五有등의 有요. 輪이라는 것은 生·死의 果報가 돌고 돌아서 停止함이 없기 때문에 수레의 바퀴에 비유한 것이다. 安樂集上에 「만약 능히 이 마음을 한번 發할 수 있다면 無始의 生死輪을 傾頽시킬 수 있다」라고 하였고, 嘉祥仁王經疏三에 「한 생각 菩提心을 發한 까닭으로 無始의 수레바퀴를 破했다」라고 하였음.

유륜(遺輪) 죽은 사람이 남겨준 가르침.

유리(有離) 또는 有爲. 離는 涅槃을 뜻하며 여러 有爲의 法들은 涅槃에 이르면 여의는 것이므로 有離라함.

유리(遊履) 衆生濟度를 爲하여 遊行하는 것. 訪問하는 것. (無量壽經)

유리(瑠璃) ①㊵〈vaidūrya〉 新譯에는 吠瑠璃·吠瑠璃耶·毘頭梨 吠努璃耶등으로 부른다. 七寶의 하나. 번역하여 遠山寶·不遠山寶등이라 하며 靑色의 寶石이다. 産出하는 山이름을 따라 이름한 것. 遠山은 須彌山의 다른 이름이며 不遠山은 波羅奈城에서 멀지 않은 城이라는 뜻. 玄應音義 二十三에 「瑠璃는 吠瑠璃다. 또한 毘瑠璃라 하며 또한 鞞頭梨는 山의 이름을 따른 것. 遠山寶란 뜻. 遠山은 곧 須彌山이다.

이 寶는 靑色이며 一切寶는 모두 不可壞란 뜻이다」하였고, 慧琳音義 一에 「吠瑠璃는 寶名이다. 或은 毘瑠璃라 함. 或은 다만 瑠璃라고도 한다. 須彌南쪽에 이 寶貝가 있다. 이 寶貝는 靑色이며 瑩徹有光하나 物이 가까우면 모두 同一色이며 帝釋의 髻珠는 이 寶貝라 한다」하였고, 梵語雜名에 「瑠璃는 吠努離耶다」하였음. ②燕雀類의 새. 주둥이는 작고 다리와 발가락은 길다.

유리관음(瑠璃觀音) 三十三觀音의 하나. 또는 香王觀音이라고 함. 한 송이 蓮꽃을 타고 물위에 떠서 두 손으로 香爐를 받든 觀音.

瑠璃觀音

유리광(瑠璃光) ㉵〈Vaiḍurya-prabhāsa〉 東方 十恒河沙의 世界에 있는 佛. 藥師如來를 말함. (灌頂經)

유리금(琉璃琴) 瑠璃의 거문고.

유리금산보화광조길상공덕해여래(瑠璃金山寶花光照吉祥功德海如來) 佛名. 吉祥天女가 過去에 이 부처를 念하여 지금 自在한 福樂을 누리기 때문에 모든 사람이 福樂을 누리려 하는 자는 吉祥天의 像을 대하고 이 부처에게 歸命해야 한다고 함. (最勝王經大吉祥天女品)

유리단(瑠璃壇) 瑠璃의 寶로써 築造한 戒壇, 義楚六帖 二十一에 「嵩岳에는 玉石壇이 있고 大鄴에는 瑠璃壇이 있는데 僧이 受戒할 때나 羯磨說法할 때에 衆僧을 모아놓고 함께 부르며 맺는 壇이다」라고 하였고, 또 말하기를 佛壇이나 社壇을 만들적에는 瑠璃色으로 한다고 함.

유리륜(瑠璃輪) →六輪.

유리상(瑠璃床) ㉵〈vaiḍūrya-pādaṃ śayanam〉 瑠璃로 된 寢臺. (佛所行讃)

유리왕(瑠璃王) ㉵〈Virūḍhaka〉 또는 流璃王·婁勒王·樓黎王·維樓黎王·毘流離王이라고 하는데 新稱은 毘盧釋迦王이라 한다. 亡한 迦毘羅舍衛國 釋迦族의 惡한 임금의 이름이다. B.C 六世紀에 波斯匿王의 아들로 태어나 釋尊成道後 四十年에 父王이 없는 때를 틈타서 王位를 빼앗고 迦毘羅國의 釋迦種族을 滅亡시켰음. →毘琉璃.

유리왕경(瑠璃王經) 一卷. 西晋 竺法護의 번역. 내용은 舍衛國 波斯匿王의 아들이 王位를 계승하면서 迦毘羅國의 釋種을 滅하여 地獄에 떨어졌다는 始末을 說한 것.

유리조(瑠璃鳥) 지빠귀科의 小鳥. 나래色은 瑠璃色이며, 부리는 검고 넓적함.

유리지(瑠璃地) 瑠璃로 된 地面. (往生要集)

유리태자(瑠璃太子) 逆王의 이름으로 涅槃經에서는 瑠璃太子라 했고, 다른 모든 經에는 瑠璃王이라고 했음. →瑠璃王.

유린(有悋) 梵〈matsaritva〉 吝嗇함.

유림(儒林) 儒學者의 同僚. 變하여 學者同僚.

유마(維摩) 梵〈vimalahirti〉 또는 維摩羅詰·毘摩羅詰이라 하며 略하여 維摩 或은 維摩詰이라 稱함. 舊譯은 淨名. 新譯은 無垢라 稱하며 佛이 在世할 때 毘耶離城의 居士임. 妙喜國에서부터 이곳에 化生하여 俗家에 몸을 맡기고 釋迦의 敎化를 도왔다는 法身의 大士를 말함. 佛께서 毘耶離城 菴摩羅園에 계실 때 城中의 五百長者의 아들이 佛所에 와서 說法을 請할 때에 그는 짐짓 病을 稱託하여 오지 않았다. 佛이 諸比丘와 菩薩을 시켜 그 病床에 問病 보내고자 함에서다. 方等時의 彈訶의 法을 成就하였으므로 그 經을 維摩經이라 함. 維摩經 方便品에 「이 때 毘耶離 大城中에 있는 長者를 維摩詰이라 한다. 이미 일찌기 無量諸佛을 供養하였다」하였고, 同 見阿閦佛品에 「佛이 舍利弗에게 말하기를 나라의 이름을 妙喜라 하고 佛號를 無動이라 한 곳에서 維摩詰이 죽어 이 땅에 태어났다」하였으며, 註維摩經一에 「什이 말하기를 維摩詰은 中國名으로 淨名이다 하고 生이 말하기를 維摩詰은 번역하여 無垢라 한다. 그가 자취를 숨기고 五欲을 超然하여 물들지 않으며 淸名이 遐布되었으므로 이 號가 있다」하였고, 西域記七에 「毘摩羅詰은 中國語로 번역하여 無垢라 하며 舊에는 淨名이다. 그러나 淨하면 無垢한 것. 이름은 이것을 말한 것. 뜻은 비록 같으나 이름은 다르며 舊에 維摩詰은 訛略된 것이다」하였음.

유마경(維摩經) 淨名經·維摩詰經·維摩詰所說經·不可思議解脫經이라고도 한다. 後秦 弘始 7(405)年에 鳩摩羅什이 번역. 3卷 十四品(佛國, 方便, 弟子, 菩薩, 文殊師利問疾, 不思議, 觀衆生, 佛道, 入不二法門 香積佛, 菩薩行, 見阿閦佛, 法供養 囑累品)이다. 이 經을 중국에서는 前後 7回에 걸쳐 번역하였다. 그중에 鳩摩羅什 번역과 吳나라 支謙이 번역한 2卷과 唐나라 玄奘이 번역한 六卷이 現傳함.

유마경공양(維摩經供養) 새로 維摩經을 書寫하고 供養하는 法會. 佛像에 있어서는 開眼, 經에 있어서는 供養이라 함.

유마경불이(維摩經不二) →默不二.

유마경십유(維摩經十喩) 사람의 몸

이 實體가 없음을 十喩로써 나타낸 것. ①이 몸은 聚沫과 같음. ②물거품과 같음. ③炎焰과 같음. ④芭蕉와 같음. ⑤꼭둑각시와 같음. ⑥꿈과 같음. ⑦그림자와 같음. ⑧音響과 같음. ⑨뜬구름과 같음. ⑩번개와 같음. (維摩經方便品)

유마경의기(維摩經義記) 四卷. 隋나라 慧遠 지음. 維摩義記라고도 함. 維摩詰이 說한 經의 文義를 解釋한 것.

유마경절충소(維摩經折衷疏) 六卷. 明나라 釋 大賢 지음. 그 法弟 大巍가 序에 말하기를 「이 經은 秦나라에서 번역된후 처음으로 肇師의 註에 나온다. 什師의 말을 많이 引用하여 그 글이 簡略하고 그 맛이 深奧하다. (中略) 近時 無我疏印에 天台의 四教 六即 四悉 三觀등의 말은 그 글이 浩汗하고 義旨가 重疊하여 甚히 雜하다. 나의 兄 古德法師가 새로 이 번역을 내고 解義를 折衷하였다 云云」하였음.

유마경현소(維摩經玄疏) 六卷. 隋나라 智顗 지음. 五重의 玄義를 세워서 維摩經의 大旨를 闡明한 것. 維摩經略玄維摩經玄義 或은 精明玄義라 함.

유마금속여래후신(維摩金粟如來後身) →金粟.

유마라달(維摩羅達) ㊵〈Vimaladatta〉 번역하여 離垢施. 波斯匿王의 딸. (佛說離垢施女經)

유마라힐(維摩羅詰) 維摩의 具名. →維摩.

유마불이문(維摩不二門) →入不二法門.

유마의기소(維摩義記疏) 三卷. 日本의 聖德王子 지음. 維摩詰이 說한 經義를 解釋한 것.

유마장실(維摩丈室) →方丈.

유마회(維摩會) 維摩經을 강설하는 모임.

유마힐(維摩詰) 菩薩名. 略하여 維摩라고 함. 그 뜻은 淨名 이라함. 淨은 清淨無垢란 말이고 名은 名聲이 멀리 퍼졌다는 뜻이다. 唐나라 詩人 王維의 字가 摩詰이니 바로 이 菩薩의 이름을 따서 그의 名字를 만든 것이었음. →維摩.

유마힐경(維摩詰經) 二卷. 吳 支謙의 번역. 維摩經 三譯 가운데 가장 오래됨.

유마힐경강의(維摩詰經講義) 二卷. 中華民國 八年에 太虛法師가 京師에서 己未講經會를 열고 維摩詰不可思議解脫經을 講演하였다. 在會에서 法을 들은 者가 集成한 것. 書 가운데 묵은 것을 밀어 내고 새 말이 많다. 哲理를 融貫하고 天下를 輛調하였음. 講經中에 能히 一生面을 獨開한 것.

유마힐소설경(維摩詰所說經) 약하여 維摩經이라 함. 三卷 秦나라 鳩摩羅什 번역 維摩經에는 三譯이 있다. ①吳 支謙의 번역. 題目은 維摩詰經

이며 ②지금 말한 維摩詰所說經이며 ③唐나라 玄奘이 번역한 것으로 說無垢稱經이라 함. 三譯 가운데서 가장 盛하게 流行하는 것은 維摩詰所說經이다. 諸家의 疏註는 아래와 같다. 維摩詰所說經註 十卷. 姚秦의 鳩摩羅什과 僧 肇와 道生의 三家註 가운데서 集出한 것. 注維摩經 十卷 後秦의 僧 肇注. 常稱은 註維摩라 함. 維摩經義記 八卷 隋의 慧遠 지음. 維摩經玄疏 六卷 隋 智顗 지음. 通常에는 淨名玄이라 함. 維摩經六疏 二十八卷 隋나라 智顗 지음. 通常 廣疏라 稱함. 維摩經畧疏 十卷 隋나라 智顗 說함. 唐나라 湛然이 略한 것. 世稱 淨名疏라 함. 淨玄論 八卷 隋나라 吉藏 지음. 維摩經遊意 一卷 隋나라 吉藏 지음. 維摩經義疏 六卷 隋나라 吉藏 지음. 維摩經疏 五卷 隋나라 吉藏 지음. 維摩經疏記 三卷. 唐나라 湛然 지음. 維摩疏記鈔 卷四 卷五 唐나라 道暹이 私記하나 完全치 못함. 說無垢稱經疏 六卷 唐나라 窺基 지음. 維摩經略疏垂裕記 十卷 宋나라 智圓 지음. 維摩經疏科 一卷 明나라 著者 未詳. 維摩經評註 十四卷 明나라 楊起元 評註 維摩經無我疏 十二卷 明나라 傳燈 지음. 維摩經饒舌 一卷 淨挺 지음. →維摩經.

유마힐자소문경(維摩詰子所問經) ㊢ 大方等頂王經의 다른 이름. 維摩詰의 아들 善思童子가 保姆에게 안겨 부처님과 모든 大弟子의 處所에 와서 妙義를 問答한 것.

유만(有慢) ㊵〈mānin; sa-māna〉 慢心을 갖고 있는 것.

유멸(有滅) ㊵〈apavarga〉 解脫. (即時 滅함)

유명(有名) 命名한 것. (老子)

유명(有命) ㊵〈jantu-prāṇi-bhūta〉生命있는 것. 生物.

유명(幽冥) 비록 理가 있기는 하나 幽遠하여 常識이 미치지 못하는 곳임. 또한 三惡道로 眞理의 光이 없는 곳. (곧 冥土임) 無量壽經下에 「壽가 마친 후에 더욱 깊고 더욱 劇하여 幽冥에 들어가면 轉生하는 몸을 받는다」하였고, 八十華嚴經十一에 「하나하나의 毛孔이 光明을 나타내어 普遍한 虛空에 文暗을 發한다. 所有한 幽冥이 비치지 않음이 없다」하였음.

유명(唯名) ㊵〈nāmamātratva; nāma-mātra〉 모든것은 오직 名稱에 不過하다고 如實히 아는 것. 唯識說에서 自相無倒의 性格을 말함.

유명무실(有名無實) 假名만 있고 永久히 變하지 않는 實體가 없다는 뜻. 즉 世俗의 法은 모두 因緣으로 假成된 것이다. 예를 들면 甁·車등은 이름만 있고 그 實體는 없는 것이다. 즉 甁이나 수레는 진흙과 나무로 만들어서 사람들이 假定으로 甁이다. 또는 수레라고 이름을 붙였으나 그 因緣이 다하여 破壞되면 甁이나 수레라는 이름이 없어지는 것이다. 이것을 因緣假合의 法이라고 한다. 涅槃經十三에 「有名無實은 우리 衆生이나, 빙빙돌아가는 火輪이나 名句등 五種世法같은 것으로, 이 모든 것을 世諦라고 이름한다」라고 하였음.

유명부(幽冥府) 어두운 世界. 저 世上. 地獄.

유명중생(幽冥衆生) 暗黑과 같은 迷惑에 빠져 있는 衆生. (灌頂經)

유명행(留命行) ㊵〈jivitasaṃskāran adhiṣṭhāya…〉 釋尊이 그 壽命을 延長한 것. 一留多命行. (有部律雜事)

유목(乳木) 護摩로 사용하는 燃料木이다. 태울때에 乳汁이 있기 때문에 乳木이라 한다. 火力을 强하게 하고자 할 때에 쓰는데 맨 밑에 바로 땔감 나무을 두고 그 위에 이 乳木을 놓으면 그 寸法이 매우 알맞는다. 이렇게 法에 依하는 差異가 있다. 大日經疏八에 「護摩薪으로는 마땅히 乳木을 사용해야 하는데 뽕나무나 볏짚등을 말한다. 혹 쇠무릎 줄기를 쓰는데 꺾어서 十二指가량으로 하면 적당하다. 모두 濕潤의 햇薪木을 태울 때 필요하다. 그 條理는 반듯한 것을 取한 것. 上下가 똑같은 가를 보아서 가지런히 놓고 香水로 깨끗이 씻어 根本으로 하여금 몸에 向하도록 한다」라고 하였음.

유목(流木) 浮木과 같음.

유무(有無) ①有法과 無法임. 小乘七十五法과 大乘의 百法같은 것은 有法이며 龜毛와 兎角같은 것은 無法이라 함. ②有은 常見으로 有我有法에 執著하는 邪見이며 無는 斷見으로 無我無法에 執着하는 邪見임. 곧 反對되는 偏見임. 十卷楞伽經五에 「邪見論의 生法은 妄情으로 有無를 計量한다. 만일 所生이 없음을 알게되면 또한 所滅이 없음도 알게 된다. 世의 모든 空寂을 觀하면 그는 有無에 떨어지지 않는다」하였고, 同九에 「南大國中에 大德比丘가 있는데 龍樹菩薩이라 불렀다. 能히 有無의 見解를 破하고 사람을 위하여 我法인 大乘無上法을 說하였다」하였음.

유무(唯務) 오직(오로지) 힘쓴다는 뜻.

유무견(有無見) ㊵〈bhava-dṛṣṭi-vibhava-dṛṣṭi〉 ㊵〈nāsti-asti-darśana〉 有見과 無見, 常見과 斷見. 世界와 個人存在(身心)의 常住를 執하는 見解와 世界와 個人存在의 斷滅을 執하는 見解란 뜻. 有無의 計劃. 處置. (正信偈)

유무기(有無機) 有無·迷悟 등을 相對的으로 보는 分別意識을 말함. (景德傳燈錄)

유무력대연(有無力待緣) 因門六義의 하나로 華嚴宗에서 唯識家가 말하는 種子의 六義 가운데 恒隨轉의 뜻에 두고 세운 것임. 곧 萬有諸法이 因緣으로 생기는 데에 대하여 因될 것에 갖추어 있는 六義 중에 모든 法이 現存하는 方面으로 보아 因의 體를 가졌다 하고 그 結果를 내는 데는 반드시 因緣을 기다리지 아니하면 안되므로 果를 發生하는 것을 緣의 力用에 돌려 因을 無力待緣이라고 함.

유무론자(有無論者) ㊵〈nāsti-astitva-vādin〉 事物이 있다고 主張하고 또는 없다고 主張하는 論者.

유무물(有無物) ㊵〈sattā-asattā〉 있는 것과 없는 것.

유무별진여(類無別眞如) 十眞如의 하나. 十地의 第五 極難勝地에서 生死와 涅槃과는 平等하여 差別이 없다고 깨달은 眞如. (成唯識論)

유무부동(有無不同) 어떤 것을 有라 하고, 다른 것을 無라 함. (四敎儀註)

유무사견(有無邪見) 印度 外道들의 두 見解. 斷見·常見과 같다. 有見과 無見이 모두 中道의 正見이 아니기 때문에 邪見이라고 말했음. 즉, 衆生의 몸과 마음은 今世뿐으로서 斷滅하고 만다는 見解를 가진 사람과 常住不滅하여 恒常存在한다는 見解를 가진 사람을 말함. →邪見.

유무사구(有無四句) ①第一有句. 반드시 我가 있다고 執着하는 常見이요. ②第二無句. 반드시 我身이 없다고 執着하는 斷見이요. ③第三亦句. 我身이 亦有亦無라고 執着하는 有 無가 서로 어긋나는 見解요. ④第四非句. 我身이 有도 아니고 無도 아니라고 執着하는 것은 戱論하는 所見이라고 하는 것임. (華嚴疏十六, 三藏法數十八)

유무이견(有無二見) 一切의 邪見을 이 有·無二見속에 받아들여서 이 二見으로부터 一切의 邪見이 나옴을 말함.

※法華經方便品에 「入邪見稠林 若有若無等 依止此諸見 具足六十二」文句四下에 「若有是常見 若無是斷見」因此二見生六十二」

유무이변(有無二邊) 執有·執無의 邊際는 모두 邪見이 되므로 邊見이라 함.

※肇論에 「有無之境 邊見所存 豈是處中莫二之道乎」

유무좌선(唯務坐禪) 오로지 힘쓰는 坐禪이란 뜻.

유무지경(有無之境) 相對의 世界.

유무지역(有無之域) 相對의 世界.

유무체(有無體) ㊵〈bhāva-abhāva〉 有 그 自體와 無 그 自體.

유묵계(油墨戒) 油墨을 몸에 바르는 行. (瑜伽論)

유문(有文) (1614～89) 朝鮮時代의 僧으로 號는 秋溪이며 字는 煥乎이고 俗姓은 金氏다. 13歲에 大屯山 國隆 梵唄에게 僧이 되었고 東林에 나아가 具足戒를 받고 圓應志勤의 法을 이음. 1686年부터 雙溪庵에

기거하다 死亡함.

유문(有門) 四門의 하나로 萬有를 存在하는 한 面으로 보아서 말한 敎門이며 俱舍論·唯識論이 그런 種類임.

유문(裕文) 이름은 裕文. 號는 默堂 安東 甕泉에서 出生. 13歲(1910)에 入山하여 1931년 中央佛敎專門學校를 卒業하고 1923년에 孤雲寺地方學林의 敎員. 1926年 安東 普光學校 學監 1934년 義城 孤雲寺 監務 및 布敎師가 되어 大德法階를 받다. 1936年 慶北 佛敎協會 庶務. 1937年 中央佛敎專門學校 敎員. 1941年에 世壽 44歲로 卒함.

유문방광덕(遺文放光德) 善導十德의 하나. 善導의 西方化導의 글이 洛下 白馬寺에서 光明을 發하였다고, 하는 德.

유미(有迷) 梵〈bhrāntika〉 迷惑하고 있는 것.

유미(乳味) 五味의 하나. 방금 짜낸 牛乳의 맛. 天台宗에서는 소를 부처님에게 비유하고 五味를 敎法에 비유하며 成道後 最初에 說法한 華嚴經을 乳味에 配對함. →五味.

유미(乳糜) 젖으로써 만든 죽. 大日經疏七에 「乳糜는 西方의 粥으로 多種이 있는데 烏麻汁으로 만든 것. 모든 豆와 모든 藥味로 만든 것 등이 있어 十誦藥法등 글에 널리 밝혀져 있으나 젖으로 만든 것을 가장 윗걸로 친다」라고 하였음.

유미(幽微) ①梵〈sūkṣma〉 微細한. (俱舍論) ②숨은 뜻. 極意.

유바충(維婆蟲) 紙婆蟲의 誤傳. → 紙婆蟲.

유반저(有般底) 어떤 部類의 것. 或種의 사람들. (碧巖錄)

유발(油鉢) 기름을 담은 鉢. 正念을 가지는 것을 油鉢을 가지는데 비유함. 涅槃經二十二에 「世間의 모든 大衆이 二十五里에 가득 차니 王이 한 臣下에게 油鉢하나씩을 갖도록 命令했다. "지나가는 도중에 쏟지 않도록 하라 만일 한 방울 흘릴 경우에는 너의 목숨을 끊을 것이다." 하고 다시 한 사람을 보내어 칼을 들고 뒤따르게하여 겁을 주었다. 臣下가 王敎를 받고 마음을 다해 堅持하고 大衆中을 지나다가 五邪欲등이 생기는 것을 볼 수 있었으나 마음에 恒常 생각하기를 내 만약 放逸하여 저 邪欲에 執着하고 가진 것을 버리면 命이 온전하지 못할 것이다. 이 사람은 이 因緣을 두려워하므로 한 방울의 기름도 버리지 않는다. 菩薩摩訶薩도 또한 그렇다. 生死中에서도 念慧를 잃지 않으므로 비록 五欲을 봐도 마음이 貪著하지 않는다」하였음.

※智度論十五에 「菩薩欲脫生老病死 欲度脫衆生 常應精進一心不放逸 如人擎油鉢行大衆中」 雜阿含經二十四 修行道地經三 同有此譬.

유발탑(遺髮塔) 죽은 사람의 遺髮을 넣어 둔 塔.

유방(油坊) 禪院內의 油製造所. (禪院淸規)

유방(流芳) 美名을 後世에 傳하는 것.

유방(遊方) 四方을 遍歷하는 것. 四方에 遊歷하여 많은 師家를 찾아 佛道修行을 하는 것. 遊學·行脚과 같음.

유방두타(遊方頭陀) 나무 밑, 돌 위를 집으로 삼고, 托鉢을 하면서 여러 地方를 遊歷하는 것.

유방승(遊方僧) 또는 行脚僧이라고도 한다. 구름처럼 四方으로 떠돌아다니는 중을 말함. →行脚僧.

유백(惟白) 中國 宋代 僧侶. 靜江사람. (廣西省 臨桂縣治) 俗姓 冉氏 號는 佛國禪師, 雲門宗의 法雲·法秀의 法을 잇고, 汴京의 法雲寺에 住하여 續燈錄 三十卷을 撰하고 또 大藏綱目指要錄 八卷을 지었다. 宮中에 자주 出入하여 哲宗·徽宗의 尊敬을 극진히 받았다. 뒤에 明州 天童寺에 옮겼음. 年壽는 未詳임. (續傳燈錄十二, 佛祖統紀四十六)

유법(有法) ①龜毛 兎角과 같이 體性이 全然 없는 것을 無法이라 하고 他의 事物과 體用이 있는 것을 有法이라 함. 涅槃經十에 「本來는 있었으나 지금 없고 本來 없던 것이 至今있다. 三世의 有法은 有是處가 없다」하였음. ②因明宗의 前句를 有法이라 하고 後句를 爲法이라 함. 곧 前句는 有, 後句는 法의 뜻. 例를 들면 소리와 같다. (이는 有法) 無常하다. (이는 法) 두가지를 合하여 宗이 된다. 因明大疏上本에 「처음 所陳한 것은 오직 一義를 갖추어야 能히 自體를 가지나 義는 殊勝하지 못하여 法名을 얻지 못하고 뒤에 所陳한 것은 兩義를 能히 가지고 軌를 復하여 義가 殊勝하기 때문에 홀로 法名을 얻는다. 前의 所陳한 것은 能히 後法이 있어서 다시 有法이라한다」하였음. ↔無法.

유법(維法) 붓다의 가르침. 維·法 모두 佛法·道理·規則이라는 뜻.

유법(遺法) 부처님이 끼친 敎法.
※佛去而遺於世之敎法也.

유법공(有法空) 18空의 하나. 인연이 서로 화합하여 생긴 物心의 모든 현상의 自性이 空함을 말함.

유법의허(有法意許) 因明學의 宗의 前名辭에서 쓰는 用語로 立論者와 對論者가 共通하게 認許하는 말을 써야 하나, 그러나 前名辭에 狡黠한 手段을 써서 말로 표현하는 말밖에 마음속으로 秘密히 다른 종류의 意見을 포함시키는 것이 있음을 有法意許라고 한다. 四相違中에 有法自相相違因과 有法差別相違로 對論者가 有法意許를 看破하고 곧 바로 立論者 自身의 因喩를 가지고 立論者를 擊破하는것 즉 立論者의 過誤인 것임.

유법자상상위인(有法自相相違因) 因

明의 似因十四過 가운데 因의 四相違過의 第三, 立論者의 애매한 論法의 허물을 發見하는 方法, 有法은 宗의 前名辭, 自相은 그 前名辭에 發表하는 事件, 相違는 反對의 뜻이다. 즉 그 立論者가 내세운 因으로 그 宗의 前名辭를 對할 때에 因의 三相의 後二相을 缺하였기 때문에 宗의 前名辭로 發表한 事件의 因이 成立되지 않고 도리어 부인하게 되는 理由가 되어 드디어 相對者가 바로 그 因을 사용하여 反對하는 宗이 成立하는데 까지 이르는 것이다. 예를 들면 基督敎徒가 "神은 無가 아니다(宗). 人間一般의 觀念에 떠오르는 까닭에(因) 무릇 人間一般의 觀念에 떠오르는 것은 無가 아니다. 비유하면 萬物과 같다(同喩). 온갖 無라는 것은 人間의 觀念에 떠오르지 않는다. 비유하면 第二의 해·달과 같다(異喩)"라고 할 때에 對論者가 "너의 神은 神이 아니다(宗). 人間一般의 觀念에 떠오르는 까닭에(因), 무릇 人間一般의 觀念에 떠오르는 것은 네가 말하는 神이 아니다. 비유하면 萬物과 같다(同喩). 무릇 네가 말하는 神은 人間 一般의 觀念에 떠오르는 것이 아니다(異喩)"라고 反駁할 수 있는 缺點이 있음.

유법제자(遺法弟子) 釋尊이 남긴 가르침을 信受하여 實行하는 弟子.

유법차별상위인(有法差別相違因) 因明의 似因 十四過中 四相違의 第四, 有法은 宗의 前名辭, 差別은 그 前名辭의 裏面에 含蓄되어 있는 別件의 事項. 相違는 反對의 뜻. 즉 그 因으로 立論者의 뜻가운데 가진 事項에 對할 때에 도리어 反對되는 事項을 成立할 수 있는 因을 말한다. 무릇 狡黠한 論法으로 宗의 前名辭에 二種의 뜻이 懷抱되었을 때 立論者는 그 하나를 成立할 수 있으나 反對者는 成立할 수 없다. 예를 들면 基督敎徒가 "基督은 사람이 아니다(宗). 능히 萬民을 救援하기 때문에(因), 무릇 萬民을 救援하는 이는 사람이 아니다. 비유하면 眞神과 같다(同喩). 무릇 人間은 萬民을 救援하지 못한다. 비유하면 우리들과 같다(異喩)"라고 할 적에 立論者는 "基督은 神의 아들이다"라고 뜻 가운데 생각하면서도 이 뜻을 表現하지 않음을 看破하고 對論者는 "基督은 神의 아들이 아니다(宗). 능히 萬民의 罪를 救援하기 때문에(因), 무릇 萬民의 罪를 救援하는 이는 神의 아들이 아니다. 비유하면 眞神과 같다(同喩). 무릇 神의 아들은 萬民의 罪를 救援하지 못한다(異喩)"라고 反駁할 수 있는 까닭이다. 이것이 바로 有法差別相違因임. (因明入正理論)

유변(有邊) 有의 邊際를 말함. 有·無의 理와 時를 論한 말이다. 世間一切의 事物이 반드시 假의 衆緣이

和合되어 생긴 것이다. 이 和合된 힘이 能히 一個의 作用을 드러내는 데 이것을 有邊이라고 말한다. 이미 假의 衆緣이 和合하여 생긴 것은 원래 自性이 없는 것이고 이미 自性이 없으면 法體가 有라고 말할 수 없으니 이것을 無邊이라고 함. (三藏法數八)

유변(有變) 變하려 하는 것. 옮기려 하는 것.

유변삼첩(流變三疊) 大佛頂首楞嚴經 四卷에 있는 말로서 單位에서 四方과 三世를 곱하면 十二가 되고 十位에서 四方과 三十世나, 四十方과 三世를 곱하면 百二十이 되고, 百位에서 四方과 三百世나, 四百方과 三世를 곱하면 千二百이 되는 것.

一疊	一一 疊之 流變 成十	依四 方三 世數 乘之	零數	二
			成數	十

二疊	十十 疊之 流變 成百	依十 二數 進位 加之	零數	二十
			成數	百

三疊	百百 疊之 流變 成千	依百 二數 進位 加之	零數	二百
			成數	千

유별(類別) ㊵〈Prakāra〉 種類에 따른 區別. 種別. (俱舍論)

유병(乳餠) 砂糖餠類.

유보(有寶) 婬事에 관한 말로 明白히 말하기를 避한 一種의 隱語와 같은 것. 즉 有寶는 婬具所有者, 婦女를 가리키며, 婉曲하게 婬處를 寶라고 함. (四分律)

유보(遊步) ㊵〈yātrā〉 이리저리 거닐음. 散步. (長阿含經)

유복(有覆) ㊵〈āvṛta; āvṛti〉 修行의 妨害가 되는 것. 聖道를 덮는 것. (五教章)

유복무기(有覆無記) ①㊵〈nivṛta-avyākṛta〉 ㊄〈bsgribs la luṅ du ma bstan pa〉 善도 惡도 아니나 올바른 智慧의 發生을 妨害하는 點에서 不淨한 것. (煩惱)에 덮이어있으나 (善이던 惡이던) 明記할 수 없는 것. 無覆無記의 對. (唯識三十頌) ②㊵〈nivṛta-avyakṛta〉 두드러지게 들어나지 않고 덮여 있는 것. (俱舍論)

유본자무(有本自無) 처음부터 有가 아닌. (仁王經下)

유부(有部) ㊵〈Sarvāstivāda〉 ㊁〈Sabbatthivāda〉 宗名. 說一切有部의 略稱. 小乘宗의 一派. 梵語의 薩婆多는 有爲, 無爲의 一切法이 모두 實有에서 세웠기 때문에 說一切有部라고 말한 것이다. 佛滅後 三百年 初에 上座部에서 分立된 것임 (宗輪論述記).

유부니다나(有部尼陀那) 根本說一切有部尼陀那의 약칭.

유부목득가(有部目得迦) 根本說有部目得迦의 약칭.

유부무기(有覆無記) 有覆心이라고도

한다. 性質이 善에도 惡에도 屬하지 아니하고, 또 善惡의 어떤 結果도 불러올 힘이 없는 것을 無記라 하며, 그중에 修行에 妨害가 되는 것과 그렇지 않는 것이 있는데 修行에 妨害가 되는 것을 有覆無記라 하고, 妨害가 되지 않는 것을 無覆無記라 한다. ↔無覆無記.

유부비내야(有部毘奈耶) 五十卷으로 본래는 根本說一切有部毘奈耶라 함. 唐나라 義淨이 翻譯한 것으로 小乘教 有部에 속하는 戒律 七篇을 모아 놓은 것이며 註釋書는 勝友가 짓고 義淨이 翻譯한 根本薩婆多部律儀가 있음.

유부심(有覆心) →有覆無記.

유부율(有部律) 有部宗의 戒律. 또는 律書·十誦律·根本說一切有部毘奈耶등이라 함.

유부율섭(有部律攝) 根本薩婆多部律攝의 약칭.

유분(有分) ①梵〈sāvayava〉 部分을 갖는 것. 結合性. ②梵〈avayavin〉 全體. ③梵〈tanmayatā〉 그것과 같은 것. 그것으로 이루어진 것. (俱舍論)

유분(喩分) 比喩하는 것. (要集)

유분별(有分別) 分別作用이 있다는 뜻. 六識中의 眼등 五識은 오직 尋伺가 相應하는 自性의 分別이 있으므로 俱舍論二에 無分別이라 하였고 第六意識은 散과 慧를 모두 갖추어 相應하는 計度分別과 定과 散諸念의 隨念分別이 能히 分別이 所緣하는 境이 되므로 有分別이 된다고 함. 成唯識論七에 「그 所緣에 能히 取함을 밝혀 眼등의 識과 다르므로 無用이 아니며 이 聖教에서 說한 그 意識은 有分別이라 한다」하였음. 또한 無分別 正體智에 對하여 그 나머지 後得한 等智가 有分別이 된다. 또한 分別을 緣境한 여러가지 差別智가 되는 것.

유분별(唯分別) 梵〈kalpa-mātra〉 오직 分別뿐이라는 것. (莊嚴經論 眞實品)

유분별지(有分別智) 梵〈savikalpaka-mjṅānam〉 分別心으로써 對象을 생각하여 아는 智를 말함. (瑜伽論)

유분색(有分色) 梵〈avayavi-rūpa〉 西〈cha śas can gyi nobo〉 全體性. 部分을 갖는 性質이라는 것이 元來의 意味인데, 結局은 全體性을 가리킨다. 이것은 바이세시카學派의 概念인데, 그들에 依한 例를 들면, 주전자는 原子의 集合으로 된 것이다. 그러나 單純한 集合과는 달리 주전자라는 單一한 全體性도 가지고 있다. 이 全體性은 많은 原子로 만들어져 있으면서 또한 그것과는 다른 實體라고 主張한다. 그러나 佛教者는 손은 五本의 손가락으로 보일 뿐이지 第六番째의 實體로서의 손이라는 것이 있는 것은 아니라 하여 全體性의 理論을 否認한다. (唯識二十論)

유분식(有分識) 阿賴耶識의 다른 이름. 三界를 나타내는 原因이 되는 識으로 唯識의 第八識에 해당함. 了義燈 四本에 「上座部에서 따로 說假部를 세워서 有分識이라 한다」라고 하였음.

유불(有佛) 佛이 在世한 時期를 말함. (法華文句)

유불(濡佛) 露佛. 厨子 혹은 堂宇가 없는 佛像. 毘盧舍那佛의 露佛은 諸方에 있음.

유불국토(有佛國土) 하나의 佛國土가 있는 것. 阿彌陀佛이 있는 淨土를 말함.

유불무불성상상주(有佛無佛性相常住) 佛陀가 世間에 出現하고 아니하고에 拘碍됨이 없이 諸法의 性相은 常住하고 있어서 變化增減等이 없다는 것. 大般涅槃經二十一「涅槃의 體는 本無하여 今有가 아니다. 만약 涅槃의 體가 本無今有라고 한다면 無漏常住의 法이 아니다. 有佛無佛性相常住니라. 諸衆生 煩惱에 덮혀 涅槃을 보지 못하고 없다고 하나니라(下略)」하였음.

유불색(有不色) ㉺〈arūpin〉 形이 없는 것. 實質이 없는 것. (人本欲生經)

유불여불(唯佛與佛) 大乘의 지극한 경계는 다만 부처만이 아는 것. 다른 이는 알거나 보거나 하지 못한다는 말.

유불여불내능구진(唯佛與佛乃能究盡) 다만 佛과 佛이 서로 잘 그것을 究盡할수가 있다는 것. (法華經 方便品)

유불여불내능구진제법실상(唯佛與佛乃能究盡諸法實相) 다만 佛과 佛만이, 모든 存在의 眞實相을 究盡한다는 뜻. 산스크리트原語는 ㉵〈sarva-dharmān api tathāga: ta eva jānāti〉인데, 티베트譯은 ㉾〈chos tha: ms cad kyaṅ de bshin gśegs pa ñid kyis mkhyen te〉로 如來만이 一切의 法을 안다는 뜻. (法華經 方便品)

유불여불지견(唯佛與佛知見) ①大乘究極的 깨달음의 境地는 오직 佛과 佛만이 알 수 있는 것으로써 凡夫나 小乘의 무리가 思議할 수 없는 것이라는 것. ②阿彌陀佛의 淨土의 아름다움은 오직 佛과 佛만이 알 수 있는 것이고, 最高位의 等覺의 菩薩이라도 알 수가 없다는 것. (高僧和讚 天親菩薩)

유불조여불조(唯佛祖與佛祖) 다만 佛祖와 佛祖만이 또는 다만 眞理를 得한 者와 眞理를 體得한 者만이란 뜻. 唯佛與佛의 變形임.

유불처(有佛處) 佛이 世間에 나오는 곳.

유비구유주처(有比丘有住處) ㉺〈sabhikkhukaāvāsa〉 比丘가 사는 院. (十誦律)

유사(有司) 司直. 法을 다스리는 관리.

유사(有伺) ㉵〈savicāra〉 微細한 思考作用이 있는 것. →伺.

유사(有事) 有爲法의 다른 이름. 有爲의 모든 法은 모두 因이 있어 생긴다는 뜻. 俱舍論一에 「모든 有爲法은 色등 五蘊을 말한다. 또한 世路는 依를 말함이니 有離有事 등이다」라고 하였고, 頌疏에 「有事의 事는 바로 因의 뜻이요, 有는 因이 있으므로 이름하여 有事라 한다」라고 하였음.

유사(流沙) 蒙古의 大沙漠. 西域記十二에 「여기서 東으로 가면 大流沙가 있는데 모래가 너무 流動이 많아 바람따라 모였다 흩어졌다 하여 사람이 다니는 발자국이 없어져서 방황하기 쉽고 사방으로 끝없이 펼쳐진 茫茫한 벌판에 指向할 바를 알 수 없다 旅行者의 기록에는 遺骨을 많이 모았다고 쓰여있다」라고 함.

유사(唯死) 죽지 않을 수 없는 것.

유사(踰闍) ㉵〈Ayodhyā〉 阿踰闍의 약칭. 彌勒菩薩이 하늘에서 내려와 瑜伽을 說한 大講堂. 踰闍國에 있음.

※可洪音義二에 「踰闍國名 阿踰闍國此云不可戰」

유사(類事) 天衣 妙香 등으로써 諸佛을 供養하고, 布施·持戒 등의 行으로 衆生을 救濟하는 것. 類는 流類의 義. 類事란 菩薩이 여러 佛國에 가서 供佛利生하는 同類의 事業임.

유사구경(遊四衢經) 舍利弗目連遊四衢經의 약칭.

유사기행원취불토(類事起行願取佛土) 類事는 →類事. 起行은 諸佛을 供養하고, 衆生을 救濟하는 行을 하는 것. 願取佛土는 菩薩이 願대로, 佛이 없는 世界에 태어나서 佛의 가르침을 펴고, 佛의 계시는 世界를 實現하는 것. 畢竟成佛을 뜻함. (教行信證 證卷·圓乘)

유사나(流舍那) ①毘盧舍那佛과 같음. →毘盧舍那佛. ②盧舍那佛과 같음. →盧舍那佛.

유사나(踰闍那) ㉵〈yojana〉 由旬와 같음. →由旬.

유사수행(留捨壽行) 留多壽行과 捨多壽行의 둘을 말하며 俱解脫의 第四, 靜慮인 色界 第四 禪天의 阿羅漢이 자기가 받은 壽命을 自由自在로 하는 것을 말함.

유사자(有事者) 犯罪者. 被告. (十誦律)

유산(遊山) 禪門에서 參禪하던 사람이 解制가 되면 參學을 마치고 名山大刹의 勝景을 찾아 觀覽하는 것을 말함. 敕修淸規裝包에 「遊山을 다닐적에 가는 곳마다 山門에 미쳐서는 包을 풀어놓고 捧納한다. 또 편안히 쉴 곳을 지날 적엔 包를 벗어 놓고 신과 버선을 가지고 물가로 가서 발을 씻고 옷을 가라 입고 袈裟를 걸쳐입고 知客과 서로 인사

한다」라고 했음.

유산다라수(喩山陀羅樹) 喩山의 樹名으로. ㉵〈yūṣam〉. 陀羅는 ㉵〈dā:ru〉로 樹木을 뜻함.

유산완수(遊山翫水) 마음에 一點의 흐림도 없이, 山紫水明한 곳을 悠悠히 놀며, 自適하는 것.

유상(有上) ㉵〈uttara(?)〉 上이 있는 것.

유상(有相) 造作의 相이 있고 虛假의 相이 있음을 말함. 大日經疏一에 「볼수 있고 나타낼 수 있는 법을 有相이라 함. 相이 있다고 함은 모두 虛妄한 것이다」하였음. ↔無相.

유상(有常) Ⓟ〈assata〉 永久히 存續하는 것. (中阿含經)

유상(有想) 無想天의 有情에 對하여 다른 思想의 有情을 가르키는 말. 無想天은 色界에 있고 이곳에 衆生이 생하여 五百大劫의 사이를 無心에 住한다 함. ↔無想.

유상(喩相) 比喩에 依하여 表現되는 말(說)의 特質.

유상(遺像) 남긴 佛像. (反故集)

유상교(有相敎) 부처님이 成道後 十二年동안 說한 阿含經을 有相敎라 고 한다. 이는 阿含經에 因하여 諸法이 實存하다는 理로써 根本을 삼기 때문임. (華嚴經疏一, 三藏法數十)→敎有.

유상무상(有相無相) 密敎의 有相 無相에 따르면 淺略과 深秘의 二釋이 있다. ①그 淺略의 뜻에 따라 말하면 凡夫가 알고 있는 色心의 諸法은 事相이 나타나서 마음앞에 現行하며 了하기 쉽고 알기도 쉬운 것을 有相이라 하고 諸法의 體性은 幻과 虛僞와 같이 自性이 即空하며 色도 없고 形題도 없이 一相도 있지 않은 것을 無相이라 한다. ②그 深秘의 釋에 依하면 一切의 法은 各各의 相이 分明하게 住하고 無相은 一相 가운데 一切의 相을 갖추고 一相도 머무르지 않으며 一切의 相을 갖추어 一相도 없으므로 無相이라 하며 非는 非色 非形이 된다 台宗 圓敎의 圓空·妙空·畢竟空·第一空은 이 第二釋과 같다. 大日經 供養法에 「甚深한 無相의 法은 劣慧로서는 解釋하지 못한다. 그들에게 相應하기 때문에 有相의 說이 있다」하였고 要略念誦經에 「相과 無相은 甚深하여 少智로는 能히 들어가지 못한다. 無相 設相에 依하면 그 二種人을 攝受한다」하였음. 凡密敎의 三本尊 三密등은 모두 有相無相의 淺深의 二重이 있다. 그 宗은 無相의 一概로써 顯敎의 淺義를 삼은 것은 顯密이 相對하는 一往의 뜻이다. 만약 自宗으로 말하면 오히려 無相이 深義가 됨을 引用한 經文으로 알 수 있다 함.

유상무상(有想無想) 有想과 無想의 有情. 法華經隨喜功德品에 「有形·無形·有想·無想·非有想·非無想

無足·二足·四足·多足 이러한 것들이 모두 衆生의 數인 것이다」라고 함.

유상무상(有像無像) 有形의 것과 無形의 것. 一切 모든 것이란 뜻.

유상무상비유상비무상(有想無想非有想非無想) 有想은 ㊵〈samjninah〉, 無想은 ㊵〈a-samjninah〉, 非有想非無想은 ㊵〈naiva-samjnino nasamsjn〉 또는 想無想非想非無想이라 함. 情의 有無에 依하여 有情의 所居를 三種으로 分類한 것.

유상무상처(有想無想處) ㊂〈nevasaññā-nāsañ: ña-āyatana〉→非想非非想處. (長阿含經)

유상방편(有相方便) ㊵〈sa-nimmitta-prayoga〉 形體가 있는 것에 依한 努力.

유상범부(有相凡夫) 相에 執着하는 普通사람.

유상사(有上士) 無上士의 對. 等覺의 菩薩을 말한다. 몇가지 煩惱가 남아 이로부터 앞으로 올라가야 할 佛果의 位가 있으므로 有上이라 함.

유상수행(有相修行) 外部에 形體로 되어 나타나는 修行. 念佛·讀經·供養 등을 말함.

유상안락행(有相安樂行) 法華經 安樂行品에 末世의 道俗의 安樂修行을 分別한 法華의 法에 身·口·意·誓願의 四種이 되어 밝힌 것. 南岳大師가 이 安樂行에 따라 有相無相의 二門을 세운 것. 定觀念에 들어가면 無相安樂行이 되고 散心念誦은 有相安樂行이 된다 함. 萬善同歸集二에 「南岳法華懺에 六根의 性이 清淨한 菩薩이 法華를 배워 二種行이 具足한 것. (1) 有相行 (2) 無相行이 있다. 無相安樂行은 甚히 深妙한 禪定으로 六情根을 觀察하는 것. 有相安樂行은 勸發品에 依한 것으로 散心하여 法華를 誦하면 禪三昧에 들어가지 못한다. 坐立·行에 一心으로 法華文字를 念하여 行을 萬若 成就한 者는 곧 普賢身을 본다」하였음. (勸發品은 普賢菩薩 勸發品으로 法華經의 가장 끝에 있다. 散心念誦을 勸하는 者는 南岳의 法華懺으로 지금은 傳하지 않으므로 萬善同歸集을 引用하였음).

유상업(有相業) 眞實로 淨土가 있다고 믿고 念佛하며 往生을 求하는 것은 바로 有相의 作業이다. 往生要集下末에 「有相業은 혹 부처님의 相好를 觀하기도 하고, 혹 부처님의 名號를 부르며 이 穢土를 모두 싫어하고 오로지 淨土만을 求하는 것을 말한다」라고 하였음.

유상열혜(有相劣慧) 形에 執着된 智慧가 低劣한 者.

유상종(有相宗) 法相宗의 다른 이름. 選擇集本에 法相宗을 가리켜 有相宗이라함. 이것은 이른바 無相宗의 三論宗에 대하여 이르는 말이다. 즉 宇宙間의 物·心現象을 五位·百法에 나누고, 相에만 대하여 자세히 말함으로 다른 宗에서 일컫는 宗名이다. 選擇集本에 「또 有相宗에서 三時敎를 세워놓고 一代理敎를 判했다」라고 하였으니, 저 大乘에 있어서 心外의 境을 無라고 하고 心內의 法을 有라고 하는 까닭임.

유상집착(有相執著) 形體가 있는 現象의 모습에 사로잡히는 마음. 그것들이 空이라는 것을 깨닫지 못하고, 執着하는 마음을 일으키는 것. (反故集)

유상집착(有想執着) 사람의 感官으로 感知하는 事物을 實有라 認定하고 이에 마음을 붙여 마음을 빼앗김을 말함.

유상착아(有相著我) 眞實에는 無相인 佛과 淨土를 있는 것으로 생각하여 내(我)가 있다고 執着하는 것.

유상천(有想天) 天處 가운데 無想天과 非想非非想天을 除한 그 나머지를 모두 有想이라 함.

유상행(有相行) 有相의 修行과 같음. →有相의 修行.

유상희론(有相戱論) 一切의 것을 區別된 相에 사로잡혀서 論評하는 것.

유색(有色) 欲界와 色界의 有情有色身을 가진 이, 金剛經에 「有色이나 또는 無色」이라 하였고, 天台의 疏에 「有色은 곧 欲界·色界의 二界를 가리키고 無色은 곧 空處다」라고 하였으며, 長水의 刊定記四에 「有色은 곧 色으로써 身을 받은 것이요, 無色은 곧 四蘊으로써 身이 된 것이다」라고 하였음.

유색(乳色) 生盲人이 說한 乳色을 말함. 涅槃經十四에 「生盲人은 乳色을 알지 못하고 다른 사람에게 묻기를 "乳色이 어떤가" 다른 사람이 對答하되 "빛이 하얗기가 조개와 같소" 盲人 "이 乳色이 조개소리 같은가" 答 "아니다" 問 "貝色은 무엇 같은가" 答 "쌀 가루와 같다" 盲問 "乳色의 부드러움이 쌀가루 같단 말이지, 그럼 쌀가루는 무엇과 같지" 答 "雨雪과 같다" 盲問 "저 쌀가루도 차갑기가 눈과 같은가, 눈은 무엇 같지" 答 "白鶴과 같다"하였음. 이는 生盲人이 비록 이 같은 四種의 비유를 들었으나 끝내 乳의 眞色을 알지 못하였다. 이는 모든 外道가 이와 같아서 끝내 能히 常樂我淨을 알지 못함과 같다」 하였음.

※止觀五에 「若爲盲人說乳 若貝若粖若雪若鵠 若盲聞諸說即得解乳 即世諦是第一諦義」

유색(唯色) 色과 心이 둘이 아니기 때문에 萬法이 唯心이요. 또 唯色인 것이다. 이에 依하여 護法 唯識無境을 세우기 때문에 淸辯 唯境 無識을 세운다. 止觀義例上에 「能히 諸法을 了하려면 諸法이 唯心 唯色임을 보라. 마땅히 一切가 마음으로 말미암아 諸法을 分別함을 알 것인데 어찌 일찍 스스로 같고 다름을 말하리오」라고 하였음.

유색근(有色根) ㉵〈paṅca-rūpa indriyāni〉 眼·耳·鼻·舌·身의 五個 感覺機關. (集異門論)

유색근신(有色根身) →有根身.

유색법(有色法) ㉶〈rūpino dhammā〉 五蘊中의 色蘊에 攝하는 法으로 五根·五境·無表色의 十一을 말함.

유색천(有色天) 色界의 모든 天.

유생(有生) ㉵〈punar bhara〉 다시 이 世上에 태어나는 것.

유서(幽栖) 栖는 居處. 사는 집이란 뜻. 幽棲와 같음. →幽棲. 隱者가 사는 곳.

유서(幽棲) 世間을 떠난 조용한 居處. (住居·正法眼藏)

유서(遺書) ①死後에 實行하여야 할 것을 미리 記錄한 文書. ②禪院의 住職이 遷化에 앞서 미리 절의 後住를 選定하여 記錄해 두는 文書.

유서(遺誓) 遺誡와 같음.

유석(惟昔) 옛날.

유석(留錫) 禪宗에서 말하는 掛錫·掛塔과 같으며 安居하고 僧堂의 單位에 앉는 것으로 다른 大衆과 기거를 함께 함. 또는 停錫·駐錫의 뜻으로 스님네가 한 곳에 逗留하는 것을 말함.

유석(儒釋) 儒敎과 佛敎.

유석질의(儒釋質疑) 1책. 유교, 불교에 대한 說門. 應答을 하여 불도의 진실성을 論證한 책. 일명〈儒釋質議論〉. 선조 15(1582)年 경기도 龍仁 瑞鳳寺에서 간행. 고려시대의 명승 道詵의 제자인 한 중이 이조 시대에 와서 尊儒斥佛이 기풍이 현저하므로 이 책을 지었다. 석가탄생 이후로 중국 및 우리나라에 불교가 전파된 유래도 기술되었고 유불에 대한 변증도 명답이나 高見卓論이 유창함.

유선(有善) ㉵〈śubhin〉 善의 相을 간직하고 있는 것.

유선(柔善) ㉵〈vinita〉 ㉷〈dul ba〉 人品(品位)이 있는 사람이란 뜻.

유선나(由繕那) ㉵〈yojana〉 由旬과 같음. →由旬. →요자나.

유선나(踰繕那) 古代 印度의 里數의 단위. 由旬.

유성(有性) 出離解脫의 性이 있는 것을 有性이라 하고, 佛性이 없는 것을 無性이라 하는데 바로 闡提를 말함. 圓覺經에 「地獄·天宮이 모두 淨土요, 有性·無性이 모두 成佛하는 道다」라고 했음.

유성(惟盾) 생각하고 있던 것이란 뜻.

유성(類性) 無明의 類인 것. (俱舍論)

유성장(有聲杖) →錫杖.

유성천제(有性闡提) 斷善闡提라고도 한다. 쉽게 成佛할 수는 없지만 끝내는 佛의 威力을 힘입어 成佛할 수 있는 有情. →一闡提.

유소단자(有所斷者) 菩薩 修行의 階位인 等覺位를 말함. 부처님 地位

다음 가는 地位로 아직 微細한 無明의 煩惱와 習氣가 남아있어 끊어 버려야 할 一部分이 있는 것을 말함.

유소득(有所得) 有所得은 執着하는 마음과 分別하는 마음을 말함. 智度論六十에「有所得이란 我心이 諸法中에서 取相하는 것을 말하는 것이다」하였고 同八十三에「有二는 有所得이 되며 無有二는 無所得이다」하였으며 佛藏經一에「有所得이란 我·人·壽者·命者가 있다고 說하는 것이다」하였고 探要記十에「愛執은 곧 生이며 有所得이라 함. 만약 有相에 執着하면 이는 增益執으로 常見이라 하고 만약 無相에 執着하면 이는 損減執으로 斷見이라 한다」하였음.

※涅槃經十七에「無所得者則名爲慧(中略)名大涅槃」三論玄義에「有所得者爲魔眷屬 非佛弟子」

유소득견(有所得見) 어떤 것을 眞理라고 깊이 생각한 見解. 執着이 있는 見解. (八宗綱要)

유소득대승견해(有所得大乘見解) 大乘敎人이 非有非空(中道)에 執着하여 그것이 眞理라고 생각하고 있는 見解. (八宗綱要)

유소득심(有所得心) 一·異·有·無·是·非등 相對的으로 對境을 나누어, 하나를 취하고 다른 하나를 버리는 마음을 말한다. 唐譯 仁王經上에「法相이 이와 같아서 有所得心과 無所得心을 모두 얻을 수 없다」라고 하였고, 良賁疏中二에「有所得心은 相을 取하는 마음이고 無所得心은 分別智가 없는 것이다」라고 하였음. ↔無所得心.

유소득심설법(有所得心說法) 有所得의 마음으로써 잘못된 것을 말하여 他人의 信念을 混亂시켜 惡道에 떨어지게 하는 不淨한 說法을 말함.

유소득집(有所得執) 잘못된 計劃. (往生要集)

유소연(有所緣) 心識을 有所緣, 心識이외의 물건을 無所緣이라 함. 所緣이란 마치 眼識이 色에 耳識이 聲에 있어서와 같이 心識이 攀緣寄託하는 境界다. 心識은 반드시 이 所緣이 있기 때문에 有所緣이라함.

※俱舍論二에「六識意界及法界攝諸心所法 名有所緣 能取境故」

유소왕생교(有所往生敎) 他力本願念佛에 依한 往生淨土의 가르침인 無量壽經을 말하고 他經을 無所往生敎라고 함.

유소의(有所依) 依支하는 바(所依)가 있는 것. 唯識說에서는 三種의 所依가 있는 것을 뜻하는데 心·心所를 말한다. 心·心所는 반드시 스스로의 種子 因緣依와 俱有(함께 있는)의 六根(增上緣依)과 前(刹那)에 滅한 心(等無間緣依)을 所依로 하여 일어나기 때문임.

유소작(有所作) ㊍〈medhaka〉 確執. (義足經)

유속(流俗) ①世俗과 같음. ②옛날부터 傳해 오는 風俗, 세상에 돌아다니는 풍속.

유수(有手) ㉵〈Hastin〉 象의 別名. 百論疏上의 下에 「象에는 七肢가 있는데 손이 勝하기 때문에 그 勝한 것을 따라 이름을 받아 有手라고 하였다. 그러므로 外國人이 象을 부를 적에 有手라고 한다. 婆沙論에 이르기를 佛經에서 信을 說한 것은 바로 이 象의 手이다. 象手는 能히 衆生의 數를 取하여도 衆生의 數物이 아니요, 信은 能히 善法을 取하기 때문에 外國의 道俗을 막론하고 共通的으로 象을 이름하여 有手라고 한다」라고 하였음.

유수(有受) ㉵〈upātta〉 사로 잡힘이 있는 것이란 뜻.

유수(有羞) ㉵〈hrimat〉 부끄러워 하는 것.

유수(乳水) 物의 和合에 비유한 말.

유수(幽邃) 그윽하고 깊은 곳. (四教儀註)

유수(留壽) ㉶〈jivita-saṃkhāraṃ adhitthāya vi: harati〉 即時 죽지 않고, 잠간 이 世上에 生存하는 것. (長阿含經)

유수(濡首) 文殊師利의 前後 약칭. →文殊.

유수관정(流水灌頂) →流灌頂.

유수면심(有隨眠心) ㉵〈sanusaya〉睡眠을 하기 위하여 隨增되어 가는 마음을 말함.

유수미변(溜水微辯) 물방울과 같은 貧弱한 辯舌. (三教指歸)

유수보살무상청정분위경 (濡首菩薩無上淸淨分衛經) 二卷. 劉宋 釋翔公의 번역. 一名 決了諸法如幻三昧라 하며 大般若第八會와 같음.

유수분위경(濡首分衛經) 濡首菩薩無上淸淨分衛經의 약칭.

유수안(乳水眼) 鵝鳥가 능히 한 그릇속에 담겨져 있는 젖과 물을 분간할 수 있어서 젖은 마시고 물은 남겨 놓듯이 學者의 法을 擇하는 눈이 능히 邪와 正을 分別할 수 있음에 비유한 것. →水乳.

유수작의(有羞作意) ㉵〈lajjā-manaskāra〉 부끄러워하여 贖罪하는 行事를 하려고 하는 것. (莊嚴經論)

유순(由旬) ㉵〈yojana〉 또는 兪旬·揄旬·由延·或은 踰闍那라 하고 新稱 踰繕那라 하며 里程을 計算하는 數目으로 帝王이 하루 行軍하는 距里다. 或은 四十里라 하고 或은 三十里라 함. 西或記二에 「數量을 부르기를 踰繕那라 함. 舊에는 由旬·踰闍那·由延이라 하였으나 모두 訛略이다. 踰繕那는 옛날 聖王이 하루 行軍한 것. 舊傳에 一踰繕那를 四十里라 하고 印度國俗에는 三十里라하였다. 聖教에 실린 것은 오직 十六里라 함. 微數로 窮究하면 一踰繕那를 나누면 八拘盧舍가 되고 拘盧舍는 큰 소의 울음소리 끝까지 들리는 곳을 一拘盧舍라 하며 一拘盧舍를 나누면 五百弓이 된다. 一弓을 나누면 四肘가 되고 一肘는 二十四指가 되며 一指節을 나누면 七宿麥이 된다」하였고, 有部百一羯磨三에 「踰繕那란 아직 바로 번역된 것이 없다. 東夏의 一驛이 三十餘里에 該當하며 舊에 由旬은 訛略이다. 西國俗法에 准하면 四俱盧舍가 一踰繕那가 된다. 一俱盧舍를 計算하면 八里可量이며 곧 三十二里에 該當한다. 一俱盧舍는 五百弓이며 弓은 一步의 數다. 그 步數에 准하면 겨우 一里半 남짓하다. 八倍를 하여도 十二里에 該當하여 一驛을 充當하지 못한다. 親히 試驗해 보니 지금 西方의 一踰繕那는 一驛을 둘만 하므로 지금은 모두 一驛이라 번역하여 遠滯가 없음을 막았다」하였으며, 註維摩經六에 「肇가 말하기를 由旬은 天竺 里數의 名稱이다. 上由旬은 六十里, 中由旬은 五十里, 下由旬은 四十里다」하였음. 一指節은 大母指를 가로하여 그 厚量을 取한 것이며 또한 一肘는 肘의 本端에서 부터 中指 끝까지의 사이를 말함. 惠運의 俱舍記에 「一肘는 肘의 本端에서 中指의 끝까지로 一尺 八寸이다」하였음.

※智證之雜記에 「橫大母指而取其厚 以爲一指也」俱舍論十二에 「贍部洲人身多長十三肘半 於中少分有長四肘 一積算此指節之量可知由旬之度」

유순(柔順) ㉵〈ānulomika〉 잘 어울리는 것. 適合한 것. 目的에 맞는 것. (正法華)

유순(揄旬) →由旬.

유순인(柔順忍) 마음은 柔하고 智는 順하여 實相의 理가 서로 乖角하지 않으므로 柔順이라 하며 그 地位에 견디어 安住할 수 있으므로 忍이라고 한다. ①三忍의 하나. 天台宗에서 세운 通敎 十地인 三乘, 共十地의 第二性地에 住하는 菩薩, 一切衆生을 위하여 목숨을 아끼지 않고 諸根을 調伏하며 六度를 行하여 一切事 가운데서 福·慧를 완전히 하므로 柔順忍이라 한다. ②慧心이 柔順하여 眞理에 隨順하는 地位. ③薩菩修行의 階位를 五忍으로 나눈 가운데의 第三, 四地, 五地, 六地의 菩薩을 가리킴. 維摩經 法供養品에 「如是法을 듣고 柔順을 얻었다」라고 하였고, 注에 「肇가 말하기를 마음은 柔하고 智는 順하여 實相을 堪受하나 無生에는 未及하기 때문에 柔順忍이라고 이름한다」라고 하였으며, 無量壽經上에 「一은 音響忍이요, 二는 柔順忍이요, 三은 無生法忍이다」라고 하였음.

유술(儒術) 儒道와 같음. 術은 道術.

유습(有習) 習은 習氣. 煩惱의 氣分을 이름. 無明이라는 말에 대하여 有習이라 함.

유습마형단(有什麼形段) 「어떠한 形段인들 있으랴」 疑問形이 아니고,

疑問形으로써 絕對無限의 當體, 坐禪의 無相을 말한 것. (正法眼藏)

유승소(劉僧紹) 北魏時代의 妖僧. 鄕貫未詳. 延昌 3(514)年 丁巳에 幽州의 沙門 劉僧紹 衆을 모아 反하여 淨居國明法王이라 自稱하였으나 州郡에서 逮捕하여 斬首하다. (魏書卷八) 劉僧紹는 幽州에 있던 沙門으로 宗教叛亂을 일으켰으므로 誅戮된 것임.

유승천경(有勝天經) 尊者 阿那律이 仙餘財主를 위하여 光天·淨光天·偏淨光天의 因果의 差別을 說한 것. 中阿含經十九에 수록되어 있음.

유시(由是) 이 때문에.

유시(有始) ㊵〈ādimat〉 처음이 있는 것.

유시(有時) 어느때. 가끔.

유시주의(有施主衣) 他人의 施主한 것으로 얻은 衲衣. 五種衲衣의 하나.

유식(有食) 一種의 陰語로, 男女의 婬事하는 것을 말함. (十誦律)

유식(有識) 有識이란 有情과 같음. 歸敬儀中에 「有識은 凡夫다」하였고 觀經散善義에 「含靈이 들으면 믿음이 생기고 有識이 보면 西쪽으로 歸依한다」하였음.

유식(唯識) ㊵〈Mātrātā〉 摩怛剌多. 번역하여 唯라하고 ㊵〈vijñapti〉 毘若底는 번역하여 識이라 함. 梵語를 倒置하면 識唯라 하며 通常으로 〈vijñānamatravāda〉라 함. 唯는 簡別의 뜻. 識外에는 法이 없음을 簡別함을 唯라 하고 識은 了別의 뜻. 마음을 了別하는데 대략 三種이 있고 廣에는 八種이 있어 識이라 함. 그렇다면 唯識이란 三識或은 八識의 複名數이고 오직 一識의 뜻은 아니다. 華嚴經에 集起의 뜻을 말하면 唯心이라 하고 唯識論에 따르면 了別의 뜻을 唯識이라 하나 그 體는 같다. 또한 唯心의 名은 因果에 通하고 唯識의 稱은 오직 因位에 있다. 三種이란 初能變(第八識) 二能變(第七識) 三能變(第五識)이다. 八種은 眼識에서부터 阿賴耶識에 이르는 것. 義林章一末에 「識은 心이다. 마음에 따라 綵畫를 集起하는 主의 根本이 되므로 經에 唯心이라 하고 了達을 分別하는 根本이 되므로 論에서 唯識이라 하였다. 或 經義에는 因果에 通한다 하여 總言 唯心이라 한다. 論說은 오직 因에 있으므로 다만 唯識이라 하고 識은 了別의 뜻이다. 因位中에 있으면서 識이 用强하므로 識을 說하여 唯라하나 그뜻은 같다. 二十論에는 心意와 識了는 名의 差別이다」하였고, 唯識述記一本에 「唯는 그 二義를 나타냄을 말하는 것 (1)은 簡別의 뜻. 虛妄執을 遮斷하고 다만 有識을 나타내어 心의 外境이 없다 (2)는 決定의 뜻. 數의 增減을 여의고 略하여는 오직 이 三을 決定하기 때문이며 廣하게는

八種識을 決定하기 때문이다」하였음. 問 "唯識이란 말에 八種의 識이 있다고 하는데 八種의 識體를 除外하면 다른 法은 없는가" 答 "그렇지 않다. 오직 八識을 말한 것은 一切諸法이 八識을 벗어나지 않는다는 것이지 八識外에 다른 法이 없다는 것은 아니다. 모든 法을 分別하면 五法이 되는데 (1)心 (2)心所 (3)色 (4)不相應 (5)無爲다. 이 가운데 前의 四는 事가 되고 後의 一은 理가 되어 五法事理라 한다. 이 五法事理는 모두 識을 여의지 못하므로 唯識이라 하며 第一의 心은 識의 自相이고 第二의 心所는 識이 相應하는 法이며 第三의 色은 心과 心所가 變하는 것이고 第四의 不相應法은 心과 心所와 色의 分位差別이며 第五의 無爲法은 前 四法의 實性이기 때문이다. 또한 唯의 말은 遍計所執性의 遮遣을 取하는 것이며 識이란 말은 依他와 圓成의 二性을 取하는 것이다"하였음.

※唯識論七에 「唯識言有深意趣 識言總顯一切有情 各有八識 六位心所 所變相見 分位差別 及彼空理所顯眞如 識自相故 識相應故 二所變故 三分位故 四實性故 如是諸法皆不離識 總立識名 唯言但遮愚夫所執離諸識實有色等」 義林章一末에 「梵云毘若底 此翻爲識 識者了別義 識自相 識相應 識所變 識分位 識實性 五法事理皆不離識 故名唯識」 楞嚴經五彌勒菩薩之言에 「我以諦觀十方唯識 識心圓明 入圓成實 遠離依他及遍計執 得無生忍 斯爲第一」

유식가(唯識家) 法相宗의 다른 이름.

유식개몽(唯識開蒙) ㊂二卷. 元나라 釋雲峰의 集撰. 이 책은 正文은 列擧하지 않고 겨우 論文中에서 緊要한 곳만을 가져다 뽑아서 標題를 삼았는데 一百五十項을 設하여 問答으로 그 뜻을 밝혔다. 그래서 開蒙이라 함.

유식관(唯識觀) 唯識三性觀의 略. 三性이란 ①遍計所執性. 마음 밖에 我法性이 있다고 執着하는 것. ②依他起性. 種子가 생하는 因緣法을 말함. ③圓成實性. 依他起性이 所依하는 實體가 眞如라는 것. 이 三性을 分別하면 遍計所執性은 心 밖의 法에 係하여 有가 아니라고 遮遣하며 他의 依하여 圓成하고 心內의 法에 係하여 空이 아니라고 觀照함을 唯識三性觀이라 함. 唯는 簡持의 뜻. 遍計를 簡去하고 依圓의 二性을 持取하는 것. 識이란 말은 持取한 依圓 二性을 나타내는 것. 이 唯識三性觀을 修하면 淺에서부터 深에 이르는데 五重이 있다. 五重唯識이라 함은 (1)遣虛存實識. 마음 밖의 모든 境은 遍計所執의 虛妄이라 하여 體와 用도 有가 아니라고 遮遣한다는 것이며 心內의 諸法은 依他와 圓成에 依하여 體와 用이 없지 않다고 하여 存留시키는 것을 虛實相對의 觀法이라 함. (2)捨濫留純識識

에 八種이 있어 細相으로 分別하면 各各 相分·見分·自證分·證自證分의 四分이 있다. 이 가운데 相分은 所緣의 境이 되고 後의 三分은 能緣의 心이 된다. 所緣의 相分은 心外의 妄境에 濫하므로 그것을 버리고 取하지 않으며 오직 後三分의 純識만 存留시킨다. 이는 心과 境을 相對시키는 觀法이다. (3)攝末歸本識. 相分은 識內의 所取하는 境에 係하고 見分은 識內의 能取하는 作用에 係하며 이 二者는 識의 自體分에 따라 일어나며 自體分은 本이되고 見相二分은 末이 되므로 識의 自體分을 여의면 見相의 末이 없다 末을 攝하여 本에 돌아가며 이는 體와 用이 相對하는 觀法이다. (4)隱劣顯勝識. 八識의 自體分에 各各 心王과 心所가 있다. 心王은 王보다 勝하고 心所는 臣보다 劣하므로 劣法을 숨기는 心所와 勝法을 나타내는 心王이다. 이는 心과 心所가 相對하는 觀法이다. (5)遣相證性識. 四重의 八識에 心王의 自體分이 머무른다. 이는 依他起性의 事相이며 이 事相의 實性은 二空이 所遣하는 圓成實性이 된다. 곧 依他의 事相을 空이라하여 捨遣하고 圓成實性을 證得하는 것. 이는 事와 理가 相對하는 唯識觀의 至極이다. 五重 가운데 前四重은 捨遣遍計所執性이 되어 依他起性의 觀法에 돌아가게 되므로 相唯識이라 하고 後一重은 捨遣依他起性이 되어 圓成實性의 觀法을 證得하므로 唯識觀이라 함. 菩薩觀은 이 唯識無境과 相違識相智등의 四智가 된다 함.

유식근신(有識根身) →有根身.

유식도론(唯識導論) ㊢護法菩薩이 釋한 世親의 唯識二十論을 唯識導論이라 함. 二十述記上에 「西域에 註釋家가 數十名이 있는데 처음엔 世親의 弟子로 瞿波論師가 있었고 나중에 護法菩薩이 있었다. 이 護法菩薩이 지은 책이 「釋名唯識導論이다」라고 했음. 法相宗의 學匠이 導論만을 單稱하여 成唯識論이라 함.

유식론(唯識論) 二本이 있다. ①成唯識論 梵<vijūānamātrasiddhi-śāstra>의 다른 이름이며 ②唯識二十論의 略名이며 唯識二十論에는 三譯이 있다. (1)後魏의 瞿曇般若流支(또는 菩提流支)의 번역 一卷 單題로 唯識論이라 하고 或은 楞伽經唯識論이라 題하였음. (2)陳의 眞諦 번역 一卷 題를 大乘唯識論이라 함 (3)唐나라 玄奘의 번역 一卷 唯識二十論이라 題함. 諸家의 註釋은 아래와 같음. 唯識二十論述記 二卷 唐 窺基 지음. 成唯識論科簡 二卷 唐나라 窺基 지음. 또는 唯識開發이라 稱함. 成唯識論述記 二十卷 唐나라 窺基 지음. 成唯識論別鈔 十卷. 卷一 卷五 卷九 卷十이 남아

있다. 唐나라 窺基 지음. 成唯識論掌中樞要 八卷. 唐나라 窺基 지음. 成唯識論掌中樞要 四卷 唐나라 窺基 지음. 成唯識論掌中樞要記 二卷 卷上만 남음. 唐나라 智周 지음. 成唯識論了義燈 十四卷 唐나라 慧沼 지음. 成唯識論了義燈記 二卷 卷下만 남음. 唐나라 智周 지음. 成唯識論演秘 十四卷 唐나라 智周 지음. 成唯識論義蘊 五卷 唐나라 道邑 지음. 成唯識論疏義演 二十六卷 唐나라 如理 모음. 卷六末의 아래와 十七十八 二十二가 빠짐. 成唯識論演秘釋 卷一 唐나라 如理 지음. 註成唯識論 卷十七 나머지는 빠짐. 成唯識論疏鈔 卷十八 唐나라 靈泰 지음. 卷九 卷十三末 卷十五 卷十七 빠짐. 成唯識論學記 八卷 新羅 太賢 모음. 唯識開蒙 二卷 元나라 釋雲峯 모음. 成唯識論俗詮 十卷 明나라 明昱이 俗詮. 成唯識論集解. 十卷 明나라 通潤이 集解함. 成唯識論音義 十卷 明나라 廣承 音義. 成唯識論合響 十卷 明나라 大眞合響. 成唯識論自考 十卷 明나라 大惠 지음. 成唯識論觀心法要 十卷 明나라 智旭 지음. 唯識三十論直解 一卷 明나라 智旭 解釋. 唯識三十論約意 一卷 明나라 明昱 約意. 成唯識論音響補遺 十卷 智素補遺. 成唯識論音響補遺科 二卷 智素 科. 成唯識論證義 十卷 明나라 王肯堂 證義 함.

유식론소(唯識論疏) 十卷으로 新羅 圓測이 唐나라 西明寺에서 지음.

유식론폄량(唯識論貶量) 二十五卷으로 新羅 憬興이 지음.

유식무경(唯識無境) 오직 內心만 있고 心外에는 다른 境이 없는 것을 말함. 楞伽經唯識論에 「唯識은 다른 境界가 없기 때문에 塵의 妄見도 없다」라고 하였고, 秘藏寶鑰上에 「幻影으로 心을 觀하고 唯識으로 境을 遮한다」고 하였음.

유식무경계론(唯識無境界論) ㊞般若流支의 번역. 楞伽經唯識論의 다른 이름.

유식무경비량(唯識無境比量) 識만이 眞實히 存在하는 것으로 外界의 對象은 存在하지 않는다고 하는 推論, 玄奘이 말하였음. (入正理論疏)

유식법사(唯識法師) 慈恩大師가 비록 百部章疏를 지었으나 成唯識論으로 宗을 삼았기 때문에 唯識法師라 號하였음.

유식삼개소(唯識三箇疏) 唯識樞要·唯識了義燈·唯識演秘를 말함. 唯識樞要는 成唯識論 가운데 要義를 辯成한 것. 唯識了義燈은 圓測의 邪義를 깨뜨린 것. 唯識演秘는 唯識述記의 難義를 注解한 것.

유식삼성관(唯識三性觀) →唯識觀.

유식삼세(唯識三世) 三種三世의 하나. 過去·未來의 法은 實體가 없으나 凡夫의 妄情으로 過去·未來의 事物이 마음에 나타나는 것. 妄

情으로는 三世가 있으면서도 實際로는 이것이 모두 現在法의 相分으로서 唯識으로 變하여진 것임을 말하는 것이다. 神通三世와 같으면서도 그것은 깨달은 마음에서 말하는 것이고, 이것은 妄情에서 말하는 것이 서로 다름. →三世.

유식삼십론송(唯識三十論頌) 梵〈Vijñānamātrasiddhi-triṁśati-śastrakārikā〉 書一卷. 보통 三十唯識이라고 한다. 世親菩薩이 짓고 唐玄奘이 번역한 것으로 成唯識論의 本頌이다. 五言·四句의 偈頌三十으로 大乘法上의 要義를 記述한 것임. 護法·安慧등 十大論師가 제각기 이 三十頌을 解釋하였다. 玄奘이 中國에 가지고 와서 唐 顯慶 四(659)年에 合하여 成唯識論을 만들었음.

유식삼십송역(唯識三十頌譯) 梵〈trims ika-vijnapt-bhasya〉 印度의 安慧지음. 世親의 唯識三十頌을 解釋한 것. 始初에 造論의 趣旨를 說明하고 다음에 三十頌의 偈句를 分割하여 列擧하고 그 생기는 차례와 字句의 뜻을 詮明한 것.

유식성(唯識性) 梵〈vijṅapti-mātratva〉 西〈rnam (par) rig (pa) tsam ṅid〉 唯識의 道理. 唯識이라는 것. 唯識과 같음. →唯識. (成唯識論)

유식소변(唯識所變) 森羅萬象이 모두 阿賴耶識으로 부터 變出한 것이라고 하는 뜻. →賴耶緣起.

유식속전(唯識俗詮) 書十卷. 明나라 釋 明昱이 王肯堂의 請에 依해서 成唯識論의 隨講隨錄을 集成한 것. 顧起元이 일찌기 한 序에 「師가 宇泰先生(王肯堂)의 소청에 의하여 이 唯識論을 해설함에 있어 틈을 批注하고 빠진데를 導引하여 자세하게 풀이하고 곡진하게 헤쳐놓니 책을 펴면 환하게 깨달아 막히거나 의심나는 데가 없다」라고 함.

유식수도오위(唯識修道五位) 萬法唯識의 理를 觀修하여 五位를 세운 것. ①資糧位. 地前에서 住行向의 三十心으로 佛道의 資糧을 貯蓄하는 자리. ②加行位. 三十心의 終에서 將次 見道에 들어가서 煖·頂·忍·世第一法이 되며 四善根을 方便加行하는 자리. ③通達位. 初地의 入心(地와 地에 各各 入住·出의 三心)에서 二空無我의 理를 通達하는 자리로 곧 見道다. ④修習位. 初地의 住心에서 부터 第十地로 나오는 마음(곧 等覺)의 사이에 거듭 妙觀을 修習하며 障을 斷除하는 자리 곧 修道임. ⑤究竟位. 究竟에 斷惑證理하는 자리 곧 無學道임. 펴면 三僧祇의 四十一位가 된다. 이는 法相宗에서 세운 것. 그 內容은 아래와 같다.

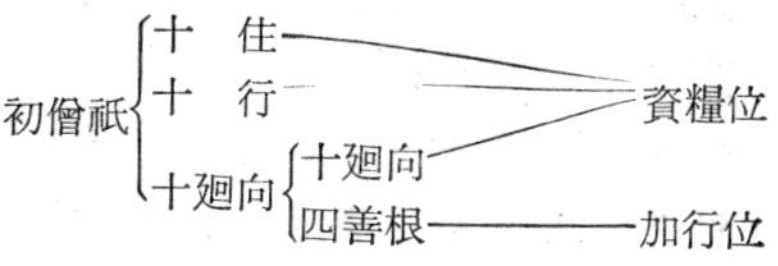

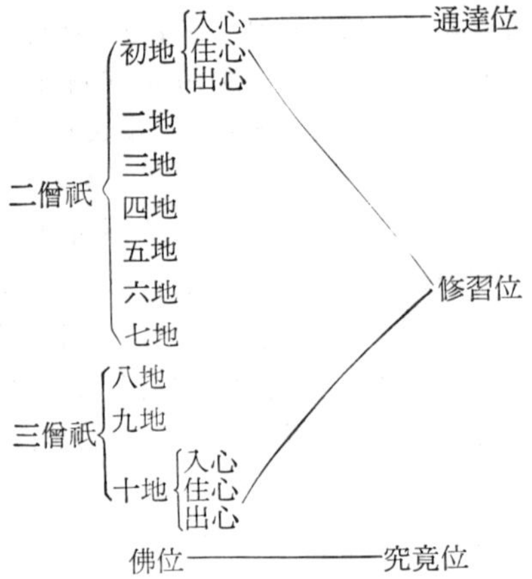

因果를 合하여 四十一位가 있다. 이는 十住의 앞에 있고 十信位를 펴면 五十一位가 되며 第十地의 終에 等覺을 開하면 五十二位가 되며 法相宗에서는 四十一位를 쓰고 天台宗에서는 五十二位를 써서 오직 開合이 같지 않다 함.

유식수소의(唯識隨疏翼) ㊕→成唯識論隨疏.

유식술기(唯識述記) 成唯識論述記의 약칭. 二十卷. 唐 慈恩大師의 著書 내용은 成唯識論을 注解한 것.

유식실성(唯識實性) ㊵〈vijṅaptimātratā〉 Ⓣ〈rnam par rig pa tsam〉 唯識인 것. 唯識의 理致. 唯識과 같음. →唯識. (成唯識論)

유식심요(唯識心要) 十卷. 明 蕅益大師의 隨講隨錄을 集成한 것. 論文 가운데 어려운 곳을 만나면 옆에 두어字씩 써서 그 뜻을 充暢하였으므로 보는 者가 領會하기 쉽다」하였음.

유식심정(唯識心定) 唯識觀. 楞嚴經五에 「내가 唯識心定을 修習하여 三摩地에 든다」고 하였음.

유식여(唯識如) ㊵〈vijṅapti-tathatā〉 一切는 精神作用에 依한 識別만이라고 하는 眞如. 唯識眞實과 같음. →諦假建立. →唯識眞實. (莊嚴經論功德品)

유식연비(唯識演秘) 成唯識論演秘의 약칭. 唯識三箇疏의 하나. 七卷. 唐 樸楊大師 智周의 著書. 내용은 唯識述記를 注釋한 것.

유식요의등(唯識了義燈) 唯識三箇疏의 하나. 成唯識論了義燈의 약칭. 七卷. 唐 淄州大師 慧沼의 著書. 내용은 慈恩의 正義를 顯揚하고 圓測의 異義를 排斥한 것.

유식원교(唯識圓教) 南山이 세운 三教가운데 하나로 大乘의 깊은 教理임. 萬有도 唯識의 所變이라고 觀하는 것을 밝히고, 마음밖에 따로 實法이 없다고 말한 教를 가리키는 것. 華嚴經·楞伽經·法華經·涅槃經등과 攝大乘論등에서 말한 것. 이것을 大乘圓妙의 教라고 함. →三教.

유식의온(唯識義蘊) 成唯識論義蘊의 약칭. 十卷. 唐 開元寺 道邑의 著書. 내용은 唯識述記를 注釋한 것.

유식의장(唯識義章) ㊕法苑義林章의 다른 이름.

유식이십론(唯識二十論) 一般的으로

는 二十唯識이라 함. 一卷 世親菩薩 지음. 唐나라 玄奘 번역. 偈頌의 數에 따라 이름한 것. 모두 二十一頌이 있다. 後의 一頌은 結嘆이 되며 宗義를 밝힌 것이 아니다. 三譯이 있는데 ①後魏의 般若流支가 번역한 單題를 唯識論이라 함. 或은 楞伽經 唯識論이라 題함. ②陳나라 眞諦 번역. 題를 大乘唯識論이라 함. ③지금 論하는 것. 이 論은 慈恩이 번역한 것. 唯識論述記 二卷이라 함.

유식이십론술기(唯識二十論述記) 二卷. 唐 慈恩의 著書. 玄奘의 旨趣를 받아 唯識二十論을 注釋한 것.

유식자(有識者) 識이 있는 者. 살아 있는 모든 生物. 有情.

유식장(唯識章) ㊔大乘法苑義林章一末篇章의 이름.

유식종(唯識宗) 佛敎의 한 宗派. 慈恩大師가 印度로 부터 傳한 宗派. 一名 法相宗 또는 慈恩宗이라고도 함.

유식중도(唯識中道) 法相宗에서 세운 것으로 一切萬有는 唯識의 變한 것으로서 非有非空의 中道라고 하는 뜻이다. 遍計所執性은 情이 有한 것으로 한다면 非空이 되고 理가 無한 것으로 한다면 非有가 된다. 依他起性이 있지 않은 것으로 한다면 空이 되고, 있는 것 같은 것으로 한다면 有가 된다. 圓成實性은 眞空한 것으로 하면 非有가 되고 妙有한 것으로 하면 非空이 된다. 이것을 一法上에 나아가 論하면 非有와 非空의 二義가 并存하는 것이니 이것이 바로 一法中道라고 稱하는 것이다. 이제 三性을 對望하여 論하면 虛妄한 認識上에 나타나는 一切萬法이 모두 虛妄한 影像이고 實有한 法이 아니므로 情은 있어도 理는 없는 것이다. 그러나 實性의 種子로부터 變하여 생긴 依他起의 諸法은 假令 常住하는 實在는 아니더라도 無라고 말할 수 없으므로 幻影과 같은 假有라고 말하는 것이다. 그러나 圓成實性의 眞如는 眞空妙有의 法으로서 그 體는 空寂하지만 眞實圓滿한 實在다. 一切萬法이 모두 이 三性을 갖춘 것이므로 空·有의 兩面에 있어서 有라고도 또는 空이라고도 斷定할 수 없으므로 이것을 非有 非空의 中道라고 말한다. 이렇게 三性을 相對하여 論하는 것을 三性對望의 中道라고 한다. 또 三性에 對하여 각각 論하더라도 마찬가지로 遍計所執性은 情有理無, 依他起性은 如幻假有, 圓成實性은 眞空妙有이므로, 모두 제각기 非有非空이어서 中道이다. 이것을 一法中道라고 함.

유식중도종(唯識中道宗) 또는 唯識宗이라고도 한다. 唯識 中道의 道理를 말한 宗旨로 곧 法相宗을 말함. →法相宗.

유식지(唯識智) ㊵〈vijñapti-mātra-jñāna〉 모든것은 精神作用에 依한 識別에 不過하다고 아는 智慧. 이 智로써 對象의 無를 안다고 한다. 「由唯識智無境智生」 梵〈vijnāpti-mātra-jñāna-kṛtaṃ hy artha-abhāva-jñānaṃ〉(辯中邊論)

유식진실(唯識眞實) 梵〈vijṅapti-tat:tva〉 一切는 精神作用에 依한 識別만이라고 하는 眞理.

유식진실관(唯識眞實觀) 唯識眞實을 觀하는 것. →唯識眞實. 이 僻事의 形을 滅失하고 不思議의 智를 發하여 內로 一心을 깨닫는 것을 唯識의 眞實한 觀이라고 일컬음. (唯識大意)

유식추요(唯識樞要) 成唯識論掌中樞要의 약칭. 唯識三箇疏의 하나. 四卷. 唐 慈恩의 著書. 내용은 成唯識論 가운데 要義를 注解한 것.

유식회(唯識會) 唯識論을 講讚하는 法會.

유신(有身) 六根의 身相. 臨濟錄에 「有身은 覺體가 아니요. 無相은 곧 眞形이라」고 하였음.

유신(有信) 信이 있는 者.

유신(維新) 모든 것이 개혁되어 새롭게 됨. 묵은 제도를 아주 새롭게 고침. "오직 새롭다" "오직 새롭게 한다"함. 詩經. 大雅文王篇에 周雖舊那其命維新에서 나온 말.

유신(遺身) 梵〈śarira〉 死體. (金七十論)

유신(遺燼) 巴〈chārikā〉 火葬된 遺體의 재. (別譯雜阿含經)

유신(類身) 여러가지 種類의 모양. (往生要集)

유신견(有身見) 또한 身見. 物·心이 假和合하여 成立된 肉體를 보고 참으로 我(나)라는 存在가 있다는 執著을 일으키거나 또 다른 물건에 대하여 이것이 나의 것이라고 執着을 일으키는 잘못된 所見임.

유신멸(有身滅) 巴〈sakkāya-nirodha〉 執着된 自身의 몸이 滅하는 것. 그것이 涅槃이라고 한다.

유신불어(唯信佛語) 오로지 佛의 말씀을 믿는 것.

유신입멸덕(遺身入滅德) 善導十德의 하나. 善導가 西向하여 佛의 救濟를 求하여 樹上에서 몸을 던졌다고 하는 德.

유신죄복(唯信罪福) 오직 罪에 依하여 惡道에 떨어지고, 福에 依하여 善處에 出生한다고만 믿는 것. 罪는 惡, 福은 善.

유신초(唯信鈔) 一卷. 安居院 聖覺 지음. 念佛往生의 要義를 記述한 것. 처음 聖·淨·二門·專雜·二修 三心俱足 本願念佛등의 뜻을 밝히고 다음에 臨終念佛 宿惡·宿善·信心稱名의 四項에 對하여 모든 사람의 疑惑을 缺하고 迷執을 斷할 것을 勸說한 것.

유심(有心) ①梵〈sa-citta〉 西〈sems daṅ bcas pa〉 마음이 있는 것이란 뜻. 衆生을 말함. (精神作用을 간

직한 者) ㊵〈sa-ceta: na〉 마음이 있는 것들 〈上宮維摩疏〉 ②執着心으로 무엇엔가 拘碍되는 것. 凡夫의 思慮. 妄念이란 뜻. 有所得心. 無心의 對. →無心. (上宮維摩疏)

유심(唯心) 宇宙의 終極적 實在는 마음뿐으로서 外界의 事物은 마음의 變現이라는 뜻. 唯識宗에서는 이 唯心을 성립시킬 적에 萬有의 현상에 속한 心識에 대하여 論을 세우고, 우리 각개가 상대한 心識에 대하여 識의 四分을 세운다. 우리들이 인식하는 對境으로삼는 客觀은 실로 認識作用으로 부터 독립하여 存在한 實境이 아니고, 見分에 의하여 마음 속에 비추는 相分, 곧 본질을 緣으로 삼아 생긴 影像에 불과하다. 그러나 그 본질은 第八阿賴耶識에 含藏된 種子로부터 생긴 것이므로 마음으로 만든 것에 불과하다. 一切의 事物은 모두 心識이 변현한 것으로 三界는 唯識만이 종극의 實在요, 그밖에 別法이 없다고 한다. 또 起信論과 華嚴宗 등에서는 萬有의 本體인 眞如心에 나아가 立論, 萬有는 모두 一心眞如의 현현에 불과하다 하며 眞如心에는 隨緣과 不變의 두 방면이 있어, 不變하는 方面으로는 眞如가 나지도 않고 멸하지도 않지마는 隨緣하는 方面으로는 染淨의 緣을 따라서 가지가지의 차별된 현상을 나타내는 것이다. 그러므로 萬相은 一心眞如의 현현으로 그 體는 眞如를 여읜 것이 아니다. 이것이 三界가 오직 마음뿐이요, 마음 밖에 다른 法이 없다고 하는 學說.

유심(惟心) 韓國 최초의 불교 잡지. 1918年에 창간. 體制는 국판 60여 페이지로 紙齡은 길지 못했다. 불교에 대한 계몽과 근대적인 이해와 해설을 주로 하는 외에 文藝面에도 치중했음.

유심(遊心) ㊴〈brāhmaṇa〉 婆羅門. (義足經) 異本에는 逝心이라고 함.

유심게(唯心偈) 六十華嚴經 第十一, 夜摩天宮菩薩說偈品 第十六에 如來林薩菩이 說한 偈의 「心如工畵師, 造種種五陰, 一切世間中, 無法而不造, 如心佛亦爾, 如佛衆生然, 心佛及衆生, 是三無差別」을 말한다. 華嚴宗에서는 이 偈가 唯心緣起의 極致를 나타낸 偈頌(心總)이라고 하며 부처와 衆生은 別心이 되어 一切萬有를 總該하므로 迷하면 衆生이 되고, 깨달으면 부처가 된다는 것이다. 그래서 마음 밖에는 衆生도 없고 또 마음 밖에는 부처도 없는 것이다라고 해석하며, 天台宗에서는 이 偈頌에 依하여 三法妙를 들었는데, 山外派의 學說로는 마음은 이에 能造의 理가 되고 佛 및 衆生은 이에 所造의 理라고 解釋하여 華嚴宗과 같은 解釋을 하나 山家派에서는 마음과 부처와 衆生의 三法에 각각 事와 理를 갖추었으므로 三法이 번갈아가면서 能造와 所造가 되어서 互具互融한 實相의 뜻을 나타낸 偈頌이라고 解釋하여 華嚴宗의 說과는 다른 立場을 취하고 있음.

유심관(唯心觀) 唯心의 理를 觀하는 것.

유심법계(唯心法界) 唯心에 依해서만 法界가 存在하는 것. 華嚴宗의 基本的인 敎理. (開目鈔)

유심법계(遊心法界) 마음을 法界에 노닐게 하여 千差萬別의 諸法을 觀見하는 것.

※晋華嚴經三에 「遊心法界如虛空 是人乃知佛境界」

유심안락도(遊心安樂道) 一卷. 新羅 元曉지음. 安樂淨土者와 그 生因등을 밝힌 것. 七門으로 되어 있음.

유심연기(唯心緣起) 四緣起의 하나. 萬法은 一心 곧 眞如의 나타나는데에 緣由하는 것이라고 說하는 緣起說.

유심염불(唯心念佛) 極樂淨土는 다만 마음속에 있다고 念하는 것.

유심위(有心位) 心識이 일어나서 활동하는 때를 말함. 無心位에 對하여 이르는 말. 小乘薩婆多部에서는 有心·無心이 같이 일어남을 허락하지 않기 때문에 六識中에 어느것이 動作하는 때를 따지지 않고 이름하여 有心位라 하지만, 大乘에서는 八識이 함께 일어나서 七識·八識의 二識이 항상 相續하여 그치지 않음을 허락하기 때문에 有心·無心을 따지지 않는다. 또 前五識은 반드시 第六識을 隨伴하여 일어나기 때문에 오직 第六識이 일어나고 일어나지 않음에 따라서 有心과 無心을 論한다. (成唯識論七)

유심유사(有尋有伺) 三三摩地의 하나. 尋과 伺의 두개의 心所를 共同으로 相應시킨다는 뜻. →三摩地.

유심유사삼마지(有尋有伺三摩地) ㊁ 〈savitak: ka-savicāra-samādhi〉 尋·伺라는 心作用이 尙今 存在하는 禪定을 말한다. 尋은 粗한 表象作用이고, 伺는 微細한 表像作用임. (集異門論)

유심정(有心定) 無心定의 對. 四靜慮와 四無色定의 八個를 말함.

유심정토(唯心淨土) 淨土는 萬法의 主體인 一心의 顯現. 또는 衆生의 內心의 變作이라는 말. 곧 極樂淨土는 내 마음 속에 있는 境地임을 말함.

유심해법(有心解法) 存在를 意識的으로 分別하는 立場. 穿鑿心. (四行論 禪門撮要)

유심회전(唯心廻轉) 단지 마음만이 作用하여서 모든것이 成立하는 것. (五敎章)

유심회전선성문(唯心回轉善成門) 華嚴宗에서 말하는 十玄門의 하나. 如來藏眞如의 一心만이 作用하여서 모든 것이 成立하고 있음을 表示한다. (五敎章)

유십과(喩十過) →似喩十過.

유아(有我) ①(梵)〈asty ātmā〉(梵)〈aham abhūm〉(西)〈bdag byuṅ〉(내가 以前에 存在하였다는 뜻) 내가 存在한다는 것. ②(梵)〈satattva〉實體가 있는 것. ③五蘊의 各各에 아트만이 있다는 想定. (雜阿含經)

유아(唯我) 오직 내가 제일이라는 뜻. 唯我獨存.

유아(瘉誐) (梵)〈yoga〉→瑜伽.

유아(儒雅) 學問이 깊은 것. 儒學의 바른 道理를 얻는 것.

유아독존(唯我獨尊) 天上人中에서 오직 나만이 尊貴하다는 뜻. 天上天下 唯我獨尊이라 함. 佛이 誕生할 때에 頌한 文句임.

유아존(有我尊) (巴)〈pariggaha〉所有하려 하는 執着. (義足經)

유암(幽闇) 캄캄한 곳. 宇宙創造以前의 狀態. 베다聖典의 創造神話에서 말함. (十住毘婆沙論)

유애(有愛) ①(巴)〈bhava-taṇhā〉(梵)〈bhava-priya〉生存에 對한 妄執. 生存을 貪하려는 妄執. (中阿含經) 未來의 生存을 가져오게 하는 妄執(雜阿含經) ②(梵)〈bhava-tṛṣā〉(巴)〈bhava-taṇhā〉色界·無色界에서의 여러가지의 渴愛. ③物에 對한 貪心. (執着·維摩經)

유애(有礙) (梵)〈viparyāsa〉無礙의 對. 章礙가 있는 것.

유애주지(有愛住地) 五住地의 煩惱의 하나이며 無色界의 思惑을 말함. 外道가 無色界를 참 解脫經이라 하는데 대하여 無色界에는 身體가 없으므로 身體에 관한 煩惱는 없지마는 마음이 있으므로 마음에 집착하는 煩惱를 有愛住地라 함.

유액(有軛) 四軛의 하나며 有는 色界·無色界의 內身인데 이를 攀緣하여 일어나는 煩惱로 모두 二十八가지임. 四諦의 아래에 일어나는 貪·慢·疑를 합한 見惑 十二와 貪慢의 修惑二와 합하여 十四의 煩惱가 各各 色界와 無色界에 있는 것을 合하여 말함. →有暴流.

유야(維耶) →毘舍離.

유야리(維耶離) (梵)〈Vaiśāli〉毘耶離國.

유야리국(維耶離國) 印度의 나라 이름으로 維耶國이라고도 함. 또는 毘阿離國.

유야무야(有耶無耶) 마음이 有·無의 二邊에 쏠리어 주저하여 결정하지 못하는 것.

유약(乳藥) 舊醫와 新醫가 똑같이 乳藥을 써도 病에는 利害가 있어 같지 않은 것 처럼 外道가 常을 說한 것과 부처님이 常을 說한 것이 邪·正이 다름을 비유한 것. →新舊醫.

유양(揄揚) 칭찬하여 추켜 주는 것.

유어(遺語) 遺言. 遺誡와 같음.

유언(有言) 말로써 對答하는 것. (景德傳燈錄)

유언(莠言) 莠와 같은 말. 듣기 싫

은 말. 毒舌의 뜻. 莠는 苗를 말라 죽게 하는 雜草名.

유언(遊言) 터무니 없는 말. 거짓말. 쓸모없는 말.

유언(遺言) 죽을 때에 남겨 놓는 말.

유언무행(唯願無行) 願만 있고 行이 없음을 말함. 道果를 修得하려면 반드시 願과 行이 具足하여야 한다. 願이크면 行도 또한 응당 커야 하는데 만약 果를 바라는 願만 있고 여기에 相應하는 行이 없다면 절대 果를 證得할 수 없는 것이다. 이는 通教家들이 淨土教를 비난하는 말임.

유엄(有嚴) 臺州 赤城 崇善寺 法師의 이름. 號는 樝庵. 宋 建中 靖國元(1101)年에 歸寂함. 著書에 大部備檢·箋難·助覽·或對가 있음. (稽古略四)

유엄(惟儼) (751～834) 山西省 絳州 사람. 姓은 韓氏. 諱는 惟儼. 號는 藥山. 諡號는 弘道大師, 塔號는 化城이다. 17세때 형산 慧照禪師에 依하여 出家하였고 뒤에 石頭를 만나 西來密旨를 悟得하였다. 다시 馬祖를 찾아가 그의 한 말씀에 크게 깨쳤다. 3年 동안 馬祖를 모시고 있다가 다시 石頭에게 돌아와 그의 법을 잇고, 澧州의 藥山에서 教化하였다. 唐의 文宗 太和 8(834)年 2月(或 11月) 6日에 世壽 84歲. 法臘 60세를 一期로 入寂. 그의 三世되는 石霜慶諸에게서 新羅의 欽忠·行寂·朗空·淸虛·淸院·臥龍·瑞岩·大嶺·泊岩 같은 스님들이 輩出되었음.

유여(有如) 眞如, 實際란 뜻. 있는 그대로의 眞實. (正法眼藏 一顆明珠)

유여(有餘) 아직 끝까지 事理를 窮究하지 못하였다는 말. ↔無餘.
※就一切之事理而詮未究竟至極之詞

유여(猶如) 마치 …와 같음. (四教儀註)

유여(猶餘) 疑心. 망설임. 疑心함. 어느 것도 決定하지 않고, 망설이는 것.

유여무위(有餘無爲) 有餘涅槃을 뜻함. →有餘涅槃. (陰持入經)

유여사(有餘師) 正統以外의 論師를 가리킴. 또는 大家에 參列하지 못하는 學匠을 모두 有餘師라고 稱한다. 略하여 有餘라고도 한다. 또는 餘師·有諸師·有人이라고 함. 또는 有餘의 說을 稱하는 것을 有說이라고 하고, 他의 部宗을 有餘部라고 함. (毘婆沙論·俱舍論)

유여사설(有餘師說) 正統의 뜻 外에 다시 다른 뜻을 주장하는 사람의 學說을 하는 것을 말한다. 五百阿羅漢이 大毘婆沙를 結集할 적에 한 法에 나아가 갖가지의 說을 列擧하였는데 그 中에 正說外에는 모두 有餘師의 說이라 하여 除外하였음.

유여설(有餘說) 아직 餘義가 存在하여 究竟至極의 說이 아니라는 것.

勝鬘經에 「또한 如來의 方便은 餘裕가 있고 뜻을 끝마치지 않는다」하였고 寶窟中末에 「有餘는 밝은 뜻이 다하지 않은 것으로 盡理의 說에 對가 된다」하였음.

※法鼓經에 「一切空經 是有餘說 唯有此經是無上說 非有餘說」

유여열반(有餘涅槃) 有餘는 그 解釋이 三種이 있다. ①오직 小乘說에 따르는 것. 一切의 煩惱를 斷하여 未來의 生死의 因을 끊었으나 아직 今生의 果報의 身體가 남은 것을 有餘涅槃이라 함. 곧 阿羅漢을 證得하여 그 몸이 生存하는 사이가 有餘涅槃이 되고 그 몸이 죽을 때 無餘涅槃이다. 그러므로 有餘涅槃은 生死의 因이 없고 오직 生死의 果만 있다(이는 前生에서 부른 果報임). 無餘涅槃은 生死의 因이 없고 또한 果도 없다. 또는 有餘依涅槃(Sopādhiśesaṅirvāṇa) 無餘依涅槃(Nirupadhiścṣanirvāna)이라 함. 依는 依身·身은 爲人의 所依이므로 依身이라 함. 法華經 信解品에 「我等은 긴 밤에 空法을 修習하여 三界 苦惱의 근심을 得脫하고 最後身인 有餘身이 有餘涅槃에 住한다」하였고, 寶窟下本에 「因이 없는 것을 有餘라 하고 果가 盡한 것을 無餘라 한다」하였고, 唯識述記十末에 「그 因이 盡하여도 苦가 未盡함에 依하여 異熟이 猶在함을 有餘依라 한다. 依는 身이다. (中略) 이 가운데 有餘함을 三乘說에 約하였다. 말이 微苦함에 依하므로 依는 依身이라 한다」하였음. ②오직 大乘說에 따른 것. 變易生死의 因이 盡함을 有餘涅槃이라 하고 變易生死의 果가 盡하여 佛의 常身을 얻음을 無餘涅槃이라 함. (凡夫의 生死를 分段이라 하고 菩薩의 生死를 變易이라 함) 寶窟下本에 「金剛心이 斷하면 變易의 因이 盡하나 變易의 果가 아직 남아 餘果가 있으므로 有餘라 함. 佛果가 解脫의 道가 되어 일어나면 다시는 因果가 없고 變易生死의 果가 또한 없어지면 다시는 果果가 없으므로 無餘라 한다」하였음. ③大乘과 小乘의 相對에 따른 說. 小乘의 無餘涅槃은 아직 惑業苦와 三道의 殘餘가 있으므로 有餘라 하고 大乘의 無餘涅槃은 究竟에 殘餘가 없으므로 無餘라 함. 勝鬘經에 「有有는 生死가 되고 有無도 生死가 된다. 涅槃도 또한 같이 有餘와 無餘다」하였고 또한 「有餘解脫·有餘淸淨·有餘功德을 成就하므로 餘苦가 있음을 알겠고 有餘集을 斷하고 有餘滅을 證하며 有餘道를 修하는 것을 小分涅槃을 얻는 것이다」하였음. ↔無餘涅槃.

※法華經譬喩品에 「我本著邪見 爲諸梵志師 世尊知我心 拔邪說涅槃 我悉除邪見 於空法得證 爾時心自謂 得至於滅度 而今乃自覺 非是實滅度 若得作佛時 具三十二相 天人夜叉衆 龍神等恭敬 是時乃可謂 永盡滅無餘」 寶窟下

本에 「小乘中因果盡名有餘 大乘因果盡名無餘 佛性論云 二乘有三種餘 一煩惱餘 謂無明住地 二業餘 謂無漏業 三果報餘 謂意生身陰」

유여열반계(有餘涅槃界) ㊁〈sa-upādisesa-nibbā: na-dhātu〉 有餘涅槃. (增一阿含經)

유여의(有餘依) 二種涅槃의 하나. →有餘涅槃.

유여의열반(有餘依涅槃) ㊵〈Sapad hi śeṣa-nirváṇa〉 略하여 有餘涅槃, 자기의 修行으로 苦界의 原因인 煩惱는 끊었으나, 아직도 過去의 業報로 받은 身體가 滅하지 못한 涅槃. ↔無餘涅槃.

유여토(有餘土) 方便有餘土의 略. 四土의 하나. 阿羅漢과 같이 三界의 煩惱를 斷한 聖者가 死後에 生하는 곳이므로 有餘土는 三界의 밖에 있다. 그러나 小乘의 宗義는 阿羅漢이 無餘涅槃을 얻으면 畢竟 生하지 못하므로 다시 날 곳이 없다 하고 大乘의 宗義는 阿羅漢을 畢竟不生하는 것이 아니고 三界의 生이 盡하면 곧 界外의 有餘土에 生하므로 그가 말하는 無餘涅槃은 오히려 有餘涅槃이 된다. 이는 大小乘의 差別이다. 無明이 未盡한 사람이 생하는 土이므로 有餘土라 함. 天台의 觀經疏에 「方便有餘土는 方便道를 닦아서 四住惑을 斷하므로 方便이라 하고 無明이 未盡하므로 有餘라 한다」하였음.

유여훈습(有如熏習) ㊵〈bhāvair adhivāsitaṃ〉 여러가지 狀態에 따라 影響되는(前生身이 細相을 띠게 되는 過程), (金七十論)

유연(由延) ㊵ 〈Yojana〉 →由旬.

유연(由緣) 因緣. 由來.

유연(有緣) 佛道에 因緣이 있음을 말함. 佛·薩菩이 衆生을 濟度할 때에 因緣이 있는 사람이 먼저 敎法을 믿는다. 敎化하는 것. 믿는 것이 모두 前世의 깊은 因緣으로 말미암는다는 것. 觀無量壽經에 「因緣이 있는 衆生은 모두 얻어 볼 수 있다」라고 하였고, 報恩經七에 「佛世尊이 이 世間에 應現하여 敎化하실 적에 먼저 有緣衆生부터 引接하시고 因緣이 다하니 涅槃에 드셨다」라고 하였음.

유연(柔輭) 마음이 柔和하여 道에 隨順함을 말함.

유연(流演) 演은 멀리 흐른다는 뜻. 널리 普及되는 것. (正法眼藏 辯道話)

유연(唯然) ㊵㊁〈evam〉 네 그렇습니다. 알겠읍니다. 분부대로 하겠다는 뜻.

유연무연(有緣無緣) 自己와 緣이 있는 者, 없는 者 모두.

유연심(柔輭心) 柔和한 마음이 道에 잘 隨順하여 拒逆함이 없는 것. 說法을 듣는 者의 마음이 柔輭하여 障碍됨이 없고 明淨하게 되었을 때 苦集滅道의 四諦의 法文을 理解하고 받아 들일 수 있는 狀態가 된 것을 表現하는 方法으로 律의 大品에서는 叙述하고 있다. 柔輭心은 이미 心器가 整頓된 것을 意味함.

유연어(柔輭語) 柔和한 言語로 能히 사람의 情에 맞는 것. 大集經六에 「모든 衆生에게 恒常 柔輭하게 말하기 때문이다」하였음.

유연음(柔軟音) 부드럽고 溫和한 소리. 佛의 八音中의 하나. 音韻和雅美妙라고 解釋됨. →八音. (法華經序品)

유연중(有緣衆) 運이 좋은 사람들. (三教指歸)

유연중생(有緣衆生) ①過去世에서 佛·薩菩과 깊은 因緣을 맺은 일이 있는 衆生을 말한다. ②佛道에 緣이 있어서 佛을 믿는 衆生.

유연초(柔軟草) ㉵〈tṛṇāny…śucini〉 맑고 깨끗한 풀.

유연행(有緣行) 自身에 緣이 있는 修行.

유염(有染) ㉵〈Kliṣṭa〉 有漏法의 異名. 染은 더러움(染汚)이란 뜻으로 漏와 같음. (俱舍論)

유염(有厭) ㉵〈udvega〉 싫어하는 것.

유예(猶予) 疑心. 망설임. 주저함. 猶豫와 같음. (三教指歸)

유예(猶豫) ①疑心. 망설임. 疑心함. 어느 것도 決定하지 않고 망설이는 것. (中阿含經) ②印度의 大天(㉵〈Mahādeva〉)이 提唱한 異議의 五個條(五事)의 하나. 阿羅漢이라도 또한 疑心할 때가 있다는 것. (異部宗輪論) ③因明에서는 疑心스럽고 明白하지 않은 것. 疑心스러워 어느 것도 明白하게 決定되지 않는 것. (正理門論)

유예불성(猶預不成) 因明三十三過의 하나. 宗·因·喩中에 因에 屬한 過를 말함. 入正理論에 「안개 같은 것을 보고 疑惑이 생길 때에 大(六大)의 種子가 和合하여 불이 났다고 한다면 猶預不成이 된다」하였음. 例를 들면 저 山아래 불이 났다. (宗) 煙氣가 나기 때문이다. (因) 煙筒과 같다(喩) 하는 것. 이 것은 안개인지 연기인지 決定되지 않은 것으로 因하여 말한 것이기 때문에 猶預不成이라 함.

유예불성과(猶豫不成過) ㉵〈samdighasiddha〉 猶豫에 依하여 成功하지 못한다는 뜻. 四不成의 하나이며 因의 十四過의 하나. 또는 三十三過의 하나. 곧 疑惑을 품고 猶豫하여 虛實을 決定하지 못하는 因을 使用하여 立身하려할 때에 빗어지는 過誤를 말함.

유예상사(猶豫相似) 어떤 論式에서 提出된 因이 證明하여야 할 事項과 矛盾되는 事項마저 成立시킬 수 있음으로, 그 因은 不定하다고 하여, 그 論式을 論難하는 것. (正理門論)

유예상사과류(猶預相似過類) 因의 十四過類의 하나. 足目이 세운 것으로 宗과 因의 뜻을 다르게 分別하여 因을 猶豫未定이라 하고 이 因은 所立한 宗의 뜻을 成就할 수 없다고 하여 억지로 無過의 量에 過失을 부쳐서 스스로 自招하는 過誤를 말하는 것.

유예지(猶豫智) ㊵〈saṃśaya〉 疑惑이란 것. (十句義論)

유온무아(唯蘊無我) ㊴〈phuṅ po tsam ñid de bdag ni nam yaṅ yod ma yin〉 五蘊의 法만 있다고 생각하고 人我를 否定하는 것.

유온무아심(唯蘊無我心) 眞解宗에서 세운 十住心 가운데 第四 聲聞乘에 들어가 四諦觀法을 닦아서 了悟하면 오직 五蘊의 法만이 있고 人·我의 實體는 없다는 住心이다. 俱舍宗등이 여기에 攝收됨.

유외내(儒外內) 儒敎와 外道와 內道라는 뜻. 外道란 佛敎以外의 印度의 哲學(㊵〈darśana〉)·宗敎·內道란 佛敎를 말함. (開目鈔)

유욕(有欲) ㊵〈spṛhāvat〉 欲望이 있는 것.

유용(柔用) 부드러운 作用.

유원(唯圓) 오로지 完全한 것.

유원(唯願) 親切한 命令. (有部律雜事)

유원무행(唯願無行) 願만 있고 行이 없음. 道果를 얻으려면 願과 行이 구비하여야 한다. 願이 크면 行은 커야만 하는데 果를 바라는 願만 있고 그와 상응한 行이 없다면 어떻게 果를 얻겠는가 하고 通敎家들은 이 뜻에 의하여 淨土敎를 비난함.

유월(維越) 阿惟越致(Avaivartika)의 약칭. 번역하여 不退. 不退轉菩薩이라 함. 正道의 地位로 初地의 位를 말함.

유위(有爲) ㊵〈Asaṅiskṛta〉 爲는 造作의 뜻. 造作을 有爲라 함. 곧 因緣이 생하는 事物을 모두 有爲라 함. 能生의 因緣은 造作이 所生하는 事物이며 所生하는 事物은 반드시 이 因緣의 造作이 있으므로 有爲法이라 함. 本來 自爾하여 因緣의 所生이 아닌 것을 無爲法이라 함. 그러므로 有爲란 것은 因緣이 있다는 말과 같음. 大乘義章二에 「이는 集起造作한다는 뜻이며 法은 有爲作이기 때문에 有爲라 한다」하였고 俱舍論光記五에 「因緣의 造作을 爲라 하고 色心法등이 因緣을 따라 생하며 有는 彼의 爲가 되므로 有爲라 한다」하였음.

※俱舍論頌疏界品一에 「爲者作也 此有爲法 衆緣造作故名爲 有彼爲故 名爲有爲」

유위(維衛) 佛名. →毘婆尸.

유위경(有爲經) 諸行有爲經의 약칭.

유위계(有爲界) 無爲界의 對. 生滅變化하는 現象世界.

유위공(有爲功) 無爲空의 對. 生滅無常한 現實生活上에 起滅한 世間的 一時의 功業.

유위공(有爲空) 有爲의 모든 法은

因緣의 假和合으로 되어진 것이라 自性이 없음을 말한 것. 十八空의 하나. 涅槃經 十六에 「有爲空은 有爲의 法이 모두 다 空한 것을 말한 것이다」라고 하였고, 天台의 仁王經合疏中에 「有爲空은 色心이 和合하여 생긴 것이요, 陰界八등은 모두 無所有다」라고 하였음.

유위과(有爲果) 無爲果에 대하여 이르는 말. 因緣으로 생긴 結果의 自體를 말한다. 爲는 造作으로 된 有爲法을 말하며, 五果中에서 士用·增上·等流·異熟의 四果를 말하는 것. →五果.

유위무루(有爲無漏) 또는 無漏有爲라고도 함. 生滅하는 有爲法이면서 無漏에 通하는 法, 곧 勝義對法으로 四諦中에 道諦이다. 苦諦·集諦는 有爲無漏이고, 滅諦는 無爲無漏이며, 道諦만은 有爲無漏이다. 俱舍의 七十五法中에서 말하면 二十九法으로, 第六識의 心王·道共戒의 無表·大善地法의 十法, 大地法의 十法, 無漏心 相應과 初禪定에서 無漏定과 相應하는 尋·伺 不相應法中의 無漏의 得과 四相이 바로 이 二十九法임.

유위무상(有爲無常) 有爲法이 轉變無常함을 말함. 華嚴演義鈔十六下에 「作爲함이 있으므로 有爲라 하며 有爲는 無常이다」하였음.

유위무위(有爲無爲) ㉵〈saṃskṛta-asaṃskṛt: atva〉 有爲法과 無爲法. →有爲法.

유위법(有爲法) 因緣으로 생겨서 生滅 變化하는 物心의 現象을 말함. →五蘊. ↔無爲法.

유위불(維衛佛) ㉵〈Vipasyin〉 過去七佛의 第一佛. 長阿含經에서는 毘婆尸佛, 增一阿含經 가운데 七佛父母姓字經에서는 維衛佛이라 하였음.

유위사상(有爲四相) ㉵〈saṃskṛta-laksaṇāni〉 生·住·異·滅의 넷을 말한다. 有爲法은 因緣으로 생기고, 一時的인 形相으로 住하며, 그 間에도 不斷히 變異하면서 마침내 滅한다. 그것을 四相이라 함. →四相.

유위상(有爲相) ㉵〈saṃskṛtasya lakṣanāni; saṃskṛta-lakṣaṇāni (pl)〉 有爲法을 有爲法으로 成立시키는 特質. 生·住·異·滅을 말한다. →四相. (俱色論) ②生·住·滅·變化하는 모습. (二敎論)

유위색형(有爲色形) 만들어진 色이나 形體를 가졌다는 뜻.

유위생사(有爲生死) 凡夫의 分段生死를 有爲生死, 菩薩의 變易生死를 無爲生死라 함. 勝鬘經에 「有爲生死와 無爲 生死가 있다 하고 涅槃에도 如是하게 有餘와 無餘라 한다」하였고 寶窟下本에 「分段을 有爲라하고 變易을 無爲라 한다. 分段의 因名은 有漏이며 變易의 因名은 無漏다. 分段의 果名은 有爲고 變易의 果는 無爲다. 界內의 有漏에

對하여 界外의 無漏라 한다. 그러나 實은 有漏이며 界內에 對한 有爲를 界外의 無爲라 한다. 그러나 實은 有爲다」하였음.

유위신(有爲身) 因緣和合으로 造作된 生死轉變의 몸.

유위자(有爲姿) 造作된 假의 모양.

유위전변(有爲轉變) 有爲法은 生·住·異·滅하여 항상 轉變함을 말함. 즉 因緣으로 생긴 것은 참다운 實際가 아니므로 生滅變化하는 것이다. 華嚴演義鈔二十一에 「雜集論에 이르기를 만약 法이 生·住·異滅하면 有爲法이라고 이름한다」라고 하였음, 生·住·異·滅은 바로 轉變하는 相임.

유위중생(有爲衆生) 生滅하고, 變化하는 모든 生物들. 凡夫와 聲聞緣覺을 가리킴.

유위해탈(有爲解脫) 無爲解脫에 對하여 이르는 말임. 또는 無學支라고도 하는데 곧 無學의 勝解이다. 勝解는 大地法의 心所가 되기 때문에 有爲라 하고, 有爲法의 勝解는 無學의 果體에서 일어나기 때문에 有爲解脫이라고 한다. 즉 二種解脫가운데의 하나로 無學果인 阿羅漢의 깨달음을 얻은 사람의 勝解. 이 地位의 聖者의 勝解는 煩惱를 여의어 온갖 對境에 대하여 自由로 作用할 수 있으므로 解脫이라고 하고 이 勝解는 無漏이고, 또 有爲이므로 有爲 解脫이라고 함. (毘婆沙論二十八, 倶舍論二十五)

유유(唯唯) 예예. 공손히 대답하는 말. (三教指歸)

유유(惟惟) 생각하는 것. 思惟한다는 뜻.

유유(悠悠) ①썩 먼 모양. ②매우 한가한 모양. ③아득하여 끝이 없는 모양. ④느릿느릿한 모양. ⑤생각하는 모양. ⑥근심하는 모양.

유유력대연(有有力待緣) 四門 六義의 하나로 華嚴宗에서 萬物을 發生하는 原因인 物件에 體와 力用이 있어서 또 다른 緣을 기다려 果를 生하는 道理가 있음을 말함.

유유력부대연(有有力不待緣) 四門六義의 하나로 華嚴宗에서 萬物의 原因이 될 物件에는 그 體가 있고 또한 自果를 내는 力用이 있어서 善은 善果를, 惡은 惡果를 生함이 結定되어 다른 緣에 좌우되지 않는 것을 말함.

유유명(唯有名) ㉵〈nāma-matra〉 一切法은 단지 名稱에 不過하다고 如實히 아는 것. 唯識에서는 特히 自相無倒의 性格으로 말하는 것. (眞諦譯에는 唯有名言이라 함)

유유사속(悠悠四俗) 悠悠는 많다는 뜻. 四俗은 學者·農業·工業·商業·국민전체를 가리켜 하는 말.

유유일승법·무이역무삼(唯有一乘法·無二亦無三) 法華經方便品에 나오는 句. 佛의 가르침은 오직 一乘 즉 眞實한 가르침뿐이고, 二乘教·

三乘敎 등의 差別은 없다고 하는 뜻. (法華經 方便品)

유은(遺恩) 釋尊이 後世人 들에게 남긴 恩惠. 釋尊은 百年의 壽命中 二十年을 줄여서 末世의 佛弟子에 베풀었다고 함. (隨聞記)

유의(有依) ㊵〈sāśraya〉 ㊵〈niśrita〉 依支할 곳이 있는 것. (俱舍論)

유의(有義) ①㊵〈arthavat; sa-artha-katva〉(生類의 究極的) 目的. (寶性論) ②內容이 있는 것. (四敎儀註)

유의(幽儀) 幽冥의 儀容. 死者의 靈을 말함.

유의(喩依) 因明에서 喩法을 喩依와 喩體의 二義로 나누는데 喩하려는 義理를 喩體라 하고 그 喩體가 所喩하는 것을 喩依라고 한다. 예를 들면 甁은 喩依요 그 甁위의 所作한 無常의 뜻은(空) 喩體다. 즉 喩法의 取한 바를 喩體라 하는 것이요. 喩·依가 아닌 것이다. 다시 말하면 同喩나 異喩의 喩體가 依憑한 사항으로, 同喩는 因을 정면적으로 도와서 宗義를 明確하게 하는 것이므로 반드시 喩體와 함께 喩依가 필요하다. 그러나 異喩는 因의 잘되고 잘못됨을 교정하는 것이므로 꼭 喩依가 필요한 것은 아니다. 因明大疏上에 「甁等은 喩依이다」라고 하였고, 또 이르기를 「空等같은 것으로 이것은 喩依를 들어서 喩體를 드러내는 것이다」라고 하였음.

유의공덕(有爲功德) 涅槃의 第一義諦를 無爲功德, 其他 一切因緣生의 功德을 有爲功德이라 함.

유의니(瑜凝尼) ㊵〈yogini〉 女性의 요가行者. (大悲空智徑 序品)

유의선(有依善) 白米 등의 物品을 베푸는 善. (瑜伽論)

유의열반(有依涅槃) →有餘涅槃.

유의청식(有衣請食) 食事를 布施할 때에 옷도 布施하는 接待. (十誦律)

유이(有異) ㊵〈pṛthaktva〉 다르기 때문에 各各인 것.

유이숙(有異熟) ㊵〈sa-vipaka〉 異熟果를 가졌다는 뜻. 二十二根中 憂根등과 같이 有記性이나 有漏性의 물건은 앞으로 반드시 異熟의 結果를 가져온다는 뜻.

유익(有益) ㊵〈a-bandhya; a-bandh. ya〉 ㊵〈sahita〉 空虛가 아닌 것.

유인(有因) ㊵〈hetumat; sahetuka; sahetukatva〉 因이 있는 것. 原因으로 되는 것. (瑜伽論)

유인(遊刄) 遊刄有餘의 뜻. 고기를 저미는 칼을 自由로이 놀린다는 말로, 일을 처리하는데 여유가 있는 것을 비유하여 技術의 妙함을 讃美하는 말로 쓰임.

유인(誘引) 이끌어 들이는 것. 갖은 方便手段으로 예상한 계획대로 이끌어 들이는 것을 말함.

유인론(有因論) 實因이 있어야 實果가 生한다고 하는 것은 一種의 邪

見이라고 하는 것. 이것을 有因論이라고 말한다. 佛教는 본래 無生이라고 하는 本義에 따라 이 有因論을 打破하였다. 四卷 楞伽經四에 「野馬 犍闥婆는 世間 갖가지 일에 因이 없어도 서로 나타나니 有因論을 折伏하고 無生의 義를 申暢해야 한다. 無生의 義를 申暢하는 것은 法流가 永遠히 끊어지지 않는 것이다」라고 하였음.

유인류지(類忍類智) ㊵〈anvaya-kṣānti-jñāna〉 色·無色界 四諦의 各各을 對象으로 하여 알고, 그 結果가 생기는 各各의 迷惑을 切斷하는 無漏智를 말함(俱舍論).

유인무과(有因無果) 外道四執의 하나. 現在만 있고 未來의 果는 없다고 하는 말. 現世를 인정하고 後世를 부정하는 사람의 주장임. →四執.

유인언(有人言) 「有人이 말하기를」 「或人이 말하기를」과 같음.

유일(有一) (1720～1799) 朝鮮 말기의 僧侶. 字는 無二. 號는 蓮潭. 俗姓은 千氏. 본관은 和順. 開城 출신. 18세에 法泉寺 性哲에게 중이 되고, 安貧謀에게 具足戒를 받았다. 英祖 17(1741)年부터 3年동안 海印寺의 虎巖體淨에게서 拈頌등의 禪文을 배워 禪旨를 깨달았으며, 또 雪坡尙彦을 따라 教理를 통달했다. 英祖 26(1750)年 寶林寺에서 講席을 열어 30여년 동안 禪教를 강설하는 동안 언제나 一백여명의 제자가 따랐다. 正祖 1(1777)年 密陽 表忠寺의 院長이 되고, 同三(1779)年 昌平 瑞鳳寺의 주지로 있을 때 誣告로 투옥되었다가 얼마 후 풀려, 長興 寶林寺의 三聖庵에서 나이 80세로 죽었다. 著書는 蓮潭林下錄·華嚴遺忘記·圓覺私記·楞嚴私記·玄談私記·諸經會要·拈頌着柄·起信蛇足·金剛鰕目·都序科目拜私記등이 있음.

유일신도(唯一神道) 日本 神道의 一派神을 外教와 混하지 않고 純粹相續한다는 뜻. 그 教相이 또한 天台眞言의 教理儀式을 쓰는 것을 말함. ↔兩部身道.

유일심·일진심(唯一心·一眞心) 純一한 眞理. 圭峯宗密은 唯一心(一眞心)으로 萬物이 流出·展開하였다고 말하였음.

유일인(有一人) ㊟寂然不動하여 自證獨悟한 부처를 이름. 趙州가 말한 屋裏의 眞佛과 같음. 圓智 禪師가 石霜和尙에게 묻기를 "有一人은 숨을 쉬지 않고 빨리 올수 있는가" 石霜 "道가 아닙니다" 禪師 "무엇때문에 道가 아니라 하는가" 石霜 "올수 없기 때문입니다" 또한 魯祖에게 묻기를 "숨을 내 쉴때는 衆緣을 涉하지 않고 숨을 들이 쉴 때는 陰界에 居하지 않는다 하니 이러한 뜻에 住할 때가 언제인가" 魯祖 "有一人은 氣息의 出入이 없다"하였음.

유자(由藉) 서로 依支하는 바탕으로 하고, 발판으로 하는 것. (四教儀註)

유자(油糍) 참깨떡이니, 경단의 기름튀김이니, 또는 饅頭의 기름튀김이니 하여 諸說이 一定치 않음. (碧巖錄)

유자(游字) 不必要한 文字.

유자(猶子) ①自己 子息. (三敎指歸) ②兄弟의 子息. 甥. 姪. ③養子.

유자(莠子) 莠는 피(稷)와 닮은 惡草. 강아지풀. (十誦律)

유자나강당(瑜遮那講堂) 阿瑜遮國(Ayodhyā)에 있는 寺院. 往昔에 彌勒菩薩이 都率天에서 내려와 瑜伽論등 五部大論을 說한 堂.

유자나강당(踰遮那講堂) 中天竺 阿踰遮那에 있었다고 하는 寺院으로 彌勒菩薩이 兜率天에서 下降하여 이 곳에서 無着菩薩을 위하여 瑜伽師地論등의 五部大論을 說하였다고 함.

유작(有作) ①有相과 같음. 傳通記雜鈔五에 「舊譯經論에 有作과 無作이라 하고 新譯經論에는 安立과 非安立이라 하며 非安立은 無作의 뜻이다」하였다. ②有作은 有爲라는 말과 같음. 因緣이 생하는 法을 말함.

유작무작(有作無作) 造作할 것이 있는 것을 有作이라 하고 造作할 것이 없는 것을 無作이라고 한다. 「世尊께서는 無爲無作하여 所觀없으시나 世尊이시여, 나는 有爲有作하여 所觀이 있읍니다한 것」(中阿含經八)

유작복전(有作福田) 二種福田의 하나. 佛·菩薩·父母 등에 供養하여 福德의 報答을 求하는 마음이 있는 것을 말함.

유잔죄(有殘罪) 僧殘以下의 罪. (十誦律)

유장(有障) 梵〈sa-āvaraṇa; sa-virā-sā…〉 障礙가 있는 것.

유장(流漿) 地獄에서 洋銅·鐵丸을 먹는 것을 말함.
※寄歸傳一에 「咽咽當有流漿之苦」

유재(有財) 梵〈Sāmiṣā〉 財物이 있음.

유재(諛才) 庸才. 自身을 가리킴.

유재석(有財釋) 梵〈Rahuvrihisama-sa; Bahu·vrihi〉 六離合釋의 하나. 또는 多財釋이라 함. 有財라 함은 所有한 財物이나 所有한 사람을 드는 代身에 所有한 물건으로 나타낸 것으로 二種이 있다. 하나는 完全히 다른 것의 이름을 가지고 이름하며 하나는 一部分만 다른 이름을 取하는 것. 例를 들면 黃衣라 할 때 黃衣를 입은 사람임을 나타내는 것은 完全히 다른 것을 取한 有財釋이며 黃衣의 聖者라 하면 形容詞가 되어 一部分만 다른 이름을 取하는 有財釋이 됨. →六離合釋.

유재아귀(有財餓鬼) 餓鬼에 三種이 있다. ①無財餓鬼. 畢竟은 能히 먹

지 못하는 것. ②小財餓鬼. 膿血등을 먹는 것. ③多財餓鬼. 能히 사람이 버리거나 떨어진 밥과 祭饗의 食을 먹는 것. 三界義로 說한 것으로 小財餓鬼와 多財餓鬼의 二者를 有財餓鬼라 함. 또한 一說에는 (1)得棄鬼. 祭祀때 버린 飮食을 주어 먹는 鬼神. (2)得屎鬼. 다른 사람이 버린 똥을 먹는 鬼神. (3)大勢鬼. 夜叉·羅刹·非死邪鬼등의 總稱. 威勢와 富樂이 人間·天上에 同等하다 함.

유쟁(有諍) 有漏의 다른 이름으로 諍은 煩惱를 말하며 有漏界의 모든 現像은 煩惱를 늘게 하는 것이므로 有諍이라 함.

유적(遺迹) 佛의 가르침. 남긴 자취를 말함.

유적(遺跡) 古人이 남겨 놓은 옛 사적을 말함. 梁僧傳(法朗傳)에 「맹서코 伽夷에 가서 그 遺跡을 우러러 볼 것이다」라고 하였음.

유전(有前) 梵〈purvavat〉 推論(比量)의 一種. 未來의 事項을 推知함. 例를 들면 雨雲을 보고 곧 비가 오리라고 推知함과 같음. (金七十論)

유전(流傳) 流通傳持의 뜻. 敎法이 萬代에 流通하되 흐르는 물과 같이 끊임없이 傳함을 말함.

유전(流轉) 梵〈saṁsára〉 流는 相續한다는 뜻이며 轉은 起의 뜻. 有爲法의 因果가 相續하여 生起는 것을 말함. 一切凡夫가 善惡의 業을 짓고 苦樂의 果를 感하여 六趣에 輪廻하는 것. 瑜伽論 五十二에 「諸行의 因果가 相續하여 不斷하는 性을 流轉이라 함. 唯識述記 四末에 「流는 相續의 뜻. 轉은 起의 뜻이다」하였고, 圓覺經에 「妄業이 있으므로 流轉이라 하며 流轉을 싫어하는 者는 涅槃을 妄見한다」하였음.

※唐華嚴經三에 「一切衆生界 流轉生死海」唯識論三에 「令諸有情 流轉生死」俱舍頌疏三에 「言流轉者 以識爲體 於生死中流轉故也」

유전(遺典) 後世에 傳한 佛典.

유전고(流轉苦) 流轉의 苦痛. 迷惑.

유전문(流轉門) 還滅門에 대하여 이르는 말. 끝없는 옛적부터 無明 煩惱로 말미암아 善惡의 業을 지어 轉轉하여 六道의 苦樂의 果를 받으면서 그치지 않는 것을 말한다. 즉 業苦에 惑하여 차례로 因緣따라 자주 일어나는 迷의 因果이다. 四諦中에 苦·集 二諦는 流轉門이고, 滅·道 二諦는 還滅門임. ↔還滅門.

유전삼계중(流轉三界中) 迷惑된 生存을 繼續하는 동안이란 뜻. 出家剃髮時에 부르는 偈. 「流轉三界中 恩愛不能脫 棄恩入無爲 眞實報恩者」란 것. (法苑珠林)

유전생사(流轉生死) 사람의 生死가 變轉하여 그치지 않는 것으로 迷惑된 世界를 말함.

유전윤회(流轉輪廻) 迷惑한 世界를 다시 태어나고 죽어서 다시 태어나

끝없이 彷徨하며 돌아다니는 것. (教行信證 化身土卷)

유전제유경(流轉諸有經) 佛說大乘流轉有經의 약칭. 一卷. 唐 義淨의 번역. 부처님이 影勝王을 대하여 諸有情이 造業에 의하여 諸有(二十五有)를 流轉한다는 뜻을 說한 것.

유전진실(流轉眞實) ㉵〈pravṛtti-tat-tva〉 生起의 眞實.

유전진여(流轉眞如) 七眞如의 하나. 生死界에 流轉하는 一切의 有情 實性이다. 衆生이 비록 生死界에 流轉하여도 그 實性은 眞實하여 떳떳함이 있어서 움직이지도 않고 고치지도 않는다. 唯識論八에 「流轉眞如는 有爲法이 流轉하는 實性이다」라고 하였음.

유전환멸(流轉還滅) 流轉門과 還滅門. 迷와 悟의 一雙.

유점(有點) ㉵〈sāṅgana〉 더러움. 汚點이 있는 것. (定性論)

유점무돈(唯漸無頓) 오직 漸修만이 있고 頓悟란 없다는 것. 禪源諸詮三에 「만일 宿世를 멀리 좇아 미루어 보면 오직 漸修만이 있고 頓悟란 없는 것이다. 지금 당장 頓見했다는 것은 이 사람은 이미 多生의 漸薰으로 發現된 것이다」라고 하였음.

유점사금동보살입상 (楡岾寺金銅菩薩立像) 國寶 第407號로 江原道 高城郡(金剛山) 楡岾寺에 있음.

유점사금동석가여래입상 (楡岾寺金銅釋迦如來立像) 國寶 第406號로 江原道 高城郡(金剛山) 楡岾寺에 있는 佛像임.

유정(有定) (1831～1877) 俗姓은 鄭氏 號는 雨潭. 13歲에 布雲에게 나가 중이 되고 이듬 해에 머리를 깎다. 두루 善知識을 찾아 參拜하고 經論을 배워 二十五年間을 開緣說法하니 諸方의 學者가 雲集하였다 함. 世壽 47歲. 僧臘 34로 入寂.

유정(有頂) ①㉵〈Akauiṣtha〉 ㉶〈Akaniṭṭha〉 天의 이름. 色界의 第四處로 本名은 色究竟天이라 함. 이는 有形世界의 最頂에 있으므로 有情이라 함. (이 外 無色界는 有・無形의 世界임) 有頂의 有는 有唐・有宋의 有다. 法華經序品에 「阿鼻獄에서 부터 위로 有頂에 이른다」하였고, 法華經義疏二에 「長行에 이르기를 阿迦尼吒(번역하여 色究竟天)는 지금 有頂이라 함. 樓炭經에 이르기를 阿迦尼吒는 有色의 頂이다」하였음. ②無色界의 第四處. 非想非非想天이다. 이것이 世界의 最頂에 位置하므로 有頂이라 稱함. 妙句解六에 「非非想天은 有頂이라 하며 이 三界인 有漏世間의 極頂이기 때문이다」하였고, 往生要集上本에 「有頂에 이르면 輪廻의 끝이 없다」하였음.

유정(有情) ㉵〈sattva〉 薩埵. 舊譯에는 衆生. 新譯에는 有情이라 함. 有情識이란 愛情이 있는 者란 뜻. 動物의 總稱임. 唯識述記 一本에

「梵語인 薩埵는 번역하여 有情이라 함. 情識이 있기 때문이다. (中略) 또한 情은 愛다. 能히 愛가 생하기 때문이다. (中略) 衆生이란 不善한 理를 말하며 草木衆生과 같다」하였음. 大日經疏十七에 「有情은 梵音으로 索哆라 하며 이는 着의 뜻이다. 또는薩埵라 한다」하였음.

유정(唯淨) 中國 金陵사람. 俗姓은 李氏. 故吳王의 조카이다. 7歲에 大常國師 自崇에게 중이 되고 11歲에 法華經을 배웠다. 太宗이 梵譯을 하기 위하여 聰明한 少年 五十人을 뽑으매 이것에 應하여 法賢을 修學의 阿闍梨로 하여 梵經 悉曇章과 梵經의 뜻을 배웠다. 具足戒를 받은 뒤 瑜伽秘密教 梵字本母와 天竺音의 眞言秘印에 通達하여 維摩 般若三經 因明論의 精要를 硏學하였고 淳化 3(992)年에 光範大師의 號를 下賜받고 大中祥符 2(1009)年에 譯經文에 充當되다. 祥符 3年 五月부터 天禧 2(1018)年 五月까지의 사이에 大乘寶要議論등 十九部 七十六卷을 번역하였음. 生卒未詳.

유정(惟政) (1544～1610) 朝鮮스님 字는 離幻. 號는 泗溟. 또는 松雲. 姓은 任氏. 密陽사람. 十六歲에 入山修道. 항상 五臺山 月精寺에 居하였음. 萬曆(1592)年 壬辰 金剛山 楡岾寺에 居하다가 靈鷲山 在藥寺 三綱洞에 이르러 孫判書·盧承旨·朴孝子와 함께 義兵을 일으켰고 또 趙重峯·高霽峯·處英·靈圭등과도 義兵을 일으켰음. 萬曆二十二 (1594)年 四月 淸正의 陣中에 들어가서 淸正이 "그대의 나라에 寶物이 있는가"라는 물음에 "오직 그대의 머리가 寶物이다"한 對答은 너무나 有名하다. 七月에 거듭 淸正의 陣中에 들어가고 十二月에 세번째 淸正의 陣中에 들어가 敵情의 五事를 探知함. 乙未에 上疏하여 군사를 罷하고 伽倻山 海印寺로 들어감. 甲辰(1604)三月初 倭國首都에 들어가 和親을 맺고 七月에 서울로 되돌아 오니 宣祖가 크게 褒賞하고 一品을 特賜함. 宣廟의 諱音을 듣고 달려가 拜哭하고 그로 인하여 病들어 伽倻山에 들어감. 萬曆 三十八(1610)年 庚戌에 卒. 世壽 67. 法臘 51. 鍾峯. 弘濟尊者의 諡號를 賜함. 行裝은 嶺南 表忠祠碑에 갖추어 있음. 入寂後八年 戊午(1618)年에 門人의 호소로 인하여 特命으로 祠堂을 在藥寺에 세우고 賜額하여 表忠이라 하고 四溟을 配享함.

유정각(惟定覺) ㊁〈samādhi-sambojjhaṅga〉 깨달음의 要素인 마음의 統一. →七覺意. (般泥洹經)

유정거(有情居) 有情이 즐겨 居住하는 곳을 有情居라 함. 이에 九所가 있어 九有情居라 일컬음. 俱舍論八에 「七識에다가 第一有情과 無想有情을 合하여 九有情이라 稱한다. 모든 有情類들이 오직 이 九有情에 기꺼이 住하므로 有情居라 한다고 함.

유정계(有情界) ①㊄〈sems can gyi-khams〉 그 行爲와 煩惱의 勢力에 依하여 生을 받는 者들이 사는 世界를 말하는데, 地獄·餓鬼·畜生·阿修羅·人·天의 六種이 있다. (大日經 住心品) ②有情 世間과 같음. (俱舍論)

유정동분(有情同分) 有情의 形體 또는 行爲등을 같게 하는 作用이 있으면서 物質도 아니고 精神도 아닌 것.

유정류(有情類) ㊵〈jagat〉 世上에서 生命이 있는 것들. (百五十讚)

유정명(有情名) ㊵〈sattva-ākhya〉 ㊄〈sems can〉 情識(마음)을 갖는 生物이라고 하는 것. 살아있는 것이라 하는 것. 生命있는 것으로 알려진 것. (俱舍論)

유정비정동시성도(有情非情同時成道) 佛 一人이 佛이 되는 것이 아니라. 佛 一人이 佛이 될 때에는, 그밖의 一切의 것(非精神的인 것을 包含)이 佛이 된다. 佛의 立場에서 보면 有情이나 非情이나 區別이 없기 때문임.

유정세간(有情世間) 二世間의 하나. →世間.

유정수(有情數) 有情의 種類에 攝收된 것을 말함. 毘婆沙論十三에 執受한 有情數(感覺이 있는 有情의 數) 無執受한 有情의 數(感覺이 없는 有情·化人 같은 것) 밖에 有情數 大種因과 非有情數 大種因을 들었고, 婆沙論百三十八에 品類가 足함을 따라 識·身足의 二者는 有執受라 풀이하며 有情數·有根·異熟生의 三語의 뜻은 같다 함. ↔非有情數.

유정연(有情緣) →衆生緣. (佛地經論)

유정연자(有情緣慈) 괴로운 有情을 보고 慈悲를 일으킴. 三種緣慈의 하나.

유정지(劉程之) 中國 東晋時代의 念佛者. 字는 仲恩. 號는 遺民이라 하며 彭城사람이다. 漢나라 楚元王交의 後裔로 처음 府參軍이 되었고 宜昌과 柴桑의 縣令을 지내고는 職을 辭任하고 周續之·陶潛과 같이 召命에 應하지 않아서 尋陽의 三隱이라 불리워지다. 遺民이란 號는 劉宋의 武帝가 그 不屈의 精神을 表彰하여 號하였다 함. 뒤에 廬山에 들어가 慧遠을 섬기었으며 따로 山中에 一舍를 지어 恒常 禪에 專念하였다. 十五年이 되자 가끔 佛光을 感하였다함. 廬山의 白蓮社誓文을 지었으며 晩年 스스로 死期를 알아 西를 向하여 端坐하고 卒하였다함. 世壽 59歲임.

유정천(有頂天) ㊵〈Akaniṣṭha〉 阿迦尼吒라 하며 줄여서 有頂이라고도 한다. ①色界의 第四處로 本名은 色究竟天. 形體 있는 세계의 最頂

上이므로 有頂이라 함. ②無色界의 第四處. 非想非非想天을 일컬음. 세계의 最頂이므로 有頂이라함. →有頂

유정혹(有頂惑) 有頂地의 惑을 말함 또는 悲想의 惑을 말함. 有頂地는 三界 九地中에 最上地로 이 땅에서 所起한 惑에는 見惑 修惑의 區別이 있다. 그 中에 見惑은 비록 見道에서 一時 斷하나 修惑은 修道에서 먼저 下八地의 七十二品을 斷하고 다음에 有頂의 九品中 下八品을 斷한 것을 阿羅漢向이라 하고 最後에 第九品을 斷하면 곧 阿羅漢果가 됨. 下八地의 惑은 有漏로써 欣上 厭下의 六行觀을 得斷하고 이 有頂의 惑은 無漏智가 아니면 能히 斷하지 못한다. 無漏智는 勢力이 牢强하여 能히 自地의 惑과 上地의 惑을 다 스린다 함.

유제(有諦) →三諦.

유제(遺弟) 師匠이 入滅한 뒤 남은 弟子.

유제오역비방정법(唯除五逆誹謗正法) ㊵〈sthāpayitvānantaryakāriṇaḥsad-dharma pratikṣepā: varaṇakṛtāṃś-ca sattvān…〉 無量壽經에서 말하는 阿彌陀佛 四十八願中의 第十八願文의 一部. 念佛하는 者는 모두 淨土에 攝取되나, 五逆罪를 犯한 者와 正法을 誹謗한 者는 그것으로 부터 除外되는 것을 나타낸다. 이것을 抑止文이라 함. (無量壽經)

유종(有宗) 有敎라고도 한다. 人間의 存在를 構成하는 諸要素가 存在하는 것을 認定하는 경우. ①空宗의 對. 萬有를 有空에 偏하지 않고 解釋하는 것이 本來의 佛法의 立場이나, 假有라도 現實의 形相을 捕捉하려고 하는 것이 有의 見解인데 代表的인 것은 小乘의 說一切有部(略하여 有部)이다. 大乘敎에서는 唯識說을 말하는 法相宗이 이것에 屬한다. ②俱舍宗. 說一切有部의 敎理를 받으므로 이렇게 말함. (四敎儀註)

유종(幽宗) 숨은 뜻.

유종(唯種) ㊵〈tanmātra〉 微細한 元素. (金七十論)

유종개회(類種開會) 小善을 열어 大善에 모인다는 것과 같은 種類에 關한 開會. 天台宗의 用語임.

유죄(有罪) ㊵〈sāvadya〉 缺點이 있는 것. 罪過가 있는 것. (俱舍論)

유주(流注) 有爲法은 刹那刹那 前滅後生하여 相續이 끊어지지 않는 것이 마치 물이 흘러 들어감과 같다는 것.

유주물(有主物) 主人이 있는 財物을 말함. 대략 四種이 있으니, ①三寶의 物件 ②사람의 物件 ③鬼神의 物件 ④짐승의 物件인데 이들 임자가 있는 物件을 私取하면 竊盜罪가 成立한다. 또 이와는 달리 三寶物과 別類物로 나누는데 ①三寶物. (1)佛物. 佛像·舍利 부처님의 衣

鉢·佛堂의 莊嚴·佛塔등이고, (2) 法物. 經·論등의 書籍·秘法등에 쓰는 卷帙이나 物件등이고, (3) 僧物. 대중이 먹는 穀食·菓子·僧侶들이 받은 施物·죽은 僧侶의 遺物·어떤 僧侶에게 나누어준 物件등이다. ②別類物은 (1) 官物 (2) 神物 (3) 鬼物 (4) 天物 (5) 狂人物 (6) 畜物 (7) 守護主가 있는 物件등임. (行事鈔中·資持記中一의 四)

유주방계(有主房戒) 施主가 있어서 僧房을 만들 경우에 경계하는 戒律. (八宗綱要)

유주사미(有主沙彌) 스승(師)에 對하여 得度한 沙彌. 無主沙彌의 對. →無主沙彌.

유주생(流注生) 작은 邪念이 아직 作用하고 있는 것. 三種生의 하나. →三種生.

유주유계(唯酒唯戒) 다만 飮酒하는 것만을 戒로 하는 것.

유중살인(乳中殺人) 台家의 用語로 乳등 五味로 一代五時의 經에 配한 것. 第一 華嚴時는 乳味時다. 이 乳味時中에 華嚴經을 說하여 別圓의 機에 對한 것을 頓敎의 相이라 함. 同時에 다시 小乘의 提謂經을 說하여 듣는 者로 하여 大乘의 利益을 얻게한 것을 乳中殺人이라 하며 젓 가운데 毒을 넣어 毒氣가 發하면 사람을 中毒시킨다는 것으로 涅槃經에 비유하는데 不定敎의 相이 된다고 함. 毒은 곧 實相의 理다. 法華玄義十에 「지금 大經二十七에 依하여 말하면 乳中에 毒을 넣으면 乳는 곧 殺人을 하고 酪·蘇·醍醐도 殺人을 한다. 이는 過去佛에게 일찌기 大乘實相의 敎를 들은 것을 毒에다가 비유하며 지금 釋迦의 聲敎를 들으면 그 毒이 곧 發하여 惑이 맺힌 사람을 죽게 함을 말한다. 提謂波利經과 같다. (中略) 곧 이는 乳中殺人이다」하였음.

유중행(類衆行) ㊵〈varga-cārin〉 ㊄〈tshogs daṅ spyod pa〉 무리와 함께 가는 것. →部行獨覺.

유증지옥(遊增地獄) 八熱八寒을 大地獄이라 함. 八大熱에 각각 十六小地獄이 있는데 一獄城의 四面門밖에 각각 爐煨增·屍糞增·鋒刄增·烈河增의 四處가 있어서 이를 十六遊增地獄이라 하고 八大熱을 합하여 一百二十八遊增이라 함. 罪業이 있는 衆生이 이곳에서 노는데 苦惱가 倍增하기 때문에 遊增이라 함.

유지(有支) ㊵〈Bhava〉 十二支의 하나. 有는 存在라는 뜻. 受·取에 의하여 未來에 果가 있게 된다는 것이다. 唯識述記八本에 「有는 三有를 말하고 支는 因의 뜻이니 곧 三有因이다. 現在의 三有因에 의해서 未來의 善·惡趣의 差別因이 生한다」라고 하였음. →十二因緣.

유지(有志) 求道하는 뜻이 있는 것. (那先經)

유지(有智) 梵〈vidvas; budha; sarvajña〉 智慧가 있는 것. 또는 智慧 있는 사람을 말함. (俱舍論)

유지(幽旨) 幽妙한 旨趣. 華嚴玄談 一에 「幽旨를 照住한다」하였음.

유지(柳枝) 唐나라 南方의 풍속에 버드나무가지를 淨水에 꽂고 邪鬼를 물리치는 것. 釋氏要覽下에 「北人 風俗에 每年 端午등 毒節日이 되면 집집마다 盆에다 물을 채워 버들가지를 꺾어 꽂아 門앞에다 놓고 辟邪·辟惡하는 풍습이 있다. 灌頂經을 보니 '옛날 維耶黎城 백성들이 疫疾을 앓는데 禪提라 하는 한 少年 比丘가 있어 부처님의 가르침을 받들어 摩訶神呪를 가지고 가서 물리치니 疫疾앓는 사람들이 모두 나았다. 이 禪提가 그 나라에 산 二十九年동안은 백성들이 아무 탈없이 편안했다. 그가 죽은 뒤에 백성들이 다시 疫疾을 앓게 되었다. 백성들이 禪提를 사모하여 그가 살던 곳을 찾아가니 다만 그가 씹다 버린 齒木이 땅에 떨어져 무성한 숲을 이루고 있었다. 그 수풀 밑에 한 맑은 샘이 있어 흐르고 있는데 백성들이 그 샘물을 길어다가 버들가지를 꺾어 물을 적시어 쓸면 病者가 모두 完快했다. 그리고 毒氣가 鎖亡하였다」라고 하였음.

유지(遊止) 逍遙하는 것. (往生要集)

유지(類智) 十智의 하나. 色界·無色界의 四諦의 道理를 觀하여 일어나는 煩惱를 끊는 智慧, 欲界四諦를 觀하는 智慧를 法智라 하고 色界와 無色界의 二界四諦를 觀하는 智慧를 類智라 하는데 萬有諸法의 眞理를 아는 智慧가 法智와 비슷하므로 類智라 함.

유지고재(有智高才) 智는 天性的인 머리의 作用. 才는 배워서 얻은 才能, 學識. 天性的인 머리의 作用이 좋고, 배워서 얻은 才能도 훌륭하고 높은 것. (隨聞記)

유지남자(有智男子) ①比丘說法의 場所에 臨席하여 立會證明의 責任을 진 者로서 그 說法을 듣고, 그 麤惡罪인지 아닌지를 듣고 分別할 수 있는 能力이 있는 者. 有智는 듣고 分揀할 수 있는 知識이 있는 것. (四分律) ②婬猥한 말인지 아닌지를 解釋하는 男子. (十誦律)

유지명민(有智明敏) 知識이 있고 머리의 作用이 좋은 것.

유지슬치라(喩地瑟致囉) 梵〈Yudhiṣṭhira〉 叙事詩 「마하바라타」에 登場하는 王名. (金剛針論)

유지슬치라(喩地瑟耻囉) →喩地瑟致囉.

유지습기(有支習氣) 三種習氣의 하나로 有는 三有, 支는 因임. 習氣는 煩惱를 일으킴에 따라 煩惱의 體는 없어졌으나 남은 勢力氣分을 말함. 즉 三界·五趣·四生의 果를 이끄는 것으로 三有因의 熏習한 氣分으로 能히 三界의 異熟果를 부르는 業種이 됨을 말한다. 二種이 있는데 ①人天의 善果를 부르는 것. ②三惡趣의 사랑스럽지 못한 果를 부르는 것. 成唯識論八에 「有支習氣는 三界의 異熟業種을 부르는 것을 말함. 有支에 둘이 있음. (1)有漏善. 能히 사랑스러운 業을 부르는 것이며 (2)諸不善. 能히 사랑스럽지 못한 果業을 부르는 것. 二有支에 따라 熏하는 것이 種子가 되며 異熟果로 하여 善惡의 趣를 區別한다」하였음.

유지인(有智人) ㊵〈matimat〉 思慮있는 者.

유지자(有智者) ㊵〈vicakṣaṇa〉 智慧있는 者. (那先經)

유직(有職) 僧侶의 所任의 이름. 元來 有識은 智慧 있는 이란 意味였으나, 뒤에 잘못하여 有識이라 써서 僧綱에 잇달아 所任이 있는 뜻으로 되었음.

유진(遊塵) 날리는 티끌.

유진(遺塵) ㊀〈chārikā〉 火葬한 遺體의 재(灰). (雜阿含經)

유진경(唯眞境) 理法身. (五教章)

유진지(唯塵智) ㊵〈artha-dṛṣṭi〉 다만 對象이라고 하는 것 만을 보는 것. 識의 作用에 對하여 말함. (中邊分別論)

유집(有執) ①어떤 사람 들이 執着한다는 뜻. (俱舍論) ②사로잡힘(執着)이 있는 것.

유집수(有執受) 우리몸에 소속된 것이 四大로 나눠지는데 내 心識속에 執持함을 有執受라고 말하고 이 身體外의 事物로 그렇지 않은 것을 無執受라고 한다. 즉 신체에 感覺이 있는 部分은 有執受요, 털과 손톱 발톱등은 無執受이다. 俱舍論一에 「聲에 八種이 있는데 有執受라 하고 또는 無執受라 하기도 하지만 大種은 因이다」라고 하였고, 同二에 「有執受는 中國語로 무슨 뜻이냐 하면 心과 心所法을 모두 執持하고 攝收하여 依支하는 곳을 有執受라고 한다」라고 하였음.

유집수대종(有執受大種) ㊵〈upātta-mahà-bhu: ta〉 ㊀〈zin paḥi ḥbyuṅ ba chen po〉 生命에 依하여 執受되는 것의 元素. 感覺을 生하는 事物을 構成하는 四 元素. 有知覺的인 存在를 構成하는 四 元素라는 뜻. 感覺을 갖는 것을 有執受라 함.

유첨(諛諂) ㊀〈sāṭheyya〉 아첨. (人本欲生經)

유체(有體) 實體가 있는 것. 有部宗에서는 七十五法, 成實宗에서는 八十四法, 法相宗에서는 百法을 세워 有體의 法이라 함. 그 가운데 有形의 物質과 無形의 心識이 있는데 因緣生의 有爲法과 因緣이 없는 無爲法이 있음. ↔無體.

유체(流涕) 눈물을 흘리는 것. 우는 것.

유체(惟逮) ①㊵〈virya〉 ㊀〈viriya〉 精進과 같음. →精進. ②薩薩名.

(出三藏記集)

유체(喩體) 因明에서 同喩나 異喩中에서 喩依에 合하는 宗同品·因同品 혹은 宗異品·因異品의 二大條件을 드는 것. 곧 "모든 所作性인 것은 無常하다 할 것이니(喩體) 비유하면 瓦器등과 같고(喩依), 온갖 無常하지 아니한 것은 모두 所作이 아닌 것이다(喩體), 비유하면 虛空등과 같다(喩依)"고 하는 것이 그것임. ↔喩依. →喩依.

유체결(有諦缺) 因明에서 論式의 三支는 具備되어 있으나, 內容的으로 缺點이 있는 것.

유체무체(有體無體) 有體는 즉 實體가 있는 物件과 無體 즉 實體가 없는 物件의 倂稱임. 大乘入楞伽經卷一에 「如來께서 말씀하시기를 法은 오히려 應에 따라 버려야 한다. 무엇이 非法인가 어찌 이 二法을 버려야 하는가 무엇이 是法이며 무엇이 非法인가, 法을 만약 應에 따라 버려야 한다면 어찌하여 二法이라 하는가, 二法이 있다면 곧 分別相中에 떨어지게 된다. 有體·無體·是實·非實 이와 같이 一切를 分別하면 阿賴耶識 無差別의 相을 了知할 수가 있다」하였고, 大乘莊嚴經論 卷四 述求品에 「二種의 光은 있어도 二光의 體는 없다고 說하였다. 이러므로 色등은 有體(astitva)이며 곧 無體(nāstitva)이다」하였음. 이를 解釋하면 三種의 光은 있어도 二光의 體가 없다고 說한 것은 이 虛妄을 分別하면 有하면서 非有임을 나타낸다. 有란 二光을 나타내는 것이고 無는 實體를 不可得이기 때문이며, 이러므로 色등을 有體이면서 곧 無體라 함.

유체분별(有體分別) ㊵〈bhāva-vikalpa〉 菩薩의 十種分別의 하나. 또는 非一로(그들 大部分의 有能이 따로따로) 各自의 果를 만들 때 決定하여 가질 수 있는 것. (十句)

유체시설가(有體施設假) 二假의 하나. 無名의 法體上에 施設한 假名을 말함. 諸法의 實相面에서 論하면 世間 萬般의 事物이 모두 이것임. →二假.

유체인(有諦人) ㉶〈brāhmana〉 眞實을 지키는 者. 바라문을 말함. (義足經)

유총(侑聰) (1813～1886) 俗姓은 崔氏. 嘉慶 18(1813)年 癸酉에 龍浦里에서 出生하여 癸巳 21歲에 出家하여 諸方을 遊學하고 弘願을 發하여 修心함을 게을리하지 않았다. 39歲(辛亥) 때 四萬日蓮會를 열고 舊址에 禪院을 新建하였다. 學行이 높아 모두 遍行頭陀 或은 香嚴童子라 하였다. 丙戌(1886)年 가을에 微疾을 얻어 入寂하니 世壽가 74요, 法臘이 52歲였음.

유추(遺墜) 遺는 버리는 것. 墜는 떨어지는 것. 粗略히 하여 傷處가 나게 함. (正法眼藏 傳衣)

유출(流出) ㊇〈ḥbyin pa po〉 流出外道와 같음. →流出外道.

유출외도(流出外道) 根本이 하나인 世界原因으로부터 萬有가 흘러 나왔다고 하는 說. 印度哲學에 있어서의 開展說.

유충(惟忠) 中國 南州 武陵 사람. 姓은 陳氏. 名은 惟忠. 號는 靈源, 宋나라 徽宗 政和 7(1117)年 9月 18日에 入寂함.

유취(有取) ㊵〈sa-upādāna〉 執着이 있다는 뜻. (俱舍論)

유취식(有取識) 또는 有漏心이라 하며 取는 煩惱의 總名임. 즉 여러가지 煩惱를 가진 識을 말함.

유치(由致) 불 보살을 청할 때 그 理由를 먼저 이르는 말.

유치(有致) ㊵〈bhava〉 十二因緣의 第十支(項目)인 有를 말한다. 生存一般. (那先經)

유칙(惟則) 中國 吉安永新 사람. 字는 天如·俗姓은 譚氏임. 어려서 出家하여 中峯明本禪師에게 禪을 參學하여 密印을 이어 받다. 元나라 至正元(1341)年에 蘇州 師子林에 머물면서 臨濟의 宗風을 드날리다. 楞嚴經會解 二十卷을 撰하고 楞嚴經圓通疏 十卷을 지음.

유탐(有貪) ㊵〈Bhavarāga〉 또는 有欲이라고 함. 上二界(色界·無色界)에서 일어나는 貪欲의 煩惱이다. 有라는 것은 上二界의 定과 및 그 身體를 말한다. 上二界에서는 항상 定과 貪이 일어나 그 內門에 많이 轉轉하기 때문에 이 이름을 세운 것이다. 外道에서는 이 上二界를 解脫이라고 생각을 일으키기 때문에 그것을 전적으로 遮하여 이렇게 이름하였다. 다시말하면 色界·無色界는 아직 貪煩惱가 남아 있기 때문에 그 뜻을 表示하여 有貪이라고 이름한 것.

유탐심(有貪心) 貪과 相應하여 貪이 繫屬된 心에 미치는 것을 말한다. 貪과 相應치 않은 나머지 善心이 無覆心에 미치는 것을 離貪心이라고 함. (俱舍論二十六)

유통(流通) 敎法을 傳布하여 막힘이 없는 것. 十地義記一本에 「傳布를 流, 無壅을 通이라」고 하였음.

유통물(流通物) 世上에 널리 傳할 것. 佛의 가르침을 말함.

유통분(流通分) 한 經의 三分의 一, 모든 經의 끝에 說한 敎法을 後世에 遺傳하기 위하여 弟子에게 付屬한 것을 流通分이라 한다. 正宗分 다음에 說한 것으로 그 經의 結論部分임.

유통설(流通說) 經典의 末尾部分. 流通分과 같음. →流通分.

유통일념(流通一念) 無量壽經 流通分에서 說한 「乃至一念」을 이르는 말. 釋尊이 彌勒菩薩에게 付屬한 要法.

유파(喩破) ㊵〈pratidṛṣṭānta-sama〉 잘못된 非難의 一種. 니야야學派에

서 말함. (方便心論)

유파(鍮婆) 梵〈stūpa〉의 俗語形. 巴〈thūba〉→率都婆. (大唐西域記)

유포(乳哺) 梵〈āpāyaka〉 哺乳者. 젖을 먹여주는 者.

유포(流布) 流轉과 同意로 사용됨.

유포어(流布語) 實體는 없으나, 世間에서 使用되고 있는 말. (俱舍論)

유포장양(乳哺長養) 父母가 子息을 養育하는 것. (父母恩難報經)

유포지은(乳哺之恩) 養育하여 준 恩惠. (報恩奉盆經)

유폭류(有暴流) 四暴流의 하나로 色界·無色界에 있는 煩惱의 貪과 慢에 각각 五種이 있는데 合하면 二十이고 여기에 疑인 8을 더하면 總二十八煩惱가 됨.

유표(遺表) 臣下가 죽을 때에 마지막으로 임금에게 올리는 글, 또는 올렸던 글.

유표색(有表色) →有表業.

유표업(有表業) 表示할 수 있는 業이란 뜻으로 身·口·意의 三業에 有表業과 無表業의 二種이 있다. 또는 有表色과 無表色이라고도 한다. 身의 表業은 取·捨·屈·伸의 動作을 말하고, 語의 表業은 자기의 意思를 發表하는 言語요. 意의 表業은 貪·瞋·癡등의 煩惱를 말한다. 俱舍論에서는 身·口에서만 表業을 세우고, 唯識에서는 身·口意를 모두 세우고 있음. →業

유풍(遺風) ①釋尊이 남긴 가르침. ②옛부터 傳來한 훌륭한 行爲. (三教指歸)

유핍기동(遺乏飢凍) 困窮과 굶주림과 추위에 苦生함. (往生要集)

유학(有學) 梵〈saikṣa〉 小乘 四果의 聖者中에 前 三果를 有學이라 하고 第四果를 無學이라 함. 이 前의 三果는 아직 修學하는 道이기 때문이다. 法華玄贊一에 「戒·定·慧의 三은 바로 學體가 되어 進趣하여 修習하므로 有學이라 하고 進趣가 圓滿하여 修習을 止息함을 無學이라 한다」하였음.

유학무학(有學無學) 法華經序品에「다시 有學·無學 二千人이 있다」고 하였음. →有學.

유학승(留學僧) 외국에 파견되어 佛教를 수학하고, 불도를 수행하는 중.

유학지(有學地) 배울 것이 있는 境地. (俱舍論) 因位修行을 하는 사이는 아직 익히고 배울 것이 있으므로 有學地임.

유한바라천(惟汗頗羅天) 梵〈Bṛhatphala〉 번역하여 廣果天. 第四禪의 第二天. 凡夫의 果 가운데 이 곳이 가장 殊勝하기 때문에 廣果天이라 함.

유한지심(有限之心) 大心의 對. 작은 생각.

유해(有海) 三界의 生死를 가리켜 이르는 말. 有는 果報의 事요. (果報는 實有하기 때문에 有라고 말한

다) 海는 生死가 無邊함을 비유한 것이다. 다시 말하면 태어나고 죽고, 죽고 또 태어나고 끝없이 반복하면서 流轉함이 끝없는 迷의 世界를 바다에 비유한 것. 寶積經에 「生死의 有海는 苦하고도 痛하다」라고 하였고, 俱舍論一에 「世間의 惑으로 말미암아 有海에 漂流한다」라고 하였으며, 頌疏界品一에 「煩惱惑으로 말미암아 有情 世間으로 하여금 三有의 死海 가운데에 漂流하게 한다」라고 하였음.

유해(有解) 諸法은 存在하는 것으로 없는 것이 아니라는 見解. ↔空解.

유해자(乳海子) 密敎 金剛界大日의 種子를 वं(鑁)字로 쓰는데, 鑁은 智를 나타낸 것. 五大 가운데 水大에 해당하며 그 맛 鑁字로 因하여 乳水의 사람을 乳海子라 한다. 乳는 즉 水大임. 性靈集一에 「끊임없이 가고 오고 가고 오는 大空師요. 住하지 않고 住하지 않는 乳海子로다」라고 하였음.

유행(有行) ①梵〈abhisaṃskārikin〉 만들어 내는 作用이 있는 것. ②空에 對한 有에 있어서의 行. (上宮維摩疏)

유행(遊行) 僧侶가 各地로 巡回하는 것으로 行脚과 같음. 法華經信解品에 「차차 遊行하여 本國으로 向하다」라고 하였고, 釋氏要覽下에 「毘奈耶律에 이르기를 世尊이 말씀하시되 五法이 成就하고 五夏가 이미 찼으니 依止하던 곳을 떠나서 人間을 두루 遊行하라. 五法이란 ①識犯 ②識非犯 ③識輕 ④識重 ⑤別解脫經善知通塞이니, 능히 잘 간직해서 잘 외워라」라고 하였음.

유행경(遊行經) 三卷. 長阿含經 第二에서 第四까지 阿闍世王이 隣國을 정벌하는 것을 물으니 널리 比丘를 위하여 七法과 六法을 說하고 내지 入涅槃·分舍利에 관한 것을 두루 叙說한 것. 佛般泥洹經(二卷)·大般涅槃經(三卷)·般泥洹經(二卷)은 모두 同本異譯임.

유행기(遊行期) 婆羅門敎에 依한 理想으로서 經過하여야 할 人生의 四個時期의 第四(最後의 것). 모든 것을 버리고 遍歷行者(梵〈saṃny-āsin〉 梵〈parivrajaka〉)로서 托鉢乞食하며 부라후만을 瞑想함.

유행무해(唯行無解) 修行만 하고 智解가 없음을 뜻하며 道理를 알지 못하고 行하기만 하는 것을 말함.

유행반(有行般) 有行般涅槃이라고도 하며 聲聞 四果의 第三인 不還果의 一類임. 欲界에서 죽어 色界에 나고 그 후에 노력하고 修行하여 남은 煩惱를 끊고 涅槃에 드는 사람을 말함.

유행반열반(有行般涅槃) 七種不還·九種不還의 하나. 欲界의 修惑을 모두 끊고 色界에 태어난 후. 長期間의 修行으로 般涅槃하는 者를 말함. (俱舍論)

유행상인(遊行上人) ①諸國을 遍歷敎化한 無官의 高僧. ②日本 時宗의 開祖 一遍上人이 諸國을 遊行하면서 念佛을 폈으므로 그를 特히 遊行上人이라 함.

유향(乳香) 梵〈Kunduruka〉 香의 一種으로 薰陸香을 말함. (夢溪筆談)

유향(遊鄕) 거리에서 노는 것. (上宮維摩疏)

유허공천(遊虛空天) 五類天의 하나. 日月星宿등 虛空을 遊行하는 天神. (秘藏記末)

유험(有驗) 密法을 成就하여 갖가지 靈驗을 現出하는 것.

유현(有玄) 一切의 存在는 實有라고 하는 哲理. 周公이 세웠다는 易學을 말함. 摩訶止觀에 「周弘政, 三玄을 釋하다. 말하되 易은 八卦陰陽吉凶을 判斷한다고 하는데 이것은 有에 約하여 玄을 밝힌다…」라고 하였음.

유혐간택(唯嫌揀擇) →至道無難唯嫌揀擇. (信心銘)

유협(遊俠) 부랑배의 生活. (三敎指歸)

유형(有炯) 朝鮮末期 僧侶. 俗姓은 李氏. 初諱는 奉聞. 法號는 雪竇이다. 純祖 24(1824)年 甲申에 湖南 玉果縣에서 出生. 29歲에 白岩山 白羊寺에서 快逸大師에게 得度하고 明年에 枕寘大師에게 見足戒를 받다. 그뒤 諸山을 遍參하고 道圓大師의 法統을 잇고 諸家를 敎授한지 十餘年에 妙諦에 達하다. 母丘山 佛岬寺에 一草堂을 짓고 後輩의 敎養에 힘쓰다. 居한지 數年만에 荒寺를 重開한지 26年째 되던 己丑(1889)年 봄에 禪門講會를 奉印蘭若에서 열어 7월 終會때까지 있다가 病으로 돌아왔다 少林窟에서 入寂하니 世壽가 66이요. 法臘이 46歲임.

유형(遺形) 佛舍利의 다른 이름. 長阿含經四에 「如來가 남긴 形像을 敢히 相許하지 못한다」하였음.

유혜(有慧) 梵〈dhimattva〉 智慧가 있는 것.

유혼(遺魂) 肉體를 떠난 魂.

유화(柔和) 梵〈sauratya〉 부드럽고 溫順한 것. 柔軟한 것. (法華經 法師品)

유화(遊化) 곳곳을 돌아다니며 敎化하는 것을 말함. 地藏經에 「六道를 遊化하여 苦痛을 뽑아주고 즐거움을 주었다」라고 하였고, 法華玄義一에 「寂場에서는 不動하고 鹿苑에서는 遊化하였다」라고 하였음.

유화(遺化) 後人에게 끼친 敎化를 말함. 梁高僧傳에 「무릇 塔寺를 일으킴은 바로 그분이 끼친 敎化를 나타낸 것이다」라고 하였음.

유화선어(柔和善語) 梵〈madhurabhāni〉 달콤하고 부드러운 말.

유화인욕심(柔和忍辱心) 溫順하여 怒하지 않고 참고 견디는 마음. (法華經)

유화인욕의(柔和忍辱衣) 弘經三軌의 하나. 法華經을 널리 通한 사람은 마땅히 柔和忍辱하는 마음으로써 마음을 삼아야 하며 내 마음이 柔和忍辱하면 可히 一切瞋恚의 害毒을 막을 수 있는 것이 마치 옷으로 추위와 더위의 害를 막는 것과 같기 때문에 이같이 비유한 것. 法華經法師品에 「善男子 善女人이 如來의 室에 들어와서 如來의 옷을 입고 如來의 자리에 앉게 되면 응당 四部大衆을 爲하여 이 法華經을 널리 說해야 한다. 如來室이란 것은 一切衆生 가운데 大慈悲心이요. 如來衣란 것은 柔和忍辱心이며, 如來座란 것은 一切法空이다」라고 하였음.

유화질직자(柔和質直者) 뜻이 부드러워 道에 隨順하고, 마음이 正直하여 僞曲이 없는 것. 法華經壽量品에 「모든 功德을 닦아 柔和質直한 者는 내몸이 이 곳에 있음을 보고 說法할 것이다」하였음.

유환(有幻) 幻像이 實在하는 것.

유회(有會) 하나로 하는 것. 아는 것.

유회(幽懷) 마음속 깊이 남 모르게 품은 생각. (四行論 禪門撮要)

유회(誘誨) ㊵〈avavāda-anuśāsanim dadāti〉 教導하는 것. (華嚴經)

유효표(劉孝標) (462～521) 中國 南朝 梁 時代의 사람. 이름은 峻, 孝標는 字. 어려서 가난으로 책을 남에게 빌어 공부하였으므로 書淫이란 말까지 들었다. 세상에 쓰이지 못하다가 安成王의 戶曺參軍이 되었고 뒤에 山東紫嚴山에 隱居, 그가 지은 辨命論은 매우 有名하며, 世說新語의 注는 本文이 좋을 뿐 아니라, 그 引用한 서적 4백여種은 資料로서도 所重한 것이다. 梁나라 武帝 普通 2(521)年에 卒하다. 謚號는 玄靖先生이라 함.

유후생사(有後生死) 七種 生死의 하나. 薩菩修行의 階位 가운데 十地의 第十 法雲地의 薩菩은 最後의 一品의 無明이 남아 있다. 다시 한번 變易生死를 지내야 하므로 有後生死라 함. →生死.

유후심(有後心) 雜念이 섞인 마음. (語錄 門人傳說) 當體의 一念 外에 臨終을 期하는 것은 有後心이다. 뒤가 있는 마음이란 것으로 後念相續이 있는 마음. 뒤를 豫想하여 依賴하는 것을 말함. (香月)

유훈(遺訓) 後人에게 끼친 教訓을 말함. 大日經疏八에 「法王의 遺訓으로써 教訓하다」라고 하였고, 唐太宗 三藏聖教序에 「遺訓이 멀리 퍼졌다」라고 하였음.

유희(遊戲) ㊵〈vikriḍita〉 薩菩의 自由自在로운 活動. 特히 佛國土에서 佛國土에의 移動. 佛의 境地에 徹하여 그것을 즐기는 것. 마음대로 無礙自在인 것. 가고 옴. 往來·遊化라고도 씀. (要集)

유희관음(遊戲觀音)　三十三觀音의 하나로 五色 구름을 타고 왼손을 한쪽 무릎에 놓고 法界에 遊戲하는 相을 하고 있는 觀音을 말함.

遊戲觀音

유희담소(遊戲談笑)　즐겁게 놀며 談笑하는 것. (往生要集)

유희삼매(遊戲三昧)　三昧는 梵語로 專心의 뜻. 諸佛菩薩이 專心으로 衆生을 救濟하는데 遊戲하기 때문에 이같이 말함.

유희신통(遊戲神通)　佛菩薩이 神通에 노닐며 衆生을 敎化하는 것으로써 스스로 즐겨하므로 遊戲라 말함. 또 戲는 自在·無礙의 뜻. 智度論七에 「戲를 自在라 말하는 것은 獅子가 사슴무리 속에서 自由自在로이 두려움이 없는 것과 같다」라고 함. 註維摩經五에 「什이 말하기를 神通이 비록 위대하지만 能한 사람은 쉬운 것이니 나에겐 아무 어려움이 없다」라고 했고, 肇는 이르기를 「衆生을 널리 敎化하면서 스스로 즐긴다」라고 함.

유희야경(蕤呬耶經)　㊵〈Guhya-tantra〉 ㊂또는 瞿醯壇哆羅經, 玉呬耶經이라고도 한다. 慧琳音義에는 瞿呬耶亶怛囉經이라 하였다. 唐不空 번역. 이른바 瞿醯經이 이것임. 蕤는 마땅히 蕤로 써야 옳음. →瞿醯經.

유희우(遊戲友)　즐겁게 노는 벗. (遺日摩尼經)

육가사(肉袈裟)　태어났을 때에, 탯줄이 袈裟걸이로 목과 어깨에 걸치고 있던 아이를 肉袈裟라 한다. 日本에서는 이런者를 僧이라 하였고, 또 袈裟藏 등으로 袈裟와 關係가 있는 이름을 붙쳤음. (那先經)

육가칠종(六家七宗)　中國 東晋 道安 때의 般若思想에 대한 여러가지의 異說을 六家와 七宗으로 概括한 것. 漢末에서 宋에 이르기까지 般若經이 유행하여 支婁迦讖이 道行般若經을 翻譯하고 朱子行을 講하였고, 道安이도 般若經을 研究하였다. 당시 般若思想을 理解하기 위하여 老莊의 義와 같은 佛教가 생겼고 般若空에 대한 여러가지 異說이 行하여 六家 七種으로 概括되었다 함.

육갑비주(六甲秘呪)　→九字.

육검(六劍)　色·聲·香·味·華服·邪念의 六法을 劒刃에 비유한 것. 즉 六塵을 말함. 六度集經五에 「나는 나라를 怨窟이라 하고 色·聲

香·味·華服·邪念은 六劍이 되어 내몸을 끊고 六箭으로 吾體를 射한다」하였음.

육견법(六堅法) 本業經에 나온 것. ①信堅. 別敎의 菩薩이 十住位에서 空觀을 修習하여 一切의 法이 모두 眞諦임을 알어서 毁壞함이 없는 것 ②法堅. 別敎菩薩이 十行位에서 假觀을 修習하여 一切法이 모두 俗諦임을 알고 毁壞함이 없는 것. ③修堅. 別敎菩薩이 十回向位에서 中觀을 修習하여 一切法이 모두 中諦임을 알고 毁壞하지 않는 것. ④德堅. 別敎의 菩薩이 十地位에서 中觀을 修習하여 一分無明을 破하고 一分三德을 나타내어 毁壞하지 않는 것. ⑤頂堅. 別敎의 等覺菩薩이 十地의 頂에 居하면서 惑을 破하고 德을 나타내어 毁壞하지 않는 것. ⑥覺堅. 別敎의 妙覺果佛이 一切의 法이 모두 中道가 되어 毁壞하지 않는것.

육결(六結) 一巾을 眞性에 비유하고 六結을 眼耳등 六根에 비유하여 根本이 비록 하나임을 알게하나 妄相分別이 六根을 生한다. 楞伽經五에 「佛이 阿難에게 말하기를 "이 寶花巾은 너희가 이 巾이 元來 한가닥임을 아나 내 六綰때는 六結이라 한다. 너는 살피고 觀察하라. 巾體는 하나이나 因結은 다르다」하였음.

육결법(六結法) 梵〈ṣaḍ saṃyojanā-dharmāḥ〉 結이란 煩惱의 異名인데 그것이 六根에 依支함에 따라 六結을 세움. (法蘊足論)

육결정(六決定) 六種決定과 같음. → 六種決定. 七深信.

육경(六境) 六識으로 認識하는 對境 곧 色·聲·香·味·觸·法의 六法이 眼·耳·鼻·舌·身·意의 六根으로 對하는 境界가 되기 때문에 六境이라 함.

육경십일론(六經十一論) 法相宗에서 所依로 삼는 經에 六部와 論에 十一部가 있음을 말함. 華嚴經·解深密經·如來出現功德莊嚴經·阿毘達磨經·楞伽經·후엄경·瑜伽師地論·大乘莊嚴經論·攝大乘論·十地經論·分別瑜伽論·辨中邊論·阿毘達磨雜集論·顯揚性敎論·集量論.

육계(六界) 또는 六大. 地·水·火·風·空·識의 六法. 이 六法은 各各 分齊가 있으므로 界라 말함.

육계(肉髻) 梵〈ūṣṇiṣa〉 烏瑟膩沙. 佛의 頂上에 一肉團이 있어 髻狀과 같음을 肉髻라 하며 곧 三十二相中의 無見頂相이다. 大般若三百八十一에 「世尊의 頂上에 烏瑟膩沙는 高顯하여 둥근 것이 天蓋와 같다. 이것이 三十二 相好다」하였음.

※玄應音義三에 「肉髻梵言嗢瑟尼沙 此云髻 即無上依經云 鬱瑟尼沙頂骨涌起自然成髻是也」

육계상(內髻相) 梵〈uṣṇisaśiraskata〉 嗢瑟尼沙·烏瑟이라고도 하며 髻·

頂髻·佛頂이라 번역한다. 頂上肉髻相·頂肉骨成相이라 함. 三十二相의 하나로 如來와 菩薩의 정수리에 뼈와 살이 솟아서 상투와 같기 때문에 이같이 부름.

육계취(六界聚) 中阿含二十一 說處經에 年少比丘를 위하여 衆生의 身分은 六大가 假合한 것임을 說하여 모든 欲을 버리게 한 것. 骨肉의 地大와 血의 水大와 煖熱의 火大와 呼吸의 風大와 耳鼻空의 空大와 樂苦識의 識大와 같은 것.「만일 모든 年少比丘를 위하여 이 六界에 說敎한 者는 그가 문득 安隱함을 얻고 힘과 樂을 얻었다. 身心이 煩熱하지 않고 몸이 다하도록 梵行을 行한다」하였음.

육고행(六苦行) 六行과 같음. 外道六種의 苦行. →六種苦行外道.

육고행외도(六苦行外道) 六種苦行外道.

육공(六空) ①果報空, 五蘊이 空한 것. ②受用空, 十二入이 空한 것. ③性別空, 十八界가 空한 것. ④遍到空, 六大가 空한 것. ⑤境空, 四諦가 空한 것. ⑥義空, 十二因緣이 空한 것.

육공구(六供具) 禪林에서 부처님께 올리는 여섯가지의 供養品 ①華 ②香爐 ③燭 ④湯 ⑤菓 ⑥茶. (僧堂淸規三)

육관(六觀) 瓔珞經에서 說한 六種性의 다른 이름. ①住觀 ②行觀 ③向觀 ④地觀 ⑤無相觀 ⑥一切種智觀. →六種性.

육관대(六觀待) 觀待란 相待(依據)란 뜻으로 六境에 依據하여 煩惱를 하여 아직 出離의 境界에 이르지 못 한것을 말한다. 觀待色·觀待聲·觀待香·觀待味·觀待觸·觀待法의 여섯을 말한다. (集異門論) 依存의 原語 ㉵〈apekṣā〉는 ㉵〈√ikṣ(본다)〉라는 語根으로 만들어진 것이므로, 中國의 譯者는「觀待」라 翻譯한 것 같음.

육관법(六觀法) 本業經에 說한 것. ①住觀. 別敎의 菩薩이 十住位中에서 一切法性을 修習하여 모든 것이 空하다는 空觀. ②行觀. 別敎의 菩薩이 十行位中에서 一切法을 修習하여 具足하지 않음이 없는 假觀. ③向觀. 別敎의 菩薩이 十回向位中에서 一切法을 修習하여 空도 假도 아닌 곧 中道의 觀이란 것. ④地觀. 別敎의 菩薩이 十地位中에서 中觀을 修習하여 住持하고 不動한 것. ⑤無相觀. 別敎의 菩薩이 等覺位中에서 中觀을 修習하여 惑染의 性을 了知하여 相이 本空한 것. ⑥一切種智. 別敎 妙覺의 果佛이 中道의 觀을 成就하고 一切道種의 差別을 아는 觀임.

육관음(六觀音) 觀世音菩薩은 六道로 순회하면서 衆生을 敎化한다고 하여 六種을 세워 관음으로 한것. 二種이 있다 함. ① (1)大悲觀音

(2) 大慈觀音 (3) 師子無畏觀音 (4) 大光普照觀音 (5) 天人丈夫觀音 (6) 大梵深遠觀音이라 함. ② (1) 千手觀音 (2) 聖觀音 (3) 馬頭觀音 (4) 十一面觀音 (5) 准胝觀音 (6) 如意輪觀音이라 함. 大悲等 六觀音은 天台의 뜻으로 세운 것. 摩訶止觀二에「大悲觀世音은 地獄道와 餓鬼道의 三障을 破한다. 이 道의 苦痛이 가장 重하므로 마땅히 大悲를 쓴다. 師子無畏觀世音은 畜生道의 三障을 破한다. 獸王은 威猛하므로 마땅히 無畏를 쓴다. 大光普照觀世音은 阿修羅道의 三障을 破한다. 그 道는 猜忌와 嫉疑가 가득하므로 마땅히 普照를 쓴다. 天人丈夫觀世音은 人道의 三障을 破한다. 人道는 事理가 있고 憍慢을 事伏하여 天人이라 稱하며 理는 佛性을 보므로 丈夫라 함. 大梵深遠觀世音은 天道의 三障을 破한다. 梵은 天王으로 王을 標하여 臣을 얻는다」하였음. (三障은 或業苦를 말함) 或은 天台에서 陀羅尼의 雜呪를 引用했다 함. 陀羅尼雜集七에「吉祥의 神呪에 南無觀世音은 能히 無畏力을 施하며 一切和雅音과 勇猛師子音과 大梵淸淨音과 大慈妙法音과 天人大丈夫로 衆生의 樂을 能施하며 無明使를 滅除하고 生死海를 濟度한다. 지금의 六名과 비교하면 大悲와 大光普照가 없다. 和雅가 많으며 六道苦를 對破할 明文이 없다 함. 또한 이는 겨우 五觀音이 되어 大悲함이 없고 또한 六道에 對할 글이 없다는 것은 天台의 義로 세운것이라 決定할 수 있다. 千手등의 六觀音에 오면 密部에 盛傳하며 여러가지 觀音을 본다고 한다. 密教의 무리는 이 六觀音을 列擧하여 止觀의 文에 附한다 하니 가히 天台의 뜻에 依하여 세워진 것이 決定的이라 함. 그러나 이 글을 얻지 못하여 詳記하지 못함. 一說에 千手等의 六觀音과 大悲등의 六觀音을 서로 配對한 것은 日本의 眞言宗에서 나온 것임. 二種의 六觀音과 六道의 分配는 아래와 같음.

千　手〈sahasrahasta〉	大悲	地獄道
聖〈ārya〉	大慈	餓鬼道
馬　頭〈Hayagrīva〉	獅子無畏	畜生道
十一面〈Ekadaśamukha〉	大光普照	修羅道
准　提〈caṇdi〉	天人丈夫	人　道
如意輪〈cintāmaṇicakra〉	大梵深遠	天　道

古德의 頌에「大悲는 千地獄이요, 大慈는 正餓鬼며 師子馬頭는 畜生道요, 大光은 修羅를 面하고 天人과 准提는 人이며 大梵과 如意는 天이다」하였음. 그 中 第二의 聖觀音은 觀音菩薩의 正體는 千手와 馬頭의 異相이 없으므로 다만 聖觀音이라 하고 또한 正觀音이라 하며 新의 聖觀自在菩薩이라 하며(또한 正이라 함) 法華經 普門品에서 說한 觀音이 胎藏界 右方 蓮華部의 部主를

말하는 것.

육구(六垢) 六煩惱垢의 준말. 眞心을 더럽히는 것이 六法이 있다. 惱·害·恨·諂·誑·憍의 六法이 능히 淨心을 汚穢시키므로 이름하여 垢라 함. (俱舍論二十一, 大乘義章五末, 三藏法數二十七)→六垢法.

육구법(六垢法) 眞心을 더럽히는 여섯가지의 法, 즉 誑·諂·憍·惱·恨·害의 六惑이다. 顯宗論二十一에 「煩惱垢가 여섯이 있으니, 惱·害·恨·諂·誑·憍이다. 誑·憍는 貪에서 나오고, 害·恨은 瞋에서 나오고, 惱는 見取에서 일어나고 諂은 모든 見으로 부터 생긴다」라고 하였음.

육구의(六句義) 勝論本師가 세운 것으로 勝論宗에서 일체법을 분별하기 위하여 세운 여섯가지 뜻으로 末師에 와서 十句義가 된 것. →勝論宗.

육군독자(六群禿子) 六群에 對해서는 六群比丘. 禿子는 涅槃經 金剛身品에 「심한 飢渴때문에 發心出家할 것이다. 이런 者를 이름하여 禿子라 한다」라 하였으며, 無道心의 僧을 말함. (正法眼藏 山水經)

육군비구(六群比丘) 佛이 世上에 계실 때 惡比丘 六人이 黨을 맺어서 威儀가 아닌 일을 많이 하였다. 그러므로 六群比丘라 하고 佛께서 많이 이 六群比丘를 緣하여 일어나는 것을 警戒하였다. ①僧祇律九 稱六群 比丘에 「(1)闡陀 (2)迦留陀夷 (3)三文達多 (4)摩醯沙達多 (5)馬師 (6)滿宿이다」하였음. ②毘奈耶律十一 六衆苾芻에 「(1)難陀(Nanda) (2)鄔波難陀(Upananda) (3)阿說迦(Aśvaka) (4)補捺婆素迦(Punarvasu) (5)闡陀 (Chanda) (6)鄔陀夷(Udāyin)이다」하였으며 ③薩婆多論四에 「(1)難途 (2)跋難陀 (3)迦留因夷(Kālodayin) (4)闡那 (5)馬宿 (6)滿宿이다」하였고, 戒因緣經三에 「(1)跋難陀 (2)難陀. 이 二人은 天上에 生하고 (3)迦留陀夷와 (4)闡怒. 이 二人은 涅槃에 得道하고 (5)馬師와 (6)弗那跋 이 二人은 龍中에 태어 났다」하였음. 이상은 梵音의 具備와 要略으로 譯語가 같지 않다. (1)闡陀. 或은 闡那 闡怒는 同一한 이름이다. 또한 車匿은 或惡性比丘 暴惡이라 함. 佛滅後 阿難에게서 得道하였다. (五分律三十) (2)迦留陀夷. 또는 鄔陀夷 多婬이라 하며 뒤에 佛所에서 得道하였고 宿債에 쫓겨서 賊에게 죽음을 받아서 똥속에 묻혔다. (十誦律十四) (3)三文達多. 或은 難陀 難途는 한 사람이다. (4)摩醯沙難陀 或은 跋難陀라 하여 同一人이다. 이 二人은 天上에 태어남. (薩婆多論四 戒因緣經三) (5)馬師 或은 馬宿. 闡說迦는 오직 梵語와 中國語가 같지 않다. (6)滿宿 或은 補那婆素迦 弗那跋은 오직 梵語와 漢語

가 相違하다. 이 二人은 스승 目連이 執杖外道에게 害를 입음을 憤하게 생각하여 죽였으므로 龍中에 태어 났다 함.

육군비구니(六群比丘尼) 六群比丘外에 六群比丘尼가 있다. 이 惡比丘尼는 比丘의 六群에 準하여 이름을 세운 것이므로 別名을 列擧하지 않음. 大方便報恩經에 「모든 釋女가 出家하고자 하여 禁戒를 가지고 衣鉢을 求한 다음 王國 比丘尼精舍에 가서 出家를 求하였다. 때에 六群의 比丘尼가 있어 모든 釋女가 나이 어리고 아름다움을 보고 말하기를 "어찌하여 能히 버리기 어려움을 버리고 모두 出家하였는가 우리들은 世間의 五欲과 快樂을 說할 것이니 年限이 지난 뒤에 出家하는 것이 또한 快하지 않은가, 너희가 만일 還俗하거던 반드시 衣鉢을 가지고 우리들은 奉施하라」하였다 함.

육권약출경(六卷略出經) 四卷略出經의 本經. 金剛智三藏이 金剛頂經大瑜伽教王經 百千頌 가운데서 略出한 것. 題目을 金剛頂瑜伽 가운데 略出念誦經이라 하여 四卷으로 만듬. 世間에서 그것을 四卷 略出經이라 하며 近世에 와서 藏經에 收錄함.

육권초(六卷鈔) 南山大師가 지은 四分律行事鈔(三卷)를 각각 上下卷으로 나누어 六卷을 만들었기 때문에 六卷鈔라 함. (諸宗章疏錄上)

육근(六根) 六識의 所依가 되어 六識을 일으켜 對境을 인식케 하는 근원. ①眼根 ②耳根 ③鼻根 ④舌根 ⑤身根(이상은 五根) ⑥意根을 말함. 大乘에 依據하면 第七의 末那識을 意根이라 하고 小乘에 依據하면 前念하는 意識이 意根이 된다 함. 이 六法은 能히 六識을 생하여 各各 六境의 勝用을 別緣하게 하므로 六根을 세운 것. 俱舍論三에 「頌에 말하기를 自境을 了하여 增上함에 모두 六根을 세운 것이라 하고, 論에 말하기를 自境을 了함은 六識과 身眼등 五根은 各各 別境識에 있는 增上의 用을 了別하고 第六意根은 一切境識에 增上用이 있음을 能히 了別한다 하므로 眼등 六을 各各 세워 根을 삼았다」 하였고, 大乘義章四에 「六根이란 色을 對하면 眼 또는 第六 對法을 意라 하고, 이 六은 能히 六識을 生하므로 根이라 한다」하였음. 六根 中前 五根은 四大가 所成하는 色法이 되며 意根의 하나가 心法이 됨.

육근공덕(六根功德) 六根이 清淨한 자리를 얻는 功德. 根에 의하여 數量의 增減이 있음. →六根淸淨.

육근구족(六根具足) 六根의 全部가 갖추어져 있는 것.

육근상사위(六根相似位) 眼·耳·鼻舌·身·意의 六根이 佛과 비슷하게 清淨하게 된 位. 天台의 相似即에 該當한다고 한다. →六根淸淨位.

육근식(六根食) 眼根은 睡眠으로서, 耳根은 소리로, 鼻根은 향내로, 舌根을 맛으로, 身根은 細滑로, 意根은 法으로써 食을 삼는 것. (增一阿含經四十一)

육근정(六根淨) 六根淸淨의 약칭.

육근정위(六根淨位) →六根淸淨.

육근참회(六根懺悔) 六根의 罪를 懺悔하는 것. 法華懺法中에 그 方法이 說明되어 있음. (摩訶止觀)

육근청정(六根淸淨) 眼等 六根의 無始이래의 罪垢를 消除하고 無量한 功德으로 莊嚴하여 淸淨潔白하게 한 것. 이 淸淨한 功德에 따라 六根이 各各 無礙한 妙用을 發하며 또한 六根이 互用한 自在함을 얻는 것. 法華經 法師功德品에 「善男子와 善女人이 이 法華經을 受持하거나 읽거나 외우거나 解說하거나 書寫하면 이 사람은 八百眼功德과 千二百 耳功德과 八百 鼻功德과 千二百 舌功德과 八百 身功德과 千二百 意功德을 얻는다. 이 같은 功德은 莊嚴하여 六根이 모두 淸淨하게 된다. (中略) 父母가 生한 淸淨肉眼은 三千大千世界의 內外에 있는 山林河海를 보며 아래서 阿鼻地獄에 이르고 위로 有頂에 이른다. 또한 그 가운데 一切衆生과 業因緣果報의 生處를 봐서 모두 알게 된다. (中略) 이 淸淨意根 또는 一偈 一句를 들으면 無量·無邊의 뜻을 通達한다」하였음. (經中에는 六根을 具說하였으나 지금은 初後의 二根을 들었음)

※普賢觀經에 「樂得六根淸淨者 當學是觀」 圓覺經에 「心淸淨 眼根淸淨 耳根淸淨 鼻舌身意復如是」 智度論十一에 「布施時 六根淸淨善欲心生」

육근청정위(六根淸淨位) 見惑·修惑을 모두 끊고 六根의 淸淨을 얻는 지위. 天台에서 세운 別敎의 五十二位의 階位와 十信의 位를 말하며 또한 圓敎에서 세운 六即의 階位와 相似即의 位를 말한다. 見修의 二惑을 斷하고 六根의 淸淨을 얻으면 藏通 二敎의 佛과 相齊한다. 四敎儀에 「六根淸淨位는 곧 十信이다」 하였고, 輔行四에 「能히 四安樂行을 닦으면 一生에 六根의 맑음을 얻고 極히 大遲한 사람도 三生은 지나지 않는다. 만약 名聞과 利養만 爲한다면 累劫에도 얻지 못한다」하였음.

육근호용(六根互用) 六根의 垢惑을 斷하고 淸淨하게 하면 六根이 하나하나 他根의 用을 가추는 것. 涅槃經에 「如來의 一根은 能히 見色·聞聲·齅香 別味 知法한다. 一根이 나타나면 餘根도 그러하다」한 것은 眞六根의 互用임. 法華經 法師功德品에서 說한 菩薩이 六根淸淨의 位에서 六根을 互用하는 德이 있다 함. 法華論에 「또한 六根이 淸淨함은 六根 가운데 모두 能히 見色·聞聲·辨香·別味·覺觸·知法등이 具

足하면 諸根이 互用함을 알 수 있다」함은 相似의 六根이 互用되며 또한 楞嚴經四에서 說한 聲聞의 六根互用이다. 「前塵의 所起한 知見을 따르지 않으면 밝음이 根을 따르지 않는다. 寄根이 明發하면 이에 따라 六根이 서로 用이 된다. 阿難아, 네 어찌 알지 못하느냐 지금 이 會가운데 阿那律陀는 눈이 없어도 보며 跋難陀龍은 귀가 없어도 들으며 殑河神女는 코가 아니라도 香내를 맡으며, 驕梵鉢提는 혀가 달라도 맛을 알며, 舜若多神은 몸이 없어도 覺觸이 있고, 摩訶迦葉은 意根을 久滅하였으나 圓明을 了知하며 心念에 因하지 않는다」함은 또한 相似의 互用임.

육긍천지동근(陸亘天地同根) ㊮또는 天地同根 南泉一株花 혹은 南泉牧丹이라고도 한다. 陸亘이 天地同根의 뜻을 參問한데 대하여 南泉普願은 만물을 融會하여 자기가 되도록 하는 것을 훈시한 것.

육기(六氣) 佛家에서 六種의 氣로써 病을 治療하는데 ①吹 ②呼 ③嘻 ④呵 ⑤嘘 ⑥呬이다. 頌에 이르기를 心은 呵에 配屬되고, 腎은 吹에 屬하고, 脾는 呼에, 肺는 呬에 屬하는 것을 聖人은 모두 안다. 肝臟에 熱이 오르면 嘘字를 부르고 三焦가 막히면 다만 嘻를 말함. (翻譯 名義集)

육기(六器) 密敎에서 法을 닦을 경우 修法壇에 갖추는 六種供具중 특히 閼伽·塗香·華鬘을 담는 그릇의 總稱이다. 燒香을 하기 爲한 火舍의 左右에 各 一個씩 갖추는 까닭으로 全部 六個가 된다. 形狀은 모두 同一하며 碗과 皿로 되어 있음.

육나한(六羅漢) 부처님과 부처님이 최초에 濟度한 五比丘를 합하여 六羅漢이라 함. 왜냐하면 이 때에 人間으로 비로소 阿羅漢六人이 있었기 때문이다. 阿羅漢이란 三乘의 極果에 通한 사람을 가리킴.

육난(六難) 六種의 어려운 일. ①遇佛世難 ②聞正法難 ③生善心難 ④生中國難 ⑤得人身難 ⑥具諸根難. (涅槃經二十三)

육난구이(六難九易) 六個의 困難과 九個의 容易라는 뜻. 法華經寶塔品에서의 法華經受持의 여섯개의 困難과 容易한 行爲를 對比한 文面을 가리킨것. 六難은 佛滅後 惡世中에 (1)法華經을 受持하며 (2)읽고 (3)說하고 (4)한 사람을 爲하여 說하고 (5)自他 함께 쓰고, (6)義趣를 묻는 것. 九易中 셋은 本文中에 揭載하고 있다. 뒤의 六易는 발가락으로 大千世界를 움직여 他國에 던지는 것. 有頂天에 서서 無量한 經을 演說하는 것. 손에 虛空을 쥐고 遊行하는 것. 大地를 발에 올려놓고 梵天에 올라가는 것. 八萬四千의 法藏을 演說하여 듣는 者에 六

神通을 얻게 하는 것. 千萬無量의 衆生에 說法하여 阿羅漢果를 얻어 六神力을 具備하게 하는 것.

육내입처 (六內入處) ㊇〈cha ajjhatt-ikāni āyata: nāni〉 知識이 成立하는 六個所. 眼·耳·鼻·舌·身·意인 六根과 같음. →六根. (雜阿含經)

육내처 (六內處) ㊵〈ṣaḍ-āyatana〉 ㊴〈skye mched drug〉 六入·六處라고도 한다. 또는 六內入處라고도 한다. 六種의 知覺이 생기는 곳. 俱舍論에 依하면 處란 心·心所의 對象으로 되어 心·心所를 生長시키는 뜻이라 한다. 眼內處·耳內處·鼻內處·舌內處·身內處·意內處의 六種을 말함. (集異門論)

육년고행 (六年苦行) 釋迦佛이 出家한 以後 成道할 때 까지에 겪은 六年동안의 苦行. 因果經에 「문득 伽闍山 苦行林속으로 나아가서 (中略) 六年의 苦行을 했다」라고 하였고, 無量壽經上에 「수염과 머리털을 깎고 나무아래에 端正히 앉아서 六年동안 苦行을 부지런히 닦으니 修行이 應하는 것과 같았다」라고 하였다. 또 "六年동안을 즐거이 修行하였다"라는 말이 있으니 역시 같은 뜻이다.

육념 (六念) ① (1) 念佛. 念佛에 十號가 具足하면 大慈大悲와 大光과 神通無量이 있어 能히 衆生의 苦를 拔濟하므로 내가 佛 같이 되고자 함. (2) 念法. 如來가 說한 三藏 十二部經을 念하면 大功德이 있어 諸衆生의 大妙藥이 됨을 내가 證하여 衆生에게 施與하고자 함. (3) 念僧. 念僧은 如來弟子로 無漏法을 얻어 戒 定 慧가 具足하여 能히 世間의 良福田이 되므로 내가 修行僧이 되고자 하는 것. (4) 念戒. 戒行을 念하면 大勢力이 되어 能히 衆生의 惡과 不善의 法을 除하므로 내가 精進하여 護持하고자 하는 것. (5) 念施. 施行을 念하면 大功德이 되어 能히 衆生의 慳貪하는 重病을 除하므로 내가 善施하여 衆生을 攝取하고자 하는 것. (6) 念天. 天을 念하여 欲界의 六天 또는 色界와 無色界의 諸天이 되며 그 곳에서 自然의 快樂을 받는 것은 모두 往昔에 修戒施의 善根에 따른 것으로 나 또한 이와 같은 功德을 갖추어 그 하늘에 生하고자 하는 것. 누가 묻기를 "佛弟子는 應當 三寶를 念해야 하는데 무슨 까닭으로 그의 生天을 念하는가" 答 "이는 自己의 善業의 果가 되기 때문이다" 問 "生天은 凡夫의 法인데 어찌하여 念하는가" 答 "사람이 涅槃에 드는 것을 堪當할 수 없어서 그 生天을 念하여 趣에 起行함을 求하는 것이다" 이 六念法은 大乘과 小乘의 通說이며 다만 念天의 解釋은 大小乘이 같지 않다. 大乘의 涅槃經에 依하면 天에 三種이 있는데 (1) 生天. 三界의 諸

天임 (2)淨天. 一切三乘의 堅聖이며 (3)第一義天. 涅槃이다. 二乘의 사람이 前三天을 念하고 菩薩은 다만 第一義天을 念한다 함. ②律中에 다시 一種의 六念法이 있어 沙彌戒와 比丘戒 때에 비로소 주는 것. (1)念知日月. 戒를 받은 날을 생각하는 것. (2)念智食處. 온전히 밥을 請하여 받지 못함과 같다. 내 지금 請할 곳을 생각하여 스스로 가는 것. (3)念受戒때의 夏臘. 受戒한 後의 臘數를 記錄하는 것. (4)知衣鉢有無등 나의 三衣鉢이 具足함을 念하여 만약 長物이 있으면 我에게 長物이 있다고 念하면 이미 說이 淨해지는 것. (5)同處와 別處를 念함. 만약 大衆과 같이 밥먹을 때 내가 지금 衆僧과 同食함을 念하고 만일 別食할 때는 내가 지금 某와 緣이 있음을 念하여 衆과 달리 獨食하는 것. (6)念康贏. 만약 병이 없으면 내가 지금 無病하다고 念하여 行道를 堪堂하고 만약 病이 있으면 내가 지금 病이 있다고 念하여 治療하는 것. ③또한 一種의 六念이 있다. 數息·隨息等의 六妙門을 말함. →六妙門.

육념법(六念法) 念佛·念法등의 六念을 말함. →六念.

육념처(六念處) 念佛·念法등의 六念을 말함. 그 생각하는 境界를 處라고 말한다. 즉 四念處와 같음. 止觀六의 二에 「혹 六法으로 藥을 삼는 것을 六念處라고 한다」라고 하였음.

육단(肉摶) 고기경단. (要集)

육단(肉團) ㊵〈hidaya〉 心藏을 뜻함. 密教에서는 그 形이 八瓣의 肉葉으로 되어 있다고 함. (四教儀註)

육단심(肉團心) ㊵〈Hrdaya〉 紇利陀耶. 번역하여 肉團心 또 意根이 依託한 것이 되어 그 形이 八瓣의 肉葉으로 이루어졌다 함. 四心의 하나. 圓覺略鈔一에 「紇利陀는 肉團心이다」라고 하였고, 名義集六에 「紇利陀耶는 번역하여 肉團心이니, 곧 意根이 依託한 것이기 때문에 그렇게 말한 것이다. 意는 幽室에서 보는 것과 같다」라고 하였음.

육단자(肉團子) 살덩어리란 뜻. 즉 사람의 肉體를 말함. (傳光錄)

육대(六大) 만유를 生成하는 원소. 또는 六界라 함. 三種이 있음. ①小乘의 說. 地·水·火·風·空·識이다. 이 六法이 一切法界를 周遍하여 有情과 非情을 造作하므로 大라 함. 非情은 五大의 所成이며 有情은 六大의 所成이다. 中阿含四十七 多界經에서 說한 六界를 말함. 俱舍論一에 「六界는 諸有情이 所依하는 것이다」하였음. ②大乘은 因하여 法空을 示하므로 六大를 說함. 이를 遍到空이라 함. 仁王經上에 「色·受·想·行·識·空과 十八界空과 六大法空과 四諦十二因緣空이다」하였고, 同天台疏中에 「六

大를 遍到空이라 함. 阿含에 말하기를 六王이 大함을 言諍하는데 地는 나는 능히 실는다 하고 水는 能히 漂潤한다 하고 火는 能히 燒照한다하고 風은 能히 生動한다 하고 空은 能히 容受한다 하고 識은 이르기를 나와 같은 자가 없으면 色은 敗壞한다 하여 五가 비록 크나 識이 主가 되므로 四大가 空을 圍하며 識은 그 中에 居한다」하였음. ③密敎에서 諸法을 因示하여 本不生의 實體가 되므로 六大를 說함. 또한 地·水·火·風·空·識이다. 이 六法은 本來 自爾하게 實體가 있고 實形이 있으며 法界에 周徧하고 十方에 圓滿하여 不空不滅하는 것이라 함.

육대관(六大觀) 顯敎에서 六大가 空하여 不淨하다고 觀하고, 密敎에서 六大의 圓融無礙함을 觀하는 것.

육대능생(六大能生) 大日經五 秘密曼茶羅品에 如來가 說한 發生偈는 六大生에 따른 四種法身·四種曼茶羅·三種世界을 說하여 諸法이 常住함을 보였다. 偈에 「能生이 類形을 따름은 諸法의 法相이며, 諸佛과 聲聞은 世上을 救하는 因緣覺이다. 부지런하고 勇猛한 菩薩衆과 人尊도 또한 그렇다. 衆生의 器世界는 차례대로 생하며 生生하는 모든 法은 恒常 이 같이 생한다」하였음. 이 가운데 前의 能生二字는 六大이며 隨類形이하의 諸句는 造作하는 法이다. 그 造作하는 句 가운데 四種法身과 四種曼茶羅와 三種世間의 三種法을 配한다 함.

육대무애(六大無礙) 六大는 地·水·火·風·空·識이다. 이 六大의 뜻은 비록 顯과 密의 共通된 法相이나 六大가 無礙하다고 論한 것은 오직 密敎뿐이다. 無礙는 서로 融通되어 障礙됨이 없는 것이 光과 光 같으며 六大가 互相融通함은 六大의 自性이되며 法의 自爾한 德이므로 法性이라 함. 곧 佛陀의 身은 六大가 所成한 것이며 凡夫의 身도 또한 六大가 所成한 것. 六大의 自性이 無礙平等하므로 佛의 六大와 衆生의 六大가 融通하여 間隔이 없이 我에게 들어오고 我가 들어 가는 것. (이는 自와 他의 六大가 無礙하다는 뜻. 또는 地等의 五大와 識이 我에게 들어오고 我가 들어가며 有情과 非情이 一體다. 이 草木과 國土는 成佛의 뜻이 되어 이루어진다. (이 自六大가 서로 無礙하다는 뜻) 그러나 凡夫는 無始로 부터 間隔의 情이 無所礙와 平等의 六大를 向하며 妄佞되게 間隔과 差別하여 彼와 此·我와 他의 見을 일으키므로 作業이 生死의 苦를 感하는 것임.

육대번뇌(六大煩惱) ①貪煩惱. 染着이 性이 되어 苦를 생하는 것을 業으로 함. ②瞋煩惱. 瞋恚가 性이 되며 不安과 惡行의 所依가 業이

됨. ③痴煩惱. 諸理事에 迷闇이 性이 되며 一切諸惑의 所依가 業이 됨. ④慢煩惱. 自己를 믿고 他에 高擧하는 것이 性이 되며 苦를 生하는 것이 業이 됨. ⑤疑煩惱. 모든 諦理에 猶豫가 性이 되며 能히 信心을 막음이 業이 됨. ⑥惡見煩惱. 顚倒推究하는 惡慧가 性이 되며 善見을 能히 막아 苦를 生함이 業이 됨. 이 惡見 가운데 五種이 있다. (1)身見. 實我를 固執하는 것. (2)邊見. 나의 斷常을 偏集하는 것. (3)邪見. 因果의 理가 撥無한 것. (4)見就見. 自己의 惡見을 固執하는 것. (5)戒禁見. 非理의 戒禁을 固執하는 것. 因하여 合하면 六煩惱가 되고, 열면 十煩惱가 된다. 이는 諸惑 가운데 根本이 되며 餘惑을 體로 所依하여 生하므로 本惑이라 하고 또한 根本煩惱라 함. 台家에서도 利鈍의 利使가 되며 前五煩惱는 五鈍使가 되고 後五惡見은 五利使가 된다함.

육대법계(六大法界) 地·水·火·風·空·識을 本體로 하고 그것으로 象徵되어 있는 眞理의 世界.

육대법성(六大法性) 地등 六大에 相性의 二面이 있음. 凡眼으로 보면 다만 그 事相으로서 事事가 差別하여 서로 융합하지 못하는 것이요. 聖智로 보면 그 法性이 一味平等한 것임.

육대법신(六大法身) 密敎에서 六大는 宇宙法界에 두루 가득하여 萬有諸法을 攝持하였으므로 法身이라고 함.

육대상부(六代相付) 達磨스님이 衣鉢을 가지고 중국에 와서 이것을 二祖 慧可에서 부터 차례로 傳하여 六祖 慧能에게 까지 傳한 것을 말함. 그러나 六祖 慧能 이후는 衣鉢을 曹溪의 寶林寺에 秘藏했다고 하나 확실한 것은 고증하기 어려움.

육대신(六大神) 地등 六大의 神靈.

육대업영(六大業影) 業은 用大. 影은 相大. 모든 世界事象은 六大의 作用의 그림자(影)일 따름이라는 것.

육대연기(六大緣起) 世間도 衆生도 모두 地·水·火·風·空·識이라는 여섯개의 構成要素로 됨. 그들은 絕對의 眞理(法界)를 本性으로 하고 있어서 서로 無礙涉入의 關係에 있다고 한다. 日本의 眞言宗의 空海의 說. (即身義)

육대적(六大賊) 六賊과 같음. →六賊.

육대전의(六代傳衣) 六代는 東土의 六祖를 말함. ①菩提達磨 ②大祖慧可 ③鑑智僧璨 ④大醫道信 ⑤大滿弘忍 ⑥大鑑慧能을 말하고, 傳衣는 傳衣鉢의 준말로 敎法을 弟子에게 傳하여 줌을 일컫는 말.

육대조사(六代祖師) 初祖達磨. 二祖慧可. 三祖僧璨. 四祖道信, 五祖弘忍, 六祖慧能를 말한다.

육대체대(六大體大) 六大無礙의 뜻. 六大는 一切法의 體性이란 말. 만물은 모두 이 六大로 이루어 졌는데 그 두루한 방면으로는 六大를, 萬有 諸法의 所依가 되는 방면으로는 體大라 함. →六大無礙.

육대학파(六大學派) →六派哲學.

육대흑(六大黑) 佛像圖彙三에서 말한 것. ①比丘大黑. 그 本地는 大摩尼珠로 如來의 幖幟가 되며 僧形이 大黑한 것. (僞經의 大黑天神은 圓滿陀羅尼經에 本地의 記가 있다 함) ②摩訶迦羅大黑女. 大黑의 后가 됨. ③王子迦羅大黑. 大黑의 王子가 됨. ④眞陀大黑. 施福의 幖幟가 되며 眞陀摩尼를 가짐. ⑤夜叉大黑. 降魔夜叉의 幖幟가 되어 金剛輪을 가졌다. ⑥摩迦羅大黑. 곧 本體의 摩訶迦羅이며 주머니를 지고 방망이를 들었다 함.

육덕(六德) 梵語 薄伽梵의 六義. ①自在 ②熾盛 ③端嚴 ④名稱 ⑤吉祥 ⑥尊貴. (佛地經論一)

육덕지행(六德之行) 六波羅蜜을 말함. →六波羅蜜.

육도(六度) 六波羅蜜을 말함. 舊에는 波羅蜜이라 하며 번역하여 度라 하고 新에는 波羅蜜多라 하며 번역하여 到彼岸이라 함. 度는 生死海를 건넌다는 뜻이며 到彼岸은 涅槃岸에 到著한다는 뜻으로 그뜻은 하나다. 그 波羅蜜의 行法에 六種이 있다. ①布施. 慈心으로 施物하는 것. ②持戒. 佛戒를 가지고 身·口·意의 惡을 삼가는 것. ③忍辱. 一切의 苦痛과 凌辱을 忍耐하여 마음이 움직이지 않는 것. ④精進. 勇猛하게 一切의 善을 힘써서 一切의 惡을 調伏하는 것. ⑤禪定. 마음을 一處에 그쳐서 妄念을 털어버리는 것. ⑥智慧. 眞理를 分別하는 것. 이 六度는 萬行의 總體로 前五度는 福行이 되고 後一度는 福行을 助成하는 智行이 된다. 智行에 依하여 惑을 끊고 理를 證하여 生死海를 건넌다. 仁王經上에 「六度 四攝은 一切의 行이다」하였음. →波羅蜜.

육도(六盜) →六賊.

육도(六道) 六趣와 같음. 地獄·餓鬼·畜生·阿修羅. 人間·天上을 말함. 이 六者는 衆生이 輪廻하는 길이므로 六道라 하고, 衆生이 各各 因業을 타고 나가므로 六趣라 함. 法華經序品에 「六道衆生의 生死가 모이는 곳이다」하였고, 法華玄義二에 「十法界에 돌아가면 六道四聖이다」하였음. →六趣.

육도가(六道街) 六道는 凡夫衆生이 彷徨하는 곳이라는 것에서 그것을 갈림길, 또는 街路에 比喩함.

육도가타경(六道伽陀經) 一卷. 趙宋 法天의 번역. 내용은 六道相의 偈頌을 說한 것. 六趣輪廻經과 비슷함.

육도경(六度經) 大乘理趣六波羅蜜經

의 약칭. 또는 六度集經의 약칭.

육도과보(六度果報) ①施感富 ②戒感具色 ③忍感力 ④進感壽 ⑤禪感安 ⑥智感辯. (善戒經)

육도능화(六道能化) 六道의 거리에서 凡夫를 引導하는 者. 地藏菩薩을 말함. (地藏菩薩本願經)

육도능화보살(六道能化菩薩) 地藏菩薩의 異名임.

육도만상(六度滿相) 六度를 닦을 때 各各 滿時가 있다. 尸毘王이 鴿을 代함은 布施가 滿한 것이요. 普明王이 나라를 버린 것은 戒가 滿한 것이며 羼提仙人이 살을 베어도 恨하지 않음은 忍이 滿한 것이며 大施太子가 바다와 같이 佛을 讚頌함은 精進이 滿한 것이며 尙闍梨의 頂上에 까치가 집을 지은 것은 禪定이 滿한 것이며 劬嬪大臣이 땅을 나누어 다툼을 쉬게한 것은 智가 滿한 것이다 함. (俱舍論十八)

육도만행(六道萬行) 佛, 菩薩이 여섯가지 波羅蜜을 완전하게 수행하는 것.

육도무극(六道無極) 六波羅蜜. 波羅蜜은 舊譯에 度 혹은 度無極. 菩薩六道의 行法은 窮極이 없기 때문에 度無極이라 함.

육도무극경(六度無極經) 六度集經의 다른 이름.

육도불보살(六道佛菩薩) 六地藏·六觀音으로 六道에 配對한 佛菩薩.

육도비유(六度譬喩) 六度의 行을 母등에 譬喩한 것. 즉 智慧를 母로 삼고 布施를 乳母로 삼고, 戒를 養母로 삼고, 忍辱을 莊嚴具로 삼고, 精進을 養育者로 삼고, 禪定을 浣濯으로 삼은 것. (華嚴經)

육도사생(六道四生) 六道 가운데 胎卵·濕·化의 四生을 六道四生이라 말함.

육도사생삼세(六道四生三世) →六道 →四生.

육도사성(六道四聖) 十界 가운데 第一地獄으로부터 第六天界까지를 六道라 하고, 第七聲聞界·第八緣覺界·第九菩薩界·第十佛界를 四聖이라 함.

※法華玄義二에 「十界謂六道四聖也」

육도삼유(六道三有) 天上·人間·修羅·畜生·餓鬼·地獄의 六道와 欲有·色有·無色有의 三界.

육도설의(六度說意) 六度에서 說하는 것에 두가지 뜻이 있다 함. ①對治. 善法을 對함에는 六事가 있다는 것. (1)慳法 (2)惡業 (3)恚心 (4)懈怠 (5)亂心 (6)愚痴다. 이 六法의 因緣 때문에 無上菩提를 얻지 못한다. 六法을 破壞하고자 하기 때문에 六波羅蜜을 說하였음. ②次地生은 菩薩이 一切 世俗의 物을 여의고 出家學道하는 것을 檀波羅蜜이라 함. 이미 出家하여 菩薩戒를 받는 것을 尸波羅蜜이라 하며 護戒하기 때문에 비록 打罵를 받아도 또한 말없이 받고 갚지 않음을

羼波羅蜜이라 하고, 戒가 이미 清淨하여 부지런히 道를 닦는 것을 毘梨耶波羅蜜이라 하며, 精進하기 때문에 五根을 調伏함을 禪波羅蜜이라 함. 五根을 이미 調伏하면 眞法界를 아는 것을 般若波羅蜜이라 함.

육도신광(六道神光) 迷界의 굉장한 빛. 人間이 가지고 있는 感官(六根)과 마음의 作用을 가리킴. (臨濟錄)

육도육비(六度六譬) →六度.

육도윤회(六道輪廻) 六道에 輪廻하는 것. →六道. (正法眼藏 坐禪箴)

육도윤회업상(六道輪廻業相) 地獄·餓鬼·畜生·修羅·人間·天上을 無限히 生死하는 業(結果를 同伴하는 行爲)의 모양. 欲求에 歲月을 보내는 人間의 相對的인 營爲相. (正法眼藏 坐禪箴)

육도인과(六道因果) 여섯개의 迷界에 태어나는 原因과 그 結果. (往生要集)

육도전(六道錢) 中國의 習俗에 새벽이나 저녁에 壙中에 돈을 묻으면 죽은 사람이 쓴다고 하며 이를 昏寓錢이라 함. 日本에서는 이것을 본 받아 六道錢이라 하나 佛經의 說은 아니라 함.

육도지기(六道之岐) 六道로 갈라져 가는 길. →六道街.

육도집경(六度集經) 八卷. 吳나라 康僧會 번역. 十二部經中 本生經에 屬하는 經典. 六度의 차례에 따라 菩薩行에 關한 因緣을 類聚한 것. 一卷에서 三卷까지의 二十五章은 施度菩薩 本生·薩婆達王 本生·貧人本生등을 말하였고, 四卷의 十五章은 戒度·清信 士本生·象王本生등을 말하고, 五卷의 十三章은 忍度·菩薩本生·睒道士本生등을 말하고, 六卷의 十九章은 進度·凡人本生 彌侯王本生등을 말하고, 七卷의 九章은 禪度로 得禪法 比丘得禪등을 말하고, 八卷의 九章은 明度로 順羅太子本生등을 말한 것.

육도집경(六道集經) 八卷. 吳나라 康僧會의 번역. 내용은 如來가 往昔에 菩薩道를 行할 때의 六波羅蜜行을 말함. →六度集經.

육도피안(六到彼岸) 六波羅蜜多. 唯識論九에 「六到彼岸 菩提分등은 自利行에 攝受된다」라고 하였음.

육도행(六度行) 六波羅蜜을 말함.

육동십이(六同十異) 聲聞·緣覺二乘의 同異. →二乘.

육두수(六頭首) 禪苑 淸規에 首座·書狀·藏主·知客·庫頭·俗主로써 六頭首를 삼는다. 이 가운데 庫頭의 하나는 비록 知事에 屬한 사람이나 衆名을 좇아서 六頭首라고 함.

육등(肉燈) 살을 베어 등불을 켜서 부처님에게 供養함.

육등육향(肉燈肉香) 사람의 고기로 등불을 켜고 香을 만든다는 뜻. 南史 梁武帝紀에 「沙門 智泉이 쇠갈

쿠리로 몸을 걸어 千燈을 켜도 하루 낮 하룻 밤을 端坐하여 움직이지 않았다」하였고, 蘇舜欽의 聞見錄에 「그 해 크게 가물어서 仁宗이 甚히 懇功하게 비를 빌었는데 팔로 香을 살라 祈禱하니 宮人 內璫이 모두 그렇게 하였다」하였으며, 淸異錄에 「齊·趙의 사람들이 몸으로 供養함을 좋아하여 兩臂를 肉燈臺라 하고 頂心을 肉香爐라 하였다」 함.

육량(六量) 五量에 無體量을 더한 것. 마치 이 방안에 와서 主人이 있지 않은 것을 보고 그 간 곳을 아는 것처럼, 陳那 菩薩의 因明法은 餘量을 廢하여 각각 그 應한 것을 따라 現과 比속에 攝受시켰고 오직 現·比의 二量만을 세웠음. (因明大疏一)

육력(六力) 力用에 六種이 있음. ①小兒는 啼泣으로써 힘을 삼고 ②女人은 瞋恚로써 힘을 삼고 ③國王은 憍豪로써 힘을 삼고 ④羅漢은 精進으로써 힘을 삼고 ⑤諸佛은 大慈로써 힘을 삼고 ⑥比丘는 忍辱으로써 힘을 삼음. (增一阿含經三十一) →力

육론(六論) 外道六種의 論이다. 婆藪槃豆法師傳에 「四皮陀는 六論이다」하였고, 百論疏上의 下에 「六論은 ①式叉(Śikṣā)論. 六十四能法을 解釋함. ②毘伽羅(Vyākaraṇa)論. 諸音聲法을 解釋함. ③柯剌波(Kalpa)論. 諸天仙의 上古이래의 因緣과 名字를 解釋한 것. ④竪底沙(Jyotiṣa)論. 天文 地理 算數등 法을 解釋한 것. ⑤闡陀(Chandas)論. 首盧迦法을 解釋한 것. 佛弟子인 五通仙等이 說偈한 것을 首盧迦라 함. ⑥尼鹿多(Nirukta)論. 一切의 物名과 因緣을 解釋하여 定한 것이다」하였음.

육룡(六龍) 옛날에 天子가 타는 수레를 끄는 여섯마리의 말.

육륜(六輪) 本業瓔珞經에 「三賢 十聖의 果報를 말하여 鐵輪王等의 이름을 쓴다」함. 天台에서는 그 經意를 取하여 六輪을 세워 因位의 六位에 配한다. ①鐵輪王 十信位에 配함. ②銅輪王. 十住位에 配함. ③銀輪王. 十行位에 配함. ④金輪王. 十回向位에 配함. ⑤瑠璃輪王. 十地位에 配함. ⑥摩尼輪王. 十地位에 配함. 이 가운데 經에는 瑠璃輪의 이름이 없다 함. 止觀輔行一의 三에 「銅輪에 들어가는 者란 本業瓔珞經上卷의 經意에는 六因位를 六輪에 비유하였다. (中略) 六輪이란 鐵輪은 十信, 銅輪은 十住, 銀輪은 十行, 金輪은 十向, 瑠璃輪은 十地, 摩尼輪은 等覺이다 함. 輪은 碾或은 摧伏의 뜻이다」하였음.

육률(六律) 十二律中. 陽을 六律. 陰을 六呂라 한다. 音樂의 가락. (碧巖錄)

육리(六理) 成唯識論에서 說明하는 第七末那識의 存在를 論證하기 爲

한 六種의 理由를 말한다. (1) 凡夫에 늘 있다는 不共無明은 末那識 없이는 不可能함. (2) 第六識이 생기는 바탕으로서 末那識이 必要함. (3) 思量하는 것이 意(末那 ㉵⟨manas⟩)이므로 末那識이 없으면 안된다함. (4) 無想定과 滅盡定의 區別은 末那識이 있어야 可能함. (5) 無想天에 태어난 것에는 六識이 없다. 만일 染汚의 根源인 末那識이 없다고 하면 無想天의 것에는 染汚가 없다는 教說上 矛盾이 생긴다 함. (6) 凡夫에 我執이 있는 것은 末那識이 있기 때문임. (成唯識論)

육리합석(六離合釋) 또는 六種釋 六合釋이라 함. 梵語로 殺三磨娑 번역하여 六合이라 함. 殺은 六. 三磨娑는 合이다. 諸法 二義이상으로 이름한 것은 이 것에 六種의 法式이 있어 그 이름을 分別한 것. 오직 一義의 이름은 곧 이 解釋에는 不當하다. 二義의 이름은 어떤 뜻으로 돌아가는 가가 判別되며 반드시 이 法式에 따른다. 그 作法은 처음에서 二義를 離釋하고 다음에는 二義를 合釋한다. 그러므로 離合釋이라 함. ①持業釋⟨Karmadhāraya⟩ 또는 同依釋이라 함. 體가 能히 持用함을 持業이라하며 이 뜻이 비록 둘이나 體는 하나인 이름임. 一體는 一用을 가지므로 持業釋이라 함. 例를 들면 大乘과 같다. 大는 七義를 갖추었으나 小教에 對하여 말하며 乘은 運載한다는 뜻. 行者를 건너는데 그 大體는 能히 運載의 用을 가지므로 大乘이라 함. 또한 同依는 二義가 一體의 依支한다는 뜻인 大와 같고 乘과 같은 것은 同依一體이므로 同依라 함. 또는 藏識과 같으며 藏은 곧 識이며 識은 持藏의 用이 있으므로 持釋이라 하며 藏의 뜻과 識의 뜻이 一法體에 同依하므로 同依라 한다. ②依主釋⟨Tatpurusa⟩ 또는 依士釋. 所依하는 體를 따라 能依의 法을 세운 이름임. 例를 들면 眼識은 眼이 所依하는 體이므로 眼識이라 함. 이 眼은 所依의 體가 되며 識은 能依의 法이다. 本來 別種의 法이나 別法은 所依의 法을 세우므로 依主라 함. ③有財釋. 이는 전혀 다른 이름을 取하여 自己이름을 삼은 것. 世上의 財物있는 者가 財物을 두는 것과 같고 覺者가 覺이 있는 者가 됨과 같으므로 覺者라 하며 唯識論은 唯識의 理가 있는 論이므로 唯識論의 이름을 붙임과 같으므로 有財釋이라 함. ④相違釋⟨Dvandva⟩이 二體가 相違한 것을 各各 따로 모은 것을 一名으로 한 것이 相違釋임. 例를 들면 教와 觀은 本來 다른 것이나 相違한 物을 合하여 一名이 된 것이 相違釋임. ⑤隣近釋⟨Avyayibhāva⟩ 隣近法의 强한 物을 따라 이름을 세운 것. 例를 들면 四念處와 같다. 念處의 體는 비록 慧

나 그것과 相應하여 일어나는 念力이 强하므로 念處라 하며 이는 隣近釋을 말하는 것. ⑥帶數釋〈Dvigu〉 例를 들면 五蘊 十二處의 數量을 띈 이름과 같다. 그러나 一名은 반드시 一釋에 局限된 것은 아니며 一名이 있어 數釋을 涉歷한 것. 例를 들면 論語와 같다. 論은 聖賢의 議論이며 語는 그 議論의 言語로 論을 보면 곧 語가 되는 것은 持業釋이 되며 語의 體는 持論의 用이 된다. 만일 解하면 論은 聖賢의 議論으로 그 論의 語에 依하고 經등의 語에 依하지 못한다 함은 依主釋이 되며, 만약 賢聖의 議論의 語가 包含되었다고 보면 有財釋이 되며 만약 論은 聖賢의 議論이요, 語는 聖賢의 敎語가 된다고 하면 相違釋이 되고 만약 보기를 겨우 書中議論의 言語가 되지 않는다 한다면 議論의 말이 主가 되므로 論語라 하면 隣近釋이 된다. 이상 論語의 一名이 五釋의 數를 帶涉하지 않으면 帶數釋에 該當되지 않는다 함.

육만장(六萬藏) 法藏六萬偈. 大方便佛報恩經四에 「提婆達多가 비록 다시 부처님을 따라 出家했으나 嫉妬가 몹시 심하고 名利를 바라는 뜻이 강하여 아무리 六萬香象經을 많이 읽어도 阿鼻地獄罪를 免할수 없다」라고 했음. 智度論十四에 「調達이 六萬法聚를 誦得하였으나 闍王과 같이 五逆大罪를 지었으므로 살아서 地獄에 들어가게 되었다」하였고, 天台觀經疏에 「調達에게 三十相이 있어 出家하여 六萬法聚를 誦하였다」하였음.

육만재행(六萬齋行) 戒律을 지키는 數많은 善行. (唯信鈔文意)

육망(六妄) 眼등의 六塵을 말함. 이것은 凡夫의 迷妄한 境界가 되기 때문에 妄이라고 말함. 楞嚴經四에 「色·聲·香·味·觸등 六妄이 成就하므로 말미암아 見·聞·覺·知가 分開된다」라고 하였음.

육망수(六望受) →六觸. (陰持入經)

육매(六罵) 또는 육마. 惡法을 욕하는데 三種이 있고 善法을 욕하는데 三種이 있다는 것. ①罵惡法 (1)面罵. 너는 똥치는 집에 태어 났다는 말. (2)喩罵. 너는 똥치는 놈 같다는 말. (3)自比罵. 나는 너 같이 똥치는 사람도 아니고 소잡는 백정도 아니다 라는 말. ②罵善法 (1)面罵. 너는 阿練若와 坐禪하는 사람과 같다는 말. (2)喩罵. 너는 阿羅漢 또는 佛과 같다는 말. (3)自比罵. 너는 나같이 阿練若도 乞食하는 納衣 또는 阿羅漢도 佛도 아니다라는 말. 이는 善事를 빌렸으나 뜻은 罵辱하는 것.

육면자(六面子) ㊵〈ṣaṇmukha〉 軍神㊵〈Kārttikeya〉을 말함. 韋駄天과 같음. (佛所行讚)

육면존(六面尊) 降閻魔尊과 大威德

明王을 六足尊 또는 六面尊이라 함.

육묘문(六妙門) 天台宗에서 세운 六種의 禪觀. 이 妙가 涅槃에 들어가는 문이므로 妙門이라 한다. ①數息門. 身息을 잘 고르게 하는 것. 숨쉬는 것을 세어 一에서 부터 十에 이르면서 亂心을 攝受하는 것. 이는 入定의 要가 되므로 數息이 妙門이 된다. ②隨門. 가는마음이 숨에 依하여 들어가고 나감을 아는 것을 隨息이라 함. 만약 억지로 숨을 세면 일어나는 생각을 잃어버림으로 나가고 들어 감을 세어서 隨息을 닦는다. 들어쉴 때를 알아서 들이쉬며 내쉴 때를 알아서 내쉬면 길고 짧고 冷과 暖을 모두 알게되며 이것을 말미암아 禪이 自發하여 隨가 妙門이 된다. ③止門. 마음을 쉬고 생각을 고요하게 함을 止라 함. 行者가 비록 隨息에 依하여 마음이 편하여 밝고 깨끗하나. 그러나 마음이 隋에 依하면 일어나는 생각이 亂하므로 마땅히 隨를 버리고 止를 닦는다. 마음이 엉키고 생각이 고요하여 마음에 波動이 없으면 모든 禪定이 스스로 開發하므로 止가 門이 된다. ④觀門. 權析하는 마음을 分別함을 觀이라 함. 行者가 비록 止에 因하여 諸禪定을 證하나 풀어진 智慧가 發하지 못하여 無明의 心이 諸定에 味着하므로 마땅히 觀心을 分明히 하여 五陰의 虛誑함을 알아서 四顚倒와 我등의 十六知見을 破한다. 顚倒가 이미 없어지면 無漏의 方便이 이로 因하여 開發되므로 觀이 門이 된다. ⑤還門. 마음을 轉하여 返照함을 還이라 함. 行者가 비록 觀照를 닦으나 만약 내가 能히 觀照할 수 있다고 計量하여 顚倒를 破하면 我의 惑을 計量함이 도리어 外道와 같으므로 마땅이 마음을 돌려 能觀의 마음을 返照해야 한다. 만약 能觀의 마음을 알게 되면 虛誑無實함이 곧 觀에 付하여 我를 執着한 顚倒가 스스로 없어져서 無漏의 方便智가 自然히 밝아지므로 還이 門이 된다. ⑥淨門. 마음이 依持할 곳이 없어서 妄波가 일어나지 않음을 淨이라 함. 行者가 還을 닦을 때에 비록 能히 觀의 倒心을 破하나 眞明의 無漏智를 發하지 못하여 無能의 곳에 住하여 곧 一箇의 受念이 되므로 心智가 穢濁해진다. 만약 이 것을 깨달아서 알게 되면 住하지도 着하지도 않고 泯然 清淨하면 眞明이 이를 因하여 開發되어 곧 三界의 結惑을 斷하고 三乘의 道를 證하므로 淨이 門이 된다. 이 六通을 妙門이라 함은 그 차례가 相通하여 眞妙한 涅槃에 이르기 때문이라 함. (六妙法門과 法界次第上의 下)

육묘법문(六妙法門) 一卷. 天台智顗가 說한 것. 洛陽의 瓦官寺에서 毛

記를 위하여 不定止觀을 記錄하여 漸次智止觀·圓頓止觀등의 一定한 法則에 依하지 않고 隨意로 觀을 닦는 것을 밝힘. ①歷別對諸仙六妙門 ②次第相生六妙門 ③隨便宜六妙門 ④隨對治六妙門 ⑤相攝六妙門 ⑥通別六妙門 ⑦旋轉六妙門 ⑧觀心六妙門 ⑨圓觀六妙門 ⑩證相六妙門 등의 十門으로 나누어 解釋 記述한 것.

육묘행(六妙行) →六行觀.

육무감(六無減) 智度論二十六에서 밝힌 十八不共法 가운데 六無減을 說한 것. ①欲無減. 衆生을 度脫하고자 하는 欲心所. ②精進無減. 衆生을 濟度하기 위하여 부지런하고 게을리 하지 않는 精進心所. ③念無減. 三世諸法을 念하여 잃어버리지 않는 念心所. ④慧無減. 一切法相을 分別하는 慧心所. ⑤解脫無減. 佛은 一切煩惱의 正習을 斷하고 解脫을 證하므로 解脫無減이라 함. ⑥解脫知見無減. 解脫의 知見을 證하여 無邊淸淨한 것.

육무상(六無上) 여섯개의 無上. (1) 見無上(梵〈darśana-ānuttarya〉) 哲學上의 見解가 이 위에 없는 것. (2) 聞無上 梵(〈śravaṇa-ānuttarya〉) 聽聞이 이 위에 없는 것. (3) 得無上(梵〈lābha-ānuttarya〉) 利得이 이 위에 없는 것. (4) 戒無上(梵〈śikṣā-ānuttaryas〉) 制欲이 이 위에 없는 것. (5) 供無上(梵〈paricaryā-ānuttarya〉) 奉仕가 이 위에 없는 것. (6) 念無上(梵〈anusmṛ: ti-ānuttarya〉) 追念이 이 위에 없는 것.

육무상법(六無上法) 梵〈ṣaḍ ānuttaryāni〉 六無上·六行이라고도 한다. 六種의 無上順解脫의 法이라는 뜻. 六無上. (集異門論)

육무외(六無畏) 眞言行者의 菩提心을 一念하는 功德에 六種의 差別이 있음을 六無畏라 함. 無畏란 安穩蘇息의 뜻. 一切衆生이 煩惱의 繫縛을 받아 死滅됨과 같다. 만일 이 六處에 이르면 各各 그 扼縛을 벗어나 蘇息함을 얻으므로 無畏라 함. 大日經의 說相은 地前에 三阿僧祇劫을 세워 이 三劫에서 麤妄執과 細妄執과 極細妄執의 三妄執을 넘어서 이 위에 다시 十地를 세운다. 開發金剛寶藏位가 되며 以上의 上方便은 다시 微細한 妄執을 斷하고 佛果에 이른다. 곧 三劫 十地의 차례는 三劫은 地前이 되고 十地는 地上이 된다. 十地는 第四의 一切다. (顯敎의 三劫과 究竟은 다르다 함) 이 地前三劫에 差降하면 眞言行者의 所得한 功德에 따라 六無畏를 세운다 함. ①善無畏. 이는 곧 世間의 善心으로 六戒와 十善등을 지니고 三途의 業을 여의는 자리 임. 眞言行者가 三密을 닦아 本尊에 供養하는 자리와 같다. ②身無畏. 二乘行者가 不淨觀등을 成就하여 身의 扼縛에서 解脫을 얻는 자리임. 眞言

行人이 有相觀에 依하는 檀上의 本尊에 衆相이 現前하는 자리와 같다 ③無我無畏. 二乘의 사람이 無我의 理를 證하고 一切法에서 無我相을 觀하는 見道位다. 眞言行人이 本尊의 海會에 衆像이 緣生임을 깨달아 愛著이 생기지 않는 자리와 같음. ④法無畏. 二乘의 사람이 五蘊等法에 性相이 空이 되어 眞과 偏을 證하는 理를 깨달은 無學道의 자리임. 眞言行人이 瑜伽境界에 水月鏡像과 같이 無性 無相을 觀하는 자리와 같음. ⑤法無我無畏. 三乘의 사람이 萬法이 唯心이며 心外에 法이 없음을 了解하고 마음에 自在함을 얻는 자리임. 眞言行人이 一切의 境界를 알아서 모든 自心의 功德으로 自在의 用을 얻는 자리와 같음. ⑥平等無畏. 一乘의 사람이 萬法一實眞如이며 諸法에 能히 本末이 없음을 了知하여 平等法界에 住하는 자리임. 眞言行人이 諸法이 本不生하여 마음이 實際 平等 本源에 住하는 자리와 같음. 이상의 六無畏를 三劫에 配하면 前四는 初劫의 자리며 第五는 第二劫의 자리며 第六은 三劫의 자리나 다만 三劫은 所度하는 妄執에 따라 세운 것이며 六無畏는 能度하는 心에서 세운 것.

육무위(六無爲) 大乘에서 六無爲를 세운 것. 다만 六種의 別體를 말하는 것이 아니고 我法 二執을 斷한 곳에서 나타내는 一種의 眞理·有·無·常·無常을 모두 이름붙일수 없으나 다만 이 法의 實性이 되므로 法性이라 하며 이 一法性의 所顯을 따라 여러가지 이름을 緣分하는 것. ①虛空無爲. 이 法性은 本來의 모든 障礙를 여읜자리어서 나타난 것을 이름한 것. ②擇滅無爲. 이 法性은 智慧力에 依하여 煩惱를 斷한 자리를 따라 이름한 것. ③非擇滅無爲. 이 法性은 擇力을 따르지 않고 本來淸淨 或은 緣缺한 자리에서 나타난 것을 이름한 것. ④不動無爲. 이 法性은 第四禪天에서 생하여 苦樂과 麤動을 여읜 자리에서 나타난 것을 이름한 것. ⑤想受滅無爲. 이 法性을 聖者가 非想地에 所攝된 無盡定에 들어가 六識의 心想과 苦樂 二受를 滅한 자리에 나타난 것을 이름한 것. ⑥眞如無爲. 이 法性은 眞實如常한 相이 있음을 따라 이름한 것. 이 가운데 前 五無爲는 一法性이 所顯한 자리에 따라 差別한 것으로 六種의 名을 假立한 것이다. 前五者는 法性의 相을 詮한 假名이 되고 後一者는 法性의 體를 詮한 假名이다. 이에 따라 論하면 前五無爲는 名과 體가 모두 假立이며 眞如無爲의 體는 定在하고 다만 眞如의 名만 假立한 것.

육문경(六門經) 六門陀羅尼經의 약칭.

육문교수습정론(六門敎授習定論) ㊢

一卷. 無着菩薩이 짓고 世親菩薩이 解釋하고 唐나라 義淨이 번역하였음. 六門으로써 禪定을 習修하여 世·出世의 果를 얻음을 밝히었음. 六門은 ①解脫을 求하는 願心. ②勝行의 資糧을 積集하는 것. ③마음을 한 곳에 住하도록 하는 것. ④스승을 圓滿히 받들어 있는 것. ⑤所緣이 圓滿한 것. ⑥뜻을 짓는 것이 圓滿한 것등임.

육문다라니경(六門陀羅尼經) 一卷. 唐玄奘의 번역. 日夜 六時로 이 陀羅尼를 誦하면 능히 六道의 苦를 救濟하기 때문에 六門이라 함.

육물(六物) 佛께서 比丘를 制度하기 위하여 반드시 준비시키는 것이 六種이 있다. ①僧伽梨. 九條 또는 二十五條의 大衣임. ②鬱多羅僧. 七條의 中衣임. ③安陀會. 五條의 下衣임. ④鐵多羅. 鐵鉢임. ⑤尼師壇. 坐具임. ⑥漉水囊. 水中의 蟲命을 保護하는 器具임. 이것이 三衣와 六物이 됨. 三衣는 비록 六物가운데 있으나 六物中의 根本이 되므로 特히 標擧한 것. 詩書六經이라 함과 같다. 行事鈔二 衣篇에 「"무엇을 制라 합니까" "三衣六物을 말한다" 佛이 制하여 準備하게 하며 모든 것을 通하여 一元化하여 制服으로 쓰며 어기면 結罪가 된다」하였음.

육물도(六物圖) 佛制比丘六物圖의 약칭. 一卷. 宋 元照의 著書.

육미(六味) 여섯 가지 맛. 쓴맛(苦味)·신맛(酸味)·단맛(甘味)·매운맛(辛味)·짠맛(鹹味)·싱거운맛(淡味)을 稱함. 南本涅槃經一에 「그 甘味를 먹으면 六種의 맛이 있는데 ①苦 ②醋 ③甘 ④辛 ⑤鹹 ⑥淡이다. 또 三德이 있는데 ①輕軟 ②淨潔 ③如法이다」라고 하였음.

육바(六波) 六波羅蜜의 약칭.

육바라밀(六波羅蜜) 梵〈Ṣaḍ-pāramitā〉 ①檀波羅蜜. 檀은 檀那의 略. 번역하여 布施·財施·無畏施·法施의 大行을 말함. ②尸羅波羅蜜. 尸羅는 번역하여 戒라 함. 在家 出家 小乘 大乘등의 一切 戒行을 말함. ③羼提波羅蜜. 羼提는 번역하여 忍辱이라 함. 一切有情의 罵辱과 擊打등과 非情의 寒熱飢渴등을 忍受하는 大行이라 함. ④毘梨耶波羅蜜. 毘梨耶는 번역하여 精進이라 함. 身心을 精勵하여 前後의 五波羅蜜을 進修하는 것. ⑤禪波羅蜜. 禪은 禪那의 略으로 번역하여 惟修라하며 新은 靜慮라 하며 또는 三昧 번역하여 定이라 함. 眞理를 思維하여 散亂한 마음을 定止하는 要法임. 四禪과 入定 또는 百八三昧등의 別이 있음. ⑥般若波羅蜜. 般若는 번역하여 智慧. 諸法을 通達하는 智慧와 惑을 斷하고 理를 證하는 慧다. 菩薩이 六法을 닦아 自利와 利他의 大行을 究竟하여 涅槃의 彼岸에 이르므로 六波羅蜜이라

함.

육바라밀경(六波羅蜜經) 大乘理趣六波羅蜜多經의 약칭.

육바라밀다(六波羅蜜多) ㊵〈ṣaṭ pāramitāḥ〉 六波羅蜜과 같음. 玄奘以後의 新譯의 用語. (俱舍論)

육반신용(六般神用) 六種의 妙用이라는 뜻. 六根이 六境을 因緣하여 妨害되지 않고, 더럽혀지지 않고 自由自在인 것을 말함. (證道歌)

육반신족(六般神足) 法華經序品에서 說한 六瑞. 이는 부처님의 神境通이 나타나기 때문에 神足이라 일컬음.

육반진동(六反震動) 여섯가지로 震動하는 것. 六種震動과 같음. →六種震動. (正法華)

육방(六方) 여섯 方位. 東·西·南·北·上·下를 말함.

육방감(六方龕) 六角形의 龕.

육방례(六方禮) 東·西·南·北·下方·上方이 六方이 된다. 婆羅門의 法은 晨朝에 沐浴하고 六方에 敬禮하면 命과 財를 增長한다는 說이 있다. 王舍城 長子의 아들 善生이 父命을 받아 每朝에 沐浴하고 敬禮하니 佛께서 보고 佛法의 六方禮를 說하여 善生經이라 함. →善生經.

육방예경(六方禮經) 尸迦羅越六方禮經의 약칭.

육방증명(六方證明) 六方護念과 같음.

육방호념(六方護念) 또는 六方證誠·六方證明. 阿彌陀經에 六方의 모든 如來가 阿彌陀佛의 不可思議한 功德을 讚歎한 것을 들어 말한 것. 또 말하기를 「各各 그 나라에 태어나서 廣長舌相을 내어 誠實言을 說한 것이 두루 三千大千世界를 덮으리니, 너희들 衆生은 마땅히 이 不可思議한 功德을 稱讚한 一切 諸佛의 所護念經을 믿으라」고 하였음.

육번뇌(六煩惱) 根本煩惱라 하는 貪·瞋·癡·慢·疑·惡見을 말함.

육번뇌구(六煩惱垢) 또는 六垢라고도 한다. 根本煩惱에서 흘러나와서 모양이 더러운 것. 惱·害·恨·諂·誑·憍를 말함.

육범(六凡) 十界를 凡夫·聖者의 二類로 나뉘는데 地獄·餓鬼·畜生·修羅·人間·天上은 六凡이요. 聲聞·緣覺·菩薩·佛은 四聖이다. 止觀五의 一에 「凡夫와 聖人이 모두 五陰을 갖추었다」라고 하였고, 同 輔行에 「凡을 六凡이라고 하고, 聖을 四聖이라고 말한다」하였음.

육범사성(六凡四聖) 十界를 나누어 六種의 凡夫界와 四種의 聖者界로 나눈 것. 六凡은 地獄, 餓鬼, 畜生, 人道, 天道, 阿修羅의 六趣衆生. 四聖은 聲聞, 緣覺, 菩薩, 佛, 이를 合하여 十法界라 일컬음.

육법(六法) 念佛등의 六念을 六法이라 함. 또는 六法戒.

육법계(六法戒) 七衆中에 學法女가 꼭 受持할 戒法임. ①染心相觸. 污

染心으로 男子의 몸에 붙이는 것. ②盜人四錢. 他人의 金錢 四錢을 盜賊한 것. ③斷畜生命. 畜生의 命을 죽이는 것. ④小妄語. 나는 聖者라 自稱하여 供養을 貪하는 것이 大妄語가 되고 그밖의 不實한 말이 小妄語가 된다. ⑤非時食. 午時가 넘어서 먹는 것. ⑥飮酒하는 것. 行事鈔下四의 三에 「叉式摩那는 번역하여 學法女. 四分十八에 童女는 二年을 꼭 戒를 배워야 한다 하고, 또한 小女가 일찍 시집가는 나이 十歲에 六法을 준다. (中略) 學六法은 곧 羯磨의 所爲로 染心相觸과 盜人四錢과 斷畜生命과 小妄語와 非時食과 飮酒다」하였고, 俱舍光記 十四에 「梵語 式叉摩那는 번역하여 正學이며 正學六法을 말한다. 六法은 不婬·不盜·不殺·不虛誑語·不飮酒·不非時食이다」하였음. 二年間 이 法戒를 堪忍하면 처음 比丘尼가 되어 具足戒를 받는다 함.

육법니(六法尼) 六戒를 지키는 式叉摩那. 十八歲에서 二十歲까지의 尼를 말함. (顯戒論)

육법불이(六法不異) 異·捨등의 六法은 方便에 따라서 文字를 假立했을 뿐 妙理는 다르지 않다는 뜻. 頓悟入道要門論上에 「지금 다시 六法不異라 이름한다. ①捨 ②無起 ③無念 ④離相 ⑤無住 ⑥無戲論이다. 이 같은 六法은 일을 따라 方便으로 名字를 假立한 것이며 妙理에 이르러서는 二도 없고 別도 없다」하였음.

육법사(六法事) 女人의 出家前에 주어지며, 二年間 修行하여야 할 法으로, 不婬·不盜·不殺·不妄語·不飮酒·不非時食을 말함. (十誦律)

육법오원(六法五願) 眞宗에서 敎·行·信·證·眞佛·眞土의 六法을 彌陀四十八 願中의 五願에 配하여 부르는 것. 敎는 能詮의 法이므로 따로 一願에 配하지 않았으며 行은 第十七願의 名號가 되고 信은 第十八願의 三信이 되며 證은 第十一願의 滅度에 이르는 證果가 되며 眞佛과 眞土는 第十二願의 光明無量과 第十三願의 壽命無量의 願을 따라 成就하므로 六法 五願이 된다 함.

육보살(六菩薩) ①師子戲菩薩 ②師子奮迅菩薩 ③師子幡菩薩 ④師子作菩薩 ⑤堅勇精進菩薩 ⑥擊金剛慧菩薩. (六菩薩亦當誦持經)

육보살명경(六菩薩名經) 六菩薩亦當誦持經의 약칭. 一卷. 譯者未詳. 내용은 六菩薩의 名號와 嘆佛偈를 說한 것.

육부(六部) 六十六部의 약칭으로 六十六部의 法華經을 寫書하여 전국 六十六個所의 靈場을 돌아다니며 奉納하는 行脚僧을 말한다. 또는 回國行者라 함.

육부(六腑) 內腸속에 있는 六種의 腑腸. 小腸·膽·膀胱·大腸·胃·

三焦를 말함.

육부대승경(六部大乘經) 法相宗에서 所依로 하는 六部의 經典을 말함. ①大方廣佛華嚴經 ②解深密經 ③如來出現功德莊嚴經 ④阿毘達磨經 ⑤楞伽經 ⑥厚嚴經(大乘密嚴經이라고도 함) 이것은 慈恩이 세운 說임.

육부전독(六部轉讀) 매일 法華經을 여섯번 轉讀하는 것. 六道에 廻向한다는 뜻.

육부정과(六不定過) 因明의 三支作法 가운데 第二의 因에 十四의 過가 있다. 그중 第五 以下의 六인 共不定過·不共不定過·同分異全不定過·異分同全不定過·俱分不定過·相違決定過를 말함.

육분(六分) ㊵〈ṣaḍ-guṇa〉 →六德.

육분아비담(六分阿比曇) ㊮六足論의 다른 이름. 智度論二에 「八乾度 六分阿毘曇等이 어디서 나왔느뇨」라고 하였음. →六足論.

육불(六佛) 過去七佛中. 釋迦如來를 除外한 六人의 佛. (虛空藏菩薩問七佛陀羅尼呪經)

육불수(六不收) ㊳ 어떤 중이 雲門에게 「어떤 것을 法身이라 합니까」 雲門 「六不收니라」하였음.

육불퇴법(六不退法) 그것을 實行하면 修行僧들의 德이 增大하여 衰退하는 일이 없는 여섯가지 事項. (長阿含經)

육비(六譬) 眼등 六根을 개(狗)등 六畜에 비유한 것. →六衆生.

육사(六事) ①㊇〈chakkāni〉 六個의 느낌(㊇〈vedanā〉) (1)六事令人內喜 (2)外六事令人喜 (3)六事令人內愁 (4)外六事令人不善 (5)內六事令人不愁亦不喜 (6)外六事令人愁의 각각을 말한다(那先經) ②眼·耳·鼻·舌·身·意를 말함. (灌頂經)

육사(六邪) 眼·耳·鼻·舌·身·意의 六欲을 말하는 것.

육사(六師) 釋尊당시에 中印度에서 가장 勢力이 컸던 六人의 外道를 말함. 翻譯名義集에 六師篇이 있는데 ①富蘭那 迦葉 ②末伽黎拘賒黎 ③刪闍夜毘羅胝 ④阿耆多翅舍欽婆羅 ⑤迦羅鳩馱迦旃延 ⑥尼犍陀若提子등임. →外道.

육사가왕(六師迦王) 佛이 入滅한 뒤에 祇園精舍를 다시 지은 王의 이름. 法苑珠林三十九에 「佛이 入滅한 뒤 五百年에 旃育迦王이 祇園精舍의 옛터에 精舍를 지었으나 그 十分의 一도 되지 못했다. 百年이 지난 뒤에 賊의 侵掠으로 燒盡되었고 十三年이 지나서 六師迦王이 前과 같이 重建하여 屋宇가 莊嚴하니 모두 寶莊嚴이라 하였다」 함.

육사경(六事經) 摩鄧女解形中六事經의 약칭.

육사망(六思望) 六觸. (陰持入經)

육사성취(六事成就) 菩薩이 六度의 行을 成就하고자 하여 所修하는 六事를 말함. ①供養. 檀波羅蜜을 成就하고자 한 것. ②學戒. 戒波羅蜜

을 成就하고자 하는 것. ③修悲. 忍波羅蜜을 成就하고자 하는 것. ④勤善. 精進波羅蜜을 成就하고자 하는 것. ⑤離諠. 禪定波羅蜜을 成就하고자 하는 것. ⑥樂法. 智慧波羅蜜을 成就하고자 하는 것. 莊嚴經十二에 「諸菩薩이 六度를 成就하므로 諸地中에서 六事를 應作하여 決定한다. ①必應供養. 이는 檀度를 成就하는 것. 만약 長時를 供養하지 않으면 檀度가 圓滿함을 얻지 못함. 供養의 뜻은 供養品의 說과 같음. ②必應學戒. 이는 戒度를 成就하는 것. 만일 長時 學戒하지 않으면 戒度가 圓滿함을 얻지 못함. ③必應修悲. 이는 忍度를 成就하는 것. 만약 長時間 모든 不饒益事를 忍하지 않으면 忍度가 圓滿함을 얻지 못함. ④必應勤善. 이는 進度를 成就하는 것. 만약 마음을 放逸하여 諸善을 닦지 않으면 進度가 圓滿함을 얻지 못함. ⑤必應離諠. 이는 禪度를 成就하는 것. 만약 聚落에서 다투기를 많이하여 마음이 흔들리면 禪度가 圓滿함을 얻지 못함. ⑥必應樂法. 이는 智度를 成就하는 것. 만약 諸佛을 遍歷法을 들어서 싫치 않으며 바다에서 냇물을 받아드리는 것과 같아서 때로 차거나 넘치는 일이 없지 않으면 智度가 圓滿함을 얻지 못한다」하였음.

육사신(六思身) 梵〈ṣatcetanā-kāyāḥ〉 西〈sems pa tshogs drug〉 六種의 心的 志向作用의 身(모임)이란 뜻. 思란 마음으로 하여금 活動시키는 心作用이나, 그것이 作用을 미치는 六根에 依하여 六種으로 分類한다. ①眼觸所生思身 ②耳觸所生思身 ③鼻觸所生思身 ④舌觸所生思身 ⑤身觸所生思身 ⑥意觸所生思身의 六種을 말함. (集異門論 · 俱舍論)

육산(肉山) 經濟力이 豊富한 大寺院. 裕福한 절을 말함. 特히 曹洞宗에서 쓰는 用語.

육상(六相) 六相이란 ①總相 ②別相 ③同相 ④異相 ⑤成相 ⑥壞相을 말함. 凡夫가 所見하는 事相을 따라 말하면 事相이 各各 隔礙되어 六相을 갖추지 못하고 만약 聖眼이 所見하는 諸法의 體性으로 말하면 하나 하나의 事相 가운데 이 六相이 圓融함을 본다. 이 六相이 圓融하기 때문에 諸法이 곧 一眞法界로 無盡한 緣이 일어난다. 法華의 一眞法界가 無盡하다 함은 이 六相의 圓融에 依하여 證하며 이는 華嚴經 初地의 十大願中의 第四願의 文이며 華嚴宗 第二祖 至相大師가 發明한 것으로 一家의 大法門이 되었다. 晋華嚴經二十三에 「諸地에 淨이 생하는 諸助道法은 總相 · 別相 · 有相 · 無相 · 成相 · 壞相이다」하였고, 唐經三十四에 「願一切菩薩行에 廣大無量하여 諸波羅蜜을 攝收하며 諸地를 淨治한다. 總 別 同 異 成 壞의 相을 所有한 菩薩行은 모두 如實

說이다」하였으며, 十地論一에 「一切諸說의 十句 가운데 모든 六種의 差別相門이 있다. 이는 言說解釋으로 除事를 안다. 事는 陰界入등을 말하는 것이며, 六種相은 (下略)」 하였고 探玄記十에 「除事란 陰界에 들어가는 것등을 말하며 이로 그뜻을 辨定하고 約道理說融通이라 한다. 이것은 陰등의 事相中의 辨이 아니므로 簡除한다」하였으며, 大乘義章三에 「陰界入등에 이 相으로 事을 바라면 隔礙되어 이 六相을 갖추지 못하여 除한 것이다. 만약 事相을 攝하여 陰界入등의 體義를 따르면 하나 하나의 가운데 모두 無量한 六相門을 갖춘다. (中略) 이 六相은 大乘의 淵綱이며 圓通의 妙門이다」하였고, 華嚴傳三에 「뒤에 異僧을 만나니 말하기를 "네 一乘의 뜻을 알고자하는가 그 十地 가운데 六相의 뜻을 삼가하고 가볍게 여기지 말면 一二月 사이에 靜思를 攝하게 되어 스스로 알게 된다" 말을 마치자 忽現히 나타나지 않았다. 儼이 놀라 오래도록 있다가 그 말을 因하여 陶硏하니 몇달이 가지 않아서 大啓하였다」 함. (1)總相은 一이 多德을 包合한다. 人身이 眼등의 諸根을 갖추어 一體가 되는 것과 같다. (2)別相은 多德이 各各하고 하나가 아닌 것. 身體가 비록 하나지만 眼耳등의 諸根이 各各 달라서 같지 않음과 같다. (3)同相은 多德이 흩어지지 않고 各各 한무리의 뜻을 갖추고 眼등 諸根도 各各 한몸을 成하는 뜻을 갖추었으나 다른 물건이 아님과 같다. (4)異相은 많은 뜻이 相望하여 各各 形類를 달리하는 것. 眼등의 相貌가 各各 다름과 같다. 이 二相은 諸根이 서로 相望하여 平等과 差別의 두가지로 分辨된다. (5)成相은 여러가지 뜻이 바르게 緣起하여 한무리를 成就하여 諸根의 緣起가 一身을 이루는 것과 같다. (6)壞相은 여러가지 뜻이 各各 自法에 住하여 移動하지 않는 것. 諸根이 自位에 住하여 各自가 用이되는 것과 같다. 이 二相은 同異의 二相에 依하여 總別 二相의 果가 平等과 差別의 二門을 分辨하는 것. 大乘義章三에 「詳하여 實論하면 說前의 四門은 뜻를 辨함이 足하고 同異에 歸約하여 前二門을 成就하므로 六이 된다」하였음. 또한 이 六相은 體相用의 三大에 依하여 平等 差別 二門을 分辨한 것.

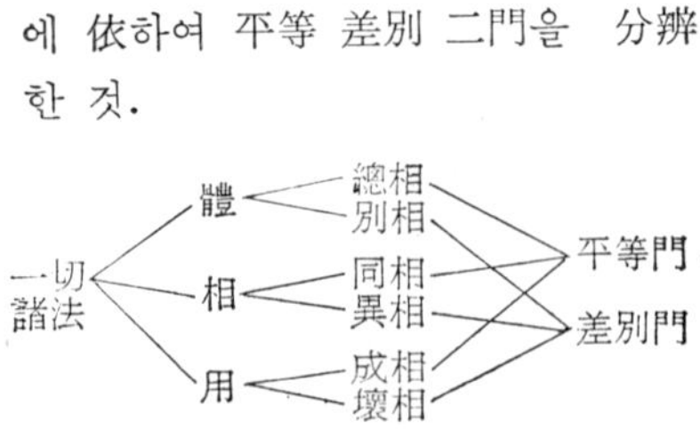

※頌에 「一即具多名總相 多即非一是別相 多同成於總 各體別異顯於同 一多緣起理妙成 壞住自法常不作 唯智境界非事識 以此方便會方便」

육상신(六想身) ㊵〈ṣaṭ saṃjñākāyāḥ〉 ㊃〈ḥdu śes kyi tshogs drug〉 六種의 想念(表象作用)의 身(모임, 類)이란 뜻. 眼·耳·鼻·舌·身·意에 應하는 想을 말함. (集異門論)

육상원능(六相圓能) 華嚴經 가운데서 무릇 緣起의 法에 六種의 義相이 있어 圓融和會함을 說하였음. →六相.

육상원융(六相圓融) 總相·別相·同相·異相·成相·壞相의 六相이 萬有諸法과 낱낱의 法에서 서로 融通함.

육색(六色) 절에서 큰일이 있을 때에 부처님 앞에 供養할 供具를 분담하여 만드는 일.

육색(肉色) 肉의 赤色과 같은 것. 涅槃經十五에 「提婆가 闍王을 가르쳐서 如來를 害하고자 함과 같다. 이때에 내가 王舍城에 들어가서 乞食하였는데 王이 미친 코끼리를 풀어 놓아 그象이 내가 입은 赤色 옷을 보고 고기라 생각함과 같다」하였고, 大莊嚴論에 「鵝珠比丘가 赤色옷을 입고 乞食하였다. 구슬을 꾀는 집에가니 거위가 와서는 옷빛이 구슬에 비친 것을 보고 거위가 고기로 알고 먹어 버렸다」하였음.

육색방(六色榜) 六所榜. 六色의 소임을 정하여 이름을 적은 榜. 부처님 앞에 供養할 供具를 마련하는 곳. 우리나라 절에서 큰 法式을 行할 적에 三寶에게 供養할 거리를 장만하는 책임을 맡은 것을 적어 놓은 榜目. 지금에 와서 어떤 것이 六色榜인지 상고할 수 없으나 어떤 절에서는 色淨榜이라 하여 造餠·飯頭·熟頭·菜露·鍊器·大都를 말한다. 요즈음 쓰는 六色榜은 다음과 같다. 造花·造菓·造餠·飯頭·熟頭·菜露·工器·洗麵·煮色·盤色·匙色·茶角·知殿·淨桶·汲水·火臺·地排·知賓·別座·都監·書記·維那등을 말함.

육생유(六生喩) 六衆生으로써 六根에 비유한 것. 俱舍論三十에서는 六生喩經이라 말함. →六衆生.

육서(六瑞) 法華經은 出世本懷의 經이므로 먼저 六種의 祥瑞가 나타난다고 說하여 開經의 由序와 緣起를 삼은 것을 法華六瑞序라하였음. ①說法瑞. 먼저 無量義經을 說한 것. ②入定瑞. 다음 無量義處三昧에 들어 감. ③雨華瑞. 다음 하늘에서 부터 四種의 꽃비가 내림. ④地動瑞. 다음은 大地六種이 震動한 것. ⑤心喜瑞. 大衆이 보고 歡喜가 생기는 것. ⑥放光瑞. 다음 佛의 眉間白毫가 빛을 내어 東方의 萬八千佛土를 비치는 것. 이 六瑞는 三世十方諸佛이 法華經을 설하기 前에 반드시 示現한 敎化法式임.

육성부(六城部) →密林山部.

육성취(六成就) 諸經의 첫머리에 通

과 別의 二序가 있다. ①通序는 或 五段으로 或은 六段으로 或은 七段으로 나눈다. 六段이란 如是爲信成就로 信은 阿難의 信이다. 阿難이 本經一部를 가리켜 如是我聞이라 하여 自己의 信順을 表示하였다. 智度論一에 「如是란 곧 信이다」한 것. ②我聞의 二字는 聞을 成就시키는 것. 阿難이 自聞한 것. ③一時 二字는 時를 成就시키는 것. 說法하는 때다. ④佛의 一字는 主를 成就하는 것. 說法하는 主다. ⑤在는 耆闍窟山等의 곳을 成就하는 것. 所說하는 道場이다. ⑥與大比丘衆 등은 衆을 成就하는 것. 一座에서 같이 들은 大衆이다. 이 六事를 安列한 것은 虛謬가 아님을 證明하기 위한 것이며 뒤에 듣는 者로 하여 믿게 하고자 하기 때문이다. 證信序가 된다고 함. 五成就와 佛과 處를 合한 것. 七成就는 我와 聞을 여윈것. 舊師는 흔히 五成就를 取하였다. 天台와 法華의 文句에도 또한 五成就에 따라 解釋하였고 오직 仁王·維摩·觀經등에는 六成就를 取하였다. 그 成就란 하나 하나의 글귀 가운데 各各 그 뜻을 밝힌 것이 具足하여 破壞하지 못하므로 成就라 한다. 또한 通序 가운데는 이 六事가 具足하므로 成就라 하며 또한 이 六字가 具足하면 正宗의 教가 일어나므로 成就라 함. 法華文句一의 二에 「通序는 五 或 六 或 七이다」하였고, 同記에 「五는 文과 같이 佛과 장소를 合하며 六은 佛과 장소를 여윈 것. 七은 我와 聞을 여윈 것이다」하였으며, 嘉祥仁王經疏一에 「大智度論에 依하면 곧 文에 依하여 解釋한 것이며 子段은 分辨하지 않았다. 뒤의 諸師들도 定說이 없어서 或五 或六이라 하나 지금은 金剛仙論을 따라 六句의 分別을 짓는다. 元照의 彌陀疏上에 「六緣이 갖추지 못하면 教가 일어나지 않는 것을 六成就라 한다」하였고, 勝鬘經寶窟上에 「天親燈論에 六事를 밝혔다. 第四教主는 만일 三藏(眞諦)에 依하면 七事가 있다 하나 我聞을 開하고 지금은 六事로 定하였다」하였음. 이 六事의 成就로 眞序를 證함은 佛이 涅槃할 때를 當해서 阿㝹樓駄의 教에 依하므로 阿難이 四事를 佛에게 請問한 그中의 四句에 依한다. 佛께서 阿難에게 말하여 一切經의 첫 머리에 이 六事를 두게 한 것. 後分 涅槃經 文殊問經 智度論二등에 詳細하게 그 緣由를 說明하였다 함.

※金剛仙論一에 「所以一切經初置斯五句者 有三種義 一爲證成經理不虛末代生信 二爲表異外道以阿憂爲吉 三爲息於諍論 表己推宗有在也」(外道經首之字又作阿漚) 勝鬘經寶窟上本에 「一爲證信故 如龍樹云 說時方人令生信故 二簡內外 外經以阿漚一字爲首 內教以六事在初 三分經論不同 弟子之論 歸敬三寶 如來之經 明於六事」

육세회(六歲會) ㊵〈ṣadvārṣika-maha〉 여기서는 六年筵 六歲筵이라 번역함. 六年에 한번 開催하는 큰 法會 이름. (十誦律)

육소(六所) 六色의 다른 이름.

육쇠(六衰) 色 등 六塵이 능히 사람의 眞性을 衰耗하기 때문에 六衰라 함. 六賊과 같음. →六賊. 法華文句四에 「普照經에 말하기를 五趣·五陰·六衰를 없애면 이게 바로 涅槃이다」라고 하였음.

육수(六受) 六根에서 받는 六塵을 六受라 말하고, 行·住·坐·臥·語·默을 六作이라고 한다. 또는 六根의 作業이라고도 함. 즉 眼觸受·耳觸受·鼻觸受·舌觸受·身觸受·意觸受등 苦·樂·捨의 感覺이다. 止觀二의 二에 「만약 諸塵만 있다면 반드시 六受를 捨할 것이요. 만약 財物이 없다면 모름지기 六作을 運할 것이다」라고 하였음.

육수(六修) ㊵〈ṣaḍvidha pratipattiḥ〉 六種의 實踐. 六正行과 같음.

육수념(六隨念) ㊵〈ṣaḍ-anusmṛtayaḥ〉 우리들이 恒常 留念하여 修道의 도움으로 하는 六種의 것을 말한다. 佛隨念·法隨念·僧隨念·戒隨念·捨隨念·天隨念의 여섯. (集異門論)

육수면(六隨眠) 俱舍宗에서 貪·瞋·癡·慢·疑·惡見등 六種의 根本煩惱를 말한다 이 煩惱는 恒常 衆生을 따라 다니면서 마음을 惛迷케 하고 그 作用이 微細하여 알기 어려우므로 隨眠이라 함.

육수법(六受法) →六受.

육수신(六受身) ㊵〈ṣaḍ vedanā-kāyāḥ〉 ㊄〈ts: hor baḥi tshogs drug〉 六受라고도 한다. 六種의 感受作用의 身(모임, 類). 眼·耳·鼻·舌·身·意의 六根에 應하는 受를 말한다. 즉 眼觸所生受·耳觸所生受·鼻觸所生受·舌觸所生受·身觸所生受·意觸所生受의 여섯을 말함. (集異門論)

육수의(六銖衣) 一銖는 四分一厘六毛. 六銖는 그 六倍. 極히 가벼운 옷을 말함. (碧巖錄)

육순명분상(六順明分想) ㊵〈ṣaḍ nirvedha-bhā: giya-saṃjñāḥ〉 萬有·生死의 問題에 對하여 明白한 洞察을 얻는 德目을 말한다. 無常想·無常苦想·苦無我想·厭食想·一切世間不可樂想·死想의 여섯을 말함. (集異門論)

육술(六術) 天竺의 六種外道를 말함. 廣弘明集序에 「六術이 부처님時代에 橫行했고 三張이 法流를 凌冒했다」라고 하였음.

육시(六時) 하루를 낮 三時, 밤 三時로 區分, 合하여 六時로 한다. 晝三時는 아침(晨朝), 낮(日中), 해질녁(日沒)이요. 夜三時는 초적녁(初夜), 밤중(中夜), 새벽(後夜)이다. 阿彌陀經에 「晝夜 六時에 하늘에서 曼陀羅華가 비처럼 쏟아졌다」라고 하였고, 西域記二에 「六時

가 合하면 一日 一夜가 되는데 晝三時 夜三時이다」라고 하였음. 또 印度의 法에 一年을 六時로 나누는데, ①漸熱時, 正月十六日부터 三月十五日까지 ②盛熱時. 三月十六日부터 五月十五日까지 ③雨時. 五月十六日부터 七月十五日까지 ④茂時. 七月十六日부터 九月十五日까지 ⑤漸寒時. 九月十六日부터 十一月十五日까지 ⑥盛寒時. 十一月十六日부터 正月十五日까지 임.

육시관음(六時觀音) 三十三觀音의 한 분으로 六時에 衆生을 어여삐 생각하는 까닭에 이 稱號를 붙였다 함.

六時觀音

육시근(六時勤) ①釋尊의 一生에 六回 大地가 震動한 것. 入胎·出胎·成道·轉法輪·魔의 請을 듣고 목숨을 버리려고 했을 때 入涅槃의 여섯을 말한다. ②또는 入胎·出胎 出家·成道·轉法輪·入涅槃의 여섯을 말함. (涅槃經)

육시당(六時堂) 晝夜六時(一日六回)에 諸佛禮讚(六時의 勤行)을 修行하는 堂舍를 말함. (徒然草)

육시부단(六時不斷) 매일 晝夜六時에 佛事를 勤行하여 斷絕하지 않는 것.

육시삼매(六時三昧) 六時로 勤行하는 三昧修法. 念佛 懺法등 一心으로 佛事에 힘쓰는 것을 三昧라 말함.

육시예찬(六時禮讚) 儀式. 唐 善導의 往生禮讚文 가운데 六時禮讚文이 있는데 晝夜六時로 阿彌陀佛을 禮讚하는 偈頌이다. 그 글 가운데 또 續 六字禮讚의 文이 있어 晝夜 六時에 부지런히 이 禮讚을 하기 때문에 六時禮讚이라고 한다. 다시 말하면 極樂往生하기를 願하는 사람이 每日 晝夜 六時로 부처님의 功德을 讚歎하는 修行法이다. ①第一時. 日沒時에 無量壽經에 說한 十二光佛의 名號를 외우면서 十九拜를 함. ②第二時. 初更에 善導가 지은 無量壽經 禮讚偈를 외우면서 二十四拜를 함. ③第三時中夜에는 龍樹의 禮讚偈를 외우면서 十六拜를 함. ④第四時. 後夜에는 天親의 禮讚偈를 외우면서 二十拜를 함. ⑤第五時. 晨朝에는 彥琮의 禮讚偈를 외우면서 二十一拜를 함. 第六時. 日中에는 善導가 觀無量壽經의 十六觀에 依하여 지은 禮讚偈를 외우면서 二十拜를 하는 것.

육시예참(六時禮懺) 六時禮讚의 轉訛. 晝夜六時에 禮拜하며 懺悔하는 것. (撰時鈔)

육시자(六侍者) 方丈에 여섯 侍者가 있다. ①巾瓶侍者 ②應客侍者 ③書錄侍者 ④衣鉢侍者 ⑤茶飯侍者 ⑥幹辦侍者등이다. 이들은 몸소 室中에서 親炙를 받아서 반드시 法을 위하여 자기몸의 勞苦와 私欲을 잊어버리고 嚴密히 이 職責을 맡아서 처리해야 한다. 그러면 대개 이 法乳에 외롭지 않을 것이다 함. →侍者.

육시찬(六時讚) ①六時禮讚의 略. →六時禮讚. ②日本源信의 作. 晝夜六時에 부르는 戒讚. 六時의 各各에 對하여 淨土의 歡樂相을 말함.

육시참(六時懺) 晝夜六時로 懺法을 닦음.

육식(六識) 眼識·耳識·鼻識·舌識·身識·意識을 말하는 것. 六根은 그 차례대로 色·聲·香·味·觸·法의 六境에 對하여 見·聞·嗅·味·覺·知의 了別하는 作用이 생긴다. 大小乘의 通說하는 法門이며 大乘에서 說한 八識中의 第一에서 第六까지 이르므로 恒常 前六識이라 함. 이 六識은 欲界에 있어서 六識이 皆有하나 色界의 初禪天에 있어서는 眼·耳·身·意의 四識만 있고 鼻舌의 二識은 없다. 또한 第二禪天 이상에서 無色界의 頂에 이르면 오직 意識만 있고 眼·耳·身의 三識은 없다. 이 것은 識과 相應하고 禪定과 相應하지 않기 때문이다. 또한 이 六識은 體一 體別의 論이 있다. 小乘의 俱舍는 大乘法相의 體別을 取하고 小乘成實은 體一을 取한다 함. 一識.

육식(肉食) 鳥獸와 魚介를 먹는 고기임. 佛이 처음 小乘敎에서 三種의 淨肉을 먹는 것을 許하였으나 뒤에 大乘敎는 一切肉을 먹는 것을 禁하였다. 菩薩의 大悲心을 害할까 두려워한 것임.

육식대처(肉食帶妻) 고기를 먹고 아내를 데리고 사는 것. 戒律에서는 禁한 것인데 末世에 이르러 日本眞宗에서 이것을 公許. 우리 나라에서는 倭政下에 있을 때 이런 일이 생겼다. 이른바 帶妻僧.

육식신(六識身) 梵〈ṣaḍ vijṅāna-kāyā(ḥ)〉 梵〈ṣaḍ-vijñāna-kāya〉 巴〈cha-viññaṇa-kāya〉 六個의 認識一般. 身이란 集合類를 말함. 所依의 六根에 依하여 六別된 識. 眼識身·耳識身·鼻識身·舌識身·身識身·意識身의 여섯을 말함. (雜阿含經)

육식십과(肉食十過) 우리 衆生들의 十種의 罪過 ①衆生已親 ②見生驚怖 ③壞他信心 ④行人不應食 ⑤羅利習氣 ⑥學術不成 ⑦生命同己 ⑧天聖遠離 ⑨不淨所出 ⑩死墮惡道. (法苑珠林九十二)

육식십명(六識十名) 第六意識에 十種의 別名이 있다. ①六識 ②意識

③攀緣識 ④巡舊識 ⑤波浪識 ⑥分別事識 ⑦人我識 ⑧四住識 ⑨煩惱障識 ⑩分段死識. (宗鏡錄)

육신(六身) 心地觀經(新譯)의 說로서 ①理法身. 本有한 理. ②智法身. 性德의 智. ③自受用身. 德을 닦은 四智가 圓明하여 항상 報土에 住하며 스스로 法樂을 받는 것. ④他受用身. 十地菩薩에 대하여 十種의 몸을 現化하여 自己의 報德을 他人으로 하여금 受用하게 하는 것. ⑤勝應身. 地前菩薩에 대하여 示現하는 應身. ⑥劣應身. 二乘·凡夫에 대하여 示現하는 것. 즉 丈六의 化佛이다. 이상 初二身을 法身, 中二身을 報身, 後二身을 應身이라 함.

육신(肉身) 父母에게 받은 몸뚱이.

육신병상(六神病相) ①精神이 가물가물 惛迷해지는 것은 肝中에 魂이 없기 때문이요. ②健忘症이 심하여 前後事를 잊어버리는 것은 心中에 神이 없기 때문이며, ③恐怖症 癲病이 일어나는 것은 肺中에 魄이 없기 때문이고, ④공연히 설움이 복받쳐 슬피 우는 사람은 腎中에 志가 없기 때문인 것이고, ⑤자꾸 疑惑이 생겨 疑心하는 것은 脾中에 意가 없기 때문이요. ⑥남을 몹시 원망하는 것은 陰中에 精이 없기 때문인 것이다. 이것을 六神病이라고 함.

육신보살(肉身菩薩) 生身菩薩이란 말과 같음. 父母가 나은 몸으로 菩薩의 深位에 이른 사람. 宋나라 求那跋多羅三藏의 懸記에 六祖를 稱하여 肉身菩薩이라 하였음. 楞嚴經八에 「清淨한 사람이 三摩地를 닦으면 父母의 肉身으로 天眼通을 얻지 않아도 自然히 十方世界를 觀見한다」하였고, 檀經大師事略에 「그 戒壇은 宋朝의 求那跋多羅三藏이 創建하였다. 碑를 세워 말하기를 뒤에 肉身菩薩이 있어 授戒한다」하였음.

육신통(六神通) 神은 不可思議 通은 無礙의 뜻. 三乘의 聖者가 神妙不測하고 無礙自在한 六種의 智慧를 體得한 것을 六神通이라 하며 略하여 六通이라 함. →六通.

육실구(六實句) 無漏의 五蘊과 擇滅을 말함. (俱舍論)

육심(六心) 十心中의 第六인 不退心을 말함. (上宮維摩疏)

육심(肉心) 肉團心, 즉 心臟을 말함. 瑜伽論記一上에 「阿賴耶識이 처음 生을 받을 때 最初로 依托한 곳을 肉心이라 한다. 만일 이 阿賴耶識이 肉心을 버리는 것을 죽었다고 말한다」라고 하였음.

육십권(六十卷) ①法華玄義十卷. 法華의 大意를 解釋한 것. ②文句十卷. 經文을 바로 解釋한 것. ③摩訶止觀十卷. 修行의 方規를 밝힌 것. 이상 三十卷은 天台大師의 說을 章安大師가 筆受한 것이다. 그리고 ④釋籤十卷. 法華玄義를 解釋

한 것. ⑤疏記十卷. 文句를 解釋한 것. ⑥輔行傳弘決十卷. 摩訶止觀을 解釋한 것. 이상 三十卷은 荆溪大師 湛然이 撰述한 것이다. 本末이 合하여 六十卷을 이루었는데 이것을 일컬어 天台의 三大部라고 함.

육십사범음(六十四梵音) 부처님의 音聲은 六十四種의 殊妙한 相이 있다. 梵은 淸淨의 뜻임. 不思議秘密大乘經七에 「①流澤聲〈Snigdhā〉 ②柔軟聲〈mṛdukā〉 ③悅意聲〈manojñā〉 ④可樂聲〈manoramā〉 ⑤淸淨聲〈Śuddhā〉 ⑥離垢聲〈Vimalā〉 ⑦明亮聲〈Prabhāsvarā〉 ⑧甘美聲〈Valgu〉 ⑨樂聞聲〈Śravaniyā〉 ⑩無劣聲〈Anclā〉 ⑪圓具聲〈Kālā (Kalā)〉 ⑫調順聲〈Vinitā〉 ⑬無澁聲〈Akarkaśā〉 ⑭無惡聲〈Aparṣā〉 ⑮善柔聲〈Savinitā (Suvinitā)〉 ⑯悅耳聲〈Karṇasukhā〉 ⑰適身聲〈Kāyaprahlādanakari〉 ⑱心生勇銳聲〈Cittodvilyakari〉 ⑲心喜聲〈Hrdayasaṁtuṣtikari〉 ⑳悅樂聲〈Pritiṣukhājānani (jana ni)〉 ㉑無熱惱聲〈niṣparidāhā〉 ㉒如敎令聲〈Ājñeyā〉 ㉓善了知聲〈Vijñeyā〉 ㉔分明聲〈Vispaṣṭa〉 ㉕善愛聲〈Premaṇiyā〉 ㉖令生歡喜聲〈Abhinandaniya〉 ㉗使他如敎令聲〈Ajñāpaniyā〉 ㉘令他善了知聲〈Vijñāpaniyā〉 ㉙如理聲〈Yuktā〉 ㉚利益聲〈Sahitā〉 ㉛離重複過失聲〈Punaruktadoṣajahā〉 ㉜如師子音聲〈Siṁhasvaravegā〉 ㉝如龍音聲〈nāgasvaraśabdā〉 ㉞如雲雷吼聲〈meghas varaghosā〉 ㉟如龍王聲〈nagendrarutā〉 ㊱如緊那羅妙歌聲〈Gandharvasaṁgitighośā〉 ㊲如迦陵頻伽聲〈Kalaviṅkasvararutā〉 ㊳如梵王聲〈Brahmasvararutāruvitā〉 ㊴如共命鳥聲〈jivaṁjivakasvararutāravitā〉 ㊵如帝釋美妙聲〈Devendramadhuranirghośa〉 ㊶如振鼓聲〈Dundubhisvarā〉 ㊷不高聲〈Anunnatā〉 ㊸不下聲〈Anavanatā〉 ㊹隨入一切音聲〈Sarvaśabdānupraviṣṭā〉 ㊺無缺減聲〈Avāśabdabigatā (Apa)〉 ㊻無破壞聲〈Avikalā〉 ㊼無染汚聲〈Alinā〉 ㊽無希取聲〈Adinā〉 ㊾具足聲〈Prasṛtā〉 ㊿莊嚴聲〈Saritā〉 (51)顯示聲〈Lalitā〉 (52)圓滿一切聲〈Sarvasvarapūraṇi〉 (53)諸根適悅聲〈Sarvendriyasaṁtoṣaṇi〉 (54)無譏毁聲.〈Aninditā〉 (55)無輕轉聲〈Acañcalā〉 (56)無動搖聲〈Acapalā〉 (57)隨入一切衆會聲〈Sarvaparṣadanaranitā〉 (58)諸相具足聲〈Sarvākāravaropetā〉 (59)令衆生心意惟喜聲〈Pramuditā〉 (60)說衆生心行聲〈Sakhilā〉 (61)入衆生心喜聲 (62)隨衆生信解聲 (63)聞者無分量聲 (64)衆生不能思惟稱量聲」이라고 하였다. 이상은 梵語에서 나왔는데 名義大集二十을 準據하여 六十種梵音을 만들어 놓았다. 悉曇藏二에 「부처님의 梵音中에 八轉聲의 相으로써 八梵音을 갖추어 서로 乘하니 (8×8=64) 六十四種의 梵音이 되

었다」라고 하였음.

육십사서(六十四書) 印度가 行하는 一切外典이다. 佛本行集經十一에 「①梵天所說書 ㊵<Brāhml> 지금의 婆羅門書로 正十四音을 말함. ②佉盧虱吒書<Kharoṣti> 中國語로 驢唇 ③富沙迦羅仙人說書 (Puskarasāni) 中國語로 蓮華. ④阿迦羅書(Angalipi) 中國語로 節分. ⑤懵伽羅書(Vaṅgalipi) 中國語로 吉祥. ⑥耶懵尼書(Yavani) 中國語로 大秦國書. ⑦鴦瞿梨書(Avguliyajjpi) 中國語로 指書. ⑧耶那尼迦書(Yānanikā) 中國語로 馱乘. ⑨娑迦婆書(Śakāijlipi) 中國語로 牸牛. ⑩波羅婆尼書(Brabmavalililpi) 中國語로 樹葉. ⑪波流沙書(Parusalipili) 中國語로 惡言. ⑫毘荼多書(Vitadalipi) 中國語로 起屍. ⑬陀毘荼國書(Drāvidslipi) 中國語로 南天竺. ⑭脂羅低書(Kjnā (또는 ra) rilipi) 中國語로 裸人形. ⑮度其差那婆多書(Daksinalipi) 中國語로 右旋. ⑯優伽書(Ugralipi) 中國語로 嚴熾. ⑰僧佉書(Saṁkhyalipi) 中國語로 等計. ⑱阿婆勿陀書(Apāvṛtalipi) 中國語로 覆. ⑲阿㝹盧摩書(Anulomālipi) 中國語로 順. ⑳毘耶寐奢羅書(Vyāmiśralipi) 中國語로 雜. ㉑陀羅多書(Daradalipi) 烏場邊山. ㉒西瞿耶尼書(Aparagodānilipi) 中國語로 번역된 것이 없음. ㉓阿沙書(Khásyalipi) 疏勒. ㉔脂那國書(Cinalipi) 大隋. ㉕摩那書(Hūṇalipi) 斗升 ㉖末荼叉羅書 (Madhyāksaravistaralipi) 中字 ㉗毘多悉底書(梵名 不明) 尺. ㉘富數波書(Puṣyalipi) 花 ㉙提婆書(Devalipi) 天. ㉚那伽書(Nāgalipi) 龍. ㉛夜叉書(Yakṣalipi) 新隋語. ㉜乾闥婆書(Gandharvalipi) 天音聲 ㉝阿修羅書(Asuralipi) 不飲酒 ㉞迦婁羅書(Garuḍalipi) 金翅鳥. ㉟緊那羅書(Kiṁnaralipi) 非人. ㊱摩睺羅伽書(Mahoragalipi) 大蛇. ㊲彌迦遮迦書(Mṛgacakralipi) 諸獸音 ㊳迦迦婁多書(Kākarutalipi) 烏音. ㊴浮摩提婆書. (Bhaumadhevalipi) 地居天 ㊵安多梨叉提婆書(Antarikṣadevalipi) 虛空天. ㊶鬱多羅拘盧書(Uttarakurudvipalipi) 須彌化. ㊷逋婁婆毘提訶書 (Pūrvavidehalipi) 須彌東 ㊸烏差波書(Utkṡepalipi) 擧 ㊹膩差波書(Nikṣepalipi) 擲 ㊺娑伽羅書(Sāgaralipi) 海 ㊻跋闍羅書(Vajralipi) 金剛. ㊼梨迦波羅低梨伽書(lekhapratilekhalipi) 往復. ㊽毘棄書(Vikṣepalipi) 音牒 ㊾多書<Prakśepalipi) 食殘 ㊿阿㝹浮多書(Adbhutalipi) 未曾有 (51)奢娑多羅跋多書(śástrāvartalipi) 如伏轉 (52)伽那那跋多書(Gaṇanāvartalipi) 算轉 (53)優差波跋多書(Utkṣepāvartalipi) 擧轉 (54)尼差波跋多書 (Nikṣepāvartalipi) 擲轉 (55)波陀梨佉書(Pādalikhitalipi) 足 (56)毘拘多羅婆陀那地書(Dviruttarapadasaṅdhilipi) 從二增上句 (57)耶

婆陀輸多羅書 (Yāvaddaśottarapada-saṁdhilipi) 增十句已上 ㊽末茶婆哂尼書 (Madhyāhariṇilipi) 中五流 ㊾梨沙耶娑多波修比多書 (Ṛṣitapastaptā) 諸仙苦行 ㊿陀羅尼卑叉梨書 (Dharaṇiprekṣaṇilipi) 觀地 ㉛伽伽那卑麗叉尼書 (Gagaṇa Prekṣaṇilipi) 觀虛空 ㉜薩蒲沙地尼山陀書 (Sarvaṇṣadhinisyandā) 一切藥果因 ㉝沙羅僧伽何尼書 (Sarvasarasaṁgrahaṇi) 總覽 ㉞薩沙婁多書 (Sarvabhūtarutagrahaṇi) 一切種音이다」하였음. 이상의 梵名은 비록 많은 根據에 依한 것이나 그 順序가 一致하지 않고 또한 出沒하여 分明치 못한 것이 있다 함.

육십사안 (六十四眼) 阿鼻의 獄卒에 64개의 눈이 있다 함. 往生要集上本에 「十八獄卒이 있어 머리는 羅刹과 같고, 입은 夜叉와 같고, 눈은 六十四개나 있는데 鐵丸과 쇠갈고리를 집어 뿌리면 위로 四由旬이나 높이 솟구쳤다가 떨어지는데 갈고리 끝에서 불길이 쏟아져 阿鼻城에 가득 찬다」라고 하였음.

육십사예 (六十四藝) 六十四技藝·六十四能이라고도 한다. 六十四의 技藝(㉺〈kalā〉: 〈silpa〉)를 가리킨다. 「카마·스트라」등에서 說明함. 싯달타는 이들 모든 것을 修行하였다고 함.

육십사종범음 (六十四種梵音) 佛의 音聲에 具備된 훌륭한 相을, 六十四種으로 세운 것. (如來不思議秘密大乘經) →六十四梵音.

육십사종성 (六十四種聲) ㉺〈ṣaṣṭyākāra-vāg〉 佛의 特徵인 六十種의 不思議한 音聲. (莊嚴經論) →六十四梵音.

육십수 (六十數) 十進法에 의해 一(㉺〈eka〉)로 始作하여 不可說(㉺〈anadhilāpya〉에 끝나는 六十段의 數目을 말한다. 아비달마에서 說明함.

육십심 (六十心) 大日經 住心品에서 大日如來가 分別한 瑜伽行者의 心相으로 金剛手 菩薩의 물음에 答한 六十心을 말함. ①貪心. 染法에 隨順되는 것. ②無貪心. 無染法에 隨順하는 것. ③瞋心. 怒法에 隨順하는 것. ④慈心. 慈法에 隨順하는 修行 ⑤痴心. 不觀法의 是非와 善惡이 문득 信受함을 만나는 것. ⑥智心. 殊勝한 增上法을 順修함. ⑦決定心. 敎命을 尊崇하여 說과 같이 修行하는 것. ⑧疑心. 所聞을 따라 常生하여 決定되지 않는 마음. ⑨闇心. 無疑慮의 法에서 疑慮가 생기는 것. ⑩明心. 不疑慮의 法에서 疑慮없이 修行하는 것. ⑪積聚心. 無量한 數로 하나가 되고 性이 된다 함. ⑫鬪心 서로 是非하는 性. ⑬諍心. 自己에게 是非가 생기는 것. ⑭無諍心. 是非를 모두 버리는 것. ⑮天心. 心思를 隨念成就하는 것. ⑯阿修羅心. 樂處의 生死임. ⑰龍

心. 思念이 廣大한 資財임. ⑱人心. 利他를 思念하는 것. ⑲女心. 欲情에 隨順하는 것. ⑳自在心. 나의 一切가 如意하게 되고자 생각하는 것. ㉑商人心. 처음에 收聚하고 뒤에 分析하는 法을 닦는 것. ㉒農夫心. 처음에는 隨順하여 廣聞하고 뒤에 法을 求하는 것. ㉓河心. 邊法에 依因하여 順修하는 것. ㉔陂池心. 渴함에 隨順하여 厭足함이 없는 것. ㉕井心. 이같은 思惟가 깊고 또 더욱 깊은 것. ㉖守護心. 오직 이 마음만 實하고 다른 마음은 不實한 것. ㉗慳心. 自己를 위하는데 隨順하여 他에게 法을 주지 않는 것. ㉘狸心. 徐徐히 나오는데 隨順하는 것. ㉙狗心. 조금만 얻으면 기뻐하고 滿足하는 것. ㉚迦樓羅心. 朋黨과 羽翼法에 隨順하는 것. ㉛鼠心. 모든 繫縛을 斷하기만 생각하는 것. ㉜歌詠心 ㉝舞心. 如是法을 修行하여 나는 마땅히 여러가지 神變에 오르는 것. ㉞擊鼓心. 이法을 隨順하여 나는 항상 法鼓를 친다고 하는 것. ㉟室宅心. 自護身法을 隨順하는 것. ㊱師子心. 一切를 修行하여 怯弱이 없는 法. ㊲鵂鶹心. 恒常 어두운 밤을 생각하는 것. ㊳烏心. 一切處에서 두려움을 생각하는 것. ㊴羅刹心. 善 가운데서 不善心을 發起하는 것. ㊵刺心. 一切處에서 惡作을 發起하여 性으로 삼는 것. ㊶窟心. 入窟法을 順修하는 것. ㊷風心. 遍一切處에서 發起가 性이 되는 것. ㊸水心. 一切의 不善法을 洗濯하는데 順隨하는 것. ㊹火心. 熾盛과 炎熱로 性을 삼는 것. ㊺泥心. ㊻顯色心. 그것과 같은 것이 性이됨. ㊼板心. 隨量法을 順修하면 餘善을 버리기 때문임. ㊽迷心. 所執과 所思가 다른 것. ㊾毒藥心. 無生 分法에 順修하는 것. ㊿羂索心. 一切處의 我에 住하여 縛이 性이 되는 것. 51械心. 二足이 止住함이 性이 됨. 52雲心. 恒常 비가 오도록하는 生覺을 말함. 53田心. 恒常 修事하는 自身을 아는 것. 54鹽心. 생각하는 것을 그가 다시 增加思念하는 것. 55剃刀心. 오직 이와 같이 削除法에 依止하는 것. 56彌盧等心. 恒常 思惟하는 마음을 높이 들어내는 것을 性으로 삼음. 57海等心. 恒常 自身을 如是하게 修用하여 住하는 것. 58穴等心. 먼저 決定된 것을 그는 뒤에 다시 고치는 것을 性으로 함. 59受生心. 諸有를 修習한 行業으로 그 곳에 나는 것. 六十心은 梵本에는 缺文되었으나 阿闍梨가 말한 한 獼猴心은 行者의 마음이 散亂하여 一處에 住하지 않음을 말함. 大日經疏二에 「그러나 이 六十心은 或 때로 行者의 本性이 偏함이 많고 或은 行道에 따라 用心하며 發動을 먼저 익혀서 或은 一時에 雜起하며 或은 차례대로 일어나서 一切時의 留心覺察에 該當하며 自然히 淨菩提心

을 得順한다」하였음.

육십육부(六十六部) 六部라고도 하며 一種의 巡禮. 書寫한 法華經을 一部式 六十六個所의 靈場에 納入하면서 諸國을 돌아 다니는 行脚僧.

육십이(六十二) ㊵〈dvāṣaṣṭi-dṛṣṭi〉 六十二種의 外道의 見解. 外道의 여러주장을 분류하여 六十二種으로 한 것. →六十二見. (法華經)

육십이견(六十二見) 經論의 모든 解釋이 같지 않다. 흔히 아래의 三種을 쓴다 함. ①大品般若經 佛母品에 十四難을 열어서 六十二가 되게 하였는데 먼저 計色蘊有常등의 四句가 있다. (1) 色爲常 (2) 色爲無常 (3) 色爲常無常 (4) 色爲非常非無常 그밖의 受등의 四蘊도 같다. 合하면 二十句가 됨(計色의 常無常은 곧 世間의 常無常을 말하는 것. 計他 四蘊의 常無常은 곧 計神의 常無常이다). 이는 過去의 五蘊을 所計한 것. 또한 計色에 有邊과 無邊등의 四句가 있다. (1) 計色爲有邊. 空間의 十方과 上下에 邊際의 窮極이 있다는 것. (2) 計色爲無邊. 위와 相反 됨. (3) 計色爲有邊無邊. (4) 計色爲非有邊非無邊. 그 밖의 四蘊도 그렇게 合하여 二十句가 되며 이는 現在 五蘊의 所執이다. 또한 計色에 如去不如去등의 四句도 있다. (1) 計色爲如去. 사람이 와서 이 世間에 태어나며 가는 것이 後世에 이르러도 이 같다는 것. (2) 計色爲不如去. 過去가 온 곳이 없으니 未來도 갈곳이 없다고 말하는 것. (3) 計色爲如去不如去. 身과 神이 和合하여 사람이 되고 죽은 뒤에는 神은 가도 몸은 가지 못하는 것을 말함. (4) 計色爲非如去非不如去. 第三句의 過誤가 있음을 보고 이句를 所計한 것. 다른 四蘊의 所計도 또한 그렇다고 한다. 合하여 二十句가 되며 이는 未來 五蘊의 所見이다. 三世가 合하여 六十句가 되며 이 것에 身과 神의 一異 二見을 加하여 六十二見이 된다 함(이 六十二見을 概捨하면 神과 世間의 常無常등 四句와 神과 世間의 邊無邊등의 四句와 神과 世間의 如去不如去등의 四句와 合하여 十二句가 되며 身과 神의 하나를 加하고 身과 神이 다른 둘을 加하므로 十四가 되며 이를 十四難이라 함). 이 六十二는 다만 늘 有無의 邊見을 斷한 것. 仁王經 天台疏中에 「六十二見은 解釋하는 者가 같지 않다. 또한 大論에 依하면 五蘊上에 모두 四句를 짓는다. 色蘊에 이르기를 過去의 色神과 世間의 常은 事實이며 다른 것은 妄語다. 無常등의 三句도 그렇고 다른 陰도 이와 같아서 二十이 되며 現在 有邊과 無邊등이 五陰上을 지나면 二十이되며 死後의 如去와 不如去등도 또한 二十이 되어 六十을 이루며 이 身과 神이 一이되고 身과 神이 異하여 六十二를

形成한다」하였음. ②天台 嘉祥등의 諸師는 二十種의 我見에서 六十二見의 一釋을 이루었다 함. 外道의 色蘊에 따르면 計我의 四句가 있는데 (1)色은 나다 (2)色을 여의고서도 나는 있다. (3)色은 大하고 我는 小하며 我는 色 가운데 住한다. (4)我는 大하고 色은 小하여 色이나 속에 住한다. 計他의 四蘊도 그러하여 合하면 二十이 되고 歷三世를 合하면 六十이 된다. 斷常의 二見이 根本이 되어 六十二가 된다. 이 五見中에 身邊二見이 所屬된다 함. ③本劫에 本見과 末劫에 末見이 六十二見이 된다 함. 阿含十四梵動經에 「모든 沙門과 婆羅門은 本劫에 本見 末劫에 末見이 있어 여러가지 無數를 뜻에 따라 說하며 모두 六十二見中에 包含되고 (中略) 모든 沙門과 婆羅門은 本劫에 本見의 여러가지 無數를 各各 뜻에 따라 說하여 十八見中에 包含시켰다. (中略) 모든 沙門과 婆羅門은 末劫에 末見의 無數한 여러가지 뜻에 따른 說을 모두 四十四見 가운데 包含시킨다」하였음. 本劫은 過去의 時이며 本見은 그의 過去에 일어난 常見이다. 末劫은 未來의 時이며 末見은 未來世에 일어나는 斷見이다. 本劫에 本見의 十八은 그 經에 常論의 四와 亦常亦無常論의 四와 邊無邊論의 四와 種種論의 四와 無因有論二를 說한 것이며 末劫에 末見의 四十四는 有想論十六과 無想論八과 非有想非無想論八과 斷滅論七과 現在의 泥洹論五를 말함. 瑜伽論八十七에 「見은 薩迦耶見(번역하여 我見)이 根本이 되어 六十二의 모든 惡見趣가 있다. 四遍常見論(곧 常論의 四)과 四一分見論(곧 常無論의 四)과 二無因論(곧 無因으로 有論의 二)과 四有邊無邊常論 곧 邊無邊論의 四)과 四不死矯亂論(곧 種種論의 四)을 말한다. 이와 같은 十八諸惡見趣는 前際를 計하여 我를 說하는 論者다(곧 本劫에 本見) 또한 十六有見想論(곧 有想論의 十六)과 八無想論(곧 無想論의 八)과 八非有想非無想論(곧 非有想 非無論의 八)과 七斷見論(곧 斷滅論의 七)과 五顯法涅槃論(곧 現在한 泥洹의 五)의 四十四諸惡見趣는 後際를 計量하여 我를 說한 論者임. (곧 末劫에 末見임) 本劫本見中의 常論의 四란 (1)外道가 禪定에 들어가서 過去二十劫이래의 일의 憶識을 얻어 그中의 衆人이 常住하여 滅하지 않는다고 計量한 것. (2)某外道는 過去四十劫이 來의 일을 憶識하여 常住한다고 計하는 것. (3)어떤 外道는 過去八十劫이래의 일을 憶識하여 常住한다고 計한 것. (4)어떤 外道는 捷疾智 或 天眼으로 現在의 衆生과 世間이 常住한다고 計한 것. 亦常亦無常의 四者는 (1)梵天에서 죽

어서 人間에 태어나 宿住智를 얻어 前의 온 곳을 觀하여 말하기를 저 大梵天王은 自然히 있고 一向不變한다. 우리들은 그의 所化이므로 無常하다 함. (2)그 天衆이 戲笑放逸하여 定을 잃고 이 땅에 와서 뒤에 宿生智를 얻고 前의 온 곳을 알며 計量하기를 그 곳의 衆은 戲笑하고 放逸하지 않으므로 그 곳에 常住하고 我등은 戲笑로 이같이 無常하다 함. (3)그 天의 衆生이 마음에 欲染이 있는 者는 定을 잃고 無間에 빠졌다가 뒤에 宿住智를 얻어 計量하기를 그 天衆의 無相無染한 者는 常住하며 我등은 欲染의 心이 생겨서 이와 같은 生死의 無常을 겪는다 함. (4)어떤 사람이 捷疾智로 思量을 分別하고 我와 世間이 常도 되고 無常도 된다고 計量하는 것임. 邊無邊의 四는 (1)어떤 사람이 入定하여 世間이 邊際가 있음을 觀하여 邊見이 일어남. (2)어떤 사람이 入定하여 世間이 邊際가 없음을 보고 邊無見을 일으키는 것. (3)어떤 사람이 入定하여 世間의 上下에 邊이 있음을 觀하고 亦有邊亦無邊을 일으키는 것. (4)어떤 사람이 捷疾智로 世間을 觀察하여 非有邊 非無邊의 見을 일으키는 것(이는 十四難中의 四見이다). 種種論의 四는 (1)어떤 사람이 스스로 世間 有報와 無報를 알지 못하고 다른 사람이 와서 이 일을 물으면 알지 못한다고 對答함을 부끄럽게 생각하여 억지로 自己의 所解에 따라 對答하는 것. (2)어떤 사람이 스스로 他世와 無他世를 알지 못하고 다른 사람이 와서 이 일의 記別이 있고 없음을 물으면 妄語가 될까 두려워서 그에게 되 묻고 그의 所見에 따라 對答하는 것. (3)어떤 사람이 善과 非善의 法을 알지 못하고 다른 사람이 와서 이 일을 물으면 善도 惡도 아니라고 對答하는 것. (4)어떤 사람이 스스로 愚鈍하여 他人의 물음을 알지 못하고 他人이 물으면 그 물음에 따라 對答하는 것. 世上에 四種의 사람이 他問에 住하여 이 같이 見解함이 種種論의 四見이다. 瑜伽論에는 不死矯亂論이라 하며 外道가 섬기는 天은 不死요. 不死天을 섬기는 者는 他人을 만나면 不死天의 일을 물으므로 一種人은 自己의 無知를 두려워하기 때문이며 一種人은 마음에 諂曲이 있기 때문이며 一種人은 마음에 恐怖를 품기 때문이며 一種人은 愚鈍하기 때문에 種種의 矯亂으로 答한 것. 無因見論의 二는 (1)어떤 사람이 먼저 無想天中에서 人間에 생하여 뒤에 禪定을 닦아 前生의 無想 無心을 보고 世間이 無因하여 有가 된다고 計量하는 것. (2)어떤 사람이 捷疾智로 分別하여 世間의 無因을 有하다고 執着하는 것. 有想論의 十六은 (1)나는 이곳에서 마친다고 하나 뒤에는 色身이 있고 想念이 있다고 計量하는 것. (2)色과 身이 없으나 오직 想念은 있다고 計量하는 것. (3)또한 色도 想도 있다고 하며 또는 色은 없이 想만 있다고 計量하는 것. 이는 想으로 色에 對하는 四句임. 또한 (1)나는 여기서 죽고 뒤에 邊際가 있어 想念이 있다고 計量하는 것. (2)邊際는 없고 想念만 있다고 하는 것. (3)邊도 있고 想도 있다하고 또는 邊은 없이 想만 있다고 하는 것. (4)邊은 없이 想만 있고 無邊이 아니며 想도 있다고 하는 것. 이는 想으로 邊無邊에 對하는 四句임 또한 (1)나는 이곳에서 마치지만 뒤에 想과 苦가 있다고 하는 것. (2)樂과 想이 있다고 하는 것. (3)苦도 있고 想도 있으며 (4)苦가 있는 것도 아니나 想은 있으며 樂은 있지 않지만 想은 있다고 하는 것. 이는 想으로써 苦樂에 對한 四句이다. 또한 (1)나는 여기서 죽지만 뒤에 一想이 있고, (2)若干의 想이 있으며, (3)小想이 있고, (4)無量想이 있는 것. 이는 想으로써 多少에 對하는 四句임. 모두 十六想의 見論이다. 無想論의 八은 無想을 色身에 對하는 四句가 있다. (1)나는 여기서 마치나 뒤에 色은 있고 想은 없는 것. (2)또한 無色 또한 無想한 것. (3)또한 色은 있고 想은 없으며 또한 無色無想한 것. 또한 無想이 邊無邊에 對한 四句가 있다. (1)나는 여기서 마치나 뒤에는 邊際만 있고 想은 없는 것. (2)邊도 想도 없는 것. (3)또한 邊만 있고 想은 없는 것. 또는 邊도 想도 없는 것. (4)有邊無想도 아니고 無邊無想도 아닌 것. 合하여 八句가 되며 無想의 八見이 된다. 그는 이미 無想을 論하였으므로 苦樂에 對한 四句도 없고 또한 多少에 對한 四句도 없다. 이는 모두 有想위의 見解이기 때문이다. 非有想과 非無想의 八은 色에 對하여 四句가 있고 邊無邊에 對한 四句가 있으나 모두 無想論에 準하면 알게 된다. 無苦樂의 四句와 多小의 四句는 亦非想 非無想이기 때문이다. 斷滅의 七은 (1)나의 지금 이몸은 四大의 所成이며 父母가 생한 것이며 衣食이 기른 것이므로 無常이 되며 끝에는 斷滅로 돌아간다. (2)나의 지금의 이몸은 滅盡되지 않고 欲界天에 生하여 마침내 斷滅한다. (3)欲界天의 몸은 滅盡을 얻지 못하고 色界天에 와서 諸根이 具足하여 그의 報가 盡하고 마침내 斷滅로 돌아간다. (4)色界地中에서 滅盡을 얻지 못하고 無色界의 空無邊處에 나서 斷滅 될 수 있다. (5)空無邊中에서 滅盡을 얻지 못하면 識無邊處에 나서 斷滅 될수 있다. (6)識無邊處中에서 斷滅을 얻지 못하면 無所有處에 생한 뒤에 滅盡할 수 있다. (7) 無所有處中에서 오히려 滅盡하지 못하면 非想에 생하며 非非想處에서 그의 非想의 報가 盡하여 斷滅되며 남음이 없다 함. 現在泥洹의 五는 瑜伽論에서 말한 現在의 涅槃이 된다. (1) 어떤 사람이 말하기를 나는 지금 이 몸이 泥洹한다. 왜냐하면 나는 現在의 五欲에 自恣하여 快樂을 받으므로 이 몸이 泥洹이다. 過하여도 다시 泥洹은 없다하면 이는 欲界를 가리켜 泥洹이라 한다. (2) 어떤 사람이 色界의 初禪天을 泥洹이라고 하는 것. (3) 어떤 사람이 色界의 第二禪天을 가리켜 泥洹이라 하는 것. (4) 어떤 사람이 色界의 第三禪天을 가리켜 泥洹이라 하는 것. (5) 色界의 第四禪天을 泥洹이라 하는 것. 無色界의 四空處는 지금 要略하여 거론하지 않는다 함.

육십이억항하사보살 (六十二億恒河沙菩薩) ㉵〈dvāṣaṭināṃ gaṅgānadi-vālikā-samānāṃ buddhānāṃ bhag-avatāṃ〉 六十二億의 간지스河의 모래數와도 같은 數의 菩薩이라는 뜻. 三千大千世界에 住하는 菩薩의 數. (觀音經)

육십이제견(六十二諸見) 六十二見과 같음. (中論釋)

육십이종유정(六十二種有情) 唯識樞要上本에 「六十二種 有情頌에 "五四三三四요 三二와 三七이다. 十九四四一은 有情의 모든 이름이다」하였음. 解釋하기를 「①五趣는 五가 되고 ②四姓은 四가 되며 ③男과 女와 男子도 女子도 아닌 것이 三이 되고 ④劣과 中과 妙가 三이 되며 ⑤在家와 出家와 苦行과 非苦行이 四가 되고(第一句) ⑥律儀와 不律儀와 非不律義가 三이 되며 ⑦離欲(阿羅漢)과 未離欲(不還果이하)이 二가 되며 ⑧邪性定(三惡道에 떨어진 것)과 正性定(得道하기로 決定된자)와 不定聚定(二者의 中間)이 三이 됨. ⑨出家한 五衆과 近事男과 近事女(在家法의 二衆)가 七이 되고(第二句) ⑩習斷者와 習誦者·淨施人·宿長·中年小年·軌範師·親教師·共住近住弟子·賓客營僧事者·利養을 貪하여 恭敬하는 者·厭捨者·多聞者·大福智者·法隨法行者·持經者·持律者·持論者가 十九가 되며 ⑪異生(凡夫)·見諦(聖者)·有學(前三果)·無學(羅漢)이 四가 되고 ⑫聲聞·獨覺·菩薩·如來가 四가 된다. ⑬輪王이 하나가 됨(第三句) 合名 六十二種有情이다(第四句)」하였음.

육십팔대선(六十八大仙) ①頞瑟吒迦大仙 ②婆莫迦大仙 ③婆摩提婆大仙 ④摩唎支大仙 ⑤鉢利拏摩大仙 ⑥末建提也大仙 ⑦安隱知識大仙 ⑧婆斯瑟侘大仙 ⑨跋彌迦大仙 ⑩迦攝波大仙 ⑪老迦攝波大仙 ⑫毘 栗咎大仙 ⑬鴦祇羅大仙 ⑭鴦祇洛迦大仙 ⑮鴦祇刺四大仙 ⑯有相分大仙 ⑰有慈大

仙 ⑱布刺須大仙 ⑲鹿頂大仙 ⑳琰摩火大仙 ㉑洲渚大仙 ㉒黑洲渚大仙 ㉓訶利底大仙 ㉔訶利多也那大仙 ㉕甚深大仙 ㉖三忙祇羅大仙 ㉗嗢揭多大仙 ㉘三沒揭多大仙 ㉙說忍大仙 ㉚名稱大仙 ㉛善名稱大仙 ㉜尊重大仙 ㉝阿說羅也那大仙 ㉞劫布得迦大仙 ㉟香山大仙 ㊱住雪山大仙 ㊲護相大仙 ㊳難住大仙 ㊴末達那大仙 ㊵設臘婆大仙 ㊶調伏大仙 ㊷尊者大仙 ㊸鸚鵡大仙 ㊹毘訶鉢底大仙 ㊺網輪大仙 ㊻珊尼折羅大仙 ㊼覺悟大仙 ㊽上具里大仙 ㊾健陀羅大仙 ㊿獨角大仙 (51)仙角大仙 (52)揭伽大仙 (53)單茶也那大仙 (54)干陀也那大仙 (55)摩登伽大仙 (56)可畏摩登伽大仙 (57)喬答摩大仙 (58)黃色大仙 (59)白色大仙 (60)赤馬大仙 (61)白馬大仙 (62)持馬大仙 (63)妙眼大仙 (64)朱目大仙 (65)婆羅器擺大仙 (66)那刺拖大仙 (67)山居大仙 (68)訖栗彌羅大仙을 말함. (大孔雀呪王經)

육아라한(六阿羅漢) ㊵〈ṣaḍ arhantaḥ〉 阿羅漢(梵〈arhat〉)의 能力에 따라 六種으로 分類한 것. (1) 退法(梵〈parihāṇa-dharman〉) (2) 思法(梵〈cetanā-dharman〉) (3) 護法(梵〈anurakṣaṇā-dharman〉) (4) 安住法(梵〈sthit: ākampya〉) (5) 堪達法(梵〈prativedhanā-bhavya〉). (6) 不動法(梵〈akopya-dharman〉). →六種阿羅漢. (俱舍論)

육아백상(六牙白象) 코끼리는 큰 威力이 있지만 그 性品이 柔順하므로 菩薩이 兜率天에서 내려올 때는 六牙의 흰 코끼리로 變化하여 摩耶夫人의 胎에 들었다고 함.

육악(六惡) 佛法을 받드는데 六種의 나쁜 事項. 惡時·惡世界·惡衆生·惡見. 惡煩惱·惡邪無信盛時를 말함.

육악적(六惡賊) →六賊.

육안(肉眼) 五眼의 하나. 人間의 肉身에 갖추어 있는 눈. 無量壽經下에 「肉眼은 淸徹하여 分了하지 않을 수 없다」라고 하였고, 涅槃經에 「天眼은 通하여 막힘이 없지만, 肉眼은 막히어 通하지 않는다」라고 하였으며, 王建詩에 「肉眼을 가지고 구름낀 하늘을 본다」라고 하였음.

육안소견(肉眼所見) 肉眼으로 知覺할 수 있는 것.

육애신(六愛身) 梵〈ṣaṭ tṛṣṇākāyāḥ〉 西〈sred paḥi tshogs drug〉 巴〈cha taṇhā-kāyā〉 六愛라고도 한다. 六境에 바탕하여 생기는 사랑에의 渴愛·貪著을 意味하며, 六境에 따라 六種으로 分類한다. 즉 眼觸所生愛身·耳觸所生愛身·鼻觸所生愛身·舌觸所生愛身·身觸所生愛身·意觸所生愛身임. (集異門論)

육야마나타(六夜摩那埵) 摩那埵는 巴〈mānatta〉(마음에 기뻐한다는뜻) 比丘가 罪를 犯하였을 때, 懺悔하는 方法. 七日間 別住하여 六夜에 걸치므로 六夜摩那埵라고 함. →摩那埵. (四分律)

육어(六語) 眼·耳·鼻·舌·身·意의 六根의 無常을 말하는 것. 有部律에 六句法이라 함. (十誦律)

육업(六業) 五趣의 業과 不定業이다. ①地獄業. 十惡業의 上品 ②畜生業. 十惡業의 中品 ③餓鬼業. 十惡業의 下品 ④人業. 散善의 下品 ⑤天業. 散善의 上品. 欲界의 六天을 感하고 入禪定業하여 色界 無色界의 八天處를 感하는 것. ⑥不定業. 善은 적고 惡은 낮아서 受業이 一定하지 않은 것.

육여(六如) 또는 六喩. 一切諸法이 空하여 無常한 것을 比喩한 말 곧 夢·幻·泡·影·露·電의 여섯가지.

육연(六然) 高麗 僧侶. 忠烈王 3(1277)年 江華에서 유리와 기와를 만들 때에 莫丹을 많이 쓰는 것을 이 스님이 廣州 義安의 흙을 가져다가 만들었는데 品質이 南商들이 파는 것 보다 좋았다고 함.

육염심(六染心) 心體가 原來 淸淨하여 모든 妄染을 여의었으나 不覺에 依하여 忽然히 無明을 일으키는데 드디어 六種染心의 相이 있다 함. ①執相應染. 我執의 煩惱와 心王이 相應하여 일어나서 外境에 執着하여 淨心을 染하는 것. 이 六麤 가운데 第三인 執取相과 第四인 計名字相으로 二乘의 極果와 菩薩의 十住位에서 斷하는 것. ②不斷相應染. 不斷은 相續된다는 뜻. 苦樂等의 境에 法執의 煩惱와 心王이 相應하여 일어나는 것으로 相續하여 끊어지지 않고 淨心을 染하는 것. 이는 六麤中의 第二인 相續相이며 이는 分別記의 法執으로 菩薩이 初地의 位에서 斷하는 것. ③分別智相應染. 分別智는 能히 世間과 出世間의 諸法의 智를 分別하며 이 分別智와 心王이 相續하여 淸心을 染汚하는 것. 六麤 가운데 第一智相이 됨 이는 俱生起의 微細한 法執으로 第七地의 자리에서 斷하는 것. ④現色不相應染. 根本無明에 依하여 淨心을 薰動하여 境界의 相을 나타내는 것. 最極微細하여 心王와 心所를 相應하지 못하므로 不相應이라 함. 三細 가운데 第三現相이다. 八地의 位에서 斷하는 것. ⑤能見心不相應染. 根本無明에 따라 淨心으로 하여 비로소 能見이 相이 되는 것. 不相應의 뜻은 위와 같음. 三細 가운데 第二 轉相이다. 第九地에서 斷하는 것. ⑥根本業不相應染. 業은 動作의 뜻. 根本無明에 따라 心體가 처음 動作하는 것. 이는 根本의 動作이 되므로 根本業이라 하며 不相應의 뜻은 위와 같음. 이는 衆生의 迷妄의 原始가 되는 三細 가운데 第一인 業相이다. 第十地 金剛喩定에서 斷함. 三細와 六麤는 因緣에 따라 生起는 次第를 밝히고 細에서부터 塵에 이르도록 說한다. 이 欲은 治斷의 차례를 分辨하여 麤에서

細에 이르도록 說한 것.

육왕산(育王山) 中國의 山名 또는 寺名이라 함. 育王山 阿育王寺라 하고 또는 廣利寺라 하며 五山의 하나 浙江省 寧波府에 있다. 晋나라 泰始元(265)年 劉薩訶가 이 山에서 阿育王塔을 發見하였다고 傳함. →阿育王山.

육외입처(六外入處) ㉰〈cha bāhirāni āyatan: āni〉 六境을 말한다. 外界의 對象의 六個場. 色·聲·香·味觸·法을 말함. →六入. →六境. (雜阿含經)

육외처(六外處) ㉵〈ṣaḍ bā ya-āyat-anāni〉 外六入·外六處라고도 한다. 處란 心이나 心作用(心所)의 對象으로 하여 그들을 生長시키는 것. 이 自身外에 있는 것. 즉 色外處·聲外處·香外處·味外處·觸外處·法外處의 여섯을 말함. →六境 (集異門論)

육요일(六曜日) 舊曆의 元旦에서 先勝·友引·先負·佛滅·大安·赤口로 反復하여 吉凶을 表示하는 달력. →曆.

육욕(六欲) ①六種의 欲望을 말함. (1)色欲. 青·黃·赤·白과 男女등의 色을 보고 貪着이 생기는 것. (2)形貌欲. 아름답고 예쁜 얼굴을 보고 貪著이 생기는 것. (3)威儀姿能欲. 行止와 거동과 웃음과 嬌態등을 보고 愛染이 생기는 것. (4)語言音聲欲. 巧言과 美語와 뜻에 맞는 音聲과 노래등에 愛着이 생기는 것. (5)細滑欲. 男女의 皮膚의 細軟과 滑澤에 耽染하는 것. (6)人相欲. 男女의 사랑스러운 人相을 보고 貪着하는 것. 이 六欲을 破하고 九想을 일으킴. →九想. ②六欲天.

육욕사선(六欲四禪) 欲界의 六欲天과 色界의 四禪天. 四禪은 婬欲을 여읜 淸淨天이라 함.

육욕천(六欲天) 欲界에 六重의 天이 있는 것을 六欲天이라 함. ①四王天. 持國·廣目·增長·多聞의 四王이 있으므로 四王天이라 함. ②忉利天. 번역하여 三十三天 帝釋天이 中央이 되고 四方에 各各 八天이 있으므로 天數에 따라 三十三天이라 함. ③夜摩天. 번역하여 時分, 그 天中에서는 때때로「快哉」를 부르므로 이름함. ④兜率天. 번역하여 喜足. 五欲에 喜足의 마음이 樂生하므로 喜足天이라 함. ⑤樂變化天. 五欲의 境에 自樂變化하므로 樂變化天이라 함. ⑥他化自在天. 五欲의 境에 他를 시켜 自在變化하므로 他化自在天이라 함. 이中에 四王天은 須彌山의 半腹에 있고 忉利天은 須彌山의 頂上에 있으므로 地居天이라 함. 兜率天 이상은 空中에 住在하므로 空居天이라 함.

육욕천음상(六欲天婬相) 六欲天은 모두 婬欲을 여의지 못하여 婬相이 각각 다르다 함. →四忉利交形.

육욕천주(六欲天主) 欲界六天을 말함. 四天王·忉利天·兜率天·化樂天·他化自在天의 各王을 말함.(無量壽經)

육위(六位) ①菩薩이 修行하는 階位를 六으로 나눈 것. (1)十信位 (2)十住位 (3)十廻向位 (4)十地位 (5)等覺位 (6)佛地位임. 舊譯의 華嚴經에 이 六位를 說하고 新經에는 等覺位를 세워 七位가 됨. ②心王에 따라 일어나는 특수한 마음의 작용. 心所를 성질에 따라 六種으로 나눈 것. (1)大地法·大善地法·大煩惱地法·大不善地法·小煩惱地法 不定地法 등임.

육위심소(六位心所) 心王에 從屬하여 일어나는 마음의 作用(心所)을 그 性質에 따라 六種으로 分類한 것. ①說一切有部에서는 (1)大地法 (2)大善地法 (3)大煩惱地法 (4)大不善地法 (5)小煩惱地法 (6)不定地法의 四十六을 세운것. ②唯識派에서는 (1)遍行 (2)別境 (3)善 (4)煩惱 (5)隨煩惱 (6)不定의 五十一을 세운것. →五位七十五法. →五位百法.

육유(六喩) 經典에서 말한 六種의 비유. ①金剛經의 六喩. 夢·幻·泡·影·露·電 ②淨名經의 六喩. 幻·電·夢·燄光·水中月·鏡中像. 金剛般若經에 「一切의 有爲法은 夢幻·泡·影과 같고 또 露·電과 같으니 응당 이와같은 觀을 하여야 한다」라고 하였음.

육유반야(六喩般若) 金剛般若經을 말한다. 이 經은 꿈(夢)·요술(幻)·물거품(泡)·그림자(影)·이슬(露)·번개(電) 六喩로 一切萬法의 空하고 無常한 것에 비유함.

육의(六意) 六種의 마음씨. 六度·六波羅蜜과 같음. (六方禮經)

육이(六耳) 사람하나에 귀가 둘씩 붙어 있으므로 六耳는 三人을 가리킴.

육이(六夷) 六波羅夷. 大乘의 十波羅夷 가운데서 小乘의 四波羅夷를 除한 것.

육이부동모(六耳不同謀) 六耳는 세 사람. 많은 사람이 모여도 의견이 맞지 않아서 아무 일도 이룰수 없다는 뜻. ①問答兩人과 墻壁間의 쥐(鼠)와를 六耳라 하며, ②兩人이 問答할 때 屛處에서 몰래 듣는 사람을 六耳라고도 함.

육인(六因) ㊵<ṣaḍ-hetu> ①十信·十住·十行·十廻向·十地·等覺의 因地 六位를 말함. 大乘의 別教에서 세운 것. ②有爲法이 생함에는 반드시 因과 緣의 和合에 依하며 因體를 論함에 六種이 있다 함. (1)能作因. 爲生法과 與力者를 말하며 또한 障害를 짓지 아니하므로 이 因有와 與力이 二種을 障礙하지 않음. 與力은 法이 생길 때에 勝力이 있는 것. 眼根이 眼識을 생할 때에

大地에 草木이 나는 것과 같은 것을 有力 能作因이 된다 함. 이 有力 能作因의 因體를 다만 有爲法에 限하고 無爲法과 通하지 않으며 無爲法은 無作用이 되어 그의 生法을 向하지 않고 與力이 된다. 不障은 他의 生法을 妨害하지 않으며 他로 하여 自在하게 生하는 것. 虛空은 萬物에게 無力한 能作因이 되므로 이 無力한 能作因은 一切의 無爲法에 通한다. 이 因이 얻는 果를 增上果라 함. (2) 俱有因. 俱有果의 因이 되므로 俱有因이라 하며 이는 반드시 二個이상의 法이 相依하여 生한다. 蘆를 묶어 놓으면 相依하여 地등의 四大種과 住등의 四相이 生함과 같은 것. 四大種의 生은 반드시 서로 相依하여 生하며 하나가 빠져도 생할 수가 없다. 이는 同時에 俱有하는 法으로 서로 因이 되고 서로 果가 되는 것을 互爲果 俱有因이라 함. 이 因이 所得하는 果를 士用果라 함. (3) 同類因. 同類의 法에 同類의 法의 因이 되는 것. 善法은 善法의 因이 되고, 無記法은 無記法의 因이 되어 同類라 하며 善惡의 性에 따라 세운 것이고 色心등의 事相에 따른 것이 아니다. 善의 色蘊과 善의 識蘊이 相望하여 同類因 等類果와 같기 때문이다. 이 因이 所得하는 果는 等流果이다. (4) 相應因. 心과 心所의 法은 반드시 同時에 相應하여 生하므로 相應法이라 함. 이 一聚의 心과 心所는 一로써 다른 것을 바라는 것을 相應因이 되며 그 俱有因과 같다. 俱有因 가운데 特別히 心과 心所의 法을 열어서 이 因을 세웠으므로 所得하는 果는 俱有因이 例가 되어 士用果라 함. (5) 遍行因. 이는 同類因에 따르는 것. 特히 煩惱法을 열어서 세운 것. 見惑은 苦諦下의 五見과 疑와 無明과 集諦下의 邪見·見取와 疑와 無明에 있어 一切의 惑을 徧生하므로 偏行因이라 하며 이는 同類因의 一種에 不過하므로 所得한 果는 곧 等類果라 함. (6) 異熟因. 惡과 有漏善의 二法이 體가 된다. 五逆의 惡法이 地獄의 報를 感하며 十善의 有漏善이 天上의 果를 招함과 같다 그 天上과 地獄의 果 모두 善도 惡도 아닌 다만 無記性이 된다(오직 一苦와 一樂임). 이 같은 善因과 惡因이 모두 無記의 果를 感하여 因果가 異類가 되어 成熟한다(一因의 惡果는 無記이며 一因의 善果도 無記다) 그러므로 因은 異熟因이 되고 果는 異熟果가 된다 함. 俱舍論六에 「因에 六種이 있다. (1) 能作因 (2) 俱有因 (3) 同類因 (4) 相應因 (5) 遍行因 (6) 異熟因이다」 하였고, 智度論三十二에 「(1) 相應因 ㊵〈kārauahetu〉 (2) 共生因(俱有因) ㊵〈sahabhāhatu〉 (3) 自種因(同類因) ㊵〈vipātahetu〉 (4) 遍因(徧行因) ㊵〈saṁprayuktakahehetu〉 (5) 報因(異

熟因) (梵)〈sarvatragahetu〉 (6) 無障因(能體因) (梵)〈sabhāgahatu〉라」하였음.

육인(六忍) 菩薩의 지위에 대하여 六位의 法忍을 세운 것. ①信忍. 別教의 菩薩이 十住位 가운데 一切心이 모두 空寂함을 믿고 能히 空法에 忍可信證하므로 信忍이라 함. ②法忍. 十行位 가운데서 假觀을 修習하여 一切法이 空하여 所有함이 없음을 알아서 能히 一切法을 假立하여 모든 衆生을 化하여 假法中에 忍可信證하므로 法忍이라 함. ③修忍. 十廻向位中에서 中觀을 修習하고 一切法의 事理가 和融함을 알아서 異道에 忍可信證하므로 修忍이라 함. ④正忍. 十地位 가운데 十品無明의 惑을 次第로 正破하고 中道의 理에서 忍可信證하므로 正忍이라 함. ⑤無垢忍. 等覺位 가운데서 다시 一品의 無明을 斷除하고 無垢의 自性清淨心에서 忍可信證하므로 無垢忍이라 함. ⑥一切智忍. 妙覺에서 다시 一品의 無明을 斷하고 一切智를 得하여 一切中道의 法을 徧知하고 이 法에 忍可信證하므로 一切智忍이라 함.

육인사연(六因四緣) 因을 六種 緣을 四種으로 分類한 것. →六因.

육일(六日) 六齋日을 말함. (那先經)

육입(六入) 眼·耳·鼻·舌·身·意의 六根 또는 色·聲·香·味·觸·法의 六境을 말함. 舊에는 六入이라 하고 新에는 六處라 함. 곧 十二入 十二處다. 六境은 外의 六入이 되고 六根은 內의 六入이 된다. 十二因緣 가운데 六入은 內의 六入으로 곧 六根이며 入은 涉入의 뜻이다. 六根과 六境이 서로 涉入하여 六識이 생하므로 處라 함. 處는 依持한다는 뜻. 六根과 六境은 六識의 所依가 되므로 處라 함. 大乘義章四에 「六入은 識을 生하는 곳이다. 이름하여 入이라 한다」하였음.

※法界次第中之下에「眼等六情是名六入」

육입처(六入處) (梵)〈sal-āyatana〉 →六入. (雜阿含經)

육자(六字) 南無阿彌陀佛의 六字를 六字의 名號라 함. 闍婆髻馱那麼의 六字를 文殊의 六字陀羅尼라 하고 또 觀音의 眞言에 六字章句를 六字法이라 함.

육자가륜(六字加輪) 六字河臨法(加輪은 河臨이 옳다). 陰陽道의 河臨禊에 準한 것. →六字河臨法.

육자경만다라(六字經曼茶羅) 六字經法의 本尊에 使用하는 曼茶羅를 말한다. 여기에는 觀宿所傳·明仙所傳·台密前 唐院所傳의 三傳이 있음.

육자경법(六字經法) 六字神呪經등의 說에 根據하여 詛呪와 反逆 또는 病·產婦등을 위하여 呪하는 法을 말함.

육자공(六字供) 六字法과 같음.

육자다라니(六字陀羅尼) 三種이 있다. ①六字章句. 陀羅尼의 略稱 곧 觀音의 眞言이다. 請觀世音經에서 說한 것. 이 六字는 六道 六觀音의 六이오. 教가 아니다. →六字章句陀羅尼. ②文殊菩薩의 六字眞言임. 種種雜呪經에 「六字陀羅尼呪로 唵縛雞淡納莫다. 이 呪는 文殊師利菩薩의 六千頌釋이다. 三藏이 말하기를 이 呪文을 誦하면 一切罪를 滅하고 一切善을 生한다」한 것. ③阿難을 對하여 說한 六字大明이다. 이에 三種이 있는데 (1)阿難의 女難을 救하기 위하여 說한 것. 六字呪王經과 摩登伽經을 說한 것. (2)阿難의 病難을 救하기 위하여 說한 것. 聖六字增壽大明王陀羅尼經의 說이다. (3)다만 阿難을 對揚하여 說한 것. 聖六字大明王陀羅尼經의 說이다. 이 三種도 또한 字數에 依한 것이 아님.

육자대다라니주경(六字大陀羅尼呪經) 一卷. 譯者未詳. 六字呪王經과 같으며 阿難을 救하기 위하여 說한 것.

육자대명주(六字大明呪) ㊵〈vidyā-ṣaḍakṣari〉 이것은 喇嘛 교도가 외우는 "옴 마니 반메 훔"이라는 觀世音菩薩의 寶號. 이 보호는 아미타불이 관세음 보살을 보고 칭찬하신 말. 일체의 福德 智慧와 모든 行의 근본이라 하여 소중하게 여긴다. 관세음보살은 일체중생을 이익케 하려는 大願을 발하여 無量諸佛에게 誓願하고, 몸으로 여섯줄기 광명을 놓아 六欲界의 衆生을 모두 구제한다. 이렇게 하기를 두세번 거듭한 후 고해중생을 널리 제도하기 위하여 千手 千眼 十一面의 像을 나타낸다. 그때에 무량광불이 대자대비 성관음은 "옴마니반메훔"의 六字에 의하여 六途 生死의 門을 닫을 것이다. 옴은 諸天. 마는 阿修羅. 니는 人間. 반은 畜生. 메는 餓鬼. 훔은 地獄의 문을 닫는다. 이 六字는 六途를 空하게 할 것이니 항상 反復 念持하라고 말하였다 한다. 지금 라마교도들은 이 六字를 외우는 것으로 萬善 萬行의 勝行이라 믿고, 또 蓮華生上師의 德을 찬탄하고, 은혜를 갚는 것이라 하여 僧俗 官民은 물론하고 모두 이것을 외움.

육자명호(六字名號) 南無阿彌陀佛의 六字 名號. 佛의 正號는 '阿彌陀佛'의 四字임. '南無'는 '歸命'이라 번역하는데 이는 비록 能歸의 相이 되는 就行者의 所稱이기 때문에 能歸의 말을 들어서 名號를 삼는다. 彌陀의 名號는 特히 그로 인하여 機法一體를 成就하고 願行의 具足되는 깊은 뜻이 있다. 觀無量壽經에 「令聲이 끊이지 않고 十念이 具足하여 南無阿彌阿佛을 號稱하면 佛의 號를 號稱하게 되므로 念中에 八十億劫 生死의 罪를 모두

滅除한다」라고 하였음.

※觀佛三昧經三에 「名南無光照如來」

육자명호일변법(六字名號一遍法) 日本 時宗의 開祖 一遍上人인 智眞이 權現 偈頌한 一句. 南無阿彌陀佛의 六字를 一遍 念하는 법임. 위의 佛界로 아래 地獄界에 이르도록 十界依報한 功德은 一遍無二한 體性이란 뜻. →智眞.

※依斯一遍之法 萬行悉離念 而證悟於一遍 是人中上上妙好華也」取此偈頌四句首字勸化諸人之念佛札記 爲南無阿彌陀佛決定往生六十萬人.

육자문수(六字文殊) 文殊菩薩의 六字法. →文殊.

육자문수법(六字文殊法) 이 또한 眞言의 字數에 依하여 이름한 것(闍婆計陀那摩)의 六字가 된다 함. 文殊師利菩薩六字呪 功能法經에 「文殊師利童子菩薩摩訶薩呪의 "闍(𑖕) 婆(𑖪) 計(𑖎𑖸) 陀(𑖟) 那(上𑖡) 摩(𑖦)"라 한 것. 이 文殊師利菩薩六字呪에 功德法을 내 지금 說한다. 만약 어떤 사람이 每日이 呪 七遍을 誦하면 決定罪業의 除滅을 얻으며 만약 어떤 사람이 能히 每日 이 呪 一百八遍을 誦하면 그 사람이 죽을 때에 앞에 文殊師利菩薩이 나타난다」하였음.

육자문수보살(六字文殊菩薩) 闍婆計陀羅摩의 육자를 眞言으로 하는 文殊菩薩 또한 文殊六字라고도 한다. 文殊師利菩薩 六字呪功能法經에 南無一切利益尊者 文殊師利童子菩薩摩訶薩의 呪에 말하기를 闍婆計陀那摩(下略)」하였음.

六字文殊菩薩

육자법(六字法) 또는 六字供. 六字護摩. 이에 二種이 있음. ①觀音의 六字法은 請觀音經의 說에 의하여 六觀音 혹은 六觀音所變의 六字明王을 本尊으로 삼고 六字章句陀羅尼를 念誦하는 修法. ②文殊의 六字法은 闍婆計陀那摩의 六字眞言을 誦하며 文殊菩薩을 祈念하는 것.

육자보호(六字寶號) 南無阿彌陀佛이라는 名號.

육자신주경(六字神呪經) 一卷. 唐 菩提流支의 번역. 文殊菩薩의 六字呪를 說한 것. 陀羅尼經第六文殊師利菩薩法印呪와 同本異譯이며 따로 六字神呪王經이라 함. 그것을 觀音의 六字章句陀羅尼라 한다. 지금 六字는 唵(文殊六字功德經에는「闍」

으로 되었음) 婆髻馱那莫임.

육자신주왕경(六字神呪王經) 一卷. 譯者未詳. 六字呪王經과 同本이나 呪가 조금 많음.

육자어독경(六字御讀經) 請觀世音菩薩消伏毒害陀羅尼呪經을 讀誦하는 것.

육자염불(六字念佛) 南無阿彌陀佛의 여섯 글자를 부르는 念佛.

육자장구(六字章句) 六字章句陀羅尼의 略. 請觀世音菩薩消伏毒害陀羅尼呪經에서 말하는 陀羅尼. 이 陀羅尼를 부르면 六道의 苦痛을 벗고 六妙門을 얻으며, 六根이 安定하게 됨. (摩訶止觀)

육자장구다라니(六字章句陀羅尼) 請觀世音菩薩消伏毒害陀羅尼呪經에서 說한 三陀羅尼의 하나. 六字란 觀音을 念하고 이 陀羅尼를 誦하면 ①六道의 苦果를 벗어 나며 ②六妙門을 얻고 ③六根의 相應을 證하게 되므로 六이라 함. 字句의 數를 取하지 않은 것. 이 가운데 第一의 뜻에 依하면 大悲觀世音등의 六觀音을 세워 六道에 配對한 것 이는 天台의 뜻으로 세운 것임. 經에「應當히 淨心을 一處에 係念하여 觀世音菩薩 歸依三寶를 稱하고 나를 세번 부르고 大吉祥六字章句救苦神呪를 誦하라」하였음. 이 三義는 觀音經疏記 荆溪師의 說임. 그러나 鳳潭師의 考證에 依하면 이 說은 크게 틀린다고 한다. 말하기를 "經 가운데 說한 三章句의 第一章句는 [illegible](安) [illegible](荼) [illegible](詈) [illegible](般) [illegible](荼) [illegible](詈)의 六字이며 또한 第二章句는 이 六字가 있고 第三章句는 釋尊의 自說이다. 呪의 首句에 [illegible](多) [illegible](姪) [illegible](多)의 말 아래에 安多詈般荼詈이라 하니 이 六字가 眞言의 體임을 알 수 있다. 餘句는 이 六字를 轉釋한 것. 安荼詈般荼詈 곧 安那般那觀으로 入出의 數息觀이다. 이 數息에 依하여 一心을 定止하므로 一切의 灾厄을 除滅함을 얻는다. 또한 六字章句란 홀로 이 經의 呪文에 限定되지 않고 六字經呪에도 많은 책이 있다. 곧 六字 神呪王經(譯者非常) 外道의 旃陀羅女가 阿難과 모든 善人을 誘惑할 때 如來가 憐愍하였으므로 六字神呪王經을 說하였다. 呪에 安陀隸鉢陀隸와 阿那 阿那夜다(이는 遺去 遺來하는 數息의 句儀다) 모두 滅惡의 呪가 된다 함.

※又有六字咒王經(失譯)爲前之異譯 咒句亦同 又有一本之六字大陀羅尼咒經(失譯)全與上二本同 云佛住耆闍崛山中(楞嚴住祇洹時)長老阿難爲旃陀利女呪術所收(具如摩登伽經頭諫經等所說)白佛言 我今强爲他收去 佛告汝當受持六字大咒 咒曰 斯地梯疊(如他姪他之句)安茶隸般茶隸等 此咒能消諸病 消諸邪術起屍鬼厭蠱之諸難 其他經軌中有六字章句之陀羅尼甚多 何必强爲六道六根等之釋 然則以此六字章句 配於六道之六觀音等 亦無稽之至也.

육자장구주(六字章句呪) 六字章句陀羅尼와 같음.

육자재왕(六自在王) 眼등 六根을 말함.

육자주공능법경(六字呪功能法經) 文殊師利菩薩六字呪功能法經의 약칭. 즉 六字文殊의 眞言을 說한 것.

육자주왕경(六字呪王經) 一卷. 譯者未詳.

※東晉錄 因旃陀羅厭惑阿難 而說此破之.

육자하림법(六字河臨法) 台密에서의 準大法의 하나. 千手觀音을 本尊으로 하며, 伏敵·除呪를 爲하여 千手觀音의 六字眞言을 부르면서 닦는 秘密法. 円仁이 唐에서 傳하였다 하며 阿彌陀房眞靜이 再興하였음. (修法要抄)

육자호마법(六字護摩法) 六字法과 같음.

육작(六作) →六受.

육재(六栽) 六觸의 舊譯. 六識과 서로 應하여 生하는 心所에 觸하는 것이다. 玄應音義三에 「六栽는 經속에 역시 觸이라 名했는데 생각컨대 觸은 능히 心과 心數法을 長養하고, 栽는 능히 枝葉과 華條를 長養하므로 그 뜻은 서로 같다. 그러므로 六栽라고 한것이다」하였음.

육재염불(六齋念佛) 처음 六齋日에 鉦鼓를 치면서 念佛한(淨土宗 西山派의 道空上人의 創始라고 傳함)것이 盆踊(七月十五日밤에 추는 輪舞)과 하나로 된것. 笛·鉦·북 등의 樂器를 쓴 藝能으로 京都市 西南部의 吉祥院의 天滿宮桂의 地藏堂. 久世村의 것은 無形文化財에 指定되었다. 지금은 八月下旬의 農閑期에 部落青年이 舞臺에서 演出하며, 曲目은 多樣하고, 念佛은 前後에 부를 따름이라 함.

육재일(六齋日) 한달 가운데서 몸을 조심하고 마음을 깨끗이 하여 齋戒하는 여섯날. 곧 음력 8, 14, 15, 23, 29, 30일을 말함. 이 6일은 四天王이 天下을 순행하면서 사람의 善惡을 살피고 또 惡鬼가 사람의 짬을 보는 날이라 함.

육적(六賊) ①色聲등 六塵이다. 眼등의 六根의 媒가되어 功能과 法財를 劫掠하므로 六賊에 비유한 것. 涅槃經二十三에 「六大賊은 곧 外六塵이다. 菩薩摩訶薩이 이 六塵을 觀하기를 六大賊과 같다고 觀한다. 왜냐하면 能히 一切諸善法을 劫掠하기 때문이다. (中略) 六大賊은 밤에만 歡樂한다. 六塵惡賊도 또한 이와 같아서 無明인 闇에 處하면 歡樂한다」하였고, 最勝王經五에 「이 몸이 空聚와 같음은 알아도 六賊이 依知함은 알지 못한다. 六塵諸賊이 根에 依한 것을 알지 못함도 이와 같다」하였으며, 楞嚴經四에 「네 앞에 나타난 眼·耳·鼻·舌과 身·心의 六은 賊媒가 되어 스스로 家寶를 劫掠한다」하였음. ②六賊을

六根의 愛喜에 비유한다. 雜阿含經四十三에「士夫는 안에 六賊이 있다. 너를 엿보아 隨逐하여 때를 만나면 죽이려 한다. (中略) 六內賊은 六愛喜에 비유한다」하였음.

육적번뇌(六賊煩惱) 六賊과 같음.

육전(六箭) 色·聲등 六塵의 法이 衆生의 慧命을 害하기 때문에 화살로써 비유한 것임. 六度集經五에「나는 國을 怨窟로 삼고, 色·聲·香·味·華服·邪念을 六劍으로 여긴다. 六劍은 吾身을 切斷하고 六箭은 吾體를 射殺하기 때문이다」라고 했음.

육전의(六轉依) 所得을 따라 轉依하는 位를 六種으로 나눈 것. ①損力益能轉. 三賢資糧位와 四善根 加行位의 轉依다. 이 位는 種子를 斷하지 못하여 眞如를 證하지 못하므로 原來 轉依가 아니나 다만 勝解와 漸愧의 二力에 依하여 能히 本識中 染種의 勢力을 損하고 本識內 淨種의 功德을 益하므로 轉依라 한다. ②通達轉. 見道位의 轉依로 이것을 따라가서 惡을 斷하고 理를 證하는 眞實한 轉依나 다만 分證이 됨. ③修習轉. 修道位의 轉依임. ④圓滿轉. 妙覺位의 轉依임. ⑤下劣轉. 二乘이 所得 生空하는 菩提涅槃이다. ⑥廣大轉. 大乘이 所得한 生法二空의 菩提涅槃임.

육절(六節) 梵〈ṣaḍ-ṛtu〉 여섯 季節을 말함. (俱舍論)

육정(六正) 淨土教를 받들기 위하여 必要한 여섯 事項. 正教·正義·正行·正解·正業·正智를 말함. (愚禿鈔)

육정(六定) 梵〈ṣaḍ-dhyāna〉 六種의 禪定을 말함.

육정(六情) 舊譯의 經論에 흔히 六根을 六情이라 한 것은 根이 情識이 있기 때문이라 한 것. 이 意의 一이 當體의 이름이 된다. 意根이 心法이 되기 때문이며 다른 다섯가지는 情識이 생하므로 所生의 果에 따라 情이라 한 것. 金光明經에「마음이 六情에 處하는 것이 새가 그물에 걸리는 것 같이 恒常 諸根에 處하여 諸塵을 隨逐한다」하였고, 普賢觀經에「六情根을 懺悔한다」하였고, 智度論四十에「眼等의 五情을 內身이 된다하고 色等 五塵을 外身이 된다고 한다」하였음. 止觀四의 二에「十住毘婆沙에 말하기를 "六情을 禁하기를 개·사슴·고기·뱀·원숭이·새를 묶어 놓은 것과 같이 한다」하였고, 嘉祥의 中論 六情品疏에「問 "意는 情이라 할 수 있으나 다른 다섯은 어찌 情이라 할 수 있는가" 答 "意는 當體의 이름이므로 情이라 하고 다른 五는 情識을 생하는 果이므로 果에 따라 稱한 것. 六情을 또한 六根이라 하며 五根이 能히 五識을 생하며 意根이 能히 意識을 生하므로 六情을 六依라 함은 六識의 所依가 된다」하였음. 이

들은 모두 根을 情으로 한 것임.

육정(六諍) 瞋惱·不語結·慳嫉·諂誑·無慚愧·惡欲邪. (四分律)

육정근(六情根) 六根을 말함. (華嚴經)

육정근법(六諍根法) 梵〈ṣaḍ vivāda-mūlāni〉 다툼의 뿌리가 되는 事項을 말한다. 忿恨·覆惱·嫉性·誑諂·邪見倒見·自見執의 여섯. (集異門論)

육정행(六正行) 梵〈ṣaḍvidhā prati-pattiḥ〉 六種의 實踐. 最勝正行·作意正行·隨法正行·離二邊正行·差別正行·無差別正行의 六種의 實踐을 말함.

육제(六諦) 勝論師가 세운 六句義勝論의 本師는 六句義를 세우고 그 末師는 十句義를 세움. →勝論宗.

육조(六祖) 禪宗의 衣鉢을 相傳하여 六世가 된 것. 곧 初祖 達摩. 二祖 慧可, 三祖 僧璨, 四祖 道信, 五祖 弘忍, 六祖 慧能으로 이들이 震旦의 六祖다. 正宗記에 六祖慧能 大師의 姓은 盧氏며 新興人이다. 어머니를 下直하고 곧 黃梅東山에 가서 參學하였고 이미 法을 얻고는 南海 法性寺로 돌아와 東山法門을 열고 뒤에 寶林寺로 돌아갔다. 어느 날 衆人에게 말하기를 "내 忍大師의 法要와 衣鉢을 받았다. 지금 너의들은 信根이 純熟하니 다만 要法만 說하고 衣鉢은 傳하지 않으련다"하더니 다음 해 坐化하였다. 曹溪寺에 塔을 만드니 지금의 南華寺다. 또한 天台宗 荊溪 湛然은 智者大師로 부터 六代에 適當되므로 또한 六祖大師라 한다 함.

육조대사법보단경(六祖大師法寶壇經) 一卷. 元나라 宗寶 編. 六祖壇經·法寶壇經·壇經이라고도 한다. 六祖 慧能의 語要를 集錄한 것. ①行由 ②般若 ③疑問 ④定慧 ⑤坐禪 ⑥懺悔 ⑦機緣 ⑧頓漸 ⑨宣詔 ⑩付囑 모두 十問으로 되어 있음.

육조법보단경언해(六祖法寶壇經諺解) 三卷. 六祖諺解. 六祖法寶壇經을 한글로 번역한 책. 역자 미상. 16세기 초(中宗때) 번역. 육조법보단경은 唐나라 六祖大師 慧能의 說法을 기록한 경전임.

육조소역(六祖所譯) 金剛經의 前後六譯을 말함. ①後秦 姚興 弘治 4(402)年에 鳩摩羅什이 長安 草堂寺에서 번역(2卷)하니 이름이 金剛般若波羅蜜經이며 ②東魏 孝靜帝 天平 2(535)年에 洛陽에서 번역하니(14張) 이름이 金剛般若經이며. ③陳의 臨海王 天康 元(566)年에 金陵에서 번역하니(14張) 이름이 金剛能斷經이며 ④隋의 文帝 開皇 10(590)年에 洛陽에서 번역하니(16張) 이름이 金剛斷割經이며 ⑤唐의 太宗 貞觀 22(648)年에 玉華宮에서 번역하니(18張) 이름이 能斷金剛經이며 ⑥周의 則天武后 證聖 2(695)年에 佛援記寺에서 번역하니(12張)

이름을 能斷金剛經이라 함.

육조언해(六祖諺解) →六祖法寶壇經諺解.

육족론(六足論) 一切有部宗의 根本이 되는 六種의 論藏을 말함. ①舍利弗의 集異門足論. ②大目乾連의 法蘊足論 ③大迦多衍那의 施說足論 ④提婆設摩의 識身足論 ⑤筏蘇蜜多羅의 品類足論 ⑥同人의 界身足論임. 前 三論은 佛이 在世할 때에 作이며 後三論은 佛이 滅한 뒤의 作이다. 모두 一切有部宗의 法義를 論한 것. 智度論二에서 말한 六分阿毘曇이다. 뒤에 迦多衍尼子가 發智論을 지었는데 文義가 가장 廣博하므로 後代의 論師는 六論으로 足을 삼고 發智論으로 몸을 삼았다. 足은 助成의 뜻. 이 六論은 發智論을 助成한 것이고 一切 有部宗의 根本論藏이라 함.

※俱舍論光記一本에 「前之六論 義門稍少發智一論 法門最廣 故後代論師說六爲足 發智爲身 此上七論是說一切有部根本論也」

육족존(六足尊) 五大明王 가운데 大威德明王의 別號임. 이 菩薩은 머리가 여섯. 얼굴이 여섯. 손이 여섯. 발이 여섯이 있는데 타고 다니는 소(牛)도 여섯마리다. 그런데 다만 발만 들어 六足이라 이름한 것은 발이 많은 것은 이 菩薩에게만 限하여 있는 일이기 때문이다. 西方에선 無量壽佛의 忿怒尊이나 文殊菩薩이 化現한 것이라 함. →大威德明王.

육종(六宗) 陳나라(557~589) 耆闍

佛이 入滅한지 百年에 小乘이 둘로 갈라짐

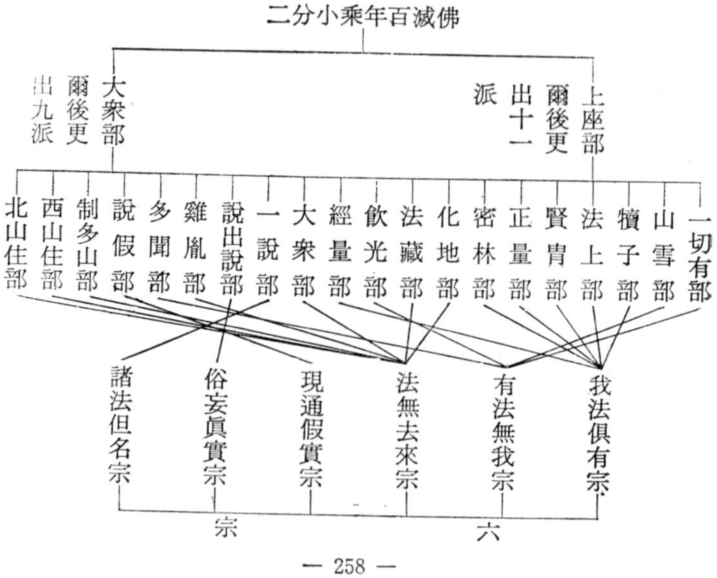

寺에 있던 安禀이 세운 判教. ①因緣宗. 萬有는 因緣으로 생긴다고 말하는 小乘薩婆多部. ②假名宗. 萬有는 이름뿐이고 實體가 없다고 말하는 小乘輕量部. ③不眞宗. 모든 大乘經에 通하여 萬法은 幻化와 같다고 말하는 宗派. ④眞宗. 諸法이 眞空이라고 말하는 宗派. ⑤常宗. 涅槃經에서 說한 眞理는 常恒·恒沙와 같은 功德이 있다고 말하는 宗派. ⑥圓宗. 華嚴經에서 說한 것으로 法界가 自在하고 緣起가 無礙하여 德用이 圓滿함을 말하는 것으로 즉 法界宗이다. 또는 三論·法相·華嚴·律·成實·俱舍를 六宗으로 삼는다. 이 六宗 가운데 成實·俱舍 二宗의 小乘을 除하고 天台·眞言 二宗을 더하여 大乘의 六宗이라고 稱하기도 함. 〈五教章〉

육종(六種) 六大와 같음. 地·水·火·風·虛空·識을 말함. (中論釋)

육종결정(六種決定) 菩薩이 六度의 增上力을 닦아 六種의 決定을 얻는 것. ①財成決定. 布施의 힘에 따라 반드시 恒常 大財의 成就를 얻는 것이 定하여 진것. ②生勝決定. 持戒하는 힘에 따라 반드시 貴勝한 집에 늘 태어나기로 定해진 것. ③不退決定. 忍辱하는 힘에 따라 닦는 善法이 반드시 恒常 退失하지 않음이 定해진 것. ④修習決定. 精進하는 힘에 따라 常時 善法을 修習하여 반드시 間息이 없도록 定해진 것. ⑤定業決定. 禪定의 힘에 依하여 正定業을 成就하여 길이 퇴실하지 않는 것. ⑥無功用決定. 智慧力에 따라 功行을 加하지 않고 반드시 自然의 理에 住하는 것이 定하여 짐을 말함.

육종계(六種戒) 菩薩이 받아 지니는 六種의 戒律. ①廻向戒. 大菩提에 廻向하는 것. ②廣博戒. 온갖 배운 바를 攝受하는 것. ③無罪歡喜處戒. 貪着·欲樂등을 멀리 여의는 것. ④恒常戒. 목숨이 다하여도 배운바를 버리지 않는 것. ⑤堅固戒. 一切의 利養·恭敬·煩惱를 위하여 깨뜨리지 않는 것. ⑥尸羅莊嚴具相應戒. 모든 戒의 莊嚴을 具足하는 것.

육종고행외도(六種苦行外道) ①自餓外道. 飮食을 節約하면서 饑餓를 참는 것. ②投淵外道. 연못에 投身하여 죽는 것. ③赴火外道. 恒常 五熱로써 몸을 굽는 것. ④自座外道. 恒常 옷을 벗고 寒署에 拘礙없이 露地에 앉는 것. ⑤寂默外道. 屍林과 塚間에 住處를 삼아 恒常 寂寂하여 말을 하지 않은 것. ⑥牛狗外道. 牛戒와 狗戒를 加持하는 것.

육종공구(六種供具) 부처님께 供養하는 六種의 供養具. ①華 ②塗香 ③水 ④燒香 ⑤飯食 ⑥燈明이다. 이와 같은 六種의 供養은 六度를 表示하는 것으로 그 차례대로 布

施持戒·忍辱·精進·禪定·智慧를 表하며 護摩壇의 四方에 供養하는 것. →供養.

육종공덕(六種功德) 念佛이 가져다 주는 六種의 功德. (往生要集)

육종공양(六種供養) ①(1)閼迦 (2)塗香 (3)華 (_)焚香(또는 燒香) (5)飮食 (6)燈明 이 六種은 그 차례에 따라 布施·持戒·忍辱·精進·禪定·智慧의 六度는 善無畏三藏의 所傳임. ②또는 六種供具. →供養.

육종관(六種觀) 六現觀.

육종교(六宗敎) 耆闍法師가 세운 敎判. (1)因緣宗(小乘諸派) (2)假名宗(成實論이나 經部 등) (3)不眞宗(諸大乘의 通說) (4)眞宗(諸法眞空의 理를 說明함) (5)常宗(眞理의 常恒 등을 說明함) (6)圓宗(華嚴의 가르침)을 말함. (五敎章)

육종교방편(六種巧方便) 菩薩 六種의 善巧 方便이라 함. ①隨順巧方便. 順次로 敎誡하여 信樂을 생하게 하고 甚深한 法을 說하여 쉽게 理解하게 함. ②立要巧方便. 衆生이 求하는 田宅과 錢財를 주기로 盟誓하고 次第로 善法을 行하게 하는 것. ③異相巧方便. 父母를 供養함을 가르치고 禁戒등을 受持하여 順從하지 않을 때는 乖異하다. 瞋責하여 다른 사람을 두렵게 하는 것. ④逼迫巧方便. 原來 戒를 犯한 일들이 있는 것을 斷絶 供給하고 或은 譴罰을 加하여 惡法을 여이게 하는 것. ⑤報恩巧方便. 衆生에게 財物을 施與하여 報恩하는 마음이 생기게 하는 것. 이 出世門의 財로 供養하여 禁戒등을 受持하여 行하게 하는 것. ⑥淸淨巧方便. 天으로부터 降生하여 出家學道하고 無上菩提를 成就하고 衆生이 모두 信樂하게 하여 所有한 惑染을 모두 淸淨하게 함을 말함. (菩薩地持經)

육종구생혹(六種俱生惑) 大乘百法明論에 記錄된 것으로, 貪惑·瞋惑·慢惑·無明惑·疑惑·不正見의 六煩惱를 말한다. 이 六煩惱가 모두 俱生의 惑이다. 同解上에 「이 六은 곧 俱生하는 것, 만약 惡見法의 十을 열면 바로 分別惑이다. 또 十惑中에 오직 瞋惑만이 不善이고 나머지 九惑은 모두 有覆不善으로 通한다」라고 하였음.

육종권(六種拳) 密敎에서 十二合掌과 함께 印相의 基本이기 때문에 印母라고도 한다. ①蓮華拳(또는 胎拳) 四指를 접고 拇指를 밖으로 낸다. ②金剛拳. 拇指를 싸서 四指를 접는 것. ③外縛拳. 兩手의 五指를 밖으로 내어 낀다. ④內縛拳(또는 內学拳) 指先을 속으로 넣어 兩手로 낀다. ⑤忿怒拳. 拇指를 접고, 中指와 藥指를 그 위에 꾸부리고, 人指와 小指는 세운다. ⑥如來拳. 蓮華拳의 左手와 金剛拳의 右手를 서로 끼움.

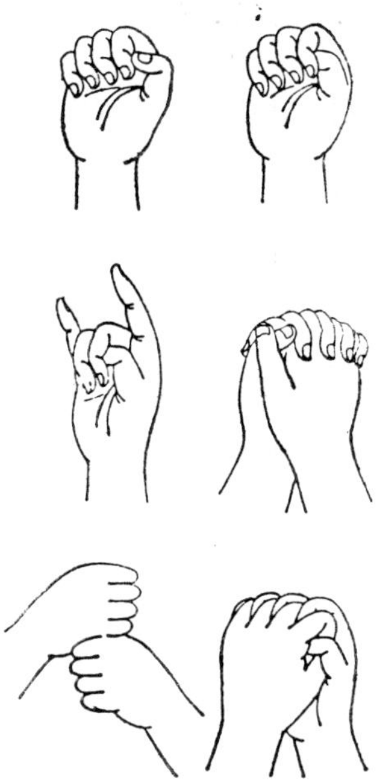

六種拳

육종권인(六種拳印) 六種의 印相으로 ①金剛拳印. 다섯 손가락을 구부려 주먹을 만들고 집게 손가락으로써 엄지손가락의 첫 마디를 누른다. ②蓮華拳印. 또는 胎拳. 집게 손가락·긴손가락·약손가락·새끼 손가락을 구부리고 엄지 손가락으로 집게 손가락의 곁을 누른다. ③如來拳印. 엄지 손가락을 안으로 하고 다른 四指를 구부린다. ④內薄拳印. 또는 內縛印. 十指를 交叉하여 十指를 모두 손바닥 안에 있게 하는 것. 다만 오른손의 五指를 왼손 五指의 위에 둔다. ⑤外縛拳印. 또는 外拳印으로 內縛拳印과 反對로 十指를 손바닥 밖에 있게 한다. ⑥忿怒拳印. 먼저 如來拳印을 짓고 새끼 손가락으로 약 손가락을 누르는 印相을 말함.

六種拳印

육종금강(六種金剛) 六種의 金剛寶를 말한다. ①青色金剛. 災厄을 消滅한다. ②黃色金剛. 사람의 求하는 바를 이루어 준다. ③赤色金剛. 해(日)에 對하면 불을 낸다. ④白色金剛. 흐린 물을 맑게한다. ⑤空色金剛. 사람을 空中에 앉게 한다. ⑥碧色金剛. 毒을 消滅함.

육종나한(六種羅漢) ①退法羅漢. 一旦 羅漢果를 얻고 적은 惡緣을 만나 문득 所得을 退失한 것. ②思法羅漢. 將次 所得한 證果를 退失할가 두려워하여 恒常自害하여 無餘涅槃에 들기를 생각하는 것. ③護法羅漢. 所得한 證果를 能히 스스로 防護하는 것. ④安住法羅漢. 不退不進하여 當位에 安住하는 것. ⑤堪達法羅漢. 能히 練根을 修하여

不動羅漢의 性에 達하는 것. ⑥不動羅漢. 根性이 가장 殊勝하여 어떠한 逆緣을 만나던지 無論하고 또한 所得한 法을 動轉하지 않는 것.

육종동상(六種動相) 또는 六種震動이라 함. 神通力에 感應하여 일으키는 奇瑞를 말함. →六種震動.

육종력(六種力) ①어린애는 울음으로 힘을 삼는 것(小兒는 啼爲力). ②여자는 진심으로 힘을 삼는 것(女人은 嗔爲力). ③국왕은 교만으로 힘을 삼는 것(國王은 憍爲力). ④아라한은 정진으로 힘을 삼는 것(羅漢은 進爲力). ⑤모든 부처님은 대자비로 힘을 삼는 것(諸佛은 悲爲力). ⑥比丘는 忍辱으로 힘을 삼는 것(比丘는 忍爲力)(增一阿含經)

육종론(六種論) 論의 六種. ①言論. 온갖 말로 論議하는 것. ②尙論. 崇尙하는 事理에 對하여 論議하는 것. ③諍論. 서로 憤心을 내어 論諍하는 것. ④毁謗論. 서로 나쁜말을 하면서 論諍하는 것. ⑤順正論. 올바른 理論에 順하여 是非를 議論하는 것. ⑥敎導論. 衆生을 敎化하기 爲하여 論議하는 것.

육종몽(六種夢) 演義鈔에 있는 말. ①正夢. 마음에 느낀 일 없이 자연으로 꾸는 꿈. ②惡夢. 놀랐던 일을 꾸는 꿈. ③思夢. 생각하던 일을 꾸는 꿈. ④寤夢. 낮에 본 것을 꾸는 꿈. ⑤喜夢. 기쁘던 일을 꾸는 꿈. ⑥懼夢. 두렵던 일을 꾸는 꿈.

육종무위(六種無爲) →六無爲.

육종불환(六種不還) ①中般. 不還의 聖者가 欲界에서 죽어 色界에 往生할 때 그 中有의 자리에서 남은 煩惱를 斷하고 般涅槃하는 것. ②生般. 色界에 난 뒤에 오래지 않아 餘惑을 斷하고 般涅槃하는 것. ③有行般. 生한 뒤에 天處에서 長時동안 加行勤修하고 餘惑을 斷하며 般涅槃하는 것. ④無行般. 生한 뒤에 그 天處에서 加行함이 없고 懈怠하게 長時를 지나면 남은 惡이 스스로 解脫하여 般涅槃하는 것. (이는 生般中의 別開한 것) ⑤上流般. 流는 進行의 뜻. 色界에서 반드시 下天에서 上天으로 進行하여 그 사이에 餘惑을 斷하고 般涅槃하는 것. ⑥現般. 不還의 聖者가 上界에 生하지 못하고 欲界에 現身하여 餘惑을 斷하고 般涅槃하는 것.

육종산란(六種散亂) ①自性散亂. 前五識의 自性이 外緣을 馳逐하여 能히 靜定하지 못하는 것. ②外散亂. 修善할 때에 마음이 五欲의 境을 馳散하여 靜寂하지 않음. ③內散亂. 修定할 때에 마음이 諸塵에 動散하여 味著이 생기지 않는 것. 靜定을 退失한 것. ④相散亂. 他人에게 自己의 有德함을 믿게 하고 거짓 善을 닦는 相을 지으며 마음을 退失

한 것. ⑤麤重散亂. 善法을 修할 때에 我와 我所의 執着과 我慢등을 生하여 이는 邪執과 麤重의 힘이 되므로 所修하는 善法이 淸淨하지 못함. ⑥作意散亂. 餘乘과 餘定등을 外敎에 依하여 作意修習하여도 證悟함이 없으면 도리어 散亂이 생기는 것을 말함.

육종삼보 (六種三寶) ①同體三寶 즉 一體三寶 ②別相三寶 즉 化相三寶 ③一乘三寶, 究竟의 法身을 佛寶로 一乘의 法을 法寶로, 一乘의 菩薩衆을 僧寶로 삼음. ④三乘三寶. 三乘은 所現한 佛의 三身을 佛寶로, 三乘의 法을 法寶로 三乘의 衆을 僧寶로 삼음. ⑤眞實三寶. 三身을 佛寶로, 一切無漏의 敎理行果를 法寶로, 見諦이상의 三乘聖衆을 僧寶로 삼음. ⑥住持三寶. 四種三寶의 中과 같음. (義林章六本)

육종석 (六種釋) 法相宗에서 傳하는 六離合釋.

육종성 (六種性) 瓔珞經에서 菩薩이 因으로 果에 이르는 行位의 種性을 나누어 六位로 하였다. ①習種性. 十住位로 空觀을 連習하여 見惑·思惑을 깨뜨리는 性. ②性種性. 十行位로서 空에 住하지 않고 나아가 假性을 分別하는 性. ③道種性. 十廻向位로서 中道의 妙觀을 닦아서 온갖 佛法을 通達하는 性. ④聖種性. 十地位로서 中道의 妙觀에 依하여 無明의 一分을 깨뜨리고 聖位에 證入하는 性. ⑤等覺性. 다음의 妙覺에 대하여 오직 한 等級의 差가 있을 뿐으로 前의 모든 位보다 나은 位. ⑥妙覺性. 斷證이 끝나고 三覺이 圓滿한 無上의 佛果를 이룬 것. 즉 妙가 極하고 覺이 圓滿한 것이다. 이 가운데 性은 비록 六位에 通達했으나, 種만이 因에 局在했기 때문에 前의 因位를 바로 種이라고 이름한 것이다. 等覺은 비록 아직 因에 있으나 前位보다 勝하기 때문에 일컬어 覺이라 하고 種이라 말하지 않음. →種性.

육종수기 (六種授記) ①種性未發心記. 或은 衆生이 五道에 往來하여 諸根이 猛利하고 大法을 好樂하면 佛께서 이사람이 스스로 若干의 阿僧祇劫을 지났음을 알고 無上菩提心을 發하게 하고 또한 若干의 阿僧祇劫을 지나면서 菩薩行을 닦아 無量衆生을 濟度하여 菩提에 住하게 한다. 號字와 國土와 滅後法의 住歲數도 이와 같은 것을 未發心而 授記라 하며 十位以前의 種性地라 함. ②已發心記. 사람이 오래도록 德本을 심어 善行을 修習하고 勤心精進하여 諸根이 明利하면 이 사람이 發心하여 곧 阿惟越地에 住하며 菩薩位에 들어가면 畢竟數에 떨어지며 八難을 出過한다. 이 같은 사람이 마침내 發心하면 諸佛에게 곧 當來作佛할 記를 받는다. 이는 住行已上 임. ③現前記. 菩薩이 오래동안

善根을 모았으나 具足하지 못하여 恒常 梵行을 닦고 我·空이 없음을 觀하여 一切法에 無生忍을 얻는다. 佛이 이 사람의 功德 智慧가 이미 모두 具足함을 알게되면 一切大衆 前에서 成佛의 名號와 國土등을 記하여 나타내는 것을 現前記라 함. ④不現前記. 對面하여 說함을 現前記라 하고 다른 곳에서 遙說하는 것을 不現前記라 함. ⑤時覺時定記. 時劫과 數量과 名字를 記錄하고 아울러 佛과 國土의 名字를 說한 것. ⑥時無量時不定記. 모두 無量劫에 作佛하여 時劫의 數量과 佛國의 名號를 記하는 것.

육종식(六種食) ①乞食. 사람에게 下·中·上의 三品이 있다. 下品은 스스로 邪命이 되어 得食하고 中品은 一食을 받으면 또가서 請하고 上品行의 사람은 오직 다니며 乞食한다. 스스로 일을 살펴서 修道하여 다른 사람에게 얻음으로 福利를 施與하기 때문이라 함. ②次第乞食. 凡人과 어리석은 者는 맛을 貪하여 가난한 이를 버리고 富者만 찾아가나 上行하는 流는 貧富를 가리지 않고 고르게 衆生을 사랑하여 차례대로 乞食한다 함. ③不作餘食法 律中에 說하기를 사람이 다시 次第로 乞食하며 곳에서 자주 자주 正食을 求하여 남은 밥을 모은다. 行者가 생각하기를 餘食法은 世尊이 病든 者에게 주도록 한것이나 나는 지금 病이 없으므로 받을 수 없다. 이러므로 餘食法을 짓지 않는다 함. ④一坐食. 사람이 자꾸 자꾸 午前에 不正食을 하는 것. 數數食은 餘米와 菓粥등을 말하는 것. 行者가 愚夫가 養身하는 것을 생각하여 煩惱을 增加하므로 數數食이 됨. 지금 나는 道를 위하여 養身을 하지 않는다 하므로 겨우 午前에 一坐食을 하는 것. ⑤一揣食. 經中에는 또한 節量食이라 함. 한번 받으면 그치므로 一揣食이라 하며 節儉少食하므로 節量食이라 함. 어떤 사람이 一食法을 받아 一食中에서 마음대로 배부르게 먹고 배가 불러서 졸음이 와서 한나절이 되어도 減하지 않아 修道를 妨害하므로 須節量이라 함. ⑥不中後飮 漿. 어떤 사람이 飮食을 節量하였으나 오히려 食味하여 午後에 數數 漿菓漿蜜등을 마신다. 이漿을 求하면 흔히 邪命을 이루며 功을 虛費하고 道를 廢하므로 마시지 않는 것.

육종십겁(六種十劫) ①常演의 十劫. 三世 諸佛이 항상 말씀하는 十劫. 十은 滿數. ②赴機의 十劫. 衆生의 의심을 제하기 위하여 가정적으로 말하는 十劫. ③單의 十劫. 九劫도 아니고 十一劫도 아닌 本數의 十劫. ④延促劫智의 十劫. 부처님이 自在한 연촉겁지에 의하여 말한 十劫. ⑤本門의 十劫. 본문이 證하던 때를 滿數에 의하여 十劫이라 말한 것. ⑥迹門의 十劫. 本覺이 구원함에 대하여 始覺을 얻는때의 十劫.

육종아라한(六種阿羅漢) 阿羅漢을 種性의 優劣에 따라 六種으로 나눈 것임. ①惡한 緣을 만나면 얻었던 것을 잃는 사람을 退法阿羅漢. ②증득한 것을 잃을까 두려워 항상 自害하여 無餘涅槃에 들려고 생각하는 사람을 思法阿羅漢. ③증득한 것을 스스로 防護하여 잃지 않게 하는 사람을 護法阿羅漢. ④심한 退緣이 없으면 증득한 것을 잃지 않고 勝緣이 없으면 나아가지도 못하는 사람을 安住法阿羅漢. ⑤根을 修練하여 다음의 不退法阿羅漢의 性品에 도달하는 사람을 堪達法阿羅漢. ⑥根性이 가장 수승하여 어떠한 逆緣을 만나도 얻는 法을 변동하지 않는 사람을 不動法阿羅漢이라 함.

육종인(六種印) 六種의 波羅蜜은 菩薩의 印契를 證明하기 때문에 六種印이라 함. 善戒經一에 「菩薩의 性에 六種의 印이 있는데 이 六種으로 印契하기 때문에 一切衆生이 바로 이 菩薩을 알게 된다. 무엇 무엇이 여섯이냐 하면 檀波羅蜜 및 般若波羅蜜등이다」라고 하였음.

육종인(六種因) →六因.

육종정행(六種正行) ①五種 正行의 第五를 나누어 六種으로 한 것. 讀誦正行·觀察正行·禮拜正行·稱名正行·讚歎正行·供養正行등이 있다. ②六度를 말하는데 布施正行·持戒正行·因辱正行·精進正行·禪定正行·般若正行등이 있음. →六婆羅蜜.

육종조복(六種調伏) 菩薩이 惡法과 障礙를 調伏하는 六法을 말함. ①性調伏. 菩薩은 善根의 種性이 있으므로 善法을 修習하여 身心의 諸煩惱障을 調伏한 것. ②衆生調伏. 一切衆生을 調伏하여 聲聞性 緣覺性 또는 人天性의 分別을 알아서 하나하나가 得道하게 함을 말함. ③行調伏. 萬行을 닦아 諸煩惱를 調伏하고 衆生을 爲하여 苦行을 닦아서 悔恨하지 않음을 말함. ④方便調伏. 여러가지 方便으로 衆生을 調伏하고 初發心者에게 戒를 加持하여 生死를 벗어나도록 勸하고 이미 發心한 者나 親近善友에게 經法등을 受持하게 함을 말함. ⑤熟調伏. 衆生의 無善根者를 對하여 人天의 樂을 說하여 菩提心을 發하게 하고 善根이 있는 者를 對하면 出世間의 法을 說하여 增長시키며 善果를 成熟시킴을 말한다. ⑥熟調伏印. 菩薩이 自身의 善法으로 成熟을 얻어 自己의 마음에 印하는 것을 말함. 印은 法印임. (菩薩善戒經)

육종주(六種住) 持地經에서 六住를 세워 菩薩의 行位를 攝한 것. 이는 六入이 所證하는 자리이며 모두 退失하지 못하므로 住라 함. ① 種性住. 種은 곧 能生의 뜻이며 性은 곧

自分을 고치지 못한다는 뜻. 菩薩이 十住의 位에서 佛道의 種性을 成就하는 것. ②解行位. 十行 十廻向의 자리로 解行의 功을 쌓아 退失하지 않는 것. ③淨心住. 初地의 見道位에서 一切의 見惑을 破하고 마음이 一分 淸淨함을 얻는 것. ④行道迹住. 迹은 足迹이다. 二地로 부터 七地에 이르러 眞觀을 修習하고 漸次로 思惑을 斷하며 곧 行道하여 證入하는 자취임. ⑤決定住. 八九兩地에서 道力의 功用을 빌리지 않고 增進任運하여 退失하지 않음이 決定된 것. ⑥究竟住. 第十地에서 學行이 滿足하여 等覺을 究竟하는 자리이며 妙覺의 究竟이 아니라 함.

육종즉(六種印) 圓敎의 六即位. →六即.

육종지(六種即) 六界를 말함. 持는 ㉵〈dhātu〉의 古譯. →六界. (四諦經)

육종진동(六種震動) 大地震動에 三種의 六動이 있다. ①動이 六時에 일어나는 것. 長阿含經二에 「(1)佛이 入胎할 때 (2)出胎할 때 (3)成道했을 때 (4)法輪을 轉할 때 (5)天魔가 勸請하여 將次 性命을 버리려 할 때 (6)涅槃에 들어 갈 때다」하였고, 涅槃經二에 「菩薩이 처음 兜率天에서 閻浮提로 下降할 때를 大地動이라 하고 처음 出家하여 阿耨多羅三藐三菩提를 成就하고 法輪을 轉할 때와 涅槃할 때를 大地動이라 한다」하였음. 天台의 嘉祥 慈恩諸師가 이 二經의 文에 長阿含經의 第五時를 削除하고(將次 性命을 버리려 할 때) 涅槃經의 出家時를 加하여 六時動이 된다하였다. 곧 八相中의 뒤 六相의 때다. 文句記三의 一에 「만약 長阿含에 准하면 地動의 緣이 많다. 또한 可히 表한다. 經에 이르기를 六緣의 地動을 入胎·出胎·出家·成道·法輪·入滅이라 하고 小敎는 비록 그렇다하나 表한 것이라 말하지 않는다. 이미 八相中의 後六이라」함. ②六方이 動하는 것. 大品般若經一에 「그때 世尊이 짐짓 師子座에 계시면서 師子遊戱三昧에 들어가 神通力으로써 三千大千國土를 感動시키니 六種이 震動하여 東이 솟아나고 西가 가라앉았다. 또는 西가 솟아 오르고 東이 沈沒하며, 南이 솟아 오르고 北이 沈沒하며, 北이 솟아 오르고 南이 沈沒하며, 가장 자리가 솟아 오르고 中이 沈沒하며 中이 솟아 오르고 邊이 沈沒하며 땅이 모두 부드럽고 軟하며 衆生을 和悅하게 하였다」하였고, 智度論八에 「이 三昧에 들어가 여러가지로 이 땅을 廻轉하여 六反을 震動시켰다」하였음. ③六相이 動하는 것. 이 것도 般若經의 說이다. 舊에(晋華嚴經) 動하고 涌하며 震하고 擊하며 吼하고 爆하였다 하니 앞에 三은 形을 取한 것이며 뒤의 三은 소리를 取한 것이다. 이 六種은 各各 小·中·大의 三相이 있으므로 十八相이 된다. 거듭 말하면 곧 六種 十八相이 震動한 것임. 文句記三의 一에 「이 六事는 解釋이 新舊가 같지 않다. 新에는 말하기를 動·涌·震·擊·吼·爆이라하니 지금 이 곳에도 舊를 取한다. 흔들려서 安定하지 못하는 것을 動이라 하고 아래서 부터 높이 솟아오르는 것을 涌이라 하며 隱隱히 소리가 들리는 것을 震이라 하며 硨磕가 소리를 내는 것을 吼라 하고 物을 覺悟하게 하는 것을 爆이라 하며 新에는 치고 때리는 것을 摶이라 하며 爆은 火聲과 같다. 經論에 略標는 흔히 震動이라 한다」하였고, 晋華嚴二에 「六種 十八相이 震動한다. 이른바 動이란 徧動·等徧動이라 하며 起는 徧起·等徧起라 하고 覺은 徧覺·等徧覺이라 하며 震은 徧震 等徧震이라 하고 吼는 徧吼等徧吼라 하며 涌은 徧涌·等徧涌이라 한다」하였으며, 唐華嚴經五에 「華嚴莊嚴한 世界의 바다에 佛神의 힘으로써 그 땅의 一切 六種 十八相이 震動한다. 이른바 動이란 徧動과 普徧動이며 起는 徧起와 普徧起를 말하며 涌은 徧涌과 普徧涌을 말하고 震은 徧震과 普徧震을 말하며 吼은 徧吼와 普徧吼를 말하고 擊은 徧擊과 普徧擊을 말한다」하였고, 大般若經一에 「六種이 震動하였다. 動은 極動과 等極動이며 涌은 極涌과 等極涌이고 震은 極涌과 等極震이며 擊은 極擊과 等極擊이며 吼는 極吼와 等極吼며 爆은 極瀑와 等極瀑다」하였음. 이상의 三種 가운데 第一이 作動할 때이고 後二種은 바로 六種이 震動한다는 뜻이라 함.

육종호마(六種護摩) 護摩法에 六種이 있음. →護摩.

육종환원관(六種還源觀) ①攝境歸心眞空觀 ②從心現境妙有觀 ③心境秘密圓融觀 ④智身影現衆緣觀 ⑤多身人一境像觀 ⑥主伴互現帝網觀. 이는 還源觀에서 說한 六觀.

육종회향(六種廻向) 法會의 式目. 閼伽等이 六種의 供具로 三寶의 文을 奉獻하는 것을 六種이라 한다. 以後 所修의 功德을 廻向할 때 自他一切의 文을 廻向이라 한다. 즉 六種供養의 文과 廻向의 文을 合하여 六種 廻向이라고 말한다. 兩文이 모두 모든 法會儀則 中卷에 記載되어 있음.

육죄인(六罪人) 四重을 犯하고, 和合僧을 破하고, 佛身에 피를 낸 자를 말함.

육주(六舟) 배(舟)를 六波羅蜜에 비유한 말. 波羅蜜은 번역하여 到彼岸이라 함.

육주(六住) 十住位 가운데 第六位. 또는 地持經에서 說한 六種住. →六種住.

육주보살(六住菩薩) 初發心에서 세

어서 第六의 境地까지, 精進不退하는 求道者. (教行信證 信卷) 初地에서 第六地까지 이며 初住에서 第六住까지 이다. 一에는 初地以上, 二에는 初住以上의 六住임.

육중(六衆) 六群比丘. 義淨의 新譯을 六衆이라 함.

육중계(六重戒) 重罪를 警戒한 戒律의 六種으로 殺生戒·偸盜戒·虛說戒·邪婬戒·宣說四衆過戒·酤酒戒 등이 있음.

육중법(六重法) 六種의 가르침. (1) 身體로써 慈悲를 行하는 것. (2) 言語로써 慈悲를 行하는 것. (3) 마음으로써 慈悲를 行하는 것. (4) 받은 淨施는 平等하게 分配하는 것. (5) 心統一에 이르는 戒를 지켜 梵行者와 生活하는 것. (6) 涅槃에 이르는 正見을 지켜 梵行者와 生活하는 것. (般泥洹經)

육중생(六衆生) 眼等 六根을 狗등 六畜에 비유한 것. 雜阿含經 四十三에 「士夫가 空宅中에서 놀다가 六種의 衆生을 얻음과 같음. ①得狗. 곧 잡아서 한곳에 매여두면 다음에 새를 얻고 다음에 毒蛇를 얻고 다음에 野干을 얻고 다음 失收摩羅를 얻고 다음은 獼猴를 얻는다. 이 衆生을 모두 한곳에 매어두면 그 狗는 마을에 들어가고자 하며 새는 空中에 날아가고자 하고 뱀은 구멍에 들어가고자 하며 野干은 무덤사이로 가고자하며 失收摩羅는 바다에 들어가고자 하며 獼猴는 山으로 들어가고자 한다. 이 六衆生을 모두 一處에 매어두면 즐겨하는 것이 같지 않아서 各各 제 편한 곳으로 가고자하여 서로 즐겨하지 않는다. 他處에 매기 때문에 各各 힘을 써서 즐겨하는 곳으로 가고자 하나 벗어나지 못한다. (中略) 六衆生은 六根과 같음에 비유하고 堅柱는 身念處에 비유한다. 身念處로 잘 修習하면 有念과 不念色과 같아서 可愛色을 보아도 念著이 생기지 않고 不可愛色을 보아도 厭症이 생기지 않는다. 耳聲·鼻香·舌味·身觸·意法은 뜻에 可하여도 求하고자 않고 뜻에 不可하여도 厭症이 생기지 않으므로 比丘가 부지런히 修하여 身念處에 많이 住한다」하였음.

육중이십이건(六重二十二件) 淨土宗의 安心起行作業의 項目. (1) 第一重. 五種正行(讀誦正行·觀察正行·禮拜正行·稱名正行·讚歎供養正行) (2) 第二重. 助와 正의 二行으로 分別(正行·助行) (3) 第三重. 三心(至誠心·深心·廻向發願心) (4) 第四重. 五念門(禮拜門·讚歎門·作願門·觀察門·廻向門). (5) 第五重. 四修(恭敬修·無餘修·無間修·長時修). (6) 第六重. 三種行儀(尋常行儀·別時行儀·臨終行儀)를 말함.

육즉(六即) 大乘菩薩의 行位로 十信

十住・十行・十廻向・十地・等覺・妙覺의 五十二位는 華嚴經等의 所說이다. 天台는 이 것을 別教菩薩의 行位라 하고 따로 圓教菩薩의 行位를 세워 六即位라 한 것. ①理即. 一切衆生이 모두 佛性이 있고 有佛 無佛의 性相이 常住하는 것. 또는 一色 一香이 中道아님이 없다. 理性은 비록 그러하나 듣지 못하여 알지 못한다. 이들 凡夫는 오직 理性은 佛과 均等하므로 理即이라 함. ②名字即. 或은 知識을 따르며 或은 經卷을 따라 위에서 說한 一實菩提의 道를 듣고 名字中에 通達解了하여 一切가 모두 佛法이 됨을 알고 一切가 모두 成佛할 수 있음을 아는 것. ③觀行即. 오직 名字를 解知할 뿐만 아니라 다시 나아가서 教에 依하여 修行하여 心觀이 明了하고 理解가 相應하며 行하는 것이 말하는 것과 같고 所言이 所行과 같은 것. 이 자리의 修隨喜讀誦등 五品(法華에서 說한 것)觀行을 五品弟子位라 함. ④相似即. 別教에서 세운 十信位에 처음 들어가서 眞無漏와 類似한 觀行을 發하는 것. 此位에 들어가면 法華經에서 說한 六根淸淨의 德을 說하므로 六根淸淨位라 함. ⑤分證即. 相似한 觀力에 依하여 眞智를 發하고 처음으로 一分의 無明을 끊고 佛性을 보며 寶藏을 열고 眞如를 나타내는 것을 發心住라 한다. 이 뒤로 부터 九住 또는 等覺의 四十一位에서 四十一品의 無明을 分破하고 法性을 分見하는 것. ⑥究竟即. 第四十二의 元品無明을 破하고 究竟圓滿의 覺智를 發하는 것은 곧 妙覺임. 六者는 차례와 前後의 淺深이며 即은 是의 뜻. 理位即은 名字의 자리며 또는 即是究竟位로 前後가 不二가 됨을 나타낸 것. 비록 智(悟)와 情(迷)의 淺深에 따라 六種의 分別이 있다. 그러나 그 體性이 不二한 것이 곧 이것이다. 이 六種은 上慢을 다스리며 곧 스스로 屈한 것을 免함.

理 即—唯具佛性者		外凡	
名字即—唯解佛性의 名者		外凡	
觀行即—五品弟子位	外品	內凡	八位
相似即—十信位 六根淸淨位	內品	內凡	八位
分證即—十住位・十行位・十廻向位・十地位・等覺位	聖因		八位
究竟即—妙覺位	聖果		八位

止觀一의 三에 「이 六即은 凡人에서 始作되어 聖人에 마치므로 凡人에始作하므로 疑怯을 除하고 聖人에 마치므로 慢大를 除한다」하였음.
※輔行一之三에 「體不二義 故名爲即」又曰「此六即義 起自一家深符旨 永無衆過 暗禪者多增上慢 文字者推功上人 並由不曉六而復即」 觀經妙宗鈔上에

「即者是義」天台大師有六即義一卷.

육즉불(六即佛) 天台의 觀行疏에 佛에 따라 六即을 判한다. ①理佛. 곧 理即位의 佛 三惡의 衆生身에도 一毫의 修善이 없고 오직 佛性을 갖춘 것. ②名字佛. 곧 各字 即位의 佛宿福의 人天이 겨우 佛의 名字를 들은 것. ③觀行佛. 곧 觀行即位의 佛. ④相似佛. 곧 相似即位의 佛, 十信의 자리에서 佛理를 證함과 彷彿하여 眞解와 같은 것. ⑤分證佛. 곧 分眞即位의 佛, 初住로부터 이상 等覺에 이르러 住하며 漸次 一品의 無明을 破하고 一分의 中道를 證하는 것. ⑥究竟佛. 곧 究竟即位의 佛 妙覺의 자리에서 道를 배워 究竟한 것. 理佛은 곧 名字佛 또는 即是究竟佛이다. 彼와 此의 六佛이 서로 相即하므로 即이라 하며 지금은 다만 佛에 따라 六即을 論한 것. 實에 따르면 十界가 모두 六即을 갖추었다 함. 觀經疏妙宗鈔上에 「六即의 뜻을 아는 것은 佛에게 專在하지 않다. 一切의 假實은 三乘의 人天에서 아래 蛣蜣地獄의 色心에 이르면 모두 六即을 기다려 그 初後를 分辨한다. 소위 蛣蜣 또는 究竟蛣蜣에 이른다함은 지금 釋教의 主이므로 佛을 따라 辨한다」고 함.

육지(六知) ㉺〈sal-āyatana〉 十二因緣의 第五인 六入. 여섯 領域. 여섯개의 感官. (那先經)

육지(六智) 見道 가운데 四諦智와 法智·比智를 합하여 六智라고 한다. 만약 法智·比智가 四諦를 歷하면 十六智가 되니 즉 見道의 十六心이다.

육지사(六知事) 禪寺에서 말하는 都寺·監寺·副寺·維那·典座·直歲의 여섯가지 소임을 말함.

육지장(六地藏) 六名의 地藏 菩薩을 말함. 地藏菩薩秘記에 蓮華三昧經을 引用하여 말하기를 「(1)檀陀地藏. 地獄道의 能化로 손에 人頭의 幢을 든 이(檀陀는 人頭幢으로 번역됨). (2)寶珠地藏. 餓鬼道의 能化로 손에 寶珠를 든 이. (3)寶印地藏. 畜生道의 能化로 如意寶의 印手를 펴는 이. (4)持地地藏. 修羅道의 能化로 能히 大地를 가지고 修羅를 擁護하는 이. (5)除蓋障地藏. 人道의 能化로 사람을 위하여 八苦의 蓋障을 除하는 이. (6)日光地藏. 天道의 能化로 天人의 五衰를 照하여 그 苦惱를 除하는 이다」한 것. 이 蓮華三昧經은 日本 台密의 一派의 極秘한 經이며 傳하는 經錄에는 登載되지 않았다. 谷響集十에 「秘鈔問答中에 十卷鈔를 引用하여 말하기를 "六地藏은 第一이 地獄道로 白色 或肉色이며 赤蓮華印이다(左手의 蓮華위에 童子頭幷幡이며 右手는 月輪임). 梵號는 尾薩縛鉢哩布羅迦다. 第二는 餓鬼道로 白色 또는 肉色이며 赤蓮華印이다(左手의 蓮華위에 三股가 있고 그 위에

寶珠가 있으며 右手는 施無畏印이다). 梵號는 羅怛曩迦羅다. 第三은 畜生道로 白色 或은 肉色이며 赤蓮華印이다(左手의 蓮華위에 輪寶가 있고 右手는 가슴에 되었다). 梵號는 羅怛曩旛尼다. 第四는 修羅道로 黃色 或은 肉色이며 赤蓮華印이다(左手의 蓮華위에 劍을 들었고 右手는 施無畏印을 하고 있다). 梵號는 馱羅抳馱羅髻이다. 第五는 人道로 白色 或은 肉色이며 青蓮華印이다(左手의 蓮華위에 印이며 右手는 施無畏印이다). 第六은 天道로 白色 或肉色이며 赤蓮華印이다(左手의 蓮華위에 羯磨印을 하고 右手의 印處는 三昧日輪 안에 해가 있다). 梵號는 怛羅荼怛也捨也다 지금 六地藏을 詳考하니 實은 地藏菩薩·寶處菩薩·寶手菩薩·持地菩薩·寶印手菩薩·堅固意菩薩을 六地藏이라 한다」하였음.

육지화(育抵華) 育抵(yuktā)는 梵名. 번역하여 相應이라 함. 大方等大集經三에 「향기가 모든 꽃에 퍼지는 것은 曼陀羅華 摩訶曼陀羅華 또는 須曼那華 育抵華다」라 한 것이 바로 이것임.

육진(六塵) 色·聲·香·味·觸·法의 六境을 말함. 이 六境은 眼等의 六根이 몸에 들어와서 淨心을 坌汚하므로 塵이라 함. 圓覺經에 「四大를 妄認하여 自身相이 된다하고 六塵의 緣影이 自心相이 된다」하였고, 淨心誡觀下에 「무엇을 塵이라 하는가 淨心이 坌汚하여 몸에 닿으면 때가 되므로 塵이라 한다」하였으며, 法界次第上의 上에 「塵은 染汚의 뜻이며 能히 情識을 染汚하므로 塵이라 通稱한다」하였음.

육진(六震) →六種震動.

육진경계(六塵境界) 物質的 現象. 眼·耳·鼻·舌·身體·意識의 六種인 感覺機官의 對象이 되는 것. 六塵과 같음. (起信論)

육진사(六塵事) ㊵〈rūpa-ādi-viṣaya〉 色 등의 六種對象. →六塵.

육진설법(六塵說法) 佛은 色·聲등 六塵으로 說法하고 衆生은 眼등 六根으로 悟解한다. 六塵은 다른 佛土를 通稱하여 말하는 것이고 만일 이 땅에 따라서 說한다면 겨우 色·聲·法의 三塵뿐이다. 눈으로 經卷을 봐서 悟解하는 것이 色塵說法이며 귀로 金口의 소리를 듣고 悟解하는 것은 聲塵說法이고 意로 法을 思惟하여 悟解하는 것은 法塵說法이다. 그 가운데 이 땅의 衆生은 더욱 耳根이 銳利하여 두루 聲塵을 써서 說法한다. 無量壽經上 說道場樹에 「눈으로 그 빛을 보고 귀로 그 소리를 들으며 코로 그 향내를 맡고 혀로 그 맛을 보며 몸으로 그 빛에 닿으며 마음에 그 法을 緣하여 一切가 모두 深甚法忍을 얻으며 不退轉에 住하여 成佛道에 이른다」하였고, 智度論三十四에 「佛이 衆

生을 위하여 說法하여 得道하게 하며 佛이 無量光明을 放하여 衆生이 만나면 得道하게 하며 佛이 神通變化로 그 마음에 指示하여 得道하게 하며 佛이 色身을 나타내어 得道하게 하며 佛이 遍身한 一毛孔에 出衆한 妙香을 내어 衆生이 맡으면 得道하게 하며 佛이 衆生이 다만 念하기만 하여도 得道하게 한다」하였으며, 法華玄義八에 「他方의 六根은 利로움을 알고 六塵은 經을 얻는다. 이 土에는 三根識이 鈍하여 코가 나귀·개·사슴등에 미치지 못하는데 어찌하여 香·味·觸등에 能히 通達할 수 있겠는가」하였고, 文句記에 「이 땅에는 耳根이 有利하므로 두루 聲塵을 使用한다」하였음.

육착(六著) 瓔珞經에서 說한 十三煩惱 가운데 後六. →煩惱.

육착심(六著心) 六種의 執著心. ①貪着心 ②愛著心 ③瞋着心 ④疑著心 ⑤欲著心 ⑥慢著心을 말함.

육창(六窓) 六窓一猿의 준말.

육창일원(六窗一猿) 眼·耳등의 六根을 六窗에 비유하고 心識을 한 獼猴에 비유 한다. 이는 一識外道의 邪計다. 行事鈔下四에 「一識外道는 一室 六扃으로 獼猴가 偏歷함과 같다. 根도 이 같아서 一識이 通遊한다」하였다. 그러나 大小乘을 通하여 六識體와 一體別의 論이 있어 小乘의 有部宗은 體와 別을 取하고 成實宗은 體의 하나를 取했으며 大乘의 法相宗은 體와 別이 正義가 되어 六窗一猿으로 體와 一家의 譬喩를 삼았다. 成實論 一心品에 「또한 雜藏中에 比丘에게 말하기를 五門窟 가운데 獼猴가 발동하고 또한 獼猴가 住합니다. 本이 같다고 말하지 못하게하므로 一心임을 안다고 하였다」함.

육처(六處) 十二因緣의 하나. 六入이라고도 한다. 衆生이 母胎內에서 眼·耳·鼻·舌·身·意의 六根을 具足하고 母胎에서 나오는 位를 말한다. 處는 十二處의 處로 六根·六境을 通稱한 말이다. 根과 境은 識을 生하는 依處가 되므로 處라고 말함. →六入. →十二因緣.

육척(六尺) 梵<yuga-mātra-anusārin> 六尺地란 修行僧은 六尺前의 地面을 注視하여 걸어야 하는 것을 말하는 것. 자이나敎에서도 말함.

육천(六天) 欲界에 六天이 있나. ①四王天 ②忉利天 ③夜摩天 ④兜率天 ⑤樂變化天 ⑥他化自在天이다. 他化自在天王은 많은 眷屬을 거느리고 있는데 佛道의 障礙가 되므로 第六天의 魔王이라 稱함. →六欲天.

육체(六體) 一身을 나누어 六分한 것. ①배꼽이하 ②배꼽이상 ③心臟이하 ④心臟이상 ⑤咽喉이상 ⑥이마. (演密鈔四)

육촉(六觸) 모든 心·心所法에 結付하여 對象에 接觸시키는 心作用. 感

官의 차이에 따라 眼觸·耳觸·鼻觸·舌觸·身觸·意觸의 六種이 있으므로 六觸이라 함.

육촉신(六觸身) ㉵〈ṣaṭ-sparśa-kāyāḥ〉 外界와 內界와의 接觸에서 생기는 心作用을 觸이라 한다. 이것을 作用하는 六根에 依하여 六種으로 分類한 것. 眼觸身·耳觸身·鼻觸身·舌觸身·身觸身·意觸身의 六種을 말함. (集異門論)

육추(六麤) 衆生의 迷妄이 생기는 次第에 따라 根本無明이 생김을 밝히고 業이 三細에 轉顯하여 다시 現相의 境界를 緣하여 六種의 迷相을 生하며 앞의 三細에 對하여 六麤라 한다 함. ①智相. 現識이 所現하는 境界로 이 것이 自識이 所現하는 幻影임을 알지 못하고 妄佞되게 智慧를 생하여 諸法을 分別하는 것. 이는 俱生起의 法執임. ②相續相. 前의 智相의 分別에 依하여 愛境에 樂境이 생기며 不愛의 境에서 苦受等을 생하여 여러가지 迷妄이 續起不斷하는 것. 이는 分別起의 法執이다. ③執取相. 前의 苦樂等의 境에서 虛妄不實을 了解하지 못하여 깊히 取着의 念을 생하며 이는 俱生起의 煩惱다. ④計名字相. 前의 轉倒計量 分別假名 言說의 相에 依하여 여러가지 煩惱가 생기는 것. 이는 分別起의 煩惱다. ⑤起業相. 妄分別 假名이 妄惑에 依하여 善惡의 諸業을 일으키는 것을 말함. ⑥業繫苦相. 善惡의 業에 매여서 生死의 苦果를 感함을 말함. 六麤中에 前 四相은 惑因이 되며 第五相은 業緣이 되며 第六相은 苦果가 된다 함.

육축(六畜) 六種의 家畜. 牛·馬·羊·狗·鷄·猪등이다. 이 六畜을 衆生의 六根에 譬喩하여 六情의 放縱을 警戒한 것. →六衆生.

육출리(六出離) →六出離界. (俱舍論)

육출리계(六出離界) ㉵〈ṣaḍ niḥsaraṇiya-dhātavaḥ〉 六出要界·六種對治出離界라고도 한다. 界란 類라는 뜻으로 疑 등의 諸惑에서의 出離로서, 慈心定·悲心定·喜心定·捨心定·無相心定·離我慢의 여섯을 말함. (集異門論)

육취(六聚) 比丘·比丘尼가 지켜야 할 六種의 戒律을 말함. ①波羅夷 ②僧殘 ③偸蘭遮 ④波逸提 ⑤提舍尼 ⑥突吉羅등이다. 偸蘭遮(Sthūlatyaya)는 번역하여 大障善道라 한다. 波羅夷와 僧殘의 二罪를 犯하고도 一聚를 遮하지 못하여 九聚가 됨.

육취(六趣) 衆生이 業因의 差別에 따라 趣向하는 곳이 六所가 있는 것을 六趣라 하며 또한 六道라 함. ①地獄趣(Naraka-gati) 八寒 八熱 등의 苦處임. 이는 地下에 있으므로 地獄이라 함. ②餓鬼趣(Preta-gati) 恒常 밥을 求하는 鬼類의 生

處임. 人趣와 雜處하나 볼 수 없는 것. ③畜生趣(Tiryagyoni-gati) 新譯은 旁生趣로 곧 禽獸의 生所다. 흔히 人界를 依所로 하며 눈으로 볼 수 있음. ④阿修羅趣(Asura-gati) 恒常 미워하는 마음이 있어 싸움을 좋아하는 大力神이 생하는 곳. 深山幽谷을 依所로 하여 사람과 隔離된다. ⑤人趣(Manuṣya-gati) 人類의 生所임. 閻浮提等 四大洲로 나누어져 隔離되어 있으므로 通力이 없으면 갈 수 없다. ⑥天趣(Deva-gati) 身에 光明이 있어 自然히 快樂을 받는 衆生으로 天이라 함. 欲界의 六所를 六欲天이라 하고 色界와 無色界는 모두 그의 生所가 됨. 大乘義章八末에 「이 六種을 經에서는 趣라 하며 또한 道라 함. 趣는 因을 對하여 果를 말하는 것. 因은 能히 果를 向하며 果는 趣가 因이 되므로 趣라 함. 道는 因을 따라 말하는 것. 善과 惡의 兩業이 사람을 通하여 果에 이르므로 道라 함. 地獄의 報는 道의 所詣이므로 道라 한다」하였음.

※法華經序品에 「盡見彼土六趣衆生」涅槃經二十五에 「以心因緣故 輪廻六趣具受生死」

육취계(六聚界) 比丘의 具足戒를 類聚하면 七聚와 六聚가 있음. →篇聚.

육취사생(六趣四生) 六道의 어디엔가 있는 네개의 出生法의 어느 것을 取하여 出生하는 것. 迷界. (十住心論)

육취윤회경(六趣輪廻經) 一卷. 馬鳴菩薩이 集錄하고, 趙宋 日稱 등이 번역함.

육취죄(六聚罪) 六聚戒와 같음.

육친(六親) 六種의 親戚. 父·母·兄·弟·妻·子를 말함. 無量壽經下에 「六親眷屬이라」하였고, 行事鈔二의 二에 「三界의 無常을 싫어하고 六親의 至愛를 떠났다」라고 했으며, 同資持記에 「六親은 父母兄弟妻子를 말한다」라고 하였음.

육친불화(六親不和) 六親의 親族의 不和라는 뜻. 六親이란 一般的으로 父·母·兄·弟·妻·子를 말함.

육칠능변계(六七能遍計) 唯識宗에서는 識 가운데 第七識은 第八識의 見分을 伴緣하여 我執을 일으키고, 第六識는 一切의 法境에 對하여 我執·法執을 일으킴을 말한다. 其他 前五識과 第八識은 我다 法이다 하는 二執이 없고 能遍計의 뜻도 없다는 것. 護法의 學說임. ↔五八無執.

육침(陸沈) 물이 없는 大地 위에 沈沒한다는 뜻.

육침선(陸沈船) 물이 없는 곳에서 가라앉는 배. 無用之物이란 뜻. (碧巖錄)

육통(六通) 六神通을 말함. ①神境智證通 또는 神通 또는 神足通 곧 變現하는 不思議竟界의 通力을 神

境通이라 함. ②天眼智證通. 色界의 天眼根을 얻어 오래 비추어도 障礙됨이 없는 것을 天眼智證通이라 함. ③天耳智證通. 色界의 天耳根을 얻어 聽聞이 無礙한 것. ④他心智證通. 他人의 心念을 알아서 無礙한 것. ⑤宿命智證通. 自己와 六道衆生의 宿世의 生涯를 알아서 無礙한 것. ⑥漏盡知證通. 三乘의 極致로 諸漏(一切의 煩惱)를 斷盡하여 無礙한 것. 이 六通을 成就한 것은 三乘의 聖者에 限함. 俱舍論 二十七에「通에 六種이 있다. (1) 神境智證通 (2) 天眼智證通 (3) 天耳智證通 (4) 他心智證通 (5) 宿住隨念智證通 (6) 漏盡智證通 비록 六通中에 第六은 오직 聖人만이 얻고 그 前의 五는 異生도 또한 얻는다」하였음.

※法界次第中上에「一天眼通 二天耳通 三知他心通 四宿命通 五身如意通 六漏智通」(次第異)

육파외도(六派外道) 六派哲學이라고도 함.

육파철학(六派哲學) ㊵〈Ṣaḍ-darśana〉 印度의 婆羅門敎에서 正敎라고 생각하는 六種의 哲學派임. 吠陀文明에서 길러진 印度의 思想界는 優波尼沙土의 哲學을 生하여 印度 宗敎의 根柢를 形成하였고 그로부터 人生問題·宇宙問題등에 관하여 여러가지 思想·學說이 盛하게 되었는데 所謂 六代哲學의 成立을 보게 되었다. 그들의 學說은 婆羅門敎의 根本 聖典인 吠陀·優波尼沙土등과 서로 容納되지 않는 것이 다소 있으므로 엄밀히 말해서 全部 婆羅門敎의 正敎라고는 할 수 없다. 六派는 그 紀元·成立의 年代가 각기 달라서 확정할 수 없으나 B.C 5C頃 부터 3C頃까지 學派的 成立을 보게 된 것이라 할 수 있다. 그 學派·派祖와 그들이 著述한 經典등은 보면 ①數論派. 派祖로 伽毘羅와 經으로 數論經이 있고. ②瑜伽派. 派祖로 파단쟈리와 經인 瑜伽經이 있으며, ③聲論派. 派祖의 쟈이미니와 經으로 彌曼薩經이 있고, ④勝論派. 派祖로 迦那陀와 經으로 勝曼經이며, ⑤吠檀多派. 派祖로 파다라야나와 經은 吠檀多經. ⑥正理論派. 派祖로는 足目이고 經으로는 正理經이라 함.

육팔대원(六八大願) 阿彌陀佛의 因인 法藏菩薩이 세운 四十八願.

육팔원(六八願) 阿彌陀佛의 四十八願을 말함. →六八大願.

육팔원주(六八願主) 四十八願을 세운 사람. 즉 阿彌陀佛. (沙石集)

육팔초세본원(六八超世本願) 六八弘誓와 같음.

육팔홍서(六八弘誓) 阿彌陀佛의 四十八願을 말한다. 阿彌陀佛이 衆生을 救濟하려는 四十八의 盟誓.

육팔홍서원(六八弘誓願) →六八弘誓.

육폐(六蔽) 蔽는 蔽覆의 뜻. 淨心을

가리우는 것에 六種이 있음. ①慳貪. 布施를 가리움. ②破戒. 戒行을 가리움. ③瞋恚. 忍辱을 가리움 ④懈念. 精進을 가리움. ⑤散亂. 禪定을 가리움. ⑥愚痴. 智慧를 가리움. (智度論三十三·止觀八의二)

육폐심(六蔽心) →六蔽.

육포(六皰) 皰는 皮膚에 물거품같은 물집. 九相 가운데 하나. 그 皰의 相이 六種이 있음.

육풍경(六諷經) 禪寺에서 每月 二回씩 六度의 諷經(佛前에 勤行)을 하는 것. ①初二日. 土地堂을 위해서 ②初三日. 祖師堂을 위해서 ③初四日. 火德神을 爲해서 ④初五日. 韋天將軍을 위해서 ⑤初六日. 普菴禪師를 위해서 ⑥初七日. 鎭宗堂을 위해서 諷經을 한다. 그리고 十六日부터 二十一日까지 또한 위와 같이 차례대로 行한다. 이것은 모두 그 恩惠에 報答하기 위한 것이다. 이것이 비록 여기 禪林의 通規이긴 하나. 누가 創制한 것인지는 알 수 없음. →諷經. (象器箋十三)

육피타(六皮陀) 金七十論中에「外智者를 六皮陀論이라 하는데, ①式叉論, ②毘伽羅論, ③劫波論, ④樹底論, ⑤闡陀論, ⑥尼祿多論이다」라고 하였다. 즉, 六 皮陀로 分類한 것.

육하(六河) 涅槃經에 강물로 比喩한 六種을 말함. 즉 ①生死河 ②涅槃河 ③煩惱河 ④佛性河 ⑤善法河 ⑥惡法河 등을 말함.

육합(六合) 上·下 四方을 이름 轉하여 天下, 世界, 宇宙의 뜻으로 쓰인다. 또 一說에는 孟春과 孟秋, 仲春과 仲秋, 季春과 季秋, 孟夏와 孟冬, 仲夏와 仲冬, 季夏와 季冬이 서로 合한다고도 함.

육합석(六合釋) ㊵⟨ṣaṭ-samāsa⟩ 또는 殺三靡娑·六離合釋·六種釋·六釋이라고도 함. 梵語의 複合詞를 解釋하는 方法에 六種이 있는데 즉 첫째는 依主釋. 또는 依士釋이라고도 하며 王의 臣을 王臣이라 함과 같은 것. 둘째는 相違釋. 王과 臣을 臣·王이라 함과 같은 것. 셋째는 持業釋. 同依釋이라고도 하며 높은 山을 高山이라 함과 같은 것. 넷째는 帶數釋. 四方·三界와 같은 것. 다섯째는 有財釋·多財釋이라고도 함. 長身의 사람을 키다리라고 부르는 것과 같은 것. 여섯째는 隣近釋. 河의 부근을 河畔이라고 하는 것과 같은 것.

육해일망(六解一亡) 一巾으로 涅槃에 비유하고 六結을 眼등의 六根이 聚集하여 生死가 나타남에 비유한 것. 그러나 生死와 涅槃은 本과 由가 對待하여 感하는 것. 만약 生死의 結(六解)을 解하면 涅槃의 一巾도 또한 泯亡하므로 六解一亡이라 함. 楞嚴經五에「六을 解하면 또한 없어진다. (中略) 佛이 말하기를 六解一亡도 또한 다시 이와 같다.

네 無始로부터 心性이 狂亂하고 知見이 妄發하여 쉬지 않으면 보는 것이 수고로와 塵을 發하게 된다. 눈동자가 피로하면 狂華가 생기고 湛에 精明하면 亂이 일으날 因이 없어진다. 一切 世間의 山河·大地·生死·涅槃은 모두 곧 狂勞·顚倒된 華相이다」하였음.

육행(六行) 佛의 六行과 外道의 六行이 있다. 佛의 六行은 六度의 行을 말함. 金剛三昧經에 「大力菩薩이 말하기를 "무엇을 六行이라 합니까. 說하여 주시기를 願합니다" 佛 "①十信行 ②十住行 ③十行行 ④十廻向行 ⑤十地行 ⑥等覺行이다」하였고, 性靈集八에 「牟尼께서 善逝하여 娑婆에 六行을 얻었다」하였음. 外道의 六行은 (1)自餓外道 (2)投淵外道 (3)赴火外道 (4)自坐外道 (5)寂默外道 (6)牛狗外道등을 말함.

육행관(六行觀) 有漏智로써 차례로 下地의 惑을 斷하는 法임. 三界를 九地로 나누어 下地와 上地를 비교하면 下地는 麤하며 苦하고 障하여 觀하면 싫어지는 것. 上地는 靜하고 妙하고 離하여 觀하면 즐겁다. 이 厭하고 欣하는 힘에 依하여 차례로 下地의 惑을 斷한다. 그러므로 이 厭欣觀이라 하는 것. 다만 이 같은 上·下가 對望하는 厭欣力에 依하여 第九인 有頂地의 惑은 斷하지 못함은 그 것으로써 다시 上地의 惑을 對比하기 때문이다. 有頂地의 惑을 斷하는 것은 반드시 觀四諦의 無漏地에 依한다. 外道는 이 六行觀으로 下地의 修惑을 斷하여 有頂地에 生하게 된다. (見과 惑은 그가 斷할 수가 없고 또한 愛生의 因도 되지 않는다) 佛이 菩提樹下에서 無漏道로 有頂地의 見修二惑을 斷하고 이前에 이 六行觀으로 下八地의 見修 二惑을 斷하였던 것이다. 이를 五部合斷이라 함(五部는 見惑을 四諦로 나누어 四部가 되고 修惑이 一部가 되어 合하면 五部가 됨). 俱舍論二十四에 「世俗의 無間과 解脫의 道는 能히 차례대로 下地에서 上地를 緣함과 같다. 麤苦障과 靜妙離다」하였고, 輔行六에 「世智란 世禪에 依한 六行의 欣厭이다」하였음.

육향장자(鬻香長者) 人名. 華嚴經入法界品에 「여기에서 南方으로 가면 한 國土가 있는데 이름을 廣大라 하고, 香을 파는 長者가 있는데 이름을 優鉢羅華라 한다」라고 하였음.

육현관(六現觀) 唯識論에서 세운 것. ①思現觀. 思는 諸法을 觀察하나 따로 現觀智의 힘이 强하게 生하므로 現觀의 이름을 붙인 것. ②信現觀. 三寶에서 決定되는 淨信이 現觀의 智를 도와 退轉하지 못하게 하므로 現觀을 붙인 것. ③戒現觀. 無漏의 道共戒는 破戒의 垢를 除하여 觀智를 增明하게 하므로 또한 現觀이라 함. ④現觀智諦現觀. 이는 바로 現觀의 智諦가 된다. 現觀이라 한 것은 곧 見道와 修道에서 眞如의 體의(非安立諦) 無漏智慧를 觀하는 것. ⑤現觀邊智諦現觀. 正觀眞如의 體에 後邊에서 다시 眞如의 相(安立諦를 말함)의 見道와 修道의 智諦를 觀하는 것. ⑥究竟現觀. 究竟位(곧 無覺道)中의 一切의 모든 智를 말함. 이 中 뒤의 三者가 現觀의 自性이 되고 前三者는 現觀俱起의 法이 되므로 俱舍論의 事現觀과 같음. (唯識論九)

육혜(六慧) ①瓔珞本業經에서 說한 六種의 智慧로 곧 別教菩薩을 六位로 나눈 것. (1)聞慧. 十住位 中에서 中道의 理를 듣고 一切法을 알아서 二邊의 相을 여읜 것. (2)思慧. 十行位 中에서 中道의 理를 생각하여 發生하는 智慧. (3)修慧. 十廻向位 中에서 中道의 理를 修習하여 發生하는 智慧. (4)無相慧. 十地位中에서 中道의 理를 證知하고 二邊의 相을 여읜 智慧. (5)照寂慧. 照는 中道의 用이 되며 寂은 中道의 體가 된다. 等覺位의 菩薩이 中道의 觀慧로 中道의 理體를 照하는 智慧. (6)寂照慧. 佛果位에서 中道의 體에 卽하여 中道의 用을 일으키는 智慧. ②瓔珞經에서 說한 六種性의 다른 이름. →六種性.

육호일(六好日) 好日은 帝王이 誕生한 날을 가리킴. 禪林에서 一年에 帝王이 誕生한 날과 같은 本命好日이 여섯이 있는데 이날을 六好日이라고 한다. 同一한 干支에 해당하는 이날에 聖壽無窮을 祝禱하기 위하여 諷經祝願을 함.

육호일축성(六好日祝聖) →六好日.

육홍점(陸鴻漸) 唐나라의 隱士 意陵사람. 鴻漸은 字. 이름은 羽. 號는 桑苧翁. 茶를 즐겨 후세 사람들로부터 茶神으로서 崇仰됨. 저서에 〈茶經〉 3卷이 있다. 唐의 德宗 貞元 19(803)年에 죽음.

육화경(六和敬) 僧은 和合으로 義를 삼는데 그 和合에 두가지가 있다. ①理和. 함께 滅理를 證하는 것. 이는 見道以上에 있는 聖者임. ②事和. 이에 六種이 있는데 곧 六種敬具라 하며 見道이전의 凡僧에 屬한다. (1)身和敬. 함께 禮拜함과 같은 것으로 身業이 된다. (2)口和敬. 함께 讃詠하는 것으로 口業이 된다. (3)意和敬. 함께 信心을 가지는 등의 意業이 된다. (4)戒和敬. 함께하는 戒法이다. (5)見和敬. 空等을 함께하는 見解다. (6)利和敬. 衣食을 함께하는 利益이며 或은 行和敬이라 하여 修行을 함께 한다는 뜻이며 或學和敬이라 하여 行和敬과 말은 다르나 뜻은 같다. 或은 施和敬이라 하며 布施의 行法을 함께 한다는 것임. 舊譯仁王經下에「佛家에 住在하면서 六和經을 닦는다. 三業과 同戒·同見·同學을 말한다」하였고, 本業瓔珞經上에 「六和敬이란 것은 三業과 同戒·同見·同行이다」하였으며, 法界次第下의 下에 「이 六通의 和敬이란 것은 밖으로 他善과 같이 하는 것을 和가 된다 하고 안으로 스스로 謙卑하는 것을 敬이라 한다. (中略) (1)同戒和敬 (2)同見和敬 (3)同行和敬 (4)身慈和敬 (5)口慈和敬 (6)意慈和敬이다」하였고, 大乘義章十二에 「六이란 무엇인가 (1)身業이 같고 (2)口業이 같고 (3)意業이 같으며 (4)戒가 같고 (5)布施가 같으며 (6)見이 같다」하였음.

※行事鈔上一之四에 「和者有六 戒見利三名體和 身口意三名相和 又初果巳去名理和 所證同故內凡巳還名事和 節六和也」祖庭事苑五에 「六和 一身和 共住 二口和 無諍 三意和 同事 四戒和同修 五見和 同解 六利和 同均」

육화탑(六和塔) 堂塔. 浙江省 杭州南쪽 높은 산봉오리 아래에 있다. 그곳에 옛날 六和寺가 있었는데, 宋開寶中에 (968-975) 이 塔을 세워서 江물의 氾濫을 鎭壓하였다. 그로 말미암아 六和塔이라고 이름했다. 太平興國中(976-983)에 절 이름을 고쳐서 開化寺라 했는데 六和塔의 이름은 지금까지 고치지 않고 그대로 부른다 함.

육화합(六和合) 眼등 六根과 色 등 六塵이 서로 합한 것. 傳心法要上에 「이른바 똑같은 한精明이 갈라져서 여섯 和合이 되었는데 一精明은 바로 一心이요. 六和合은 六根이다. 이 六根이 塵과 合하여 六識이 된다. 즉 眼은 色과 合하고 耳는 聲과 合하고, 鼻는 香과 合하고 舌은 味와 合하고 身은 觸과 合하고 意는 法과 合하여 十八界가 된다. 만약 十八界의 無所有를 완전히 꿰뚫어 깨닫는다면 六和合이 뭉쳐져 一精明이 되는데, 一精明은 곧 心이다」라고 함.

육환금석(六環金錫) 錫杖을 말함. 杖頭에 六個의 고리가 있으므로 이렇게 말함. (虛堂錄)

육환요월(六環搖月) 달밤에 錫杖을 흔들면서 가는 것.

윤(潤) ①梵〈sneha〉 粘着性. 바이세시카學派에서 말하는 二十四의 性質(德)의 하나. 물이라 하는 實에 和合하여 한 實로서 地 等을 攝하는 因. (十句義論) ②축축하게 적시다. 스며 들게 하다. 힘을 준다. 內를 축축하게 적셔서 말라 죽지 않는 것. (四教儀註) ③梵〈snigdha〉 축축히 적셔서, 부드럽게 한다. ④梵〈seka〉 流動性. 물의 性質. ⑤衆生에 恩惠를 베푸는 것. (華嚴經)

윤(輪) 梵語 羯羅(Cakra)의 譯語. (梵語雜名)

윤가사(輪袈裟) 袈裟의 一種. 輪으로 되어 있어 목에 걸어 앞에 늘어뜨리는 略式의 袈裟. 種子袈裟에서 變한 것. 天台宗·眞言宗·眞宗 등에서 使用하는 일이 많음.

윤갈마(輪羯磨) 三鈷杵를 十字로 교차한 密教의 특수한 法具를 말함. →羯磨金剛.

윤감(允堪) 宋 昭慶律師. 錢塘 사람. 天台 崇教大師 慧思에 의하여 出家함. 배워 통하지 아니한 것이 없고 더욱 律部에 精通하였다. 著書에 會正記 등 十二部가 있음. 南山道宣律師의 律藏을 잇고, 뒤에 靈芝律師 元照의 資持記를 짓다. 會正記와 資持記는 相對가 되어 分派됨. (釋氏稽古略四)

윤개(輪蓋) →輪相.

윤광(輪光) →輪後光.

윤닉(淪溺) 煩惱에 빠져서 빠져 나올 수 없는 것. (人天眼目)

윤다(允多) (864~945) 新羅末 高麗초의 고승. 字는 法信. 慶州 사람. 8세에 집을 떠나서 중이 되어 사방으로 다니다가 桐裏山 上方和尙에게 수도하고, 迦耶岬寺에서 具戒를 받았으며, 후에 妙旨를 깨닫고, 玄機를 통달하였다. 본래 寂忍 惠哲이 唐나라 西堂智藏의 法을 전해 받아가지고, 先師인 如에게 전하고, 如가 允多에게 전하였다. 신라의 孝恭王이 조서를 보내어 맞아들였고, 신라가 망하고 고려 태조가 왕위에 오르자 사신을 보내어 서울에 맞아들여 賓禮로 대접하였으며, 惠宗元(944)年 桐裏山에 들어가 이듬해에 죽었다. 나이 82. 시호는 廣慈. 全南 谷城郡 竹谷面 泰安寺에 碑가 있으며, 그 비문의 태반은 잘 안보이지만 海東金石苑과 朝鮮佛教通史에 실려져 그 대략을 알 수 있음.

윤다리화(輪多梨華) 明耀珠라고도 한다. 寶珠의 이름. (釋摩訶衍論)

윤단(輪壇) 圓形으로 만든 壇場. 息災法의 爐壇. →護摩.

윤담(允湛) (?~1061) 中國 宋나라 律師로 錢塘 사람이며 어릴 때에 慧思의 門에 들어가 중이 되어 특히 律部를 연구함. 南山 律師의 十鈔를 해석하여 南山 律宗의 宣揚에 노력하다가 嘉祐 6年 杭州 소경사에서 死亡함. 著書로는 會正記·發揮記·正源記등의 十註書와 衣鉢名義障 一卷. 定心戒觀法發心鈔 三卷등이 있음.

윤당(輪橖) 塔上의 九輪에 꿰는 기둥.

※案輪橖即塔上持露盤之柱杆也.

윤등(輪燈) 佛前에 매어 달고 불을 켜는 器具. 그 모양이 수레바퀴 모양과 같이 둥글므로 輩燈이라 한다. 그러나 律속의 輪燈은 그 만든 모양이 다르다. 行事鈔下二의 三에 「밤에 集開하는 燈器와 같다. 燈住의 쇠를 鐵柱에 붙이면 轉輪燈樹가 된다」하였고, 同資持記에 「轉輪燈樹는 作層輪이라 한다. 두루 燈을 걸고 機關을 運轉하면 形이 樹木과 같다」하였음.

※ 廣弘明集三十六陳文帝藥師齋懺文에 「十方世界若輪燈而明朗」

윤문(潤文) 譯經場에서 譯文을 最終

的으로 潤色하는 사람. (佛祖統紀)

윤발(輪撥) 順序대로 交代하여 行者를 奉職하는 것. (禪苑淸規 典座)

윤번(輪番) 차례로 交遞하여 寺院이나 寮舍를 지키는 소임.

윤보(輪寶) 轉輪王이 感得한 寶器로 王이 遊行하는 곳에 반드시 스스로 前進하여 四方을 制伏하는 것. 金·銀·銅·鐵·四種이 있으므로 金輪王 또는 鐵輪의 四等이 있다. 俱舍論十二에 「이 王은 輪을 말미암아 旋轉하고 應導하여 一切를 威伏하는 것을 轉輪王이라 함. (中略) 만약 王이 살았을 時는 刹帝利種으로 灑頂位를 이었다. 十五日에 齋戒를 받을 때 首身을 沐浴하고 勝齋戒를 받으며 高臺殿에 올라가면 臣僚가 輔翼한다. 東方에 忽然히 金輪寶가 나타나 그 輪이 千輻이나 되며 轂輞의 衆相이 具足하며 圓淨이 巧匠이 만든 것과 같고 妙光明을 뻗어서 三所에 來應한다. 이 王은 金輪轉王이다. 다른 轉輪王도 이 같음을 알 수 있다」 하였음.

輪寶

윤복벽지불(輪輻辟支佛) 胎藏界 釋迦院의 上行 南端 第八位의 一尊. 密號는 摧障金剛. 四緣覺의 하나. 또는 圓輪輻辟支佛·輪輻은 十二因緣의 輪廻를 觀하고 開覺하기 때문에 이같이 말함.

윤상(輪相) 相輪·空輪·九輪·靈盤이라고도 하며 塔의 꼭대기에 장식하여 놓은 輪形의 것으로 흔히 九個의 輪으로 되어 있음.

윤상구(輪相鬮) 이는 占察善惡業報經에서 地藏菩薩이 說한 것으로 적은 손가락만한 나무를 한치정도 끊어서 四面을 平平하게 하고 兩頭는 뾰죽하게 하여 그 한 平面에 十善의 한 字를 쓰고 그 反對쪽에 十惡의 한 字를 써서 十本의 輪相을 合成하고 먼저 地藏菩薩前에 十方의 佛을 念하며 三寶에 歸依하고 焚香하여 淨物위에 던지면 그 所現하는 文字의 多小에 따라 그 사람의 宿世의 善業과 惡業의 多少를 안다. 이는 宿世의 善業과 惡業을 占치는 一法이다. 輪相이라 함은 經中에 二釋이 있다. 一은 木片의 形은 易轉하기 때문이며 一은 邪見을 轉하고 疑心을 그물질 하는 正道이기 때문이다」하였음.

윤생(潤生) 煩惱에 分別起와 俱生起의 二種이 있다. 邪師·邪敎·邪思惟의 三緣에 依하여 일어나므로 分別起라 하고 習은 性이 되어 自然히 일어남을 俱生起라 한다. 八識中에 意識이 主가 되어 이 二種이 일어나며 分別起의 煩惱는 善惡의 業을 짓고 俱生起의 煩惱는 그 業種은 潤澤하게 하여 受生시키므로 潤生이라 하고 俱生起의 煩惱는 臨

種할 때에 일어나는 곧 自體愛·境界愛·當生愛의 三愛를 말함.

윤생업(潤生業) 그 業이 迷界의 生을 潤하는 原因을 말함.

윤생혹(潤生惑) 俱生起의 煩惱를 말함. 그 가운데 第六識과 상응하는 貪愛의 煩惱를 주로 하여 臨終時에 자기와 자기의 境界에 戀着하여 中有의 生을 부르는 勢力을 가진 煩惱를 말함. ↔發業惑.

윤서(輪瑞) 輪寶의 祥瑞. 金銀 등 輪寶에 感得하여 天下를 制伏하는 것을 轉輪王이라 함. →轉輪王.

윤식(潤餝) 餝은 飾과 같음. 潤氣를 내어 꾸미는 것. (上宮維摩疏)

윤약(允若) 元나라 紹興 사람. 어려서 雲門元에 依하여 중이 되고 뒤에 大恢山을 參謁하여 天台의 教觀을 배웠다. 湛堂性澄이 主管 하는 南竺 演福에 가서 依之하여 精究하여 다하지 않음이 없으니 澄이 甚히 愛重하였다. 英宗 至治元(1321)年 澄이 詔書를 받고 燕都에 들어가서 大藏을 校正할 때 奏達하여 若에게 業을 行하게 하여 慈光圓照의 號를 받았다. 泰定年間에 杭州 興化寺를 主持하고 天岸弘濟와 我菴本無와 玉庭罕의 三公과 같이 道望이 湖上에 함께 높았다. 世上에서 錢塘의 四依라 稱하였다. 얼마 뒤 越州 雲門寺에 退居하여 斷江覺恩·休耕逸과 같이 바람을 따라 吟詠하니 世上에서 다시 雲門의 三高라 불렀다. 至正 19(1359) 賊難을 만나 80歲로 入寂하였다. 平生에 風度가 簡遠하여 妄侫되이 言笑하지 않으니 趙孟頫가 僧中御史라 하였다 함.

윤업(潤業) 俱生起의 煩惱로써 이미 지은 業을 潤漑하여 苦果를 내게 하는 것. →潤生.

※謂以俱生起之煩惱 潤漑 必生苦果之善惡業

윤영(允英) 朝鮮朝 僧侶 映月의 이름. →映月.

윤왕(輪王) 輪寶를 굴리면서 一切를 굴복하고 須彌 四洲를 통솔하는 大王. →轉輪聖王.

윤왕가(輪王跏) 轉輪聖王의 坐法. →輪王坐. (一字頂輪王時處念誦軌)

윤왕공덕(輪王功德) 梵〈cakra-varti-guṇa〉 轉輪聖王이라는 德. 性質.

윤왕사륜(輪王四輪) 金·銀·銅·鐵 四種의 輪寶. →轉輪王.

윤왕석범(輪王釋梵) →釋梵轉輪.

윤왕위(輪王位) 梵〈cakravartin〉 轉輪聖王의 位.

윤왕좌(輪王坐) 輪跏·輪王跏라고도 한다. 轉輪王의 坐法을 말하며, 如意輪觀音의 例와 같이 片膝을 세우고, 몸을 지탱하도록 後方에서 손을 짚음.

윤왕칠보(輪王七寶) 轉輪聖王이 出世할 때에 世上에 나온다는 七種의 보배로 輪·象·馬·珠·女·主將臣·主兵臣등임.

윤우(倫佑) (1758~1826) 朝鮮時代의 僧으로 字는 三如이고 號는 玩虎로 俗姓은 金氏임. 13歲에 頭輪山 瑞日에게 중이되고 17歲에 具足戒를 받고 白蓮에게 經典을 배워 衣鉢을 傳受함. 1795年에는 日封庵에 있었고 1978年 淸風寮에서 開講하여 學人이 百餘名이 되었다. 1811年 大芚寺의 九寮가 불탄 것을 다시 重建하였고 慶州에서 조성한 千佛像을 배에 싣고 오다가 풍랑을 만나 日本 長崎에 밀려갔다가 다음해 六月에 돌아왔다. 純祖 26年 大芚寺에서 죽음. 世壽 69, 法臘 53, 임.

윤원(輪圓) 周圍. (大日經)

윤원구족(輪圓具足) 曼茶羅(Maṅḍala)를 번역한 말. 輪은 車輪으로 車輪의 轂輞輻등과 같이 諸相이 圓滿具足한 것. 曼茶羅는 諸佛如來의 眞實功德이 圓滿具足하여 欠缺이 없는 것. 大日經疏三에 「十方世界의 微塵數의 大悲萬行波羅蜜門은 華藏과 같고 三乘 六道의 無量應身은 根莖과 條葉이 發暉하여 相間함과 같다. 이같은 衆德이 輪圓周備하므로 漫茶羅라 한다」하였고 同四에 「漫茶羅는 聚集이다. 如來의 眞實功德이 一處에 集在하여 乃至 十世界의 微塵輳數의 差別智印은 輪圓輻輳한다. 翼輔大日心王은 一功衆生이 普門에 進趣하므로 漫茶羅라 說한다」하였음.

윤위(輪圍) 梵〈Cakra-vāḍa〉 鐵圍山을 말함. →鐵圍山.

윤위산(輪圍山) 鐵輪山의 약칭. →鐵圍山.

윤은(綸恩) 天子의 恩惠. 天子의 말을 綸言, 綸旨라 함.

윤익(潤益) 衆生의 모든 것을 潤澤하게 하고 利益을 주는 것. (五教章) (正法念處經)

윤장(輪藏) 大層龕의 中心에 一柱를 세우고 八面을 열어서 一切經을 올려 놓고 機輪을 設하여 旋轉할 수 있게 한 것을 輪藏이라 한다. 한번 돌리면 看讀한 것과 그 功이 같다. 梁나라 傳大士가 만든 것. 釋門正統 塔廟志에 「다시 諸方의 佛刹에 藏殿을 세운 것은 처음 梁朝의 善慧大士(傳翕玄風)가 모든 世上 사람들이 비록 이道에 頗知하여 信向하나 그러나 法寶로 贖命하고 或은 男女가 나면서 부터 글자를 알지 못하거나 或은 글자를 알아도 他緣에 逼迫되어 披閱할 겨를이 없는 것을 愍惘하게 여겨 大士가 이것을 위하여 特別히 方便을 배풀어 轉輪의 藏을 創成하여 信心이 있는 者가 한번 돌리게 되면 看讀함과 功이 같게 하므로 그 自誓에 말하기를 내가 藏門에 오른 것은 世世에 사람의 몸을 잃어버리지 않으려는 것이며 能히 數없이 輪藏을 돌리는 것은 이 사람의 쌓은 功德이 誦經함과 다름이 없다. (中略) 모든 곳에 大士의 寶像을 藏殿 앞에 함께 받들었는데 머리에는 道冠을 쓰고 어깨에는 釋服을 걸쳤으며 발에는 儒履를 신어 三家를 和合한다고 말한다. 佛印禪師 了元이 王荆公이 所收한 畵像을 위하여 贊했는데「道冠과 儒履와 釋袈裟는 三家를 和合하여 一家를 만들었다. 率陀의 天上路를 忘却하고 雙林에 부끄럽게 앉아 龍華를 기다렸네. 또한 大神將을 羅列하여 그 輪을 運轉함을 天龍八部라 함. 또한 保境將軍을 세워 香花의 받듬을 도우는 것을 해에 있는 鳥傷宰라 함. 이 세가지는 收錄하여 글이 없으며 能히 스스로 決定하지 못한다」하였음. 傅翕은 齊 建武四年 태어나서 陳나라 大建元年에 入寂하였다. 그러나 藏前에 大士像을 安置한 것은 由來가 오래 되었다. 左右童子를 俗에서 笑佛이라 하나 典據를 보지 못하고 大士의 아들에 相傳한 것으로 左는 普建이며 右는 普成이 된다 함.

윤전(輪轉) 수레바퀴가 도는 것 같이 衆生들이 三界·六道를 돌아다니면서 벗어날 기약이 없는 것. 往生要集上本에 「수레바퀴처럼 돌고 돌아 끝이 없어 三途를 벗어나지 못한다」라고 하였다. 佛說輪轉五道罪福報應經一卷이 있음.

윤전대장경(輪轉大藏經) 大藏經을 넣어 둔 輪藏을 돌려서 大藏經을 實際로 읽은 功德이 있다고 하는 것. →輪藏.

윤전상(輪轉相) 衆生이 生死輪轉하는 모양. 生과 死에 輪轉하여 멎지 않는 것.

윤전생사(輪轉生死) ㊵〈ājavaṃjavibhāva〉 輪廻와 같음. →輪廻. (俱舍論)

윤전여(輪轉如) ㊵〈pravṛtti-tathatā〉 →流轉眞實. (莊嚴經論 功德品)

윤제(輪際) 金輪際. 大地의 밑바닥을 金輪이라 함. →金輪.

윤제(輪臍) 수레바퀴의 중심.
※瑜祇經에「行人自爲佛 處於輪臍中」

윤주(倫儔) 同志. 한패.

윤차(輪差) →輪番.

윤철(輪鐵) 鐵輪圍山을 말함. →鐵圍山. (性靈集)

윤추(輪鎚) 망치. (碧巖錄)

윤타(輪埵) 둥근 고리로 된 귓불. 佛의 特徵의 하나. (要集)

윤탑(輪塔) 五輪의 塔婆.

윤필(倫匹) 同類. 同志. 同僚. 同列의 사람. 비슷한 사이. (華嚴經·無量壽經)

윤필거사(尹弼居士) 冠岳山 三幕寺事蹟에「新羅의 元曉·義湘·尹弼이 집을 짓고 道를 닦았으므로 山의 이름을 三聖山이라고 한다」고 하였음.

윤해(輪海) 輪은 苦輪이란 뜻으로 衆生이 三界에 生死하여 輪轉이 끝남이 없는 것.

윤협(允愜) 성실히 화합함.

윤화(輪火) →**旋火輪.**

윤화(輪華) →**輪多梨華.**

윤회(輪回) 輪廻와 같음. →輪廻.

윤회(輪廻) ㊵〈samsara〉 세상의 온갖 물질과 모든 세력은 어느 것이나 아주 없어져 버리는 것이 하나도 없다. 오직 因果의 法則에 따라서로 連鎖關係를 지어 가면서 변하여 갈 뿐이다. 그러므로 우리의 業識도 육체가 흩어질 때에 아주 없어지는 것이 아니다. 모든 중생이 온갖 생각이 일어났다 꺼졌다 하므로 쉴새 없이 번민과 고통속에서 지내다가 육신이 죽으면 생전에 지은 業을 따라 지옥, 아귀, 축생, 수라, 천상 또 다시 人間으로 수레바퀴 돌듯 돌아다니게 된다. 이것을 윤회라고 함.

윤회생사(輪廻生死) 流轉生死라 함. 原意는 生死의 渦中으로 흘러간다는 뜻. 印度 旬來의 생각으로 살아있는 者는 生死를 反復함을 말한다. 衆生이 迷의 世界에 태어나면 태어나서 죽고 죽어서 태어나는 일이 車輪이 돌아가는 것과 같이 끝이 없다는 것. →輪廻.

윤회업(輪廻業) 輪廻를 反復케 하는 行爲. (往生要集)

윤회유지(輪廻有支) 生死輪廻를 招來하는 原因으로서의 生存. (有部律)

윤후광(輪後光) 佛·菩薩의 光背가 圓形을 이룬 것을 말함. →光背.

윤훤(允暄) (?～1837) 朝鮮時代의 僧侶. 號는 雪谷이요, 姓은 張氏로 海南 사람이다. 頭輪山의 察坦에게 僧이되고 應星旻訓의 法을 잇고 後에 白雪堂에서 卒함.

율(律) ㊵〈uparakṣa〉 優婆羅叉. 번역하여 律이라 함. 毘尼〈vinaya〉 번역하여 律이라 함은 義翻이다(毘尼의 正譯은 滅이라 하며 或은 調伏이라 함). 律은 法과 같은 말 禁制하는 法이다. 또한 詮量이라하며 詮量은 罪의 輕重을 詮하는 것. 大乘義章一本에 「律은 印度에서 優婆羅叉라 하며 解釋에 두가지가 있다. 就教論·②就行辨으로 마땅히 敎에 따른다면 詮量의 名은 律이며 마땅히 行에 따를 것 같으면 調伏의 名이 律이다. 毘尼의 教詮에는 이를 律行이라 하므로 律이 되며 또한 律行이 生하므로 다시 이름을 律이라 한다」하였고, 同七에 「禁制하는 法을 律이라 하고 律은 法과 같다」하였으며, 止觀四에 「律은 輕重을 詮量하고 犯과 不犯을 分別한다」하였음.

※行事鈔資持記上一之一에 「律者 梵云毘尼 華言稱律 今約戒疏統括諸文不出三義 初言律者法也(中畧)二云律者分也(中略)三云律字安聿 聿者筆也」同中一之二에 「通禁制止名律」

율강(律講) 戒律의 講演.

율국적(律國賊) 日蓮의 말. 四箇格言의 第四. →四箇格言.

율극봉(栗棘蓬) 栗은 밤송이. 棘은 가시나무. 蓬은 더부룩한 쑥.

율당(律幢) 戒律의 法幢戒律은 能히 邪非한 敵을 防止하기 때문에 幢이라 말함.

율법(律法) →戒律.

율봉(栗峰) 朝鮮의 僧侶 青果의 號임.

율사(律師) 戒律를 善解하는 者를 말하는 것. 涅槃經三에 「如是한 佛法이 짓는 것을 能知하여 잘 解說하는 것을 律師라 하며 能히 一字를 解한다」하였고, 行事鈔 資持記下三의 四에 「一字는 律字다. 律로써 訓法하여 大小를 總合하고 輕重을 開遮하므로 비록 博通하여도 一字로 돌아갈 것을 가리킨다」하였고, 三德指歸一에 「像法決疑經과 觀論에 모두 三師를 밝혔다. 律師·禪師·法師다. 練에 밝고 犯을 잡는 것을 律師라 한다」하였음. 日本에서는 僧官의 이름이 됨.

율삼종(律三宗) 中國 唐·宋 時代의 四分律宗의 三派임. 四分律宗은 北魏의 法聰에 의해 생겨서 그 후 道覆·慧光·道雲이 이어 唐나라에 이르러 盛行되었다. 道雲의 弟子 道洪·洪遵 가운데 道洪의 法孫인 道宣은 南山宗이 되었고, 洪遵의 法孫인 法礪는 尙州 一光寺에서 相部宗을 創立하였고 그의 弟子 懷素는 서태원사의 東塔에서 東塔宗이 되었다. 그 후 大曆 13(778)年 三種의 大德을 모으고 다른 學說을 절충하여 勅僉定四分律疏 十卷을 지었으나 三種은 결합하지 못하다가 宋에 와서 이루어짐. 그 중에 가장 盛하여진 것은 南山宗으로 우리나라에 전하여진 것이 律宗임.

율상(律相) 戒律의 法相.

율선(律禪) 律宗과 禪宗. 또는 律師와 禪師.

율소(律疏) ㊖三十六卷, 百濟 聖王 4(526)年에 曇旭·慧仁이 함께 지은 것. 지금은 전하지 않음.

율승(律乘) 律宗의 僧侶. 또는 四分律등의 小乘律은 受持하는 僧侶를 말하며 天台宗의 安樂律과 淨土宗의 淨土律, 眞言宗의 眞言律, 法華宗의 定法律등을 受持하는 僧侶가 이것임.

율신(律身) 律己와 같은 말. 자기가 자기 자신을 단속하는 것.

율여(律呂) 律과 呂와의 併稱. 또는 律旋呂旋·律調呂調라고 함. 혹은 逆으로 呂律이라고도 함. 곧 讚唄奏樂등에 音律의 基準이 되는 音聲의 高低强弱麤軟등의 相對的인 고름쇠를 말함.

율오론(律五論) 律宗에서 所依하는 五部의 論으로, ①毘尼母論. ②摩得勒論 ③善見論. ④薩婆多論 ⑤明了論등임.

율원(律院) 律師가 머무르는 寺院의 뜻. 또는 律寺라고도 함. 教院과 禪院에 對한 말. 即 教와 禪에 빠지지 않고 전혀 戒律을 學習하는 寺院을 말함.

율원승보전(律苑僧寶傳) 十五卷 慧堅지음. 中國과 日本의 律宗에 關한 高僧의 事蹟을 集錄한 것.

율의(律衣) 小乘의 戒律을 지키는 사람이 입는 法衣. 하나하나의 制度는 戒律에 의하여 만듬.

율의(律儀) ①律은 法律. 儀는 儀則이다. 지은 法律은 過非를 막는 것이며 惡律儀는 善事를 막는 것. 因하여 立身의 儀則이 되며 善惡에 通한다. 善律儀는 大乘義章十에 「律儀는 惡을 制止하는 法이다. 說名에 律이라 하며 行은 律戒에 依하므로 律儀라 부른다. 또한 內部의 調伏도 또한 律이 되며 外部의 眞에 應함을 題目하여 儀라 한다」하였음. ②無表의 戒體(舊에는 無作이라 함)를 律儀라 함. 이 戒體는 사람의 身中에 있으면서 다른 表示가 없으므로 無表라 함. 不動하는 身·口·意의 作用이 되므로 無作이라 함. 一旦 이 戒體를 얻으면 非를 막고 惡을 그치게 하여 사람에게 스스로 律義에 順하게 하는 功能이 있으므로 律儀라 함. 梵語로 三跋羅. 義淨은 번역하여 護라하여 戒體가 能히 사람을 保護하는 것. 大乘義章十에 「無作하는 善說을 律儀라 한다」하였고, 俱舍論 十四에 「能히 遮하고 能히 惡을 滅하고 戒가 相續하므로 律儀라 한다. 有部百一羯磨一에 「三歸를 授與하고 五專處에서 鄔波索가 되어 律儀護를 加한다」하였음. 註에 「번역하여 護는 梵語로 三跋羅라 하며 번역하여 擁護 한다. 戒護를 受歸함에 따라 三途에 떨어지지 않게 한다. 舊에 律義는 곧 義譯한 것. 이 律은 法儀式이다. 다만 護라 한 것은 學者가 詳細하지 못할까 두려워하므로 두가지를 俱存시켰다. 論에 이미 護로 번역한다고 밝혔으므로 곧 이 戒體는 無表色이다」하였음. →無表色.

율의계(律儀戒) 攝律儀戒의 약칭. 三聚戒의 第一. 모든 律儀를 지킴에 過나 非를 여읜 戒行을 말함.

율의단(律儀斷) 感官을 지켜 열심히 힘쓰는 것. 四正斷의 하나. 律儀의 原語 梵〈saṃvara〉는 자이나敎 등 當時의 宗敎에서는 感官을 지키는 것을 말하는데, 그것이 佛敎에 採用된 것. →四正斷. (雜阿含經)

율의삼종(律儀三種) 別解脫律儀·靜慮律儀·無漏律儀의 三種을 말한다. (1)別解脫律儀. 所謂 七衆의 戒律. (2)靜慮律儀. 禪定에 依하여 惡을 막는 것. (3)無漏律儀. 앞의 둘이 有漏戒에 對하여 말하며, 見道以上인 者가 스스로 惡을 떠나 있음을 가르킨다. 어느 경우도 惡을 抑制한다는 意味로 律儀라 함. (俱舍論)

율이십이명료론(律二十二明了論) 梵

<vinaya-dvāviṃbati-prasamārthaśā-stra> 一卷. 光大 2(568)年 法泰의 請으로 眞諦가 廣州 南海郡에서 翻譯했으며 줄여서 明了論이라 한다. 이것은 印度 佛陀多羅多가 正量部에서 傳하는 律藏을 二十二偈로 해석한 것.

율자(栗子) 밤. (正法眼藏 行持)

율장(律藏) 三藏의 하나. 舊에는 毘尼藏이라 하고 번역하여 律藏이라 했는데 義譯임. 新에는 毘奈耶藏이라 하고 번역하여 調伏藏이라 하였다. 佛教에 關한 戒律의 法言을 모두 結集한 것을 이 가운데에 包含시켜 하나도 빠진 것이 없으므로 藏이라 했음. →三藏.

율종(律宗) 戒律 三藏三學의 하나. 모든 宗派에 共通되지만 唐나라 南山道宣이 特히 五部律 가운데 四分律에 依하여 戒律을 弘通했기 때문에 律宗이라고 한다. 즉 四分律宗을 말함. 四分律은 佛滅後 百年에 曇無德 羅漢에 依하여 別部가 이뤄져 中國에 傳譯되었는데 唐나라 南山에 이르러 大成했다. 律宗은 다시 말하면 律藏에 依하여 세운 宗旨로 釋尊一代의 說法中에서 弟子가 不淨한 行爲를 하였을 적마다 낱낱이 그 根機에 응하여 다스려서 바로 잡은 것.

율종강요(律宗綱要) 二卷. 凝然 지음. 律宗의 教旨와 그 弘通의 綱要를 記述한 것. 처음 戒律은 護法攝僧의 綱領으로 佛地에 이르는 바른 길이라 하여 곧 三聚淨戒를 稱하였으며 萬法은 모두 諸法에 攝盡된다고 說明하고 受戒의 行相인 通受와 別受를 說한 것.

율종방(律宗方) 堂方과 같음. →堂方.

율종삼가(律宗三家) ①相州 日光寺의 法礪가 四分律疏十卷을 지었는데 舊疏라 하며 宗은 成實論에 依함. 崇山의 定賓은 飾宗記 十卷을 지어 解釋하였음. ②終南山의 道宣으로 四分行事鈔 三卷을 지었으며 宗은 大乘唯識에 依함. ③西大原寺 東塔의 懷素로 四分開宗記 十卷(또는 四分律宗記)을 지어 新疏라 함. 前의 二宗을 猛烈히 排斥하고 宗은 一切有部에 依하여 說한 것이 三家는 唐代에 있으면서 各各 異義를 세워 門人들이 서로 다투었다. 이것을 律의 三宗이라 함.

율종양가(律宗兩家) ①疏家, 法礪의 舊疏. ②鈔家. 南山의 行事鈔.

율지사명(律之四名) ①毘尼, 번역하여 滅. 新稱 毘奈耶(Vinaya) 번역하여 調伏. ②木叉, 번역하여 解脫. 新稱 波羅提木叉(Prātimokṣa) 번역하여 別解脫. ③尸婆(Sila) 번역하여 戒. ④優婆羅叉<upalakes> 번역하여 律. 이 네가지는 異名同體임. (大乘義章一本)

율지삼대부(律之三大部) →三大.

율지이부(律之二部) 窟內部(上座部)

와 窟外部(大衆部) 즉 小乘根本의 二部.

율참(律懺) 戒律에서 說한 懺悔의 法을 말함. 즉 出家한 五衆의 修行에 限한 戒律을 말함. 行事鈔中四의 三에 「만약 律懺을 論하려면 오직 道衆에만 局限한다」고 하였음.

율타(栗馱) ㊵〈hṛdaya〉 干栗馱의 略. 心臟. 事項의 中心. (性靈集)

율파(律派) 戒律의 流派.

율해(律海) 戒律이 廣大하여 바다에 비유할 것. 行事鈔上一의 三에 「律海는 하도 깊고 津은 萬象을 通한다. 비록 빠짐 없이 包含하나 死尸만은 잠재우지 않는다」라고 하였음.

율행(律行) 戒律의 行. 維摩經 方便品에 「비록 白衣를 입었으나 沙門의 淸淨律行을 奉持한다」라고 하였음.

율호(律虎) 戒律이 優勝함을 범에 譬喩한 것. 釋氏要覽中에 「隋나라 高僧 法願이 크게 律藏을 밝혔는데 詞辨이 高亮하고 彭亨을 대적할 자가 없었다. 그래서 律虎라고 불렀다」라고 하였음.

융(融) 通한다. 差別이 없는 것. (婆羅門碑)

융기(隆琦) 中國 福建省 福州 사람. 字는 隱元 俗姓은 林氏 明나라 神宗 萬曆 20(1592)年에 出生함. 9歲에 就學하고 23歲에 南海 普陀山에 가서 觀音께 禮拜하고 發心하였으며 29歲때 黃蘗山에 올라 鑑源壽에게 나아가 削髮하였다. 뒤에 日本에 건너가서 日本 黃蘗宗의 始祖가 됨.

융본말(融本末) 華嚴 五敎章에 同敎一乘을 해석하여 分諸乘·融本末의 二門을 設立했는데 分諸乘은 同敎一乘의 法體를 나타내고 融本末은 同敎一乘의 名義를 解釋함. 同敎라는 名義는 一乘을 本으로 三乘을 末로 삼아서 三·一·本·末을 합하여 融和하는 것으로 泯權顯實·攬實成權의 二門이 있음. ↔分諸乘.

융삼세간십불(融三世間十佛) 華嚴經에서 말한 十種佛身中의 解境十佛을 말함. 解境의 十佛은 衆生世間·器世間·智正覺世間의 三世間에 걸쳐 融化하여 이룬 것이므로 融三世間 十佛이라고 함. →解境十佛.

융삼세간십신(融三世間十身) 華嚴經에서 說한 二種의 十身으로 ①은 融三世間의 十身이라 하고 ②는 佛具의 十身이라 한다. 融三世間의 十身이란 (1)衆生身으로 六道의 衆生이다. (2)國土身으로 六道衆生의 依處임. (3)業報身으로 衆生國土 二身을 생하는 業因이다(이상 三身은 染分에 屬함). (4)聲聞身으로 四諦를 觀하여 涅槃을 求하는 것. (5)獨覺身으로 十二因緣을 觀하여 涅槃을 求하는 것. (6)菩薩身으로 六度를 닦아서 菩提를 求하는 것. (7)如來身으로 因果가 圓滿한 妙體

로 곧 佛이 當分하는 몸이다. (8)智身으로 佛身이 갖춘 能證하는 實智를 말함. (9)法身으로 佛身이 갖추고 證하는 眞理다(이상의 六身은 淨分에 屬한다). (10)虛空身으로 染淨 二分의 相을 여의고 染淨二分의 所依가 되어 法界에 周遍하여도 形靈의 實體가 없는 것. 染淨의 有無諸相을 여읜 것을 虛空이라 함. 이 十身中에 第二의 國土身은 곧 國土世間이며 第一의 衆生身과 第三의 業報身 또는 第六 菩薩身은 衆生世間이 되고 後四身은 智正覺世間이 된다. 곧 이 十身은 三世間의 諸法을 融攝하여 毘盧正覺의 體가 되므로 融三世間의 十身이라 함. 또한 解境의 十身이라 함은 이 十身이 毘盧舍那의 覺體가 所知하는 境임을 解知하는 것을 말함.

융섭(融攝) 融通하여 融合하는 것. (五敎章)

융성(隆盛) 盛大하게 되는 것. (有部律雜事)

융소(融炤) 고려 스님. 海麟(984～1070)의 法號.

융식(融識) 事理에 能通한 사람을 말함. 唯識述記序에 「태어나자 바로 事理를 通達하여 殊勝한 行迹으로 法燈을 밝혀 迷惑한 衆生을 깨우쳐 준다」라고 하였음.

융종(融宗) 新羅時代 僧侶로 俗離山의 大德 永深과 함께 眞表律師에게 敎를 받음.

융즉(融卽) →相卽相入.

융천(融天) 新羅 眞平王때의 스님. 鄕歌의 作歌로 第5居烈郞. 第6實處郞. 第7寶同郞등 세 花郞이 楓岳(金剛山)에 놀러 가려고 할때 마침 慧星이 心大星(二十八宿中 心宿의 大星)을 범했다. 郞徒들이 이를 보고 가기를 꺼려하매 融天師가 慧星歌를 지어 노래하니 怪星이 곧 없어지고, 日本의 군사가 물러가서 도리어 복이 되었다 한다. 왕은 기뻐하고 화랑들을 풍악에 놀러 보냈음.

융통(融通) 彼此를 混同하여 差別이 없는 것을 融, 通達하여 걸림이 없는 것을 通이라 함.

융통도태(融通淘汰) 台家에서 세운 五時 가운데 般若部의 뜻. 般若는 一切法과 더불어 모두 大乘融會하기 때문에 融通이라 하고, 空智의 水로써 小乘의 執情을 씻어버리기 때문에 淘汰라 함.

※四敎儀集註上에 「一般會一切法皆摩訶衍故曰 融通 以空慧水蕩其執情 故曰淘汰」

융통망상(融通妄想) →五妄想.

융통염불(融通念佛) 日本의 良忍이 弘通한 念佛. 내가 念佛한 功德으로 一切人에게 融通하고, 一切人이 念佛한 功德으로 나에게 融通함을 말함. 또는 念佛의 功德이 一切行에 融通하고, 一切行의 功德이 念佛의 一行에 융통하여 一切의 功德

이 이에 圓滿하여서 淨土에 往生하는 것. (融通圓門章)

융통염불연기(融通念佛緣起) 二卷. 日本 大通의 著書. 내용은 融通念佛의 宗義를 밝힌 것.

융통염불종(融通念佛宗) 十界에 一念으로 融通念佛을 億百萬번하면 功德이 圓滿한다고 하는 日本 良忍이 提唱한 宗派를 말함.

※本宗之教義 念佛一行 頂受於無量壽佛 圓融妙理 相承於華嚴天台 開一因一果之妙義 故選取念佛 依淨土三經 敷揚圓理 依華嚴法華也 圓門章에「敷揚圓理 則直據雜法」(雜法者華嚴經也) 又曰「宗祖正依華嚴法華」

융통원문장(融通圓門章) 一卷. 日本의 融通念佛宗 大通融觀의 著書. 내용은 宗義의 要領을 분별한 것.

융화(隆化) 隋末 唐初때 스님. 惠滿의 法號.

융회(融會) ①녹아서 하나로 모임. 융합하여 하나가 됨. ②자세히 이해함.

융흥불교편년통론(隆與佛教編年通論) 二十九卷 宋나라 祖琇 지음. 要略하여 降與編年通論이라 하고 或은 編年通論이라 함. 中國의 佛教傳播의 史實을 編年輯錄한 것.

은(隱) 가만이. 남모르게. (那先經)

은거(隱居) 世事를 버리는 것. 世上을 버린 것. 隱遁住居하는 것.

은근(殷勤) 慇懃이라고도 쓰다. 丁重한 것. 親切한 모양. 恭遜하고 親切한 것. (選擇集)

은근(慇懃) 鄭重하게. (上宮維摩疏)

은대(銀臺) 銀의 高殿. (三教指歸)

은덕(恩德) ①恩惠의 德. 남에게 恩惠를 베푸는 德. ②世上 人間을 救濟하려는 佛의 願力에 依한 恩惠. 佛이 大願力으로써 衆生을 救護하는 德을 말함. 三德의 하나. (往生要集) ③梵〈upakāritvaguṇa〉 恩惠를 베풀어 주는 者와 받는 者의 德 (俱舍論)

은덕무상심(恩德無上心) 如來의 恩德이 無上한 것을 느끼는 마음. 供養心 六種의 하나.

은도(恩度) 出家를 일컬음. 張無盡 東林善法堂記에「恩度를 도와서 上首가 되다」하였음.

은둔(隱遁) 世事를 避하여 숨는 것. 隱棲·隱逸이라고도 한다. 名聞·利益을 떠나 山林 등에 살며, 佛道修行에 마음을 두어 즐기는 것을 말한다. 聖道門의 修行을 떠나 淨土門에 歸依하는 것을 隱遁이라고 할 때도 있음.

은련(恩憐) 恩愛와 憐愍. 心地觀經 三에「어머니도 恩憐하여 버리지 않는다」고 하였음.

은렬현승식(隱劣顯勝識) 五重唯識觀의 第四. 第三重의 唯識觀에 있어서 能(心王)과 所(心所)와 相對하여 見相二分의 末을 攝하여 自證分의 本(根源)에 歸着시켰으나, 그 自證分에는 心王의 自證分과 心所의 自證分이 있음으로 劣한 心所의

自體分을 숨기고 우수한 心王의 自體를 나타내어 唯識이라고 觀하는 것. (八宗綱要)

은료(隱寮) 隱居한 禪僧의 住居.

은륜(隱倫) 隱者. 널리 先德을 가리켜서 말함.

은륜왕(銀輪王) 四輪王의 하나. 銀으로 된 輪寶를 가지고 三洲를 統治하는 轉輪王. →轉輪王. 輪王.

은망(隱亡) 煙亡·陰坊·熅坊·汚坊이라고도 한다. 死者의 遺骸를 火葬하는 것을 業으로 하는 者. 一說에 火葬을 하는 僧을 부르는 이름에서 變한 것이라 하며 또는 死屍를 隱沒燒亡하는 것에 依하여 隱亡이라 稱한다고 함. 또는 묘지기

은물(恩物) 恩師로부터 전하여 받은 물건.

은밀(隱密) 如來의 說法에 顯了와 隱密의 二意가 있다. 顯了는 文面에 分明이 나타난 것이고 隱密은 說者의 本意는 있으나 文內에 密隱한 것 顯說은 方便이 되고 密意는 眞言이 된다. 了義教는 眞實이 되며 不了義教가 方便이 되는 것과 같이 않다. 演密鈔二에 「이 宗은 隱密한 말이 많다」하였고, 教行證文類六本에 「釋家의 뜻에 依하면 無量壽佛觀經者는 顯彰과 隱密의 뜻이 있다」하였음.

은밀부기(隱密赴機) 다른 사람을 숨기고, 佛이 가르침을 듣는 사람에 따라 그 사람에 適合하도록 說明하는 것. (四教儀註)

은밀상(隱密相) 露骨的이 아닌 形. 모든 存在의 無自性을 露骨的인 모양이 아닌 形으로 말하는 가르침. (解深密經 無自性相品)

은밀전지(隱密田地) 靜寂한 곳이라는 뜻인데 差別相對를 떠난 平等一如의 境地를 말함.

은밀현료구성문(隱密顯了俱成門) 華嚴宗에서 말하는 十玄門의 하나. 하나인 것과 많은 것과는 隱과 顯이 있지만 相互 緣起가 되어 先後가 없는 것. 또는 秘密隱顯俱成門이라고도 함. (十玄門)→玄門.

은복(隱覆) ①덮어 씌워서 숨기는 것. ②密意와 같음. →密意.

은복수기(隱覆授記) 成佛의 記別을 주고 있을 때에 佛의 神力으로써 그 사람에는 숨기고 他人에 알리는 것을 말함. 四種授記의 하나.

은봉(隱峰) ①朝鮮朝 僧侶. 挽日庵을 重建한 斗六의 法號. ②姓 鄧氏이기 때문에 鄧隱峯이라 稱함. 처음에 馬祖의 門中에서 있었는데 그 奧義를 깨닫지 못하다가 石頭和尙에게 두번 來往하고 뒤에 다시 馬祖의 門에 와서 馬祖의 말한마디에 단박 契悟했다. 唐元和年中(806～820)에 五臺山에 올라가서 入寂. (會元三)

은봉추거(隱峯推車) ㊞會元三에 「隱峰禪師가 어느날 수레를 밀었다. 다음 馬祖가 다리를 펴고 路上에

앉으니 隱峯이 말하기를 "스님께서는 다를 거두어 주십시요" 馬祖 "이미 편다리는 오무릴수가 없다" 隱峯 "이미 나온 것은 물러설수 없읍니다" 이에 수레를 밀어서 馬祖의 다리를 상하게하니 馬祖가 法堂으로 돌아 갔다. 執斧子가 말하기를 "마침내 수레바퀴가 老僧의 다리를 傷하게 했구나"하고 나왔다. 隱峯도 문득 나와서 馬祖 앞에 목을 내미니 馬祖가 이에 도끼를 치우게 하였다」 함.

은부(隱覆) 實事를 숨김.

은부설(隱覆說) 實理를 숨기고 말하는 것. 方便說. 大法鼓經上에 「隱覆說은 如來가 필경 涅槃한다고 말하나 실로 如來는 常住不滅하다」하였음.

은부수기(隱覆授記) 그 사람에게 成佛의 記別을 주되 부처님의 神力으로써 그 사람을 숨기고 다른 사람으로 하여금 알게 하는 것을 隱覆授記라 함. 四種授記의 하나. →授記.

은사(恩師) 자기를 출가시켜 길러준 스님.

은산(隱山) 潭州龍山和尙 馬祖道一의 弟子. 姓氏 및 生沒年代 未考.

은산철벽(銀山鐵壁) 靈性의 孤峻하고 獨絕함이 銀山鐵壁을 잡지 못하는데 비유함. 圓悟錄四에 「依倚한 碧蒼靑霄가 있고 依倚할 수 없는 銀山鐵壁이 있다」고 한 것. 또한 碧巖錄 普照序에 「銀山鐵壁을 뉘 敢히 鑽硏할가」하는 類임. 壁立萬仭에 釘割도 들어가지 않는다는 말과 같다 함.

은상자(恩上資) 行者를 데려다가 중을 만든 弟子. 이는 우리 나라에서 일컫는 말. 恩情으로 第一 가까움.

은색여경(銀色女經) 佛說銀色女經의 약칭. 一卷. 元魏의 佛陀扇多가 번역함. 부처님이 過去世에 銀色女가 되어서 他人을 救濟한 일에 대하여 說한 것. 佛說前世三轉經과 같으나 事迹이 조금 다름.

은소(恩所) 恩惠를 베풀어 준 者. 恩惠를 받은 者. (往生要集)

은소법(隱所法) 密敎의 修行者가 뒷간에 갈 때 닦는 法으로 一切 더러운 곳에 들어가서도 또한 닦는 法이다. 頂上에서는 𠹌字를 觀하고 左右 옆구리에서는 長의 吽字를 觀하여 烏瑟沙明王을 念한다. 대개 이 부처님은 不淨한 곳이나 餐食의 三昧에 住하는 것.

은소지식(恩所知識) 現在있는 由緣을 分別하는 것. (沙石集)

은승창렬은(隱勝彰劣恩) →十恩.

은신(隱身) 몸을 숨기는 法. 隱形과 같음. →翳身藥.

은실시권은(隱實施權恩) →十恩.

은암(銀岩) 朝鮮朝 僧侶. 正浩의 法號. →正浩.

은애(恩愛) 父母·兄弟·子女·夫婦들 사이에 서로 사랑하고 恩惠에 감동하는 情을 말함. 無量壽經에 「恩愛는 恩慕하고 憂念은 結縛이다」라고 하였고, 圓覺經에 「一切衆生이 시작이 없는 까마득한 옛날로부터 갖가지의 恩愛貪欲에 緣由했기 때문에 輪廻轉生한다」라고 하였음.

은애노(恩愛奴) 毋刺(독이 있는 가시)에 비유한 것. 長阿含十에 「三界에 極尊이 없으니 능히 恩愛의 가시를 끊는다」고 하였음. 普賢觀經에 「色은 너의 眞氣를 破壞하며 恩愛는 奴色이 되어 너에게 三界를 經歷케 한다」하였음.

은애별(恩愛別) 귀여워하며 사랑하는 者와 離別하는 苦. 愛別離苦와 같음. 八苦의 하나. (反故集)

은애별리(恩愛別離) 八苦의 하나. 愛別離苦와 같음. →愛別離苦.

은애옥(恩愛獄) 이 娑婆世界를 譬喩하여 말한 것. 모든 사람이 항상 恩愛에 繫縛되어 不自由한 것이 마치 獄中에 있어서 自由롭지 못한 것과 비슷한데 비유함. 長阿含經一에 「恩愛의 獄을 벗어나야 뭇 結縛이 없어진다」라고 하였음.

은애의(恩愛意) ㉶〈taṇhā〉 恩愛의 마음. (法句經 愛欲品)

은애지정(恩愛之情) 婦女에 戀着하는 것.

은애탐욕(恩愛貪欲) 사랑과 貪欲(㉵〈tṛṣṇā〉와 ㉵〈upādāna〉를 말함.) ㉶〈Kilesa〉 煩惱. (那先經)

은애하(恩愛河) 恩愛가 깊은 것을 河水에 비유한 것.

은어(隱語) 特殊한 環境에 있는 사람들 사이에만 理解되고 他人에게는 그 意味가 숨겨져 있는 말.

은염불(陰念佛) 眞宗에서 異安心인 秘事法門의 一種. 가르침을 傳하며 儀式을 行하는데 土藏이나 麴室 등에 들어가서 隱密히 行하였음.

은영(隱映) 겉으로 드러나지 않게 비치는 것. (五教章)

은완리성설(銀椀裏盛雪) ㉤ 또는 巴陵銀椀裏라고 한다. 生佛一如의 眞源. 즉 一色邊의 宗極을 表示한 것.

은완성설(銀盌盛雪) 흰 그릇에 흰 눈을 수북이 담는다라는 뜻. 모든 存在는 各各 獨自의 것이며 差別相을 나타내고 있으나 또한 同時에 眞實 그 自體로서 平等(白)하다고 하는 것. (寶鏡三昧)

은외(慇猥) 甚히 어지러운 것.

은원(隱元) 明나라 승려 蕯奇의 字. 日本에 건너가서 日本 黃檗宗의 開祖가 됨.

은원선사어록(隱元禪師語錄) ㉲十六卷. 明나라 海寧이 엮음.

은은지(隱隱地) 地는 助者. 隱隱은 分明치 않다는 뜻.

은자(恩慈) 慈悲를 베풀고, 愛育하는 것. (有部律雜事)

은자(隱者) 世上을 버린 사람. (往生要集)

은장소애(隱障所礙) ㉵〈antardhāya-niya-āva:raṇa〉 ㊄〈misnaṅbarbyed paḥisgrib〉 消失의 障礙. 例를 들면 藥草의 힘으로 物件을 知覺할 수 없게 하는 것. 知覺을 成立시키지 않는 條件.

은전(恩田) 三福田의 하나. 또는 福田이라고 한다. 父母 師長을 供養하는 恩德이 있는 사람은 福의 싹이 나서 장래에 幸福의 결과를 받는 뜻으로 恩田이라고 한다. 優婆塞戒經三에 「報恩田이라는 것은 父母 師長 和尙을 말하는 것이다」라고 하였고, 俱舍論十八에 「父母를 害하는 것은 바로 恩田을 버리는 것이다. 어째서 恩이 있느냐 하면 이몸이 그 根本에서 나왔기 때문이다」라고 하였음.

은중(殷重) ①㉵〈tivra-cetas〉 熱心히 ②恭遜한 것. 丁重한 것. (要集)

은중경언해(恩重經諺解) 佛說大報父母恩重經을 한글로 해석한 책. 明宗 8(1553)年의 華藏寺을 비롯하여 顯宗 4~5(1563~4)年의 松廣寺版등 여러 판본이 있다. 불설대보부모은 중경은 약칭 대보부모은중경 또는 은중경으로 부모의 은혜가 중함을 가르친 經典.

은중수(慇重修) 尊敬하는 마음을 품고 眞心으로 念佛을 行하는 것. (往生要集)→四修.

은지(銀地) 佛閣道場의 通稱으로 또는 金地. 瑠璃地등으로 부름.

은지도량(銀地道場) 中國 天台山의 옛 佛道場. 智者大師가 이곳에서 法을 傳함. 大明一統志四十七에 「銀地嶺은 天台縣北 三十里에 있는데 金地嶺과 서로 接하여 있음. 相傳에 定光佛이 示現한 곳이라」고 함.

은진미륵(恩律彌勒) 寶佛 제218호. 忠淸南道 論山郡 恩律面 灌燭里 灌燭寺에 있는 石造彌勒菩薩立像. 고려 光宗 19(968)年 은진의 박약산에 큰 돌이 솟아 있는 것을 나물캐던 한 여자가 발견. 나라에 주달하였다. 朝廷에서는 불상을 조성하기로 하고, 八道에 使者를 보내어 불상 조성할 사람을 모집. 慧明으로 하여금 工匠 백여인을 택하여 조성케 하였다. 光宗 21(970)年 부터 穆宗 9(1006)年까지 37年 동안에 불상을 완성하였다. 전체의 높이 五十五尺五寸. 둘레 약 三十尺. 귀 九尺. 양미간 六尺. 입 三尺五寸. 화광 五尺. 갓높이 八尺. 大盖方廣 十一尺. 소피 六尺五寸. 小金佛 三尺五寸. 蓮花枝 十一尺. 재료는 화강석. 그 衣文이 간단하여 頭部가 體軀에 비하여 큰 편이고, 면상은 기이한 형상을 표시했다. 원래 觀音菩薩像으로 만들어졌는데 현재는 彌勒이라고 불리운다. 우리나라에서 가장 큰 石佛임.

은창(隱彰) 文面에 나타나 있지 않은 깊은 뜻이 그 속에서 表示되어 있는 것.

은처(隱處) ①隱遁家. 隱遁場所. ②恥部.

은첨묘도(恩沾妙道) 末世의 衆生이 法華의 妙法에 恩惠를 입어 덕을 보는 것.

은폐(隱蔽) 梵〈abhibhava〉 덮어 숨기는 것. (無量壽經)

은폐복장(隱蔽覆藏) 덮어 숨기는 것. 佛法이 施行되지 않도록 하는 것임.

은하(恩河) 慈恩의 河水. 性靈集八에 「恩河는 깊어서 밑이 없고, 德山은 높아서 하늘을 꿰뚫는다」고 하였음.

은해(恩海) 四恩의 넓은 바다. 性靈集七에 「自他를 이익케 하여 恩海를 갚다」고 하였음.

은행법(隱行法) 眞言의 行者가 닦는 秘密修法의 하나로 摩利支天의 隱形印을 結印하고 隱形眞言을 부르면 惡魔·外道의 눈에서 自己의 모양을 숨길 수 있다고 믿고 있음.

은현(隱顯) ①隱과 顯. 숨었다 나타났다 하는 것. (正法眼藏 佛性) ②裏面과 表面. (五教章) ③속에 숨은 것과 밖에 나타난 것.

은형(隱形) 形體를 숨겨서 남에게 보이지 않는 것.

은형법(隱形法) 隱身術과 같음. 자기의 몸을 숨겨 보이지 않도록 하는 法. 密教에서는 摩利支天法이라 한다. 이 天의 眞言을 외우면서 隱形印을 맺으면 肉眼으로는 보지 못한다 함.

은형산(隱形算) 極意의 算法으로써 자기의 몸을 숨겨 보이지 않도록 하는 秘術을 行하는 法.

은형약(隱形藥) 翳身藥과 같음. →翳身藥.

은형인(隱形印) 梵〈安怛祖那印〉 摩利支天經에 「왼손은 空拳를 만들고 오른손바닥을 펴서 그것을 덮는 모양이다」하였음.

은혜(恩惠) (恩惠를 알고 그 報恩을 나타냄)(瑜伽論)

은호(恩好) 먼저 죽은 者의 生前의 恩愛와 情誼. 恩愛. 情誼. 友誼. (無量壽經)

은휼자(隱恤慈) 同情하는 마음. (氣分·三教指歸)

은휼지전(恩恤之典) 法事. 佛事. 자비로운 은혜를 베풀어 救助하는 式典.

을호동자(乙護童子) 護法은 恒常 童子形을 現出하므로 乙護童子라 함. →乙護法.

을호법(乙護法) 法力을 爲하여 使役에 從事하며 또 佛法을 守護하기 爲하여 示現하는 童形의 鬼神을 護法이라 하며 幼童風의 이름을 붙쳐서 乙護法이라 함.

음(音) 梵〈ghoṣa〉 梵〈bhāāṣā; svara〉 音聲. 說法의 말씀.

음(婬) 十惡의 하나. 男女間의 婬事를 말함. 沙彌律에 「在家의 五戒에는 오직 邪婬만을 禁制하였고, 出家

의 十戒에는 婬欲을 完全히 끊토록 하였다. 만일 世間의 一切男女를 干犯하면 모두 破戒라 하였다. 楞嚴經에 실린 寶蓮香比丘尼가 사사롭게 婬欲을 行하고 말하기를 "婬欲이란 殺人도 도적질도 아니니 罪報가 없다"고 하다가 몸에 猛火가 일어남을 感하고 살아서 地獄으로 떨어졌다 한 것. 世人도 欲으로 因하여 殺身亡家하는데 出家한 僧이 어찌 犯할 수 있겠는가 生死의 根本은 欲이 第一이 되므로 經에 婬泆하게 사는 것은 淨潔하게 죽는 것만 못하다 슬프다 삼가하지 않을까」하였고, 等不等觀雜錄一에 「經中에 婬字는 흔히 女字 변에 쓴다. 오로지 男女의 關係를 表示한 것임. 지금 사람들은 說文에 依하여 氵字 변으로 고쳤다. 書中에 淫字의 뜻은 많다. 放·溢·甚·邪등이며 經中에는 男女事만 說하였으므로 女字 변이 妥當하다」하였음.

음(陰) 色·聲등의 有爲法을 말함. 그 解釋은 諸師가 各異하다. ①天台는 陰에 二義가 있다 한다. (1) 陰은 蔭覆의 뜻이며 色聲등의 有法이 그 理를 蔭覆한다는 것. (2) 積聚의 뜻. 色聲등의 有爲法이 生死의 苦果를 積聚한다는 것. 止觀五上에 「陰은 善法을 陰蓋하는 것으로 이는 因에 依하여 이름한 것이며 또 陰은 積聚의 뜻. 生死를 重畓하는 것. 이는 果에 따라 이름을 부친 것이다」하였음. ②淨影은 積聚의 一義만 取하였음. 大乘義章八本에 「積聚는 陰이다. 陰이 多法을 쌓았기 때문이다」하였음. 이는 色聲등의 有爲法이며 多法을 積聚하여 體를 삼은 것. 이상의 二家는 모두 舊譯이며 梵語로 塞建陀(skandha)의 譯語다. 그러나 新譯에는 蘊이라 하며 積取의 뜻으로 解釋된다. 또한 舊譯의 陰字를 陰陽의 陰으로 보는 이도 있다. 積聚의 뜻은 認定하지만 陰覆의 뜻은 認定하지 않는다. 만약 陰覆의 뜻이 된다고 하면 梵語 鉢羅婆陀이어야 한다 함. 慈恩의 義林章五本에 「梵語 塞建陀는 번역하여 蘊이라 하고 舊譯은 陰이라 하며 이 陰은 陰覆의 뜻이라 한다. 만약 陰이라 한다면 梵本에 마땅히 鉢羅婆陀라해야 한다. 誌考해 보면 陰은 陰陽의 陰이다(陰陽의 陰은 積聚의 뜻)」하였다. 다만 仁王經에는 「色은 色蘊이라하며 心은 四蘊이라 하나 모두 積聚의 性이며 眞性을 隱覆한다」하였고, 中論疏四末에 「陰은 陰煞이다. 그 뜻은 殺을 주관한다. 이 五法은 能히 慧命을 害하므로 經中에는 旃陀羅라 說하였다」하였음.

음개(蔭蓋) 佛道修行의 妨害가 되는 것. (長阿含經)

음경(陰境) 十境의 하나. 觀法의 對境이 되는 五陰. 天台宗에서는 먼저 五陰(特히 識陰)을 觀法의 對象

으로 함.

음계(婬戒) 顯教十重禁戒의 하나. 四波羅夷罪의 하나. 婬慾에 대한 戒律. 戒律에 七衆의 區別이 있다. 在家의 優婆塞·優婆夷는 夫婦以外의 사람과 關係하는 것을 警戒함. 또 夫婦間이라도 非時·非處·非量 非支에 行함을 禁止하고, 出家한 이는 온갖 婬行을 禁止, 五衆中의 沙彌·沙彌尼와 式叉摩那 중에게 婬行이 있으면 滅擯惡作罪라 하여 袈裟를 빼앗고 절에서 擯出한다. 比丘·比丘尼가 犯하면 波羅夷罪가 된다. 그 戒相은 사람. 化人. 畜生의 肛門. 입은 물론이고 꿈에서라도 愛樂하는 뜻이 있으면 波羅夷罪가 되는 것임.

음계(陰界) ①五陰과 十八界를 뜻한다. ②鬼神의 世界.

음계근(陰界根) ①㊵〈skandha-dhātu-indriya〉(또는 ㊵〈āyatana〉) 五陰과 十八界와 十二根을 말하는데 一切現象界의 構成要素이다. 五陰(五蘊). 十二根(또는 入·處)이란 眼·耳·鼻·舌·身·意라는 六種의 主觀的 感覺機官(六根)과 色·聲·香·味·觸·法이라는 客觀的인 和覺對象(六境)을 말한다. 十八界란 六根과 六境과 그것에 六根·六境을 條件으로 생긴 眼·耳·鼻·舌·身·意의 六識(認識作用)을 合한 十八種의 法을 말한다. (寶性論) ②이 現實의 主觀과 客觀이 對立한 世界·身心을 말함. (維摩經)

음계입(陰界入) 五陰. 十二入. 十八界의 준말. 玄奘이후 번역에서는 蘊·處·界라 하였음.

음관(音觀) (1840～1928) 俗姓은 金氏法號는 水月. 哲宗 6(1840)年 庚子에 忠南 洪城에서 出生. 29歲에 瑞山 天藏寺에 가서 太虛師에게 중이 되고 33歲에 千手呪를 외워서 不忘念智를 얻다. 純宗 6(1912)年에 妙香山 毘爐庵에서 3年을 住하다가 滿洲地方으로 건너가서 어느 農家에서 3年동안 소를 먹이다. 1921年 江淸縣에 華嚴寺를 짓고 八年동안 住하였으며 1928年에 入寂하였음.

음광(飮光) 迦葉의 번역된 이름. 스스로 빛을 마셔 다른 적은 빛을 가려버린다는 뜻. 飮光에 두가지 뜻이 있다. ①祖先의 姓이기 때문이라 함. ②그의 몸에 光明이 있기 때문에 이름한 것이라 함. 六句一下에 「摩訶迦葉은 번역하여 大龜氏다. 그 先代가 道를 배웠을 때 靈龜가 仙圖를 지고 나왔으므로 그 德을 따라 族을 龜氏라 하였다. 眞諦三藏이 光波라 번역하여 古仙人이 몸에 光炎이 솟아나와 能히 다른 빛에 비치어 나타나지 못하게 하므로 光波라 한다 하였다. 또한 飮光이라 하며 迦葉身光이 能히 物에 비치었다」하였음. 法華義疏一에 「十八部論疏에 이르기를 具足하게는 迦葉波라 한다. 迦葉은 번역하여 光. 波는 번역하여 飮이다. 合하여 말하므로 飮光이라 한다. 飮光은 그 性이다. 上古에 仙人이 이름을 飮光이라 하였는데 이 仙人은 光明이 몸에 있어 能히 다른 빛을 마셔서 나타나지 못하게 하였다. 지금 이 迦葉은 飮光仙人의 씨다. 그럼으로 飮光이 姓이 되며 姓을 따서 이름한 것. 또한 이 羅漢은 스스로 光을 마시는 일이 있다. 그 사람의 몸에 金色光明이 있었다. (中略) 다른 金은 오히려 迦葉의 金色에 미치지 못하므로 또한 飮光이라 이름하였다」 함.

음광부(飮光部) ㊵〈Kāśyapiya〉 小乘二十部 가운데 하나. 佛滅後 三百年의 末에 說一切有部에서 別出한 것으로 部主의 이름을 따서 飮光部라 이름하였다. 佛在世時의 飮光과 同名異人임. (宗輪論述記上)

음광선(飮光仙) 上古時代에 한 仙人이 있었는데 이름을 飮光이라 함.

음교(音敎) 音聲으로써 說하는 敎法, 부처님의 說法을 말함. 法華經 信解品에 「우리들이 오늘 부처님의 音敎를 듣고 歡喜踊躍하여 일찌기 없었던 기쁨을 얻었다」라고 하였음.

음기탄성(飮氣呑聲) 도무지 對答할 수 없는 것. 말로는 說明할 수 없는 것. (碧巖錄)

음녀(婬女) ㊵㊴〈gaṇikā〉 ㊵〈vāramukhyā〉 遊女. 娼婦. (般泥洹經)

음녀인(婬女人) 婬女와 같음. (般泥洹經)

음노치(婬·怒·癡) 婬欲, 忿怒, 愚癡, 이것은 唐 玄奘이전의 舊譯의 稱이고, 新譯은 貪·瞋·癡라 稱하는 것으로 三毒의 煩惱임. 涅槃經五에 「無量劫中에 婬·怒·癡의 煩惱의 毒한 화살을 맞고 큰 苦痛을 받는다」라고 하였음.

음당(陰堂) 그윽한 房. 惡趣.

음라(婬羅) 婬欲이 사람을 사로잡는 것을 비유한 것. 智度論十四에 「婬은 羅網이요 사람이 모두 몸을 던진다」고 하였음.

음량(陰涼) 뛰어난 禪僧을 말함. 樹陰이 더위에 苦悶하는 사람들에게 큰 休息과 도움을 주는 것같이 훌륭한 禪僧은 苦痛하는 사람들에게 도움과 休息을 준다는 뜻. (臨濟錄)

음려(淫麗) 음란하고 사치함.

음마(陰魔) 四魔의 하나. 五衆魔五蘊魔, 蘊魔라고도 한다. 五陰이 和合하여 이룬 몸은 여러가지의 苦痛을 낸다는 의미에서 魔라 함.

음마장(陰馬藏) 陰藏相과 같음. →陰藏相. (增壹阿含經)

음마장상(陰馬藏相) ㊴〈kosohita-vatthiguyha〉 體膜속에 收藏된 숨은 곳이란 뜻. 陰藏相과 같음. →陰藏相.

음망(陰妄) 五陰은 모두 迷妄한 것이기 때문에 妄이라 함.

음망일념(陰妄一念) 善法을 가만히

덮어두는 迷妄의 一念心을 말함. 즉 凡夫의 現前하는 一刹那의 온갖 心念으로 陰識 無記의 第六識을 가리킴. 대개 天台宗의 뜻으로 처음 發心한 修行者는 곧 바로 融妙한 法體로써 觀하지 못하고 圓頓의 妙를 닦는데 가장 觀하기 쉬운 자기의 一念心을 대상으로 하는 것이다. 이는 물론 五陰中 識陰을 觀함.

음명(陰冥) 캄캄함. 또는 그 곳. (灌頂經)

음목(音木) 두쪽으로 쪼갠 笏, 讀經할 때 每句讀點마다 두쪽을 쳐서 聲調의 緩急을 調律하는 기구로 拍子木과 같은 것임.

음법(婬法) ㊁〈methuno dhammo〉 性交. (五分戒本)

음불음(婬不婬) ㊁〈rāga-virāga〉 欲과 離欲. (義足經)

음사(淫祠) 받들어 모셔서는 안되는 神. 邪神.

음사대치(婬事對治) 性에 關한 快樂을 끊는 것.

음사지부(陰司地府) 冥途의 官廳.

음사행(婬邪行) ㊁〈para-dāra-gamana〉 邪婬과 같다. 四個 惡行의 하나. 파리文의 相當經에서는 「他人의 妻에 가까이 한다」고 解釋하고 있음. (善生子經)

음성(音聲) 耳根에 들어오는 것을 音聲이라 함.

음성(淫聲) 淫蕩한 소리나 音曲.

음성고(陰盛苦) ㊵〈pañcopādāna-skandha-duḥk:ham〉 ㊄〈ñe bar len pahi sdug bsṅal〉 色·受·想·行·識의 苦.

음성공양(音聲供養) 불교에 있어서 法事供養의 하나. 齋供養과 함께 五공양에서 된 것으로 梵音(1종의 聲樂)을 朗誦하는데 四物(木魚. 雲版法鼓. 大鍾)로써 반주한다. 法式은 新羅때의 眞鑑國師에서 비롯되었다 함.

음성다라니(音聲陀羅尼) 佛菩薩의 所說에 모든 秘密의 깊은 뜻을 가지므로 音聲陀羅尼라 함. 智度論六에 「勝意菩薩은 音聲陀羅尼를 배우지 않았다. 佛說을 들으면 문득 歡喜하며 外道의 말을 들으면 문득 瞋恚한다. 三不善을 들으면 歡喜하지 않으며 三善을 들으면 크게 歡喜한다」하였고, 諸法 無行經下에 音聲陀羅尼는 音聲法門을 짓는다 함.

음성불사(音聲佛事) 佛事는 佛이 濟度하는 事業이다. 佛이 衆生을 濟度하는데 或은 光明·或은 佛身·或은 香飯·或은 衣服·臥具등으로 하며 이 娑婆界의 다른 方法에 依하지 않는다. 홀로 音聲으로 說法하므로 말하는 것. 維摩經 香積佛品에 「或 佛土에 佛光明이 있으면 佛事를 지으며 모든 菩薩이 있으면 佛事를 짓는다. (中略) 佛의 衣服 臥具가 있어도 佛事를 짆는다」하였고, 光明玄二에 「이 娑婆國土는 音聲이 佛事가 된다」고 하였으며, 唯

識述記二本에 「이 音聲은 佛事가 되기 때문이다」하였고, 玄義六下에 「他土의 餘根이 모두 이롭다. 所用에 따라 塵이 일어나는 것. 다른 사람에게 利益을 얻게 한다. 이 땅은 耳根이 利하므로 聲塵을 偏用한다」함.

음성사운(音聲詞韻) 音聲이나 말의 울림. (往生要集)

음성염송(音聲念誦) 소리를 내어 부처님의 名號를 부름. 즉 經을 외우는 것으로 四種念誦 가운데 하나.

음수(飮樹) 諸天이 마시는 물을 취하는 나무. 瑜伽論四에 「諸天이 그 廣大함을 사랑하고 形色이 殊妙하여 모두들 무척 좋아하는데 거기에 또 飮料水가 나오는 나무가 있어서 그 나무에서 달고 맛이 있는 아름다운 물이 흘러 나온다」라고 하였음.

음습인(婬習因) 十因 가운데 하나. →因. 十因. 六果.

음식(飮食) 嗅覺·味覺·觸覺을 자체로 하고, 뱃속에 들어가 消化되어 몸의 모든 器官을 資養하는 物質. 種類는 南海寄歸傳 第一에 十種으로 나누었음. 五噉食·食反·麥豆飯·麨·肉·餠·五嚼食·根·莖·落·華·果. 먹는 때는 午正이전을 正時로 하여 한번 먹는 것만을 許한다.

음식공양(飮食供養) 五種供養의 하나. 眞言觀行要覽에 「蘇悉經二 獻食品에 略說하여 獻食이라 함. 團根·長根·諸果·酥餠·油餠·諸羹臛등과 或은 여러가지 粥과 諸飮食을 應用한다. 이 四種食은 諸部에 通獻한다. 瞿醯經中 奉請供養品에 所有臭穢는 辛苦·澀味·古殘宿(하룻밤 지낸 것)은 不祥한 食이므로 供養하지 못함. 或 여러가지 羹을 辦備하지 않고 다만 小豆羹을 써서 供養한다. 所領上에는 모두 點酪에 應하며 乳粥위에는 모두 꿀을 타며 그 小豆羹위에는 牛酥를 넣으며 생강도 넣는다. 菓子中에는 石榴가 上이 되고 諸根中에는 毘多羅根이 上이 된다」하였음.

음식사시(飮食四時) 胎藏의 三時는 常事요. 金剛界의 四時는 此界에서 一切의 物類를 취한 것이 네번이기 때문이다. 四時는 平常의 三時에 半夜를 더한 것.

음식삼매(飮食三昧) 五供三昧의 하나. →五供三昧.

음식삼시공(飮食三時供) 蘇悉地經偈에 「晨朝時·中時·日沒時라」하였고 不動使者軌에는 「旦時·午時·黃昏時라」하였음.

음식소수(飮食所須) 必要한 飮食. (有部律)

음식욕(飮食欲) 五欲의 하나. 飮食에 對한 欲望. →三欲.

음식진언(飮食眞言) 六種供養眞言의 하나. →供養.

음심(淫心) 淫蕩한 마음. 煩惱. (沙

石集)

음아(瘖啞) ㊵〈mūka〉 瘖은 病으로 말소리가 나오지 않는 것. 啞는 벙어리. (碧巖錄)

음악(音樂) 樂曲을 지어서 三寶를 供養하는 것. 法華經 方便品偈에 「만약 사람을 시켜 樂을 지어 북을 치고 角貝를 불며 퉁소와·피리·거문고·箜篌·琵琶鐃·銅鈸등의 여러가지 妙音을 모두 가지고 供養하면 모두 佛道를 成就하게 된다」하였고, 百緣經에 「옛날 佛이 世上에 계실 때 舍衛城 가운데 모든 人民이 各各 莊嚴하게 妓樂을 만들어 城을 나가 놀고 城에 들어오다가 佛의 乞食함을 만났다. 모든 사람이 佛을 보고 기뻐하여 禮拜하고 곧 妓樂을 지어 佛을 供養하며 發願하고 가니 佛께서 微笑하시고 阿難에게 말하기를 "모든 사람들이 妓樂을 가지고 佛을 供養하니 未來世 一百劫안에는 惡道에 떨어지지 않고 天上人 가운데서 快樂을 얻으리라」하였으며, 智度論九十二에 「問 "諸佛과 賢聖이 사람에게 音樂과 歌舞를 여의게 하고자 하거늘 어찌하여 歌舞妓樂으로 供養하게 하는가" 答 "諸佛은 一切法에 執着되지 아니하므로 지킬 必要는 없다. 諸佛이 衆生을 憐愍하므로 供養을 받으며 그 供養을 한者는 願에 따라 福을 얻는다」하였으며, 無量壽經下에 「널리 꽃 香氣를 發散시키고 모든 音樂을 演奏한다」하였음.

음악수(音樂樹) 微風이 닿으면 즐거운 雅音을 發하는 나무. (灌頂經)

음악천(音樂天) 胎藏界 曼陀羅 第十二外金剛院의 一衆. 音樂을 짓는 天部. 胎藏界曼陀羅大鈔七에 「이는 八部衆의 緊那羅衆이다」하였음.

※「法華疏曰天帝法樂神也 佛說法時 與諸天來奏樂 故兩所擊鼓形出」

음애(婬愛) ㊵〈maithuna〉 男女가 사랑하여 어울리는 것. 男女間의 性愛. (俱舍論)

음양(陰陽) 陰陽師·陰陽道를 말함.

음양도(陰陽道) 中國의 陽陰五行說에 根據한 天文曆數·卜筮·相地(方角·地相)等에 關한 學問과 方術인데 그 目的은 災禍를 避하고 福을 求하는 것이다. 日本에서는 六世紀初 韓國에서 僧侶가 傳하여 管掌하는 官廳을 陰陽寮(中務省被管) 術을 맡은 者를 陰陽師, 家系를 陰陽家(賀茂家와 安倍家)라 한다. 專門家로서 陰陽博士·曆博士·天文博士·漏刻博士가 이에 屬하였다. 日月과 十干·十二支의 運行·配當을 考慮하며 相生相克의 理를 推察하여 吉凶禍福을 판단하고, 이것에 依하여 歲月·日時·方位·一身·一事·諸事上에 繁雜한 禁忌를 말들어 人間百般의 行動을 規定하는 것이다. 時의 庚申年·厄月·天赦日·坎日·方位로는 鬼門·歲德方·暗劍殺方·友引方 등 非科學的

인 要素가 많고 이들을 避하기 爲하여 偈文을 소리내어 읽으며 方位를 바꾸거나 齋戒로 謹愼하는 風習이 있고 祭祀나 푸닥거리도 極히 많으며 佛敎에 採用된 行事도 있음.

음양산수(陰陽算數) 天文. 曆數. 卜書. 地相등을 연구하는 것.

음양지화(陰陽之化) 自然이 만들어낸 怪異.

음연(陰緣) 五陰과 十二因緣을 말함.

음열(陰曀) 구름이 끼여 어둡다는 뜻. 亂世를 말함.

음영(吟詠) 毘奈耶雜事에 「부처님이 말씀하시기를 "노래를 부르는 것은 옳지 않다. 그리고 모든 經을 외우는 法이나 또는 讀經 請敬白事등은 모두 해서는 않된다. 그러나 두가지 일에는 노래소리를 할 수 있으니, 하나는 大師의 德을 讚歎하는 소리요. 또 하나는 三啓經을 외우는 소리다. 그 나머지는 모두 해서는 않된다"」라고 하였음.

음요(婬妖) ㊁〈Kāmesu micchā-cāra〉 邪婬과 같음. ━邪婬. (玉耶女經)

음욕(淫欲) 色欲을 말함. 圓覺經에 「모든 世界의 一切種性은 卵生·胎生·濕生·化生이며 모두 婬欲을 因하여 性命을 바르게 한다」하였고, 行事鈔中에 「智論에 말하기를 婬欲이 비록 衆生을 惱하지 않으나 마음과 마음이 繫縛되므로 大罪가 된다. 그러므로 律中에 婬欲이 처음이 된다」하였음. 詳考하건데 淫은 留의 뜻인 淫湯을 除外하면 모두 女子를 따라서 지은 것이므로 婬이라 함이 옳다 함. ━婬.

음욕공양(婬欲供養) ㊁〈Kāma-pari-cariyā〉 섹스에 依한 奉仕. (五分戒本)

음욕법(婬欲法) ㊁〈methuno dhammo〉 ㊵〈mait:huna-dharma〉 性의 欲望에 빠지는 것. 婬欲에 基因한 行爲. (四分律) 隨婬欲法 ㊵〈methunūpasaṃhita〉(五分戒本)

음욕병(婬欲病) 婬欲이 몸을 傷하는 것이 마치 病이 몸을 해치는 것과 같음에 비유한 것임. 止觀九上에 「이와 같은 생각을 하는 것은 바로 婬欲病의 大黃湯이다」라고 하였음.

음욕즉시도(淫欲即時道) 煩惱는 곧 菩提의 理임을 따라 세운 말임. 諸法無行經下에 「貪欲은 涅槃이며 恚痴도 같다. 이 三事 가운데 無量佛法이 있다. 만약 사람이 貪欲과 瞋恚와 痴를 分別할 수 있다면 이 사람은 佛에서 멀리 떨어지지 않았다. 비유하면 하늘과 땅과 같다」하였고, 智度論六에 이 글을 引用하여 「婬欲은 곧 道요. 恚痴도 같다. 이 三事 가운데 無量한 諸佛道가 있다」하였음. 얼음의 性은 곧 물과 같다. 貪·瞋·痴 三毒의 性은 곧 法性眞如다. 이 煩惱는 곧 菩提生死로 곧 涅槃의 뜻이다. 止觀二에 「無行經에 貪欲은 곧 道요. 恚痴도 같다.

(中略) 貪欲은 곧 菩提다. (中略) 佛이 貪欲은 곧 道라고 說한 것은 佛이 機宜를 보고 一種의 衆生이 底下의 薄福으로 能히 善中의 道를 닦지 못할 것을 알고 그 罪가 轉하여 無已가 極할 때에 그 貪欲에 止觀을 修習케 하는 것, 極히 不得已하므로 이 말을 한 것이다」하였고, 輔行四에 「經에 이 것이 道라고 말한 것은 다만 道性이 欲에서 벗어나지 못함을 말함이며 또한 欲性이 道를 여의지 못함을 말한 것으로 理에 歸約하면 即이 되고 事에 歸約하면 離가 된다」하였음. →即.

음욕화(淫欲火) 婬欲이 마음을 태우는 것을 불에 비유한 것. 千手陀羅尼經에 「만약 능히 大悲呪를 稱誦하면 婬欲의 불이 꺼지고 邪된 마음이 除去된다」하였음.

음용(音容) 소리와 모양. 音信이란 뜻.

음운미호(音韻美好) ㊵〈madhura-cāru-mañju-sr:ara〉 ㊥〈gsum sñam ciṅ mṅen la ḥjam pa〉 微妙柔軟하면서 귀여운 音聲을 갖는 것. 八十種好의 하나.

음운화창(音韻和暢) →音韻美好.

음의(音義) 經의 文字의 發音과 意味를 解釋한 것. 重要한 것은 ①玄應音義 二十五卷. 唐나라 玄應지음. ②慧苑音義 二十五卷. 唐나라 慧苑지음. ③慧琳音義 百卷. 唐나라 慧琳지음. ④希麟音義 十卷. 唐나라 希麟지음. ⑤可洪音義 三十卷. 後晋 可洪지음.

음인(婬人) 婬蕩한 사람. (長阿含經)

음일(淫佚) ㊤〈Kāmesu micchā-cāra〉 邪婬과 같음. →邪淫. (玉耶女經)

음일(婬逸) ㊤〈pata-dāra-gamana〉 婬蕩한 말. 파리文의 相當經에서는 「他人의 妻에 接近하는 것」이라 解釋하고 있다. (善生子經)

음입계(陰入界) 五陰 十二入. 十八界를 三科라고 말한다. 楞伽經에 「오직 願하옵나니 世尊이시어 다시 나를 위하여 陰入界의 生·滅을 說하여 주옵소서」라고 하였음. →三科.

음입계견(陰入界見) 構成要素의 모임이나이 現實의 主觀·客觀의 身心이 永久히 實在한다고 하는 思考. (往生要集)

음장(陰障) ㊤〈āvaraṇiya〉 妨害. (雜阿含經)

음장(陰藏) 부처님의 陰莖. 부처님의 陰莖은 뱃속에 숨어 있어 겉으로 나타나지 않기 때문에 다른 사람이 보지 못하므로 陰藏이라고 한다. 숫말의 陰莖과 같이 항상 몸속에 覆藏되었기 때문에 馬陰藏. 또는 陰馬藏이라고 한다. 부처님 三十二相의 하나. 三藏法數 四十八에 「부처님의 陰莖은 깊숙히 감추어져 있어 마치 숫말의 陰莖처럼 볼 수 없다」라고 하였고, 往生要集中本에 「如來의 陰藏은 平常時에는 滿月과 같고 金色의 빛이 있어서 마치 햇무리(日輪)와 같았다」라고 하였음.

음장상(陰藏相) ①陰處가 덮개에 숨겨져서 밖에서 보이지 않는 것. 佛敎以前에 훌륭한 바라문도 이같은 모양을 하고 있다고 믿었었다. ②佛의 三十二相의 하나. 佛의 男根을 말함. 佛의 男根은 腹中에 숨어 있어서 보이지 않는 것은 마치 말의 陰을 닮았으므로 馬陰藏·陰馬藏이라 함. (往生要集)→陰藏.

음장여마왕(陰藏如馬王) 梵〈kosopa-gata-vasti-guhya〉 西〈ḥdoms kyi ssb ba sbubs su nub pa〉 陰藏相과 같음. (往生要集)

음장은밀(陰藏隱密) 陰藏相과 같음. →陰藏相. (俱舍論)

음전(陰錢) 紙錢의 別名. 또는 瘞錢紙錢·六道錢이라고도 한다. 陰府에서 使用하는 錢貨로 사람이 죽으면 棺속에 넣어 줌. →瘞錢. 紙錢.

음종제입(陰種諸入) 主觀·客觀을 構成하는 身心. (往生要集)

음주(飮酒) 五戒의 하나로 飮酒를 禁하고 있다. 술을 마심으로 인하여 殺生·偸盜·婬行·妄語등의 罪를 犯하는 동기가 되므로 警戒한 것. 飮酒의 十過失. ①얼굴 빛이 나쁘고 ②비열하고 ③눈이 밝지 못하고 ④화를 내게 되고 ⑤家事를 파괴하고 ⑥病이 생기고 ⑦鬪爭이 많아지고 ⑧나쁜 소문이 퍼지고 ⑨智慧가 減少되고 ⑩죽어서 惡途에 떨어진다. 俱舍論十四에 「술을 마시는 모든 사람은 마음이 많이 放逸해져서 모든 律儀를 능히 지키지 못하기 때문에 나머지를 守護하기 위하여 사람들로 하여금 飮酒를 끊도록 하였다」라고 하였음. →飮酒十過

음주계(飮酒戒) 飮酒하여서는 안된다고 하는 戒律. 不飮酒戒와 같음. →不飮酒戒.

음주삼십오과(飮酒三十五過) 술을 마시므로 생기는 過誤를 말하는 것. ①現世의 財物을 虛費하여 家產을 蕩竭한다. 왜냐하면 술을 마시고 醉亂하면 마음을 節制하지 못하여 費用이 끝이 없기 때문이다. ②衆病의 門이며 ③鬪諍의 根本이 되고 ④裸形이 되어도 부끄러움이 없어지고 ⑤醜한 이름이 들어나서 사람들이 恭敬하지 않으며 ⑥智慧를 回復할 수 없고 ⑦所得해야 할 物을 얻지 못하고 이미 所得한 物도 잃어 버리며 ⑧숨겨야 할 일을 남을 對하여 모두 말해버리며 ⑨여러가지 事業을 廢하여 이루지 못하고 ⑩醉는 근심의 原因이 된다. 왜냐하면 醉中에 많은 失手를 했다가 깨어나면 부끄럽고 근심이 되기 때문이다. ⑪몸의 힘이 빠지고 ⑫身色이 망가지며 ⑬아비를 尊敬할 줄 모르고 ⑭어미도 尊敬할줄 모르며 ⑮沙門도 恭敬하지 않고 ⑯波羅門을 恭敬하지 않으며 ⑰叔父·伯父

또는 伯兄을 恭敬하지 않으며 왜냐하면 醉하고 憫惘하여 憂惱하며 分別이 없기 때문이다. ⑱佛을 恭敬하지 않으며 ⑲法을 恭敬하지 않고 ⑳僧을 恭敬하지 않으며 ㉑惡人을 朋黨하며 ㉒賢善을 멀리하고 ㉓破戒하는 사람이 되고 ㉔暫愧함이 없으며 ㉕六情을 지키지 않고 ㉖色을 따라 放逸하며 ㉗사람에게 미움을 받고 기쁘게 보지 않으며 ㉘貴重한 親戚과 모든 知識에게 모두 사나움이 알려지며 ㉙不善法을 行하고 ㉚善法을 버리며 ㉛明人과 智士를 信用하지 않는다. 왜냐하면 술에 放逸되기 때문이다. ㉜涅槃을 멀리 여의며 ㉝狂癡의 因을 심고 ㉞몸이 破壞되고 命이 다할 때 惡道의 泥犁中에 떨어지며 ㉟사람이 됨을 얻으면 태어 나는 곳에서 항상 狂騃한다. 이 같은 여러가지 過失 때문에 술을 마시지 않는다 함.

음주삼십육실(飮酒三十六失) 술을 마시면 三十六種의 失手가 있다는 것. ①父母에게 不孝하고 ②尊長과 朋友를 輕慢하며 ③三寶를 恭敬하지 않고 ④輕法을 얻지 않으며 ⑤沙門을 誹謗하고 ⑥거짓 남의 허물을 暴露하며 ⑦恒常 妄佞된 말만 하고 ⑧다른 사람을 惡한 일로 속이며 ⑨말을 옮겨 離間질 하며 ⑩욕을 하여 사람을 傷하게 하고 ⑪病이 생기는 原因이 되며 ⑫싸움질 하는 原因이 되고 ⑬나쁜이름이 流布되며 ⑭사람에게 미움이나 嫌疑를 받으며 ⑮聖賢을 排斥하고 ⑯天地를 怨黷하며 ⑰事業을 癈亡시키고 ⑱家財를 破散하며 ⑲恒常 부끄러움이 없고 ⑳羞耻를 모르며 ㉑일없이 奴僕이나 때리고 ㉒쓸때 없이 衆生이나 죽이며 ㉓남의 아내를 奸婬하고 ㉔남의 財物을 도적하며 ㉕善한 사람을 疎遠하고 ㉖惡한 사람을 親押하여 가까히 하며 ㉗恒常 忿怒心을 품고 ㉘밤 낮 근심하며 ㉙東쪽에 끌려가고 西쪽에 잡혀다니며 ㉚南쪽에 갔다가 北쪽에 갔다하며 ㉛도랑에 처박히고 길에 자빠지며 ㉜車에 치이고 말에 떨어지며 ㉝물에 빠지고 ㉞燈불을 가져도 불을 잃어버리며 ㉟여름에는 더위에 죽고 ㊱겨울에 얼어 죽는다 함.

음주십과(飮酒十過) ①顏色惡 술을 마신 사람의 顏貌와 容色이 恒常 變해서 善相이 없는 것. ②下劣 술을 마신 사람은 威儀가 整齊하지 않고 動止가 輕薄하며 사람이 賤惡해진다. ③눈의 視力이 밝지 못하여 마음대로 마시고 미친것 같이 보며 昏瞀하여 色境을 分辨하지 못하고 ④瞋恚相을 들어낸다. 술이 醉한 사람은 不善法을 行하여 親屬의 賢善을 돌아보지 않고 스스로 忿怒하는 것. ⑤壞田業資生 마음껏 마시고 放泆하여 產業을 破費하고 家財를 散失하며 ⑥致疾病 飮酒가 度를 지나면 身體의 調攝을 잃게되어

疾病이 되는 것. ⑦益闘訟 술이 취하면 狠惡함이 發하여 사람과 싸움질을 하고 身命을 아끼지 않으며 鬪訟을 增益하고 ⑧惡名流布 술을 耽하여 마음대로 하면 善法을 버리게 되고 醜名과 惡聲이 遠近에 流布되며 ⑨智慧減少 술을 마시고 昏迷하여 愚癡하고 狂騃하여 智慧가 減少 되고 ⑩命終墮惡道 벗을 親押하여 술을 마시고 善行을 닦지 않으면 惡業이 날로 增加되어 命을 마친 뒤에 惡道에 떨어지게 된다 함.

음지입경(陰持入經) 後漢 安世高의 번역. 二卷. 五陰·六入 등의 法相과 三十七器의 道科를 說한 것. 小乘部.

음탕(淫湯) 米湯. 淫은 留의 뜻. 米粉을 뭉쳐서 湯에 넣어 섞어서 뒤적이어 두었다가 끓여 먹기 때문에 이것을 淫湯이라고 한다. 王粲의 七哀詩에 「어찌 오래도록 滯留해 淫하게 하느냐」 했는데 文選註에 淫은 留라고 했다. 洞山의 母가 자루속에 쌀을 조금 넣어두었던 것을 湯속에 넣어서 大衆에게 供養한 데서 비롯했다. 淫은 이 湯을 마시고 婬心을 억제하는 뜻이라고 하기도 하고 또 淫은 飮字로 고쳐 쓸 것이라고 하기도 함.

음풍(吟諷) 毘奈耶雜事에 「善和苾芻가 吟風의 소리를 지어서 經法을 讚誦하니 그 소리가 淸亮하여 위로 梵天까지 꿰뚫는다」고 하였음.

음행(陰行) ㊀ 〈saṃkhāra〉 形成된 것. 行와 같음. 一行. (遊行經)

음향인(音響忍) 三法忍의 하나. 숲속의 메아리를 듣고 있지 않으면서도 있는 眞理를 깨달음. 즉 부처님의 說法을 듣고 信解하여 道理에 安住하여 마음을 動치 않는 것을 말함.

음혈지옥(飮血地獄) 날마다 피를 마시는 地獄. (地藏本願經上 地獄名號品)

음화(婬火) 婬欲의 熱情을 불에 비유한 것. 智度論十四에 「婬火가 안에서 發하면 스스로 불태워 죽는다」고 하였음.

음환(陰幻) 五陰이 幻과 같다는 假有의 理를 말함.

읍(邑) ㊵〈grāmaka〉 마을 또는 洞. (灌頂經)

읍(揖) 一說에 依하면 揖은 問訊이라고 한다. 他說에 依하면 두 손을 마주 잡고 약간 上體를 굽혀서 머리를 숙이는 作法이라고 한다. 一般的으로는 後者의 뜻으로 쓴다. 兩手를 가슴 앞에서 마주 잡고 하는 禮法. 僧堂에서 輕易한 人事의 一種. (勅修百丈淸規·隨聞記) 가볍게 절하는 것. 「解釋例默禮라 和訓함. 出家는 合掌하여 揖하고 俗家는 拱手하여 揖한다 함.

읍군신세(揖群臣勢) 群臣에 人事하는 姿勢. 모양. (正法眼藏)

읍다라승(浥多羅僧) ㉵㉶〈uttara-āsaṅga〉 上衣라고 번역한다. →鬱多羅僧.

읍두니(邑頭尼) 析津日記에 「仙露寺의 遺址에 地名을 千邑人이라 하였으므로 比丘尼가 모두 邑頭尼라 한다」고 하였음.

읍식(揖食) 食事時에 叉手低頭하는 것. (求平大淸規)

읍양(揖讓) 自己를 낮추는 것. 겸손한 것.

읍회(邑會) ㉵〈ābhakṣaṇa-saṃbhakṣaṇa〉 宴會·會食.

응(應) ㉵〈Arhat〉 또는 應供이라 하는데 應受供養의 뜻이다. 梵語 阿羅訶의 번역된 말로 如來十號의 하나. 온갖 煩惱를 끊고 智德이 圓滿하여 人間 天上의 衆生들로 부터 供養을 받을 만한 하다는 뜻. 즉 부처님 小乘證果位의 聖者임. 涅槃經十八에 「應은 一切의 人天이 갖가지의 香·花·瓔珞·幢幡·妓樂으로써 供養하는데 應하기 때문에 應이라고 말한다」라고 하였음.

응가(應伽) ㉵〈Aṇga〉 번역하여 支分. 慧苑音義下에 「應伽는 身이라 함. 身에 네가지 이름이 있다. ①伽耶 ②沒理羅 ③弟訶 ④應伽라 함. 그리고 應伽는 또한 分·支分이라」고 하였음.

응감(應感) 神·佛의 感應을 말함. 衆生이 神佛에게 祈禱하여 感應하는 것. 勝鬘寶窟中本에 「應迹으로 論을 하니 應感이 이미 나타났다」라고 하였음.

응객시자(應客侍者) 六侍者 가운데 하나. →侍者.

응거(應擧) 科擧에 應試함.

응견(鷹犬) 狩獵. (三敎指歸)

응공(應供) 如來十號의 하나. ㉵阿羅訶〈Arhat〉 一切의 惡을 斷하고 人天의 供養을 應受하는 것. 智度論二十四에 「一切의 世間供養을 應受하므로 應供人이라 한다」하였고, 大乘義章二十末에 「外國名은 阿羅訶다 번역하여 應供이라 함. 如來는 모든 過誤를 이미 斷盡하고 福田이 淸淨하여 應히 物供을 받으므로 應供이라」 함.

응공게(應供偈) 禪院에서 食事前에 부르는 文句. 다섯 文句로 되어 있어 五觀의 偈라고도 함.

응공풍경(應供諷經) 禪林에서 每朝 佛殿에서 諷經後 一切의 羅漢을 爲하여 諷經하여 山門과 國土에 災殃이 일어나지 않도록 비는 것을 말함.

응과(應果) 阿羅漢果. 阿羅漢은 번역하여 應. 人天의 供養에 應할 만한 德을 갖추었기 때문임.

응기(應器) ①㉵〈pātra〉 鉢多羅. 鐵鉢. 比丘의 食器. 또는 應量器라하며 法에 따른 食器이며 남에게 供養을 받는 者가 使用하는 食器라하며 배의 分量에 따라서 먹는 食器를 말함. 行事鈔 資持記下二에

「鉢은 梵語다. 具足하게는 鉢多羅이며 번역하여 應器다. 量에 따른 그릇이라는 뜻. 對法이 名이 된다. 準章服儀에 供을 받음을 堪當할 수 있으므로 應器라 하며 이는 곧 사람을 對하여 指目하는 것. 或處에서 說하기를 배를 헤아려서 먹으므로 應器라 하며 곧 食에 對한 말이다」하였고, 名儀集七에 「鉢多羅는 번역하여 應器라 하고 發軫에 이르기를 應法의 器다」하였음.

※楞嚴義疏一上에「鉢多羅 此云應量器 色與體量 皆應法度也」

응기선교(應機善巧) 相對의 素質·力量등 機에 따라서 適切한 手段을 自由自在로 使用하여 相對를 指導하는 것이 巧妙한 것. (碧巖錄)

응기접물(應機接物) 相對에 따라 바른 應對를 하는 것. 機物은 衆生이나 修行者를 가리키며 應接은 相對에 따라 指導하는 것을 말한다. 修行者를 指導하는 것. 師家가 學人의 素質에 따라 여러가지 手段을 써서 敎化하는 것.

응능(應能) 人名. →應文.

응단(應斷) ㊵〈praheya; vinayana〉 끊어야 할. 三界의 煩惱를 끊었다고 하는 것.

응도인(應度人) 救濟하여야 할 사람 弟子임.

응량기(應量器) 쇠로 만든 鉢盂로 應 또는 應器라고도 함. →應器.

응룡(應龍) 名은 文贇, 順天 靈鷲山 興國寺 사람. 當時의 文章才士였음.

응리(應理) ㊵〈yukta〉 理致에 맞는 바른 뜻.

응리원실종(應理圓實宗) 法相宗의 네가지 이름 가운데 하나. 이 宗에서 밝힌 것은 모두 理에 應하고 圓滿眞實해서 理에 나아가 設定한 宗의 이름이란 것임. →法相宗.

응리종(應理宗) 應理圓實宗의 略稱. 法相宗의 別名.

응멸빈(應滅擯) ㊵〈pravāsaniya〉 戒律中 刑罰의 이름. 四波羅夷를 犯하면 擯斥의 罰에 該當한다. 行事鈔 資持記上一의 四에 「應擯의 應은 當과 같고 罪는 擯斥에 合當하나 擯斥되지 않았기 때문이다」하였음.

응무소주이생기심(應無所住而生其心) 金剛般若經의 有名한 句. 應當 住할 곳 없이 하여 그 마음을 生하게 하라. 어느곳에도 마음을 멈추지 않게 하여 마음을 일으키라고 하는 것. 無住心·非心이라고도 한다. 마음이라고 하는 것은 무엇엔가 執着하여 그곳에 뿌리를 내려 움직이지 않게 되는 性質이 있다. 이렇게 되면 透徹한 氣分으로 全部를 내다볼 수 없게 됨으로 아무곳에도 뿌리를 박지 않는 起心法을 쓰라고 가리키는 것이다. 禪宗에서는 이 句를 特히 所重히 여겼는데, 그 解釋에 依하면 마음은 自性淸淨心(本來 淸淨한 마음)으로 佛心·佛性을 말한다. 어떤것에도 사로잡히지 않는 境地에 通한 本來 清淨한 佛心이 나타나는 마음의 自由로운 境地를 말함.

응문(應文) 이름은 允炆 明太祖의 孫子로 懿文太子의 長子이며 곧 建文帝다. 燕王이 金川門으로 쫓아가니 帝가 將次 自盡하려 하였다. 王鉞이 말하기를 "先帝께서 升遐하실 때에 한상자를 주시며 命하시기를 大難이 있을 때 펴보라 하셨읍니다" 하고 곧 한개의 붉은 색 상자를 내어왔는데 甚히 엄하게 封해져 있었다. 帝가 자물통을 뜯고 열어보니 안에 度牒 三枚가 있어 하나는 應文 두번째에는 應能 세번째는 應賢이라 記錄되어 있었다. 아울러 袈裟와 帽子와 신과 剃刀와 白金 十錠이 들어 있었다. 帝가 "天命이라"하고 곧 程濟를 시켜 祝髮하고 改名하여 應文이라하였다. 때에 楊應能·葉希賢이 또한 祝髮하고 各各 改名하고 옷을 바꾸어 입은 뒤에 牒을 가지고 鬼門으로 나가 逃亡하였다. 저물게 神樂觀에 到着하고 이튿 날 漂陽을 向해 가서 湖湘을 지내고 蜀으로 들어 갔다가 雲南에 가서 놀고 다시 閩으로 돌아와 廣西 橫州 南門 壽佛寺에 들어가서 十五年을 住하였다. 때에 南寧 一寓寺에 住하니 帝位에서 쫓겨난지 三十九年이 되었다. 때는 正統 5年이며 壽가 六十四歲였다. 恩州知事 岑瑛이 듣고 京師에 報告하여 老佛이란 號를 下賜하고 西內로 마자 드리게하니 途中에 詩를 짓기를 "江湖에 流落한지 四十年에(流落江湖四十秋) 돌아와도 머리가 하얗게 샌 것을 깨닫지 못하노라(歸來不覺雪盈頭) 乾坤이 恨스럽구나 내 집이 그 어드메뇨(乾坤有恨家何在) 江漢은 이 事緣 모르고 흘러만 가네(江漢無情水自流) 長樂宮 가운데는 검은 그림자 두리웠고(長樂宮中雲影暗) 昭陽殿에는 빗소리 요란쿠나(昭陽殿裏雨聲愁) 갯가에 버들가지 해마다 푸르건만(新蒲細柳年年錄) 農民의 흐느낌이 끝이 없구나(野老吞聲哭未休)라고 하였다. 뒤에 宮中에서 入寂하니 뒤에 恭仁康定景皇帝라 諡하였다 함.

응물(應物) →應機接物.

응반힐기문(應反詰記門) ㊵〈pariprcc hāvyākara: ṇiyaḥ praśnaḥ〉 ㊴〈paṭipucchā-vyākaraṇiyapaṅha〉 또는 詰問記論·返問記라고도 한다. 反問하여야 할 質問. (集異門論)

응법(應法) 法과 相應하여 理에 어긋나지 아니함. 如法과 같음.

응법경(應法經) ㊟佛說應法經의 略稱. 一卷. 西晋竺法護번역으로 즉 中阿含受法經의 下卷을 말함.

응법기(應法記) ㊫原名은 釋門章服儀應法記. 一卷. 宋나라 元照지음.

응법묘복(應法妙服) 如法의 三衣. 즉 袈裟를 말한다. 體·色·量의

셋이 부처님의 規定한 法則에 相應하는 妙한 衣服이란 뜻. 無量壽經 上에 「佛所에 나면 應法 妙服이 自然히 몸에 있다」라고 하였음.

응법사미(應法沙彌) 三沙彌의 하나. 沙彌의 年齡에 바로 應하는 자는 十四歲로 부터 19歲까지다. 行事鈔 資持記下四의 二에 「法에 應한다는 것은 바로 沙彌로서 修行할 수 있는 나이에 해당되어야 한다는 것이다」라고 하였음.

응병여약(應病與藥) 佛이 衆生의 種種의 機에 對하여 種種의 敎를 說하는 것이 醫師가 사람의 病에 따라 藥을 주는 것과 같다. 維摩經 佛國品에 「病에 應하여 藥을 주며 服行하게 한다」하였고, 菩提心論에 「諸佛의 慈悲는 眞을 따라 起用한다. 衆生을 救攝함에 病을 따라 藥을 주며 諸法門을 施한다」하였음.

응보(應報) 우리들이 지은 善惡의 業에 應하여 世에서 받는 苦樂의 果報를 말함. 經에 罪業應報敎化地獄經이란 것이 있음.

응본(應本) 應化身의 根本. 別·圓 二敎는 中道로써 應本을 삼음.

응부(應副) 응당 곁붙어서 副應하여야 할 것이라는 뜻으로 官의 指示·命令·質疑에 對하여 必要한 書類나 錢物등을 갖추어 應答하는 것.

응부승(應赴僧) 禪宗記에 「禪僧은 褐衣, 講僧은 紅衣, 瑜伽僧은 葱白衣이며 瑜伽는 지금 應赴僧이라」하였음.

응분별기문(應分別記問) 梵〈vibhajya-vyākaraṇ: iyaḥ praśnaḥ 巴vibhajja-vyākaraṇiyd paṅha〉 分別記·分別記論이라고도 한다. 區別判斷하여 說明對答하여야 할 質問을 말함. (集異門論)

응불(應佛) 應身佛을 말함. →應身.

응사치기문(應捨置記問) 梵〈sthāpaniya-vyāka: raṇiyaḥ praśndḥ〉 巴〈ṭhapaniya-vyākaraṇiya paṅha〉 默然記라고도 한다. 바른 깨달음에 必要치 않는 것으로 버려두고 對答하지 않는 물음. 釋尊 스스로 그것에 對答하지 않았다고 經典中에 散說되어 있음. (集異門論)

응사치문(應捨置問) 應捨置問記와 같음. (俱舍論)

응색(應色) 衆生에 따라 나타나는 모양. (上宮維摩疏)

응생(應生) 佛이나 菩薩 들이 이 苦惱에 찬 世界의 機緣(깨달을 수 있는 機會나 因緣)에 따라 出現하는 것. 應身이 生기는 것. (上宮維摩疏)

응송(應頌) 十二部 經의 하나. 梵語의 祇夜(Geya)의 번역으로 前의 所說에 應하여 頌을 重히 여기는 것을 역시 重頌이라고 말한다. 다시 말하면 散文으로 된 經의 뜻을 다시 韻文體로 말한 經을 말함. 正理論 四十四에 「應頌이라고 말한 것은 勝妙한 句節과 言詞를 모은 것으로 前의 經에서 說한 것과 契合되게 述讚한 것을 말함이다」라고 하였음.

응수(應修) ㊵〈stheyaṃ bhavet〉 닦아야 하는 것. (百五十讚)

응수생자(應受生者) 바야으로 生을 받아야 할 者. 中有를 말함. (有部律)

응수식(應受識) 十一識의 하나. → 識.

응시(應時) ①그때 바로. 때에 따름. 即時. 當時. ②시기에 맞추어 행함.

응시시(應時施) ㊵〈Kāla-dātṛ〉 適當한 때에 주는 것. (俱舍論)

응신(應身) ㊵〈Nirmānakāya〉 三身의 하나. 他의 機緣에 應하여 化現한 佛身임. 또는 眞如와 相應하는 佛身이다. 義林章七本에 「機宜에 應하여 現身하는 것을 應身이라 한다」하였고, 勝鬘經 寶窟上本에 「眞如와 相應하는 것을 一名 應身이라 한다」하였음. 應身의 體를 定하는데 經論에 依하면 三種의 不動이 있다. ①同性經과 攝論에 依하면 地上의 菩薩에 對하여 無量한 相好身을 나타내는 것을 應身이라 하며, 地前의 菩薩과 二乘의 凡夫에게 나타나는 것을 化身이라 함. 勝鬘經 寶窟上本에 「同性經에 이르기를 應身은 淨土에 住하고 化身은 穢土에 居한다. (中略) 攝論에 地前은 化佛이며 地에 오르면 應身이다. 이 應身은 眞如와 相應하는 것을 應身이라 한다. (中略) 地前에서는 眞如를 보지 못하고 다만 八相을 보고 成道하므로 化身이라 한다」하였음. ②起信論에 依하면 凡夫와 二乘의 所見 곧 三十二相의 佛身이 應身이 되고 이 應身은 곧 同性經의 化身이다. 起信論에 「凡夫와 二乘의 所見을 應身이라 하고(中略) 諸菩薩이 처음 發意함을 따라 菩薩의 究竟地에 이르러 마음으로 보는 것을 報身이라 한다」하였음. ③金光明經에 依하면 凡夫와 二乘·菩薩을 莫論하고 相好의 多少도 묻지 않으며 他人을 應해서 나타나는 佛身을 應身이라 하고 佛身을 나타내지 못하고 五趣의 몸을 나타내는 것을 化身이라 하며 이 應身은 同性經과 起信論의 二身을 含有한다 함. 義林章七本에 金光明經을 解釋한 글에 「如來의 相應은 如如하여 如如함은 智願力 때문이다. 나타나는 相好는 頂과 背에 圓光이 있어 地前의 三乘과 十地菩薩에게 所現하는 몸을 應身이라 한다. 三乘으로 化하여 佛身을 所現하며 十地의 他受身으로 化하는 것을 모두 應身이라 하며 다른 사람의 機宜를 應하여 佛身으로 化하기 때문이다. (中略) 衆生類를 따라 五佛身을 나타내는 것을 化身이라 한다. 佛形이 나타나지 않고 顯化하기 때문이다」하였음. 그러나 天台에서는 勝과 劣의 두가지를 세워 이 三種을

會通한다. (1)勝應身. 同性經등의 說임. (2)劣應身. 이는 起信論의 說임. 이 二身을 通한 것은 金光明經의 說이라 함.

응신불(應身佛) 三身佛의 하나인 釋迦如來佛을 일컫는 말.

응신여화신동이(應身與化身同異) 同性經과 金光明經에 應身 밖에 化身을 세워 二身을 差別하였고, 起信論에는 應身의 밖에 化身을 세우지 않았으며 또한 唯識論 法華論등에는 化身의 밖에 應身을 세우지 않았으니 化身은 곧 應身이라 함. →三身

응신토(應身土) 또는 應土라고도 한다. 應身佛이 居住하는 國土를 말함. 즉 衆生의 機緣에 應하여 變現하는 國土.

응심(凝心) 마음을 한 곳에 엉키게 한는 것. 即 攝心.

응암(應庵) ①明州 天章 應庵禪師를 말함. 이름은 曇華. 虎丘隆禪師의 法을 이음. 宋 隆興 元(1163)年에 入寂함. (稽古略四) ②姓은 金氏. 名은 學性. 靈岩人. 어려서 海南頭輪山에 들어가 慈行策活師處에서 出家하고, 遲舟懿沾師의 壇에서 具足戒를 받음. 受恩師의 寶에 拈香하고 大乘菩薩戒를 梵海覺岸에게 받음. 道光 12(1832)～光緖 12(1886)年.

응언(應彦) 朝鮮朝 僧, 號는 掣鯨, 俗姓은 金, 靈巖 사람. 萬德山에서 出家. 內·外 經典을 通達하며 蓮坡慧臟의 法을 잇고 講經할 적에 學人이 많이 따랐다. 著書로 文集 二卷이 있음.

응연(凝然) 作用하지 않고 가만이 있는 것. 不變한 모양. (五教章)

응연상(凝然常) 凝然常住의 뜻. 不斷常·相續常에 대하여 일컫는 말. 또는 自性常·本性常 즉 自性常住의 眞如法性. (群疑論二)

응용(應用) ①부처님이 衆生을 濟度하기 爲하여 應現하는 微妙한 作用(應機耐現也). ②어떤 일에서 얻은 理論이나 技術을 다른 일에 대하여 씀. 事物에 따라 活用함. ③어떠한 原理를 실제로 活用함. ④使用하는 것.

응용무변(應用無邊) 부처님이 衆生을 救濟하기 위하여 應現하는 妙用이 無礙自在하여 時와 處를 따라 나타나지 아니함이 없는 것. 즉 應化의 神力이 自在한 것.

응운(應雲) 名은 性能, 長城白羊山淨土寺에서 學人에게 講하고, 漢陽堂龍珠師에게 入室함.

응윤(應允) 〔1743～1804〕 조선 스님 호는 鏡巖. 속성은 閔氏. 처음 法名은 慣式. 應允은 법명. 驪興 사람. 15세에 震熙에게 중이 되고 寒巖에게서 비구계를 받고 秋坡. 喚菴의 문하에서 수도하였으며 韓退之의 排佛論을 배격하고 詩文으로 禪道를 앙양하였다. 만년에는 頭流山 꼭대기에 암자를 짓고 선도에 열중하다가 죽었다. 나이 62. 법랍 48. 著書는 鏡巖集.

응응(應應) 法身의 感應을 法應, 應身의 感應을 應應이라 함. ↔法應.

응의(應儀) 人天의 供養에 應하여 갖추는 威儀를 말하며 阿羅漢의 舊譯이다. 出三藏記集一에「舊經에는 無著果 또한 應眞이라하며 또한 應儀라 한다. 新經에 阿羅漢이라 하고 또한 呵羅訶라 한다」하였고, 玄應義四에「應儀道는 또는 應眞이라 함. 或은 眞人이라 하고 舊에는 無著果 또는 阿羅訶라 하며 지금은 阿羅漢이라 하나 모두 一義다」하였음.

응이(應爾) ㉡〈sāmici〉 바른 方法. 바른 手段. (五分戒本)

응인(應人) 阿羅漢을 가리킴. 寄歸傳一에「다음에 弘法을 應人이 結集할 것이다」라고 하였음. →應身.

응일향기문(應一向記問) ㉵〈ekāṃśa-vyākarṇi: yaḥ praśnaḥ〉 決定記·一向記라고도 한다. 全稱的으로 對答하지 않으면 안되는 質問이란 것. (集異門論)

응작(應作) 機에 應하여 짓는 것. 應現과 같음. 文句二下에「月은 바로 寶吉祥 月天子라 하며 大勢至菩薩의 應作이요. 寶光은 바로 寶意日天子로 觀世音菩薩의 應作이다」라고 하였음.

응적(應迹) 應化垂迹의 뜻. 機緣에 응하여 垂迹을 化現하는 몸. 觀音玄義上에「上地에서는 眞·本이라 하고, 下地에서는 應·迹이라 한다」하였음.

응전불(應轉佛) 應身과 같은 것.

응정(凝靜) 조용한 모양. 어름같이 조용함.

응정등각(應正等覺) ㊃〈dgra bcom pa yaṅ dag par rdsogs paḥi saṅs rgyas〉 應과 正等覺. 應은 應供의 略. 人天(사람과 神들)의 供養을 받기에 合當한 者란 뜻. 正等覺은 바르고 完全한 깨달음이란 뜻. 佛의 十號中의 第二와 第三. →十號. (大日經 住心品)

응정변지(應正徧知) 應과 正遍知. 부처님 十號 가운데 第二名號와 第三名號. 應은 應供의 약칭. 正偏知는 또는 正等覺이라 함. →十號.

응주(凝住) 凝도 住도 確固히 不動한다는 뜻. 事物에 徹底하여 움직이지 않는 것.

응주벽관(凝住壁觀) 壁觀은 壁을 向하여 坐禪을 한다는 뜻. 坐禪에 아주 徹底한 것.

응준(應俊) (1587～1672) 朝鮮朝 僧侶. 號. 悔隱. 俗姓 壽. 南原사람. 젊어서 出家. 玉遲에게 중이됨. 늦게 逍遙·浩然·碧巖등 宗匠을 찾음. 仁祖(1633)年 笠巖城將이 되고 丙子胡亂에 義兵僧大將 碧巖을 따라 싸우고 이듬해 兩湖 都摠攝이 됨. 仁祖25(1647)年 南甕城을 쌓은 功으로 嘉義에 陞級. 顯宗六(1660)

年 資憲, 顯宗四(1663)年 正憲이 됨. 顯宗十三(1672)年에 入寂. 世壽 86, 法臘 71.

응지(應知) ①梵〈jāniyāt〉 西〈śes par bya〉 알아야 한다. ②梵〈jñeya〉 依他性·分別性·眞實性의 셋을 가리킨다. 알아야 할 것. (眞諦譯 攝大乘論)

응진(應眞) 阿羅漢의 번역된 말로 ①人天의 供養을 應受하는 眞人이다. 出三藏記一에 「舊譯經에는 著果라는 말이 없고, 應眞. 또는 應儀라 했으며, 新譯經에는 阿羅漢이라 했다」라고 하였음. ②眞理에 應하는 사람이다. 法華文句一上에 「阿颰經에는 應眞이라하고 瑞應에는 眞人이라 하였다」라고 하였고, 同記에 「阿颰經은 능히 雙標하는 것이니 應은 能應의 智요. 眞은 곧 所應의 理이니 智로써 理에 應하는 사람이기 때문에 應眞이라고 한다」라고 하였음.

응천(應天) 滁州 사람. 姓은 蔣氏. 天衣義懷에 의하여 雲門의 宗要를 傳해 받고 眞州의 長蘆寺에 住하면서 號를 佛照禪師라 하였음. 年壽는 未詳. 門人에 長蘆宗頤·雪竇道榮·慧日智覺 등 二十五人이 있음. (續傳燈錄八)

응체(凝滯) ①凝은 凝固하다. 滯는 막히는 것. 宗教的인 疑問으로 修行의 進步가 停滯하는 것. 特히 禪宗에서 말한다. ②좀처럼 생길 수 없는 過誤. 疑問.

응토(應土) 또는 化土라고도 함. 二土의 하나. 또는 三土의 하나. 衆生의 根機에 應하여 化現하는 國土 →二土.

응현(應現) 機緣에 따라 現身하는 것. 또는 應化라고도 한다. 淨名玄二에 「智論의 功德相 法身이 處處에 應現해 간다」라고 했고, 觀經疏定善義에 「阿彌陀佛을 부르면 소리에 應하여 곧 現身한다」라고 했으며, 定善義傳通記二에 「釋迦佛은 說을 하고 彌陀佛은 應現한다」했다. 또 金光明經二에 「佛眞法身은 마치 虛空과 같아서 事物에 따라 모습을 나타내서 水中의 달과 같다」라고 하였음.

응형(應形) 物에 應하는 형상. 즉 應身.

※註維摩經序에 「觀應形則謂之身」

응호(應護) 諸佛菩薩등이 衆生의 所願에 따라서 隱見하여 그 衆生을 保護한다는 뜻.

응화(應化) ①應은 應現, 佛·菩薩이 衆生의 機類에 相應한 現身을 말함이요. 化는 變化, 眞佛緣에 상응하여 갖가지로 變化하는 것임. 西域記七에 「天帝釋이 菩薩의 修行을 시험코자 하여 靈을 내려 應化하여 한 늙은 이가 되었다」라고 하였음. ②名은 有閑. 字는 心埠. 어려서 達摩山에 들어가 祝髮. 松月大師의 室에 拈香. 郞岩·枕溟·大

雲諸師에게 拈香. 著書로는 文集一卷·日記一卷.

응화법신(應化法身) 法身의 佛이 無量의 몸을 나타내는 것. 菩薩瓔珞經上에 初地로 부터 佛他에 이르면 各二種의 法身이 있다. 法性身과 應化法身이며 第一義諦의 法流水中에 實性의 生智를 따르므로 實智의 法身이 되며 法은 自體가 되고 集藏은 身이 된다. 一切衆生의 善根이 이 實智의 法身을 感하므로 法身이 能히 無量의 法身을 應現한다. 一切世界國土身·一切衆生身·一切佛身·一切菩薩身으로 모두 能히 不可思議身을 나타낸다고 함. 또한 同經下에 二法身이 있다. ①果極法身 ②應化法身 그 應化法身은 그림자가 形體를 따르는 것과 같이 果身이 常이되므로 應身도 또한 常이 된다. 이는 곧 他受用報身과 應身이며 化身등 總名은 法身이라 함. →法身.

응화불(應化佛) ㊵〈nirmāṇa-kāya〉 應身·化身이라고도 함. →應行如來.

응화불보리(應化佛菩提) 三佛菩提의 하나. →菩提.

응화성문(應化聲聞) 四種聲聞의 하나. 本體는 비록 佛·菩薩이면서도 다른 사람을 敎化하기 위하여 짐짓 聲聞의 몸을 나타낸 이로 舍利弗이나 目連의 類와 같음. (法華文句四上, 三藏法數十六)

응화신(應化身) 또는 應身·化身이라고도 한다. 三身가운데 第三. 相體로 부터 變現된 몸. →應化.

응화여래(應化如來) 衆生救濟를 爲하여 여러가지 몸을 나타내는 佛.

응화이생(應化利生) 모든 佛·菩薩이 衆生에게 相應한 몸으로 變現하여 모든 衆生을 위하여 說法하여 衆生으로 하여금 佛道에 들게 하여 더할 나위 없는 利益을 주는 것을 말함.

의(衣) 梵語로 支縛羅〈civara〉 또는 縛薩怛羅〈vastta〉 五條에서 二十五條까지의 袈裟. 아울러 어깨를 덮는 裙類의 總名이다. 袈裟는 그 옷의 빛깔에 따라 이름을 부친다 함.

의(依) ㊵〈nidhi〉 賦地의 번역. 生疎한 것의 所依로 친한 것이 依止한 것을 所依라고 함에 대한 말로 어떤 物件의 依止. 또는 依憑을 말함. 예를 들면 車가 굴러갈 적에 이끄는 손을 所依. 땅을 依라고 함. ↔所依.

의(意) 事物을 思量하는 것을 意라 함. 唯識論五에 「薄伽梵은 處處의 經 가운데 心·意·識의 三種의 別意를 說하였음. 集起를 心. 思量을 意. 了別을 識이라 하며 三別義라 한다」하였고, 俱舍論四에 「모아서 일으키므로 마음이라고 생각하여 헤아리므로 意라하고 了別하므로 識이라 한다. 心意識의 세가지로 所詮의 뜻이 비록 다르나 體는 한결

같다」하였으며, 止觀二上에 「境을 對하여 覺知함이 木石과 다른 것을 心이라 하며 다음 마음에 籌量함을 意라한다」하였음. 또한 前念의 마음이 所依가 되어 後念의 心을 생하므로 意라 함.

※梁譯之攝論一에 「以識生依止爲意 釋曰 若心前滅後生 無間能生後心 說此名意」起信論義記中末에 「攝論云 意以能生依止爲義也」

의(義) ㉵〈Artha〉 阿他. 또는 阿陁. 번역하여 義·道理라 하며 즉 意味이다. 華玄略述一本에 「義는 그렇게 되는 이유, 곧 까닭이다」라고 하였고, 淨影維摩義記四에 「義에 三이 있으니, ①相을 對하여 實을 顯하기 때문에 所以를 義라 하고 ②體와 用을 對하여 義를 顯하기 때문에 用을 義라하고 ③惡에 對하여 善을 論하므로 義利를 義라고 한다」라고 하였음.

의(疑) 모든 實理에 猶豫不決하는 마음을 말함. 그러므로 一旦 諦理를 契悟하지 못하여 끊지 못한다. 小乘의 預流果이상 菩薩의 初地이상은 疑를 斷한 것. 唯識論六에 「모든 諦理에 猶豫가 性이 된다. 能히 不疑善品을 障함을 業으로 삼은 것. 猶豫는 善이 생하지 않기 때문이다」하였고, 大乘義章六에 「疑는 境에서 猶豫하여 決하지 못하므로 疑라하며 二種이 있다. ①疑事. 마치 밤에 樹를 보는데 사람같기도 하고 사람이 아닌 것 같기도 한 것 ②疑理. 모든 識等을 疑하는 것이다」하였음.

※小乘法中 唯取疑則에 「僧問巴陵如何是提婆宗 巴陵云銀椀裏盛雪」 又寶鏡三昧歌有「銀盌盛雪 明日藏鷺 類之不齊 混則知處」

의(儀) 形體. 또는 모습. 外部에 들어나는 것. 훌륭한 姿態.

의(蟻) 벌레 이름. 즉 개미.

의(醫) 病을 治療하는 醫員. 佛을 醫者에 비유한 것.

의가반낭(衣架飯囊) 옷 거리와 밥주머니 無能하여 無意味한 生活을 하는 사람을 嘲笑하는 말.

의각(衣閣) 衆寮안에서 大衆이 옷袱를 담아 두는 곳. 옷을 입고 벗는 곳.

의각(義覺) 百濟 僧. 倭兵에게 붙들려 日本에 가니 倭王이 百濟寺에 있게 함. 키가 七尺. 梵學을 잘 알고 般若心經을 持誦하다. 어떤 날 밤 절에 있는 慧義가 밤중에 스님이 있는 房을 보니 光明이 燦爛하므로 窓틈으로 엿본 즉 스님이 端正히 앉아 經을 외우는데 입에서 光明이 솟아났다. 하루는 대중에게 말하기를 "내가 밤에 눈을 감고 般若心經을 百番외우고 눈을 떠보니 四方 壁이 훤칠하여 뜰 밖까지 내다보이기에 일어나서 壁을 만져보았으나 壁과 窓이 모두 닫려 있고 다시 앉아서 經을 외우면 亦是 그러하니 이는 般若의 不思議한 妙用이다」하였다 함.

의개(疑蓋) 五蓋의 하나. 疑心하는 것. 疑惑하는 情은 대개 心識의 眞性을 덮어서 眞理를 꿰뚫어보지 못하게 하므로 疑蓋라고 한다. 法界次第上의 上에 「어리석은 마음으로 理를 求하니 猶豫하여 決斷치 못하므로 이름하여 疑라고 한다. 蓋는 覆蓋의 뜻으로 覆蓋의 修行者는 淸淨한 心善을 開發하지 못하기 때문에 이름하여 蓋라 한다」라고 하였음.

의개무잡(疑蓋無雜) 眞實한 信心은 疑心이 間雜함이 없다는 뜻. 疑는 五蓋의 하나. 無漏를 障害하는 五蘊이므로 疑蓋라 함. 敎行信證信卷에 「明知至心은 곧 眞實誠種의 마음이므로 疑蓋無雜이라 함. 信樂은 곧 眞實誠滿하는 마음이며 極成用重하는 마음이며 審驗宣忠하는 마음이며 愛悅을 欲願하는 마음이며 歡喜 慶賀하는 마음이므로 疑蓋가 無雜한 것. 欲生即是 願樂覺知의 마음이며 成作爲興의 마음이며 大悲廻向의 마음이므로 疑蓋無雜이라 함. 지금 三心字訓을 詳考해보면 眞實心은 虛假가 雜함이 없으며 正直心은 邪僞가 섞이지 않으며 眞如는 疑蓋가 間雜되지 않으므로 信樂이라 하며 信樂은 곧 一心이요. 一心은 곧 眞實心이다」하였음.

의거(意事) 뜻의 活動이 마치 수레와 같다는 것. 三德指歸中에 「意車에 기름을 주어서 九空을 戱弄한다」고 하였음.

의건도(衣犍度) 犍度는 梵語의 'Khadna'로 번역하여 蘊聚등으로 쓴다. 즉 같은 종류를 모아서 한편을 만드는데 이 이름을 가지고 經·論의 篇章 이름으로 사용한다. 四分律에 二十犍度가 있는데 法衣를 말하는 篇章을 일컬어 衣犍度라 함.

의견(意見) 사람의 思量. 南山 戒疏의 上에 「무슨 意見이 있어서 그렇게 乖異하고 자 하느냐」라고 하였음. 一意.

의견(意堅) ㊵〈viśvastamānasa〉 마음을 주는 벗.

의견(疑見) 佛敎의 여러가지 가르침에 對하여 疑心을 품는 見解. 十種見의 하나.

의견외(意堅畏) ㊵〈dṛdhasamādāna〉 決意가 굳은 것.

의결(疑結) 眞諦의 理를 疑心함에 따라 여러가지 妄業을 지어 三界에 繫縛되며 能히 벗어나지 못함을 疑結이라 함. 九結의 하나. 結은 結縛되어 나가지 못한다는 뜻. 大乘義章五末에 「煩惱와 闇惑이 行人을 結縛하므로 結이 된다. 또한 能히 마음을 얽으므로 또한 結이라 함. 또 能히 一切生死를 結集하므로 結이라 한다」하였고, 三藏法數三十五에 「疑結은 모든 衆生이 佛法僧의 寶에 妄偯되게 疑惑이 생겨 正行을 닦지 않고 衆善을 廣行하나 이것으로 未來의 生死苦를 招來하여 三界

에 流轉하여 能히 出離하지 못하므로 疑結이라 한다」하였음.

의겸양향(義兼兩向) 한 文章을 上下로 떼어 봄에따라 뜻이 달라짐.

의경(意經) 佛說意經의 약칭. 一卷. 西晉 竺法護의 번역. 中阿含四十五·心經과 同本임. 心意의 相을 說한 것.

의경계(意境界) ㊵〈mano-gati〉 마음 作用의 範圍.

의계(衣界) 攝衣界의 약칭. 攝衣(옷매무시를 바르게 함)하여 그 사람에게 붙임. 衣罪의 結界를 벗어나지 못하게 하는 것.

※資持記上二之一에「注羯磨云 衣界者 攝人屬人 令無離宿罪」

의계(衣裓) 長方形의 布帛을 男女가 흔히 어깨에 걸어서 손을 딱는데 쓰며 或은 物을 담기도 한다. 法華經 譬喩品에「衣裓와 凡案은 집에서 부터 내온다」하였고, 阿彌陀經에「各各 衣裓에 名華를 가득 담아 他方의 十萬億佛을 供養한다」하였으며, 義疏五에「衣裓는 衣衿이다」하였음. 詳考해 보면 어깨에 걸치는 것을 裓라 한다. 지금 天人의 像을 보면 兩肩으로 부터 길개 드리우는 것이다. 또한 一說에 衣裓는 本來 花器를 말하는 것이라 한다. 法華文句五下에「三藏法師가 말하기를 衣裓는 外國에 꽃을 담는 그릇이다」하였고, 天台의 阿彌陀經義記에「衣裓는 꽃을 담는 그릇이다. 形體는 函과 같으며 외발이 있어 손에 받들고 供養한다」하였으며, 衆器箋十九에「僧家에서 꽃을 뿌리는 그릇을 衣裓라 하며 그 그릇은 적은 竹籠과 같으며 꽃을 담아서 뿌린다」하였음.

의계(意界) 意라고 하는 構成要素. 十八界의 하나. →十八界. →意根. (俱舍論)

의공(義空) 唐代 사람인데 鄕貫은 알 수 없음. 監官齊安을 師事하여 南宗禪의 奧旨를 이어 그의 우두머리가 되었다. 日本 橘皇后의 請에 應하여 日本에 가서 檀林寺를 開山하고 여러 해 동안 거기에 머물다가 唐나라로 돌아갔다. 年壽 모두 알 수 없음.

의과(依果) 또는 依報라고도 한다. 무릇 衆生의 果報에 二種이 있는데 우리 衆生의 心·身을 모두 일러 正果 正報라고 말하고, 身外의 物곧 山川·居家·衣服·飮食등을 依果·依報라고 말한다. 이것은 正果·正報의 依處가 됨. 讚彌陀偈에「無漏의 依果는 思議하기가 어렵다」하였음. →依報.

의과(義科) 科目을 세워서 義理의 是非를 分別한다는 뜻. 日本 天台에서 行한 論義의 論題中에 自他兩宗의 立義를 科目으로 是非邪正을 精硏하는 것을 말함. 宗要와 問要에 對하여 말한 것.

의관정(衣灌頂) 明年의 結緣灌頂에

灌頂阿闍梨로 定해진 중을 말함.

의교(依教) ㊵〈āgama-niśrita〉 傳承한 가르침에 準據할 것.

의교(意巧) 마음을 써서 갖가지 方便으로 얻은 善巧. 晉書索靖傳에 「叡哲이 서로 통하면 意巧가 滋生한다」하였음.

의교분종(依教分宗) 자기가 믿는 教에 依하여 宗을 나눔. 華嚴宗이 華嚴經에 依하여 十宗을 세움과 같음. 教相判釋과 같음. →教判.

의구(依舊) 그전 그대로, 옛과 다름이 없음.

의구(意垢) 마음의 不淨. (灌頂經)

의구(疑懼) 疑心. 두려움.

의궤(義軌) ㊵〈Kalpa〉 密教의 根本經典에 말한 佛. 菩薩·諸天·神을 念誦하고 供養하는 儀式軌則을 말한 것. 變하여 이러한 儀式 軌則을 記錄한 一部의 經典도 儀軌라 함.

의궤(儀軌) ①㊵〈Kalpa〉 密教의 根本經典에서 說한 것으로 佛·菩薩·諸天·神들을 念誦하고 供養하는 儀式軌則을 말한 책을 儀軌라고 말한다. 변하여 이러한 儀式 軌則을 記錄한 一部의 經典도 儀軌라고 함. 原來는 龍樹菩薩이 口誦하여 낸 것으로 너무나 廣博하기 때문에 不空善無畏가 그 中에서 抄出하여 번역한 것. 現傳하는 儀軌가 바로 그것이다. 宋·元 이후에 大藏經속에 넣었음. ②佛法을 行하는 作用法을 말함. 舊本仁王經에는 陀羅尼를 說하지 않아서 그 念誦作法이 不備하나 不空의 新經에는 나왔다. 經中에 陀羅尼가 있어 또한 念誦의 儀軌를 別出한 것. 仁王護國般若波羅蜜多經 道場念誦儀軌 二卷. 仁王般若念誦法 一卷. 仁王般若陀羅尼釋 一卷. 모두 不空이 번역한 것. ③㊷大金剛焔口降伏一切魔怨品(즉 瑜祇經 第十二品). 金剛藥叉瞋怒王息災大威神驗念誦儀軌 一卷. ④瑜祇經金剛吉祥大成就品 第九. 大毘盧遮那佛眼修行儀軌. ⑤原名은 佛說大孔雀明王畫像壇場儀軌임. 一卷. 唐. 不空번역.

의규(儀規) 儀式의 規定을 말함.

의근(意根) ①六根의 하나. 前念의 六識이 滅하고, 後念의 六識이 일어날 依據가 되는 점으로 前念의 六識을 말한다. 五識에는 五根이 있는 것 같이 意根은 특히 第六識의 根據할 데를 말한다. 이를 意界 또는 意根界라 하는 것은 俱舍論의 說임. 우리의 마음을 前念·後念으로 나누고 前念의 八識 心王을 말한다. 이것이 後念에 일어날 온갖 心的 現象을 이끌어 낼 수 있는 根據라는 意味로 하는 말. 또 第七末那識을 第六意識의 가장 가까운 根據라는 意味로 하는 말은 唯識論의 說임. ②二十二根의 하나. 六識과 意根과의 七心界를 말함.

의근좌단(意根坐斷) 煩惱의 根本인 思量分別을 斷滅함. 意識이 있으면

곧 分別이 生하고 分別은 갖가지 煩惱를 生하므로 煩惱를 斷滅하면 반드시 意識이 斷滅됨.

의근하(意根下) 分別意識의 根元을 말하는 것.

의근행(意近行) 겨우 第六意識上에만 있는 것. 能히 意識親近의 緣이 되어 意識을 行하게 하는 것. 곧 喜·憂·捨의 三受임. 五受中에 苦와 樂의 二受는 五根과 意根에 依하고 意識에 親近하지 않으며 이 三受는 그 所緣이 各各 六境이 있으므로 合하여 十八意近行이 된다 함.

의금(衣襟) →衣裓.

의기(依起) 의지로 삼는 것이 有라는 것. 곧 眼識의 의지로 삼는 眼根이 有라는 것을 말함.

의기(意氣) 氣概를 말함.

의기금강녀(意氣金剛女) 金剛界曼陀羅理趣會 十七尊의 하나. 또는 意氣女. 혹은 慢金剛女라고 이름 한다. 慢金剛의 女性으로서 金剛薩埵의 左側에 位置함. (金剛界七集卷下·胎藏界曼陀羅大鈔三)

意氣金剛女

의나(衣那) 俗家에서는 臍帶라 함. 資道什記上에 「九界의 袈裟는 그 根元을 찾아 보면 胎안에 있을 때 배곱에서 物件이 나오는 것이 마치 海草와 같다. 처음은 적으며 끝은 큰 것. 비유하면 주머니 속에 물건을 담는 것과 같이 面前에서 부터 背邊을 덮으며 寒과 熱을 막는다. 赤子가 生長하여 바르게 出胎하게 하는 것으로 產門을 向하여 머리부터 나온다. 이 때는 몸이 먼저 나오고 衣那가 뒤에 나오므로 後物이라 한다. 이에 赤長의 팔기리를 헤아려 臍尾를 끊어 좋은 술에 씻어서 볼 때 그 衣那에 松文이 있으면 長命富貴하는 相이 되고 만약 대나무 무늬가 있으면 비록 命이 길더라도 貪窮하다고 하며 或 龜文이 있으면 가장 短命하고 不吉한 相이라 한다. 이 같이 能히 본 뒤에 그 臍尾를 清淨한 곳에 묻으며 五節供 등에 供養하면 大黑氏神이 되며 이는 우리들의 大恩德者이다. 만약 不法하게 하여 큰 새등이 먹어버리면 障礙神이 되어 자주 禍崇이 일어난다하며 이를 衣那荒神이라 한다. 그러므로 이 恩을 갚는 것은 바로 袈裟라 稱하며 體上에 걸게 된다. 修驗行者가 袈裟를 맺는 것은 全혀 그 衣那形이다」하였음. (緖

袈裟란 八界袈裟를 말함)

의난유예(疑難猶豫) 疑心하여 마음이 定하지 않음.

의낭(衣囊) 梵〈civaṛabisikā〉 三衣를 담는 주머니 또는 衣袋라 함. 五分律二十一에「모든 比丘들이 길을 갈 때 옷을 껴잡지 않고 땅에 끌리면 더러워 진다. 이러한 것을 佛께 아뢰니 佛께서 말하기를 "그렇게 하지마라 犯하면 突吉羅가 된다. 마땅히 주머니를 지어서 담도록하라" 하였다. 모든 比丘가 주머니를 너무 길게 지었다. 이것을 또 佛께 아뢰니 佛께서 말하기를 "그렇게 하지마라 極히 길더라도 앞으로는 배꼽에 닿고 뒤로는 허리에 닿게하고 麤物을 應用하여 짓도록하라」하였음.

※薩婆多部律攝五에「三衣袋法三肘廣一肘半 長牒兩重縫之爲袋 兩頭縫合當中開口 長內其衣搭在肩上 口安怐帶勿令蟲入」

의내(依內) 梵〈ādhyātmika〉 內面的으로. 自己自身에 關하여.

의내고(依內苦) 梵〈ādhyātmikaṃ duḥkham〉 自己自身으로 부터 由來한 괴로움.

의내명주(衣內明珠) 法華七喩의 하나. 옷속에 寶珠를 넣어 놓고도 스스로 이를 깨닫지 못한다는 뜻. 大器를 가지고 있으면서도 小志에 滿足하는 사람을 비유하여 말하는 것.

의념(意念) 念佛을 소리를 내어 하지 않고 마음속에서 하는 것. 또는 마음으로 생각하는 것. 또는 觀念의 念佛을 말함.

의념구칭(意念口稱) 마음에 생각하고 입으로 말한다는 뜻으로 佛을 信하는 마음과 念佛하는 뜻이 一致함을 말함.

의념왕생(念念往生) 四種 往生의 하나. 臨終時에 소리를 내어 念佛하지 못하고 마음으로만 부처님을 念誦하여도 往生함.

의다라니(義陀羅尼) 梵〈Artha-daraṇi〉 陀羅尼는 梵語로 總持의 뜻. 能히 所聞한 義趣를 總持하여 잃어 버리지 않음을 義陀羅尼라 함. 菩薩이 所成하는 德이며 四種陀羅陀의 하나임. 三藏法數十四에「諸菩薩이 들은 無量한 義趣를 가지고 無量時를 지나도 기리 잃어버리지 않음을 義陀羅尼라 함.

※大乘義章十一에「於諸法義 總持不忘名義陀羅尼」

의단(意斷) 또는 正斷이라 함. 뜻을 斷盡하는 것. 또는 勤·正勤이라고도 함.

의단(疑團) ①修行의 途上에 일어나는 疑問. ②話頭禪에서 求道의 志氣가 激한 것.

의단(疑斷) 疑心을 斷切하는 것.

의단자(疑團子) 의심 뭉치. 子는 助字. 疑團.

의대(衣帶) →法衣.

의도(疑倒) 誤謬·闇·癡·大癡·重闇·盲闇으로 五分된다 함.

의도작의(依度作意) ㉵〈Pratisaraṇa-manaskāra〉 菩提에 達하기 위해서는 布施등이 의지할 곳은 되지만 결코 自在天(㉵iśvara) 등이 의지할 곳은 안된다고 생각하는 것.

의동삼사(儀同三司) 唐 代宗이 처음으로 不空三藏에게 開府儀同三司肅國公이라는 職位를 下賜하였음. (僧史略下)

의등(義燈) ㊂唯識論了義燈의 略稱임.

의라발나(毉羅跋那) ㉵〈iśvaravāṇa〉 번역하여 自在聲圓音이라 하며 佛의 소리임. 佛의 소리는 一音에 衆音을 갖추었기 때문이라 함. 華嚴疏鈔十二에 「毉羅跋那는 毉濕弗羅跋那의 略名이며 毉濕弗은 自在이며 羅跋那는 聲으로 곧 圓音이 自在한 것이다」하였고, 慧苑音義上에 「毉羅跋那의 毉는 毉濕弗羅跋의 略으로 번역하여 自在라 함. 羅跋那는 大聲임. 佛號를 大自在聲이라 한다」하였음.

의라발달라용왕(醫羅鉢達羅龍王) ㉵〈Elapattra〉 ㊀〈erapatha〉 ㊃〈iehi hdab〉 또는 伊羅鉢이라 하며 伊羅는 樹名. 鉢達羅는 葉의 뜻. 혹은 梵漢并稱으로 伊羅葉이라고 한다. 번역하여 香葉이라 하며 龍王의 이름.

의라발달라용왕지(醫羅鉢呾邏龍王池) 醫羅鉢呾邏(Elāpattra)는 梵名. 北印度 呾叉始羅國에 있는 못(池) 이름.

의라발용왕(醫羅鉢龍王) 또는 醫羅鉢羅. 醫羅는 나무 이름인데 번역하여 臭氣. 鉢羅는 번역하여 極이라 함. 이 龍王으로 말미암아 옛적에 이 나뭇잎이 傷하였기 때문에 頭上에서 이 臭極이 生하였다는 나무.

의락(宜樂) 마땅한 곳. 원하는 곳. 즐거운 마음.

의락(意樂) 뜻에 滿足하여 즐거워하는 것. 藥師經에 「精進하면 능히 意樂을 즐길 수 있다」라고 하였음. 玄奘이 번역한 攝大乘論 가운데에서도 六種의 意樂을 밝혔고, 또 唯識論九에서도 七最勝 가운데에 意樂이 最勝하다는 것을 밝혔다. 三藏法敎 二十七에 「菩薩이 一切法門을 修習하면 모두 뜻에 欣樂을 갖는다」라고 하였음.

의락방편(意樂方便) 생각을 짜내여 가지가지 手段을 꾸미는 것.

의력(意力) 正法을 求하는 意思. 無量壽經 淨影疏에 부처를 구하는 마음을 意力이라 이름한다」하였음.

의령수(衣領樹) 나무 이름. 冥土에 매달아 罪人의 옷을 벗기는 것. 十王經二에 「冥官앞에 큰 나무가 있으니 衣領樹라 이름한다」고 하였고, 抄에 「梵語로는 大波羅樹 또는 毘羅樹라 하고 漢譯으로 衣領樹라 하는데 罪人의 옷을 걸기 때문에 衣領樹라 한다」하였음.

의례(義例) ㊂止觀義例의 略稱. 荊溪지음. 二卷.

의례수석(義例隨釋) ㊂六卷. 草堂處元이 지음. 義例를 解釋하여 山外派 神智의 纂要를 破碎해버린 것.

의례찬요(義例纂要) ㊂六卷. 宋나라 神智從義가 義例를 解釋한 것으로 이른바 山外派의 다른 義例임.

의로(義路) 理속에 지니고 있는 差別的인 뜻. 땅은 굳어 萬物을 싣고, 물은 濕하여 萬物을 적시고, 불은 뜨거워 萬物을 익히고, 바람은 움직여 萬物을 成長케 하는 따위.

의로부도(意路不到) 意識으로서는 능히 이를 수 없는 것. 즉 思慮와 分別로서는 臆度(탁)할 수 없는 眞理의 境界. 虛堂錄四에 「言詮으로 미칠 수 없고 뜻으로 이를 수 없는 길이라」하였음.

의료인(義了因) 義인 了因의 뜻. 하나의 命題를 主張하는 者(立論)의 主張하는 일이 反對者(對論)의 了解를 일으키는 原因이 되므로 그렇게 말함.

의룡(義龍) 義學에 長하여 龍에다가 비유한 것. 釋氏要覽中에 「陳의 高僧 惠榮이 講學에 縱橫自在하므로 號를 義龍이다」하였음.

의류(義類) ㊵〈artha-gati〉 일의 分別. 또는 일의 分類라는 뜻.

의류차제(義類次第) 法相宗의 三時敎判을 解釋하는 말임. 釋尊이 說하신 敎法을 분류하는데 그 說法한 年月의 前後에 關係치 않고 敎義의 淺深을 따라 判別한 것으로 有를 說한 것을 第一時 空을 說한 것을 第二時, 中道를 說한 것을 第三時로 나눔. ↔年月次第.

의륜(意輪) 三輪의 하나. 또는 記心輪. 憶念輪. 부처님이 說法할 적에 衆生의 根機를 생각하여 適當한 敎法을 말하는 것.

의리(義利) 義과 利가 相應하여 義는 반드시 利가 있기 때문에 義利라 함. 佛地經論一에 「義利는 현재의 이익을 義, 來世의 이익을 利라 한다」 하였음.

의리(義理) 理致에 알맞는 道를 말함. 華嚴經 二十一에 「修多羅의 文句의 義理는 잊어버릴 수 없다」라고 하였고, 思益經 力說品에 「그글의 義理를 따를 것이지 章句의 言辭를 따르지 말라」고 하였으며, 成實論衆法品에 「佛法은 모두 義理가 있지만 外道의 法은 義理가 없다」라고 하였음.

의리시(義利施) 利益를 주는 것. 金錢등의 財物을 布施하는 것.

의림사도형(義林寺圖形) 1卷. 義林寺의 境內의 형상을 기록한 책. 작자. 연대미상. 의림사는 경상남도 진해의 餘航山에 있음.

의림장(義林章) ㊂大乘法苑義林章의 略稱. 七卷. 唐나라 窺基 지음. 자세히는 大乘法苑義林章. 모두 二十九章. 第一 總料簡章에는 唯識의

처지로 부처님 一代의 敎說을 判別하고 第二 心章以下에는 唯識敎를 中心으로 數論·勝論·聲論·順世論·自在天論등의 外道의 敎義. 小乘二十部의 敎義. 佛經 結集의 여러가지 이야기 六合釋등 一般佛敎의 여러 문제에 關하여 말한 것. 註釋書. 決擇記 四卷. 唐나라 智周 지음. 輔闕 三卷, 唐나라 慧昭 지음. 등 數十部가 있음.

의립(義立) 義에 따라 論을 세움. 經論에는 明文이 없으나 그 가운데 딱 들어맞는 義理를 미루어 自己의 主張을 내세우는 것을 말함. 選擇傳弘 決疑鈔에 「聖淨二門에 人師가 義를 세웠다」라고 하였음.

의마(意馬) 사람의 마음은 外境을 좇아 달려가서 한 곳에 安住하지 못하니 마치 내달리는 말(馬)과 같음에 비유한 말. 慈恩傳九에 「願하옵건대 생각을 禪門에 依託하고 마음을 定水에 맑혀서 원숭이처럼 放逸하고 躁急한 情을 抑制하고 망아지처럼 내닫는 意를 옭아매어 두옵소서」라고 하였음.

의마미(懿摩彌) 梵〈ikṣvaku〉 또는 懿摩·伊摩라고도 하는데 번역하여 甘蔗. 또는 日種·善生이라 한다. 즉 甘蔗王의 梵名임. →甘蔗.

의마심원(意馬心猿) 우리의 마음이 外界를 伴緣하여 항상 動搖하고 고요하지 못한 모양을, 말이 다라나고 원숭이가 까부는데 비유한 것임. 心地觀經八에 「마음이 원숭이와 같아서 五欲의 나무에 놀면서 잠시도 가만히 있지 않는다」라고 하였고, 趙州錄 遺表에 「心猿은 뛰기를 그치고 意馬는 달리기를 쉬어라」고 하였음.

의망(疑網) 疑惑이 서로 뒤엉켜 마치 그물처럼 매여 있기 때문에 마음의 束縛으로 不自由한 것을 그물에 비유함. 法華經方便品에 「無漏의 모든 羅漢과 또는 涅槃을 求하는 者는 이제 모두 疑網에 떨어진다」라고 하였고, 智度論 二十七에 「諸佛을 좇아 法을 들으면 모든 疑網이 끊어진다」라고 하였음.

의명석의(依名釋義) 四種 釋義의 하나. 三論宗의 特殊한 解釋法의 하나. 보통의 字義를 가지고 해석함.

의모(依模) 어느 것에 의지한바가 되어서 그대로 흉내 내는 것.

의묘행(意妙行) 精神的으로 行하는 善을 말함. 또는 無貪·無瞋·正見을 말함. 또는 善한 사람의 意業을 말함.

의무도(義無倒) 十無倒의 하나. 對象은 우리들이 把握하는 것과 같이 存在하지 않는다. 한편 對象을 把握하는 우리들 認識의 存在를 잘못된 것으로 規定한 것. 이러한 認識을 여읜 對象에 關하여 있는 그대로 아는 것을 義無倒라 함.

의무실(意無失) 記憶에 過失이 없는 것. 十八不共法의 하나. →十八不

共法.

의무애(義無礙) 온갖 法의 뜻을 알아서 分明하게 通達하여 거리낌이 없는 것을 말함. 四無礙의 하나. 大乘義章 十一에 「義理를 깨달아 막힘이 없는 것을 義無礙라고 한다」라고 하였음.

의무애변(義無礙辯) ㊵〈Artha-pratisuṃvit〉 또는 義無礙智, 義無礙解라고도 한다. 四無礙解의 하나. 모든 法의 理致에 通達하여 無礙自在함. 義無礙智로 부터 義無礙의 言說을 일으킨 것. →四無礙.

의무애지(義無礙智) 義理에 막힘이 없는 智慧를 얻음.

의무애해(義無礙解) 理由(곧 뜻)를 막힘 없이 아는 것. 眞俗 二諦의 理를 緣한 自在智. 四無礙解의 하나.

의무오만(意無傲慢) 뜻에 傲慢함이 없는 것. 意無失과 같음.

의무차서(義無次序) 意義가 一貫하지 않은 것.

의문(義門) 各種의 義理를 말함. 各門中마다 差異가 있어서 彼此에 서로 混同치 않는 것을 말한다. 門은 差別의 뜻이다. 止觀大意에 「義門을 開拓하면 觀法이 周備하다」라고 하였고, 元照의 彌陀經疏에 「먼저 義門으로써 그 綱要를 槪括한다」라고 하였음.

의문(誼聞) 高麗 僧侶. 禑王 十二(1386)年에 세운 陽平郡 龍汶面圓澄國師 舍利 石鐘碑를 쓴 名筆.

의문지망(依門之望) 어머니가 子女의 돌아오는 것을 문에 의지하여 마음을 조여가며 기다리는 지극한 애정을 말함. 또는 依閭之望.

의미(義味) 文에 依하여 義를 生하는 것이 마치 飮食에 依하여 味를 生하는 것과 같다. 그래서 대개 義를 비유하여 食味라 한다. 또 義는 言의 義요, 味는 趣意로서 곧 말과 뜻을 말하는 것이다. 行事鈔中二에 「義와 味를 모두 안다」하였고, 資持記中二의 一에 「義는 言의 義를 말하고, 味는 곧 意의 趣이다」라고 하였음.

의밀(意密) 三密의 하나. 뜻이 秘密瑜伽의 妙境界에 安住하여 法身三昧에 들어 가는 것. 이는 凡夫도 聖者도 了知할 수 없는 것이므로 密이라 함. →三密.

의발(衣鉢) ①三衣와 鉢. 이 두가지는 僧의 資物에 가장 重大한 것. 出家하여 受戒함을 觀할 때 最初로 곧 衣鉢이 具足함이 條件이 됨을 알 수 있다. 뒤에 袈裟와 鐵鉢의 뜻. 禪家에서 道를 授與하는 것을 衣鉢授受라 함. 傳燈錄一에 「이 때 世尊이 이 偈를 說한 뒤에 다시 迦葉에게 말하기를 "내 將次 金縷僧架梨衣를 너에게 傳付하니 補處에 轉授하여 慈氏佛이 出世할 때까지 朽壞하지 못하게하라」하였고, 六祖壇經에 「五祖忍大師가 衣鉢을 六祖

能大師에게 傳하였다」하였고, 補行一의 一에 「預厠의 禪門에는 衣鉢의 傳授 받은자 가득하다」하였으며, 郭青螺集에 「萬曆 乙酉年에 내가 韶州에서 曹溪寺에 들어가니 중이 傳衣·寶鉢 革履를 내어 왔다. 옷은 지금의 羊絨羯衣 같은데 사이에 金실을 넣었다. 傳燈錄에서 말한 西域의 屈眴布緝木綿花心으로 짜서 만든 것. 理에는 或 그렇다. 鉢은 本來 瓷器였으나 廣東提學 魏莊渠가 破碎하였다. 或은 일부러 破壞했다 하고 或은 偶然히 땅에 떨어트렸다 한다. 중이 漆膠로 鉢形을 만들었으나 寶色이 光采가 없었다. 革履는 六祖의 遺履인데 지금의 신보다 조금 길다. 생각해보면 衣는 實로 達磨에게서 나온 것이고 佛의 遺品이 아니라 한다. 지금 이 나라안에 千年이 된 物件은 오직 이 옷뿐이다」하였음. 蒿庵閑話에 六祖의 衣鉢은 達磨로 부터 傳해 온 것이다. 廣東의 傳法寺에 두었다. 衣는 本來 西方諸佛의 傳法한 그릇이며 鉢은 魏王의 下賜品이다. 嘉靖中에 督學使者가 焚碎하였다 함. ②僧의 錢帛을 모두 衣鉢이라 한다 함. 象器箋二十을 흔히 典據로 引用하였다 함.

의발각(衣鉢閣) 寺刹에서 住持의 衣服이나 財資를 秘藏하는 곳으로 여기를 이른 바 眠藏이라고 함. (象器箋一)

의발부(衣鉢簿) 住持私有의 財產을 記入한 帳簿. 이러한 境遇에는 衣鉢은 중의 私財에 對한 婉曲한 表現西巖了禪師語錄의 卷末에 附한 物初大觀의 西巖了禪師行藏에 「師물러나서 太白의 清風塢幻智塔庵에서 養病하다. 이는 諸徒가 돈을 모아 師를 爲하여 昔年에 이룩한 것이지만 忽然 衣鉢簿를 찾아 그뒤에 大書하고 封緘하여 寺의 執事에게 付하고 모아서 後事를 分辨하게하다」하였음.

의발시자(衣鉢侍者) 住持의 金錢·衣服등에 관한 모든 일을 맡은 侍者. 象器箋六에 「住持가 資具나 錢帛을 두는 곳을 일러 衣鉢閣이라 하는데 대개 資財를 備蓄하는 것은 僧人의 本志가 아니기 때문에 들어내 놓고 말하기를 꺼리어서 衣鉢이라 부른다. 이 侍者가 이를 맡아서 처리한다」라고 하였음.

의방(醫方) 醫術과 呪文.

의방론(醫方論) 五明論 가운데 하나로 醫術을 說한 論임.

의방명(醫方明) ㊵〈Cikitsā-vidya〉印度의 學術인 五明의 하나. 醫術과 調劑를 硏究하는 學術. →五明.

의번뇌(疑煩惱) →煩惱.

의벌(意罰) 뜻이 惡한 行에 對한 罰을 말함.

의범(義範) ①본이 되는 規範. ②모범이 될만한 儀容.

의범(懿範) 훌륭한 규범. 좋은 표본.

懿는 아름답다. 또는 크다의 뜻. 懿軌.

의법(衣法) 衣와 法이다. 正法을 傳하는 徵兆로 다시 스승의 袈裟를 받는 것을 말함. 傳燈錄三에 「五祖弘忍이 六祖慧能을 對하여 諸佛이 出世함은 하나의 大事가 되므로 機의 大를 따라 引導하는 것. 十地三乘 頓漸등의 旨가 있어 教門이 된다. 그러나 無上 微妙·秘密·圓明·眞實·正法眼藏을 上首인 迦葉尊者에게 付屬하여 展轉傳授하여 二十八世가 되어 達磨에 와서 이 땅에 왔으며 承襲되어 나에게 이르렀다. 지금 이 法寶와 所傳한 袈裟를 너에게 付囑하니 잘 스스로 保護하여 끊어짐이 없게하라 (中略). 能居士가 꿇어 앉아 衣와 法을 받다」하였음.

의법불의인(依法不依人) 法에 의지할 것이지 特殊한 個人에 의지해서는 안된다는 뜻. 法이란 것은 사람으로서의 道를 말함. 이에 의지하여 닦으면 깨침에 達한다. 普遍的인 法에 의지할 것이지 特殊한 사람에게 의지해서는 안된다는 뜻. (大智度論·長阿含經)

의변(義邊) 道理의 가. 義理의 邊方을 말함.

의변(義辯) 菩薩七辯의 하나. 智度論 五十五에 「涅槃利益의 일에 나아가 說法하기 때문에 義辯이라고 이름한다」 하였음.

의보(衣寶) 法華七喩의 하나. 衣珠를 가리킨 비유. →衣珠.

의보(依報) 心身은 正實의 果報요. 이 心身이 依止하는 身外의 諸物은 依報라고 말하는 世界·國土·家屋·衣食등이 바로 이것이다. 瓔珞本業 經上에 「凡夫衆生이 五陰中에 住하여 正報의 土가 되어 山林大地를 共有하므로 이름하여 依報의 土라고 한다」 하였음. →依正.

의보리분(依菩提分) ㉵<bodhy-aṅga> 깨달음의 여러가지 屬性.

의보정보(依報正報) 依果正果라고도 말함. (諸法實相鈔·依光錄)

의보주(擬寶珠) 如意珠의 모양을 模倣하여 만든 寶珠. 本來는 佛塔相輪上의 寶珠였는데 그 形을 欄杆의 기둥머리와 네모난 들보등의 裝飾으로 씀. 흔히 구리나 陶器로 만들어 모양이 파꽃과 恰似함.

의복수염원(衣服隨念願) 無量壽經四十八願 가운데 第三十八願에 「설사 내가 부처님이 된다 할지라도 國中의 人天이 衣服을 얻고자 하면 그 念願에 따라서 곧 바로 가서 부처님이 찬탄하신 것과 같이 法에 應現한 妙服이 저절로 몸에 있게 할 것이요. 만일 옷을 짓고 꿰매고 다듬고 물들이고 씻고 洗濯할 것이 있으면 正覺을 取하지 않고 그 일을 해내리라」 하였음.

의복천(衣服天) 또는 金剛衣天이라고도 함. 金剛界曼陀羅 第二羯磨會

衆 가운데 外金剛二十天의 一天이다. 이 부처님은 胎內의 胞衣를 말아서 태어나는 子息을 덮고 母가 먹는 飮食. 추위. 더운 기운을 防止하는 德을 베푸는 부처님이다. 黑色을 하고 있으며 활과 화살을 가지고 있음. (金剛界 曼茶羅大鈔二)

의봉(蟻封) 개미 집.

의부(依付) 歸依하여 門下가 되는 것.

의분(義分) 義로써 가눈다는 뜻. 意味에서 부터 나눈다는 말.

의분천(意憤天) 意憤天處에 빠지므로 말미암아 人間으로 降生하는 사람은 須彌山에 住하게 된다. 止觀私記五末에 「婆沙에 이르기를 意憤天이라 했다」라고 하였음.

의불가득(義不可得) 事物의 本體는 認識될 수 없다는 것.

의불결정(義不決定) 一方的으로 決定할 수 없는 것.

의불열(意不悅) 梵〈mana-āpa〉 不快한 것.

의비(意悲) 어여삐여기는 마음. 슬퍼하는 마음.

의빙(依憑) 依賴. 南本涅槃經十九에 「國王에게 依憑하면 盜賊이 없다」라고 하였음.

의사(意思) 뜻으로 생각함. 또는 뜻.

의사(義士) 求道하는 사람. 菩薩 大士 開士와 같음.

의사(疑使) 五鈍使의 하나. 迷・悟・因・果의 道理를 決定하지 못하는 精神作用. 疑는 사람을 迷界로 몰아 넣으므로 疑使라 함.

의사석(依士釋) 依主釋의 다른 이름. 八合釋의 하나. →六離合釋.

의사식(意思食) 念食. 또는 意念食이라 함. 心思를 緣으로하여 有情을 養益하는 것. 意思를 食物에 비유하여 말한 것. 곧 바라고 싶은 對象을 希望하여 念하는 것에 依해 生命을 가지며 成長하는 것을 食品의 하나라고 보고 말하는 것. 例를 들면 거북의 알이 어미를 생각하여 잊지 않는 까닭에 모래 가운데서 썩지 않음과 같음에 비유한 것. →四食.

의산(義山) 義理가 높음을 마치 山과 같음에 비유한 것. 因明大疏一에 「義山이 깊은 장부에서 솟는다」하였음.

의삼(衣衫) 衣는 袈裟. 衫은 褊衫 上半身에 입는 소매있는 僧衣를 말함.

의삼(意三) 十惡中 心意에서 일어나는 三惡. 곧 貪・瞋・癡를 말함.

의상(義相) ①義理와 相狀. 五敎章下에 「佛果는 義相이다」라고 하였고, ②義理의 相狀. 三藏法數十五에 「義相은 相이니, 즉 敎下를 能詮하고 義理를 所詮하는 相이다」라고 하였음.

의상(義湘) (625~702) 新羅 中期의 高僧. 華嚴宗의 始祖. 姓은 金氏

(혹은 朴氏라고도 한다) 29歲에 皇福寺에서 중이 되다. 당나라에 불교가 성함을 듣고 眞德王 4(650)年에 元曉와 함께 唐나라에 가던 도중에 난을 당해 이루지 못하고 그 후 文武王 1(661)年에 唐나라 사신의 배편을 타고 건너가 終南山至相寺에서 智儼(중국 華嚴宗 第二祖)의 문하에서 賢首(法藏)와 같이 화엄의 깊은 이치를 깨달았다. 賢首는 智儼의 뒤를 이어 중국 화엄종의 第三祖가 되고 義湘은 文武王 10(670)年에 귀국하여 觀音屈(洛山寺)에서 百日을 기도하고 문무왕16(676)年에 왕의 뜻을 받아 태백산에 浮石寺를 창건하고 華嚴을 강술하여 海東 華嚴宗의 始祖가 되었다. 孝昭王 1(692)年에 賢首는 勝詮이 귀국할 때 그의 著述 華嚴經探玄記와 그 비판을 구하는 書信을 義湘에게 보냈는데 그 친필 서신이 오늘날까지 전하고 있다. 의상은 문하에게 이것을 나누어 강술하면서 傳敎에 전심하다가 聖德王 1(702)年 78歲를 一期로 죽었다. 高麗 肅宗은 海東華嚴始祖圓敎國師라 시호하였다. 義湘의 門人으로 뛰어난 十大德(悟眞, 知通, 表訓, 眞定, 眞藏, 道融, 良圓, 相源, 能仁, 義寂)이 있으며, 傳敎의 十大刹(浮石寺, 華嚴寺, 海印寺, 甲寺, 梵魚寺, 美理寺, 普光寺, 普願寺, 王泉寺, 靑潭寺)이 있다. 義湘의 귀국에 關하여 다음과 같은 이야기가 傳하여지고 있다. 즉 唐나라는 新羅의 三國統一을 원조하였음에도 불구하고 신라가 麗濟 兩國을 攻取한 것에 노하여 신라의 사신 金欽純을 잡아 가두었다. 唐 高宗이 신라에 대거 출병코자 한 기미를 欽純등에게 들은 義湘은 급히 귀국하여 왕께 報告하였다. 왕이 神印宗의 明朗法師에게 密壇法을 베풀어 화를 면했다고 한다. 또한 梵魚寺의 전설에 의하면 흥덕왕 때에 왜병이 내침한다는 소식을 듣고 金井山에 빌어서 未然에 방지하였다고 하나 근거 있는 것은 아니다. 著書로는 華嚴一乘法界圖, 白花道場發願文 각 1卷(현존함). 十門看法觀, 入法界品鈔記, 小阿彌陀經義記 各 一卷.

의상(義想) 外界의 物이라는 見解. 事物의 생각.

의상십대제자(義湘十大弟子) 新羅義湘에게 華嚴經을 傳해 받은 十大弟子·悟眞·智通·表訓·眞定·眞藏道融·良圖·相源·能仁·義寂.

의생(意生) ㊵㊴〈manu-ja〉 ①뜻으로써 思量하는 作用을 말함. ②意成이라고도 한다. 精血등의 緣을 빌리지 않고 오직 뜻(意)에만 의지하여 生하는 것. (集界門論·俱舍論) ③마음뿐이란 것. ㊵〈mano-maya〉 ④人執. 自在天 外道의 部類. 사람은 즉 사람에서 生한다고 생각하는 外道. (大日經)

의생금강녀(意生金剛女) 金剛界 曼陀羅 가운데 第七理趣會에 香을 本尊에게 바치는 天女의 이름이다. 손에 香爐를 가지고 있음. (金剛界曼陀羅大鈔三)

竟生金剛女

의생신(意生身) 梵〈Manomaya〉 또는 意成身이라 함. 初地이상의 菩薩身은 衆生을 濟度하여 뜻과 같이 受生하여 몸을 얻으므로 이름한 것 勝鬘經에 「大力菩薩은 意生身이다」하였고 寶窟中末에 「意生身은 初地이상의 一切菩薩이다. 그 사람이 생하면 無礙自在하여 如心 如意함을 意生身이라 한다」하였고 四卷楞伽經二에 「意生身은 意대로 가서 迅速無礙하므로 意生이라 한다」하였음. 同經三에 三種의 意生身을 說하였고 七卷楞伽經四에도 三種의 意成身을 說하였음.

의생인(義生因) 義가 생하는 原因이란 뜻. 立論者의 말로 表現하는 것이 對論者의 智慧를 생하게하므로 말하는 것.

의생팔엽대연화왕(意生八葉大蓮華王) 內心曼荼羅의 大悲胎藏界. 이는 우리 內心으로부터 生하기 때문에 意生이라 일컬음. (大日經入秘密曼荼羅位品과 義釋十二)

의생화신(意生化身) 菩薩이 마음대로 現生하는 變化身을 말함.

의석(義釋) 巴〈Niddesa〉 尼涕婆 巴梨의 小部經(Khuddaka-nikaya)의 하나. 함께 小部經에 收錄된 經集(Sutta-nipata)의 一部分을 注解한 것. 大義釋(Maha-niddesa) 小義釋(Cula-niddesa)의 二部로 되어 있음.

의선(義旋) 高麗 忠肅王 때의 僧侶. 또 義璇이라고도 하며, 호는 順菴. 高麗의 平壤君 趙仁基의 넷째 아들 일찍 출가하여 無畏國師에게서 法을 받고, 元나라에 건너가 元帝로부터 定慧圓通. 知見無礙. 三藏法師의 호를 받고, 天源, 延聖寺의 주지로 있었으며, 본국에서는 瑩原寺 주지로 福國祐世靜明普照玄悟大師三大匡慈恩君을 겸하였다. 고려에 돌아와 金剛山에 進香하고, 妙蓮寺를 중건하였다는 기록이 문신 李齊賢의 記에 있으며, 또 陽村 權近의 水原 萬義寺 祝上華嚴法華會衆同記에는 皇慶間(1312～1313)에 天台 珍丘寺 주지 混其가 와서 옛터에 重營하던 것을 三藏 義旋이 계승하여 완성하고 왕에게 품하여

妙蓮寺에 判屬시켰다고 하였으니 萬義寺도 또한 義旋이 주관하였다는 사실을 알 수 있다. 義旋이 일찍 연성사에서 金나라의 王子 成이 지은 禮念彌陀道場懺法을 판각하여 반포시켰다고 하며, 후에 고려 장경에 실려 전하고 있음.

의성(意成) 또는 意生. 뜻하는대로 그 能力으로 말미암아 몸이 成立되는 것을 말함.

의성(意性) 事物의 彼此 서로 다른 性質로 하여금 그 性質이 비록 겉으로 보이지 않으나 이 다른 性質이 있기 때문에 이에 다른 모습이 나타나는 것. 俱舍論四에 「무엇을 轉變이라고 하느냐 하면 相續하는 가운데 前後의 다른 性質을 말한다」라고 하였고, 勝論師十句義中에 異性句의 뜻이 잘 나타나 있으며, 또 十句義論·唯識論一에 자세히 解釋되어 있음. (唯識述記一末)

의성(義誠) (1758～1839) 朝鮮朝 僧 號는 雪岩. 또는 靈珠. 俗姓은 金氏 務安사람. 總持寺 海庵에게 僧이됨. 玩虎의 法을 이었다. 大芚寺의 挽日庵 南彌勒庵 隱跡庵등에 있다가 憲宗五年에 入寂. 世壽, 八十二. 法臘, 六十七.

의성(疑城) 阿彌陀佛의 本願을 疑心하면서 淨土의 行을 닦은 이가 極樂淨土에 往生하여 있는 곳. 곧 西方 淨土의 邊地. 이곳에 난 이는 疑心한 罪로 五百歲동안 三寶를 보지도 듣지도 못한다 함.

의성관덕동삼층석탑 (義城觀德洞三層石塔) 慶尙北道 義城郡 丹村面 觀德洞에 있는 탑, 통일신라 시대의 건립으로 추측. 높이 약 3.6cm 3층의 基壇위에 세운 3층석탑으로 신라 석탑의 일반형에 속함

의성관덕동석사자(義城觀德洞石獅子) 慶尙北道 義城郡 丹村面 觀德洞 소재. 신라 시대의 제작으로 추측. 3층석탑의 基壇위에 놓여 있는 암수 2구씩이 맞선 석사자. 그중 암컷은 각각 애기 사자가 딸린 특수한 형태로 만들어졌다. 특히 하나는 분명히 哺乳중의 자태를 취하고 있다. 이런 형태의 작품은 중국에서도 송나라 이전까지는 발견되지 않았다고 한다. 이 석사자의 제작연대가 신라때라고 하면 동양 최고의 현존품이 된다고 함.

의성빙산사지오층석탑 (義城氷山寺址五層石塔) 慶尙北道 義城郡 春山面 氷溪洞 소재. 고려 초기의 건립으로 추측. 높이 8.15m. 재료는 화강석. 模塼석탑 양식에 속하는 方形의 5층석탑임.

의성신(意成身) 意生身과 같음. → 意生身.

의성전(義成殿) 부처님의 生日에 浴佛하는 小亭을 짓고 亭子 위에 義成殿이라는 額字를 걸었음. 義成은 悉達太子의 兒名으로 一切義成의 약칭. 西域記七에 薩婆曷剌他悉陀

(Sarvārtha-siddha)는 唐言에 一切義成이라 하며 옛적에 悉達多라 함은 잘못된 약칭.

의성천(意成天) 天名. 色界. 無色界의 飮食을 떠나서 다만 意思로 存在하는 天人. 즉 欲界의 衆生은 父母의 精血을 因緣하여 나는데 이 天人들은 뜻대로 成就하는 몸이라는 뜻임. 唯識論七에 「無色은 또한 意成天이라고 한다」라고 하였음.

의성탑리오층석탑(義城塔里五層石塔) 국보 제77호. 慶尙北道 義城郡 金城面 塔里洞 소재. 신라시대의 건립으로 추측. 재료는 화강석. 方形의 큰 탑으로서 광대한 단층의 基壇위에 각 5층의 塔身과 屋盖로 구성되어 있다. 기단과 탑신위 柱形에는 엔터시스(entasis)의 수법을 남기고 있다. 경주 芬皇寺 석탑의 계열에서 한국 석탑의 始原. 양식에 속하는 오래된 작품임.

의성태궁(疑城胎宮) 疑心하던 行者가 가서 태어나는 곳이란 뜻. 疑城中에 있는 이는 胎內에 있는 것 같아서 바깥을 보지 못하므로 胎宮이라 한다. 自力으로 念佛하여 往生을 願하는 이가 나는 場所. 또 念佛 以外의 여러가지 착한 일을 닦아 極樂往生을 願하는 이가 나는 곳. →含華未出.

의성화신(意性化身) 意生化身의 誤. →意生.

의세(意勢) ㊵〈mano-java〉 마음과 같이 빠른 것을 말함. (俱舍論)

의세기인(倚勢欺人) 師家에서 學人을 接하는 한 方便으로 大喝을 발하며 熱棒을 휘두름을 批評하는 경우에 쓰는 말. 大言 壯語로 僧侶를 위협하지 말 것을 일컬음.

의소(義少) 능히 뜻을 아는 少年. 釋氏要覽下에 「法安이 나이 18세에 涅槃經을 講하니 張永이 나이가 몇인가 묻고 길이 감탄하며 이르기를 옛날 扶風사람 朱勃(字叔陽)은 나이 12세에 능히 글을 읽으니 사람들이 才童이라 불렀는데 지금 어찌 公을 義少라 말하겠는가」하였음.

의소(義沼) (1746～1796) 朝鮮末期 僧侶. 字는 子宣. 號는 仁岳. 俗姓은 李氏. 達州 태생. 8세에 鄕學에서 小學을 읽을때 才名이 인근에 떨쳤다. 18세때 龍淵寺 軒公에게 僧이 되고, 碧峰에게 具足戒를 받다. 그후 碧峰·西岳·秋波·聾巖등에게 叅學. 영조 44(1768)年 23세에 벽봉의 法을 이어 받았다. 뒤에 靈源菴으로 가서 尙彥에게 華嚴經과 禪門拈頌을 배운 다음 琵瑟山·八公山·鷄龍山·佛靈山등을 돌아다니며 불경을 강의 正祖 14(1790)年 水原 龍珠寺를 창건할때 佛像腹藏의 願文을 짓고, 正祖의 칭찬을 받았다. 正祖 20(1796)年 나이 51세로 入寂. 著書는 華嚴私記·圓覺私記·金剛私記·楞嚴私記·起信論私

記등이 있음.

의소(義疏) 義는 義理. 疏는 疏通. 本經 論中의 義理를 解釋한 글. 疏는 疏通의 뜻, 義理를 疏通시킨다는 뜻. 止觀七下에 「다른 義疏를 보고 宗의 길을 꿰뚫어 안다」라고 하였음.

의소결(義少缺) 因明에서 論式의 三支가 갖추어져 있지만 그 뜻과 內容에 缺點이 있는 것.

의수(衣樹) 妙衣를 生하는 나무로 忉利天의 喜見城에 있음. 瑜伽論四에 「또 衣樹가 있어서 여기에서 갖가지의 妙衣를 만들어내는데 그 옷이 가늘고 부드럽고 오묘한 빛깔이 곱고 깨끗하여 여러 비단 속에 섞여 있어도 뛰어나게 粧飾된다」라고 하였음.

의수(意水) 入定한 사람의 마음이 고요한 것을 물에 비유.

의수(意樹) 사람의 뜻을 나무에 비유한 것. 善果·惡果가 모두 뜻에 의하여 結定됨을 이름. 集沙門不應拜俗事序에 「意樹가 紛披하다」하였음.

의수현량(意受現量) ㉵〈mano-nubhava-Prat:yakṣa〉 마음의 直觀에 起因하는 直接知覺. (瑜伽論 因明)

의순(意恂) (1786~1866) 朝朝末期 僧侶. 字는 仲孚. 號는 艸衣. 俗姓은 張氏. 羅州 삼향 사람. 15세에 南平雲興寺에서 碧峰敏性에게 僧이 되고, 19세에 玩虎의 법을 이어 받았다. 金剛山의 毘盧峯을 비롯하여 京師의 여러 산을 찾아다니고, 당시 名士 丁茶山·申緯·金正喜등과 친밀히 사귀었다. 海南 頭輪山에 一枝庵을 짓고, 40年 동안 참선. 서울 奉恩寺에서 華嚴經을 새길 때 證師가 되고, 達摩山에 無量會가 열리자 그 講席을 주재했다. 高宗 3(1866)年 나이 81세로 一枝庵에서 入寂. 著書는 東茶頌·一枝庵遺稿·禪門四辨漫語·二禪來義등이 있음.

의술(蟻術) 개미를 救濟하는 기술. 演密鈔序에 「어려서는 개미를 구제하는 기술을 배웠고 커서는 大鵬을 號令하는 늙은이다」고 하였음.

의승대장(義僧大將) 임진왜란·병자호란때 僧軍을 지휘한 僧將. 宣祖 25(1592)年 임진왜란때 西山大師 休靜, 四溟大師 推政이 義僧軍을 일으켰으며, 仁祖 14(1636)年 丙子호란때 明照大師 虛白堂이 義僧軍을 일으켜 조정으로 부터 의승대장의 호칭을 받고 外賊에 대항하여 싸웠음.

의승의(義勝義) 對象으로서의 勝義. 眞如를 말함. 眞如는 殊勝한 智慧를 對象으로 하기 때문임.

의시(衣時) ①迦絺那衣의 授與式을 行할 때는 雨季 最後의 달. 行하지 않을 때는 五個月(雨季의 最後의 달과 寒季의 四個月)을 말함. ②옷을 만드는 時期.

의식(衣食) 衣服과 食物.

의식(意識) 六識의 하나. 意根에 依하여 일어나며 法境을 了別하는 心王이다. 四種의 分別이 있다. ①獨頭意識. 다른 것의 五識과 함께 일어나지 않고 十八界를 汎緣하는 十八界의 意識이다. 이 散心은 三量가운데 있는 比와 非의 二量이 된다. ②五同緣意識. 다른 五識과 同時에 일어나서 그 것과 그 境을 緣함을 같이해서 依의 意識을 밝힌 것. 이는 마음의 現量이다. ③五俱意識. 五識이 同時에 일어나는 것. 五境을 緣하고 十八界를 傍緣하는 意識이며 이는 現·比·非의 三量에 通한다. ④五後意識. 五俱意識의 後念에 生하여 前念인 五境의 境과 他一切法을 緣하는 意識이다. 이는 전혀 獨頭意識과 같다. 이 獨頭意識의 解釋은 六識이 建立한 小乘에 따라 말하는 것이며 만약 大乘의 八識家에 따라 말하면 오히려 末那識 阿賴耶識과 같이 일어나고 獨頭現行하는 것은 아니다. 또한 第六意識은 六識中 意識位의 第六이므로 六意識이라 함.

의식(儀式) 어떤 公事에 禮式을 갖추는 作法. 法華經方便品에 「三世識佛의 說法儀式과 같다」라고 하였고, 八敎大意에 「頓·漸의 秘密은 定化의 儀式이 아니다」라고 하였음

의식계(意識界) 意識의 領域. 意識的 判斷의 領域. 마음의 識別作用. 十八界의 하나.

의신(依身) 肉身을 말함. 이몸은 有情이 依止한 곳이요. 또 眼·耳등의 依處가 되기 때문에 依身이라고 말한 것. 곧 心識이 依止한 곳이란 뜻. 名義集六에 「諸根이 따르는 것은 周遍積集하기 때문에 身이라 하는데 身은 바로 積集의 뜻이요. 또 依止의 뜻이다」라고 하였음.

의신(義信) 新羅 僧侶. 흰 노새에 經을 싣고와서 俗離山 法住寺를 지었고 聖德王이 重修, 돌구유, 돌다리, 돌독, 돌가마솥을 만들고 珊瑚殿에는 大六金像를 모셨다 함.

의심(義心) 猶豫하여 決定하지 못하는 마음. 이에 迷事·迷理의 두가지가 있는데 事에 迷한 疑惑은 見道에서 끊고, 理에 迷한 疑惑은 佛地에서 끊음을 말함.

의심(義諶) (1592~1665) 朝鮮朝 僧侶. 號는 楓潭. 俗姓은 柳氏. 通津사람 16歲 性淳에게 僧이 됨. 처음 圓徹에게 參學 뒤에 鞭羊에게 入室. 淸虛의 法을 받음. 南으로 奇巖 逍遙에게 參學. 金剛山·寶蓋山에 있으면서 華嚴經등 百數十卷을 閱覽. 잘못된 곳을 정정. 音釋을 著述. 三乘의 깊은 뜻을 分明하게 함. 金剛山 正陽寺에서 入寂. 世壽 74, 法臘, 五十八.

의심(疑心) ①어떤 일에도 疑心을 가지고 맞이하기 때문에 前進할 수 없는 마음 六十心의 하나. ②好奇

心.

의안(義安) 新羅 僧侶. 沙干才良의 아들. 어머니는 南澗夫人. (慈藏律師의 妹氏) 아들 三兄弟에 첫째는 圓敎大德. 둘째는 義安. 셋째는 明朗神印. 文武王14(674)年 스님이 王命으로 大書省이 됨.

의안(儀晏) 唐 吳興 사람. 諸方을 遊歷하고 鏡淸道怤를 參詣하여 法을 이은 後, 括蒼의 唐山 德嚴에게 依하여 落髮하였다. 後晉 開運(944~947)에 江郎岩에 놀다가 石龕속으로 들어가 弟子 慧興으로 하여금 돌로 出入口를 封鎖하도록 하였다. 淳化元年에 衢州 烏巨山에서 入寂하니 世壽 105歲. (五燈嚴統八)

의안락행(意安樂行) 四安樂行의 第三, 마음에 嫉妬·諂誑의 생각을 가지지 않고, 佛敎의 學徒들을 輕蔑하지 않고, 聲聞·緣覺·菩薩을 志願하는 이를 꾸짖지 않고 희롱하거나 다투지 않고 마음이 安樂하여 修養하는 것. →四安樂行.

의암(義菴) 李珥의 僧名. 1554年 19歲에 金剛山 長安寺에서 중이 되었다가 21歲에 退俗함.

의애(疑碍) 往生에 疑心을 發하는 것. 碍는 疑心에 막힌다는 뜻.

의어오과(依語五過) 正敎에 대하여 正解를 얻지 못하면 五過를 生한다 함. ①不正信 ②退勇猛 ③誑人 ④謗法 ⑤輕聖法(成實論歸敬儀通眞記中)

의언(意言) 意中의 言. 즉 마음속으로 생각하고 있는 것. 圓覺經略疏鈔十一에 「意言이란 것은 意中의 言이다」라고 하였음.

의언소의(依言所依) ㉵〈yathā-vādin tathā-kārin〉 말씀하시는 대로 行하는 것.

의언진여(依言眞如) 眞如自體는 도저히 말과 글로 表現할 수 없는 것이다. 그러나 以心傳心하는 聖者가 되지 못한 凡夫로서는 亦是 말이나 글을 빌리지 않고서는 理解시킬 수도 理解할 수도 없는 것이니 이렇게 구태여 말을 빌려 說明하는 것을 依言眞如라 한다. 이 依言眞如 가운데에는 두가지 表現方法이 있다. 消極的 表現을 참답게 비었다(如實空)고 하고, 積極的 表現을 참답게 찼다(如實不空)고 한다. 眞如의 참모습은 妄念을 가지고 찾아볼 수 없으며 그저 아니라는 말로 一貫할 수 밖에 없다. 그러므로 비었다(空)고 한다. 그런데 이렇게 妄法은 비었지만 그 實體는 恒常不變하는 實在로서 淸淨한 無漏性功德을 滿足하고 있다. 그러므로 비지 않았다(不空)고 한다. 이와 같이 말을 여의었느니(離言), 말을 依止하느니(依言), 비었느니(空), 찼느니(不空)하는 것은 모두 眞如의 바탕을 表現한 말이라 함. ↔離言眞如.

의업(意業) 三業의 하나. 뜻으로 짓는 業.

의업삼지(意業三支) 뜻을 犯하는 貪欲·瞋恚·邪見을 말함.

의여육무위(依如六無爲) 眞理는 言語와 思慮를 超越한 絕對的인 것이지만 잠깐 言語를 빌려서 眞理의 意味위에 六無爲를 세운 것.

의연(義淵) 高句麗 平原王때의 僧. 律儀를 잘 지키고 見聞이 또한 넓으며 儒道에도 통하였고 천성이 傳法을 좋아하여 宣通하기에 뜻을 두었으나 佛의 전래와 원인을 알지 못하여 고민하던 중, 前齊의 定國寺의 法上이 불도에 유명하다는 소식을 듣고 왕이 불교의 시말과 緣由를 알기 위하여 의연을 중국 陳나라에 파견하였다. 의연은 帆船을 타고, 陳나라 鄴땅에 이르러 法上門下에서 佛法을 연구하여 法理를 깨달았다. 法深·曇嚴등과 더불어 고구려의 불교를 일으키는데 크게 공헌하였음.

의왕(醫王) 醫中의 王으로 佛·菩薩을 稱讚하여 醫王에게 譬喩함. 佛·菩薩이 衆生의 煩惱病을 治療하여 깨달은 경계에 이르게 하는 것이 마치 名醫가 重患者에게 藥을 써서 고치는 것과 같음. 無量義經에 「醫王 大醫王은 病相을 分別하고 藥性을 曉了하여 病에 따라 藥을 주어서 衆生으로 하여금 먹게 한다」라고 하였고, 涅槃經五에 「等正覺을 成就하여 大醫王이 되었다」라고 하였음.

의왕선서(醫王善逝) 藥師如來의 別名. (醫王의 이름으로 諸佛이 통용하나 지금은 藥師의 이름이 됨. 특히 이 如來를 醫王이라 함) 善逝는 부처님 十號의 하나.

의외(依外) 梵<ādhibhavtika> 生類에 관련하다. 外界로부터 온 것. (金七十論)

의외(疑畏) 疑心과 두려움. 또는 危險한 疑心이나 두려워 할 길.

의외고(依外苦) 梵<ādhibhavtikaṃ-duḥkham> 外界의 事物. 또는 生存者에서 由來한 苦痛. (金七十論)

의요(意樂) 梵<Aseya> 阿世耶의 번역. 意念樂欲하는 뜻. 어떤 目的을 향하여 나아가려는 趣旨.

의용(義用) 佛과 함께 利生하는 것.

의용(義勇) 梵<udyama> 마음이 勇敢한 것.

의용상서(儀容庠序) 容態와 姿態.

의우(衣盂) ①衣鉢 ②五條·七條·九條의 三枚의 袈裟와 應量器라고 말하는 修行僧이 가지는 食器.

의원(依圓) 依他起性과 圓成實性의 二性.

의원(意猿) 뜻이 狂奔하기가 마치 원숭이와 같다는 것.

의위(意謂) 마음에 생각하는 것. 謂는 以爲. 以謂생각한다의 뜻.

의유(依有) 梵<astitvaniśrita> 有에 依存한다.

의유경(蟻喩經) 佛說蟻喩經의 약칭. 一卷. 宋 施護의 번역. 개미가 蝟集하는 것을 五蘊에 비유한 것.

의유경(醫喩經) 一卷. 西晋 竺法護 번역. 小乘部의 經典. 부처님이 出現하여 苦·集·滅·道의 四諦法을 말하여 生死輪廻의 根源을 끊고 涅槃의 悟境을 얻게 하는 것을 醫師가 病을 治療하는데 비유하여 말한 經.

의율타(矣栗駄) 번역하여 心物의 中心要點이라 한다. 止觀一上에 「質多는 印度語인데 中國語로 번역하여 心이다. 즉 생각하여 아는 마음이다. 또 印度의 汗栗駄라고 하는 말은 번역하여 草木의 心이 되며 또 矣栗駄라고 稱하는 말은 번역하여 精要를 積集했다는 말 바로 心을 가리키는 말이다」라고 하였음. 矣는 아마 牟字가 아닐까.

의음(意陰) ㊵〈mano-maya-skandha〉 마음으로 부터 이루어진 集合. →意生身. (寶性論)

의읍(義邑) 北魏의 初頃부터 中國北部地方에 盛했던 것으로 俗家에 있는 佛敎徒를 中心으로 結成된 信仰團體 法義 邑義 邑會 義邑等의 이름으로 불리워졌으며 主로 造像銘等에 보여진다. 이러한 信仰團體는 雲崗 龍門 天龍山等의 石窟에서 볼 수 있는 造像時에 共同出資하여 그 尊像을 中心으로 信仰을 깊이할 目的을 가지고 組織化되었던 것 같음.

의응(宜應) 모든 것. 適當한 것.

의의(依倚) 또는 依猗라고도 한다. ①拘礙 되어 사로 잡히는 것. ㉰〈nissita〉「中阿含經」 ②의지하다. 무엇을 原理·原則으로 하여 存在하는 것.

의의(義意) 義趣와 意向. 慧愷의 舊俱舍序에 「論文을 重譯하여 다시 義意를 解得한다」고 하였음.

의의(擬宜) 法門을 衆生에게 試驗하여 과연 說法을 받을 수 있고 없는 것을 생각하는 것.

의의(擬議) 말할 것을 말하지 못하고 우물쭈물 하는 것. 躊躇. 逡巡.

의의량(擬議量) 思議分別을 비겨서 商量하는 것.

의의불의어(依義不依語) 義는 中道 第一義를 말한다. 言說의 枝葉末節에 拘碍하지 않고 바로 이 第一義에 의지하여 따를 것을 說함. →四依.

의인(疑因) 猶了와 같음.

의자(醫子) 法華經 七喩의 하나 本門의 近을 開하여 遠을 나타내는 것. 良醫가 일을 위하여 他國에 갔을 때 諸子가 毒藥을 마시고 悶絶宛轉하였다. 이 때 아비가 돌아오니 諸子가 기뻐하여 救療를 빌었다. 아비가 色香味가 具足한 좋은 藥草를 주어 諸子中에 失心하지 않은 者가 마시고 病이 모두 나았고, 그 失心한 者는 毒氣가 깊이 들어가서 敢히 먹지 못하였다. 父가 方便으로 他國에 가서 거짓말로 죽었다하니 諸子가 듣고 悲哀한 나머지 드디어 醒悟하여 그 好藥을 먹고 病毒이 모두 除去되었다. 이 때 아비가 다시 돌아와서 서로보고 歡喜함이 끝이 없다하는 것이 大旨다. 如來는 醫에 비유하고 子는 三乘에 비유함. 如來가 方便力으로 三乘의 사람을 對하여 비록 滅度를 說하나 實은 壽命이 無量劫으로 滅度하지 않는 것.

의자유(醫子喩) 法華法 七喩의 하나. 良醫의 아들이 毒藥을 먹었을 때에 醫師인 아버지가 좋은 藥을 주어 治療하였다는 비유. 아버지와 아들은 如來와 衆生에게 毒藥과 良藥은 邪教와 法華一乘教에 비유함. (法華經數量品)

의자택(意滋澤) ㊵〈āhlādand〉 ①모든 것을 생각에 맡겨서 기뻐하는 것. ②모든 것이 뜻대로 불어나는 것.

의장(義莊) 高麗 逆僧. 高麗의 逆臣 李資謙의 아들. 중이 되어 首座를 받고 玄化寺에 있었다. 資謙이 宮闕을 侵犯할 적에 僧三百餘人을 데리고 宮城밖에서 應援, 資謙이 敗하자 金州山에 流配되었음.

의적(義寂) ①新羅때 스님. 年代와 事蹟은 자세하지 않다. 或은 玄奘의 門人이라 하며 元曉와 同時사람으로 著書가 많다. 無量壽經疏 三卷. 觀經綱要 涅槃經總目 二卷. 大乘義林章 十二卷등. 二十餘種이라 함. ②宋나라 天台山 螺溪의 傳敎院 義寂의 字는 常照 溫州永嘉 사람이다. 具足戒를 받은 뒤 會稽寺에 가서 南山律鈔를 배우고 天台山에 가서 止觀을 硏究하였다. 먼저 天台의 敎迹이 모두 散逸되어서 金華古藏中에서는 다만 淨名疏를 얻었을 뿐이고 뒤에 告韶禪師派의 사람이 日本에 가서 購獲하여 가지고 겨우 充足시켰다. 佛隴道場과 國淸寺에서 서로 이어가며 講訓하였다. 許王 錢氏가 사사로이 淨光大師라 署名하고 紫方袍를 下賜했다. 螺溪道場을 일으켰을 때 四方의 學侶들이 구름처럼 모여 들었다. 雍熙 4年에 69歲로 入寂하였으며 止觀義例등을 지었다. 智者가 世上을 버린 때로 부터 六代 傳法 堪然에게 이른 가장 뒤 200餘歲 동안 그 遺寄를 받아 能히 荷負하였다 함.

의적묵(意寂默) 無學(阿羅漢)의 마음. 이미 배울 것이 없어져서 마음을 가라 앉히고 沈默을 지키는 것.

의전(依詮) 依詮談旨의 약칭.

의전(意轉) ㊵〈manasas〉 뜻의 轉換 또는 뜻을 轉與하는 것.

의전담지(依詮談旨) 言慮의 詮門에 依託하여 그 맛을 說함을 말함. 例를 들면 眞如는 妙諦가 되어 言詮을 길이 여의며 實이 없음을 말함과 같다. 그러나 사람를 시켜 體義를 깨닫게 하며 眞如의 이름을

強立하고 眞實如常등의 맛을 談하는 것. 그밖에 三性 三無性등은 모두 詮門의 談에 依하는 것. →廢詮談旨.

의정(依正) 바로 過去의 業에 따라 나의 心身을 받는 것을 正報라 하고 그 心身이 依正하는 一切世間의 事物을 依報라 함. 三藏法數二十七에「依는 依報라 하며 即世間國土임. 身의 所依가 되므로 依報라 하고 正은 正報라 하며 곧 五陰身이다. 바로 業力에 따라 이 몸을 感報하므로 正報라 함. 이미 能依의 몸이 있고 곧 所依의 土가 있으므로 國土를 報土라 한다」하였고, 行願品 疏鈔二에「依는 凡聖이 所依하는 國土는 淨하고 穢하며 正은 凡聖이 能依한 몸으로 人天의 男女가 在家하거나 出家하면 外道의 諸神은 菩薩과 佛이라 한다」하였음.

의정(意定) 三昧와 같음. →三昧. (阿毘曇五法行經)

의정(義淨) 唐나라 京兆 大薦福寺義淨三藏임. 咸亨 2(671)年에 나이 三十七歲로 南海路를 取하여 印度에 가서 15年 동안 三十餘國을 經由하고 則天武后 嗣聖元(684)年에 洛陽으로 돌아왔다. 則天武后가 親히 上東門外에서 마중하고 가지고 온 梵本을 佛授記寺에 두게했다. 처음 于闐國의 實叉難陀와 함께 華嚴經을 共譯하고 뒤에 長安의 福先寺와 雍京의 西明寺에서 스스로 最勝經등 二十部를 번역하였다. 和帝 神龍元(705)年에 洛陽門道場에서 孔雀王經을 번역하고 또한 大先福寺에서 莊嚴王經을 번역하였다. 神龍二(706)年에 御駕를 따라 雍京에 돌아가 뒤에 翻經院을 두고 大薦福寺에 居하게 하였음. 3年에 內殿에 들어가서 翻經 沙門과 九旬安居하고 그뒤에 번역한 것이 많아 모두 五十六部 二百三十卷이다. 先天 25(737)年 世壽 79歲로 入寂함.

의정(疑情) 疑心나는 마음. 의심스러운 情을 말함.

의정불이문(依正不二門) 天台宗 十不二門의 하나. 圓敎의 부처님이 나타낸 前三敎의 敎主와 九界에 應同하여 나타내는 몸을 正報라 하고 寂光淨土로서 나타낸 同居土·方便土·實報土를 依報라 하여 이 三土 九界의 依報·正報는 그 자체가 모두 寂光土의 원불임을 말하는 部門. →十不二門.

의정이보(依正二報) 依報와 正報. 모두 前世의 業에 따라 얻은 果報이기 때문에 二果라고 말하고 또는 二報라고 말한다. 正報는 五蘊이 化合하여 이루어진 身體요. 依報는 그 身體가 依屈하는 山河·大地·衣服·飮食등임.

의조(義操) 唐 靑龍寺 東塔院의 義操임. 惠果阿闍梨가 付法한 上足. 國師가 됨. 大悲 胎藏등 三部의 秘法으로써 法潤 義眞 大遇등에게 付

與함. (明匠略傳)

의족경(義足經) 佛說義足經의 약칭. 二卷. 吳 支謙의 번역. 十六小經을 좇아 이른 것으로 各經의 끝에 義足偈가 있기 때문에 義足經이라 함. 위에 說한 經義를 補足했다는 뜻.

의존(義存) ①(822～908) 德山宣鑑의 弟子로 福建省 泉州街 南安縣의 독실한 佛教信者인 집안에서 출생. 姓은 曾氏, 諱는 義存. 號는 雪峰. 諡號는 眞覺大師(唐懿宗이 賜) 어려서 부터 종소리를 듣거나 불전에 쓰는 물건을 보면 좋아했고 파·마늘 냄새를 꺼리었다. 12세에 아버지를 따라 포전 玉潤寺에 가서 慶玄律師를 隨侍하다가 17세에 落髮 그후 德山을 만나 弟子가 되고 咸通年中(860～873) 福州의 象骨山 雪峰에 創院하다. 이 산은 閩越(福建省)의 勝地로서 겨울엔 눈이 제일 먼저 내리므로 雪峰이라 한다 함. 40年 동안 教化 會下 大衆이 항상 1,500명이 넘었다 한다. 門下에 雲門文偃, 玄沙師備, 長慶慧陵, 保福從展, 鏡淸道怤, 翠岩令參等 150餘名의 英衲(神足)이 輩出되었다. 그 중에는 新羅의 大無爲선사와 高麗의 玄訥과 靈照선사가 있고 그 弟子 長慶慧陵에게서 新羅의 龜山화상이 나왔다. 後梁의 太祖 開平 2(908)年 8月 2日에 世壽 87, 法臘 59세로 入寂함.

의종교별(依宗教別) 各宗의 宗依에 따라 세운 宗義의 다름을 말함. 부처님의 一代의 教法을 判別하면 저절로 유별이 된다. 즉 華嚴宗의 五教·法相宗의 三時判教가 바로 이것임. 李通玄華嚴合論 第一에서 나옴.

의좌실(衣座室) 如來의 옷. 如來의 座·如來의 室을 말함. 곧 法師 弘通의 法華經을 따라 假喩示한 三種의 軌則이며 이를 弘經의 三軌라 함. 法華經 法師品에 「藥王아 만약 善男子와 善女人이 如來滅後에 四衆을 위하여 이 法華經을 說하고자 하려면 어떻게 說하면 되는가 이는 善男子와 善女人이 如來室에 들어가서 如來의 옷을 입고 如來의 座에 앉아서 四衆을 위하여 이 經을 廣說하라, 如來室이란 一切衆生衆의 大慈悲心이며 如來衣는 柔和忍辱心이며 如來坐는 一切法空이다」 하였음.

의주(衣珠) 法華七喩의 하나. 佛性을 衣中의 寶珠에 비유한 것. 法華經 五百授記品에 「비유하면 어떤 사람이 親友의 집에 가서 술에 醉해 들어 누었을 때 親友가 官事를 當해 가면서 無價의 寶珠를 그 옷 속에 매어 주고 갔다. 그 사람은 醉해서 자고 있어서 都是 알지 못하고 外國에 나갔다가 衣食때문에 힘써 부지런히 求했으나 크게 어려워 조금이라도 벌게 되면 문득 滿足하게 여겼다. 뒤에 親友를 만나

보니 말하기를 "어리석구나 大丈夫가 어찌 衣食을 위하여 이 같이구는가. 내 지난날 네가 安樂을 얻어 五欲을 自恣하게 해주고자 어느해 어느날 無價의 寶珠를 너의 옷속에 매어 두었다. 지금까지 가지고 있지만 너는 알지 못하고 부지런히 일하고 苦生하면서 살기를 求하였으니 甚히 바보스럽구나, 네 지금이 寶珠를 팔아서 쓰고 恒常 마음대로 하여 모자라는 것이 없게하라」하였고, 楞嚴經四에 「비유하면 사람이 自己의 옷속에 如意珠를 매어두고도 스스로 깨닫지 못하고 다른 곳에서 窮함을 보이고 乞食하면서 달린다」하였고, 文句記三下에 「衆生의 身中에 옛날의 種緣이 있는 것을 衣珠라 한다」하였음.

의주(依住) ㉿〈Sthiti〉 의지하여 머무는 것.

의주(意珠) ㉿〈maṇi〉 如意珠.

의주석(依主釋) 六離合釋의 하나. 依士釋이라고도 한다. 二個以上의 名詞로 成立된 合成語에서 뒤 엣말에 制限되어 主·伴의 關係가 있음을 나타내는 方法. 예를 들면 "韓國사람"이라 할 때에 사람이란 말은 各國에 通하지만 韓國이란 말을 썼을 때는 그 사람은 東洋 사람 가운데서도 韓國 사람인 것을 표시하는 것. 앞말은 뒷말을 制限함. → 六離合釋.

의주유(衣珠喩) 法華經의 七喩의 하나로 五百弟子授記品에 있는 比喩임. 어떤 가난한 사람이 친구의 집에 가서 술에 취하여 자는데 주인 친구는 共事로 외출하게 되어 값많은 寶珠를 그의 옷속에 매어 주고 떠났다. 그 사람은 그것을 모르고 돌아가는 길에 다른 나라로 유랑하면서 품을 팔아서 의식을 이어 간신히 세월을 보내었다. 얼마 후에 우연히 옛 친구를 만나 그 말을 듣고 담박 빈궁을 벗었다는 비유로 이는 二乘이 過去 大通智勝佛 때에 大乘教의 種因을 받았으나 無明 煩惱 때문에 그것을 알지 못하고 지금 法華回想에 참여하여 처음으로 깨달은 것에 비유함. → 衣珠.

의준(義准) 換質 換位하는 것.

의준량(義準量) 意味內容으로 歸結하는 것. 類를 같이하는 物件에 準하여 아는 것.

의준상사(義准相似) 因明에서 말하는 十四過의 하나. 換質 換位를 잘못된 方法으로 行하여 主張者가 論式을 非難하는 것.

의준상사과류(義準相似過類) 因 十四過類의 하나로 宗·因의 廣狹에 관한 規則을 알지 못하고 외람되게 뜻만으로 추측하여 立論者의 論法을 則面으로 攻擊할 때에 생기는 허물을 말함. 즉 宗과 因의 관계는 因이 宗의 범위와 동등하거나 좁은 경우에만 정당한 推斷을 얻는 것이라는 道理를 알지 못하고 허망하게

立論者의 論理를 論破하려 할 때에 생기는 허물이다. 예를 들면 소리는 無常하다. (宗) 사람의 意力에 따라 나는 까닭(因)에 마치 사람이 만든 물건과 같다(喩)에 대하여 만일 그렇다면 無常한 것은 모두 사람의 意力에 말미암아 發生한 것이라 아니할 수 없다. 그러나 無常하면서 人力에 의한 물건이 아닌 것이 있으므로 이런 論法은 그릇 된 것이라고 攻擊함과 같은 것임.

의중보(衣中寶) →衣珠喩.

의지(依止) 有力·有德한 곳에 依賴하고 止住하여 떠나지 않는 것. 法華經 方便品에 「有·無등이 모두 이 모든 見에 依止한다」라고 하였음.

의지(依地) 禪定을 말한다. 자기가 依止하여 悟道에 들려는 所依止이므로 禪定을 依地라 함.

의지(依持) 一切法의 所依가 되며 一切法을 住持相續하는 것을 말한다. 地論宗 南北兩道派의 論爭의 中心論題. 陳梁以前 地論을 펴는 스승의 두곳이 같지 아니하였다. 相州의 北道는 阿黎耶를 피하여 依持하고 相州의 南道는 眞如를 計劃하여 依持로 삼는다. 이 二論師는 함께 天親에게 禀하였으나 所計가 各異함이 水火와 같았다 함. (法華經玄義釋籤卷十八)

의지(依智) ㉵〈jñāna-saṃprayukta〉 智와 맺고 있는 것.

의지(意止) 念處·念住와 같음. → 念處.

의지(意旨) 意味 또는 根本이라는 뜻.

의지(意地) 意는 第六意識. 이 識은 一身을 支配하고 또 萬事를 發生하는 場所이기 때문에 地라고 말한다 마치 心地라고 말하는 것과 같다. 唯識論五에 「意地는 慼을 받아들이기 때문에 憂根이라고 부른다」하였고, 宗鏡錄二에 「一味의 智水를 부어서 意地의 妄塵을 씻는다」라고 하였음.

의지(義持) ①뜻을 가지는 것. ②實踐을 通하여 佛法의 眞意를 體現하는 것. ③新羅때 義湘大師에게 智儼大師가 授與한 稱號.

의지(義智) 義를 아는 것.

의지(疑智) 疑心나는 作用.

의지(儀止) 態度.

의지갈마(依止羯磨) 依止는 呵責을 받아야 할 者를 말한다. 課程에 愚癡한 者는 僧權을 停止당하여 一定期間中 監督者에게 있으면서 指導를 받고 法을 學習하도록 하는 것. (十誦律)

의지관(意止觀) 意에서 마음의 動搖를 靜止하여 對象을 바로 觀하는 것.

의지념(意地念) 三業 가운데 意業. 마음의 활동에 의하여 阿彌陀佛을 念想하는 것.

의지불의지(依智不依智) 法四依의

하나. 一四依.

의지사(依止師) 그 門下에 있으면서 學業을 받거나 禪理를 探求하며 따라 모시던 스승. 依止阿闍梨와 같음. (象器箋)

의지삼계(意地三戒) 貪欲·瞋恚·邪見을 禁制하는 것.

의지삼번뇌(意地三煩惱) 梵〈manah-klesa〉 뜻의 煩惱. 뜻에 있는 煩惱 三毒을 가르킴.

의지심심(依止甚深) 如來가 證得한 眞如法體가 一切處에 두루하여 一切萬有의 所依가 되는 것. 五甚深의 하나. (法華論·三藏法數十九)

의지아사리(依止阿闍梨) 比丘가 새로 得度한 뒤에 다른 先輩比丘에게 依止하여 그 監督을 받아 法을 삼음. 이 師를 依止阿闍梨라 함. 五種阿闍梨의 하나. (四分律三十四)

의지조법(依智照法) 智慧로서 모든 事物의 本性을 비추어 보는 것.

의지주(依止住) 敎化 받을 相對者가 場所를 달리함에 따라 住所가 移動하는데 대하여 根據地로서 常住하는 곳. 부처님의 祇園精舍와 같음.

의지차별(依止差別) 精進을 區別하는 六種中의 하나. 依止差別에 依하여 三乘으로 나누어 精進에도 三種이 있다는 것을 說함. (莊嚴經論)

의지희(意至喜) 뜻이 淸澄하여 기쁜 것.

의직(衣直) 衣服을 購入하기 위한 資金. 옷을 사는 돈. 또는 衣價라 함. 또는 의치.

의진(義眞) 唐代사람. 鄕貫未詳. 惠果의 法孫. 義操에게서 法을 받고, 唐나라 開成·會昌頃에 (836～847) 長安의 靑龍寺 東塔院에 住하였을 적에 英名이 드날렸다. 三敎를 窮究하고 五部를 通達했으며 特히 胎藏 密敎에 精通했다. 日本僧 圓仁·圓行등이 많이 나아가서 密學을 받았다. 뒤에 武宗이 詔勅으로 佛敎를 廢하고 寺塔을 破壞하고 僧尼들을 還俗시키고 章敬·靑龍·安國寺의 三寺를 헐어버리고 거기에 內園을 만들었다 함. 그러나 師의 終年을 알 수 없음.

의집(意執) 자기의 心中으로 이러하리라고 斷定하고 動搖하지 않음. 執着. 固執.

의착(依著) 執著하는 것. 大般若經 七十一에 「능히 如實히 一切法相을 알아서 執着하지 아니하므로 다시 摩訶薩이라 한다」고 하였음.

의착(疑錯) 疑心이나 錯誤.

의처(依處) 梵〈adhikāra〉 의지하는 곳. (俱舍論)

의처(意處) 十二處의 하나. 곧 心王을 말함. 五蘊中에 識蘊이요. 十八界中에 七心界이다. 이것은 六識界와 意界의 七心界로 능히 心과 心所法으로 하여금 生長을 作用하게 하는 뜻이 있기 때문에 十二處 가운데 略하여 意處를 세웠다. 대개 十二處를 緣由하는 것은 色에 어리석은 사람을 위해 說한 法門이므로 色을 開演한 것은 자세하나 心은 略하여 오직 一이라 함.

의처진실(依處眞實) ㉵〈sanniveśatattva〉 →安立眞實.

의처최승(依處最勝) ㉵〈adhikāra-paramatā〉 菩薩의 十種修行이 가장 뛰어난 理由의 하나. 菩薩은 스스로의 安樂을 위한 것이 아니고 모든 衆生들의 利益과 安樂을 目的으로 修行하는 점을 가장 뛰어난 일이라고 말한 것.

의천(依天) ㉵〈ādhidaivika〉 모든 神에게 관계 한다. 諸神으로 부터 온 것.

의천(義天) ①慈恩大師가 能히 妙義를 解하여 義天이라 함. 宋高僧傳七에 「大乘의 基가 있어 高足이 되어 宿習을 緣하지 않고 多見으로 知가 생함을 義天이라」함. ②十住등의 菩薩이 義天이 되며 四天의 하나. 涅槃經二十二에 「義天은 十住菩薩摩訶薩등이다. 十住菩薩은 能히 諸法義를 善解하므로 義天이라 하며 一切法의 空義를 義라한다」하였음. ③高麗때 스님(1055～1101) 天台宗의 中興祖 仁孝王(文宗)의 第四子로 이름은 煦, 字는 義天임. 11歲에 王師 爛圓에게 중이 되어 靈通寺에서 華嚴의 敎觀을 배우고 13歲에 父王으로 부터 廣智關宗弘眞祐世의 號를 받고 僧統이 되었다. 宣宗元(1084)年 宋나라 淨源法師의 招請을 받고 남루한 옷차림으로 弟子 壽介만 데리고 몰래 宋나라로 떠나니 王이 크게 놀라 官吏와 弟子 樂眞·慧宜·道隣등을 隨行케 했다. 哲宗의 迎接을 받고 華嚴法寺 有誠에게 華嚴·天台의 兩宗을 배우고 相國寺의 印度僧 天吉祥을 찾아 天台敎觀을 배우고 錢塘慧因寺 淨源에게서 法을 받다. 靈芝大智를 찾아 律藏을 배웠으며 圓照宗本禪師에게 宗旨의 大義를 問答하였다. 宣宗 3(1086)年 歸國하여 釋典 一千餘卷을 바쳤다. 開京의 興王寺에서 續藏經 四千七百四拾卷을 刊行하였고. 肅宗때 鑄錢論을 主張하여 社會 經濟面에 貢獻하였고 肅宗 6(1101)年 國師에 封했으며 그 後 同年 10月에 世壽 47歲 法臘 36歲로 入寂하였다. 靈通寺의 東麓에 葬하고 金富植이 銘文을 써서 碑를 세웠다 함. 著書로는 圓宗文類·釋苑詞林·海東有本見行錄·成唯識論單科·天台四敎儀註·大覺國師文集등이 있음. ④(1603～1690) 朝鮮朝 스님 字는 智鏡 號는 幻寂 姓은 文氏 善山 사람. 十一歲에 俗離山 福泉庵에 들어가 塵靜琢璘에게 出家하여 중이 되고 十四歲에 金剛山 正陽寺 鞭羊에게 具足戒를 받다. 八公山 桐華寺에서 松溪性賢에게 經論을 배우고 二十一歲에 淸凉山에 들어가 31年間 辟穀을 하였다. 뒤에 어머니의 强勸으로 다시

穀食을 먹었다. 肅宗 16(1690)年 世壽 88歲로 海印寺의 白蓮庵에서 入寂함.

의천고(依天苦) ㊵〈ādhidaivikaṃd-uhkham〉 天命(運命)으로 부터 由來한 괴로움.

의천목록(義天目錄) 本名 新編諸宗敎藏總錄 二卷. 海東傳 華嚴大敎沙門 義天 지음은 諸家의 章疏를 目次한 것. 이는 章疏目錄의 嚆矢가 된다 함. 自序에 「開元中에 大法師 智昇이 있어 訛謬를 刊落하고 重複을 刪簡하여 모두 一書를 만들어 開元釋敎錄이라하니 모두 二十卷이다. 가장 精要하여 議論하는 사람들이 經法의 譜가 됨이 智昇보다 나은 이가 없다고 하여 遺敎를 住持함에 莫大하였다. 내가 窮謂를 맡음에 (窮謂二字는 原本과 틀림이 있으나 改正할 수 없어 그대로 둔다) 經論이 비록 具備되었다하여 章疏를 廢해 버린다면 流衍(沿革)을 말미암을 길이 없다. 문득 智升公의 護法의 뜻을 본받아 敎迹을 搜訪함을 已任으로 삼고 孜孜하여 버리지 않음이 겨우 二十年이 되었다. 이제 新舊製撰된 諸宗의 義章을 얻어 敢히 私秘하지 못하고 叙하여 낸다. 뒤에 얻는 것이 있으면 또한 따라서 記錄하고자 한다. 說或 將來에 函秩을 編次할 때 三藏의 正文과 같이 傳함이 無窮하게 되면 나의 所願이 이루어 진다」하였음.

의청(義青) 青社 사람. 姓은 李氏. 妙相寺에서 經試에 合格하고 百法論을 배웠다. 어느날 歎息하기를 「三祇劫의 길이 머니 스스로 困할 뿐 이익이 없다」하고 京師에 들어 華嚴을 듣고 일찌기 法慧菩薩偈를 읽다가 即心自性이란 글귀에 이르러서 猛省하기를 「法이 文字를 여의고 어찌 講할 수 있을까」하고 가서 禪林을 두드려 浮山法遠을 聖巖寺에서 參謁하고 隨侍한지 六年에 洞下의 宗旨를 모두 究明하니 法遠이 곧 大陽警玄의 頂相·皮履·直綴을 付囑하고 다시 囑하기를 "나를 代身하여 宗風을 이어 오래도록 漏함이 없게하여 잘 護持하라」하였다. 圓通法秀를 尋見하고 意氣가 서로 投合하여 이로부터 道聲이 藉藉하였다. 처음 建州 白雲山에 住하다가 얼마후 舒州 投子山에 옮기고 大陽의 宗風을 드날리었으므로 投字의 號가 있다. 年壽未審함. 著書로 投子青禪師錄 二卷이 있다 함.

의청정(意清淨) ㉷〈mano-goceyya〉 無貪과 無瞋과 正見을 말한다. 또는 學·無學·善의 非學 非無學의 意業을 말함. (集異門論)

의체(衣體) 法衣材體라는 뜻. 곧 三衣등을 만드는 品質이라 함. 四分律六에 糞掃衣와 十種의 옷을 許하였다. 곧 「憍賒耶衣·劫貝衣·欽婆羅衣·芻摩衣·讖摩衣·扇那衣·麻

衣·翅夷羅衣·鳩夷羅衣·讖羅半尼衣다」하였음. 憍賒耶(kauseya) 巴〈kausa〉는 野蠶의 絹布다. 劫貝는 梵〈迦波羅＝kapāsa〉 巴〈kappāsika〉곧 綿布이며 欽婆羅 梵〈kambapa〉는 毛와 絲의 雜織이며 또는 細羊毛衣라 함. 芻摩 梵〈ksaumaka〉는 麻布의 一種이며 扇那는 白羊의 毛布이며 鳩夷羅는 붉은 色(絳) 羊毛布이며 讖羅半尼는 尨色羊毛布이고 翅夷羅는 鳥毛로 짠 물건이다. 西域記二에 또한 憍奢耶이하의 五種衣를 들었고 後世 南山律에는 絹布를 排斥했으나 典據가 없으며 義淨이 南海 寄歸傳에서 說破하였음.

의초(義楚) 宋 齋卅 開元寺 義楚임. 어려서 出家하여 부지런히 精進. 잠시도 쉬지 않고 배워 俱舍論一宗에 極히 造諸가 깊었고, 뒤에 大藏經을 세번이나 꿰뚫어 보고 당시 儒家에서 佛教를 誤解함을 慨歎하여 白樂天의 六帖을 모방하여 十年동안 부지런히 써서 義楚六帖을 지어서 朝廷에 바쳤다. 唐世宗의 敕命으로 吏舘을 付하고 紫衣와 明教大師의 號를 내리었다. 宋開寶(968~976)年中에 龍興寺에서 入寂. 世壽 74. (宋高僧傳七)

의초부목(依草附木) 또는 依草附葉이라고도 하는데 精靈이 草木에 依附한 것을 말하는 것으로 사람의 精靈에 對하여 이르는 말이다. ①狐狸의 種類가 草木에 依止하여 變化하듯이 修行하는 이가 言語文字에 拘碍되어 眞如의 本性에 바로 나아가지 못하는 데에 譬喩한 것. ②사람이 죽어서 다음生을 받지 못한 中陰의 靈魂이 큰나무나 풀 그늘에 依附하듯이 修行하는 이가 이 몸에 일어나는 一分煩惱는 끊었으나 아직 凡聖 迷悟의 差別的 見解를 벗어나지 못하여 眞覺의 境界에는 들지 못함에 비유한 것이다. 無門關에 「祖師의 關門을 뚫지 못하고 妄念의 끈이 끊어지지 않으면 모두 草木에 依附한 精靈들이다」라고 하였고, 臨濟錄에 「十年 또는 五年동안을 했으나 한 사람도 없이 모두 풀에 붙고 잎에 붙은 精靈들이요. 野狐의 精魅들에 不過하다」라고 하였음.

의초부목정령(依草附木精靈) 죽어서 安息을 얻지 못한 魂이 草木에 붙어 사람에게 달라 붙는다는 말에서 나온 말이다. 즉 마음을 잡지 못하여 쓸모가 없는 것. (無門關)

의초육첩(義楚六帖) 二十四卷. 義楚의 著書. 釋氏의 義理文章과 庶事群品등을 類集한 것. 大綱이 五十部, 隨事가 四十門.

의총(義塚) 吊喪하는 사람이 없는 無緣의 죽은 이를 위하여 다른 사람이 義로써 세운 무덤.

의추상사과류(義推相似過類) 因의 十四過類의 第七. 宗과 因의 寬狹의 規則을 알지 못함을 말함. 濫하게 義라 推하는 것은 反面에서 立論者를 攻擊할 때에 부르는 過誤임. 宗과 因의 關係는 因의 範圍와 宗의 範圍가 同等하다. 만약 狹할 때에 얻은 論理의 推斷은 因의 範圍를 認定하지 않고 宗의 範圍와 比較하여 넓게한다. 그러나 對論者는 이 理를 알지 못한다. 例를 들면 「소리는 無常하다. (宗) 사람의 意力에 依하여 발하기 때문이다. (因) 마치 사람이 만든 것과 같다(同喩)」하는 論式에 對하여 破斥하고자 하면 「네가 말한 것을 義로 미루어보면 無常이 아니라 하지 못한다. 모두 人生의 意力에 따라 發生한다. 그러나 無常한 것은 사람이 만든 것이 아니다」이 같은 論式은 實로 誤謬가 있다 함. 이는 전혀 宗과 因의 寬狹의 規則을 알지 못하는 對論者 自己의 過誤가 된다는 것.

의취(意趣) 心·意의 趣向. 法華經方便品에 「適宜함을 따라서 한 말은 意趣를 알 수 없다」라고 하였음.

의취(義趣) 義理가 歸趣하는 것. 法華經方便品에 「모든 義趣를 了達한다」하였음.

의취의가타(意趣義伽佗) 伽佗는 ㊵ ⟨gātpa⟩로 詩句. 意圖된 意味의 詩句.

의측(宜則) 規則.

의침(義砧) 朝鮮 成宗때의 僧侶. 唐나라의 詩人 杜甫의 詩를 曺偉와 함께 한글로 번역하여 杜詩諺解를 편찬하였음.

의타(依他) 自然의 法이 아닌 것으로 他의 因緣依止하여 일어나는 法으로 이것을 依他法. 또는 依他起性이라고 한다. 三性 가운데 하나임. 成唯識論八에 「이 理趣로 말미암아 여러 因緣이 生하는 것이요. 心과 心所의 體하는 것이며 또는 相見分과 有漏 無漏가 모두 他를 依止하여 일어나고 다른 여러 因緣에 依하여 일어나기 때문에 依他라고 한다」라고 하였음.

의타(依佗) 依他起性을 말하며 因緣을 가리킴.

의타기(依他起) ①依他起性 ②他에 依止함.

의타기상(依他起相) 다른 것과의 因緣 곧 阿賴耶識中의 種子. 이 種子가 생하는 諸識과 諸法을 말함. →依他起相.

의타기상법(依他起相法) 他와의 因緣. 因緣에 依해 生하는 生滅現象界의 일을 말함. 依他起性과 같음.

의타기성(依他起性) 唯識 三性의 하나. 자기의 原因만으로는 나기 어렵고, 반드시 다른 緣을 기다려서 나는 物·心의 모든 現象. 唯識論에 依하면 百法中에 九十四法이 여기에 딸림. 色法은 因緣과 增上緣에 依하여 생기고 心法은 四緣에 依하여 생긴다고 함. →三性.

의타기자성(依他起自性) ㊵⟨paratantraḥ svabhā:vaḥ⟩ 他에 依存한 自

體.

의타상(依他相) →依他起性.

의타성(依他性) 眞諦가 傳한 唯識性에 의하면 ①因緣에 의하여 생한다는 說 ②眞實과 다르게 나타나는 意味의 二義가 있음. →依他起性.

의타성상(依他性相) →依他起相.

의타심(依他心) ①부처님의 變化身의 假心. ②남에게 의지하는 마음.

의타십유(依他十喩) 他法이 實體가 없음에 依하여 十種의 喩로 나타내는 것. 維摩經 方便品에 「이 몸은 聚沫과 같아서 撮摩할 수 없고 이 몸은 거품과 같아서 오래 서 있을 수 없으며 이 몸은 불꽃과 같아서 목마름을 따라 사랑이 생기며 이 몸은 芭蕉와 같아서 中間에 굳음이 없으며 이 몸은 幻과 같아서 顚倒가 따라서 생기며 이 몸은 꿈과 같아서 虛妄함을 보게 되고 이 몸은 그림자와 같아서 業緣을 따라 나타나며 이 몸은 소리와 같아서 모든 因緣에 부쳐지며 이 몸은 浮根같아서 須臾에 滅하며 이 몸은 電氣와 같아서 念念이 住하지 않는다」하였고, 大般若經一에 「모든 法門을 勝解로 觀察하면 幻·陽焰·夢·水月·響·空花·像·光影·變化事·尋香城과 같다」하였음.

의타연생법(依他緣生法) 原因과 條件과의 結合으로 生한 그것이 缺함으로 因해 滅하는 모든 存在.

의타자성(依他自性) 三自性의 하나. 他를 依하여 일어나는 法으로 假有와 似有의 自性이 있다 함.

의타팔유(依他八喩) 依他十喩 가운데 幻事·陽焰·夢境·鏡像·光影·谷響·水月의 八喩를 말함. (攝大乘論五)→依他十喩.

의태(疑殆) 疑心하는 것. 疑心하고 嫌忌하는 것.

의통(依通) 通力의 一種. 藥力·呪術 등에 依憑하여 神通하는 作用을 示現하므로 依通이라 함. 이른바 神仙의 類임. 五通의 하나. (宗鏡錄十·五三藏法數二十一)

의통(義通) 高麗 太祖 10(927)～成宗 7(988)때의 僧侶. 姓은 尹氏. 字는 惟遠. 어려서 龜山院의 釋宗에게 具足戒를 받았다. 中國 天台山 雲居寺에 가서 契悟·螺溪에게서 修業. 天台第十六祖 四明寶雲尊者大法師가 되었다. 光宗 19(968)年 漕使顧承徽가 지은 傳教院에 住하다가 이 절이 寶雲寺로 改稱되자 寶雲尊者라는 稱號를 받았음. 著書는 觀經疏記. 光明玄賛釋이 있음.

의판(倚版) 禪版과 같음. 坐禪할 때 의지하는 道具. 두께는 三分쯤 되고, 길이는 한자 여덟치 가로 세치 九分으로 위 아래에 구멍을 뚫어서 사용할 때에 노끈을 横으로 묶어 고정시켜 등을 의지하게 함.

의편(義便) 義理를 밝히는 便宜. 玄義一下에 「만약 義便을 좇을려면 마땅히 먼저 法을 밝히고 다시 그

妙理를 論한다」하였음.

의포동자(衣蒲童子) 宋나라 太尉 呂惠卿이 五臺山에 가서 어떤 童子를 만났다. 몸은 검고 머리를 풀고 부들(풀 이름)을 가지고 발에서부터 어깨까지 싸고 右膊을 袒하였으며 손에는 梵筴을 들었다. 太尉에 對하여 華嚴經의 深義를 說하고는 文殊의 本形을 나타내고 가버렸다. 太尉가 집에 돌아와 아침 저녁 생각하여 오랫만에 忽然히 童子를 香几上에서 感見하고 畵工을 命하여 그렸다 함.

의학(依學) 스승에게 順從하여 배우는 것.

의학(意學) 禪宗의 學問. 禪學은 身·口·意中의 意業에 該當하므로 佛心宗이라 함. 禪源都序一에 「經은 佛語이며 禪은 佛意다. 諸佛의 心口가 相違하지 않는다」하였고, 傳通緣起上에 「道는 善의 意學이다」하였음.

의학(義學) 俱舍와 唯識등에서 세운 名數로 因果·階級·法相·蹈蹐을 論한 文字間의 學問임. 釋氏 稽古略四에서 말한 「兩街가 모두 南山律部다. 慈恩·賢首의 疏鈔는 義學일. 따름이며 士大夫의 聰明 超軼한 者는 모두 厭聞하여 相因果라 한다」한 類 임.

의학(醫學) →醫方明.

의학종(依學宗) 겨우 學問에 依하여 배우는 宗旨요. 信心으로 修行하는 宗旨가 아님을 말함. 俱舍宗·成實宗이 바로 이것임.

의한(意閑) 朝鮮 僧侶. 號는 忍庵. 俗姓은 朴氏. 靈巖사람. 依止할데 없이 자라다가 우연히 미황사에 가서 玩海見賢에게 依止하여 공부함. 約束을 잘 지켰고, 마침내 入室하여 法衣를 받음. 諸方의 衲子를 敎化. 戒律을 嚴하게 지켰다. 寶林寺의 水南庵에 있으면서 禪家을 오랫동안 提接. 大芚寺 靑蓮庵에서 오랫 동안 經論을 가르쳤다. 世壽 50歲로 卒함.

의해(意解) ①意識에 依하여 了解하는 것을 말함. 八十華嚴十四에 「意解를 觀한 것과 같은 일이다」하였고, 深密經一에 「오직 여러가지 意解를 除하면 別異한 意解와 變異意解가 있다」하였으며, 行事鈔上에 「意解가 같지 않고 心相이 各別하다」하였고, 資持記上四의 一에 「意解는 곧 所見이다」하였음. ②意의 解脫임. 維摩經 佛國品에 「漏盡한 意解다」하였고, 또 註하기를 「漏盡 九十八結漏가 이미 盡하였으므로 뜻이 解脫을 얻어 阿羅漢이 된다」하였으며, 同 慧遠疏一에 「안으로 愛染을 除하는 것을 漏盡이라 하고 無學智를 얻으면 意解가 된다」하였음.

의해(義解) 義理의 解釋. 佛經의 깊은 뜻을 解釋하는 것. 高僧傳 十科 가운데 義解 一科가 있음.

의행(依行) ㊵〈Prati-vpad〉 ㊵〈Pratipa dyate〉 가르침에 따라 實踐하는 것. 釋迦의 說에 의지하여 念佛를 行하는 것. 부처님 말씀에 따라 行하는 것.

의행(意行) ㊵〈citta-saṅkhāra〉 마음의 作用에 關한 潛在的 形成力. (雜阿含經)

의허(意許) 因明學에서 쓰는 말로, 자기의 뜻에만 두고 말로는 表現하지 않음을 意許라 말하고 말로 表示하는 것을 言陳이라고 말한다. 因明論 大疏三에 「저 意許에 成立한 法의 差別로써 他用에 積聚한다」라고 하였고, 因明論 直解에 「입으로는 말하지 않으나 마음속으로 指向하는 바가 있는 것을 바로 意許 差別性이라 한다」라고 하여음.

의현(義玄) ①(?~867) 臨濟宗의 關祖. 黃蘗希運의 弟子. 曹州 南華 사람. 俗姓은 邢氏. 名은 義玄. 號는 臨濟. 諡號는 慧照禪師. 塔號는 澄靈. 어려서 出家하여 諸方을 다니면서 經論을 연구하다가, 黃蘗希運의 法會에 가서 3年동안 있었다. 그러면서도 아무 말도 묻지 못하고 지냈는데 第一座의 지도를 받아 어떤 것이 佛法의 的的大義입니까? 하고 물었더니, 황벽은 다짜고짜로 몽둥이질을 하는 것이었다. 第一座의 권에 따라 이렇게 세번 물었으나 세차례나 매만 실컷 맞았다. 마침내 그곳에는 인연이 없다 생각하여 하직하고 黃蘗의 지시로 大愚스님 會上으로 갔다. 大愚스님은 묻기를 "요사히 黃蘗스님께서 무슨 法門이 있던가?"하니 그는 세번이나 몽둥이로 얻어 맞은 사연을 말하고 무슨 까닭으로 그 처럼 때리는지 모르겠더라고 했다. 이때 大愚스님이 "허, 黃蘗스님이 그처럼 자네를 위해 애썼는데 허물을 찾고 있단 말인가"하는데서 臨濟는 크게 깨쳤다. 그뒤 黃蘗스님에게로 되돌아가 그의 法을 잇고, 나중에 河兆鎭州城의 東南 滹沱河畔의 臨濟院에서 널리 교화를 폈다. 그의 法을 이은 弟子가 22人이나 되었다. 그중에서도 三聖慧然, 興化存奬등이 뛰어났다. 뒤에 대명부의 興化寺에 옮겼다가 唐의 懿宗咸通 8(867)年 4月 10日 坐化. (或은 咸通 7(866)年) 著書로는 臨濟慧照禪師語錄 一卷이 있음. ②朝鮮朝의 僧侶. 靈虛의 法名.

의호(依怙) 依賴. 즉 믿고 依支함. 法華經 普門品에 「觀世音淨聖은 苦惱 死·厄의 모든 역경에 있을 때에 믿고 依賴할 수 있는 분이다」라고 하였고, 大寶積經二十三에 「世間에서 크게 믿고 依支할 것은 이乘으로써 능히 出離할 수 있다」라고 하였음.

의호(義虎) 義理를 아는 勇猛을 범에 비유한 것. 釋氏要覽中에 「高僧道光이 江東에서 義理를 硏究하여

號를 義虎라 한다」하였음.

의호도(蟻戶渡) 修驗行者가 바위山 속에서 좁은 곳을 건너는 것.

의혹(疑惑) 理를 의심하고 事에 迷하여 능히 是非를 決定하지 못하는 것. 法華經 譬喩品에 「지금 世尊 앞에서 듣지 못한 바를 듣고 모두 疑惑에 떨어졌다」하였음.

의화(義和) 鄕貫 未詳. 平江 能仁寺에 住錫하여 華嚴의 圓融念佛門을 主唱하였다. 南宋 乾道元(1165)年에 臨安 慧因院에서 華嚴念佛三昧無盡燈 一卷을 지음. 일찌기 圓澄師의 號를 賜하였다. 年壽 모두 모름(樂邦文類·佛祖統紀)

의회(義懷) 宋나라 永嘉 樂淸(浙江 溫州 樂淸縣) 사람. 俗姓은 陳氏. 世世로 漁業을 하였다. 커서 景德寺에 들어가 童行이 되고 天聖中에 經試에 及第하였다. 처음 金鑾善을 만나고 또한 葉縣省을 參謁하였으나 모두 맺지 못하였다. 東으로 姑蘇翠峯에 가서 雪竇重顯을 뵙고 물 긷고 나무하며 苦痛을 참으면서 練修하였다. 어느 날 그 機을 깨닫고 偈하기를 「一二三四五六七 萬仞峯頭에 홀로 섯구나. 驪龍이 가진 如意珠를 빼앗았으니 一言으로 維摩詰을 勘破하겠구나」하니 重顯이 案頭에 부쳐 놓고 認可하고 稱善하였다. 뒤에 鐵佛寺에 出世하여 法要를 提唱하였다. 그 말에 「비유하건대 기러기가 長空을 지날때 그림자가 찬 물에 잠겨도 기러기의 자취를 머무릴 뜻이 없다. 물은 그림자를 머무릴 마음이 없다」고 하였다. 重顯 激賞하여 자기의 類라 하였다. 얼마뒤 越州의 天衣寺에 住하며 法席을 다섯번이나 옮겼으나 이르는 곳마다 모두 荒廢를 일으키고 크게 雲門의 法道를 떨쳤다. 嘉祐 5年에 入寂하니 世壽가 七十二이며 世人이 天衣義懷라 하였다. 續傳燈錄과 佛祖通載등에 나옴.

의회(疑悔) ①疑心이나 後悔를 말함 ②失望하는 것.

의회가(疑悔過) →惡作.

의훈습(意熏習) 諸菩薩들은 凡夫와 小乘佛敎의 聖者보다 修行이 向上하였으므로 迅速히 涅槃을 이룬다는 것. (起信論)

의희(依俙) 아주 닮았다. 어렴프시 흐려 보인다. 의존하여 생각하는 것.

이(二) 梵〈dvaya〉 西〈gñis po〉 둘. 두개의 對立. (中邊分別論)

이(已) ①此(이것). ②矣(終止辭로 使用함). ③文頭에 놓는 한숨으로 使用한다. 一種의 感嘆詞. ④單純過去의 形成에 使用함. ⑤熟語로서 (1)「已下」는 以下(…의 아래)와 同義. (2)已後는 以後(뒤)와 同義. (3)已甚은 太過(過度히)와 同義. (4)已矣乎는 벌써 끝이라는 뜻. (5)已而已而는 그만두라, 라는 뜻.

이(以) ①對格의 表示. …을, 이란

뜻. ②具格의 表示. …으로써라는 뜻. 用과 같음. …을 使用하여, …에 依하여. ③而와 같음. 및. 그리고. 梵〈astitvanāstitva〉 西〈yod ñid med ñid〉 (中論) 〈五教章〉 ④已와 같음. 以前에 이미. (五教章) ⑤由. …에서, …로 부터. ⑥「何以」는 何爲(어떤 理由로, 왜)란 뜻. ⑦謂. 말한다. …라 생각한다. ⑧與. …와 함께. ⑨及. 關係되는, 미치는. ⑩「以往」은 그 以上으로라는 뜻. ⑪그 밖에 주리안은 다음 여러 用法을 表示한다. (1)한다. (2)理由. (3)使用한다. 使用된다. (4)도운다. (5)멎는다. 멎게 하다. (6)왜냐하면 (7)與(와 함께). (8)與(…와, 接續詞) (9)似(닮다). (10)或은 (11)直後의 名詞에 걸리는 助格을 나타내는 前置詞. …에 依하여. (12)直接目的을 나타낸다. (13)泰(심히). (14)干(…에 關係가 있는). (15)두다. 놓다. (16)할줄 안다. (17)가 되도록 한다. (18)준다. (19)「有以」는 有爲(熱意를 表示한다)란 뜻. (20)…할 때에. (21)…에 關하여서는, (22)…때문에. (23)提供한다. (24)…라 着做한다. (25)있는. (26)年月日을 나타내는 名詞直前의 前置詞로 使用한다. …에. (27)名詞 또는 形容詞의 앞에서, …이면서, 라는 뜻. (28)…의 資格으로. (29)앞에서 이미 말한 것을 다시 反復하여 關係代名詞의 對格으로 使用한다. (30)…라는 理由로. (31)…때문에. (32)…라 생각한다. (33)雖(…라고 하지만). (34)하는 方法. (35)앞의 말을 支配하여 副詞句를 만든다. 例를 들면, 以上·以下·以前·以後·以東. (36)「以往」은 그 以上이란 뜻. (37)「以一故」는 …때문에. 그理由로, 라는 뜻. (38)以는, 一字에서 六字를 앞에 두고 이것을 支配한다. 「以爲」는 생각컨데 라는 말.

이(伊) ①ᅌ 梵〈i〉 또한 百·彝·意라 하며 悉曇五十字門의 하나. 十二母韻의 하나. 金剛頂經釋字母品에 「伊字門은 一切法根을 不可得이기 때문이다」하였고, 文殊問經字母品에 「伊字는 諸根이 廣博한 소리다」하였으며, 大日經疏十四에 「伊字를 볼 때 곧 三昧를 나타낸다」하였음. 一切根 不可得은 根(Indriya)에서부터 解釋하는 것. ②ᅌ 梵〈ī〉 翳伊. 伊伊. 悉曇五十字門의 하나. 十二母韻의 하나. 金剛頂經 釋字母品에 「伊(一) 字門은 一切法의 災禍가 不可得이기 때문이다」하였고, 文殊問經 字母品에 「伊(一)字를 부를 때는 世間의 災害聲이다」하였으며, 大莊嚴經四에 「伊字를 唱할 때 一切世間衆이 흔히 病든 소리를 낸다」하였음. 災〈iti〉에 따라 解釋함.

이(耳) 梵〈śravaṇa〉 西〈ṅan〉 聽覺機官. (中論) 일반적으로 原語는 梵〈śrotra〉임.

이(利) ①巴〈lābha〉 梵〈lābha〉 西〈r-ṅed pa〉利益. 利得. 利養. 八法의 하나. ②巴〈attha cariya〉 梵〈artha〉 도움이 되는 것. 形便이 좋은 것. 남을 利롭게 하는 것. ③金錢上의 利益. (五分戒本) ④物質上의 利益 (五分戒本) ⑤梵〈mūlya〉 價格. ⑥재치있다. 威勢가 좋다. 銳利. 날카로운 것. (四敎儀註) ⑦깨달아서 利롭게 함. 四諦의 三轉의 하나. (上宮維摩疏)

이(夷) 文頭와 文中에서, 意味가 없는 助詞로 使用하는 말.

이(咦) 웃는 모습. 禪宗에서 師家가 學人을 接할 때 또는 導師가 法語를 마칠 때 言詮이 미치지 못하고 意路가 이르지 못하는 玄旨와 幽意를 開示할 때 恒常 이 말을 쓴다. 또는 嘲笑할 때 쓰기도 함. 碧巖第一則 頌聖諦廓然下語에 「화살이 新羅를 지날 때에 咦라 한다」하였고, 無門關 四十則 達磨安心話에 無門이 말하기를 「뒤에 一個門人을 接得하니 또한 문득 六根이 不具하였다 咦」한 이런 類다 대개 웃음속에 붙이는 歎과 德의 뜻임.

이(里) ①梵 ?〈r〉 悉曇五十字門의 하나. 經典에서는 一切法染不可得. 相生法의 뜻으로, 이 字를 解釋한다. ②悉曇五十字門의 하나. 經典에서는 一切法沈沒不可得, 三有染相의 뜻으로 이 字를 解釋한다. ③村落. (九橫經)

이(怡) 부드러워짐. 滿足케 함이라는 뜻.

이(哩) ①〈ṛ〉 悉曇五十字門의 하나. 經典에서는 이 字를 머리로 하는 梵〈ṛddhi〉(神通)의 뜻으로 이 字를 解釋한다. ②〈r〉 悉曇五十字門의 하나. 經典에서는 一切法 類例不可得, 斷染遊戲의 뜻으로 이 字를 解釋함.

이(理) 平等의 方面을 가리키는 것. 表面은 認識하기 어려우나 本體에 一定不變의 理가 있다는 것. 마치 木石을 보지 못하고 木石이라 하는 因緣의 所生法을 觀하는 것과 같음. 四敎儀에 「참으로 如來가 理에 따라 말을 세우며 群生을 修行시켜 理를 證하게 하므로 佛은 聖敎의 出世法이다」하였음.

이(異) ①梵〈anya; pṛthak〉 그것과는 다르다. (法華經 壽量品) ②梵〈nānā; para〉他의 (中論) ③梵〈nānā-bhāva; pṛthaktva〉 두가지가 全혀 다른 것이라는 것. 몸에 對한 罰과 말에 對한 罰과, 意에 對한 罰은, 서로 다른 別個의 것이다. (中阿含經) ④梵〈parātman〉 다른 것. (中論) ⑤眞實에 어긋나는 것. 거짓. (正法華) ⑥巴〈aññdha hoti〉 다른 것으로 된다. 變化한다. (雜阿含經) ⑦梵〈anyathā-bhāva; anya: thā-bh-āva〉 說一切有部에 依하면, 有爲法을 衰滅시키는 것. 다른 모양이 되는 것. 四有爲相의 하나. →四有爲

相. ⑧老衰. (四教儀註) ⑨異類의 略. (正理門論) ⑩梵〈viśeṣa〉 西〈bye brag〉 바이세시카哲學에서 特殊를 意味한다. 特殊(梵〈viśeṣa〉)를 「異」라 하고 命名하는 것은 荀子正名篇에서 由來하는 것 같다. (馮友蘭 中國古代哲學史 十句義論) ⑪梵〈viśeṣa〉 十句義의 第五. (極限에서의) 特殊. 즉 「恒常 實에서만 轉하며, 하나의 實을 根據로 하고, 是는 彼를 遮하는 覺의 因 및 比를 表하는 覺의 因」. (十句義論) ⑫梵〈vikāra〉 梵〈vikṛti〉 산캬哲學에서의 變異의 略. 變化하여 만들어진 것. (金七十論) ⑬梵〈viparyaya〉 산캬哲學의 用語로 다른 것. 相違하는 것. (金七十論) ⑭여러가지 잘못된 見解. (三論玄義)

이(爾) 그렇다. 그대로다. 道理로서 必然的으로 그같이 말한다. (四教儀註) 是라는 字의 뜻.

이(離) ①巴〈veramaṇi〉 나쁜 行爲를 끊는 것. (雜阿含經) ②梵〈virati; parivarjana〉 멀리 하는 것. 除하는 것. 除去하는 것. 遠離하는 것. 除去하는 것. (俱舍論) (雜阿含經) ③梵〈viyoga〉 다른 것의 本質을 멀리 떨어져 있는 것. ④梵〈niḥsāra〉 西〈ṅes par ḥbyuṅba〉 世離라고도 翻譯한다. 涅槃을 가리킨다. 離란 永離(梵〈niḥsaraṇa〉이고, 모든 有爲(法)에 있어서의 涅槃(梵〈nirvāṇa〉)이다. (俱舍論) ⑤梵〈niḥsaraṇḍ〉 逃亡하는 것. 十六行相의 하나. →十六行相. ⑥梵〈ṛte〉 大體로, …를 떠난, …없이라는 뜻으로 使用한다. 「離…〔無〕一」 …없이는 〔一는 있을 수 없다. ⑦梵〈pratyākhyāya; vikṣepāt…〉 西〈spaṅs shiṅ〉 버리고. (百五十讚) ⑧바이세시카哲學에서 性質(德)의 第九. 分離. 두개의 (이미) 到達할 것이 到達되지 않았으므로, 離라 이름한다. 이것에 三種이 있다. (1)隨一의 業으로 生긴 離. (2)俱業에서 생긴 離. (3)離에서 生긴 離이다(十句義論) ⑨絕想과 같음. →絕想. (五教章) ⑩離한다. 하나를 分割한다. (五教章)

이가(二加) ①顯加. 佛께서 平等한 大慈悲로 衆生의 機를 鑑하여 만약 宿世의 善根이 成熟하거나 或은 現世에 精勤不怠하면 光을 비추거나 頂을 만지거나 하면 神力을 나타내어 加被한다. 그 威力을 增加하고 그 辯才를 기르며 利益을 나타내어 보이게 함. ②冥加. 佛이 衆生을 對하여 조용히 神力을 加被하여 그 罪를 消滅하고 그 德을 增加하여 衆生으로 하여 조용히 그 利益을 얻게하는 것.

이가(二假) ①無體隨情假. 世間의 사람이 心外의 境에서 實我와 實法에 執着한다. 이 實我와 實法은 所執性을 偏計하는 實體가 아니므로 다만 한개의 妄情이다. 世上 사람이 이 妄情을 따라 虛假인 我法에 執

着하므로 無體隨情假라 하며 世間에서 常用하는 我法임. ②有體施說假. 依他起性 위에 假로 施說하는 我法임. 곧 內識이 變하는 見相을 二分하여 依他法이 되고 實의 種子를 따라 生하는 有實의 體用을 이 體用에 따라 我法을 假付하는 이름이므로 有體施設假라 함. 이는 聖敎中에서 所用하는 我法이라 함.

이가(椸架) 衣架와 같음. 옷을 거는 道具. 옷걸이. (景德傳燈錄)

이가바제라나(伊迦波提羅那) 如來의 이름. 번역하여 最上天王如來. (陀羅尼雜集九)

이각(二覺) ①(1)本覺. 衆生의 心體는 本來 妄念을 여의고 靈明함이 虛廓하여 虛空界와 같아서 어느 곳이나 周徧하지 않음이 없는 것은 如來의 平等法身이며 이를 本覺이라 함. (2)始覺. 衆生의 本覺한 마음이 源來 無明의 熏動에 따라 覺하나 不覺이되며 多劫을 迷함에 있는 者는 本覺이 안에서 薰하고 修治가 밖에서 資하여 漸漸 覺悟하여 감을 始覺이라 하며 始覺의 究竟에 곧 成佛한다. 起信論에 「覺은 心體가 念을 여윈다. 念相을 여읜는 것은 虛空界와 같아서 周徧하지 않음이 없다. 法界의 一相은 곧 如來의 平等法身이며 이 法身에 依하여 說함을 本覺이라 한다. (中略) 始覺의 뜻은 本覺에 依하므로 不覺이 있고 不覺에 依하므로 始覺이 있다고 말한다」하였음. ②(1)等覺. 大乘의 行位 五十二位中의 第五十一位로 等似한 覺位다. 또한 佛에서 妙覺一等을 떠난 자리임. (2)妙覺. 五十二位의 終極으로 佛陀의 覺位다. 仁王經에는 五十一位를 세워서 等覺을 略했고 本業瓔珞經에서는 五十二位를 세워 等覺을 열었음. ③(1)自覺. 諸佛이 開覺에서 부터 妙道를 成就한 것. (2)他覺 旣覺이 無緣의 慈를 運하여 諸法을 廣說하여 一切衆生을 開悟하는 것. 이 二覺이 圓滿하면 佛陀라 함.

※善見論四에 「佛者名自覺 亦能覺他 是名爲佛」性靈集八에 「二覺 寂照沒馱之號也」

이간(二慳) ①財慳. 財物을 아껴서 남에게 주지못하는 것. ②法慳. 부처님의 敎法을 아끼어 다른 사람에게 가르치지 않는 것.

이간관음공(二間觀音供) →觀音供.

이간야거(二間夜居) 宮中의 二間에 奉仕하여 終夜 加持하는 것.

이간어(離間語) 十惡의 하나. 兩舌을 말함. 甲과 乙의 사이를 이간을 하여 서로 不和하게 만드는 말을 말함. 俱舍論十六에 「만약 染汚心을 發하여 다른 사람을 헐뜯는 말을 하거나 또 親和한 사이를 갈라놓는 것은 모두 離間語다」라고 하였음.

이간어악행(離間語惡行) 梵〈paiśunya-anārya-vyavahāra〉 巴〈pisuṇāvācā anariya-vohāra〉 사람과 사람

사이를 멀어지게 하는 兩舌을 使用하는 것. (集異門論)

이감(移龕) 入龕 三日 후에 龕을 法堂에 옮기고 讀經하는 것을 移龕佛事라 함. (象器箋十四)

이강(已講) ①僧의 職名. 三會의 講師를 한 者. 三會의 講師는 論議할 때 出題를 擔當하므로 探題라고도 한다. 이 三會의 講師를 지나 已講이 되면 僧綱에 任命되는 것이 普通이다. 뒤에 興福寺 一乘院·大乘院의 僧職으로 되었다. ②淨土宗西山派에서는 學階名으로 使用하고 있음. (沙石集)

이강(以降) 以後. 以來와 같음.

이개(裏箇) 這箇. 이것 이런의 뜻과 같음.

이개(離蓋) 蓋는 五蓋로 五種의 煩惱가 마음을 覆蓋하는 것. 離蓋란 五蘊을 벗어나는 것임. 無量壽經下에 「蓋를 여의면 淸淨해진다」 한 것. →五蓋.

이개법요(二箇法要) 또는 二箇法用이라 하며 法會때에 執行하는 梵唄와 散華의 二種의 法儀를 말함.

이거(已去) ㉵〈gata〉 이미 지나간 것. (中論)

이거비(離車毘) →離車.

이거자(離車子) 離車란 것은 梵語로 種族을 가리킨 말이고, 子는 그 族類를 일컫는 말임.

이건자논사(尼犍子論師) ㉵〈nigaṇṭ-ha〉 尼犍陀·尼乾이라 하며 離繫·無繫·無結·無繼라 번역. 二十種外道의 하나. 外道四執의 하나. 또는 外道 十六宗의 하나. 곧 勒沙婆〈ṛṣabha〉가 提唱하고 尼乾陀若提子(nigaṇṭa nāta putta)를 中興祖로 하는 자이나敎가 이것임.

이건타야제자(尼乾陀若提子) ㉵〈ni-rgrantha-jnata〉 또는 尼乾陀闍提弗多羅·尼乾子라고도 하며 離繫親子라 함. 즉 菩提族에서 나온 尼乾陀外道라는 뜻. 佛陀 當時에 勢力을 크게 폈던 자이나敎의 中興祖. 부처님 誕生을 前後하여 中印度 毘舍離城밖 군다라는 마을에서 태어났으며 三十歲에 尼犍陀 곧 자이나敎에 들어가 그 法을 배우고 二年뒤에 六年苦行에 들어갔으며, 다시 四年의 修鍊을 거쳐 前後 十二年이 經過했을 즈음 드디어 깨달았다고 함. 그래서 자이나(勝者의 뜻)가 되어 尼乾陀 第二十四祖가 되었다고 함. 그뒤 國王의 庇護를 받고 마가다·비사리·앵가등 中印度 諸國을 다니며 三十年동안 자이나 敎를 폈음. 七十二歲에 파파성에서 죽음.

이검(利劍) 或은 彌陀의 各號에 비유하여 惑은 文殊의 智를 表함. 三千佛名經上에 「罪는 마음을 묶어서 九百劫을 지나도 벗어나기 어려우나 오직 佛名은 利劍과 같아서 반드시 罪의 밧줄을 끊을 수 있다」하였고, 善導의 般舟讃에 「門과 門이 같지 않음이 八萬四이나 無明과 果業과 因을 滅한다. 利劍은 곧 彌陀의 號인데 한 소리 稱念하면 罪가 모두 없어진다」하였음.

이검명호(利劍名號) 阿彌陀佛의 名號를 불러서 모든 罪業을 消滅하는 것을 날카로운 칼로 물건을 끊는데 譬喩하여 말한 것.

이검즉시(利劍即是) 罪業을 斷絶하는 利劍은 阿彌陀佛의 名號뿐이다라는 뜻. 善導의 般舟讃에 나오는 有名한 글.

이견(二見) ①(1)有見. 有에 偏執하는 邪見 (2)無見. 實로 物이 없다고 固執하는 邪見 또한 損減을 實性이라 하는 妄見을 말함. ②(1)斷見. 사람의 身心이 斷滅하여 繼續 생하지 않는다고 固執하는 妄見이며 곧 無見에 屬하고 (2)常見. 사람의 身心이 過去・現在・未來에 間斷없다고 固執하는 妄見으로 곧 有見에 屬함. 智度論七에 「見에 二種이 있는데 (1)은 常이요. (2)는 斷이다. 常見이란 五衆의 常心忍樂을 보는 것이고 斷見은 五衆의 滅心忍樂을 보는 것이다」하였고, 法華經方便品에 「邪見의 稠林에 들어가면 있는 것도 같고 없는 것도 같다」하였음.

이견(異見) 差異의 見界. 善導亡經疏四觀에 「一切의 別解・別行・異見・異學・異執에 退失 傾動하지 마라」하였음.

이견사제인(已見四諦人) 梵〈drṣṭi-sampanna〉 이미 眞理를 보고 完成한 者.

이결집경(已結集經) 未結集結의 對. 一切顯密大乘經의 分類로 釋尊一代의 所說이 完全히 表示되어 있는 經.

이경(二更) 只今의 午後九時. 또는 午後九時에서 十一時까지의 時刻. →五更. (隨聞記)

이경육단(二經六段) 無量義經과 法華經의 二經을 三區分한 것과 法華經과 觀普賢經의 二經을 三區分한 것이란 뜻. 日蓮宗學의 用語로 四種三段의 第三. →四種三段.

이경체(二經體) 經典가운데 文字와 義理를 말한 것. 經典은 一面으로 보면 오직 義理를 나타내는 文字뿐인 것이요. 다른 面으로 보면 文字에 依하여 義理를 나타낸 것이다. 그러므로 文字와 義理를 二種의 經體라고 함.

이계(二戒) 二種의 戒를 말함. 各各 나오는 곳을 따라 그 名目이 다른 것이 性戒・遮戒(孔目章) 共戒・定共戒(毘婆沙論) 威儀戒・從戒戒(涅槃經) 隨相戒・離相戒(舊華嚴疏) 止持戒・作持戒(華嚴經疏) 性重戒・息世譏嫌戒(涅槃經) 邪戒・正戒(四教儀集註)등을 말함. 四教儀集註에 또한 十戒・具足戒의 二戒를 出家의 二戒라 하고 毘婆沙論에 五戒・八戒의 二戒를 在家의 二戒라 함. →戒.

이계(理界) 界는 差別의 뜻. 理智의 두가지를 差別하여 理界·智界라 함. 理門·智門이라 함과 같음.

이계(異計) 正統派의 說과 다른 見解. →異解.

이계(離繫) 梵〈visaṃyoga〉巴梨語도 梵語와 같음. 西〈mi-lden-pa〉繫縛에서 떠난다는 뜻. 또는 離滅이라고 번역한다. 곧 煩惱을 斷切하는 일을 有漏法의 繫縛에서 떠나는 것이라 함. 解脫과 같은 뜻으로 사용됨.

이계과(離繫果) 五果의 하나. 煩惱의 繫縛을 멀리 여윈데서 얻는 擇滅無爲 즉 涅槃의 眞理. 이 眞理는 道力으로 정하는 것. 不生不滅하는 것이므로 六因四緣의 原因에 依하여 나는 것이 아니요. 煩惱의 所襲을 聖道의 智力으로써 그 덮인 것을 除해버리고 얻는 果이므로 離繫果라고 한다. 俱舍論六에「智慧로 말미암아 法이 없어지는 것을 離繫果라고 한다. 滅하기 때문에 盡이라 하고 擇하므로 慧라 한다 곧 擇滅無爲를 說하여 離繫果라고 이름 하는 것이다」라고 하였음.

이계론사(離繫論師) →離繫子.

이계외도(離繫外道) →離繫子.

이계자(離繫子) 舊譯에는 尼虔子라 썼음. 裸體를 하는 外道다. 一切의 繫縛을 벗어나서 苦行을 닦는다는 뜻으로 그들은 裸形을 하고 있기 때문에 佛徒들이 稱하여 無慙外道라고 한다. 唯識述記一本에「尼虔子는 지금 呢犍陀弗呾羅라 하는데 번역하여 離繫子라 한다. 苦行을 닦는 것을 勝因으로 삼기 때문에 離繫라고 하고 裸體로 있으면서 羞恥가 적기 때문에 또한 無慙이라고 한다. 本來는 師를 離繫라 稱하였는데 이는 저 門徒들이 이름하여 子라 하였다」라고 하였음.

이계자(離繫者) →離繫子. (俱舍論)

이계팔번중생(二界八番衆生) 欲界·色界를 二界라 한다. 二界의 主인 欲界天·色界天과 龍王·乾闥婆·阿修羅·緊那羅·迦樓羅·人王民衆을 八番의 衆이라 함.

이고(二苦) 二種의 苦痛. ①內苦. 여기에 二種이 있으니, (1)身苦. 四百四種의 身病. (2)心苦. 憂愁·嫉妬등의 둘을 合하여 內苦라 한다. ②外苦. 여기에 또한 二種이 있으니, (1)惡賊. 虎狼등의 害. (2)風雨 寒熱등의 災. 이 둘을 合하여 外苦라 함. (智度論十九)

이고(離苦) 苦難을 여읨. 最勝王經二에「智劍으로써 斷除하여 苦를 여의고 속히 菩提處를 증득하기를 願한다」고 하였음.

이공(二空) ①(1)人空. 또는 我空 生空이라 하며 人과 我의 空無한 眞理다. 凡夫는 五蘊이 我가 된다고 濫計하고 억지로 主宰를 세워 煩惱를 引生하며 여러가지 業을 짓는다. 佛께서 이 妄計를 破하고자 하여 五蘊無我의 理를 說하고 二乘을 깨우쳐 無我의 理에 들어가게 함을 人空이라 함. (2)法空. 諸法의 空無한 眞理다. 二乘의 사람이 法空의 理를 達하지 못하고 五蘊의 法이 實하다 計하여 一切의 所知障을 免하지 못한다. 佛께서 이들을 위하여 五蘊의 自性이 모두 空함을 說하였다. 菩薩이 깨달아 諸法이 모두 空하다는 理에 들어감을 法空이라 함. 唯識論一에 「이제 이 論을 지은 것은 二空에 迷謬한 者를 爲해 正解를 생하게 하기 때문이며 解釋에 생하는 二重의 障礙를 斷하기 때문이다. 我法二障의 執着이 具生하여 만약 二空을 證하면 그 障은 따라서 끊어진다」하였음. ② (1)性空. 法에 實性이 없는 것. (2)相空. 法에 이미 實性이 없고 다만 假名字의 相이 있다. 이 相도 또한 實이 아니므로 相空이라 함. 止觀五에 「無生의 마음이 自己도 他人도 아니고 共하지도 離하지도 않는다. 四性도 없다. 四性이 없으므로 性空이라 하고 性空은 곧 無心이며 心이란 다만 名字만 있고 名字는 內外에 있지 않으므로 相空이라 한다」하였음. 또한 「이것을 破한 다음 三假와 四句陰이 모두 實性이 없는 곳에 들어간다. 곧 性空은 다만 名字만 있다. 名字는 곧 空이며 이를 相空이라 한다」하였음. ③(1)但空 (2)不但空. 台家에서 밝힌 것. 四教에서는 各各 空理를 說하여 藏通二教의 空을 但空이라 하고 別圓二教의 空을 不但空이라 함. 七帖見聞二末에 「但空과 不但空에 二義가 있다. (1)藏通. 三諦를 밝히지 않고 다만 空理를 計하므로 至極한 理를 談하므로 但空이라 함. 別과 圓은 但空이 아니고 또한 假中이 되므로 三諦中의 空을 不但空이라 함. (2)別圓의 空은 三諦가 相即하는 空이므로 不但空이라 하고 藏通의 空은 假中의 不見의 空이 되므로 但空이라 함. 또한 藏通二教에 따라 말하면 藏教에서 所詮한 折空의 空을 但空이라 하고 通教에서 所詮한 體空의 空을 不但空이라 함. 體空의 內暗이 中道를 包含하기 때문이다. 止觀三에 「大論에 空에 二種이 있다. (1)但空 (2)不但空이라 하고 大經에 말하기를 二乘의 사람이 다만 空만 보고 不空을 보지 못했으며 智者는 但空은 보지 않고 能히 不空을 본다. 不空은 곧 大涅槃이다」하였음. ④(1)如實空. 眞如의 體內에 一切의 妄染이 없는 것. (2)如實不空. 眞如의 體內에 一體의 無漏를 갖추는 功德이다. 起信論에 「眞如란 言說과 分別에 依하는 二種의 뜻이 있다. (1)如實空. 能히 究竟으로 實을 나타내기 때문이며 (2)如實不空으로 自體에 無漏性功德이 具足하기 때문이다」하였음. ⑤希麟續音義에 瑜伽의 持

明儀를 詳考해보면 모든 印契를 짓고 五輪과 十波羅蜜을 쓴다. 五輪은 地水火風空을 말하며 兩手로 各各 小指를 머리로 삼아 다음 輪上에 依한다. 經에 二空을 말했는데 곧 二大拇指를 나란히 세우는 것.

이공관(二空觀) ①(1)無生觀. 法은 自性이 없고 相을 따라 생하므로 비록 생겼어도 實有가 아니며 이는 곧 空이 되며 性이 스스로 생하지 않으므로 無生이라 함. 이는 南山에서 세운 二觀中의 性空觀과 같다. (2)無相觀. 性은 體가 없고 相은 곧 無相이다. 有相이라 봄은 凡夫의 妄情이며 妄法을 여읜 無相은 明眼에 空華가 없는 것과 같다. 이는 南山에서 세운 二觀中의 相空觀이다. ②人空과 我空의 理를 思惟하는 觀法을 말함.

이공양(理供養) 理의 方面에서의 供養. 例를 들면, 깨달음을 求하려는 마음을 일으키거나, 佛恩을 생각하거나 하는 것. 燈明을 걸고 讀經하거나 하는 事供養에 對하여 말함.

이공위명(以空爲命) 하늘이 새의 生命이라고 하는 것. (正法眼藏 現成公案)

이공현풍(履空玄風) 空의 道理를 修行하는 方法. (正法眼藏)

이과(二果) 果報를 分別하여 二種으로 나눔. ①小乘四果의 第二 一來果로 梵語 斯陀含(Sakṛdāgāmin)이다. ②(1)習氣果. 前世부터 닦은 善惡의 氣分으로 말미암아 今世에 善惡의 果를 얻은 것이다. 다시 말하면 前世에 善을 닦았기 때문에 今生에 善心이 强하고, 前世에 惡을 닦았기 때문에 今生에 惡心이 强한 것이다. (2)報果. 宿世의 善惡의 因으로 말미암아 今生의 苦樂을 받게 되는 것이다. 前者의 習氣果를 等流果라 하고, 後者의 報果를 異熟果라 함. (阿毘曇論一)→一來果.

이과(離果) 梵<virāga> 甚한 欲望에서의 解放. (寶性論)

이과행(離過行) 허물을 버리는 것.

이관(二觀) ①事觀. 因緣에 따라서 생기는 現象을 觀하는 唯識觀. ②理觀. 萬法의 實性을 觀하는 實相觀. 諸宗의 觀法을 각기 이 二觀에 의하여 나눈다. 天台의 一家에서는 占察經에서 說한 唯識·實相의 二觀으로써 事·理의 二觀으로 삼아서 唯識觀을 事觀이라 하고 實相觀을 理觀이라 함과 같음.

이관(理觀) 道理의 觀念. 大乘佛敎에서 觀察修行할 적에 그 觀察의 對象이 抽象的 眞理인 境遇를 理觀이라 한다. 眞如·實相·佛性등을 觀하는 것. 天台宗에서는 觀察하는 直觀的인 事物의 當相으로 부터 出發하여 眞理에 歸着하는 推論的 觀察이 아니고, 事物을 超越하여 바로 眞理에 突入하는 것을 理觀이라 한다. 止觀十에 「聽學人들은 讀誦

으로 名相을 얻고 文章과 같게 解釋하려 애쓰기 때문에 心眼이 열리지 않아서 전연 理觀이 없다. (中略) 修禪人들은 오직 理觀을 崇尙하기 때문에 觸處마다에 마음이 融通하나 名相에는 어둡고, 一句도 알지 못한다」라고 하였음. ↔事觀.

이관규천(以管窺天) 管中窺天과 같은 뜻. 대통 구멍으로 하늘을 엿보는 것이니 轉하여 所見이 몹시 좁음을 뜻함.

이관정(已灌頂) 誠願에 의한 結緣灌頂의 小阿闍梨의 宣恩을 받아서 이것에 부지런히 종사하여 완성한 사람을 말함. ↔擬灌頂.

이광(二光) ①(1)色光. 佛身이 發하는 光明으로 눈으로 볼 수 있는 것 또한 身光이라 함. (2)心光. 佛心에서 發하는 光明으로 恒常 衆生을 비추어서 保護하는 것. 往生論의 註에는 智慧光이라 함. 六要鈔三末에「心光이란 光分이 아니고 身相과 心想의 體가 各別하여 다만 義門에 따라 그 뜻을 얻는 것. 佛의 慈悲를 攝受하는 心所에서 照觸하는 빛을 心光이라 하며 이 것은 念佛行이 佛心과 相應한다. 그 佛心이란 慈悲가 體가 되며(中略) 그러므로 照觸을 行人의 大悲의 光이 得心했다고 稱한다. 私案 觀佛三昧에서 所觀 所見의 光明등으로 身光을 預하는 者 있을까」하였고, 選擇集決疑鈔三에「心光은 佛心에서 일어나는 光明이므로 心光이라 함. 論註에서는 智慧와 같다」하였음. ②(1)常光. 모든 佛身에서 恒常 發하는 光明이다. 釋迦佛 一尋의 光明과 阿彌陀佛의 無量한 光明을 말함. (2)神通光. 諸佛이 一機의 衆生을 對하여 神力으로 特放하는 光明으로 釋迦가 法華經을 說할 때 東方의 萬八千土를 비치었고 彌陀佛의 發하는 神光이 月蓋門에 이르는 것과 같다. 〈輔行一〉「만약 一光등을 發하는 者가 常光이 一尋이 되면 放이라 하지 않고 尋밖에 光이므로 神變이라 한다」하였음. (觀經記三)

이교(二敎) ①(1)顯敎 (2)密敎. 顯敎의 判은 天台와 眞言의 區別이 있다. 天台에서는 釋迦佛의 說法과 作法에 따라 顯과 密의 二敎를 세웠음. 一會의 大衆을 對하여 顯露한 說法으로 彼와 此가 서로 알게하는 것을 顯露敎라 한다. 이 때에 다시 가만히 餘衆을 對하여 說法하여 一會의 사람으로 能히 알지 못하게함을 秘密敎라 함. 鹿園의 會에서 八萬諸天이 深法을 얻어 들었으므로 우리들에게는 顯露敎가 되고 그들에게는 秘密敎이며 그들에게 秘密敎는 우리들에게 顯露敎가 된다는 것. 法華玄義一에「如來는 法에서 가장 自在하는 若智·若機·若時·若處와 三密 四門에 妨도 없고 礙도 없다. 이 자리에서는 頓을 說하였고 十方에서는 漸을 說하여 說이 一定하지 않다. 頓의 자리는 十方에 들리지 않으며 十方에 頓座를 듣지 못했다. 或 十方에서 頓을 說하였더라도 說이 一定하지 않으며 이 자리에서 漸을 說하여도 各各 서로 알도록 들리지 않는다. 그러므로 이 곳의 顯은 그곳의 密이 된다. 或은 一人에게 顯을 說하고 或은 많은 사람에게 漸을 說하여 說이 一定하지 않다. 或은 一人에게 漸을 說하고 或은 많은 사람에게 顯을 說하여 各各 서로 알지 못하게 하여 서로 顯과 密이 된다. 或은 一座가 嘿하고 十方에 說하며 十方에 嘿하고 一座에 說하여 或은 한가지 嘿하고 或은 한가지 說하여 各各 서로 알지못하게 하여 서로 顯密이 된다」하였음. 또한 眞言宗에서 세운 顯과 密의 二敎다. 釋迦佛이 說한 大小乘의 一切가 顯敎이고 大日如來가 說한 兩部大法은 密敎가 된다. 釋迦佛은 化身이 되고 化身의 說法은 各各 所化하는 機에 依하여 說한 것. 그 法의 顯露하고 淺略하므로 顯敎라 하고 大日은 法身으로 法身은 法樂이 되어 自己의 眷屬을 모아 內證하는 境을 說하여 그 法이 秘奧하여 不可思議하므로 密敎라 함. 顯密二敎論上에 「應身과 化身이 說을 開함을 顯敎라 하고 말을 簗略하게 나타내어 機에 適應시키는 것. 法佛의 談話를 密藏이라 하며 말이 秘奧한 實說이다」하였음. ②(1)漸敎 (2)頓敎에는 세가지 뜻이 있음. 1. 佛의 化儀에 따라 나눈 것. 如來가 成道한 뒤 곧 大乘의 菩薩을 對하여 大乘의 法을 頓說함을 頓敎라 한다. 阿含이하에서 法華와 涅槃에 이르는 것이며 二乘의 弟子를 對하여 처음으로 小乘의 終會에 大乘을 說한 것을 漸敎라 함. 齊나라 朝廷의 隱士 劉虬·淨影·慧遠등이 이 뜻에 依하여 頓과 漸의 二敎를 세움. (大乘義章一本 華嚴玄義四) 天台의 頓漸은 또한 이 뜻에 依하여 法華를 漸圓敎(그 宗은 約部의 頓漸을 말함)라 함. 法華玄義一에 「若低頭 若小音 若散亂 若微善은 모두 佛道를 成就하고 사람으로 홀로 滅度를 얻지 못하게 한다. 모두 如來가 滅度로써 滅度시키는 것. 지금의 經文에 갖추어져 있다. 만약 法에 돌아가서 緣을 입는 것을 漸圓敎라 하며 차례의 說을 따르는 醍醐味의 相과 같다」하였음. 2. 機의 漸과 頓에 따라 判한 것. 漸悟의 機에 對하여 처음 小乘을 說하고 뒤에 大乘을 說하여 大乘을 따라 小乘을 일으키는 것이 漸敎가 되고 頓機를 對하여 곧 大乘을 說하여 大乘이 小乘을 起由하지 않음을 頓敎가 된다 함. 隋의 誕法法師등이 이 뜻에 따라 二敎를 세운 것 (五敎章上) 天台에서도 이 뜻에 依하여 觀經을 判하여 頓敎라 함. 觀

經에 凡夫인 韋提希를 對하여 大乘의 圓敎를 直說한 것. 3. 法의 偏과 圓에 따라 漸과 頓을 나눈 것. 偏僻迂曲한 方便敎를 漸敎라 하며 圓敎를 除外한 그 밖의 諸敎를 말함. 곧 成佛하는 圓滿至極한 法을 頓敎라 하며 圓敎를 말하는 것. (台宗에서는 約敎의 漸頓이라 함) 止觀三에 「漸은 次第라 하며 蒔가 얕은데서 부터 깊은 곳에 들어가는 것. 頓은 頓足 頓度이라하나 다른 뜻은 없다. 도리어 偏圓을 扶成하는 것. 三敎의 止觀은 모두 漸이며 圓敎의 止觀은 頓이라 한다」하였음. ③(1) 界內敎. 台家에서 세운 四敎가운데 藏과 通의 二敎로 凡夫에게 三界를 벗어나서 解脫하는 敎法을 說하였으므로 界內敎라 함. (2) 界外敎. 別과 圓의 二敎는 이미 三界를 나가서 三界外의 方便土와 實報土와 變易生死를 벗어나서 解脫하는 敎法을 說하였으므로 界外敎라 함. ④(1) 半字敎. 悉曇章이 字를 생하는 根本이 되나 字體를 形成하지 못하므로 半字라 하며 不了義의 小乘敎에 비유 함. (2) 滿字敎. 毘伽羅論은 文字가 再足하므로 滿字라 하며 了義究竟한 大乘敎에 비유한다. 그러므로 半滿二敎는 大小乘의 異名이며 涅槃經에 나온다. 西晋의 曇無讖이 이 뜻에 依하여 二敎를 세웠다. 涅槃經五에 「그 長者는 半字를 가르치고 다음에 毘伽羅論을 演說하였다. 나도 지금 그렇게 하여 모든 弟子들에게 半子九部經을 說하고 다음에 毘伽羅論을 說함은 如來가 常存不變함을 말하는 것이다」하였고, 止觀三에 「半字는 九部法을 밝힌 것이며 滿字는 十二部法을 밝힌 것이다. 대대로 涅槃이 常住함을 說하여 처음을 回復하는 것이 滿이고 그 밖은 모두 半이다. 菩提流支가 말하기를 "三藏은 半이며 般若는 모두 滿이다. 지금 半字의 말을 밝혀서 곧 大小를 扶成하며 前의 已析體로 大小를 判한다. 지금도 體析半滿을 判斷함은 前과 같다」하였으며, 羣疑論 探要記十四에 「小乘의 九部妙義를 究하지 못하므로 半字라 하고 大乘은 三部正理가 나타났으므로 滿字라 한다」하였고, 大乘義章一에 「聲聞의 藏法은 劣狹하여 小라 하며 窮究하지 못함을 半이라 하고 菩薩의 藏法을 寬廣하여 大라하고 圓極함을 滿이라 한다」하였음. ⑤煩惱를 增長하는 言說은 半字가 되고 善法을 增長하는 言語가 滿字가 된다. 涅槃經八에 「半字義는 모두 煩惱言說의 本이 되므로 半字라 하고 滿字는 一切苦法言說의 根本이다. 마치 世間의 惡을 하는 者는 半人이 되고 善을 닦는 者는 滿人이라함과 같다」하였음. ⑥涅槃經의 二敎임. 台家의 뜻에 依하면 佛께서 最後로 涅槃經을 說하실 때 二意가 있었다.

(1)在世의 弟子들의 機根이 未熟함을 因하여 法華의 開會 때 漏하였으므로 다시 藏·通·別·圓의 四敎를 說하여 一乘圓常의 妙理에 歸入시켜 法華의 殘留를 捃採하였으므로 法華를 이름하여 大收敎라 하고 涅槃을 捃收敎라 함. 또한 常住의 涅槃 三悉檀(除對治)의 涅槃이라 한다. 文句十에 「今世의 五味는 마디 마디 調伏하고 收羅結撮하여 法華로 歸會함이 비유하면 田家에서 봄과 여름에 씨뿌리고 갈고 김매며 가을에 거두고 겨울에 저장하나 一時에 收穫함과 같고 法華이후에 得道者를 捃拾함과 같다」하였고, 釋籤二에 「法華가 權을 열어 이미 大陣을 破하고 남은 機가 그곳에 이르면 殘黨은 어렵지 않으므로 法華는 大收가 되고 涅槃은 捃收가 된다」하였으며, 四敎儀에 「大涅槃을 說함에 二義가 있다. (1)未熟者에게 문득 四敎를 說하고 갖추어 佛性을 談하여 眞常을 갖추어 大涅槃에 들어가게 하므로 捃收敎라 한다」하였음. (2)末代의 比丘가 惡見을 일으키며 佛이 涅槃에 들어감을 因하여 無常함에 執着한다. 또한 或은 理性을 偏貴하여 戒律의 事行을 廢하고 法身常住의 命을 잃어버리므로 佛은 이것으로 末代의 惡見에 對治하고 常住하는 命을 贖하게 함을 贖命涅槃이라 함. 또한 對治無常涅槃이라 함. 이 贖命涅槃에 單과 複의 二義가 있다. 涅槃經에는 오직 戒律을 說하는 것을 單義라 하고 乘門과 戒門을 共說함을 複義라 한다. 單義에 依하면 이 經은 扶律이 되고 律은 常住의 命을 贖하는 重寶라 하고 만약 複義에 依하면 乘과 戒가 되며 이는 涅槃經에 律을 扶持하여 常을 말하고 乘과 戒가 具足하므로 常住하는 命을 贖하는 重寶라 하여 贖命涅槃이라 하고 또는 扶律談常敎法이라 함. 法華玄義十에 「涅槃을 臨하여 다시 붙들며 三藏의 誡는 三乘에 돌아가서 末代에 鈍根에게 佛法 가운데서 起를 斷하고 見을 滅하지 못하게 하고 넓게 常宗을 열어 이 顚倒를 破하고 佛法이 久住하게 한다」하였고, 釋籤二에 「그 經部의 前後諸文에 扶律說常하여 末代中에 諸惡比丘가 破戒하거던 如來의 無常을 說하고 外典을 讀誦하여 乘戒가 없이 常住命을 잃어버리거던 이 經을 힘입어 律을 붙들고 常을 說하면 乘戒가 具足할 것이므로 이 經을 常住命을 贖하는 重寶라한다」하였음. ⑦(1)偏敎. 곧 偏僻한 敎이며 藏通別三敎에서 밝힌 것. (2)圓敎. 곧 圓滿의 敎로 第四圓敎에서 밝힌 것. 止觀三에 「偏은 偏僻이며 圓은 圓滿이다」하였음. ⑧(1)權敎. 藏通別의 三敎는 實敎의 權設이 되어 도리어 廢한 것이며 (2)實敎. 如來의 出世에 元意眞實한 敎法이다. 第四의 圓敎를 말함.

止觀三에 「權은 權謀로 暫時쓰였다가 없이는 것. 實은 實錄으로 究竟에 돌아가는 뜻이다. (中略) 大事가 世上에 가면 元來 圓頓이 一實止觀이 되어 三觀 止觀을 施한다」하였음. ⑨(1)世間教. 三界의 善處를 생하는 善法이며 (2)出世間教. 生死를 벗어나는 三乘의 教法이다. 大乘義章一에 「聖教가 비록 많다지만 오직 둘이다. (1)世間이며 (2)出世間이다. 三有善法을 世間이라 하고 三乘出道를 出世間이라 한다」하였고. ⑩(1)了義教. 大乘經에서 說한 것으로 깊은 뜻을 나타내어 다하는 것. (2)不了義教. 小乘에서 說한 것으로 實義를 다 나타내지 못한 것. 涅槃經六에 「了義經에 依하고 不了義經에 依하지 않는다. (中略) 聲聞乘을 不了義教라 하고 無上大乘을 了義教라 한다」하였음. ⑪江南의 印法師와 敏法師등이 判한 一代教다. (1)屈曲典教. 法華와 涅槃등 釋迦가 說한 經을 物機에 따라서 正道를 屈曲하여 說한 것. (2)平道教. 華嚴經은 盧舍那佛이 說한 것으로 法性에 따라 平等의 法을 說한 것. ⑫(1)化教. 如來가 一代에 施化한 教로 通教內衆의 受道하는 弟子와 外衆의 俗家에 있는 사람이 모두 修行에 生死의 苦를 벗어나는 것. 經藏에서 밝힌 것과 같고, (2)制教. 如來가 說한 모든 戒律은 오로지 內衆의 受道의 弟子를 禁制하여 法과 같이 受持하며 聖果를 成就시키는 것. 律藏에서 밝힌 것임.

이교(理教) 本體와 現象을 다른 것이라 보지 않고 差別 그대로가 理라고 말하는 教임. 天台宗에서 세운 四教에 通教는 界內의 理教요. 圓教는 界外의 理教라고 함. →界內. 界外.

이교(異教) →異解.

이교(邇教) 淺近한 가르침.

이교론(二教論) 辨顯密二教論의 略稱.

이교석의(理教釋義) 眞俗이 모두 無相하다고 理解하여, 執着을 떠나, 無相의 眞理를 나타내는 것. 理를 가르침으로 나타내는 것. 三論宗에서 四種의 釋義의 第三으로, 顯道釋義라고도 함. (三論玄義)→顯道釋義.

이교육리(二教六理) 唯識說에서, 第七末那識의 存在를 證明하는데 入楞伽經·解脫經의 두 教證과 六個의 理論으로써 하는 것. →六理.

이구(二九) 十八歲. (三教指歸)

이구(二句) 文句·義句를 말함.

이구(二求) 衆生이 가지고 있는 二種의 欲求를 말함. ①得求. 여러가지의 樂을 求하고자 함. ②命求. 오래도록 樂을 얻기 위하여 오래살기를 求하고자 하는 것.

이구(利口) 狡猾한 智慧.

이구(易求) ㉣〈sulabha〉 求하여 얻기 쉬운 것.

이구(梨俱) 印度 바라문교의 聖典으로 三明의 하나. 주로 천지 자연의 신에 대하여 찬탄하는 詩를 모은 것. 印度에서 가장 오래된 글. →吠陀.

이구(理具) 台家에서 理具事造의 目이 있다. 法性의 理體가 스스로 三千의 諸法을 갖추는 것을 理具가 된다 함. 緣에 依하여 造起하는 것을 事造라 함. 山外의 正義는 理具의 三千에 依하여 事造의 三千을 세웠으나 山外의 異義는 事造의 三千을 세우고 理具의 三千을 認定하지 않음.

이구(離垢) 煩惱의 때(垢染)를 벗어버림. 維摩經 佛國品에 「俗塵을 멀리하고 더러운 때를 씻어버리어 法眼淨을 얻는다」라고 하였고, 註에 「肇가 말하기를 俗世의 더러운 때가 八十八使나 된다」라고 하였음.

이구동음(異口同音) 사람의 數가 많을 때 衆人이 同一한 말을 하는 것 報恩經一에 「異口同音은 같이 發聲하는 말이다」하였고, 南本涅槃經十에 「異口同音은 같이 말하는 것이다」하였음.

※玆恩之彌勒上生經疏에 「身別故異口語等故同音」

이구범과(二俱犯過) 華嚴의 圓敎는 비록 法華의 圓敎와 서로 같으나 그 圓敎는 兼하여 別敎의 麤가 되어 純一하다할 수 없으므로 法華의 名이 妙함을 얻지 못한다 비유하여 二俱犯過라 함. 또한 二人 俱犯이라 함. 釋籤一에 「四味를 總結하여 妙名을 세우지 못함은 兼等하기 때문이다. 判部가 麤에 屬하여 麤人과 細人의 두가지가 모두 過를 犯하였을때 過邊을 따라 說하므로 모두 麤人이라 한다」하였음.

이구사(利口事) 賢明한 듯한 것.

이구삼매(離垢三昧) 煩惱를 끊는 三昧. (五敎章)

이구삼천(理具三千) 萬有의 낱낱의 本體에 모두 先天的으로 三千가지의 모든 法을 갖추고 있어서 理具三千이라고 말한다. 事造三千에 對하여 이르는 말임.

이구성불(理具成佛) 眞言宗에서 세운 三種成佛의 하나. 一切 衆生의 몸과 마음은 본래부터 金剛部·胎藏部 兩部의 曼茶羅를 갖추고 있어서 本覺이 常住함을 말함. 즉 몸은 五大本有의 理體(胎藏界), 마음은 識大本覺의 智德(金剛界), 그리하여 衆生의 六大와 大日如來의 六大가 다르지 아니하므로 金剛界·胎藏界의 두 曼茶羅는 의례히 先天的으로 이미 몸과 마음 속에 갖춘 것이다. 이것을 衆生萬法理具即身成佛이라고 함. →即身成佛.

이구세계(離垢世界) 舍利弗이 當來에 成佛하는 나라 이름. (法華經譬喩品)

이구안(離垢眼) 煩惱垢染을 여읜 淸淨한 法眼. 聖道를 볼 수 있는 눈

이기 때문에 이렇게 일컬음. 維摩經 佛國品에 「煩惱의 塵垢를 멀리 여의면 法을 얻어 눈이 밝아진다」라고 하였고, 往生要集末에 「願하옵건대 垢染을 여읜 淸淨한 눈을 주시어 無上菩提를 證得케 하여 주옵소서」라고 하였음. 法眼 또는 法眼淨과 같음.

이구오부(二九五部) 小乘의 宗에서는 二九 十八部의 分派가 있다 하고 또 律宗에서는 五部의 分派가 있다고 생각하는 것.

이구운(二九韻) 梵語에서 動詞의 變化를 말한 것으로 이름을 丁岸哆聲이라 하며 이에 十八不同이 있는데 이것을 二九韻이라 함. →底彥多.

이구율수(尼拘律樹) ㊵〈nyagrodha〉 또는 尼拘律. 尼拘類. 尼俱陀라고도 하며 無節·縱廣·多根이라 번역함. 學名은 「Fidus indica」 桑科植物로서 印度各地에 自生함. 中印度 迦毘羅城의 南, 尼拘律 동산은 佛陀成道後에 歸國하여 父王을 위해 說法한 곳.

이구즉신성불(理具即身成佛) →理具成佛·即身成佛.

이구지(離垢地) 菩薩修行位의 十地 가운데 第二位의 이름. 淸淨의 戒行을 갖추고 煩惱의 垢染을 여의었기 때문에 이렇게 말함. 唯識論九에 「離垢地는 具淨尸羅인데 能起하는 微細한 毁犯煩惱垢를 멀리 여의기 때문이다」라고 하였음.

이구청정(離垢淸淨) 중생의 自性淸淨의 心體는 一切煩惱의 더러움을 여의었으므로 離垢淸淨이라 함. ↔ 自性淸淨.

이구타범지(尼拘陀梵志) ㊵〈nyagrodha〉 尼拘律陀·尼俱陀라고도 하며 無恚·不瞋이라 번역. 부처님의 敎化를 받은 梵志. 王舍城 優曇婆羅林에 五百梵志와 함께 있으면서 부처님을 誹謗하고 國事와 戰鬪등의 일을 論難하는 것으로 일을 삼아 왔음.

이굴(理窟) 道理의 窟, 宋高僧傳七에 「義天이라 말하는 것은 明星이 燦然히 빛나는 것이고 理窟이라 말하는 것은 善門에 빗장이 없는 것이다」라고 하였고, 續高僧傳十에 「理窟이 더욱 깊어 浮囊을 버릴 수 없구나」라고 하였음.

이권(耳圈) 耳輪. (十誦律)

이궐불감(伊闕佛龕) 堂塔. 中國 河南洛陽. 龍門山의 西便 벼랑에 있는 큰 佛龕. 北魏宣武帝 때에 造成한 것을 唐貞觀 十五年에 魏王泰가 長孫과 皇后를 爲하여 重修하였는데 다시 磨崖彫刻을 그 곁에다 由致하고 褚遂良이 글씨를 썼음.

이귀계(二歸戒) 佛寶와 僧寶에 歸依하는 戒法. 釋氏要覽上에 「五分律에 이르기를 부처님이 처음 成道하실 적에 두명의 商人과 女人 須闍陀와 五百比丘가 모두 二歸의 緣을 받았는데 이것은 僧이 있지 않았기 때문이다」라고 하였음.

이귀쟁시(二鬼爭屍) 二鬼가 屍身하나를 두고 서로 自己의 것이라고 다툰다는 傳說임.

이극성(理極成) 梵〈yukti-prasiddhaka〉 西〈rigs paḥi grags pa〉 道理가 萬人에 承認되어 있는 것.

이근(二根) ①(1)利根. 佛道를 닦는데 根性이 銳利한 者. (2)鈍根. 佛道를 닦는 根性이 鈍弱한 者를 말함. 無量壽經下에 「모든 利를 밝히면 그 鈍根한 者는 二忍을 成就하고 그 根이 利한 者는 無生法忍을 計함을 얻지 못한다」하였음. ②(1)正根 (2)扶根. 扶根은 또한 扶塵根이라 함. 浮塵根은 我등의 所見이 미치는 血肉이 이룬 五根이다. 이는 오직 正根의 依處가 되며 다시는 識을 發하고 境을 取하는 用이 없다. 眼은 葡萄와 같고 귀는 卷葉과 같은 것. 正根은 또한 勝義根이라 함. 淸淨微細한 色法이 되며 凡夫와 二乘所見이 아니며 現世의 所得도 아니다. 그러나 能히 發識 取境의 用이 있으므로 比知함이 正根이 된다. ③男女의 二根을 말함. 楞嚴經九에 「입가운데 좋은 말로 眼·耳·鼻·舌이 모두 淨土가 되며 男女의 二根은 곧 菩提涅槃의 眞處라 한다. 저無知한 者들은 그 더러운 말을 믿는다」하였음.

이근(耳根) 六根의 하나. 聲境에 對하여 耳識이 생기는 것. 곧 耳官임.

이근(利根) ①利는 銳利. 根은 信등의 五根이며 또는 眼등의 五根이며 또는 根은 根器 곧 天性이라 함. ②利는 빠르다는 뜻. 根은 能生의 뜻이다. 빠르게 생하는 妙解다. 法華經 方便品에 「佛子는 心이 淨하고 柔軟함을 또한 利根이라 한다」하였음.

이금(而今) 只今 또는 現在와 같음.

이금당(已今當) 已는 已往·今은 現今·當은 當來로 곧 過去·未來·現在의 三世다. 法華玄義釋籤二下에 「已今當의 妙는 이에 진실로 迷한다」하였고, 이는 華嚴經등은 前四時 經은 已說이고 無量義經은 今說이며 涅槃經은 當說이다. 또한 阿彌陀經에 「已發願·當發願이다」하였음.

이금당묘(已今當妙) 過去와 現在와 未來에 걸쳐 法華經이 뛰어나고 眞實하다는 뜻. 已는 法華經 以前의 諸經(爾前經), 今은 無量義經, 當은 法華經 以後에 說明된 大般涅槃經.

이금당설(已今當說) 부처님의 三世에 法을 說한 것. 法華經 法師品에 「已說·今說·當說이 있는데 그 가운데 이 法華經이 가장 믿기 어렵고 알기 어렵다」고 하였음.

이금당왕생(已今當往生) 三世를 지나 淨土에 往生한 사람.

※讚阿彌陀偈에 「已生今生當生亦然」 阿彌陀經에 「若已生 若今生 若當生」

이금이후(而今而後) 지금부터 이후. 以後.

이기(二機) 善의 機根者와 惡의 機根者.

이기(已起) ㉵〈utpādita; utpanna〉 벌써 일어났다는 뜻. 이미 생겼다는 뜻. 已生이라고도 함.

이기(利器) ①날카로운 武器라는 뜻. ②이용가치가 있는 훌륭한 器具. ③재주가 비상하여 쓸모 있는 인물. ④나라를 다스리는 권력.

이기(利機) 利根의 機. (正法眼藏行持)

이기(異記) 잘못된 豫言. (十誦律)

이기혐명원(離譏嫌名願) 彌陀의 第十六願. 淨土로 하여금 譏嫌·惡名이 없게 하는 願. 또는 모든 不善을 없애는 願을 이름.

이길라(二吉羅) 吉羅는 突吉羅. 突吉羅罪를 身·口의 二種으로 나누웠다. ①身惡作. 如法의 動作이 아닌 것. ②口惡說. 如法의 言語가 아닌 것. →突吉羅.

이나바나(伊那婆那) ㉵〈Airāvaṇa〉 번역하여 王林. 부처님이 太子로 있을 때 이 樹林 가운데 계셨기 때문에 이같이 말함. (探玄記四)

이나반나용(伊那槃那龍) ㉵〈Eḍavarṇa〉 龍의 이름. 羊色의 뜻. 伊那는 번역하여 나무. 槃那는 번역하여 葉. 過去에 일찌기 樹葉을 壞하여 龍中에 떨어지므로 이름한 것. (Frapattra)의 解釋이며 이는 다른 一龍이라 함. →伊羅鉢龍王.

이난득치(二難得値) 두가지 얻기 어려운 機會. 그 報答. 佛이 깨달음을 얻었을 때에 食을 받치는 것. 入滅時에 食을 받치는 것. (般泥洹經)

이난화(二難化) ①欲天難化. 欲界의 天은 上妙의 五欲에 執着하기 때문에 敎化하기 어렵다는 것. ②色天難化. 色界의 諸天은 世間禪定의 樂에 執着하기 때문에 敎化하기 어렵다는 것.

이내(理內) 無漏(不淨이 없는)의 境地. (四敎儀註)

이녀(二女) ①功德天女. 사람을 시켜 財寶를 채우게 하는 것. ②黑闇女. 사람을 시켜 財寶를 쓰게 하는 것. 이 二女는 功德天이 姉가 되고 黑闇女는 妹가 되어 姉妹가 恒常 떨어지지 아니하고 功德天이 가는 곳에는 黑闇女가 반드시 따른다 함.

이념(離念) 北宗禪에서 强調한 것. 南京禪에서 無念을 强調하는 것에 對한 것.

이노백고(狸奴白牯) →貍奴白牯.

이노백고(貍奴白牯) 狸奴는 너구리. 오소리 또는 고양이. 白牯는 흰 소, 奴는 猫兒의 兒와 같음. 無知한 獸類의 代表. 下等動物 一般을 意味함. (從容錄)

이능화(李能和) (1868～1945) 本貫은 全州요. 字는 子賢. 號는 侃亭·尙玄·無無·無能居士라 함. 1868년

1월 19일 忠北 槐山郡 二道面 水津里에서 태어났다. 어려서 향리 서당에서 한학을 배우고 高宗 24(1887)年 정동 英語學堂에 입학 2년 동안 수학하였다. 同 29(1892)年에는 漢語學校에 입학하여 二年 후 졸업했다. 이듬해 관립 法語학교에 입학, 불어를 배우고 1905年 私立日語를 배우고 光武 9(1905)年 사립 日語夜學會에 입학하여 同 10(1906)년 졸업했다. 1912년 사립 能仁普通學校 교장이 되어 1915년까지 재직하면서 그는 佛教振與會에서 幹事와 月報편집인으로 활약하고 이때부터 宗教와 민족문화연구에 전력했다. 그후 1945년 4월 12일 鍾路區 雲泥洞에서 78세를 일기로 세상을 떠났다. 그의 著書에는 朝鮮佛教通史·朝鮮解語花史·朝鮮女俗考·朝鮮基督教及外交史·朝鮮巫俗考·春夢錄·鮮鮮道敎史·疾病史硏究등이 있음.

이니연(伊尼延) ㊵〈Aiṇeya〉 또는 伊泥延·黳尼延·翳泥耶·堅泥耶·咥尼延·因尼延·伊梨延은 鹿의 梵名임. 玄應音義一에 「伊尼延은 或은 咥尼延이라 하나 모두 訛임. 正言은 黳尼延耶임. 이는 鹿王의 이름이다」하였음. 同二十二에 「堅泥耶蹲는 鹿王의 이름이다. 舊經에는 伊尼延 또는 因尼延 또한 咥尼延은 모두 같다」하였음.

※名義集三에 「伊尼延 或伊泥延 此云金色」

이니연천상(伊泥延腨相) ㊵〈Aiṇeyajaṅgha〉 佛의 三十二相中 第八相임. 佛膝이 그 鹿王의 무릎과 같음을 말함. 智度論四에 「八은 伊泥延腨相이다. 伊泥延鹿王腨과 같아서 따라서 膞纖한다」하였고, 慧苑音義下에 「伊尼延은 鹿名이다. 그 털은 검고 腨形으로 膞·纖하여 길고 짧은 것이 適當하며 그것은 鹿王이 最勝하므로 取하여 비유한다」하였음.

이니연타(伊尼延陀) 「名義標釋」에는 「이것은 毛毿으로서 깔개의 一種이다」라 함. 毿은 白鮮衣.

이다승얼라오부심관(哩多僧蘖囉五部心觀) 一卷. 金剛界曼茶羅六會의 諸尊의 形像과 梵號三昧耶形등을 列圖한 것. 요약하여 五部心觀이라고도 함.

이단(二檀) ①世間檀. 凡夫의 布施 혹은 聖人이 有漏心으로 布施를 하는 것. ②出世間檀. 聖人이 無漏心으로 布施하는 것. (智度論十一)

이단(二斷) 二種의 斷惑. ①(1)自性斷. 事物의 自性을 斷滅하는 것. (2)緣縛斷. 事物의 自性을 束縛하는 煩惱를 끊는 것. ②(1)子縛斷. 見惑·思惑을 끊어 버리는 것. (2)果縛斷. 一期果報의 몸을 없이하는 것.

이단(已斷) ㊵〈nirmala〉 ㊄〈drimedpa〉 不淨이 없는 것. 이미 不淨을 떠나 버린 것.

이단(泥團) ㉵〈mṛtpiṇḍa〉 진흙덩이. (俱舍論)

이단(異端) 어떤 종교나 가르침에 대하여 그 正統에서 벗어나는 믿음이나 學說. 外道·外敎 또는 異安心.

※謂與我道不同者 指外道外敎而言.

이단술자(異端術者) 一面은 僧徒의 모양을 하면서, 他面, 異端者라고도 할만한 在野에서 呪術者의 모양을 가진 者를 말함.

이단토괴(泥團土塊) 진흙 덩어리와 흙 덩어리.

이달대덕(已達大德) 이미 道에 達한 高僧. 즉 阿羅漢果의 聖者.

이답(二答) 묻는데 答하는 二種. ① 言答. 말로 대답함. ②示相答. 갖가지의 形相을 보여서 答하는 것.

이당(耳璫) 귀에 다는 裝身具. 곧 귀거리. 또는 珥璫이라 함. 釋名에 이르기를 "귀를 뚫어 구슬을 다는 것을 璫이라 하며 귀의 寶飾을 말함. 十誦律卷 三十七에 「이 裝身具의 着用이 出家離俗을 취지로 하는 比丘生活에는 不適合하다 하여 금지하고 있다」라고 하였음.

이당(頤堂) 耆宿(經驗을 쌓은 老大家)이 있는 寮. 禮記에는 百歲를 「頤」라 한다고 하였음.

이덕(二德) ①(1)智德. 衆生이 갖춘 了因이 佛性果에 이르면 智德이 되어 一切의 事理를 照了하는 것. (2)斷德. 衆生이 具備하고 있는 緣因이 佛性果에 이르면 斷德이 되어 一切의 妄惑을 斷盡하는 것. 智德은 菩提이며 斷德은 涅槃이다. 諸佛은 반드시 이 二德을 갖추어야 한다 함. (觀音玄義上) ②(1)悲德. 諸佛과 菩薩의 利他의 德임. (2)智德. 諸佛과 菩薩의 自利의 德임. ③(1)性德. 本來 性具의 德이다. 三因中의 正因佛性이며 三德中의 法身임. (2)修德. 修成하는 德이다. 三因中에 了因緣의 二佛性이며 三德中 般若와 解脫의 二德이다. 小乘은 이 性修를 알지 못하고 大乘의 權敎는 二德을 隔歷시키고 大乘의 實敎는 二德을 相即시킨다 함. (四敎儀集註)

이도(二途) ①善惡·是非·得失. 기타 모든 對立하는 것. ②眞俗二諦. 또는 眞俗一體와 二體라는 뜻으로도 解釋할 수 있음. (玄義)

이도(二塗) 二途와 같음. (碧巖錄)

이도(二道) ①大·小便의 두곳. 佛祖統紀三十에 「남은 더러움이 몸에 있으므로 欲과 觸·除便을 위하여 二道로 男女根을 만들었다」하였음. ②無礙道와 解脫道임. 新譯에는 無間道와 解脫道라 함. 惑을 斷하고 理를 證하는 智慧의 이름임. 바로 斷惑의 智慧를 無礙道라 하고 바른 證理의 智慧를 解脫道라 함. 無礙란 바로 惑을 對破하는 智로 惑의 障礙가 되지 않으며 無間이란 그 智가 惑의 間隔이 되지 않는 것이며 解脫이란 그 智가 惑의 繫縛을 벗어나는 것이며 스스로 理를 證함에 있다는 뜻임. 一切의 惑을 斷함에는 반드시 이 二道에 있다 함. 俱舍論二十五에 「無間道란 能히 끊을 자리에서 障을 斷함을 말하며 解脫道란 이미 解脫한 곳에서 障을 斷하고 처음으로 생하는 것. 道義에 무엇이 涅槃道냐하면 이것을 타고 涅槃城에 가기 때문이다」하였음. ③(1)難行道. 難行을 닦아 佛果를 求하는 法이다. 이 娑婆世界에서 六度와 萬行을 닦아서 成佛하고자 하는 것. 이 法은 行하기 어려움으로 難行道라 함. (2)易行道. 쉽게 修行하여 佛果를 求하는 法임. 阿彌陀佛의 往生淨土를 믿어 成佛하는 것. 이 法은 行하기 쉬우므로 易行道라 함. 이는 龍樹菩薩의 判別로 淨土門 諸家의 敎判은 모두 이것에 依함. 十住毘婆沙論 易行品에 「阿惟越地에 이른 者는 모든 어려운 行을 行하여 오래된 뒤에 얻을 수 있고(中略) 或은 方便인 易行을 믿어서 阿惟越地에 ㉵〈Avaivartya〉 빨리 이르는 者다」하였음. ④(1)有漏道. 三乘을 行하는 사람이 見諦이전의 一切行法을 모두 有漏道라 하고 (2)無漏道. 三乘을 行하는 사람이 見諦後에 諦理를 順하여 닦는 一切의 行法을 모두 無漏道라 함. 漏는 煩惱의 異名이다. 見諦이전은 一毫의 煩惱를 끊지 못했을 때로 그 所修하는 行法이 모두 煩惱의 垢染과 섞였으므로 有漏라 하고 見諦이후는 이미 一分의 煩惱를 斷하여 煩惱의 垢染을 여의었으므로 그 行法을 無漏라 함. ⑤(1)敎道. 方便으로 敎示하는 道. (2)證道. 諸佛이 所證하는 實理다. 이 敎와 證의 二道는 十地論一에 依據하면 「歎說의 中에 二種이 있다. (1)阿含을 說하는 뜻이며 (2)證에 들어가는 뜻이다」하여 세운 것. 大乘義章九에 「證敎兩行 出地經論에 證이란 말은 知得의 別名이다. 實로 平等契如를 觀하므로 證이라 함. (中略) 上德을 아래에서 입는 것을 敎라 한다」하였음. 그러나 天台의 一家는 이 敎와 證의 二道를 빌렸다. (1)今昔의 權實을 判하고 (2)別敎의 敎權과 證實을 解釋하였음. 今昔의 權實을 判한 것은 前四時에 메어서 付意를 따른 說이므로 判은 敎道의 方便이 되고 第五時는 自意를 따르는 說에 메이므로 判은 敎道의 眞實이 된다. (玄敎三) 別敎의 敎權 證實을 解釋하면 四敎는 비록 모두 敎證의 二道를 두었으나 藏通의 二敎는 界內의 機情에 따라 說하였으므로 그敎는 論하지 않는다. 論은 그 所證한 理이며 또한 偏眞의 空理가 되어 敎證이 모두 權이 된다. 圓敎는 能入의 敎門이며 所入의 理다. 모두 佛의 自意에 따르면 敎證이 모두 實이 되고 오직 別敎는 能入의 敎門이며 界外 鈍根의

機情에 따라 차례로 九界의 二邊의 法을 斷破하고 佛界 中道의 義를 나타낸다. 이는 情을 따르는 權이 되고 所入의 理는 中道가 된다고 한다. 九界는 곧 佛界로 中과 偏의 막힘이 아니므로 圓敎와 같은 證實이 된다. 이 敎證의 權實을 解釋하는 그 二道의 이름을 빌린 것임. (輔行三) 이에 따라 輔行에 約行約說 二種의 敎證이 나왔다. 約行의 敎證은 行人의 觀行에 따라 敎證을 세운 것. 別敎의 行人은 地前의 사이가 되는 佛의 隔歷차례에 依한 方便敎다. 차례로 三觀을 닦으므로 敎道라 하며 初地에 이르면 自證하여 圓融의 三觀에 들어가므로 證道라 한다. 地前의 觀行은 敎道의 方便이 되고 地上의 觀行은 證道의 眞實이 된다. 約說의 敎證은 如來의 說法에 따른 다른 敎證이다. 佛이 地前의 사람에 對하여 一敎의 始終에 通한다 하고(곧 地前이상) 別敎의 當分에 따르면 隔歷차례의 法을 說하여 約說의 證道가 된다. 또한 佛이 地前 地上의 사람을 對하여 자세하게 中道를 說함이 約說의 證道가 된다. 이에 따라 論하면 別敎에서 論한 證道는 別敎當分의 說이 아니고 行人이 親證하는 隔歷(約行의 證道)과 默示 그리고 如來가 已證한 圓融이 있을 뿐이며 可히 別敎의 分際를 알 수 있다 함.

이도(異道) ㊵〈anyagati-saṃdhi; tirthika〉 佛敎 以外의 가르침. 異敎의 가르침. 外道와 같음. →外道. (十誦律)

이도(履道) 깨달음을 求하여 實踐하는 것. (正法華)

이도론(異道論) ㊵〈tirthika-śāstra〉 外道의 論.

이도의자(履道意者) 道를 實踐하려고 생각하는 者. 求道者와 같음. →求道者.

이도판석(二道判釋) 難易二道를 말함. →難易二道.

이독성독(理毒性毒) 또는 理性毒害라고도 한다. 天台智顗의 請觀音經疏의 理毒의 說에따라 山家山外에서 行하여지고 있는 論諍을 말함.

이돈(二頓) 華嚴宗의 淸凉國師 澄觀이 原來天台宗 荆溪尊者 湛然의 弟子로 뒤에 華嚴宗에 들어와서 頓敎를 漸頓·頓頓으로 나누고 圓敎를 漸圓과 頓圓으로 나누어 華嚴經을 頓頓 圓頓이라 하고 法華經을 漸頓 漸圓이라하였다. 그러므로 法華는 모든 聲聞人이 小乘으로부터 와서 諸味를 經歷하여 法華의 會에 이르러 頓圓을 열므로 法華가 漸頓 漸圓임을 안다. 華嚴은 처음부터 諸味를 經歷하지 않고 곧 圓頓을 開하므로 頓頓 頓圓이라 함. 荊溪는 止觀義例中에 喩疑 顯正의 一科를 設하고 自問自答으로 破斥하였음.

이동(移動) 變化함. (五敎章)

이동사승(理同事勝) 「法華經」 등과

理論은 同一하나. 印相 등의 具體的인 事項(儀式)을 說明하는 面에 있어서 大日經등이 優秀하다는 뜻. 眞言宗의 立場을 나타내는 標語임. (報恩鈔)

이동자(二童子) ①矜羯羅(Kiṁkara)童子. ②制吒迦(Ceṭaka)童子를 말함. →八大童子.

이두(二頭) 第二의 머리라는 뜻. 第一義와 거리가 먼 境地. 또는 機用·作用 (景德傳燈錄)

이두(吏讀) 옛날 우리 말의 發音을 漢字로 表記한 文章. 國文이 制定되기 前에 쓰던 우리나라 글「三國遺事」에도 있음.

이둔(利鈍) 能力이 뛰어난 者와 뒤떨어진 者. (往生要集)

이득(已得) ㊵〈prāpta〉 이미 얻은 것이란 뜻.

이라(伊羅) ㊵〈eraṇḍa〉 흔히 伊蘭이라 音譯한다. 植物의 一種. 臭氣가 强烈하며 四十由旬間을 좋지 못한 냄새가 난다고 함. (四分律)

이라건타(儞羅建他) ㊵〈nilakaṇṭha〉 靑頸觀音의 梵語의 이름.

이라다라(伊羅多羅) 伊羅鉢多羅의 약칭. →堙羅那.

이라바나용상왕(伊羅婆那龍象王) 또는 伊羅婆拏·堙羅那·煙羅婆那·藹羅筏拏·愛囉博拏·哀羅筏拏·煙羅槃那·藹那婆那·伊羅鉢那·噎羅鉢多羅·伊羅鉢多羅·醫羅鉢呾羅등이라 함. 伊羅는 나무이름 或은 梵語와 漢語의 併稱이라 함. 伊羅葉·黳羅葉·瑿羅葉등이 되며 因陀羅가 타는 象王이다. 普通은 번역하여 香葉이 된다. 或은 能出聲등으로 번역한다. (慧苑音義) 象王(正法念處經) 또는 龍王의 이름이라 함. 龍과 象의 이름은 ㊵〈Māga〉 那伽이며 번역된 것이 伊羅婆那象王 瑿羅葉龍王이라 하며 그 原語는 같다. 一은 帝釋이 타고 다니는 龍象이며 뒤에 와서 나누어 진 것. 或은 前에 龍王의 이름을 다시 神話化한 帝釋象王의 이름이 되었는지는 알 수 없다 함.

이라발다라(伊羅鉢多羅) ㊵〈Erāpattra〉 醫羅鉢呾羅龍王과 같음. →伊羅鉢龍王.

이라발다라용왕(伊羅鉢多羅龍王) ㊵〈Elāpathra〉 伊羅鉢多羅는 번역하여 香葉이라 한다. 迦葉佛 때에 伊羅나무잎을 깨뜨려버린 比丘의 後身으로 일곱 머리위에 伊羅나무가 난 龍.

이라발용왕(伊羅鉢龍王) ㊵〈Erāpattra〉 伊羅鉢龍王이 佛의 禁戒를 拒逆하여 樹葉을 損傷시켰다. 이 因緣으로 죽어서 龍이 되었다 함. 佛本行集經三十一에「그 때 海內의 伊羅鉢(번역하여 香葉이라 함)王이 龍이 되었으나 마음에 厭離가 생겨서 解脫을 求하고자 이러한 생각을 했다. 옛날 迦葉如來께서 親히 나에게 授記하기를 '너는 大龍王이 될 것이다. 지금으로부터 千萬億年을 지나면 一佛이 世上에 出現하여 釋迦牟尼佛陀라 할 것이다' 하였다. 지금 이미 無量億年을 지냈으니 그 佛이 出世하지 않았을가 하다가 那羅陀童子仙에 依하여 비로소 釋迦世尊이 出世함을 알고 伊羅鉢龍王과 那羅陀가 世尊이 계신 곳으로 갔다 (中略) 伊羅鉢龍王이 佛께 아뢰기를 "世尊이시여 내가 지금 옛일을 생각하니 迦葉如來 때 내가 그 곳에서 出家하여 修行하다가 伊羅草를 보고 손으로 꺾어버렸다가 佛所에 잡혀가서 그 佛께 아뢰기를 '만약 比丘가 이 풀을 꺾으면 어떠한 果報를 얻읍니까' 그때 世尊께서 곧 나에게 말하기를 '네가 이 같음을 아는 사람이 짐짓 마음을 가지고 이 풀을 꺾었으니 마땅히 牢固地獄에 떨어질 것이다' 내 그 때 이 부처님말을 듣고 心中에 믿지 않고 佛語를 取하지 않았으므로 그 敎誨를 받지 않았읍니다. 또한 스스로 생각하기를 다만 이 풀을 꺾었는데 어떤 果報가 있을라고 하여 이미 믿지 않았으므로 波夜提罪를 지었고 이 邪見을 버리지 못하여 죽은 뒤에 곧 長壽龍中에 태어 났읍니다. 이러한 까닭으로 그 때 내 이름을 伊羅鉢이라 하였읍니다」하였고, 四分律一에 「지은 罪惡이 비록 적으나 삼가하여 가볍게 하지 못하게 한다. 伊羅葉을 꺾어서 恒常 龍이 되어 지낸다」하였으며, 莊嚴經論三에 「伊羅鉢龍王은 그 禁戒를 毁壞하고 나무 잎을 損傷시켰으므로 命을 마친 뒤에 龍으로 태어났다」하였음.

이라발제하(伊羅跋提河) ㊵〈Erāvati〉河水의 이름. 또는 跋提. 번역하여 賢河. (慧琳音義二十六)

이라수(伊羅樹) ㊵〈Elā〉 襄荷科에 달린 植物의 하나. 南印度 地方에 나는 갈대와 같은 植物. 1～2 尺 되는 줄기와 칼모양의 잎이 있고 種子는 灰色. 香氣가 많고 料理나 藥味로 쓴다함.

이라엽(伊羅葉) →堙羅那.

이라오발라화(尼羅烏鉢羅華) ㊵〈nilotpola〉 또는 泥盧鉢羅라고 한다. 흔히 優鉢羅라 함. 靑蓮華라 번역하여 學名은 〈nymphacacyanca〉이며 蓮華의 一種으로 꽃은 푸르고 잎은 좁고 김.

이락(利樂) 利益과 安樂, 來世의 利益을 利라 하고, 現世의 利益을 樂이라고 한다. 또는 一體로 이름만 다를 뿐이다. 唯識述記一本에 「利는 利益을 말하는데 後世의 濟度요, 樂은 安樂을 말하는 것으로 現世의 濟度다. (中略) 利와 樂은 하나의 體에 이름만 다르다」라고 하였고, 新譯仁王經中에 「항상 法界를 두루하여 衆生을 利益케하고 安樂케 한다」라고 하였음.

이락(籬落) 落은 울타리라는 뜻. 雜

木으로 만든 울타리.

이락유정(利樂有情) 有情. 곧 衆生을 利益케 하고 安樂케 함. 菩薩의 利他行.

이락이과(利樂二果) 利益과 安樂이라는 두 結果. (莊嚴經論)

이란(伊蘭) ㊵〈Erāvaṇa〉 大戟科에 딸린 植物. 學名은〈Ricinus Communis〉, 아프리카 原產으로 印度에 分布된 植物이다. 또는 伊羅·黳羅堙羅那라고도 한다. 줄기 六·八尺 잎은 綠色. 또는 赤色이며, 七개로 갈라졌다. 長楕圓의 種子에 毒이 있음. 氣味가 매우 毒하여 옛부터 毒草로 有名하다. 그 毒한 惡臭가 四十里까지 이른다고 함. 經·論속에 많이 인용하여 譬喩해 썼는데 이 伊蘭을 煩惱에 비유하고, 旃檀의 妙香을 菩提에 비유하였음.

伊 蘭

이란나발벌다국(伊蘭拏鉢伐多國) ㊵〈Iriṇaparvata〉 中印度의 境界. 小乘의 學徒가 많음. (西域記十)

이란나산(伊蘭拏山) 火山의 이름. 中印度 伊爛拏鉢伐多國에 있음. 현재 그 부근에는 溫泉이 있어 물이 솟아 나오나 噴火는 보이지 않는다고 함. 西域記十에 「이 山은 煙霞를 含吐하며 해와달을 가리운다」고 하였음.

이란자(伊蘭子) 伊蘭의 種子. →伊蘭.

이래(已來) 以前. …까지는. (五敎章)

이래(以來) 以後. 그로부터.

이래(邇來) 近來와 같은 뜻.

이량(二量) ①現量, 眼識으로써 빛을 보고 耳識으로써 소리를 듣는 것과 같음. ②比量, 마치 연기가 올라 오는 것을 보고 그 아래에 불이 있는 것을 아는 것. 이미 아는 사실을 가지고 비교하여 아직 알지 못하는 사실을 추측하는 것.

이량태가수주(伊良太加數珠) 修驗行者가 使用하는 數珠. 百八의 구슬로 됨.

이력(二力) ①自力과 他力임. 淨土門에서 말한 것으로 衆生自身의 三學은 自力이 되고 彌陀의 願力은 他力이 된다. 自力을 버리고 他力으로 돌아감이 淨土門의 至極한 것임. 略論에 「一切萬法이 모두 自力 他力과 自攝 他攝이 있다」하였음. ②(1)思擇力. 正理를 思擇하여 諸障에 對治하는 힘. (2)修習力. 一切善行을 修習하여 堅固하게 決定

시키는 힘. (華嚴經疏八) ③有力과 無力이다. 華嚴宗에서 말한 것으로 萬法의 彼此相에는 이 二力으로 들어간다고 論한 것. 五教章中에「有力과 無力의 義를 따르므로 有相에 入하는 門이다. (中略) 스스로 全力이 있어 他를 能攝하며 他는 全혀 無力하므로 能히 自力에 들어가는 所以가 된다. 他力과 自無力은 위와 反對됨을 알 수 있다」하였음.

이력(履歷) 우리 나라에서 僧侶가 講堂에서 經·論을 공부하는 것을 履歷을 본다고 한다. 過程은 ①沙彌科는 朝夕頌呪·沙彌律儀·般若心經·詣參·初發心自警文·緇門 ②四集科는 書狀·都序·禪要·節要 ③四教科는 楞嚴經·起信論·金剛般若經·圓覺經 ④大教科는 華嚴經·禪門拈頌·景德傳燈錄. 이러한 過程이 언제부터 시작하였는지 확실치 않으나 碧溪淨心(1400년 경)으로 부터 白岩性聰(1700년 경)까지 300年 동안에 漸次로 완비된 것인듯 함.

이력종장(履歷宗匠) 소정의 經典을 배운 宗師.

이령(二領) ①探領. 法華經 信解品에 四大聲聞이 自己의 領解를 陳述하는데 그 領解는 如來가 出世하기 前 法身地에 있을 적에 聲聞의 機를 비치어 大悲의 모습을 알기 때문에 探領이라고 한다. 이는 부처님 뜻의 底蘊을 探하여 領解한 것이다. 一品가운데「窮子가 歡喜하여 일찌기 없었던 것을 얻고 땅에서 일어나 가난한 마을에 가서 옷과 밥을 求乞하였다」는 以上의 文이다. ②齊領. 一名 齊教領「그때에 長者가 장차 그 아들을 誘引하고자하여 方便을 써서 隱密히 두사람을 보내었다」는 以下의 文이다. 이러므로 聲聞의 몸을 취하여 如來現在의 몸에서 가르침을 받고 領解한 者다. 그러기 때문에 齊教領이라 말함.

이로(理路) 이치의 길. 事는 반드시 理를 지니고 있으니 소나무는 곧고 가시나무는 굽고, 가마귀는 검고 갈매기는 희고 여름은 덥고 겨울은 추운등 天地의 理致를 말함.

이론(理論) 事論에 對하여 이르는 말. 差別의 事相에 나아가 論하는 것을 事論이라 하고, 平等의 理性에 나아가 論하는 것을 理論이라고 한다. 法華玄義六에 「理論은 如是와 같기 때문에 다르지 않지만 事論은 機에 따라 應하기 때문에 한결 같지 않다」라고 하였음.

이론(異論) 不同한 論議. 正法에 反對되는 雜多한 二義가 있음. 雜阿含經三十四에「給孤獨長者가 外道의 精舍에서 저 外道의 異論을 折伏시켰다」라고 하였고, 成實論二에「모든 比丘들이 갖가지의 異論을 내세웠다」라고 하였음.

이료지중(泥潦之中) 진흙 속.

이루(二漏) ①有漏, 漏는 煩惱의 다른 이름. 灰惱가 있는 法 혹은 煩惱緣을 增長하는 法을 有漏라 말함. ②無漏, 煩惱를 여읜 淸淨法과 다른 煩惱緣을 增長하지 않는 法을 無漏라 말함.

이루(離婁) 大端히 잘보는 者. 視力이 좋은 사람.

이류(二流) ①順流. 流는 곧 生死의 흐름. 六道를 輪廻하는 衆生이 惑을 일으켜 業을 지어 生死의 흐름을 따르고 涅槃의 道를 背叛하는 것이니 즉, 流轉의 因果이다. ②逆流. 처음 須陀洹果로 부터 已後 三界의 惑을 끊어버리고 점차 生死의 흐름을 따르지 않고 涅槃의 道에 나아가는 것이니, 곧 還滅의 因果임. (涅槃經三十六)

이류(異流) 一宗중에서 自宗의 주장과 다른 流派. ↔當流·正流.

이류(異類) ①相異한 生類. 人間으로 보면, 畜生·餓鬼·其他 모든 他道(生存領域)의 것. ②素質이나 性格을 달리하는 사람 들.(起信論) ③梵〈vairūpya〉 西〈mimthun pa〉 相違. 一致하지 않는 것. (瑜伽論因明)

이류각생(二類各生) 淨土宗의 한 뜻으로 阿彌陀佛의 淨土에 往生하는 것은 겨우 念佛하는 한 종류에만 限하지 않고 念佛以外의 모든 行을 닦는 사람도 역시 往生한다는 것이 이 淨土宗의 뜻으로, 이름하여 二類各生이라고 한다. 대개 阿彌陀의 本願 그 第十八願에 비록 다만 念佛을 修行하는 사람만을 救濟한다고 誓願하였으나 그 第十九, 第二十二願에는 모든 行을 닦는 사람도 역시 極樂往生토록한다고 誓願하고 있음.

이류무애(異類無礙) 同類無礙의 對. 異類의 것이 서로 相攝하여 無礙인 것이 火와 水·水와 地와의 無礙인 것과 같은 것을 말함.

이류왕생(二類往生) 二類各生과 같음. 二類各生.

이류종자(二類種子) ①本有種子. 第八識處에 無始法爾가 되어 一切의 有漏·無漏의 有爲法의 功能을 생하는 것이 本有種子가 된다 함. ②新薰種子. 種子가 現行의 前七識을 말미암아 所應에 따른 色心萬差의 여러가지 習氣가 되어 모두 第八識中에 떨어져서 다시 生果의 功能을 成就한 것을 新薰種子라 하며 또한 始起種子라 함. 唯識論二에 「種子에 各各 二類가 있다. (1)本有 無始來로 異熟識中에 法爾漸有하여 蘊界處에 功能을 差別한다. (中略) 이는 곧 本性住種이라 함. (2)始起 無始來로 자주 자주 現行을 薰習하여 있는 것. (中略) 이는 곳 習所成種이 된다」하였음.

이류중행(異類中行) 두가지의 뜻이 있음. ①異類中行이란 異는 別. 類

는 同으로 平等과 差別을 뜻하며 中은 中庸으로 異에 即하지도 않고 類에 等하지도 않는 것. 行은 往來自由의 活機. 中行의 作略을 宗門에서 中的不犯이라 함. 異類中行은 回互宛轉하는 自由往來를 말함. ② 異類中에 行한다면 同類에 對한 異類로 同類가 사람이면 異類는 鬼畜으로 驢胎와 馬腹에 들어가 說法하는 것. 師匠이 自由로운 機略이 있어서 下化衆生 爲人度生하기 위하여 여러가지 相을 나타내는 것.

이륙난행(二六難行) 悉達太子의 12年의 苦行. (源平盛衰記)

이륙시중(二六時中) 一晝夜十二時를 말함. 이는 中國의 曆法임. 印度에서는 六時 혹은 八時라고 함.

※虛堂錄에 「二六時中 抛三作兩」 應庵錄에 「二六時中 一動一靜」

이륙연(二六緣) →十二因緣.

이륙원(二六願) 藥師如來가 세운 十二願을 말함.

이륜(二輪) ①車의 두 바퀴를 定과 慧에 비유함. 止觀五에 「二輪으로 달리면 멀리가고 두 나래를 펼력이면 높이난다」하였고, 同輔行五에 「두 바퀴는 멀리 구름을 定慧의 橫周에 비유한다」하였음. ②食輪과 法輪이다. 大會에는 반드시 說法이 있고 說法에는 곧 法輪을 轉한다하고 또한 반드시 齊食을 行할 때는 法輪에 因함을 食輪이라 함. 또한 이 두가지는 반드시 相屬되어 轉함이 마치 수레의 兩輪과 같으므로 二輪이라 함. 元亨의 釋書會儀誌에 「牟尼覺王이 西印에 계실때 嘉都의 大會에서 한번 說함에 梵釋과 凡聖이 還畓하여 듣고, 한번 먹음에 菩薩과 聖聞 緣覺이 줄을 늘어서서 밥을 먹었다. 이를 二輪이라 함. 반드시 會는 二相이 서로 轉屬하여 이른바 食輪과 法輪이라 함.

이륜(耳輪) 귀를 뚫어 金銀을 늘어뜨린 둥근 장식을 말함. 玄應音義二十二에 「그 나라의 王등은 혹 金銀으로써 이 耳輪을 만든다」고 하였음.

이륜신(二輪身) ①正法輪身 ②教令輪身. →教令輪身.

이리(二利) 自利와 利他. 上求菩提는 自利요. 下化衆生은 利他이다. 小乘의 行은 오직 自利뿐이지만 菩薩의 行은 利他까지 겸하였다. 無量壽經上에 「자기도 利益되게 하고 남도 利益되게 하면 人我가 모두 利益된다」라고 하였고, 贊阿彌陀佛偈에 「自利 利他의 힘은 圓滿하다」라고 하였음.

이리(二理) 空과 有. (五教章)

이리(二離) 煩惱障과 祈知障을 여의는 것. 義楚六帖一에 「佛地論에 이르되 부처는 一切智를 갖추고 煩惱와 所知二障을 여의었다」고 하였음.

이리사장나(伊梨沙掌拏) 梵〈irsyāpaṇḍaka〉 生殖器의 病. 번역하여 妬

黃門이라 함. 他人의 婬行을 보고 妬心이 생겨 陰根이 일어나는 病임. →五種不男.

이리산(迤邐山) 조그마한 산들이 연속하여 있는 것. 곧 野山.

이리아약(伊梨阿若) 名義標釋에는 「흰옷을 매는 것과 같다」라 한 것. 옷의 種類가 아니고, 엉덩이를 둘러 묶고 걸어 가는 것. (四分律)

이리연타(伊梨延陀) 鹿의 梵名. →伊梨延.

이만다(理曼茶) 理曼茶羅의 略. →理曼茶羅. 遍一切處의 法門이란 뜻. (兩曼隨)

이만다라(理曼陀羅) 胎藏界의 曼陀羅를 말함. 金剛界·胎藏界의 兩部의 曼陀羅를 理·智에 配屬시키면, 胎藏界는 衆生本有의 理性의 德을 顯한 것이기 때문에 理요. 金剛界는 如來가 비로소 이룬 智의 相이기 때문에 智라 함.

이만등명불(二萬燈明佛) →日月燈明佛.

이매망량(魑魅魍魎) 鬼類의 이름. 魑魅는 老物의 精. 또는 山澤의 怪物이며, 혹은 魑와 魅로 나누어 魑는 山神. 魅는 宅神. 또는 怪物이며 魍魎은 木石의 妖怪·水神·水怪의 妖鬼. 山川의 精物. 또는 邪魂鬼라 하는데 모두 中國古典에 나오는 鬼神이다 佛典에서는 이것을 借用한 것이며 法華經의 梵本에는 이것에 해당하는 原語는 없음.

이멸(二滅) 擇滅과 非擇滅을 併稱한 말. 또는 有餘涅槃과 無餘涅槃을 말한 것임.

이멸(已滅) 梵〈niruddha〉 梵〈parihāṇi〉 이미 滅한, 이미 숨어버린, 이란 뜻.

이멸(離滅) 梵〈apagama; pra-vha〉 煩惱의 束縛이 없어지는 것.

이멸무(已滅無) 梵〈pradhvaṃsa〉 梵〈pradh: vaṃsa-abhāva〉 바이세시카 哲學에서 말하는 無說의 第二. 어떤것이 滅하여 버린 뒤의 無를 말함. 實과 德과 業의 或은 因勢가 다하고 或은 違緣이 生기며, 生겼다 하여도 그러나 壞滅하는 것. (十句義論)

이명(二明) 五明 가운데 二. ①內明. 부처님이 說한 大小乘의 敎法. ②因明. 옛 仙人이 說한 宗·因·喩 三支의 論理法.

이명(理冥) 理(論)의 深奧한 곳에서 合致한다는 뜻. (報恩鈔)

이명(異名) 梵〈nāma-paryayāya-vaca: na〉 別名.

이명(異命) 邪命이란 것. 비뚤어진 生活. (四分律)

이모(姨母) 梵〈mātṛbhagini〉 母의 姉妹.

이모소생(姨母所生) 巴〈mātucchāp-utta〉 從弟를 뜻함. (十誦律)

이목(二木) →三草二木.

이목(二目) 兩方의 눈. (三敎指歸)

이목(泥木) 彫刻. (摩訶止觀)

이목소상(泥木塑像) 진흙으로 만든 佛像과 나무로 새긴 佛像. 또는 진흙에 지푸라기나 雲母를 섞고 나무로 뼈대를 만들어 造成한 佛像.

이묘(二妙) ①妙는 法華經題의 妙이므로 두가지의 뜻이 있다. (1)相待妙. 藏·通別圓의 四敎를 相對하여 判한 麤妙다. 이 전에 說한 諸經의 藏通別의 三敎는 麤法이 되고 法華經에 說은 圓敎는 妙法이 된다. 이같이 敎體위에서 彼와 此가 相待함을 今經에서 妙라 하며 이를 相待妙라 함. (2)絕待妙. 三敎의 麤法을 開會하면 一個의 妙法이 된다. 妙法 밖에는 麤法을 待望할 수 없으므로 絕待妙라 함. 이는 今經의 獨特한 妙다. 前四時 사이에는 化한 機根이 未熟하므로 圓敎를 說한다. 圓敎는 能히 다른 三敎를 開會하지 못하며 圓敎 밖에 他의 三敎가 있으면 圓敎는 相待妙에 不過하며 지금 第五時에 이르러 所化한 機根이 淳熟하여 앞의 三敎의 權法을 열어 모두 한 實한 妙法에 歸入시키므로 法華만 홀로 絕待妙를 얻은 것. 그렇다면 이前에 說한 圓敎는 오직 相待妙만 되고 法華의 圓敎는 相待와 絕待의 兩妙를 갖추었다. 相待妙는 法華가 出한 四時中에 說한 藏通別 三敎의 위라 判斷하고 絕待妙는 그의 三敎를 開會하여 모두 圓妙가 되게한 것. 相待論判은 絕待論의 開다. 四敎儀集註下에 「妙名을 한번 부르면 待絕이 때를 같이하므로 相待論判은 前三敎 四時의 위에 나오고 絕待論開는 能히 前을 開하여 모두 圓妙하게 한다」하였음. ②福과 智의 二莊嚴을 말함. 宗門無盡燈論上에 「刻苦하여 二妙를 盡한다」하였음.

이무(二無) ㉵〈dvaya-abhāva〉 ㉵〈a-dvaya〉 對立하고 있는 두개의 것이 存在하지 않는 것.

이무(理無) 道理上에는 없는 것. 理로서는 存在하지 않는 것. (五敎章)

이무기(二無記) 無記性의 體에 二種이 있다. ①有覆無記. 妄惑의 體性이 極히 羸劣함이 俱生起의 我法二執과 같은 것. 곧 第七識이다. 이 體性은 極히 羸弱하므로 無記라 함. 그러나 自性의 妄惑이 能히 聖道를 隱覆하므로 有覆無記라 함. ②無覆無記. 阿賴耶識의 自體와 內의 五根과 外의 山河草木등임. 自性이 妄惑하지 않고 羸弱하나 善惡이 아니므로 無覆無記라 함.

이무명(二無明) 獨頭無明·相應無明을 말함.

이무상(二無常) 無常을 두가지로 나눈 것. ①念念無常. 一切 有爲法은 잠깐 잠깐 刹那사이에도 生·住·異·滅의 四相이 있어 變化하고 잠시도 停止하지 않는 것. ②相續無常. 萬物이 一定한 期限에는 若干의 相續하는 法이지만 결국에는 반드시 壞滅되고마는 것. 人命의 死

亡. 燈불의 꺼짐이 이것이다. 析玄記에서는 (1)刹那無常과 (2)一期無常으로 나누었음. (智度論四十三)

이무심정(二無心定) 心王과 心所를 滅한 二種의 定. 無想定·滅盡定을 말함.

이무아(二無我) ①人無我. 自主 自在한 我를 我라하는 것. 凡夫는 五蘊이 假和合한 뜻을 알지 못하고 自主 自在하는 人體가 實有하다고 固執하는 것을 人我라 하고 지금 五蘊이 假和合한 뜻을 了解하여 人體가 實無하다고 함에 達하는 것을 人無我라 하며 이것은 小乘의 觀道로 煩惱障을 斷하고 涅槃을 얻는 것. ②法無我. 諸法이 實體와 實用이 있다고 固執하는 것을 法我라 하고 지금 諸法이 因緣으로 생하는 뜻을 了解하여 自性이 實無하다는 데 達하는 것을 法無我라 함. 이것은 大乘菩薩의 觀道로 所知障을 斷하고 菩薩을 얻는 것. 小乘은 오직 人無我만 깨닫고 菩薩은 二無我를 모두 깨닫는 것. 楞伽經一에 「大慧菩薩 摩訶薩은 二種無我相을 善觀한다. 二種無我相이란 人無我와 法無我다」하였음.

이무아지(二無我智) 人無我와 法無我의 理를 아는 智임. 楞伽經一에 「河流·種子·燈·風과 같고(中略) 汲水輪과 같다」生死趣에 輪이 있는데 여러가지 身色을 幻術·神呪·機發·像起와 같이 善을 나누어 彼相을 아는 것을 人無我智라 하는데 무엇을 法無我智라 하는가 하면 陰界로 들어가는 妄想相의 自性을 깨닫는 것을 말한다」하였음.

이무이진(異無異塵) ㊵〈viśeṣa-aviśeṣa-viṣayā:ni〉 特殊한 對象物과 特殊하지 않은 對象物. (金七十論)

이무지(二無知) 小乘의 有部에서 說한 것. ①染汚無知. 곧 一切의 煩惱로 台家에서 말하는 見思 二惑을 말한다. 無明이 體가 되어 無明으로 事理의 法에 執着하여 그 性分이 不淨하므로 染汚라 함. 그 體가 昏闇하여 四諦의 眞理를 알지 못하므로 無知라 한다. 이 無明은 一切의 餘惑을 함께 일으키므로 無明을 들어 一切의 煩惱를 攝受한다. ②不染汚無知. 劣慧가 體가 된다. 劣慧는 無始이래로 學問과 硏究를 게을리한 結果로 事物의 義理를 理解하지 못하는 下劣한 智慧이다. 이것은 物의 不淨性分에 執着하지 않으므로 不染汚라 하며 事物의 義理를 알지 못하므로 無知라 한다. 台家에서 말하는 塵沙의 惑이다. 不染汚無知는 事物에 執着하지 않으며 能히 生死를 나가는 障礙가 되지 않으므로 聲聞과 緣覺의 二乘은 끊지 못하고 佛은 衆生을 濟度하여 위에서 一切事物의 必要를 알고 있으므로 이 劣慧를 斷하고 一切種智를 成就하는 것. 俱舍光記一에 「"染汚無知는 무엇이 體가 됩니까" 答

"無明이 體가 되며 다른 煩惱를 말하지 않은 所以는 無明을 通하여 諸惑과 相應한다. 無明을 說하여 다른 惑을 나타냄과 같다. (中略) 不染汚無知는 成佛하지 못하고 오면서 所有한 一切의 有漏無染은 劣慧가 體가 된다」하였음.

이문(二門) ①唐나라 道綽이 判한 것. (1)聖道門. 이 土는 凡夫에서 聖에 이르는 修道의 敎門이며 淨土의 三經을 除한 나머지 諸經을 말함. (2)淨土門. 彌陀淨土에 往生하여 聖果를 證하는 敎門임. 三部經의 說을 말함. 安樂集上에 「(1)聖道를 말하며 (2)往生淨土를 말한다」하였고, 選擇集本에 「道綽禪師가 聖道와 淨土의 二門을 세웠다. 聖道를 버리면 바로 淨土로 돌아간다」하였으며, 敎行信證六本에 「一代敎에 따라 이界 가운데서 聖에 들어가 果를 얻음을 聖道門이라 하고 難行道라 하며 淨刹에 安養하여 聖에 들어가 果를 證한 것을 淨土門이라 하며 易行道라 한다」하였음. ②(1)遮詮門. 그 非를 遮遣하는 것. 또는 그 나머지를 揀却하는 것. 涅槃에서 說한 不生 不滅하고 眞空寂滅한 것이 空門의 言詮이며 遮情門이다. (2)表詮門. 그 옳은 것을 나타내는 것. 또한 自體를 直示하는 것. 涅槃에서 說한 常樂我淨이 三德을 秘藏한 것이 有門의 言詮이며 表德門이다. 이 遮詮과 表詮의 이름은 法相宗에서 나오며 情을 遮하고 德을 表하는 目은 華嚴宗에서 나온다. 宗鏡錄三十四에 空宗과 性宗의 相違를 辨하여 그 十異 가운데 第六으로 「遮詮과 表詮이 다른 것은 遮는 그 잘못됨을 遮遣하고 表는 그 옳은 것을 表顯하는 것이다. 또한 遮는 諸經을 揀却하고 表는 當體를 直示한다」한 것. 杜順의 華嚴三昧에 「(1)遮情 (2)表德. 遮情이라 함은 緣起가 없다. 곧 空하기 때문이다. (中略) 表德은 緣起가 있다. 幻이 없지 않기 때문이다」한 것은 오로지 前의 遮詮二門의 뜻과 相同하므로 이 二種은 顯敎의 諸宗에 通用된다. 그렇다면 遮詮과 表詮은 言詮의 相違가 되고 遮情과 表德은 法體의 相違가 되나 그 뜻은 같다. 그러므로 諸宗에 通用된다. 眞言宗은 이中에 華嚴의 遮情과 表德을 써서 顯密二敎의 稱目을 簡別한다. 一切의 顯敎는 遮情門이 된다하므로 오직 無相의 一理에 돌아가며 密敎는 表德門이 되므로 처음부터 곧 三密의 事相을 行한다고 함. 二敎論에 「中觀등에는 모든 戱論을 쉬고 寂滅絶離가 宗極이 된다. 이 같은 뜻은 모두 遮情의 門이며 表德이라 하지 않는다」하였고, 秘藏寶鑰上에 「顯藥은 먼지를 씻고 眞言은 寶庫를 연다」하였음. 다만 이것은 顯과 密이 相對하는 一往의 判이다. 만약 自宗에 따라 말하면 또한 遮情과 表德의 二門이 있다. 胎藏界는 表德門으로 性에 갖춘 十界가 體가 되며 곧 多法界의 法門이되고 金剛界는 遮情門으로 無相의 一智가 體가 되며 곧 一法界의 法門이다. ③(1)抑止門. 佛이 衆生에게 重罪를 짓지 못하게 하고 惡逆의 衆生은 淨土에 往生함을 얻지 못하게하는 抑止의 敎門이며 이것은 佛의 大智다. (2)攝取門. 極惡한 衆生도 念佛하면 往生을 얻고 그것을 攝取하는 敎門이며 이는 佛의 大悲다. 이는 善導會와 大觀의 二經이 相違하게 判釋한 것(諸家에서 여러가지 뜻을 세워 理解하였음) 觀經散善義에 「묻기를 "四十八願 가운데 오직 五逆을 除하고 正法을 誹謗하면 往生을 얻지 못한다 하였는데 지금 觀經의 下品 下生中에는 法을 誹謗하고 五逆에 攝된 者를 簡別한다 함은 무슨 뜻인가" 答 "이 뜻은 抑止門의 解에 따른 것이다. 四十八願中에 謗法과 五逆을 除했으나 이 二業은 그 障害가 極히 重하여 衆生이 만일 짓게되면 곧 阿鼻地獄에 떨어져서 歷劫을 두루 막아서 벗어날 수 없으므로 다만 如來께서 그 二過를 짓는 것을 두려워하여 方便으로 止하여 往生하지 못한다고 한 것이며 또한 바르지 않으면 攝하지 않는 것이다」하였음. ④(1)迹門. 法華經中의 前十四品에서 說한 것. (2)本門. 法華經中의 後十四品에서 說한 것. 一本迹. ⑤華嚴一經에 行布圓融의 二門을 갖추어 모두 能히 法界에 通入하게 한 것. (1)行布門. 行은 行列 布는 分布다. 經中에 十住 十行 十廻向 十地 等覺 妙覺의 四十二位法門을 廣明하여 얕은데서부터 깊은데 이르는 行列의 次第를 分布하였으므로 行布門이라 함. (2)圓融門. 經中에 또한 法界의 理가 前의 四十二位에 圓融無礙하여 一位를 隨拳하면 諸位가 該攝되는 것을 밝혀 圓融門이라 함. 初發心할 때에 문득 正覺을 成就함을 說함과 같이 別敎와 圓敎의 差別이 된다 함. ⑥(1)折伏門. 惡을 꺾고 非를 調伏하여 假借하지 않음이 佛의 大智의 德이다. (2)攝受門. 物과 거슬리지 않고 善惡을 모두 攝取하는 것은 佛의 大悲의 德이다. 上觀十에 「經에 兩說이 있다. (1)攝 (2)折이다. 安樂한 行으로 長短을 말하지 않음이 攝이고 大經에 刀杖을 잡고 때리거나 머리를 베는 것이 折의 뜻이다. 비록 與와 奪의 길이 다르나 利益을 주는 것은 같다」하였음. ⑦(1)性起門. 如來의 果上에 이르면 眞如法性이 自性에 順하여 淨法을 일으킨다. 이른바 性海에 바람이 없고 金波가 스스로 일어나므로 오직 淨法이다. (2)緣起門. 眞如法性은 衆生의 因中에 있으며 緣染을 따라 染法을 일으키므로 緣起의 法이 染淨을 通하는 것. 問

"佛果의 功德이 어찌 緣이 없이 일어나는가" 答 "無緣이라 하지 않는다. 實은 緣을 따라 일어나며 다만 일어난 뒤에 緣을 어기고 性을 따르므로 緣을 廢하여 다만 性起라 한다"하였음. ⑧(1)流轉門. 無如한 無明이 大覺의 理性에 達하지 못하여 惑을 일으키고 業을 지으며 生死의 苦果를 感하여 三界六道에 流轉하므로 流轉門이라 함. (2)還滅門. 流轉하는 衆生이 生死의 苦를 싫어하여 戒定慧의 三學을 닦아 寂滅한 涅槃에 還歸하므로 還滅門이라 함. 苦集의 二諦는 流轉門의 因果가 되고 滅道의 二諦는 還滅門의 因果가 된다. 釋摩訶衍論에는 下轉門과 上轉門이라 한다. ⑨(1)眞如門. 如來藏의 一心으로 그 體性이 平等一味하여 差別의 相을 여의고 眞實如常하므로 眞如門이라 하며 곧 不變眞如다. 無明의 緣인 眞如에 和合치 못한다. (2)生滅門. 如來藏의 一心이 緣을 따라 生滅하여 差別의 相을 일으키므로 生滅門이라 함. 眞如와 無明이 서로 熏하는 것. 곧 無明이 眞如를 熏하여 流轉의 染法이 생기고 眞如가 無明을 熏하여 還滅의 淨法을 생한다. 이것이 隨緣眞如가 되어 無明의 緣인 眞如와 和合한다. 그렇다면 眞如門은 如來藏心의 體가 되고 生滅門은 如來藏心의 相이 된다. 一切의 小乘敎는 모두 如來藏心의 實性이 있음을 알지 못하고 大乘中의 權敎는 겨우 眞如門의 一邊만을 알고 生滅門의 一邊은 알지 못하며 大乘의 實敎는 二門을 모두 안다. ⑩(1)福德門. 布施·持戒·忍辱·精進·禪定의 五度를 福德門이라한다. 福德門에 들어가면 一切의 罪業이 모두 消滅되며 所願을 모두 얻는다함. (2)智慧門. 諸法의 實相을 了知함을 智慧門이라 하며 곧 般若다. 智慧門에 들어가면 生死를 싫어하지 않고 涅槃을 즐겨하지 않는다 함. ⑪(1)戒門 (2)乘門으로 佛說 涅槃經에 二意가 있다. 1. 다만 常住의 理를 說하여 捃拾과 法華에서 漏한 機類가 된다하며 常住涅槃을 捃拾敎라 한다. 2. 末代의 衆生이 戒를 破하고 無常에 執着하며 法身의 慧命을 亡失한다 하며 戒乘二門이 常住의 命을 贖함을 說하였음. 涅槃經中에 末後의 衆生이 破戒를 하나 부끄러움이 없고 慧命의 法身을 夭傷함을 贖하고자 戒律을 說하여 戒門이라 하고 無常의 見을 固執하여 法身의 常住를 亡失함을 贖하고자 佛性 常住의 理를 說한 것을 乘門이라 함. 이를 贖命涅槃이라 하고 扶律說常敎라 함. ⑫(1)悲門. 佛菩薩의 利他의 德이다. 大悲하기 때문에 衆生을 永度하여 涅槃에 住하지 않으며 (2)智門. 諸佛菩薩의 自利의 德이다. 大智하기 때문에 스스로 惑業을 斷하여 生死에 住하지 않으며 이를 한쌍으로서 떨어지지 않는 德이라 한다. ⑬(1)定門. 智慧가 法界를 비추어 心性이 恒常 湛然함을 照而 寂하다하며 이는 諸佛菩薩의 定門이다. (2)慧門. 心性이 비록 湛然하여 움직이지 않으나 法界를 恒常 비추어 어그러짐이 없는 것을 寂而 照한다고 한다. 이는 諸佛菩薩의 慧門이다. 이는 一雙으로 떨어지지 않는 德이라 함.

이문(異門) 自己의 門派와 다른 門. 他宗. 他派.

이문(異聞) 드문 것. 희귀한 것.

이문론(理門論) ㊂因明正理門論의 약칭.

이문자보광명장경(離文字普光明藏經) 大乘離文字普光明藏經의 약칭. 一卷. 唐 地婆訶羅의 번역. 無字寶篋經과 同本이나 약간 다름.

이물(利物) 利는 利益. 物은 衆生. 一切衆生을 救濟하여 利益되게 하는 것. 西方要訣에 「末法萬年에는 다른 經이 모두 없어지고 阿彌陀佛의 一敎만이 衆生을 救濟하여 增益케 한다」라고 하였음.

이물(異物) ①㉥<aññad-atthu> 他人(異)이 所有하는 것. (善生子經) ②다른 것.

이물방편(利物方便) 衆生을 救濟하는 方便.

이물상합(二物相合) 善과 惡이 體를 달리 하면서 合하고 있다는 것. 이것을 天台宗에서는 通敎의 思考法이라고 한다. 即의 三義 가운데 하나. →即.

이물상합즉(二物相合即) 天台宗의 敎學에서 말하는 三種即의 하나. 두개의 別物이 서로 合하여 떨어지지 않는 것.

이미(二美) 定과 慧의 두莊嚴. 吽字義에 「二美가 具足하니 四辯이 澄湛하다」고 하였음.

이미(離微) 法性의 體는 諸相을 여의고 寂滅하여 남음이 없는 것을 離라 하고 法性의 用이 微妙 不可思議함을 微라 함. 離는 涅槃이며 微는 般若임. 寶藏論 離微體淨品에 「眼과 耳가 없는 것을 離라하고 見과 聞이 있는 것을 微라 함. 無我와 無造를 離라하고 有智와 有用을 微라하며 無心 無意를 離라하고 有通 有達을 微라 함. 또한 離는 涅槃이며 微는 般若다. 般若이므로 大用이 일어나고 涅槃이므로 寂滅無餘라 함. 無餘이므로 煩惱가 永盡하며 大用이므로 聖化가 無窮하다」하였음.

※宗鏡錄九十二에 「離微者萬法體用 離者即體 微者功用」

이밀(二密) 台密에서 二密을 세움. ①理密. 圓融不離하는 理를 說한 것. ②事密. 如來 身·口·意의 秘密을 說한 것. 日本의 慈覺은 法華와 涅槃을 理密이라 하고 眞言部 諸經을 事理俱密이라 하였음. 蘇悉地經疏中에 「世俗의 勝義가 圓融不

二함을 理密이라 하고 三世如來의 身·語意의 密을 事密이라 한다. 問 "華嚴 維摩 般若 法華등 모든 大乘敎는 이러한 顯密을 어디에 攝收하는가" 答 "華嚴 維摩와 같은 모든 大乘敎가 바로 密敎이다" 問 "만약 그렇다면 이 密이란 지금 세운 眞言密敎와 어떻게 다른가" 答 "그 華嚴등 經은 비록 같은 密이기는 하나 如來 秘密의 旨가 未盡함이 있으므로 지금 세운 眞言과는 다르다. 假令 비록 적은 密言등은 如來秘密의 뜻을 究盡하는데 미치지 못하였다. 지금 세운 毘盧遮那 金剛頂등 經은 모두 如來 事理俱密한 뜻을 究盡하였으므로 다르다고 한다"」하였으며, 天台學則下에 「法華涅槃 二部는 理密의 大圓敎가 되고 眞言五部는 俱密의 大圓敎가 된다. 이는 一代 五時中 第五時 二密의 大圓을 判別한 것이다」하였음.

이밀(理密) 台密에서 세운 理秘密敎. (理秘密敎)

이밀교(理密敎) 理秘密敎의 略. →理秘密敎.

이밀구밀(理密俱密) 台密에서 秘密敎를 理秘密敎와 理事俱密로 分類한 것을 말함. →理秘密敎. →理事俱密.

이바다(離婆多) ㉵〈Revata〉 또는 梨婆多 離越 離曰이라 함. 羅漢의 이름으로 바르게는 頡隷伐多라 함. 二十八宿 가운데 室宿의 이름이며 별에게 祈禱하여 얻은 아들이란 뜻. 或은 假和合이라 함. 그가 二鬼가 屍身을 다투는 것을 만나서 人身은 假和合한 理임을 깨닫고 出家得道한 因緣이 된 것. 法華文句二에 「離婆多 또는 離越이라 함. 이는 번역하여 星宿 或은 室宿 或은 假和合이라 함. 文殊問經에 恒常 소리를 낸다. 父母가 별에게 빌어서 그것을 感獲하였으므로 별을 따라 이름한다」하였고, 玄應音義六에 「離婆多는 번역하여 室星이며 北方의 별이다. 빌어서 아들을 얻어서 별이름을 붙인 것 바른말은 頡隷伐多며 經中에 梨婆多는 訛傳된 것이다. 곧 首楞嚴經中 坐禪第一은 離婆多같다함은 이사람을 말한다」하였음.

이바다좌선제일(離婆多坐禪第一) 增一阿含經三에 「坐禪으로 定에 들어가면 마음이 錯亂하지 않는다함은 離曰比丘를 말한다」하였음.

이박(二縛) 우리의 마음을 束縛하여 自在하지 못하게 하는 두가지 ① (1) 相應縛. 見惑·修惑등의 모든 煩惱가 同時에 일어나는 心·心所法을 繫縛하여 所緣으로 하여금 自在를 얻지 못하게 하는 것. (2) 所緣縛. 見惑·修惑등이 對境을 攀緣할 적에 毒한 勢力이 있어서 이 所緣에 繫縛되어 自在를 얻지 못하는 것. ② (1) 相縛 (2) 麁重縛 ③ (1) 能緣縛 (2) 所緣縛 ④ (1) 子縛 (2) 果縛. (俱舍光記一)

이박단(離縛斷) 四斷의 하나. 또는 緣縛斷이라 함. →緣縛斷.

이반(二飯) 梵〈dvi-rada〉 二個의 象牙가 있는 것. 코끼리를 말함. (佛所行讚)〔漢譯者는 梵〈dvi-rada〉(두번 먹는 者)로 解釋하여 二飯이라 翻譯하였다)

이반(離叛) 梵〈parityāga〉 버리는 것.

이반야(二般若) ①(1)共般若. 곧 台宗의 通教임. 聲聞·緣覺·菩薩의 三乘을 通하여 說한 것. 三乘이 함께 修證하므로 共般若라 함. (2)不共般若. 台宗의 別圓二教이며 오직 圓·別의 二菩薩을 對하여 說하고 聲聞 緣覺의 二衆과 함께하지 아니하므로 不共般若라 함. ②(1)世間般若. 寂靜眞實의 般若을 行하지 않고 有見 有相의 般若를 常行하는 것. (2)出世間般若. 中心이 虛空과 같이 平等寂滅하여 모든 名相을 여윈 것. ③(1)實相般若 (2)觀照般若 이것은 三般若 가운데 前의 二者임.

이발기대보리심(已發起大菩提心) 梵〈utpādi: ta-bodhicitta〉 이미 깨달음을 求하는 마음을 일으킨 것.

이발심(已發心) 梵〈utpadita-citta; u-tpā-dita-bodhicitta〉 이미 깨달음을 求하는 마음을 일으킨 것. 已發起大菩提心과 같음.

이방(里坊) 洞里에 세운 僧坊을 말함.

이방편(異方便) 부처님이 衆生을 이끌기 위하여 베푸는 特殊한 方便을 말함. 法華經 方便品에 「다시 特殊한 方便으로써 第一義를 助顯한다」라고 하였고, 觀無量壽經에 「諸佛·如來는 特異한 方便이 있어서 너로 하여금 볼 수 있게 한다」라고 하였음.

이백억비구(二百億比丘) 人名. →守籠那.

이백오십계(二百五十戒) 比丘가 受持해야 할 戒律. 즉 比丘의 具足戒를 말함. 八段으로 나누는데, ①四波羅夷 ②十三僧殘 ③二不定 ④三十捨墮 ⑤九十單提 ⑥四提舍尼 ⑦百衆學 ⑧六滅諍. 合하여 二百五十戒律임. →具足戒.

이번뇌(二煩惱) 煩惱를 두가지로 나눔. ①唯識論에는 根本煩惱·隨煩惱. ②妄生記煩惱·分別記煩惱. ③智度論에서는 內着煩惱·外着煩惱. ④大明三藏法數에는 隨眠煩惱·現行煩惱.

이범(二凡) 內凡과 外凡임. 三乘의 行人은 見諦이전이 凡位가 되며 凡位를 둘로 나눈다. 다만 教法을 듣고 믿는 者는 外凡이고 그 法을 바로 行하여 聖位에 가까운 者를 內凡이라 함. 小乘의 三賢과 大乘의 十信位는 外凡이며 小乘의 四善法과 大乘의 十住이상은 內凡이다. 法華玄義三에 「四教는 모두 外凡이 教가 되고 內凡이 行이 되어 聖位를 證한다」하였음.

이범(二犯) ①止犯. 모든 善業에 실

증을 느껴 修學하지 않고 止에 의하여 戒體를 범하는 것을 止犯이라 함. ②作犯. 모든 惡法에 身口를 策하여 짓고 作에 의하여 戒體를 범하는 것을 作犯이라 함.

이법(二法) 法門을 밝혀서 增數에 들어가서 遍攝하고자 하는 것. 하나하나의 數中에서 비록 無量數에 이르러 行要를 誠攝하고자 하나 二法에 지나지 않음이 곧 行人과 같다. 能히 十重의 二法을 모두 알아서 始終빠짐이 없으면 道를 論할 수 있다. 十重의 二法이란 一切諸法을 攝盡하는 것임. ①眞修 ②教行 ③信法 ④乘戒 ⑤福慧 ⑥權實 ⑦智斷 ⑧定慧 ⑨悲智 ⑩正助 이 十雙에 하나가 빠지면 一切諸增數를 또한 盡할 수 없다 함.

이법(異法) ①梵〈anya〉 梵〈para〉 다른 것. (中論) ②立論(主張命題의 述語)과 矛盾된 事項. (正理門論)

이법계(理法界) 四法界의 하나. 理는 眞理를 말한 것으로 千差萬別한 現象界의 根本原理를 가르킨 것이다. 宇宙의 現狀을 살펴 보건데 春夏秋冬의 四時는 그 氣節이 錯亂하지 아니하고, 日月의 運行이 그 度를 잃지 아니하며, 山은 높고, 물은 낮으며 사람은 서서 다니고 짐승은 기어다니는 等 秩序가 整然한 이 現狀은 마치 어떠한 主宰者가 있어서 一定한 計劃的인 의도상에 運行하는 듯한 느낌을 준다. 그러나 이것은 누가 宰하거나 支配하는 것이 아니요. 一種의 原理에 依하여 運行되는 것이다. 原理에 依據한 現狀이므로 現狀界의 諸法은 모두 秩序가 整然한 것이다. 이것을 바다물에 비유하면 波浪이 없는 고요한 바다를 理의 世界라 할 것이다. 理의 世界에서 보면 宇宙의 萬法은 一理齊平으로 自他의 別도 是非曲直도 있을 수 없는 平等한 世界임.

이법상사(異法相似) 元來 同法이어야 할 것을 억지로 異法으로 하여 그 異法喩에 依하여 論式을 세우는 것. 十四過類의 하나. 例를 들면 「말은 無常하다. 意志的 努力의 直後에 나타나는 것이므로」라는 論式에서는 同喩는 甁이요, 異喩는 虛空이나, 이것에 對하여, 甁에는 可燒性, 可見性이 있는데 말에는 없으므로, 甁은 異喩가 되지 않으면 안된다고 主張하는 것. (正理門論)

이법상사과류(異法相似過類) 因明十四過類의 第二 足目이 세운 것. 立論者의 言論에 대하여 反博을 하는 가운데 反博論의 不正을 指適하는 十四중의 하나. 立論에 過失이 없는 것을 過失을 붙이기 위하여 同喩로 쓴 것을 異喩로하여 攻擊하는 過失.

이법신(二法身) 五種이 있다. ①金光明經에서 說한 것으로 (1)理法身. 本覺의 理性으로 諸佛과 衆生이 갖

는 것. 同一한 如如의 理다. 다만 衆生은 無明에 隱沒하였고 諸佛은 始覺의 智를 現顯하는 것을 理法身이라 함. (2)智法身. 始覺을 究竟하는 如如의 智다. 始覺의 智가 究滿하여 本覺의 理와 契合한 것을 智法身이라 함. 金光明經에 「오직 如如와 如如智가 있는 것을 法身이라 한다」하였음. (如如는 平等의 뜻) ②菩薩瓔珞經에 說한것. (1)果極法身 곧 法性法身임. (2)應化法身 곧 方便法身임. 瓔珞經下에 「二法身이 있는데 (1)은 果極法身이며 (2)는 應化法身이다. 그 應化法身은 그림자가 本形을 따르는 것같이 果身이 늘 있으므로 應身도 늘 있다」하였음. ③瓔珞經에서 說한 것. (1)自性法身. 곧 앞의 眞身이다. 應化로 法身이라함은 法身을 全攬하면 應化가 된다는 것. 이는 理와 事가 다르지 않는 大乘의 實相이다. 瓔珞經上에 「初地에서 부터 後一地까지 果報를 神變하는 二種의 法身은 法性身과 應化法身이다」하였음. ④曇鸞이 세운 것. (1)法性法身. 法性의 理體를 證得한 佛의 眞身이며 三身中의 法身과 報身에 攝收된다. (2)方便法身. 法性法身에 따라 衆生의 化益 方便을 示現하는 佛의 應化身이다. 이 二法身은 곧 眞과 應의 二身이며 法性生身의 二身이다. 論註下에 「諸佛 菩薩에 二種의 法身이 있다. 法性法身과 方便法身이며 法性法身에서 方便法身이 생하고 方便法身에서 法性法身이 나온다. 이 二法身은 다르나 나눌수는 없고 하나이면서도 한가지가 아니다」하였음. ⑤元照가 세운 것. (1)理法身. 如來가 證한 眞理라는 것. (2)事法身. 戒·定·慧등의 五分功德法으로 大小 二乘이 相對하는 二法身을 말함. 資持記上一의 三에 「法身에 두가지가 있다. 理法身 곧 所證한 理를 나타내는 것이며 (2)事法身 곧 五分의 德이 圓滿한 것이다」하였음.

이법신(理法身) 二種法身의 하나 三身中의 法身에 따라 理·智의 둘로 나뉘는데, 所證의 理體를 理法身이라 하고 能證의 智慧를 智法身이라고 한다. 新譯家에 依하면 理法身은 無爲 本有한 것이고 智法身은 有爲로 新成한 것이라 하였고, 舊譯家에 依하면 理·智가 모두 無爲인 것이다. 法性이 本來 寂과 照의 二種의 用을 가지고 있어서 寂의 뜻으로 한다면 理法身이 되고, 照의 뜻으로 한다면 智法身이 된다 하였음. 最勝王經二에 「오직 如如 如如智가 있으니 이것을 法身이라 이름한다」라고 하였음.

이법애(離法愛) 天台宗 十乘觀法의 하나. 또는 無法愛라고도 말함.

이법유(異法喩) 異喩와 같음. →異喩. (正理門論)

이법집(二法執) ①俱生法執. 끝없는

옛적부터 熏習으로 이뤄진 性이 있어서 항상 一切法에 대하여 망녕되게 執着心을 내는 것. 이 망녕된 執着은 마음으로 分別하여 일어나는 것이 아니고 이에 몸과 함께 생기기 때문에 俱生이라 함. ②分別法執. 邪敎·邪師의 誘導에 依하여 分別計度하여 諸法이 實有하다고 固執하는 것이 分別로 일어나는 法執이다. 이 分別의 法執은 菩薩이 見道位에서 모두 다 끊어버리고 俱生의 法執은 修道하여 점점 끊어버림. (法苑義林章二執章)

이변(二邊) ①常을 斷한 二邊見을 말함. →二見. ②(1)增益邊. 因緣이 생하는 法을 分別하여 推究할 것같으면 本來 自性이 없으나 衆生이 爲有라고 固執하여 了解하지 못함을 增益邊이라 함. (2)損減邊. 因緣이 所生하는 法은 原來 自性이 없으나 因果의 功能이 없지 않음을 衆生은 알지 못하고 撥無하여 空이 된다 함. 이것을 損減邊이라 함(攝大乘論釋一) ②(1)小有邊. 邊은 邊際世間이 一切事物은 반드시 衆緣의 和合을 빌려서 생하므로 自性이 없다. 비록 自性이 없다고는 하나 無라할 수 만은 없으므로 이것을 有邊이라 하고 (2)無邊. 世間一切의 事物이 이미 自性이 없다 하나 만약 自性이 없다면 一切法이 모두 空하여 有라 할 수 없다. 이것을 無邊이라 함(中論四)

이변(二變) ①因緣變. 心과 心所가 變現相分하여 能緣의 分別力을 빌리지 않고 自己種子의 因緣을 따라 생하여 心色의 實體와 用이 있는 것. 곧 三類境中의 性境이다. ②分別變. 能緣의 分別力을 빌려서 도리어 相分을 일으킴을 말함. 이에 二種이 있다. (1)能緣의 分別力을 偏隨하여 本質을 띄지 않고는 能生의 種子를 갖추지 못하는 것. 곧 三類境中의 獨影境의 相分으로 龜毛·兎角을 緣하는 相分과 같다. (2)帶本質 또는 能生의 種子가 또한 能緣의 分別力을 빌리므로 境의 自相이라하지 못하고 色心의 實用을 갖추지 못하는 것 곧 對質境이다. 第七識이 第八見分을 緣하고 第六識이 一切心과 心所時의 相分을 緣함과 같다 함. ②唯識宗에서 모든 法은 唯識의 所變이란 뜻으로 그 能變하는 식에 因과 果의 區別을 세운 것 곧 因能變·果能變을 말함.

이변(理辯) ㉵<yukta-pratibhāna> ㉯<rigs par spobs pa> 道理에 들어맞는 辯才가 있는 것. 菩薩의 功德名號의 하나.

이변(異變) 變化하여 다른 것으로 되는 것. 體는 不滅하여도 或 色이 變하여 녹쓰는 것.

이변삼제(三邊三際) 二邊은 有無二邊이요. 三際는 過去, 現在, 未來를 말하는 것.

이병(二柄) ①天子가 갖는 두 權柄.

刑과 德, 賞과 罰. (正法行眼藏 行持) ②文武를 뜻함.

이병산(李屛山) 金王朝의 文臣, 佛教學者 中國 洪州 사람. 名은 純南. 字 之純. 正隆 3(1185)年 出生. 일찍 進士가 되어 벼슬이 尙書右司徒에 이르렀다. 술을 좋아하여 하루라도 술을 안마시는 날이 없고 마시면 반드시 醉하여 談論이 風發하였다. 莊子·列子·左氏春秋. 戰國策에 通曉하고 能文, 禮 또한 높았다. 처음에는 佛教를 排斥하려 하였으나 佛教를 排斥하려면 佛教의 思想을 잘 알 필요가 있었던 까닭에 首楞嚴·圓覺·維摩·華嚴의 諸經을 읽음에 따라 佛教의 眞義를 體得하고 佛敎에 歸依하는데 이르러 도리어 宋儒들의 佛教 排斥을 지탄하였다. 그는 47歲에 鳴道集說을 撰述하였고, 또한 三道調和의 說을 根本으로 表示하였음.

이보(二報) ①依報. 또는 依果라고도 한다. 즉 世界, 國土, 房舍, 器具등을 말함. 모든 衆生은 先世에 지은 業에 因하여 感應한 것으로 그 몸이 依止하여 住하기 때문에 依報라고 말한다. ②正報. 또는 正果라고 말함. 곧 五蘊으로 이뤄진 몸. 모든 衆生은 각각 先世에 '지은 業에 因하여 이몸이 感得한 것으로 이는 바로 前世의 果報이기 때문에 正報라고 말하며 여기에 또 總報와 別報가 있다. 人生으로 태어난 것은 總報요. 貧·富·貴賤이 있는 것은 別報라함. (華嚴大疏一)

이복(二福) ①梵福. 大梵天王의 福德. ②聖德. 三乘聖果의 福德. (法華文句十)

이복전(二福田) ①學人田. 小乘見道位 이후 聖道를 修學하는 聖者임. 이에는 十八人이 있다. (1)信行 (2)法行 (3)信解 (4)見到 (5)身證 (6)家家 (7)一種 (8)向須陀洹 (9)得須陀洹 (10)向斯陀洹 (11)得斯陀洹 (12)向阿那含 (13)得阿那含 (14)中般涅槃 (15)生般涅槃 (16)行般涅槃 (17)無行般涅槃 (18)上流色究竟涅槃이다(이상은 聖位의 差別이며 十八有學이라 함) ②無學人田. 極果를 얻어서 다시는 修學할 것이 없는 聖者를 말함. 이에는 九人이 있다. (1)思法 (2)昇進法 (3)不動法 (4)退法 (5)不退法 (6)護法 (7)實住法 (8)慧解脫 (9)俱解脫(이는 根性의 差別에 依하여 붙인 九種羅漢의 이름) ③二福田 (1)悲田. 貧窮困苦한 사람에게 施與하는 慈哀心의 良田임. (2)敬田. 三寶를 말함. 이것은 恭敬心으로 供養하는 良田이다. 智者大師 別傳에 「悲와 敬의 兩田을 廻施하여 福德이 增多하게 한다」하였음.

이봉(离峰) 朝鮮朝 (1804～1890) 僧侶. 樂玹의 法號. 羅州 사람. 雙溪寺에서 중이되고, 禪·教를 공부하여 宗通·說通을 두루 갖춤. 迦持

山 松臺와 大原·曹溪등으로 옮겨 다니다가 松廣寺에서 入寂. 世壽七十七·法臘六十二.

이부(以不) ㊵〈apikaecid〉 하였는지 어떤지라는 뜻.

이부(異部) 別異의 部類로 宗派등을 말함. 異部宗輪論 述記上에 「異는 別이요. 部는 類다. 사람들의 理解情見이 같지 않음에 따라서 나누어 다른 類를 만드는 것을 異部라고 한다」라고 하였음.

이부계본(二部戒本) ㊫比丘의 戒本과 比丘尼의 戒本.

※行事鈔說戒篇에 「僧祇云 若誦戒時 應誦二部律」

이부승(二部僧) 比丘의 僧伽와 比丘尼의 僧伽. (十誦律)

이부오부(二部五部) 印度小乘敎. 부처님이 涅槃하던 해 結集할 때에 上座部와 大衆部의 二部로 分派되었고, 佛滅後 百年. 優婆毱多의 때에 曇無德部·薩婆多部·彌沙塞部·迦葉遺部·婆麤富羅部의 五部로 分派되었다. 行宗記一上에 「二部는 結集하던 上座部와 大衆部의 二部요 五部는 橫으로 갈리어진 五部다」하였고, 三論玄義에 「諸部의 異執을 말하면 혹은 二部고 혹은 五部다」라고 하였음. →結集.

이부정(二不定) 二百五十戒중 二戒. 不定이라함은 犯罪한 事實의 有無에 대하여 다른 사람의 嫌疑를 받을만 한 것. 이러한 行爲를 한것이 不定罪. 이를 制止하는데 二種이 있다. (1)屛處不定戒. 比丘가 어두운 場所나 막힌 장소나 보이더라도 말소리가 들리지 않는 場所에서 女人과 만나 이야기하는 것을 制止하는 戒. (2)露處不定戒. 屛處는 아니지만 比丘가 女人에 대한 態度에서 다른 사람의 疑惑을 살만한 행동을 하는 것을 制止하는 戒.

이부종륜론(異部宗輪論) ㊫一卷. 世友菩薩이 짓고 唐玄奘이 번역한 것으로 薩婆多宗의 所傳이다. 宗派의 部類가 각각 다르기 때문에 異部라고 말한다. 宗으로 삼는 法이 서로 取·捨가 있고 또 輪轉하여 一定치 않기 때문에 宗輪이라고 이름한 것이다. 小乘二十部의 宗旨를 記述한 것. 註解書로는 窺基가 지은 異部宗輪論述記 一卷이 있음.

이부종륜론술기(異部宗輪論述記) 一卷. 唐窺基 撰·本書는 異部宗輪論 注疏로서 小乘二十部 分裂의 역사와 그 敎義를 述釋한 것.

이분(異分) ㊁〈añña-bhāgiya〉 다른 것의 類似한 部分. (五分戒本)

이분가(二分家) 心識을 二分한 說. 唯識宗에서 우리들이 認識하는 과정에 二分說을 세운 難陀論師등의 一流派를 말한다. 그 分說은 心性이 客觀現象을 認識할때에 먼저 本質과 비슷한 影像인 相分(所緣의 影像)과 이것을 認識하는 作用인 見分(能緣의 主觀作用)의 두가지

差別을 내고, 이 두가지 作用만으로 認識作用은 다 된다고 하는 것. 이 外에 證自證分을 세우는 四分家에 대하여 二分家라 함. →四分.

이분동전부정과(異分同全不定果) 因明學에서 似因十四果中 六不定果의 第四. 異品一分轉 同品遍轉 不定過 三支作法의 第二인 因을 第三의 비유에 비추어 異品側은 一部分에 관계하고 同品側은 全部分에 關係하는 것. 例를 들면 "이 사람은 男子다(宗) 아기를 낳지 못하는 까닭이다(因)"하며 一體의 男子는 同品, 一體의 女子는 異品인데, 아기를 낳지 못한다는 것이 온갖 同品에 關係하고 一部 異品에도 關係하므로 僞因이 된다 함.

이분무근(異分無根) 異分은 本分의 對. 本分은 誹謗받는 當事者. 本人과 關係없는 他者가 異分이고, 他者의 行爲로써 本分人을 誹謗하는 것이 異分無根法인데 그 사람을 誹謗한다는 것. (四分律)

이분별(理分別) ㉵〈yukti-vikalpa〉合理的 思考.

이분별(異分別) ㉵〈vikalpa〉 分別과 같다. ㉵〈vi-〉라는 接頭辭를 「異」라고 漢譯한 것임.

이분별(離分別) ①㉵〈akalpana〉 思考를 떠나 있는 것. ②現量(直接知覺 ㉵〈pratyakṣa〉)의 特質을 定義하여 印度佛敎의 論理學者 들은 ㉵〈kalpanāpoḍha〉라 하며, 「除分別」(正理門論) 「無分別」 (入正理論)이라고 翻譯되어 있으나, 典據가 없음.

이불(理佛) ①法身의 다른 이름임. 佛의 三身中 報身과 化身의 二佛은 事佛이 되고 法身佛은 理佛이 되며 通途의 뜻이라 함. ②台家에서 세운 六即佛中의 理即佛이다. 三惡의 衆生도 또한 法性의 理를 갖추어서 佛과 다름이 없다. 이는 理佛이 되며 또는 素法身이라 稱하여 오직 法身의 理體를 갖추었으나 功德의 莊嚴이 없다는 것. 天台觀經疏에 「衆生은 곧 佛이며 理佛이다」하였음.

이불도성(以佛道聲) 法華經 信解品에 「我등은 지금 참된 聲聞이다. 佛道의 소리로 一切를 듣게한다」하였음. 小乘의 弟子들도 또한 大乘의 佛道를 깨달아서 佛道의 敎를 一切의 사람에게 傳하는 것. 我는 小乘의 弟子를 말하는 것.

이불병좌(二佛並坐) 法華會座에서 迹門三周說法이후에 靈山의 空中에 솟아난 多寶塔中 二佛이다. 처음 寶塔이 솟아나서 空中에 있으니 大衆의 請에 依하여 釋迦佛이 그 塔門을 열었다. 多寶佛이 全身舍利로 跏趺座를 틀고 法界定印을 맺고 있었다. 그 때 多寶佛이 寶塔中에서 半座를 나누어서 釋迦佛에게 앉게 하여 二佛並座라 함. 多寶는 法佛과 定을 表示하고 釋迦는 報佛과

慧를 表示하며 並座하면 法佛과 報佛이 둘이 아님을 表示하고 定과 慧가 하나와 같다. 이 二佛이 누가 左側이며 누가 右側이냐 하는 說에는 各各 異義가 있다. 다만 多寶는 왼쪽에 있고 釋迦가 右側에 있는 것이 바르다고 한다. 觀智의 法華儀軌에 「塔門南開」라 함은 釋迦가 塔에 들어가기 前에 東을 向하여 迹門을 說함을 알 수 있다. 迹門은 因位의 法이므로 發心하여 東南을 向하여 說한 것. 多寶塔은 本門의 壽量을 表하고 塔門은 西에서 연다. 本門이 果上의 法이 되어 或은 菩提의 西方을 向하는 것. 그렇다면 法華의 曼茶羅에 東에서 西를 向해, 中央의 多寶塔의 二佛 가운데 多寶佛은 南方에 있으니 곧 左側으로 定印을 맺고 釋迦佛은 北方의 右位에서 轉法輪印을 맺고 있다. 左는 定位이며 右는 慧位로 顯敎와 密敎의 通則이다. 定門의 多寶를 따르는 眷屬은 左側에 있고 慧門의 釋迦를 따르는 眷屬은 右側에 있다 함. →多寶塔.

이불성(二佛性) ①理佛性不生. 不滅하는 法性의 妙理를 理佛性이라 함. ②行佛性. 大圓鏡智등 四智의 種子를 行佛性이라 함. 이 가운데 理佛性은 一切有情이 모두 갖추었고 行佛性은 갖춘 이도 있고 不具한 이도 있다. 不具한 사람은 길이 成佛하지 못한다. 이 것은 法相宗에서 涅槃經의 一切衆生이 모두 佛性이 있다는 말을 모아 無性 有情의 法門을 成立한 것.

※唯識樞要上本에 「總而言之 涅槃據理性及行性中少分一切」

이불성(理佛性) 行佛性에 對한 말. 佛性의 理體는 理佛性이 되고 그 佛性의 行業을 開發하는 것이 行佛性이다. 法相宗에는 永永 成佛하지 못하는 衆生이 있다고 하며 涅槃經에 一切衆生이 모두 佛性이 있다는 말과 어긋나므로 佛性에 이 二義를 세워서 會한 것. 理佛性이란 一切衆生이 비록 갖추었으나 行佛性은 一切에 周遍하지 않으므로 成과 不成이 있는 것임. →行佛性.

이불신(二佛身) ①法身·生身. ②法性身·生死身. ③常身·無常身.

이불중간(二佛中間) 釋迦와 彌勒의 中間을 말함. 곧 釋迦는 入滅하고 彌勒은 아직 出世하지 않은 것. 곧 지금의 세상.

이비(理非) 옳은 일과 그른 일. 좋다 나쁘다 말하는 것. (隨聞記)

이비도(理比度) ㊵〈yukty-anumāna〉 ㊄〈rigs pa rjes su dpag paḥi sgo〉 理論에 根據하는 推論.

이비밀(理秘密) →理秘密敎.

이비밀교(理秘密敎) 日本 台密의 密敎中에 理秘密을 세운 것으로 事理가 俱密한 二敎다. 華嚴과 法華등의 一乘敎는 理秘密이 된다. 또한 大日과 釋迦가 同體의 뜻을 세웠으나 東密은 認定하지 않았다. 菩提心義一末에 「묻기를 "仁王經에 말하기를 '五千女人이 現身成佛함은 佛世에 仁王經을 듣고 成佛했다' 하고, 菩薩處胎經에 이르기를 '魔梵釋女가 모두 不捨身·不受身으로 모두 現身成佛함은 佛이 滅한 뒤에 自觀하여 成佛하였다' 하며, 無量壽經에 이르기를 '이 經을 가진 者는 곧 이몸이 無生忍을 얻어 佛滅한 뒤에 經을 加持하여 成佛하였다' 하니 어찌하여 오직 眞法中에서만 即身成佛한다고 말하는가, 만약 이들 即身成佛한 사람들이 모두 이 觀을(眞言觀) 닦았으면 어찌한 연고로 三摩地法을 說할 때에 中間에 빠뜨리고 쓰지 않았는가" 答하기를 "말한 眞言法이란 것은 大日經의 義釋으로 梵語 曼怛羅라 한다. 번역하여 眞言이며 龍樹論에는 密語라 하고 眞語·如語·不妄·不異의 語이므로 眞言이라 하며 그러므로 眞如法性의 教를 說함을 모두 眞言이라 한다. 그러므로 法華등의 諸大乘을 모두 眞言秘密教라 하고 오직 法華등에만 비록 이 三摩地法을 說하였으나 傳法하는 菩薩이 빠뜨리고 쓰지 않았다. 만약 佛世이거나 佛滅後이거나 經을 加持하여 마음으로 깨닫고 뜻을 열면 佛道를 得成할 수 있다. 佛道를 成就할 때 內心觀法을 三摩地라 하며 이는 初住의 即身成佛이 된다" 問 "어찌하여 모든 眞如法性을 說한 것이 모두 眞言秘密教임을 아는가" 答 "蘇悉地經疏에 이르기를 二種의 教가 있다. (1)顯示教 (2)秘密教로 顯示教는 阿含深密등의 모든 三乘教를 말하고 秘密教는 華嚴 維摩 法華 涅槃등 모든 一乘教를 말한다. 秘密教에도 二種이 있는데 (1)理秘密教. 그 法華등 一乘教를 말하고 오직 世俗의 勝義가 圓融無二함을 說하고 三密行相은 說하지 않았기 때문이다. (2)事理俱密. 大日金剛頂蘇悉地經등에 能히 世俗의 勝義가 圓融無二함을 說하였음. 또한 三密行을 說하기 때문이다"하였음.

이빈(二貧) ①財貧. 生命을 도와 줄 財物이 없음. ②法貧. 邪見때문에 正法을 믿지 않음. 智度論九十八에 「貧에 二種이 있으니, 一은 財貧이요. 二는 功德法貧이다. 그중에 功德法貧이 最大의 羞恥다」라고 하였음.

이사(二死) 分段死와 不可思議變易死를 말한다. (黑谷上人語燈錄) 分段·變易의 二種의 生死.

이사(二師) 多寶塔속에 나란히 앉아 있는 釋迦如來와 多寶如來의 二大導師. 또는 ①聖師로 慧眼·法眼·化導의 三力을 갖춘분. ②凡師로 이 셋을 갖추지 못한 분. 止觀五의 二에 「남을 가르치는데 둘이 있으니 聖師와 凡師다」라고 하였음.

이사(伊沙) ①梵〈Īśa〉 山名. 번역하

여 自由. (增一阿含二十三) ②天名 伊舍那의 약칭.

이사(利事) 남의 일을 利롭게 하는 것. 衆生을 利益케 하는 것.

이사(利使) 利는 銳利. 使는 驅使의 뜻. 모든 惑의 共通的인 이름으로 我見等의 見惑을 말함. 그 體性이 銳利하여 衆生의 몸과 마음을 驅使하여 逼迫케 하는 煩惱다. 거기에 五種이 있기 때문에 五利使라고 함. →五利使.

이사(梨邪) 梵⟨ālaya-vijñāna⟩ 阿梨邪의 略. 아라야識을 말함. (十不二門指要鈔)

이사(理事) 道理와 事相이다. 이를 眞俗에 配하면 理는 眞諦가 되고 事는 俗諦가 된다. 釋門歸敬儀中에 「道에 들어감에 門이 많으나 理와 事에 지나지 않는다. 理는 道理로 聖心의 遠懷를 通함을 말하며 事는 事局으로 凡情의 延度에 歸한다」하였음.

이사(離奢) →離車.

이사가(伊師迦) 梵⟨iṣika⟩ 화살을 만드는 단단한 갈대를 말함. 또는 王舍城에 있는 高山의 이름이라고도 하며 我見과 我慢이 높은 것을 비유함. 瑜伽略纂三에 「伊師迦는 西方에 二釋이 있다. ①王舍城에 가까운 高大山으로 堅硬하게 常住함이 우리들과 같다. 或은 풀을 伊師迦라 하며 體性이 堅實하므로 我등에 비유한다」하였음. ※玄應音義二十三에 「伊師迦山名也 言此山高聳 喩我慢也」

이사가산(伊師迦山) 梵⟨Isaka⟩ 伊師迦. 번역하여 仙人. 中印度摩迦陀國 王舍城 部近에 있다. 大毘婆娑論 第四十六에 「五百의 仙人이 伊師迦山中에서 修道를 한다」하였고, 同第二十五에 「五百의 辟支佛과 仙人이 山中에 머무르다」라고 한 것이 바로 이것임.

이사가초(伊師伽草) 伊師伽는 梵⟨iṣika⟩ 唐醫라 번역함. 蘆科에 屬하는 野生植物. 外見은 柔軟한 듯 하나. 內實은 단단하다. 화살을 만드는데 使用함.

이사구(離四句) 絕對의 眞理는 四句라던가 百非라 하는 모든 概念을 超越한 것이라는 뜻. 禪宗에서는 「離四句絕百非」라는 成語로, 恒常 쓰는 句. 四句百非는 元來 三論宗에서 使用하였으나, 禪宗은 그것을 否定한 것임. (碧巖錄)

이사구밀(理事俱密) 眞俗이 一體라고 하는 理論과 印相 등 具體的인 儀式事項을 說明하는 大日經, 金剛頂經 등의 所說에 대하여 말한다. 台密에서 二秘密教를 說明하는 것 中의 하나로 理秘密의 對가 됨.

이사기리(伊私耆梨) 梵⟨Ṛṣigiri⟩ 巴⟨isigiil⟩ 山이름. 번역하여 仙山. (善見律八)

이사나(伊沙那) 聚落의 이름. 번역하여 曠野 또는 怖求. 慧苑音義下

에 「伊沙那는 長直이다」고 하였음.

이사나(伊舍那) 梵〈isana〉 또는 伊邪那 伊賖那라 함. 欲界 第六天에 居하는 天神의 이름. 胎藏界 曼陀羅에 外金剛院의 上首에 位置함. 十二天供儀軌에 「伊舍那天은 舊稱 摩醯首羅天 또는 大自在天이라 말한다. 누런 豊牛를 타고 左手에는 劫波杯에 피를 가득 담아 들고 右手에는 三戟鎗을 들었다. 얼은 青肉色이며 三目은 忿怒에 이글거리고 두 어금니는 위로 튀어나오고 해골로 瓔珞을 하고 頭冠 가운데는 두 개의 仰月이 있다. 二天女가 꽃을 들고 印相은 右手는 주먹으로 허리에 대었고 左手의 다섯 손가락은 꽃꽂이 세워 서로 붙이고 地와 水의 二指는 中節을 굽혔고 火와 風과 空의 三指는 各各 조금씩 벌렸다」하였고, 智度論五十六에 「伊賖那는 大自在天王이다」하였음.

※秘藏記下에 「伊舍那天 黑靑色 面上三目 繫髑髏瓔珞 左手持器盤 右手鉾鑞」 胎藏界曼陀羅鈔六詳釋之 瑜伽倫記九에 「伊舍那者 此云自在 即大自在天」 玄應音義三에 「伊沙天 此云衆生主」案摩醯首羅天居色界之頂 即第四禪 伊舍那天爲其化身 居欲界之頂 即第六天.

이사나론사(伊賖那論師) 伊賖那를 崇拜하는 學派. 印度外道의 一派. 龍樹·提婆時代에 流行. 伊賖那天으로 萬物을 내는 原因이라고 믿는 一派.

이사나천(伊舍那天) 伊舍那 梵〈Īsāna〉(支配하는 者) 十二天의 하나. 欲界의 第六天에 사는 神으로 胎藏界 曼荼羅外金剛部院에는 天人形의 三目으로 戳龕坐에 앉는다. 또 소를 타고 앉아서 大自在天과 同體라고 한다. 風力을 神格化한 것으로 後에는 시바神과 同一하다고 한다. 또 日本의 伊奘諾尊과도 結付하여 說明하는 通俗語源解釋이 있음.

伊舍那天

이사나후(伊舍那后) 梵〈Īśānā〉 伊舍那天의 后妃. 秘藏記下에 伊舍那天后는 흰 살색에 鉾를 지니고 있음.

伊舍那天后

(胎藏界曼陀羅鈔六)

이사다라(伊沙馱羅) ㊵〈isādhana〉 또는 伊沙陀羅라 하며 산의 이름임. 倶舍光記十一에 「伊沙馱羅山은 번역하여 持軸이라 한다. 山峰이 위로 솟아 車軸과 같으므로 持軸라 한다」하였고, 玄應音義二十四에 「伊沙馱羅는 번역하여 自在持라 하며 또한 持軸이라 한다」하였음.

이사달다부나라(梨師達多富那羅) 梨師達多는 번역하여 仙受 或은 仙施 또는 仙餘라 하며 仙人邊을 따라 子息을 求得하기 때문이다. 富羅那는 또한 富蘭那라하며 번역하여 故舊 或은 宿舊라하며 이는 仙授의 兄이다. 이 兄弟二人은 波斯匿王의 大臣이며 拘薩羅國에서 錢財가 巨富로 같이 겨룰 者가 없는 것. 能히 佛과 四部衆등을 함께 受用하여 我所를 計量하지 않았다. 雜阿含經에 「富蘭羅가 梵行을 崇修하여 欲을 여의고 淸淨하며 香華에 執着하지 않고 모든 더러움을 멀리하며 戒를 加持함이 殊勝하였다. 梨師達은 梵行을 崇精하지 않았다. 그러나 그 智慧가 足히 四聖諦를 達하여 智慧가 最勝하였다. 뒤에 둘이 모두 죽었을 때 佛이 二人에 記를 주기를 하나는 持戒勝, 하나는 智慧勝이라 하였다. 둘이 함께 태어나니 하나는 趣가 같고 하나는 受生이 같다. 後世에 斯陀含을 얻고 兜率天에 태어났다. 한번 世間에 태어나면 苦의 邊際를 盡한다」하였음. 具德經에 「信心中에 能히 大智慧를 갖추었다. 仙授는 烏波薩哥가 이 사람이며 信心中에 能히 梵行을 가지었으니 布囉拏烏波薩哥가 이 사람이다」하였음. 烏波薩哥는 곧 優婆塞이며 布薩拏는 곧 富那羅라 함.

이사무애관(理事無礙觀) 華嚴宗에서 세운 法界三觀의 하나. 平等한 眞體가 理가 되고 有爲의 形相이 事가 된다. 理는 水와 같고 事는 波와 같다. 곧 平等의 理에 即하면 萬差한 일이 있고, 萬差한 事에 卽하면 平等의 理가 있다. 이같은 事理가 交徹하여 眞俗이 圓融한 뜻을 觀하는 것을 理事無礙觀이라 함. 一十玄門.

이사무애법계(理事無礙法界) 四法界의 하나. 이것은 理法界와 事法界가 相即不離하는 關係에서 서로 거리낌 없이 兩立할 수 있는 關係를 말하는 것이다. 곧 理法界는 事法界가 아니면 그 眞理의 活用性을 表現할 수 없는 것이요. 事法界는 理法界의 原理가 없이는 그 存在를 成立할 수 없는 處地에 있는 것이다. 바다물의 本性은 고요한 것이 自性이지만 물이 있는 以上 波浪이 있는 것도 當然한 일로 물을 떠나서 波浪이 있을 수 없고 또 波浪을 떠나서 물이 따로 있는 것도 아니다. 이와 같이 理法界와 事法界는 서로 分離할 수 없는 關係에서 서로 兩立하고 있는 것이 事實이다. 卽 다시 말하면 理와 事가 彼此融通無礙해서 本體界의 無形한 理體는 事象에 依하여 顯現되는 것으로 이 兩者의 關係는 마치 波水와 같은 것이다. 千差萬別의 現象은 差別의 現象 그대로 平等의 理體요. 平等의 一理는 理體 그대로가 곧 差別의 現象이다. 事는 事 그대로가 즉 理이며 事의 事象과 理의 實體가 別在한 것이 아니니 이와같이 理事의 關係는 융통무애하는 것으로 本體 즉 현상, 현상 즉 본체, 平等 즉 차별, 差別 즉 平等한 것임. 一玄門.

※四法界之一 同於理事無礙觀 法界者總稱事理之法之語也.

이사무애십문(理事無礙十門) 事와(現象)理의 (本體)·關係에 十門을 세웠음. ①理偏於事. 하나의 眞法界의 理가 一切의 事法에 徧在하여 비록 理가 分限이 없으나 事는 分限이 있고 事가 이미 理에 卽하게 되면 또한 分限이 없으므로 하나하나의 微塵이 眞理가 具足함. ②事偏於理. 理가 이미 事에 周徧하게 되면 事 또한 理에 周徧한다. 分限하는 事와 無分限의 理를 갖추므로 一微塵도 法界에 偏在한다. ③依理成事. 眞如의 理에 依하여 世間의 事를 成就하므로 事는 別體가 없고 오로지 理를 붙들고 成就한다. 물결은 물에 依持하고 물이 完全하면 물결이 일어남과 같다. ④事能顯理. 理는 形相이 없고 事에 卽하여 밝아지고 事는 이미 理에 依存하여 이루어지면 理는 事를 依持하여 나타난다. 波相이 盡하여 물이 온전해짐과 같다. ⑤以理奪事. 事相이 이미 虛하면 體가 完全함이 理가 되므로 空가운데는 色도 없고 受·想行·識도 없는 것. ⑥事能隱理. 眞理가 이미 緣을 따라서 事相이 이루어지면 事는 나타나도 理는 나타나지 않는다. 물이 물결을 일으키면 물결은 나타나도 물은 숨어버리는 것과 같다. 經에서 말한 法身이 五道를 轉함을 衆이라 한 것임. ⑦眞理卽是. 眞如의 理性은 곧 事相이며 眞如의 밖에는 事相이 없다. 물은 곧 물결이나 물결 밖에는 따로 물이 없는 것과 같다. 般若心經에서 말한 空은 곧 色이라 한 것. ⑧事法卽理. 世間의 一切事法이 本來 自性이 없고 모두 因緣이 會集함에 따라 생긴다. 體가 곧 眞性이며 眞性 밖에는 事法이 없다. 般若心經에서 말한 色은 곧 空이라 한 것. ⑨眞理非事. 事가 眞理에 卽하면 事가 안된다. 理는 眞이 되어 諸相을 絕하고 事는 妄이 되어 差別을 가진다. 眞과 妄이 이미 다르므로 妄의 眞은 妄과는 다르다. 水의 濕性은 물결의 움직이는 것이 아님과 같다. ⑩事法非理. 理가 完全한 事는 理가 안된다. 理性은 平

等하고 事相은 差別이다. 性相이 이미 다르므로 體가 全하면 事가 되어 事相이 完然하다. 물결의 動相은 물의 濕性이 아님과 같은 것.

이사불이(理事不二) 絶對의 眞理(理)와 差別있는 現象界(事)가 二이면서 一. 一이면서 二라는 關係가 있는 것. (碧巖錄)

이사비행(二事非行) 律宗에서 세운 二種의 非行. 賭博圍棊와 歌舞伎樂.

이사상자(理事相資) 絶對의 眞理와, 差別있는 理象界가 二이면서 一. 一이면서 二라는 關係에 있는 것. (宗門十規論)

이사시불(以砂施佛) 阿育王이 前世의 어린 시절에 길에서 釋迦를 만나 장난으로 모래로 보릿가루를 만들어 부처님에게 施與하니 부처님 그가 來世에 반드시 國王이 될 것을 預言한 本生譚. (阿育王傳一·義楚十八)

이사이화(理事二和) 理和와 事和. 理和는 見惑과 思惑을 끊고 無爲의 理를 證하는 것. 事和는 身·口·意의 三業이 調和하는 것.

이사천(伊沙天) 伊舍那天과 같음.

이사피(伊師皮) 名義標釋에 依하면 羆皮라 함. (四分律)

이산(離山) 중이 절을 떠나는 일.

이산경(移山經) ㊊力士移山經의 약칭.

이살(二殺) ①故殺과 誤殺. ②自己손으로 남을 죽이는 直援殺人과 他人에 殺害시키는 間接殺人을 말함.

이살(離殺) ㊁〈a-pāṇa-atipāta〉 殺生하지 않는 것. (中阿含經)

이삼(二三) 六師外道를 가리킴. 三論大義鈔一에 「二三은 邪徒다」하였음.

이삼업염불(離三業念佛) 衆生自力의 三業을 여읜 他力念佛. ↔通三業念佛.

이상(二相) ①淨智相과 不相議用相을 말함. 淨智相은 眞如 內薰의 힘과 法外의 힘에 따라 如實하게 修行하는 結果가 圓滿한 方便으로 純淨圓相한 相을 생하는 것. 이 淨智相에 依하면 一切 勝妙한 境界와 功德의 相을 나타내어 衆生을 利益하게 함을 不思議用相이라 함. 起信論上에 「淨智相은 法에 依한 薰習을 말한다. 實相대로 修行하여 功德이 滿足하고 和合識을 破하여 識相을 滅轉하며 法身의 淸淨智를 나타내기 때문이다. 一切의 心識相은 곧 이 無明相이며 本覺과 같이 一도 異도 아니며 壞할 수도 없고 壞하지 못할 것도 없다. (中略) 不思議用相은 淨智에 依하여 能히 一切의 勝妙境界를 일으키며 恒常 斷絕되지 않음을 如來具足無量增上功德이라 하며 衆生의 根機를 따라 無量利益을 成就함을 示現한다」하였음. ②同相과 異相임. 同相은 染과 淨의 二相으로 함께 眞如性相의

見界를 解하는 것. 異相은 眞如 平等의 理가 染과 淨의 緣에 따라 一切 差別相의 見界를 나타내는 것. 起信論上에 「同相은 여러가지 瓦器가 모두 같은 土相임과 같이 無漏와 無明의 여러가지 幻用이 모두 眞相 같다는 것. (中略) 異相은 여러가지 瓦器가 各各 不同함과 같고 無漏와 無明의 여러가지 幻用相과 같이 差別이 있기 때문이다」하였음 ③總相과 別相임. 智度論三十一에 「總相은 無常등과 같고 別相은 諸法이 비록 모두 無相하나 各各 別相이 있다는 것. 地는 堅相이 되고 火는 熱相이 됨과 같다」하였음.

이상(理象) 事와 理의 差가 없는 것. 事理無差理象이라 함과 같음.

이상(異相) ①物件이 나서부터 없어지기 까지의 狀態를 四分한 四相의 하나. 物件이 變하여 달라지는 모양. ②六相의 하나. 事物을 서로 對照하여 그 사이에 存在한 모양의 다른 것. 같은 形態의 눈·코등이 있으나 아름답고 醜한 것이 서로 다른 것.

이상(異常) 容貌가 뛰어난 것. (有部律出家事)

이상(異想) ①梵〈nānātva-saṃjñā〉 다른 것이라고 하는 생각. (마음에 생각하던 것과 다른 것을 말한다) ②梵〈vikriyā〉 變化한다고 하는 생각. 마음의 不安. (佛所行讚)

이상(離相) 涅槃의 德義. 涅槃은 寂滅하여 生滅 變化하지 않고 差別의 相을 여의었음을 말함.

이상계(離相戒) 二戒의 하나. 또는 無相戒라고도 하는데 隨相戒에 對하여 이르는 말. 戒를 가지는 사람의 마음에 執着함이 없어서 一切의 戒가 마치 虛空과 같아서 持戒·犯戒의 相이 없는 것. (華嚴大疏)

이상교방편(異相巧方便) 六種巧方便의 하나. 가르침에 좇지 않는 者에게는 怒한 表情을 하여 恐怖케 하여, 惡을 버리고 善을 오게 하는 手段을 말함. →六種巧方便.

이상리명(離相離名) 現象世界의 生滅의 相이나 名稱의 모든 것을 떠나 버리는 것.

이상분별(異相分別) 梵〈nānātva-vikalpa〉 菩薩의 十種分別의 하나. 다른 것이라고 妄分別하는 것. (莊嚴經論 述求品)

이상비상주(離想非想住) 梵〈asaṃjñ-āsaṃjñātmi: Kāṃ gatim〉 想인 狀態와 非想인 狀態를 떠나는 것. 非想非非想處와 같음. →非想非非想處. (佛所行讚)

이상삼매(離相三昧) 隷字임. 攞는 一切法相을 不可得이란 뜻. 이 것에 三昧의 소리를 加하면 곧 離相三昧다. 大疏十에 「이 相을 벌리고 이 翳聲을 加하면 곧 이 三昧는 離相三昧로 一切相을 갖추고 諸相을 여읜다」하였음.

이쌍사중(二雙四重) 眞宗에서 세운

敎判이다. 難行道에 竪出 竪超의 二重이 있다. 竪出은 小乘에서 權大乘에 이르는 法相三論으로 歷劫修行의 敎法이며, 竪超는 實大乘의 眞言·法華·華嚴등으로 곧 心은 佛인 即身成佛의 敎法이다. 또한 易行道에 橫超의 二重이 있다. 橫出은 化土에 나서 三福과 九品의 自力行法으로 觀無量壽經에서 밝힌 것이며, 橫超는 報土에 生하여 本願을 選擇하는 實大로 無量壽에서 밝힌 것. 難行道의 一雙二重과 易行道의 一雙二重을 合하여 二雙四重이라 함. 竪는 難行道·橫은 易行道·出은 漸敎·超는 頓敎이며 또한 權敎實敎의 異名이다. 敎行信證二本에 「菩提心에 二種이 있다. (1)竪 (2)橫이며 竪에 二種이 있어 (1)竪超 (2)竪出이며 竪超와 竪出은 權實·顯密·大小의 敎歷과 歷劫 迂回의 菩提心과 自力金剛心과 菩薩大心을 밝힌 것. 또한 橫에도 二種이 있다. (1)橫超 (2)橫出이다. 橫出은 正雜이 定散他力 가운데의 菩提心이며 橫超는 願力을 廻向시키는 信樂이며 이를 願作佛心이라 하며 願作佛心은 곧 橫大菩提心이며 이를 橫超金剛心이라 한다」하였고, 同六要鈔에 「菩提에 따르면 二雙四重의 解釋이 있는데 竪出竪超 橫出 橫超를 말하는 것. 所立의 差異는 文에 따르면 볼 수 있다」하였음.

이색신(二色身) 如來의 두 가지 色身으로 實色身은 報身을 말하며 化色身은 應身이라 함.

이생(二生) ①두 生涯. ②㊵<dvijatva> 再生族인 것. (佛所行讚)

이생(已生) ㊵<bhūta> 部多. ①法이 未來에 생길 相位에서 現在位에 流至하는 一刹那. 즉 現在란 말과 뜻이 같음. ②求生에 對한 말로 곧 本有를 말한다. 中有의 衆生은 장차 生을 받을 수 있는 刹那에 있기 때문에 求生이라 하고, 本有는 이미 所生한 것이기 때문에 已生이라고 말함.

이생(利生) 利益衆生의 준말로 佛·菩薩이 衆生을 濟度하여 利益케 하는 것을 말한다. 心地觀經七에 「이와 같은 四行의 길은 곧 菩提의 길로 衆生을 利益케 하는 根本이다」하였고, 寄歸傳二에 「修行하여 衆生을 利益케하는 門은 義가 널리 濟度하는 데에 있다」라고 하였음.

이생(異生) 凡夫의 다른 이름. 凡夫가 六道를 輪廻하여 여러가지 다른 果報를 받고 또한 凡夫의 여러가지 變異로 邪見을 생하여 惡을 지으므로 異生이라 함. 大日經疏一에 「凡夫의 바른 번역은 異生이라 해야 하며 無明에 依하기 때문이다. 業을 따라 報를 받고 自在함을 얻지 못하며 여러가지 趣中에 떨어져서 色과 心과 類가 各差 各別하므로 異生이라 한다」하였고, 唯識述記二

本에 「異에 두가지 뜻이 있다. (1) 別異名異. 聖은 오직 人天의 趣에 난다는 것. 이것은 五趣에 通하기 때문이다. (2)變異名異. 이는 邪見 등에 轉變하기 때문이다. 生은 生類다」하였음. 探玄記十에 「異生이란 異見을 가지고 생하기 때문에 異生이라 하며 舊名은 凡夫다」하였으며, 玄應音義 二十四에 「異生은 梵語〈Bālapṛtharjana〉 婆羅必栗託仡那라 하며 번역하여 愚, 必栗託는 번역하여 異, 仡那는 번역하여 生으로 愚異生이다. 愚痴闇冥하여 智慧가 없고 다만 我見만 일으키고 無漏를 생하지 못한다. 또는 小兒別生이라 하며 小兒와 같고 聖生과 같지 않으므로 論中에 小兒凡夫라 한 것. 또는 嬰愚凡夫라 하며 또는 嬰兒凡夫라 하나 凡夫는 義譯이다. 舊經中에 或은 毛道凡夫라 한다. 梵本을 詳考해 보면 毛는 嚩羅, 愚는 婆羅婆위의 聲이 서로 가까워서 이 같은 錯誤가 생긴 것은 번역한 사람의 過失이다」하였음.

※秘藏寶鑰上에 「凡夫作種種業 感種種果 身相萬種而生 故名異生」

이생(離生) 生死를 여읜 것. 三乘의 사람이 見道에 들어가서 諦理를 보고 見惑을 斷하여 三界의 生을 길이 여의는 것을 正性離生이라 함. 俱舍論十三에 「世第一法을 얻으면 비록 異生位에 住하나 能히 正性離生에 趣入한다」하였고, 萬善同歸集六에 「갈이 解脫의 門에 들어가서 모두 離生의 道를 밝힌다」하였음.

이생과수(二生果遂) 두 生涯를 지나 往生의 願을 遂行한다, 라는 뜻. ↔三生果遂.

이생류(異生類) 凡夫를 말함. (有部律)

이생방편(利生方便) 利는 利益, 生은 衆生. 衆生을 利益되게 하는 갖가지의 方便과 善巧라는 뜻. 佛·菩薩의 身·口·意의 三業은 모두 衆生을 利益되게 하는 利他的인 行動이라 하여 活動하는 까닭에 說하는 進退出入등 衆生制度를 위한 功德功能을 利生方便이라고 할 수 있음.

이생성(異生性) 사람을 시켜 凡夫의 本性이 되게 한 것. 見惑의 煩惱의 種子를 가르침을 말한 것. 唯識論一에 「三界에서 見所斷種의 未永害位에서 假立하여 얻지 못함을 異生性이라 한다. 모든 聖法을 成就하지 못하기 때문이다」하였음. 俱舍論四에 「무엇이 異生性이냐하면 聖法을 얻지 못함을 말한다」하였음.

이생성(離生性) 生死를 떠난 正性을 말함. 곧 聖者의 正性, 俱舍論에서 말한 正性離生이 바로 이것임.

이생심(利生心) 남을 利롭게 하는 마음. (百五十讚)

이생연(利生緣) 衆生을 利롭게 하는 外部的인 機會.

이생위(異生位) 凡夫의 位. →異生.

(瑜伽論)

이생위(離生位) ㉵〈niyāma〉 正性離生의 位. →正性. (俱舍論)

이생저양심(異生羝羊心) 十住心의 하나. 凡夫의 愚痴를 羝羊(숫羊)에 譬喩함. 羝羊은 牡羊(숫羊)으로 다만 食欲과 婬欲만을 생각하고 있음. (秘藏寶鑰上)

이생지(異生地) ㉵〈pṛthagjana-bhūmi〉 凡夫의 境地. (佛母般若經)

이생희락(離生喜樂) ㉶〈viveka-jaṃ piti-sukhaṃ〉 ㉵〈viveka-jaṃ priti-sukham〉 遠離에서 생긴 喜樂. 欲望이나 惡을 떠나므로 생기는 喜樂. 이것으로 初禪을 얻음. (中阿含經·俱舍論)

이생희락지(離生喜樂地) 三界九地의 하나. 色界의 初禪天임. 欲界의 惡을 여의고 喜樂二受의 곳에 나는 것. 俱舍論疏十에 「初靜慮 三處에 생한 가운데서 一種의 樂을 받는 것을 離生喜樂이라 함. 欲界의 惡을 여의고 喜樂을 생하기 때문이다」하였음.

이서(二序) 諸經의 머리에 通序·別序가 있는데 如是我聞 등의 六成就는 諸經을 通하여 있으므로 通序라 하고 本經의 特殊한 緣起는 別序라 함. →序.

이서(二鼠) 검은색과 흰색의 두 쥐를 晝夜 혹은 日月에 비유함. →鼠.

이서설등유(二鼠齧藤喩) 해와 달과 쥐. 목숨의 無常함을 보인 譬喩. 두 쥐는 밤·낮 或은 해·달에 藤은 사람의 목숨에 譬喩. 밤·낮이 흘러가서 죽을때가 이르는 모양을 검은 쥐 흰쥐가 번갈아 등넝쿨을 갉아 끊는데 譬喩한 것.

이석(離釋) 合成語를 一字一字로 나누어 解釋하는 것.

이선(二善) ①(1)定善. 定心을 닦는 善業임. 생각을 걷우고 마음을 凝結시켜 淨土의 依와 正의 二報를 觀하는 것. (2)散善. 散心으로 닦는 善業임. 身口意를 꾀하여 惡을 癈하고 善을 닦는 것. 唐나라 善導의 觀經에 이 二善을 解하여 十三觀으로 定善을 삼고 三福으로 散善을 삼았다. 一經에서 밝히는 것이 定과 散의 二善을 지나지 않는다고 말한 것. 觀經疏玄義分에 「그 要門은 곧 이 觀經의 定과 散의 二門을 말하는 것. 定은 곧 생각을 걷우고 마음을 凝結시키는 것. 散은 곧 惡을 廢하고 善을 닦는 것. 이 二行을 廻向하여 往生을 求願한다」하였음. ②(1)未生善. 戒·定·慧등의 모든 善法을 아직 修習하지 못한 것. (2)已生善. 戒·定·慧등의 모든 善法을 이미 修習한 것. ③(1)事善. 藏敎는 界內의 事善이 된다하고 別敎는 界外의 事善이라 함. (2)理善. 通敎는 界內의 理善이 된다하고 圓敎는 界外의 理善이라 함. 이는 深淺이 相對하여 事理를 分別한다 함. (法華玄義五)

이선(二禪) 色界의 禪定에 四重이 있는데 이는 第二重의 禪定으로 定心이 微細하고 尋伺의 心所가 없는 것. 三受 가운데 感受·喜樂의 二受. →四禪定.

이선(已還) 還의 音은 "선"으로 旋과 같은 字이며 還歸의 뜻이다. 已還은 已來와 같은 말. 例：三千年已還이라 하면 三千年의 過去로 부터 오늘까지란 말이고, 等覺已還이라 하면 등각보살로 부터 凡夫地에 이르기 까지란 말.

이선(理善) 事理 二善의 하나. 事理는 淺深이란 뜻. 事惡을 滅한 淺近의 善을 事善이라 하고 理惑을 滅한 深妙한 善을 理善이라 함. 法華玄義五에「界內의 事善을 생함을 三藏位라 說하고 界內의 理善을 생함을 通教位라 說하며 界外의 事善을 생함을 別教位라 說하고 界外의 理善을 생함을 圓教位라 說한다」하였음. →二善.

이선(理禪) 事理二禪의 하나. 有漏의 禪定을 事禪이라 하고 無漏의 禪定을 理禪이라 함. 四教儀集註中에「大論에 이르기를 三阿僧祇時六波羅蜜이란 事禪과 事智가 充滿한 것이라 하고 俱舍에 이르기를 道樹이전에 四波羅蜜이 充滿하고 佛果位에 이르면 二波羅蜜이 充滿하다. 이 理禪에 돌아감을 緣하여 理智가 비로소 充滿해 진다」하였음.

이선삼복(二善三福) 觀無量壽經에서 說한 善根. 二善은 定善·散善이요, 三福은 世福·戒福·行福임.

이선천(二禪天) 二禪을 修成하여 태어나는 天處로 色界天의 第二重이 되며 新譯에는 二靜慮라 함. 이 가운데 다시 三天으로 나누었다. ①少光天 ②無量光天 ③光音天이다. 二禪의 天人은 이미 尋伺의 麤動을 여의고 비록 劫末의 大火災를 免하였으나 아직 喜樂의 念이 있으므로 劫末의 大水災를 免할 수 없다. 왜냐하면 喜樂이 身을 潤함이 水大의 潤身과 서로 같기 때문이다. 俱舍論十二에「第二靜慮는 喜受하면 內災가 된다. 輕安의 潤身은 물과 같기 때문이다」하였음.

이설(異說) 世間에 통용되는 說과는 다른 說. 남과 다른 說. 月上女經下에「衆生을 利益하는데는 異說이 없다」하였고, 瑜伽論釋에「相에 나가면 機를 따름에 여러가지 異說이 있다」하였음.

※物不遷論에「羣籍殊文 百家異說」

이섭(二攝) 二種의 攝取를 말함. ①自攝. 自力으로써 스스로 攝取하는 것. ②他攝. 他力으로써 他의 攝取하는 바가 되는 것. 略論에「一切萬法이 모두 自力과 他力, 自攝과 他攝이 있다」라고 하였음.

이섭(已攝) 梵〈saṃgṛhita〉 이미 거두어 들였다는 뜻.

이섭(利涉) 西域사람. 大婆羅門種이다. 어려서 志機警溢하여 일찌기

宗黨의 推薦한바 되었다. 後日 東遊를 決心하고 僧이 되어 征途에 올랐다가 玄奘이 돌아오는 것을 만나 따라서 得道하였다. 그後 群經衆論을 硏鑽하여 奘門의 高弟가 되어 玄宗 開元年間(713～741)에 安國寺에서 華嚴經을 講하자 四衆이 雲集하고 檀施가 堆積하였다. 그리고 大理評事秘校 韋玎을 물리친 것을 契機로 明教大師의 徽號를 下賜받았다. 寂年과 世壽는 未詳.

이성(二性) ①諸事象의 性質을 二種類로 나눈 것. (1)德性과 別性. 一切의 것이 本性이 空이라고 하는 것을 德性, 個個의 것이 각각 特性이 있다고 하는 것을 個性이라 한다. (2)有性과 無性. 假名을 붙쳐 그 本性이 있다고 解釋하는(色·受 또는 涅槃과 같은 것) 것을 有性, 이들 一切의 것도 單純한 假名만이라고 解釋하는 것을 無性이라 한다. ②두가지가 同時에 있는 것. (五教章)

이성(二聖) 釋迦如來와 多寶如來는 法華의 二聖이라는 것.

이성(理性) 萬象의 體性. 法性의 理致. 眞如. 性은 變하지 않는 뜻. 本來 갖추어 있는 理體로서 始終 變하지 않는 本性.

이성(頤性) 正祖 1(1777)年～? 朝鮮 僧侶. 姓은 任씨. 本貫은 海南. 어려서 頭輪山에 入山하여 修道에 精進. 惠藏法師의 法을 이어 받았다. 經書에도 밝았으며 佛教가 전파된 이래 佛教歷史를 서술한 大東禪教巧를 저술했다. 諡號는 神龍.

이성무별불(離性無別佛) 姓은 곧 佛이란 말. 六祖壇經에 「性은 곧 佛이다. 性을 떠나서는 따로 佛이 없다」하였고, 頓悟入道要門論下에 「僧이 묻기를 "무엇이 부처님입니까" 師가 對答하되 "마음을 벗어나서는 부처님이 없다"」하였으며, 達磨血脈에 「一切時 가운데와 一切處所에 모두 너의 本心이 있다. 모두 이것이 너의 本佛이다」하였음.

이성미성금(已成未成金) 已成은 金銀 등으로 器具 등을 이미 만들어 完成한 것. 未成은 金銀塊 등 已成未成의 半製作品을 말함. (四分律)

이성불(已成佛) 이미 佛이 된 者.

이성삼업염불(離成三業念佛) 自力我執의 見解를 여의고 離分別·離執着으로 닦은 他力無我의 念佛.

이세(二世) 今生과 未來. 二世의 悉地. 二世의 安樂 등과 같음.

※法華經 藥草喩品에 「現世安穩 後生善所」

이세간(二世間) 有爲法이 過去와 現在와 未來를 遷流하는 것을 世라하고 事事와 物物의 間隔을 間이라 함. 大別하면 二種이 있다. ①有情世間. 五蘊이 假和合하여 情識이 되며 鬼畜人天등의 差別이 있는 것. ②器世間. 四大가 積聚하여 山河大地 國土 家屋등의 區別이 있어

有情을 容受하는 것. 有情世間은 有情의 正報가 되고 器世間은 有情의 依報가 됨.

이세간(離世間) ㉵〈loka-niḥsaraṇa〉 世間을 떠나는 것. 永遠의 解脫. (寶性論)

이세불득신(二世不得身) 今世와 來世의 二世에서 生을 받을 수가 없고, 再次 만나기 어려운 人間의 몸.

이세안락(二世安樂) 現世와 來世에 모두 安樂한 果報를 얻는 것.

이세오사(異世五師) ①阿育王傳에는 佛이 滅한 後 敎化를 傳한 師를 五人을 들었다. (1)摩訶迦葉 (2)阿難 (3)摩田提 (4)商那和斯 (5)優婆毱多다. 이 가운데 摩田提와 商那和斯가 함께 阿難에게 禀하였으므로 同世의 師다. 그러므로 付法藏傳 二十三人의 次第相承에는 들지 않았다. 그러나 梁나라의 承祐가 지은 薩婆多部記 五卷(三藏記十二에 나옴)에 有部의 資師相傳을 들었는데 第五師의 次第를 말하였고 嘉祥과 南山에 依하여 異世의 五師를 들었다. 嘉祥의 三論玄義에 「薩婆多部에는 異世의 五師를 傳하였다. 同世의 五師도 있다. 異世五師란 (1)迦葉 (2)阿難 (3)末由地 (4)舍那婆斯 (5)優婆崛多다. 이 五人이 佛法藏을 加持하기를 二十餘年이나 된다. 서로 付屬하여 異世라 한다」하였고, 南山의 戒疏一上에도 또한 阿育王傳의 五師를 들었다. 中에 「三師 末田提와 四師 商那和修는 모두 阿難에게 親히 資奉을 이었고 阿難이 죽자 法을 二人에게 付屬하였다. 田提는 道가 罽賓國에 洽足하였고 和修는 印度를 敎化하였다. 이는 같은 때에 땅을 나누어 法王이 된 것이다」하였고, 舍利弗問經에 「내 涅槃한 뒤에 大迦葉등이 當然히 比丘와 比丘尼를 分別하여 大依止가 되어 나와 다름이 없다. 迦葉은 阿難에게 傳付하고 阿難은 末田地에게 傳하고 末田地는 다시 舍那婆私에게 傳하고 舍那婆私는 優波笈多에게 傳하였다」하였으며, 止觀一上에 「付法藏人은 迦葉에서 始作하여 師子에서 마치니 二十三人이다. 末田地와 商那는 同時이므로 合하면 二十四人이 된다」하였음. ②善見律二에 나오는 傳戒에 五師가 있다. 곧 第三結集 때에 正系派의 傳統이다. 「第一 優婆離 ㉵〈Upāli〉 第二 駄寫拘 ㉵〈Dāsaka〉 第三 須那拘 ㉵〈Sonaka〉 第四 悉伽婆 ㉵〈Suggava〉 第五 目犍連子 帝須 ㉵〈Moggalipntta Tissa〉 이 五師는 閻浮利地에서 律藏을 次例로 付屬하여 斷絕하지 않게 하여 第三結集에 이르렀다」하였음.

이세원(二世願) 現世·來世의 願.

이세존(二世尊) 釋迦如來와 多寶如來. 이는 多寶塔 가운데 二佛임.

이세학계(二歲學戒) 具足戒를 받기 前에 二年間 六法을 지키는 것. 大

比丘尼로 되기 爲한 準備의 戒律. (四分律)

이소(爾所) 얼마 또는 그곳. (五教章)

이소집(二所執) 梵〈dvaya-grāha〉 두 개의 對立에 사로 잡히는 것.

이속(夷俗) 野蠻人과 한패라는 뜻. (三教指歸)

이쇠(利衰) 利害. 得意와 失意.

이쇠훼예(利衰毁譽) 利害. 誹謗과 稱讚. 八利中에 包含됨.

이수(二受) 身受·心受. 身受는 눈·귀등의 五識이 받는 苦受·樂受·捨受를 말하고 心受는 意識이 받는 憂受·喜受·捨受를 말함.

이수(二修) ①(1)專修 (2)雜修. 唐나라 善導의 觀經疏에 往生을 따르는 行을 正行과 雜行으로 分別하였고 禮讚에 이 二修를 列擧하여 그 得失을 料簡하였다. 곧 專修는 正行을 專修하는 것이고 雜修는 雜行을 雜修함을 말한다. 二行은 所行의 法에 따라 말하는 것이고 二修는 能行의 機에 따라 말하는 것에 지나지 않는다. 空師가 지은 것도 이와 같다. 選擇集二 行章에 禮讚文畢을 引用하여 「私가 말하기를 이 글을 보니 雜修를 버리고 專修한다 하니 어찌 百을 버리면 곧 百이 생하는데 正行을 專修한다고 堅執하는가, 千가지 가운데 하나의 雜修와 雜行도 없겠는가」하였음. 그러나 日本의 見眞大師는 雜行에 따라 專行과 雜行으로 나누었고 正行에 따라서는 專修와 雜修로 分別하여 專修와 雜修는 獨히 正行中의 判目이 된다. 正行 가운데는 五種이 있는데 第四의 念佛은 正業이 되고 前三과 後一은 助業이 된다. 이 二業에서 正業의 念佛을 專修하는 것이 專修가 되고 正業과 助業을 兼行하는 것이 雜修가 된다. 教行信證六에 「雜行에 專行과 專心이 있고 또 雜行과 雜心이 있다. 專行은 一善을 專修하기 때문에 專行이라 하고 (中略) 諸善이 兼行하기 때문에 雜行이라 한다. (中略) 또한 正助에 專修가 있고 雜修가 있다. (中略) 雜修는 助正을 兼行하므로 雜修라 한다」하였음. ②(1)緣修. 眞如를 緣하여 理에 叶하는 有心·有作의 修行이며 地前의 菩薩을 말하는 것. (2)眞修. 眞如無修를 證하는 行法. 스스로 理에 合하는 無心 無作의 修行이며 地上의 菩薩과 같은 것이다. 法華玄義一上에 「먼저 緣修를 하면 뒤에 眞修가 생긴다」하였음.

이수(易修) 梵〈susādhya〉 西〈bsgru-bslaba〉 쉽게 成就되는 것.

이수(理水) 물에 比較하는 理. (四教儀註)

이수(膩手) 더러워진 손. (十誦律)

이수경(離睡經) 一卷. 西晉 竺法護의 번역. 부처님이 目連을 위하여 離睡의 法. 즉 中阿含經의 長老上尊睡眠經을 說한 것.

이수업(二受業) ①色界中間定이상에서 부터 有頂天의 善을 無尋業이라 함. (二禪이상에는 또한 伺가 없음) 이는 오직 心受만 感하고 身受는 感하지 않으며 身受는 반드시 尋伺와 같이 생기므로 無尋의 業은 身受를 感하지 않는다. ②一切의 惡業은 오직 身受하는 苦를 부르며 苦는 五識에 있으므로 身受와 같이 心俱의 苦受를 부르는 것을 憂라 하며 憂는 異熟果가 아니므로 惡者는 心受의 憂를 感하지 않는다 함.

이수위명(以水爲命) 물이 고기의 生命이라는 것. (正法眼藏 現成公案)

이수행(二壽行) ①留多壽行. 이는 阿羅漢이 福을 버리고 그 壽를 延長하는 法이다. 阿羅漢이 神通을 成就하고 마음의 自在를 얻는 것. 或은 僧衆·或은 別人에게 모든 命緣의 衣鉢을 布施하고 發願하여 곧 第四禪定에 들어 갔다가 나온 뒤에 마음으로 念하고 입으로 말하여 내가 能히 富果報의 業을 感한 것을 願하건데 壽命의 果報를 받게 돌려주소서한다면 그가 能히 富果의 業을 招하였으면 곧 壽命의 果를 轉招하게 된다는 것. ②捨多壽行. 이는 阿羅漢이 壽命을 滅하고 富福의 法을 增長시키는 것. 阿羅漢은 앞과 같이 僧衆에게 布施하고 發願하여 곧 第四禪定에 들어 갔다 나온 뒤에 心念口言하기를 '내가 壽果의 業을 招한 것을 바라건데 모두 富果로 轉招하게 하소서' 그 때 壽果의 業을 招하였으면 곧 富果에 轉招된다 함.

이수호(二守護) 二의 守護者의 뜻. 門門二守護라 하며 現圖 胎藏界曼荼羅 文殊院과 外金剛部院의 서쪽門에 있는 二개의 守護神을 말한다. ①은 不可越守護門者. ②은 相向守護門者임.

이숙(已熟) 梵〈saṃpakva〉 이미 익은. 이미 무르익은. (俱舍論)

이숙(異熟) 梵〈vipāka〉 ①舊譯에는 果報라 함. 過去의 善惡에 依하여 얻는 果報의 總名. 果가 因의 性質과 달리 成熟하는 것. 善業은 樂果를 感하고 惡業은 苦果를 感하는 것. 樂果는 善性이 아니고 無記性이 되며(善도 惡도 아닌 것을 無記라 함) 善性의 業에 對하여 異類라 하는 것. (善性과 無記性이 類가 다름) 苦果는 惡業에 對한 것으로 苦果도 惡性이 아니고 無記性이 됨 이 因과 果가 性質이 다르게 된 것 (苦樂의 二果는 모두 無記性이 됨) 그것을 異熟果라 함. ②因과 果는 반드시 世를 隔하여 異時에 成熟한다는 뜻. 俱舍論六에 「異類가 되어 成熟하는 것을 異熟의 뜻이다」하였고, 唯識述記二의 末에 「異熟은 때를 달리하여 成熟하고 或은 變異하여 成熟하고 或은 類를 달리하여 成熟한다」하였음.

이숙과(異熟果) 五果의 하나. 果報

가 다른 때에 成熟함을 말하며 곧 第八識이다. 이 識은 能히 一切의 諸法種子를 含藏하여 諸根識의 果를 成熟시키는 것. 眼等 諸根의 昔作인 善惡의 因에 따라 지금 報得하는 苦樂의 果를 말함. 만일 지금 善惡의 因을 지으면 또한 將來 苦樂의 果를 感하므로 異熟果라 함. 唯識述記二의 末에 「異熟因이 부르는 것은 異熟果라 한다」하였음.

이숙등오과(異熟等五果) 性相門을 因果의 相으로 分別하여 因을 六種, 果를 五種으로 나누었음. ①異熟果. 惡業으로 부르는 來世 三惡의 苦果와 善業으로 부르는 來世 人天의 樂果를 말함. 苦樂의 果性은 모두 無記가 되어 業因의 善과 惡이 다르므로 異熟果라 함. ②等流果. 前의 善心에 依하여 뒤의 善心이 轉生하고 前의 惡心에 依하여 뒤의 惡業이 더욱 생하며 前의 無記에 依하여 뒤의 無記를 생하여 果性과 因性에 對等하게 오는 것으로 六因가운데 同類因과 遍行因에서 부터 오는 것. ③士用果. 米麥에게 農夫와 같으며 道果에게 行力과 같이 모두 造作하는 力用에 依하여 얻는 것으로 六因中의 俱有因과 相應因으로 부터 오는 것. ④增上果. 하나의 有爲法이 그 나머지 一切의 有爲法을 바라는 것을 增上果라 하고 그 나머지 一切法은 或은 힘을 주며 或은 힘을 주지 않아도 障害되지 않고 그 與力과 不障의 增上力에 미쳐서 이果를 生한다. 이는 비록 前의 士用果와 같으나 그局은 有力한 因體에 對하며 有力과 無力의 一切法에 通하여 所得의 果가 된다. 六因가운데 能作因으로 부터 오는 것. ⑤離繫果. 涅槃의 道力에 依하여 證하는 것. 涅槃은 一切의 繫縛을 여의므로 離繫라 하며 이法은 常住하고 六因으로 부터 오는 것이 아니며 오직 道力으로 證現하므로 비록 果의 名을 붙였으나 六因의 因體에 對한 것이 아님.

이숙무기(異熟無記) 善, 또는 惡業에 感應하여 生긴 果가, 모두 善도 惡도 아닌 無記性이라는 것을 말함 四無記의 하나. (俱舍論)

이숙보식(異熟報識) 異熟識이라고도 하며, 阿賴耶識을 말함. 異熟報는 異熟果와 같음. →阿賴耶識. (五教章)

이숙생(異熟生) 大乘의 뜻에는 따로 異熟과 異熟生이 있다. 阿賴耶識은 異熟이 되고 眼·耳·鼻·舌·身·意의 六識은 異熟生이 된다. 이 六識의 異熟은 阿賴耶種子(即異熟)가 생한다는 뜻임. 唯識論三에 「眼等六識業이 所感한 것은 異熟生이며 眞異熟이 아니다」하였음. 小乘에서는 모두 異熟因의 所生을 異熟이라 하며 異熟果와 같다함. 俱舍論二에 「異熟因의 所生을 異熟生이라 하며 소에 수레를 멍에하는 것을 牛車라 함과 같다」하였음.

이숙순수(異熟順受) 梵〈vipāka-vedaniyatā〉 果報를 느끼는 것.

이숙습기(異熟習氣) 異熟果를 가져온 習氣. 無記性인 우리들의 身體를 나게한 善·惡의 業種子와 같은 것. 唯識家에서 第六識으로 善惡의 業을 지을 때에 그 業은 그대로 消滅하지 않고 반드시 將來의 結果를 가져올 種子를 第八識에 熏習하여 둔다고 한다. 이것은 第八 異熟識을 불러오는 增上緣이라 함.

이숙식(異熟識) 梵〈Vipākavijñāma〉 阿賴耶識의 다른 이름. 唯識論三에 「또는 異熟識이라고도 하는데 능히 生死를 끌어다가 善業과 不善業의 異熟果를 生하기 때문이다」라고 하였음. →異熟.

이숙인(異熟因) 六因의 하나. 善과 惡의 二業을 말함. 善業은 樂果를 感하고 惡業은 苦果를 感한다. 苦樂의 二果는 善도 惡도 아닌 無記法이다. 그러므로 異熟이라 하고 異熟의 因을 異熟因이라 함. 俱舍論六에 오직 諸不善과 善의 有漏를 異熟因이라 하며 異熟法이기 때문이다. 어찌 無記를 緣하여 異熟을 부르지 못하는가, 힘이 劣하기 때문에 썩은 敗種과 같다. 異熟의 因을 異熟因이라 한다」하였음.

이숙인력(二宿因力) 如來가 今日衆生을 위해 悲·智를 雙行하여 攝化하는 宿因에 二種이 있다. 곧 ①大願力(因位의 誓願力)과 ②昔行力(因位의 萬行力)이라 함. 華嚴經疏一에 「(1)은 大願力이기 때문이다. 現相品에 이르기를 "毘盧遮那佛은 願力이 法界에 周遍하여 一切國土中에서 恒常 無上輪을 轉한다"하고 兜率偈에 이르기를 "如來가 出世하지 않았을 때는 涅槃이란 있지도 않았네, 大願力으로 自在法을 示現하고 諸會에 佛을 加하면 모두 大願力이 된다. 나머지 모든 글은 證이 됨이 하나뿐이 아니다"하며 (2)昔行力이기 때문이다. 無量劫을 願에 依하여 行하며 行을 成就하면 果를 얻는다. 그래야만 能히 頓演할 수 있다(云云)」하였음.

이숙장(異熟障) 自然의 果報는 佛法의 修行으로는 不能한 境界임을 말함. 三惡趣 또는 無想天이 이것이다. 俱舍論十七에 「全 三惡趣와 人趣北洲와 無想天을 異熟障이라고 말한다. 이는 무슨 法을 障하느냐 하면 聖道를 障하고 또 聖道가 加行하는 善根을 障한다」라고 하였음.

이순(耳順) 六十歲를 말함.

이순(李純) 新羅 景德王 때 사람. 大奈麻로서 僧이된 孔宏의 俗人 때 이름.

이순(履順) 形便이 좋은 것.

이슬람교(Islam) 아라비아의 mohammed (570~632)의 教說과 行爲를 中心으로 形成한 宗教·回教·回回

敎·마호멘트敎라고도 불리운다. 中國에서는 伊斯蘭敎라 하며 淸眞敎·天方敎·石室敎라고도 함. 이슬람敎라고 하는 말은 元來 平和絶對歸依라는 意味이며 信者를 〈Muslim〉이라고 함.

이슬타마세(嚩瑟吒麼洗) ㉵〈jyaiṣṭha-māsa〉 번역하여 三月이라 함.

이습(二習) 見惑과 思惑. →見惑. →思惑. (四敎儀註)

이습벌라(伊濕伐邏) ㉵〈Iśvara〉 伊葉波羅. 번역하여 自在라 함. (西域記二) →自在天. 伊葉波羅.

이승(二乘) ①二種의 敎法. 사람을 태우고 각기 그 果地에 이르게 하는 敎法을 乘이라고 한다. 여기에 一乘에서 五乘까지의 종별이 있는데 그 中二乘에 三種이 있다. (1)聲聞乘과 緣覺乘. (2)聲聞乘과 菩薩乘. (3)別敎一乘과 三乘. ②小乘과 大乘.

이승(理乘) 三大乘의 하나. 萬有의 根本인 理性의 다른 이름.

이승과(二勝果) 二種의 殊勝한 證果로 부처님의 참解脫(涅槃)과 大菩提의 二果이다. 唯識論一에 「業障을 끊으면 二種의 勝果를 얻는다. 繼續해서 생기는 煩惱障을 끊기 때문에 眞解脫을 證得하고 礙를 斷하고 所知障을 解하기 때문에 大菩提를 얻는다」라고 하였음.

이승성불(二乘成佛) 舍利弗등 二乘의 사람이 이미 阿含經을 說할 때 二乘의 極果를 얻었고 中間에 大乘의 諸經을 緣하고 그 機가 調熟해서 마침내 法華에 이르러 그 小乘心을 廻向하여 大菩提心을 發하고 佛을 따라 未來에 成佛한다는 記를 받는 法相과 法性의 二宗에 各各 異義가 있다. 法相宗에서는 五性이 各別하여 定과 性의 二乘이 永遠히 涅槃에 돌아가지 않고 成佛한다 하고, 法華에서는 聲聞에게 成佛의 記를 주는 것은 一類의 漸悟의 機에 引入하는 方便이 된다 하고, 華嚴天台의 法性宗은 一切가 모두 成佛함은 곧 小果를 얻은 것. 그 몸이 비록 죽어서 無餘涅槃에 들어 감은 다시 小乘에서 大乘으로 廻向하여 萬行을 이루며 佛果를 얻게 되므로 法華의授記는 方便이 아니고 眞實이라함.

이승심(二乘心) 小乘心이라고도 한다. 自己의 救濟만을 目的으로 하는 마음. 長時修行 등을 무서워 하여 느긋해지는 것.

이승심(異乘心) ①㉵〈anya-yāna-pāta〉 다른 乘에 빠진 것. (莊嚴經論業伴品) ②㉵〈an: ya-yāna-manasikāra〉 다른 乘에 注意하여 마음을 向하는 것. (莊嚴經論 行在品)

이승이동(二乘異同) ①法華玄贊五에 三同과 七異를 論하였다. 三同이란 (1)同斷煩惱障 (2)同悟生空之理 (3)同得假之 擇滅無爲이며 **七異란 (1)**聲聞根性鈍과 緣覺根性利 (2)聲聞

은 佛에 依하여 出離하고 緣覺은 自覺하여 出離하며 (3)聲聞은 聲敎를 憑籍하고 緣覺은 法理를 觀하며 (4)聲聞은 四諦를 觀하고 緣覺은 十二因緣을 觀하며 (5)聲聞은 四果로 나누고 緣覺은 오직 一果뿐이며 (6)聲聞은 根을 三生 또는 六十劫을 練磨하고 緣覺은 根을 四生 또는 百劫을 練磨하며 (7)聲聞은 說法을 하고 緣覺은 神通을 現한다. ②大乘義章十七末에 五同과 六異를 分辨하였다. 五同이란 (1)見理同. 生과 空의 理를 同見하는 것. (2)斷障同. 四住의 惑을 同斷하는 것. (3)修行同. 三十七道品을 같이 修行하는 것. (4)得果同. 盡智와 無生智의 果를 함께 얻는 것. (5)證滅同. 有餘와 無餘의 涅槃을 同證하는 것이며 六異란 (1)根異. 利와 鈍이다. (2)所依異. 師에 依함과 師에 依하지 않는 것. (3)藉緣異. 敎法을 憑籍함과 事相에 憑藉하는 것. (4)所觀異. 四諦와 十二因緣임. (5)向果異. 四向四果와 一向一果임. (6)通用異. 神通의 境界가 狹과 廣한 것. ③法華經嘉祥疏八에 七同과 十一異를 判하였음. 七同이란 (1)斷惑同. 見과 思의 二惑을 同斷하는 것. (2)出義同. 三界에 同出하는 것. (3)智同. 大品에 依하면 一切智를 同得하고 小乘에 依하면 盡智와 無生智를 同得하는 것. (4)涅槃同. 有餘와 無餘의 涅槃을 同得하는 것. (5)見同. 四諦의 理를 同見하는 것. (6)同知. 過去와 末來의 八萬劫의 일을 同知하는 것 (7)同名. 小乘과 同名을 말함. 十一異는 (1)根에 利와 鈍이 있음. (2)修因에 短과 長이 있음. (3)때에 다름이 있다. 聲聞과 佛은 同世이나 緣覺은 그렇지 않다. (4)悲가 있고 없는 것. 聲聞은 사슴과 같아서 다만 自己만 見하므로 悲가 없고 緣覺은 羊과 같아서 子息을 顧念하므로 少悲가 있음. (5)福德이 厚하고 薄한 것. 聲聞의 몸은 或은 相好가 있고 或은 相好가 없기도 하나 緣覺의 몸은 반드시 相好가 있다. (6)印字가 있고 없는 것. 緣覺의 手中에는 十二因緣의 印字가 있고 聲聞의 手中에는 四諦의 印字가 없다. (7)現通하는 說法이 다른 것. 緣覺은 사람을 위해 現通하고 聲聞은 사람을 위해 現法한다. (8)利益의 淺深 聲聞의 化道는 能히 사람에게 七賢과 七聖을 얻게 하고 緣覺의 化道는 能히 사람을 시켜 煖法이상의 것을 얻게하는 것. 그런 것은 聲聞은 佛과 同世로 衆生의 福德利根이 되고 緣覺은 無佛世에 나왔으므로 衆生이 薄福頓根이라 하여 많은 말을 堪當하기 어렵다. (9)神通의 境界가 聲聞은 좁고 緣覺은 넓다. (10)出處가 다른 聲聞은 人世上에 나오고 緣覺은 山林에 숨는다. (11)漸頓이 다르다. 聲聞

은 漸漸 四果를 얻고 緣覺은 一果를 頓證한다. ④法華文句七에 六同과 十異를 밝혔다. 六同이란 (1)三界에 같이 나오고, (2)盡智와 無生智를 同證하며 (3)見思의 正使를 同斷하고 (4)有餘涅槃과 無餘涅槃을 同得하며 (5)一切智를 同得하고 (6)은 小乘을 同名으로 쓴다. 十異란 (1)行因의 오래되고 가까운 것. (2)根의 利와 鈍 (3)스승을 따르는 것과 홀로 깨달음. (4)悲心이 있고 없는 것. (5)相好의 있고 없음. (6)觀의 廣하고 略한 것. 四諦와 十二因緣을 말함. (7)利益의 淺과 深. 聲聞은 사람을 시켜 四果를 얻게하고 緣覺은 能히 煗法을 얻지 못함. (8)하나는 佛이 在世한 것이고 하나는 그렇지 않은 것. (9)緣覺은 一果를 頓證하고 聲聞은 四果를 漸證하는 것. (10)緣覺은 通을 많이 나타내고 聲聞은 定하지 못하는 것임.

이승작불(二乘作佛) 法華已前의 佛은 方便을 說하였으므로 聲聞과 緣覺二乘의 作佛을 說하지 않았고 法華에 이르러서는 眞實의 一乘을 說하여 처음으로 二乘作佛을 說하고 記別을 주었다 함. 補行六에 「法華 이전의 諸敎를 두루 찾아보면 實로 二乘作佛의 글이 없이 如來 久成의 說만 밝혔다. 그러므로 모두 方便을 띄고 있음을 안다」하였음.

이승전교석(二乘轉敎釋) 二乘이면서 大乘을 說明하는 것. 天台宗의 말.

이승종(二乘種) 聲聞·緣覺의 種性. 自己만을 이롭게 할 뿐 他人을 利롭게 하기 위하여 菩提를 求하지 않는 사람.

이승천제불성불(二乘闡提不成佛) 二乘(聲聞·緣覺)과 一闡提(佛이 될 因을 갖지 않는 者. ㊵〈icchantika〉)는 佛이 되지 않는다는 뜻.

이시(二始) 부처님이 寂滅道場에서 華嚴經을 說한 것을 大乘의 始라하고, 鹿園에서 阿含經을 說한 것을 小乘의 始라 하며 이것을 二始라고 함.

이시(二時) ①아침과 저녁 二時를 말함. 佛祖統紀 智顗傳에 「二時 慈霔한다」하였고, 同註에 「이는 早와 晩의 兩講에 根據가 分明하다」하였음. ②(1)迦羅時 ㊵〈kala〉 迦邏는 번역하여 實時라 함. 佛이 律中에 모든 弟子를 警誡하여 時食을 說하고 非時食을 막는 것을 實時라 함. (2)三昧耶時 ㊵〈Samaya〉 三昧耶는 번역하여 假時라 한다. 諸法의 遷流위에 長短의 時를 假立한 것. 諸經의 처음 말인 一時 ㊵〈Ekasmin-samaye〉를 말함.

이시(以時) ㊵〈kalana〉 ㊴〈dus〉 말이 時間的으로 適當한때 라는 뜻. (瑜伽論 因明)

이시(異時) ①때를 달리하는 것. ②때만 달리 할 뿐으로 하나의 일. (五敎章)

이시(爾時) ㊵〈tasyāṃvelāyam〉 그

때.

이시죽반(二時粥飯) 禪林에서 食事를 가리킨다. 二時는 朝와 晝이다. 즉 아침의 죽과 낮의 밥. 옛날에는 一日二食으로 아침에는 粥. 낮에는 밥을 먹었으므로 이렇게 말하였음. (典座敎訓)

이시즉(異時即) 同時即의 對. 때를 달리하는 두개가 本質的으로 一體인 것. 例컨대 「十善을 닦으면 即 하늘에 태어 난다」라고 하는 경우.

이식(二食) ①(1)法喜食. 法을 듣고 歡喜하여 善根을 增長하고 慧命을 資益함이 마치 世間의 밥이 能히 諸根을 길러서 그몸을 支持함과 같다. (2)禪悅食. 禪定에 들어가서 安靜의 悅樂을 얻어서 善根을 增長하고 慧命을 資益하는 것이 마치 世間의 食이 能히 諸根을 養成하여 그 목숨을 支持함과 같다. ②(1)正命食. 出家한 사람이 항상 乞食하여 色身을 기르고 淸淨하게 命을 延長하므로 正命食이라 함. (2)邪命食. 四邪 或은 五邪의 法에 依하여 活命하므로 邪命食이라 함.

이식(二識) 起信論의 法門이다. ① 阿梨耶識 梵〈Ālaya-vijñāna〉 번역하여 無沒이라 함. 如來藏과 無明이 和合하여 阿梨耶識이 되며 一切諸法의 種子를 藏하여 沒失하지 않는 것. 또한 自識이 나타내는 境을 恒常 了別하므로(곧 種子는 五根의 器界임) 無沒識이라 함. ②分別事識 또는 名意識이라 함(Manc-vijñāna) 阿梨耶識에 依하여 생하며 色聲등 六境과 眼耳등 六識을 分別하는 것. 唯識에서 說한 八識으로 觀하면 阿梨耶識은 第八 阿賴耶에 該當되며 分別事識은 前六識에 該當하고 第七 末那識을 略하고 說하지 아니 함.

이식(耳識) 梵〈Śrotravijñāna〉 六識·八識의 하나. 耳根에 의하여 생겨서 소리를 듣고 悲·喜·苦·樂등을 分別하는 精神作用. 聽覺을 말함.

이식계(耳識界) 巴〈sota-viṅṅaṇa-dhatu〉 聽覺이라는 領域. 十八界의 하나. →十八界. (中阿含經)

이식구기(二識俱起) 一刹那에 두가지의 識別作用이 일어나는 것. 說一切有部에서는 이것을 認定하지 않으나 唯識說에서는 認定함. (大毘婆沙論)

이식비시식(離食非時食) 非時食(正午를 지나서 먹는 것)을 먹는 것에서 떠나는 것. 午前中에만 食事하는 것.

이신(二身) 六種이 있다. ①(1)眞身과 應身의 二身 (2)常身과 無常身의 二身 (3)生身과 法身의 二身 (4)實色身化色身의 二身 (5)眞身과 化身의 二身 (6)實相身. 爲物身의 二身 ②(1)分段身. 分段生死의 身과 (2)變易 身變易生死의 身을 말함.

이신(頤紳) 頤는 기른다, 紳은 精神이란 뜻. 精神을 기르는 것을 말함. (碧巖錄 序)

이신공회(二身共會) 男女交合. (十誦律)

이신득입(以信得入) 佛을 믿음으로만 進入한다. 믿음으로 들어 갈 수 있다는 뜻. 이 一句는 日蓮宗에서 信心爲本의 宗旨의 한 根據가 됨. (法華經 譬喩品) 原文에는 梵〈śraddhāya mamaiva yānti〉라 하였음.

이신이토(理身理土) 三身中의 法身을 理身이라 하고 法身이 所住하는 土를 理土라 함. 普賢觀經을 毘盧遮那(理身) 常寂光(理土)이라 하고 唯識論十에는 自性身(理身) 法性土(理土)라 함. 이 身土에 分別을 세운 것은 或은 寂(理土) 照(理身) 或은 理(理土) 智(理身) 或은 性(理土) 相(理身)이라 함. 要컨대 一法性上의 뜻에서 세운 것.

이실(理實) 實理와 같음. 中道의 理. 本質的인 것. (往生要集)

이심(二心) ①(1)眞心. 衆生이 本具한 如來藏心이 眞淨明妙하여 虛妄의 想을 여윈 것. (2)妄心. 생각을 일으켜 一切種種의 境界가 생함을 分別하는 것. 楞嚴經에 「無始來로부터 生死가 相續하여 모두 常住하는 眞心性이 淨明한 體를 따름을 알지 못하여 모든 妄想을 쓰나 이 想이 不眞하므로 流轉한다」하였음. ②(1)定心. 禪定의 心이다. 또한 定善을 닦는 마음이다. (2)散心. 散亂한 마음이다. 또한 散善을 닦는 마음임. →二善.

이심(以心) 梵〈manastas〉 마음에서 (기뻐함). (佛所行讚)

이심(泥心) 西〈ḥdam gyi sems〉 分別의 智慧가 없는 마음. (大日經 住心品)

이심(狸心) 西〈byi laḥi sems〉 고양이나 삵괭이가 먹이를 잡을 때 숨을 죽여 近接하여 이때다고 할 때 재빨리 잡듯이, 여러가지 敎說을 들어도 조금도 實行하지 않고, 緣을 기다려 비로소 行하려고 願하는 마음. (大日經 住心品)

이심(異心) 二心을 말함. 다른 마음. 法華經 譬喩品에 「만약 사람이 恭敬하여 다른 마음이 없이 모든 凡과 愚를 여의고 홀로 山澤에 處한다. 이러한 사람은 說할 수 있다」하였음.

이심(離心) 我法의 二執이 空하여지고 最初無明인 根本不覺까지 없어졌으므로 一切麁細妄想心을 여읜 것을 말함.

이심관정(以心灌頂) 祕密灌頂의 하나. 또는 秘密灌頂이라고도 한다. 스승과 弟子의 사이에서 특별히 灌頂壇을 베풀지 않고 마음으로써 마음에 傳하는 灌頂이다. 大日經五偈에 「第三은 마음으로써 傳授하는 것은 때와 場所를 가리지 않는다」라고 하였음. 大日疏十五에 「스승과 弟子가 모두 瑜伽를 얻어서 마음으로써 마음에 傳하는 灌頂은 마치 摩頂授記와 같다」라고 하였음.

이심전심(以心傳心) 禪家의 常套的인 말. 言說과 文字를 여의고 마음으로써 마음에 傳하는 것. 達磨의 血脈論에 「三界가 興起하여 一心으로 同歸한다. 前佛과 後佛이 마음으로써 마음에 傳하며 文字를 세우지 않는다」하였고 六祖壇經에 「옛날 達磨大師가 처음 이땅에 왔을 때 사람들이 믿지 않았으므로 이 옷을 傳하여 信의 體를 삼아 代代로 이어왔고 法은 마음에서 마음으로 傳하여 모두 自悟 自解하였다」하였고, 宗密의 禪源都序上의 一에 「達磨는 天竺에서 法을 받아 몸이 中華에 와서 이나라의 學人들이 法을 얻지 못함을 보고 오직 名數로 解하며 事相으로 行을 삼았다. 달은 손가락에 있지 않음을 알게 하고자 하였다. 法은 我心이므로 다만 以心傳心으로 文字를 세우지 않고 宗을 나타내어 執着을 破하므로 이런 말이 있다」하였음.

이심해미(理深解微) 法華經의 理는 깊고, 衆生의 知解는 微劣하므로 修行을 堪當하지 못한다는 뜻.

이십건도(二十犍度) ①受戒犍度. 受戒의 法을 說한 것. ②說戒犍度. 每月 說戒懺悔하는 法을 說한 것. ③安居犍度. 每年 五月(舊律)부터 六月(新律) 安居의 法을 說한 것. ④自恣犍度. 夏安居 竟日에 比丘를 시켜 마음대로 다른 곳에서 犯한 罪를 懺悔하는 法을 說한 것. ⑤皮革犍度. 比丘가 皮革을 입는데 따라 그 法이 非法임을 說한 것. ⑥衣犍度. 比丘의 三衣를 입는 法을 說한 것. ⑦藥犍度. 四藥의 法을 說한 것. ⑧迦絺那衣犍度. 安居를 마친 뒤에 一個月을 信者로 부터 迦絺那衣를 받는 것을 說함. ⑨拘睒彌犍度. 拘睒彌國에서 생긴 僧들의 爭事를 說한 것. ⑩瞻波犍度. 瞻波國에서 생긴 僧들의 相爭한 事實을 記錄한 것. ⑪呵責犍度. 惡比丘를 呵責하는 法을 說한 것. ⑫人犍度. 比丘가 罪를 犯하고 覆藏하지 않았을 때 그 사람을 對하여 懺悔하여 깨끗이 씻는 法을 說한 것. ⑬覆藏犍度. 比丘가 罪를 犯하고 숨기는 者를 다스리는 法을 說한 것. ⑭遮犍度. 比丘에게 戒를 說할 때 遮하여 法대로 하지 않는 比丘를 列中에 들이지 않는 法을 說한 것. ⑮破僧犍度. 法輪을 破한 僧과 羯磨를 破한 僧의 일을 說한 것. ⑯滅諍犍度. 七種의 諍論을 滅하는 法을 說한 것. ⑰比丘尼犍度. 比丘尼의 特殊한 法을 說한 것. ⑱法犍度. 比丘의 坐作語默에 따라 法과 같이하는 威儀를 說한 것. ⑲房舍犍度. 比丘가 住하는 房舍의 法을 說한 것. ⑳雜犍度. 이상의 十九犍

度 밖의 여러가지 雜法을 說한 것. (四分律三十一)

이십공(二十空) ㉵〈Viṃśatiśūnyatāḥ〉 大般若經에 있는 말. 內空·外空·內外空·空空·大空·小空·勝義空·有爲空·無爲空·畢竟空·無際空·散空·無變異空·本性空·自相空·共相空·一切法空·不可得空·無性空·自性空을 말함.

이십구유(二十九有) 六陰 十三入 十九界란 말과 같이 事物이 絕無함을 말함. 初果의 聖者는 二十八有를 極度가 된다고 하며 第二十九有는 없다. 十住毘婆沙論一에 「須陀洹道에 들어가면(곧 初果) 三惡道門을 善開한다. 見法 入法 得法은 堅牢法에 注하여 傾動하지 않는다. 究竟의 涅槃에 이르면 諦를 斷見하는 所斷法이므로 마음이 크게 歡喜한다. 設或 睡眠懶惰 하면 二十九有에 이르지 않는다」하였음.

이십구종장엄(二十九種莊嚴) 天親의 淨土論에 彌陀의 淨土를 觀察하여 二十九種의 莊嚴을 밝혔다. 그 가운데 淨土의 依報는 곧 器世間의 淸淨으로 十七種이 되고 淨土의 正報는 곧 衆生世間의 淸淨으로 十二種이 있다. ①依報의 十七種이란 (1)淸淨莊嚴. 三界 有漏의 穢土를 勝過하여 無漏淸淨한 것. (2)量莊嚴. 究竟이 虛空과 같아서 가이 없는 것. (3)性莊嚴. 正道의 大慈悲에 依하여 無漏한 善根이 法性을 隨順하여 생기는 淨土를 말함. (4)形相莊嚴. 淨土淸淨의 光明이 滿足하여 明鏡이나 日月과 같은 것. (5)種種事莊嚴. 모든 珍寶를 갖추어 妙가 具足한 莊嚴임. (6)妙色莊嚴. 無垢光燄이 熾盛하여 世間을 明淨하게 비치는 것. (7)觸莊嚴. 莊嚴한 淨土의 여러가지 珍寶가 柔軟하여 觸하는 者는 勝樂을 생함. (8)三種莊嚴. 水上과 地上 그리고 虛空의 三處가 莊嚴한 것. (9)雨莊嚴. 寶衣와 寶華가 비가 되어 妙香과 普薰이 無量한 것. (10)光明莊嚴. 佛慧의 明淨한 해가 世上의 痴冥을 除하는 것. (11)妙聲莊嚴. 淨土의 妙聲이 深遠하여 十方에 잘 들리는 것. (12)主莊嚴. 正覺의 阿彌陀가 法王이 되어 잘 住持하는 것. (13)眷屬莊嚴. 모든 菩薩衆이 如來正覺의 華를 말미암아 化生하는 것. (14)受用莊嚴. 大乘의 法味 禪味 三昧味를 受用하는 것. (15)無諸難莊嚴. 身心의 苦惱를 永久히 벗어나서 樂을 받아 間斷이 없는 것. (16)大義門莊嚴. 淨土는 大乘의 善根界다. 一切가 平等淸淨하여 譏嫌이 없는 名言 또는 女人과 六根의 不具한 者와 二乘과 一譏嫌의 實體가 없고 衆生이 모두 大乘의 薩埵가 되어 一味平等한 것. 大義門이란 淨土가 大乘의 義利의 門戶를 通함을 말함. (17)一切의 求하는 것이 滿足한 莊嚴 衆生의 所願하는 樂의 一切가 能히 滿足한

것. ②正報의 十二分은 二種이다. 佛의 八種과 菩薩의 四種을 말함. 佛의 八種이란 (1)座莊嚴. 無量한 大寶王의 微妙한 淨華臺를 말함. (2)身業莊嚴. 相好의 光 한길이 色像의 群生을 超越하는 것. (3)口業莊嚴. 如來의 微妙한 梵響이 十方에 들리는 것. (4)心業莊嚴. 地水火風空과 같이 分別이 없는 것. (5)大衆莊嚴. 그 땅의 人天聖衆이 모두 大乘의 善根을 成就하고 如來의 淸淨한 智海에 따라 생하는 것. (6)上首莊嚴. 阿彌陀佛이 淨土의 上首가 되어 須彌山王의 勝妙함과 같이 超過할 者가 없는 것. (7)主莊嚴. 阿彌陀佛이 그 땅의 敎主가 되어 天人과 丈夫의 衆이 恭敬瞻仰하는 것. (8)不虛作莊嚴. 佛의 本願力은 虛說이 아니고 無空過者를 만나면 반드시 功德을 迅速히 滿足시킬 大寶海임. 菩薩의 四種莊嚴은 (1)不動의 本處에서 두루 十方에 이르는 供養으로 化生하는 莊嚴 (2)一念과 一時로부터 두루 佛會에 이르러 群生을 利益하는 莊嚴 (3)一切世界를 讚嘆하는 諸佛의 莊嚴 (4)三寶가 없는 곳에 示法하는 莊嚴이다. 이 二十九種은 모두 彌陀의 願心에 따른 莊嚴이라 함.

이십난(二十難) 四十二章經 第二 擧難勸修科에 있는 말, 곧 ①貧窮布施難 ②豪貴學道難 ③棄命必死難 ④得覩佛經難 ⑤生値佛世難 ⑥忍色忍欲難 ⑦見好不求難 ⑧被辱不瞋難 ⑨有勢不臨難 ⑩觸事無心難 ⑪廣學博究難 ⑫除滅我慢難 ⑬不輕未學難 ⑭心行平等難 ⑮不說是非難 ⑯會善知識難 ⑰見性學道難 ⑱覩境不動難 ⑲善解方便難 ⑳隨化度人難

이십년유음(二十年遺蔭) 부처님 당시는 人壽 百歲 定命인데도 부처님이 말세 比丘들을 생각하시어 80세에 入寂하시고, 20年 동안 受用할 복을 남겨서 말세 弟子에게 물려주었다는 말.

이십부(二十部) 小乘의 分派에 二十이 있다. ①大衆部 ②一說部 ③說出世部 ④鷄胤部 ⑤多聞部 ⑥說假部 ⑦制多山部 ⑧西山住部 ⑨北山住部 ⑩上座部 ⑪雪山部 ⑫說一切有部 ⑬犢子部 ⑭法上部 ⑮賢胄部 ⑯正量部 ⑰密林山部 ⑱化地部 ⑲飮光部 ⑳經量部 ㉑法藏部. 說一切有部에서 九部가 派生되었으므로 二十部에 包含되지 않음.

이십사계(二十四戒) 二十四種의 戒로 方等陀羅尼一에서 說한 것.

이십사배(二十四輩) 二十四人의 儕輩라는 뜻. 또는 二十餘輩라고 하며 親鸞의 門弟中에 正義傳持者 二十四人을 말함.

이십사불상응법(二十四不相應法) 俱舍宗에서 十四不相應法을 세웠고 唯識宗에서는 不相應法을 二十四類로 나누었다. 色心을 假立한 心所의 分位다. ①如得 ②命根 ③衆同分 ④

異生性 ⑤無想定 ⑥滅盡定 ⑦無想事 ⑧名身 ⑨句身 ⑩文身 ⑪生 ⑫老 ⑬住 ⑭無常 ⑮流轉 ⑯定異 ⑰相應 ⑱勢速 ⑲次第 ⑳方 ㉑時 ㉒數 ㉓和合性 ㉔不和合性이라 함.

이십사연(二十四緣) 起源은 ㊁〈paccaya〉의 譯名. 諸法의 發生을 資成(upakara)하는 因緣이 二十四種이 있음을 말함. 쎄이론分別上座部에 特有한 名數. ①因緣 ②所緣緣 ③增上緣 ④無間緣 ⑤等無間緣 ⑥俱生緣 ⑦相互緣 ⑧所依緣 ⑨依止緣 ⑩前生緣 ⑪後生緣 ⑫修習緣 ⑬業緣 ⑭異熟緣 ⑮食緣 ⑯根緣 ⑰靜慮緣 ⑱道緣 ⑲相應緣 ⑳不相應緣 ㉑有緣 ㉒非有緣 ㉓去緣 ㉔不去緣等임.

이십사원(二十四願) 阿彌陀佛의 誓願은 無量壽經에 四十八을 說明하나. 吳譯의 大阿彌陀經 漢譯의 無量淸淨平等覺經에는 二十四를 揭示하고 있는 것을 말함.

이십사의(二十邪義) 眞宗의 異安心의 二十種.

이십사주감행(二十四周減行) 聲聞乘들이 忍位의 中忍位에 있어서 下忍位에서 닦은 上下八諦 三十二行에 대하여 漸次로 連環하여 그 行相을 減하며 四諦의 現境을 減하여 上忍에 들어가려고 하는 때에 一周에 一行씩을 減하여 行하므로 三十一周에서 三十一相을 減하는 것. 그 중에 每 四周때의 減行은 減緣에 攝收케 되므로 七減行이 적어져서 二十四周減行이 됨. →減緣減行.

이십사포(二十四匏) 九相은 一匏相을 따라서 二十四가 있고 匏에는 二十匏가 있음.

이십수번뇌(二十隨煩惱) 唯識宗에서 根本煩惱에 따라서 일어나는 煩惱를 二十種으로 나눈 것. 忿·恨·覆·惱·慳·嫉·誑·諂·害·憍.(이상은 小隨煩惱) 無慚無愧(中隨煩惱) 掉擧·惛沈·不信·懈怠·放逸·失念·散亂·不正知(이상은 大隨煩惱)

이십억이(二十億耳) ㊵〈sroṇakoṭiviṁsa〉 比丘의 이름. 佛이 계실 때에 阿羅漢果를 證한 사람. 발아래 털의 길이가 三寸이며 발로 땅을 밟지 않아 弟子中의 精進第一이 된다. 智度論二十二에 「沙門 二十億耳가 韓婆尸佛때에 一房舍를 지어 物件으로 땅을 덮고 衆生을 供養하였다. 九十一劫을 天上에서 福樂果를 받고 발로 땅을 밟지 않았다. 날 때 발 밑에 털이 二寸이나 길어 柔軟淨好하니 父兄이 기뻐하여 二十億兩金을 주었다. 佛을 뵙고 法을 들은 뒤 阿羅漢果를 얻어 弟子中에 精進第一이 되었다」하였음.

이십오단별존법(二十五壇別尊法) 二十五有를 깨뜨리기 위하여 각각 따로 二十五尊에게 供養하는 護摩法.

이십오령장(二十五靈場) 二十五箇所의 靈場이라는 뜻. 圓光大師 二十

五靈場 또는 元祖大師 二十五靈場이라 하며 淨土宗祖 源空의 舊蹟인 二十五箇所의 靈場을 말한다. 대개 源空은 念佛소리나는 것을 나의 遺蹟이라고 하였음.

이십오륜(二十五輪) 金剛界曼荼羅의 五佛·四波羅蜜·十六大菩薩의 二十五尊이 住하는 二十五의 月輪을 가리킴.

이십오방편(二十五方便) 台家에서 修禪하는 法을 方便과 正修의 二道로 나누었는데 먼저 方便行에 二十五種이 있고 다음 正修에 十乘觀法이 있다고 했다. 二十五種의 方便行을 五科로 나누었는데 ①具五緣. 戒를 가짐이 淸淨하며(三業의 그릇됨을 벗어나며) 衣食이 具足하고(體를 가리고 굶음을 免하며) 靜處에 한가하게 居하며(山林에 있는 蘭處) 모든 緣務를 없애고(學問도 오히려 廢하려하거던 하물며 俗事를 말할수 있을가) 善知識을 가깝게 하는 것(나의 몸에 보탬이 되며 내道를 增長시킴) ②訶五欲. 訶色(色을 뜨거운 鐵丸처럼 생각함) 訶香(香을 憋龍의 기운처럼 생각함) 訶聲(소리를 북에 毒을 바른 것처럼 생각함) 訶味(味를 끓는 蜜湯같이 생각함) 訶觸(觸을 누운 師子처럼 생각함) ③棄五蓋. 貪欲·瞋恚·睡眠·掉悔·疑 이 五法은 心神을 가리워서 定慧를 發하지 못하게하므로 蓋라 한다. ④調五事. 마음을 沈하지도 浮하지도 않게 調定하고 몸을 緩하지도 急하지도 않게 調定하며 食을 飢하지도 飽하지도 않게 調定하고 息을 澁하지도 滑하지도 않게 調定하며 眠을 節하지도 恣하지도 않게 調整하여 五事를 各各 中庸에 맞게 함. ⑤行法, 欲(妄想 顚倒를 여의고 禪定의 智慧를 얻고자 함) 精進(持戒하여 蓋覆을 버리고 初·中·後夜를 勤行精進 함) 念(世法을 賤하게 보고 禪定의 智慧를 貴하게 여기는 생각) 巧慧(世樂과 禪定의 智慧樂의 得失과 輕重을 籌量함) 一心(念慧로 世間의 苦患과 定慧의 尊貴함을 分明히 보는 것) 止觀四에 「이 三十五法은 一切禪慧方便에 通한다하며 諸觀이 不同하므로 方便도 또한 轉한다」하였고, 四敎儀에 「위의 四敎에 依하여 修行할 때에 各各 方便과 正修가 있다. 二十五方便과 十乘觀法이라 하며(中略) 이 二十五法은 四敎前方便이 되므로 應함이 具足하다. 만약 이 方便이 없으면 世間의 禪定을 오히려 얻지 못하거던 어찌 出世하는 妙理를 알겠는가」하였음.

이십오보살(二十五菩薩) 念佛하는 行者를 影護하는 菩薩이다. 十往生經에 「만약 衆生이 阿彌陀佛을 念하여 往生을 願하는 者는 그 極樂世界의 阿彌陀佛이 곧 ①觀世音菩薩 ②大勢至菩薩 ③藥王菩薩 ④藥

上菩薩 ⑤普賢菩薩 ⑥法自在菩薩 ⑦師子吼菩薩 ⑧陀羅尼菩薩 ⑨虛空藏菩薩 ⑩佛藏菩薩 ⑪菩藏菩薩 ⑫金藏菩薩 ⑬金剛藏菩薩 ⑭山海慧菩薩 ⑮光明王菩薩 ⑯華嚴王菩薩 ⑰衆寶王菩薩 ⑱月光王菩薩 ⑲日照王菩薩 ⑳三昧王菩薩 ㉑定自在王菩薩 ㉒大自在王菩薩 ㉓白象王菩薩 ㉔大威德王菩薩 ㉕無邊身菩薩 이二十五菩薩을 보내어 行者를 擁護한다」하였고, 觀念法門에 「또한 十往生經說과 같다. 佛께서 山海慧菩薩과 阿難에게 말한 것. "만약 어떤 사람이 西方 阿彌陀佛을 專念하여 往生을 願하는 者는 내 지금 가서 恒常 二十五菩薩을 시켜 行者를 影護케 하여 惡鬼와 惡神의 惱亂行을 못하게 하고 밤낮 安穩하게 한다」하였음.

이십오부(二十五部) 金剛界의 五智는 五部가 된다. 五智가 서로 五智를 갖추면 二十五部가 된다. 秘藏記下에 「二十五部를 建立하였다. 무엇이 五部냐 하면 곧 五智를 말한다. 一智가 서로 五智를 갖추어 二十五部가 된다. 이같이 展轉하여 無量部가 된다」하였음. 또한 阿閦佛에 따라 말하면 阿閦佛은 中台의 法界體性智가 되며 薩王이 愛喜하는 四菩薩은 그 나머지의 四智가 된다. 다시 金剛薩埵에 따라 말하면 金剛薩埵는 中台의 法界體性智가 되며 欲觸愛慢의 四眷屬은 그 나머지의 四智가 된다. 金剛界 理趣會의 曼荼羅이다. 이 같은 하나하나의 法은 五智를 갖추어 無盡無數한 뜻이 있으므로 無量部라 함.

이십오삼매(二十五三昧) 二十五有를 깨뜨리는 二十五種의 三昧는 ①無垢 ②不退 ③心樂 ④歡喜 ⑤日光 ⑥月光 ⑦熱焰 ⑧如幻 ⑨不動 ⑩難伏 ⑪悅意 ⑫靑色 ⑬黃色 ⑭赤色 ⑮白色 ⑯種種 ⑰雙 ⑱雷音 ⑲注兩 ⑳如虛空 ㉑照鏡 ㉒無礙 ㉓常 ㉔一樂㉕我三昧를 말함.

이십오선신(二十五善神) 五戒를 지니는 사람을 擁護하는 守護神이다. 護不殺戒五神·護不盜戒五神·護不邪淫戒五神·護不妄語戒五神·護不飮酒戒五神.

이십오신(二十五神) 五戒를 加持하면 恒常 二十五의 善神이 그 몸을 擁護한다 함.

護不殺戒五神	蔡蒭毘愈他尼	除邪惡
	輸多利輸陀尼	完具人之六根
	毘 樓 遮 那 波	平調五臟
	阿 陀 龍 摩 坻	通暢人之血脈
	婆羅桓尼和婆	保護爪指
護不盜戒五神	坻摩阿毘婆馱	出入往來安寧
	阿修輪婆羅陀	飮食甘香
	婆羅摩亶雄雌	護人之睡夢
	婆羅門地鞞哆	除毒蟲
	那摩吁哆耶舍	除霧露之害

護不邪婬五神	佛馱仙陀樓哆	除口舌之非
	鞞闍耶藪多娑	除瘟疫鬼之害
	涅坻醯馱多耶	除縣官之害
	阿邏多賴都耶	護持人之舍宅
	波羅那佛曇	平定舍宅之八神
護不妄語五神	阿提梵者珊耶	除塚墓鬼之害
	因臺羅因臺羅	護人之門戶
	三摩毘羅尸陀	護四大安隱
	阿伽嵐施婆多	除外氣神之害
	佛曇彌摩多哆	除災火之害
	多賴叉三察陀	除偸盜之害
護不飮酒五神	阿摩羅斯兜嘻	除虎狼之害
	那羅門闍兜帝	除死靈之害
	薩鞞尼乾那波	除惡鳥惡狐之鳴
	荼鞞闍毘舍羅	除犬鼠之變怪
	伽摩毘那闍尼佉	防冥官之注記

이십오원통(二十五圓通) 圓滿하게 法性의 實에 通함을 圓通이라 함. 衆生의 機緣이 萬差하여 圓通을 얻고자하면 여러가지 法에 依한다. 佛이 楞嚴會上에서 菩薩과 聲聞에 對하여 묻기를 "本來 어떠한 法으로 圓通을 얻었느냐" 함에 菩薩과 聲聞이 各各 自得한 法으로 對答한 것. 二十五種이 된다. 곧 六塵과 六根과 六識과 七大다. 이 가운데는 陳那의 圓通聲塵에서 始作하여 觀音의 圓通耳根에서 마친다. 圓通을 論함에 비록 優劣은 없으나 如來가 特히 文殊를 選擇하여 耳根의 圓通을 取하게 함은 이 나라의 사람의 耳根이 聰明하여 法에 들어가기 쉽다. 소리와 耳根이 初와 後가 됨은 首尾가 相異 된다는 뜻이다. ①音聲. 陳那의 圓通은 곧 聲塵이다 ②色因. 優波尼沙陀比丘의 圓通은 곧 色塵이다. ③香因. 香嚴童子의 圓通은 곧 香塵이다. ④味因. 藥王과 藥上인 二法子등의 圓通으로 곧 味塵이다. ⑤觸因. 跋陀婆羅의 圓通은 곧 觸塵이다. ⑥法因. 摩訶迦葉등의 圓通은 곧 法塵이다. ⑦見元. 阿那律陀의 圓通은 곧 眼根이다. ⑧息空. 周利槃特迦의 圓通은 곧 鼻根이다. ⑨味知. 憍梵鉢提의 圓通은 곧 舌根이다. ⑩身覺. 畢陵伽婆蹉의 圓通은 곧 身根이다. ⑪法空. 須菩提의 圓通은 곧 意根이다. ⑫心見. 舍利弗의 圓通은 곧 眼識이다. ⑬心聞. 普賢菩薩의 圓通은 곧 耳識이다. ⑭鼻息. 孫陀羅難陀의 圓通은 곧 鼻識이다. ⑮法音. 富樓那의 圓通은 곧 舌識이다. ⑯身戒. 優婆離의 圓通은 곧 身識이다. ⑰心達. 目乾連의 圓通은 곧 意識이다. ⑱火性. 烏芻瑟摩의 圓通은 곧 火大다. ⑲地性. 持地菩薩의 圓通은 곧 地大다. ⑳水性. 月光童子의 圓通은 곧 水大다. ㉑風性. 瑠璃光法王子의 圓通은 곧 風大다. ㉒空性. 虛空藏菩薩의 圓通은 곧 空大다. ㉓識性. 彌勒菩薩의 圓通은 곧 識大다. ㉔淨念. 大勢至

菩薩등의 圓通은 見大다. 곧 根大임. ㉕耳根. 觀音菩薩의 圓通은 곧 六根中의 第二인 耳根이 된다 함. (楞嚴經五六에 나타남)

이십오유(二十五有) 三界를 열면 二十五有가 된다. 欲界의 十四有는 四惡趣와 四洲와 六欲天이며 色界의 七有는 四禪天과 初禪中의 大梵天과 第四禪中의 淨居天과 無想天이며 無色界의 四有는 四空處다. 三界를 通하여 二十五의 果報가 있는 것을 二十五有라 함. 補行二에 「二十五有는 모두 頌하여 말하기를 四域(곧 四洲) 四惡趣 六欲에 梵王을 合하고 四禪 四無色 無想과 五那含(곧 浮居天)이다」하였음.

※涅槃經四에 「二十五有 如首楞嚴經中廣說」

이십오점(二十五點) 한룻밤을 五更으로 나뉘는데 每更마다 五點을 치면 드디어 二十五點이 됨. (5×5=25)→五更.

이십오조(二十五條) 袈裟의 一種인 大衣中에 가장 큰 袈裟로, 二十五條의 베를 橫으로 나란히 꿰어맨 것. 每한 條마다 긴베 네쪽과 짧은 것 한쪽을 縱으로 꿰어 맷음. (四長一短)

이십오종명제(二十五種冥諦) 二十五諦를 말함. →二十五諦.

이십오종청정정륜(二十五種清淨定輪) 一切菩薩이 圓覺을 證하고자 하여 禪定을 닦는데 二十五種의 差別이 있음을 말한다. 無礙清淨은 모두 禪定에 依하여 생기며 이 禪定에 三種의 別이 있음을 말한다. ①奢摩他. 이는 번역하여 止라하며 靜行이라 함(無爲에 便安한 것). ②三摩鉢提. 번역하여 觀이라 하며 幻行을 말함(有爲의 幻行을 닦는 것). ③禪那 번역하여 思惟·寂行이다(靜과 幻이 모두 없는 것) 이 三行에 單 一行만 修한 이가 三人이며 三行을 互修한 者가 二十一人이요. 三行을 圓滿히 修行한 者가 一人으로 合하여 二十五人이 된다. 이 二十五人이 닦은 禪定을 二十五種清淨定輪이라 함.

※圓覺經에 「一切諸菩薩 無礙清淨慧 皆依禪定生 所謂奢摩他三摩提禪那 三法頓漸修 有二十五種 十方諸如來 三世修行者 無不因此法而得成菩提」

이십오제(二十五諦) ㉵〈paṅcaviṃś-ātī-tattvāni〉 印度의 數論外度가 宇宙의 萬有인 根本原理를 二十五種의 諦理로 나누고 그 展開되는 狀態의 順序를 說明한 것.

이십오진실(二十五眞實) ㉵〈pañca-viṃśatitattva〉 二十五諦와 같음. →二十五諦.

神我(Puruṣa)——自性(Prakrti)
—大(Mahaat又Buddhi)
—我慢(Ahaṅikāra)
五唯(tanmātra)(喜性)
十根(indriya)(夏性)
五知根(Buddhindriya)
五作業根(Karmendriya)

| 心根 (Manas)
| 五大 (Mahābhita) (闇性)

五唯=色 (Rūpa) 聲 (Sabda) 香 (Gandha) 味 (Rasas) 觸 (Sparśa)

五知根=眼 (Cakṣus) 耳 (Srctra) 鼻 (Ghrāṇa) 舌 (Jihvā) 身 (Trac)

五作業根=口・手・足・男女・大遺

五大=空 (Ākāsa) 風 (Vaya) 火 ((Tejas) 水 (āp) 地 (prthivi)

곧 自性은(物質的體) 神我(精神的本體)의 作用을 받아 大를 생하고 大에 따라 我慢이 생하며 我慢에 따라 五唯・五知根・五作業根・心根이 生한다. 또한 五唯에 따라 五大가 생한다 함. 神我와 自性의 關係는 흡사 跛者와 鼓者 같다. 神我가 비록 智的인 作用이 있지만 能히 움직이지 않으며 自性이 비록 活動作用이 있으나 能히 活動의 源의 動機가 되지 못한다. 神我는 自性이 活動하게 하는 것. 自性은 活動의 動機를 實現하게 하는 것. 이 二相에 따라 中間의 二十三諦를 생하는 것.

이십오행(二十五行) 二十五圓通을 말함. 부처님이 楞嚴會上에서 보살 성문에게 너희들이 본래 무슨 法으로 圓通을 얻었느냐고 물으심에 보살, 성문들이 각각 자기가 얻은 法을 答한 것. (楞嚴經第五, 第六卷)

이십유식(二十唯識) 世親菩薩이 지은 唯識二十論 一卷. 唐나라 玄奘 번역의 다른 이름.

이십유식론소(二十唯識論疏) ㊔또는 二十述記라고도 한다. 二卷. 法相宗 慈恩이 지은 것으로 唯識 二十論을 解釋한 것.

이십유식순석론(二十唯識順釋論) ㊔ 成唯識寶生論의 다른 이름.

이십이근(二十二根) ①眼根 梵〈Cakṣurindriya〉 ②耳根 梵〈Srotrendriya〉 ③鼻根 梵〈Ghrāṇendriya〉 ④舌根 梵〈Jihvendriya〉 ⑤身根 梵〈Kāyendriya〉 ⑥意根 梵〈Manendriya〉 이상의 六根은 위에서 說한 眼등의 六根임. ⑦女根 梵〈Strindriya〉 女子의 몸 가운데서 色欲을 일으키는 곳. ⑧男根 梵〈Purnṣendriya〉 男子의 몸 가운데서 色欲을 일으키는 곳. ⑨命根 梵〈Jivitendriya〉 有情의 一期의 壽命이다. ⑩苦根 梵〈Dubkhendriya〉 ⑪樂根 梵〈Sukhendriya〉 ⑫夏根 梵〈Danmanasyendriya〉 ⑬喜根 梵〈Sanmanasyendriya〉 ⑭捨根 梵〈Upekṣendriya〉 이상 五者는 五受를 말하는 것. ⑮信根 梵〈Sraddhendriya〉 ⑯精進根 梵〈Viryendniya〉 ⑰念根 梵〈Smṛtindriya〉 ⑱定根 梵〈Samādhindriya〉 ⑲慧根 梵〈Prajñedriya〉 이상 五根은 信等의 五根을 말하는 것. ⑳未知當知根 梵〈Anājñātamājñāsyāmindriya〉 ㉑已知根 梵〈Āiñendriya〉 ㉒具知根 梵〈Ājñātāvindriya〉 이상의 세가지는 三無漏根을 말하는 것.

이십이무감(二十二無減) 唯識論十에

말한 如來의 四智가 相應한 心品定에 二十二法이 있다. 이를 二十二無滅이라 함. ①作意 ②觸 ③受 ④想 ⑤思(이는 心所中의 五遍行임) ⑥欲 ⑦勝解 ⑧念 ⑨定 ⑩慧(이는 心所中의 五別境이다) ⑪信 ⑫慚 ⑬愧 ⑭無貪 ⑮無瞋 ⑯無痴 ⑰精進 ⑱輕安 ⑲不放逸 ⑳行捨 ㉑不害(이상은 心所中의 二十一善이다) 다시 心王의 一을 加하여 二十二가 된다 함.

이십이문(二十二門) ①諸佛과 大仙이 自在三昧의 힘에 依하여 一切衆生을 安住하게 하고 出生自在 勝三昧 一切所行諸功德無量의 方便으로 衆生을 濟度하는 것을 그 三昧와 出生에 따른 二十二門이라 함 (1) 供養如來門 (2) 一切布施門 (3) 具足持戒門 (4) 無盡忍辱門 (5) 無量苦行精進門 (6) 禪定寂靜三時門 (7) 無量大辯智慧門 (8) 一切所行方便門 (9) 四無量神通門 (10) 大慈大悲四攝門 (11) 無量功德智慧門 (12) 一切緣起解脫門 (13) 淸淨根筋力道法門 (14) 聲聞小乘門 (15) 緣覺中乘門 (16) 無上大乘門 (17) 無常衆苦門 (18) 無我衆生門 (19) 不淨離欲門 (20) 寂靜滅定三昧門 (21) 隋諸爭生起病門 (22) 一切對治衆法門등이라 함. ②俱舍果品에 二十二門으로 十八界를 分別한 것. (1) 有見無見 (2) 有對無對 (3) 善·惡·無記의 三性 (4) 欲·色無色의 三界 (5) 有漏 無漏 (6) 有尋有伺·無尋·無伺 (7) 有所緣·無所緣 (8) 有執受無執受 (9) 大種所造 (10) 積聚非積聚 (11) 能斫所斫 (12) 能燒所燒 (13) 能稱所稱 (14) 五類分別 (15) 得成就 (16) 內外 (17) 同分法同分 (18) 三斷 (19) 見非見 (20) 六識內幾識所見 (21) 常無常 (22) 根非根.

이십이품(二十二品) 三十七道品 가운데 四念處·四正勤·四如意足·五根·五力의 二十二種.

이십종외도(二十種外道) ①小乘外道가 사람의 죽음을 燈火의 滅하는 것과 같다고 計量한 것. ②方論師. 方角으로 諸法의 生因이 된다고하는 것. ③風仙論師. 風이 萬物의 生因이 된다고 하는 것. ④韋陀論師. 韋陀經에서 說한 梵天이 生因이 된다고 하는 것. ⑤伊賖那論師. 伊賖那天이 萬物의 生因이 된다고 하는 것. ⑥裸形外道. 裸形을 正行이라 하는 것. ⑦毘世師. 곧 勝論師 ⑧苦行論師. 苦行이 涅槃의 正因이 된다고 하는 것. ⑨女人眷屬論師. 摩醯首羅天이 먼저 女人을 지어서 一切萬物을 生한다고 計量한 것. ⑩行苦行論師. 罪福의 功德이 모두 盡하여 涅槃이 된다고 計量하는 것. ⑪淨眼論師. 智로써 涅槃이 된다고 하는 것. ⑫摩陀羅論師. 那羅延天을 萬物의 父라고 하는것 ⑬尼犍子外道. 처음 一男一女를 생하여 이 둘이 和合하여 一切萬物을 生하는

것. 곧 六師外道의 하나. ⑭僧佉論. 곧 數論師. ⑮摩醯首羅論師. 摩醯首羅天이 萬物의 生因이 된다고 하는 것. ⑯無因論師. 萬物은 因이 없이 생겼다고 計量하는 것. ⑰時論師. 萬物이 時로 말미암아 생한다고 計量하는 것. ⑱服水論師. 萬物이 물로써 根本이 된다고 計量하는 것. ⑲力論師. 虛空의 힘이 萬物이 生한다고 計量하는 것. ⑳本生安茶論師. 安茶로 말미암아 萬物이 생한다고 計量하는 것.

이십종유법(二十種喩法) 二十種의 譬喩法. ①般若를 어머니로 삼고, ②方便을 아버지로 삼고, ③布施를 乳母로 삼고, ④戒律을 養母로 삼고, ⑤忍辱을 莊嚴具로 삼고, ⑥精進을 養育者로 삼고, ⑦禪을 浣濯人으로 삼고, ⑧善知識을 敎授師로 삼고, ⑨一切菩提分을 伴侶로 삼고, ⑩一切善法을 眷屬으로 삼고 ⑪一切菩薩을 兄弟로 삼고, ⑫菩提心을 집으로 삼고, ⑬理에 맞게 修行하는 것을 家法으로 삼고, ⑭모든 곳을 집으로 삼고, ⑮모든 忍辱을 家族으로 삼고, ⑯큰 願力을 家敎로 삼고, ⑰모든 行에 滿足히 여기는 것을 家法에 順從하는 것으로 삼고 ⑱大乘을 勸發하는 것을 家業을 잇는 것으로 삼고, ⑲法水로 灌頂하여 一生동안 매어 있는 菩薩을 王의 太子로 삼고, ⑳菩提를 成就한 것을 家族을 淸淨히 할 수 있는 것으로 삼는 것을 말함.

이십종호마법(二十種護摩法) 扇底迦에는 四法이 있고, 布瑟致迦에는 九法이 있고, 阿毘遮羅迦에는 七法이 있어서 이것을 合하여 二十種護摩法이라고 한다. 이 가운데 다시 더 넣어서 一百十種의 火法이 있는데 秘奧하여 번역하지 않았음. (金剛頂經義訣)

이십지(二十智) 台家에서 四敎에 約하여 二十智를 밝힌 것. 三藏敎에 七智가 있다. ①世智外 ②凡智 ③內凡智 ④四果智 ⑤辟支佛智 ⑥菩薩智 ⑦佛智를 말함. 또한 通敎의 五智는 ⑧四果智 ⑨支佛智 ⑩入空의 菩薩智. ⑪出假의 菩薩智 ⑫佛智이며 또한 別敎의 四智는 ⑬十信智. ⑭住計向의 三十心智十地등 ⑮覺智 ⑯佛果智이며 또한 圓敎의 四智는 ⑰五品智 ⑱六根智 ⑲住行向地의 四十心智 ⑳佛智를 말함.

이십천(二十天) ①大梵天王 ②帝釋尊天 ③多聞天王 ④持國天王 ⑤增長天王 ⑥廣目天王 ⑦金剛密迹 ⑧摩醯首羅 ⑨散脂大將 ⑩大辯才天 ⑪大功德天 ⑫韋駄天神 ⑬堅牢地神 ⑭菩提樹神 ⑮鬼子母神 ⑯摩利支天 ⑰日宮天子 ⑱月宮天子 ⑲娑竭龍王 ⑳閻摩羅王

이십칠수(二十七宿) →星宿.

이십칠현성(二十七賢聖) 成實論과 中阿含 福田經에서 說한 것. 倶舍家에서 또한 兼言하였음. 二十七賢

聖이란 十八有學(→有學)과 九無學(→羅漢)을 말함. 成實論 賢聖品에 「이같은 九種을 無學人이라 하고 먼저 말한 十八學人과 이 無學이 二十七賢聖이며 一切世間의 福田이 된다」하였고, 四教儀三에 「賢人이 二種이 있고 聖에 二十五種이 있어 合하면 二十七賢聖이며 成論에 나온다」하였음.

이십팔견(二十八見) 二十八種의 不正見. 雜集論十二에 大法鏡經에서 說한 二十八 不正見을 引用하여 說하였음. 因明大疏上에 「二十八種의 不正見이 五天에 개미처럼 모였다」라고 하였음.

이십팔경계(二十八輕戒) 戒律中, 비록 그것을 犯하여도 크게 問責 받지 않는 二十八種을 말한다. 「優婆塞戒經」에서 說明하고 있음.

이십팔대약차(二十八大藥叉) 十方國土를 守護하는 鬼神으로 上下 四方에 각각 四神이 있고, 이것에 四維의 四神을 加한 二十八이다. ①散脂大將(梵〈Saṃjñeya〉)를 主로 한다. ②地珂(梵〈Dirgha〉) ③修涅多羅(梵〈Sunetra〉) ④分那柯(梵〈Pūrṇaka〉 巴〈Puṇṇaka〉) ⑤迦毘羅(梵(巴Kapila〉는 東方. ⑥僧伽(梵〈Siṃha〉) ⑦優波僧伽(梵〈Upasiṃha〉) ⑧償起羅(梵(Śankhila〉) · 旃陀那(梵〈Candana〉)는 南方. ⑨訶利(梵〈Hari〉) ⑩訶利枳舍(梵〈Harikeśa〉) ⑪波羅赴(梵〈Prabhu〉) ⑫氷伽羅(梵(Pingla〉)는 西方. ⑬陀羅那(梵〈Dharaṇa〉) ⑭陀羅難陀(梵〈Dharanda〉) ⑮鬱庾伽波羅(梵〈Udyo:gapāla〉) ⑯別他那(梵〈Veṭhana〉)는 北方. ⑰般止柯(梵〈Pańcika〉) · ⑱般遮羅旃陀(梵巴〈Pañcālacaṇḍa〉 梵〈Pañcālagaṇḍa〉) ⑲莎多祁梨(梵〈Śātagiri〉 梵〈Saptagiri〉) ⑳醯摩波多(梵〈Haimavata〉)는 四維. ㉑部摩(梵〈Bhuma〉) ㉒修部摩(梵〈Subhūma〉) ㉓柯羅(梵〈Kāla〉) ㉔優波柯羅(梵〈Upakāla〉)는 下方. ㉕修利耶 梵〈Sūrya〉) ㉖蘇摩(巴Ⓢ〈Soma〉) ㉗惡祁尼(梵〈Agni〉) ㉘婆牗(梵〈Vāyu〉)는 上方. 以上의 二十八神을 말함. (孔雀王呪經)

이십팔부중(二十八部衆) ①千手觀音에 孔雀王 二十八部의 大仙衆이 있다. 二十八部란 一方에 四部가 있어 四方上下의 六方에 二十四部가 있고 四維에 各一部가 있어 모두 二十八이 된다. 千手經에 「나는 金色 孔雀王 二十八部 大仙衆을 보내서 常當히 擁護受持하게 한다」하였고, 金光明文句七에 「孔雀王經에 一方에 四部가 있어 六方에 二十四部가 되며 四維에 各各 一部가 있어 合하여 二十八部가 된다」하였음. →千手觀音. ②毘沙門等 四天王은 各各 二十八部의 鬼神衆이 있다. 金光明經三에 「散脂鬼神大將과 二十八部 諸鬼神등이 곧 자리에서 일어나서 右肩을 偏袒하고 右膝을 땅

에 대고 부처님께 아뢰기를(中略) 이 經典이 流布하는 곳을 따라 나는 마땅히 이 二十八部 大鬼神으로 그곳에 가서 그形을 갈무리고 說法者를 따라 隨逐한다」하였고, 最勝王經五에 「우리들 四王과 二十八部의 藥叉大將은 모두 無量한 百千가지 藥을 가지고 天眼을 밝게하여 世人에게 지날 때마다 이 贍部의 衆을 觀察하고 擁護한다」하였음.

이십팔생(二十八生) 二十八有와 같음. →二十八有.

이십팔수(二十八宿) 이는 해와 달이 運行하는 곳을 區劃하여 平常의 눈으로도 보이는 群星을 標據로 하여 天의 分野로 한 것. 그 數에 二十八宿를 든 것은 白月一日에서 黑月末日까지의 分野를 하나로 한 宿식 한 것. 지금 宿의 名目과 分配는 다음의 表와 같음. 法苑珠林四에 大集經을 引用하여 말하기를 「"모든 宿曜의 별을 布置하면 國土를 攝護하고 衆生을 養育한다」하였음.

南方

北方

南方

西方

東方

北方

南方

北方

이 하나의 星을 神化로 보고 吉凶을 비는 것. 그러나 本來의 意味는 太陰曆에 屬한 曆法을 發하는 것.

이십팔수경(二十八宿經) ㊂舍頭諫太子二十八宿經의 약칭.

이십팔유(二十八有) 또는 二十八生이라 한다. 欲界九品이 二十八生으로 增加함을 말함.

이십팔조(二十八祖) 台家의 付法藏傳에 依한 것으로 摩訶迦葉에서 師子尊者에 이르는 西天에 二十三祖를 세운 것. 만약 第三祖商那和須同時의 末田地를 加하면 二十四祖가 된다. 要는 모두 金口가 相承되었으나 師子尊者에게서 끝난 것임. (止觀一) 그러나 禪家에서는 西天에 二十八祖를 세웠다. 이說이 慧炬의 寶林傳에 나오며 明敎의 傳法正宗記에서 完成된 것이다. 明敎는 達磨多羅禪經의 達磨多羅는 菩提達磨의 別名이라 證하여 付藏傳을 謬書라고 태워버릴려 했다 함. 二十

八祖는 傳燈錄一과 傳法正宗記二에 ①摩訶迦葉 ②阿難尊者 ③商那和修 ④優婆毱多 ⑤提多加 ⑥彌遮迦 ⑦婆須蜜 ⑧佛陀難提 ⑨伏駝蜜多 ⑩脇尊者 ⑪富那耶舍 ⑫馬鳴大士 ⑬迦毘摩羅 ⑭龍樹尊者 ⑮迦那提婆 ⑯羅睺羅多 ⑰僧伽難提 ⑱伽耶舍多 ⑲鳩摩羅多 ⑳闍夜多 ㉑婆修盤頭 ㉒摩拏羅 ㉓鶴勒那 ㉔師子尊者 ㉕波舍斯多 ㉖不如蜜多 ㉗般若多羅 ㉘菩提達磨다. 이는 付法藏傳의 二十三祖에 第七의 婆須蜜과 婆舍斯多이하의 四人을 加한 것. 四明의 四敎儀와 六義에는 非難하였음.

이십팔천(二十八天) 三界諸天의 總稱. 곧 欲界의 六天. 色界의 十八天, 無色界의 四天, 合하여 二十八天이다. 色界의 天數에 대해서는 異論이 있으니 薩婆多에서는 十六天이라 했고, 經部에서는 十七天이라 했으며 上座部에서는 十八天을 세웠고, 大乘에서는 上座部에 依據하였음. (四敎儀集註中)

이십팔품(二十八品) 法華經一部에 二十八品이 있음. 經·論의 篇·章을 品이라 말함.

이아(二我) 人我·法我. →二我見.

이아견(二我見) 二種의 我見 ①人我見. 一切의 凡夫가 사람의 몸이 色·受·想·行·識의 五蘊으로 假和合한 것임을 깨닫지 못하고 사람이 常一한 我의 實體가 있다고 固執하는 잘못된 見解. ②法我見. 一切의 凡夫가 諸法이 空性인 줄을 깨닫지 못하고 法에 眞實한 體·用이 있다고 固執하는 妄見. 起信論下末에 「人我見은 總相의 主宰가 있다고 생각하는 것이고, 法我見은 一切의 法이 各己體性이 있다고 생각하는 것이다」라고 하였음.

이아삼업염불(離我三業念佛) 日本의 時宗에서 自力으로 我執의 見界를 여의고 思量 分別을 여의고, 執着을 여의어서 他力으로 無我의 念佛을 닦는 것을 말한다. 이와 같이 念佛하여 衆生의 三業과 阿彌陀佛의 三業등을 닦기 때문에 阿彌陀佛의 三業을 成就하는 念佛임.

이아집(二我執) 二種의 我執. ①俱生我執. 先天的으로 나면서부터 具有한 我執. ②分別我執. 自己의 分別力에 依하여 생긴 後天的인 我執.

이악(二惡) 見思의 煩惱와 無明煩惱를 말함. 또는 已生惡과 未生惡을 말함.

이안(而安) 高麗朝 僧侶. 萬德山 白蓮寺 第五世 祖師로 法號는 釋敎都僧統覺海圓明佛印靜照大禪師. 또는 '眞靜湖山集'에는 釋敎都摠攝靜慧圓照大禪師라고 하였음.

이안심(異安心) 祖師의 道나 正統派에 어긋나는 邪說을 主張하는 安心이란 뜻으로 毁斥하는 말로 쓸 때에 眞宗의 常語이다. 대개 各宗에는 宗祖로부터 傳承되어오는 安心法이 있고, 法義·宗旨가 있는데 이에 違背되는 異流 또는 異義·異解·邪流·邪義등을 일컫는 말임.

이안환위(怡顔歡慰) (梵)〈pratisammodayati〉 恭遜하게 人事한다. 기쁘게 함.

이애(二愛) 二種의 愛. 곧 欲愛와 法愛. ①欲愛. 衆生들이 妻子를 愛念하고 五欲을 貪染하는 것. ②法愛. 菩薩이 平等心으로 法喜를 내어 一切衆生으로 하여금 佛道에 이르게 하는 것. (智度論七十二)

이애(二礙) 또는 二障이라고도 함. →二障.

이애(離愛) ①(梵)〈vita-tṛṣṇa〉 (西)〈sred pa daṅ br:al ba〉 愛執을 떠나는 것. 涅槃에 達한 것. ②(梵)〈vita-tṛṣṇa〉 (西)〈sred pa daṅ bral ba〉 欲心 없는 사람. 如來와 같은 말.

이애고(離哀苦) 사랑스러운 者와 헤어지는 괴로움. 愛別離苦와 같음. (四諦經)

이야(二夜) 釋尊이 眞理를 깨달은 밤과 入滅한 밤. (大智度論)

이야(梨耶) (梵)〈Arya〉 阿梨耶의 略. 번역하여 聖者라 함. 玄應音義十六에 「梨耶는 번역하여 出者라 하며 苦에서 나가는 것. 義譯하여 聖者라 한다」하였음. 또는 第八識의 이름으로 新에는 阿賴耶를 略하여 梨耶라 함.

이야사(二耶舍) 經論中에 耶舍比丘 二人이 있다. 한 사람은 佛이 在世할 때 사람으로 毘舍離城 長者의 아들이며 이름은 耶舍다. 出家後 집에 돌아와 옛 아내와 相關하였으므로 佛이 크게 詰斥하고 制婬戒를 지었는데 이것이 佛法中 制戒의 처음이다. 一人은 佛滅後 百年 阿育王 治世 때 雞園寺의 上座를 말함.

이양(利養) 財利로써 自身을 滋養하려는 것. 法華經 序品에 「利養에 貪着한다」라고 하였고, 菩薩戒經에 「利養을 爲하고 名聞을 爲하기 때문에 惡하게 求하고 많이 求한다」라고 하였으며, 智度論五에 「이 利養法은 賊과 같아서 功德의 根本을 破壞하니, 마치 하늘의 우박(雹)이 五穀을 傷害하는 것과 같이 利養·名聞이 역시 이와 같아서 功德의 싹을 무찔러서 더 자라지 못하게 하는 것과 같다. 부처님 말씀에 비유하면 '끈으로 사람을 繫縛하여 살은 자르고 뼈를 끊는 것'과 같이 利養을 貪하는 사람은 功德의 根本을 끊는 것이 또한 이와 같다」라고 하였음.

이양(易養) (梵)〈su-poṣatā〉 (西)〈gso sla ba〉 粗食을 달게 받는 性質.

이양(頤養) 頤神養性의 뜻. 마음을 가다듬어 정신을 수양함.

이양박(利養縛) 二種縛의 하나. 利養이 몸을 繫縛하여 自由롭지 못하게 하는 것. 大寶積經에 「出家에 二種縛이 있는데 ①見縛 ②利養縛이다」하였음.

이어(二語) 또는 兩舌. 즉 앞뒤가

서로 어긋나는 말.

※大集經十에 「須彌可說口吹動 不可說佛有二語」

이어계(耳語戒) 또는 三誦三昧耶. 灌頂을 할 때 귀에 가만이 대고 말하는 秘密戒 곧 三昧耶戒의 四重禁이다. 大疏八에 「이 깨끗한 비단을 써서 弟子의 面門을 두르고 慈悲와 護念의 마음을 深起하여 귓속 말로 三昧耶戒를 말하여 모든 壇에 들어오지 않은 者는 듣지 못하게 한다」 하였음.

이언(利言) 高麗朝 僧侶. 太祖 4(921)年에 五冠山에 大興寺를 創建함.

이언(離言) ①梵〈nirabhilāpya〉 말로는 表現할 수 없는 것. ②名言을 떠난다는 뜻. 名稱을 떠나 있는 것. (正理門論)

이언법성(離言法性) 梵〈anabhilāpya-ātman〉 西〈brjod du med paḥi bdag ñid〉 無言處·不可言體라고도 한다. 不可言說의 性. 表現을 超越한 本性 등이란 意味이다. 唯識說에 있어서는 人間에는 自我라는 個體가 없는(梵〈pudgala-nairātm〉)同時에 事物에는 實體가 없다는 것. (梵〈dharma-nairātmya〉)을 說明하나, 特히 後者에 對해서는 誤解하면, 虛無論과 同一視될 危險性을 包含하고 있다. 그러므로, 그 危險性을 否定하기 爲하여, 言語로는 表現할 수 없는 아트만(梵〈anabhilāpya-ātman〉)을 말한다. 즉 唯識說에서 事物이 否定되는 것은 어떤 狀態이던 事物이 存在하지 않기(梵〈sarvathā dharmo na asti〉) 때문이 아니다. 어디까지나 分別된 性質의 것으로(梵〈kalpita-atmanā〉)서만 事物이 否定된 것이지 佛陀가 認識하고 있는 것같은 表現을 超越한 本性으로(梵〈anabhilāpyena ātmanā〉 事物이 否定되는 것은 아니라는 것이 이 말에 숨어 있는 意味임.

이언설(離言說) 梵〈nirabhilāpya〉 → 離言.

이언설상(離言說相) 言語에 依한 表現을 떠나 있는 것. (起信論)

이언진여(離言眞如) 二眞如의 하나. 心念의 相을 떨쳐버리고, 言說의 相을 떨쳐버린 곧 眞如의 法體. 言語 文字로 表現할 수 없는 本體의 方面을 말함. ↔依言眞如.

이엄(二嚴) ①智慧莊嚴. 智慧를 硏磨하여 몸을 莊嚴하게 만든 것. ②福德莊嚴. 福德을 쌓아서 몸을 莊嚴하게 만든 것. 六度中에 檀등의 다섯가지는 福德莊嚴이요, 慧度는 智慧莊嚴이다. 涅槃經二十七에 「二種의 莊嚴이 있는데 하나는 智慧莊嚴이요. 또 하나는 福德莊嚴이다. 만약 菩薩이 이와 같은 두 莊嚴을 具足하면 바로 佛性을 알 것이다」 라고 하였고, 唯識述記七末에 「좋은 資糧은 福·智의 두 莊嚴이다」 라고 하였음.

이엄(利嚴) (870～936 혹은 866～932) 新羅末 高麗初의 僧侶. 禪門九山의 하나인 須彌山派의 開祖. 姓은 金氏. 諱는 利嚴, 諡號는 眞澈大師, 塔號는 寶月乘空이라 하였다. 鷄林(慶州) 사람, 景文王 10年(870)에 忠南蘇泰(現在 瑞山 義安)에서 출생하였다. 12세에 迦耶山岬寺(忠南 瑞山郡 迦耶寺의 遺址)의 德良法師에 依하여 出家하고 道堅律師에게 具足戒를 받았다. 眞聖女王 10(896)年에 使臣인 崔藝照의 船을 托乘하고 入唐하여 洞山良介의 高弟인 雲居道膺大師에게 叅學, 心印을 傳해 받고, 嶺南, 河北, 湖南, 江西等地를 두루 다니면서 모든 善知識과 勝地를 叅訪하고 孝恭王 15(911)年에 귀국하여 羅州의 會律에 이르렀다. 金海府 知軍 蘇律熙가 羅州에다 勝光寺를 창건하여 스님을 청함에 4年동안 法風을 떨쳤다. 神德王4(915)年 王建(918年에 高麗의 太祖가 되다)이 서울로 맞아 法을 들었으며 高麗 太祖 15(932)年에 太祖의 敎勅으로 黃海道 海州郡 錦山面 須彌山 南麓에 廣照寺를 創建하고 住持로 추대하므로 尊者가 門徒를 거느리고 晋山하여 宗風을 宣揚함에 學徒가 四方으로부터 雲集하였다. 廣照寺에 住한지 4年 후에 世緣이 다한줄 깨닫고 太祖에게 永別을 告하려고 開城으로 갔었으나 마침 太祖가 南征途中이므로 만나지 못하고 太祖 19(936)年 8月17日 開城 五龍寺에서 世壽 67, 法臘 48세를 一期로 入寂하였다. 門下에 處光, 道忍, 貞能, 玄照, 慶甫, 慶崇등 數百人의 英衲이 배출하여 宗風을 宣揚하여 須彌山의 一派가 수립되었다. 廣照寺에 太祖 20(937)年에 세운 비가 있음.

이업(二業) ①(1)引業. 六趣에 各 總別의 二報가 있다. 例를 들면 人趣의 위의 政府責任者로부터 아래 賤民까지 同一한 人趣의 果報를 總報라 하고 그 中에 根에 利鈍이 있고 形에는 好醜가 있으며 福의 多少等이 있어 사람들 마다 各各 다른 것을 別報라 함. 總報를 引發하는 業因을 引業이라 함. (2)滿業. 그 別業을 成滿시키는 業因을 滿業이라 함. ②(1)善業. 五戒와 十善등 善道를 지어서 能히 善趣의 樂果를 感하는 것. (2)惡業. 五逆과 十惡등 罪惡을 지어 能히 惡趣의 苦果를 끌어 들이는 것. ③(1)助業. 善導가 세운 五正行 가운데 前三 後一의 四業이 能히 往生의 業을 資助하는 것. (2)正業. 五正行中에 第四의 稱名으로 바로 往生의 正因이 되는 것. 觀經散善義에 「이 正中에 二種이 있다. 마음으로 彌陀의 이름을 專念하는 것. 行・住・坐・臥나 時節의 久近을 不問하고 念念하여 버리지 않음. 이를 正定의 業이라 한다. 그 佛願에 順하기 때문이다. 만약 禮誦에 依하면 助業이 된다」하였음. ④定不의 二業 (1)定業. 苦樂의 二報를 받기로 定해진 것. 이 가운데는 順·現·業의 三種이 있음. (2)不定業. 果報를 받음이 定해져 있지 않은 것. ⑤黑白의 二業 (1)黑業. 穢惡의 不淨한 苦果를 感하는 것. (2)白業. 淨妙淸白한 樂果를 感할 수 있는 것.

이업(異業) 하는 일이 世間과 다른 것. (普法義經)

이여(二如) ①(1)隨緣眞如. 自性을 지키지 못하여 染緣을 따르면 染法이 생기고 淨法을 따르면 淨法이 생기는 것. (2)不變眞如. 緣을 따르면 萬差의 諸法이 있으나 또한 眞如의 自性을 잃어 버리는 것. 隨緣眞如는 물결과 같고 不變眞如는 물과 같다. 不變하는 물에 波相이 일어나고 隨緣의 波는 水性을 잃지 않는다. 隨緣眞如이기 때문에 眞如는 곧 萬法이며 不變眞如이기 때문에 萬法은 곧 眞如다. 小乘은 二種의 眞如를 알지못하고 大乘의 權敎는 不變眞如만 알고 隨緣眞如는 알지 못하며 大乘의 實敎는 二種을 모두 알아서 起信論一部에 바로 이 뜻을 밝혔다. 起信論義記上에 「盛하게 일어나고 鼓躍하는 것이 心源에서 始動함을 알지 못한다. 靜謐이 虛凝하여 業果를 일찌기 무너뜨리지 못하므로 性에 緣起를 變하지 못하게하며 染과 淨이 恒常 다르다. 緣을 버리지 못하여 곧 眞이 됨은 凡聖이 같다」하였고, 金剛錍論에 「萬法을 眞如라 함은 不變함을 말미암기 때문이며 眞如를 萬法이라함은 隨緣을 말미암기 때문이다」하였음. ②(1)離言眞如. 眞如의 本體는 오직 觀智의 境이 되어 一切의 言說의 相을 여읜 것. (2)依言眞如. 眞如의 相狀은 可히 言說에 依하여 分別한 것. ③(1)空眞如. 眞如의 自體는 眞空이 虛明하여 一切의 妄染을 여읜 것. 마치 虛空의 空과 같다. (2)不空眞如. 眞如의 自體가 一切의 性功德을 갖춘 것이 마치 虛空이 一切萬衆을 含有한 것과 같음. ④(1)小在纏眞如. 凡夫의 眞如實性이 나타났다가 숨었다가 하여 無量한 煩惱에게 纏縛된 것을 如來藏이라 함. (2)出纏眞如. 佛菩薩의 眞如實性이 나타나서 煩惱의 纏縛을 벗어 난 것을 法身이라 한다. 勝鬘經에 「만약 無量煩惱藏과 所纏如來藏에 疑惑되지 않고 無量煩惱藏을 벗어난 法身은 또한 疑惑이 없다」하였고, 同寶窟下本에 「如來藏과 法身은 둘이 아니고 나타나고 없어지는데 따른 이름이다」하였으며, 理趣分述讚下에 「如來藏은 곧 眞如在纏의 이름이며 出纏하는 때는 法身이기 때문이다」하였음. ⑤(1)有垢眞如. 自性眞如의 體가 비록 煩惱에 가렸으나 原來淸淨함이

泥中의 蓮華가 진흙에 汚染되지 않음에 비유하여 自性眞如라 하고 또한 有垢眞如라 하며 곧 在纏眞如를 말하는 것. (2)無垢眞如. 佛果로 나타나는 理體가 清淨하여 惑에 가리우지 않음을 보름달의 清淨圓滿함에 비유하여 清淨眞如라 하며 또한 無垢眞如라 하나 곧 出纏眞如임. 眞諦가 번역한 攝論五에 「論에 眞實性이 또한 二種이 있다. (1)自性清淨이며 釋에는 有垢眞如라 하였고 (2)清淨成就는 釋에는 無垢眞如라 하였다」 함. ⑥(1)安立眞如. 眞如의 體는 能히 世間 出世間의 法을 생하는 것. 곧 隨緣眞如를 말하는 것. (2)非安立眞如. 眞如의 體가 本來 寂滅無爲하여 諸相을 여윈 것 곧 不變眞如라 함.

이여(二餘) 몸을 生하는 苦果와 煩惱의 餘殘. 또는 業의 餘殘을 더하여 三餘라 함. 最後身의 菩薩에 나아가 餘殘이라고 함.

이여래(二如來) 天台一家가 成實論에 依하여 如實道를 타고 와서 正覺을 成就한다는 말은 眞身과 應身의 二如來를 解한 것. 如來는 如如의 境이며 乘은 如如의 智다. 道는 因이되고 覺은 果가 되며 境과 智가 契合하여 窮滿의 位가 아닌 것. (이는 因임) 如實道를 타고 이미 窮滿한 자리를 말함. (이는 果) 來成正覺이라 함은 곧 眞身如來를 말하며 또한 境智가 契合함을 乘如實道라 함. 三界에 와서 八相成道를 示現함을 來成正覺이라 함은 應身如來다. 前 眞身의 釋은 乘如實道의 四字因에 屬하고 지금은 모두 果에 屬하며 果上의 境智가 冥合하여 三界에 來生하는 것.

이여래장(二如來藏) ①空如來藏 ②不空如來藏. 空과 不空의 二眞如와 같다 함. →二如.

이역(異譯) →譯經.

이연(二緣) 內緣·外緣. →內緣.

이연(怡然) ①기뻐하는 모양. 즐거워 하는 모양 ②편안해지는 것.

이연(異緣) 다른 일에 마음이 자꾸 쏠리는 것을 말함. 大日經疏八에 「情이 쏠리면 異緣을 돌이킬 수 없다」라고 하였음.

이연(離緣) 緣을 떠남. 가르침과 相應하지 않는 것. (五敎章)

이열반(二涅槃) ①有餘涅槃·無餘涅槃 ②性淨涅槃·方便淨涅槃. →涅槃.

이염(爾炎) ㉵〈jñeya〉 알아야 할 對象. 爾焰과 같음. (楞伽阿跋多羅寶經)

이염(爾燄) ㉵〈Jñeya〉 또는 爾炎이라고도 한다. 번역하여 所知·境界 智母·智境이라 하는데, 五明等의 法이 能히 智慧의 境界를 내는 것을 말한다. 勝鬘寶窟中末에 「爾炎은 智母라 말하는데 能히 智慧를 내기때문이다. 또는 智境이라고도 부르는데 즉五明등의 法이 능히 智

解를 生하기 때문에 智母라 부르고 또 智慧가 비치는 곳을 智境이라 한다」라고 하였다. 同中末에 「生한 智境界를 爾炎地라 한다」라고 하였고, 玄應音義十二에 「梵語의 爾炎은 번역하여 所知 또는 應知라 한다」라고 하였음.

이염(離染) ㊵〈Virāga〉 번역하여 離欲이라 한다. 貪染을 떠난다는 뜻. 發智論 第一에 "무엇이 厭에 의하여 離染합니까." 대답하되 "만약 厭과 相應되는 無貪·無等貪·無瞋無等瞋·無癡無等癡의 善根이다. 이것이 厭에 의하여 離染된다고 말한다" 하였음.

이염복(離染服) 袈裟의 다른 이름. 釋氏要覽上에 「大集經에 이르되 袈裟를 離染服이라 한다」하였음.

이엽바라(伊葉波羅) ㊵〈isvara〉 번역하여 自在라 함. 西域사람으로 三藏을 善通하고 四阿含을 運하였음. 宋나라 文帝 元嘉年中(424-453)에 彭城에서 諸經을 번역하였음.

이영재(李英宰) (1900~1927) 19세에 出家하여 南坡和尙에게 得度하고 恒常經學에 精進하여 楞嚴 般若 圓覺의 諸經의 深奧한 法理 理解도 衆人과 다름이 있었다. 1923, 日本大學 宗敎科를 卒業하고 1925年 危度 游學을 떠나 印度에서 佛學硏究에 沒頭하다가 1927年 세일론에서 病卒하니 27세.

이오(二悟) 菩薩의 깨달음에 頓悟·漸悟의 二種類가 있는데, ①頓悟는 시작이 없는 까마득한 옛날부터 지금까지 第八阿賴耶識의 所에 오직 菩薩의 無漏種子가 있어서 그 사람이 聲聞·緣覺의 二乘의 行을 거쳐서 곧바로 菩薩의 行位에 들어간 者로 또는 直往之 菩薩이라 부른다. ②漸悟는 始作이 없는 까마득한 옛날부터 지금까지 第八阿賴耶識의 所에 三乘의 無漏種子가 있어서 반드시 얕은 데서 부터 깊은데로 들어가기 때문에 먼저 二乘의 果를 겪은 뒤에 마음을 돌려 菩薩의 行位에 들어간 者로 또는 廻入之菩薩이라 부름. (百法問答鈔六)

이오(伊吾) 西藏의 東北端에 있는 地名. 지금 哈密의 땅. 약 2百哩를 격하여 甘肅省의 瓜州와 마주 대하고 있음. 그 中間은 곧 沙漠이며 옛날에 말한 莫賀延沙磧이다. 玄奘이 일찌기 艱苦를 다하여 八日間 通過한 곳임.

이오식(二五食) ①蒲闍尼. 번역하여 噉食 이에 五種이 있으니 飯·麨·乾飯·魚·肉을 말함. ②佉闍尼. 번역하여 嚼食 이에 五種이 있으니 枝·葉·華·果細·末食을 말함.

이온(耳溫) ㊵〈avahita-śrotra〉 ㊄〈r-na blags pa〉 귀를 기울려 듣는 것.

이온아(離蘊我) 五蘊을 떠나서 따로 있는 나. 즉 五蘊假和合의 몸을 떠나 있음에도 不拘하고 五蘊으로 된 個體中에 住하여 常一主宰의 能力

있는 我라는 뜻. (俱舍論)

이왈(離曰) 또는 離越이라고도 함. 比丘의 이름. →離婆多.

이왕(二王) ①寺門의 兩脇에 세운 二個의 金剛夜叉다. 약하여 金剛神 또는 夜叉神이라 하며 그 本名을 密迹金剛이라 하는 法意王子의 化身이다. 大寶積經密迹金剛力士會에 「옛날 轉輪聖王을 勇羣王이라 하며 千子가 具足하고 二夫人이 있었다. 두 어린 아이가 저절로 와서 夫人의 무릎 위에 앉는데 하나는 法意라 하고 하나는 法念이라 하였다. 父王에 諸子의 發道하는 뜻을 알고 將來 成佛하는 차례를 알고자 하여 千子의 占을 쳤다. 太子를 淨意인데 第一卦를 얻었으니 拘留孫佛이며 第四卦를 얻은 이가 釋迦이다. 맨 마지막 卦를 얻은이는 樓由佛이었다(다른 經에는 樓至라 함). 時에 뒤의 二子인 兄 法意가 말하기를 "나는 스스로 盟誓하여 다른 사람이 成佛할때 金剛力士가 되어 佛에게 親近하고 一切諸佛의 秘要와 密迹의 일을 들어 信樂하여 懷疑를 맺지 않으리라"하였고 아우 法念이 말하기를 "諸仁이 成佛할 때 나는 勸助가 되어 法轉을 돌릴 것이다" 하였음. 그때 勇羣王은 過去世의 定光如來며 그 때의 諸子는 이 賢劫中의 千佛이다. 그 法意太子는 곧 지금의 金剛力士로 密迹이라 하며 그 法念太子는 지금의 梵王이다. 그때 聖王의 中宮夫人인 妹女는 지금의 諸來會者다」하였음. (金光明六句記六에 말하기를 正法念經에 나온다 하나 잘못된 것이며 七十卷 正法念經을 찾아 보아도 이 글은 없다) 이 本緣에 依하면 金剛力士는 오직 한 사람이다. 그러므로 知禮의 金光明文句記六에 「經에 依하면 오직 한 사람이다. 지금 伽監門의 二形像은 變이 無方함을 應한 것이나 많아도 허물은 없다」하였음 다만 이 二像은 또한 佛說에 依한 것이다. 毘奈耶雜事十七에 「給孤長者가 園을 布施한 뒤에 생각하기를 "만약 彩畵하지 않아서 端嚴하지 않으면, 佛이 認可하여도 내가 莊飾하고자 함과 같다. (中略) 佛이 말하기를 長者의 門 兩頰에 執杖藥叉를 만들라」하였음. 夜叉는 新에 藥叉라 함) 그러나 嘉祥의 法華經疏十二에 「金剛力士는 樓至佛의 化身이라 하니 이는 寶積經의 文을 찾아보지 않는 잘못이다. 禪錄의 錯誤는 本來 陸遊의 入蜀記에 비롯된다. ②密宗에서는 愛染明王과 不動明王을 並稱하여 二王이라 함. 愛染明王은 煩惱 곧 菩提를 表하고 不動明王은 生死 곧 涅槃을 表하는 것이라 함.

이왕(二往) 또는 再往이라고도 하는데 즉, 다시 詳細히 說明하여 뜻을 밝히는 것. 止觀七에 「한번 보면 그렇지만 두번 보면 그렇지 않다」

라고 하였음.

이왕(易往) 易行과 같은 뜻. 本願念佛에 의하여 極樂淨土에 쉽게 往生하는 일.

이왕대도(易往大道) 가기 쉬운 大道. 他力念佛의 法門을 말함.

이왕무인(易往無人) 本願念佛에 의하여 쉽게 極樂往生할 수 있으나 본원은 믿기 어려우므로 실제로는 極樂往生하는 이가 드문 것.

이왕문(二王門) 또는 仁王門이라 한다. 절 樓門 左便에는 密跡金剛 右便에는 那羅延金剛의 二像을 安置함.

이왕생(二往生) 即往生(佛로 부터 주어진 信心에 依하여 報土에 태어남)과 便往生(自身의 힘을 依賴하여 化土에 태어남)의 둘을 말한다. 眞宗에서 말함.

이왕이무인(易往而無人) 彌陀의 本願을 依賴하는 者는 他力에 依하기 때문에 淨土往生이 容易하나 眞實信心한 者는 드문 때문에 가기 쉬우면서도 사람이 없다는 뜻. 無量壽經의 句. (無量壽經)

이왕이수(易往易修) 阿彌陀佛의 本願念佛의 法은 修行하기 쉽고, 往生하기 쉬운 것. 易往易行.

이왕이행(易往易行) 往生易와 修行易의 뜻. 他力念佛의 宗旨.

이욕(異欲) 所願이 달라서 目的이 相違하는 것. (四分律)

이욕(離欲) 貪欲과 婬欲을 여윔. 法華經 普門品에 「만약 어떤 衆生이 婬欲이 많으면 항상 觀世音 菩薩을 念하고 恭敬하면 문득 欲을 여윌 수 있다」고 하였음.
※四十二章經에 「離欲寂靜是最爲勝」

이욕존(離欲尊) 自己自身이 없는 尊貴함. 三寶中의 法을 말함. (三歸依文)

이욕지(離欲地) 通教十地의 第六地. 欲界九品의 煩惱를 끊은 자리. 藏教의 不還果에 해당함.

이욕퇴(離欲退) 欲界九品의 修惑을 끊어버리고 不還果를 얻었던 聖者가 다시 欲界의 煩惱를 일으키어 退轉해버린 것을 말함.

이용(二用) 存在의 두 存在方式. 眞實의 모습과 假의 모습. (沙石集拾遺)

이우(二愚) 菩薩十地 가운데 각각 二種의 愚法이 있음. (百法問答鈔七)

이우(泥牛) 人間의 妄想에 비유한 말ㅡ兩箇泥牛. (嘉泰普燈錄)

이우(犛牛) 꼬리가 긴 소. 法華經方便品에 「五欲에 깊이 執着하는 것이 마치 犛牛가 꼬리를 아끼는 것과 같다」라고 하였고, 法華玄贊四에 「犛牛는 '說文'에 西南夷의 꼬리가 긴 소다. '貓'字를 쓰기도 하는데 人間世界의 쥐를 잡는 그런 뜻이 아니다. 猫를 쓸 때 犬을 붙이는 것은 그 연유를 알 수 없다"」라고 하였다. 康熙字典에 「說文에는 本來 犛字를 썼는데 꼬리가 긴 소다. 犛牛의 소리를 따른 것인데, 玉篇에는 이 짐승이 소와 같으나 꼬리가 길기 때문에 이름을 犛牛라고 한다」라고 하였음.

이우(氂牛) ㉥〈mahisa〉(=㉦〈mahiṣa〉) 水牛. 野牛. (箭喩經)

이원(二圓) ①天台家의 名數. (1)今圓 (2)昔圓. 今圓은 또한 開顯圓·絕待圓이라 하며 今時의 法華經의 開會에 藏通別의 三教를 顯揚하는 一實絕待의 圓教이며 昔圓은 또는 相待圓이라 하며 옛날의 諸經이 藏·通·別의 三教를 相待하여 說하는 圓教임. 그러므로 昔圓은 自圓이 될뿐 能히 다른 것을 圓하게하지 못한다. 또한 有部圓과 教圓의 두가지가 있다. 前 四時部의 圓은 相待가 되어 他를 開會하는 用이 없고 이같은 部意에 따라 今과 昔 二圓의 麤妙를 判하는 것을 部圓이라 하며 今圓과 昔圓은 모두 圓教의 體가 되어 다름이 없다. 教體에 따라 今昔을 同一한 圓教로 보는 것을 教圓이라 함. 教圓에 依하면 一切諸教가 八教를 지나지 않고 部圓에 依하면 法華가 八醍醐를 超越한다 함. ②華嚴의 淸凉에서는 圓教를 漸圓과 頓圓의 둘로 나누었는데 荊溪가 破斥하였음. →二頓.

이원(理圓) ①理法에 꼭 맞는 完全한 眞理. 中國의 天台宗에서 말한다. (四教義) ②源信은 現象界의 雜多相을 無差別한 眞理 속에 넣어서 解하는 것으로 規定하였음.

이원통(耳圓通) 觀音菩薩이 楞嚴會上에 계실 때 耳根으로써 圓通을 證得한 것을 말함.

※鐔庵贊에 「固是塵塵俱法界 此方獨撰耳圓通」(釋門正統三引之)

이월(離越) 比丘의 이름. →離婆多.

이월반(二月半) 2月 15日.

이월팔일(二月八日) 지금의 12월 8일에 해당. 周나라 以前에는 子月로써 歲首를 삼았고, 文王以後에는 寅月로 歲首를 삼았기 때문에 二月八日은 12月 8日에 해당한다. ①子月歲首：(1)子. (2)丑 (3)寅 (4)卯 (5)辰 (6)巳 (7)午 (8)未 (9)申 (10)酉 (11)戌 (12)亥. ②寅月歲首：寅(1), 卯(2), 辰(3), 巳(4), 午(5), 未(6), 申(7), 酉(8), 戌(9), 亥(10), 子(11), 丑(12).

이위(以謂) 以爲와 같은 말. 생각한다. 여긴다의 뜻.

이유(二乳) ①소와 나귀의 두가지 젖. →牛驢二乳. ②新舊醫의 두가지 젖. →新舊醫.

이유(夷猶) 猶豫와 같음. 망설이는 모양. 또는 주저하는 모양.

이유(異喩) 因明의 三支作法중 第三의 喩에서 宗과 因과 品流가 같은 것에 譬喩함을 同喩. 宗과 因과 전혀 關係없는 것을 이끌어 因의 正과 不正함을 規定하고 또 宗의 뜻을 確實케 하는 反對되는 例證을

異喩라 함.

이유식(理唯識) 法相宗에서 諸經論에 散說된 唯識思想을 五種으로 統合한 것의 하나로, 唯識의 道理를 成就하는 것을 가리킴. (十住心論)

이유오과(異喩五過) 因明에서 比喩中의 異喩의 過失에 五種이 있는 것을 말함. 所立法不遣·能立法不遣·俱不遣·不離·倒離의 다섯개가 있음. →三十三過.

이유정무(理有情無) 眞理를 깨닫는 智慧에 依해서만 알게 되고 迷惑된 마음으로는 생각할 수 없는 것. 唯識說에 있어서 依他起性과 圓成實性에 關하여 말함. (瑜伽論釋)

이육(二六) 十二를 말함.

이육지난행(二六之難行) 悉多太子가 十二年동안의 苦行을 말함.

이육지연(二六之緣) 十二因을 말함.

이육지원(二六之願) 藥師如來의 十二願을 말함.

이응신(二應身) 勝應身과 劣應身. ①勝應身. 初地以上 菩薩의 機에 應하여 殊妙 尊特을 示現하는 佛身을 말함. ②劣應身. 初地以下 또는 凡夫의 機에 應하여 劣惡을 示現하는 佛身을 말함. 天台의 說로 藏敎의 부처를 劣應身, 通敎의 부처를 勝應身이라 함.

이의(二衣) ①制定. 僧衆의 三衣. 尼衆의 五衣와 같이 如來가 제정하여 반드시 受持하게 한 것. ②聽衣 長衣·百一資具와 같이 如來가 특별히 機緣에 응하여 蓄함을 許하는 것. 制衣는 受持하지 않으면 죄를 얻으나 聽衣는 쌓아 두지 않으면 죄가 없음.

이의(二義) ①了義. 모든 大乘經의 究竟 眞實의 理致를 明了히 說하는 사람. 煩惱가 즉 菩提요. 衆生이 모두 佛性을 가지고 있다는 것. ②不了義. 모든 經의 實義는 隱蔽하고 方便으로 說하는 사람. 我는 空하나 法은 有하며 法有를 버리면 모두가 空 하다고 說하는 것. (圓覺經略疏)

이의(二儀) 天地陰陽兩儀. (三敎指歸)

이의(毦衣) 깃털(羽毛)로 장식한 옷. (十誦律)

이의(理義) ㉵<yukta-artha> 適切한 뜻이 있는 것.

이의(異意) ㉵<amanasikārāḥ karaṇiyaḥ; amanasikāraṃ kṛtvā...> 差別을 품은 見解. 不作異意(생각하지 않는 것. 無念無想으로 되는것)

이의(異義) 따로 뜻을 세워 남과 다른 의미. 佛昇忉利天爲母說法經下에 「그 부처님이 說한 것은 異義를 講하지 않는다」고 하였음.

※慈恩之宗輪論疏에 「後別立義 乖初所立 與本宗別 名末宗異義」

이의(離衣) 比丘가 三衣를 입지 않고 하로밤의 지나는 경우에 明星이 나타나는 때에 (날이 밝기 시작함) 成立하는 罪. (八宗綱要)

이의(離誼) →六事成就.

이이(而已) 할 따름임. 그뿐임. 그것으로 그침. ①"而已"는 "已"字 한字보다 뜻이 강함. 만약 "而已矣"로 쓰면 뜻이 더 강해진다. ②"已(뿐)"는 耳. 爾보다 뜻이 가벼우며 "而已"는 더 부드럽다. "而已矣"는 승낙을 나타내며, ~뿐으로 새김.

이이(異異) ㊵〈jarā-jarā〉 有爲相으로서의 異를 成立시키는 別의 原理 →異. (俱舍論)

이이(爾爾) 번역하여 仁者. 사람을 부르는 稱號.

이이(離二) ㊵〈dvayena rahitam〉 二元의 對立을 떠나는 것.

이이변(離二邊) ㊵〈anta-dvaya-pari-varjana; anta-dvaya-varjana〉 두 極端을 떠나는 것.

이이변분별지(離二邊分別止) 三止의 하나. 有·無·迷·悟등의 二邊에 執着하지 아니하여 差別의 見解를 떨어버리는 것.

이이변정행(離二邊正行) ㊵〈andadv-ayarjanap: ratipatti〉 ㊴〈mthaḥ gṅ-is spaṅba bsgrub pa〉 六正行의 하나. 兩極端을 떠나는 것에 關한 實踐. 極端의 對立的인 二種의 見解를 떠나서 中道를 修行하는 것. (辯中邊論)

이이욕자(已離欲者) 또는 已離欲人. 곧 欲界를 여의고 惑을 닦은 者를 말함. 이 것에는 異生과 聖者의 二種이 있다. 俱舍論二十三에 「만약 凡位에서 欲界의 第九品染을 斷하고 이 見位에 오면 第三果向이라 한다」하였음. 이 말은 凡夫位에서 有漏의 六行觀을 닦아 欲界修惑을 斷盡한 異生을 已離欲者라 함. 俱舍論二十四에 「만약 第九를 斷하고 不還果를 成就하면 반드시 欲界에 돌아와서 생하지 않기 때문이다」하였음. 이 말은 見道에 들어간 뒤에 有漏와 無漏의 二道를 重修하여 모두 欲界의 修惑을 斷盡한 聖者를 已離欲者라 함.

이이합연(二二合緣) 聲聞修行의 七階位(三賢·四善根) 中에서 三賢位의 第二位인 別相念處의 修行을 말함. 別相念住位에서 身·受·心·法을 觀하여 四法中에 第四의 法과 다른 三法이 合하여 二法이 되는 것으로 緣觀함을 말한다. 즉, 法과 身, 法과 受, 法과 心을 合하여 觀하는 것이다. 다시말하면 別相念處에서는 第一位의 五停心으로써 煩惱心過가 일어나는 것을 막고, 그로 말미암아 생긴 智慧로 身·受·心·法의 四는 不淨·苦·無常·無我함을 觀하는 것인데, 그 중에서 第四의 法과 다른 三을 둘씩 둘씩 合하여 觀하는 것임.

이익(二益) 二種의 利益으로 現·來二世의 利益을 말함. 眞宗에서 說한 것으로 正定과 滅度의 二種의 利益을 말한다. 前者는 現益이 되

어 믿음의 一念으로 正定聚의 位에 들어가 現生 十種의 利益을 받는 것이요. 後者는 當益으로 죽은 뒤에 淨土에 往生하여 滅度의 證得을 여는 것임.

이익(二翼) 두가지가 서로 돕는 法에 비유한 것. 마치 止觀. 眞俗. 福智와 같음.

이익(利益) 功德과 같음. 구분하여 말한다면 自己몸을 利益케 하는 것을 功德이라 하고 남을 有益케 하는 것을 利益이라 한다. 法華文句記六의 二에「功德利益은 다만 功德 하나 뿐으로 다르지 않지만 만약 分別하여 말하면 自益을 功德이라 하고 益他를 利益이라 한다」라고 하였음.

이익묘(利益妙) 法華十妙의 하나. 부처님이 法을 說하여 一切衆生의 本性을 開悟하여 佛知見에 들게 하는 것.

이익중생(利益衆生) 世人을 爲하여 도움이 되게 하는 것.

이익지(利益地) 衆生을 利益케 하는 菩薩. 地는 菩薩의 德을 大地에 比喩한 말.

이인(二印) ①無相 三昧. 印. 菩薩이 처음 八地에 들어서면 위로 찾을 수 있는 佛도 보이지 않고 아래로 濟度할 衆生도 보이지 않고 오랜동안 空에 빠져 있기 때문에 無相三昧印이라 한다. ②有相三昧印. 이때의 諸佛이 七法으로 動起시키고 幻과 같은 三昧로 갖가지의 衆生을 利益시키는 일을 삼기 때문에 有相三昧라 함. (演密鈔)

이인(二因) ①(1)生因 本來 法性의 理를 갖추면 能히 一切善法을 發生함이 마치 穀麥등의 種子가 能히 싹이 터서 촉이 나오는 것과 같다. (2)了因 智慧로 法性의 理를 비추는 것이 마치 燈불이 物件을 비추어 了了히 보이는 것과 같다. ②(1)能生因 第八識이 能히 眼등의 諸識을 생하며 또한 善惡의 因이 마치 穀麥등 種이 發生하는 萌芽의 因과 같고 (2)方便因 眼등의 諸識이 能히 方便이 되어 第八識의 善惡의 種子를 引發함이 마치 水土에서 穀麥등 萌芽를 發生시키는 方便과 같음. ③(1)習因 貪欲을 익히면 貪欲이 더욱 增長함과 같다. 新譯에는 同類因이라 함. (2)報因 善惡을 行하는 因이 곧 苦樂의 報로 얻는 것과 같다. 新譯에는 異熟因이라 함. ④(1)正因 衆生이 本具한 理性이 바로 成佛의 因이 되는 것. (2)緣因一切의 功德 善根이 智慧를 돕는 了因이 되어 正因의 性을 開發하는 것. (涅槃經 二十八) ⑤(1)近因 (2)遠因(大請) ⑥(1)牢引因 (2)生起因

이인(二忍) ①(1)衆生忍 一切衆生이 瞋하지도 惱하지도 않고 그를 놓아서 여러가지 害를 입더라도 나는 能히 마음에 忍耐하여 성내지도 報復도 하지 않는 것. (2)無生法忍 無

生의 法理에 安住하여 마음이 움직이지 않는 것. ②(1)安受苦忍 疾病水火 刀杖등의 衆古에 逼迫되어도 能히 편안한 마음으로 忍受하여 怙然히 움직이지 않는 것. 곧 前의 生忍임. (2)觀察法忍 法을 觀察하여 마음을 實相의 理에 安定시키는 것. 곧 앞의 法忍임. ③(1)生忍 이에는 두가지가 있고. 1.사람의 恭敬과 供養을 能히 찾아서 執着하지 않는 것. 2.사람의 瞋罵와 打害를 能히 참아서 瞋恨이 생기지 않는 것. (2)法忍 이것에도 두가지가 있다 1.心法이 아닌 寒·熱·風·雨·飢渴·老死등을 能히 참아서 惱怨이 이러나지 않는 것. 2.心法의 瞋恚憂愁등의 모든 煩惱를 能히 참아서 厭棄하지 않는 것.

이인(利人) 利他와 같음. 無量壽經上에 「나도 이롭고 남도 이로우니 남과 내가 모두 이롭다」고 하였음.

이인(異人) 他人·別人등과 같음. 法華經序品에 「妙光菩薩이 어찌 異人이겠느냐 我身이다」라고 하였음.

이인(異因) 다른 原因. 別途의 原因 ※遺教經에 「集實是因 更無異因」

이인(異忍) 見解가 다르기 때문에 結論이 다른 것. (四分律)

이인(離因) ㊵〈virāga-betu〉 激烈한 欲望에서 解說하는 原因. (寶性論)

이인구범(二人俱犯) 台宗의 用語다. 藏·通·別 三教의 사람은 麤人이 되고 圓教의 사람은 細人이 된다. 法華이전에는 圓教의 사람과 前三教의 사람이 함께 住하였으나 모두 허물이 있는 사람이었다. 그의 圓教는 法華의 圓만 같지못하다고 비유한 것. 釋籤一에 「總結前에 四味는 妙名을 세우지 못했다. 왜냐하면 等을 兼했기 때문이다. 判部는 麤에 屬하여 麤人과 細人의 두가지가 함께 過를 犯함과 같다. 過를 따라 邊을 說하므로 모두 麤人이라 한다」하였음.

이인신앙(異人信仰) 外來人에 對한 一種의 信仰. 이 信仰은 外例人과 先住民間의 歷史的인 깊은 交涉關係에 있는 것 같음. →異人.

이인연(二因緣) 佛의 얼굴이 빛나며 몸의 色이 밝아지는 原因. ①깨달았을 때. ②涅槃에 들어 갈 때. (遊行經)

이인이명(二印二明) 密教에서 灌頂의 印相을 주는데, 金剛界·胎藏界에서 各各 一印一明을 주는 것을 二印二明이라 함.

이일(理一) 法華四一의 하나. →四一.

이입(二入) ①理入 衆生이 本具한 理性을 深信하여 理에 疑心이 없는 것을 理入이라 함. ②行入 理에 依하여行을 일으키며 行에 依하여 理에 들어 감을 行入이라 함. 金剛經三昧經上에 「達磨의 說한 것에 理와 行의 二入이 있다. 入道하는 것이 길이 많아도 이 二種을 벗어나지 않는다. (1)理入이며 (2)行入이다. 理入은 敎를 憑藉하여 宗을 깨달으며 衆生과 同一한 眞性이나 모두 客塵과 妄想에 덮이어 나타내지 못함을 深信하여 妄을 버리고 眞으로 돌아 갈것 같으면 聖과 凡夫가 같아지며 理와 冥符하여 分別이 없으며 寂然無爲함을 理入이라 함. 行入은 四者가 있는데 (1)報寃行 修道하는 사람이 만약 寃苦를 받았을 때 내가 往昔劫에서 本을 버리고 末을 좇아서 諸有에 流浪하여 많은 寃憎을 일으켜 違害가 限이 없었다. 지금 비록 罪를 犯함이 없으나 이는 나의 宿殃인 惡業의 果熟이므로 甘心하게 참고 받으며 都是 寃訴함이 없다. 이러한 마음이 생길때에 理와 相應하며 寃을 바탕으로 道에 精進하므로 報寃行이라 함. (2)隨緣行 衆生과 나가 없고 모두 業轉에 緣하여 苦樂을 함께 받는다. 만약 勝報를 받는 榮譽로운 일은 모두 過去 宿因의 所感으로 緣이 盡하며 도루 없어지는데 무엇이 기쁠가 得失은 緣을 딿는다고 마음이 增減되지 않아서 八風에도 움직이지 않고 道에 冥順하는 것을 隨緣行이라 함. (3)無所求行 世人은 오래도록 混迷하여 곳 곳에서 貪求함을 求라하고 智者는 眞을 깨달아 安心하고 無爲하며 萬有가 모두 空하며 希求함이 없음을 眞無求라 하며 道를 따라 行하므로 無所求行이라 함. (4)稱法行 性淨의 理를 法이라 하며 法體는 慳貪함이 없이 順하게 檀을 行하면 法體가 明朗한데 이르러 痴闇이 없이 般若를 行한다. 이 같이 六度를 行함을 稱法行이라 함. (少室六門의 第三門二種에 들어있다 함)

이입(耳入) 또는 耳處. 十二入의 하나. 곧 耳根. 入은 涉入한다는 뜻. 耳根은 聲境을 涉入하는 것이므로 이렇게 이름 함.

이입(理入) 二入의 하나. 凡夫와 聖人이 一如한 道理를 깊이 믿고 疑心하지 않는 것. 이 理入에 依하여 修行을 일으키는 것을 行入이라고 함. (金剛三昧經上)

이입사행(二入四行) 入道의 要旨를 表示한 理入. 行入의 二入 및 行入의 內容을 이룩하는 寃行 隨後行 無所求行 稱法行의 四行을 말한다. 菩利達磨略辨大乘入道四行에 「入道에 多途가 있는데 要約하여 말하면 二種으로 區分되며 一은 理入. 二는 行入이라 한다. 이 行入은 報寃行 隨後行 所求行 稱法行의 四行으로 區分된다」고 하였음.

이입행입(理入行入) 理入과 行入. 行入은 理入의 對로, 實踐修行에서 佛道에 들어오는 것. →理入. →二入. 一에 理入이라 하는 것은 一切有爲法은 悉是幻化인 것을 깨달아 實有의 心病을 消滅하는 것을 말하고 二에 行入이라고 하는 것은 人

人의 根機에 따라, 坐禪·行道·誦經·念佛·受戒 등 여러가지 行力으로써 身心의 煩惱를 責盡함을 말함. (反故集)

이자(二字) ①(1)半字 悉曇章은 生字의 根本이 되나 文字가 具足하지 못한 것. (2)滿字餘章의 文字로 語法이 具足한 것. ②僧의 實名. 二字는 古實이 되므로 僧名을 二字라 함. 師弟의 契에 實名을 써서 스승에게 바치는 것을 二字를 呈한다고 말하며 또한 他人의 實名을 稱할 때 그 사람을 恭敬하면 二字를 나누어서 某字와 某字라 부른다. 後拾遺往生傳에 「今生에 結緣한 힘으로 반드시 當來引道하는 因이 된다 지금 二字를 얻고자 한다」하였음.

이자(以字) 經題나 或은 守札의 頭書에 「X」의 形을 하는 것. 이는 古來 以字로 異義가 甚히 많다. 宋高僧三에 「音字는 모두 번역하지 않는다. 經題上에 ヘZ의 二字가 이 것이다」하였음. 이 說에 依하면 本來 「ヘZ의 形이 訛轉하여 「X」가 된 것. 그러나 祖庭事苑一에 古來의 三說을 들었다. 「(1)嘔와 啊의 二字며(또는 阿傴) (2)이 音字는 모두 번역할 수 없으며 (3)梵書의 心字다」하였음. 三說은 모두 取하지 않고 自決하여 「當時에 書者를 傭하여 붓으로 經題를 써서 덮은 것으로 疑心할 것이 없다」하였음.

이자(伊字) ①空, 性, 相의 세가지 교리가 떠나지도 붙지도 못하는 뜻을 나타내는 梵語字「∴」 ②禪宗의 마크 圓伊三點의 俗稱.

이자(利刺) ①梵〈kaṇṭaka〉 날카로운 가시. ②梵〈taikṣṇya〉 날카로운 것.

이자(爾者) 그러면. 그렇다면. 그래서.

이자(離字) 梵〈nirakṣara〉 文字를 떠나는 것.

이자귀(二自歸) 佛에 歸依하는 것. 法에 歸依하는 것. 스스로 佛에 歸依하고, 스스로 法에 歸依하는 것. (五分律)

이자문수(二字文殊) 文殊.

이자삼점(伊字三點) 梵書 伊字ঃ의 形은 三點으로 이루어졌으므로 伊字의 三點이라 함. 이는 縱도 아니고 橫도 아니며 三角의 關係가 있으므로 物이 하나도 아니고 다르지도 않이하며 앞도 뒤도 아닌 것에 비유한 것. 涅槃經에는 法身·般若解脫의 三德에 비유한다. 烈火「ッ」의 形은 橫이 되고 物이 一時에 體가 되는 分別이 있어 소의 두뿔 같음에 비유하고 또한 點水「ジ」의 形은 縱이 되어 物이 때를 달리하는 體의 分別이 있어 꽃과 열매와 같음에 비유한 것. 涅槃經二에 「무엇을 秘密의 藏이라 하는가 伊字의 三點과 같다. 만약 아우르면 伊가 되지 않으며 縱도 成就되지 않는다. 摩醯首羅面上의 三目과 같이 伊의 三點을 得成하고 만약 따로는 得成하지 못한다. 내 몸도 이같아 解脫의 法은 涅槃이 아니며 如來의 몸도 涅槃이 아니고 摩訶般若도 涅槃이 아니다. 三法이 各各 다르면 涅槃이 되지 않는다」하였음.

이자점(以字點) 經이 題籤·守禮·楝札等 上部에 쓰는 「X」形의 符號를 말한다. 古人의 經이나 籤 題上에 以字를 쓰는 뜻이 어떠한가. 이에 대답하기를 대개 옛부터 해오는 것이기는 하지마는 先聖의 뜻은 아닐 것이다라고 대답하였음.

이자타(利自他) ㉵〈sva-para-ubhaya-artha〉 自身과 남과 雙方을 利롭게 하는 것.

이작법(離作法) 因明에서 三支 가운데 異喩中의 喩依에 喩體라고 일컫는 한 命題를 더 附加하는 것. 이것은 陳那가 처음 創始한 것으로 例를 들면 "虛空등과 같다"(喩依) 하는데에 "모든 無常이 아닌 것을 보거던 모두 所作이 아닌 줄로 알라"(喩體)라고 첨가하는 것이 바로 이 離作임.

이작업관정(離作業灌頂) 誠心으로써 眞言行을 願하면서도 資力이 없어 모든 것을 정돈하지 못하는 弟子를 爲하여 스승이 慈心으로써 여러가지 作業을 略하여 本尊의 秘印을 받아 行하는 灌頂. 印法灌頂이라고도 한다. 事業灌頂에 對한 것. (大日經 秘密曼荼羅品)

이작지(已作地) ㉵〈kṛtāvi-bhumi〉菩薩의 階級의 하나. (大品般若經 發趣品)

이장(二障) 煩惱障과 智障을 말함. 新譯에는 煩惱障과 所知障이라 함. ①貪瞋痴等의 諸惑에 各各 二用이 있다. (1)發業이 生을 潤하여 有情을 契縛하여 三界 五趣의 生死中에 있게하여 涅槃寂靜의 理를 막는 것을 煩惱障이라 함. 有情의 身心을 憂惱시키므로 煩惱라 하고 煩惱는 能히 涅槃을 障礙하므로 障이라 함이 煩惱障은 我執을 따라 생한다. (2)一切 貪·瞋·痴등의 識惑이 愚·痴·迷·闇이 되어 能히 諸法의 事相과 實性(眞如)를 了知하지 못하고 그 用이 能히 事相의 實性을 了知하는 菩提妙智를 障礙함을 障이라 한다. 이 妙智의 愚痴迷闇을 智障이라 하고 또한 知障이라한다. 所知의 境을 障礙하여 나타나지 못하게하므로 所知障이라 하고 能知의 智를 障礙하여 생하지 못하게하므로 智障이라 한다. 이 所知障은 法執에 따라 생한다. 이 二障은 體는 하나지만 用은 둘이다. 事物의 用이 和合되는 事邊에 迷한 것을 煩惱障이라 하고 事物의 體가 如幻의 理邊에 迷한 것을 所知障이라 한다. 小乘에서는 이것을 染污無知와 不染污無知라 한다. 勝鬘經의 五住地中에서 分別하면 見等의 四住地는 所知障이 되고 第五無明住地는 智障이 된다. 二乘은 다만 煩

惱障만 斷하고 涅槃을 證하며 菩薩은 所知障을 兼해서 斷하나 또한 菩提를 얻지 못한다. 이 二障에는 寬과 狹이 있다. 煩惱障이 있는 곳에는 반드시 所知障이 있고 所知障이 있는 곳에는 煩惱障은 반드시 많지 않는다. 煩惱障은 不善과 有覆無記에 局限하고 所知障은 또한 無覆無記에 通한다. 또한 煩惱障을 粗題하여 알기 쉬우므로 그 頭數를 表示한다. 十惑 또는 一百二十八等과 같다. 所知障은 行相을 알기 어려우며 또한 所知를 많는 法이 數가 없으므로 經論가운데는 그 頭數를 表示하지 않았다. 唯識論九에 「煩惱障은 執遍計所執實我를 말하며 薩迦耶見이 上首가 되는 百二十八의 根本煩惱와 等流의 모든 隨煩惱다. 이것은 모두 有情의 身心을 擾惱하여 涅槃을 障害하므로 煩惱障이라 함. 所知障은 執遍計所執實法을 말하며 薩迦耶見이 上首가 되는 見疑無明 愛 恚 慢등 所知境을 가리우는 顚倒性이 能히 菩提를 障礙함으로 所知障이라 한다」하였음. ② (1)煩惱障 곧 위와 같다 (2)解脫障 解脫이란 滅盡定의 異名이다. 滅盡定이란 心念이 모두 滅하여 一切障礙를 여인 것을 解脫이라 함. 곧 八解脫中의 第八解脫이다. 聖을 막는 것은 滅盡定에 들어가는 法을 解脫障이라 하며 그 法은 곧 染汚가 아닌 無知의 一種이다. 利根의 不還과 阿羅漢은 그 解脫障을 벗어나서 滅盡定에 들어 가는 것이다. 俱舍論二十五에 「오직 慧에 依하여 煩惱障을 여의는 것은 慧解脫을 세웠다 하고 兼하여 定을 얻음에 依하여 解脫障을 여의는 것을 俱解脫이라 세운다」하였음. ②(1)理障 邪見등의 理惑으로 正知見을 障礙하는 것. (2)事障 貪等의 事惑이 相續生死하여 涅槃을 障礙하는 것. 圓覺經에 「(1)理障 正知見을 障礙하는 것이다. (2)事障 生死가 相續되는 것이다」하였음.

이장(二藏) ①聲聞藏과 菩薩藏을 말하는 것. (1)聲聞藏 聲聞과 緣覺 二乘의 敎理와 行果를 說한 것. 곧 小乘의 三藏이며 (2)菩薩藏·菩薩과 大士의 敎理와 行果를 說한 것을 大乘의 三藏이라 함. 淨影嘉祥이 二藏을 判하여 一代敎를 삼았음 大乘義章一에 「出世間中에 二種이 있다. (1)은 聲聞藏이며 (2)는 菩薩藏이다. 聲聞을 爲하여 說하므로 聲聞藏이라 하고 菩薩을 위하여 說하므로 菩薩藏이라 함. 地持經에 말하기를 "十二部經에 오직 方廣部만 菩薩藏이고 나머지 十一部는 聲聞藏이라" 함. (中略) 龍樹가 말하기를 "迦葉과 阿難이 王舍城에서 結集한 三藏을 聲聞藏이라하고 文殊와 阿難이 鐵圍山에서 모든 摩訶衍을 菩薩藏이라함은 聖敎의 明證이 顯然하다. 또는 이 두가지를 小乘과

大乘이라 하며 半滿敎가 된다. 聲聞藏의 法은 劣하고 이름은 적으며 窮究하지 못함을 半이라 하고 菩薩藏法은 寬廣하여 이름은 大하며 圓滿이 極하다」하였음. ②小乘의 經量部에서 三藏을 세운 것. (1)經藏이며 (2)律藏이다. 論藏은 다만 諸經가운데 詮慧한 곳과 弟子가 釋經한 疏다. 이는 藏에 攝되지 않은 것이라 함. ③摩訶僧祇律三十二에 佛滅後 五百聖者의 結集을 說하여 오직 經·律 二藏만을 들어 論藏을 結集하였다 함.

※三論玄義에「但應立大小一習 不應制於五時 略引三經三論證之(中略)以經論驗之 唯有二藏 無五時矣」

이장(理障) 二障의 하나. 根本無明으로 正知見을 障礙하여 本覺眞如의 理를 알지 못하는 것을 理障이라고 말한다. 圓覺經에「무엇을 二障이라 하느냐 하면 一은 理障이니 正知見을 障礙하는 惑이요. 二는 事障이니, 모든 生死가 繼續되는 것이다」라고 하였음. ↔事障.

이장(離仗) ㊵〈praviveka-āyudha〉 ㊶〈paviveka-ā:vudha〉 欲望이나 惡을 떠나서 初禪 乃至 四禪에 들어가서 그것에 依하며 惡을 끊고 善을 닦는 것을 武器(仗)에 比喩하여 말함. (集異門論)

이장사습(二障使習) 煩惱障과 所知障의 正使(本體)와 習氣(影響에 依한 潛勢力). (八宗綱要)

이장위종(理長爲宗) 宗派에 關係치 않고 道理의 殊勝한 것을 취하여 論을 세우는 것을 말함. 예를 들면 世親菩薩이 婆沙論에 依하여 俱舍論을 지을 적에 有部宗의 뜻에만 依하지 않고 또 經部의 說만 取하여 쓴 것과 같은 것.

이장즉취(理長則就) 宗派에 拘礙되지 않고, 道理에 뛰어난 곳을 좇는다는 뜻. (祖堂集 洞山傳)

이장해탈(離障解脫) 障盡解脫과 같은 말. 우리의 修行을 障碍하는 煩惱를 모두 끊고, 自由로운 境地에 이르는 것.

이재절언(理在絕言) 眞理는 言語가 道斷한 가운데에 있다는 뜻. 또는 道理가 충분하게 나타나서 言論으로 다시 더 說明할 필요가 없는 것. 佛家에서 이 말을 흔히 쓰지만 그 根據는 알 수 없다. 六要鈔六에「大涅槃界의 第一義諦의 妙境界相은 眞理가 言語文字를 떠난 데에 있다」하였고, 傳通記糅鈔七에「만약 一家의 實을 根據하려면 부처님의 決定을 더 보태어야 하는데 바야흐로 더 具備할 것을 請하는 것을 理在絕言이라 한다」라고 하였음.

이적(夷狄) 오랑케를 말함. 夷는 동쪽의 오랑캐, 狄은 北쪽의 오랑캐.

이전(二典) 內典(經書)과 外典(佛典)

이전(二專) 眞宗에서 專念과 傳修를 말한다. (愚禿鈔) 一에는 專念.

二에는 專修.

이전(二詮) ①遮詮 ②表詮. 遮는 그 非한 것을 버리는 것. 表는 그 옳은 것을 나타내는 것. 事와 理를 갖추어 說하는 것을 詮이라 함. 說한 眞如의 妙性은 不生 不滅 不增 不滅 不垢 不淨 無因 無果 無相 無爲 非凡 非聖 非性 非相등을 遮詮이라 하며 知見이 覺照하여 靈鑑의 光明이 朗朗 照照함을 表詮이라 함. 禪源諸詮三에 「소금을 말함과 같다 淡하지 않다 함을 遮라하고 짜다고 함을 表라 한다. 물을 說할 때 마르지 않는 것이라 하면 遮가 되고 濕하다하면 表가 된다. 諸敎에서 말하는 百非를 끊는다하는 것은 모두 遮詞가 되고 곧 한가지 眞을 나타내는 것을 表語가 된다」하였음. 空宗에서는 오로지 遮詮으로 宗을 삼고 性宗은 遮와 表의 二門을 갖추었다. 宗鏡錄三十四에 「今時의 사람은 모두 遮言을 깊다고 하고 表言을 얕다고하므로 오직 非心 非佛 無爲 無相에서 一切 不可得의 말에 이르도록 진실로 遮인 非의 말이 妙함이 된다. 親이 法體를 證認하고자 하지 않으므로 이와 같다」하였음.

이전(二廛) 楚語 阿縛遮羅 또는 市廛禮記에 「市廛을 징세하지 않는다」하였고 鄭玄이 이르기를 「市物邸舍라」고 하였으니 지금 市場의 가게임.
※舊云欲行 非也 案梵本僧塞迦羅 此云行名不當本 故立爲廛也.

이전(二轉) 煩惱障과 所知障이 變하여 最上의 깨달음을 얻는 것. (三敎指歸)

이전(異典) 珍重하여야 할 經典.

이전(爾前) 天台宗에서 常用하는 말. 이 以前의 뜻으로 法華經 已前을 가리킴. 釋尊의 一代 說法인 五時敎判에서 法華經·涅槃經을 第五時라 하고 그 爾前에 說한 經을 前四時(爾前)라고 한다. 그리하여 그 爾前의 敎를 隔歷·方便·權假·三乘등의 敎라 하고, 法華經을 圓融·眞實·一乘등의 敎라고 한다. 法華文句四의 一에 「爾前은 無上法이 아니다」라고 하였음.

이전과(二轉果) 二種轉依果·二勝果라고도 하며 煩惱障과 所知障를 斷滅轉捨하여 얻는 깨달음(涅槃)을 말함. (沙石集)

이전방편지권교(爾前方便之權敎) 智顗의 敎判인 五時(華嚴·阿含·方等·般若·法華涅槃)中, 法華에 이르기 以前은 假의 가르침으로 보는 立場에서 말함. (隨聞記)

이전상(二傳像) 印度에서 中國. 中國에서 韓國. 韓國 또는 日本에 再傳한 佛像을 말함.

이전우(移轉愚) 業은 果를 招來한다는 것을 모르고, 迷亂에 傳染되어 마침내 不平等因으로서의 實我를 잘못 想定하게 되는 것. (瑜伽論)

이전의(二轉依) 菩提·涅槃의 二果를 말하는 것으로 二轉依果, 二轉依妙果라고도 한다. 轉은 轉捨·轉得의 뜻. 依는 所依라는 뜻. 相宗에서는 第八識을 迷悟의 所依라 하고, 性宗에서는 眞如를 迷悟의 所依라 하는데 지금엔 그것이 變轉하여 第八識, 또는 眞如의 迷依를 悟依라 하고 菩薩 涅槃의 二果를 얻는 것을 二轉依라고 한다. 楞嚴經 七에 「如來의 無上菩提와 大涅槃을 二轉依라고 한다」라고 하였음. →轉依.

이전의과(二轉依果) 二轉依 또는 二轉依妙果라고도 하며 菩提·涅槃의 二果를 말한다. 轉은 轉捨·轉得의 뜻. 依는 所依라는 뜻. 곧 第八識. 第八識은 依他起性의 法으로 그 가운데 煩惱障·所知障의 種子와 無漏智의 種子를 포함. 또 第八識의 實性은 圓成實性의 涅槃이다. 그러므로 第八識을 의지하여 聖道를 닦아서 第八識중의 煩惱障의 種子를 轉捨하고 그 實性인 涅槃을 얻으며 第八識중의 所知障을 轉捨하고 그 중의 無漏智인 菩提를 얻는 것. 그러므로 이 轉得한 菩提와 涅槃을 二轉依의 果라 함.

이전의묘과(二轉依妙果) 第八識을 轉하여 얻는 菩提·涅槃의 二果는 勝妙한 證果이므로 妙果라 함. →

이전적문(爾前迹門) 法華經의 前半. (開月鈔)

이점(移點) 스승의 책에서 自己가 所藏하는 책에 訓點을 옮기는 것. 長曆 4(1040)年의 「大日經」寫本에 記載된 것이 移點이라는 말의 最古의 例임.

이접(理接) 道理에 徹底한 것.

이정(二正) 二種의 正의 뜻. 三論宗에서 中論의 別稱인 正觀論의 正字를 體正과 用正의 두 方面으로 解釋하는 것을 말한다. 法體는 實相. 般若所證의 理는 不二이며 偏邪曲僞를 떠난 것을 正이라 하여 體正이라 하고 無言의 體는 名相을 떠나 있으나 說하지 않으면 物을 利할 수 없으므로 般若의 智力에서 化他의 方便의 用을 일으켜 眞俗二諦의 言教를 說하여 說法 教化하고, 그위에 不二의 體正이 일으킨 用이므로 그 用도 또한 偏邪에 떨어지지 않으며 二諦의 用도 또한 正이므로 用正이라 稱한 것.

이정(二定) 十四不應行法中의 無想定과 滅盡定을 말함. (八宗綱要)

이정(理貞) 新羅 哀莊王때의 高僧. 俗性은 金氏. 大伽耶國王의 후손. 順應과 함께 唐나라에 건너가 佛法을 배우고 梁나라때의 寶誌公(梁武帝의 王師)의 東國踏査記를 그의 門徒에게서 얻어가지고 寶誌公의 무덤에 나아가 7日 7夜동안 法을 청하니 무덤이 열리고 寶誌公이 나타나 說法하고 衣鉢을 전하면서 너희들의 나라 牛頭山 서쪽에 불법이 크게 일어날 곳이 있으니 돌아가 그곳에 大伽藍海印寺를 창건하라고 부탁하였다. 두 스님은 돌아와 그 곳을 찾아가 있는데 당시에 마침 哀莊王后가 등창(背瘡)으로 辛苦하여 약효가 없는지라 사자를 보내어 異僧을 찾다가 두 스님을 만나 그들이 시키는 대로 했더니 등창이 나았다. 이에 왕은 哀莊王 3(802)年 백성을 동원하여 伽倻山 海印寺를 창건하였음.

이정지화(已定之禍) 이미 決定된 災禍. (顯戒論)

이제(二際) ①涅槃際 ②生死際. 際는 界의 뜻. 生死·涅槃에 別際가 있다고 보는 것은 小乘이며 大乘은 生死 곧 涅槃으로 본래 際畔이 없다고 봄. (華嚴經一)

이제(二諦) ①俗諦〈saṁvṛtisatya〉迷情으로 世間의 일을 보는 것. 이는 凡俗의 迷情에 順하는 法이므로 俗이라 함. 그 凡俗의 道理로 決定하여 變動하지 않으므로 諦라 함. 또한 이 事相은 俗性이 實하므로 諦라 함. ②眞諦〈paramārtha-satya〉聖智로 보는 眞實한 理性이다. 이는 虛妄을 여의 었으므로 眞이라하며 그 理가 決定되어 變動이 없으므로 諦라 함. 이 理性이 聖에 實하므로 諦라 함. 經論에서 說한 것이 그 名稱이 같지 않다. 涅槃經·仁王經·般若經에는 世諦·第一義諦라 하고 金剛不壞假名論에는 眞諦·俗諦라 하며 瑜伽論·唯識論에는 世俗諦·勝義諦라 하고 南海寄歸傳에는 覆俗諦·眞諦라 하였다. 그 가운데 眞諦와 俗諦라는 名稱이 가장 通行되었다. 二諦가 나온 法은 諸家가 다르다. 法華玄義二에 「二諦는 이름이 여러 經에 나오지만 諸家가 모두 다르다. 그 理는 밝히기 어려워 世間이 떠들석하여 由來에 諍論이 크다」하였음. 南山의 廣弘明集二十四에 二諦를 밝히고 古來의 異說 二十三家를 들었다. 淨影은 大乘義章一에서 四宗을 들어서 相宗의 二諦를 分辨하고, 天台는 法華玄義二에서 藏·通·別·圓의 四教에 따라 七種의 二諦를 分辨하였으며, 嘉祥은 二諦章에서 三種의 二諦를 分辨하였고, 慈恩은 義林章二末에 眞俗을 四重으로 分辨하였다. 眞과 俗의 이름은 말의 長短輕重과 같아서 對함을 따라 重重으로 같지 않았다. 大乘義章一에「俗은 世俗, 世俗에서 아는 것이므로 俗諦라 하고 眞은 妄을 끊었다는 말이다」하였고, 義林章二末에 「體相이 나타나면 俗이라 指目한다」하였고, 二諦章中에「俗은 浮虛한 것이며 眞은 眞實한 것이다」하였음.

※中論觀四諦品에「諸佛依二諦爲衆生說法 以一世俗諦 二第一義諦」百論下에「諸佛說法常依俗諦第一義諦」 智度論三十八에「佛法中有二諦 一者世諦 二者第一義諦 爲世諦故說有衆生 爲第一義諦故說衆生無所有」已上眞俗二諦

於涉一切諸法　而分別事理淺深之義門也.

이제(夷齊)　平等이란 뜻. (起信論義記)

이제관(二諦觀)　台家의 三觀 가운데 空觀의 다른 이름. 空觀을 成就하였으나 다만 空諦를 이루지 못하여 다시 俗諦가 歷然히 顯現하기 때문에 二諦觀이라 함.

이제면명(耳提面命)　귀를 당겨 몸을 가까히 하여 얼굴을 向하여 일을 告한다는 뜻. 어린이를 指導하듯 親切하게 敎授하는 것.

이제목다가(伊帝目多伽)　十二部經의 하나. 佛·菩薩의 過去世의 因緣을 말한 經文.

이제발(佛提鉢)　㊁〈iddhi-pāda〉 神足을 말함. →四神足. (大安般守意經)

이제왈다가(伊帝曰多伽)　㊵〈ltivṛtta-ka〉 ㊁〈ltivu ttaka〉 十二部經의 하나. 또는 伊帝越多伽·伊帝目多伽라고도 한다. 번역하여 如是語·本事라고 함. 佛弟子의 過去世의 事蹟을 말한 經文임. →十二部經.

이제원처(離諸願處)　㊵〈sarva-praṇi-dhāna-niṣra: ya-vigata〉 ㊄〈smon lam la gnas pa thams cad daṅ br: al ba〉 一切의 願에 依賴하는 것에서 免한 者라는 뜻. 菩薩의 功德名號의 하나.

이제월다가(伊帝越多伽)　㊂→十二部經.

이제집착(離諸執著)　㊵〈niḥsaṅga〉 여러가지 執着을 버린 것. (金剛針論)

이조(二祖)　禪宗에서 東土 第二祖 慧可禪師를 말함.

이조(二鳥)　迦提 或은 鴛鴦의 雌雄 二鳥를 말함. 항상 같이 놀면서 떨어지지 않음을 常과 無常에 비유한 것. 苦와 樂·空과 不空등 事理의 二法은 恒常 相即하여 떨어지지 아니함. 南本涅槃經 鳥喩品에 「鳥에 二種이 있다. 一名은 迦鄰提며 二名은 鴛鴦이다. 놀고 자는 것을 함께하며 서로 떨어지지 않는다. 이 苦인 無常 無我등의 法도 이와 같아서 떨어지지 않는다」하였고, 章安會疏八에 「雙遊는 生死에 常과 無常을 갖춘다. 涅槃도 같으며 위에 있으나 밑에 있을 때 같지 날고 같이 쉰다. 곧 事는 理이며 곧 理는 事다 二諦는 곧 中이며 中은 곧 二諦다. 二中이 아니면서 二中이 된다. 이는 雙遊의 뜻이 成하며 雌雄도 또한 成한다」하였음.

이조(理造)　理는 萬有의 本體. 事를 짓는 能力功用을 갖추었으므로 理造라 함.

이조단비(二祖斷臂)　禪宗의 二祖인 神光慧可가 達磨의 弟子가 되던 이야기다. 達磨가 崇山 小林寺에서 坐禪하던 때에 눈이 오는 어느날 밤에 慧可가 道를 求하려고 왔다가 許諾하지 않으므로 날이 샐 때까지 뜰에 서서 움직이지 아니하였다.

達磨는 「보통 마음으로는 諸佛의 無上道를 傳하지 못하는 것이라」하니, 慧可는 즉시 銳利한 칼을 빼어 자기의 왼 팔을 잘라서 바치어 法을 위하여 몸을 버릴 信念을 보였다. 그때서야 達磨는 비로소 法器 인줄을 알고 드디어 弟子로 삼았다. 그래서 後世에 慧可를 稱하여 斷臂二祖 또는 二祖斷譬·斷臂慧可라고 함.

이조대면(二祖對面) 淨土宗의 祖 源空이 夢中에 善導를 對面한 것을 말함.

이조불왕서천(二祖不往西天) →達磨不來東土.

이족(二足) 佛果에 이르는 修行의 福과 智慧를 사람의 두 다리에 譬喩함. 六度에서 智慧는 慧足·布施·持戒·忍辱·精進, 禪定은 福足이라 함. 義楚六帖一에 「智論에 이르기를 부처님은 萬行을 三大劫에 쌓았기 때문에 福足과 智足이 無間無遺하다」라고 하였음.

이족존(二足尊) ①또는 兩足尊. 二脚을 가진 生類中에서 가장 높은 것. 이는 佛의 尊號다. ②二足은 福과 智에 비유함. 佛의 福智의 二足이 圓滿하므로 二足尊이라 함. 法華經授記品에 「最上二足尊을 供養한다」하였음.

이족중생(二足衆生) 直立步行하는 것, 곧 사람을 가리킴.

이존(二尊) 釋迦와 彌陀를 말함. 觀經玄義分에 「지금 二尊의 敎를 타고 넓게 淨土門을 연다」하였고, 觀經散善義에 「우러러 釋迦의 發遣함을 힘입어 西方을 指向하였다 하고 또한 彌陀의 悲心에 부름을 받아 지금 二尊의 뜻에 順하여 水·火의 二河를 돌아보지 않고 念念하여 쉬지 않는다」하였음.

이존견영(二尊遣迎) 二尊의 發遣과 來迎의 뜻. 二佛遣喚이라 하며 釋迦牟尼佛을 이땅으로 부터 發遣하여 阿彌陀佛을 彼土로 부터 來迎한다는 뜻.

이존이교(二尊二敎) 觀無量壽經 正宗分의 說相이다. 二尊은 釋迦와 彌陀를 말하며 二敎는 要門과 弘願이 된다. 이 經의 正宗分은 釋迦가 顯說한 要門과 方便의 定과 散의 諸善이며 彌陀가 彰한 弘願은 眞實한 實力念佛이 되므로 말하는 것.

이존일교(二尊一敎) 觀無量壽經 流通分의 說相. 正宗分에 釋迦開要門과 彌陀彰弘願은 二尊의 敎다. 各各 다름이 있다. 流通分에 이르면 釋迦는 上來하는 要門의 定敎 二善을 說하였고 弘願의 念佛은 阿難에게 附屬하므로 釋迦의 發遣과 彌陀의 招喚이 全然一致하며 二尊의 所敎는 같은 念佛의 一道가 된다 함.

이존일치(二尊一致) 二尊一敎와 같음. →二尊一敎.

이종(二宗) ①空宗과 性宗을 말함. 이는 相宗의 밖에 또한 性宗中에서

分別한 것. 經論上에 따라 말하면 般若經의 四論이상이 되고 八宗上에서 말하면 三論이상으로 寂滅의 眞性을 고르게 나타내는 것을 性宗이라 한다. 그러나 이 가운데 陽은 諸相을 破하는 것을 主로삼고 陰은 眞性을 나타낸다. 곧 眞性의 二門을 顯示하는 것. 곧 遮詮의 相違다. 前을 空宗 뒤를 性宗이라 함. 이것으로 八宗을 料簡하면 三論의 一宗은 바로 空宗이 되고 天台이상은 性宗이 된다. 經論에 따라 말하면 般若經과 四論등은 諸法을 破하고 如實際에 實相等의 眞性을 나타내는 것을 空宗이라 함. 楞伽經 起信論등의 처음에 如來藏을 顯示하여 眞妄이 和合하는 緣起를 說하는 것을 性宗이라 함. 이 法性宗은 竺土에서는 아직 開揚되지 못하였고 梁나라 때 眞諦三藏이 攝論과 起信論등을 번역할 때 攝論宗을 열어 闡明하였다. 華嚴의 宗密은 原人論에서 大乘을 判別하여 (1)大乘法相敎 (2)大乘破相敎 (3)一乘顯性敎라 하였다. 禪源都序에 말하기를 (1)密意依性說相敎 (2)密意破相顯性敎 (3)顯示眞心即性敎다 하였다. 그 第一과 第二 第三은 곧 相과 性 二宗의 判別이 되고 第二와 第三은 곧 空과 性의 二宗이 된다. 그러나 空性二宗의 判別은 자못 바꾸어지지 않았다. 古來로 禪家와 講經家는 往往混同하여 動함에 문득 遮全의 破相이 深이 되고 表詮의 顯性이 淺이 된다하였다. 宗鏡錄三十四에 十異를 列擧하여 空性의 二宗을 判하였다. (1)法異眞俗義. 空宗은 眞性을 나타내지 못하고 겨우 一切 差別의 相으로 法을 삼았다. 法은 俗諦를 말함 이 諸法은 無爲 無生 無相 無滅로 뜻을 삼으며 뜻은 곧 眞諦가 된다. 性宗은 한 眞의 性으로 法을 삼으며 空과 有등 여러가지 差別로 뜻을 삼는다. (2)心性二名異. 空宗에서 諸法의 本源을 指目하여 性이라 하고 性宗은 흔히 諸法의 本源을 指目하여 心의 된다고 함. (3)性宗은 二體가 다르다. 空宗은 諸法의 無性을 性이라 하고 性宗은 虛明하여 常住不空하는 體를 性이라 한다. 性字는 비록 같으나 體는 다르다. (4)眞智眞知異. 空宗은 分別을 智라 하고 知는 얕고 智는 깊다 하고 性宗은 聖理의 妙慧를 能證하는 것을 智라하고 理智를 兼하고 凡聖의 眞性을 通하는 것을 知라한다. 知는 智局을 通한 것이라 함. (5)有我無我異. 空宗은 有我를 妄이라 하고 無我를 眞이라 하며 性宗은 無我를 妄이라 하고 有我를 眞이라 함. (6)遮詮表詮異 遮는 그 所非를 버리는 것. 表는 그 깨달음을 나타내는 것. 또한 遮는 모든 나머지를 물리치는 것. 表는 곧 當體를 보이는 것. 今時의 사람은 고르게 遮言함을 깊다고 말하고 表言을 앝다고 하므로 오로지 非心 非佛 無爲 無相 또는 一切不可得의 말을 重히 여기고 진실로 遮非의 말을 妙하다하여 親히 스스로 法體를 證認하고자 않는 것. (7) 認名認體異. 空宗에서 初學과 淺機한 사람을 對하여 다만 名만 表示하고 性宗에서 久學과 上根의 사람을 對하여는 말을 잊고 體만 認하게 함. 說有人經에 이르기를 "迷하면 곧 垢가 되고 悟하면 곧 淨이 된다. 能히 世間과 出世間의 一切 諸法을 생하는 것은 무엇인가" 答 "知는 곧 心이며 그 體를 가르키는 것이다" 함. (8)二諦三諦異. 空宗은 眞俗二諦에 住하고 性宗은 모두 三諦가 된다. 緣起의 諸法은 俗諦가 되고 自性이 없는 諸法을 緣起하는 空은 眞諦가 되며 一眞心의 體는 空도 色도 아닌 能空 能色의 中道第一義諦가 된다. (9)三性空有異. 空宗의 有는 곧 依他의 二性空을 徧計하는 圓成性이다. 性宗은 三性이 모든 空有의 뜻을 갖추어 情有理無를 徧計하는 것. 依他는 곧 性有 相無이며 圓成은 곧 情無 理有다. (10)佛海空有異. 空宗은 佛이 되며 空이 德이 되고 少法이 없는 것은 菩提다. 性宗은 一切 諸佛의 自體로 모두 常·樂·我·淨과 十身十智 相好의 無盡함이 있다. 性은 스스로 本有한 것이며 機緣을 기다리지 않는다 함.

이종(已種) ㊵<ropita> 이미 심어진 것.

이종(異種) 가지가지의. 여러가지를 말함. (往生要集)

이종가지(二種加持) 五相成佛의 뒤에 一切如來加持(總)와 四佛加持(別)의 二種이 있다. 이는 號二加特으로 大日을 列擧하지 않음은 四佛의 總德이 곧 大日이 되므로 四佛을 들어 大日을 攝한다는 뜻임.

이종갈마(二種羯磨) 二種의 羯磨가 있음. →羯磨.

이종게(二種偈) 偈에는 通偈·別偈의 두가지가 있다. ①別偈는 四言·五言·六言·七言등 모두 四句로 이루어진 것. ②通偈는 즉 首盧偈. 長行과 偈를 莫論하고 단 三十二字를 偈라고 하는 것. (百論疏上)

이종결계(二種結界) ①自然界. 큰것은 閻浮의 一洲와 같고, 작은 것은 一洲一島와 같다. 自然的으로 限定한 結界의 區域이다. ②作法界. 羯磨의 法을 지어서 大·小의 攝僧界 攝衣界. 내지 戒場등을 限定한 것. 自然中에 다만 最初 結界의 一法을 얻어 짓고 그 나머지의 羯磨法은 반드시 作法界中에서 行함. (行事鈔上의 一)

이종계(二種戒) ①이것은 戒의 項目數를 의거하는 것이 아니고 戒의 特質에 따라 區分한 것. (1)作持戒 (2)止持戒. 戒가 成立하는 所以는 惡行을 防止하는데 있다. 止戒라하는 것은 戒本에 列擧한 것은 根本이 되며 止惡의 理想은 作善에 있다. 積極的인 行爲를 가르치는 것을 戒라하며 이는 作止戒가 된다. 半月說戒 三月安居의 規定과 같은 것. ②(1)出世間戒. 沙彌의 十戒 比丘의 具足戒다. (2)世間戒. 優婆塞優婆夷의 五戒와 八戒를 말함. (毘尼母論一) ③(1)性戒. 殺·盜·邪婬·妄語의 四戒임. 이 四者는 自性이 戒가 되며 佛制를 기다리지 않음. 사람이 만약 加持하면 곧 福을 얻고 犯하면 곧 罪를 받는다. (2)遮戒 飮酒등의 戒다. 만약 술을 마시면 能히 諸戒를 犯하게되므로 佛이 特히 遮止하여 마시지 못하게 하였다. 飮酒의 性은 진실로 罪가 되지 않는다 함. 俱舍論十八에 「性이 벗어남을 막으므로 모두 戒라 說한다」하였음. ④道共戒. 三乘의 聖者가 見道와 修道의 자리에 이르러 無漏道를 發하므로 無漏智가 함께 防非止惡의 戒罪를 發하며 戒體 또한 無漏다. (2)定共戒. 行하는 사람이 色界의 四禪定을 修持하므로 그의 定心이 몸 가운데 스스로 防非止惡의 戒體를 생하며 이 定은 有漏이므로 戒 또한 有漏다. (毘婆沙論十三) ⑤(1)性重戒. 殺·盜·婬·妄의 四重이다. 이 四者는 自性極重한 罪가 되므로 性重이라 함. (2)息世譏嫌戒. 飮酒이하의 모든 戒로 佛이 大慈로서 世人의 機嫌을 없애고 特히 內衆을 向하여 지은 것. 곧 一體의 遮戒다. (涅槃經十一) ⑥(1)隨相戒. 隨는 곧 隨順, 相은 곧 形相. 如來의 敎를 隨順하여 染衣로 집을 나가 乞食하며 自活하는 相을 行하므로 隨相戒라 함. (2)離相戒. 離는 곧 遠離·持戒하는 사람이 마음에 執着함이 없으면 一切의 戒相은 마치 虛空과 같아서 持戒의 相이 了無하므로 離相戒라 한다함. (華嚴大疏五)

이종고락(二種苦樂) 三界中의 苦樂과 淨土의 苦樂.

이종공양(二種供養) 諸佛에게 供養하는 것이 二種이 있다. ①出纏供養. 一切諸佛이 煩惱의 障礙를 벗어나 圓明한 地位에 이른 이를 供養하는 것. ②在纏供養. 諸佛·菩薩이 煩惱의 垢穢에 纏縛된 一切有情에게 供養하는 것이다. 대개 諸佛은 出纏如來이고 衆生은 在纏如來이다. 또 ①財供養. 香·꽃·燈明·飮食等의 財物을 供養하는 것. ②法供養. 說法·讚佛·讀經의 修行으로 衆生들을 利益케 하는 것. 이는 三寶에서 取한 것으로 第一의 供養이다. 이외에 또 事供養과 理供養이라 하기도 함. (普賢行願品, 三藏法數七)

이종관법(二種觀法) ①唯識觀. 三業으로 지은 것과 一切 差別인 長·短·善·惡등의 바깥 경계는 모두 唯心의 變作인줄로 觀함. ②實相觀

分別하는 想念을 여의고 여러가지 三昧에 들어가 眞如의 理致를 直觀함.

이종관정(二種灌頂) ①傳敎灌頂 如法積行하는 사람에 對한 것. 사람이 秘法을 傳授하여 阿闍梨職位를 잇게 하는 灌頂이다. 또는 傳法灌頂·受職灌頂이라 함. ②結緣灌頂. 오직 佛緣을 맺게하여 一般 사람을 灌頂壇에 引入하여 꽃을 던지게 하고 本尊의 印과 眞言을 授與하고 秘法의 授受가 없는 것. 演密鈔四에 「灌頂이란 말은 二種의 分別이 있다. (1)傳敎灌頂 (2)結緣灌頂. 結緣이란 下疏에 依하여 밝힌 것. 만약 사람이 道場을 만나면 문득 法緣을 만나기 어렵다하고 濟하기를 빌어서 灌頂을 하며 灌頂을 한 뒤에 一切 眞言門의 本法中에 眞法과 印法을 줄것을 求한다. 分에 따라 修行하므로 結緣이라 함. (3)傳敎灌頂. 初發心을 따라 阿闍梨를 求하여 阿闍梨位을 잇게 하고자 하기 때문이다. 師가 許可한 뒤에 漫茶羅를 造立하여 儀軌가 俱足하면 灌頂을 준다. 灌頂을 얻은 뒤에 師位를 이을 수 있으므로 傳敎灌頂이라 하며 阿闍梨라 한다」 함.

이종광명(二種光明) ①(1)色光 (2)智光이라 함. 智度論四十七에 「光明에 二種이 있다. (1)色光 (2)智慧光이다」하였고 詳考해보면 智慧光을 또한 心光이라 함. ②(1)魔光. 人心을 燥動하여 恍惚하게 하는 것. (2)佛光. 人心을 澄渟하여 清淨하게 하는 것. ③(1)常光. 始終이 一様하여 凡聖이 共覩하는 것. (2)現起光. 機를 따라 隱顯이 定해 있지 않는 것. 彌陀經元照疏에 「佛光이 둘이 있다. (1)常光 (2)現起光이다」하였음.

이종나한(二種羅漢) ①(1)時解脫羅漢. 鈍根의 羅漢으로 衣食·住處·師友등 好緣이 具足함을 기다려 羅漢을 證하는 機根임. (2)不時解脫羅漢. 利根의 羅漢이 衣食등의 事緣이 具足함을 기다리지 않고 法의 道理를 풀어 隨時로 羅漢을 證하는 사람임. ②(1)慧解脫羅漢. 다만 慧만 얻어 障礙를 解脫하며 無漏智를 發得하여 涅槃을 證하는 羅漢임. (2)俱解脫羅漢. 慧의 障礙를 解脫하고 定의 障礙도 解脫하여 定의 極處인 滅盡定에서 出入이 自在함을 얻는 것. 이 사람은 事와 用의 功德을 兼好하므로 禪定을 練習하여 여러가지 神通을 얻는다 함.

이종단(二種斷) 二種證과 같다. → 二種證.

이종독각(二種獨覺) 獨覺에 二種이 있다. ①麟喩獨覺. 다만 한 사람이 혼자서 修證하는 獨覺. ②部行獨覺. 몇 사람이 한 곳에 모여서 修證하는 獨覺.

이종론(二種論) ①宗經論. 大小乘의 經敎에 所依하여 지은 論. 唯識論

등과 같음. ②釋經論. 大小乘의 經義을 解釋한 것. 智度論 등과 같음.

이종륜신(二種輪身) 正法·教令의 두 輪身. →教令輪身.

이종마야(伊鑁摩野) ㊵〈evaṃ mayā〉 이와 같이 나에 依하여란 뜻. (大悲空智經 序品)

이종무상(二種無常) 산캬哲學에서 說明하는 暫住無常과 念念無常. 無常이란 轉變이란 뜻. 山의 樹木 등이 아직 火災가 없을 때에는 暫時 變化하지 않은 체 있는 것을 暫住無常이라 하고, 一瞬마다 變化하여 마지 않는 것을 念念無常이라 함. (金七十論)

이종무지(二種無知) 二種의 無知로 染汚無知와 不染汚無知. →無知.

이종방편(二種方便) ①體外方便. 다른 經에서 說한 方便임. 이는 眞實體外의 方便이므로 體外라 함. ②體內方便. 또는 同體方便이라 하며 方便은 곧 眞實이고 眞實은 곧 方便이므로 體內라 하며 法華에서 說한 方便을 말함. 法華文句三에 「體外方便은 化物의 權으로 다른 意語를 따르는 것. (中略) 同體方便은 곧 自行權으로 自意權을 따른다」하였고, 輔行三에 「이 權은 本來 諸佛의 妙體로 體內의 方便이 되므로 權謀라 한다」하였음.

이종백법(二種白法) 慚과 愧. 이 두 가지는 능히 一切의 諸行을 光潔하게 하므로 白法이라 함.

이종법성(二種法性) 法界에 事와 理의 二種이 있고 法性도 그러하다. ①事法性. 마치 땅의 堅性과 같고 물의 濕性등과 같다. ②理法性. 諸法의 平等한 實性을 말함.

※止觀에 「地持明二法性 一事法性 性差別故 二實法性 性眞實故」

이종법신(二種法身) 佛·菩薩의 法身을 二種으로 나눈 것. ①法性法身·應化法身. ②果極法身. 應化法身. ③方便法身·法性法身. ④理法身·智法身. ⑤法性法身·實報法身 ⑥言說法身·證得法身. ⑦智相法身 福相法身. ⑧理法身·事法身.

이종병(二種病) ①(1)身病. 一身의 四大가 不調하여 생하는 病苦를 身病이라 함. (2)心病. 或은 기쁨이 지나치거나 或은 憂愁가 太過하거나 或은 恐怖에 依하여 或은 愚痴등에 依하여 마음의 平和를 잃어버려서 諸病을 일으키는 것을 心病이라 함. (涅槃經十二) ②(1)先世行業病. 先世에 좋은 채찍으로 사람을 때리거나 여러가지 惡法으로 衆生을 惱害하여 今世의 多病을 感하는 것. (2)現世失調病. 곧 위의 身病이라 함.

이종보리심(二種菩提心) ①緣事菩提心. 이것은 四弘誓願이 體가 된다. (1)衆生無邊誓願度. 一切衆生이 모두 佛性이 있음을 생각하고 求度할 것을 願하여 大般涅槃에 들어가게 하는 것. 이는 饒益有情의 戒이며 또한 恩德의 마음이며 亦是 緣因佛性이며 또한 應身菩提의 因이다. (2)煩惱無邊誓願斷. 스스로 無邊한 煩惱를 끊음을 願求하는 것으로 律儀戒에 攝되며 또한 斷德의 마음이 바로 佛性을 因하여 法身菩提의 因이 됨. (3)法門無盡誓願知. 覺知無盡한 佛門을 願求하는 것. 이것도 亦是 善法戒에 攝되며 智德의 마음이 佛性을 了因하여 報身菩提의 因이 된다. (4)無上菩提誓願證. 佛果인 菩提를 證得함을 願求하는 것. 前三行願에 따라 成就함이 具足하여 三身 圓滿의 菩提를 證得하고 도리어 넓게 一切衆生을 利益되게 하는 것. ②緣理菩提心. 一切諸法이 本來 寂滅하여 이 中道實相에 安住하고 上求菩提 下化衆生의 願行을 成就한다. 이것은 最上의 菩提心이 되므로 緣理의 菩提心이라 함.

이종보살(二種菩薩) 在家菩薩과 出家菩薩 ①在家菩薩. 菩薩로서 俗家에서 生活하는 사람. ②出家菩薩. 俗塵을 떠나서 六度의 行을 닦는 사람. 智度論七에「이 가운데에 二種의 菩薩이 있는데 居家菩薩과 出家菩薩이다. 善守等 十六菩薩은 居家菩薩이요. (中略) 慈氏妙德菩薩等은 出家菩薩이다」라고 하였음. →菩薩. 菩薩僧.

이종보살신(二種菩薩身) ①生死肉身. 三賢位의 菩薩이 法性을 證하지 못하여 惑業으로 三界에 生死하는 分段身의 菩薩이 되는 것. ②法性生身. 이미 無生法性을 證得하여 三界의 生死肉身을 버리고 不生不死하는 不思議 變易身의 菩薩을 말함. 이 法性生身은 經論의 說이며 흔히 初地이상 或은 八地이상이 됨을 말함. 智度論七十四에 「菩薩에 二種이 있다. (1)生死肉身 (2)法性生身 無生忍法을 얻어 모든 煩惱를 斷하고 이 身을 버린뒤 法性生身을 얻는 것이다」하였음.

※往生論註下에「平等法身者 八地已上法性生身菩薩也」

이종보시(二種布施) ①(1)財施. 財物을 주어서 가난을 救濟하는 것. (2)法施. 他人에게 法을 說하여 濟度하는 것. ②(1)淨施. 布施할 때 世間의 名譽·福利등의 報를 求하지 않고 다만 出世의 善根과 涅槃의 因을 資助하는 것. 清淨心으로 布施하는 것. (2)不淨施. 妄心으로 福報를 求하여 布施하는 것을 말함.

이종복전(二種福田) ①大方便佛報恩經에 있는 말. (1)有作福田. 福報를 얻기 위하여 닦는 것. (2)無作福報. 福報를 바라지 않고 恭敬心으로 닦는 것. ②智度論 十二卷에 있는 말. (1)憐愍福田 또는 悲田. 가난하고 困窮한 사람에게 불쌍한 마음으로 財物을 布施하면 自己도 福報를 얻게 되는 것. (2)恭敬福田 또는 敬田. 三寶에 恭敬供養하면

無量한 功德을 얻는 것. ③智度論. 二十二卷에 있는 말. (1)貧者福田. 가난한 사람은 財物를 갖지 못하였으나 禮拜·恭敬하여 福報를 얻는 것. (2)富者福田. 富者는 禮拜·恭敬하는 외에 財物을 供養하여 福報를 얻는 것.

이종본각(二種本覺) ①隨染本覺. 眞如 內熏의 힘과 如來敎法 外緣의 힘에 依하여 如實하게 修行함. 方便이 滿足하므로 妄心을 破하고 法身을 나타내며 始覺의 智가 淳淨함과 本覺이 一致하게 한다. 또한 始覺究竟과 本覺이 一致하여 無量功德의 相이 恒常 斷絶됨이 없이 衆相의 根을 따라 自然히 相應하여 여러가지 利益됨을 나타낸다. 이 두가지는 前은 本覺의 智淨相이며 뒤를 本覺의 不思議業相이라 한다. 이 二相이 만약 染緣을 여의면 成就하지 못한다. 前者는 自己의 染緣으로 이루어지고 後者는 依他의 染緣으로 成就하므로 隨染本覺이라 함. ②性淨本覺. 本覺의 眞如는 一切의 染法을 遠離하므로 一切性德이 具足한다. 體相二大는 內熏의 因이 되고 用大는 外緣의 資가 된다. 이는 性淨의 本覺이라 함.

이종본존(二種本尊) 本尊三昧品에서 說한 字·印·形의 本尊을 各各 二種식 세웠다. ①字의 二種 (1)觀字義. 阿字는 菩提心이므로 곧 阿字觀은 自性이 淸淨한 菩提을 向하는 것. (2)唱阿의 뜻. 唱하여 鈴과 木鐸등과 같이 끊어지지 않는 것. 또한 이 소리를 듣고 내는 숨을 調整하는 것. ②印形의 二種은 (1)有形. 形은 靑·黃·赤·白등의 色이며 方·圓·三角등의 形이며 屈伸坐立과 所住處와 같은 種類임. 印은 가지는 印으로 곧 刀輪羂索金剛杵등의 種類임. 初心者가 먼저 心外에 畫尊등을 봄으로 有形이라 함. (2)無形. 뒤에 漸漸 淳熟하고 또한 힘을 加持하므로 自然히 나타나서 마음과 서로 相應된다. 이 때에 이 本尊은 다만 마음에만 나타나고 心外에는 因緣이 없으므로 無形이라 함. 詳細하게 말하자면 或 처음 世三昧를 얻고 그 本尊의 이같은 形體와 이같은 色과 이같은 住處와 이같은 坐立과 이같은 曼茶羅 가운데 이같은 印等을 보게 되면 오히려 相이 있다 하므로 有形이라 하고 뒤에 眞言을 轉하여 宛然하게 바로 보며 鏡像등과 같이 생각지 않아도 보이므로 無形이라 함. 本尊形의 二種은 (1)非淸淨. 그 行者가 처음 有相을 因하여 無相에 引入하고 먼저 圓明한 佛菩薩의 印身을 觀하면 처음에는 보이지 않으므로 畫像등으로 보나 漸漸 法力이 增加하여 漸次로 明了함을 얻는다. 아직 막힘이 있을 때는 눈을 감으면 보게되고 눈을 뜨면 보지 못한다. 또한 漸次로 눈을 떴다 감았다

하면 모두 밝게 볼 수 있어 漸漸作意 없이도 볼 수 있다. 또한 몸에 닿아도 妨害되지 않는다. 마치 해 달이 世人을 對하는 것과 같다. 그러나 이 有相에 依하여 漸漸 淸淨한 곳에 들어가며 相이 있다고 하기 때문에 非淨이라 함. 이는 三摩呬多(定의 別名)등에 끌리므로 淸淨處에 住하여 寂然하여 相이 없다. 이 것을 淸淨이라 함. 淨은 果가 되고 非淨은 因이 되며 非淨은 形色과 印相의 類다. 이에 依하면 非淨을 生淨으로 引하여 無常의 因이 되며 常果에 이른다 함.

※秘藏記本에 「我本來自性淸淨心 於世間出世間最勝最尊 故曰本尊 又已成佛本來自性淸淨理 於世間出世間最勝尊故曰本尊」

이종불경(二種佛境) ①證境. 諸佛이 所證한 境界로 곧 眞如法性의 理·致. ②化境. 諸佛이 教化한 境界로 곧 十方의 國土.

이종불토(二種佛土) ①(1)眞土. 眞佛의 住處이며, (2)應土. 應佛의 住處임. 大乘章十九에 「佛土를 或 두 가지로 나누면 오직 眞과 應이 다 自己가 所託하는 것을 眞이라하고 他를 따라 다르게 나타나는 것을 應이라 한다」하였음. ②(1)眞佛土 위의 眞土와 같고 (2)方便化身土 위의 應土와 같음.

이종비구(二種比丘) ①多聞比丘. 經典을 듣고 외우는 것은 비록 많아도 修行을 併行하지 않는 比丘를 가리킴. ②寡淺比丘. 經典을 듣고 외우는 것이 비록 많지 못하지만 修行에 專心하는 比丘를 말함.

이종사(二種死) 그 天命을 온전히 하여 죽는 것을 命盡死라 하고 이 것에 反對로 天命을 順하지 못하고 自殺 或은 被殺되어 橫死하는 것을 外緣死라 함. 曇無讖이 번역한 大涅槃經十二에 「일찌기 이 二死를 細別하여 命이 盡하여 죽는 것에 三種이 있다. ①命이 盡하나 福이 盡하지 않은 것. ②福이 盡하고 命이 盡하지 않은 것. ③福과 命이 함께 盡하는 것. 外緣死에 三種이 있다. (1)分數가 아니고 自害하여 죽는 것. (2)橫死하여 他人에게 죽임을 當한 것. (3)함께 죽는 것이다」하였음.

이종사견(二種邪見) ①世間의 樂을 破하는 邪見으로 因果의 理를 無視하고 惡을 지어 苦趣에 떨어져서 人天의 樂을 얻지 못하는 邪見을 말함. ②涅槃道를 破하는 邪見. 비록 善을 닦았으나 我에 執着하고 비록 人天의 樂을 얻었으나 涅槃을 얻지 못하는 邪見임. 中論四에 「邪見에 二種이 있다. (1)은 世間의 樂을 破하는 것이고 (2)는 涅槃道를 破하는 것. 世間樂을 破한다 함은 麤邪見으로 罪도 없고 福도 없으며 如來等의 賢聖이 없다하여 邪見을 일으키며 善을 버리고 惡을 行하여 世間樂을 破하는 것. 涅槃

道를 破한다함은 我에 貪着하여 有無를 分別하며 善을 일으켜 惡을 滅하는 것. 善을 起하므로 世間樂을 얻고 有無를 分別하므로 涅槃을 얻지 못한다. 그러므로 如來가 없다함은 邪見이 深厚하여 世間樂을 잃게 되는데 어찌 涅槃을 말하겠는가 만약 如來가 있다고 말하여도 이는 邪見이다」하였음.

이종사리(二種舍利) ①(1)全身舍利. 多寶佛의 舍利 (2)碎身舍利. 釋迦佛의 舍利 ②(1)生身舍利. 戒·定·慧에 依하여 薰修한 것. 如來滅後에 全身 或은 碎身의 身骨을 人天으로 하여 永護하고 供養하는 福德. (2)法身舍利. 一切大小乘의 經卷을 말함. 智度論에 「經卷은 法身舍利다」하였음.

이종삼관(二種三觀) 天台宗에서 말하는 것. ①次第三觀. 곧 別敎의 三觀. ②一心三觀. 곧 圓敎의 三觀.

이종삼심(二種三心) 淨土眞宗에서 觀無量壽經에서 說한 至誠心·深心 廻向發願心이 二種이 있다. 또한 日本의 見眞大師는 自利의 三心과 利他의 三心으로 나누었다. 곧 要門 自力行者의 信心과 弘願 他力行者의 信心이다. 또는 敎行信證十身土卷에는 定의 三心과 散의 三心으로 나누었다. 곧 息慮凝心하는 行者의 信心과 廢惡修善하는 行者의 信心이다. 이 定散의 信心과 自力을 各別의 三心이라 함.

이종상(二種常) 智度論의 說. ①菩薩과 같이 百歲로부터 八萬劫을 경과하여 入滅에 이르기까지 長時間 變化가 없는 것을 常이라고 말하나 眞常이 아니라는 것. ②常住하여 무너지지 않는 것을 常이라 하며 이것이 眞常이라는 것.

이종상주(二種常住) ①百歲至滅劫名常. 諸菩薩이 만약 百千萬億歲를 住하여 一劫 또는 八萬劫 뒤에 入滅하는 것을 常이라 하며 이는 곧 久遠住世의 常이고 不遷不易하는 常이 아님. ②常住不壞名常. 모든 煩惱의 惑이 이미 滅하면 眞常의 理가 나타난다. 眞常의 理는 不生不滅 不變 不壞하여 常이라 함. (智度論四十三)

이종색(二種色) ①內色은 五根. 外色은 五種. ②顯色은 靑·黃·赤·白·影·光·明·闇·雲·煙·塵·霧 或은 空一顯色이며 形色은 長·短·方·圓·高·下·正·不正. 혹은 麤·細를 보탠 것.

이종색신(三種色身) ①實色身. 諸佛如來가 因가운데서 無量한 德을 닦아 果에 이르러서 無量한 相好의 莊嚴을 感得한 것을 實色身이라 하고, ②化色身. 諸佛如來가 大悲願力으로 갖가지 身形을 變化하는 것을 化色身이라 함. (佛地經論七)

이종생사(二種生死) ①(1)分斷生死. 모든 有漏의 善과 不善의 業이 煩惱障의 助緣所感에 따른 三界·六

道의 果報임. 그 몸의 果報에는 分分과 段段의 差異가 있으므로 分段이라 함. 見思의 或을 갖춘 一切凡夫를 말하는 것. (2)不思議變易生死. 모든 無漏의 善業이 所知障의 助緣所感에 依한 界外淨土의 果報이며 見思의 惑을 斷한 阿羅漢이상 聖者의 生死를 말함. 不思議란 業用이 神妙不測함을 말한 것이며, 變易란 色과 形의 勝劣과 壽期의 長短이 없고 다만 迷想이 漸漸없어지고 證悟가 漸漸 增加하는 이 迷悟의 遷移를 變易이라 함. (이상은 台家의 뜻) 또한 聖者는 分段의 身을 改易하여 不思議한 殊妙의 好身을 얻으므로 變易이라 함. (이상 法相의 뜻) 또한 心神이 念念 相傳하여 前後變易하므로 變易이라 하며 또한 諸聖이 얻은 法身도 神化가 自在하여 能히 變易하므로 變易이라 함. (이상은 三論의 뜻) ②唯識論에 變易生死에 따라 三名을 들었음. (1)不思議變易生死 (2)意成身 (3)變化身이다. 이 變易生死는 法相宗의 뜻에 依하면 智增의 菩薩은 初地이상에서 받고 悲增의 菩薩은 八地이상에서 받는다 함. 台家에서는 四土中의 方便土는 變易身이 居하는 곳으로 藏敎와 通敎의 無學果와 別敎의 第八住이상 初地이하의 菩薩과 圓敎의 第七信과 初住이하의 菩薩이 이 生死를 받는다 함. 勝鬘經은 이 二者를 有爲生死와 無爲生死라 함. 凡夫는 有漏의 諸業을 일으켜 有爲의 果를 感하므로 有爲라 하고 聖人은 有漏의 諸業을 일으키나 有爲分段의 報를 받지 않으므로 無爲라 함. 勝鬘經에 「二種의 死가 있다. (中略) 分段死와 不思議變易生死를 말한다」하였고, 行宗記一上에 「一은 分段으로 三乘이 共亡하는 것. 二는 變易으로 오직 佛이 永盡하였다」하였으며, 唯識論八에 「三界麤인 異熟果는 身命短長이 因緣力을 따라 齊限이 定하므로 分段이라 함. (中略) 殊勝細한 異熟果는 悲願力에 따라 身命을 改轉하여 齊限의 定함이 없으므로 變易이라 함. (中略) 妙用이 難測함을 不思議라 하며 或 意生身이라 함은 뜻대로 所願이 成就하기 때문이다. (中略) 또한 變化身이라 함은 無漏의 定力이 異本을 轉하게함이 變化와 같기 때문이다」하였음.

이종서(二種序) ①別序의 種類. 序에 모두 三種이 있다. (1)通序는 如是등의 五事·六事를 말함. 이는 諸經을 통하여 있기 때문에 通序라 함. (2)別序는 通序로 말미암아 序末에 이르는 것. 이는 각각 그 序를 따라서 分別되므로 別序라 함. ②(1)證信序. 즉 위에 말한 別序. (2)發起序. 즉 위에서 말한 通序임.

이종석제(二種釋題) 天台와 賢首의 二宗은 諸經의 題目을 解釋함에 通

과 別·能과 所의 같지 않음이 있다. ①天台의 通別釋題. 天台는 通과 別의 二義로 經題를 解釋하였다. 妙法蓮華經 같은 것은 위의 四字는 別로 이經이 따로 있기 때문이며 經의 一字는 通으로 一切諸經에 通하기 때문이다. 他例도 같다. ②賢首는 能과 所로 題를 解釋하였다. 賢首는 반드시 能詮의 文과 所詮의 義를 判한 것. 大方廣佛華嚴經과 같이 위의 六字는 所詮이며 經의 一字는 能詮이다. 餘經도 이와 같음.

이종성(二種姓) ①唯識說에서 말하는 本性住種姓(眞理를 아는 種子로 되는 本來的인 素質을 先天的으로 간직하여 不變하는 것)과 習所成種姓(後天的인 修養에 依한 것)의 두 가지. (瑜伽論) ②聖種姓(三乘의 觀法을 修行하여 이룬것)과 愚夫種姓(凡夫가 有無를 處置하여 이룬것)과의 둘. ③有種姓(三乘의 種成을 갖추어 三乘의 果에 이를 수 있는 것)과 無種性(어떤 方法으로 하여도 迷妄世界를 벗어날 수 없는 것)의 둘. (瑜伽論) →二種性

이종성(二種性) ①(1)本性住種性. 無始로 부터 第八阿賴耶識에 붙어 法爾가 있는 大乘의 無漏法爾種子다. 이 種性은 我등 結縛된 身 가운데 갖추어져 있고 또한 無始로 부터 法爾에 갖추어진 것. 假令 六道四生의 輪廻를 받아 阿賴耶 識中에 있으면서 失壞되지 않는 것. (2)習所成種性. 如來의 敎法을 듣고 聞·思·修의 三慧를 일으켜 새로이 有漏의 善種을 薰習하고 이 薰習力의 增長에 依하는 그 法爾의 無漏種子다. 이는 本有와 新薰의 二種性을 갖추고 完全한 菩提涅槃의 妙果를 얻는 것. ②楞伽經二에 說한 것. (1)聖種性. 三乘聖者가 涅槃을 證하는 種이다. (2)愚夫種性. 愚痴한 凡夫가 諸法에 迷執하는 性이다. 이는 곧 能生의 種이며 性은 곧 敎習의 性이며 理性의 性이 아니라 함.

이종성(二種聖) ①聖說法. 三藏·十二部經을 說한 것. ②聖默然. 一字도 說하지 아니한 것. 如來는 다만 이 두가지 法이 있음. (思益經如來二事品)

이종성문(二種聲聞) ①愚法聲聞 ②不愚法聲聞. 이는 大乘義章의 說. →愚法.

이종세간(二種世間) 世間을 二種으로 나눈 것. ①衆生世間 ②器世間.

이종수기(二種授記) ①無餘記. 佛의 現前授記. 어느衆生은 어느時期에 佛이 되며 무슨 무슨如來라 부를 것이며 이 같이 國土와 眷屬等을 남김 없이 說하므로 無餘記라 한다. 例를 들면 世尊이 말하기를 "만약 내가 在世하거나 或은 滅度後에 모든 法華經의 一句와 一偈를 들으면 내가 모두에게 無上菩提의 記를 줄 것이다" 함과 같은 것을 無餘記

라 함. ②有餘記. 衆生에게 말하기를 "너는 未來의 某佛 때에 가서 이 罪를 免할 것이며 무슨 무슨如來께서 너에게 授記할 것이다" 함과 같은 類를 有餘記라 함. "만약 一切衆生이 모두 有餘가 있고 그가 善根을 생하여 相續不斷하면 無上菩提에 이를 것이다"함을 有餘記라 함.

이종수명(二種壽命) 智度論七十八에 「衆生에게 二種의 壽命이 있으니, 하나는 命根이요. 또 하나는 智慧命이다」라고 하였음.

이종승(二種僧) ①(1)聲聞僧. 小乘이 三學을 닦아 머리를 깎고 袈裟를 입은 出家沙門의 形相이다. (2)菩薩僧. 大乘이 三學을 닦아 머리도 있고 俗衣를 입은 在家의 形相임. ②(1)應供僧. 檀越이 供養할 수 있는 사람. (2)三歸僧. 三寶中의 僧寶로 歸依할 수 있는 者로 오직 聲聞人 가운데 四向과 四果에 限함.

이종승물(二種僧物) ①(1)現前僧物. 一結界 가운데 屬하는 現在 衆僧의 衆物이다. 곧 現前한 僧을 낱낱이 供養하는 衣食等을 말함. (2)四方僧物 또는 十方僧物 또는 僧祇物이라 함. 四方僧의 物件에 屬함. 절의 房舍와 廛米등임. 이는 施者의 意志에 따라서 分別되는 것. ②物件의 性質에 따라 區別하는 것으로 重物과 輕物이 된다. 堂舍와 田園등은 前者가 되고 鉢·錫杖·三衣등 十八資具는 後者가 된다. 重物과 輕物의 別이 있어 死者의 遺產과 相續의 法을 밝힌 것.

이종시(二種施) 財施·法施를 말함.

이종식(二種識) 顯識인 第八識과 分別識인 第六識.

이종신(二種信) ①(1)信解 또는 解信 梵〈Abhimukh〉阿毘目佉. 理를 보고 自明하여 마음에 疑慮가 없는 것. (2)深信. 또는 仰信. 梵〈srad-dhā〉捨攞馱. 이것은 사람을 依持하여 그말을 믿는 것. 大日經疏三에 「큰 信解가 있는 者는(中略) 밝게 이理를 보고 마음에 疑慮가 없는 것이 마치 우물을 파는데 漸漸 진흙이 나오면 비록 물은 보지 못해도 가까이 있음을 아는 것이므로 信解하는 것. 아래 深信이라 함은 일에 依하고 사람에 依하여 믿음은 마치 長者의 말을 듣고 或은 常情의 表를 나가면 다만 이 사람이 일찌기 속이지 않으므로 곧 문득 諦受依行함을 또한 信이라 한다」하였음. ②邪信과 正信의 二種이 있다. 貪瞋痴의 三不善과 相應하는 信은 邪信이 되고 無貪등 三善根과 相應하는 信은 正信이 된다 함. ③自力과 他力의 二信이 있다. 自發하는 信을 自力信이라 하고 佛의 大悲心에 依하여 發하는 信을 他力信이라 함. 이 가운데 五根中의 信根은 正信이라 말하여 佛徒의 通道한 信心이며 또한 淨土眞宗의 信은 他力에 따라 信함을 말하며 이는 一宗特殊한 信心이라 함.

이종신력(二種神力) ①(1)令遠處見聞神力. 佛이 一處에서 說法하여 神通力으로 他方 異土의 衆生을 시켜 모두 見聞함을 얻게하는 것. (2)令各各具佛神力. 佛이 一處에서 說法하여 能히 하나 하나의 衆生이 各各 自在하게 佛前에서 說法을 보는 것이 마치 해가 뜨면 그림자가 衆水에 나타남과 같음. ②(1)現身面言說神力. 初地의 菩薩이 佛의 神力에 住하여 大乘에 들어가서 三昧를 照明하여 이 三昧에 들어 간 뒤에 十方世界의 一切諸佛이 神通力으로 一切身을 나타내며 當面說法하는 것. (2)以手灌頂神力. 初地의 菩薩이 三昧神力을 얻어 千劫에 善根을 積集하여 成就할 때 次第로 諸地 또는 第十法雲地에 들어가서 大蓮華微妙宮殿에 住하며 大蓮華寶師子座에 앉아 衆寶瓔珞으로 그 몸을 莊嚴하게 하며 黃金葡萄가 日月光明과 같다. 이때 一切如來가 十方에서 부터 와서 大蓮華宮殿座上에 나아가 손으로 甘露를 가지고 그이마에 灌한다 함.

이종신심(二種信心) 法華經을 믿는 二種의 信心. ①就佛立信. 法華經은 久遠劫前에 實成한 圓佛의 所說이기 때문에 믿음. ②就經立信. 無量義經과 涅槃經은 法華經이 眞實한 經이라고 說하였기 때문에 믿음.

이종신토(二種身土) 佛地經論에서 말하는 自受用의 身土와 他受用의 身土.

이종심상(二種心相) 占察經에 있는 말로 心內相과 心外相이다. ①心內相. 마음의 本性은 淸淨平等한 것. ②心外相. 마음은 모든 緣을 따라서 갖가지 對境을 生하는 것.

이종심신(二種深信) ①機의 深信. 自己가 罪惡의 덩어리어서 도저히 生死世界를 벗어날 資格이나 힘이 없는 줄로 깊이 믿음. ②法의 深信. 阿彌陀佛의 本願은 어떤 罪惡의 凡夫라도 救濟하여 成佛케하는 힘이 있는 줄로 깊이 믿음.

이종십지(二種十地) 但菩薩地와 共地. (大智度論)

이종아견(二種我見) 人我見과 法我見의 二種我見을 말함.

이종애(二種愛) ①有染汚. 즉 貪愛. 妻子 등을 사랑하는 것과 같음. ②無染汚 즉 信愛. 師長 등을 愛敬하는 것과 같음. (俱舍論四)

이종여래(二種如來) ①出纏如來. 一切諸佛이 障爾를 벗어나 圓明한 자리에 있는 것을 일컬음. ②在纏如來. 一切有情이 纏垢 가운데 있음을 일컬음. (秘藏記鈔一)

※凡行者之供養 卽供養此二種如來也.

이종열반(二種涅槃) ①有餘涅槃 ②無餘涅槃. 新譯에는 有餘依 無餘依라 함. 依는 有漏의 依身이며 惑業

에 對하여 餘라 함. 有餘涅槃이란 生死의 因인 惑業이 이미 盡하였으나 아직 有漏依身의 苦果가 남아 있는 것을 말하고 無餘涅槃은 다시 依身의 苦果가 滅하여 남음이 없는 것. 이 二種의 涅槃은 같이 一體가 된다. 三乘의 行人이 처음 成道했을 때 비록 證得하였으나 無餘涅槃이 나타나면 命을 마칠 때가 된다. 智度論三十一에 「涅槃은 第一法이며 無上法이다. 有餘涅槃·無餘涅槃의 二種이 있다. 이는 愛등의 모든 煩惱를 斷하는 것을 有餘涅槃이라 하고 聖人이 今世에서 받은 五衆이 盡하면 다시 받지 않는다. 이를 無餘涅槃이라 한다」하였음. 이 二種은 大小乘에 따라 分別하며 三門이 있다. (1)小乘의 分別에 따르면 生死의 因을 斷하였으나 아직 生死의 苦果가 남은 것을 有餘涅槃이라 하며 生死의 因을 斷하는 同時에 그 當果가 畢竟 생하지 않는 것을 無餘涅槃이라 함 無餘涅槃의 相이 나타나면 命終할 때라 함. 대개 無餘涅槃이란 灰身滅智로 하나의 有情이 滅해 없어지는 것. (2)大乘에 따라 分別하면 變易生死의 因이 盡한 것을 有餘라 하고 變易生死의 果가 盡한 것을 無餘라 함. (3)大小를 相對시켜 分別하면 小乘의 涅槃이 有餘가 됨은 變易生死와 같기 때문이다. 大乘의 涅槃이 無가 됨은 다시는 남은 生死가 없기 때문이다. 이 一義는 勝鬘經에서 나온 것. 또한 身智가 永遠히 消滅하는 것은 大小乘이 各各 그 說을 달리하며 小乘의 空義는 三乘의 聖人이 無餘涅槃에 들어가면 身智가 같이 없어져서 一物도 없어지며 法界中에 一有情이 滅한다고 함. 大乘中에는 法相과 法性의 二宗이 있다. 相宗의 唯識宗은 性定二乘의 無餘涅槃이 畢竟에 都滅된다고 말하고 不定性의 二乘과 佛의 無餘涅槃은 實滅이 되지 않는다. 二乘의 사람은 分段生死를 여의는 것을 無餘涅槃이라 하며 佛이 應身의 化를 쉬우고 眞身의 本에 돌아감을 無餘涅槃이라 함. 性宗의 三論과 華嚴天台의 諸家는 二乘의 定性이 없어서 畢竟成佛한다고 말한다. 그러므로 法界에서 實滅이 없는 無餘涅槃이란 다만 妄을 없애고 眞으로 돌아가며 化를 緝하여 本으로 還하여 無餘涅槃에 들어 간다 함. 大乘義章十八에 「入義에 세가지가 있다. (1)就實論. 息妄하여 歸眞에 들어가며 因으로 부터 果에 이른다 (2)眞應相對. 化를 쉬우고 眞에 돌아감으로 入이라 함. (3)唯就應. 現在有爲의 過를 버리고 無爲에 趣入하므로 入이라 한다」하였음.

이종영해(二種領解) 齊領과 探領. ①齊領은 自己의 分에 맞게하여 領解所受하는 化益을 말함. ②探領은 自己의 分에 局限하지 않고 佛의

뜻을 탐색하여 널리 一切를 통하여 領解하는 것. (法華文句會本十七)

이종왕생(二種往生) 二往生과 같음. →二往生. (敎行信證 化身土卷) 即과 便과의 往生.

이종원리(二種遠離) 佛道를 修行할 때 身器를 清淨하게 하기 위하여 널리 身心 二種의 惡을 버리는 것. 즉 身遠離와 心遠離.

이종이행(二種利行) 自己의 利益과 他人의 利益.

이종인과(二種因果) 四諦를 二種의 因果로 나눈 것. ①世間因果. 集諦는 因. 苦諦는 果. ②出世間因果. 道諦는 因. 滅諦는 果.

이종인욕(二種忍辱) ①非衆生忍辱. 風雨 寒熱등의 박해를 忍辱하는 것. ②衆生忍辱. 殺傷·罵詈등 衆生의 박해를 忍受하는 것. (智度論十四)

이종일승(二種一乘) 華嚴宗의 敎判. 同敎一乘·別敎一乘.

이종일천제(二種一闡提) ①一切善根을 斷絕한 極惡한 사람으로 成佛하지 못할 사람. ②一切衆生을 濟度하는 大悲菩薩이 되어 成佛하지 못하는 것을 모두 一闡提라 함. 楞伽經二에 「一闡提는 涅槃性이 없다. (中略) 一闡提에 二種이 있다. 무엇이 二냐하면 (1)은 一切의 善根을 焚燒한 것이며 (2)는 一切衆生을 憐愍하여 一切衆生界願을 作盡한 것. 大慧가 말하기를 "무엇이 一切善根을 焚燒하는 것입니가" 菩薩藏을 비방하는 것을 말한다. 그들의 말은 그 修多羅毘尼의 解脫說을 隨順하는 것이 아니라 諸善根을 버린다. 그러므로 涅槃을 얻지 못한다. 大慧야 "衆生을 憐愍하여 衆生界의 願을 作盡하는 것은 菩薩이다. 大慧야 菩薩이 方便으로 願을 짓기를 만약 모든 衆生이 涅槃에 들지 못한다면 나도 涅槃에 들지 않겠다하므로 菩薩摩訶薩은 涅槃에 들지 않느니라」하였음.

이종입제(二種立題) 모든 佛經의 題目에, 부처님 自身이 직접 지으신 것이 있고, 그뒤 經家들의 손에 의해 지어진 것이 있는데 부처님 自身이 지으신 것으로는 金剛經같은 것, 經에 이르기를 「이 經의 이름을 '金剛般若波羅蜜'이라고 하라, 이 名·字를 너희들은 마땅히 받들어 간직하라」고 하였고. 經家에 의해 지어진 것으로는 佛滅後結集할 때에 지은 것 '妙法蓮華經' 같은 것임. (法華文句一)

이종자(二種子) ①名言種子. 現行하는 一切 善惡의 諸法이 親히 種子의 因이 되어 善種子는 善法을 생하고 惡種子는 惡法을 생하며 無記種子는 無記法을 생한다. 또는 色種에 따라 色法을 생하고 心種에 따라 心法等이 생하며 第八 阿賴耶識에 依附하여 一切諸法의 親因이 되는 것. 名言이라 한 것은 或은 스스로 名言을 發하여 色心의 諸法을 詮顯하고 自心의 앞에 도리어 그 諸法의 相分을 나타내어 그 諸種子의 阿賴耶識을 熏習하며 或은 他의 名言을 듣고 色心의 法을 所詮하여 自心의 目前에 그 相分을 反現하여 그 種子를 本識에 薰하는 것. 名言은 낱낱이 種子의 新薰을 成就하므로 名言種子라 함. (이 表義는 名言의 뜻) 또한 名言種子란 能詮의 言語를 特介치 못하고 熏習하여 一切의 心과 心所가 諸境을 緣할 때 또한 그 諸境의 相分이 心前에 反現하여 그 種子를 本識에 薰하는 것. 이 같이 心과 心所의 緣境에 依하여 그 種子를 熏成하는 것을 또한 名言種子라 함. 名言이라 한 것은 心과 心所가 境에 緣할 때 能緣의 마음이 所對의 境을 나타내어 恰似 諸法의 體義를 詮顯함과 같다. 이 顯境의 이름을 名言이라 함. 이 가운데 第一種의 表義인 名言은 第六識에 限하며 名言은 名言을 緣하여 오직 第六識과 相應하는 尋伺의 力이 된다. 第二種의 顯境은 七識에 通하여 所緣한 境을 了別하여 種子를 薰하며 一切의 心과 心所에 通한다. 다만 第八識은 所熏處가 되고 스스로 能熏하는 用이 없다. ② 業種子. 第六識과 相應하는 思心所로 善惡의 業을 지어 第八識의 種子를 熏習한다. 業은 造作이란 뜻. 造作은 善惡에 熏된 善惡의 種子다. 이 思心所의 種子에 두가지 功能이 있다. (1)은 自生하는 思心所의 功能이고 (2)는 他의 羸劣한 無記의 種子를 도와서 現行의 功能을 생하게 하는 것을 業種子라 함. 自果를 생하는 것은 業種이 아니며 他果를 도와서 功能이 생하게함을 業種子라 함. 그 他果를 돕는 法은 第八識이 三性中에 極劣無記한 識體가 되므로 名言의 種子를 생하며 또한 羸劣無記한 種子가 되어 스스로 果를 생하는 力用이 없다. 그러나 第六識이 相應하는 思心所의 造作에 依하여 五戒와 十善등 善事의 힘이 그 第八識無記의 種子로하여 當來善趣에 태어날 것이 決定되는 功能이 그의 業力의 도움을 받아 스스로 善起의 無記인 果를 생한다. 그러므로 名言種子는 八識에 通하고 또한 三性에 通하며 業種子는 第六識의 思心所에 局限되며 또한 善惡의 二性에만 局限되어 無記羸劣로써 助他의 功能이 없다. 또한 思心所는 名言과 業種의 二能을 兼하고 他의 心과 心所法은 오직 名言種子의 功能일 따름이라 함.

이종자(二種字) ①阿利羅. 阿迦等의 根本字임. ②哩比韓. 伊등의 增加되는 字임. 大日經疏十七에 「字와 梵에 二音이 있다. (1)阿利羅이며 이는 根本字이다. (2)哩比韓는 增加字이며 根本은 곧 本字로 阿字의 最初二音과 같다 다음은 伊伊(一長)에서 烏奧에 이르는 十二字이다.

이는 生을 따라 增加하는 字이며 모두 女聲이며 根本字는 男聲이다. 男聲은 慧의 뜻이며 女聲은 定이다. 그 根本字는 遍一切處로 다음 모든 增加字도 또한 遍一切處이며 根本增加와 相異하지 않음. 모두 根本字體는 本이 있어 點畫을 加한다. 그러므로 根本의 增加는 不一不異하다. 마치 그릇 가운데 물을 담는데 그릇을 因해 물을 담으면 물은 그릇을 벗어나지 않는다 이 또한 이와 같다. 능히 서로 依持하여 能히 內外에 周遍한다」하였음.

이종자량(二種資糧) 佛果를 證得하려고 修行하는 것을 돕는 二種의 資糧으로 福德資糧과 智德資糧이다. 이 二德을 資糧으로 삼아서 佛果를 證得한다. 二種 莊嚴의 다른 이름이다. 寶積經에서 說한 것으로, ①福德資糧. 布施·持戒등의 善根功德. 즉 六度中의 前五度를 말함. ②知德資糧. 正觀을 修習하여 부지런히 妙智를 求하는 것. 즉 第六度를 말함. (三藏法數七, 寶積經十二)

이종자재(二種自在) ①觀境自在. 菩薩이 正智慧로써 眞如의 境을 照了하고 一切의 諸法을 通達하여 圓融自在함. ②作用自在. 菩薩이 이미 正智로 眞如의 境을 照了하여 能히 體를 따라 起用하며 現身說法하고 諸衆生을 化하여 圓融自在한 것.

이종장엄(二種莊嚴) ①涅槃經과 大乘義章에 있는 말. 菩薩이 法身의 資格을 얻는 二種의 莊嚴. 智慧莊嚴과 福德莊嚴. ②金剛經에 있는 말. 形狀莊嚴과 第一義莊嚴.

이종적정(二種寂靜) ①身寂靜. 집과 欲을 버리고 모든 緣務를 끊으며 靜處에 閑居하고 情鬧을 멀리 여의며 몸에 惡行의 一切를 짓지 아니함을 身寂靜이라 함. ②心寂靜. 貪·瞋·痴등을 모두 멀리 여의고 禪定을 修習하여 散亂하지 않으며 뜻이 모든 惡行을 一切 짓지 않음을 心寂靜이라 함. (釋氏要覽下)

이종정진(二種精進) ①身精進. 法과 같이 致財하여 布施 등에 쓰는 것. ②心精進. 慳貪등의 惡心을 끊고 들어오지 못하게 하는 것. (智度論八十)

이종존특(二種尊特) ①修成尊特. 因位의 修行으로 佛을 成就한 大相好임. 이는 報身佛의 相好이며 別敎의 뜻이다. ②性具尊特. 法性이 本具한 好相으로 法身佛의 相好이며 圓敎의 뜻임. 이 가운데 性具의 尊性이 上品이 되고 修成의 尊特이 下品이 된다. 華嚴經의 微塵數相好는 修成이 되므로 下品이며 法華經의 微妙淨法身이 性具가 되므로 上品이 된다 함.

이종종성(二種種性) 二種姓과 같음. →二種姓.

이종종자(二種種子) ①唯識說에서 性質에 따라 種子를 二種類로 分類한 것. (1)名言種子. 名言에 依하

여 第八識(아라야識)에 熏習된 種子로 一切善惡의 諸法을 나타내는 親因緣. (2)業種子. 第六意識의 善惡業의 種子가 他의 贏劣·無記의 種子를 도와 現行시키는 功能. ②種子의 生起에 對하여 二種類로 分類한 것. (1)本有種子. 無始以來, 第八識中에 本來부터 蘊處界를 生하는 功能이 있는 것. (2)新熏種子. 無始以來 現行한 前七識에 依하여 第八識中에 熏習하고, 集積한 染淨의 種子. ③漏의 有無에 依하여 種子를 二種類로 分類한 것. 有漏種子와 無漏種子. (瑜伽論)

이종증(二種證) 聲聞의 사람이 四果를 證함에 二種이 있다. ①次第證 또는 次第斷이라 함. 初果로 부터 次第로 修惑을 斷하고 次第로 四果를 證하는 阿羅漢이다. ②超越證 또는 超越斷. 利根의 聲聞으로 一時에 몇개의 修惑을 斷하고 一果를 超越하여 三果에 이르러 阿羅漢果를 證하는 것에 四種이 있다 함. →超越證.

이종참회(悔事懺悔) ①事懺悔. 몸·입·뜻의 三業을 삼가하며 禮佛頌經하는 作法으로 罪過를 告白하고 悔改하는 것. ②理懺悔. 모든 法의 實相인 萬法皆空의 眞理를 觀하여 罪惡은 妄心으로 지은 것이요. 妄心은 自體가 없으므로 罪惡도 空한 줄로 體達하여 모든 罪를 滅하는 것.

이종천제(二種闡提) ①捨善根闡提. 先天的으로 成佛할 可能性이 없는 極惡한 사람. ②方便闡提. 菩薩이 一切衆生을 化度하기 爲하여 方便으로 假한 闡提가 되는 것. →闡提.

이종청정(二種淸淨) ①自性淸淨. 衆生眞如의 心體로 性이 本來淸淨하여 染礙됨이 없는 것을 自性淸淨이라 함. ②離垢淸淨. 衆生의 自性淸淨한 心體로 一切煩惱의 染垢를 멀리 여의므로 離垢淸淨이라 함.

이종초월삼매(二種超越三昧) 菩薩이 上下의 모든 地位를 超越하여 隨意自在하게 出入하는 三昧를 二種으로 나누어 超入三昧와 超出三昧로 함. →超越三昧.

이종출가(二種出家) ①身出家. 小乘의 比丘와 大乘의 菩薩僧. ②心出家. 大乘의 菩薩居士로서 維摩 賢護등과 같음.

이종행상(二種行相) 이 行相은 俱舍와 唯識의 다른 뜻이 있다. 俱舍는 直緣心外의 境을 許하므로 心外의 境이 所緣이 되고 心內의 行相이 能緣이 되며 唯識은 直緣心外의 境을 許하지 않으므로 반드시 心內에 나타나는 影像은 이것이 所緣이 되어 다시 能緣의 相을 일으킨다. 거듭 말하면 心內에는 能緣과 所緣의 二相이 있어 所緣을 相分이라 하고 能緣을 見分이라 하며 이 見分은 곧 行相이다. 그렇다면 唯識에 依하여 觀하면 我는 見分 行相이 되고 俱舍는 相分 行相이 된다. 唯識論二에 「識을 여읜 所緣境에 執着한 것은 그는 外境을 所緣이라 說하고 相分을 行相이라 함. (中略) 識을 여읨이 없이 所緣境에 達하면 相分을 說하여 所緣이라 하며 見分을 行相이라 한다」하였으며, 述記三本에 「行相이 둘이 있다. (1)見分이 文의 說과 같고 (2)影像相分을 行相이라 한다」하였고, 俱舍光記一의 餘에 「만약 大乘에 依하면 이 行相은 相分이 되며 이 相分은 境에 攝收되고 變色등을 따르며 곧 色等에 攝한다」하였음.

이종회향(二種回向) ①淨土門에서 세운 것. (1)往相回向. 自己의 功德으로 一切衆生을 回施하여 阿彌陀如來의 安樂世界에 같이 往生함을 願하는 것. (2)還相回向. 그 땅에 난 뒤에 一切功德을 成就하고 生死稠林에게 廻來하여 一切衆生을 敎化하여 淨土로 向하게 함을 願하는 것. ②衆生과 佛果임. 天台仁王經疏上에 「回向의 二種은 (1)所作을 衆生에게 回示하고 (2)所作을 佛果에 回向하는 것이다」하였음. ③(1)正回向 (2)邪回向 위에서 述한 것은 正回向이다. 만약 이 功德으로 未來를 惡鬼神에게 期望하는 것을 邪回向이라 함. 古今부터 그 例가 甚히 많다 함.

이종훈(二種薰) 薰習과 資薰이다. 前者는 自習慣이 되어 薰한 것. 翻譯名義集六에 「①薰習. 心體를 薰하여 染淨등의 일을 이루는 것. ②資熏. 現行하는 心境과 諸惑이 相資하는 等이다」하였고, 大藏法數四에 「熏은 資薰擊發하는 뜻. 대개 第八識은 비록 一切善惡의 種子를 含藏하나 만약 染과 淨 二緣이 薰發함이 없으면 能히 染淨등의 일을 成就하지 못한다. 穀麥等의 種이 비록 生芽의 能이 있으나 만약 水土의 資薰을 얻지 못하면 싹이 또한 생하지 않으므로 薰이라 함. 薰은 곧 薰發. 習은 곧 數習. 染淨의 緣을 數習하여 心體를 薰發하여 染淨等의 일을 成就하므로 薰習이라 함. 資는 助와 같음. 現在 塵境을 對하여 일어나는 마음과 諸惑이 相資薰發하여 染淨등 事를 이루므로 資薰이라 한다」하였음.

이종훈습(二種薰習) 七轉識이 各各 그 外境을 緣할 때 그 識自體의 힘에 依하여 그 所緣境의 相分과 本質의 種子인 第八識에 薰習되는 것을 相分薰이라 하고 能緣의 見分과 自證分 證自證分의 種子인 第八識內에 薰習하는 것을 見分薰이라 함.

이죄(二罪) ①性罪. 殺·盜·婬·妄과 같은 四重戒는 그 性質이 惡한 것이므로 부처님의 規制를 기다리지 않고도 犯하면 罪의 報復을 받는 것. ②遮罪. 酒戒등 그 性質이 惡한 것이 아니나 부처님의 다른 戒를 保護하기 위하여 制止한 것이니 만약 犯하면 부처님이 制止한 罪를 얻게 되는 것임.

이주(二柱) 佛法을 護持하는 두 기둥. 續多論에 「佛法에 두 기둥이 있어 능히 佛法을 護持하는데, 坐禪과 學問을 말한다」라고 하였음.

이중(二衆) ①道衆. 出家하여 道業을 닦으며 具足戒·十戒등을 받는 사람. ②俗衆. 俗家에 있으면서 佛法에 歸依하여 五戒·八戒를 받은 사람. 玄義釋籤一에 「道·俗이 顒顒하다」라고 하였고, 觀經玄義分에 「道·俗 二衆들이다」라고 하였음.

이중둔(利中鈍) ㉵〈tikṣṇa-madhya-mṛdu (-ind: riya)〉 能力이 뛰어난 者와 中位者와 拙劣한 者. (俱舍論)

이중만다라(二重曼茶羅) 胎金 兩部 曼茶羅는 各各 淺略과 秘密의 兩重이 있다. 胎藏界에 있는 것은 大日經 具緣品에 說한 것으로 大日이 阿彌陀三摩地에 住하여 나타낸 加持境界다. 이는 三部中의 蓮華部曼茶羅로 淺略曼茶羅다. 疏六에 「靑色은 無量壽의 色이며 이미 金剛實際에 이르러 곧 方便으로 加持하여 大悲曼茶羅를 普現함이 淨虛空中에 萬德을 具含함과 같기 때문이다」하였음. 또한 秘密品에서 說한 것은 毘盧遮那本地의 境界로 三部中의 佛部 曼茶羅는 곧 秘密 曼茶羅이며 金剛界에 있는 것은 敎王經과 略出經에서 說한 大日이 阿閦의 三摩地에 住하여 吽字를 誦하여 阿閦佛을 成佛하는 成身會가 되는 것은 三部中의 金剛部 曼茶羅로 곧 淺略曼茶羅다. 또한 瑜祇經序品에서 說한 曼茶羅는 三部中의 佛部 曼茶羅로 秘密 曼茶羅다. 그러므로 瑜祇經은 十八會에 攝되지 않고 經에서 自說한 本來金剛界에 있다고 한다. 大日如來가 衆生의 本有인 三摩地에 住하여 本有에 無作한 境界에 所現하는 自性이 三十七尊을 所成하므로 그 種子의 三形등은 크게 常途의 說相과 相異하다. 곧 淺略이란 加持修生의 曼茶羅이며 秘密이란 本有인 本地 曼茶羅로 胎藏 本地의 理佛은 다시 西方 蓮華部에 現曼茶羅를 加持하고 또한 本有인 金剛의 智佛이 다시 東方 金剛部에서 修生 曼茶羅를 示現하므로 深秘한 兩部를 佛部中에 建立하고 淺略한 兩部는 蓮華·金剛 二部가 體가 된다 함. (祕藏記)

이중생원(利衆生願) 菩薩이 모든 衆生을 攝受하는 願을 말함.

이중원광(二重圓光) →光背.

이중장(二重障) 二障과 같음. →二障.

이중중도(二重中道) 中道의 뜻이 二重으로 있다는 뜻. 또는 二重中道라고도 하며 唯識家에서 中道에 三性對望의 中道와 一法中道의 두가지 中道가 있음을 가리킴. (成唯識論鈔第七의 三)

이중지(離中知) 根이 境과 直接 接

觸하지 않고 약간의 距離를 두고 知覺을 내는 것. 五根중에 眼根과 耳根이 이렇게 作用함. ↔合中知.

이즉(理即) 台家에서 세운 圓教六即位의 第一. 一切衆生이 모두 中道佛性을 갖추어서 理佛이 된다. 이 理具의 자리와 究竟의 佛果는 둘이 아니고 即이다. 곧 三惡道의 衆生으로 一毫의 善이 없는 것을 理即이라 함. →六即.

이즉리비(離即離非) 甲과 乙이 同一하지도 않고, 同一하지 않은 것도 아닌 것. (西方合論)

이즉명자(理即名字) 天台宗에서 말하는 圓教六即位의 第一과 第二. 理即(佛性을 간직하고 있으면서 이 理를 모르고 生死의 迷惑中을 輪廻하는 位)과 名字即(理即의 名義를 解하는 者). (摩訶止觀)

이즉불(理即佛) 六即佛의 하나. 理即位의 佛로 곧 理佛을 말함. 오직 天然의 佛性을 갖추고 一毫의 解行이 없는 것은 곧 極惡最下의 凡夫다. 그러나 理性으로 말하면 究竟의 佛相에 即하여 다르지 않으므로 理佛이라 함. 四教儀에 「지금 비록 그러한 即佛은 理即이며 또한 素法身은 莊嚴이 없다. 修證과 어떤 關係가 있겠느냐」하였고, 同集下에 「理即은 佛을 貶함이 極한 것. 그는 解行을 全乏하여 即을 證하나 다만 理性이 自爾로 即한 것이다」하였음. →六即佛.

이증(二證) ①事證 ②理證. 三學 가운데 戒學을 닦는 것을 事證이라 하고, 定慧 二學을 닦는 것을 理證이라 함. (南山戒本疏一上)

이증(理證) 事理二證의 하나. 道理를 憶念하여 證悟하는 것. 또는 教理 二證의 하나. 부처님의 聖教를 들어서 證憑하는 것. (戒疏上·唯識論)

이증법(已證法) ㊁〈sakkhi-dhamma〉 스스로 體驗한 法. (義足經)

이증보살(二增菩薩) 菩薩에 二類가 있다. ①智增菩薩. 大智의 性分이 增上하여 惡을 끊고 理를 證하며 自利하는 善根이 많고 衆生을 利롭게 하고 物을 化하는 善根이 적은 것. ②悲增菩薩. 大悲의 性分이 增上하여 生死에 久住하고자 有情을 利樂케하며 菩提의 果에 빨리 나가고자 하지 않으므로 智增의 菩薩은 初地에서 分段身을 버리고 變易身을 取하며 悲增의 菩薩은 第八地에서 처음 分段身을 버린다 함.

이증상만(離增上慢) ㊵〈nirabhimāna〉 增上慢을 떠나는 것.

이지(二指) ㊵〈dvy-aṅgula〉 二指의 幅.

이지(二持) 戒의 二方面임. ①止持. 止는 制止. 身·口·意를 制止하여 모든 惡行을 못하게 하므로 止라 함. 五戒와 八戒등을 말함. 止에 依하여 戒體를 保止하므로 止持라 한다. ②作持. 作은 造作 身·口·

意를 策勵하여 모든 善業을 造作하므로 作이라 함. 說戒·安居·布施·禮拜를 說함과 같다. 作에 依하여 戒體를 保持하므로 體持라 함.

이지(二智) ①(1)如理智. 佛菩薩의 眞諦의 理와 같은 實智를 말함. 或은 根本智·無分別智·正體智·眞智·實智라 하고 (2)如量智. 佛·菩薩의 俗諦의 主量과 같은 智를 말함. 或은 後得智·有分別智·俗智·徧智라 함. 十八空論에 如理智는 곧 無分別智를 말하고 如量智는 곧 無分別後智다」하였고, 佛性論三에 「이 二智에 二相이 있다. (1)無著 (2)無礙다. 無著이란 如理智相이며 無礙란 能히 無量無邊界를 通達하므로 無礙라 하며 如量智相을 말한다」하였음. 行宗記一上에 「이것에 迷한 者는 俗諦가 障이 되기 때문에 世出世法은 오직 佛만이 通達하여 如量智라 하고 理에 迷한 者는 眞諦를 障하기 때문에 法性의 眞理는 오직 佛만이 盡證하여 境智가 相冥하므로 如理智라 한다」하였음. ②(1)根本智. 如理智의 異名으로 眞智가 처음 일어나서 眞理와 契會하는 智다. 이 眞理의 實智를 證하여 뒤에 있는 主相의 根本이 되는 俗智와 通하므로 根本智라 함. (2)後得智. 如量智의 異名이다. 이것은 根本智의 後邊에서 생기는 智가 되므로 後得智라 하며 이것은 眞智의 뒤에서 有爲萬法을 비추는 俗智가 된다. 이 두가지는 無分別智·後得智라 하며 根本智의 境이 一切의 分別을 여윈 것을 말한다. 唯識論十에 「眞如를 緣하므로 無分別智가 되고 餘境을 緣하므로 後得智에 攝되어 그 體는 하나이나 隨用은 둘로 나누인다. 俗諦를 了解함을 말미암아 眞諦를 證하므로 後得智라 說한다」하였고, 同九에 「前眞見道는 根本智에 攝되고 後相見道는 後得智에 攝된다」하였음. ③(1)眞智. 根本智의 異名으로 眞諦를 비치는 理性의 智慧이며 (2)俗智는 後得智의 異名으로 俗諦를 비치는 事相의 智이다. 眞諦가 번역한 攝大乘論下에 「眞과 俗의 二智는 서로 相違된다」하였고, 佛性論二에 「般若에 둘이 있다. (1)無分別眞智 (2)有分別俗智다」하였음. ④(1)實智. 佛菩薩의 實理에 達하는 智다. (2)權智 또는 方便智. 佛菩薩의 權方便을 通하는 智다. 維摩經 佛道品에 「智度는 菩薩의 어미가 되고 方便은 父가 된다」하였고, 天台維摩經會疏九에 「智度는 實智가 되고 實智는 能히 法身의 힘을 나타낼 수 있으며 方便은 權智가 되고 權智는 外用으로 能히 成辨된다」하였으며, 往生論註下에 「般若는 如에 達하는 慧를 말하고 方便은 權에 通하는 智를 말한다」하였고, 大乘義章十九에 「一乘의 眞實한 法名을 아는 것이 實智가 되고 三乘의 權化하는 法을 아는 것이 方便智가 된다」하였음. ⑤(1)一切智. 一切法의 實性에 達하는 智다. (2)一切種智. 一切法의 여러 가지 事相에 通하는 智이다. 聲聞과 緣覺에는 오직 一切智만 있고 佛은 이 二智를 갖추었다. 智度論 二十七에「一切智는 聲聞과 辟支佛의 일이오. 一切種智는 부처님의 일이다. 聲聞과 辟支佛은 다만 總一切智만 있고 一切種智는 없다」하였음.

이지(以至) 乃至와 같음.

이지(理地) 實際理地와 같음. 眞如를 말함. 또 大悟한 者의 絕對의 境地도 意味함. (圜悟心要)

이지(理智) 理는 所觀의 道理요. 智는 能觀의 智慧다. 이 둘이 서로 冥合한 것을 覺悟라고 말한다. 즉 理에 依하여 智를 내고 智에 依하여 理를 나타내는 것이다. 不思議疏下에「秘秘中에 秘를 解釋하는 것으로 本來 理를 生하지 않으나 저절로 理智가 있는 것. 本來 生하지 않는 理를 自由理智라 하고 스스로 깨닫는 것이고 본래 생하지 않기 때문이다」라고 하였다. 또 智에 二種이 있는데, 有漏의 모든 智를 事智라 하고, 無漏의 智를 理智라고 말함. (俱舍論十八)

이지(異智) ㉻〈anyathā-pratyavagama〉 달리 認知하는 것.

이지(利智) 智慧가 明敏하여 능히 是非를 가리는 것. 法華經 化城喩品에「諸根이 通利하고 智慧가 明了하다」하였고, 往生要集上本에「利智로 精進하는 사람은 어렵지 않다」하였음. ↔愚鈍.

이지계당(理智契當) 理와 智의 完全한 合致.

이지근(已知根) 三無漏의 하나. 또는 二十二根의 하나. 이미 智慧로써 迷·悟·因·果의 四諦의 道理를 밝게 안 修道位에서 일어나는 意根·樂根·喜根·捨根·信根·勤根·念根·定根·慧根의 九根을 말함.

이지란(李之蘭) 本名은 퉁두란. 女眞의 千戶가 되었다가 元나라 末年에 무리를 거느리고 歸化하여 北青에 있었다. 뒤에 李成桂의 부하가 되어 李之蘭이라 改名. 戰功을 많이 세웠다. 李成桂가 임금 된 뒤에 開國功臣이 되고 또 建州의 大賊을 무찌른 戰功으로 青海伯이 되다. 뒤에 太祖가 咸興으로 부터 豊壤에 돌아왔을 때에 上訴하기를 「臣이 聖主를 만나 司命을 주시어 南征北伐에 人名을 濫殺한 일이 많았아오니 鐵劵을 내려 寵愛하심은 황송하오나 來生에 받을 地獄의 罪報 끝없겠아옵기 머리 깎고 중이 되어 冥報를 萬分之一이나마 輕減할까 하나이다」하고 出家하였다. 太宗 2(1402)年 죽으니 世壽 72세. 遺言으로 火葬하고 浮屠를 세웠다. 仁祖 14(1636) 丙子年 가을에 큰 風

雷로 인하여 浮屠가 열렸는데 石灰 위에 金來 두 글자가 있었다. 그해 겨울에 金나라 軍隊가 왔다고 함.

이지명합(理智冥合) 眞如의 理와 이 理致를 證得하는 智慧가 一致融合함.

이지무애법신(理智無礙法身) 三種法身의 하나. 眞如의 理致와 이 理致를 證得하는 智慧를 合하여 法身으로 삼는 것.

이지불이(理智不二) 理와 智는 別個의 것이 아니라는 것. 본래 善無畏의 말이라고 함.

이지상응(理智相應) 理는 平等常住의 眞理. 智는 이 眞理를 證得하는 智慧. 이들이 一致함을 相應이라 함.

이지아사(伊底阿寫) 梵巴〈itihāsa〉史詩·叙事詩를 말함. (善見律)

이지양부(理智兩部) 理法과 智慧의 兩部, 즉 胎藏界와 金剛界와의 兩界. (眞言內證)

이지오법(理智五法) ①眞如 ②大圓境智 ③平等性智 ④妙觀察智 ⑤成所作智를 말함. 唯識論十에 「이 法身은 五法으로 性을 삼는다」하였음.

이지원만(二智圓滿) 如來는 實智와 權智의 二智가 모두 圓滿하다는 뜻.

이지정(二指淨) 밧지族의 比丘가 부른 戒律에 關한 것. 十種의 新說의 하나. 다 먹은 뒤 다시 二指로 집어서 먹는(普通은 三指로 먹는다) 것은 相關없다는 뜻. 파리律에서는 正午를 지나 햇빛이 二指를 지날 때 까지는 中食을 먹을 수 있다고 함. (十誦律)

이지총명(利智聰明) 利智는 智慧가 밝아서 是非의 分別이 銳利한 것. 聰明은 귀가 밝고, 눈이 잘 보이는 것. (隨聞記)

이진(離塵) ①梵〈viraja〉 不淨에서 떠난다는 뜻. ②出家하는 것. 出塵이라고도 함. (景德傳燈錄)

이진(離盡) 梵〈kṣaya-apagata〉 破壞衰微에서 自由롭게 되는 것. (寶性論)

이진구(離塵垢) 梵〈viraja〉→離塵.

이진복(離塵服) 袈裟의 다른 이름. 멀리 六塵을 여의었다는 뜻.

※六物圖에 「通名者總括經律 或名袈裟 或名道服(中略)或名離塵服」

이진삼매(理盡三昧) 極理를 비추어 아는 禪定임.

※新譯仁王經中에 「爲三界主 修不可稱不可說法明門 得理盡三昧」 同良賁疏中上에 「照解離極 故名理盡」

이진여(二眞如) 여러가지가 있다. ①隨緣眞如와 不變眞如다. 無明의 緣을 따라 일어나는 九界의 妄法을 隨緣眞如라 하며 비록 緣을 따라서 妄法이 되나 그 眞性은 變치 않으므로 不變眞如라 한다. 隨緣眞如를 因하므로 眞如는 곧 萬法이 되고 不變眞如이므로 萬法은 곧 眞如가 된다. 이는 華嚴의 終敎이며 天台의 別敎이상에서 말한것. ②空眞如와 不空眞如다. 眞如는 究竟에 染

法을 여의고 明鏡과 같다. 이를 空眞如라 하고 眞如가 一切의 淨法을 갖춘것은 마치 明鏡에 萬象이 나타남과 같으므로 不空眞如라 함. 이는 起信論등에서 說한 것. ③淸淨眞如와 染淨眞如다. 이는 隨緣眞如와 不變眞如의 異名임. 釋摩訶衍論三에 나온 것. ④有垢眞如와 無垢眞如다. 衆生이 갖춘 眞如를 有垢眞如라 하고 諸佛이 所顯한 眞如는 無垢眞如라 함. 이는 大乘止觀二에서 說한 것. ⑤在纏眞如와 出纏眞如다. 이는 有垢眞如와 無垢眞如의 異名임. 起信論疏에 나오는 것. ⑥生空眞如와 法空眞如다. 人我가 空하여 所顯하는 眞如를 生空眞如라 하고 法我가 空하여 所顯하는 眞如를 法空眞如라 함. 이는 唯識論에서 說한 것. ⑦依言眞如와 離言眞如다. 眞如의 體가 本來 言辭의 相을 여의고 心念의 相을 여의는 것을 離言眞如라 하고 假名에 依한 言說에 依하여 그相을 나타내므로 依言眞如라 함. 이것도 또한 起信論에서 說한 것. ⑧安立眞如와 非安立眞如다. 依言眞如와 離言眞如의 異名이다. 探玄記등에서 說한 것. ⑨相待眞如와 絕對眞如다. 이 또한 安立眞如와 非安立眞如의 異名임. 華嚴大疏鈔에서 說한 것.

이진여(二眞如) →眞如.

이집(異執) 正當한 道理에 違背되는 理致를 固執하여 不動하는 迷情을 말함. 善導의 觀經疏四에 「異見·異學·異執이다」라고 하였고, 敎行信證六末에 「邪僞스런 異執外敎를 가르쳐 깨우쳤다」라고 하였음.

이집(二執) ①我執. 또는 人執이라 함. 五蘊이 假和合하여 見聞覺知의 作用이 있고 이 가운데 恒常하나의 主宰하는 人我가 있다고 固執하여 一切의 煩惱障이 이 我執을 따라 生하는 것. ②法執. 不明·五蘊등의 法이 因緣을 따라 생함이 幻과 化 같음을 法에 實性이 있다고 固執하는 것. 一切의 所知障이 이 法執을 따라 생하는 것. 唯識論一에 「我法에 執着함을 말미암아 二障이 함께 생한다」하였음. 法苑義林章 二執章에서 說한 것. 이 二執은 五見中 薩迦耶見(곧 我見)의 所執이다. 同體의 我見에 二用이 있다. (1)物에 항상 하나의 主宰가 있다고 固執하여 我執이 되는 것. (2)法體가 實有하다고 固執하여 法執이 됨. 이 가운데 法執이 根本이 되어 十我執을 일으키며 法執을 일으킴은 반드시 我執이 아니고 我執이 일어날 때는 반드시 法執이 있는 것. 이 我執에 의하여 煩惱障이 생기며 法執에 따라 所知障이 생긴다 함.

이차(離車) ㊵<Licchavi> 또는 利車·離奢·栗唱·隷車·黎昌·律車·梨車毘 栗呫毘등이라 함. 毘舍離城 利帝利姓의 이름. 번역하여 薄皮라 하며 그 祖先은 한 덩이 고기에서

생하였기 때문에 이런 이름을 얻었음. 또한 번역하여 貴族 豪族등이라 함. 善見論十에 「往昔 波羅捺國王夫人이 아기를 가져 한 고기덩이를 낳았는데 붉기는 木槿華와 같았다. 부끄러워서 그릇 가운데 담아두고 그 위에 金箔을 입히고 朱書로 波羅捺國王夫人의 所生이라 쓰고 江가운데 던져버렸다. 道士가 돌아가는 길에 주어서 한 곳에 두고 半月쯤 지나니 고기덩이가 갈라져서 두쪽이 되었고 또 반달쯤 지나니 二쪽이 다시갈라져서 다섯쪽이 되었다. 또 半月쯤 지나니 한쪽은 男子가 되고 또한 쪽은 女子가 되어 男子는 黃金色이고 女子는 白銀色이 되었다. 道士가 보고 慈心力 때문에 손 가락으로 젓을 내어 아이를 먹였다. 道士가 아이를 離車라 불렀다. 번역하여 皮薄이라 하며 또는 同皮라하였다. 二子가 十六歲가 됨에 牧牛人이 되어 같이 宅舍를 짓고 딸을 시집보내서 男子를 拜하여 王을 삼고 女人은 夫人을 삼았다. 뒤에 王子를 많이 낳아 세번이나 舍宅을 늘렸다. 이것을 毘舍利(毘舍離는 번역하여 廣嚴이라 함)라 한다」하였고, 慧琳音義六에 「栗舍毘王은 豪族의 類며 刹利種의 系다. 또는 離車毘童子라 하며 上의 舊名이다」하였으며, 同二十九에 「梨車毘童子의 正名은 梵音으로 栗聶毘이며 번역하여 貴族公子다」하였고, 西域記七에 「栗呫波子는 離車子다」하였음.

이차능가라촌(伊車能伽羅村) ㊵〈Icchanangala〉 또는 一奢能伽羅·一車難伽羅·那楞伽羅라고도 한다. 번역하여 皷車라 한다. 憍薩羅國(Kosala)에 있는 婆羅門村이다. 釋尊이 이땅에 住居하실 때에 三個月間을 林中에 머무르시면서 어떠한 사람도 接近시키지 아니하였다 함.

이차돈(異次頓) (503~528) 新羅 法興王때의 殉教者. 姓은 朴氏. 一名 居次頓·處道. 字는 猒觸(或 異次. 또는 伊處) 祖父는 阿珍宗 法興王 15(528)年 胡僧 阿道가 新羅에 처음으로 佛教를 전파하려 할때 모든 臣下들이 이를 반대하여 王이 주저하자 當時 26세의 青年인 內史舍人(三國遺史에 舍人은 新羅官爵 17等中의 第12, 13에 해당하는 大舍와 舍知(小舍)로서 모두 下士의 秩에 속한다고 註記하여 있다) 異次頓만이 오직 佛教의 奉行을 주장하며 王께 奏하기를 "小臣의 머리를 베어 여러사람의 의논을 정하소서" 王 "佛道를 일으키려 하면서 무고한 사람을 어떻게 죽이겠느냐" 하고 대신을 모아 의논하니, 모두 말하기를 "僧侶들은 모두 머리를 깎고 이상한 옷을 입고 말이 야릇하니 常道가 아닙니다. 만일 이 道를 행하면 후환이 있을터이니 臣들은 王命을 따를수 없읍니다" 異次

頓 "비상한 사람이 있고야 비상한 일이 있는 것이라 불교는 깊고 묘한 것이니 믿지 아니할 수 없나이다" 王 "여러사람의 말이 일치하거늘 네가 어찌 딴말을 하느냐?"하고 王은 異次頓을 처형케 했다. 그는 죽을 때 하늘에 맹세하되 "佛法에 神이 있다면 내가 죽은 뒤에 반드시 異變이 있을 것이다"라고 예언, 드디어 목을 베니 法興王 15 (528)年 8月 5日 피가 흰 젖빛으로 변하여 솟구치므로 모두 놀라고 감동하여 佛敎를 국가적으로 공인케 되었다. 栢栗寺(경상북도 경주 동천리에 있는 절)의 石幢은 이차돈의 명복을 빌기 위하여 세워진 것이며, 그 곳에 그의 事實이 자세히 적혀 있다. 俗傳에는 그가 죽을 때 머리가 날아가 떨어진 곳이 경주의 북쪽에 있는 金剛山이며, 그 곳에 刺楸寺를 지었다 한다. 신라 顯德 9(817)年 國統惠隆등이 무덤을 만들고 비를 세웠고, 興輪寺 永秀는 이 무덤에 모여서 예배하는 香徒들을 결속하여 단을 만들고 매월 5일에 영혼을 조상하였다 함. (三國遺事)

이찰(異刹) 異國.

이찰니(伊刹尼) 梵〈Ikṣaṇi〉 他人의 心中에 생각을 아는 呪術을 말함. 俱舍論二十七에 「呪術을 伊刹尼라 함. 이것을 加持하면 문득 다른 사람의 생각을 안다」하였고, 俱舍光記 二十七에 「呪術 伊刹尼는 다른 사람의 心念을 알며 이를 觀察이라 함. 또한 眞諦가 말하기를 "伊刹尼는 論이다. 露形外道師가 지은 것으로 번역하여 觀察이라 함. 이 呪는 지은 사람의 이름을 따라 伊刹尼라 한 것이다」하였음.

※玄應音義二十六에 「伊刹尼此云占相觀察」

이참(理懺) 懺悔에도 事와 理의 二種이 있다. 法의 無性을 觀하여 罪福의 相을 잊는 것은 理障을 破하여 理懺이 된다. 身·口·意가 지은 것으로 하나 하나의 法度에 依하여 尊像을 對해 過罪를 披陳함은 事障을 破하여 事懺이 된다 함. 四敎儀에 「理懺은 懺悔를 하고자 하는 者가 端坐하여 實相을 念하면 衆罪가 霜露와 같아서 慧日에 能히 消除되며 이 뜻과 같다」하였고, 行事鈔中四의 三에 「지금 懺悔하는 法은 大略 둘이 있다. 처음은 理懺이고 다음은 事懺이다. 이 二懺은 道俗에 通한다」하였음.

이참회(理懺悔) 普遍的인 眞實한 모양을 觀想하여 罪를 滅하는 懺悔. (往生要集)

이처(二處) 두 事項. 例컨대 보는 것과 보지 않는 것. (中論釋)

이처(耳處) 巴〈sota〉 梵〈śrotra〉 耳라 하는 場所. 耳라는 根據. 十二處의 하나. →十二處.

이처기(異處起) 梵〈deśa-antara-gamana〉 다른 場所로 向하여 가는 것.

이처삼회(二處三會) 法華經의 說會를 말함. 二處는 靈山과 虛空이며 三會는 처음에서 부터 寶塔品의 半은 靈山說에 있으므로 靈山會라 하고 大音聲으로 四衆에 普告함에서 부터 神力品의 끝 虛空中 多寶塔 가운데 이르는 것. 또한 佛이 神力으로 大衆으로 하여금 虛空에 있게 하였으므로 虛空會라 함. 囑累品. 이하 塔에서 나와 本座에 돌아가서 說하였으므로 復靈山會라 함.

이천(二天) 日天과 月天을 말함. 또는 同生天과 同名天을 말한다. ① 同生天. 사람과 同時에 생긴 天. ②同名天. 사람들과 名字가 똑같은 天. 이 二天이 항상 其人을 따라다니며 保護해준다는 것이다. 또는 梵天과 帝釋天을 말함. (華嚴經 六十)

이천(履踐) 佛道를 實踐하는 것.

이천삼선(二天三仙) 中論에 二天을 列擧하였고 百論에는 三仙을 列擧하여 合하면 二天三仙이 된다 함. ① 二天은 摩醯首羅天과 毘紐天이다. 三仙은 第一이 迦毘羅仙으로 數論外道이며 第二는 優樓僧佉로 勝論外道이며 第三은 勒沙婆로 苦行外道다. 輔行十에 「一切外人의 所計는 二天과 三仙을 벗어남이 없다」 하였고, 中論一에 「사람이 말하기를 萬物은 大自在天에서 부터 생긴다. 또는 韋紐天을 따라 생한다」하였으며, 百論一에 「어떤 사람이 말하기를 韋紐天(秦言 遍勝天)을 世尊이라 하고 摩醯首羅天(秦言 大自在天)도 世尊이라 하며 迦毘羅·優樓迦·勒沙婆등 仙人도 모두 世尊이라 한다」하였음.

※一韋紐天外道以韋紐天爲萬物之生因者 二摩醯首羅天外道 以摩醯首羅天爲萬物之生因者 三迦毘羅仙外道 即數論師 四優樓迦仙外道 即勝論師 五勒沙婆仙外道 即尼犍子 九十六種中擧此五師餘均略見百論上 百論疏上之中.

이천세계(二千世界) ㊵〈dvi-sāhasro madhyamo loka-dhātuḥ〉 ㊃〈stoṅ gñis par bar maḥi ḥjig rten gyi khams〉 二千의 中間世界란 뜻. 實은 千의 千乘의 數 만큼의 世界.

이철(異轍) 같지 아니한 軌轍. 學派등이 다름을 말함. 헐뜯고 배척하는 말.

이청(二聽) ①兩耳. ②天耳와 人耳.

이체(理體) 萬有의 本體. 諸法의 理性.

이체(異體) ㊵〈pṛthaktva〉 別個의 것인 것. →別體.

이체동심(異體同心) 몸은 달라도 마음은 同一한 것. (異體同心事)

이체삼보(理體三寶) 眞如의 理體에 覺性·法相·無違諍過의 셋을 세워서 三寶로 한 것. 四種三寶의 하나. →四種三寶.

이체중자(異體重字) 二個以上의 異字를 重複하여 만드는 悉曇의 子音

子. →悉曇.

이초(二超) 竪超와 橫超, 聖道門의 頓教. 即身是佛·即身成佛등의 가르침을 竪教라 하고, 淨土門의 頓教나 選擇本願의 念佛을 橫超라고 말함.

이촌(二寸) ㊵〈dvy-aṅgula〉 손가락 두개의 幅.

이총사별(理總事別) 理性을 總(普遍), 事相을 別(特殊)로 나누어 막는 것. 四明知禮가 攻擊하는 山外派의 立場. 山家派는 理事兩重總別을 말함.

이출(二出) ①竪出. 聖道門의 自力의 教를 歷劫修行하여 生死를 벗어나는 것. ②橫出. 淨土門의 他力의 教는 修行의 地位를 지내지 않고 다만 彌陀를 念하여 淨土에 생하는 것. 樂邦文類四와 擇映辨橫竪二에「竪出이란 聲聞이 四諦를 닦고 緣覺이 十二因緣을 닦으며 菩薩이 六度萬行을 닦을 때 이 地位를 涉함을 비유하면 及弟와 같다. 모름지기 스스로 才學이 있어 또한 任을 歷하고 官을 轉하여 功効가 있고 橫出이란 念佛로 淨土를 求生함이 비유하면 蔭叙와 같다. 功이 祖父의 他力을 말미암아 學業의 有無가 같지 않으며 또한 單恩 普轉하여 功이 國王에 따르고 歷任의 淺深을 論하지 않는다」하였음.

이출보살본기경(異出菩薩本起經) ㊷ 西晋 聶道眞번역 一卷.

이취(二取) ①㊵〈grāha-dvaya〉 ㊴〈ḥdsm(pa)g: ṅis〉 認識에 있어서의 對立的인 二種의 原理. 즉 알려지게 되는 것. 客觀(㊵〈grāhaya-grāha〉)과 아는 것. 主觀(㊵〈grāhaka-grāha〉)이다. (唯識三十頌) ②見取와 戒取. 五見中의 見取見과 戒禁取見. →五見.

이취(易取) 往生을 願하기 쉬운 것.

이취(理趣) 道理旨趣의 뜻. 義趣 또는 旨趣등과 같은 말.

이취경(理趣經) ①또는 般若理趣經이라 하며 大樂金剛不空眞言三摩耶經의 異名임. 不空이 번역한 理趣釋 二卷이 있다. 日本 弘法의 理趣經開題 五卷, 亮典의 純秘鈔 三卷. ②金剛智가 번역한 金剛頂瑜伽理趣般若經 一卷의 略名으로 般若經의 異譯임.

이취경만다라(理趣經曼荼羅) 理趣經各段의 法門을 圖畵한 曼茶羅. 또는 理趣釋曼茶羅라 한다. 理趣釋에 基本하여 理趣經 十七段의 曼茶羅에 說會를 加하여 十八會라 하는 曼茶羅를 말함.

이취경법(理趣經法) 理趣經의 經意에 의하여 理趣經曼茶羅를 本尊으로 하고 滅罪를 위하여 닦는 法을 말함.

이취분(理趣分) ㊷般若理趣分의 약칭. 般若十六會 가운데 第十會. 이는大般若經 第五百七十八卷. 密部의 理趣經과 大同함.

이취삼매(理趣三昧) 理趣經을 讀誦하는 式. 一心으로 이 法을 行하므로 三昧라 함. 顯과 密의 二行이 있다 顯行은 玄奘이 번역한 般若理趣分을 읽는 것. 密行은 不空이 번역한 理趣經을 읽는 것.

이취석(理趣釋) ㊂原名은 '大樂金剛不空真實三昧耶經般若波羅蜜多理趣釋' 二卷. 唐나라 不空번역. 密部의 理趣經을 解釋한 것임.

이취석경(理趣釋經) ㊃理趣釋의 다른 이름.

이취석만다라(理趣釋曼荼羅) 理趣經曼荼羅와 같음. →理趣經曼荼羅.

이취습기(二取習氣) 二種의 執着의 餘習. 現在의 生存에 있어서 煩惱를 繼續하여 내는 潛勢力으로 同類의 結果를 招來하는 것. 實在하지 않는 自己와 客體的 存在를 假構하는(二取(㊵〈grāha-dvaya〉) 現勢的인 識에 依하여 阿賴耶識의 흐름中에 놓인 潛勢力을 말함. (唯識三十頌)

이취예참(理趣禮懺) 理趣三昧를 行하는 것을 禮懺이라 함.

이취회(理趣會) 金剛界九會曼陀羅의 하나. 理는 眞理, 趣는 眞理 곧 旨趣. 大日如來가 金剛薩陀의 몸으로 나타나서 正法으로 衆生을 教化하는 것을 表示한 것. 즉 金剛薩陀의 曼陀羅다. 여기에 十七尊이 있는데 中臺에 金剛薩陀. 慾·觸·愛·慢의 四菩薩과 八供·四攝의 諸尊이 모든 부처님이 諸法理趣의 三昧에 住하기 때문에 이렇게 말함. →九會曼陀羅.

이치(理致) ①道理와 旨趣. 法華遊意上에 「理致와 淵遠은 羣典의 要旨를 統轄한다」하였고, 唐僧傳에 「名題의 前後는 甚히 理致를 얻었다」 하였음. ②禪家의 宗匠이 接人함에 經論의 道理를 開示하여 引導하는 것을 理致라 한다. 그 宗의 如來禪을 말함. 七帖見聞一末에 「神智가 말하기를 "宗門에 理致와 機關의 二門을 세워 機緣을 教化한다」하였음.

이치난행(離癡亂行) 菩薩의 十行의 第五位인 無癡亂行과 같다. 無明 때문에 생각이 엇갈리지 않는 位. (華嚴經)

이칠만다라(二七曼荼羅) 日本의 覺鑁上人이 傳한 五輪九字曼荼羅임. 五字輪과 九字輪을 合하면 十四字輪이 되므로 二七이라 함. 五字九輪을 秘密釋에 밝혀서 말하기를 「二七曼荼羅는 大日帝王의 內證이며 彌陀世尊의 肝心이며 現生大覺의 普門으로 順次 往生의 한 길이다」 하였음.

이칠환(二七丸) 작은 둥근 덩어리. 十四個. (正法眼藏 洗淨)

이침투발(以針投鉢) ㊧付法藏 第十四祖 迦那提婆가 처음 外道가 되었을 때 어느날 執師子國에서 憍薩羅國에 가서 龍樹를 뵈옵고 論議를

求하니 龍樹가 弟子를 시켜 鉢에 물을 가득 담아서 提婆 앞에 놓았다. 提婆가 보고 말없이 針하나를 鉢속에 던졌다. 龍樹 "智慧롭도다. 이 같은 사람이 있나"하고 곳 引見하고 至眞의 妙理를 授與하였다 함

이타(伊陀) 이 世上. 此岸. ㉵〈pāramitā〉 或은 ㉶〈idha〉를 말함. (性靈集)

이타(利他) 二種利益의 하나. 다른 사람을 利益케 함. 다른 사람에게 功德과 利益을 베풀어 주며 衆生을 救濟하는 것. 無量壽經上 또는 讚阿彌陀佛偈에 「自利・利他의 能力은 圓滿하다」라고 하였고, 淨土論에 「응당 자기에게 유익한 줄 알기 때문에 능히 남을 利益케 할 수 있으며, 이것이 自利가 不能함이 아니므로 능히 利他할 수 있는 것이다」라고 하였음.

이타(貳吒) ㉵〈Akanistha〉 번역하여 色究竟이라 하며 色界의 最頂天이다. 玄應音義八에 「貳吒는 或은 阿伽尼沙託 或은 尼師吒라 하며 모두 梵音의 輕重이다. 바르게는 阿迦尼瑟搋라 하며 번역하여 色究竟天이다」하였음.

이타교화(利他敎化) 佛法을 가르쳐서 衆生을 敎導感化하여 利益을 주는 것.

이타교화과(利他敎化果) 利他敎化의 果報. 佛이된 것을 말함. →利他敎化.

이타교화지(利他敎化地) 他人을 깨달음에 引導하기 爲하여 活動하는 地位. 第八地 以上의 菩薩의 位임.

이타교화지익(利他敎化地益) 淨土에 往生한 後 自由로히 應化身을 出現하여 生死의 世界에 돌아와 衆生을 敎化하는 것. 淨土에 태어난 結果로서 다시 迷妄世界에 돌아와 모든 살아 있는 것을 自在로 救濟할 수 있는 德. 利他敎化地는 妄世界에서 四方을 다니며 他人을 敎化할 수 있는 位. 즉 第八地 以上의 菩薩의 境地를 말함. 一說에 敎化하여야 할 場所를 敎化地라 함. (敎行信證證卷)

이타삼신(利他三信) 觀無量壽經에 말한 行者自力의 三心에 대하여 無量壽에 말한 彌陀他力의 三信을 말함. ↔自利三心.

이타삼심(利他三心) →利他一心.

이타신심(利他信心) 佛이 願力으로써 衆生을 利롭게 하는 것. 他力과 같음. →利他眞實信心. (淨土和讚觀經意) 本願眞實의 信心.

이타신해(利他信海) 他力의 信心의 깊은 것을 바다에 比喩한 말. 他力의 信心임.

이타심광지신요(利他深廣之信樂) 他人에 依해 갖게된 깊고 넓은 信心. 他力信心을 말함. →他力信心. (敎行信證 信卷)

이타원만지묘위(利他圓滿之妙位) 佛이 衆生을 救濟하는 利他의 作用

(즉 他力)이 圓滿하게 完成한 뛰어난 位. (敎行信證 證卷) 淨土의 菩薩이 利他케 한 還相廻向의 用大. 阿彌陀如來가 다른 衆生을 利益케 하였으므로 利他라 한다. 常樂我淨의 四德 缺陷없이 滿足하기 때문에 圓滿이라 한다. 利他는 他力의 異名. 如來回向의 證果이다. 圓滿이란 涅槃의 四德 缺陷없는 證果를 表顯한다. 妙位란 佛果를 가리킴. (皆往)

이타일심(利他一心) 利他는 他力의 뜻임. 「世尊과 내가 한 마음으로 十方이 모두 歸命하는 無礙光如來다」하였음(淨土論) 一心으로 開會하면 無量壽經의 至心과 信樂이 欲生의 三心을 말한다. 이것은 觀無量壽經의 至誠心·深心·廻向發願心등 自力의 三心에 對하여 利他의 三心이라 하며 一心三心은 行者의 信上에는 相異함이 없다. 三心은 初至心·中信樂·後欲生을 말하는 것이 아니고 歸命의 刹那에는 一念밖에 없다. 三心에는 拘泥字義의 觀이 있다 함.

이타진실(利他眞實) ①化他의 眞實. 衆生을 敎化하여 惡으로 부터 善에 引導하고 괴로움을 除하여 즐거움을 주려는 眞實한 마음. ②他力의 眞實. 自心의 計度을 그치고 阿彌陀佛의 眞實心을 믿어 如來의 眞心으로 廻向하는 念佛을 닦는 것.

이타진실신심(利他眞實信心) 阿彌陀佛의 眞心에서 行者에 廻向하는 信心. 佛이 돌려 보내준 眞實한 信心을 뜻함. (敎行信證 信卷) 願力回向의 眞實信心임.

이타행(利他行) 他人에게 慈悲를 베푸는 行爲. (百五十讚)

이타회향(利他回向) 남을 爲하여 回向하는 것. (敎行信證 信卷)

이탁(泥濁) ㉵〈klausa〉 더러워짐.

이탐(離貪) ㉶〈anabhijjha〉 ㉵〈vitarāga〉 貪내는 것을 떠나는 것. 貪心을 끊는 것. (雜阿含經)

이탐심(離貪心) 貪心이 있는 것의 對. 貪欲煩惱와 더불어 相應하지 않는 善心.

이탑(泥塔) 泥土로 小塔을 만들고 그 안에 經文을 넣고 供養하는 것. 西域記九에 「印度의 법은 香가루로 泥를 만들어 적은 率堵波의 높이가 五六寸이 되도록 만들어 經文을 書寫하여 그 속에 두는 것을 法舍利라 함. 여러개를 가득 채운 大率堵波를 세우고 모두 안에 드리며 恒常 供養을 닦는다」하였음. 密敎에 供養法이 있음을 泥塔供이라 하며 延命과 滅罪를 위하여 닦는 것.

이탑공(泥塔供) 泥塔을 供養하는 法會. 或은 實形의 泥塔을 供養하고 或은 泥塔을 그린 曼茶羅를 供養한다. 滅罪와 息灾 延命을 위한 것. 이는 造塔延命功德經과 無垢淨光大陀羅尼經에서 說한 것.

이탑공작법(泥塔供作法) 泥土로 小

塔을 만들어 壽命長遠 또는 所願成就를 위하여 공양하는 법. 또는 泥塔供·泥塔作法 혹은 泥塔供養이라 함.

이토(二土) ①(1)性土. 法性의 理는 더럽지도 깨끗하지도 않으며 넓지도 좁지도 않고 마치 虛空과 같아서 一切處에 遍滿하는 常寂光土와 같다. (2)相土. 或은 淨土 或은 穢土라 함. 衆生의 心行을 따라 여러가지 差別이 있는 것. (宗鏡錄八十九) ②(1)淨土. 金銀과 瑠璃로 만든 여러가지가 莊嚴하고 또한 四趣와 五濁등의 雜된 더러움이 없는 것. 西方의 極樂世界를 말함. 이 가운데는 報土와 化土의 二種이 있다. 報土는 佛의 果報가 되어 自行으로 受用하는 淨土이며 化土는 衆生의 變化하는 淨土이다. 極樂淨土는 或은 報土라 하고 或은 化土라하여 諸家에 異論이 있다. (2)穢土. 瓦礫과 土石으로 되어 穢惡이 充滿한 四趣와 五濁의 雜穢로 娑婆世界를 말한다. 이 二土는 相土中의 差別이 된다. (華嚴疏鈔四) ③(1)報土. 報身이 居하는 土다. 이 가운데는 自受用과 他受用의 分別이 있다. 佛의 自受用身이 居하는 곳을 自受用報土라 하고 初地이상의 菩薩에게 나타나는 報土를 他受用報土라 함. 華嚴經에서 說한 蓮華藏世界를 말하는 것. (2)化土. 佛의 化身이 住하는 곳. 이 가운데 淨과 穢의 分別이 있다. 釋迦佛이 娑婆世界에서 雜穢의 國土를 示現하여 凡夫와 二乘을 敎化한 것은 化土의 穢土이며 阿彌陀佛이 懈慢界와 觀音의 補陀落山 같은 것은 化土의 淨土다. 化土란 佛菩薩이 凡夫와 二乘을 化度하여 變現作化하는 國土다. 問“娑婆國土는 衆生의 實業이 生하는 穢土라 하는데 어찌하여 化土라 하는가” 答“娑婆國土가 비록 衆生의 實業所生이 되나 佛께서 이土를 示現할 때 佛의 成所作智를 變現하여 그 穢土와 相似한 國土에 住한다. 그 衆生이 變하는 것이 佛께서 變시킨 相과 化合하여 一國土와 같이 된다. 그러므로 衆生을 따라 말하면 實業이 感하는 有漏實穢土가 되고 佛에 따라 말하면 成所作智의 變化에 따른 穢土와 비슷한 無漏假穢土가 된다. 지금 佛을 따라 化土의 穢土라하며 淨土도 그와 같다. 衆生의 淸淨한 實業의 所感과 佛의 成所作地의 變現을 따라 이루어진다. 지금은 佛의 變하는 邊을 化土의 淨土라 함. (百法問答鈔八)

이통현(李通玄) 唐나라 때 중. 出生地 鄕貫은 不明. 或은 唐나라 宗室이라고도 하며 사람들이 물으면 滄州사람이라 對答하였다. 크기 七尺二寸 形狀이 다른 사람과 다르고 古今의 學問을 硏究하여 儒敎와 佛敎의 經典에 範通하였다 함. 開元 7 (719)年에 太原右縣의 西南에 있는

方山에 들어가 華嚴經을 解釋하였고 3年 동안 뜰에 나오지 않으며 매일 대추 10개와 잣나무잎 떡 하나를 먹었으므로 사람들이 棗栢大士라 하였음. 뒤에 南谷 馬氏의 古佛堂 옆에 작은 草堂을 짓고 端正히 앉아 宴默하기 10年 또 經論을 가지고 韓氏의 집에 가다가 범을 만나 經典을 범의 등에 싣고 범의 뒤를 따라 龕中에 들어가 두 여자에게서 紙墨등 道具와 매일 먹을 것을 받으면서 이 龕中에서 論을 지었다. 이것이 新華嚴을 해석한 四十卷 다음에 法疑四卷을 짓고 開元 18(730)年에 世壽 96으로 죽었다 함.

이특(移忒) 옮아서 변함.

이판(已辦) 이미 하여 버린 것. 完遂한 것. (有部律破僧事)

이판(理判) 속세를 떠나 수도에 전심하는 일.

이판승(理判僧) 朝鮮王朝 후기에 山속에 들어가 佛經의 연구와 참선에만 전념하던 중을 일컫는 말. 조선 왕조때의 승려는 抑佛政策으로 말미암아 賤人의 대우를 받게 되었고 따라서 官家와 儒者들은 이들에 대하여 여러가지 雜役을 시켰으므로 종래의 사원을 떠나 산중의 암자로 숨어들어가 修禪講經에만 전념하던 승려들이 많이 생기게 되었다. 이들 이판승이 비록 잡무를 멀리하고 은둔생활을 하는 소극적인 생활을 하였으나 그들의 학문에 의하여 불교가 국가의 배척을 받는 가운데서도 명맥을 유지할수가 있었던 것. ↔事判僧.

이판지(已辦地) 天台에서 말하는 三乘에 共通인 十地의 第七位. 이 位는 三界 見思의 惑을 다 끊어, 斷惑을 이미 完遂하였기 때문에 이렇게 말한다. 聲聞은 初地에서 이 七地에 이르러 無餘涅槃에 들어감. (八宗綱要)

이팔(二八) 觀無量壽經에서 說한 十六觀을 말함. 迦才의 淨土論上에 「二八의 弘規가 西域에서 旺盛하다」라고 하였음.

이포새(伊蒲塞) ㊵〈Upasaka〉 優婆塞가 訛轉된 말. 西域記九에 「鄔婆索迦는 번역하여 近事男이라 하는데 舊譯에 伊蒲塞 또는 優婆塞라함은 모두 訛轉이다」라고 하였음. →優婆塞.

이포애(離怖愛) ㊵〈vita-tṛṣṇo bbava-abhave〉 ㊄〈ḥbyuṅ ba daṅ ḥjig pa la sred pa daṅ bral ba〉 有와 非有에 對하여 愛着하는 念을 버리는 것.

이포외여래(離怖畏如來) 餓鬼에게 布施하는 法으로 五如來 가운데 北方如來의 이름. 즉 釋迦如來를 가리킴. 秘藏記本에 「離怖畏如來는 北方釋迦牟尼佛이다. (中略) 離布畏如來는 成所作智로 變化身을 이루는 것. 六道四生界에 住하면서 一切衆生을 爲하여 모든 事業을 지으

나 怖畏가 없다」라고 하였음.

이포찬(伊蒲饌) 佛寺의 素席. 名山記인 謝東山의 遊鷄足山記에 「山의 絕頂에 한 僧이 있었는데 洛陽사람이었다. 그 僧이 供養食을 준비하였는데 갖춰진 것이 모두 아름다운 食饌이었다. 내가 野亭에게 말하기를 이것은 伊蒲饌이라 했다」라고 하였음.

이표(以表) 나타냄. (正法眼藏)

이품(二品) 梵〈pakṣa-dvaya〉 두 範疇. 두 部類. 이 경우는 不淨의 原因으로서의 二種으로, 즉 無明(知的인 不淨의 原因)과 愛(情的 不淨의 原因)를 가리킴. (瑜伽論)

이품(異品) 因明學에서 宗·因·喩로 論證하는데 그 喩가 宗義와 서로 다른 品類를 異品이라고 한다. 곧 異喩. 例를 들면 "소리는 無常하다(宗). 所作性인 까닭에(因), 瓦器등과 같다(喩). 마치 虛空과 같다(異喩)" 등임. 入正理論에 「異品은 이곳에 설수가 없음을 말한다」라고 하였음.

이품변무성(異品遍無性) 因明學의 述語. 體에 마땅히 갖추어져 있는 三義中의 第三義. 바른 因은 異品과는 절대로 관계가 없는 것을 要한다. 즉 因은 宗의 異品. 곧 異喩物이다. 宗義 遍無의 性이 갖추어 있음. (入正理論, 因明大疏上二)

이품일분전동품변전 (異品一分轉同品遍轉) 梵〈vipakṣaikadeśa-vṛttiḥ sapakṣa-vyāpi〉 不成因의 하나. 因이 異品의 一部에 있고 同品中에는 반드시 存在하는 것. 例를 들면, 「聲은 勤勇無間所發의 것(意志的 努力의 直後에 나타나는 것)이다. 無常性이기 때문에」. (入正理論)

이품일분전동품변전부정 (異品一分轉同品遍轉不定) 因明三十三過中 因에 屬한 過의 이름. 因이 異喩에 一分이 通하고 同品에 全分이 通하는 것. 異喩에 一分이 通하므로 宗이 定하지 못하게 하는 것. (入正理論, 因明大疏上)

이품일분전동품변전부정과 (異品一分轉同品遍轉不定過) 異分同全不定過와 같음. →異分同全不定過.

이필무위(已畢無爲) 無餘涅槃을 뜻함. →涅槃. (陰持入經)

이필추(二苾芻) ①世俗苾芻, 凡夫의 苾芻. ②勝義必芻, 聖者의 苾芻. (俱舍光記十五)

이하(二河) 二河 白道의 譬喩. 貪欲과 嗔恚를 水·火의 二河에 비유한 것. 淨土往生을 願하는 眞實한 淸淨心의 白道에 비유한 것. →三河白道.

이하론(夷夏論) 一篇 南齊 顧歡 撰. 道佛二敎의 同異를 辯한 것. 內容 全篇八百餘字의 小篇임. 道와 佛은 一體로서 그 聖人인 面에서는 同一하나 그 行跡에 있어서는 大差가 있다는 同異說等임.

이하모(以下謀) 道를 求함.

이하박(爾賀縛) ㉵〈jihvā〉 혀를 뜻함. 舌也.

이하백도(二河白道) 水와 火의 二河를 衆生의 貪瞋에 비유하고 中間의 白道를 淸淨願往生心에 비유한 것. 觀經散善義에 「비유하면 어떤 사람이 西쪽으로 百千里를 가고자 하는데 忽然 中路에서 二個의 河水를 만났다. 하나는 火河로 남쪽에서 오고 하나는 水河로 북쪽에서 흐른다. 二河가 각각 넓이가 百步나 되고 各 깊이는 바닥이 없고 南北도 끝이 없다. 바로 水火의 中間에 한 白道가 있는데 넓이가 四·五寸 정도가 넓다. 이 길은 東岸에 이른다」하였고, 智度論三十七에 「河는 사람이 가는 狹道에 비유한다. 한쪽은 깊은 물이고 一邊은 大火로 二邊 모두 죽는 곳이다」하였음.

이하비유(二河譬喩) 二河白道와 같음.

이학(二學) ①慧學과 定學. ②解學과 行學. ③讀誦과 禪思. 釋氏要覽中에 「毗奈耶에 이르기를 부처님의 說法에 二種의 學業이 있는데 一은 讀誦이요. 二는 禪思이다」라고 하였음.

이학(異學) 우리 佛道에 다른 學問을 毁斥하여 일컫는 말. 涅槃經一에 「正法을 破壞하는 異學을 摧伏하라」고 하였고, 散善義에 「異端의 見解와 異端의 學問이다」고 하였음.

이학이견(異學異見) 異學異解와 같음.

이학이해(異學異解) 다른 見解. 聖道의 邊見이 어울리는 곳이다. 스스로 念佛을 헐뜯는 무리.

이해(易解) ㉵〈su-grāhya〉 理解하기 쉬운 것.

이해(異解) 서로의 見解가 差異가 있는 것. 八十華嚴經 十七에 「다만 眞如에 들어가면 見解의 差異가 없어진다」라고 하였음.

이해탈(二解脫) ①(1) 有爲解脫. 阿羅漢의 無漏의 眞智가 되고 (2) 無爲解脫. 涅槃을 말하는 것. 俱舍論二十五에 「解脫體에 二種이 있다. 有爲와 無爲. 有爲解脫은 無學勝解를 말하고 無爲解脫은 一切惑滅을 말한다」하였음. ②(1) 性淨解脫. 衆生의 本性이 淸淨하여 繫縛과 染汚가 없는 相을 말함. (2) 障盡解脫. 衆生의 本性이 비록 淸淨하나 無始부터 있는 煩惱의 惑을 말미암아 本性을 現顯하지 못하다가 지금 이 惑障을 斷盡하고 解脫의 自在함을 얻는 것. ③(1) 慧解脫. 阿羅漢이 滅盡定을 얻지 못한 것은 오직 解脫로 涅槃을 證하는 智慧의 障礙가 되므로 慧解脫이라 함. (2) 俱解脫. 阿羅漢이 滅盡定을 얻은 것. 이는 慧와 定의 障礙를 解脫하므로 俱解脫이라 함. 成實論 分別賢聖品에 「滅盡定을 因하므로 二人이 있다. 이 定을 얻지 못함을 慧解脫이라 하고 이 定을 얻은 것을 俱解脫이

라 한다」하였고, ④(1)時解脫. 鈍根의 無學이 勝時를 기다려 定에 들어가므로 煩惱의 縛을 解脫하는 것. (2)不時解脫. 利根의 無學이 때를 가리지 않고 定에 들어가며 煩惱의 縛을 得脫하는 것. ⑤(1)心解脫. 마음에 貪愛를 여읜 것. (2)慧解脫. 無明을 여읜 것.

이행(二行) ①(1)見行. 我見·邪見등 迷理의 惑으로 곧 見修二惑 가운데의 見惑이다. (2)愛行. 貪·欲·瞋·恚등 迷事의 惑이다. 그 가운데 愛惑이 主要하므로 하나를 들어서 다른 것을 攝收한다. 곧 一切의 修惑이다. 行者가 恒常 心行을 짓는 것은 心識의 行動이다. 涅槃經十五에 「사람에게 二種이 있다. (1)은 見行. (2)는 愛行. 見行의 사람은 흔히 慈悲를 닦고 愛行하는 사람은 흔히 喜捨를 닦는다」하였고, 智度論二十一에 「衆生에 二分의 行이 있다. 愛行과 見行이다. 사랑이 많은 者는 흔히 즐거움에 束縛되어 外結使의 行을 하고 見이 많은 者는 흔히 身見등의 行에 執着하여 內結使의 束縛이 된다」하였음. ②煩惱와 所知의 二障의 現行이다. 華嚴經十二에 「妙悟가 모두 가득하면 二行이 永絶한다」하였고, 同疏鈔十二에 「凡夫와 二乘의 現行二障은 世尊이 없기 때문이다. 凡夫의 現行은 生死에서 모든 雜染을 일으키는 것을 곧 煩惱障이라 하고 二乘은 現行에서 涅槃으로 利樂事를 分辨하나 世尊은 그 二事가 없으므로 永絶이라 한다」하였음. ③唐나라 善導가 往生淨土의 行業을 二種으로 分別하였다. (1)正行. 彌陀의 法을 바로 行하는 것. 이에 五種이 있다. 1.讀誦正行. 一心으로 오로지 淨土의 三部經을 誦하는 것 2.觀察正行. 一心으로 思想을 온전히 하여 淨土의 依正 二報의 莊嚴을 觀察하는 것. 3.禮拜正行. 一心으로 그 佛을 專禮하는 것. 4.稱名正行 一心으로 그 佛의 名號를 專稱하는 것. 5.讚嘆供養正行. 一心으로 오로지 佛을 供養하고 讚嘆하는 것. (2)雜行. 이상의 五正行을 除하고 그 나머지의 諸善과 萬行을 닦아 淨土로 廻向하는 行이다. 雜行은 無量하나 아직 이상 五正行에 對하여 또한 五雜行을 밝힌 것. 雜行을 讀誦하고 雜行을 供養讚嘆하는 것. 雜行을 讀誦한다 함은 위의 三部經등을 除하고 그 나머지의 諸經을 讚誦하여 淨土의 行으로 廻向하는 것. 또는 雜行을 供養讚嘆한다 함은 阿彌陀佛을 除하고 그 나머지의 諸佛菩薩을 供養讚嘆하여 淨土로 往生하는 行임. (觀經散善義·選擇集二行集)

이행(已行) ㉵〈gata〉 ㊄〈soṅ ba〉 벌써 經過한 過去란 뜻.

이행(利行) 自己는 뒤로하고 먼저 다른 사람을 利롭게하는 行爲. 곧

利他行.

이행(易行) 修行하기 쉬운 行動을 말함. 難과 易 두가지 行實이 있는데 그 중에서 빠르게 얻을 수 있는 易行法을 말함. ↔難行

이행(履行) ㉺〈samatta〉 ㉺〈samādinna〉 實踐하는 것. (別譯雜阿含經)

이행도(易行道) 지극히 쉽게 깨닫는 경지에 이르는 길이므로 '道'라 말한다. 易行品에 「易行道가 있아오니 願하옵건대 어서 빨리 阿惟越致의 경지에 이르는 方便을 얻을 수 있도록 하여주소서」라고 하였음. 敎行信證六本에 「安養淨刹에서 入聖證果함을 淨土門이라 부르고 易行道라고 한다」하였음.

이행만족(利行滿足) 自利(스스로 깨달음)와 他利(他人도 깨닫게 함)의 行이 完成하는 것. 菩薩行의 完成. (敎行信證 證卷) 二利의 行을 成就하여 速히 佛果를 깨달으므로 滿足이라 한다. 二利의 行을 成就하여 速히 阿耨多羅三藐三菩提를 成就하는 일임. (皆往)

이행섭(利行攝) 四攝法의 하나. 菩薩이 몸과 입과 뜻으로 業行을 닦아서 일체 衆生을 利益케하며 眞理에 引導하는 것.

이행섭사(利行攝事) 慈悲心으로써 他人을 救濟하는(利行) 것에 依하여 衆生을 攝하여 가까이 오게 하는 것. (集異門論)

이행수로(易行水路) 易行品에서 難行의 法은 陸路의 步行에 비유하고 易行의 敎는 水路의 乘船에 비유함. 즉「佛法에 有量門 無量門이 있어 世間의 道에 難과 易가 있음과 같다. 陸道의 步行은 괴롭고 水道의 乘船은 즐거움과 菩薩道도 또한 이와 같아서 어떤 이는 부지런히 精進하고 또 어떤 이는 쉽게 行하는 方便을 써서 결국 阿惟越致地(不退轉預流果)에 이른다」하였음.

이행승(易行乘) 左道密敎의 自稱. →左道. →密敎.

이행안심(易行安心) 淨土敎의 念佛에 依해 얻는 安心. (秘密安心)

이행이수(易行易修) 阿彌陀佛의 他力에 依하여 淨土往生하는 것을 說한 念佛의 가르침.

이행품(易行品) ㉾龍樹가 지음. 十住毘婆沙論 第五卷 가운데 品名. 初地 不退位에 이르는 道로 難易가 있음. 易行品은 그 易行의 길을 들어보이고 따로 阿彌陀佛의 救濟를 說하였음.

이향(異香) 여러가지 香氣.

이향심사(離鄕尋師) 鄕里를 떠나서 스승을 찾아 行脚하는 것. (正法眼藏 行持)

이허(裏許) 이곳. 이 경우의 뜻. →這裏.

이허(爾許) 若干. (要集)

이현(二現) 佛의 尊特한 身相好에 須現과 不須現의 二者가 있다. 須現이란 中道의 智眼을 未開한 者로 丈

六의 應身을 現起하여 廣大無邊한 身相이 되고 不須者란 中道의 智眼이 열린者로 丈六의 佛身을 觀하여 周遍法界의 妙身이 된다 하므로 佛이 반드시 廣大한 尊特相을 나타내지 않아도 된다는 것. 마치 法華의 龍女가 佛의 三十二相을 보고 微妙淨法身이라 讚嘆함과 같다. 이 가운데 須現은 別敎의 機가 되고 不須現은 圓敎의 機가 되나 華嚴은 別敎를 兼한 까닭에 須現의 特尊이라 하고 法華는 純圓뿐이므로 不須現의 特尊을 말함.

이현(已顯) ①梵〈Khyāpayitvā〉 西〈brjod nas〉 說明을 끝마치고 명백히 하였다는 것 ②(眞實이) 나타난 것이라는 뜻. 法華經의 特質을 나타낸 말.

이혈세혈(以血洗血) 迷妄이 마음을 誘惑하여 迷執으로 부터 迷執에 들어가면 조그만한 利益도 없음을 말함. 雜阿含經十에 「士夫가 闇을 따르면 闇에 들어가고 冥을 따르면 冥에 들어가며 糞厠을 따르면 糞厠에 빠지는 것과 같다. 피로써 피를 씻고, 모든 惡을 버렸다가 다시 惡을 取하는 것. 凡夫와 愚比丘도 또한 이와 같으니라」고 하였음.

이협(二脇) 二脇士의 약칭. →二脇士.

이협사(二脇士) 또는 二挾侍라고도 한다. 阿彌陀 如來의 兩脇에는 觀音과 勢至의 두 菩薩이 있고, 藥師如來의 兩脇에는 日光과 月光의 두 菩薩이 있으며 釋迦 如來의 兩脇에는 文殊와 普賢의 두 菩薩이 모시고 있는데 이것을 兩脇士라고 말함.

이형(二形) 梵〈ubhayavyañjanaka〉 巴〈ubhato vyañjanaka〉 西〈mtsha-ngñis-pa〉 번역하여 二相者 또는 二根者라 함. 男女 두개의 性器를 함께 가진 것을 말한다. 이러한 生理的 異常者는 受法根機로는 不適하다. 他人을 指導할 位置에 있는 出家者의 資格이 缺하므로 比丘戒를 받을 때의 最初의 適否審査條件의 하나이며, 巴利律에서는 持戒와 새로운 受戒에도 遮止할 것을 말하고 있으며 四分律이나 五分律의 比丘尼戒에는 度二形人戒에 제정하게 되고 마침내 受戒資格缺格條件으로 十三遮難의 하나로 들고 있음.

이형(異形) 怪常한 모양. 모양이 普通과 다른 것.

이형생(二形生) 梵〈dvivyañjana-udaya〉 男女兩性의 特徵이 身體上에 나타나는 것.

이혜(異慧) 正理와 다른 갖가지 邪智. 大疏九에 「異慧를 내지 말라 (中略) 異慧는 分別忘想의 慧다」라고 하였음.

이혜상응(理慧相應) 眞實(의 道理)과 智慧가 相互 呼應하는 것. (沙石集 拾遺)

이호(二護) ①內護. 內는 自己 身心의 마음을 가리키는 말. 부처님이 제정한 大乘·小乘의 戒律로 사람의 身心을 잘 護持하여 三業의 非行을 여의고 菩提의 果를 이루게 하는 것. ②外護. 外는 親族眷屬을 말함. 무릇 學人이 필요한 것은 親族眷屬의 供給으로 부터 身心을 安穩히 하여 道業을 成辦하는 것. (涅槃經三十三)

이호마(理護摩) 壇을 向하여 불을 태우는 일 없이 마음을 心月輪에서 心中의 煩惱를 태우는 것. 密敎에서 말하는 二護摩의 하나인데 內護摩라고도 함.

이혹(二惑) ①見惑. 見은 推度의 뜻. 邪하고 推度하여 일어나는 迷情을 말하며 我見과 邊見등임. 이들의 惑은 見道의 자리에서 理를 보고 斷하는 惑이므로 見惑이라 함. (2)思惑. 新譯에는 修惑이라 함. 凡夫의 思念을 事事와 物物에 對하여 일으키는 惑을 思惑이라 하며 貪瞋癡이다. 또한 이들의 惑은 修道의 位가 되어 여러번 眞理를 생각하여 惑을 斷하므로 思惑이라 하며 或은 修惑이라 함. ②(1)理惑 (2)事惑 藏敎와 通敎의 二敎는 見惑을 理惑이라 하고 思惑은 事惑이 된다 함. 見惑은 四諦의 眞理에 迷한 惑이며 思惑은 世法의 事相에 迷한 惑을 말한다. 別과 圓의 二敎는 根本無明이 理惑이 되고 見思의 惑이 事惑이 되며 根本無明이 中道의 理를 덮는 것을 말함. 塵沙는 能히 化導를 障害하므로 俗諦의 法을 覆하는 惑을 말한다. 見思는 能히 空寂을 障害하므로 眞諦의 法을 覆하는 惑이 된다. 또한 法相家에서 세운 二障에 依하면 煩惱障은 理惑이 되고 所知障은 事惑이 된다. 煩惱障은 涅槃에 理에 迷한 것이며 所知障은 俗諦의 事相에 迷한 것임.

이혹(理惑) 事惑에 對하여 이르는 말. 我見·邊見等의 見惑이 四諦의 理致에 迷惑하는 것을 理惑이라 하고 貪·瞋等의 思惑이 世間의 事相에 迷惑한 것을 事惑이라 한다. (藏通二敎에 나아가 論한 것) 또는 根本無明의 惑이 能히 中道의 理를 障覆하여 顯發하지 못하게 하는 것을 理惑이라 하고, 見惑·思惑이 능히 空寂의 理를 障覆하고, 塵沙의 惑이 능히 化導의 事相을 障하는 것을 事惑이라고 한다. (別·圓二敎에 나아가 論한 것) 또는 所斷의 惑을 가리킨 말이다. 玄義釋籤一에 「理惑의 本體는 하나여서 境智가 同一 平等하다」라고 하였음. (玄義釋籤六)

이혹론(理惑論) 一卷. 牟子 지음. 또는 牟子惑·牟融辯惑이라고도 한다. 佛儒道 三敎의 同異를 분별하여 佛敎의 優勝한 것을 論結한 것.

이화(二和) ①理和. 二乘의 聖者가 같이 見思의 惑을 끊고 같이 無爲의 理를 證한 것. ②事和. 二乘의 凡僧에 따라 말하면 六種이 있다

함. (1) 戒和. 같이 닦음을 말함. (2) 見和. 같은 解釋을 말함. (3) 身和. 同住함을 말함. (4) 利和. 같이 均等함을 말함. (5) 口和. 言諍이 없는 것을 말함. (6) 意和. 같이 기뻐 함을 말함. 이 理事의 二和를 僧伽라 하며 僧伽는 和合의 뜻이라 함.

이화(二花) ①草木花. 草木의 꽃은 모두 피고 열매를 맺는 뜻이 있어 萬行의 因은 곧 佛果를 成就할 수 있는 能이 있음에 비유하고 ②嚴身花. 世間의 金玉等의 꽃으로 모두 그 몸을 嚴飾하는 것. 神通이 相好하여 곧 能히 그 法身을 莊嚴하게 함에 비유 함.

이화(理和) 僧伽에 理事二和가 있는데 一界內의 僧과 같이 身口意 三業에 어그러짐이 없는 것을 事和라 하고, 함께 見思의 惑을 무너뜨리고 함께 無爲의 理를 證得하는 것을 理和라고 함.

이화상(二和尙) 次席의 和尙. (沙石集)

이환(已還) 還은 還歸의 뜻. 已來와 같음. 예컨대 三千年 已還이라 한다면 三千年의 過去로부터 今日의 사이에 이르는 것을 말하고, 等覺已還이라고 함은 等覺으로 부터 凡夫 사이에 이르는 一切地를 말함. ↔已經.

이황(二皇) 伏儀와 女媧을 가리킨 것. (敎行信證 化身土卷)

이회(理會) 理解納得이란 뜻. (碧巖錄)

이회(理懷) 眞理를 마음에 간직하는 것.

이회향(二廻向) 往相廻向과 還相廻向. →二種廻向.

이회향사원(二廻向四願) 淨土眞宗에서 衆生의 往相·還相을 彌陀의 本願力廻向이라 말한 것. 往還의 二廻向을 四願에 配하면 아래와 같다.

往相廻向	往相大行	第十七願
		往相大信	第十八願
		往相證果	第十一願
還相廻向		還相證果	第廿二願

이훈(二熏) →二種熏習.

이희(利喜) ①㊵〈samuttejayati〉 ㊵〈saṃpraharṣa: yati〉 激勵하여 기쁘게 함. 즐겁게 함. (有部律雜事) ②示敎利喜의 略. →四事.

이희론보살(離戱論菩薩) 離戱論은 ㊵儞瑟波羅半坐〈niṣprapañca〉 또는

離戱論菩薩

住無戲論菩薩이라고도 한다. 現圖胎藏界曼荼羅金剛手院 最外列 第五位에 奉安된 菩薩이다. 一切 忘想戲論을 떠나서 一實의 眞知를 顯得하는 菩薩이므로 이같이 이름 한다. 密號는 眞行金剛이라 함.

이희묘락지(離喜妙樂地) 三界 九地의 하나. 色界의 第三禪天을 말함. 이 天은 第二禪天의 麤動의 喜受를 여의고 勝妙한 樂을 받는 地位에 住하기 때문에 이렇게 부름.

익(益) ①梵〈anugraha〉 남에게 有益한 일을 하는 것. ②…을 爲하여 梵〈sva-para-artha-ubhaya-arthāya〉 ③梵〈puṣṭy-artha〉 成長시키는 것. ④利益이 되는 것. 利益의 略. (大智度論)

익덕장광(匿德藏光) 晦跡韜光과 같은 말. 德을 숨기고 빛을 감추는 것을 뜻함.

익렵(弋獵) 새나 짐승을 말한다. 사냥하는 것. (三教指歸)

익물(益物) 살아 있는 모든 것에 有益하게 하는 것. 사람들에게 有益하게 하는 것. 衆生을 有益하게 하는 것. 物은 衆生을 뜻함. (上宮維摩疏)

익산고도리석불입상(益山古都里石佛立像) 全羅北道 益山郡 金馬面 古都里 소재. 高麗時代 제작. 재료는 화강석. 높이 약 4.24m. 舊 益山邑 남쪽 玉龍川 좌우에 200m의 간격을 두고 대립하고 있는 二軀의 佛像. 전설에 의하면 이 불상은 남녀상으로서 12월 晦日 子時에 1년 1번을 만나 본다고 함.

익산연동리석불좌상(益山蓮洞里石佛坐像) 全羅北道 益山郡 三箕面 蓮洞里 소재. 百濟 末期 제작으로 추측. 불상의 높이 1.69m. 光背의 높이 4.48m. 재료는 화강석. 佛像의 頭部는 근대에 만들어 붙인 것이며 原頭部는 전면이 파손되어 불상의 오른쪽에 놓여 있음.

익산왕궁리오층석탑(益山王宮里五層石塔) 全羅北道 益山郡 王宮面 王宮里 소재. 통일 新羅時代의 건립으로 추측. 높이 약 8.5m. 최하 폭 2.7m. 재료는 화강석. 馬韓의 王宮터라고 전해지는 언덕 위에 있는 5층의 석조 方塔이다. 그 其壇은 많이 파괴되어 땅에 떨어졌고, 탑 꼭대기도 없어졌다. 각 塔身의 네 모서리에는 柱形이 있고, 지붕은 경사가 적은 아름다운 탑으로 보수공사중 발견된 유물 金製 方盒(방합) 유리제 舍利甁은 국보 123호로 지정 했음.

익상(益想) 梵〈upakara-saṃjñā〉 利益을 베풀려는 생각.

익상(溺喪) 中道의 理를 놓친 者. (十二門論序)

익선(益善) 善에 有益한 것. (上宮維摩疏)

익아(益我) 梵〈ātma-hita〉 西〈bdag la phan pa〉 自利. 自身에 有利한

것.

익운(益運) (1836～1915) 姓은 金氏, 本貫은 金海, 號는 景鵬, 全南 順天住岩 接峙 사람, 憲宗 2(1836)年 2月 24日에 태어났다. 어려서부터 英邁하고 器宇가 출중하였다. 나이 15세에 仙巖寺에 들어가 函溟和尙에게 禪訣을 배우고 이듬해 12月에 祝髮하고 受具하였다. 그뒤 19세에 龜山寺 雪竇炯禪師에게 華嚴經을 배우고 1868年 가을에 無等山 元曉寺에 建幢하고 開經하니 諸方에서 雲集한 學人이 數百名에 이르렀다. 그때 모두 師를 敎家의 老虎라 일컬었으며 그의 上足에 擎雲이 있다. 師는 暮年에 淨業을 닦으며 1915年 6月 28日 世壽 80 法臘 66세로 入寂.

익찬(翼讚) 도운다. 補佐함.

익타(益他) ㊵〈para-hita〉 ㊴〈gshan la phan pa〉 他人에게 有益하게 하는 것.

익화(益化) (1818～1875) 俗姓은 文氏, 號는 雲坡. 14歲에 頭輪山에 들어 가고 16歲에 永哲長老에게 머리를 깎고 중이 되다. 知虛禪師에게 具足戒를 받고 東西에 遊學하여 四集을 深探하고 禪敎의 淵源을 찾다. 聞庵을 參拜하고 四敎淺深의 階際를 博聞하였다. 世壽 58歲로 죽음.

인(人) 欲界에 所屬한 有情으로 思慮가 가장 많은 者. 過去世에 善한 戒律의 因으로 人倫의 果를 얻어 現前의 境界에 몸을 받음. 俱舍頌疏世品一에 「사람이라 말한 것은 생각이 많기 때문에 이름하여 人이라 하였다」라고 하였고, 大日經一에 「무엇을 人心이라 하느냐하면 利他를 思念함을 말한다」라고 하였으며, 大乘義章八末에 「涅槃에 依하여 恩義가 많기 때문에 人이라 하고 人中에 父子親戚과 서로 隣近하므로 恩義가 많다」고 하였다. 止觀四에 「뜻으로 지어 報果를 얻은 것을 사람이라 한다」라고 하였음.

인(仁) 사람에겐 慈愛心이 있어서 그것이 完全히 實現된 境地를 仁이라 한다. 仁은 孔子의 最高의 德으로 보며, 基督敎의 사랑, 佛敎의 慈悲와 비슷하다고 보는 이도 있음.

인(引) ①㊵〈ākṣepa〉 業이 果報를 惹起하는 것. ②㊵〈ākṣepika〉 衆同分을 몸에 갖다 붙이는 것.

인(印) ①또는 印契·印相·契印 등 指頭를 使用하여 갖가지 形을 만들어 法德의 幖幟를 삼는 것. 小指부터 차례대로 세어서 大指에 이르며 이는 地·水·火·風·空의 五大가 되며 또는 左手는 定이 되고 右手가 慧가 된다. 이 左右의 十指는 갖가지 印相이 된다. 例를 들면 火德을 標하려면 火印을 結하며 水德을 標하려면 水印을 結함과 같다. 菩提心論에 「身密은 結契印과 같으며 聖衆을 召請하는 것이다」하였고, 大日經疏十三에 「이 印은 곧 法界의

幖幟이며 이 印때문에 法界를 幖示하는 體로 곧 法界幢이라 한다」하였으며, 補陀落海會軌에「左手는 寂靜하기 때문에 理胎藏海라 하고 右手는 諸事를 辦하여 智金剛海라 한다. 左手의 五指는 胎藏海의 五智라 하고 右手의 五指는 金剛海의 五智라하며 左手로 右慧를 定하며 十指는 곧 十度로 或은 十法界라 하고 或은 十眞如라한다. 縮하면 거두어져 하나가 되고 펴면 數대로 이름이 있다. 左手의 小指는 檀, 無名指는 戒, 左中指는 忍, 左頭指는 進, 左大指는 禪이 되고 右小指는 慧, 無名指는 方, 右中指는 願, 右頭指는 力, 右大指는 智가 된다.(中略) 小指는 地가 되고 無名指는 水가 되며 中指는 火가 되고 頭指는 風이 되며 大指는 空이 된다」하였음. ②佛과 菩薩이 손에 잡은 갖가지 器具를 印이라하며 곧 三昧耶形이다. 大日經疏二十에「印은 所執印을 말하며 곧 刀·輪·羂索·金剛杵의 類다」하였음. ③敎理의 決定을 印이라 하며 實相印·三法印과 같다. 大乘義章二에「優檀那란 外國의 말이다. 번역하여 印이다.(中略) 法相을 楷定하여 不易하는 뜻을 印이라 한다」하였고, 秘藏記上에「印은 決定하는 뜻이다」하였음. ④印章을 말함. 象器箋十九에「毘奈耶雜事때에 盜賊이 와서 僧의 庫藏을 盜賊하고 私物까지 가져갔으나 記驗이 없어서 苾芻는 어느때 失物한지 알지 못했다. 佛께서 말씀하시기를 "苾芻도 그 印을 갖도록 하라"하였다. 五種物을 應用하여 印을 만드니 이른바 鍮石·赤銅·白銅·牙角이다. 佛께서 말하기를 "印에는 二種이 있다. (1)大衆印이고 (2)私物印이다. 大衆印은「轉法輪印」이라 刻하여 兩邊에 사슴이 편안하게 伏跪하여 住하게 하고 그 아래 元本인 造寺施主의 名字를 쓰게하며 私印은 骨鎖像을 새기거나 或은 髑髏形으로 만들어 볼때에는 멀리 떠나게 하고자 하기 때문이다」하였음.

인(因) ①因明. 三支作法의 하나. 未決된 宗義를 推斷하는 理由임. 例를 들면 何某는 中國사람이다(宗). 南京사람이 되기 때문이다(因). 하는 論式中에 某가 中國이라 함은 未決된 宗義다. 그러나 南京人이란 理由로 이 未決된 宗義를 推斷하여 이것으로 某는 中國사람이다. 하는 斷定하는 結果가 생긴다 함. ②果를 짓는 것. 곧 原因이다. 婆娑論百二十七에「造는 因의 뜻이다」하였고, 大乘義章二에「親生의 뜻을 指目하여 因이라 한다」하였음.

인(忍) 梵〈Kṣānti〉 ①忍耐하는 뜻. 마음에 거슬리는 일에 대하여 참고 견디며 瞋心을 내지 않음. ②安忍의 뜻. 道理에 安住하여 마음을 움직이지 않는 것. 瑜伽論에「어떤 것을 忍이라 하느냐 하면 自心을 憤勃하지 않고 다른 사람에게 怨恨을 報服하지 않기 때문에 忍이라고 한다」하였고, 唯識論九에 「忍은 無瞋 精進 審慧와 그곳에서 일어난 三業處性이다」하였으며, 大乘義章九에 「慧心으로 法에 安住하는 것을 忍이라고 한다」하였고, 同十一에 「法의 實相에 安住하는 것을 忍이라 한다」하였으며, 三藏法數五에 「忍은 곧 忍耐요 또 安忍이다」하였음. ②善根의 하나. →忍位.

인(鄰) 聖人의 이웃이란 뜻. 깨달음에 가까운 것. 佛과 종이 한장의 境地. (碧巖錄)

인가(印可) 師匠이 弟子의 得法을 證明하고 稱讚하여 許可하는 것. 論語 皇侃義疏에 「모두 孔子의 印可를 받았다」하였고, 維摩經弟子品에 「이와같은 모임은 부처님이 印可한 것이다」하였으며, 輔行七의 三에 「印은 印可를 말하고 可는 稱可를 말하는데 事理가 서로 딱 맞기때문에 聖心이 許可했다」하였음.

인가(忍可) ①梵〈kṣmaṇa〉 苦·集·滅·道의 四諦의 道理를 認定하여 받아 들이는 것. 認定하는 것. (俱舍論) 確實히 그렇다고 認定하는 것. (四敎儀註) ③印可와 같음. →印可. (四敎儀註)

인가가(人家家) →家家.

인가대사(引駕大師) 唐나라 때 四大師의 하나 天子의 車駕를 迎接하는 職이다. 太宗 貞觀年中(627～649)에 智威를 封하여 引駕大師를 삼다. 佛祖統紀七에 「師가 太宗朝에서 名德이 朝廷에 들리니 불러서 朝散大夫에 補하여 四大師를 封하다」하였고, 註에 「耆老가 相傳하기를 唐나라에 四大師가 있어 引駕大師 護國大師라 하고 그 밖에는 傳하지 않았음. 지금 隋唐傳을 詳考하니 다만 引駕의 名稱만 있어 그 員이 四라 하였다」하며, 僧史略下에 「引駕大德이 되면 오직 端甫라 불렀다(唐憲宗 때 僧). 이는 반드시 勅命으로 補하여야 하는데 무리가 自號하여 私署한다면 어찌 稱할 수 있겠는가 이 命令은 近來에는 듣지 못하였다. 그러나 車駕가 巡幸하고 서울에 돌아오면 僧들이 반드시 旛幢과 螺鈸을 갖추어 멀리 마중을 나간다. 僧錄과 道錄, 騎馬와 引駕가 있는데 敢히 引駕라 自稱할 수 없다」하였음.

인가신(印可信) 印信. 秘傳許可의 證으로 授與하는 것.

인가행(忍加行) 四加行가운데 하나. →加行位.

인각(麟角) 麟角喩의 약칭. 혹은 麟喩. 緣覺佛이 홀로 證得하는 것을 기린의 한 뿔에 비유한 것. →獨覺.

인각유(麟角喩) 獨覺의 一種. 獨覺은 修行에 있어 언제나 홀로 언고 伴侶가 없는 것이 麒麟이 하나의 뿔만을 가지고 있음을 비유해서 말

함. (俱舍論)

인각유독각(麟角喩獨角) 麒麟의 뿔이 하나인 것같이 獨角이 홀로 修證함을 비유함.

인간(人間) ㊵〈manusya〉, ㊶〈manussa〉, ㊷〈mi〉 梵語 末路沙의 번역. 또는 摩拏史也, 摩奴闍, 摩嵬沙·摩嵬闍 혹은 末嗏闍라고도 한다. 五趣의 하나. 六道의 하나. 十界의 하나. 또는 人間界, 人界, 人趣, 人道라 불리우며 사람이 사는 境域으로 즉 人類다. 法華經法師品에 「이 人間에 태어나다」하였음.

인간(印簡) 元初의 僧侶. 姓은 宋氏요, 字는 海雲. 金 泰和 二(1202)年에 中國 山西 嵐谷 寧遠(山西省五塞縣)儒家에서 태어났다. 七歲 때 中觀沼에게 師事하고 十一歲에 出家 十三歲때 元太子 窩闊台를 謁見하였고 泶陽의 興國 與安 永慶等의 諸寺를 歷住하다가 元帝의 請에 依하여 中京 大慶壽寺에 居하다. 太祖의 第二皇后로 부터 光天鎭國大士의 號를 받음. 定宗二年에 僧統에 任하였고 白金萬兩을 下賜받다. 憲宗 六年四月 世祖로 부터 金柱杖과 金縷袈裟를 下賜받았음. 憲宗七年에 昊天寺에서 入寂하니 世壽 五十六歲. 世祖는 佛日圓明大師라고 諡號하였다. 「佛祖歷代通載卷三二, 五燈嚴統卷二二, 佛祖綱目卷三九, 五燈全書卷二二, 元史卷三·四, 新元史卷一五七, 大清一統志卷一一〇等」

인간(認看) 勘破하는 것. (無門鈔)

인간계(人間界) 人間, 人界와 같음. 間은 즉 界의 뜻.

인개(忍鎧) 忍辱은 능히 一切의 外難을 막기 때문에 갑옷(鎧)에 비유한 것.

※智度論十에 「忍鎧心堅固精進弓力强」

인개(鱗介) 魚貝類. (出三)

인건도(人犍度) 二十犍度의 하나. 懺悔하는 法을 말하고 아울러 受戒·說戒에 關하여 그 立會하는 사람수를 規定한 篇章. (四分律四十五)

인게타(因揭陀) ㊵〈angaja〉 또 因羯陀, 因竭陀라고도 함. 十六大阿羅漢의 第十三으로써 그 권속 千三百 阿羅漢과 함께 廣脅山中에서 正法을 護持하며 有情을 饒益했다고 믿는 聖者. 十六羅漢중 第一임.

因揭陀

인게다존자(因揭陀尊者) 十六羅漢의 하나. →羅漢.

인견(人見) 人我가 實有한다고 固執

하는 見解. 또는 人我見·我見. 楞伽經三에 「이러므로 나는 말한다. 차라리 人見을 取함이 須彌山과 같을지언정 所得이 없는 增上慢인 空見을 일으키지 마라」 하였음.

인견(隣肩) 自己의 옆 座席을 가리켜 말함. (正法眼藏 安居)

인견일단(人見一端) 사람으로서의 見解의 하나. (正法眼藏 山水經)

인경(人磬) 또는 人定. 옛날 밤에 通行禁止를 알리기 위하여 스물 여덟 번(二十八宿) 치는 큰 鍾. 서울 普信閣鍾. 慶州 奉德寺鍾 같은 것.

인경(引磬) 佛事에 쓰는 樂器. 경쇠를 쳐서 大衆의 注意를 끌기 때문에 이같이 말함. 접시 모양의 작은 鍾을 隆起한 頂點에 끈을 꿰고 나무자루를 달아서 携取하기에 편리하므로 또는 手磬이라 함.

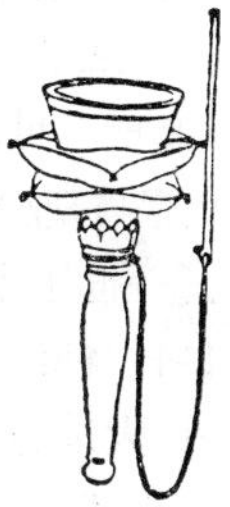

引磬

인경구불탈(人境俱不奪) 四料簡의 하나. →四料揀.

인경구탈(人境俱奪) 四料簡의 하나. →四料揀.

인경량구탈(人境兩俱奪) 人境俱奪과 같음.

인경원(印經院) 大藏經을 印刊하는 집. 北宋의 初期인 太平興國 8(982)年에 太平興國寺 西便에 梵文經典을 번역하는 譯經院을 지었다가 神宗 熙寧末에 그 院을 廢하고 그곳에 顯聖寺라는 賜額을 내리어 번역한 경을 印刻하여 붓으로 쓰는 수고를 덜게 하였으니 이것이 印經院이다. 그리고 그옆에 따라 傳法院을 두어 번역을 하게 하였음. (事物紀原引宋要)

인계(人界) 人間世界의 준 말. 또는 人道라고도 한다. 人類는 十界의 第五이기 때문에 人界라고 한다. 界는 差別의 뜻.

인계(印契) ①本尊의 印契를 千眼印이라 하며 千臂經에 나온다. 먼저 二小指와 無名指와 中指를 各各 등을 서로 붙이고 두 人指를 세워서 머리를 相拄시키며 二大指를 옆 人指의 第二文上側에 붙인다. 腕을 五寸쯤 열어서 眉間에 대고 眞言을 외운다 함. ②結印의 相. 法界의 性德을 標示하여 거짓이 아니기 때문에 契라고 말한다. 契는 契約으로 不改의 뜻이다. 卽身成佛義에 「손으로는 印契를 짓고 입으로는 眞言을 외우고 마음은 三摩地에 住하여 身·口·意 三密이 相應하여 加持하기 때문에 일찌기 大悉地를 얻었다」라고 하였음. →印.

인계(忍界) 娑婆世界. 娑婆는 번역하여 堪忍 또는 忍이라함. 이 세계의 衆生은 惡을 堪忍하기 때문이다. 또는 菩薩이 이 세계에서 惡을 참고 敎化를 하기 때문임. →堪忍世界.

인계생(人界生) 人間世界(十界中의 人間界)에서의 生存.

인고(忍苦) 苦痛을 참고 견디는 것. (上宮維摩疏)

인곡(仁谷) ①朝鮮朝 僧 永奐의 號. →永奐. ②舊韓末期 僧 暢洙의 號. →暢洙 或은 麟谷이라 함.

인공(人工) ①梵 〈prayatna〉 사람의 努力. ②技術. ③人夫를 뜻함.

인공(人功) ①梵 〈ārambha〉 梵 〈prayatna〉 사람의 努力. ②梵 〈śilpa〉 技術.

인공(人空) 또는 生空·我空이라 함. 二空의 하나. 사람은 五蘊이 假和合된 것과 또한 因緣이 生한 것임을 觀하여 中이 無常한 하나의 我體임을 아는 것이므로 人空이라 함. 이 人空의 理를 證하고 因하여 一切煩惱를 斷한 끝에 涅槃果를 얻으므로 小乘의 至極이라 함. 또한 大乘은 一切法에 眞如性이 있다고 세워 空人我의 執을 人空이 眞如를 나타낸다고 말한다. 孔目章三에 「내가 無處에 執着하여 眞如를 所顯함을 人空이라 한다」하였고, 唯識述記一本에 「智緣과 空起는 所由門이 되어 二眞如를 나타내는 것을 二空理라 한다. (中略) 이같은 空性은 二空이 所顯하는 實性이다」 하였음.

인공관(人空觀) 人空의 理致를 밝게 깨달은 觀法. →人空.

인과(引果) 滿果에 對한 말. 有情의 果報를 나누어 總과 別로 한 것. 果報의 主成分은 引果가 되고 果報의 局部가 滿果가 된다. 例를 들면 第八識은 引果가 되고 五根 五境등의 好醜美惡이 滿果다. 第八識은 總報의 果體가 되어 吾等 人界의 五根, 五境等의 總體上에 反現되고 다시 그 總體에 따라 美·惡·上·下·貧·富등의 差別을 變成하여 第八識中에 滿業의 種子를 갖추게 된다. 그러므로 이는 同一한 人間임을 알 수 있다. 果報上에 갖가지의 上下의 差別에 滿果가 되는 것이 引果의 總과 同一하다 함. (唯識論二)

인과(因果) 因은 能生이며 果는 所生이다. 因이 있으면 반드시 果가 있고 果가 있으면 반드시 因이 있다. 이것을 因果의 理라 한다. 佛敎는 三世의 說을 通하여 善惡이 應報하는 뜻이 있다. 觀無量壽經에 「因果를 深信하여 大乘을 誹謗하지 않는다」하였고, 止觀五에 「果를 부르면 因이 되고 獲을 尅하면 果가 된다」 하였으며, 十住毘婆娑論十二에 「因으로 知를 얻으니 得은 成就이며 果는 因에 따라 생기니 事成을 果라한다」 하였음.

인과(忍果) 梵 〈kṣānti-phala〉 忍의 果報. (俱舍論)

인과개공종(因果皆空宗) 外道十六宗의 하나. 또는 空見論이라 함. 原因과 結果의 理가 없다고 세운 것. 또는 世間의 一切法이 모두 空하다고 하는 外道의 諸派를 總稱한다. 義林章二에 依하면 모든 邪見外道는 行善者가 도리어 惡趣에 生하고 惡을 行한者가 善趣에 生함을 보고 문득 因果가 모두 空하다하며 或은 모든 것을 排撥하여 一切가 空하다고 하는 것.

인과검무(因果檢無) 因果과 있고 없는 것을 了知하는 것.

인과경(因果經) 過去現在因果經의 약칭. 따로 佛說因果經一卷이 있는데 羅什이 번역함. 經藏에는 수록되어 있지 않음.

인과도리(因果道理) ㊵〈kārya-kāraṇa-yukti〉 四種의 道理假建立(㊵〈yukti-prajñapti-vyavas: thāna〉)의 하나. 果를 同伴한 바른 見解(㊵〈samyag-dṛṣṭiḥ saphalā〉)를 말함. (莊嚴經論 功德品)

인과리(因果理) 行爲에 있어서 因果關係(因果應報)의 理法. (反故集)

인과물(因果物) 不具者에게 보이는 구경거리.

인과발무(因果撥無) 因果報應의 道理가 없다고 否定하는 것. 十輪經七에 「因果를 撥無하고 善根을 斷滅하다」하였고, 廣百論 釋論五에 「만약 善惡이 없다면 苦樂 또한 없을 것이니, 이것이 바로 一切 因果를 없애버리는 것이다」하였고, 俱舍論十七에 「어떤 邪見에 緣하여 善根을 끊어버린다면 반드시 因果가 없다고 하는 邪見이 된다」하였음.

인과불이(因果不二) →因果不二門.

인과불이문(因果不二門) 天台宗十不二門의 하나. 因은 凡夫로 부터 等覺菩薩까지를 말하고, 果는 佛果를 말함. 佛果上의 萬德全體는 因가운데 본래부터 갖추어진 것으로서 因位에 갖추어 있는 全部가 나타난 것이 곧 佛果이다. 因果에 대하여 털끝만치도 差違增減을 인정치 않는 部門임. →十不二門.

인과비량(因果比量) ㊵〈anumānaṃ hetu〉 ㊥〈rgyu daṅ ḥbras bu las〉 結果에서 原因을 推知하고, 또 原因에서 結果를 推知하는 것. 例컨대, 旅行에서 어떤 場所에의 到着을 推知하고 또 어떤 場所에의 到着에서 旅行을 推知함과 같음. (瑜伽論因明)

인과상사(因果相似) ㊵〈hetu-phala-sādṛṣya〉 ㊥〈rgyu daṅ ḥbras bu ḥdra ba〉 因과 果의 類似함. (瑜伽論 因明)

인과역연(因果歷然) 因果의 事實은 明明 白白하게 나타난다는 것. 止觀義例上에 「부처님의 여러 教說에 依한다면 因果는 分明한 事實이다」하였고, 宗鏡錄十二에 「一切 곧 一은 모두 個性이 없는 것과 같고, 一곧 一切는 因果가 歷然한 것이다」

하였으며, 濟緣記一上에 「妙有란 一毫도 설수 없는 것이고, 眞空은 이에 因果가 歷然하다」 하였음.

인과응보(因果應報) 善한 因은 善한 果를, 惡한 因은 惡한 果를 가져 온다는 것, 原因이 있으면 반드시 結果의 應報가 있다는 것.

※慈恩傳七에 「唯談玄論道 問因果報應」

인과이(因果異) 原因과 結果가 本質的으로 다른 것. 바이세시카學派나 上座部에서 말한다고 함. (中論釋)

인과이시(因果異時) 한 法에서 因과 果가 때를 달리하는 것. 第八識中에 있는 種子가 또 種子를 낳아서 自類相續하는 경우같은 것. ↔因果同時.

인과인(因果人) 나쁜 因業으로 그 惡業의 갚음을 받는 사람.

인과일(因果一) 原因과 結果가 本質的으로 同一한 것. 산캬學派나 大衆部에서 말한다고 함. (中論釋)

인과지애(因果之哀) 어떤 因緣으로 이렇게 되었는가 하고, 가엾게 되는 것. (三教指歸)

인과진실(因果眞實) ㉵ 〈phala-hetu-tattva〉 ㉵ 〈phala-hetu-mayaṃ tattvam〉 ㉵ "〈phala-hetu-mayaṃ tattvaṃ tatraiva mūla-tattve duḥkha-samudaya-nirodha-mārga-satya-tvam"〉 結果와 原因으로 이룬 眞實. 十種眞實의 하나. 四聖諦를 말함. 四聖諦는 現實世界의 結果와 原因(苦·集) 및 理想世界의 結果와 原因(滅·道)을 나타내나, 이 넷(苦·集·滅·道)이 各各 根本眞實인 三自性을 밝힌다는 點에서 四聖諦가 結果와 原因으로 이를 眞實이라 불리움. →四諦. (辯中邊論辯眞實品)

인과차별(因果差別) ㉵ 〈kāraṇa-kārya-vibhāga〉 原因과 結果에 差別이 있는 것. (金七十論)

인과차제(因果次第) 原因과 結果와의 前後關係. (俱舍論)

인관(印觀) 손으로 印相을 맺으면서 뜻에 本尊을 觀하는 것. 印은 身密이요, 觀은 意密임.

인광(印光) 佛陀의 心印으로 부터 發하는 光明.

※大日經疏六에 「菩提印光」

인광법사문초(印光法師文鈔) 釋聖量 지음. 卷數 없으나 모두 九十五篇이다. 徐文蔚의 跋에 「印光法師 聖量은 別號가 常慚이며 陝의 郃陽 사람이다. 普陀法雨寺의 藏經樓에 住하여 世上에 아는사람이 드물다. 甲寅年에 高鶴年居士가 師의 文稿數篇을 佛學叢報에 印入하고자함에 내가 받아서 읽어보고 合掌歡喜하여 未曾有임을 歎息하였다. 大法이 淩夷함이 지금 極하다. 當世를 圖謀하지 않는 正知見을 具備함이 我師와 같은 者 있어 佛의 慧命을 繼續하여 이곳에 있게하니 師의 글은 한말도 來歷없는 것이 없고 深入顯出이 時機와 妙契하여 진실로 末法

中의 病에 맞는 良藥이라 할 수 있다」하였음.

인광성불(因光成佛) 光을 因으로 하여 成佛하는 것. 阿彌陀佛이 光明無量의 願을 因으로 하여 無礙光佛이 된 것을 말함.

인괴문성(印壞文成) 밀을 녹여서 印을 만들어 진흙위에 놓아두면 蠟印이 스스로 무너지며 그 자취에 印文이 顯成된다. 安樂集上에 「蠟印의 印泥는 印이 무너지면 文이 이루어짐과 같이 命이 끊어질때는 安樂國에 生할 때라 한다」하였고, 이러므로 印이 무너짐을 죽음에 비유하고 文이 이루어짐을 生에 비유하여 死生이 同時에 나타남을 말한다. 또한 摩訶止觀九에 「過去의 無明業은 臘이요, 現在 父母의 精血은 泥다. 過去業은 住하지 아니하므로 印壞라하고 現世의 託職은 名色이 具足하므로 文成이라 한다」하였음. 이는 十二因緣이 相續하여 循環하는 理에 比喩한 것.

인권(引勸) 남에게 施主하라고 인도 권장함.

인귀(人鬼) 人間과 鬼類.

※無量壽經下에 「如是之惡 著於人鬼」

인극(隣極) 佛의 極果와 隣似한 것. 舍利弗 등의 大弟子를 말함.

※三論玄義에 「隣極亞聖舍利弗」

인극아성(隣極亞聖) 佛에 極히 가까운 聖人. 釋尊에 잇따라서 뛰어난 弟子. 샤리프트라(梵〈śāriputra〉 舍利弗) 등을 가리킴. (三論玄義)

인근(人根) ①梵〈upastha〉 男女의 性器. (金七十論) ②사람의 機根. (摩訶止觀)

인근(隣近) 梵〈sākṣāt〉 사이를 두지 않고 直接으로 함. (俱舍論)

인근견도(隣近見道) 梵〈darśana-mārga·ślesa〉 見道에 接하고 있는 것. →見道.

인근균등(隣近均等) 梵〈sāmānya〉 性質을 共有하고 있는 것. (正理門論)

인근석(隣近釋) 梵〈Avyayi bhāva〉 六合釋의 하나. 두가지 物體가 한곳에 모이면 그가운데 强한 物體에 따라서 이름이 되는 것을 말함. 예를 들면 소위 四念處에 念處의 體가 비록 智慧스러우나 그때에 相應하여 일어나는 念心의 힘이 强하기 때문에 念處라 한다. 바로 이것을 隣近釋이라고 함.

인기(人氣) 巴〈vāyo jivo〉 사람의 生命을 管掌하는 呼吸. 사람의 목숨을 管掌하는 氣息. 사람(巴〈purisa〉의 숨. 生命原理로 解釋하였음. (那先經)

인기(人機) 機라고도 한다. 가르침을 받는 사람들의 素質.

인기(引起) 勸하여 일으키는 것.

인기(印奇) 高麗朝 僧侶, 忠烈王 八(1282)年에 貞和宮主의 請囑으로 中國에 가서 大藏經을 받아가지고 와서 江華傳燈寺에 安置하였음.

인기(因起) 일이 일어나는 原因. 病이 생기는 原因. (上宮維摩疏)

인기품(人記品) 授學無學人記品의 약칭. 法華經 二十八品가운데 第九品의 이름. 學과 無學의 聖人에게 成佛의 記를 授與한 것을 說한 것.

인길자(人吉蔗) 吉蔗는 사람이 만든 것이라는 것.

인내(因內) 因明과 內明을 并稱한 말. →因明.

인내이명(因內二明) 因明과 內明. 內明은 또한 五明의 하나. →五明.

인노작랑(認奴作郞) 奴를 認定하여 郞을 삼는다. 從僕(奴)을 主人(郞)으로 잘못 본다는 뜻. 玉石을 分別하는 눈이 없는 것을 말함. (洞山語錄)

인능변(因能變) 果能變에 對한 말. 八識의 種子는 第八阿賴耶에 있고 種子가 種子를 생하며 念念相續하여 前因과 後果가 轉變한다. 또는 八識의 種子가 各各 八識이 現行하는 轉變을 생한다. 이 二種 轉變을 因能變이라 함. 스스로 種子를 생하는 八識이 各各 自體分을 따라 見相 二分을 變現하는 것을 果能變이라 함. 唯識述記二末에 「因能變은 곧 이 種子가 轉變하여 果를 生하며 果는 種子와 種子에 通한다. 自類種子가 또한 相生하기 때문이다」하였고, 同三本에 「變에 二種이 있다. ①生變 곧 轉變이며, 變은 因果의 生熟과 差別을 말한다. 等流와 異熟의 二因習氣를 因能變이라 하며 所生한 八識의 갖가지 相이 나타남을 果能變이라 한다. 그러므로 能生因을 說하여 能變이라 함. ②緣名變 곧 變現의 뜻. 이는 果能變이다. 또한 第八識은 오직 種子를 變하여 根身等이 되며 眼등 轉識變色등을 말한다」하였음.

인니연(因尼延) →伊尼延.

인다니라(因陀尼羅) →因陀羅尼羅目多.

인다라(印陀羅) 元代의 畵僧 壬梵因이라고도 함. 君臺觀左右帳記에 印陀羅天竺寺梵僧人物道釋이라는 말이 있고 款記에 王舍城中壬梵因筆이라 記錄한 것이 있다. 中國에는 因氏의 姓이 없는 까닭으로 古來天竺僧이라고 하나 明確치는 않다. 다만 「宣授汴梁上方祐國大光教禪寺住持 佛慧淨辨圓通法寶大師 壬梵因」이라는 款記에 있는 寒山習得의 그림이 있으며 汴梁은 元 開封애 汴梁路를 말하는 것이므로 元代의 사람으로 大光教禪寺의 住持이며 大師號를 받은 禪僧이라 함.

인다라(因陀羅) ①梵 〈Indra〉 本來 雷雨의 神인데 佛敎에서는 當時의 最高神이라 하여 梵天과 並稱되었다. 번역하여 天主라 함은 釋提桓因 〈sakradevendra〉을 따른 것. 또는 因坻·因提·因提梨·因達羅 등이라 하며 번역하여 天主帝 곧 帝釋

天이다. 玄應音義三에 「因坻는 或은 因提梨, 或은 因陀羅라 하며 바른 번역은 天主. 帝를 代身하므로 經中에 天主라하고 或은 天帝釋이라 함. 位와 이름을 합쳐 부르는 것이다」하였음. ②藥師 十二神將의 하나. 因達羅 印陀囉라 함. 藥師七佛本願經 念誦儀軌 供養法에 「藥叉大將 因陀羅는 그 몸이 紅色이며 寶棍을 들고 主로 七億藥叉衆을 거느리고 如來敎를 守護할 것을 誓願한다」 하였음.

因陀羅 I

因陀羅 II

인다라가실다(因陀羅呵悉多) 또는 因達羅喝悉多·因陀羅訶塞多라고도 한다. 香藥의 이름, 金光明最勝王經七에 香藥三十二味를 들었는데 그중 第七의 白皮라 한것이 이것이다. 혹은 人蔘의 一種이라고 함.

인다라굴(因陀羅窟) ㉵ 〈endraśa ilaguhā〉 靈鷲山 五精舍의 하나, 因陀羅勢羅窶訶·因陀世羅求訶라 하며 因沙舊라 함. 中印度 摩竭陀國 伽倻城의 東北三十六마일 地點, 지금의 피하루주 Giryek峰의 西南二마일에 있는 天然窟, 옛적에 帝釋天이 四十二의 疑事를 돌에 써서 부처님께 묻은 곳이라 함.

인다라니(忍陀羅尼) 四陀羅尼 가운데 하나. 諸法의 實相을 깨달은 境地에 安住하여 있으면서 忍持하여 잃지 않는 것. →陀羅尼.

인다라니라(因陀羅尼羅) ㉵〈indranila〉 사파이어를 말함. (慧林音義) →因陀羅尼羅目多.

인다라니라목다(因陀羅尼羅目多) ㉵ 〈Indranilamuktā〉 또는 因陀尼羅·因陀羅尼羅라 하며 帝釋의 靑珠다. 玄釋音義二十三에 「梵言 因陀羅尼羅目多는 帝釋의 寶다. 또한 靑色이 最勝하므로 帝釋靑이라 한다. 或 解釋하기를 帝釋이 居하는 곳은 波利質多羅樹下의 땅이 그 寶이므로 帝釋靑이라 함. 目多는 번역하여 珠다. 이 寶로 珠가 된다」하였

고, 慧苑音義下에 「因陀羅尼羅의 因陀羅는 번역하여 帝 또는 主라하고 尼羅는 靑이며 寶中에서 가장 尊貴하므로 靑主라 한다」하였으며, 智度論十에 「因陀尼羅는 天靑珠다」하였음.

인다라달바문불(因陀囉達婆門佛) 번역하여 相應佛이라 함. (陀羅尼雜集二)

인다라망(因陀羅網) 이는 梵語와 中國語의 合作된 말이다. 단지 中國語만 使用하면 帝網이 되며 곧 帝釋天의 寶網이다. 그 그물의 線은 珠玉이 交珞한다. 物件이 交絡되어 涉入함이 重重하므로 無盡함에 比喩함. 通路記에 「忉利天王 帝釋의 宮殿은 그물을 쳐서 위를 덮고 그물을 달아서 宮殿을 裝飾한다. 그 그물은 모두 寶珠로 만들며 매 눈마다 구슬을 달아 光明이 赫赫하고 촛불을 비추어 明朗하다. 珠玉은 無量하여 數字로 셈하지 못한다. 網珠는 玲玲하여 各各 珠影이 나타난다. 一珠 가운데 諸珠의 그림자가 나타나며 珠珠가 모두 그러하다. 서로 그림자가 나타나서 가리우거나 숨길 수가 없이 了了分明하고 相貌가 朗然한 것이 一重이다. 各各의 그림자가 구슬 속에 나타나며 나타나는 一切의 珠影이 또한 모든 珠影像의 形體가 나타나는 것이 二重이며 各各 그림자가 나타난다. 二重에 나타난 그림자 가운데 또한 一切 달린 珠의 그림자가 나타나서 이와 같은데 이른다. 天帝의 感한 것인 宮殿의 網珠는 이같이 交映하며 重重 그림자가 나타나면 숨은 비침이 서로 빛나며 重重하여 다함이 없다」하였음.

인다라망경계문(因陀羅網境界門) 華嚴宗의 教理인 十玄緣起門의 하나. 帝釋天宮의 보배로 된 그물의 그물코마다 달린 寶珠가 서로 그림자가 비추어 重重無盡함을 말하는 部門. 萬有의 諸法이 서로 相即相入한 것을 說明하는 한 方面임.

인다라망법계문(因陀羅網法界門) → 因陀羅網境界門.

인다라미세경계(因陀羅微細境界) 因陀羅網에 많은 玉이 있고, 玉이 서로 映發하는 것을 微細境界라 한다. 空間的인 方面에서 말함. 十方結通이라고도 함. (五教章)

인다라미세경계문(因陀羅微細境界門) 華嚴宗에서 세우는 十玄門의 하나. →因陀羅網境界門.

인다라발제(因陀羅跋帝) 帝釋天이 居하는 城의 이름. 菩薩念佛三昧分十에 「그 하늘의 主王이 居하는 大城을 因陀羅跋帝라 한다」하였음. 經註에 「中國名으로 天主城이며 또한 帝幢이라 한다」하였음.
※經註에 「隨名天主城 亦名帝幢」

인다라보(因陀羅寶) →大靑因陀羅寶.

인다라서다(因陀囉誓多) ㊵ 〈Indra-ceṭa〉 번역하여 帝釋侍者. (陀羅尼

集經十二)

인다라세라구하(因陀羅世羅求訶) ㊵ 〈Indrasailaguhā〉 또는 因陀羅世羅窶訶. 번역하여 蛇神山. 靈鷲山 五精舍의 하나. 西域記九에 「因陀羅勢羅窶訶山은 中國語 帝釋窟이라」 하였음.

인다라세라구하(因陀羅勢羅窶訶) 또는 因陀羅世羅求訶·因沙舊·因陀羅窟. 帝釋의 石窟. 中印度 舊王舍城 東方六哩의 山上에 있음. →因陀羅世羅求訶.

인다라왕(因陀羅王) 大日經疏一에 「因陀羅王은 帝釋이다」라고 하였음.

인다라익(因陀羅杙) 城門 앞에 세운 雷神의 飾柱. 또는 집 入口에 끼워 넣은 큰 石板. (有部律)

인다라종(因陀羅宗) 帝釋天이 聲明論을 지어, 능히 한 말로써 여러가지의 뜻을 含蓄한 것을 因陀羅宗이라 한다. 大日經二에 「因陀羅宗은 모든 義理가 成就되었다」 하였고, 同疏七에 「因陀羅는 바로 天帝釋의 다른 이름이다. 帝釋이 스스로 聲論을 지었는데 한 말속에 여러 뜻을 갖추어 含蓄하였으므로 끌어다가 證明하였다」 하였음.

인다라주망(因陀羅珠網) →因陀羅網. (即身義)

인단(隣單) 자기의 單位의 左右. 붉은 종이 쪽지에 衆僧의 이름을 써서 각 자리의 위에 붙이는 것을 單이라 하고, 자기의 名單이 있는 자리를 單位라 함.

인달라(印達羅) ㊵ 〈Indra〉 數量의 이름. 六十數의 하나. 俱舍論三에 「十大羯臘婆는 印達羅이다」 하였음.

인달라대장(因達羅大將) ㊵ 〈Indra〉 藥師如來에 딸린 十二神將의 하나. 번역하여 帝釋, 七億夜叉가운데 우두머리로 佛敎의 守護神. 形像은 왼손에 창(鉾)을 가지고 있는 神將. (大孔雀呪王經) →因陀羅.

인대(因待) ㊵ 〈apekṣya; apekṣitavya〉 …에 依存하는 무엇을 前提로 하는 뜻. (中論)

인더스 문명(Indus 文明) 西歷前三千年頃을 中心으로하여 約五百年間으로 推定되는 期間에 印度의 西北境 인더스河 流域에 繁盛하였던 文明. 모핸죠다로(Mohenjodaro) 및 하랍파(Harappa)의 兩遺跡을 近時二十數年來에 發掘에 依하여 明確해진 銅石器時代의 文明임.

인도(人道) ㊵ 〈manuṣya〉 六道의 하나. 人界를 말함. 人界는 過去世에 五戒나 十善의 因을 닦은 이가 태어나는 갈래(趣)의 길이기 때문에 人道라고 말한다. 業報差別經에 「先世에 增上, 下品身의 말과 妙行을 닦았기 때문에 人道에 태어난다」라고 하였음.

인도(引導) ①사람을 引導하여 佛道에 들어가게 하는 것. 法華經 方便

品에 「다만 假名字로써 衆生을 引導한다」 하였고, 同法師品에 「모든 衆生을 引導하여 모아서 聽法하게 한다」 하였음. ②횃불을 내릴 때의 法語다. 黃檗의 希運禪師가 어머니가 溺死함을 만나서 횃불을 던지고 法語를 說하기를 「넓은 河水의 源頭가 徹底하게 말라버려서 이 五逆이 잠길곳이 없게 하라. 一子가 出家하면 九族이 天上에 난다하니 만약 이 말이 妄語라면 諸佛도 妄語다」 하였음. 이것이 죽은 뒤에 引導하는 始初가 된 것. 이로부터 禪家에 引導가 있고 他宗에는 또한 他宗의 뜻의 引導가 있다 함.

인도(印度) ㊵〈sindhu〉 ㊹〈hindhu〉 希臘에서는 〈india〉 〈indus(河名)〉 옛날에는 身篤·身毒·賢豆·天竺 등으로 불리웠고 지금은 印度·印特伽라하며 번역하여 달이라 함. 西域記二에 「天竺의 이름은 異議와 紛糾가 있으나 옛날에 身毒 或은 賢豆라하나 지금 正音을 따르면 印度가 옳다. 印度는 唐名으로 달(月)이다. 달은 이름이 많으나 그中 한 이름이다(中略). 진실로 이 땅에는 聖賢이 軌를 잇고 凡人을 引導하고 物을 다스림이 달이 照臨함과 같다. 이러한 뜻이므로 印度라 한다」하였고, 慈恩傳二에 「印特伽國은 印度를 말한다. 이는 달의 이름과 〈indu〉가 混合된 것이다」 함.

인도(因道) 因은 果에 대해서 한 말. 果를 얻기 위하여 닦는 道를 因道라고 함.

인도교(印度教) 印度에 있어서 古來의 正統思想 파라문教의 複雜한 民間信仰을 攝取하고 發展한 結果를 印度教라 부르며 明確히 體系化된 一宗教體系라고 하기보다는 차라리 教義·教說·儀軌諸式·制度·風習의 一切에 對하여 歷史的 發展中에 育成된 印度古來의 正統的 宗教社會·社會的 宗教의 總稱이라 보여짐.

인도불교(印度佛教) 印度는 佛陀의 降誕地로 佛教史上 가장 重要한 地位를 占하고 있다. 佛陀인 釋迦牟尼가 佛教를 開創한지 數千年에 東西의 學者가 聚訟이 紛紜하나 한결같이 當할이 없다. 그가 入滅할 때 衆聖이 根據로 點記한 說이 있어 이것으로 西曆紀元前 四百八十六年을 알 수 있다. 佛陀가 成道한 뒤 四十五年間을 行化하여 摩揭陀·室羅伐悉底가 中心이 되었고 憍賞彌·拘尸那揭羅·吠舍釐등 中印度의 一圓의 땅을 潤擇케 하였으며, 그 教化를 입은 것이 가장 厚한 곳은 室羅伐室底와 摩揭他의 두 地域이다. 小乘의 傳說에 依하면 釋尊이 室羅伐悉底에 住할 때가 가장 많았다하고 大乘의 記錄에 依하면 摩揭陀에 常住했다 한다. 이 兩國은 釋尊의 時代에 있어서 東西의 兩大國으로

印度中에서는 가장 樞要의 地域이며 佛化가 兩國에 密被함이 事實임을 斷言할 수 있다. 釋尊은 迦毘羅城主 淨飯大王의 太子로 藍毘尼園에 降誕하여 尼連禪河 가에서 正覺을 成就하고 波羅奈國 鹿野苑에서 처음으로 法輪을 轉하고 그 뒤에 各處를 游行하며 人天을 위해 甘露의 法雨를 뿌리고 八十歲를 一期로 하여 拘尸羅國 揭羅城邊 娑羅雙樹의 林間에서 寂然히 泥洹에 들어갔다. 이것이 佛敎가 開立한 初元이 된다. 佛陀가 入滅한 얼마 뒤에 摩訶迦葉과 阿難등이 摩揭陀國 七華樹窟에서 함께 一回의 結集을 行하니 阿闍世王이 厚待하여 大法으로 得合하게 하였다. 이는 原始 佛敎史上에 또한 重要한 事實이 된다. 이 뒤로부터 阿育王이 出世한 사이는 記傳하는 說이 各各 다르다. 南方의 傳에는 그 中間의 年次가 二百十餘年이라 하고 北方의 傳에는 百餘年이라 한다. 北方傳에는 迦葉이하 五師의 相承을 밝혔고 或은 阿育王에 達磨阿育과 迦羅阿育의 二人이 있다고 하여 南北의 傳함이 乖離됨을 調和시키고자 하였다. 或은 阿育王의 第三結集은 吠舍釐城의 第二結集과 實은 一事가 複傳한 것이라 한다. 이 一段의 史乘은 佛敎史上에서 가장 黑闇不明하다. 그러나 阿育王의 出世는 西曆紀元前 第三世紀의 中葉임이 泰西學者의 考證으로 밝혀졌다. 佛敎는 이 時代에 와서 비로소 大發展하였고 王이 傳道僧을 派遣하여 東西兩大陸에 뻗쳐 活動이 자못 極盛하였다. 그것이 末田地가 迦濕彌羅에 들어가서 薩婆多部를 여는 根源이 되었고 이때 摩哂陀는 스리랑카에 건너 갔다. 或者는 또한 이때 北方에 傳한 것에 阿育王때 上座部와 大衆部의 二部로 갈리었다 하나 南方에 傳한 것은 이 記錄이 없다. 다만 어떻든 間에 阿育王이 佛敎의 弘布에 盡力하였음은 숨길 수 없는 事實이다. 印度의 佛敎는 이때에 四方에 傳播되어 南北佛敎의 基礎가 되는데 이르렀다. 阿育王이 죽은 뒤 約 三百年을 지나고 迦膩色迦王이 出世한 사이가 史家에서 말하는 小乘 二十部의 分裂時代라 하며 阿育王때에 分裂된 大衆 大座의 兩部는 그 興廢의 자취를 더듬을 수 있겠다. 大衆部의 佛敎는 阿育王統과 같이 消長을 함께 해 왔다. 大體로 中印度에서부터 南印度에 이르도록 流行되었으며 그 盛時는 阿育王때와 아울러 王이 죽은 뒤 百餘年 間이라 볼 수 있다. 上座部의 佛敎는 末田地의 罽賓에서 開敎한 것을 비롯하여 그 敎線이 中印度에 있지 않고 恒常 北方의 迦濕彌羅가 中堅이 되었다. 時代에 따라 말한다면 上座部는 中印度에서 大衆部의 佛敎가 亡滅할때 漸漸 興隆하는 機運이 되어 百餘年을 지내고 迦膩色迦王이 出現하자 婆沙結集의 盛事를 보게 되었다. 迦膩色迦王의 出現은 西曆 紀元第一世紀의 末이 된다. 王 또한 佛教與隆에 힘을 써서 有名한 大毘婆沙를 이 時代에 纂輯하였고 脇·世友·法救·妙音·覺天·那迦斯那, 馬鳴등의 傑僧이 이 王의 前後로 輩出하여 教學上의 空前의 偉觀을 주었다. 迦膩色迦王이후의 佛教는 主로 犍馱羅이북인 中央 亞細亞에 傳播되었고 西曆 紀元 二·三世紀 頃에 이 곳에서 크게 佛典을 中國으로 輸入하였다. 當時 中印度地方에는 전혀 他教徒가 占領하였었다. 西曆紀元 第三世紀의 初에 龍樹가 나타나 前에 이미 湮沒한 大衆部의 佛教를 復興시켰다. 引正王의 保護下에 憍薩羅國이 中心이 되어 中觀佛教를 宣布하였고 그 弟子 提婆가 다시 教線을 中印度에 擴張하고 外道에 對抗하여 邪의 實相을 들어서 破하였다. 同時에 鳩摩邏多訶梨跋摩등의 諸論師가 咀叉始羅·揭盤陀·疎勒등 地方까지 教化를 베풀었다 한다. 내려와서 西紀 五世紀初에 笈多의 王統인 毘訖羅摩阿迭多王 때 無着 世親兄弟가 나와 오로지 阿輸陀國을 中心으로 하여 瑜伽佛教를 鼓吹시켰다. 同時 迦濕彌羅國에 塞建地羅와 僧伽跋陀羅등 英才가 서로 이어서 일어나 毘婆沙의 教義를 宣揚하였다. 世親이후에 그 教法을 繼承한 사람은 德慧·安慧·護法·難陀·親勝·火辨·德光·無垢友 등이며 그中 護法은 西紀第六世紀 中葉에 出世하여 摩揭陀國을 中心으로 하여 世親의 教系를 弘宣하였고 尸羅阿迭多王의 歸依를 받고 那爛陀寺에 住하면서 또한 中印度의 師子吼를 크게하였다. 이를 後世에 那蘭陀寺 隆盛時代라 한다. 同時에 또한 陳那·天主·淸辯·智光의 무리가 있어 龍樹의 教系를 鼓揚하고 因明의 精髓를 크게 發揮하였다. 印度佛教史上에서 掉尾의 隆運이라 稱하였다. 이 뒤 조금 후에 佛教가 힌두教에 蹂躪되었고 西曆 一千年頃에 또한 回教가 侵入하여 印度佛教는 거의 絕跡되었다. 要컨데 印度는 佛教의 發生地이므로 大·小·半滿·權·實·顯密등 各種의 教理는 모두 그 싹이 있음을 勿論하고라도 佛滅後 五·六百年間은 小乘教의 隆盛時代로 이미 本末 二十部의 分立이 생겼고 차례로 智慧를 發하여 六足·婆沙등의 絢爛作物과 宇宙와 人生의 原始的인 考察에 對하여 자못 그 極에 達했고 龍樹와 提婆의 出世로 大乘教의 發興의 機運이 열렸다. 中觀佛教는 그 豊富한 著述이 發揮되어 遺感이 없다. 얼마후 無着과 世親이 瑜伽佛教를 鼓吹하니 大乘의 佛教는 여기서 空과 有의 二宗의 分別이 생겨서 다른 날 中國·韓國·

日本등地에 一乘과 三乘의 兩宗의 基礎가 되었다. 그 中에도 龍樹와 提婆가 所唱한 것은 大衆部的으로 說假部 一說部등의 發展이 認定되었고 無着과 世親의 主張은 上座部的으로 說一切有部 經量部등의 發展이 認定되었다. 親光의 佛地經論 四에서 말한 聲聞藏은 佛이 去世한지 百年 뒤에 곧 多部로 나누어지고 菩薩藏은 千歲이전에는 淸淨한 一味가 乖諍됨이 없었고 千歲이후에는 空과 有의 二種의 異論이 생겼다. 또한 最勝子의 瑜伽師地論釋에서 말하기를 佛이 涅槃한 뒤에 魔事가 어지럽게 일어나고 部集이 다투어 일어나서 有見에 많이 執着한다 하였다. 龍猛菩薩 提婆菩薩은 大乘의 無相空敎를 採集하고 中論 百論등을 지어 그의 有見을 除하였다. 그러나 衆生이 이에 따라 다시 空見에 執着하므로 無着菩薩은 慈尊을 事大하여 瑜伽師地論을 說할 것을 請하여 遍計所執의 情有理無를 나타낸다. 다른 圓成에 依하면 理有情無가 된다. 이것으로 보면 印度의 佛敎를 알 수 있다. 一方은 理論的인 傾向을 띄우고 深遠한 思索을 힘쓰며 또한 一方으로는 戒律을 지켜 뜻을 세우고 實踐修道하는 上座部의 一派가 된다. 現今 스리랑카緬甸·暹羅등에 流播된 南方佛敎는 곧 이것이다. 中國 韓國 日本등에 流布되고 있는 北方佛敎는 思索的으로 크게 그 趣를 달리한다 함.

인도석(引導石) 葬送時 棺을 놓는 돌. 그것에 依하여 亡魂은 淨土에 引導된다고 함.

인도피안(忍到彼岸) ㊵ 〈kṣānti-pāramitā〉 ㊄ 〈bzod paḥi pha rol tu phyin pa〉 忍辱의 行을 完成한 것.

인동품(因同品) 因明學에서 喩에 同喩와 異喩가 있는데 同喩에 具備한 條件이 因과 品類를 같이해야 한다. 例를 들면 "僧侶도 大韓民國法律을 지켜야 한다(宗). 大韓民國 사람이기 때문이다(因). 다른 世俗사람같다(同喩) 하는 論法에서 "다른 世俗사람"의 同喩는 因의 大韓民國사람과 品類가 같으므로 이를 因同品이라고 함.

인두(引頭) 法會 때에 여러 승려의 先導가 되는 僧侶.

인두당(人頭幢) ㊵ 〈Danda〉 壇茶幢위에 사람의 머리를 안치한 것은 琰摩王의 三摩耶形임. →檀拏印.

인득(認得) 깨달아 아는것. 得은 語勢를 强하게 해주는 助字.

인등(引燈) 佛前에 등불을 켜는 일. 혹 長燈이라고도 함.

인등기(因等起) 刹那等起에 대한 말로 因等은 因이 平等하게 業을 일으킨다는 뜻. 다시 말하면 즉 表業과 無表業은 반드시 그 前念에 善惡의 心과 心所가 있어서 그것이 因이 되어 發하는 것을 動機라고 한다. 여기에는 遠因等起와 近因等起의 二種이 있는데, 遠因等起는 思惟의 思, 즉 思業이 唯識에서 말하는 審慮思·決定思에 該當하며 豫思惟가 所作한 일이 間接으로 業의 因이 되는 것을 말한다. 그리고 近因等起는 作事하려는 思, 業已前의 思가 唯識에서 말하는 動發勝思에 當하여 思에 따라 所作하는 일이 되는 것으로 몸을 動하려면 말로 發表하는 것을 말한다. 즉, 初念을 近因等起, 그 이전을 遠因等起라고 한다. 所作한 業의 三性別은 近因等起로 말미암아 判別됨. (俱舍論及記 第十三). ↔刹那等起.

인등시주(引燈施主) 引燈할 기름을 施主하는 일. 또는 그 사람.

인라(堙羅) →堙羅那.

인라나(堙羅那) ㉵〈Airāvaṇa〉 植物, 또는 噎那婆那·伊羅鉢多羅·伊羅鉢那·噎羅婆那·伊羅婆拏·黳羅葉·翳羅葉·伊蘭등으로 불리어진다. 元來는 草名이었는데 天帝의 象을 부르는 이름으로 됨. 玄應音義十一에「堙羅는 古文에는 堙·窒의 二形이 있었는데 지금은 堙으로 쓴다. 帝釋象王의 이름을 堙羅那 또는 窒那婆那·伊羅鉢多羅라고 부르는데 번역하여 香葉이라 한다. 몸 길이가 九由旬, 높이가 三由旬인데 그 形相을 일컫는 말이다」라고 하였음. 同二十二에「黳羅葉은 樹名인데 舊經律中에 伊羅葉이라고 쓴 것은 잘못된 것이다」하였고, 華嚴疏鈔四十三에「伊羅鉢那는 번역하여 香葉이라 하는데 항상 第一金山의 곁에 있다」라고 하였으며, 可洪音義三에「翳羅는 龍象王의 이름인데 또는 因·煙 二音으로 부르고, 혹은 噎羅婆那·伊羅婆那·哀羅跋拏·藹羅伐拏라고도 부른다」하였으며, 慧琳音義第十二에「噎羅婆那는 白象王의 이름인데 天帝釋이 타고 다닌다」하였으며, 同十六에「伊羅跋象은 바로 象王의 이름인데 天帝釋이 항상 타고다니며 大神通力이 있다」하였고, 華嚴經六十六에「伊羅婆拏大象이다」하였음. 또는 龍王의 이름이다. 本行行集經三十七에「그때 海內에 伊羅鉢王이 이미 龍의 몸을 받고 태어났다」하였고, 經의 注에「伊羅鉢은 中國語의 霍香葉이다」하였으며, 慧琳音義 三十八에「翳羅葉은 龍王의 이름인데 이 龍의 頭上에 翳羅樹가 있기 때문에 翳羅葉이라 이름했다」라고 하였다. (本項中에 伊羅婆那(Airāvana)와 伊羅鉢(Elápattra), 또는 Erāvarṇa가 서로 비슷하여 混同하고 있으나 모두 龍象의 이름임. →伊蘭.

인란(因蘭) 蘭은 偸蘭遮인데 이것으로 四重禁의 方便을 삼았기 때문에 因蘭이라 하였음. →偸蘭遮.

인량(人量) ㊄〈tshad ma〉 神我의 量이 사람의 몸과 같아서 몸이 작으면, 그 神我도 작고, 몸이 크면

그 神我도 크다고 말하는 外道. (一行의 釋) (大日經 住心品)

인려측도(人慮測度) 人間의 생각에 依한 추측. (正法眼藏 山水經)

인력(人力) 남의 部下가 된 者. 下人.

인력(因力) 모든 物의 生함이 바로 原因의 힘으로 되는 것임을 助緣力에 對하여 이르는 말. 無量壽經下에 「因力, 緣力이다」 하였음.

인력(忍力) 忍辱의 힘을 말함. 法華經序品에 「또 佛子가 忍辱에 住하는 힘을 보니 增上慢에 가득찬 사람이 사나웁게 꾸짖고 때리고 욕하고 침을 뱉아도 모두 다 능히 참고 견디며 佛道를 求하는 것을 보았다」 하였음.

인례권신(引例勸信) 事例를 들어 念佛을 勸하는 것. (要集)

인로왕보살(引路王菩薩) 죽은 사람의 靈을 接引하여 極樂世界로 引導하는 菩薩.

인론(因論) 因明論을 말함. 探玄記十二에 「因論은 邪見을 다스리고 正理를 格量한다」 하였음. 演密抄四에 「因論은 因明이다」하였음. 또한 論에 因한다는 말.

인론생론(因論生論) 論에 因하여 論이 派生하는 것으로 本論으로 부터 支論이 생기는 것을 말하는 것이다. 探玄記四에 「後三品 因論에 別問別答이 있다」라고 하였음.

인론정론(因論正論) 그렇다면 敢히 反問한다는 뜻. 그렇다면. (俱舍論) (往生要集)

인류(人類) 示同人類는 사람의 모양만 하고 있는데 不過하다는 뜻. (無量壽經)

인륜(人倫) ①人間의 倫理라는 뜻. 人道(報恩鈔) ②人間의 무리. ③世上의 사람 들. (教行信證)

인리(人理) 人間의 道理. 人倫之道. 사람이 지켜야 할 道理. 義理人情. (無量壽經)

인린란란(燐燐爛爛) 寶石의 색깔과 光澤이 빛나는 것. (三教指歸)

인림(人林) 사람의 樹林. 阿毘曇論一에 「人林은 形體가 과연 사람과 같다」라고 하였음.

인만다라(因曼陀羅) 胎藏界의 曼陀羅임. 이는 金剛界의 曼陀羅에 對하여 하는 말. 金剛界는 닦아서 얻은 智慧를 나타내는 法門이기 때문에 果에 配對하고 胎藏界는 本有의 理를 보여주는 法門이기 때문에 因에 歸屬시킨다. 또 다시 東西에 配屬시켜 胎藏界의 方을 東曼陀羅라 하고 金剛界의 方을 西曼陀羅라 함. (金剛曼陀羅大鈔一)

인망사(人莽娑) →摩娑.

인면(人面) ㊵ 〈manuṣyānāṃ mukhāni〉 人間의 얼굴. (俱舍論)

인명(人命) ①㊵ 〈jivita〉 ㊁人間의 生命. ②人間의 壽命. (九橫經)

인명(印明) ㊵ 〈Hetu-vidya〉. 印(mudra)과 明(vidya)의 共稱. 또

는 印言, 印呪, 契明이라고도 한다. 印은 印相, 印契로서 身業에 屬하며, 明은 陀羅尼로 口業이 된다. 이 두 業은 本尊의 三昧에 住하는 修行者의 意業으로 佛의 三密과 相應되며 速히 悉地를 獲得하려는 까닭으로 항상 떨어지지 아니하며 印契가 있는 곳에는 반드시 眞言이 있고 또한 觀文을 說하게 된다 함. →一印. 二明.

인명(因明) ㊵ 〈Hetuvidyā〉 五明의 하나. 醯都費陀. 論理의 學科에 屬한다. 宗·因·喩의 三支作法을 세워 言論하는 法을 삼는다. 例를 들면 「소리는 無常하다(宗). 所作性이기 때문이다(因). 甁等과 같다(喩)」와 같은 것. 이 三支 가운데 因支가 가장 重要하므로 因明이라 한다. 因明大疏上本에 「이 因의 뜻을 밝혔으므로 因明이라 한다」하였음. 釋尊이전에 足目(akṣapāda) 仙人이 創始한 것. 佛滅後에 와서 大乘의 論師陳那가 完成하였다. 그 書의 名은 因明正理門論이라 함.

인명대소(因明大疏) 六卷. 窺基 지음. '因明入正理論疏'의 略, '因明入正理論'을 註釋하는 동시에 玄奘의 口傳을 基本으로 하여 因明學의 全般에 걸쳐 記錄한 書籍, 이 註釋書는 數百部가 있음.

인명론(因明論) 餘論部에 對하여 因明을 밝힌 論을 因明論이라고 말한다. 즉 正理門論, 八正理論등을 말함.

인명론파(因明論派) 原因을 밝혀 정확한 지식을 얻어 어리석음에서 벗어남을 목적으로 하는 足目仙人이 제창한 古因明을 宗旨로 삼는 학파 (因明派).

인명문(因明門) 因明의 法門. 이는 他法門에 대해서 말한 것임.

인명부정(人命不停) 人命無常 涅槃經二十三에 「人命이 멈추지 아니함이 山水보다 빠르다. 오늘 비록 존재하였으나 내일은 또한 保存하기 어려우니 어떻게 마음대로 惡法에 住할까」 하였음.

인명사(因明師) 佛敎의 論理學者. (正理門論)

인명삼지작법(因明三支作法) 宗·因·喩라는 三個의 命題로써 構成된 論式. 디구나가에서 始作됨. 因明五分作法.

인명오분작법(因明五分作法) 古因明에서의 論式으로, 宗·因·喩·合·結이라는 五支(五個의 命題)로써 立論한 것. 例를 들면 「저 山에 불이 있다」(宗), 「煙氣가 있기 때문에」(因), 「부엌(竈)과 같다. 부엌에서 불과 煙氣를 보라」「喩), 「이와 같이 저 山에도 煙氣가 있다」(合), 「이런 까닭으로 저 山에 불이 있다」(結)는 것과 같은 것이다. 이 形式은 또 印度의 婆羅門의 正統 諸學派中에서 "니야야"學派(㊵ 〈Nyāya〉)에서 使用한 것. 그런데 "디구나가”가 이것을 고쳐서 宗·因·喩의 三支로써 論式을 構成할 것을 定하였으므로 이것을 三支作法이라 함.

인명인체이(認名認體異) →二宗.

인명입정리론(因明入正理論) 陳那의 弟子 商羯羅主가 지은 것을 唐나라 玄奘이 번역한 것. 一卷. 眞能立·眞能破·眞現量·眞比量·似能立·似能破·似現量·似比量의 入門을 밝혀서 自悟와 悟他의 兩益을 辯한 것. 本論의 名家의 註解는 아래와 같음. 因明入正理門論述記 一卷, 唐나라 神泰지음. 完全하지 않음. 因明入正理論疏 三卷, 唐나라 文軌 지음, 中·下 二卷 佚함. 因明入正理論疏 六卷 唐나라 窺基지음. 因明入正理論義斷 一卷 唐나라 慧沼 지음. 因明入正理論義纂要 一卷 唐나라 慧沼 모음. 因明入正理論續疏 二卷 唐나라 慧沼 지음(上卷 佚함). 因明入正理論疏前記 三卷 唐나라 智周 지음. 因明入正理論疏後記 三卷 唐나라 智周 지음(下卷이 完全하지 못함). 因明入正理論疏抄略記 一卷 唐나라 智周지음. 因明入正理論解 一卷 明나라 眞界集解. 因明入正理論集解 一卷 明나라 王肯堂 集釋. 因明入正理論直解 一卷 明나라 智旭 지음. 相宗八要解第一. 因明入正理論直解 一卷 明나라 明昱疏. 相宗八要解第六, 因明論疏瑞源記 八卷, 鳳潭 지음.

인명입정리론소(因明入正理論疏) ㊂ 三卷, 唐 窺基 撰, 因明入正理論을 註解한 것. 略하여 因明大疏라고도 함.

인명자위해(認名字爲解) 文字 속에 있는 佛法의 根本精神을 捕捉하려 하지 않고, 表面的인 文字의 理解만으로 佛法을 納得하였다고 생각하는 잘못된 態度를 말함. (臨濟錄)

인명정리문론(因明正理門論) ㊵ <nyāyadvāratāraka-śāstra> ㊂ 一卷. 因明의 代表作. 陳那가 짓고, 唐나라 義淨이 번역, 古因明에 對抗하여 眞實無過한 能立과 能破를 案出하여 지은 것. 二部中 하나는 玄奘의 번역임.

인명정리문론본(因明正理門論本) ㊂ 陳那菩薩이 짓고 唐 玄奘이 번역. 一卷.

인명제일(人命第一) 智度論十三에 「一切의 寶 가운데 사람의 목숨이 第一이다」라고 하였음.

인명파(因明派) →因明論派.

인명팔문(因明八門) 因明의 論法을 八部門에 나눈 것. 眞能立, 似能立, 眞能破, 似能破, 眞現量, 似現量, 眞比量, 似比量임.

인모(印母) 十二合掌을 가리킴. 이것은 密敎에서 말하는 一切 契印의 根本이 되기 때문에 印母라고 말함. 大疏十三에 「지금 이 가운데 먼저 十二合掌의 名相을 說하노니 모든 印法은 이 十二合掌이 極히

重要하니 마땅히 明記하라」고 하였음.

인무아(人無我) 二無我의 하나. 또는 衆生無我·生空·人空·我空이라고도 한다. 人體는 五蘊이 假和合하여 된 것으로 그中에는 眞實의 我體가 없기 때문에 人無我라고 함. ↔法無我.

인무아지(人無我智) 二無我智의 하나. →無我智.

인문(印文) ①印章에 새긴 文字. (往生要集) ②悉曇에 있어서 文字로서가 아니고 記號로 使用되는 것.

인문육의(因門六義) 唯識宗의 種子의 六義와 같다. ①空有力不待緣. 種子는 刹那에 滅함으로 空이요, 萬有를 냄으로 有力이며, 다른 緣을 加하지 않고 스스로 刹那에 滅함을 말하는 것. 刹那滅과 같다. ②空有力待緣. 種子는 결과와 동시에 함께 있는 것이므로 뿌리가 없으며 꽃이 없는 것과 같이 그 自體만이 對하면 空이요, 空의 뜻이 있는 種子도 緣을 만나면 萬有를 내므로 有力待緣의 뜻이 있으니 果俱有와 같다. ③空無力待緣. 種子의 自體는 결과가 있어야 비로소 存在하므로 空, 다른 緣을 기다려야 萬有를 내므로 無力과 待緣의 뜻이 있으니 待衆緣과 같다. ④有有力不待緣. 種子의 善 惡에 따라 결과의 性質의 善 惡이 결정되므로 有의 뜻이 있고, 種子 自體中에 다른 緣을 기다리지 않고 萬有를 낼 能力이 있으므로 有力과 不待緣의 뜻이 있으니 性決定과 같다. ⑤有有力待緣. 種子는 반드시 性品이 같은 결과를 引生함과 다른 緣을 기다려 萬有를 내는 뜻이 있으니 引自果와 같다. ⑥有無力待緣. 種子는 항상 一類가 相하여 有의 뜻이 있고 다른 緣을 기다려서 비로소 萬有를 내므로 無力과 對緣의 뜻이 있으니 恒隨轉과 같음.

인물(人物) ①衆生. 有情과 같음. (支謙譯 維摩詰經) ②참된 善知識.

인민(人民) ㉶〈manussā〉 ㉵〈manuṣyaḥ〉 사람들. 人間을 뜻함. (長阿含經) 〈pauruṣeyā janapadāḥ〉〈有部律〉

인바라밀(忍波羅蜜) ㉵〈Kṣāntiparamitā〉 六波羅蜜의 하나, 또는 十波羅蜜의 하나. 羼提波羅蜜이라 함. 번역하여 忍度. 갖가지의 恥辱을 받고도 復讐하려는 마음이 없고 마음을 安住하는 修行을 하는 것. 涅槃의 彼岸에 到達하는 道의 하나이므로 忍波羅蜜이라 함. →波羅蜜.

인바라밀다(忍波羅蜜多) ㉵〈Kṣānti-pāramitā〉 忍波羅蜜과 같음.

인바라밀보살(忍波羅蜜菩薩) ㉵〈Ārya-ksānti-pāramita〉 阿利也乞叉底波羅蜜多의 번역된 말. 十波羅蜜菩薩가운데 한분, 또는 忍辱波羅蜜菩薩이라 한다. 現圖 胎藏曼茶羅 虛空藏院中央虛空藏菩薩의 北쪽 윗줄

第三位에 奉安된 菩薩이다. 密號는 帝利金剛이라 함.

忍波羅蜜菩薩

인반대사(引飯大師) 禪家에서 引飯하는 槌에 비유함. 淸異錄上에 「禪家에서 粥飯前에 먼저 槌를 친다. 이것을 維那가 맡는다. 叢林에서 淨槌를 指目하여 引飯大師라 함. 維那를 欒槌都督이라 한다」 하였음.

인발(引發) ㉵ 〈abhinirhāra〉 引出하는 것. (五敎章)

인발인(引發因) 十因간운데 하나. →十因.

인법(人法) 人은 敎를 받은 衆生이요. 法은 佛이 되는 敎法이다. 또 一切의 有情의 數를 人이라 하고 一切의 非情의 數를 法이라 함.

인법(印法) 印에 찍힌 文章. 版을 박는 方法. (五敎章)

인법(忍法) 七賢位의 第六. 四善根의 第三位의 이름. 四諦의 理에 忍可決定하여 智가 不動하므로 理를 忍이라 하고 智를 法이라고 한다. 俱舍論二十三에 「이 頂善根은 下中上品이 漸次 增長하여 成滿時에 이르러 善根이 生하기 때문에 忍法이라 한다. 四諦理의 能忍可中에 이것이 가장 殊勝하기 때문이다」 하였음.

인법관정(印法灌頂) 秘印만을 주는 灌頂의 뜻. 大日經에서 說한 것으로 三種灌頂가운데 하나인 秘印 灌頂, 手印 灌頂이라고도 한다. 具支作業을 이루지 아니하고 받으므로 離作業 灌頂이라고도 함.

인법당(人法堂) 佛殿이 없는 작은 절에서 중이 居處하는 방에 佛像을 모신 곳.

인법무아(人法無我) ㉵ 〈dharma-pudgala-nairāt: mya〉 人法은 無我라 함과 같음.

인법위(忍法位) 忍法은 聲聞이 進趣하는 階位의 이름이기 때문에 位라 함. →忍法.

인법이공(人法二空) 人空과 法空. (佛性論)

인법이아(人法二我) 人我와 法我. 常住不變하는 實體的 自我로 看做되는 人我와, 諸事物을 實在로 看做하여 想定되는 法我. (十八空論)

인보(人寶) 부처는 衆生가운데 寶가 된다는 것. 維摩經 佛國品에 「누가 人寶를 듣고 공경히 받들지 않을까」 하였음. 註에 肇가 이르기를 「天上에 있으면 天寶라 하고 人間에 있으면 人寶라 한다. 天人의 寶를 어찌 天人이 能할 수 있겠는가. 그러므로 物이 敬承한다」 하였음.

인복(人僕) 남의 部下가 되어서 그 用務를 處理하는 者. 下人.

인봉(隣封) 隣寺와 같음.

인봉(麟鳳) 麒麟과 鳳凰. 훌륭한 動物에 비유.

인부(引敷) 修驗行者의 道具의 하나. 熊皮를 使用한다. 修驗道의 山속에서 자는 僧이 使用하는 坐具.

인분(因分) 因의 分齊. 緣起因分의 약칭. 또는 因分可說. →因分可說. ↔果分.

인분가설(因分可說) 佛陀가 證悟한 性海는 佛과 佛이 自知하는 法으로 言說로는 할 수 없으므로 이를 果分不可說이라 함. 그러나 이 不可說의 果分은 因人의 機緣을 얻으면 一分을 略說할 수 있으므로 因分可說이라 함. 因分이란 그 所現과 所說이 모두 因位와 因人이 되므로 다만 因位와 因人의 所知와 所了의 分際만 말할 수 있다는 것. 五教章上에 「地論에 이르기를 因分은 說할 수 있으나 果分은 說할 수 없다」 하였음. 곧 十地論二에 「前에 말한 十地의 뜻은 이와 같이 說聞을 얻을 수 없다. 지금 내가 다만 一分만 說한다. 이 말은 무슨 뜻이냐 하면 이 地에 攝된 것이 二種이 있는데 (1)因分 (2)果分이다. 說者의 解釋은 一分은 因分이며 果分도 一分이 되므로 나는 다만 一分만 說한다」 하였음.

인분가설과분불가설(因分可說果分不可說) 佛의 깨달음의 境界는 說明할 수는 없으나 그 內容을 佛이 되지 않은 사람 들의 能力에 따라 細分하여 說明할 수 있다는 뜻. 이렇게 하면 깨달을 수 있다는 것은 說明할 수 있으나, 깨달음 그 自體를 說明할 수는 없는 것. →緣起因分. (二敎論)

인분가설지담(因分可說之談) 어떻게 行하면 깨달을 수가 있는가 하는 것을 說明하는 것. (二敎論)

인분과분(因分果分) 因의 分齊와 果의 分齊의 뜻. 또는 因分可說·果分不可說이라고도 하며 혹은 緣起因分, 性海果分이라고도 함.

인불(印佛) 香으로써 부처모양을 만들어서 불사르는 것을 印佛이라 함. 瑜伽行을 拾遺하는 무리가 印佛讀經하는 일이 있음. (眞言修行頌二)

인불성(因佛性) 三因佛性이 있음. ①正因佛性. 法身如來의 因. ②了因佛性. 報身如來의 因. ③緣因佛性. 應身如來의 因.

인불작법(印佛作法) 或은 紙上에 印을 찍거나 或은 淨沙上에 印하거나 或은 虛空等에 印하는 것. 먼저 一前机에 香花를 갖추고 形木을 둔다. 다음에 三禮하고 如來呪를 誦하며 다음에 淨三業印言을 하고 다음에 三昧耶戒印言으로 三昧耶에 針印하며 三摩耶는 薩埵鑁이다. 다음에 發菩提心印言으로 外縛定印이며 唵菩提質多 摩陀波陀耶彌다. 다음은 勸請合掌誦으로 「我今香烟印如來(水·虛空등으로 必要에 따라 고침) 相好具足放光明 徧滿虛空世界海 猶如燈煙無障礙 依此印印佛德力 恒爲衆生解脫緣이라」 하는 것. 다음 右手로 印佛을 取棒하고 左手에 念珠를 가지고 셈하며 眞言을 誦한 다음에 引한다(이 眞言에는 異說이 있다. 大日佛眼이란 大日이 印한 佛이란 뜻). 所印한 所尊을 생각하면 五眼이 具足하고 三身이 圓滿하여 眞佛과 다름이 없다. 이 香烟을 타고(虛空 水등 境遇에 따라 고침) 十方世界에 周遍하여 衆生을 利益케 하여 함께 佛道를 成就한다. 다음 印佛數가 찬 뒤에 모두 香華로 供養하고 다음에는 널리 印明을 供養하며 다음에 回向한다. 願我所修印佛善 回施三有及四恩 自他共入菩提城 同證一如眞如法界라 함. 印佛軌에 「沙土에 印하면 地中의 生類가 苦를 여의고 樂을 얻으며 水上에 印하면 水中의 生類가 苦를 여의고 樂을 언는다」 하였음.

인불타악취(忍不墮惡趣) 忍位에 이르면 다시 惡趣에 떨어지지 않는다는 것.

인비(因譬) 因緣과 譬喩. 法華經 方便品에 「갖가지 因緣, 갖가지 譬喩라」고 하였음.

인비인(人非人) 天名 ①緊那羅의 別名으로 사람같으나 사람이 아님을 말함. 法華文句二에 「緊那羅는 또 眞那羅라고도 말하는데 번역하여 疑神이라 한다. 사람의 形像을 하였으나 뿔하나가 났기 때문에 人非人이라고 부른다」 하였음. ②天龍等 八部大衆의 總稱. 그들은 本來 사람이 아니었는데 부처님 處所를 찾아가서 뵈었기 때문에 모두 人體를 가지게 되었다. 舍利弗 問經에 「天龍八部를 모두 人非人이라고 부른다」 하였고, 法華經義疏二에 「人非人은 八部鬼神으로 本來 모두 사람이 아니었으나 人形으로 變作하여 부처님處所에 와서 說法을 들었기 때문에 人非人이라 한다」 하였음.

인사(人事) ①남과 交際하는 것.(摩訶止觀) ②人間界를 뜻함. 人間에 關聯된 事項.(正法眼藏)

인사(人師) 부처님을 天人師라 함에 대하여 佛菩薩이 아니면서도 다른 사람을 敎化할만한 德이 있는 사람을 말함. 梵網經下에「一切法을 알지 못하면서 남의 스승이 된 사람」이라고 하였고, 止觀五에 「自身에게도 스승이 되면서 남에게도 스승이 되어서 利를 겸하여 具足하니 사람에게는 스승이오, 나라에는 보배라. 이 사람이 아니고 또 누구이겠는가」 하였음. 또 佛·菩薩等의 大導師에 對하여 보통의 師家를 稱

하여 人師라고 한다. 즉 凡人의 師家를 이르는 말.

인사(仁祠) 佛寺. 佛祖統紀三十五에 「詔에 報하기를 楚王은 黃老의 微言을 誦하고, 浮圖의 仁祠를 崇尙한다」고 하였음.

※釋門正統三에 「精舍所踞 號曰仁祠」

인사(因事) 因인 것. 因緣(因인 緣)과 같음. (五教章)

인사의(人四依) 涅槃經六에 如來의 使者로 末世에 弘經하여 人天에 依止할 者 四人을 들은 것을 人四依라 함. ①煩惱性을 갖춘 사람(三賢과 四善根). ②須陀洹(곧 預流果) 斯陀含(곧 一來果)의 사람. ③阿那含(곧 不還果)의 사람. ④阿羅漢의 사람이다. 이는 비록 大乘의 菩薩을 內證했으나 밖으로는 聲聞의 相을 나타내어 傳法化人하는 者임. 그 內證한 涅槃을 大乘의 位次에 配하는 諸說이 같지 않다. 天親의 涅槃論에는 初地가 初依가 되고 六七地가 二依가 되며 八九地가 三依가 되고 第十地가 四依가 된다하고 天台의 法華玄義에는 五通地前이 初依가 되고 初地에서 五地까지가 二依가 되며 六七地가 三依가 되고 八九十地가 四依가 된다고 한다(이는 別教에 依함). 또한 五品六根이 初依가 되고 十住가 二依가 되며 十廻向이 三依가 되고 十地와 等覺이 四依가 된다(이는 圓教에 依함). 또한 慈恩의 彌勒上生經疏上에는 地前이 初依가 되고 初地에서 六地까지가 二依가 되며 七八九地가 三依가 되며 第十地가 四依가 된다하여 異說이 심히 많다 함.

인사자(人師子) 梵 〈Nṛsiṁha〉 부처님의 稱號. 부처님은 衆生 가운데 가장 雄勇하여 마치 師子와 같다는 것.

※智度論八에 「佛名人師子」

인사지물(人事之物) 土產品을 말함. (禪苑淸規化主)

인삼상(因三相) 新因明의 論法인 三支作法中 因이 반드시 具備하여야 하는 三個의 法則으로 ①遍是宗法性 ②同品定有性 ③異品遍無性이다. 대개 因이 宗의 뜻을 決定하지 못한 理由를 確立하여 말한 것이다. 그러므로 定과 同喩의 關係는 반드시 있는 同時에 異喩의 關係는 絕對로 없다. 이 因이 三相의 別이 있는 이유인 것임.

인상(人相) ①我人四相의 하나. 五蘊의 和合으로 말미암아 생긴 가운데 우리는 사람이니 地獄趣나 畜生趣보다 다르다고 執着하는 見解. ②智境四相의 하나, 나는 悟道에 집착하지 않는다고 생각함.

인상(印相) ①印의 형상. 不動의 印을 刀劍의 相, 觀音의 印을 蓮華形 등이라 함과 같음. ②胎曼大鈔一에 「왼손은 주먹을 쥐고 젖혀서 배꼽에 놓고 오른 손은 손바닥을 덮어 배꼽위에 놓는다」고 하였음. 金剛

部의 定印이라 함.

인상(印象) 거울 등에 印影된 모양. 大集經十五에 「閻浮提의 一切衆生身과 다른 外色과 이와 같은 色을 말하며 海中에도 모두 印象은 있다」 함.

인상(因相) 阿賴耶識의 하나. 意와 말이 萬法 原因의 相이 된다는 것. 第八阿賴耶識은 一切種子를 攝持하여 能히 萬法生起의 原因이 된다 함. 成唯識二에 「이것은 能히 諸法의 種子를 執持하여 잃어버리지 않게 하므로 一切種이라 함. 이는 餘法을 여의고 能히 두루 諸法種子를 執持함을 얻지 못하므로 이는 곧 初能變識의 所有因相을 顯示한다」 한 것. 八識의 因相은 實로 六因十因등 種類가 있어 홀로 種子를 執持하여 잃지 않게하는 뜻이며 他에 不共하는 相이 되므로 取하여 第八識의 因相이 된다. 因相의 뜻은 依持因과 生起因의 二意에 具通한다. 지금 오직 持種의 特用이 因相이 되는 것을 狹義로 解釋한 것. 만약 廣義로 말하면 第八識中에 攝藏하는 諸法의 種子를 또한 因相이라 할 수 있다. 이 種子가 바로 現起하는 諸法의 親因緣法이 된다 함. 그러므로 唯識論述記四에 「三相은 모두 오직 現行의 識이 되어 비록 所生하는 뜻이 다르지만 實로 廣狹이 없고 實로 現種에 通한다」한 것. 그러나 論文에는 전혀 現行하는 第八識이 밝아서 因相이 된것은 種子의 相이 微細하여 숨어버리기 때문이다. 가운데 만약 現行識에 따라 말하면 因은 依持의 뜻 곧 種子를 執持하여 諸法 原因의 뜻이 된 것. 또한 種子識에 따라 말하면 因은 生起의 뜻 곧 能히 諸法을 生起하는 原因의 뜻이 된다 함.

인상회(引上會) 報恩講을 앞당겨 하는 것을 말함.

인색(湮塞) 막는 것.

인생(人生) 鞞婆沙論에 묻기를 "어찌하여 人中에 化生함을 안다고 하는가" 答하기를 "劫初의 사람이다. 朱子도 또한 일찌기 言及함이 있다. 佛經에는 初生人云云이라 說하였고 지금 阿含經을 보니 世界가 처음 이루어졌을 때 光音天人이 내려와서 各各 身光이 있고 飛行이 自在하였으나 땅에 살찌는 香美를 많이 먹고 곧 神足을 잃어버리니 몸은 무겁고 빛이 없었다. 日月이 처음 생기자 貪食했기 때문에 地肥에 滅沒하여 다시 婆羅를 生하였다. 婆羅가 滅沒하자 다시 粳米가 生기었으며 그 쌀을 먹었으므로 男行 女相行 不淨行으로 나누어지다 云云 하였음. (餘冬序錄)

인생(因生) 梵 〈hetumattva〉 梵 〈kāraṇa-prat: yaya-hetuka〉 原因에서 생기는 것.

인선(人仙) 부처님의 德號. 부처님은 사람 가운데 仙人이라는 뜻. 涅

槃經二에「人仙을 멀리 떠나면 길이 救護가 없다」하였음.

인선(因善) (梵)〈sāṃsiddhika〉 善에 依하여 成就하는 것. (金七十論)

인선(忍仙) 忍辱仙人. 부처님이 옛적에 仙人이 되어서 忍辱을 行할 때에 歌利王이 그 身體를 절단하였다고 함.

인선(忍善) 忍耐하고 좋은 일을 하는 것. 法華經化城喩品에「모든 惡道가 減少하고, 忍善이 增益한다」고 하였음.

인선경(人仙經) (經) 一卷. 宋나라 法賢이 번역. 頻婆娑羅王이 죽어서 毘沙門天王의 太子가 되었는데 이름을 人仙이라 하였다. 이 太子가 忉利天上에서 梵王이 說法한 일을 記述하였다. 長阿含闍尼沙經과 같은 책임.

인설(引說) (梵)〈saṃstutaka〉 (西)〈sm-os drin〉 會心의 友.

인섭(引攝) ①→引接. (沙石集) ② (梵)〈upasaṃhita〉→能仁.

인섭구(引攝句) →攝召句.

인섭상(引攝想) →引接想. (往生要集)

인섭원(引攝願) 來迎引接願이라고도 함. →四十八願. (往生要集)

인성(引聲) 音聲으로 法을 밝힌 것. 根本說 一切有部 毘奈耶雜事六에「苾芻는 歌詠과 引聲에 應하지 않는다」하였음.

인성(印性) 號는 洛波. 東萊 사람. 어려서 金井山에서 削髮修法하고 24세에 行莫寺의 記室이 되다. 어느날 낮에 꿈을 꾸니 죽은 벗이 와서 자네가 記室이라니 記室은 하지 말게. 나는 記室이 되었다가 그 罪로 죽어서 뱀이 되었네. 만일 믿지 못하겠거던 樓곁에 가서 보게. 놀라 깨어 樓곁에 가보니 果然 無數한 뱀이 있으므로 놀라서 辭任하고 自己의 物件을 放賣하여 절에 納付하고 衣鉢만을 가지고 金剛山 摩訶衍에 들어가니 27歲였다. 다시는 山門에 나오지 않았으며 一衣一鉢로 日中一食하니 생각지 아니하여도 옷이 오고, 밥이 와서 律身·攝生을 自在하여 第一善知識이라 稱한다. 光緖 2(1877)年에 摩訶衍에서 示寂하니 世壽 84. 夏臘이 68이었음.

인성(因成) 因緣에 依하여 成立하는 것. (四敎儀註)

인성(因性) (梵)〈hetu-svabhāva〉 原因인 本性.

인성가(因成假) 諸法이 모두 因緣으로 말미암아 成立된 것이기 때문에 假요, 實이 아니다라고 한 것. 三假의 하나로 成實宗에서 세움.

인성당(引聲堂) 引聲念佛을 行하는 당집.

인성아미타경(引聲阿彌陀經) 一種의 曲調를 붙여서 阿彌陀經을 諷誦하는 것. 唐나라 五臺山 北臺通院에서 傳해 온 法.

인성염불(引聲念佛) 一種의 曲調를 붙여서 阿彌陀佛의 名號를 稱揚하는 것. 日本人 慈覺大師 圓仁이 中國 五臺山에서 傳해 받어 온 法.

인성행도(引聲行道) 느린 曲調로 經文을 부르면서 行道하는 것.

인수(人樹) 사람이 빽빽히 서 있는 것이 나무숲과 같음. →人林.

인수(印授) 禪門에서 修行者가 佛法의 眞髓를 깊이 研究하였다는 것을 스승으로 부터 認定되어 傳授를 받는 것. (碧巖錄)

인수(因修) 아직 부처가 되기 前의 修行, 즉 成佛하려는 地位에서 修行하는 것을 因地라고 한다. 또는 成佛할 수 있는 因을 修行하는 것. 본래는 修因이라 하여 果證에 對하여 이르는 말인데 그 語句가 顚倒되었다. 慈恩傳序에 「因修로써 보여주고 果證으로써 밝혀준다」라고 하였음.

인수(忍水) 忍德이 深遠하고 廣大하기가 마치 물과 같음에 비유한 것. 大集經四十七에 「忍辱은 大地와 같고 忍水는 恒常 가득하다」 하였음.

인수(忍受) ①㊵ 〈adhivāsayati〉 참는 것. 忍耐하는 것. 苦痛을 참는 것. ②㊵ 〈marṣayati〉 承認하는 것. 바르다고 認定하는 것. (別譯雜阿含經)

인수고(忍受苦) ㊵〈duḥkhodvahana〉 苦痛을 忍耐하는 것.

인수보살(印手菩薩) 晋나라 道安을 말함. 佛祖通載七에 「道安의 왼 팔에 四方 한치 되는 살이 솟아나 흡사 印과 같으므로 그 때 사람들이 印手菩薩이라고 불렀다」 하였으며, 廣弘明集二十에 「혹 印手라고 稱하는 것은 壇上에 높이 앉아 있는 이름이다」 하였음. 維摩經에 列擧한 衆을 살펴보면 寶印手菩薩이 있다」 하였음.

인순(因循) 그대로 의지하고 따라서 舊習을 지키고 버리지 아니함.

인순(因順) 因은 因依, 順은 順從.

인순정(印順定) 唯識家에서 加行位 四善根의 體로 세우는 四定의 하나. 忍位에 있어서 劣한 如實智를 일으켜 所取의 境인 名·義·自性·差別의 四는 내 마음이 變한 바로서 假有實無한 것이라 印可하고 또 能取의 識中에 있는 名·義·自性·差別도 空無한 것이라 印可하는 定.

인술(因術) →因明.

인승(人乘) 五乘의 하나. 五戒의 教를 말함. 이를 타고서 人趣에 태어난다는 것.

인시(因時) 修行하고 있는 時期. (上宮維摩疏)

인시법계연시법계(因是法界緣是法界) 現象界의 諸事物의 諸原因도 諸條件도, 모두 그대로 大日如來의 깨달음의 世界라는 뜻. (道範消息)

인시설(人施設) ㊅ 〈puggala-paññatti〉 逼伽羅坋那柢. 補特伽羅 ㊵ 〈pudgala〉 ㊅ 〈puggala〉를 類別로

說明한 것. 巴利七論의 하나. 論母(matika)와 解說分으로 이룩됨.

인식(因識) ㉺ 〈muddā〉 十六의 記憶形式中의 第十一 記號. (那先經)

인신(人身) 人界의 生. 梵網三序에 「한번 人身을 잃으면 萬劫에 다시 돌아오지 못한다」 하였고, 涅槃經 二十三에 「人身을 얻기 어려운 것이 마치 優曇花와 같다」 하였음.

인신(引身) ㊵ 〈paunar-bhaviki〉 來世에서의 再生을 가져오는 것.

인신(印信) 秘法을 傳授하는 것. 眞言家에서 阿闍梨가 秘法을 傳授하는 증거로 弟子에게 주는 것. 보통 最極의 秘印과 命을 記錄한 종이 한장, 相承한 血脈 한장, 그 相承의 緣由를 記錄한 紹文한장, 이 세 장을 印信이라고 하지만 때로는 阿闍梨가 弟子에게 주는 印과 明을 말함.

인신우(人身牛) 들은 것이 없고 智慧가 없는 것을 사람가운데 소라고 하였음. 智度論五에 「들은 것도 없고 지혜도 없는 것을 人身牛라 한다」 하였음.

인신집금강(刃迅執金剛) ㊻ 〈rdo rje mchog ḥchaṅ〉 칼날로 모든 것을 切斷하듯 一切의 煩惱를 斷切하는 智慧가 있는 菩薩이라는 뜻. (大日經住心品)

인심(人心) ㊻ 〈miḥi sems〉 아무에게는 恩惠를 받았으므로 利롭게 하겠다 생각하고 아무는 自己에게 損害를 끼쳤으므로, 그 怨恨을 갚겠다고 恒常 생각하는 마음. 사람을 바로잡고 物을 利롭게 할 計劃이 있는 마음. 六十心의 하나. (大日經住心品)

인십사과(因十四過) 因明의 三支作法中에 因支위에 나타난 十四種의 過誤이다. ①兩俱不成 ②隨一不成 ③猶豫不成 ④所依不成 ⑤共不定 ⑥不共不定 ⑦同品一分轉異品 遍轉不定 ⑧異品一分轉 同品遍轉不定 ⑨俱品一分轉不定 ⑩相違決定 ⑪法自相相違 ⑫法差別相違 ⑬有法自相相違 ⑭有法差別相違. →三十三過.

인아(人我) 사람의 몸이 常一主宰의 我의 實體가 있다고 固執하는 것을 '我의 相' '人我의 見'이라고 말한다. 이 執着된 見解로 말미암아 갖가지의 過失이 생기는 것이다. 六祖壇經에 「人我·貢高·貪愛·執着이 없으면 欲을 여윈 부처가 된다」 하였음. ↔法我.

인아가색(隣阿迦色) ㊵ 〈Agha-sām-antakaṁ〉 虛空의 色, 虛空은 바로 無礙하여 有礙의 物質 즉 阿伽와 서로 隣接하기 때문에 隣阿伽色이라 말한다(보이는 阿伽는 物質의 義가 됨). 또는 一無礙의 空處, 즉 阿伽는 其他 有礙의 物質과 서로 隣接하기 때문에 隣阿伽色이라고 말한다(보이는 阿伽는 空界의 뜻이 됨). (俱舍論界品)

인아견(人我見) 二我見의 하나. 我

는 常一主宰의 實體라는 뜻. 사람이 恒常 하나의 主宰가 있다고 固執하는 것을 人我의 見이라고 함. →人我.

인아법아(人我法我) 人我와 法我의 并稱, 또는 人我執 法我執이라고도 하며 또는 生我法我라고도 한다. 사람의 實有를 所計하는 人我와 法의 實有를 所計하는 法我를 이름한 것으로 我法二執과 그 義相이 같음.

인아상(人我想) 我執과 같음. →我執.

인아지상(人我之相) 나는 나. 남은 남이라 갈라 놓고, 남을 輕視하고 나를 소중히 생각하는 마음.

인아집(人我執) 法我執의 對. 人我見과 같음. (三無性論)

인악(仁岳) 中國 霅州사람. 俗姓 姜씨. 字는 寂靜. 號 潜夫. 처음 開元寺 行先을 師事하고 十九歲에 具足戒를 받음. 律을 錢塘의 擇悟에게 배워 持犯에 能通하였다. 그 때에 知禮가 南湖에서 有名함을 듣고 찾아가서 의지하고자 하니 知禮가 器才라 생각하고 東廈에 居하게 하였다. 刻苦精勵하여 函大에서 請益하기 十餘年 그 蘊奥를 盡究하였다. 山家·山外의 論爭이 激甚함에 이르자 知禮를 도와 山外의 무리에 對抗하여 그 別理隨緣의 說을 취하였고 繼齊등의 破難이 일자 十門折難을 지어 應酬하였다. 뒤에 浙陽靈山에 돌아와 遵式의 門下에 들어 갔음. 뒤에 仁行의 請에 의하여 精舍의 主가 되어 十年동안 法華를 크게 넓혔다. 觀察使劉縱廣의 奏請에 依하여 淨覺의 號를 받았음. ② 朝鮮朝 僧侶, 有名한 講師 義沼의 法號.

인안금설(人眼金屑) 사람의 눈에 들어간 黃金의 먼지. 黃金이라도 눈에 들어가면 바르게 물건을 볼 수 없게 됨. (正法眼藏 佛性)

인약왕자(人藥王子) 옛적에 閻浮提의 摩醯斯那王 때에 夫人이 한 아들을 낳았는데, 모든 病든 사람이 닿기만 하면 곧 病이 낫기 때문에 이름을 人藥이라고 하였다. 이와같이 千年동안 病든 사람을 治療한 뒤에 죽었는데 그의 뼈를 부수뜨리어 몸에 바르면 또 나았다. 그 人藥王子로 지금의 釋迦佛이다라고 하였음. (菩薩藏經下, 經律異相 三十二)

인양(仁讓) 사람들에게 恩惠를 베풀고, 스스로 自身을 낮추는 것. (法華經 提婆品)

인언(印言) 印契·眞言의 略. →印契. →印相. →眞言. (眞言內證)

인업(人業) 人間界에 태어나야 할 業因.

인업(引業) 衆生을 五趣와 四生으로 끌어들이는 業이며 또는 引因·牽引業 或은 總報業이라 함. 다만 大小乘으로 그 名義를 解釋하면 그 說이 조금 다르다. 毘婆娑論十九와

俱舍論十七等에는 業이 能히 引衆同分하는 것이 引業이 되며 圓滿莊嚴한 그 同分을 滿이라 함. 이는 業을 引하고 因을 約하여 解하며 業을 채우고 果에 約하여 解하므로 業果가 相對한다. 唯識論述記二等에는 따로 業과 業이 相對하고 果가 果와 相對하는 二解가 있다. 總報業은 總報의 果를 感하고 同時에 그 나머지 劣弱한 業을 붙들어 그로 하여 또한 能히 別報를 感하게 함을 引業이라 하고 또한 別報의 業이 圓滿莊嚴한 第八總報의 果體를 滿業이라 함. 이는 業과 業이 相對하는 것. 또한 總報의 果가 일어날 때 그 果가 能히 增上緣이 되어 그 나머지 別報의 果를 引生하므로 引業이라 하고 또한 이 別報의 果가 能히 總報의 果를 圓滿하게 하므로 滿業이라 함. 이는 곧 果와 果가 相對한 것. 그러나 이 引業은 一業에 限하는가, 또한 多業에도 通하는가, 一生을 引하는가 또한 多生에도 通하는가, 하는 問題는 大小乘의 說이 또한 같지 않다. 小乘의 說에는 引業이 一業에 限한다하고 또한 오직 一生을 引한다 하며, 俱舍論十七에 「一業이 一生을 引하면 多業도 能히 圓滿하다」하였고, 光記十七에 「多業이 一生을 引하는 것이 아니며 또한 一業이 多生을 引함이 아니다. 오직 一業이 一生을 引하며 多業이 多生을 引한다」한 것이 그 뜻임. 이것은 대개 一業이 만약 多生을 引하면 마땅히 成熟할 때 先後의 分別이 생기고 多業이 만약 一生을 引하면 衆同分에 있어 差別의 어려움이 생기기 때문이다. 그러나 大乘의 說은 一과 多가 서로 定함이 없다. 雜集論에서 말한 「或一業의 힘이 一身을 끌고 一業力이 多生을 끌면 多業力이 一身을 得한다」함이 이것이다. 小乘中의 經部는 또한 大乘과 같이 一業이 多生을 引함을 許한다 함.

인업(因業) 業이 萬物을 내는 原因이 되는 것. 因은 몸소 生하고 結果하는 힘이 있고, 業은 生하고 結果하는데 助緣의 所作이 되는 것으로 因業은 곧 因緣이다. 이 二者가 서로 和合하여 諸法이 生하는 것이다. 大日經二에 「諸法이 形像이 없고 淸淨하여 垢濁이 없으며 執着이 없고 言說을 여의었으나 다만 因業을 따라 생기는 것이다」라고 하였으며, 大日經疏十九에 「因은 거울과 같고 業은 몸과 같아서 거울을 對하면 影像이 나타난다」하였음.

인역(印域) 印度를 가리킴. 印은 印度, 域은 境域, 三論大義鈔一에 「印域에서 三藏의 賾致를 찾았다」라고 하였음.

인연(因緣) ①一物이 생함에 親하고 强力者가 因이 되고 疎한 者와 添弱한 者가 緣이 된다. 例를 들면 種子는 因이 되고 雨露와 農夫等이 緣

이 됨과 같다. 이 因과 緣이 和合하여 쌀이 생한다. 大乘入楞伽經二에 「一切法이 因緣에서 생긴다」 하였고, 楞嚴經二에 「그 外道등은 恒常 自然을 說하나 나는 因緣을 說한다」 하였음. 長水의 楞嚴經疏一의 上에 「佛敎는 因緣이 宗이 된다. 佛의 聖敎는 淺에서부터 深에 이르는 一切法을 說하나 因緣二字를 벗어나지 않는다」 하였고, 維摩經 佛國品註에 「什이 말하기를 "力强이 因이 되고 力弱이 緣이 된다"하고 肇는 말하기를 "前後에 相生함은 因이 되고 現相을 助成함이 緣이 된다. 諸法要의 因緣이 서로 빌린 뒤에 成立한다"」 하였으며, 止觀五下에 「招果는 因이 되고 緣을 緣由라한다」하였고, 輔行一의 三에 「親이 生하는 것이 因이 되고 疏가 助하는 것이 緣이 된다」하였음. ②梵語 尼陀那를 번역한 뜻. 十二部經의 하나. 또한 緣起라 함. →尼陀那. ③四緣의 하나. 因은 곧 緣의 뜻. 이는 因과 緣을 各別하지 않고 論한 것. 親因이 곧 緣이 된다고 하는 것. 俱舍論七에 「因緣은 五因의 性이다」하였고, 六因中에 能作因을 除하고 남은 五因이 비록 모두 因緣이 되고 唯識論七에는 同類因이 因緣이 된다 한다. 六因 四緣과 十二因緣을 말함. →本.

인연가(因緣假) →因成假.

인연경(因緣經) 諸法이 생기는 原因이 되며 또는 依託하는 性이 된다. 四緣性의 하나. 大乘과 小乘의 解釋이 같지 않다. ①小乘은 諸法의 原因인 六因中에 能作因을 除한 나머지 五因을 因緣性이라 함. 이같은 因緣性은 뜻이 六因中의 五因에 通하므로 그 뜻이 자못 넓다. 一例를 들면 眼識이 생기는 것은 識을 發하고 境을 取하는 作用인 眼根이 因이 되며 所對하는 色境이 緣이 되어 생하므로 眼根과 色境을 眼識을 生起하는 有爲因緣의 性이 된다고 함. ②大乘은 六中에 오직 同類因이 因緣의 性이 되고 남은 五因은 모두 增上緣의 性이 된다고 함. 자세히 말하면 同類因은 因緣性과 增上緣性에 通한다. 남은 五因은 오직 增上緣의 性이 되고 同類因은 等流果를 引生하는 原因이 되어 自種因이라하며 곧 過去의 善法은 現在의 善法과 未來의 善法의 因이 되고 現在의 善法은 未來의 善法의 因이 된다. 惡法과 無記法도 이와 같음. 이같은 諸法의 親因緣의 種子가 因緣性이 되고 또한 이 種子를 薰生하는 現行法이 種子의 因緣性이 되며 다시 生한 뒤 自類種子의 前念種子는 後起種子의 因緣性이 되어 畢竟 諸法의 原因이 되는 種子를 여의면 因緣性을 세우지 못한다 함.

인연공의(因緣空義) ㊵ 〈pratityasa-mutpāda-sūnyatā〉 여러가지 因緣에

依하여 생긴 것이 本性에 있어서는 空이라고 하는 것. (中論)

인연관(因緣觀) 五停心觀의 하나. 또는 緣起觀이라고도 한다. 愚痴가 많은 사람이 닦는 觀法. 十二因緣이 三世에 因緣相續하는 道理를 觀하여 生死流轉의 理致를 깨닫는 것. 이 觀으로 말미암아 開悟하는 것을 緣覺이라고 한다. 宋高僧傳에 「꽃잎이 떨어지고 落葉이 지는 것을 보고 因緣觀을 짓는다」라고 하였고, 大乘義章十二에 「因緣觀이란 저 生死十二因緣으로 分別觀察하는 것이다」라고 하였음.

인연륜(因緣輪) 因緣이 萬物에 運轉되는 것이 마치 수레바퀴처럼 구르기 때문에 輪이라고 함. 因緣이 서로 繼續되어 生起하여 끝 닿는데가 없기 때문에 수레바퀴로써 譬喩하였음. 또는 阿等十二摩多를 緣覺의 十二因緣觀에다 約하는 것을 稱하여 因緣輪이라 함. (義釋十一)

인연무(因緣舞) 神佛의 因緣으로 文句를 삼아서 춤을 추는 것.

인연박(因緣縛) ㊵ 〈pratyaya-saṃbaddha〉 因緣에 依한 束縛.

인연법(因緣法) ①㊀ 〈paṭicca-samuppāda〉 ㊵ 〈pratitya-samutpāda〉 因緣의 道理. 緣起와 같음. →緣起. ②十二因緣의 가르침. (五敎章)

인연변(因緣變) 唯識家에서는 우리의 앞에 나타나는 對象을 둘로 나누어 하나는 夢幻의 境界, 또 하나는 物象 그대로의 姿態라 함. 앞에 것은 對象은 없고 마음의 作用으로 나타나는 것이므로 이를 作意分別에 의하여 나타난 것(分別變)이라고 하고 뒷 것을 因緣變이라고 한다. 唯識에서는 우리가 實境이라고 하는 相分도 따지고보면 過去에 第八識 自體에 熏習하여 두었던 名言種子를 因으로 하고, 善·惡業의 種子를 緣으로 하여 變해 나타나는 것이라고 함. ↔分別變. →二變.

인연분(因緣分) 한 論書를 著述하는 理由. 因緣이란 이 경우는 因由·所以·來歷이라는 뜻. (起信論)

인연생(因緣生) 또는 緣生이라고도 한다. 萬有諸法은 자기를 몸소 내는 因과 이것을 돕는 緣에 의하여 나는 것을 말함. →無始無明.

인연생멸리(因緣生滅理) 一切의 存在는 우리들의 業·煩惱의 因緣으로 생긴 것이므로 그 因緣을 끊으면, 一切의 存在도 또한 滅하여 涅槃에 達할 수 있다고 말하는 것.

인연생사(因緣生死) 七種生死의 하나. 十地中 歡喜地以後의 菩薩이 眞理를 因으로 하고 이것을 觀하는 無漏의 智慧를 緣으로 하여 無明煩惱를 끊었으나 衆生을 濟度하기 위하여 다시 生死하는 모양을 나타냄을 말함.

인연석(因緣釋) 智顗가 經文을 解釋하는데 使用한 方法의 하나. →天台四釋.

인연석의(因緣釋義) 法을 解釋하는 데 있어서 다른 法을 代用하는 方法으로 反對方面에서 意味를 밝히는 方法. 三論宗에서 말하는 四種釋義의 하나. →三論四釋. (八宗綱要)

인연설(因緣說) ①緣起라고도 한다. 十二部經의 하나. 原語 梵〈nidāna〉尼陀那라 함. →緣起. 尼陀那. ② 事由(까닭)를 말하는 것. →三周說法.

인연설주(因緣說周) 法華經 三周說法의 第三, 化城喩品 以下의 說法. 第二周에 比喩를 말하였으나 아직 깨닫지 못하는 어리석은 聲聞을 위하여 大通智勝佛이 前世의 因緣을 加持하여 妙法을 말한 部門.

인연소생(因緣所生) →因緣. (道範消息)

인연승호경(因緣僧護經) 佛說因緣僧護經 譯者未詳. 一卷. 五百商人이 바다에 들어갈 때 僧護를 請하여 說法한 것. 거의 海中에 이르니 龍王이 僧護에게 가서 四龍子에게 四阿含經을 줄 것을 빌었다. 商人이 돌아올 때 僧護가 바다에서 나와 같이 돌아오다가 道中에서 잃어버리고 地獄中의 五十六事를 보고 다음 五百仙人의 곳에 이르러 一宿하면서 濟度하였다. 와서 부처님께 뵙고 因緣을 물으니 佛께서 하나 하나 對答한 것.

인연업(因緣業) 因緣에 依한 定하여진 行爲. (往生要集)

인연의(因緣依) 一切諸法이 發生하여 親依하는 것을 말함. 唯識論에서 規定한 諸心과 心所가 所依하는 法에 三種所依를 列擧하였는데 그 中의 하나이다. 增上緣依와 等無間緣依에 對하여 말하는 一切諸法의 各自의 種子이다. 一切有爲法은 모두 各自의 種子에 依하여 生起며 만약 種子의 因緣을 떠나서는 결코 생함이 없다. 이 一切種子는 諸法의 原因이 되며 또한 諸法이 依生하는 所依法이므로 因緣依라 함. 成唯識四에 「諸心과 心所는 모두 所依가 있다. 그러나 그 所依는 모두 三種이며 ①因緣依로 自種子를 말한다. 모든 有爲法이 모두 이 依에 의탁하여 自因緣을 버리고 반드시 생하지 않기 때문이다」한것이 곧 그 일이다. 그러나 論文의 뜻을 詳究해 보면 因緣依의 體는 種子에 그치지 않고 또한 種子의 現生法을 薰生하고 또한 種子로 因하여 因緣依가 된다. 만약 단지 種子만이 因緣依가 되면 瑜伽論等에서 말하는 種子依와 다를 것이 없다. 그러므로 同論述記四에 이 論文을 解釋하여 「識에 約하여 論하면 오직 種子識이 된다. 이제 모든 有爲法을 汎說하면 모두 이 依에 託하여 據通依(因緣依)가 되기 때문이다. 一切有爲法은 無無因緣者라」한 것. 瑜伽論의 種子依는 그 이

틈이 種子가 現行을 생하는 一面에 限하고 能히 다시는 種子가 種子를 생하며 現行이 種子를 薰할 때 서로 因緣이 됨을 보이지 못한다는 뜻이다. 그러므로 唯識論에는 모두 이들 所依法에 攝됨을 因緣依라 하고 瑜伽論에서 말하는 種子依에 代한다. 要컨데 因緣依란 말은 自體에서 本據를 辦生하는 뜻이 있고 狹義로 解釋하면 種子依와 같다. 단지 諸法의 種子가 된다고 가르치고 廣義로 解釋하면 種子의 現行을 생하는 法이 後念種子의 前念種子와 并生하여 또한 因緣依가 된다. 小乘에서는 種子의 現行法등은 말하지 않았고 오직 心과 心所法을 말하며 모두 四緣에 依한다. 六因 가운데 能作의 一因을 除하고 남은 因은 모두 因緣의 性이 된다고 함.

인연종(因緣宗) 佛敎를 分類한 宗派의 하나로 大衍이 세운 四宗가운데 第一. 즉 外道의 邪因 無因에 대하여 正因緣을 說한 宗旨이다. 小乘의 薩婆多部등임. →宗. 四宗.

인연주(因緣周) 因緣周의 說法을 말함. 즉 法華經에서 化城喩·五百弟子受記·授學無學人記의 三品은 大通智勝佛의 때의 因緣에서 說明하여 下根의 小乘의 弟子들을 究極의 一乘의 가르침에 들어오게 하기 위한 것이라고 하는 一種의 解釋法의 이름. →三周說法.

인연즉공리(因緣即空理) →因緣生滅理.

인연합성(因緣合成) 森羅萬象은 반드시 因(親因)과 緣(助緣)으로 이루어지며 이 두가지가 서로 合하여 結果를 내기 때문에 因緣合成이라 말함.

인연화합(因緣和合) ㊵〈…saṃniveśa〉因과 緣이 結合하여 萬有가 成立하는 것. (俱舍論)

인엽림(刃葉林) 또는 劍葉林. 十六遊增地獄 가운데 鋒·刃·增三種林의 하나. →地獄.

인오(印悟) 李朝 光海君 때의 僧. 號는 青梅. 智異山 鷰谷寺에 있었다. 광해군 9(1617)年 왕명으로 碧溪·碧松·芙蓉·淸虛·浮休등 五大師의 초상을 그려 祖師堂에 모시고 祭文을 지어 봉사하였다. 또 十無益頌을 지었다. 著書는 青梅集.

인온(氤氳) ①天地의 氣가 서로 合하여 어린(凝)모양. ②구름과 안개가 자욱하게 낀 모양.

인왕(人王) ㊵〈manuṣyendra〉人間의 王.

인왕(仁王) ①부처님의 尊稱. 부처님을 能仁, 또는 法王이라 부르기 때문에 仁王이라고 稱함. ②仁王經의 仁王은 十六因의 國王을 가리켜 이르는 말임. →二王, 金剛神.

인왕강(仁王講) 仁王經을 講說하여, 그 趣旨를 크게 稱讚하는 法會.

인왕경(仁王經) 二本이 있다. 舊本은 羅什의 번역으로 佛說仁王般若

波羅蜜經 二卷. 新本은 不空三藏이 번역하여 仁王護國般若波羅蜜多經 二卷이다. 仁王은 當時의 十六大國의 國王이다. 佛이 모든 王을 對하여 各各 그 나라를 守護하여 安穩하게 하기 위하여 般若波羅蜜多의 深法을 說한 經文이다. 이 經을 受持하거나 講說하면 七難이 일어나지 않으며 災害가 생기지 않고 萬民이 豊樂하므로 古來로 이것을 護國三部經의 하나라 함. 公私가 모두 禳災 祈福을 爲하여 讀誦한다. 이에 本經의 各家의 註述과 本經의 著作에 關한 것을 아래와 같이 列擧한다. 仁王經疏 六卷 隋나라 吉藏 지음. 仁王護國般若經疏 五卷 隋나라 智顗가 說하고 門人 灌頂이 記함. 仁王經合疏 三卷 隋나라 智顗 說하고 灌頂이 記하고 明나라 道霈가 合함. 仁王經疏 七卷 唐나라 良賁 지음. 仁王經疏 六卷 唐나라 圓測이 지음. 仁王經疏法衡鈔 六卷 唐나라 遇榮이 모음. 仁王護國般若波羅蜜經疏神寶記 四卷 宋나라 善月 지음. 注仁王經疏科 一卷 宋나라 淨源 記錄. 仁王經疏 四卷. 宋나라 淨源 撰集. 仁王經科疏文 一卷 明나라 眞貴 지음. 仁王經科疏懸談 一卷과 仁王經科疏 五卷 明나라 眞貴 지음.

인왕경만다라(仁王經曼荼羅) 圖像. 仁王經에 依하여 現示되는 曼荼羅의 뜻. 不空 번역. 仁王護國般若波羅蜜多經과 同經 道場念誦 儀軌의 所說에 基하여 圖畵한 것으로 仁王經法에 사용되는 曼荼羅임.

인왕경법(仁王經法) 仁王護國般若經을 讀誦하면서 修行하는 祈禱法. 日·月·星辰, 火·水·大風·災旱·兵賊등 七難이 일어날 때 이 法을 行하고 또 平生동안 修行하는 사람도 있음.

인왕경소(仁王經疏) 三卷. 新羅의 圓測이 唐나라 西明寺에서 지음.

인왕경의궤(仁王經儀軌) 仁王護國般若波羅蜜多經道場念誦儀軌의 약칭.

인왕경팔유(仁王經八喩) ①一切衆生의 心識의 神本이다. 神本이란 神髓의 根本이다. 般若는 一切衆生의 心識의 實相을 밝히므로 心識의 神本이라 하며 이는 實相般若다. 新譯經에서 말한 能히 一切諸佛法과 一切菩薩解脫法이 出生한 것. ②一切國王의 父母 般若는 王의 慧解의 마음을 생하므로 國王의 父母라 한다. 이는 般若를 觀照하는 것. 新譯經에서 말하는 一切國의 無生法과 一切衆生의 少離法을 出生하는 것. ③神符. 이는 般若에 依하여 能히 實相의 增界에 達하므로 能히 天魔와 外道를 調伏시킨다. 이는 世 出世의 善根이 모두 能히 守護하므로 神符에 비유한다. 新譯經에서 말하는 能히 毒龍과 모든 惡鬼神을 鎭壓한다는 것. ④辟鬼珠. 般若는 能히 鬼神의 厄難을 물리치므로 辟鬼라 함. 新譯經에서 말하는 것은 위에서 말하는 神符에 攝되여 하나가 되는 것. ⑤如意珠. 能히 人心이 求하는 것을 滿足하게 하므로 如意珠에 비유한 것. 新譯經에서 말하는 摩尼의 實體는 衆德을 갖추어 能히 人心을 따라 求하는 것을 滿足시키며 能히 輪王에 應하는 如意珠가 된다고 한것. ⑥護國珠. 般若의 힘이 能히 七難을 멸치고 國土를 安穩하게 하므로 護國珠라 함. 國家를 鎭護하는 經이 된다 함. ⑦天地鏡. 般若는 能히 一切衆生의 迷闇을 비추므로 天地鏡이라 한다. 新經에서 말하는 闇夜를 高幢위에 두고 빛을 天地에 비추어 밝음이 日月과 같다고 하는 것. ⑧龍寶神王. 이 經은 能히 甘雨를 얻으므로 龍寶神王이라 함. 新譯經에서 말하는 能히 難陀跋難陀등 모든 大龍王을 시켜 이슬과 甘雨를 내려서 草木을 潤澤하게 하는 것. 神符이하 六種의 功德은 文字般若를 말함.

인왕공(仁王供) 仁王經을 供養하는 法會. 仁王講과 같음.

인왕다라니(仁旺陀羅尼) ㊂ 仁王呪와 같음.

인왕다라니석(仁王陀羅尼釋) ㊔仁王般若陀羅尼釋의 약칭.

인왕문(仁王門) 寺刹의 守護身인 金剛力士(左에 密迹金剛, 右에 那羅延金剛)을 安置하는 樓門. 벌써 印度의 발후트의 塔門에도 볼 수 있음.

인왕반야경(仁王般若經) ㊂ 仁王護國般若波羅蜜多經의 略稱.

인왕반야도량(仁王般若道場) 고려때 佛敎의 法會. 〈仁王般若經〉을 講讀하여 國家의 발전을 祝願하는 일로 3年에 1회씩 열렸다. 仁王般若經이란 仁王護國般若波羅蜜多經의 준말로 唐나라의 不空이 번역한 것.

인왕반야바라밀경(仁王般若波羅蜜經) ㊂ 二卷. 仁王護國般若波羅蜜經의 略稱, 姚秦 鳩摩羅什 번역. 또는 仁王般若經 仁王經이라고도 한다. 佛果와 十地菩薩의 修行을 守護하며 아울러 國土를 守護하는 因緣을 說한 것.

인왕반야염송법(仁王般若念誦法) ㊂ 一卷. 不空의 번역. 仁王護國般若波羅蜜多經道場心誦儀軌와는 詳略이 같지 아니함.

인왕반야오단법(仁王般若五壇法) 五個 壇을 베풀고 五大力菩薩을 供養함. 즉 五大明王의 法.

인왕보살(仁王菩薩) 仁王經에서 說한 五大力菩薩을 말함.

인왕염송법(仁王念誦法) ㊂ 仁王般若念誦法의 약칭.

인왕존(仁王尊) 혹은 密跡菩薩·密修力士·執金剛神·那羅延金剛. 寺門의 左右에 설치한 阿와 吽의 二像.

인왕주(仁王呪) ㊂ 仁王經에서 說한 陀羅尼. 新本에는 奉持品에 있음.

인왕호국반야경소(仁王護國般若經疏) ㊂ 五卷. 隋 智顗가 說하고 灌頂이 記함. 後秦 鳩摩羅什이 번역한 仁王般若波羅蜜經 二卷을 註解한 것.

인왕호국반야바라밀다경 (仁王護國般若波羅蜜多經) 2卷. 唐나라의 不空이 번역. 仁王經.

인왕호국반야바라밀다경소 (仁王護國般若波羅蜜多經疏) ㊂三卷. 唐 良賁가 撰하고, 唐 不空이 번역한 仁王護國 般若波羅蜜多經 二卷을 註解한 것. 新譯 仁王般若經疏, 新翻仁王經疏라고도 한다. 永泰二年 二月十一日 長安 青龍寺 翻經講論 沙門 良賁가 敕命을 받아 宮內 南桃園에서 修撰한 것이며 大唐貞元續開元釋敎錄에 收錄되고, 宋의 遇榮은 末注로 仁王經疏法衡鈔 六卷을 撰하였음.

인왕회(仁王會) 仁王經護國品에서 說한 것으로 나라에 만일 災難이 있으면 百座의 講座를 마련하고 仁王經을 講讃하면 災殃을 止할 수 있다. 唐나라 代宗때(763～779)에 旱災가 極甚하여 不空 三藏으로 하여금 그가 새로 번역한 '仁王護國般若波羅蜜多經'으로 百座의 仁王法會를 行하여 비(雨)를 비니 靈驗이 있었다. 이것이 仁王法會의 始初임.

인요(忍樂) 「心所忍樂」 ㊁ 〈chandañca ruein ca ādāya voharati〉 認定하여 欲求하는 것. 〈五分戒律〉

인욕(忍辱) ㊇ 〈Kṣānti〉 羼提, 번역하여 忍辱이라 한다. 모든 侮辱·惱害를 받고도 참고 견디며 화를 내거나 恨歎하지 않는 것. 六波羅蜜의 하나. 法界次第下의 上에 「羼提는 번역하여 忍辱이다. 內心으로 能히 外部에서 받는 辱境을 安忍하므로 忍辱이라 한다」 하였고, 維摩經佛國品에 「忍辱은 바로 菩薩의 淨土다. 菩薩이 成佛을 할 때에 三十二莊嚴相을 나타내므로 衆生들이 와서 그 나라에 태어난다」 하였으며, 註에 「肇가 말하기를 "忍辱은 얼굴이 和平하므로 容貌에 나타나는데 어찌 다만 얼굴에 나타나는 것뿐이겠는가" 하였다」라고 하였음.

인욕가사(忍辱袈裟) 모든 侮辱을 忍受하는 마음이 外障을 막는 것을 袈裟(法衣)에 比喩한 것.

인욕개(忍辱介) 忍辱의 甲옷. (三敎指歸)

인욕개(忍辱鎧) 忍辱은 능히 一切의 外難을 防止하기 때문에 갑옷에 譬喩함. 法華經 勸持品에 「惡鬼가 그 몸에 들어가고 헐뜯는 辱說이 나는 毀呰하더라도 우리들이 부처님을 恭敬하여 믿으려면 마땅히 忍辱의 갑옷을 입으라」고 하였음.

인욕경(忍辱經) ㊃ 羅云忍辱經의 略稱.

인욕광(忍辱光) 忍辱으로 얻은 功德. (往生要集)

인욕력(忍辱力) 忍耐力. 忍耐는 六波羅蜜中의 第三. (法華經)

인욕바라밀(忍辱波羅蜜) ㊵〈Kṣānti-pāramitā〉 忍耐의 完成. 忍의 完成 忍波羅蜜과 같음. →忍波羅蜜.

인욕바라밀보살(忍辱波羅蜜菩薩) 胎藏界 曼荼羅 虛空藏院의 中央 左側 第三位에 있는 尊. 十波羅蜜菩薩의 하나로 三忍을 主管함. 梵語로는 乞叉底波羅蜜多라고 하며 密號는 帝利金剛이다. 살색에 羯磨衣를 입고, 왼손에 漉水囊을 들고 오른 손은 無名指와 小指 두 손가락만을 세우고 다른 손가락은 모두 구부려 刀印을 結하고 붉은 蓮꽃 위에 앉아 있음.

인욕선(忍辱仙) ㊵〈Ksānti-vādi-rsi〉 ㊷〈Khanti-vādi-tapasu〉 ㊻〈pa-smra-ba-shes-brya-baḥi draṅ-sroṅ bzod〉 釋迦如來가 前生에 因位에서 忍辱仙이 되어 忍辱의 修行을 닦았는데 歌利王이 그몸을 찢어 갈랐다 함. 證道歌에 「우리 스승님이 然燈佛을 得見하시고 多劫동안 일찌기 忍辱仙이 되었다」라고 하였음.

忍辱仙

인욕선인(忍辱仙人) ㊵〈kṣāntivādin ṛṣi〉 忍辱을 말하는 者라는 이름의 仙人. (金剛經)

인욕의(忍辱衣) 忍辱하는 마음은 능히 一切의 外部의 障礙를 防禦하기 때문에 옷에 비유한 것. 혹은 갑옷에 비유하여 忍辱鎧라 하기도 하며 드디어 袈裟의 總名이 되었다. 法華經法師品에 「如來衣는 바로 柔和 忍辱의 마음이다」 하였고, 釋氏要覽上에 「如幻 三昧經 袈裟를 忍辱鎧라 한다」 하였음.

인욕자비(忍辱慈悲) 一切의 侮辱·迫害나 苦惱도 忍耐하는 慈悲. 忍辱은 菩薩의 六種의 大行의 하나.

인욕지(忍辱地) 온갖 모욕과 煩惱를 참고 不動하여 安住하는 경지를 말함. 여기에 生·法의 二忍이 있음. ①生忍. 다른 사람이 욕하고 꾸짖고 때리고 침뱉는 등의 온갖 凌辱을 참고 견디는 것. ②法忍. 춥고 더웁고 비바람의 고통과 배고프고 목마르고 늙고 병든 非情의 禍害를 참고 견디는 것. 이 두가지의 法에 능히 安然히 不動할 수 있기 때문에 忍辱地라고 이름함. 法華經安樂行品에 「菩薩摩訶薩은 忍辱地에 安住하여 柔和 善順하며 갑짜기 暴擧의 行動을 하지 않는다」라고 하였음.

인욕초(忍辱草) 印度의 雪山中에 나는 풀 이름. 涅槃經 二十七에 「雪山에 한 풀이 있어 이름을 忍辱이라 한다. 소가 만일 이 풀을 먹으면 醍醐를 낸다」 하였음.

인욕태자(忍辱太子) 옛날 毘婆尸佛 때에 波羅捺國王에게 忍辱이라하는 王子가 있었다. 太子의 父母가 病이 重하니 醫員이 말하기를 "성내지 않는 사람의 고기가 藥이 된다" 하니 太子가 스스로 생각하되 "내가 나면서 성내지 않았으므로 忍辱이라 이름하니 이 藥에 充當시킬수 있을 것이다. 國中에 設似 성내지 않은 者가 있더라도 어찌 그가 나의 어버이를 救할 수 있겠는가"하고 스스로 고기를 베어 藥에 充當하니 父母의 病이 곧 나았다 함.

인용(仁勇) 楊岐方會(996～1049)의 弟子. 姓은 竺氏. 이름은 仁勇. 號는 保寧. 처음에 天台宗을 연구하였고 뒤에는 雪竇明覺에게 禪을 물음. 生沒年代 未詳.

인용(引用) 다른 글 가운데서 한 部分을 이끌어 씀.

인우구망(人牛俱亡) 十牛의 하나. →十牛.

인웅사자(人雄師子) 부처님의 德號. 부처님은 사람중에서 가장 雄健하기 때문에 人雄 또는 世雄이라 하고 獅子는 雄健하므로 그에 비유하였음. 無量壽經上에 「人雄 師子요 神德이 無量하다」 하였음.

인원(因圓) 佛果를 얻을 수 있는 因이 圓滿함을 말함.

인원(因願) 果에 對하여 이르는 말을 因이라 하고 末에 對하여 이르는 말을 源이라고 한다. 華嚴經疏四에 「因이 그곳이라면 果는 바다요, 果가 이루어진 것이면 因은 근원이다」 하였음.

인원(隣圓) 圓滿妙覺에 가까운 位로 즉 等覺을 證得한 자리다. 法華文句會本十에 「道를 憎惡함이 더욱 높고 生命을 損傷함이 더욱 극진하여 圓滿에 가까웁기는 極히 머니 오직 한 生이 있을 뿐이다」하였고, 同記에 隣圓이라고 말한 것은 圓은 圓滿을 말함이니 滿에 가까운 자리요 妙覺에 가까운 자리이다」 하였음.

인원과만(因圓果滿) 佛道修行의 因이 具足하여 佛果의 德이 圓滿하여 成佛함을 말함. 心地觀經一에 「三阿僧祇劫에 걸쳐 衆生을 濟度하고 八萬波羅蜜을 부지런히 닦아서 因果가 圓滿하여 正覺을 이루어 壽가 生·死가 없는 곳에 住한다」 하였음.

인원과해(因源果海) 山間의 시냇물이 合하여 큰 바다를 이루듯이 여러가지 修行이 점점 完成하여 證果를 얻을 때에 因位에 대한 修行을 因源 佛果上의 德을 果海라고 함.

인위(因位) 果位에 대하여 이르는 말. 부처가 되려고 修行을 하는 因의 地位, 곧 發心으로 부터 成佛할 때까지의 期間을 말함. 玄義六上에 「佛果의 地位가 圓滿至極하면 다시 因位로 돌아가지 않는다」 하였음.

인위(忍位) ①七善根가운데 忍法의

位를 말함. →忍法. ②眞理을 證得한 자리를 總稱하는 말. 忍은 마음이 眞理에 있어서 움직이지 않음을 말함. ③仁王經에서 說한 五忍의 位임. 宋 高僧傳(不空傳)에 「그 忍位를 헤아려 高下를 定하지 말라」 하였음. →忍法.

인위만행(因位萬行) 因位에서 닦는 모든 行의 總稱. 果地萬德의 對.

인위시(因位時) 因位에 있었을 때. 그 옛날. (正信偈)

인유(人有) 七有의 하나. 有는 迷의 결과를 이름한 것으로 衆生이 過去에서 人界에 태어날 因을 닦아서 現在의 果를 얻은 것. 즉 生死가 相續하여 因果가 없어지지 않고 存在하는 것. 人間界를 말함.

인유(引喩) ①梵 〈udāharana〉 西 〈dper brjod〉 實例를 드는 것. (瑜伽論 因明) ②因明의 喩支로 形式論理學의 大前提에 대체로 相當함. (瑜伽論)

인유(因由) 形式論理學의 媒槪念(中槪念)에 相當하는 것.

인유(麟喩) 麟喩獨覺. 곧 麟角喩獨覺의 약칭. 獨覺에는 麟喩·部行의 二種이 있음. →獨覺. ↔部行獨覺.

인유독각(麟喩獨覺) 麟角喩獨覺의 준말.

인육의(因六義) 緣起의 原因에 具備되는 六義의 뜻. 華嚴宗에 있어서 終敎의 分齊에서는 萬有의 原因은 如來藏에서의 六義을 具備하는 까닭으로 緣起의 義가 이루워진다고 한다. ①空有力不待緣 ②空有力待緣 ③空無力待緣 ④有有力不待緣 ⑤有有力待緣 ⑥有無力待緣임.

인응(因應) 因循感應하는 것.

인의(仁義) 仁과 義. 仁은 불쌍히 여기는 마음. 義은 事物의 事理에 맞는 것. 仁慈와 事理에 맞는 것. 儒敎의 가장 重要한 德目. 人倫之道. 十六大國에서만 지켜졌다고 하였음. (出曜經)

인의(因義) 梵 〈hetv-artha〉 原因인 것. 原因인 意義.

인의도중(仁義道中) 世間一般의 人事. (景德傳燈錄)

인이품(因異品) 因明의 異喩에 갖추는 條件과 因과 다른 品類임. 例를 들면 國務總理는 韓國法律을 지켜야 한다(宗). 韓國國民이기 때문이다(因). 外國人 같다(異喩)의 論式中에 外國人의 異喩와 韓國國民의 因은 全異品類라 함.

인인(人因) 人生의 原因이 되는 行爲임. 나면서 尊貴를 누리며 施惠를 普廣하고 三寶와 長者를 敬禮하며 忍辱하여 瞋하지 않고 柔和하여 아래 사람에 謙遜하며 經戒를 博聞하는 것. 또는 貧窮을 布施하고 戒를 가지고 十惡을 犯하지 않으며 辱을 참아서 精進勸化를 어지럽히지 않고 一心으로 父母에게 孝道하고 나라에 忠誠을 다하므로 大富·長壽·端正·威德을 갖추며 卑賤한 생을 받는 者는 憍慢·剛强·不恪放逸하며 三寶를 禮로 섬기지 않고 盜竊로 生活하며 負債를 返納하지 않기 때문이다. 至誠으로 속이지 않으며 經을 외우고 戒를 守護하여 사람으로 惡을 멀리하고 善에 나가도록하며 사람의 長短을 求하지 아니하면 口氣가 香潔하며 身心이 安樂하여 사람을 위하여 칭찬을 받으므로 결코 誹謗을 받지 않는다. 至誠이 없으면 사람을 속이며 衆人가운데서 說法者를 詈言하고 모든 同學을 보고 蔑視하며 他事를 보지 않고 허물을 지으며 兩舌을 鬪亂하면 常時로 誹謗과 憎惡를 받으며 形이 醜惡하고 心意가 不安하여 恒常 恐布를 품는다. 猛 憶念 梵의 三勝에 이르면 人天에 生한다. 釋氏要覽에 「人因(中略)은 先造를 따라 上下品을 增하며 身 語 意의 妙을 行하므로 人道에 생한다」 하였음.

인인(因人) 因位의 사람. 佛道를 修行하는 사람으로 아직 佛果에 이르기 以前의 修行者의 總稱임.

인인(引因) 二因가운데 하나. 近果·正果를 내는 것을 生因이라 함에 대하여 遠果·殘果를 끌어 오는 것을 引因이라 한다. 예를 들면 우리들의 肉體나 草木의 싹은 生因에서 난 近果·正果를 죽은 後의 尸體나, 말라 죽은 草木은 引因에서 난 遠果·殘果다. 그러나 두 因은 전혀 別體의 것이 아니고, 相對의 果가 틀린 탓으로 별명을 세운데에 不過함.

인인(因因) 果果에 대해서 이르는 말. 涅槃經二十七에 「因因은 智慧, 果果는 無上大涅槃이다」 하였음. ↔果果.

인인구족(人人具足) 한사람 한사람이 나면서부터 佛性을 安全히 具備하고 있는 것. (碧巖錄)

인인본구(人人本具) 사람마다 본래부터 佛性을 具足하고 있음을 말함.

인인중법(因人重法) 사람으로 因하여 法을 重히 하는 뜻. 說人의 學解行證이 깊으면, 그 說한 法이 스스로 世上에서 尊重하게 된다는 것을 말함.

인입(引入) 引導하여 들어가게 하는 것. 大日經疏十九에 「늘 慈悲의 마음이 있는 사람은 이 曼陀羅에 끌어들이어 合하게 한다」 하였음.

인입인(引入印) 弟子를 끌고 壇場內로 들어가는 印相. 胎藏界에서는 入佛三昧耶印을 쓰고, 金剛界에서는 薩埵三昧耶印을 쓰고 蘇悉地에서는 合掌印을 쓰는데 이는 곧 三部의 三昧耶印으로 佛家에 있는 뜻을 나타낸다. 또는 흔히 大鉤召印相을 씀.

인자(仁者) 또는 仁. 사람을 부르는 敬稱. 法華經 序品에 「四衆龍神에 仁者를 우러러 살핀다」 하였고, 中庸에 仁은 人이라 하였음.

인자(仁慈) ㊁ ⟨mettā⟩ ㊵ ⟨maitra⟩

人情이 많고 慈愛를 베푸는 것. (長阿含經)

인자과(引自果) 因의 特性의 하나. 種子가 物質的인 것이라면 반드시 物質的인 結果가 생기고 心的인 것이라면 반드시 心的인 結果가 生기는 것을 말함.

인자금강구(因字金剛句) 因字란 東方 阿閦佛의 種子로 𑖮字를 稱한다. 𑖮의 字體는 𑖮訶가 因의 뜻이 되기 때문이다. 金剛句란 이 𑖮의 種子가 變하여 五股金剛의 形이 되는 것. 瑜祇經에 「因字金剛句는 猛利한 火를 發生하여 衆의 不祥을 태워버린다」 하였음.

인자생금강(因字生金剛) 金剛薩埵의 種子 𑖮字를 말한다. 그 字體 𑖮字는 一切諸法의 本因이 되므로 因字라 함. 이 𑖮字가 變하여 五股의 金剛杵를 이루므로 金剛이 생한다. 瑜祇經에 「因字는 金剛을 생하며 그 大空界에 가득하다」 하였음.

인재경찬(因齋慶讚) 齋(食事)의 施主를 爲하여 說法하고 또 回向하는 것. (碧巖錄)

인적위자(認賊爲子) 自家의 妄想을 認定함은 眞正한 悟見으로 이것에 비유한 것. 楞嚴經一에 「너로 말미암아 無始에서 지금까지 賊을 子息으로 알았다. 너는 元常을 잃었으므로 輪轉을 받는다」 하였고, 圓覺經에 「一切我의 涅槃이 됨을 認하기 때문이며 有證과 有悟를 成就라 하기 때문이다. 비유하면 사람이 賊을 認定하여 子息을 삼으면 그 집의 財寶를 끝내 지키지 못함과 같다」하였음.

인접(引接) 또는 引攝이라고도 한다. 佛·菩薩이 大願業力의 손으로 衆生을 引導하여 攝取하는 것을 말함. 涅槃經二十八에 「方便으로 引接한다」하였고, 往生要集上本에 「無量聖衆과 같이 同時에 讚嘆하고 손을 내밀어 引接하였다」 하였음.

인접결연(引接結緣) 緣이 있는 것을 救濟하는 것. (往生要集)

인접결연락(引接結緣樂) 結緣者를 이끌어 濟度하는 즐거움. 往生要集에 說한 十樂가운데의 第八樂으로 淨土에 往生한 뒤에 娑婆世界에서 因緣을 맺은 父母나 知友들을 마음대로 引接하여 濟度하는 즐거움을 말함. 要集上末에 「만약 極樂에 往生하면 智慧가 高明하고 神通이 洞達하여 世世生生에 은혜로 안 것들을 마음대로 引接한다. (中略) 緣이 없는 衆生도 오히려 그러하거늘 하물며 緣을 맺은 사람일까보냐」 하였음.

인접비원(引接悲願) 佛·菩薩이 衆生을 引接하는 本願. 阿彌陀佛四十八願 가운데 第十九願을 가리키는 말. 願에 이르기를 「十方衆生이 菩提心을 發하여 모든 功德을 닦고 至誠스런 마음으로 發願하여 彌陀因에 往生하고자 하는데 그 사람의

臨終時에 만일 大衆과 함께 그 사람 앞에 나타나지 않는다면 正覺을 바라지 않겠나이다」 한 것. (無量壽經上)

인접상(引接想) 極樂에 갈 것이라는 생각을 하는 것. 稱念에서의 三想의 하나. 阿彌陀佛에 따라 極樂에 간다는 想念. 臨終行使로서 本尊을 西에 두고 佛의 左手에 五綵의 幡을 동여 매어 行者의 左手에 갖게 하여 이 생각을 行者에게 갖게 함.

인정(人定) 初更 亥時. 밤 十時로부터 十一時까지, 이 時刻에는 큰 鍾을 쳐서 사람의 通行을 禁止하는 것을 人定이라고 한다. 이것이 變하여 人定을 알리는 鍾을 人定이라 하고 다시 人磬으로 變하였음.

인정(人情) ①사람이 본래 가지고 있는 정감. ②남을 동정하는 갸륵한 마음씨. ③세상 사람의 따뜻한 마음. 또는 道德的 意識.

※唯註述記六에 「印境決定」

인정(印定) ①印可決定한다는 뜻. ②(1805～1883) 이름은 印定. 號는 道岩. 俗姓은 車氏이며 延安사람. 純祖 5(1805)年 乙丑에 鰲城北芋枝里에서 出生하다. 13歲에 白岩山 淨土寺에 가서 心沃和尙에게 祝髮하고 丁亥(1827)에 印月銑和尙에게 具足戒를 받다. 이로부터 오랫동안 하루 一食하고 梵行을 精修하여 平生을 고치지 않았다. 諸師를 歷訪하여 三藏을 廣學하니 敎慧가 益光하였다. 華月瓚璃의 法印을 받고, 高宗甲子(1864) 가을 장마에 淨土寺가 떠내려가자 雙溪西原에 新築하고 白鶴峯 石室에 들어가 十餘年間 面壁하였다. 癸未(1883) 正月八日에 灌沐更衣하고 示化하니 世壽 79. 戒臘이 67.

인정태자(引正太子) 中印度 憍薩羅國引正王(娑多婆漢那 sātyavāhana)의 아들이다. 王이 깊이 龍樹菩薩에게 歸依하여 龍樹의 妙術에 依해 年貌가 늙지 않았다. 太子가 王位를 잇지 못할가 두려워하여 父母의 長壽가 龍樹의 福力에 依한다고 생각하고 龍樹를 請하여 自殺하게 하였다. 父王이 龍樹가 죽었음을 듣고 곧 죽으니 太子가 王位에 올랐다고 함.

인제(因提) 天의 名稱. 또는 因坻라고도 씀. →因坻.

인제리(因提梨) 天의 名稱. →因坻.

인조(人鳥) 사람과 새. 顯密二敎論上에 「文章은 執見에 따라서 숨고, 뜻은 機根에 따라서 나타날 뿐이다. 譬喩하면 天과 鬼는 보면 分別되고 사람과 새는 明暗이 다르다」 하였음.

인조(仁照) 高麗朝 僧侶. 忠宣王 때 住持. 王이 일찍 中門에 榜을 붙였는데 「王輪住持 仁照. 龍巖住持 用宣. 仙巖住持 若宏과 某某(俗人 十八人)를 除한 이외의 사람은 부르는 命이 없으면 들어오지 말라」 하

였음.

인조(忍調) 忍心으로써 瞋恚를 調伏하는 것. 維摩經 方便品에「忍으로 모든 恚怒를 攝하여 行을 調한다」하였음.

인조명암(人鳥明暗) 眼赤鳥는 어두운 밤을 아름답게 빛난 色으로 보고, 人間은 다만 闇黑色으로 본다. 立場의 相違로 한 事物을 볼 경우 正反對로도 볼 수 있는 것. (二教論)

인존(人尊) 부처님의 德號. 사람 가운데 높다는 말.

※增一阿含經序品에「人尊說六度無極」

인존(仁尊) 부처님의 德號. 釋迦를 번역하여 '能仁'이라 하기 때문에 이렇게 말함.

인종(人種) 巴 〈sattanikāya〉 人間이라는 種類. 人間이라는 部類. (四諦經)

인종(印宗) 人名. 中國 廣州 法性寺의 印宗을 말함. 처음 涅槃經을 講義할 적에 六祖 慧能을 만나서 비로소 그 玄妙한 理致를 깨닫고 慧能을 傳法師로 삼았음. 慧能 亦是 이 사람에게 나아가서 出家하여 戒를 받았다. 先天 2(713)에 世壽 八十七歲로 示寂. (傳燈錄五)

인좌(引座) 禪林에서 導師를 請하여 說法하는 高座에 올라가게 하고 大衆에게 紹介하는 것을 引座라고 한다. 突然히 演場을 開設하면 聽衆이 놀라고 이상히 여길것 같아 미리 引請하는 趣旨를 밝히고 이를 大衆에게 紹介한다는 뜻. (象器箋十一)

인주(人主) 國民·人民의 統治者. 君主.

인주(印住) ①도장을 찍을 때에 그 印形을 除去하여 비로소 도장의 文字가 종이 위에 남아서 밝게 나타난다(印住). 또 印形을 紙上에 찍은 채 멈추어 두면 印文은 나타나지 않는다(印破). 禪者의 活作略을 比喩하여 말함(碧巖錄). ②붙잡아 놓다. 把握한다. (景德傳燈錄)

인주(印呪) 또는 印與呪라고도 함. 結印과 相應하는 呪를 말함. 眞言宗에서 結印을 하고 陀羅尼를 외우는 것. 護王인 明王善神의 守護를 받는다고 함.

인준(忍俊) 忍은 忍耐, 俊은 俊發, 忍俊은 俊發 영리하여 我慢이 强함.

인준불금(忍俊不禁) 참고 견디지 못함. (碧巖錄)

인중(人中) 人間界. (沙石集)

인중(人衆) 巴 〈mahājana-kāya〉 梵 〈ākirṇa-ba: hujana-manuṣya〉 사람의 數. 사람이 많은 것. 많은 사람들의 모임. (長阿含經)

인중(因中) 修行하고 있는 동안. (五教章)

인중무과(因中無果) 原因속에 結果가 없다는 뜻. ↔因中有果.

인중무과론(因中無果論) 因中無果를 말하는 說. 바이세시카哲學 등이 主

張하는 것인데, 獨立한 많은 要素가 結合하여 現象界(結果로서의 世界)를 構成한다고 하는 說(集積說 ㉵ 〈ārambha-vāda〉).

인중분다리화(人中分陀利華) ①佛의 德號. 涅槃經十八에 「人中에 丈夫요, 人中에 蓮花分陀利華다」라고 하였다. 分陀利華는 번역하여 白蓮華라 함. ②念佛하는 사람을 지칭하는 말. 觀無量壽經에 「念佛하는 사람은 바로 이사람이 人中에 分陀利華임을 알아라」 하였음.

인중사자(人中師子) 天竺의 沙門 佛陀斯那는 先天的으로 타고난 재주가 특히 빼어나고 諸國에서 獨步하여 世人들이 人中師子라 하고 부처님은 人師子라 일컬음. (治禪經後序·智度論八)

인중삼악(人中三惡) 一闡提와 大乘을 誹謗하는 것과 四重罪를 犯한 사람을 가리켜 말함.

인중설과(因中說果) 因上에서 果를 說하는 論法. 涅槃經三十七에 「如來는 或 때로 因中에 果를 說하고 果中에 因을 說한다. 마치 世間 사람이 진흙을 곧 瓶이라 하고 실꾸러미를 옷이라 함과 같다. 이를 因中說果라 한다. 果中說因은 소는 곧 풀과 물이며 사람은 곧 밥이다 함과 같다」하였고, 智度論四十三에 「사람이 날마다 먹지만 數匹의 布는 먹지 못하고 布의 因緣을 따라 밥을 얻는다 한 것. 이는 因中說果이며 마치 좋은 그림을 보고 好手를 말함과 같은 것은 果中에 因을 說한 것이다」 하였음.

인중수(人中樹) 諸佛의 身業은 능히 世人의 熱惱를 除去하므로 人中樹라 함. 仁王經中에 「法王은 無上한 人中樹로 널이 大衆을 가린다」하였음.

인중역유과인중역무과 (因中亦有果因中亦無果) 原因中에 結果가 있는 것도 있고 없는 것도 있다는 뜻. 尼乾子外道(자이나敎)의 說이라 함. (開目鈔)

인중우왕(人中牛王) 부처님의 德號. 부처님은 큰 힘을 지닌 牛王과 같다는 것. 涅槃經十八의 「人中의 象王이며 人中의 牛王이며 人中의 龍王이며 人中의 丈夫다」 하였음.

인중유과(因中有果) ㉵ 〈sat-kārya〉 因中無果의 對. 原因 속에 이미 結果가 있다라는 뜻. 산캬哲學 등에서 말함. (成實論)

인중유과론(因中有果論) ㉵ 〈satkārya-vāda〉 果로서 나타나는 現象界는 반드시 因속에 內在하며, 因과 果는 性質이 같다고 생각하는 說. 산캬哲學이 그 主張의 代表的인 것인데 베타哲學의 諸體系도 이 系列에 屬함.

인중유과종(因中有果宗) 外道十六宗 가운데 하나. 또는 因中有果論이라 함. 因가운데 항상 果性이 있다고 생각하는 外道. 비유하면 벼는 穀

을 因해 生하며 그 穀中에 이미 禾性이 있다고 論한 것. →十六外論.

인중존(人中尊) 부처님의 德號. 부처님은 人界에서 가장 높고 가장 殊勝하다는 뜻. 法華經 序品에 「부처님은 人中에서 가장 높으신 분으로 해와 달처럼 등불 같이 밝다」라고 하였음.

인중진액득상미상(咽中律液得上味相) ㊵ 〈rasa rasa-agratā〉 ㊼ 〈ro bro baḥi mchog daṅ ldan pa〉 最良의 味感을 갖는 相. 佛의 三十二相의 하나. →三十二相.

인중질역(人衆疾疫) 사람들이 疾病으로 눕다라는 뜻. 藥師經에서 말하는 七難의 하나. (安國論)

인증(引證) 證을 든다는 뜻. 깨닫는 것. (宗門十規論)

인증(印證) 印可證明의 略. →印可. (正法眼藏)

인증권진(引證勸進) 淨土에 往生할 수 있는 것을 믿게 하기 위하여 世尊 스스로의 깨달음, 其他의 佛의 깨달음, 그리고 利益된다는 것등을 들어서 念佛往生을 勸하는 것.

인지(印持) 스스로 믿고 잘 간직하는 것을 말함.

인지(印紙) ①禪林에서 작은 종이 조각으로써 그 寺號를 朱印하는 것을 印紙라 말함. (象器箋十六) ②印과 紙.

인지(因地) 成佛한 地位를 果地. 또는 果上이라 함에 對하여 成佛하려고 佛道를 修行하는 地位를 因地라고 한다. 圓覺經에 「如來께서 根本 清淨因地에서 法行을 일으킨데 대하여 說하시었다」 하였고, 楞嚴經五에 「내가 本來 因地에서 부처를 念願하는 마음으로써 無生忍에 들어갔다」 하였음.

인지(因坻) 또는 因提. 번역하여 主라 하며 天主帝釋을 말함. →因陀羅.

인지(忍地) 無生法忍을 깨달은 地位. 大集經九에 「이 사람은 오래지 않아 얻을 것이다」 하였음.

인지(忍智) 慧心으로 法에 安하는 것을 忍이라하고 境에서 決斷하는 것을 智라 한다. 小乘有部의 說에는 忍이 無間道의 觀知가 되어(舊譯에 無碍道) 因에 屬하고 智는 解脫道의 觀智가 되어 果에 屬한다. 成實과 大乘은 忍과 智에 모두 通한다. 다만 뜻에 따라 나누면 始觀을 忍이라하고 終成을 智라한다. 俱舍論二十三에 「忍智의 忍은 無間道로 斷惑을 約하여 無能隔礙를 얻기 때문이며 智는 解脫道이며 이미 解脫惑得과 離繫得이 함께 일어나므로 두개의 次第理定을 應然히 가춘 것이 世間에서 賊을 몰고 문을 닫음과 같다」하였고, 大乘義章九에 「慧心安法을 忍이라 하고 境에서 決斷하여 說하는 것을 智라 한다. 毘曇에 依하여 見을 斷하고 惑을 諦한다. 忍은 無礙가 되고 智는 解脫이 되며 成實法中의 一切治道를 通名을 忍이라 하고 通名을 智라 한다. 마음을 便安하게 하는 法이므로 通名을 忍이라 하고 決斷하여 執着이 없으므로 通名을 智라 하며 大乘法中에도 忍智가 또한 通한다. 五忍을 說하면 처음부터 끝까지며 二諦智等은 처음에서 뒤를 通한다. 義에 따라 分을 갖추면 義異가 없지 않다. 始觀을 忍이라 하고 終成을 智라한다」하였음.

인지(隣智) 隣은 佛의 智慧와 같으며 等覺의 智慧를 말함. 唯識述記序에 「體에 隣智를 갖추고 演함이 깊으면 鉤도 깊다」하였음.

인지도자인지기(因地倒者因地起) 迷悟가 마음에서 떠나지 않으며 倒와 立은 땅에서 떨어지지 않는 것. 玄義六下에 「믿거나 비방하거나 倒하고 起함은 喜根이 誹謗하지만 뒤에는 得度를 要함과 같다」하였고, 禪林類集 正覺逸頌에 「슬픔이나 웃음은 修山王이 堪當하고 땅을 因해 일어나면 땅을 因해 엎어진다」하였으며, 宗鏡錄七에 「사람이 땅에 엎어지면 땅을 짚고 일어섬과 같다. 一切衆生이 自心의 根本智에 依하여 넘어지면 또한 根本智에 因하여 일어난다」하였고, 文句記十의 中에 「謗을 因하여 惡에 떨어지면 반드시 得益이 따르고 사람이 땅에 넘어지면 도리어 땅을 짚고 일어섬과 같다」하였음.

인지도자환인지기(因地倒者還因地起) 逆緣을 곧 順緣에 비유한 것. 大方等 如來秘密藏經下에 「迦葉아 假令人天의 사람이 땅에 떨어진다면 떨어진 뒤에는 도리어 大地에 依하여 起住함을 얻는다. 迦葉아 衆生등도 이와 같다. 如來所에서 不善을 생하였기 때문에 惡道에 떨어진다면 惡道에 떨어진 뒤에 도리어 如來를 緣하여 速히 出離함을 얻는다. 무엇 때문에 如來를 緣하느냐 하면 如來所에서 慇重心이 생기기 때문이다」하였고, 大莊嚴經論二에 「사람이 땅에서 미끄러지면 도리어 땅을 짚고 일어나는 것과 같다. 佛을 因해 허물을 얻으면 또한 佛을 因해 滅한다」하였으며, 付法藏傳五에 「佛陀蜜多가 告하기를 "尼乾은 땅에서 엎어지면 도리어 짚고 일어난다. 네 만약 佛에 歸依하면 이 罪를 滅할 수 있다」하였고, 法華文句에 「그 善因이 없으면 誹謗하지 않아도 떨어지며 誹謗으로 惡에 떨어지면 마음에 利益을 얻기 때문이다. 마치 사람이 땅에 넘어져서 도리어 땅을 짚고 일어나는 것과 같다」하였음.

인지라(因地羅) ㊵〈lndala〉 藥師十二神將의 하나. (灌頂經)

인지소연(印持所緣) ㊵〈avadhāranā-ālambana〉 ㊃〈ṅes par ḥdsin paḥi dmigs pa〉 道理와 思慮에 依하여 얻은 智慧(思所成智)의 境界. 大乘境界의 하나. (辯中邊論)

인지조료(引持照了) 捕捉되는 것. 保存되는 것. 出現되는 것. (金七十論)

인진(隣珍) 이웃집의 珍寶로 나에게 아무 이익이 없는 것에 比喩함.

인집(人執) 二執의 하나로 또는 我執이라고도 한다. 우리의 몸이 五蘊의 假和合인 것을 깨닫지 못하고 常一主宰의 實我가 있다고 固執하는 것. 菩提心論에 「二乘의 사람은 비록 人執을 破하더라도 아직 法執이 남아있다」 하였음. ↔法執.

인집생연(因集生緣) 十六行相가운데 四行相. 集諦의 境을 觀하여 四種의 觀解가 된다. 곧 集諦를 觀함은 惑業에 迷한 因이며 惑業이란 苦果를 生하는 因이다. 苦果를 集積하여 나타나게 함을 集이라하고 苦果가 相續하게 하여 끊어지지 않음을 生이라 하며 助緣者가 苦果를 成辦하게 하는 것을 緣이라 함.

인차별(因差別) ㊵ 〈Kāraṇa-bheda〉 原因의 區別. 또는 여러가지 原因.

인차별수기(人差別授記) →授記.

인천(人天) 六趣에서 人間界와 天上界의 衆生을 말함.

인천과보(人天果報) 사람으로 태어나고 하늘에 태어나는 結果. 人間界와 天上界에 태어나는 報應. (二敎論)

인천교(人天敎) 人天乘. 人天因果敎라고도 하며 五敎의 하나. 부처님이 成道하신 후 처음에 提謂長者를 위하여 五戒와 中品의 十善을 行하면 人間에 나고 上品의 十善을 行하면 天上에 난다고 가르친 교법을 말함.

인천도사(人天導師) 人間界 뿐만 아니라 天上界를 爲해서도 導師로 되는 者. (正法眼藏 辯道話)

인천명맥(人天命脈) 人天은 人間界와 天上界란 뜻. 十界(地獄・餓鬼・畜生・修羅・人間・天上・聲聞・緣覺・菩薩・佛)中의 二界로 다른 八界마저 代表한 것. 命脈은 生命이란 뜻. 무릇 三千世界에 살아 있는 모든 것의 生命이란 뜻. (碧巖錄)

인천선소(人天善所) 人間과 天上의 神들이 사는 좋은 곳.

인천승묘선과(人天勝妙善果) 六趣가운데 人天 二趣의 果報. 다른 四惡趣에 대하여 勝妙의 善果라고 말함.

인천안목(人天眼目) ①人間界와 天上界의 一切衆生의 眼目이 된다는 뜻. ②南宋 때 晦岩智昭의 著인 書名(六卷)으로 禪門五家 즉 臨濟, 曹洞, 潙仰, 雲門, 法眼 등의 要義를 밝힌 책.

인천인과교(人天因果敎) →人天敎.

인천치경원(人天致敬願) 阿彌陀佛四十八願中 第三十七願으로, 人天으로 하여금 恭敬히 念佛修行하게 하는 願. 無量壽經上에 「가령 내가 得佛한다면 十方無量 不可思議 諸佛世界 諸天人民이 나의 名字만 듣고

도 五體를 땅에 엎드려 머리를 조아리고 禮를 하며 歡喜信行하고 菩薩行을 닦으며 諸天世人이 恭敬하지 않는 사람이 없게 할것이요. 만약 그렇지 않으면 正覺을 取하지 않을 것이다」라고 하였음.

인청(忍聽) ①㊁〈Khamati〉 承諾, 贊成이란 뜻. (十誦律) ②듣고서 忍耐를 익히라는 것.

인청사리(引請闍梨) 引請師라고도 한다. 禪林에서 沙彌를 指導하여 敎授하는 者. 律宗의 敎授師에 相當함. →阿闍梨.

인천승(人天乘) 諸宗의 通途로 五乘의 하나. (五乘에는 通·別의 二種이 있음) →人天敎. 五乘.

인청아사리(引請阿闍梨) 禪林에서 得度한 沙彌는 아직 進退의 節次를 모르기 때문에 引導하여 敎授하는 사람을 引請阿闍梨라고 말하는데 즉 律宗의 敎授師임. (象器箋八)

인체(仁體) 人體와 같음. 經論에서 同輩를 부르되 보통 仁 혹은 仁者라 함.

인체(因體) 因明의 三支作法中 第二의 因의 體가 됨. 宗의 前名辭에 갖춘 뜻을 말하여 立論者와 對論者가 共通으로 許諾한 事件을 말한다. 예를 들면 "소리는 無常하다(宗) 所作性인 까닭에(因)"라고 할 때에 宗의 前名辭인 소리에 因인 所作性의 뜻이 있다고 立論者와 對論者가 함께 허락하면 이 所作性의 뜻을 因體라고 한다. 즉 聲論師와 佛者가 함께 허락하고 같이 所有하고 있는 所作性의 뜻이 바로 因體인 것임.

인체유(因體有) ㊵〈hetu-bhāvena sat〉 因의 體가 있다는 뜻. (莊嚴經論 種性品)

인출불성(引出佛性) 三佛性의 하나. 本來 갖추어 있는 佛性이 煩惱의 구름에 가리워졌으므로 修行하는 功을 쌓아 引出하게 됨을 말함. →三佛性.

인취(人趣) 六趣의 하나. 즉 人間世界. 人類는 業因이 있는 者의 趣向하는 것이란 뜻.

인측(仁惻) 불쌍하고 가엾게 여기는 것. (五分律) 仁은 仁悲也. 惻은 불쌍이 여기고 가엾게 여기며 슬퍼하는 얼굴.

인치(印治) 印可治定이란 뜻. 印可와 같음. →印可.

인탑(仁塔) 佛塔. 佛寺를 仁祠. 佛을 仁仙이라 하는 것과 같음.
※是因釋迦譯作仁故.

인탑(印塔) 堂塔으로 寶篋印塔의 略稱. →寶篋印塔.

인탑(籾塔) 木製의 寶篋印塔으로 속에 陀羅尼를 印刷한 종이에 왕겨 一粒을 싸서 채워 넣었다. 왕겨를 싼 것으로 보아, 五穀豊饒를 祈願하여 奉納한 것.

인토(印土) 印度를 가리키는 말로 印度國土의 뜻. 出生義에 「都史天宮에서 路蹤跡을 걷우고 내려와 中

印度의 國土에 태어났다」하였고, 梵網經本疏에 「이런 까닭으로 印土의 菩薩戒를 지니는 者가 拜誦하지 않는 사람이 없다」라고 하였다. 肇論新疏中에 「天竺을 또는 印土, 身毒이라고 한다」 하였음.

인토(忍土) 娑婆世界. 즉 人間界를 가리킴. 娑婆는 번역하여 忍, 堪忍世界라고도 함. →娑婆.

인특가(印特伽) 地名. →印度.

인파(印破) ①→印住. ②남을 爲하여 心印을 싸 감추는 것. (臨濟錄)

인파료(印破了) 도장을 찍은 것 같이 分明하게. (碧巖錄)

인편석(因便釋) A의 事項을 解釋하는 김에, B의 事項을 解釋하는 것.

인행(因行) 修行. (佛이 되기 爲한) 因으로 되는 行 또는 因位에서의 修行이란 뜻. 깨달을 수 있는 起源이 되는 것.

인행(忍行) 忍辱하는 行. 維摩經 方便品에 「忍으로 모든 恚怒를 攝하여 調行한다」 하였음.

인행과(因行果) 大日經에서 說한 三句의 뜻. 第一句 菩提心을 因(이는 因), 第二句 大悲는 根(이는 行), 第三句 方便은 究竟(이는 果)이라 함. 이 세가지는 一切大小顯密의 諸宗을 攝受하고 있음.

인행과덕(因行果德) 因位의 修行과 果上의 功德. 六度·四攝등을 因位의 修行이라 하고 四智·三身·十力·四無畏 등을 果上의 功德이라 함.

인행오덕(忍行五德) 堪忍을 行하면 無根·無呵·衆人愛·有好名·生善道의 五德이 있다는 것.

인향(引向) 向하게 함. (五教章)

인허(隣虛) 또는 隣虛塵이라 함. 新譯은 極微라하며 色法의 가장 極少分을 말한다. 隣은 虛空과 같은 것으로 色法의 根本이 된다. 勝論外道가 말하는 이 隣虛는 三災의 劫末時에도 부서지지 않고 虛空에 分散하여 常住한다 하고 佛教의 小乘有部宗에서는 비록 極微를 세워 實有하다고 하나 이것도 因緣의 所作으로 業力이 盡하면 極微도 또한 부서지므로 無常生滅이 分明하다고 한다. 이것은 內外道의 區別이다. 楞嚴經三에 「너는 地性을 보아라. 麤한 것은 大地가 되고 가는 것은 微塵 또는 隣虛塵이 된다」하였고, 百論序疏에 「外道의 所計는 隣虛가 十方分이 없고 圓이 常性이라 한다. (中略) 毘曇에도 또한 隣虛塵이 있어 十方分이 없고 二緣을 갖추어야 生함을 밝혔다. 그러므로 이는 無常하며 하나는 因緣이고 하나는 增上緣이 된다」하였으며, 止觀三에 「釋論에 檀波羅蜜을 解釋했는데 外道의 隣虛를 破했다고 한다. 이 塵은 爲有爲無하다. 만약 極微色이 있으면 十方分이 있고 만약 極微色이 없으면 곧 十方分이 없다고 한다」 하였음.

인허진(隣虛塵) 新譯에서는 極微라 한다. 色法의 가장 작은 物質. 허공에 이웃한 色法의 根本 勝論外道들은 이 隣虛塵이 三災劫의 마지막 때에도 없어지지 않고 허공에 흩어져 常住한다고 하며, 불교 小乘 有部宗에서도 極微를 實有라 하나 이것도 因緣으로 된 것이므로 業力이 다하면 極微도 없어져서 무상 生滅한다고 함.

인현(印現) 判에 박은 듯이, 그대로 나타나는 것. 印判에 처음부터 彫刻되어 있으므로 먹을 칠하여 누르면 종이에 그대로 나타나는 것.

인현(因顯) 原因에 따라 나타나는 것. 緣生. 緣起.

인형(人形) ㊵ 〈manuṣya-veṣa〉 人間의 모습으로 몸을 變更하는 것. (有部律藥事)

인혜(因惠) 新羅 僧侶. 善德王때 사람. 약간의 神通이 있었다. 金庾信의 親戚인 秀夫가 병났을 적에 師가 찾아갔다가 金庾信이 보낸 居士를 보고 업신여기며 "당신이 무슨 기술이 있기에 남의 病을 고치려 하느냐"하였다. 居士 "金公의 命으로 할 수 없이 왔노라" 師 "내 神通을 좀 보라" 하면서 香爐를 받들고 呪文을 외우니, 五色구름이 정수리에 서리우고 空中에서 꽃이 비오듯 쏟아졌다. 居士 "和尙의 神通은 不思議하거니와, 내 재주도 좀 보아주시오"하고 스님을 앞에 서라하고 손까락을 튕기며 소리를 지르니 스님이 空中으로 한길쯤이나 꺼꾸로 올라갔다가 천천히 내려와서 머리를 땅에 대고 거꾸로 서서 말뚝을 박은 듯 움직이지 아니하였다. 居士는 가버리고 그대로 밤을 샌 후에 이튿날 秀夫가 庾信에게 말하고 居士를 請하여 救하여 냈다 함. (三國遺事)

인혜체달라국(堊醯掣怛羅國) ㊵ 〈Ahicchatra〉 또는 堊醯掣怛邏, 阿藍車多羅라고도 한다. 中印度般闍羅國 北部의 大都會地, 恒河의 東, 罽饒夷의 北쪽에 있음. 小乘正量部의 僧徒가 매우 많음. (西域記四. 智度論四)

인혹(人惑) 人間으로서의 迷惑. 人間 特히 佛이라던가 祖師를 거룩한 것으로 생각하고 拘礙되는 것에서 生기는 마음의 迷惑을 말함. (臨濟錄)

인혼번자(引魂幡子) 死者의 魂을 부르기 爲한 旗. (從容錄)

인화(人華) 七種方便의 人法으로 말할 때에 人이라 하고, 三草二木의 譬喩로 말할 적에 華라고 한다. 法華經 藥草喩品에 「부처님이 說한 法은 譬喩하면 큰 구름과 같아서 一味의 비(雨)로 人華를 적시어 각기 열매를 맺도록 한다」라고 하였음.

인화(引化) 引援化度함. 六祖壇經에 「世尊이 舍衛城에 계실 때 西方의 引化를 說하다」 하였음.

인훈습경(因熏習鏡) 四境의 하나. 眞如의 體內에는 一切의 功德을 豊足히 갖추어져 있어서 이 無漏淸淨한 性功德을 內面에서 熏習하면 衆生이 成佛의 正因이 되는 것이니, 마치 깨끗한 거울에 一切의 그림자가 나타나는 것과 같은 것이다. 起信論에 「因熏習鏡은 如實不空하여 一切의 世間境界가 모두 그속에 나타나 나가는 것도 아니고 들어오는 것도 아니며 잃어버리지도 않고 부서지지도 않고 항상 一心에 住한다」 하였음.

일(一) ①梵 〈eka〉 〈aikya〉 하나. 數의 單位의 第一. ②梵 〈ekatya〉 어떤. ③한편으로는, 이라는 것이다. (上宮維摩疏) ④梵 〈ekadhya〉 一體. 一種類. 一所. ⑤오로지. 專一. (四教儀註) 二心없는 것을 一이라 한다. ⑥定하여져 있는 것. 決定, 決定的이다. 畢竟. (五教章) ⑦한번(上宮維摩疏) ⑧(1) 모두. (2) 或. 또는. (3) 助詞로 使用하며, 意味가 없음.

일(壹) 梵 〈i〉 一과 같음. (妙吉祥根本智)

일(逸) 梵 〈pramāda〉 放逸. 게으른 것. (八宗綱要)

일가(一家) 一宗·一派·一門을 一家라 함. 輔行一之五에 「이 六郡義는 一家로부터 일어나 깊이 圓旨에 符合된다」 하였음.

일가연(一家宴) 禪院에서 쓰는 말. 禪院에 들어가는 節次로 다른 절을 請하지 않고 다만 寺內의 大衆에게만 供養하는 것을 一家宴이라 함. (象器箋九)

일가일체가(一假一切假) 空假中三觀 가운데 假는 다만 假觀의 하나가 될 뿐만 아니라 空觀·中觀도 모두 假라고 말함.

※止觀五上에 「一假一切假 無空中而不假 總假觀也」

일가팔강(一家八講) 一族이 모여서 法華經의 八卷을 八座로 나누어 講讚하며 供養하는 法會. 朝夕을 二座로 하여 四日間 行함. (沙石集)

일각(一覺) 覺과 같음. 즉 一悟. 金剛三昧經에 「諸佛如來가 항상 一覺으로써 諸識을 굴리어 菴摩羅에 든다」 하였음.

※起信論에 「本來平等 同一覺故」

일각선인(一角仙人) 梵 〈Ekaśṛṅga〉 印度 神話中에 나오는 사람으로 또는 獨角仙人이라고도 한다. 過去 까마득한 옛적에 波羅奈山中에 사슴의 배에서 태어났는데 頭上에는 뿔하나가 있고 모습은 사람과 같기 때문에 一角仙人이라 이름하였다. 자라서 禪定을 닦아 神通力을 얻었는데 이름을 扇陀라 하는 婬女에게 惑하여 드디어 그 神通力을 잃어버렸다. 山에서 나와 一國의 大臣이 되었는데 이 一角仙人은 바로 지금의 釋尊이요 扇陀는 지금의 耶輸多羅女라고 하였음. (智度論十七, 經

律異相三十九)

일간(一間) 舊에는 一種子라 함. 不還向中의 一種의 聖者가 비록 欲界의 修惑 八九品을 끊었으나 오히려 一品 或은 二品의 殘餘가 남아서 다시 欲界의 생을 받는 것. 俱舍論 二十四에 「一間의 間은 間隔을 말하며 그 남은 一生이 間隔이 되므로 圓寂을 證하지 못한다. 或은 남은 一品이 修所斷의 惑을 間隔하고자 하기 때문에 不還果를 얻지 못하여 一間이 있는 것을 一間이라한다」하였고, 玄應音義二十四에 「一間은 梵 〈Ekavicika〉 翳迦鼻至迦라 함. 翳迦는 번역하여 一. 鼻至迦는 번역하여 間. 一間隔이 있어 涅槃을 얻지 못함을 말한다. 舊에 一種子는 梵 〈Bijika〉 鼻鼓迦는 번역하여 種이라 한다. 이는 或 번역하는 사람이 梵語를 잘 알지 못하거나 或은 쓰는 사람이 本語를 찾지 못하여 訛失된 것이 아닌가 생각된다」하였음.

일간성자(一間聖者) 十八有學의 하나. 不還向 가운데 一間聖者가 있음. →一間.

일감(一龕) 한개의 寺塔. 龕은 塔下室.

일개(一蓋) 한 하늘의 덮개. 維摩經에서 說한 것으로 不可思議의 神通變化를 말함. 維摩經 佛國品에 「그때에 毘耶離城에 한 長者의 아들의 이름을 '寶積'이라 하였다. 五百長者의 아들과 함께 七寶의 蓋를 가지고 부처님 처소를 찾아와서 머리와 얼굴을 부처님 발에 대고 禮拜하고 각기 그 寶蓋를 모두 부처님께 供養하니 부처님의 큰 神通力으로 모든 寶蓋을 合치어 하나의 蓋를 만들어 三千大千世界를 두루 덮으니 이 世界의 廣長의 相이 모두 그 속에 나타났다」라고 하였음.

일개개(一箇箇) 修行者를 뜻함. 一人一人이란 뜻. (景德傳燈錄)

일개거화인(一箇擧話人) 擧話는 公案을 提示하여 解釋한다는 뜻. 참으로 佛法을 말할 수 있는 참된 師家를 뜻함. (宗門十規論)

일개반개(一個半個) 極히 적은 數를 가리키는 말. 南泉禪師가 말한 부처님이 出世하기 前에는 一個 半個도 얻은 것이 없었다라고 한 것등이 이것이다. 原來는 禪語가 아니고 道安과 習鑿齒의 故事에서 나왔다. 秦나라 符堅이 襄陽을 陷落하고 左右에게 말하기를 "내가 十萬의 군사를 거느리고 와서 襄陽을 取하였는데 겨우 한 사람 반을 얻었으니 安公 한 사람과 習鑿齒 반사람이다" 하였다. 習鑿齒는 한 발을 절름거리기 때문에 戲弄하여 半個라고 한 것임.

일거(一車) 大白牛車를 말함. →三車.

일거만리(一擧萬里) 行脚·抖擻하는 行. 止觀七에 「만약 자취를 숨기어 벗어나지 않으면 한번에 萬里를 간다. 絕域인 他國에도 서로 諳練함이 없고 快足하게 道를 배울 수 있다」하였음.

일걸수(一搩手) ㊵〈vitastt〉 尺度法 또는 一折手, 一張手라 함. 大指와 中指를 편 길이 곧 한 뼘이란 뜻. 搩字는 磔·摷·撰·析과 같다. 行事鈔에 「佛搩手는 尺量이 一定하지 않다. 지금 諸部를 總會하여 是非를 校勘해 보면 僧祇에는 佛의 搩手는 길이가 二尺四寸이라 하여 明了論과 같고 善見에는 中人의 三搩手의 길이는 佛의 一搩手와 같다하고 多論에는 佛의 一搩手는 凡人의 一肘半이라 하고 五分에는 佛의 一搩手의 길이는 二尺이라 한다」하였고, 또 「지금 五分에 依하면 佛의 一搩手는 길이가 二尺으로 唐尺으로 換算하면 一尺六寸七分이 強하다」 하였으며, 名義集三에 「磔은 周尺으로 보통 사람은 一尺이고 佛은 二尺이다」하였고, 釋氏要覽上에 「佛의 一搩手는 길이가 二尺 四寸이다」하였고, 壒囊鈔十五에 「一搩手는 八寸이다(中略) 知證의 雜記에 依하면 一搩은 中指와 大指인 兩指를 크게 벌려서 一析이 된다」하였음.

일걸수반(一搩手半) 佛을 만드는 자(尺)임. 壒囊鈔十五에 一搩手半은 一尺三寸이다. 곧 母指의 肘節에서 腕節까지의 사이를 말함. 或은 一尺二寸이라하며 一搩은 八寸 半으로 四寸이라 함. 사람이 母胎에 있을 때 二十七日이 되면 사람의 形相이 갖추어지며 손으로 얼굴을 밀고 웅크려(蹲踞) 앉는다. 그 때 身體의 길이는 어미의 一搩手 半과 같기 때문이다. 다만 이것은 사람 사람이 같지 않고 略干의 差異가 있다. 一搩手半은 普通 一尺 或은 一尺 二·三寸이라 한다. 造佛하는데 一搩手半을 取함은 胎內의 身과 같이 한다는 뜻. 사람이 출생한 뒤 養育에 따라 五尺, 또는 八尺의 身體를 얻는 것.

일겁(一劫) 一個의 劫. 劫은 長時를 뜻함. 梵語에 大中小의 三劫이 있음. →劫.

일겁수(一劫壽) 戒律을 破한 僧侶에의 報應. 一劫間, 無間地獄에 떨어짐. (十誦律)

일게(一偈) 字數와 句數를 규정하여 三字 내지 八字를 一句라 하고, 四句를 一偈라 함.

※涅槃經二十二에 「一偈之力 尙能如是」 法華經法師品에 「妙法華經 一偈一句」

일격편행(一擊便行) 間一髮을 不容하는 瞬時라는 뜻. (碧巖錄)

일경(一境) 一種의 境界.

※碧巖四十六則評唱에 「古人垂示一機一境 要接人」

일경기이(一經其耳) 한번 그 이름을 듣는 것. 藥師十二大願의 第七에 「病婁貧苦한 者가 있어서 萬若 내

이름이 한번 그 귀를 지나면 身心이 安樂하리라」하였음.

일경사견(一境四見) 一水四見과 같음. →一水四見.

일경사심(一境四心) 同一한 境을 보는 사람이 같지 않음으로 差違가 생기는 것. 또는 一水四見이라 함. 唐譯인 攝大乘論釋四에 「餓鬼는 自業이 變異하는 增上力 때문에 보이는 江河를 모두 膿血등이 充滿한 것이라하고 魚등인 傍生은 곧 舍宅이라하여 道路에 뛰어놀며 天이 보고 갖가지 寶로 莊嚴한 곳이라하며 사람이 보고 이곳에 淸冷水가 있어 波浪이 湍洄한다고 하나 만약 虛空無邊處定에 들어가면 곧 이곳은 오직 虛空만 보인다고 한다」하였음. 大明三藏法數 第十八에 一境四心을 題하였다. 물은 (1)天이 보면 寶嚴地가 되고 (2)人이 보면 물이 되며 (3)餓鬼가 보면 膿血이 되고 (4)고기가 보면 住處가 된다 함.

일경삼단(一經三段) ①序分·正宗分·流通分을 말한다. ②法華三部經의 三區分이란 뜻. 日蓮宗學의 用語로 四種三段의 第二. →四種三段.

일경삼제(一境三諦) 空·假·中의 三諦가 一境에 融即한다는 뜻. 또는 圓融三諦·不思議三諦라하며 天台圓敎의 說이다. 諸法의 自性이 없으므로 空이 되며 因緣이 이루어진 것이므로 假라하며 即空即假이므로 中이 된다. 이와 같은 하나 하나의 境과 三諦의 理가 鎔融相即하여 三이 하나요, 하나가 三이 된다. 無礙圓融하여 絕對 不可思議한 것. 法華玄義第一에 「이 妙諦는 天然의 性德이 된다하니 모두 그 뜻임. 다만 三千을 空·假·中의 뜻에 따라 말하면 山家와 山外의 異義가 있다. 三家의 智禮는 三諦가 모두 三千을 갖추었다 하고 山外의 神智는 三千이 定히 妙假라하여 空中에 三千을 갖추지 않았음을 固執하였음.

일경초(一莖草) 一莖의 草와 梵刹. 戒 丈六金身은 一如하여 다르지 않다는 것. 從容錄第四則에 「世尊과 大衆이 길을 갈 때 손가락으로 땅을 가리키며 말씀하시기를 "이 곳에 梵刹을 세움이 마땅하다" 帝釋이 一莖草를 꺾어 地上에 꽂아놓고 말하기를 "이미 梵刹을 세웠읍니다" 하니 世尊이 微笑하였다」하였고, 또한 趙州의 語錄에 「이 일은 明珠가 손바닥위에 있는 것과 같다. 胡가 오면 胡가 나타나고 漢이 오면 漢이 나타난다. 老僧이 一莖草를 잡아 丈六金身을 만드는 것과 같고 丈六金身을 잡아 一莖草로 쓰는 것과 같다. 佛은 곧 煩惱요 煩惱는 곧 佛이다」하였음. 이는 漏心과 佛이 둘이 아니고 物我가 一如하다는 消息이라 함.

일계(一界) 一個의 世界. 楞嚴經一에 「부처님의 威神은 모든 世界를

하나의 世界로 만든다」라고 하였고, 또「十界中에 어느 世界이던지 任意로 가서 하나의 世界로 만든다」라고 하였으며, 玄義二上에「九界의 權敎는 一界의 實敎이다」라고 하였음.

일계(一髻) 머리에 頂髻를 하나 맺음. 印度의 옛날 梵志가운데 이런 風俗이 있었음.

일계나찰(一髻羅刹) 翳迦惹吒羅刹(ekajaṭā-rakṣa) 一髻羅刹王菩薩이라 함. 胎藏界 曼荼羅 蘇悉地院 南端에 자리함. 密號는 電雷金剛이니 不二의 한 智慧로써 忿怒形을 나타내어 煩惱를 降伏시키므로 이렇게 이름함.

一髻羅刹

일계나찰녀(一髻羅刹女) 羅刹의 이름. 孔雀王經에「大羅刹女의 이름은 一髻라하고 이 大羅刹婦는 큰 海岸에 居하며 血氣의 향내를 맡고 하룻밤에 八萬踰繕那를 다닌다」하였음.

일계나찰법(一髻羅刹法) 一髻羅刹尊의 修法. (一髻尊陀羅尼經)

일계나찰왕보살(一髻羅刹王菩薩) 胎藏界 曼陀羅 第一蘇悉地院에 住하는 忿怒尊의 이름. 큰 火炎髻가 있고 色身은 靑黑이며 四手가 있음. (秘藏記下・曼陀羅大鈔五)

일계문수(一髻文殊) ①尊形은 五髻文殊와 같음. 머리에 다만 一髻가 있고 寶冠을 썼음. 寶珠로 三昧耶形을,「𑖫𑖿𑖨𑖱」師里로 種子를 삼음. 이 菩薩은 富德을 求하고 그것을 닦는 자. ②정수리에 一髻를 맺은 文殊菩薩의 圖像. 五髻文殊・八髻文殊와 다름. 文殊一字法을 닦을 때 이 一尊을 그림. →文殊.

일계존다라니경(一髻尊陀羅尼經) ㊂ 一卷. 唐 不空 번역. 또는 一髻尊經이라 함. 처음에 十種의 利益, 四種의 果報등 功德을 나타내는 緣由를 말하고 三種陀羅尼・七日作壇等을 說한 經.

일고성간(一鼓聲間) 한 북소리가 들리는 範圍內라는 것인데, 一크로샤(㊵ Krośa)란 것. 一크로샤는 五百弓이라 한다. 距離의 單位. (四分律)

일곡(一曲) 曲은 河川의 흐름이 굽은 곳. (正法眼藏 山水經)

일공(一空) 三藏法數四에「一空은 一切諸法이 모두 自性이 없고 色・心・依・正 내지 聖・凡・因・果의 法이 비록 여러가지여서 같지 않으나 그 本體本性을 찾는다면 畢竟은 모두 空임을 말한 것이다」라고 하였고, 寂調音所問經五에 「瓦器속도 空하고 寶器속도 空하다. 모두 똑같이 空하여 無二無別하다」라고 하였으며, 止觀七上에 「方等에 이르기를 '大空 小空이 모두 하나의 空으로 돌아간다'」라고 하였으니, 一空은 즉 法性實相이다. 宋高僧傳五 澄觀傳에 「萬化의 域에 寂寥하고 一空의 中에 動用한다」라고 하였음.

일공일모우선상(一孔一毛右旋相) ㊵ 〈ekaika-roma-pradakṣiṇā-āvarta〉 ㊃ 〈spu re re nas sky: es śiṅ g-yas su ḥkhyil ba〉 하나하나의 毛髮이 右旋하고 있는 것. 佛의 三十二相의 하나. →三十二相.

일공일체공(一空一切空) 空假中三觀 가운데 空은 다만 空의 하나가 될 뿐만 아니라 假中이 모두 空이라는 것.

※此觀五上에 「一空一切空 無假中而不空 總空觀也」

일과명주(一顆明珠) ㊮어떤 중이 玄沙에게 묻기를 "듣사온즉 和尙이 말씀하시기를 十方世界가 一顆明珠라 하였다 하오니, 學人은 어떻게 알아야 합니까", 玄沙 "온 十方 世界가 一顆明珠이어늘 알아서 무엇하려느냐", 玄師가 그 이튿날 도로 그 僧에게 묻기를 "온 十方世界가 一顆明珠라고 한 것을 그대는 어떻게 아느냐" 僧 "온 十方世界가 一顆明珠어늘 알아서 무엇합니까", 玄沙 "그대가 黑山아래 鬼窟속에서 活計를 지을 줄을 알았노라" 하였음.

일관(一串) 한개의 꼬챙이. (碧巖錄)

일관성불(一觀成佛) 顯敎에서는 修行의 階梯가 있어서 얕은데서 깊은데로 漸次向上하는 것이므로 그 金階梯의 修行을 다 하지 않으면 안되나, 密敎에서는 어느 三密行이라도 一觀에 徹하면 된다는 것. (九字釋)

일광(一桄) 一段. (十誦律)

일광(日光) 菩薩 이름으로 月光菩薩과 함께 藥師如來의 兩脇士가 되어 왼쪽에서 모시고 있다. 玄奘이 번역한 藥師經에 「그 나라에 두 菩薩摩訶薩이 있는데 하나는 日光遍照요, 또 하나는 月光遍照다. 이들은 저 無量·無數菩薩衆가운데 우두머리이다」라고 하였음.

일광변조보살(日光遍照菩薩) →日光菩薩.

일광보살(日光菩薩) 이 菩薩은 胎藏界 曼茶羅 地藏院上의 第九에 있다. 梵名으로 蘇利也波羅皮遮那이며 密號를 威德金剛이라 함. 地藏의 光明이 두루 밝다는 德을 밝힌 것. 對師如來의 脇士와 月光菩薩이 相對한다. 菩薩의 形은 肉色이며 左手는 寶幢이 되며 右手는 與願을 하고 赤蓮위에 앉아 있다. 藥師의 脇士는 掌中에 或 蓮上에 日輪을 가

日光菩薩

진다 함.

일광보살월광보살다라니 (日光菩薩月光菩薩陀羅尼) ㊄一卷

일광삼마제(日光三摩提) 禪定의 이름으로 求聞持法. 즉 虛空菩薩을 念하여 記憶力이 堅固하여지기를 求하는 修法. 婆藪槃豆法師傳에 「無著法師가 日光三摩提를 修行할적에 말씀과 같이 修學하니 곧 바로 이 禪定에 들었다. 그 뒤부터는 지난날 알지 못하였던 것을 모두 다 通達할 수 있었고 한번 보고 들은 것은 모두 다 記憶하여 잊어버리지 않았다」라고 하였음.

일광삼존(一光三尊) 阿彌陀如來와 觀音菩薩과 勢至菩薩의 三尊을 말함. 또는 釋迦如來와 藥王菩薩과 藥上菩薩의 三尊이 一光明中에 서 있기 때문에 一光三尊이라고 말함.

일구(一九) 阿彌陀를 가리키는 말.

일구(一句) 한 개의 뜻을 나타내는 것을 一句라고 한다. 唯識論二에 「名은 自性을 나타내고 句는 差別을 나타내는데 文은 즉 字다」라고 하였고, 俱舍論五에 「句는 章을 말하는 것으로 義의 究竟을 나타내는데 예를 들면 "諸行 無常"등의 章과 같은 것이다」라고 하였으며, 秘藏寶鑰中에 「一句妙法은 億劫을 지나도 만나기 어렵다」라고 하였다. 碧巖錄七에 垂示하여 말하기를 「소리 이전의 一句는 前의 千聖도 傳하지 못한 것이다」라고 하였음.

일구(一鉤) 한 수레 굴대라는 것. (十誦律)

일구(一漚) 한 물거품. 楞嚴經六에 「空에서 大覺이 생함이 바다에서 한 거품이 일어남과 같다」하였음.

일구도득(一句道得) 一句는 단순히 文字·言語로 나타내는 一句를 말하는 것만이 아니고, 道得은 말하라는 뜻이 아니다. 活句를 자유롭게 活用한다는 뜻. 또는 大悟라는 뜻이기도 하다. 곧 個個의 本性을 徹底히 보고 悟道의 境地에 들어감.

일구도진(一句道盡) 一句道로써 眞理의 無所有를 무너뜨린다는 뜻. 宋나라 竹庵頌에 「中論의 因緣이 생하는 法은 一句로 말을 다하니 남은 말이 없다. 나의 말은 곧 空·假·中인데 朱簾을 저물게 걷으니 西山에 비가 내린다」하였음. (稽古略四)

일구분(一區分) 작은 一部分. (往生

要集)

일구자(一句子) 向上의 那一句. 子는 語助辭, 景德傳燈錄十四에 「藥山이 上堂하여 말하기를 나에게 一句子가 있는데 일찌기 남에게 한번도 說하지 않았다하니 道吾가 나와서 말하기를 서로 따라 오라」라고 하였다. 이는 言無 無說 無示 無識의 端的을 暗示한 것이요, 相對的인 言語 文句의 句를 말한 것이 아님.

일구지(一俱胝) 一億. 希麟續音義에 「一俱지는 梵語로 數名인데 번역하여 億이라」고 하였음. →俱致.

일구지교(一九之敎) 阿彌陀佛의 敎. 迦才의 淨土論上에 「二八의 弘規는 西域보다도 왕성하고, 一九의 敎는 東夏에서 점점 衰退하였다」라고 하였음.

일구지생(一九之生) 九品에 往生하는 것을 말함. 迦才의淨土論上에 「二八의 觀이 똑같이 넓고 一九의 生이 함께 돌아간다」라고 하였음.

일구투화(一句投火) 菩薩이 一句의 法을 듣기 위하여 큰 불구덩이에 들어가는 것. 佛祖統紀智禮傳에 「半偈로 몸을 버리고 一句를 불에 던진다」하였고, 十華嚴經三十五에 「만약 어떤 이가 말하기를 나에게 一句인 佛이 所說한 法이 있어 能히 菩薩行을 淨하게할 수 있다. 네 지금 能히 大火坑에 들어가서 極大苦를 받는다면 너에게 주겠다하니 菩薩이 이 때에 내 一句 佛所說法으로 菩薩行을 淨하게 할수 있기 때문에 假令 三千大千世界에 大火가 가득하여 오히려 梵天의 위까지 치솟으려 하더라도 몸을 던져 내려가 보려하는데 하물며 적은 불구덩이 속에 들어가지 못할가」하였음.

일구합두어(一句合頭語) 대개 一句合頭語 萬萬劫繫驢橛이란 二句를 이어서 使用한 것. 合頭는 理致에 맞아 納得하는 것. 즉 絶對의 眞理에 들어 맞는 말이라는 뜻. 萬劫의 繫驢橛은 비록 絶對의 眞理에 맞는 말이라도 그것에 사로잡히면 도리어 이것에 束縛되어 自由롭지 못하게 된다는 뜻. →繫驢橛. (碧巖錄)

일구흡진서강수(一口吸盡西江水) ㊎ 龐蘊居士가 石頭에게 묻기를 "萬法과 짝하지 않는 이는 어떤 사람입니까", 石頭가 손으로 居士의 입을 막았다. 居士가 豁然히 깨달았다. 또 馬祖에게 물었더니 馬祖 "그대가 한 입으로 西江의 물을 온통 다 마시고 오면 말하리라" 하니 居士가 그 말에 더욱 크게 깨달았음.

일군지작(逸群之作) 作은 作略으로서 師家가 修行者를 이끌기 위해 가리키는 여러가지 作用을 말함. 逸群은 拔群과 같음. 뛰어난 指導力을 가리킴.

일궁(一弓) ㉵〈Dhanu〉 尺度의 量으로 활의 길이를 말함. 鶴林玉露九에 「荊公詩에 '누워서 한가히 五百弓을 占친다'라고 하였는데 대개

佛家에서 四肘를 弓이라 하며 肘는 一尺八寸이니 四肘는 대략 七尺二寸이다. 그 說은 梵語 번역 本에 나왔다」라고 하였고, 俱舍論十二에 「二十四指를 옆으로 펴면 肘가 되고 세워서 四肘를 보태면 弓이 된다」라고 하였다. 頌疏六에 「一肘는 一尺八寸이요, 一弓은 七尺二寸이다」라고 하였음.

일궁(日宮) 日天子의 宮殿을 말함. 立世阿毘曇論 日月行品에 「閻浮提에서 부터 높이 四萬由旬에 이르면 日月이 行하는 곳이다. 須彌山의 半과 같은 遊乾陀山에 日月宮殿이 있는데 둥글기가 북과 같다(中略) 이 日宮은 厚가 五十一由旬이고 廣이 五十一由旬이며 周廻가 一百五十三由旬이다. 이 日宮殿은 頗梨로 되었고 赤金으로 덮혀져 있어 火大分이 많다. 그 下際에는 光明이 最勝하고 그 위는 金城에 둘러 싸여 있다(中略). 人과 非人 등과 龍과 樹와 草木과 모든 雜花가 갖추어 있다(中略). 이 宮殿을 修野라하며 日天子가 그곳에 住하며 또한 修野라 한다」하였음.

일권(一拳) 주먹을 쥠.

일권경(一卷經) 寫經할 때 數人이 分擔하여 各各 一卷식 베끼는 것. 例를 들면 法華經을 八人이 베끼는 것.

일권련(一圈攣) 圈은 鉤, 攣은 說文에 拘 牽 連繫를 모두 攣이라 한다 하였는데, 여기서 釣鉤(낚시바늘)를 뜻함. (碧巖錄)

일권오지(一拳五指) 쥐면 한 주먹이고, 펴면 다섯 손가락이니 總과 別이 一體란 뜻에 譬喩함.

일궐(一橛) 橛은 杙. 나무의 그루터기, 斷木, 나무조각이란 뜻. 一半과 같음. (碧巖錄)

일규(一竅) 莊子 齊物篇註에, 竅는 關竅, 至要란 뜻. 또는 구멍이란 뜻. 機關의 心藏部. 急所. 向上의 關捩子 등으로 쓰임. (碧巖錄)

일규허통(一竅虛通) 竅는 穴, 虛는 헛되다는 뜻. 한 구멍이 텅 비어서 아무것도 꺼리낌 없이 自由로히 바람이 通하는 것. 自由自在한 境地. (從容錄)

일극(一極) 一實至極한 道를 말함. 至極한 理致는 둘이 아니기 때문에 一이라고 한다. 無量義經序에 「하나의 至極한 道를 바로 깨달으면 機를 따라 마음대로 通하여 거리낌이 없다」라고 하였고, 三論玄義에 「法華會의 三乘은 모두 一極으로 돌아간다」라고 하였으며, 止觀義例上에 「異나 同이나 똑같이 一極에 들어간다」라고 하였음.

일근(一根) ①一類의 根性. 또는 一機라고도 함. 妙玄一上에 「一根 一緣은 똑같은 道味이다」라고 하였고, 楞嚴經六에 「一根이 이미 그 根源으로 廻光返照하면 六根이 解脫을 이룬다」라고 하였음. ②眼等의 六

根은 어느 한 根에 맡겨져 있음을 말함.

일기(一氣) 陰과 陽이 나누어지기 以前의 太極. 天地에 가득찬 기운.

일기(一基) 한개. 무덤 비석 탑따위를 세는 말.

일기(一期) 사람의 一生을 말함. 唯識論五에 「無想有情의 一期生 가운데 心·心所가 滅한다」라고 하였고, 四念處三에 「부처님 一期의 모든 大經이 門門이 같지 않다」라고 하였으며, 妙玄義一上에 「一期의 化導에 事理가 모두 圓滿하다」라고 하였음.

일기(一機) ①同一한 類의 機緣으로 마땅히 同一種의 敎를 받아야 하는 動機를 말함. 碧巖錄四十六則評唱에 「古人이 一機一境을 垂示하여 緊要히 사람들을 對하여 引導한다」라고 하였다. ②一機關, 楞嚴經六에 「비록 諸根의 기동을 보았으나 一機의 柚를 要한다. 機를 休息하면 寂然으로 돌아가니 모든 幻影은 性이 없다」라고 하였음.

일기(一蟣) ㊵〈Liksā〉 數量名으로 隙塵의 七倍. 俱舍論十二에 「七個의 牛毛塵을 隙遊塵量이라 하고 隙塵의 七倍가 蟣요, 蟣의 七倍가 一虱이다」라고 하였음.

일기불통처(一氣不通處) 한 氣運도 通하지 않는 곳. 곧 絶對의 境地임. (峨山行狀)

일기사병(一器瀉甁) 一器水瀉一器와 같음.

일기사상(一期四相) 生·老·病·死를 말한다. 麤의 四相이라고도 함.

일기생사(一期生死) →生死.

일기수사일기(一器水瀉一器) 스승으로부터 弟子에게 佛法을 傳하는 경우. 恰似 한 그릇의 물을 다른 그릇에 그대로 옮겨가듯 조금도 法을 損傷함이 없이 바르게 相續하여 가는 것을 말함. (圓悟心要)

일기일경(一機一境) 機는 內에 屬하여 마음을 움직이는 것이며 境은 밖에 屬하여 밖으로 나타나는 것이다. 釋尊의 拈華는 境이 되고 迦葉이 그 消息를 理會하여 破顔微笑함은 機가 된다. 또한 烟과 같은 것은 境이 되고 見하여 불이 있다고 빨리아는 것은 機가 된다. 碧巖錄馬大師不安則垂示에 「一機와 一境과 一言과 一句는 또한 個人處를 圖謀한다. 好肉위에는 剜槍은 窩도 되고 窟도 된다. 곧 大用이 앞에 나타나면 規則을 따르지 않는다」한 것은 곧 機境이다. 言句에 涉된 者는 暫時나마 學人을 시켜 處에 들어가게 하고자 하여 方便으로 誘引한다. 眞個의 大用이 앞에 나타나면 이 規則에 拘碍되지 않는다. 비록 그러하나 機와 境은 絶對的으로 用着되지 않는 것이 아니며 다만 學人의 執着을 忌할 뿐이다. 一說에 眞個自性은 徹見의 師가 아니며 한갖 拈·椎·竪·拂하여 學人을 對

해 禪機에 擬하게 하는 것을 一機一境의 禪이 된다 함.

일나유다(一那由多) 數의 이름. →那由他.

일납(一衲) 一枚의 衲衣라는 말로 또는 一納이라고도 한다. 衲衣는 僧衣의 이름. 佛祖統記六 慧思傳에 「平常時에 추위를 막기 위한 오직 하나의 納衣가 있을 뿐이다」라고 하였음.

일년호(逸年號) 年代記. 古社나 寺의 緣起. 或은 金石文等에만 記錄되고 正史에 載錄되지 아니한 年號를 말하며 또는 異年號라고도 함.

일념(一念) 그 說에 두가지가 있다. ①極히 短促된 時刻. 文句八上에 「一念하는 時間이 極히 짧다」하였고, 觀無量壽經에 「一念사이에 곧 그 나라 七寶池 가운데 태어난다」하였으며, 敎行信證文類三末에 「一念은 信樂을 開發하여 나타내는 時間이 極히 짧은 것이다」하였음. 그러나 그 時限은 諸說이 不同하다. 仁王般若經上에 「九十剎那가 一念이 되고 一念中의 一剎那에 九百生滅을 지낸다」하였고, 往生論註上에 「百一生滅을 一剎那라 하고 六十剎那가 一念이 된다」하였으며, 摩訶僧祇律十七則에 「二十念을 一瞬頃이라하고 二十瞬을 一彈指라 하며 二十彈指를 一羅豫라하고 二十羅豫를 一須臾라 한다. 해가 極長할 때는 十八須臾가 되고 밤이 極히 짧을 때는 十二須臾이며 밤이 極히 길 때는 十八須臾가 되고 해가 極히 짧을 때는 十二須臾다」하였음. 이는 곧 一晝夜는 三十須臾이며 一須臾 二十分의 一이 一羅豫, 一羅豫의 二十分의 一이 一彈指, 一彈指二十分의 一이 一瞬. 一瞬의 二十分의 一이 곧 一念이 된다는 說이다. 또한 大智度論三十에 經論을 引用하여 말하기를 一彈指頃에 六十念이 있다 하였고, 華嚴의 探玄記十八에서 말하는 剎那는 이곳에서 念頃이라 한다. 一彈指頃은 六十剎那다 하였음. 이 二說은 同意라 할 수 있다. ②思念이 境을 對하는 한 차례를 말함. 그 뜻도 또한 많다. 天台에서는 陰妄한 剎那의 마음을 一念이라 한다 하였다. 또는 或은 本覺이 靈知한 自性을 一念이라 함. 淨土門의 諸派는 古來로 一念과 多念의 論이 盛行하였다. 따라서 一念을 解한 說이 不一하다. 日本의 幸西氏는 彌陀의 果體를 成就하는 佛智를 一念이라 한다. 이른 바 一乘은 곧 弘願이며 弘願은 곧 佛智며 佛智는 곧 一念이다 하였고, 日本의 親鸞氏는 聞名信喜하는 마음을 一念이라 하였다. 敎行信證六에서 말하는 一念은 信心이 二心이 없으므로 一念이라 하며 이를 一心이라한다 하고, 또한 選擇集上에 依하면 念과 소리는 하나다. 그 證은 '引觀經 下品下生에 소리를 끊어지지 않게하여 十念이 具足하게 南無阿彌陀佛을 稱한다' 한 것. 論의 十念은 곧 十聲이 되므로 誦經을 念經이라하며, 踊法華를 念法華, 佛名을 稱하는 것을 念佛이라 한다. 念字의 뜻은 비록 觀念과 稱念에 通하나 彌陀의 本願을 稱念하므로 一念 十念의 念은 곧 佛을 稱하는 소리다. 義寂의 無量壽經疏에 「이 念이란 말은 南無阿彌陀佛을 稱함을 말한다. 이 六字를 稱하는 사이를 一念이라 한다」하였음.

일념경(一念頃) 瞬間. 大端히 짧은 時間을 말함. (觀無量壽經)

일념경희(一念慶喜) 一念歡喜와 같음. →一念歡喜.

일념다념쟁(一念多念諍) →一念義·多念義.

일념력(一念力) 一念을 集中한 힘.

일념만년(一念萬年) 一念은 지극히 짧은 시간에 일어나는 마음의 作用. 萬年이란 극히 긴 시간. 一念의 마음에 萬年의 수명을 攝入하여 無礙하다는 것. 우리들의 一念은 본래 처음도 나중도 없는 것이므로 一念이 곧 無量劫이며 萬年이 곧 一念이라는 것. 一念即萬年, 萬年即一念 또는 無量遠劫即一念, 一念即是無量劫 따위.

일념망심(一念妄心) 一瞬에 일어나는 虛妄한 마음. 함부로 分別하는 마음.

일념발기(一念發起) ①一念發起菩提心의 略. 發菩提心을 뜻함. 佛에 歸命하는 一念으로 菩提(깨달음)에 向하는 마음을 일으키는 것. →發菩提心. →菩提→菩提心. ②信心을 한번 일으키는 것. 信의 一念.

일념발기보리심(一念發起菩提心) 一念發起와 같음.

일념법계(一念法界) 念을 法界와 같게 하는 것. 實踐的으로는 相對의 立場이 되어 주는 것.

일념불생(一念不生) 念慮를 超越하는 境界를 말함. 五教章上의 三에 「頓教는 言說이 頓絕하고 理性이 頓顯하며 解行이 頓成하여 一念도 생하지 않으면 곧 佛과 같다」하였음. 頓教는 華嚴宗에서 세운 五教의 하나. 禪의 宗旨에 相當한다. 冠註에 「通路에 이르기를 一念이 생하지 않는다 함은 곧 마음이 本來 佛이나 妄念이 일어나므로 衆生이 된다. 一念의 妄心도 생하지 않는다면 어찌 佛의 이름을 얻지 못한다고 하는가. 그러므로 達磨碑에 이르기를 마음이 曠劫에 있어도 滯하면 凡夫요 마음이 刹那에 없어도 오르면 正覺이다」하였고, 華嚴淸涼國師가 則天武后를 對한 말에 「만약 一念이 생하지 않으면 前後際가 斷하고 照體가 獨立하면 物我가 모두 같다」하였음.

일념삼천(一念三千) 天台宗의 觀法은 一念의 마음을 觀하여 三千의 諸法을 갖추는 것. 一心三觀은 北齊

의 慧文禪師의 中論에서 發한 것이며 一念三千은 天台大師의 法華經에서 發하였음. 三千이란 地獄・餓鬼・畜生・阿修羅・人天・聲聞・緣覺・菩薩・佛의 境界가 界가 되어 圓融한 妙理에 依據한다. 이 十界가 서로 十界를 갖추면 相乘하여 百界가 되며, 百界의 하나 하나가 性相・體・力・作・因・緣・果・報와 本末을 究竟하는 十如의 뜻이 있어 相乘하면 千如가 되고 이 千如는 各各 衆生・國土・五陰의 三世間의 分別이 있어서 相乘하면 三千世間이 되며 여기서 一切의 法이 다한다. 止觀五上에 「一心이 法界를 갖춘다함은 一法界가 十法界・百法界를 갖추는 것이며 一界가 三十種世間을 갖추고 百法界가 곧 三千種世間을 갖추는 것. 이 三千은 一念心에 있으나 無心함과 같을 뿐이다. 그러므로 有心이 곧 三千을 갖춘다」하였고, 止觀五에 「問 "一念이 十法界를 갖추고 念具를 짓게된다면 運具에 맡기게 되는가" 答 "모든 性이 自爾하여 짓지 않으면 이루지 못한다. 一微塵이 十方分을 갖추게 됨과 같다」하였음.

일념상응(一念相應) ①無間道와 金剛喩定이 相應하는 智로 오직 一刹那가 된다. 大般若經三百九十三에 「이로부터 無間인 一刹那와 金剛喩定이 相應하는 妙慧는 一切의 煩惱와 所知의 二障을 永斷하고 麤重한 習氣를 相續하여 無上正等菩提를 證得한다」하였고, 起信論에 「菩薩地가 盡하면 滿足한 方便과 一念이 相應하여 覺心이 처음 일어나나 마음에는 初相이 없고 微細한 念을 遠離하므로 心性을 得見하여 마음이 常住에 即함을 究竟覺이라 한다」하였으며, 또한 天台의 通教에서는 一念이 相應하는 慧로 殘習을 頓斷하고 劣勝應身을 帶하고 나타내어 成佛한다고 함. 이등은 無間道에서 最後의 一品習氣를 斷盡하는 慧가 됨을 一念相應이라 한다. ②靈知와 自性의 一念이 相應함을 말함. 法華玄義二에 「果는 곧 一念相應이며 大覺이 朗然하면 無上菩提가 習果가 된다」하였음. 大蓋 一念이란 靈知의 自性이 되며 곧 始覺과 그 本覺인 靈知의 性이 冥然하나 다르지 아니하므로 一念相應이라 하며 이들은 佛果의 理智가 冥合하여 둘이 아닌 當體가 되므로 一念相應이라 함.

일념상응혜(一念相應慧) 이는 定과 慧가 相應하는 一念이요, 理와 智가 相應하는 一念으로 장차 成佛할 때의 智慧다. 智度論九十二에 「金剛三昧에 住하여 一念相應한 慧을 써서 阿耨多羅三藐三菩提를 얻는다. 이때를 佛이라 한다. 一切法中에 自在를 얻기 때문이다」라고 하였고, 起信論에 「만일 菩薩地가 盡하면 方便이 滿足하고 一念이 相應

하면서 覺心이 처음 일어나서 마음에는 初相이 없어진다」라고 하였음.

일념성각(一念成覺) 一念사이에 깨달음을 얻어 成佛하는 것. (八宗綱要)

일념수희(一念隨喜) 法에 歸依하여 마음속 깊이 悅服하는 생각, 法華經法師品에 「이와 같은 것들은 모두 부처님 앞에서 妙法華經 一偈一句를 듣고 一念으로 隨喜하는 사람들이니 내가 모두 授記를 주었으므로 阿耨多羅三藐三菩提를 얻을 것이다」라고 하였음.

일념신(一念信) 二心이 없는 한결같은 信心.

일념신해(一念信解) 一念으로 믿어 깨닫는다는 뜻. 一念은 ㊵ 〈eka-citta〉, 信解는 ㊵ 〈adhimukti〉의 번역임.

일념심(一念心) 一瞬間의 마음의 생각. 一瞬間에 作用하는 힘. 現在의 刹那의 마음. (臨濟錄)

일념업성(一念業成) 一念으로 阿彌陀佛의 本願(衆生救濟의 誓願)을 믿으면 틀림없이 極樂淨土에 往生할 業이 이루어진다는 것.

일념오백생(一念五百生) 一念의 妄想으로써 오백번을 다시 태어나서 그 果報를 받는 일.

일념왕생(一念往生) ①일념으로 阿彌陀佛을 부르면 極樂에 간다는 뜻. ②일념으로 極樂에 가는 業을 이룬 까닭으로 그 뒤는 염불이 소용없다는 뜻.

일념유신라(一念逾新羅) 一念이 이미 海外를 넘었다는 뜻. 傳燈錄에 「어떤 僧이 盛禪師에게 묻기를 "어떤 것이 覿面事입니까" 師 "新羅國에 가는 것이다」하였고, 東坡詩에 「나는 살아서 化를 타고 日夜로 가니 앉아서 一念이 新羅로 감을 깨달았네」하였음.

일념의(一念義) 日本의 淨土宗 法然門下의 異義. 一念으로 淨土往生을 얻을 수 있다고 主張하는 一派.

일념의다념의(一念義多念義) 또는 一念往生, 多念往生이라고도 한다. 日本源空上人이 세운 念佛往生의 宗으로 그 門에서 나온 사람이 하나뿐이 아니어서 다른 견해가 頗多하다. 幸西는 一念義를 세웠는데, 一念義란 凡夫의 信心과 佛智의 一念이 相應하면 往生의 業事가 自然히 成辦되는 것이므로 꼭 多念으로 念佛할 필요가 없다는 것이며, 隆寬은 多念義를 세웠는데, 그것은 念佛의 功을 쌓아야 往生의 業事가 비로소 이뤄지기 때문에 一生 동안에 念念相續하여 臨終할 때까지 百萬번을 해야 한다는 것 등임.

일념일생(一念一生) 一念은 現在의 一瞬. 一生은 이 世上에서의 一生涯.

일념창명(一念唱名) →一念稱名.

일념칭명(一念稱名) 일념으로 아미타불을 부르는 것.

일념통승(一念通乘) 眞言宗(密敎)의 別稱. 通은 神通과 같음. 神通乘이라고도 한다. 聲聞·緣覺의 二乘을 羊車, 顯敎의 諸大乘을 馬車에 比喩하는데 對하여 三密의 修行을 말하는 密敎에는 迅速通乘의 힘이 있다고 하여 이렇게 말함. (眞言內證)

일념화생(一念化生) 執念에 따라서 化生한다는 말.

일념환희(一念歡喜) 一念慶喜라고도 한다. 一念의 信心에 갖추어진 기쁨.

일념희애심(一念喜愛心) 如來의 慈悲를 喜愛하는 一念의 信心.

일녕(一寧) 號는 一山 台州사람. 俗姓은 胡氏로 커서 佛門에 들어가서 郡의 鴻福寺 無等融公을 뫼셨다. 二年만에 辭하고 四明山에 들어가서 普光寺虛謙을 따라 法華諸經을 배우고 뒤에 律宗과 台宗의 敎旨를 받다. 元나라 成宗이 道가 높은 名僧을 보내어 日本을 觀化하여 歸附시키려하니 大衆이 一寧을 推薦하였다. 大德三(1299)年에 金襴의 僧伽梨를 下賜하고 아울러 妙慈弘濟大師의 號를 내렸다. 勅使로 東에 보내니 日本이 密偵인가 疑心하여 禁錮하였으나 師가 晝夜 禪을 외우고 悠然히 道를 즐겼으므로 얼마 뒤 解禁되어 번갈아 建長·圓覺·南禪의 諸寺를 짓고 世壽 71歲로 入寂하였다. 偈하기를 "一世를 橫行하니 佛祖가 氣를 먹음었고 화살이 이미 줄을 떠나니 虛空에서 땅으로 떨어지다"함.

일다(逸多) 阿逸多의 약칭. 彌勒菩薩의 약칭.

일다라니(一陀羅尼) 陀羅尼의 一章으론 尊勝陀羅尼, 千手陀羅尼 등과 같음.

일다법계(一多法界) 一法界와 多法界의 併稱. 多法界는 萬法이 완연圓滿具足했음을 말하고, 一法界는 이 差別의 萬法도 理平等의 境界에서 바라보면 無相全一로 돌아 간다는 것을 말함.

일다상용부동문(一多相容不同門) 華嚴敎義 十玄門의 하나. 萬象을 一과 多로 나누고 그 사이에서 서로 容納하고 서로 攝入하여도 조금도 障碍되지 않고 그러면서도 箇箇의 自身은 서로 差別한 相貌를 잃지 않고 完全히 그 本性을 가진다는 것을 밝힌 部門. (以一國土滿十方, 十方入一亦無餘, 世界本相亦不壞, 無比功德故能爾)

일단(一斷) 煩惱를 한번 뚝 끊음.

일단(日單) 禪宗寺院에서 每日每日의 收支決算을 써붙인 것.

일단구(一檀構) 灌頂式을 행하는 道場의 莊嚴에 一檀構와 兩檀構의 二種이 있는데 兩檀構는 金胎兩部의 曼茶羅를 兩壇에 莊嚴하는 것이며, 一檀構는 金胎의 兩部에 受法하는 前後를 따라서 각각 그 一壇에 장엄하는 것. 보통 쓰는 것은 모두

一壇構임. (金剛界式幸聞記)

일단사(一段事) 本體上의 모습으로 이 相은 天地가 생기기 이전부터 崩壞한 이후까지에도 오히려 存續하여 始作도 없고 끝도 없어서 비록 聖人의 境地에 이르러도 역시 얻음이 없고 비록 凡夫에 머물러도 역시 잃지 않는 一大事를 말한 것. 雲門禪師가 말하기를 "옛날부터 지금까지 다만 이 一段事만이 있어, 是도 없고 非도 없으며, 得도 없고 失도 없으며 生하지도 않고 生하지 않는 것도 아닌데 古人이 이 속에 이르러 한 줄기 길을 내 놓고 들어가고 나가고 한다"라고 하였음.

일단식(一揣食) 또는 一搏食. 한 주먹 뭉친 밥덩이.

일단심식(一團心識) 密教에서 說한 肉團心과 같음. 父母가 생한 血肉身中의 一團으로 그 形狀이 蓮꽃이 피었다가 오무리는 것과 같은 心臟은 意識이 存在함과 같으므로 心臟을 一團의 心識으로 直解하는 것. →肉團心.

일단일체단(一斷一切斷) 한 煩惱를 끊으면 곧 一切의 煩惱가 끊어진다는 道理다. 華嚴宗에서는 無盡緣起의 理에 依하여 이 뜻을 많이 말하였다. 五教章三에 「但 法界는 하나를 얻으면 一切를 얻기 때문에 煩惱 亦是 하나를 끊으면 一切의 煩惱가 끊어진다. 그러므로 普賢品에서는 하나가 막히면 一切가 막힘을 밝혔고, 小相品에서는 한 煩惱를 斷하면 一切의 煩惱가 끊어진다고 밝혔으니 바로 이 뜻이다」라고 하였음.

일당화안고(日幢華眼鼓) 金剛界의 五佛로 大日·寶幢·華開敷·蓮華眼·天鼓雷音이다. 秘藏寶鑰上頌에 「大日·寶幢·華開敷·蓮華眼·天鼓雷音의 부처님은 永遠히 善守·賢護한다」라고 하였다. 이 가운데 無量壽를 稱하여 蓮華眼이라 하는 것은 이것으로써 蓮華部의 主를 삼아서 普眼蓮華를 이룬 것이기 때문임.

일대(一代) 사람의 一生.

일대(一隊) 一群과 같은 말. 한 무리.

일대(一對) 한쌍 한벌.

일대거(一大車) 三乘教를 羊車·鹿車·中車에 譬喩하고, 法華經에서 說한 妙法을 한 큰 白牛가 끄는 수레에 비유한 것. 또는 大白牛車라고도 한다. 法華經譬喩品에 「이 때에 長者가 모든 아들들이 편안히 나가서 모두 四거리 길 복판에서 맨 땅에 그대로 앉아 아무 거리낌이 없이 그 마음이 泰然하여 기뻐서 깡충깡충 뛰며 노는 것을 보았다. 그 때에 모든 아들들이 각기 아버지에게 자기들이 좋아하는 놀이 기구로 달라고 졸랐는데 羊車·鹿車·牛車를 달라고 조른 舍利弗에게 주었고, 모든 아들에게는 大車를 주었다」라고 하였음. →火宅喩.

일대겁(一大劫) ①一增劫이나 一減劫을 小劫이라 하고, 一增一減을 合하여 一中劫이라 한다. 세계의 성립으로 부터 壞滅에 이르는 동안을 成·住·壞·空의 四期로 나누어 각각 二十中劫을 지난다 하고, 합계 80中劫을 一大劫이라 한다. ②一增一減을 一小劫. 二十中劫을 一中劫, 四中劫을 一大劫이라 함.

일대교(一代教) 釋迦如來가 菩提樹 아래에서 成道한 때부터 沙羅雙樹 사이에서 入滅하실 때까지의 一生 동안 說하신 大·小乘의 모든 教法을 말한다. 一代時代教라고도 함. 止觀義例下에 「一代教法이 法華經에 모두 있다」라고 하였음.

일대교주(一代教主) 불교의 교주 釋迦를 일컫는 말.

일대반만교(一代半滿教) 釋尊이 一代에 說한 것 가운데 半字教와 滿字教가 있음. 半滿教는 大小乘과 같음. →半滿教.

일대법(一代法) 釋尊이 한 平生 말씀한 가르침. 八萬四千의 法門.

일대비법(一大秘法) 一大事의 秘奥法, 唯一하고 普遍的이고 根源的인 眞理란 뜻. 法華經의 精髓이며, 妙法蓮華經의 五字로 表示한 全存在의 主體的인 本質을 말한다. 三大秘法의 根元性을 말함. →三大秘法.

일대사(一大事) ①實相妙理를 나타내는 事業으로 佛의 知見을 開示하는 事業이다. 一大란 實相의 妙理로 佛의 知見을 말하며 곧 法華의 妙法이다. 法華經方便品에 「諸佛과 世尊은 오직 一大事인 因緣때문에 世上에 出現한다」하였고, 文句四上에 「一은 一實相일 뿐 五도 三도 아니며 七도 九도 아니므로 一이라 말한다. 그 性質은 廣博하여 五三七九보다 넓으므로 大라하고 諸佛의 出世하는 儀式이므로 事라한다」하였으며, 止觀下에 「무엇이 一이냐 하면 一實하여 虛하지 않기 때문이며 一道가 清淨하기 때문이다. 一切無礙人이 一道의 生死에 나오기 때문이다. 무엇이 大냐하면 그性이 廣博하여 많은 것을 含容하고 事는 十方三世佛의 儀式으로 佛道를 成就하여 衆生을 化度하므로 事라 한다」하였고, 玄賛三에 「大事體는 곧 智見이며 諸佛의 出世는 이 大事가 된다. 四義에서 밝힌 것에 開示悟入이라 한다」하였음. ②사람의 生死를 大事라 한다. 善導의 臨終正念訣에 「世의 大事는 生死를 超越하지 못하며 一息하면 오지 못하여 後生에게 付屬하나 一念의 錯誤로 문득 輪廻에 떨어진다」하였음.

일대사인연(一大事因緣) 極히 重大한 事緣이란 뜻. 法華經方便品에 「諸佛世尊은 오직 一大事因緣으로 이 世上에 出現한 것이다. 舍利弗아 어떤 것을 諸佛世尊이 오직 一大事因緣으로 해서 世上에 出現한다

고 하는가. 佛諸世尊은 衆生에게 부처님의 知見을 열어주어서 淸淨을 얻게 하고자 하여 出現하였고 衆生에게 佛의 知見을 깨닫게 하고자하여 世上에 出現한 것이다. 衆生에게 佛知見의 道에 들어가게 하기 위하여 世上에 出現한 것이다. 舍利佛아 이것을 諸佛은 一大事因緣을 위해서 世上에 出現한다고 한다」하였음. (法華義記第三, 法華玄論第五, 法華義疏第三(吉藏), 法華經玄贊第三末, 華嚴經探玄記第一, 華嚴經隨疏演義鈔第三)

일대삼단(一代三段) 釋尊一代의 說敎를 總括하여 보기를 한 經처럼 하여 序分, 正宗分, 流通分의 三段으로 나눈 것. 즉 華嚴·阿含·方等·般若의 諸經은 序分으로, 無量義經·法華經·普賢觀經 등은 正宗分으로, 涅槃經은 流通分으로 본 것이다. 日本日蓮上人이 天台五時敎判을 依傍하여 法華經의 中心主義를 主張한 名目임. (觀心本尊鈔四種三段下)

일대삼천세계(一大三千世界) 一世界의 中央에 須彌山이 있고 이 四方의 大海中에 四大洲가 있으며 이 大海밖에 鐵圍山이 둘러싸고 있다. 이것을 一小世界라 한다. 一千의 世界를 合하면 小千世界가 되고 一千의 小千世界를 합하면 中千世界가 되며 一千의 中千世界를 合한 것을 大千世界라 한다. 一小世界는 單位數이며 一大千世界의 數는 十一億이다. 그 成立과 破壞는 서로 같지 않음이 없다. 또한 一佛이 거느리는 土가 되기도 한다. 俱舍論十一에 「千의 四大洲에서 梵의 世界에 이르는 것을 모두 說하면 一小千이 되고 千倍의 小千을 一中千界라하고 千倍의 中千界를 總名 一大千이라 하며 이같은 大千은 同時에 成立하고 同時에 破壞된다」하였음. 一大千世界 가운데 小千 中千 大千의 三種의 千을 含有하고 있으므로 一大三千世界라 하고 三千大千世界라 한다함.

일대성교(一代聖敎) 釋尊이 한 平生 말씀하신 거룩한 가리킴이라는 뜻. 全佛敎를 가리킴. (報恩鈔)

일대시교(一代時敎) →一代敎.

일대오시(一代五時) 釋尊 一生涯에 있어서의 五種의 說法의 時期. 天台의 敎說에서는 華嚴·阿含·方等·般若·法華涅槃을 五時로 봄. →五時.

일대오시불법(一代五時佛法) 天台宗에서 釋迦一代의 敎法을 區別하여 華嚴·阿含·方等·般若·法華涅槃의 五時로 나눈 것. →五時.

일대월대(日待月待) 日待와 月待를 并稱한 말. 日癸 月癸, 또는 日天拜·月天拜라고도 함. 즉 몸을 깨끗이 하고 齋戒를 한 뒤에 해 뜰때와 달뜰 때에 해와 달을 향해 절을 하고 災厄의 消滅과 繁榮을 비는

行事를 일컬음.

일대일도인왕회(一代一度仁王會) 一代一講 大仁王會와 같음.

일대장교(一大藏教) ①尨大한 經典에 說明된 가르침. (無門關) ②佛教의 經典에 說明된 佛의 가르침의 集大成. (隨聞記)

일대정만(一大淨滿) 淨滿은, 梵〈Vairocana〉 唯一하며 큰 法身인 毘盧遮那佛. (性靈集)

일대택(一大宅) 長者의 한 大宅을 三界의 火宅에 비유한 것. →火宅.

일대화의(一代化儀) 釋尊의 一生동안에 衆生을 教化하기 爲하여 使用한 儀式方法. (沙石集)

일도(一途) 쪽 곧은 길을 한 義理에 譬喩한 것. 安樂集上에 「빨리 큰 수레를 타는 것이 역시 一途다」라고 하였고, 戒疏一의 上에 「一途로 해석하라」고 하였으며, 垂裕記一에 「義理는 크게 通하는 길이기 때문에 一途라고 말한다」라고 하였음.

일도(一道) 一實의 道다. 六十華嚴經六에 「一切無礙人이 一道로 生死를 벗어났다」라고 하였고, 八十華嚴經十三에 「諸佛世尊이 오직 이 一道로써 모든 것을 벗어남을 얻었다」라고 하였으며, 涅槃經十三에 「實諦는 一道淸淨이요 둘이 아님을 말한다」라고 하였고, 大日經疏十七에 「一道는 곧 이 一切無礙人이 모두 生死를 벗어나 곧바로 道場에 이르는 길이요 '一'이라 말한 것은 이것이 곧 如如의 道요 홀로 一法界이기 때문에 '一'이다」 하였고, 涅槃經二十五에 「一道로 大乘을 말한다」라고 하였음.

일도무위심(一道無爲心) 眞言宗에서 세운 十住心의 하나. 또한 如實一道心, 如實知自心, 空性無境心, 一如本淨心이라 함. 一道란 一乘의 一如等이 되며 그 理를 말하면 모든 造作과 有爲 無爲의 別執을 여윈 것을 無爲라하며 이는 眞言行者가 三劫中을 超過하여 第二劫에서 비록 萬有唯識과 心外에 別法이 없음을 了達하여 眞如와 無爲中에 沈沒함을 두려워하므로 이 住心을 알아서 因緣을 破壞하지 않고 法界의 理를 證하며 同時에 法界를 움직이지 않고 緣을 따라 自在現顯하여 萬有를 지으며 곧 體가 因緣의 生滅에 達한다. 이것은 法界의 生滅이며 法界의 不生滅이다. 이 因緣의 不生滅로 有爲 無爲의 別執을 여의는 것. 大日經 第一住心品에 「空性이란 根境을 여의고 無相 無境界가 되며 모든 戲論을 여의고 虛空과 같다. 無邊한 佛法이 이것에 依하여 相續되어 生하며 有爲와 無爲界를 여의고 諸造作을 여의며 眼·耳·鼻·舌·身·意을 여읜다」하였고, 이 住心을 또한 空性無境心이라 한다. 만약 이 住心이 顯教에 寄在하면 天台에 該當한다. 摩訶止觀 第一에 「무엇을 一이라 하는가. 一은

實하여 헛되지 않기 때문이며 一道淸淨하기 때문이며 一切 無礙한 사람이 一道에서 나와 生死를 벗어나기 때문이다」하였다. 이 住心의 所以를 如實一道心이라 하며 天台一乘이 諸法 곧 實相과 唯色 곧 唯心을 盛談하여 心色의 體가 둘이 없음을 말하여 依와 正이 理內에 包含되고 根과 境이 性中에 갖추어지며 境智가 一如에 泯하므로 그 分齊가 眞言行者의 第八의 住心과 恰似하다. 이러므로 天台에 配한 것. 顯教에서는 비록 이것을 終極에 分齊하나 眞言行者는 이곳에 停滯함을 認定하지 않는다. 金剛界儀軌에 이르기를 「몸이 十地를 證하여 如實際에 住하면 空中의 모든 如來가 彈指로 警覺시켜 告하여 말하기를 "善男子야 네가 所證한 곳은 一道淸淨이다. 金剛喩三昧와 薩婆若智는 오히려 能히 證智하지 못하였으니 이것으로 滿足하게 生覺하지 말라. 普賢이 滿足하게 되면 바야흐로 最正覺을 成就한다"」하였음. 이는 나아가서 第十秘密莊嚴心을 發足하여 金剛寶藏을 열게 된다함.

일도법문(一道法門) 𑖀(阿)字의 一門을 稱하여 '一道法門'이라 한다. 大日經六에 「내가 이제 差別道와 一道法門을 演說하겠노라」하였고, 大疏十七에 「一切法이 阿字門에서 벗어나지 않음을 말한다. 이것이 바로 一道이다. 道란 이 法을 타고서 이르는 곳이 있다는 뜻. 一道란 곧 一切의 無礙人이 모두 生死를 벗어나 곧바로 道場에 이르는 길을 말한다. '一'이라 말한 것은 이것이 곧 如如의 道요, 獨一法界이기 때문에 '一'이라고 말한다」라고 하였음.

일도삼례(一刀三禮) 佛像을 彫刻할 때에 매양 칼질 한번 할 때마다 반드시 세번씩 三寶에 禮拜한다는 말. 또 經文이나 佛像을 그릴 적에도 三禮를 하는데 이것을 一筆三禮, 一字三禮라고 함.

일도신광(一道神光) 自己가 본래 갖추어 가진 한줄기 神妙한 光明이란 뜻으로 곧 虛靈不昧한 마음의 光明을 가리킨 말이다. 從容錄第三十一則頌에 「한줄기 神妙한 마음의 빛은 처음부터 덮어 감출 수가 없다」라고 하였고, 또 隱山和尙頌에 「三間芽屋에 처음부터 와서 사니 한줄기 神奇한 光明에 모든 境界가 한가롭구나. 是非를 가지고 와서 나를 분별하지 말아라, 俗世의 穿鑿(盛衰)은 나에겐 상관이 없다」라고 하였음.

일도양단(一刀兩斷) 칼로 한번 쳐서 두 동강이를 내듯이 무슨 일이든지 果斷性 있게 처리하고 주저하지 않는 것. 一刀割斷도 같은 뜻.

일도주(一道呪) 一篇의 陀羅尼. (碧巖錄)

일독승(一禿乘) 佛道를 排斥하고 功

德을 갖추지 않은 자를 일컬음.

일돈(一頓) 한번, 한바탕이란 뜻. 打汝一頓이라 하면 頓은 杖이니 杖으로 친다는 것. 一頓棒이라 하면 한번 친다는 뜻.

일돈반(一頓飯) 一頓食과 같은 말. 한번의 식사를 말함. 一頓은 한번, 一次, 한바탕이란 뜻.

일돈방(一頓棒) 한번 친다는 뜻. 棒은 방망이, 몽둥이의 뜻.

일돈타살(一頓打殺) 한번 때려서 죽이는 것. (正法眼藏)

일두(一竇) 적은 구멍. 小見에 비유한 말. 또 보잘것 없다는 말도 됨.

일두피(一肚皮) 滿腹이란 뜻. 깨달음으로 滿腹이 된 모양. (碧巖錄)

일득영득(一得永得) 한번 얻으면 永遠히 잃지 않는다는 뜻. 이말은 受戒의 功德에 對해서 하는 말.

일등(一等) 한결같이 平等한 것. 無量壽經上에 「百千由旬이나 되어 비록 넓고 깊고 옅다 할지라도 모두 한결같이 平等하다」라고 하였음. 또는 同一한 階級을 말함.

일등(一燈) ①한 등불로써 智慧가 迷闇을 깨뜨림에 비유한 것. 華嚴經七十八에 「비유하면 一燈이 暗室에 들어가면 百千年의 어두움이 能히 破盡된다」하였음. ②貧女의 한 燈. →貧女. →貧女一燈.

※大集經一에 「譬如百年闇室 一燈能破」 楞嚴經六에 「身然一燈 燒一指節」

일라(日羅) 百濟 威德王때의 僧. 日本 肥後～九州熊本 阿利斯登의 아들. 성품이 어질고도 용맹하였으며 벼슬은 達率에 이르렀다. 위덕왕 三十(583)年 일본 敏達天皇의 초청을 받아 恩率, 德爾, 餘怒, 哥奴知 등과 함께 일본에 들어가 백제에게 不利한 獻策을 하였고, 任那의 땅을 割離할 것을 謀議하였다. 그러므로 동행한 德爾등에게 阿斗桑 旅幕에서 피살되었으며, 뒤에 德爾등은 日本에서 被捷되어 日羅의 가족들에게 被殺당했다 함.

일락색(一絡索) 言語의 葛藤이란 뜻. →葛藤. (碧巖錄)

일락색(一落索) 一絡索과 같음. →一絡索.

일락차(一洛叉) 數의 이름. →落叉.

일랍(一臈) 또는 一臘이라 함. 集韻에 「臈은 臘이다」하였음. 臘은 冬祭로 一年의 끝이다. 說文에 「冬至後三戌이 臘이 되며 百神에 祭한다」하였음. 佛의 安居의 制度를 세워 四月 十六日부터 七月 十五日까지를 安居의 期日로 定하였다. 이 安居는 僧家의 一歲가 되며 法臘이라 하며 또는 法歲라고 한다. 그것이 夏期에 屬한 것을 夏臘이라하며 또는 僧臘 戒臘의 이름이 있다 함.

※釋氏要覽下에 「夏臘即釋氏法歲也 凡序長幼 必問夏臘 多者爲長」又作一老稱法臈第一之長老 詳見戒臘條

일랍(一臘) ①臘은 得度한 뒤의 햇수. →一臈. ②사람이 나서 七일째 되는 날.

일랍박(一臘縛) 臘縛은 時間 이름. 俱舍論 十二에 百二十刹那가 一怛刹那, 六十怛刹那가 一臘縛, 三十臘縛가 一牟呼栗多, 三十牟呼栗多가 一晝夜라 함.

일래(一來) ㊵〈sakṛd-āgāmi-phala〉 이 迷妄世界에 한번만 되돌아오는 聖者. 한번 되돌아 가는 境地. 다시 한번 人間界에 태어나와 後에 涅槃에 들어 가는 것. 小乘佛敎에서 阿羅漢位에 이르는 階次를 表示하는 四果의 하나. →一來果. (有部律雜事)

일래과(一來果) ㊵〈sakrdāgamin〉 聲聞 四果의 하나. 斯陀含이라 함. 欲界 修惑의 九品 가운데서 六品을 끊어버린 聖者. 아직 三品의 煩惱가 남은 탓으로 그를 끊기 위하여 人間과 天上에 각각 한번씩 生을 받은 후에야 비로소 涅槃에 들게 된다는 四果의 둘째. 곧 人間에서 이 果를 얻으면 반드시 天上에 갔다가 다시 人間에 돌아와서 열반을 깨닫고, 天上에서 이 果를 얻으면 먼저 인간에 갔다가 다시 天上에 돌아와 涅槃의 證果를 얻는다. 이렇게 천상과 인간 세계를 한번 왕래하므로 一來果 또는 一往來果라 함.

일래향(一來向) 四向의 하나. 聲聞 四果의 하나인 一來果를 얻기 위하여 修行하는 地位. 欲界의 修惑 九品가운데 上 六品의 煩惱를 끊는 地位를 말함. →四向.

일량인(一兩人) 未定數. 즉 한두 사람을 뜻함.

일려(一綟) ①碧巖錄 註에는 一束(한 묶음)絲라 함. ②圓覺諺解에는 三世根이 一綟라 하였음.

일려(一慮) 專一한 心慮. 歸敬儀中에 「論은 四修를 아름답다 하고 經은 一慮를 讚嘆한다」하였음.

일려사(一綟絲) 한다발의 실을 뜻함. (碧巖錄)

일련(一蓮) 한송이의 蓮꽃으로 蓮臺와 같음.

일련(日蓮) 日本僧의 이름. 日本 日蓮宗의 開祖(1222～1282), 十六歲에 薙髮出家하여 三藏을 두루 閱覽하고 天台宗의 玄妙한 奧旨를 깊이 通達하였으며 여러 곳을 遊歷하여 諸家의 法門을 두루 살피고, 일찌기 山嶺에 올라가 솟아오르는 해를 向하여 '南無妙法蓮華經'의 題目을 소리높이 외치기를 열번을 하였다. 僧·俗大衆을 크게 모아놓고 格言을 세워 말하기를 "念佛은 無間이요 禪은 天魔다 眞言은 亡國이요 律은 國賊이다"하였다. 後에 '立正安國論'을 지어 다른 모든 宗을 誹謗한 罪로 流刑을 받았다. 六十一歲에 入寂, 弟子들이 遺文을 結集하였는데, 一百四十八章을 錄內라 하고, 後集인 二百五十九章을 錄外라 말한다. 日本 佛敎 六大宗派 가운데 가장 勢力이 강함.

일련종(日蓮宗) 또는 法華宗이라고도 한다. 日本僧 日蓮이 세운 佛教의 한 宗派. 그 宗旨는 事와 理가 둘이 아니기 때문에 一心으로 妙法蓮華經의 題目을 부르면 一經에서 表詮한 諸法實相의 功德이 自然히 圓融하여 即身으로 寂光의 妙果를 成就한다고 한다. 또 이르기를 天台의 傳教는 迹門迹化의 理를 넓힌 法華요, 나는 本門 本化의 事를 넓힌 法華라고 하였음.

일련지실(一蓮之實) 同一淨土의 蓮臺위에서 부처님의 實을 結成하는 것.

일련탁생(一蓮托生) 淨土에 往生하면 同一한 蓮꽃 속에 태어나기 때문에 一蓮托生이라고 말한다. 阿彌陀經에서 말한 "모든 上善人이 똑같이 한곳에 모인다"라고 한 것이 바로 이것임.

일령(一靈) 本來 具有하고 있는 一心의 本性.

일령물(一靈物) 心性을 말함. (景德傳燈錄)

일령진성(一靈眞性) 眞性과 같음. →眞性. (曹山錄)

일령포삼(一領布衫) 한벌의 삼베옷. (碧巖錄)

일령포삼중칠근(一領布衫重七斤) ㊟話 어떤 중이 趙州에게 묻기를 "萬法은 하나로 돌아가거니와, 그 하나는 어데로 돌아갑니까", 趙州, "내가 青州에 있을 적에 베長衫 한 벌을 만들었더니 무게가 七斤이더라"라고 하였음.

일로(一路) 涅槃의 한 길에 도달함. 傳燈錄七에 盤山이 말하기를 「一路에 向上하는 것은 千聖이 傳하지 못하는데, 學者가 몸을 괴롭히는 것은 마치 원숭이가 그림자를 잡으려는 것과 같다」고 하였음.

일로사(一盧舍) 一俱盧舍의 약칭. →俱盧舍.

일로생기(一路生機) 專心的인 生生한 禪僧의 活動. →禪機. (碧巖錄)

일루일촉(一縷一觸) 袈裟의 一絲를 얻거나 袈裟一度를 觸하여도 모두 無量한 功德을 얻는 것. 文句記三中에 「龍이 一縷를 얻고 牛角이 한번 스친다」하였고, 同私記三本에 「龍得一縷·牛角一觸이란 龍이 袈裟의 一縷를 얻으면 金翅鳥의 難을 免하고 牛角이 袈裟에 一觸하면 畜身을 免한다」하였음.

※往生要集指麾鈔九에 「龍得一縷者 廣見注苑四十七 經律異相四十八 大部補注六等 牛角一觸者 箋難第一云 曾以角觸袈裟 後改報爲僧聞法等 未見出處 後更追注」

일류(一流) 同一한 흐름의 類라는 뜻으로 宗祖가 세운 教義를 그대로 傳하고 變치 아니한 것을 흐름이 끊어지지 않는 데에 비유한 것. 法華文句八上에 「이 二千人 가운데 어떤 이는 배우고, 어떤 이는 배우지 못한 사람이 있으나 모두 똑같이 한 흐름이다」라고 하였고, 拾毘尼義鈔上의 一에 「衆生의 가는 길이 각기 달라서 하나로 똑같이 흐르게 할 수는 없다」라고 하였음.

일류(一類) 彼此가 서로 비슷함. 唯識述記七末에 「一類는 相似의 뜻이다」 하였음.

일류상속(一類相續) 性質이 變함 없이 바로 그것으로 繼續하는 것. 人間一生의 智慧·性格 등이 連續하는 것. (俱舍論)

일류왕생(一類往生) 極樂淨土의 往生은 念佛行者中의 一部의 사람 들에 限하며 다른 諸行의 行者는 往生할 수가 없다고 하는 西山證空의 主張.

일류저하자(一類底下者) 大端히 卑劣한 一部의 사람. 底下는 煩惱·罪惡의 밑에 빠져있는 凡夫를 가리키는 것.

일륜(日輪) ㊵〈Śūrya〉 太陽을 말함. 여기에는 日天子가 사는 宮殿의 外貌. 항상 虛空中에 있어서 須彌山의 허리를 돌면서 차례로 須彌山의 東·南·西·北에 있는 四大洲를 비춘다. 俱舍論十一에 「日輪의 아랫 부분은 頗胝伽 寶火珠로 이루어져서 능히 덥게 할 수도 있고 능히 밝게 비출 수도 있다」라고 하였으며, 觀無量壽經에 「金蓮華가 마치 日輪과 같다」라고 하였음.

일리(一理) 同一한 理性. 華嚴大疏二에 「一理가 齊平하기 때문에 生界에 增減이 없음을 說한다」고 하였음.

※法華文句記六中에 「由一理故 偏通一切」

일리겁만리겁(一里劫萬里劫) 菩薩瓔珞本業經에 「劫數는 이른바 一里·二里 또는 十里石이 盡하는 것을 一里劫이라 하고, 二里劫은 五十里石이 盡하는 것을 五十里劫이라 하고 百里石이 盡하는 것을 百里劫이라 하고 千里石이 盡하는 것을 千里劫이라 하고 萬里石이 盡하는 것을 萬里劫이라 한다」라고 하였음.

일리수연(一理隨緣) 一인 理性에 依하여 生成·緣起를 說明한다. 四明知禮가 攻擊하는 山外派의 立場. 山家派는 圓理隨緣을 말함.

일마(一麻) 世尊이 苦行하는 날에 겨우 한알의 깨와 한알의 쌀을 먹었다는 故事. 智度論三十四에 「釋迦文佛이 漚樓頻螺樹林中에서 一麻와 一米를 먹었다. 모든 外道가 말하기를 우리의 先師는 비록 苦行을 닦았으나 能히 이같은 六年苦行은 하지 않았다」하였음.

일마만전(一魔萬箭) 마음에 微少한 惡도 아주 두려운 것을 말함. 歸元直指有에 「一魔事를 보면 일만 화살이 마음을 공격하고 一魔聲을 들으면 일천송곳이 귀를 찌른다」고 하였음.

일만승회(一萬僧會) 僧 一萬人이 모여서 法事를 행하는 것. 만약 千人

이 모이면 千僧會라 함.

일만팔천인(一萬八千人) 劫初以來로 지금까지 惡王이 그 親父를 殺害한 자가 一萬八千人이 있음을 말함. 이 說은 觀無量壽經에 나옴.

일망(一妄) 한조각 迷妄한 마음. 宗鏡錄一에 「一翳가 눈을 가리니 千華가 虛空을 어지럽히고 一妄이 마음에 있으니 恒沙가 生滅한다」고 하였음.

일맥(一麥) 量의 이름. 俱舍論十二에 「七蝨을 穬麥, 七麥을 指節, 三節을 一指라」고 하였음.

일맹(一盲) 한 눈이 먼 사람.

일맹인중맹(一盲引衆盲) 한 개의 誤謬가 他에 미치는 影響等을 譬喩한 것. 無門關의 竿頭進步頌에 「瞎 물러나서 頂門의 眼이 되고 잘못 定盤星을 認識하면 몸을 버리고 能히 命을 버린다. 一盲이 衆盲을 引導함과 같다」하였음.

일면(一面) 場所의 一部. 法華經序品에 「각각 부처님의 발에 禮를 드리고 물러나서 一面에 앉는다」고 하였음.

일면기(一面器) 護摩壇의 四方에 꾸미는 六器를 四面器라 하고, 다만 正面의 一方에만 두는 것을 一面器라고 함.

일면불월면불(日面佛月面佛) ㊟馬祖大師가 편찮을 때에 院主가 묻기를 "和尙께서 요사이는 病患이 어떠하십니까" 馬祖 "日面佛月面佛이다"라고 하였음.

일멸(一滅) 四諦 가운데 滅諦. 成實論一諦品에 「一諦로써 道를 증득함은 이른바 滅이다」하였음. 三論玄義에 「成實義에 따라 다만 一滅만 會하면 바야흐로 聖人이 된다」하였고, 歸敬儀中에 「事의 義를 三分하고 宗은 一滅을 成就한다」하였음. (三義는 戒 定 慧다)

일명(一明) 一陀羅尼를 말함. 明은 眞言陀羅尼의 다른 이름이다. 이는 부처님 입에서 나온 陀羅尼로서 부처님의 몸에서 나오는 光明과 같기 때문에 이렇게 이름한 것임. 大日經疏十二에 「一切의 無明煩惱의 어둠을 破除하기 때문에 明이라 한다. 그러나 明과 眞言은 뜻에 差別이 있으니 마음과 입에서 나온 것은 眞言이라 부르고, 一切의 身으로부터 나와서 마음대로 運用되는 것은 明이라고 한다」라고 하였음.

일명일체명(一明一切明) 하나의 眞實한 모양을 明白하게 하면 다른 一切의 眞實한 모양도 自明하게 되는 것을 말함. (碧巖錄)

일모단(一毛端) 아주 적은 것을 일컬음. 楞嚴經二에 「道場에서 動하지 않으면 一毛端에 두루 능히 十萬國土를 含受한다」고 하였음.

일모탈출(一模脫出) ①同一한 模型에서 찍어 나왔다는 것. 같은 狀態란 뜻. 兩者가 同一手段을 使用한 것을 嘲笑하여 하는 말. ②模는 模

樣의 模로 一模는 一樣이라는 뜻. 脫出은 매미가 허물을 벗듯이 빠져 나오는 것이라는 說도 있음. (碧巖錄)

일목다가(一目多伽) ㊵〈Itivrttaka〉, ㊴〈Itivuttaka〉, 十二部經의 하나. 또는 一曰多伽, 伊提目多伽라고도 한다. 번역하여 本事라 함. 佛弟子의 過去世의 事實을 말한 經文임. →十二部經.

일목조(一木造) 木刻의 原始的인 方法으로 뒤에 發明된 寄木法의 對. 檀像 등은 元來가 小形으로 木質도 緻密하기 때문에 台座·瓔珞마저 文字대로 一木造로 한다. 큰 像에서는 腕 등 突出部를 다른 나무로 이어 맞춘다. 寄木造와의 差異는 머리와 胴이 一本(외나무)이라는 것인데, 坐像에서는 足部分은 横으로 使用하여 다른 나무로 하고 腕도 또 다른 나무를 씀.

일목지라(一目之羅) 눈이 하나 밖에 없는 그물. (往生要集)

일무애도(一無礙道) 生死와 涅槃이 融和하여 거리낌이 없는 悟道. 往生論註下에 「一道란 一無礙道임. 無礙란 生死가 곧 涅槃임을 아는것을 말한다」하였음.

일문(一門) ①生·死를 벗어나는 道를 말함. 門과 같음에 비유한 것. 法華經譬喩品에 「오직 한 門이 있는데 아주 좁다」라고 하였고, 文句五上에 「門은 나오는 중요한 길이다」하였으며, 楞嚴經一에 「十方의 如來가 一門의 妙莊嚴路로 뛰어 나왔다」라고 하였다. ②涅槃에 드는 門이다. 安樂集上에 「오직 淨土의 一門이 있어 通해서 들어갈 수 있는 길이다」라고 하였음.

일문만다라(一門曼茶羅) 別尊曼茶羅와 같음. →別尊曼茶羅.

일문보문(一門普門) 또는 一門 即普門이라고도 하는데, 一法을 通하면 一切法에 達하는 道理이다. 大日經疏一에 「이 一門으로 法界에 들어가는 것이 바로 一切의 法界門에 널리 들어가는 것이다」라고 하였음.

일문불지(一文不知) 一個의 文字도 모르는 어리석은 者. 文字하나 모르는 것.

일문즉보문(一門即普門) 어떠한 一人佛, 어떠한 主尊도 法身大日如來가 變現한 모습이라는 것. 大日如來의 一德·一智인 曼茶羅의 諸尊을 「一門」이라 하며, 諸尊의 德을 다 包含한 中台大日如來를 普門이라 함. →一門普門.

일물(一物) 한 물건. 어떤 물건이란 뜻으로 우리의 主人公인 마음을 가리킴.

일물부장래(一物不將來) ㊧本來無一物의 消息을 말한 것. 곧 向上屋裏의 空界에 아무 物件도 없기때문에 이제 한 물건도 가져오지 않았다는 뜻. 從容錄第五十七則에 「嚴陽尊者

가 趙州에게 묻기를 "한 물건도 가져오지 않을 때는 어떻게 합니까" 趙州, "내 버려라" 嚴陽 "한 물건도 가져오지 않았는데 무엇을 내버립니까" 趙州 "그러면 도로 가져가거라" "이 한 물건도 가져오지 않았다"고 물은 것은 곧 이미 한 물건을 가지고 왔기때문에 趙州가 勘破한 것임.

일미(一味) 如來의 敎法, 부처님의 敎說을 外面的으로 觀하면 多種多樣한 듯하나 그 뜻은 하나라는 뜻. 비유하면 단맛과 같음. 敎法의 理趣는 오직 하나요 둘이 아니기 때문에 '一味'라 한다. 法華經藥草喩品에 「如來의 說法은 一相이요 一味다」라고 하였고, 涅槃經五에 「또는 解脫한 사람을 이름하여 一味라고 한다」라고 하였으며, 深密經四에 「一切一味相의 勝義諦에 두루 하였다」라고 하였고, 三藏法數의 四에 「一味는 마치 法華의 一乘三敎와 같다」라고 하였으며, 法華經義疏八에 「一味는 一智味를 말한 것으로 한 비(雨)와 같다」라고 하였음. (法華經)

일미사병(一味瀉甁) 또는 瀉甁이라고도 한다. 한 甁의 물을 다른 甁에 쏟아 붓는 것 같이 조금도 雜染과 遺漏가 없는 것을 師匠과 弟子가 서로 傳承할 적에 조금도 餘地의 남김이 없는 것에 비유함. 八宗綱要上에 「부처님이 가신지 百年이 되었어도 甁물을 쏟아넣듯이 조금도 遺漏가 없었다」라고 하였음.

일미선(一味禪) 純一味의 禪이란 뜻. 階段的 漸進的인 禪에 대하여 頓悟頓入의 禪을 一味禪이라고 한다. 瑯琊代醉編三十二에 「어떤 僧이 歸宗에게 하직 人事를 하면서 말하기를 "諸方을 돌아다니며 五味禪을 배우려 합니다"하니 歸宗이 말하기를 "나의 이 속에 一味禪이 있는데 왜 배우지 않느뇨"」라고 하였음.

일미온(一味蘊) 無始의 과거로 부터 지금까지 一味가 相續하여 輪廻轉生하는 主體를 細한 意識이라 하여 이것을 一味蘊이라 한다. 이것은 輕量部에서 說한 것으로 우리 衆生의 輪廻의 主體를 삼음. (異部宗輪論)

일미진(一微塵) 極히 微細한 分子. 物質의 가장 작은 것. 首楞嚴經三에 「父母님이 낳아주신 이 몸을 돌이켜보면 마치 저 十方虛空中에 떠다니는 한 적은 먼지와 같아서 있는 것 같기도 하고 없는 것 같기도 하다」라고 하였으며, 止觀一의 下에 「한 微塵가운데 大千經卷이 있고 心中에 一切佛性이 갖추어져 있다」라고 하였다. 輔行一의 五에 「寶性論에 이르기를 '神通人이 있어 佛法이 滅할 것을 보고 大千의 經卷을 한 微塵속에 감추어두고 뒤에 어떤 사람이 나와 그 微塵을 깨뜨리고 經卷을 꺼내어 보게 하였다」

라고 하였음. →極微.

일밀(一密) 身·口·意의 三密中의 하나.

일바하(一婆訶) 希麟續音義에 「一婆訶의 맨 밑의 訶의 音은 呵인데 梵語이다. 번역하여 圖라 하며 또는 篙으로도 쓰는데 뜻은 같다. 즉 倉圖이다」라고 하였음. →婆訶.

일박(曀縛) 梵〈Jvāla〉 번역하여 光明. (唯識樞要上末)

일발(一鉢) 鉢는 중의 밥그릇. 梵語 鉢多羅의 약칭. 번역하여 意量器. →鉢.

일발의(一發意) 梵〈eka-kṣaṇa〉 一念의 사이. 極히 짧은 時間. (無量壽經)

일방(一棒) 禪宗의 師家가 弟子를 指導하는데, 막대를 휘둘러서 警醒시키는 것. →一喝.

일방일수(一放一收) 어느 때는 잡아주고 어느 때는 놓아주는 것. 이는 師家들이 學人의 機根에 따른 名手段이다. 把住는 學人을 꽉 억누르는 것이요 放行은 學人을 풀어주는 것인데 한번 풀어줄 때는 森森羅列하고 한번 옥죄일 적에는 空界無物이어서 擒·縱與·奪을 自由自在로 하는 모양을 말하는 것임. (碧巖錄第九十九則)

일방타살(一棒打殺) 話雲門이 示衆할 적에 世尊이 처음 誕生하여 한손으로 하늘을 가리키고 또 한손으로 땅을 가리키면서 七步를 四方으로 걷고 눈으로 四方을 살피면서 '天上天下 唯我獨尊'이라 하였다. 내가 그때에 보았던들 한 방망이로 탁 때려죽여서 개에게 먹이어 天下가 太平케 하였을 것이다"라고 하였음.

일백삼갈마(一白三羯磨) 戒를 授與하는 作法이며 줄여서 白四라 하며 또한 白四羯磨라 함. 白은 表白으로 一白은 한번 表白文을 읽는 것. 羯磨는 梵語이며 번역하여 作業이라하고 곧 授戒하는 作業이란 뜻이다. 또한 一種表白의 文이 되고 三羯磨란 세번 羯磨의 表文을 읽는 것이다. 비록 고르게는 表白이라하나 最初로 大衆을 對하여 누가 授戒作한다고 告白하는 表文을 白이라 하고 다음에 戒法을 受者에게 授與하는 記錄인 表文을 羯磨라 한다. 이것이 完全 受戒가 된다. 그렇다면 白四는 白四羯이라하며 表白과 羯磨로 네번 表文을 읽는다는 뜻이다. 授戒作法에서는 가장 鄭重한 것이며 그 白文은 다음과 같음. 「大德僧은 들으시오 이 某(이름)는 和尙某(이름)를 따라 具足戒받기를 求합니다. 이 某(이름)는 오늘부터 衆僧을 따라 具足戒받기를 빕니다. 某(이름)가 和尙이 되며 某(이름)가 自說합니다. "淸淨하여 모든 어려움이 없게하소서, 나이 二十이 차고 三衣鉢을 갖추었읍니다. 만약 僧이 時到하면 僧이 알아 듣도록

某(이름)가 具足戒를 받았는데 和尙은 某(이름)입니다" 하고 이같이 白한다」하였고, 다음 羯磨는 「大德僧은 들으시오. 某(이름)는 和尙某에게 具足戒 받기를 求합니다. 이 某는 오늘부터 衆僧을 따라 某和尙에게 具足戒 받기를 빕니다하고 某가 自說하기를 "淸淨하게 하여 모든 어려운 일이 없게 하소서. 나이 二十이 차고 三衣鉢을 갖추었으니 僧은 지금 某로 부터 具足戒를 받고 某를 和尙으로 삼으렵니다. 어느 諸長老가 某가 具足戒를 받고 某가 和尙이 되는 것을 忍僧하시겠읍니까 默然하면 누구든 不忍하는 사람은 말하시오」한다는 것.

일백삼십육지옥(一百三十六地獄) 根本地獄의 八熱에 각각 十六遊增이 있어 모두 一百二十八인데 이에 根本의 八熱을 더하여 一百三十六이라 함. →三界.

일백오십찬불송(一百五十讚佛頌) ㊕ 一卷. 摩咥里制吒 尊者 지음. 唐 義淨 번역. 一百四十八頌으로 佛德을 讚嘆한 것.

일백이갈마(一白二羯磨) →一白三羯磨.

일백일십성(一百一十城) 善財童子가 福城에서 시작하여 점차 南쪽으로 가면서 五十三 善知識을 찾을 적에 지나가던 城의 數爻, 八十華嚴經七十八에 「이 長者의 아들은 지난번 福城에서 文殊菩薩의 가르침을 받고 展轉하여 南行하면서 善知識을 찾아 一百一十善知識을 經由한 뒤에 나의 處所로 왔다」라고 하였으며, 六十華嚴 五十九에 「彌勒이 說하여 이르기를 "이 童子는 옛적 頻陀伽羅城에서 文殊師利菩薩의 가르침을 받고 善知識을 찾아 展轉하여 一百一十諸善知識을 經由하여 菩薩行을 듣고 마음에 疲倦이 조금도 없이 나의 곳으로 왔다」라고 하였음.

일백일십지식(一百一十知識) 善財童子가 만나본 一百一十城의 善知識. 經의 結文에 비록 一百一十의 모든 善知識을 經由하였다고 말하였으나 實際로 說한 바는 다만 五十四處에서 五十五善知識을 만난 것 뿐이다(德生과 有德은 같은 곳에서 만났다). 그런데 一百一十知識이라고 結論한 것은 五十五 知識밑에 修行으로 當分과 勝進의 二者가 있어 二倍數로 하기 때문에 이 數를 한 것이다. 또 항상 '五十三參'이라고 말한 것은 五十五人 가운데 文殊師利를 前後 두번에 걸쳐 參詣하였기 때문이요, 또는 德生과 有德을 한 곳에서 參見하였기 때문에 각각 一名式 省略하였기 때문임. →五十三知識.

일백팔(一百八) 佛家에서 一百八字를 慣用한다. 또 略하여 百八이라고도 한다. 一百八은 煩惱의 數, 百八煩惱를 없애기 위하여 念珠의 數

를 百八箇, 念佛을 百八番, 打鍾을 百八打 씩함.

일백팔명다라니경(一百八名陀羅尼經) ㊂聖多羅菩薩一百八名 陀羅尼經의 약칭.

일백팔명범찬(一百八名梵讚) ㊇聖金剛子菩薩一百八名 梵讚의 약칭.

일백팔변(一百八遍) 念佛의 遍數가 一百八인 것. 一百八은 본래 煩惱의 數量임. 이 煩惱를 대치하는 것이므로 數珠一百人顆를 꿰어 一百八遍의 念佛·百八의 曉鍾이라함도 또한 이 뜻임. →煩惱.

일백팔비금강장왕(一百八臂金剛藏王) 胎藏界의 曼陀羅가 第十虛空藏院에 자리한 忿怒尊. 一百八臂가 있고 各種의 器杖을 쥐고 있음. (胎藏界曼陀羅大鈔五)

일백팔십오용왕(一百八十五龍王) 大雲請雨經에서 나오는 龍王의 數.

일백팔존계인(一百八尊契印) ㊂金剛頂經毘盧遮那一百八尊法身契印의 약칭.

일백팔존법신계인(一百八尊法身契印) ㊂金剛頂經毘盧遮那一百八尊法身契印의 약칭.

일법(一法) 一切의 事物이 모두 法則을 갖추었으므로 法이라 총칭함. 一法은 一事物과 같음. 三藏法數四에 「法은 곧 規則의 뜻이다」 하였음.

※華嚴經十三에 「惟以一法得出離」

일법계(一法界) 眞如의 理體를 말함. 界는 所依 및 所因의 뜻이고, 眞如는 聖法의 所依·所因을 生하기 때문에 法界라고 한다. 唯一無二하므로 一이라고 이름한다. 起信論에 「心眞如는 바로 一法界의 큰 總相 法門體다」라고 하였고, 義記中本에 「一法界는 곧 無二의 眞心이기 때문에 一法界라 한다. 이는 算數의 一이 아니요, 理와 같이 虛融하여 平等不二하기 때문에 一이라 하고, 聖法을 生하기 때문에 法界라고 한다. 中邊論에 이르기를 '法界는 聖法의 因이 뜻이 되기 때문에 法界라 하고 聖法이 이 境을 依止하여 生한다. 이 中의 因의 뜻이 바로 界의 뜻이기 때문이다」라고 하였음.

일법계심(一法界心) 有無를 超絕하고 差別을 여읜 마음. 二教論上에 「一法界心은 百非도 아니고 千是도 아니다」하였음.

일법구(一法句) 一法을 말하는 것. 句는 章句의 뜻이며 곧 絕待無爲한 淸淨의 法身이다. 天親의 淨土論에 極樂國土의 莊嚴한 功德을 十七句로 나누었으며 如來의 莊嚴 功德은 八句가 되고 菩薩의 莊嚴功德은 四句가 되어 總三種功德으로 二十九句가 된다. 이 二十九句의 莊嚴을 略說하면 說이 一法句에 들어간다. 또한 自解하기를 一法句는 淸淨句다. 眞實智慧로 法身이 없는 것이다. 그 論은 奢摩他(止) 毘婆舍那

(觀)를 세운 二觀中에서 二十九句 現象의 差別을 觀함은 곧 毘婆舍那가 되며 一法 理體의 平等을 觀함은 곧 奢摩他가 된다. 처음에 비록 奢摩他와 毘婆舍那를 따로 보았으나 그 機가 純熟하면 止觀이 함께 行해지며 柔輭心이 이루어진다. 二十九句는 곧 一法句가 되며 廣略相에 들어가서 如實知見을 얻는다. 差別은 곧 平等이며 平等은 곧 差別의 妙理라 함.

일법신(一法身) 一個의 法身. 華嚴經十三에 「一切의 모든 佛身은 오직 一法身 뿐이다」 하였음. →法身.

일법약유(一法若有) ㊢어떤 僧이 高德에게 묻기를 "一法이 만약 있다면 毘盧遮那는 墮落하여 凡夫가 되었을 것이고, 萬法이 만약 없다면 普賢菩薩은 그 體界를 잃어버렸을 것입니다. 이 二途를 버리려하오니 請하옵건대 師는 速히 알려주십시오"라고 하였음. (會元十七, 葛藤集下)

일법인(一法印) 小乘教에서 說한 三法印에 대하여 大乘의 實印相을 일컬어 一法印이라고 한다. 또는 一實相印의 이름으로 즉 諸法實相의 理를 말한 것이다. 妙玄八의 上에 「釋論에 이르기를 모든 小乘經에 無常·無我·涅槃의 三印의 法印을 두었는데 이것이 바로 부처님의 말씀으로 닦아 行하면 得道할 것이다. 이 三法印이 없으면 이는 곧 魔說이다. 大乘經에는 다만 一法印만을 두고 諸法實相이라고 말한다」 라고 하였음.

일법중도(一法中道) 一法에 非有非空의 中道의 理致가 있다는 말. 三性을 비교하여 議論하는 三性對望의 中道가 아니고, 三性마다 中道의 理致가 있다는 것. 遍計所執性의 假象은 우리의 정으로는 있으나 理로는 없는 것이므로 中道의 뜻이 있고, 依他起性인 現象은 因緣所生인 것이므로 假有이고 本體가 아니므로 無性이어서 中道의 뜻이 있고, 圓成實性은 實在, 즉 眞有로서 特定한 個性이 없고 宇宙에 徧在하므로 無相이어서 中道의 뜻이 있다고 한다(北史傳). 이에 대하여 南史傳에는 一色一塵의 위에 遍計한 無의 뜻과 依他, 圓成의 有의 뜻이 있고 非有非空의 中道의 뜻이 있는 것을 一法 中道라고 한다. 곧 前의 三性對望中道임.

일변(一遍) ①한번 佛名과 經文을 외우는 것. ②日本時宗의 開祖. 智眞의 號.

일별주(日別住) 每日每日의 生活. (瑜伽論)

일보(一普) 一堂에게 普及하는 뜻. →一中.

일보(一寶) 보배를 一心의 靈性에 비유한 것. 寶藏論에 「天地와 宇宙의 사이에 一寶가 있는데 形山에 秘藏

되어 사물을 아는 것이 靈照하고 內外가 空然하여 보기 어려운데 그 號를 玄玄이라」고 하였음.

일본불교(日本佛敎) 日本에 佛敎가 들어간 뒤 오늘까지의 盛衰의 歷程을 記錄한 것. 日本의 慧若이 지은 釋迦傳에 依하면 佛敎가 日本에 들어가기는 日本 欽明天皇 十三年에 百濟에서 佛像과 經論을 供給하는 役割을 했다. 그 뒤 佛敎가 殷盛하여 十數宗派로 나누어졌다고 한다. 俱舍·成實·律·法相·三論·華嚴·南都의 六宗은 上古의 宗派이며 天台와 眞言의 二宗은 中古의 宗派라 한다. 日本의 天台는 中國의 天台와 다르며 相承·圓密·禪·戒 四者의 法門은 智者大師의 遺敎이며 密禪에 加入하여 한번 和合된 宗이다. 眞言宗은 中國의 宗旨와 비록 같으나 出藍의 妙가 있다고 한다. 禪宗의 流派는 頗多하다. 大別하면 臨濟와 曹洞의 二種이 되고 淨土宗과 眞宗은 各各 그 宗義가 다르나 道綽과 善導의 宗義에 이르면 같다 한다. 日蓮宗은 天台의 圓·密·戒 三者에 依據하여 따로 敎海의 一頭地로 나타났고 그 밖에 一遍上人의 時宗과 良忍上人의 融通念佛宗이 近古의 宗派라고 하였다. 또한 三國佛敎略史總論에 依하면 먼저 西曆紀元 뒤 四世紀頃에 佛敎가 朝鮮에 처음 들어왔고 그 뒤 百年이 지나서 다시 東海를 건너 日本에 들어갔다고 한다. 또 뒤 五十年에 廐戶王子가 나와 漸漸 隆盛하는 運勢가 되었다. 南都의 七王이 崇奉함. 이 가장 두터워서 古京의 六宗이라 하며(六宗은 三論·成實·法相·俱舍·律·華嚴이다) 모두 이때에 傳來된 것이다. 桓武때에 天台와 眞言의 二宗이 일어나서 前의 六宗에 加入되어 日本佛敎 八宗이 되었다 한다(中略). 高倉 이후에 淨土·禪 등의 諸宗이 처음 勃然히 일어나서 日本의 新宗이라 하였다. 이 가운데 北條·足利 등 諸氏는 禪宗을 받들고 織田은 日蓮宗을 崇尙하였으며 德川은 淨土宗을 大興하여 가장 民心을 浹洽하여 眞宗, 日蓮二宗이 되었다. 만약 地方에 따라 가장 盛했던 것은 禪宗 淨土의 二宗이 東部地方에 播布되고 眞宗은 北部에 蔓延하였으며 鎭西三部에는 諸宗이 모두 盛하여 四方에 弘法한 古跡이 많다. 安藝는 眞宗에 屬하고 備前은 흔히 日蓮宗에 歸依하였으며 俗의 安藝門徒는 備前의 法華宗이 된다고 하였다 함.

일본불사지시(日本佛寺之始) 三國佛敎略史에「世尊滅後 一千五百一年(西檀 552年) 日本欽明天皇 十三年 冬十月에 百濟國 聖明王이 처음으로 佛像과 經卷을 日本에 寄贈하였다(中略). 欽明天皇이 群臣들을 모아 議論하니 蘇我稻目이 佛法을 높이어 禮할 것을 奏請하였다. 그러

니 物部尾輿와 中臣鎌子가 不可하다고 固執하니 欽明天皇이 佛像을 稻目에게 주었다. 稻目이 向原의 집을 절로 만들어 佛像을 奉安하고 이름하여 向原寺라 하였다. 이것이 日本佛教의 始初이다」라고 하였음.

일본불상지시(日本佛像之始) 三國佛教略史에 「欽明天皇 14年에 河州의 茅渟海에 奇木이 漂到하니 土人이 取하여 나라에 바쳤다. 天皇이 命하여 佛像二軀를 만들었는데 이것이 日本에서 佛像을 造成한 始初라고 한다」하였음. 상고하건대 이것은 지금 方野寺에서 放光하는 佛像이라 함.

일본소위정토진종칠조(日本所謂淨土眞宗七祖) 日本에서 말하는 淨土眞宗의 七祖. 第一祖 龍樹菩薩, 第二祖 天親菩薩, 第三祖 梁 曇鸞和尙, 第四祖 唐 道綽禪師, 第五祖 唐 善導大師, 第六祖 橫川의 源信和尙, 第七祖 黑谷의 源空上人이다. 이 七祖는 日本 眞宗의 開祖인 見眞大師가 스스로 定한 것임. (正信偈)

일본정토진종사법(日本淨土眞宗四法) 日本 淨土眞宗의 四法을 말함. ①教法. 淨土의 大無量壽經을 말함. ②行法. 第十七願이 成就하는 名號임. ③信法. 第十八願을 成就하는 信心을 말함. ④證法. 第十一願을 成就하여 滅度에 이르는 것. 이 四法은 一宗을 總括한 一宗의 本典으로 教行信證이라 題한 것은 이를 말함.

일본종파(日本宗派) ①八宗이다. (1)三論宗 (2)法相宗 (3)華嚴宗 (4)俱舍宗 (5)成實宗 (6)律宗 (7)天台宗 (8)眞言宗 이는 또한 弘傳의 차례에 따라 列擧한 것. 傳通緣起中에 보인다. 이 가운데 위의 六宗을 上古宗이라하고 뒤의 二宗을 中古宗이라 한다. ②九宗이란 위의 八宗에 禪宗을 加한 것. 이를 八家九宗이라 함. ③十宗은 위의 九宗에 淨土宗을 加한 것. 이 또한 弘傳의 차례에 依하여 세운 것(通緣起下). ④十二宗 前의 十宗에 淨土眞宗과 日蓮宗을 加한 것. 이 또한 弘傳의 차례에 따라 세운 것. 現今에는 겨우 法相·華嚴·天台·眞言 이하 八宗뿐이라 함.

일부구(一浮漚) 浮漚는 물거품이다. 큰 바다 가운데 뜬 거품을 사람의 몸에 비유한 것임. 楞嚴經二에 「비유하면 맑고 깨끗한 百千大海에 오직 하나의 떠있는 물거품과 같아서 온 潮水가 물굽이칠 때 없어지는 것을 지목한 것이다」라고 하였고, 同經三에 「父母가 낳아주신 이몸을 돌이켜보면 저 十方虛空中에 날리는 한 작은 먼지와 같아서 있는 것 같기도 하고 없는 것같기도 하며 깊고 큰 바다에 흐르는 한 물거품과 같아 생기고 없어지는 것이 종잡을 수 없다」라고 하였음.

일분(一分) ①梵〈eka-deśa〉 一部分. 一部. (正理門論) 一分이란 一年. 二分이란 二年(一念多念證文). 一年 二年으로 가고 가는 것에 比喩한 것. (一念多念證文) ②梵〈eka-pratyaṃśa〉 둘로 나눈 것 中의 한쪽. (觀音經) ③論理學에서의 特稱. 「어떤……은」을 뜻함.

일분가(一分家) 唯識에서 心識의 한 分派說. 즉 우리가 事物을 認識하는 作用을 일으킬 때에 오직 自體에서 일어난다는 分派. 見分 相分에 이르러서는 無始의 옛적부터 지금까지 妄執의 熏習이 能緣과 所緣으로 더불어 서로 비슷하여 遍計所執性을 發現한다는 것. 安慧가 세운 論으로 難陀의 二分說과는 그 正義가 똑같지는 않음.

일분덕(一分德) 些少한 德.

일분묘수(一分妙修) 妙修는 證을 떠나지 않는 修. 一分은 全分과 같이 本來 成佛의 見地에서 修行을 完全히 몸에 익힌 것. (正法眼藏)

일분보살(一分菩薩) 一分戒를 받은 菩薩. 瓔珞本業經下에 「一分戒를 받은 이를 一分菩薩이라 하고, 또는 二分·三分·四分이 있는데 十分을 具足受戒라 일컫는다」고 하였음.

일분상론(一分常論) 梵〈ekatya-śāśvatika〉 部分的으로 常住한다. 主張하는 사람들.

일분수(一分受) 戒를 받을 때 모든 戒를 받지 않고, 한 가지戒 또는 많은 戒를 따로따로 나누어 받는 것. ↔全分受.

일불(一佛) ①한 몸인 부처 ②阿彌陀如來.

일불공덕(一佛功德) 阿彌陀如來. 一佛의 일. (香月)

일불교(一佛敎) 台密의 五大院 安然이 敎時問答中에서 顯密의 諸敎는 모두 大日如來一佛의 一時一處에 말한 同一趣意의 가르침이라고 說明한 것을 말함.

일불국토(一佛國土) →一佛世界.

일불다불(一佛多佛) 大乘은 一時에 多佛의 出世를 認定하여 論하지 않으나 小乘은 俱舍論十二에 二說이 있다. 薩婆多師의 뜻은 無邊의 世界에 오직 一佛만 出世하며 二佛이 同時에 出世하는 일은 없다고 하고 다른 師의 뜻은 하나의 三千大千世界에 비록 二佛이 同時에 出世함이 없으나 그 밖의 三千大千世界에는 佛이 同時에 出世함이 없지 않다. 그러므로 無量世界는 同時에 無量의 佛이 出世한다고 한다. 智度論九에는 同時에 이 二義를 列擧하여 前義를 了義가 아니라 하고 後義를 了義라 한다 함.

일불덕용(一佛德用) 한 佛의 德에서 나온 作用.

일불성도(一佛成道) 一佛이 世間에서 成道하면 法界가 모두 그 德을 받게 된다. 金剛錍에 「一佛이 成道하면 法界가 이 부처(佛)에 依하여 바로 잡히지 않는 것이 없다」라고 하였음.

일불세계(一佛世界) 一佛이 化度하는 世界를 말함. 또는 一佛土 或은 一佛國土라 함. 中阿含經에서 말하는 二佛이 同時에 出現함이 없다는 것은 轉輪聖王이 한 四天下에 二人이 없다는 說과 恰似하다. 그러나 智度論五十에 五重世界를 밝혔다. 三千大千世界를 한 世界로 하여 그 數가 恒沙만큼 많은 것을 一佛世界라 하며 다시 恒沙의 數만큼 많은 것을 一佛世界海라 하고 다시 恒沙의 數만큼 많은 것을 一佛世界種이라하며 다시 그 數가 無量한 것을 一佛世界라 함. 이 論文에는 第二重 第五重이 있다고 한다. 비록 같은 一佛世界라 하지마는 五教章의 卷下에는 華嚴의 뜻을 取하여 第二重을 고쳐 第五重을 一佛世界라 하며 이는 終教의 談한 것으로 一佛이 所化하는 範圍를 말하는 것임.

일불승(一佛乘) 唯一한 成佛의 教法. 이는 法華經에서 說한 것. 法華經方便品에 「十方佛土中에 오직 一佛乘만이 있다」라고 하였으며, 同品에 「다만 一佛乘만으로 衆生을 위하여 說法한다」라고 하였고, 同品에 「一佛乘을 나누어 三乘으로 說하였다」라고 하였으며, 金剛頂一字頂輪王儀軌經에 「十方刹土中에 오직 一佛乘如來의 頂法이 있어 諸佛의 體를 平等히 가리키기 때문에 智拳이라 이름한다」라고 하였음.

일불심인(一佛心印) 佛心印은 둘이 없고 또 남기는 바가 없으므로 一이라 한다. 一은 全과 같다. 佛心印은 佛印과 같음. →佛印. (正法眼藏 辯道話)

일불일체불(一佛一切佛) 一佛이 即 一切의 佛이다 라는 뜻. 佛과 佛은 平等이므로 一佛 即 一切佛이라하는 것과 一佛이 一切佛을 包含하여 받아 들이고 있음으로 一佛 即 一切佛이라고 主張하는 두 見解가 있음.

일불정토(一佛淨土) 한 부처님만이 계시는 淸淨한 國土. 一般佛土에 대해서 阿彌陀佛 淨土를 指稱하여 一佛淨土라고 한다. 十疑論에 「閻浮提의 衆生들은 마음이 混濁하고 散亂스러워 一佛淨土만을 치우쳐 讚美하여 一境에 專心토록 하여 바로 極樂往生토록 한 것이다. 만약 一切佛을 모두 念하게 되면 境界가 너무 넓어 마음은 散漫하여 三昧를 이루기가 어려웁기 때문에 往生을 얻지 못한다」라고 하였음. 또한 一佛土나 一佛淨土가 모두 阿彌陀佛의 淨土를 가리키는 말임.

일불토(一佛土) ①또는 一佛淨土·一佛世界라고도 한다. 한 부처님이 계시는 淸淨한 國土를 가리킴. 往生論에 「一佛土에서는 心身이 動搖치 않고 十方에 두루하여 갖가지로 應現教化한다」라고 하였음. ②同一

佛土 곧 阿彌陀佛의 淨土를 말함. →一佛淨土.

일사(一似) 한결 같이. 一齊와 같은 뜻.

일사(一事) 梵〈eka-kṛtya〉 한 勤務. 한 任務. (正法華)

일사(一肆) 마굿간.

일사구게(一四句偈) 四句로 이루어진 한 偈頌의 글. 心地觀經二에 「모든 衆生에게 勸하여 이 마음을 開發하며 眞實法一四句偈로써 衆生에게 보여주어 그들로 하여금 無上正等菩提에 나아가게 하리니, 이야말로 眞實波羅蜜多이다」라고 하였음.

일사수미(一蛇首尾) 衆生의 無智에 비유한 것. 雜譬喩經에 「옛날에 一蛇가 있었는데 머리와 꼬리가 서로 다투었다. 머리가 꼬리에게 말하기를 "내가 더 크다" 꼬리가 머리에게 말하기를 "내가 더 크다" 머리 "나는 귀가 있어 들을 수 있고 눈이 있어 볼수 있으며 입이 있어 먹을 수 있으며 갈 때는 앞에 가므로 크다. 너는 이런 術이 없다" 꼬리 "나는 너를 가게하므로 갈수 있다. 내가 만약 가지 않으면 너는 갈수 없다"하고 몸으로 나무를 세번 감아서 사흘동안을 풀지 않으니 굶어서 죽을 지경이었다. 머리가 말하기를 "네 나를 놓아라. 네가 크다" 꼬리가 그 말을 듣고 곧 놓아 주었다. 뒤에 꼬리에게 말하기를 "네가 앞에 가라" 꼬리가 앞서 가다가 몇걸음 가지못하여 깊은 구덩이에 빠져 죽어버렸다 함. 衆生의 無智함이 人我로 하여 끝내 三途에 떨어짐을 비유한 것.

일사인증(一師印證) 一人의 스승에서만 法을 받는 것. 禪의 깨달음은 個人的으로 오직 一人의 스승에 依해서만 承認되는 것. 禪의 修行者는 師家一人의 法을 繼承한 後는 如何한 일이 있을지라도 二重으로 他 師家의 法을 繼續하지 않음.

일사천하(一四天下) 須彌山의 四方에 있는 四大洲를 가리켜 이르는 말. 東弗於逮, 南閻浮提, 西瞿耶尼 北鬱單越임. →須彌.

일산(一山) ①寺院은 흔히 山中에 있기 때문에 一寺 또는 一山이라 함. 단 一山은 廣, 一寺는 狹이라 일컬음. ②僧 一寧의 字. →一寧.

일살다생(一殺多生) 一人을 殺하여 많은 사람을 救하는 것. 殺生이 비록 罪惡의 業이 되지만 一人을 殺하여 多數의 사람을 살릴 수 있다면 도리어 功德이 되는 것. 瑜伽論 四十一에 「菩薩이 盜賊이 貪財하기 때문에 大德・聲聞・獨覺・菩薩을 害하고자하거나 或은 많은 無間業을 지으려는 것을 보고 내가 차라리 저 盜賊을 죽이고 그 那落迦에 떨어지리라 하고 마침내 그 無間苦를 받지 않게 하고자 하여 이 憐愍心으로 그를 죽인다면 이 因緣은 菩薩戒에 違犯됨이 없이 많은 功德

이 생긴다」하였음. 涅槃經第十二에 仙豫王이 世惡婆羅門을 殺害한 因緣으로 地獄에 떨어지지 않음을 記錄한 것을 行願品疏鈔五에 報恩經文을 引用하여 一殺多生의 因緣을 밝혔다. 報恩經七에 「한 婆羅門의 아들이 聰明慧黠하여 五戒를 受持하고 正法을 護持하였다. 婆羅門子가 他事를 緣하여 五百人이 함께 무리를 이루어 가다가 앞에 險路를 만나니 五百의 羣賊이 그곳에서 지키다가 賊主가 가만히 한 사람을 보내어 情探하게하여 一時에 달려들고자 하였다. 賊中의 한 사람이 먼저 이 婆羅門子와 善知識으로 親하였으므로 먼저와서 告하였다. 이때 婆羅門子가 이 말을 듣고 난 뒤에는 사람이 목이 메어 생킬수도 吐할 수도 없는 것과 같았다. 무리들에게 말하고자 하나 다른 무리들이 이 사람을 害할까 두려워하였다. 만약 이 사람을 害한다면 모든 무리가 三惡道에 떨어져서 無量한 苦를 받을까 두려워 하고 만일 가만이 있으면 賊이 무리들을 害할 것이며 만약 賊이 무리들을 害한다면 三惡道에 떨어져서 無量苦를 받을 것이다. 내 마땅이 大方便으로 衆生을 利益되게 하리라 三惡道의 苦痛을 내가 받음이 適當하다고 생각하고 곧 칼을 가지고 이 도적의 命을 끊어 버렸다. 그리하여 모든 무리가 安穩無事하였다」하였음.

일삼매(一三昧) 一行 三昧의 略稱. 생각을 오직 一事에만 專心하고 其他의 일에는 돌아보지 않는 三昧를 말함.

일상(一上) 한번이란 것. 한번 나아가는 것.

일상(一相) ①無二의 相을 말함. 곧 差別이 없는 諸相은 平等 一味다. 法華經 譬喩品에 「이는 모두 一相一種이며 聖이 稱嘆하는 것이다」하였고, 維摩經 第子品에 「身이 不壞하면 一相을 따른다하고 注에 肇가 말하기를 萬物이 맛을 같이하면 이는 同觀이 아니며 一相이다. 그렇다면 身은 곧 一相이다. 어찌 壞身滅體한 뒤에 一相을 말하겠는가」하였음. ②異相에 對하여 말하는 것. 一切法이 오직 一元을 따라 생한다고 計量하는 外道의 見解다. 外道의 小乘四宗論에 一切法을 一이라 말하는 것은 外道인 僧法論師의 說이다. 대개 中論 八不中의 一이 아니며 곧 이는 僧伽의 計가 아니다. 起信論에 眞如의 自性은 一相이 아니라하며 또한 이 計量을 破하였다 함.

일상견(一箱見) 한가지 思考方法. (四行論)

일상관(日想觀) 觀經에서 說한 十六觀의 第一. 해가 질 적에 西方을 向하여 日輪을 觀想하는 法. 觀無量壽經에 「佛이 韋提希에게 일러 말씀하시기를 너와 또 衆生들은 應當

專心 繫念하여 西方의 一處를 觀想하라. (中略) 일어날 적에는 西쪽을 向하여 正念 正坐하여 日輪을 諦觀하고 마음을 한 곳에 專住하여 생각을 흐트리지 말고 해가 질려고 할 적에는 모양이 매달아 놓은 북과 같음을 보라」고 하였음.

일상무상(一相無相) 渾然하여 一相을 드러낸 것은 無相이라는 뜻. 智度論二十七에 「一相은 이른바 無相이다」 하였음.

일상법문(一相法門) 文殊功德莊嚴經에서 說한 十四種으로 說明된 法門을 말함. 곧 經文을 引用해 보면 ①智上菩薩이 말하기를 "文殊師利는 어떠한 一相으로써 法을 說하는가" 文殊師利가 말하기를 "善男子야 어떠한 說을 一相法이라 하는가" 智上菩薩이 答하기를 "文殊師利는 蘊과 處界를 보지 못하였는가 無見도 有見도 아니며 法에는 分別이 없고 所分別도 없으며 또한 法에는 積集을 보지 못하며 또한 法에는 散失도 볼 수 없는 것을 一相法門이라 한다"한 것. ②師子猛雷音菩薩이 말하기를 "만약 法性에 法性을 어기지 않고 갖 가지 分別을 짓지 않음은 凡夫의 法이며 聲聞의 法이며 緣覺의 法이며 如來의 法이다. 一相에 들어 감을 遠離相이라하며 이것을 一相法門이라 한다"한 것. ③善見菩薩이 말하기를 "만약 眞如를 修行하여 眞如에 思惟함이 없으며 또한 分別하지 않아서 이것이 甚深한 것을 一相法門이라 한다"한 것. ④無盡辨菩薩이 말하기를 "諸法이 모두 盡하여 究竟에 盡하는 것을 無盡이라하고 一切法이 不可盡임을 說한 것을 一相法門이라"한 것. ⑤善思惟菩薩이 말하기를 "만약 思惟에서 不思惟로 들어가며 그의 無所思를 또한 얻을 수 없는 것을 一相法門이라"한 것. ⑥離塵菩薩이 말하기를 "만약 究竟에도 一切相에 汚染되지 않고 染에 所染됨이 없으며 또한 不愛·不恚·不癡·不作一·不作異 또한 作하지 않고 또한 不作하지도 않으며 不取·不捨하는 것을 一相法門이라"한 것. ⑦婆蘖羅菩薩이 말하기를 "만약 甚深法에 들어가면 難測함이 大海와 같고 正法에도 또한 分別함이 없으며 如是住와 如是說로 스스로 所思함이 없고 他에 所說함이 없음을 一相法門이라"한 것. ⑧月上童眞菩薩이 말하기를 "만약 一切有情을 思惟하여 平等함이 달과 같으며 또한 나와 有情을 생각하지 않는다. 이같이 說하는 것을 一相法門이라"한 것. ⑨摧一切憂闇菩薩이 말하기를 "만약 憂感을 만나 근심하지 않을 곳에 근심하고 箭을 맞는 것도 싫어하지 않는다. 어떠한 것이 有情의 憂根이 되어 일어나는가 하여 나에게 만약 있다하거나 我가 平等하게 住함이 있다고 하는 것을 一相法門이라"한 것. ⑩無所緣菩薩이 말하기를 "만약 欲界를 緣하지 않으며 色·無色界를 緣하지도 않고 聲聞 獨覺의 法을 緣하지도 않으며 佛法도 緣하지 않는다 함을 一相法門이라" 한 것. ⑪普見菩薩이 말하기를 "만약 說法하는 者가 平等에 應하여 그 平等한 것을 說하고 空性이나 空性이 아닌 것에 思惟가 平等하여 平等法에도 또한 所得이 없는 것을 이같이 說하는 者를 一相法門이라" 한 것. ⑫三輪淸淨菩薩이 말하기를 "所說하는 法은 三輪을 어기지 않는다. 무엇이 三이며 我에 所得이 없는가 聞에 分別치 않으며 法에 取할 것이 없다. 이같은 것은 三輪淸淨이라하며 이같이 說하는 것을 一相法門이라"한 것. ⑬成就行菩薩이말하기를 "만약 一切法에 執着하지 않음을 알아서 如是知 如是說하여 一字도 說하지 않고 言說을 여읜다고 말하므로 이같이 一切法을 說하는 것을 一相法門이라"한 것. ⑭深行菩薩이 말하기를 "만약 瑜伽를 즐거워하며 一切法을 알아서 諸法에 則하여 所見이 없으며 그가 만약 說하거나 만약 說하지 않아도 法은 둘이 없는 것을 一相法門"이라 한 것.

일상분별(一相分別) 菩薩十種分別의 하나. 例컨데 空과 色이 全的으로 同一한 것이라고 보는 것과 같은 잘못된 생각. (莊嚴經論)

일상삼매(一相三昧) 禪定의 이름. 되는 眞如三昧. 一行三昧라고도 한다. 眞如의 世界는 平等하여 한결 같고 差別이 없는 한 相이라고 觀하는 三昧. 六祖壇經에 「진실로 一切處에 住着하지 않는 相을 가져야 한다. 그 相속에는 미워하거나 사랑하는 마음을 내어서는 않되고 또한 取하거나 버리는 것도 없으며 利益되는거나 成·壞등의 일도 생각지말고 安閑하고 恬靜해서 텅비고 잡된 것이 없는 상태를 一相三昧라고 한다」라고 하였음.

일상일미(一相一味) 一相은 衆生의 心體로 一實의 相如를 나타낸 것이요. 一味는 如來의 敎法으로 一實의 理를 나타낸 것임. 文句七上에 「一相은 衆生의 마음으로 眞如相과 同一하니 이는 一地요. 一味는 一乘의 法으로, 一理를 나타낸 것이니 이는 一雨다」라고 하였고, 法華經義疏八에 「一相은 一實相을 말함이니 一地와 같고, 一味는 一智味를 말함이니 一雨와 같다」라고 하였음.

일상지(一相智) 諸法의 一實相을 證悟한 智慧. 智度論六에 「이 方便으로써 모든 弟子를 가르쳐서 一相智에 들게 한다」고 하였음.

일쌍(一雙) 一對. (上宮維摩疏)

일색(一色) ①梵〈eka-rūpa〉 西〈gzugs-gcig〉 한 種類. 한가지의 色·形. 하나의 物質的 現象. ②色을 具備

한 한 種類. ③一色은 全色이란 뜻으로 全身心을 바친 純一한 佛道修行. →一色邊. (典座敎訓)

일색무변처(一色無辨處) 相對的인 思考로서는 捕捉할 수 없는 絕對의 境地.

일색변(一色邊) 자세히는 向上一色邊, 單明一色邊이라고 한다. 一色邊이란 것은 有無色空, 迷悟得失의 二見對待를 超越한 修行의 極則으로서 淸淨一邊의 境界.

일색일향무비중도(一色一香無非中道) 一色一香이 비록 微細한 物件이지만 모두 中道 實相의 本體를 가지고 있다. 天台에서 세운 空·假·中의 三觀으로 一切諸法을 비치면 悟의 極處가 된다. 止觀一上에 「法界에 緣을 맺으면 一念法界의 一色一香이 道에 맞지 않음이 없다. 己界과 佛界·衆生界도 또한 그렇다」라고 하였음.

일색지변도(一色之辯道) 不純性이 없는 修行.

일생(一生) ①한 生涯. (俱舍論) ②㊵〈ekaṃ janma〉 같은 生涯. ③다음 生涯에 佛位를 얻을 것을 約束받은 菩薩. →一生補處. (三敎指歸)

일생과수(一生果遂) 現在의 一生동안에 세번 往生을 經歷하는 것. 第二十願에 이름을 듣고 係念하는 衆生들이 果然 그 志願을 이루어져서 三生의 果가 이뤄지는 뜻으로 해석하나 그러나 眞宗에서는 今生에 沙羅雙樹林으로 부터 往生의 要門에 내려와 難思議한 往生의 眞門으로 轉入하였다가 다시 方便의 眞門으로 나와서 難思議의 往生에 歸入하는 弘願을 一生果遂라고 함.

일생보처(一生補處) ㊵〈Eka-jāti Pratibuddha〉 ①→彌勒. ②密敎의 釋義一은 一實의 理로 初地菩薩의 位에서 먼저 淨菩提心을 얻고 이 一實로 부터 無量三昧總持門에 出生하여 第十地에 이르면 다시 第十一地가 있다. 곧 佛地의 法은 한번 轉生으로써 佛處에 補하며 이를 一生補處라 한다. 大疏六에 「지금 이 經宗에서 一生이라 함은 一을 따라 생함을 말한다. 처음에 淨菩提心을 얻을 때 一實의 地에서 無量 無邊三昧 總持尼門을 發生한다. 이와 같은 하나 하나의 地中에서 次第로 增長하므로 또한 이러함을 알게 된다. 第十地에 이르면 滿足하여 第十一地에는 이르지 않는다. 이때에 一實境界에 따라 一切莊嚴이 具足하게 發生한다. 오직 如來보다 一位가 적어서 證知함을 얻지 못한다. 다시 一轉하여 法性이 생하면 곧 補佛處가 되므로 一生補處라 한다」하였음.

일생보처보살최승대삼매야상(一生補處菩薩最勝大三昧耶像) 三十臂의 彌勒菩薩을 가리킴. →彌勒.

일생보처원(一生補處願) 또는 必至補處願이라고도 한다. 阿彌陀佛 四

十八願가운데 第二十二願. 極樂淨土에 來生하는 菩薩은 반드시 菩薩의 最上位인 一生補處의 位에 이르고자 하는 誓願.

일생불과(一生佛果) 等覺一生補處位를 말한다. 一生만 지내면 부처님의 지위에 나아간다는 뜻. 彌勒菩薩 같은 이를 말함. →一生補處.

일생불범(一生不犯) 一生 동안에 한번도 戒律을 犯하지도 않고 女子와 行婬하지 않은 것을 一生不犯이라고 한다. 즉 平生을 통하여 婬戒를 破하지 않은 것.

일생삼학사(一生三學事) 一生涯를 걸어 禪을 修行하는 唯一의 目標. 大悟徹底하는 것.

일생소계보살(一生所繫菩薩) 一生補處菩薩과 같음. 즉 彌勒菩薩. →彌勒.

일생애(一生涯) 이 世上의 生命이 있는 동안. 태어나서 죽을 때까지의 期間.

일생입묘각(一生入妙覺) 天台宗의 說로 三論·唯識等 他宗의 法門에서는 三大阿僧祇劫을 지나지 않으면 佛位(妙覺)에 이를 수 없다. 그러나 天台에서는 圓頓의 妙覺을 믿고 行하면 現在世中에 凡夫位를 뛰어 넘어서 一躍 곧바로 妙覺의 佛果에 들어간다. 이것을 一生妙覺이라 함.

일생종신행(一生終身行) 一生 죽을 때까지 修行하는 것.

일선(一善) ①하나의 善. ②唯一한 善, 純善이란 뜻. 法華經에서는 一佛果의 立場을 말함.

일선(一禪) ①(1488～1568) 朝鮮朝 僧侶, 號 休翁, 堂號 慶聖, 敬聖, 또는 禪和子, 俗姓 張, 蔚山 사람. 어려서 父母를 여의고, 十三歲에 斷石山 海山을 三年동안 섬기고 十六歲에 중이 되었다. 二十四歲에 妙香山에서 苦行하고 智異山의 碧松智儼에게서 密旨를 얻었다. 金剛山·表訓寺·天摩山·五臺山·白雲山·楞伽山·等地를 遊歷하였고, 1564年 妙香山 普賢寺 觀音殿에 있을 때 高士碩德이 八方에서 雲集하였다. 宣祖때에 入寂. 世壽 八十一 法臘 六十五. ②(1533～1605) 朝鮮朝 僧侶. 號 靜觀. 俗姓 郭氏. 連山 사람. 西山에게서 心法을 傳해 받고 宣祖 四十一年 德裕山에서 入寂 世壽 七十六. 法臘 六十一. 著書는 靜觀集이 있음.

일선도(一線道) 一綫道라고도 쓴다. 絕對의 境地에 通하는 한가락 道. (碧岩錄)

일선삼매(日旋三昧) 法華經妙音品에서 說한 十六三昧의 하나. 舊經에는 日輪三昧라 하였음. 嘉祥法華疏 十二에「日旋三昧란 天子가 日宮殿을 타고 모든 衆生을 비추어서 끝나면 다시 始作하는 것.

일선일주(一旋一呪) 부처님의 周圍를 한바퀴 도는 동안에 一次 陀羅

尼를 전부 외우는 것을 말함. 摩訶止觀第二上에는 半行半을 외워야 한다고 하였고, 앉아서 三昧中에 있을 때에는 大方等陀羅尼經을 引用하여 「禮拜를 마친 뒤에 至誠心으로 슬피 울어 눈물을 비(雨)오듯 쏟으며 罪와 허물을 말하여 뉘우치며 일어나서 百二十바퀴를 도는데 한번 돌때마다 陀羅尼를 한번 외운다. 느리지도 빠르지도 않게 하며 높지도 낮지도 않게 한다」라고 하였음.

일설부(一說部) 또는 執一語言部라 함. ㊵〈Ekavyavahārika: Ekabyohara〉 猗柯毘와 婆訶利柯 또는 鞞婆訶羅라하며 小乘二十部의 하나. 佛이 滅한지 200年頃에 大衆部中에서 갈라져 나온 一派다. 大衆部를 따라 現在는 有體요 過去와 未來는 無體라는 說이 나온다. 一切法에 實體가 없고 다만 假名만 있다는 說을 세웠으므로 이렇게 부른다. 異部宗의 輪論을 이 部의 說이라하며 世出 世法이 모두 實體가 없고 다만 假名만 있다는 것이 그 說이다. 뜻하건데 諸法은 唯一한 假名으로 體를 얻을 수 없고 곧 本旨에 어긋나는 것을 分別한 所以로 一說部라 한 것이며 세운 것을 따라 이름한다. 慈恩과 賢首는 小乘의 二十部를 六宗으로 나누고 이 部를 諸法但名宗이라 하여 敎判은 大乘과 通하게 分別하였다. 文殊問經卷下註에 한 語言에 執하여 말하기를 「所執은 僧祇와 같으므로 하나라고 말한다」하였음. 그러나 틀린다. 왜냐하면 그 所執과 같으면 大衆部(僧祇)의 本旨와 相同하여 別部를 세울 必要가 없기 때문이다」하였음.

일성(一成) 一人이 成道함. 또는 一事가 成就됨을 말함.

일성(一性) ①㊵〈ekatā〉 同一한(淸淨한) 性(本質). 同一性(理趣經·大悲空智經) ②中道.(四敎儀註) ③㊵〈samanavaya〉 산캬哲學에서 同一한 本質을 가지고 있는 것.(金七十論)

일성(一城) 小乘의 涅槃을 城으로써 비유함. 法華經 化城喩品에 「方便力으로써 險한 道中에 二百由旬을 지나면 化하여 한 城이 된다」라고 하였고, 文句七下에 「잘못된 것을 막고 敵을 방비하는 것을 城이라고 한다」라고 하였음.

일성사(一星事) 本來佛性이니 星은 사람들이 나는 해에 該當하는 干支로 곧 本命元辰과 같은 말. →本命元辰.

일성아(一星兒) 작다 또는 一點의 뜻.

일성일체성(一成一切成) 한 사람이 成道하면 곧 만사람이 成道하고, 한 일이 이뤄지면 곧 萬事가 成就한다. 一切의 例가 모두 그렇기 때문에 事事無礙法界라고 부른다. 이것은 華嚴經에서 밝힌 것. 華嚴大

疏二에 「有分의 事는 無分의 理와 완전히 같기 때문에 한 작은 塵은 곧 넓은 法界다. (中略) 出現品에 이르기를 '如來가 正覺을 이룰 때에 그 몸속에서 一切衆生이 正覺을 이룸을 두루본다. (中略) 理는 事에 두루하기 때문에 하나가 이뤄지면 一切가 이뤄진다고 한것이다」라고 하였음.

일세(一世) ①一生. 한평생. ②過去現在 未來의 三世中의 하나.

일세계(一世界) 須彌山을 中心하여 四洲·四王天·夜摩天·兜率天·化樂天·他化自在天·色界初禪의 梵世天과 日月을 包含한 世界를 말함. →三千大千世界.

일소겁(一小劫) 한 小劫. 사람의 壽命이 八萬四千歲로 부터 一百年마다 한 살씩 減하여 十歲까지 이르는 동안을 一減法 또 十歲로부터 一百年마다 한살씩 늘어서 八萬四千歲까지 이르는 동안을 一增劫이라 한다. 新譯家의 說은 一增劫이나 一減法을 一小劫이라 하고, 舊譯家의 說은 一增劫과 一減劫을 合하여 一小劫이라고 함. →劫.

※ 法華經化城喩品에 「諸佛法不現在前 如是一小劫乃至十小劫」

일속계(日續系) →日族.

일수(一數) 單位. (五教章)

일수대일수닉(一手擡一手搦) 擡는 받쳐올림. 搦은 누르는 것. 한손으로는 받들고 또 한손으로는 누르는 것. 稱讚하는 듯도 하고 책망하는 듯도 하여 한쪽으로 치우치지 않는 것.

일수사견(一水四見) 같은 물이라도 ①天上 사람은 琉璃의 莊嚴한 땅으로 보고, ②人間은 물로 보고, ③餓鬼는 膿血로 보고, ④물고기는 住宅으로 보는 것. 즉 같은 境界에 대하여 제각기 見解를 달리함을 譬喩한 것임. →一境四心.

일수유(一須臾) →須臾. 一時를 五로 나눈 것이 一須臾이다. 三十息을 一須臾라 함.

일수음(一樹蔭) 一樹의 그늘에 함께 잠깐 머무는 것도 他生의 緣이라는 뜻.

일수음·일하류(一樹蔭·一河流) 함께 一樹의 그늘에 잠깐 머물고, 함께 一河의 물을 긷는 것도 모두 前世로부터의 因緣에 依한다는 뜻. →一河流.

일숙(一宿) 一夜를 宿泊한다는 뜻. 四十二章經에 「鬚髮을 剃하고 沙門이 되어 道法을 받고 世上의 資財를 버렸으며 求乞하여 滿足함을 取하고 日中에 一食 樹下에 一宿하고 謹愼하여 두번 되풀이하지 아니한다. 사람으로 하여 愚弊하게 하는 것은 愛와 欲이다」라고 하였음.

일숙각(一宿覺) 永嘉玄覺禪師를 가리킴. 傳燈錄에 「永嘉禪師가 曹溪에 찾아가 六祖를 뵙고 서로 말할 때 말이 六祖와 딱 符合되니 六祖

가 讚歎하여 말하기를 “좋다 좋다 참으로 잘하는구나. 하룻밤만 더 머물다 가소”라고 하여 一宿覺이라고 말하였다」하였음.

일순(一瞬) 한번 눈을 깜박함.

일승(一乘) 成佛하는 唯一의 教다. 乘은 車乘으로 佛의 教法에 비유한 것. 教法은 能히 사람을 실어서 涅槃岸에 나르므로 乘이라 함. 法華經은 오로지 이 一乘의 理를 說한 것. 法華經 方便品에 「十方佛土 가운데 오직 一乘法이 있을 뿐 二도 없고 또한 三도 없다. 다른 것은 佛의 方便說이다」하였고, 同品에 「오직 이 한 事實이 있을 뿐 나머지 둘은 眞이 아니다」하였으며, 同品에 「諸佛과 如來는 方便力으로 一佛乘을 分別하여 三이라 說하였다」하였고, 文句四上에 「圓頓의 教는 一佛乘이 된다」하였으며, 勝鬘經에 「一乘은 곧 第一義乘이다」하였고, 勝鬘寶窟上本에 「一乘은 至極한 道로 둘이 아니므로 하나라 하며 運用이 自在하므로 指目하여 乘이라 한다. 法華論에 依하면 이 大乘修多羅는 十七種의 이름이 있다. 第十四名을 一乘經이라 한다」하였으며, 起信論義記上에 「乘은 비유에 따른 것. 運載가 功이 된다」하였음. 方便品에서 說한 것으로 곧 開會三乘의 別執은 모두 平等大會에 歸趣하여 一切衆生을 시켜 佛道를 成就하게 하는 것. 大乘佛教中에 이른바 權大乘家는 一切有情을 세워 法爾라 하며 五性 各別의 說이 된다. 그 中의 定性인 二乘과 無性은 畢竟 成佛하지 못한다. 그러므로 諸佛의 性은 스스로 一乘의 分別이 없을 수 없다. 定性인 二乘은 반드시 聲聞 緣覺의 二乘에 따라 般涅槃하며 菩薩種性은 반드시 大乘에 따라 般涅槃한다. 그러나 法華等經은 或은 오직 一乘만 있다고 說하여 不定性을 引攝하여 二乘地에 떨어지지 않게 한다. 나아가서 大乘般涅槃을 따르게 하는 것은 곧 如來 密意의 說이다. 또한 所趣한 眞如의 無差別은 三乘 解脫등과 相等하므로 一乘이 된다고 說한 것. 實은 二와 三의 分別이 없지도 않다. 大乘莊嚴經論第五와 攝大乘論釋十에 十義와 或 八義의 意趣를 列擧하여 論한 것은 所謂 三乘眞實과 一乘方便의 教旨로 深密等經의 所依가 되는 法相家의 主張이며 實大乘에 이르면 그렇지 않다. 그 所立하는 說은 一切衆生이 本來 五性의 分別이 없고 오직 佛性인 一性平等만 있으므로 모두 佛乘을 얻어서 成佛한다. 옛날 三乘 各別의 法을 說한 것은 權機와 假說의 方便에 對한데 不過하다. 이것은 所謂 一乘眞實과 三乘方便의 教旨이며 天台 華嚴等 宗家가 主張한 것. 그 가운데 天台가 所依하는 法華經은 主로 三乘人에 對하여 그 教를 說한 方便의 所以를 開

會하여 一佛乘에 돌아가게 한 것. 華嚴經은 主로 十地의 大菩薩을 對하여 그 所入하는 一乘法을 廣說한 것이므로 智儼과 賢首에 이르러 一乘을 나누어 다시 同敎과 別敎의 二種을 論하였다. 五十要問答上에서 말하는「一乘敎에 二種이 있다. ①共敎요 ②不共敎다」하였고, 孔目章一에「一乘의 義는 二로 分別하여 ①正乘 ②方便乘이다. 正乘은 華嚴經에서 說한 것이며 方便乘에는 十義가 있다(云云)」한 것. 또는 五敎章上에「一乘敎義의 分齊는 열어서 二門이 되며 別敎와 同敎다」하였음. 모두 廣釋한 것이다. 지금 가려서 要點만 말하면 三乘과 같고 一乘을 說하여 同敎가 된다. 을 說하여 三乘과는 全혀 같지않고 따로 一乘別敎를 삼았다. 그 法華譬喩品에서 말한 宅內에 가르친 門外의 三車는 三乘敎며 界外의 露地에 所授하는 大白牛車는 別敎와 一乘敎다. 同敎는 이같은 三一을 따로 說하지 않는다. 或은 一은 三과 같고 或은 三은 一과 같다고 하여 서로 交參하여 이는 根欲性을 成就하게 하고자하며 나아가서 華嚴別敎인 一乘에 들어간다. 이와 같이 槪括하면 一乘에 三種이 있다. ①은 三을 둔 一乘이며 所謂 三乘의 疑執을 破하지 않고 또한 二乘의 行果를 會하지 않으며 오직 空理의 平等에 따라 一乘을 說한 것. 攝大乘論의 十義意趣가 이것이다. ②는 遮三의 一乘으로 二乘의 行果를 會하고 三乘의 別執을 遮하여 一乘을 說하는 것. 法華의 同敎一乘과 같다. ③은 直顯한 一乘이 二乘에 對하지 않으므로 破할 수 없고 오직 大菩薩이 法界成佛의 儀를 直示함이 華嚴의 別敎一乘과 같다. 또한 만약 經의 五敎를 論하면 모두 五種의 一乘이 있다. (1)別敎一乘. 華嚴과 같은 것. (2)同敎一乘. 法華와 같은 것. (3)絶想一乘. 楞嚴과 같은 것. 이는 頓敎다. 所謂 想을 끊고 말을 잊어버리는 邊으로 一乘이라 한다. (4)佛性平等一乘. 이는 終敎로 一性이 모두 成就되는 邊이므로 一乘이라 한다. (5)密意一乘. 곧 始敎이며 攝論의 十義意趣가 이것이라 함.

일승가(一乘家) 一佛乘의 敎法을 弘布하는 宗家로서 보통 華嚴宗·天台宗의 二家를 兩一乘家라 한다. 또는 聲聞·緣覺·菩薩의 三種性에 대하여 제각기 生死의 迷界를 벗어나게 하는 敎法이 있다는 三乘敎를 弘布하는 宗家에 對하여 一佛乘의 敎法을 말하는 宗家라는 뜻으로 사용함.

일승경(一乘經) 法華經을 말한다. 또는 一乘의 妙典이라고 한다. 이 經이 주로 一乘의 법문을 말한 까닭으로 이 一乘境에 의존하는 天台宗을 圓宗이라 함.

일승교(一乘教) 부처님의 교법에는 小乘·大乘·三乘·五乘의 구별이 있다. 일체중생이 모두 成佛한다는 見地에서 그 구제하는 교법이 하나뿐이고 또 절대 진실한 것이라고 주장하는 것이 일승교임.

일승구경교(一乘究竟教) 一乘의 法이 一代教가운데 뜻을 窮究하는 至極한 教가 됨을 말함. 즉 法華經이 이것임.

일승구경지극설(一乘究竟之極說) 一乘究竟教와 같음. 釋尊一代의 說法은 唯一佛乘이고, 二乘 三乘은 機라는 것에 있는 것. →南無阿彌陀佛의 直法.

일승극창(一乘極唱) 大乘佛教의 究極의 가르침. 極唱은 至極所談이라 하는 것과 같음. 오직 唯佛과 手佛의 智見의 場을 말한 것이 一乘極唱이라 함. 一乘教라 하면 처음에 華嚴이 있고 끝에 法華가 있다. 이 華嚴 法華의 二教로 一乘을 모두 盡說하였다. 그런데 이 華嚴 法華의 一乘의 極談은 무엇이냐 하면 오직 淨土의 法門으로 念佛法이다. 一乘教의 極談이라는 것.

일승기(一乘機) ①一乘의 가르침을 믿고 지키는 者. ②眞宗에서 말하는 自力念佛의 行者를 말함. 一乘의 機란 報土에 生한다는 것.

일승도(一乘道) ①㉺〈eka-yāna〉 오직 하나인 實踐法. (雜阿含經) ②㊵〈eka-yāna〉; 〈ekaṃ…yānaṃ〉 唯一한 탈 것. 唯一의 立場인 道라는 뜻. (法華經)

일승묘문(一乘妙文) 法華經의 글을 가리킴.

일승묘법(一乘妙法) 宇宙의 統一的 眞理. 法華經에 있어서 空인 眞理의 積極的 表現.

일승묘전(一乘妙典) ㊮ 一乘理의 圓妙한 것을 밝힌 經典으로 곧 法華經을 말한다. 또한 一乘妙經이라고도 함.

일승법(一乘法) 모든 것이 모두 부처가 된다는 法門. 一佛乘.

일승법계도(一乘法界圖) 華嚴一乘法界圖의 준 이름. 一卷. 新羅 義湘 지음. 法性偈를 말함.

일승법문(一乘法門) 一乘의 法이 佛地에 들어가는 門戶가 되었기 때문에 法門이라 하였음. 즉 法華經에서 說한 것임.

일승보리(一乘菩提) 一乘은 眞實의 菩提가 되고, 二乘三乘의 方便의 菩提가 아님을 말한 것임.

일승보살(一乘菩薩) 一乘眞實의 깨달음을 얻은 菩薩. 八地已上의 菩薩(五教章)

일승부(一乘部) 一乘의 가르침을 말한 經·律·論部. 普通은 華嚴·天台에 關한 經典·書籍을 말함.

일승연기(一乘緣起) →法界緣起.

일승원종(一乘圓宗) 天台宗의 美稱. 이 宗으로써 一乘 圓頓의 奧妙한 뜻을 널리 폈음. "一切衆生悉有佛

性" 見地에서 草木國土가 다 成佛할 수 있다고 하는 圓妙한 宗旨.

일승일미(一乘一味) 一乘의 教味는 오직 하나는 둘이 아니기 때문에 一味라고 말하였음.

일승지권체(一乘之權滯) 一乘의 眞實이 權教때문에 停滯되는 것. →一乘. →權教.

일승지기(一乘之機) 一乘法을 들을 수 있는 根機를 말함.

일승지주(一乘之珠) 妙法一乘을 珠에 비유한 것. 法華經五百授記品에서 나옴. →珠.

일승팔강(一乘八講) 法華經을 講하는 八講을 말함. →法華八講.

일승평등(一乘平等) 모든 存在가 平等하게 싸여 있는 것.

일승해(一乘海) 三乘教를 여러개의 江이라고 하면, 一乘教는 큰 바다라는 뜻. 教理로는 深遠廣大함이 바다와 같고 歸結로는 三乘教가 마침내 一乘教에 들어가는 것이므로 一乘海라고 함.

일승현성교(一乘顯性教) 圭峰이 세운 五教의 하나. →五教.

일시(一時) ㊁〈Ekaṃsamayaṃ〉 翳迦三昧耶의 번역. '어느때'의 뜻. 모든 經典의 처음에 있는 '如是我聞一時佛在' 등에 六成就를 세우는데 時成就에 해당 함. 天台觀經疏一에 「이제 長·短·假·實을 論하지 않고 이 經을 說할 때 모두 一時라고 말한다」하였음. 즉 "어느때"라고 經을 說하던 때를 지적하는 말로 쓰임.

일시경(一時頃) 極히 잠깐사이. (要集)

일시병현(一時炳現) 海印三昧에 있어서는 모든 것이 同一時에 비추어 나타나는 것.

일시생(一時生) ㊵〈eka-utpāda〉 同等하게 생기는 것. 함께 생기는 것. (瑜伽論)

일시주멸(一時住滅) ㊵〈eka-sthiti-nirodha〉 同時에 存續하여 滅하는 것. (瑜伽論)

일식(一食) ㊵〈eka-āsanika〉 十二頭陀行의 하나. 하루에 오직 한번 午前中에 食事를 하는 것. →頭陀. (十誦律)

일식(一息) 人間의 一呼吸. 止觀七上에 「一息을 돌이키지 못하면 즉 命을 마친다」고 하였음.

일식(一識) 小乘教의 成實宗 및 經部에서 說한 것으로 衆生에겐 오직 一識만이 있는데 이 一識이 六根에 依하여 六境을 緣한다는 것을 經中에서 說한 여섯 窓門으로 들락거리는 한 원숭이의 비유로 說明하였다. 이 亦是 一理가 있다. 密教에서도 또한 一識을 세웠는데, 中台大日尊의 法界體性智가 바로 이것임.

일식경(一食頃) ㊵〈Cka-purobhakta〉 밥 한그릇 먹을 동안의 짧은 시간을 뜻함. 無量壽經卷下에 「그 나라

菩薩은 佛의 威神力을 힘입어 한끼 食事하는 동안에 十方無量世界로 간다」라고 하였음. (一字頂輪王念誦儀軌, 一字頂輪王瑜伽觀行儀軌)

일식묘재(一食卯齋) 아침 한번만 食事하는 生活.

일식반보(一息半步) 숨한번 쉬는 동안에 半步씩을 내딛는 것. 禪定으로부터 일어나서 걸음을 걸을 때의 步行法. 즉 고요히 자리에서 일어나서 한번 숨쉬는 동안에 먼저 왼발을 들어 오른발의 반 걸음을 내 딛고, 다음 숨쉬는 사이에 오른 발을 들어 왼발과 나란히 놓는다. 이것이 一步다. 다음 또 왼발부터 시작하여 十步 내지 二十步를 나간뒤에 右側으로 돌아 原來자리로 돌아온다. 如淨禪師가 말하기를 「숨 한번 쉬는 동안에 半步씩 내딛는 步行法은 古佛의 法인데 근래의 長老라 하는 분들도 이法을 아는 사람이 없다」라고 하였음.

일식법(一食法) 一日에 一回 食事하는 것. (十誦律)

일식외도(一識外道) 外道의 이름. 사람의 몸에는 하나의 心魂이 있어서 항상 眼·耳·鼻·舌·身·意의 六根을 通하여 外境을 攀緣하는 것이 恰似 室內의 원숭이가 여섯 窓門으로 내다보는 것과 같다고 하는 것. 行事鈔下에 「一識外道는 한개의 방에 여섯 창문이 있어 마치 원숭이가 나왔다 들어갔다 하는 것과 같다. 六根도 이와 같아서 하나의 神識이 外道로 通遊하는 것이다」라고 하였음.

일신(一身) 法相宗 總門의 法身. 또는 眞言의 法界身. →法身.

일신아사리(一身阿闍梨) 天台 眞言의 灌頂師의 號로서 흔히는 名門貴族의 어느 한 사람에 한해서 도와주는 사람인 뜻으로 이렇게 부른다. 釋迦官班記 卷下에 「貴族의 사람이 특별히 그 몸에 한해서 某에게 傳法 灌頂을 주는 由管符를 내렸다. 이것을 一身阿闍梨라 한다」라고 하였음. (顯密威儀便覽)

일실(一實) 眞如를 말한다. 平等의 뜻으로, 平等의 實相을 一實이라고 한다. 眞如는 宇宙에 遍滿하여 있지 않은 데가 없으며 또 宇宙의 모든 現象의 實體란 뜻이다. 三藏法數四에 「一實諦는 一實相의 中道의 理를 말한 것. 虛妄함이 없고 顚倒함이 없기 때문에 一實諦라고 말한다」고 하였고, 四教義一에 「諸佛·菩薩의 證見한 것은 眞實하여 거짓이 없으므로 諦라고 한다」하였음.

일실경계(一實境界) 한 眞如를 깨달은 境界를 말함. 占察經下에 「一實境界는 衆生의 心體가 根本으로부터 지금까지 不生不滅하며 自性이 淸淨하여 無障無礙한 것이 마치 虛空과 같음을 말한다」하였고, 往生要集中本에 「이 一實의 境界는 곧 如來의 法身이다」라고 하였음.

일실관(一實觀) 一實의 觀法. 寶積經百十二에 「百千萬劫을 오래 익힌 結果로 一實觀이 모두 消滅된다」하였음.

일실도(一實道) 人間이 모두 救濟되는 길. (要集)

일실리(一實理) 梵〈ghanaika-sāra〉 唯一의 本質. (妙吉祥根本智)

일실무상(一實無相) 一實의 妙體는 絕對不二하여 모든 虛妄의 相을 여의었기 때문에 이것을 一實無相이라 한다. 方·圓의 相이 없이 물의 妙體와 같은 것. 이게 곧 諸法의 實相이다. 無量義經에 「無量義는 一法을 따라 生하는 것이며 그 一法은 곧 無相이다」라고 하였음.

일실상(一實相) 眞實한 理가 無二無別하여 모든 虛妄한 相을 여윈 것을 말함.

일실상인(一實相印) 諸法實相의 一法印. 즉 三法印에 對하여 諸法實相의 一理를 말함. 妙法蓮華經 方便品에 「無量衆生이 尊敬하는 부처님이 衆生들을 위하여 實相印을 說하시 었다」라고 하였고, 嘉祥疏四에 「사람들을 위하여 實相에 諸法이 印定함을 說하였다」라고 하였으며, 三藏法數四에 「一實相은 眞實의 理로 無二無別하며 모든 虛妄의 相을 여의었음을 말한 것이다. 印은 信이다. 대개 부처님이 說하신 모든 大乘經은 모두 實相의 理로써 그 說에는 外道가 섞일 수도 없고 天魔가 破壞할 수 없음을 印定한 것이다. 만약 實相印이 있으면 이는 곧 부처님의 말씀이요. 만약 實相印이 없으면 이는 곧 魔鬼의 說이다」라고 하였음. →一法印.

일실성계(一實性界) 梵〈eka-dhātu〉 一界와 같음. 唯一眞實의 本性으로서의 實在를 말함. 法界(梵〈dharma-dhātu〉)·法性(梵〈dharmaatā〉)·心性(梵〈citta-prakṛti〉)과 같음. →一界. →法界. →法性. →心性. (寶性論)

일실승(一實乘) 一實의 教法. 教法은 능히 사람을 싣고 涅槃의 언덕에 이르기 때문에 乘이라 함.

일실원돈(一實圓頓) 法華經을 讚嘆하는 教旨. 一實의 理가 圓頓의 功德을 갖추고 있음을 말함. 圓頓은 圓滿頓速의 뜻. 功德이 圓滿하고 成佛이 頓速한 것.

일실원승(一實圓乘) 一圓頓의 宗旨를 밝힌 教法 즉 法華經을 말함.

일실원종(一實圓宗) 一乘의 實相을 說한 教法. 無礙圓滿한 宗旨. 天台宗을 가리키는 말.

일실체(一實諦) 唯一한 眞. 絕對의 眞理.

일심(一心) 萬有의 實體인 眞如를 말하는 것. 止觀五上에 「一心이 十界를 갖추었다」하였고 또한 唯一한 信心으로 他心이 뺏을수 없는 것을 一心이라 한다. 止觀四下에 「一心은 이 法을 닦을 때 一心專志하여 다시 다른 因緣이 없다」하였고, 探玄記三에 「마음과 생각이 다름이 없기 때문이다」하였으며, 敎行信證文類三末에 「一念이란 信心이 二心이 없으므로 一念이라하고 이것을 一心이라 한다. 一心은 淸淨報土의 참된 因緣이다」하였음. 또한 一心에는 事와 理의 二種이 있다. 餘念이 없는 것이 事의 一心이 되고 實相에 들어가는 것이 理의 一心이 된다. 觀音義疏上에 「一心으로 歸憑하면 다시는 二意가 없다. 그러므로 事一心이라하고 理一心은 이 마음을 達해서 自己와 他人이 모두 없어져서 그 因을 얻을 수 없는 것이다」하였음.

일심(一尋) 尺度의 이름으로 八尺을 尋이라 함. 無量壽經下에 「모든 聲聞衆이 몸에서 빛이 一尋이나 發했다」라고 하였음.

일심경례(一心敬禮) 三寶에게 敬禮하는 마음이 둘이 아님. 法華懺法에 「十方一切常住佛에게 一心敬禮하고, 十方一切常住法에 一心敬禮하고, 十方一切常住僧에게 一心敬禮한다」고 하였음.

일심구만행(一心具萬行) 一心에 모든 作用을 갖추어 있는 것. (大智度論·續商僧傳)

일심귀명(一心歸命) 한마음으로 부처님에게 歸依함. 淨土論에 「世尊이시여 우리는 盡十方無礙光如來에게 一心歸命하여 安樂國에 태어나기를 願합니다」고 하였음.

일심금강계(一心金剛戒) 또는 一心金剛寶戒·圓頓戒라고도 함. 天台宗에서 傳하는 菩薩戒의 이름. 內容으로서는 梵網經의 十重四十八輕戒임.

일심금강보계(一心金剛寶戒) 天台宗에서 서로 傳하는 菩薩戒의 이름. 梵網經에 依하여 이 이름을 붙임. 또는 圓頓戒라고도 하는데 그 戒相은 겨우 梵網의 十重·四十八輕戒가 된다. 梵網經下에 「나는 본래 盧舍那佛의 心地中 初發心가운데 항상 念誦하던 一戒의 光明이다. 이 金剛寶戒는 바로 一切佛의 本源이요 一切菩薩의 本源이다」라고 하였음.

일심불란(一心不亂) 마음을 專一히 하여 흩어지지 않게 하는 것. 阿彌陀經에 「阿彌陀佛의 이름을 간직하여 하루내지 七日동안을 외우면 마음이 專一하여 散亂하지 않는다」라고 하였고, 慈恩의 阿彌陀經疏에 「一心不亂이라는 것은 마음을 專一하게 傾注하여 흩어지지 않게 하는 것이다」라고 하였음.

일심삼관(一心三觀) 또는 圓融三觀이라 하며 不可思議三觀, 或은 不次第三觀이라 함. 天台 圓敎의 觀法으로 利根菩薩이 修習하는 것이며 原來는 大智度論二十七에서 말한 三智를 一心中에 得한다는 글을 말한다. 또한 得中論 觀四諦品에

衆因緣의 生法은 我는 곧 없다고 說하며 또한 假名이 되는 亦是中道義의 뜻이며 天台의 智者大師의 뜻에 따라 세운 것. 天台觀經疏에 「一心三觀이란 釋論에 나온다. 論에 이르기를 三智는 實地로 一心中에 있다. 다만 一觀을 얻으면 三觀이 되고 一諦는 三諦를 觀하므로 一心三觀이라 함. 一心으로 生住滅이 있음과 같다. 이 같은 三相은 一心中에 있다. 이 觀이 成就될 때 一心三智를 證한다」하였고, 또한 摩訶止觀五上에 「一空은 一切空이며 假中이 없으면 空하지 않음이 모든 空觀이다. 一假는 一切假이며 空中이 없으면 假도 아니라함이 모든 假觀이다. 一中은 一切中이며 空假가 없으면 中도 아니라함이 모든 中觀이다. 곧 中論에서 說한 不可思議한 一心三觀이다」함은 天台의 뜻이다. 別教의 隔歷하는 次第三觀에 對하여 圓教의 不次第三觀을 밝힌 것. 別教의 說은 먼저 空觀을 닦아 見思의 惑을 破하여 一切智를 얻어서 眞諦의 理를 證하고 다음에 假觀을 닦아 塵沙의 惑을 破하고 道種智를 얻어 假諦인 恒沙의 法門을 알고난 뒤에 中觀을 닦아 無明의 惑을 破하고 一切種智를 얻어서 中道의 法身을 證하므로 三觀을 次第로 用한다. 圓教의 說은 그렇지 않다. 三觀은 一心에 融即하면 縱도 橫도 아니어서 伊字의 三點과 恰似하다. 또한 一刹那의 法에 生·住·滅의 三相이 있어 三은 곧 三이 아니며 一은 곧 一이 아님과 같다. 그러므로 一觀을 들면 곧 三觀이 圓具하고 一空觀을 들면 假와 中이 또한 空하다고 한다. 이 三觀은 모두 能히 蕩이 相着하기 때문이다. 一假觀을 들면 空과 中도 또한 假하여 三觀이 모두 立法의 뜻이 있기 때문이다. 一中觀을 들면 空과 假도 또한 中으로 三觀의 當處가 모두 絕對이기 때문이다. 이는 곧 三觀이 다만 一心에 있으므로 하나 하나의 觀을 얻어서 그 三을 맡겨서 運轉한다. 이와같이 三과 一이 圓融하고 닦는 性品이 泯絕하면 次第가 아니더라도 들어가며 並別이 아니더라도 觀한다. 그러므로 三惑을 一時에 破하고 三智를 一心에 發한다. 이것을 不可思議한 三觀이라 한다. 維摩經玄疏三에 一心三觀을 밝혀 三意가 있다고 하였다. ①所觀의 境은 곧 一念의 無明心이 因緣으로 생하는 十法界라는 것. ②能觀. 이 一念 無明의 心을 觀하여 三諦의 理를 圓照하는 것. ③證成. 一心三觀을 證하여 곧 이 一心은 三智와 五眼이라는 것. 古來로 오직 天台一家만 一心三觀의 論目을 세웠고 그나머지 諸家는 絕待로 一心三觀의 旨를 말하지 않았다 함.

일심삼지(一心三智) 三智를 一心의

위에서 同時에 發得하는 것. 大蓋 別敎에서는 空觀을 닦아 一切智를 얻으며 假觀을 닦아 道種智를 얻으며 中道觀을 닦아 一切種智를 얻는다. 이같이 차례의 三觀은 차례로 三智를 發得한다하고, 天台의 圓敎에서는 三觀이 一心에 圓融하므로 곧 三智를 發하며 또한 同時에 一心에서 證得하고 前後와 並別이 없다고 함. 原來 大智度論 二十七에서 나온것. 그 글에 스스로 問答하기를「한 마음 가운데 一切智를 얻고 一切種智는 一切의 煩惱習을 斷한다. "이제 말한 一切智가 一切種智를 具足하게 얻으며 一切種智로 煩惱習을 斷한다고 하는가" 答 "實은 一切智는 一時에 얻으며 이 가운데 사람에게 般若波羅蜜을 믿게 하여 차례로 品說을 差別하며 衆生으로 淸淨心를 얻게 하고자 한다." 이러므로 이 같이 說한다」한 것이다. 옛날 北齊의 慧文이 이 글을 읽고 豁然히 圓理의 極致를 깨달아 이것을 慧思에게 주었고 慧思는 이것을 智顗에게 傳하였다. 智慧는 이에 依하여 一心三觀과 一境三諦等의 圓理를 證得하여 天台一宗의 基를 세웠다. 이는 同宗인 龍樹가 高祖가 된다고 함.

일심삼혹(一心三惑) 見思·塵沙·無明의 三惑이 一心에 融鎔된다는 뜻. 또는 同體三惑이라 함. 止觀輔行六의 三에서 말한「見思는 오히려 法性이나 어찌 塵沙가 見思의 밖에 있으며 어찌 無明이 二觀의 뒤에 있을 수 있겠는가, 三惑이 이미 即하면 三觀이 반드시 融會한다」함이 이것이 別敎에 있어서는 이 三惑의 그 體가 各別하여 次第로 隔歷하여 三觀을 破한 것이 된다하고 圓敎에서는 그렇지 않고 오직 一惑의 義用에 따라 麤·中·細의 別邊이 있다 하나 또한 三惑을 分別함에 지내지 않는다. 곧 絶對한 一理는 一惑에 迷한다는 것이며 麤分을 見思, 細分은 塵沙, 極細分은 無明이 되어 一惑은 三惑에 即하므로 一惑이 일어나면 따라서 三諦를 障害한다. 麤分의 見思는 眞諦를 障害하고 細分의 塵沙는 假諦를 障害하며 極細分의 無明은 中道를 障害한다. 그러나 그 實相을 調査해보면 一心의 三惑이 되므로 一見과 一思도 그 體가 法界가 아님이 없고 見思의 밖에는 따로 塵沙와 無明을 볼 수 없으므로 또한 能히 三觀을 破한다. 이미 一心에 融即하면 破하는 三惑을 同時에 반드시 破하는 것이라 함.

일심선적(一心禪寂) 마음을 統一하여 조용히 瞑想에 들어가는 것. (維摩經)

일심섭념(一心攝念) 마음을 一點에 集中하는 것. 보통 漢譯으로는 心一境性. 三昧·禪定과 同義語. (法華經)

일심염불(一心念佛) 念佛하는 마음이 둘이 아님. 法華經 安樂行品에 「홀로 남의 집에 들어가지 않는다. 만약 因緣이 있으면 홀로 들어갈때 다만 一心念佛한다」하였음.

일심월심(日深月深) 月日을 거듭하는 것. (正法眼藏)

일심의(一心義) 淨土十五流의 하나. 悟阿가 主張하였다. 그는 淨土敎의 本旨에 대해서 亦本願亦非本願의 義를 세웠다고 傳해짐.

일심일체법·일체법일심(一心一切法·一切法一心) 一心. 곧 個人의 마음이란 一切法 즉 客觀世界全體는 個人의 마음에 비추어서만 存在하는 것이며 個人의 마음을 떠나서 實在하는 것이 아님. 바꾸어 말하면 主觀과 客觀은 同時現成, 同時消滅이며 主觀과 客觀을 떼어서 그 어느 것엔가에 重點을 두는 唯心論 또는 唯物論에 對해서 佛敎는 第三의 立場을 主張함. (正法眼藏)

일심일학(一心一學) 敎團의 修行僧들이 마음을 하나로 하여 同一한 가르침을 받들어 같이 배우는 것. (五分戒本)

일심전념(一心專念) 念佛하는 마음이 專一한 것. 往生論에 「마음으로 항상 願을 짓되 一心專念하면 마침내 安樂國土에 往生한다」고 하였음.

※善導之觀經疏四에 「一心專念彌陀名號 行住坐臥 不問時節久遠 念念不捨者 是名正定之業」

일심정념(一心正念) 一心으로 阿彌陀佛의 濟度를 믿고 正念으로 南無阿彌陀佛을 외우면서 阿彌陀佛에 歸依하는 것. 善導의 觀經疏四에 「西便언덕위에 어떤 사람이 있어 부르기를 "一心正念으로 곧바로 오너라 내가 너를 保護하리라"하였다」고 함.

일심정례(一心頂禮) 一心으로 頭面禮拜하는 것. 머리가 그 발에 닿도록 하는 절. 觀音懺法에 「一心으로 本師 釋迦牟尼世尊에게 頂禮한다」고 하였음.

일심진견도(一心眞見道) 唯識論에서 밝힌 菩薩乘의 見道로 眞見道와 相見道의 二種이 있다. 世第一法의 後念으로 생기는 無漏의 根本智로 分別起의 二障을 斷하는 자리를 無見道라 하고, 다음 一念으로 所顯하는 眞理를 證하는 자리를 解脫道라 하며 이 二道를 眞見道라 한다. 다음 後得智가 생하는 分別思想으로 所證하는 眞理를 相見道라 하며 이것에는 三心相見道와 十六相見道의 二種이 있고, 眞見道에는 有無間解脫의 二道가 있어 비록 많은 刹那에 涉되었으나 다른 所作은 아니며 그와 相等하므로 一心이라한다. 唯識論九에 「眞見道는 無分別智를 說한 것을 말하며 二空이 나타내는 眞理를 實證하고 二障인 分別隨眠을 實斷하여 비록 많은 刹那의 일을 究竟하여 相等하기 때문에

一心이라 總說한다」하였음.

일심진여(一心眞如) 現象을 그대로 眞實로 보고 身·口·意의 三密이 그대로 究極의 意義가 있다는 것.

일심칭명(一心稱名) 한마음으로 부처님의 名號를 일컬음.

※法華經普門品에 「聞是觀世音菩薩 一心稱名 觀世音菩薩 即時觀其音聲 皆得解脫」

일심합장(一心合掌) 마음을 一處에 定하고 合掌하는 것. 合掌은 一心을 表象함. →合掌.

※法華經信解品에「右膝着地 一心合掌」

일아(一我) ㊵〈ekaḥ〉 오직 하나의 精神的 原理. (金七十論)

일아(逸婀) 一阿字를 말함. 逸은 一의 音에 가깝고, 婀는 阿의 聲과 같음.

※性靈集六에「奇哉逸婀之德 皇矣五轉之鏤」

일악(一握) 一掬(또는 一匊)과 같은 뜻. 한움큼. 또는 한줌. 한 주먹으로 쥘 만한 분량, 아주 적은 분량.

일안양안(一眼兩眼) 一眼은 높은 곳에서 보는 一隻眼. 즉 究極의 眞實을 看破하는 눈이며, 兩眼은 日常의 常識世界에서 必要한 肉眼을 말함. (典座敎訓)

일안지구(一眼之龜) 大海의 거북에게 눈 한개가 배에 붙어 있었다. 바다에 떠다니던 中 구멍이 있는 大木을 만나서 탔다가 偶然한 바람으로 이 나무가 顚覆해 버렸다. 거북이 배의 눈으로 우러러 보니 浮木의 구멍에 日月의 光明이 보였다. 이것은 드문일로 만나기 어려운 일에 비유한 것. 盲龜의 비유와는 조금 다르다. 法華經 莊嚴王品에 「佛을 만나기 어려움이 優婆羅華와 같고 또 一眼의 거북이 나무구멍을 만나는 것과 같다」하였고, 十住論 八에 「人身은 얻기 어려움이 大海 가운데 一眼의 鼈頭가 板子 구멍에 들어감과 같다」하였음.

일애일찰(一挨一拶) 師家와 修行者. 또는 修行者끼리 만났을 때 或은 가볍게 或은 强하게 言語 또는 動作으로 서로 남을 試驗해 보는 것. →挨拶. (碧巖錄)

일애지귀복(一涯之貴福) 살아 있는 동안의 地位와 財產. (三敎指歸)

일야(一夜) ㊴〈purime yāme…〉 初夜라고도 한다. 밤의 最初의 部分. ㊴〈yāme〉란 夜間의 區分을 말함. (那先經)

일언(一言) ①同一한 가르침. 사람들은 그것을 듣고 달리 解釋한다. 一音과 같음. →一音. (大智度論) ②한 말씀. (往生要集)

일엄(日嚴) 高麗 明宗 때의 妖僧. 全州에 있으면서 盲者·聾者·啞者 앉은뱅이를 고친다고 妖妄한 말로 世上을 속이던 중임.

일업(一業) 一業因. 同一한 業因. 俱舍論十七에 「一業이 一生을 引하면 業이 能히 圓滿하다」하였음. 一業이 未來世의 一生을 끈다는 뜻.

일업소감(一業所感) 各人이 同一한 業을 가지는 것은 過去世에 지은 業이 同一한 果報라는 것. 또는 共業共果라고도 함.

일업소감신(一業所感身) 前世에 지은 宿業에 依하여 같은 報應을 받은 몸.

일여(一如) ①一은 둘이 아니라는 뜻이며 如는 다르지 않다는 뜻. 둘이 아니고 다르지 않음을 一如라 하며 곧 眞如란 뜻이다. 三藏法數四에 「둘도 아니고 다르지도 않음을 一如라 하며 곧 眞如의 뜻이다」하였고, 文殊般若經下에 「不思議한 佛法은 無分別과 같다. 모두 一如를 타고 最正覺을 成就한다」하였으며, 讚彌陀偈에 「一如를 함께 타는 것을 正覺이라 부른다」하였고, 敎行信證四에 「法性은 곧 眞如이며 眞如는 곧 一如다」하였음. 密敎는 事事와 物物을 理라하고 그理가 彼와 此가 서로 같은 一如라 하므로 顯敎의 體法과 同體인 一如와 差異진다. 顯敎의 一如는 一法界이며 密敎의 一如는 多法界다. 吽字義에 「同一은 多如하며 多하므로 如如하다」하였음. ②明나라 天竺寺의 僧. 法華科註와 大明三藏法數를 撰하였음.

일여관음(一如觀音) 圖像. 三十三觀音의 하나. 그 形像은 구름을 타고 空中을 날아다니며 우뢰와 번개를 制伏시키는 相이다. 一如의 뜻은 一은 絕對唯一. 如는 꼭 같다는 말로 差別없이 平等하다는 뜻. 즉 魔界나 佛界나 同一하여 不二 不別이라는 것임.

一如觀音

일여돈증(一如頓證) ①十方의 衆生이 一如의 理를 同乘하고 菩提를 頓證함. ②一眞如輔行三에 「魔佛의 理가 하나이기 때문에 如라 이름한다」고 하였음.

일역(日域) 日本사람이 자기 나라를 指稱하는 말. 敎行信證에 「西蕃月支國의 聖典을 東夏 日域의 師가 解釋하였다」라고 하였고, 佛法傳通記에 「無畏三藏이 日域에 應來하였다」라고 하였음.

일역비리(一亦非理) ㊵〈ekatve doṣaḥ〉 對象이 單一하다고 主張하는 경우의 잘못. 이 잘못으로 唯識學派는 네가지가 不可能하게 되는 것을 指摘한다. 즉 (1)漸次로 進行하는 것의 不可能. (㊵〈na krameṇa itiḥ〉〔=gaman: am〕) 한번 발을

내리면 全體를 넘어가게 되므로. (2)同時에 把握과 未把握이 있을 수 없는 不可能. (梵〈yugapan na graha-agrahau〉). 同一하고 單一한 것을 同一時에 잡고, 또 잡지 않는다는 것이 있을 수 없으므로, (3) 個個의 많은 것이 共存할 수 없는 不可能. (梵(〈na vicc-hinna-aneka-vṛ: ttiḥ〉). 한 物體가 있는 같은 場所에 다른것도 있어야 할 것이므로 (4)微細한 것이 보이지 않는 것의 不可能. (梵〈na sūkṣma-anikṣā〉) 微細한 水生物(梵〈udaka-jantu〉)도 큰 것과 같은 性質을 갖게 된다는 것. (唯識二十論)

일연(一連) 線으로 매어 놓은 것을 一連이라 함.

일연(一然) (1206~1289). 高麗 후기의 高僧. 號는 無極. 또는 睦庵. 姓은 金氏. 이름은 見明. 一然은 字. 처음의 字는 晦然. 章山郡(지금의 慶山) 사람. 彥弼의 아들. 어머니 꿈에 해가 방안에 들어와서 배에 비치는 것을 보고 아이를 베었다 한다. 9세에 海陽 無量寺에 들어가서 글을 배우고, 14세에 雪岳山 陳田寺에서 중이 되어 22세에 選佛場에 나아가 上上科에 뽑히고, 그후 玄風의 寶幢菴 주지로 있다가 高宗 25(1238)年 이후 몽고의 침입으로 智異山과 妙門菴·無住菴을 전전. 당시 宰相이던 鄭晏의 초빙을 받아 高宗 33(1246)年 南海에 새로 세운 定林寺의 주지로 들어갔다. 高宗 24(1237)年 三重大師가 되고, 33(1246)年 41세에 禪師, 46(1259)年 54세에 大禪師가 되었으며, 56세에 元宗의 부름을 받고 상경하여 禪月寺 주지가 되고 59세에 吾魚寺에 옮겨 불경을 강론했으며, 63세에 王命으로 高僧 一百名을 모아 雲海寺에서 大藏落成會를 열었고, 弘仁寺의 주지로 있기를 11年. 重修하여 이름을 仁興이라 고치고, 包山기슭에 湧泉寺를 중건하고 佛日寺라 하였다. 72세에 충렬왕의 부름을 받아 雲門寺의 주지가 되고, 78세에 國師에 책봉되어 圓經冲照란 號를 받았다. 늙은 어머니를 모시기 위하여 麟角寺에 옮겨 있으면서 두번 九山都門會를 열었으며, 충렬왕 15(1289)年 병이 나자 왕에게 글을 남기고 평소와 다름 없이 제자들과 문답을 나눈후 손으로 金剛印을 맺고 죽었다. 나이 84. 諡號는 普覺. 塔號는 靜照. 경북 軍威郡 古老面 華水洞 麟角寺에 탑과 비석이 남아 있으며, 행적비가 雲門寺 동쪽 기슭에 있다. 著書는 三國遺事 九卷. 語錄 二卷. 界乘雜著 三卷. 大藏須知錄 三卷. 重編曹洞五位 二卷. 祖圖 二卷. 諸僧法數 七卷. 祖庭事苑 三十卷. 禪門拈頌事苑 三十卷.

일연(一緣) 一類의 機緣이 같고 一種의 因緣이 같음.

※妙玄一之上에 「一根一緣 同一道味」 大集經三十八에 「行住坐臥 常係一緣」

일연소생(一緣所生) ㊵〈eka-pratyaya-janita〉 ㊴〈rkyen gcig gis bskyed pa〉 한 條件에 依하여 생긴 것. (俱舍論)

일염부제(一閻浮提) 이 世界中. (要集)

일엽관음(一葉觀音) 三十三觀音 가운데 하나. 한 잎의 蓮꽃속에 타고 물위를 떠다니므로 이 이름을 얻었다. 佛像圖彙集第二에 나옴.

一葉觀音

일예(一翳) 他의 障蔽가 된 것을 말함. 傳燈錄十에 「福州 芙蓉山 靈訓禪師가 처음 歸宗을 뵈옵고 묻기를 "어떤 것이 부처님이까" 宗 "내가 너에게 말한다면 네가 그걸 믿겠느냐" 師 "和尙께서 誠實한 말씀만 하신다면 어찌 敢히 믿지 않겠읍니까" 宗 "바로 너다" 師 "어찌 保任하십니까" 宗 "한 티끌이 눈을 가리니 헛꽃이 어지러히 떨어지고 있다」라고 하였다. 이것은 한 障蔽物이 눈속에 들어 있으면 헛꽃이 어지러히 떨어지는 것처럼 보여 虛空의 實性을 알지 못함을 말한것이다. 空華는 空中의 꽃으로 볼적에는 있는 것 같으나 實體는 없는 것이다. 宗鏡錄一에 「先德이 이르기를 한 티끌이 눈속에 있으면 千꽃이 空中에 어지러히 날리고, 한 妄想이 마음속에 일어나면 恒沙처럼 수 없이 生滅한다」라고 하였음.

일옥(一玉) (1562～1633) 朝鮮 仁祖때의 僧侶. 號는 震默. 萬頃 佛居村 사람. 7세에 全州 鳳樓寺에서 중이 되었다. 머리가 좋고, 술도 잘 마시며, 神通力을 가지고 있었다. 鳳谷 金東準과 우의가 깊었고, 邊山의 月明庵. 全州의 遠燈寺. 大元寺등에 있었으며 異跡을 많이 행하였다. 인조 11(1633)年 72세로 入寂. 1929年 李順德華 신도가 그의 분묘 곁에 祖師殿을 짓고 碑를 세웠다. 著書는 錄錄.

일와(一臥) ㊵〈eka-śayyā〉 혼자 눕는 것. (出曜經我品)

일왕(一往) 一渡·一通. 法華論記二에 「三藏에 一往하는 것을 小乘, 三敎에 再往하는 것을 小乘이라 한다」고 하였음.

일왕래과(一往來果) →一來果.

일요(日曜) 天名. 九曜의 하나. 자세히는 日天曜, 日天의 眷屬으로 胎藏界 曼荼羅 東南方의 南端에 자

리함. 붉은색으로 오른손에는 日輪을 가지고 있고, 왼손은 무릎 위에 다 엎어 놓았으며 말 세마리를 타고 있음.

日 曜

일우(一雨) 教法의 一味를 비에 비유하여 부처님이 비록 一味의 法을 說하나 衆生이 機緣에 따라서 差別이 생기는 것은 마치 草木이 비를 맞는 것과 같다는 것.

일우(一盂) 鐵鉢·應量器라고도 한다. 盂는 鉢盂. 佛教修行者가 使用하는 正規의 食器. (正法眼藏 行持)

일우(一隅) ①가르침의 一部分. (二教論) ②빛이 닿지 않는 모퉁이의 한쪽.

일우구득(一隅搆得) 한 捕捉方法. (正法眼藏 佛性)

일우일납(一盂一衲) 一盂는 바리때. 衲은 천을 이어 붙여 만든 袈裟. (正法眼藏 行持)

일우중(日禺中) 禺中은 午前十時 巳時를 말한다. 天台宗에서는 釋尊의 說法을 時間的으로 나눈 五時中에서 般若時에 配屬하였음. 法華經科註에 「日禺中時와 같다」라고 하였음.

일원(一圓) 오직 하나의 完全한 것. (上宮維摩疏 佛國品)

일원(一源) 水源으로써 一個의 原理에 비유함. 大集經八에 「諸法은 둘이 아니어서 分別이 없다. 一味一乘이며 一道와 一源이다」하였고, 三論玄義에 「一源을 硏究하지 않으면 戲論이 滅하지 않는다」하였음.

일원건립(一願建立) 阿彌陀佛의 四十八願中 本第十八의 一願으로 宗旨를 세움.

일원상(一圓相) 禪門에서 깨달음의 경지에 對照되어 나오는 圓相을 말함. 이 圓相의 생각은 慧忠國師로부터 비롯 되었다. 傳燈錄五에 「師가 僧이 옴을 보고 손으로 圓相을 그렸는데 相中에 日字를 썼으나 僧이 아무 대답을 못하였다」라고 하였고, 碧巖錄六十九則에 南泉의 一圓相의 公案이 있는데 「南泉·歸宗·麻谷이 똑같이 慧忠國師을 禮拜하러 가는 路中에 南泉이 땅에다 一圓相을 그어 놓고 말하기를 "이것을 알거던 가라"하니, 歸宗은 圓相속에 가서 앉고, 麻谷은 문득 女人이 절하는 모습을 하니, 南泉이 그러면 갈 수 없다"하였다」라고 하였음.

일월등명불(日月燈明佛) 이 부처님의 光明이 하늘에 있어서는 해와 달 같고, 땅에서는 燈불과 같으므로 日月燈明佛이라고 한다. 過去世에 二萬의 日月燭明佛이 있어서 똑같은 이름으로 계속해서 세상을 나와 法華經을 說하였다고 함. (法華經 序品)

일월륜(日月輪) 眞言行者가 果地의 智德에 約하여 日輪으로 月心의 形을 觀하고 因果의 進修에 約하며 月輪으로 自心의 形을 觀하는 것. 因果의 進修란 달에 十六分이 있어 漸次 밝아지는 것과 같으며 十六菩薩이 十六三昧를 漸漸 닦아 因에서부터 果에 이르는 것. 菩薩心論에 「諸佛은 大悲와 善巧智로 이 甚深한 秘密瑜伽를 說하여 修行者의 內心中에 日月輪을 觀하게 하였다」하고, 菩提心義一末에 「一字佛頂瑜伽와 愛染王瑜伽등은 모두 果地의 智德에 約하여 日輪形으로 本尊形을 觀하고 지금 因果三昧의 進修에 約하여 月輪形으로 自心形을 觀한다」 하였음.

일월마지(日月磨之) 오래도록(몇일이든지 몇달이든지) 琢磨하다의 뜻.

일월불리승가리갈마 (一月不離僧伽梨羯磨) 一個月間 僧伽梨를 벗고 잠자도 離衣罪가 되지 않는 羯磨. 僧團이 老病比丘에 준 特別한 許可. (十誦律)

일월삼신(一月三身) 이 一月은 法報應三身에 비유한 것. 寶王論에 「法身은 月體와 같고 報身은 月光과 같으며 應身은 月影과 같다」하였음. 대개 法身은 常住하는 理이며. 理體는 오직 하나뿐이다. 옮겨지지도 變하지도 않고 能히 諸法을 出生하며 萬事를 統攝함이 오히려 月體와 같다. 理에 依하여 發하나 一切을 밝히며 差謬가 없다. 마치 月光이 萬象을 照臨하여 隱形이 없음과 같다. 應身은 應化의 用이며 用은 自性이 없고 體에 따라 일어나며 感이 있으면 通하고 感이 없으면 通하지 못한다. 마치 月影과 같아서 물이 있으면 나타나고 물이 없으면 나타나지 않는다. 비록 그러나 이 三者는 原來 一體이며 오직 用을 따라 이름을 세울 따름이라 하였음.

일월삼주(一月三舟) 부처님을 달에 비유하고, 三舟는 衆生의 根機가 제각기 다름을 비유함. 同一한 달이라도 배의 움직이고 그침에 依하여 보는 것이 각각 다른 것이다. 華嚴經疏鈔十六上에 「비유하면 밝은 달의 흐르는 그림자가 두루 비치는 것과 같다. 또 맑은 江에서 하나의 달을 세배(三舟)에서 똑같이 보는데 한배는 停止하여 있고, 또한 배는 南으로 가고, 또 한배는 北으로 간다. 南으로 가는 배는 달을 보고 千里를 가도 南으로 따라가고, 北으로 가는 배는 달을 보고 千里를 가도 北으로 따라간다. 그리고 停住한 배는 달을 보면 움직이지 않는다. 설사 百千이 똑같이 보고 八方으로 제각기 간다면 百千의 달이 각기 그 가는 곳을 따라 갈 것이다」라고 하였다. 三藏法數四에 「한 달(月)은 佛에 비유하고 三舟는 世間의 衆生이 부처님을 볼적에 각기 다름을 비유한 것이다」라고 하였음.

일위일체위(一位一切位) 一位를 얻으면 同時에 一切位를 얻음을 말한 것으로 華嚴經에서 밝힌 '一門이 普門이다' 함과 같다. 探玄記에 「圓敎란 一位가 곧 一切位요. 一切位가 곧 一位임을 밝힌 것이다」하였고, 同卷에 「만일 普門에 依하면 一位가 곧 一切位이기 때문에 역시 一運이 곧 一切運이다. 그러므로 '不思議乘'이라고 이름한다」하였음.

일유선나(一由繕那) 由旬의 新稱. →由旬.

일유순(一由旬) 里程名. →由旬.

일음(一音) 한 音聲. 如來의 說法을 가리키는 말. 維摩經 佛國品에 「佛은 一音으로 說法하지만 듣는 衆生은 類에 따라 各各 解釋한다」하였고, 止觀七下에 「一音의 特殊한 부름은 많은 귀를 즐겁게 한다」하였음.

일음교(一音敎) 敎判의 이름. 佛은 오직 一言으로 一切敎를 說한다는 뜻으로 鳩摩羅什과 菩提流支가 세운 것. 華嚴經疏第一의 一音敎中에 「그러나 二師가 있다. ①後魏의 菩提流支가 말하기를 如來의 一音은 同時에 萬人에게 들리며 大小가 모두 같게 들린다하고 ②姚秦의 羅什法師도 말하기를 佛의 一圓音은 平等하여 둘이 아니며 생각없이 넓게 應한다. 機에 따라 들리는 것이 달라서 言音이 本來大小에 陳하지 않는다한다. 그러므로 維摩經에 佛이 一音으로 法을 演說하나 衆生이 다르게 解釋한다. 위의 二師도 처음에는 佛音이 具異하다고 하고 뒤에는 異함이 機에 따라 自在하다하여 各各 圓音의 一義임를 알았다. 그러나 모두 敎가 本來 나누어지지 않았다는 뜻이다」하였음. 이는 곧 流支는 大小의 並陳한 뜻을 세운 것이며 羅什을 圓音이 異解하다는 뜻을 唱한 것. 流支의 說은 모두 義林章一探玄記第一과 五敎章卷上등에 나오며 佛은 一音中에 大乘과 小乘의 法을 陳하였으므로 大乘의 機는 大乘의 法을 들어 그뜻을 解하고 小乘의 機는 小乘의 法을 들어 그 뜻을 解한다고 稱한 것. 또는 法華玄義第十上에 「北地禪師는 四宗·五宗·六宗·二相·半滿등은 敎가 아니고 다만 一佛乘이며 二도 三도 없는 一音說法이며 類에 따라 다르게 解釋한다. 諸佛은 恒常 一乘을 行하고 衆生은 三乘이라 보나 다만 一音敎일 뿐이다」하였음. 이는 羅什의 圓音異解의 義를 가리키며 北地禪師는 羅什이후에 그 說을

敷演하여 唱한 것 같으나 또한 一音의 뜻은 婆沙論第七十九에도 그 說이 있다 함.

일의(一依) 梵〈eka-āśraya〉 同一한 根據. 大海에 흘러간 물이 同一한 根據를 갖는 것 같이, 佛이 된 者는 모두 같은 깨달음을 根據로 하고 있음을 나타낸다. 唯一한 根據인 絕對的인 平安(滅)이라는 하나의 眞實. (莊嚴經論 菩提品)

일의(一義) ①梵〈eka-artha〉 하나인 것. ②第一義. (沙石集)

일의일발(一衣一鉢) 三衣一鉢인데 衣鉢을 強調하여 한 말. (隨聞記)

일이(一二) 조금. 약간. (三教指歸)

일이(一異) 彼此가 똑같음을 一이라 하고 彼此가 서로 다름을 異라고 하는 것. 모두 一方에 치우친 思想이다. 中論因緣品에 「不生이 또한 不滅이요. 不常이 또한 不斷이요. 不一이 또한 不異요. 不來가 또한 不去다」라고 하였고, 嘉祥疏二에 「不一이 不異라고 한 것은 外道가 一異의 障에 計執된 것을 다스리기 위해 말한 것이다」라고 하였으며, 智度論二十에 「모든 聖人들이 我라고 하는 我相을 破해버렸고, 一이다 異다 하는 相을 滅해버렸다」라고 하였음.

일이문파(一異門破) 甲과 乙이 同一하지도 않으며, 別異한 것도 아니라는 것을 主張하는 것. (中論)

일이분(一二分) 小分. 크게 餘裕가 있는 것을 말함. (碧巖錄)

일이삼사오(一二三四五) 數字의 意味가 아니요. 宇宙에 遍滿한 廣大한 文字를 나타내는 말. 差別界의 一切萬象을 말함.

일이성(一異性) 梵〈ekatva-anyatva〉 同一性과 別異性.

일익법문(一益法門) 眞宗內에 생긴 異端說. 즉 信心을 얻어 攝取의 光益을 힘입는 者는 現世에서 이미 阿彌陀佛과 同體로서 如來와 같은 깨달은 몸이라고 하는 如道의 說을 말함. →秘事法門.

일인(一印) ①한 印相. 한 印契. →印相. ②한 法印을 말함. 小乘佛教에서는 無常·無我·涅槃의 三法印을 말하나 大乘佛教에서는 다만 諸法實相의 한 法印을 말한다고 主張함.

일인(一因) 一個의 原因. 俱舍論에 「一因의 生法은 결국 無다」하였고, 瑜伽論釋에 「一因을 證得하면 곧 佛道를 이룬다」하였음.

일인당천(一人當千) 한사람의 힘으로써 千人을 당해 냄. 涅槃經二에 「人王에게 大力士가 있어서 그 힘이 千사람을 對敵함과 같아서 다시는 降伏시킬자 없으므로 이사람 一人이 千사람을 당한다 함과 같다」하였음.

일인돈성(一印頓成) 한 印相을 習得하여도 문득 成佛의 利益을 얻는다는 것. 또는 一法印의 뜻으로 諸法

의 實相이 오직 하나요. 둘이 아닌 眞理임을 말한다. 玄義八의 上에 「釋論에 이르기를 "모든 小乘經에는 無常·無我·涅槃의 三印이 있어 印契하였으니 곧 佛說이다. (中略) 그러나 大乘經에서는 다만 一法印만이 있으니 諸法 實相을 말함이다」하였음.

일인이명(一印二明) ①金胎兩部의 大日菩薩印이 모든 法界에 周徧하여 이르지 못하는 곳이 없는 塔印이다. 그 眞言은 金剛界의 大日은 𑖪𑖽가 되고 胎藏界의 大日은 𑖀𑖪𑖰𑖨𑖮𑖳𑖽𑖏𑖽의 五字明이 된다. 金剛頂經에 「諸法本不生(二地) 自性離言說(二水) 淸淨無垢染(二火) 回業等虛空(二空二風)이다」하였음. 이 說은 이르지 못하는 곳이 없는 塔印을 말하는 것. ②大日經 眞言品에 「我覺本不生(二地) 出過語言道(二水) 諸過行解說(二火) 遠離於因緣(二風) 知空等虛空(二空)이다」한 것이 역시 無所不至하는 塔印을 說한 것. 그렇다면 兩部의 大日은 모든 塔婆가 三昧耶行이 되므로 一印이 된다. 兩部大日의 種子는 𑖀𑖪𑖽의 兩相이 交替하므로 二明이 된다. 그러므로 一印二明이라 함. 처음 傳法할 때 秘하여 印明을 주지 않았다. 原雙紙에 「師傳에 이르기를 體가 不變하기 때문에 印은 하나가 되며 說은 交替되기 때문에 眞言은 兩種이다」하였고, 口傳에 이르기를 體가 變하지 않기 때문에 六大法界의 體가 되며 無相 無分別의 뜻이며 說이 交替되므로 說의 뜻을 세운다. 또한 體가 不變하는 것을 口決이라 하여 兩部가 모두 一種의 法身이 되므로 印은 하나가 되고 理에 住하여 脫을 說함을 胎藏部라하고 智에 住하여 金剛界를 說함을 金剛部라 한다. 說에는 兩種이 있다 함. 묻기를 "𑖀등의 五字가 六大法界의 眞言이 된다고 하는 것이 옳은 말인가 𑖪𑖽의 한 글자가 또한 法界의 眞言이 된다고 하는데 어떠한지" 答 "𑖪𑖽는 水大의 種子가 되며 이𑖪𑖽字를 길게 내면 그 소리가 𑖀字가 되어 곧 地大의 種子로 이 地大의 方形이 되며 角違를 斷한 것. 곧 𑖨字는 三角火가 轉하여 또한 半을 折하여 水圓形이 된다. 곧 𑖮𑖳𑖽字는 半月風輪이 되어 風大의 半月과 火大의 三角을 合하면 𑖪𑖰字의 圓形인 虛空輪이 되므로 𑖪𑖽字는 五大의 種子가 된다 함.

일인일과(一因一果) 모든 佛道修行者가 여러가지 다른 實踐을 하여도 實은 同一한 因에 依하여 同一한 果를 얻는다고 하는 理致. 一乘因果라고도 함. (上宮法華疏)

일인일명(一印一明) 한 印相(印契)과 한 明呪. 印相은 佛·菩薩의 깨달음이나 誓願을 象徵하는 手指의 엮음. 明呪는 呪句인데 無智의 어두움을 깨뜨린다는 意味로 明이라는 말을 附加하여 眞言인 것을 말함.

일인작허(一人作虛) ㊊ 한 사람이 거짓말을 하면 萬사람이 서로 傳하여 眞實이 된다. 空谷集에 「어떤 僧이 玄奘에게 묻기를 "여러 아이들이 塔 앞에서 어떤 일을 이야기 합니까" 玄奘이 대답하기를 "한 사람의 거짓말을 萬사람이 傳하면 眞實이 된다」라고 하였다. 佛祖의 大道는 言句의 思量으로 미칠바가 아닌데 한번 文字를 잘못 涉臘하면 바로 크게 眞實을 잃게된다는 것을 말한 것임.

일인지계(一因之計) 唯一한 原因에서 萬有가 展開하였다고 보는 것. 佛敎에서는 이러한 見解를 排斥함.

일인회(一印會) 金剛界曼茶羅의 第六會. 大日如來가 智拳의 一印相에 依하여 諸尊을 다스리는 것을 表示함. →金剛界曼茶羅.

일일(一一) 낱낱을 좇아서 말함과 같음. 首楞嚴經에 「낱낱의 形으로 化現하여 낱낱의 呪를 외운다」라고 하였고, 觀無量壽經에 「一一은 端的으로 八萬四千의 畫이 있음을 指摘한 것. 마치 印文과 같이 낱낱의 畫에 八萬四千의 色이 있고 낱낱의 色에 八萬四千의 光이 있어 그 光은 柔輭하여 널리 一切를 비친다」라고 하였고, 梵網經의 開題에 「낱낱의 글자마다, 낱낱의 글귀마다, 모두 이 諸尊의 法曼陀羅身이다」라고 하였으며, 觀智軌에 「곧 이 陀羅尼 文字를 오른쪽으로 돌면서 죽 펴서 쓰면 心月輪이 面上에 비치는데 낱낱의 글자가 모두 金빛 같고 낱낱의 글자속에서 流出되는 光明이 無量無邊世界를 두루 비친다」라고 하였음.

일일(一日) 해가 떠서 질 때 까지의 동안을 말함.

일일경(一日經) 하룻동안에 一部의 經을 다 써서 끝낸 것을 一日經이라고 이름함. 一經이나 一切經을 여러 사람이 分擔하여 쓸 때의 말임.

일일공토(一一供吐) 낱낱이 提供해 吐露하다의 뜻. 供招에 따라 自己가 한 일을 낱낱이 吐露함.

일일불(一日佛) 하루를 淸淨하게 날을보내면 하룻동안은 부처가 된다는 것. 宗鏡錄二十三에 「一念 相應하면 一念佛이요. 一日相應하면 一日佛이다」 하였음.

일일불작일일불식(一日不作一日不食) 百丈懷海의 말. 사람은 살아 있는 限 勞動을 하지 않으면 안된다는 뜻. (百丈語錄)

일일삼시(一日三時) 晨朝(아침)·日中(한낮)·黃昏(어스레할 때). 一日을 晝 三時와 夜 三時로 나눔. 印度 古代의 풍속.

※阿彌陀經에 「晝夜六時 雨天曼陀羅華」

일일식(日一食) →一日一食.

일일재(一日齋) 一日間, 八齋戒를

지켜 精進하는 것.

일일정사(一一呈似) 낱낱이 아뢰어 바치는 뜻.

일일제(日一齋) 梵〈aikāsanika〉 一日에 一回 食事하는 것. 十二頭陀行의 하나.

일자(一子) 一切衆生이라 하는 獨子. (三教指歸)

일자(一字) 一個의 文字로 極히 적은 것을 말함. 俱舍論世間品에 「極히 微細한 글자로 刹那는 色·名·時의 極히 적은 것을 말한다」라고 하였고, 光記十二에 「名을 分析하면 一字에 이르는데 極히 적은 것을 이름한 것이다」라고 하였으며, 大方廣師子吼經에 「法은 오직 한 字로 말할 수 있으니 이른 바 '無'字다」라고 하였음.

일자경(一字經) 經菩提道場의 所說로 一字頂輪王經의 약칭.

일자관(一字關) 雲門文偃이 修行者의 質問에 對하여 恒常 一字로써 答하여 修行者를 指導한 것을 말함. (人天眼目)

일자금륜(一字金輪) 梵〈Ekākṣara-uṣṇiṣa-cakra〉 翳迦訖沙羅烏瑟尼沙斫訖羅라고 함. 번역하여 一字頂輪이라고 한다. 勃嚕唵(三合)의 一字를 眞言으로 하는 佛頂尊의 하나로서 다른 佛頂尊 가운데 가장 殊勝한 분이므로 轉輪聖王中 金輪王이 가장 나으므로 譬喩한 것.

일자금륜만다라(一字金輪曼荼羅) 大日金輪을 本尊으로 하고 그 周圍에 輪王의 七寶와 佛眼尊을 安置하여 모신 曼荼羅. (金剛頂經一字頂輪王瑜伽一切時處念誦成佛儀軌)

一字金輪曼荼羅

일자금륜법(一字金輪法) 一字金輪佛頂의 줄인 말. 金輪佛頂은 尊體의 이름. 勃嚕唵의 一字가 眞言이 되므로 一字金輪이라 함. 그 德이 廣大無邊하여 諸尊보다 勝하다. 그 種子(𑖥𑖿𑖨𑖲𑖽)의 名稱은 三身具足의 呪로 秘中에 甚히 秘한 것. 三摩耶形은 八輻輪이며 尊像은 黃金色 或 白色이며 八葉 白蓮華위에 앉아서 손은 智拳印을 맺고 頂에 肉髻의 形이 있으며 그 위에 다시 髮髻의 形이 輪王과 같으므로 이름을 붙인 것.

一切悉地의 除災를 빌며 그 法을 닦는 것이 이 五佛頂尊의 하나다. 大日經疏五에 「이는 釋迦如來 五智의 頂이다. 一切 功德中에 輪王은 大勢力을 갖추어 그 狀이 모두 轉輪聖王의 形을 짓는 것과 같다. 頂에 肉髻形이 있고 그위에 髮髻가 있어 곧 重髻가 된다고 밝혔음. 이에 關係되는 經軌는 아래와 같음. 一字奇特佛頂經 三卷. 一字頂輪王念誦儀軌 一卷. 菩提場所說一字頂輪王經 五卷. 一字佛頂輪王經 六卷. 一字頂輪王瑜伽經 一卷. 金輪王佛頂要略念誦法 一卷. 金剛頂經一字頂輪王瑜伽一切時處念誦成佛儀軌 一卷. 大陀羅尼末法中一字心呪經一卷.

일자금륜불정법(一字金輪佛頂法) 一字金輪法의 原名.

일자륜왕주(一字輪王呪) 金輪佛頂尊의 呪文을 말함. (密呪圓因往生集)

일자문수(一字文殊) 齒嚂 或은 體哩呬淫의 一字를 眞言으로 하는 文殊菩薩임. 三摩耶形은 靑蓮華위에 실은 如意寶珠이며 尊象은 童子形으로 金色이며 半跏坐로 千葉白蓮華上에 있다. 左手에 靑蓮華를 잡고 그 꽃위에는 如意寶珠가 있으며 右手는 밖을 向하여 五指는 아래로 늘어뜨려서 滿願의 印을 짓고 있다. 熙怡한 微笑로 그 首髻는 一髻이므로 또한 一髻文殊라 함. 이 菩薩을 本尊으로하여 修法하는 것을 一字文殊의 法이라하며 產生 虛疾등을 빌기 위해 닦는 것. 文殊師利根本一字陀羅尼經에서 말한 「이 呪는 能히 一切惡과 邪魍魎을 滅하는 一切諸佛 吉祥의 法이다」하였고, 또한 말하기를 「만약 女人이 難產할 때 阿吒盧沙迦根을 取하여 七遍을 誦하여 無蟲水에 섞어서 產女의 배꼽에 바르면 아이가 곧 쉽게 난다. 或 諸男子의 화살에 맞은 곳에 鏃이 筋骨에 들어가서 빠지지 않으면 十年酥를 세번 뿌리고 呪 百八번을 念하여 瘡中을 편안하게 하고 먹으면 화살鏃이 곧 나온다」하였음.

一字文殊

일자문수법(一字文殊法) 叱·洛·呬·焱의 四字를 合하여 一字의 眞言을 만들어 念誦하는 것으로 이는 아들을 낳기 위하여 修行하는 것이다. 曼殊室利 菩薩呪藏中 一字呪王經에 「이 一字가 모두 능히 一切의 事業을 成就할 수 있고, 모두 능히 所有의 善法을 圓滿히 할 수 있다」

라고 하였다. 本經에서 上經一卷(唐 義淨이 번역한 것)을 除한 外에 大方廣 菩薩藏經中 文殊師利根本一字陀羅尼法 一卷이 있는데 唐나라 寶思惟가 번역한 것으로 上經과 同本異譯이다. 大陀羅尼末法中一字心呪經 一卷, 唐 寶思惟의 번역. 畵像法과 護摩法이 갖추어져 있음.

일자보탑경(一字寶塔經) →裝飾經.

일자불설(一字不說) 佛이 비록 八萬四千의 法을 說했으나 佛이 自證하는 法은 言說로 說하지 못한다. 또한 所說한 諸敎는 本來法性이 있는 것이고 佛이 創說한 것이 아니다. 이 뜻은 一字不說을 말함. 四卷楞伽經三에 「나는 어느날 밤에 正覺을 얻고 어느날 밤에 이르러 般涅槃에 이르렀으나 그 中間에는 一字도 說하지 않았다」하였고, 楞伽經四에 「大慧菩薩摩訶薩이 다시 佛께 아뢰기를 "世尊이시여 世尊의 말씀과 같습니다. 나는 어느날 밤에 最正覺을 이루고 어느날 밤에 와서 涅槃에 들었으나 그 中間에 一字도 說하지 않았읍니다. 또한 說하지 않았을 뿐 아니라 또한 說할 수도 없읍니다. 不說이 佛說이라하시니 世尊께서는 어떠한 密意에 依하여 이같이 말씀하십니까" 佛께서 말씀하시되 "二密法에 依하기 때문에 이같이 말한다. 무엇이 二法이냐하면 自證法과 本住法이다. 무엇이 自證法이냐하면 諸佛이 證한 것을 나도 또한 같이 證하여 더 하지도 減하지도 않게 證智를 行하여 言說相과 分別相과 名字相을 여의는 것이며, 무엇이 本住法이냐하면 法의 本性은 金等이 鑛에 있는 것과 같아서 만약 佛이 出世하거나 出世하지 않어도 法은 法位에 住하며 法界法性이 恒常 모두 常住함과 같은 것이다」하였고, 金剛經에 「須菩提야 뜻에 어떠하냐 如來가 說法하지 않았더냐" 須菩提가 佛께 아뢰기를 "世尊이시여 如來는 說하시지 않았읍니다"」하였으며, 同經에 「만약 사람이 如來께서 說法함이 있다고 한다면 곧 이것은 佛을 誹謗하는 것이다」하였음.

일자불정륜왕경(一字佛頂輪王經) ㊄ 六卷. 唐나라 菩提流支 번역. 略하여 五佛頂經이라 한다. 부처님이 金剛密跡主菩薩의 請에 依하여 大三摩地에 들어가 大轉輪王의 相을 나타내시어 一字佛頂輪王呪를 說하시니 그 때에 大千이 震動하여 魔宮에 불이 일어나서 地獄의 苦痛은 그치었다. 觀世音菩薩과 金剛主 二大菩薩이 氣絶하여 땅에 쓰러졌으므로 부처님이 다시 一切 佛眼大明母呪를 說하시니 이 二大菩薩이 곧 바로 깨어 일어났다. 이어 白傘蓋頂輪王呪를 說하시고, 또 光聚頂輪王呪와 高頂輪王呪등 모두 十三品을 說하시었다 함.

일자불정진언여불안진언 (一字佛頂眞言與佛眼眞言) 眞言의 이름. 一字佛頂輪王經에 「即說一字佛頂輪王呪에 말하기를 娜莫(歸命) 縒曼陀 勃馱喃(普編諸覺者) 勃琳吽(種子)이다」하였고, 다음 世尊說佛眼呪에 「大善男子야, 만약 所在한 方處에 이 佛頂呪를 가지면 五百由繕那의 世出世間의 一切呪王은 모두 成住함이 없다(中略). 十地의 一切諸大菩薩도 또한 이 呪의 威德을 두려워하거던 하물며 諸天의 威力이 적은 者들이겠는가 만약 恒常이 一字佛頂輪王呪를 誦할 때 매양 먼저 이 佛眼呪를 七번 誦하고 다음에 一字佛頂輪王呪를 安誦하여 時數에 따라 마치며 또한 佛眼呪數를 七번 외우면 安穩함을 얻어서 모든 嬈惱가 없어진다」하였으며, 眞言修行鈔二에 「一切를 散하는 念誦의 처음에 佛眼眞言을 誦한다. 이것은 三部의 佛母가 되기 때문이다. 大金剛輪의 眞言은 補闕分이기 때문에 最後에 誦하며 또한 一字 金輪眞言은 悉地成就의 呪가 되기 때문에 誦한다. 다만 一字呪의 功德이 다른 呪보다 勝하여 다른 呪의 威光이 모두 숨어버리기 때문에 一字呪의 뒤에 佛眼呪 七번을 密誦하며 鵄鳥가 바다에 들어가면 물고기가 모두 죽어버리나 이 때에 犀角이 들어가면 반드시 모두 蘇生된다. 그러므로 儀軌中에 犀角을 佛眼呪에 비유하므로 深密의 口傳은 一字의 뒤에 佛眼眞言을 七번 蜜誦한다」함.

일자삼례 (一字三禮) 經文을 쓸때에 한 字를 쓸적마다 세번 절함. 즉 三寶에게 禮拜하는 것임.

일자상전 (一子相傳) 佛法의 奧義를 自己子息(弟子) 하나에만 傳하고, 他人에 漏洩하지 않는 것.

일자선 (一字禪) 禪家에서 問答할 적에 다만 한 글자로 答하여 禪의 幽玄한 뜻을 나타내는 것. 雲門이 사람과 얘기할 적에 一字로 말하기를 좋아하여 一字禪이라고 함. 碧巖六則評唱에 「雲門이 항상 三字話頭를 즐겨 썼으니 顧筭咦다. 또 一字禪도 說하였는데 어떤 僧이 묻기를 “아비를 죽이고 어미를 죽이고도 부처님앞에 懺悔하면 되지만 부처님을 죽이고 祖師를 죽이면 어디를 向하여 懺悔합니까” 하니 雲門이 “露”라고 하였다. 僧이 또 묻기를 어떤 것이 正法眼藏입니까”하니 雲門이 “普”라고 하였다」고 함. 大慧語錄十에 「一字의 公案門에 들면 아홉마리의 소가 끌어내어도 나오지 않는다」하였음.

일자업 (一字業) 修習菩提道場의 所說로 一字頂輪王經의 行業이며 遮那業六種의 하나. 日本台家의 六祖 智證大師가 說한 것. (台宗學則上)

일자연대경 (一字蓮臺經) →裝飾經.

일자왕소문경 (日子王所問經) ㊟大乘

日子王所問經의 약칭.

일자일석경(一字一石經) 經文을 한 개의 돌에 한 字式 書寫한 것. 이 것을 地中에 묻고 經塚을 쌓아 올린다. 塚上에 세운 塔을 一字一石塔이라 함.

일자정륜왕경(一字頂輪王經) ㊍ 唐 菩提流支 번역.

일자지(一子地) 衆生에 대하여 마치 외아들과 같이 憐愍히여기는 情을 일으키는 菩薩의 地位. 菩薩의 地位에 대하여서는 여러 말이 있으나 歡喜地로 하는 것이 적당함.

일자포신덕(一字布身德) 大日經悉地成就品과 轉字輪品에서 說한 것으로 '阿'의 一字로 몸의 一切處를 덮는다는 뜻임. 註轉字輪品에 「혹 一切의 '阿'字는 머리털에서 金빛이 나며 白蓮華臺에 住하여 仁者와 同等하다」라고 하였고, 演奧鈔四十三에 「혹 一切의 '阿'字는 '阿'의 一字로써 두루 金色身을 덮음을 말함이니, 一曼荼羅라 한다」라고 하였음.

일장(一場) 한바탕. 한 곳.

일장(一藏) 一切의 敎法은 다만 一藏에 攝入되어 있음. 法界法輪藏이 이것임. 釋摩訶衍論一에 「다만 一藏에 諸法이 摠攝되어 있으니 法界法輪藏을 말한다」하였음.

일장경(日藏經) ㊍大乘大方等日藏經의 약칭.

일장령과(一狀領過) 領은 受나 服의 뜻. 過는 語助辭. 一通의 令狀으로 여러 사람을 같은 罪로 處分한다는 뜻.

일장마라(一場懡㦬) 懡㦬는 梵語로 번역하여 慚愧. 즉 一場의 慚愧라는 뜻. 碧巖集 第一則에 「達磨가 江을 건너 魏나라에 왔어도 한바탕의 부끄러움을 면치 못했다」라고 하였는데, 이 밖에 禪宗의 語錄에서 흔히 使用하였음.

일장불사(一場佛事) 一席(回)의 敎化. (景德傳燈錄)

일장소구(一場笑具) 한바탕의 우스운 이야기. (景德傳燈錄)

일장수목(一藏數目) 오늘날 僧俗에서 持誦하는 經呪에 動을 稱하여 一藏이라 하며 그 數는 五千四十八이라 한다. 일찌기 歷代의 藏經目錄을 詳考해 보면 오직 開元釋敎錄에 五千四十八卷의 數가 있고 나머지는 增減이 같지 않으나 至今은 七千二百餘卷이 된다. 世俗이 五千四十八에 執着하는 것은 西游說의 說에 依한 것. 持誦하는 者가 自己의 心力을 料量하여 法定數와 같이 한다. 或은 一百을 藏이라하여 大乘의 百法을 表示하고 或은 五百을 藏으로 하여 五位進修에 應하는 五百波羅蜜이 있다. 或은 一千이 藏이 된다고 하며 百界千如를 나타내고 或은 三千이 藏이 된다고 하며 三千性相을 밝힌다. 或은 五千이 藏이 된다고 하며 五百波羅蜜의 하나하나가 十을 갖추었다고 하고 或은 一萬이 藏이 된다고 하며 萬德이 齊彰한다 하고 或은 八萬四千이 藏이 된다고하며 八萬四千의 塵勞를 轉하여 八萬四千法門을 이룬다 함. 옛 부터 廣略이 多般하나 行하면 敎意가 均合된다고 하는데 何必 전혀 丹書와 黃道의 數에 依하여 定法이 된다고 하였음. (等不等觀雜錄)

일장엄삼매(一莊嚴三昧) 諸法이 一味同體相임을 觀得하는 三昧. 즉 一切萬有가 差別이 없음을 觀하는 것. (智度論四十七)

일장육상(一丈六像) 一丈六尺의 佛像. 곧 丈六像, 부처님때의 사람의 키는 八尺이었는데 부처님은 그 倍인 一丈六尺이라는 말. 佛像은 어떤 것이든지 丈六像이라 함.

일장자(一障者) 또는 自性의 이름. 本有한 見修 二惑을 말하며 無始한 無明을 말한다. 瑜祇經 第七品에 「時會 가운데 一障이 있는데 空을 따라 생한 것도 아니며 또한 他方에서 온 것도 아니고 忽然이 나타나면 모든 菩薩이 各各 醉한 사람 같이 所從來處를 알지 못한다. (中略) 時障은 忽然히 現身하여 金剛薩埵의 形相도 되며 頂上에 한 金剛輪을 나타내기도 하고 발아래 一金剛輪을 나타내며 兩手中에 各各 一金剛輪을 나타낸다. 또한 心上에 一金剛輪을 나타내어 徧身이 光照觸會하는 가운데 있다」하였음. 이것은 五輪이 心左手·足下·右手·頂上이 되어 그 차례와 같이 中·東·南·西·北의 五方五部가 되며 五秘를 表한다. 곧 中央에는 金剛薩埵를 係하며 四方에는 곧 欲·觸·愛·慴의 四菩薩이 되고 障은 五秘密을 지어 無明 即 明의 뜻을 表示한다 함.

일장패궐(一場敗闕) 敗闕은 失敗, 一場은 一席, 또는 이 경우라는 뜻. 큰 失敗라는 말.

일적(一寂) 寂滅一理를 말함. 冠註에 「一相一寂은 곧 一事一理다」 하였음.

일적수(一滴水) 佛法·宗旨의 비유.

일전가(一顚迦) ㊵〈icchantika〉 →一闡提.

일전도(一箭道) 화살이 갈 수 있는 거리. 곧 二里를 가리킴. 法華經藥王品에 「그 나무와 臺까지의 거리는 一箭道이다」라고 하였고, 同嘉祥疏十一에 「一箭道는 二里다」라고 하였음.

일전소제(日轉掃除) 每日 寺院內外를 소제하여 깨끗이 하는 것.

일전어(一轉語) 轉은 轉身·撥轉·轉機등의 말로 즉 學人의 心機를 發揚 轉翻시키는 格外의 語句이다. 公案을 向하여 意見을 吐露할 때의 說임. 碧巖九十一則에 「禪客들에게 각기 心機를 一轉시키는 한마디를 하도록 請하였다」라고 하였고, 傳

燈錄百丈章에 「黃檗이 말하기를 古人이 다만 一轉語를 잘못 對答하므로써 五百生을 野狐身으로 떨어졌다」라고 하였음.

일점상당(一點相當) 깨치는 것. 相當은 相應과 같음.

일점어(一點語) 한말로 他人을 轉迷開悟시키는 말을 가리킴. 또는 한마디로 宗旨를 말한다는 뜻.

일접(一接) 敎導하는 것. (景德傳燈錄)

일정마니(日精摩尼) 또는 火珠라고도 함. 寶珠의 이름으로 盲者의 눈에다 이 寶珠를 갖다 대면 그 눈이 밝아져 볼 수 있다고 한다. 日宮殿은 이 火珠로 되어 있고 또 千手觀音은 四十手의 한 손에 이 火珠를 잡고 있다 함.

日精摩尼手

일정명(一精明) 唯一 자세하고 뚜렸한 것. 精明은 훌륭한 精神作用에 의한 表現. 絶對的인 一心. 眞如心. (臨濟錄)

일정의(一頂衣) 한장의 袈裟라는 뜻. 頂은 龍이나 帽子 따위를 셀때에 쓰는 말. (正法眼藏)

일제(一際) 彼此의 二邊에 分別이 없는 것. 智度論十九에 「涅槃際·世間際는 一際가 다름이 없기 때문이다」하였고, 宗鏡錄二十二에 「法報가 비록 나뉘었으나 眞化는 一際다」 하였음.

일제(一諦) 二諦와 三諦에 對하여 말하는 것으로 究竟된 둘이 없는 實義를 말하며 一實諦와 같다 함. 涅槃經第十三에 「文殊가 佛께 아뢰기를 "第一義中에 世諦가 있읍니까 世諦 가운데 第一義가 있읍니까 만일 있다고 한다면 곧 이 一諦이며 만약 없다고 한다면 앞으로의 如來는 虛妄說이 아닙니까"佛께서 答하시기를 "世諦는 곧 第一義諦다. 善方便이 되기 때문에 衆生에게 隨順하여 二諦가 있다고 說한다"」하였음. 이 世諦는 곧 第一義諦이며 二諦가 있다함은 方便을 보인다는 뜻이다. 法華玄義第二에 一諦의 뜻을 밝혔다. 비유하면 醉한 사람이 그 마음이 眩亂하여 日月山川등을 보고 모두 廻轉한다고 말하고 깬사람은 다만 돌지 않음을 보고 轉함을 보지 못한다함과 같다. 衆生은 諸煩惱와 無明의 가리움이 되어 顚倒心이 생기며 비록 二諦가 있으나 世諦는 轉日과 같고 實은 오직 本日의 一諦뿐이다. 또한 毘婆沙論第七十二에 一諦로 解하는 說이 頗多하다. 滅諦는 一諦가 된다하고 道諦도 一諦가 된다하며 評家에 이르면 四諦를 또한 世諦라하며 또한

第一義諦라 한다. 또한 勝鬘經에는 「四聖諦中에는 三諦는 이 虛妄法으로 眞實이 아니며 一滅諦는 眞實諦라 한다」하였음.

※義林章第二末 謂勝鬘經說爲一實諦 是唯如來藏乃爲一實 餘有起盡云 案智度論八十六에 「聲聞人以四諦得道 菩薩以一諦入道」

일조(一遭) 一週와 같은 뜻.

일조담자(一條擔子) 한 덩어리 짐이란 뜻.

일조철(一條鐵) 한 가닥의 連續한 鐵. →萬里一條鐵. (正法眼藏 佛性)

일족(日族) 太陽의 後裔, 안기라스仙人의 後裔라는 뜻. 釋尊을 가리킴. 이 仙人은 베다〈veda〉 속의 詩頌의 作者로서 그 族은 三十三이 있는데 大別하면 梵〈Kevalāngirasa〉 梵〈Ga=utamāngirasa〉 梵〈Bhārad-vājāngirasa〉의 三種으로 나눈다. 釋迦佛은 고오다마 族이므로 그 가운데 둘째의 梵〈Gautamān girasa〉의 사람임.

일족파삼관(一鏃破三關) 三關은 三重의 關門. 鏃은 살촉. 一鏃은 한대의 화살이란 것. 難攻不落의 三處關門을 한대의 화살로서 一時에 뚫어 陷落한다는 뜻. 學人의 力量과 手腕이 가장 優秀한 것을 表하는 말. (鏃의 俗音은 촉)

일종 —— 日中의 變한 말인 듯. 하루에 한끼니만 먹는 行事. 우리나라에서 佛弟子(特히 信徒)들이 해마다 正月, 五月, 九月의 초하루 보름날은 일종하는 날이라 하여 正月에는 卯時에, 五月에는 辰時에, 九月에는 巳時에 한끼만 먹고, 다시는 아무것도 먹지 않으면서 이렇게 하면 여러 劫에 지은 罪業을 消滅하고 來生에 福을 받아 數千石의 糧食을 貯蓄하게 된다고 한다. 正月, 五月, 九月은 三長齋月이기 때문이다. 智論에 '帝釋天王이 天衆들을 데리고 正月 초하루부터 큰 보배 거울로 南贍部洲를 비치면서 善行·惡行을 記錄하고 二月에는 東弗婆提, 三月에는 北俱盧洲, 四月에는 西牛貨洲를 비쳐보고 五月에는 다시 南贍部洲를 비치고 또 그렇게 돌아서 九月에는 南贍部洲를 비치기 때문에 이럴때마다 그 洲에 있는 衆生들은 善한 일을 닦아야 한다'고 한데서 비롯된 것. 그러나 그 달 前半朔(一日에서 十五日까지)은 繼續해야 할 것이나 보름동안을 繼續할 수 없으므로 첫날과 마지막날을 가려서 초하루와 보름날만 한다. 이 날은 부처님 法과 같이 午時(日中)에 한번만 먹고 八關齋戒를 지켜야할 것인데 지금은 흔히 日中食하는 것만을 지킴. →三長齋月.

일종(一宗) 一個의 宗旨. 또는 즉 佛教를 가리키는 말. 西方要訣에 「이 한 宗에 依止하라」고 하였고, 輔行一의 一에 「한 宗教의 門은 文字나 言語로 나타낼 수 없고 總

稱하여 宗이라 한다」라고 하였고, 迦才淨土論에 「이 一宗이야 말로 그윽한 要路가 된다」라고 하였음.

일종(日種) ㉵〈Sūrya vam śa〉 釋尊 五姓의 하나. 淨飯王의 六代祖王이 出家乞食하면서 山中에 있었는데 사냥군에게 白鳥로 誤認되어 射殺되었다. 그 핏덩이에서 두 줄기의 甘蔗가 나오고 그 甘蔗가 햇빛에 쬐이어 成長하여서 한 男子와 한 女子가 되었다. 그래서 甘蔗氏라 하고 햇볕에 쬐이었으므로 日種이라 하였다. 智度論三에 「옛적에 日種王이 있었는데 이름을 師子頰이라 하였다. 그 王에게 네 아들이 있었는데 첫째는 이름이 淨飯이요 둘째는 白飯이요 셋째는 斛飯이요 넷째는 甘露飯이라 하였다」라고 하였음. (佛本行集經五)

일종씨(日種氏) →日種.

일종자(一種子) 一生을 끌어갈 만큼의 種子로서의 煩惱. (四敎儀註)

일좌(一座) 山. 廟. 佛像등의 하나.

일좌식(一坐食) 比丘가 頭陀의 戒法을 받는 것으로 음식을 자주자주 먹지 않고 조금씩만 먹는 것을 말함. 오직 一坐食의 戒를 받는 것은 戒法에 한자리에서 먹을 적에 滿足히 먹고 다시는 다른 자리에 앉아 먹지 않는다. 설혹 만족하지 못하여 다른 자리에서 먹을 기회가 있더라도 역시 다시는 먹지 않도록 되어 있기 때문에 一坐食이라고 하였음.

일주(一住) ㉶〈eka-vihāra〉 홀로 森林 등 조용한 곳에 사는 것. (雜阿含經)

일주(一肘) 印度의 尺數의 名稱이다. 俱舍論十二에서 말한 七麥은 一指節이며 三指節이 一指가 되고 二十四指를 가로 눕힌 것이 一肘가 되며 四肘를 세워서 편 것이 一弓이 된다 한 것. 西域記二에서 말한 七宿麥이 一指節이 되고 二十四指가 一肘가 되며 四肘가 一弓이 된다. 이것에 依據하여 論하면 俱舍論의 一肘는 一指節의 七十二倍에 該當되나 西域記의 說은 겨우 二十四倍에 該當된다. 人指의 廣狹이 같지 않고 肘의 길이가 또한 一定함이 없다. 오직 一說은 一尺 八寸 또는 一尺 四寸이 一肘가 되며 佛의 量은 倍가 된다 함.

일주(一炷) 一次의 燒香. 또는 一次의 촛불을 밝힘을 말함. 楞嚴經六에 「身上에 香一炷를 태웠다」라고 하였음.

일주(日珠) 太陽光線을 焦點에 모아서 불을 붙이는 珠. (瑜伽論)

일주관(一周關) 一周忌와 같음.

일주기(一周忌) 또는 一回忌. 死後 滿一年이 되는 忌日. 儒家에서는 小祥이라 함. →年忌.

일준(一準) 골고루 보는 것. (四敎儀註)

일중(一中) 齋食을 베풀고 一堂中에 普及하는 것. 또는 一普. 傳燈錄에 一普는 一堂에 미친다는 뜻. (象器箋十五)

일중(日中) 六時의 하나. 巳時부터 未時까지, 곧 午前十時부터 十二時까지.

일중겁(一中劫) 時의 이름으로 一個의 中劫을 말함. ①사람의 壽命 十歲로부터 百年마다 一歲씩 增加하여 八萬四千歲에 이르는 동안을 一增劫이라 하고 八萬四千歲부터 百年마다 一歲씩 減하여 十歲에 이르는 동안을 一減法이라 한다. 이 一增一減을 合한 것이 한 中劫이다. ②一增一減은 一小劫이요. 二十小劫은 一中劫임. →劫.

일중일식(日中一食) 沙門은 모두 午前中에 한번 食事하는 것을 말함. →日一食.

일중일체중(一中一切中) 空·假·中 三觀의 中. 中은 中觀의 一이될 뿐만 아니라 空觀·假觀도 또한 中이 된다 함.

※止觀五上에 「一中一切中 無空假而不中 總中觀也」

일중풍경(日中諷經) 즉 三時諷經 가운데 日中에 (正午) 經을 諷誦하는 것을 말함.

일즉다(一卽多) 一卽十과 같음. →一卽十.

일즉다다즉일(一卽多多卽一) →一卽十

일즉육(一卽六) 眼·耳·鼻·舌·身·意의 六根가운데 어느 一根이 眞性에 돌아오면 나머지 五根도 따라서 解脫하는 것을 말함. 楞嚴經六에 「一根이 이미 根源에 사무치면 六根이 解脫을 이룬다」라고 하였고, 또 이르기를 「六根이 또 이와 같아서 元來 하나의 精明에 依하면 나누어진 六根이 모두 和合을 이루지만 一處라도 根源에 돌아오는 것을 중지하면 六用이 모두 이루어지지 않는다」라고 하였음.

일즉삼(一卽三) 一乘敎가 바로 三乘敎의 뜻임을 말함.

일즉십(一卽十) 一이 곧 十이라 함은 一은 十에 이르는 數이며 하나와 하나가 均等하게 겹쳐서 이루어진다는 것. 만약 一를 本數로 곧 單數라고 한다면 一을 버리고는 二에서 十까지 될 수가 없다. 이러한 所以로 一은 곧 三도 되고 十도 된다는 뜻. 바꾸어 말하면 二는 本數인 一에서부터 始作되며 一에서 一을 더하여 二. 二에 一을 더하여 三 이렇게 十까지 되는데 一을 버리고는 二가 될 다른 本體가 없다는 뜻이다. 이로부터 미루어 본다면 十도 一 外에는 따로 別體가 없다. 一은 다른 수를 이루는 一이지 自性의 一이 아니다. 만약 自性의 一이 된다면 一은 結局 一 이외에 다른 數가 될 수가 없다. 이렇게 본다면 組成하는 他數의 一임을 알 수 있다. 그러므로 이때 論하는 本數인 一이 體數가 있다면 二에서 十까지는 體數가 없다. 그러므로 곧 空이 되며 一과 十이 相卽한다. 또한 一이 有力數라면 二에서 十까지는 無力數가 되므로 一과 十이 相入한다. 이 法을 根據로 하여 詳論한다면 一塵은 主가 되어 一切佛土가 모두 이 가운데 있고 이는 곧 大陀羅尼緣起의 法門이다. 華嚴一家의 盛談한 것. 또한 一은 곧 多라는 意義는 위와 같다 함.

일즉일체(一卽一切) 華嚴經 敎理에서 一과 多가 融合하여 一中에 宇宙의 全活動을 包容하여 融通無礙함을 말한다. 萬有의 個個의 實體는 差別的 存在같기는 하나 그 體는 本來 떨어져 있는 것이 아니므로 하나 하나가 모두 絕對이면서 萬有와 서로 融通하는 것이 마치 한방울 바닷물에서 큰 바닷물의 짠맛을 알 수 있는 것 같은 것 등임.

일즉일체일체즉일(一卽一切一切卽一) 一과 一切가 融卽하면 그 體가 無礙한 것. 指月錄四에 「三祖 僧璨의 信心銘에 말하기를 一卽一切요. 一切卽一이다. 다만 能히 이와 같다면 어떠한 생각을 맞추지 못하겠나」하였고, 筆削記一에 「一은 곧 一切요. 一切는 곧 一이다. 一은 一切에 들어가며 一切는 一에 들어가서 서로 主와 伴이 된다」하였으며, 傳心法要下에 「만약 能히 心밖에 境이 없고 境밖에 마음이 없어서 心과 境이 둘이 아님을 알게 되면 一切는 곧 一心이요. 心은 곧 一切가 되어 다시는 罣礙됨이 없다」하였고, 또 말하기를 「一은 卽一切요 一切는 卽一이니 諸佛이 圓通하여 다시는 增減이 없다. 六道에 流入하면 곳곳이 모두 圓滿하여 萬類 가운데 個個가 佛이다. 비유하면 一團의 水銀이 諸處에 分散되면 個個가 모두 圓滿하고 만약 나누지 않했을 때는 한 덩어리 뿐이다. 이는 一卽一切이며 一切卽一과 같다. 갖가지 形貌는 居舍와 같아서 驢屋을 버리고 人屋에 들어가며 人身을 버리고 天身에 이른다. 聲聞 緣覺 菩薩 佛屋 모두 네가 取하고 버릴 곳이다. 分別의 所以는 本源의 性뿐이지 어찌 다른 分別이 있겠는가」하였고, 永嘉禪師가 말하기를 「一性이 圓滿하여 一切性을 通하고(一性圓通一切性) 一法이 周遍하여 一切法을 舍한다. (一法徧舍一切法) 한 개의 달은 널리 一切水에 나타나고(一月普現一切水) 一切水의 달은 하나의 달에 攝收된다. (一切水月一月攝) 諸佛의 法身도 나의 性에 들어오고(諸佛法身入我性) 나의 性도 함께 如來와 合쳐지네(我性同共如來合)」하였음. 이는 佛敎中에서 가장 究極된 學說이다. 萬有의 法이 眞如의 法界中에 있으면 비록 갖가지의 差別相을 들어내나 그 本

體中에는 털끝만한 差別의 相도 없다. 갖가지의 法이 모두 絕對가 되어 一切法과 鎔融될 때 그 一을 알면 곧 一切를 안다. 일찌기 바닷물의 한방울을 맛보고 곧 能히 一切大海水의 짠맛을 아는 것과 같다. 이 妙旨는 華嚴과 天台의 兩家에서 發揮한 것이 가장 많다. 곧 觀法에 要約하면 一空은 一切空이 되며 一假는 一切假가 되고 一中은 一切中이 된다는 說이다. 이 一心三觀은 一境三諦의 圓理를 示現하고 觀境에 約하여 一心은 一切를 傳하며 一陰은 一切陰을, 一境은 一切境등의 幽意가 된다. 다시 諸法上에서 一塵이 一切塵, 一法이 一切法, 一界가 一切界, 一國土가 一切國土, 一相이 一切相, 一色이 一切色, 一毛孔이 一切毛孔, 一衆生이 一切衆生, 一身이 一切身, 一人이 一切人, 一字가 一切字, 一識이 一切識등을 說하며 或 修證과 迷悟에 돌아가면 一斷이 一切斷, 一行이 一切行, 一位가 一切位, 一障이 一切障, 一修가 一切修, 一證이 一切證, 一顯이 一切顯, 一欲이 一切欲, 一魔가 一切魔, 一佛이 一切佛, 一入이 一切入, 一智가 一切智, 一理가 一切理, 一究竟이 一切究竟, 一門이 一切門, 一種이 一切種, 一受가 一切受등을 밝히게 하였고, 또한 權과 實을 破立하는데 돌아가면 一破는 一切破, 一立은 一切立, 一權이 一切權, 一實이 一切實등의 解釋이 된다 함.

일증(一增) 사람의 定命은 十歲로부터 始作하여 每百歲마다 一歲씩을 더하여 八萬四千歲에 達하면 그 동안이 定命이다. 俱舍論光記十二에 「增은 사람의 壽命이 十歲로부터 起算하고 더하여 八萬歲에 이르는 것을 말한다」라고 하였고, 佛祖統紀三十에 「사람의 壽命이 八萬四千歲에서 百年마다 一年씩을 減하여 十歲에 이르면 다시 더하여 八萬四千歲에 이르는 동안이다」라고 하였음. →一增一減.

일증일감(一增一減) 劫을 지내는 사이에 人間의 壽命이 한번 增하고 한번 減하는 것. 俱舍光記十二에 「增減이란 人壽 十歲에서 부터 더하여 八萬歲까지 가며 八萬歲에서 부터 減하여 十歲에 이른다」하였음. 이는 一增 一減하는 사이로 新譯家는 中劫이라 稱한다. 俱舍論十二에 「이 땅의 사람은 壽가 無量時를 지났는데 劫初에서부터 住하여 壽가 漸漸 減해져서 無量減에 이르면 十年에 끝난다. 이를 곧 一住中劫이라 한다. 이후 十八劫의 增減이 있어 十年에서 부터 八萬에 이른다. 다시 八萬에서 減하여 十年에 이르면 이를 第二中劫이라 한다. 이뒤 十七劫도 例는 이와같다. 十八劫 뒤에는 十歲씩 增하여 極이 八萬歲에 이르는 것을 第二中劫이라 한다」하였음. 舊譯家는 一增 一減을

小劫이라 한다. 佛祖統紀三十에 「이와 같은 一減一增을 一小劫이라하고 二十增減을 一中劫이 된다고 한다」하였음.

일증일감겁(一增一減劫) →一增一劫.

일증일체증(一證一切證) 한가지 理致를 깨달으면 同時에 一切의 理致를 깨닫는다는 것.

일지(一地) 땅으로써 衆生의 佛性을 비유한 말. 一切의 草木의 種子가 모두 땅에 依하여 태어나는 것처럼 一切의 善根功德이 모두 한 佛性에 依하여 生하는 것에 비유한 것. 文句七上에 「地는 實相이다. 究竟에 가서는 둘이 아니기 때문에 一이라고 말한다」하였고, 法華義疏八에 「一相은 한 實相을 말하는 것인데 合하여 一地이다」하였음.

일지(一志) 全心으로 뜻하는 것. (正法眼藏 行持)

일지(一持) 一佛의 名號나 一經의 文을 잘 受持하는 것을 一持라고 한다. 不動經에서 偈文을 말하기를 「秘密呪를 한결같이 간직하여 자주 생각하고 加護하며 隨逐하여 서로 떠나지 않으면 반드시 華藏世界로 보낸다」하였음.

일지(一智) 華嚴經에 「一切의 모든 如來가 同一한 法身이요, 一心이요. 一智慧며 力無畏도 그렇다. 一佛智는 즉 一切種智요. 한 寂滅의 相을 보아서 갖가지 行類의 相貌를 다 알 수 있으므로 一切種智라고 말한다. 이는 智觀三諦로 만약 一相 寂滅의 相이라고 말한다면 이는 中道를 觀한 것이요. 만약 種種의 行類의 相貌를 다 알 수 있다고 말한다면 이는 바로 空·假 二諦를 雙照한 것이다」라고 하였음. (止觀三의 二)

일지두선(一指頭禪) ㊟모든 하늘과 모든 땅이 모두 一指頭上에 攝盡되었다는 뜻. 景德傳燈錄第十一 金華俱胝傳에 俱胝는 때에 實際尼의 勘破한 것이 되어 憤慨하여 能히 措手를 못하였다. 偶然히 杭州의 天龍和尙이 그 庵子에 오는 것을 만나서 俱胝가 물어보니 天龍이 한 손가락을 세워서 보였다. 俱胝는 곧 앉아서 크게 깨달았다. 이 뒤로는 恒常 一指를 세워 學者의 參問에 對하고 따로 提唱함이 없었다. 示寂을 當하려 할 때 말하기를 "내 天龍和尙의 一指頭禪을 얻어 一生을 썼으나 다함이 없었다"하니 이로부터 一指頭禪은 禪家에서 크게 喧傳되었다 함.

일지반해(一知半解) 些少한 知識과 見解의 뜻. 바꾸어서 淺薄한 知識의 뜻으로도 使用됨. 大慧普覺禪師語錄卷十八에 「世間의 文章技藝도 오히려 悟門을 要한 뒤라야 그 精妙함을 얻을 수 있거던 하물며 出世間의 法을 다만 恁麼로 了得한 這裏의 一千二百의 衲子 箇箇는 一知半解가 없다」라고 하였음.

일지신(一智身) 絕對唯一한 智慧를 身體로 한 것.

일지화(一枝花) 禪家의 말로 金波羅華가 一枝花임을 말함.

일진(一眞) 또는 一如·一實. 모두 絕對의 眞理. 一은 無二로서 平等不二하므로 一이라 하고 眞은 虛妄을 여읜 眞如를 말함.

일진(一塵) 一微塵이란 말로 物質의 極히 微細한 것을 말하는 것. 涅槃經十에 「一塵이 一佛이다」라고 하였고, 華嚴經五十一에 「여기에 한 큰 經卷이 있는데 量이 三千界와 같으며 하나의 작은 먼지 속에 있어도 一切의 微塵이 다 그러한데 聰明한 慧人이 있어서 淨眼으로 모두 昭詳히 보고 그 微塵을 깨고 經卷을 꺼내어 널리 衆生을 利益케 하였다」라고 하였음.

일진무위(一眞無爲) 一眞法界의 體가 無爲自然함을 말함. 楞嚴經八에 「淸淨無漏한 一眞無爲가 性의 本然이다」라고 하였고, 長水義疏에 「體는 곧 眞如로 無漏淸淨한 一眞法界다. 이 法界의 體는 이와같은 無方의 妙用을 갖추었으므로 本然이라고 한다」하였음.

일진법계(一眞法界) 華嚴宗에서 쓰는 極理를 말하는 것으로 天台家에서 쓰는 諸法實相을 말함과 같음. 唯識論九에 「勝義의 勝義는 一眞法界를 말한다」하였고, 華嚴大疏에 「往復함에 가이 없고 動靜의 한 말이 衆妙를 包含하여도 남음이 있고 言思를 超越하여 逈出하는 것은 그 오직 法界 뿐이다」하였으며, 大疏鈔一에 「一眞法界로 玄妙體를 삼는다」하였음. 事事와 物物과 一微와 一塵이 모두 足히 一眞法界가 된다. 그 體가 絕待이므로 一이라하고 眞實하므로 眞이라하며 一切萬法을 融涉하였으므로 法界라한다는 華嚴經一部의 主意다. 三藏法數四에 「二가 없으므로 一이 되고 妄하지 않으므로 眞이 되며 交徹融攝하므로 法界라 한다. 곧 이는 諸佛의 平等法身이며 本來부터 음으로 생하지도 滅하지도 않으며 空도 有도 아니며 名과 相을 여의고 안(內)과 밖이 없으며 오직 한 眞實이 不可思議한 것을 一眞法界라 한다」하였음.

일진법계(一塵法界) 하나의 작은 먼지가 바로 法界다. 圓悟錄一에 「一塵에 法界가 包含되었고, 一念이 十方을 두루했다」라고 하였음.

일진불염(一塵不染) 物欲의 티끌에 물들지 않음.

일진여(一眞如) 一眞法界는 差別이 없음을 말함. 起信論에서 이른바 "참으로 未分의 一心을 生한다"함이 바로 이것임.

일진지(一眞地) 一眞法界의 理를 悟達한 境地. 四十二章經에 「平等如一하게 보는 眞地」라 하였고, 道沛註에 「平等하게 衆生을 보기를 一

眞地와 같다. 이 一眞法界는 自·他가 뚝 끊어진 자리이다」라고 하였음.

일집(一執) 같은 사로잡힘. (玄義)

일차(一杈) 두 갈래의 나무. (碧巖錄)

일차구왕(一叉鳩王) 梵〈Iksvaku〉 번역하여 甘蔗氏. 慧琳音義二十六에 「또 日種善生이라 하며 釋迦種族의 祖先이다」하였음.

일착(一著) 一事와 같음. 본래는 바둑두는데 쓰는 말로 한 수라는 뜻. 宗論三에 「이 向上의 一著은 과거 千聖도 傳하지 못한 것이다」하였고, 梵室寓談에 「이름은 달라도 實은 같은 것은 台宗의 一心三觀과 賢首가 말한 一眞法界와 法相宗에서 말한 勝義唯識과 禪宗에서 말한 向上一著으로 모두 처음부터 조금도 다름이 없다」하였음.

일착자(一着子) 一物이라고 하며 一介란 뜻으로 우리의 主人公인 마음을 가리킴.

일찬(一餐) 一時에 삼키는 食物의 量. 흔히 말하는 한입.

일찰(一刹) 梵〈Kṣetra〉 一箇의 國土를 말함. 刹은 掣多羅의 略稱. 번역하여 土田. 一佛이 濟度하는 境域으로 三千大千世界를 一刹로 삼음. (名義集七)

일찰(一拶) 禪語로서 매우 급히 談語를 재촉함을 말함. 師僧이 弟子를 시험하는 것.

일찰나(一刹那) 梵〈Ksana〉 때의 極히 짧은 것을 말함. 俱舍論十二에 「極微한 것을 刹那. 色을 時極少라 한다」하였고, 仁王經上에 「九千刹那가 一念이 되고 一念中에는 一刹那가 九百번 생멸한다」하였으며, 俱舍論十二에 「어떤 것을 一刹那量이라 하는가하면 衆緣이 和合하여 法이 自體를 얻을 동안이다. 或 動法에 있어 行度가 極微한 것이며 法에 對한 諸師의 說에는 한번 빠른 彈指의 頃과 같다. 六十五刹那를 一刹量이라 한다」하였고, 無性攝論六에 「꿈에 處하기를 經年이라 하고 寤는 須臾頃이라 하므로 때를 비록 헤아릴 수 없으나 一刹那에 攝되었다」하였음.

일찰찰도료(一拶拶倒了) 談話를 빨리 재촉하여 이미 끝낸 것을 말함.

일참(日參) 所願이 있어서 一定한 期間에 每日 佛前에 參拜하는 것.

일책수(一搩手) 梵〈Vitasti〉 또는 一磔手. 一張手라고도 한다. 尺度의 이름. →一磔手.

일책수(一磔手) 磔手는 梵語 Vitasti의 번역. 또는 一搩手·一張手 一搭手·一折이라고도 한다. 印度의 尺數. 손으로 磔은 편다

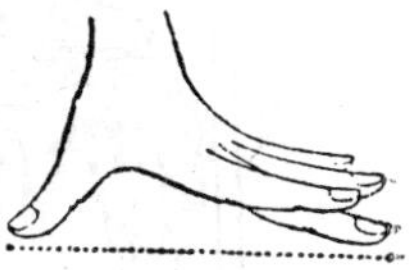

一磔手

연다의 뜻이니, 한뼘을 뜻함. (寶星經第四, 俱舍論第二十二, 祇洹寺

圖經, 玄應音義第二十二, 第二十五, 慧琳音義, 第二十四)

일처(一處) ①極樂淨土를 뜻함. ②㉵〈eka-anta〉 쓸쓸한 場所. (佛所行讚)

일처사견(一處四見) 一水四見과 같음. →一水四見.

일척안(一隻眼) 頂門眼·正眼·明眼과 같음. 眞正으로 事物을 보는 눈은 한개의 눈인 것이다. 眼目이 있는 것. 보는 所見이 높은 눈. 올바르게 보는 눈. 奧妙한 境地에 到達한 사람의 눈을 말함. 또는 一能一藝에 대하여 卓見이 있는 사람. 卓越한 識見을 가지고 十方世界를 觀破하는 明眼을 가리킨다. 碧巖八則垂示에 「一隻眼을 갖추면 可히 앉아서 十方을 알 수 있고 千仞의 絕壁에 설 수 있다」라고 하였음.

일천(一天) ①全世界 ②오직 하나밖에 없는 天.

일천(日天) ㉵〈Āditya〉 日天子의 略稱. 十二天의 하나. 阿儞怛也의 번역. 別名 蘇哩也, 胎藏界 曼陀羅에서는 金剛部院의 東方에 金剛界 曼陀羅에서는 外院의 南方에 있는 天人이다. 形像은 붉은 살색으로 左右 손에 蓮꽃을 쥐고, 다섯 마리의 붉은 말이 끄는 수레를 타고 天衣를 입고 있음.

日 天

일천이백공덕(一千二百功德) 六根이 淸淨한 功德을 말함. 法華經 法師功德品에 「만일 善男子 善女人이 이 法華經을 受持하여 읽고 외우고 書寫한다면 이 사람은 마땅히 八百眼功德과 千二百耳功德과 八百鼻功德과 千二百舌功德과 八百身功德과 千二百意功德을 얻을 것이다. 이 功德으로 六根이 莊嚴하여져서 모두 淸淨하리라」하였음.

일천자(日天子) ㉵〈Sūrya〉 蘇利耶. 修利修野라하며 異名 寶光天子·寶意天子라하며 觀世音菩薩의 變化身으로 太陽中에 住하며 太陽은 그의 宮殿이다. 立世阿毘曇論 月行品에 「日宮이다. (中略) 이것은 宮殿으로 說明은 修野다. 이곳은 日天子가 그中에 住하여 그 또한 修野라 한다」하였고, 法華文句二에 「寶光은 이 寶意日天子로 觀世音이 된다」하였고, 法華義疏一에 「寶光天子는 日天子를 말한다. 經에 이르기를 觀世音을 寶意라하며 日天子가 된다」하였음.

※秘藏記末에 「日天赤肉色 左右手持蓮

華 並乘四馬車輪」

일천제(一闡提) 梵〈icchāntika〉成佛할 性이 없는 사람. 舊에는 一闡提라하며 번역하여 不信이라 한다. 이는 佛法을 不信한다는 뜻임. 涅槃經五에 「無信한 사람을 一闡提라 하며 一闡提는 不可治라 한다」하였고, 同五에 「一闡提란 一切의 諸善根이 斷滅하여 마음이 一切의 善法을 攀緣하지 못한다」하였으며, 同十九에 「一闡提란 因果를 不信하며 부끄러움이 없고 未來世가 나타나지 않는다고 業報를 믿지 않으며 善友를 親하지 않고 諸佛이 說한 教戒를 따르지 않는 사람을 一闡提라 함. 諸佛과 世尊도 能히 다스리지 못한다」하였고, 同二十六에 「一闡은 信이라하고, 提는 不具라하며 信을 갖추지 못하므로 一闡提라 한다」하였으며, 涅槃經疏十에 「古來부터 말하기를 闡提는 衆惡을 具備하였으므로 적당한 번역이 없다. 오직 河西地方에서는 번역하여 極欲이라 하며 愛欲의 邊이 極함을 말한다. 이는 總惡의 안에 即하여 一事를 取하여 번역한 것. 例를 들면 涅槃의 이름을 含衆德이라하나 또한 的當한 번역이 없고 번역하여 滅度라 함은 亦是 總中에 이 一事를 取하여 번역한 것이다」하였음. 新譯은 一闡底迦라하며 번역하여 樂欲. 生死를 즐겨한다는 뜻. →阿顚底迦. ※又作一顚迦 楞嚴經六에 「是一顚迦銷滅佛種 如人以刀斷多羅木」 長水之義疏에 「一顚迦 即斷善根者」

일천제장(一闡提杖) 涅槃經三十八에 「이 經이 能히 하나의 闡提杖이 된다」라고 하였음.

일천중(一天衆) 天名으로 釋迦院의 一衆. 大日經一에 「왼편에 日天衆이 있어 輿輅守에 앉아 있는데 勝·無勝妃등이 左右에 따르며 待衛하고 있다」라고 하였음.

일천지가(一闡底迦) →一闡提.

일천칠백측공안(一千七百則公案) 五燈錄中 公案의 數가 무릇 一千 七百則이다. 山房夜話上에 「또한 禪宗門下에 二祖부터 安心 三祖는 懺罪. 南嶽은 磨磚. 青原은 垂足이며 擎叉에 이르면 毬輥·川棒·使喝에서 一千七百則 機緣에 미친다. 모두 八字를 打開하고 두손을 分付하지 않음이 없다」하였고, 宗論三에 「緣木으로 고기를 求하고 株를 지키어 토끼를 기다림과 같다. 三藏十二部는 瘡疣를 닦는 종이며 千七百 公案도 또한 陳腐한 葛藤과 같다」하였음.

일철(一轍) 같은 軌轍. 法華文句二에 「일천 수레가 一轍을 함께 한다」고 하였음.

일체(一切) 該羅한 事物을 말함. 玄應音義에 「說文에 이르기를 一切는 普다. 普는 곧 遍見의 뜻이므로 切은 十을 따름이 마땅하다. 說文에

十은 數의 具足함을 말하며 七을 따르는 것은 俗이다」하였음. 史記에 「臣이 諸侯와 王의 邸第를 보니 百이 넘읍니다. 모두 高祖의 一切 功臣입니다」하였고, 同索隱에 「이 一切는 一例와 같으면 同時이고 다른 一切와 같지 않으면 訓權時다」하였으며, 勝鬘經 寶窟中末에 「一切는 止是 該羅의 이름이다」하였고, 法苑珠林二十八에 「一은 普及함을 말하며 切는 盡際함을 말하는 것이다」하였으며, 無量壽經 慧遠疏上에 「一을 들어서 다른 것을 포함하므로 一切라 한다」하였고, 智度論三十에 「一切에 二가 있다. 一은 名字一切요. 一은 實一切다」하였음.

일체(一體) 事物의 外相은 비록 千差萬別하나, 그 本體의 性은 하나이기 때문에 一體라고 말함. 涅槃無名論에 「天地는 我와 同根이요. 萬物은 我와 一體다」하였고, 法界觀에 「有情과 非情이 모두 一體이다」하였음.

일체개성(一切皆成) 一切衆生이 모두 成佛함을 말한다. 五性各別에 對하여 말하는 것. 三乘家에서는 無性有情의 一類가 있어 定性 二乘은 成佛하지 못한다는 說로 無餘界에 永滅의 計를 세우고 一乘家에서는 모두 佛性이 있다는 뜻을 唱하여 二乘 開會의 뜻을 밝혀서 無餘界의 廻心함을 說하였으므로 一切衆生이 成佛하지 못함이 없음을 말하였다. 이제 三五經의 說을 列擧하여 證한 것. 法華經 方便品에 「聲聞과 菩薩은 나의 說法을 듣고 一偈에 이르면 모두 成佛함을 疑心하지 않는다」하였고, 또한 「만약 法을 들은 者가 있다면 하나도 成佛하지 못함이 없다」하였으며, 涅槃經十에 「一切의 菩薩 聲聞 緣覺은 未來世에 모두 大般涅槃에 돌아가게 된다. 비유하면 모든 냇물이 큰 바다에 흘러들어 감과 같다」하였고, 또한 第三十六에 「一切衆生이 모두 佛性이 있다. 一闡提人이 비록 方等經을 誹謗하여 五逆罪를 짓고 四重禁을 犯했으나 반드시 當來에는 菩提道를 成就하고 須陀洹人 斯陀含人 阿那含人 阿羅漢人 辟支佛등은 반드시 阿耨菩提를 成就한다」하였으며, 또한 第十一說에 五種人의 成佛中에 須陀洹果人은 未來의 八萬劫을 지내면 菩提를 成就하고 斯陀含果人은 未來의 六萬劫을 지내고 阿那含果人은 未來의 四萬劫을 지내며 阿羅漢果人은 未來의 二萬劫을 지내고 辟支佛道人은 未來의 十千劫을 지내면 阿耨菩提를 成就한다는 뜻을 밝혔다. 大雲經第四에 「一切衆生은 모두 佛性이 있어 菩提心을 얻을 수 있다」하였고, 入楞伽經第二에 「三乘을 說하는 者는 修行地에서 發起하게하므로 비록 諸性의 差別을 說했으나 究竟地가 아니며 聲聞 緣覺은 畢竟에 如來身을 얻는다」하였으며, 中陰泥洹界에도 金剛心을 發하면 하나 하나 成佛한다」하였고, 密嚴經中에 「十梵의 곳인 無煩·無熱·善見·善現·阿迦·尼吒·空處·識處·無所有處·非想非非想處에 住한 뒤에 漸漸 貪欲을 除하며 이로부터 清淨佛土에 생하며 恒常 妙定에 遊하여 眞解脫에 이른다」하였으며, 尼乾子經二에 「이 衆生을 위하므로 分別과 差別을 說한다. 究竟에는 모두 成佛하며 다시 餘乘은 없다. 나는 衆生의 化度를 위하여 分別하여 餘道를 說하여 漸漸 化하여 一에 들어가게하므로 三差別은 없다」하였고, 勝鬘經에 「聲聞 辟支佛乘은 모두 大乘에 들어간다」하였으며, 圓覺經에 「有性과 無性은 같이 佛道를 成就한다」한 것.

일체개공(一切皆空) ①宇宙가 破壞될 때에 모든 物質이 消滅하는 것. (雜譬喩經) ②모든 現象이나 存在가 空인 것. (大乘理趣六波羅蜜多經)

일체개공종(一切皆空宗) 華嚴宗에서 세운 十宗가운데 하나. 萬有의 모든 現象은 그 性品으로 보면 모두 空하다고 主張하는 宗派 즉 般若經 中觀論등의 主張. →十宗.

일체경(一切經) 佛敎 聖典의 總名이다. 或은 大藏經이라하며 省略하여 藏經이라 함. 隋書 開皇元(581)年에 京師와 모든 大都邑에 官과 힘을 합해 一切經을 書寫하여 寺內에 두고 또 別寫하여 秘閣에 奉藏하였다. 一切經의 名은 이에서 始作된다. 이 名稱은 原來 佛이 說한 經律等을 말하는 것이나 지금은 우리나라를 비롯하여 中國 印度 日本등 高僧의 著作을 稱한다. 佛敎가 世界 各國間에 傳播하여 그 聖典은 各種의 國語로 번역되었다. 그 主要한 것을 들면 原本은 散斯克利圖〈saṁskṛt〉語와 巴利〈pāli〉語로 되어 있다. 번역하여 傳한 것은 漢譯藏·西藏藏·蒙古藏·滿州藏(清字經館條)과 歐譯의 諸典이 있다. 散斯克利圖語의 原本은 北方 尼波羅地方에서 부터 漸次로 學者가 發見한 것. 그러나 그數가 甚히 많지 않다. 巴利語의 原本은 巴利三藏이다. 곧 스리랑카(錫蘭) 暹羅·緬甸등 南方諸國에 現在 傳한 것은 그中 暹羅의 官版藏經으로 西紀 1888年 出版되어 世界 各國의 大學 或은 學會에 고루 寄贈되었다. 巴利三藏中에 律藏〈viuaya-piṭakaṁ〉 波羅提木义〈pratimokkha〉 註釋한 悉答韋蒲般伽〈sutta-vibhanga〉蹇陀〈kbandh-aka〉 波利婆羅〈parivāra〉 三部·經藏〈sutta-piṭakaṁ〉 長阿含〈Digha-nikāya〉 中阿含〈Majjhima-nikāya〉 雜阿含〈saṁyutta-nikāya〉 增一阿含〈Aṅguttara-nikāya〉 小阿含〈Khuddakanikāya〉의 五部와 論藏〈Abhidhamma-Pitakam〉 法僧伽〈Dhamma-

Saṅgaṇi〉이하 모두 七論이 있다. 西藏藏은 喇嘛教徒의 護持가 되어 經部에 屬하는 것이 總計 八類이며 百五十一部 三百五十冊이고 다시 續藏 二百二十三冊이다. 그 經部는 淸나라 康熙二十三(1684)年에 刊行되었고 그 續藏은 雍正六(1728)年에 鏤刻된 것. 蒙古藏과 滿洲藏은 奉天에서 保存된 것이며 그中 滿洲藏經은 世界에 오직 一部만 있어 露日戰爭에 日本이 所得하였고 이밖에 各 國語의 藏經은 비록 아직 數種이 있으나 그 中卷帙이 가장 浩繁하여 部義가 모두 完備된 것은 實로 오직 漢譯藏 뿐이다. 漢譯藏經이 印行된 最古는 宋나라 太祖 開寶五(972)年에 列國을 平定하고 金銀字로 佛經을 만들어 前後가 모두 數藏이 된다. 同年에 敕命으로 佛經을 印雕하여 一藏 十三萬版이 그 嚆矢가 되었고 얼마 뒤 至道元(995)年 高麗王이 使者를 보내어 宋나라에 가서 官本을 求하여 從來로 所藏한 前後 二藏과 契丹藏을 參訂校讎하여 十四年이 걸려 全部 刻成하니 世上에서 말하는 高麗藏이 이것으로 千五百二十一部에 六千五百八十九卷이다. 南宋 理宗 嘉熙三(1239)年에 다시 藏經 千四百二十一部에 五千九百十六卷을 열었다. 이것을 宋藏經이라 말하는 것. (→宋藏) 元나라 世祖 十四年에 또한 藏經을 번역雕刻하여 二十七年에 完成하니 一千四百二十二部 六千一十七卷이다. 元藏이라 하는 것. (→元藏) 이 藏은 元末의 兵火에 걸려 宋藏과 함께 불타버리고 오직 日本에 流轉된 것만 아직 남아 있다. 尼法珍이 있는데(→法珍) 慨然히 興藏의 뜻을 가지고 三十年이 걸려서 漸次로 그 功을 完成하니 이것이 方冊으로 藏經의 濫觴이 된다. 明나라 成祖 永樂十八(1420)年에 勅命으로 大藏經版을 印刻하여 正統五(1440)年에 와서 처음 完成하니 이것을 北藏이라 한다. 北京에 奉藏하였고 그 南藏은 太祖 洪武年間에 刻한 것이며 成祖가 또한 勅命으로 石刻을 大石洞에 奉藏安置하였다. 그러나 流通이 周遍하지 못하여 學者들이 不便함을 많이 느낀다. 뒤 神宗때 密藏禪師가 또한 發願하여 方冊藏本을 刻하였고 萬曆十七(1589)年에 五臺山에서 創刻하였으나 業을 完遂하지 못하고 入寂하였다. 後人들이 갈아가며 그 業을 이어서 完成하는데 이르렀다. 이것을 明藏이라하며 六千七百七十一卷이나 된다. 淸藏은 雍正十三(1735)年에 開工하여 乾隆三(1738)年에 完成하였고 또한 京西 石經山의 石刻藏經은 곧 晋 琬公法師가 돌에 새겨 石洞에 封한 것. 日本에 現存하는 古寫本이 적지 않다. 最著한 것은 堀川天皇이 僧侶에 勅하여 하루에 一切經을 寫한 것이며

順德天皇은 一萬五千名의 僧을 시켜 하루만에 一切經등을 寫本하게 한 것. 德川氏는 天海僧正을 시켜 刻活字 大藏을 排印하여 그 活字와 藏經이 지금까지 尙存하며, 六千三百二十三卷이 된다. 얼마뒤 黃檗의 鐵眼和尙이 또한 明藏을 印刻하였고 日本 明治十三(1880)年에 弘敎書院에서 麗藏을 本으로하여 宋·元·明 三藏을 對照하여 活字板 大藏經을 印刷하니 모두 一千九百十六部에 八千五百三十四卷이며 四十帙로 縮成하여 四百十八册이 되었다. 明治三十三(1900)年에 藏經書院에서 藏經에서 빠진 것을 다시 纂輯하여 日本續藏經이라 題하니 모두 七千八百七十三卷이 된다. 淸나라 末에 上海頻伽精舍에서 弘敎本을 根據하여 多少增減하여 活字大藏經 四十帙을 印行하니 四百十四册에 一千九百十六部 八千四百十六卷이 되었고 輓近에 英國·佛·獨·蘇등 諸國語本의 譯經이 漸次 世上에 나타나서 將來에 將次 西文 一切經이 있을 것이 豫想된다. 우리나라에도 寶蓮閣에서 1979年부터 續藏經 三百餘部가 刊行되고 있는 것이 가장 最新의 經藏이 될 것 같다.

일체경공양(一切經供養) 一切經을 書寫하여 供養하는 法事. 一切經은 法寶가 되기 때문에 三寶의 하나로 생각하고 供養하는 것.

일체경음의(一切經音義) ㊟二十五卷. 唐나라 玄應撰. 또 唐나라 慧琳撰의 百卷이 있는데 이 책은 玄應音義와 慧苑音義등에서 採集하여 만든 것인데 中國에서는 이미 없어진지가 오래였고 日本에 單行本이 남아 있어 續藏속에 收入하였다. 近來에 頻伽精舍의 大藏經속에 또 收入되었음. (玄應音義·慧琳音義)

일체경전(一切經典) 一切經과 같음. →一切經. (大寶積經)

일체경중미타게(一切經中彌陀偈) ㊟즉 後出阿彌陀佛偈임. →後出阿彌陀佛偈.

일체경회(一切經會) 大藏會라고도 함. 一切經을 供養하는 法會.

일체관정삼마야보심 (一切灌頂三摩耶寶心) 一切의 것에 智慧의 물을 쏟아 붓는 것을 원하는 가르침을 한 字로 나타내는 聖스러운 音. 一切의 灌頂을 그 本誓로 하는 虛空藏菩薩의 眞言. 寶部의 灌頂에 浴하는 同時에 이것을 他의 一切에 施與하며 灌頂하는 境地를 表示하는 寶의 法門인 種子. (理趣經)

일체구업수지혜행(一功口業隨智慧行) ㊵〈sarva-vāk-karma jṇāna-pūrvaṃ-gamaṃ jñāna-anuparivarti〉 ㊾〈ṅag gi las thams cad ye śes kyi sṅon du ḥgro shiṅ ye śes kyi rjes su ḥbraṇ ba〉 佛이 微妙하고 淸淨한 말씀의 作用으로써 智慧에 따라 衆生을 敎導하여 有益케 하는 德을 말함. 十八不共佛法의 하나. →十

八不共佛法.

일체군생(一切群生) 살아 있는 모든 것. 衆生(理趣經)

일체금강삼마야심(一切金剛三摩耶心) 一切의 金剛輪에 들어가는 內證의 心眞言. 一切의 金剛輪에 들어 가는 境地를 象徵하는 種子眞言. 完全無缺한 輪과 같은 眞實의 境地를 一字로 나타내는 聖스러운 音. (理趣經)

일체금강색(一切金剛色) 黃色.

일체남녀아부모(一切男女我父母) 모든 男女는 永劫을 살아오는 동안 한번은 父母가 된 것. 心地經二에 「一切衆生이 五道에 輪轉하여 百千劫을 지내는 동안 多生가운데서는 서로 父母가 된다. 서로 父母가 되기 때문에 一切의 男子는 慈父이며 一切의 女子는 悲母가 된다」하였음.

일체류섭수인경(一切流攝守因經) ㊋ 佛說一切流攝守因經의 약칭. 後漢 安世高번역. 一卷.

일체만물(一切萬物) 一切萬法과 같음. 無量壽經下에 「一切萬物에 마음대로 自在하여 걸림이 없다」고 하였음.

일체만법(一切萬法) 一切諸法과 같음. 宗鏡錄三에 「一切萬法이 理의 虛玄에 이른다」라고 하였음.

일체무상각자구(一切無上覺者句) 百光徧照眞言의 「𑖁」 暗字를 일컬음.

※大日經六에 「此一切無上覺者句 於寺門尊處諸佛所說心」

일체무소유처(一切無所有處) 無所有處와 같음. →無所有處. (中阿含經)

일체무애(一切無礙) 모든 障礙가 없는 것. (往生要集)

일체무장법인명(一切無障法印明) 左右로 刀印을 만들어 밖을 向하고 두 頭指를 옆에 붙인 印相. (印田七)

※口誦婆誐嚩帝(世尊)蘇婆訶(成就)

일체무장애(一切無障礙) 一切를 通達하여 미치지 못함이 없음을 말함.

※法華經神力品에 「能持此經者 於諸法之義 名字及言辭 樂說無窮盡 如風於空中 一切無障礙」

일체물(一切物) ㊵〈sarva-saṃkhyāta〉 모든 것.

일체법(一切法) ㊵〈Sarva-dharma〉 또는 一切萬法·一切諸法이라고도 하는데 一切萬有를 모두 包攝하는 말. 智度論二에 「一切法은 대략 三種이 있는데 一은 有爲法이요. 二은 無爲法이요. 三은 不可說法이다. 이 三者를 이미 다 包攝한 것을 一切法이라 한다」하였음.

일체법계(一切法界) ①眞理의 世界의 모든 것. →法界. ②全宇宙. →法界.

일체법계결정지인(一切法界決定智印) 毘盧遮那의 眞言. 또는 天龍八部의 眞言으로 모두 衆生이 法界에 들어가서 決定智를 얻게 하는 法印임. 義釋八에 「此中에서 널리 모든 悉地果를 成就케 하고자 하기 때문에 다시 一切法界決定智印을 說하였다」라고 하였음.

일체법계자신표(一切法界自身表) 表는 表現의 뜻. 一切法界中에 自身을 表現하여 一切衆生이 知見하게 함을 一切法界自身表라 함. 大日經五에 「法界가 生하는 如來의 身을 一切法界의 自身表라하며 化雲이 徧滿한다」하였고, 義釋十一에 「一切法界自身表란 能히 一切衆生이 모두 知見하게 한다. 如來身은 普現色身을 表하는 것이 저 大雲과 같이 法界에 周徧한다. 雲은 徧滿의 뜻. 化身의 구름이 法界에 徧滿하여 十方世界에게 徧滿하여 限量할 수 없다」하였음.

일체법고왕경(一切法高王經) ㊄佛說一切法高王經의 略稱. 元魏 瞿曇般若流支번역. 一卷.

일체법생계인(一切法生界印) 三種三昧耶印가운데 法界生三昧耶印을 말함.

일체법의왕경(一切法義王經) ㊄一切高王經의 다른 이름.

일체법일(一切法一) 모든 것이 一體라는 것. 산카學派의 說이라 함. (提婆菩薩破楞伽經中外道小乘四宗論)

일체법자성평등무외(一切法自性平等無畏) ㊅〈chos thams cad kyi ṅo bo ṅid mṅam pa ṅid kyis dbugs phyin pa〉 我와 蘊과 法과 無緣은 同一하다고 觀할 때, 極無自性心이 생기며 이때 業煩惱에 束縛되는 일도 없고, 또 벗어버리는 일도 없다. 그때 生死와 涅槃의 두가지의 사로잡힘에서 蘇息을 얻게 되는 것. (大日經 住心品)

일체법자재(一切法自在) →諸法自在.

일체법평등(一切法平等) 一切의 것이 圓滿·平等한다는 것. (理趣經)

일체변지인(一切遍智印) 三角形을 말함. 이것은 불꽃의 모양으로 智慧의 불로써 煩惱를 불살라버리는 뜻을 말한 것. 大日經疏五에 「大日如來 위에 一切遍智印을 그으면 三角形이 되는데 그 날카로운 끝이 아래로 向하여 純白色의 光焰이 白蓮華위를 둘러싼다. 이것이 바로 十方三世 一切如來의 大勤勇印 또는 諸佛의 心印이라 말하는데 三角은 바로 魔를 降伏시키고 障礙를 除去시키는 뜻으로 부처님이 道樹에 앉아서 威德大勢로써 四魔를 降伏시키고 正覺을 이룬 것을 말한다. 鮮白은 곧 大慈悲色이다」라고 하였음.

일체보문신(一切普門身) 四重法界에 具足한 徧一切身. 大疏八에 「一切普門身에 供養한다」고 하였음.

일체보살진언(一切菩薩眞言) 普通種子心眞言과 같음. (大日經持誦次第儀軌)

일체분신(一體分身) 衆生을 利益케 하기 위해 諸佛菩薩이 一身으로부터 百千의 化身을 出現하는 것.

일체불(一切佛) 모든 佛. (俱舍論)

일체불심인(一切佛心印) 法印의 相

으로 一切徧智印의 다른 이름.

일체불정륜왕(一切佛頂輪王) ①佛眼尊으로부터 流出되는 金輪佛頂. 八輻輪으로써 그 三昧耶形을 삼음. ②攝一切佛頂輪王의 약칭.

일체불회(一切佛會) 蓮華胎藏界會를 일컬음. 大疏十六에 「金剛智를 좇아 一切佛會를 生한다」고 하였음.

일체사업륜(一切事業輪) 一切의 行爲의 圓滿 安全한 境地. 眞實한 一切事業을 實現하는 羯磨部의 大輪. (理趣經)

일체사업불공삼마야일체금강심 (一切事業不空三摩耶一切金剛心) 一切의 行爲가 헛되지 않는 境地에 있는 것을 一字로 表示하는 一切는 金剛과 같다고 하는 聖音. 一切供養의 事業을 하여 眞實不空케 하는 本誓를 象徵하는 一切金剛의 心眞言. (理趣經)

일체삼보(一體三寶) 法·佛·僧·三寶가 一體라는 뜻. 經에 「마음과 부처와 衆生의 세가지가 差別이 없다」고 하였음.

일체삼분(一體三分) 摩醯首羅天과 那羅延天과 梵天은 一體이지만 또한 三分됨. 小乘涅槃論에 「摩醯首羅論師가 이와 같은 說을 했는데 과연 那羅延이 지은 것으로 梵天이 因이 되어 摩醯首羅와 一體이면서 三分이니 즉 梵天, 那羅延, 摩醯首羅이다」라고 한 것. 吉藏中論疏第一末에 「外道들이 三天이 있다고 밝혔는데 곧 이것은 彼家의 三身이다. 自在天으로 本이 되니 內의 法身佛과 같고 應은 韋紐가 되니 內의 應身佛과 같고, 韋紐의 배꼽가운데서 化하여 梵王이 되니 內의 化身佛과 같은 것이다」라고 하였다. 이 가운데 韋紐는 那羅延과 똑같이 본 것임.

일체삼신(一體三神) (梵)〈tri·murti〉梵天과 비슈뉴神과 시바神이 唯一 最高 實在의 세가지 顯現이라는 說. (涅槃經)

일체삼신자성불(一體三身自性佛) 나의 色身가운데 法·報·化三身에 歸依하는 것. 六祖壇經에 「自色身에 歸依한 淸淨法身佛이며 自色身에 歸依한 圓滿報身佛이며 自色身에 歸依한 千百化身佛이다」하였음.

일체세간(一切世間) 淸淨世界가 아니고 온갖 雜穢의 國土를 總稱하여 이르는 말. 阿彌陀經에 「一切 世間은 天·人·阿修羅등이다」라고 하였음.

일체세간난신지법(一切世間難信之法) 이 말은 甚深微妙한 法은 一切世間의 衆生이 信受하기 어렵다는 것. 阿彌陀經에 「모든 衆生을 위하여 一切世間의 難信法을 說한다」고 하였음.

일체세간다원난신(一切世間多怨難信) (梵)〈sarva-loka-vipratyanikaṃ sarva-loka-aśraddhe: yam〉 一切世間에 怨恨이 많아 믿기 어렵다는 뜻. 法華

經의 性格의 하나. (法華經 安樂行品)

일체세간락견리차동자 (一切世間樂見離車童子) ㊄〈Hjigrten-thams-cad-kyis mthon-na-dgah-ba〉 一切世間樂見 ㊵〈Sarvaloka-priyadar Sana〉이라는 名稱을 부친 離車族〈Licch-avi〉의 童子란 뜻. 또한 一切衆生樂見梨車童子·一切世間樂見童子·衆生樂見比丘·樂見離車菩薩이라고도 稱함. 大乘經을 弘宣한 童子임.

일체세존최존특신 (一切世尊最尊特身) 毘盧遮那佛을 稱하는 말. 大日經五에 「그 中에 如來께서는 一切의 世尊가운데 가장 높으신 분이다」라고 하였음.

일체속질력삼매 (一體速疾力三昧) 一體가 速疾力을 갖춘 三昧를 말함. 大日經疏一에 「毘盧遮那가 本菩薩道를 行할 때 一體速疾力三昧로 無量한 善知識을 供養하고, 無量한 모든 度門을 遍行한다」하였고, 大疏六에 「一切如來의 一體速迅三昧란 이 三昧에 들어갈 때 一切如來를 證知함을 말하며 모두 同一法界智體다. 一念가운데 能히 차례로 無量世界海와 微塵數等의 모든 三昧門을 觀察하여 如是如是한 若干衆生이 그 三昧門中에 들어가서 道를 얻게됨을 안다. 그 善知識이 이미 若干衆生을 위하여 갖가지 因緣을 지으면 若干衆生을 위하여 갖가지 因緣을 짓지 않음도 알게 된다. 或은 衆生이 이같은 法門에 들어가면 越昇을 얻어 成佛하지 못하고 다른 法門에 들어가도 오래도록 稽留하여 成佛하지 못한다. 이와 같은 여러 가지는 根性이 같지 않으며 進趣하는 方便이 모두 다르기 때문이다. 이에 그中에 遊戱하는데 이르면 차례로 修習하여 超世間을 出入한다 하나, 하나의 門에 各各 能히 無量衆生의 成就함을 얻으므로 一體速疾力三昧라 한다 함.

일체승 (一切乘) 五乘 모두를 뜻함. →五乘.

일체시 (一切時) ㊵〈asakṛt〉 언제나 (百五十讚) 三世에 通하여 그치지 않는 것을 一切時라 함.

일체시방 (一切十方) 十方世界의 모든 곳. (法華經)

일체신 (一切身) ㊵〈sarva-śarira〉 모든 身體. (金七十論)

일체신각 (一切身覺) ㊇〈sabba-kāya-paṭisaṃvedin〉 全身으로 感覺하는 것. (雜阿含經)

일체신분 (一切身分) 온 몸의 部分. (往生要集)

일체신업수지혜행 (一切身業隨智慧行) ㊵〈sarva-kāya-karma jṅana-purva-ṃgamaṃ jṅāna-an: uparivarti〉 ㊄〈lus kyi las thams cad ye śes kyi sṅon du ḥgro shiṅ ye śes kyi rjes su ḥbraṅ ba〉 一切의 身體의 行爲가 智慧에 따르며 또 智慧가 行爲에 따르는 것. 佛은 여러가지 神變

을 나타내며 智慧에 따라 衆生을 佛道에 들어오게 하는 德이 있는 것을 말함. 十八不共佛法의 하나. → 十八不共佛法.

일체심(一切心) ㊵〈sarva-cetas〉 善과 惡과 無記의 마음. (俱舍論)

일체아(一切我) ㊵〈sarva-ātmatā〉 一切衆生에 普遍된 法性의 大我. 一切有情의 眞我. 共通하는 理性. (理趣經)

일체업평등(一切業平等) 모든 것의 行爲가 圓滿·平等한 것. (理趣經)

일체여래(一切如來) 갖가지 如來를 말함.

일체여래금강삼업최상비밀대교왕경(一切如來金剛三業最上秘密大敎王經) ㊷㊵〈Śrī-sarvatathāgata-kāya=vākcitta-rahasyâtirahasya-guhya-samāja-mahāguhya-tantrarā = jaḥ (各品末), Śrī-guhyasamājasya tantrarājasa pūrvārdha-kāyaḥ(奧題) Sarvatathāgata-kāyavākcitta-rahasya-guhya=samāja-nāma-mahākalparāja〉 略하여〈Guhy a-samja〉 또는〈Tathagata-guhy aka〉라고 함. 十八品으로 이룩되었다 하여〈Astadasa-patala〉라고도 함.

일체여래금강서계(一切如來金剛誓誡) 如來三昧耶의 本誓를 말함. 大疏九에 「三昧耶를 結하는 것은 곧 반드시 獅子吼를 定하여 諸法이 平等한 뜻을 說한 까닭이며 大誓願을 세워서 一切衆生을 나와 같게 하기때문이며 衆生을 위하여 淨知見을 잘 열리게 하고자 하기 때문이며 이로써 衆生과 諸佛을 誓覺시키기 때문이다. 이런 까닭으로 이 三昧耶를 '一切如來 金剛誓誡'라 한다」하였음.

일체여래마하보리금강견뇌불공최승성취종종사업삼매(一切如來摩訶菩提金剛堅牢不空最勝成就種種事業三昧) 北方不空成就佛의 三摩地를 稱함. (攝眞實經上)

일체여래보(一切如來寶) 胎藏界 曼陀羅 第六釋迦院가운데 一尊. 왼손에는 연꽃을 쥐고 그위에 如意寶珠가 있음. (日本秘藏記·曼陀羅大鈔)

일체여래보관삼계법왕관정(一切如來寶冠三界法王灌頂) 金剛頂經一에 「一切如來 金剛加持特殊三昧耶智를 成就하면 一切如來寶冠 三界法王灌頂을 얻는다」하였고, 同疏一에 「如來께서 因位에 있을 때 三昧耶智曼茶羅에 들어가서 阿闍梨 弟子身中에 本有한 如來藏性을 加持하여 眞言行을 닦아 菩薩의 法益을 成就하여 傳授持明 또는 灌頂의 階位를 堪任하였다. 이것이 初因이 되어 三密四智의 印相을 따라 一切如來의 灌頂寶冠을 應得하여 究竟三界의 法王이 되었다」하였음.

일체여래보현마하보리살타삼매야(一切如來普賢摩訶菩提薩埵三昧耶) 大日如來 東方 金剛手菩薩 出生의 三昧耶임. (略出經註一)

일체여래소생인명(一切如來所生印明) 또는 三三昧耶攝百印이라 함. 底哩秘密法 中卷에 說되어 있는 것으로 不動尊의 印明이다. 그 글에 이 印名은 功德의 母가 된다. 佛法과 僧法이 그 가운데 있으며 善明王과 本尊을 請하여 이 秘密印을 맺으면 모두 雲集한다. 이는 如來의 所生印이며 閼伽의 奉獻을 생각하면 諸佛 菩薩과 諸尊 賢聖이 供養念誦하여 빨리 成就함을 얻는다. 이는 印母의 內傳(金剛이 堅固하여 안으로 相傳한다)으로 佛心을 말하는 것. 五智(五指)는 內心에 秘하고(掌中) 敎令은 外相에 나타난다. 佛國에 말하기를 二空(二大指)을 掌中에 들어가면 兩部大日의 智德(秘)이 된다. 또는 人法 二空의 智(淺)라 함. 二空의 妙理는 곧 諸法의 本源이며 兩部의 極智며 衆德의 總括로 佛法의 諸寶가 그 가운데 住한다함은 곧 이뜻이다. 二地가 竪開하면(檀慧가 堅開)하면 功德의 母가 된다. 世間萬物이 모두 땅으로 부터 出生함을 一切의 功德이 菩提心(𣏌은 本佛生의 뜻)을 고르게 따라 出生함과 같음에 비유한 것. 곧 二地(二小)의 竪開라 함. (不動瑜伽要鈔)

일체여래안색여명조삼마지 (一切如來眼色如明照三摩地) 佛眼三摩地. 大日如來가 이 三摩地에 住하여 攝一切大阿闍梨位眞言을 說한 것. (瑜祇經大闍梨經品)

일체여래입삼매야변일체무능장애력무등삼매력명비 (一切如來入三昧耶偏一切無能障礙力無等三昧力明妃) 眞言. 佛의 三昧耶에 들어가는 眞言의 德名.

일체여래정(一切如來定) 大空三昧를 말함. 大日經一에 「正覺의 等持와 三昧證知의 心은 다른 緣分을 따라 얻어지는 것이 아니다. 이와같은 境界는 一切如來의 定이기 때문에 說하여 大空이라 하고, 圓滿薩婆若라 한다」하였고, 同疏六에 「그 如是한 境界가 一切如來의 定이라 한 것은 大般若經에서 說한 一切有心이 모두 佛性이 있다라고 한 것과 같은 것이 佛性을 곧 首楞嚴定이라고도 하고 또는 金剛三昧라고도 하고 또는 般若波羅蜜多라고도 한다. 이와 같이 佛과 佛의 道는 똑 같아서 다시 딴 길이 없으니 만약 修行人이 初發心 때에 능히 이와 같이 心·佛·性을 바로 觀하는 것을 또한 바로 如來定에 들어 감을 말한다」하였음.

일체여래정백산개경 (一切如來頂白傘蓋經) 梵〈Sarvatathâgatosṇ isasit' ätapatra〉 原本은 散斯克利圖語로 되었음. 霍奇孫이 發見한 것. 부처님이 三十三天에 계셨을 때 그 眉間에서 傳出한 神呪와 功德을 說한 것.

일체여래제법본성청정연화삼매 (一切

如來諸法本性清淨蓮華三昧) 大日如來가 들어간 西方의 妙觀察智大智慧門의 蓮華三昧를 말함. 이로부터 阿彌陀如來가 출생함. (攝眞實經上)

일체여래지인(一切如來智印) ㊵〈sarvatathāgata-jñāna-mudra〉 胎藏界의 曼茶羅 第二遍知院中의 三昧耶形이다. 蓮花위에 있으면서 三角形을 짓는 者. 이 三角形은 四種法身 三昧耶形으로 四智印의 總標다. 一切如來의 智印이 되고 佛의 自受用智身을 表顯하는 것.

一切如來智印

일체여래필정인(一切如來必定印) 菩提心의 德名. 一切如來의 菩提心을 發하여 반드시 成佛함을 定하므로 이를 일컬어 一切如來必定印이라 함.

※大疏五에 「次一偈 讚嘆行人 發菩提心功德 即以一切如來必定印 爲授大菩提記」

일체염(一切染) ㊵〈sarva-pāpa〉 모든 더러움. (金剛針論)

일체우고(一切憂苦) ㊵〈sarva-bhaya-upadrava〉 모든 근심과 災難. (藥師本願經)

일체유(一切有) ㊵〈sarvam sat〉 모든 存在가 實在한다고 하는 것. (顯宗論)

일체유법(一切有法) ㊵〈sarvam…sat〉 ㊵〈ya:t kiṃcid asti sarvam…〉 모든 存在. (俱舍論)

일체유부(一切有部) 小乘의 宗名으로 小乘二十派가운데 하나. 자세히는 說一切有部로, 梵語의 薩婆多. →說一切有部.

일체유식(一切唯識) 모든 것이 精神에 依存하고 있는 것. 心所는 같은 心이다. 心王이 伴類로서 心王外에 있는 것이 아니다. 色法은 心과 心所가 所變으로서 不離하며 不相應하는 色心이 義分이기에 心을 不離하며, 無爲는 色心心所不相應이 實性이므로 心王을 不離한다. 그러므로 一切唯識이라 함. (唯識大意)

일체유애(一切有礙) 障礙되는 온갖 것. 一切衆生 또는 物質界 迷의 世界를 말함.

일체유위(一切有爲) 有作 爲有로 造作한 一切의 因緣으로 所生하는 것을 말함. 즉 宇宙間의 온갖 物心의 諸現象과 모든 現象의 法則을 五蘊이라고 한다. 이것이 모두 여러가지 因緣으로 생겨나고 造作되는 것이므로 有爲라고 함.

일체유정(一切有情) 一切衆生과 같음. 舊譯은 衆生, 新譯은 有情이라 함.

일체의(一切義) 一切의 事物. (往生要集)

일체의성(一切義成) 佛의 稱號. 또는 一切義成就라고도 한다. 悉達太子의 번역된 이름. 西域記七에 「薩婆曷刺他悉達은 번역하여 一切義成이다. 舊譯의 悉達은 잘못된 것이다」라고 하였음. 이는 世尊의 어릴적 이름이다. 華嚴經十二에 「如來는 四天下中에 혹은 一切義成이라 하고 혹은 釋迦牟尼라 하기도 한다」하였음. 金剛頂經에 說한 것으로 이 菩薩의 五相은 成佛의 相이다 하였음. →釋迦.

일체의성취(一切義成就) ㊵〈siddha-artha〉 ㊇〈don grub〉 一切의 目的을 成就한 者. 如來와 같은 말.

일체의성취보살(一切義成就菩薩) 佛를 뜻함. 一切義成就(㊵〈siddha-artha〉 ㊁〈sidhatt: ha〉)는 釋尊의 幼名.

일체의업수지혜행(一切意業隨智慧行) 十八不共佛法의 하나. 佛이 清淨한 마음의 活動으로써 智慧에 따라 衆生을 教導하여 有益하게 하는 德을 말함. →十八不共佛法.

일체인중존(一切人中尊) 毘盧遮那如來를 가리킴. 義釋十三에 「이 위에 모든 사람가운데 尊貴한 분은 바로 毘盧遮那이다」라고 하였음.

일체인평등(一切印平等) 一切의 行爲가 平等한 사랑에 依하는 것. 大·三·法·羯의 四種智印이 平等하다는 것. 一切의 印現인 身·口·意의 三平等. (理趣經)

일체일심식(一切一心識) 梵名으로는 乾栗陀耶, 十識의 하나. →識.

일체자생(一切資生) ㊵〈sarva-upakaraṇa〉 모든 必須品. (有部律雜事)

일체자재주(一切自在主) 男女가 相抱하여 滿足하며 世上의 모든 것에 自由이고 모든 것의 主와 같은 心地. (理趣經)

일체제기(一切諸機) 一切衆生과 같음. →一切衆生.

일체제법(一切諸法) ㊵〈sarva-dharma〉 모든 것. →一切法.

일체제불(一切諸佛) 三世十方諸佛을 總括하여 稱한 것.

일체제불비장지법(一切諸佛秘藏之法) 法華經에 說한 甚深秘密의 要法으로 小機와 劣慧는 容易하게 開演치 못하는 것이기 때문에 一切諸佛秘藏之法이라고 말하였음. 法華經信解品에 「一切諸佛의 秘藏한 要法은 다만 菩薩을 위하여 그 實事를 開演한다」하였고, 同經 法師品에 「이 經은 바로 諸佛의 秘要한 藏이라 輕妄히 사람들에게 分布授與할 수 없다」라고 하였으며, 同品에 「이 法華經藏은 深固 幽遠하여 凡人이 능히 到達할 수 없다」라고 하였고, 文句八上에 「秘要의 藏이란 숨겨서

發說하지 않고 秘密히 하며 모두 一切를 重要히 여겨 眞如 實相을 包蘊하여 藏한다」하였음.

일체제불소호념경(一切諸佛所護念經) 佛說阿彌陀經의 다른 이름. 이 經은 一切諸佛이 護持憶念하는 經이 되기 때문에 이같이 말함.

일체조복지장(一切調伏智藏) (梵)〈sarva-sattva-vinaya-jñāna-garbha〉 世上의 一切 惡을 調伏하는 智慧의 藏(根元)이며 剛强하여 引導하기 어려운 一切의 有情을 制御하는 大忿怒智의 藏임. (理趣經)

일체종(一切種) ①(梵)〈sarva-bijaka〉 (西)〈sa bon thams cad pa〉 一切의 種子가 있는 것. 一切의 原因인 阿賴耶識을 말한다. 阿賴耶識을 構成하고 있는 可能力을 싹이 트는 種子에 比喩하여 말함. (唯識三十頌) ②(梵)〈sarva-ākāra〉 모든 方法. 모든 形態. (瑜伽論) ③(梵)〈sarvathā; sarva-prakāram〉 (梵)〈sarvatas〉 모든 方法으로, 모든 手段으로. (俱舍論)

일체종묘삼매(一切種妙三昧) 이 三昧를 證得하면 一切種의 功德으로써 내몸을 莊嚴한다 함. (智度論四十七)

일체종소지(一切種所知) (梵)〈sarva-ākāra-jñeya〉 모든 種類의 認識의 對象.

일체종식(一切種識) 八識의 하나. 즉 第八識의 다른 이름. 또는 種子識이라고도 함. 一切種子를 執持하여 잃어버리지 않는 識을 말한다. 우리들이 평소에 身·口·意의 三業으로 짓는 모든 行爲는 그냥 消滅되지 않고 반드시 장래의 결과를 불러 올 種子를 第八識가운데 熏習하여 둠으로 이렇게 말함. →識.

일체종자심식(一切種子心識) 一切의 것을 開展시키는 모든 可能力으로 된 마음. 阿賴耶識을 뜻함. →阿賴耶識. (解深密經)

일체종지(一切種智) 三智의 하나. 능히 一種의 智慧로써 一切諸佛의 道法을 알며, 또 능히 一切衆生의 因種을 아는 것. 즉 부처님의 智慧. →三智.

일체중생(一切衆生) 이 세상의 모든 生類. 우주 일체의 生命이 있는 것 전부. 一切有情.

일체중생실유불성(一切衆生悉有佛性) 온갖 生類에는 반드시 모두 成佛할 수 있는 性品이 있다는 말.

일체즉일(一切即一) 一即一切라고도 한다. 個와 全體가 相即하고 있다고 보는 見解. 全體中에 하나의 個體가 있고, 또한 個體中에 全體가 있다고 볼 때에 人生 또는 世界를 錯誤없이 把捉할 수 있다고 한다. 이 表現은 「華嚴五教章」에서 말하고 있는 「一即十」에서 온 것이다. 十 즉 一 以外의 모든 數는 一을 緣으로 하여 成立한다. 따라서 一切의 佛土가 相即하여 있고 一念中

에 無量의 時間이 相即하여 있다고 말함.

일체지(一切知) ①梵〈sarva-vettṛ; sarva-jña〉 西〈thams cad mkhyen pa〉 모든 것을 아는 사람. 一切를 아는 者. 佛과 같은 말. ②梵〈sarvajñatā〉 一切의 것을 아는 智慧. ③不知의 知.

일체지(一切智) 佛智의 이름으로 三智의 하나. 一切의 法을 知了하는 것. 이 一切智는 一切種智에 對한 것으로 總과 別의 二義가 있다. 만약 總義에 依하면 總名은 佛智로 一切種智와 같고 만약 別義에 依하면 一切種智는 視差別界 事相의 智가 되고 一切智는 視平等界의 空性의 智가 된다. 먼저 總義를 例示하면 法華經 比喩品에 「부지런히 닦아 精進하여 一切智와 佛智와 自然智와 無師智를 求한다」하였고, 同化城喩品에 「佛의 一切智가 되어 恒常 大精進을 發한다」하였으며, 仁王經下에 「無漏界에 滿足하여 恒常 淨한 解脫身과 寂滅의 不思議를 一切智라 한다」하였고, 中論疏九末에 「一切法을 아는 것을 一切智라 한다」하였으며, 華嚴經 大疏十六 下에 「智度論에 말하기를 函이 크면 뚜껑도 또한 크다. 돌리면 無盡한 智가 되며 無盡法을 아는 것이 如來의 一切智가 된다」한 것. 다음 別義를 例擧하면 一切平等한 空理의 智를 아는 것. 嘉祥의 法華經義疏二에 「般若三慧品에 이르기를 一切法이 一相임을 알므로 一切智라 한다. 또한 갖 가지 相을 알므로 一切種智라 한다」하였고, 同六에 「一切智는 모두 空智다」하였으며, 智度論二十七에 「一切種智의 差別을 論하면 사람이 無差別임을 말한다. 或은 때로 一切智를 말하며 或은 때로 一切種智를 말하기도 한다. 어떤 사람이 말하기를 總相은 一切이며 別相은 一切種智다. 因은 一切智며, 果는 一切種智다. 略說하면 一切智며, 廣說하면 一切種智다. 一切智는 모든 一切法中의 無明闇을 破하고 一切種智는 갖가지 法門을 觀하여 모든 無明을 破한다」하였음.

※大乘義章十에 「擧六種之差別 又以名聲聞緣覺之智」 智度論二十七에 「後品中佛說一切智 是聲聞辟支佛事 道智是菩薩事 一切種智是佛事 聲聞辟支佛但有總一切智 無有一切種智」

일체지경(一切智經) 經부처님이 波斯匿王을 위하여 一切智의 일과 四姓의 勝劣등을 分別한 것. 中阿含經五十九에 攝受되었음.

일체지광명선인자심인연불식육경(一切智光明仙人慈心因緣不食肉經) 經佛說一切智光明仙人慈心因緣不食肉經의 약칭. 譯者未詳. 一卷.

일체지구(一切智句) 句는 住處의 뜻. 一切智句는 부처님의 住處이다. 大日經六에 「그곳에서 항상 一切智句를 부지런히 닦았다」하였고, 義釋十四에 「句는 바로 住處의 뜻이 一切

智의 住處, 곧 이 부처님의 住處이다」하였음.

일체지도(一切智道) ㊵〈sarvajñā-jñāna-mārga〉 一切智者의 智의 道. (莊嚴經論 成宗品)

일체지무소외(一切智無所畏) ㊵〈sarva-dharma- abhisaṃbodhi-vaiśāradyam〉 ㊃〈chos thams cad mkhyen pa la mi ḥjigs pa〉 佛이 모든 것을 다 알아 自信을 얻고 있음을 말한 것. 佛四無畏의 하나. →四無畏.

일체지상(一切智相) ㊵〈Sarvajñatā〉 薩婆若多. 一切智의 相貌. 智度論二十七에 「薩婆는 秦言에 一切, 若多는 相이다」하였음.

일체지선(一切智船) 사람을 태우고 一切智地의 언덕으로 運搬하여 주는 배란 뜻으로 곧 부처님을 가리키는 말. 教行信證文類二에 「능히 願의 바다로 流入하여 一切의 智舟를 탔다」하였음.

일체지성(一切智性) ㊵〈sarvajñatā〉 모든 것을 아는 知慧의 狀態. 一切을 아는 智慧의 本性.

일체지심(一切智心) 一切智를 求하는 마음. 往生要集中末에 「一切智心이란 第一義空과 相應하는 마음이며 또는 願求하려는 佛種의 智心이다」하였음.

일체지원(一切志願) (1)衆生이 一切의 願하는 일. (2)衆生이 彌陀의 淨土에 往生하고 싶다고 생각하는 願.

일체지인(一切智人) 부처님을 가리키는 말. 智度論二에 「問 "一切智人은 어떠어떠한 사람들입니까" 答 "이는 第一大人이요. 三界의 尊으로 부처라 한다"」하였음.

일체지인(一切智忍) 菩薩이 妙覺의 位에서 最後의 無明을 끊어 一切智를 얻고, 中道의 法에서 認知하는 位. 六忍의 하나. →六忍.

일체지자(一切知者) 모든 것을 아는 者. 如來·佛을 뜻함. (法華經 藥草喩品)

일체지자(一切智者) ㊵〈Sarvajña〉 一切智가 俱足한 사람으로 부처님의 異稱임. 法華經藥草喩品에 「나는 一切智者이며 一切見者이며 智度者이며 開道者이며 說道者다」하였음.

일체지장(一切智障) ㊵〈jṅeya-āvaraṇa〉 對象을 알지 못하게 하는 障害.

일체지장(一切智藏) 一切를 모두 안다는 뜻으로 부처님의 尊稱. 善生經에 「부처님은 一切의 智慧를 갈무리하고 있다」하였음.

일체지지(一切智地) 一切智를 證得한 자리로 佛果位를 말함. 法華經藥草喩品에 「그 說한 法은 모두 一切智地에 이른다」하였음.

일체지지(一切智智) 三智中의 一切智로 聲聞 緣覺의 智와 混하므로 그 一切智와 分別하여 佛智를 一切智智라 함. 大日經疏一에 「梵에 이르기를 薩婆若那 ㊵〈Sanvajana〉는 곧 이 一切智다. 지금 一切智智라

함은 곧 智中의 智이다」하였고, 또한 「一切智智는 如實了智이며 곧 一切智者라 한다」하였음. 또한 一切智智라 함은 비유하면 虛空界와 같이 一切分別을 여읜 것. 또는 大地와 같이 一切衆生의 所依가 되며 또한 火界와 같이 一切 無智의 땔나무를 태우며 또한 風界와 같이 一切의 모든 煩惱의 塵을 除去하고 또한 水界와 같이 一切 衆生이 歡樂에 依持한다 함. 또한 이 智는 菩提心이 因이 되고, 大悲가 根이 되며, 方便이 究竟이 된다. 菩提心이 因이 된다고 함은 行者가 實로 自心을 아는 것과 같고, 大悲가 根이라 함은 行者가 悲願을 發하여 衆生의 苦를 拔하고 樂을 주는 것을 말하며, 方便이 究竟이 된다 함은 一切智智의 果가 되어 곧 利他의 行으로 이름을 붙인 것을 말한다. 仁王經中에 「自性이 淸淨함을 本覺性이라 하며 곧 諸佛의 一切智智가 된다」하였음.

일체지혜자(一切智慧者) 大日如來를 일컬음. 大日經一에 「一切智慧는 世間에 出現하여 저 優曇華와 같이 때때로 나타난다」고 하였음.

일체진언심(一切眞言心) 百光徧照眞言의 「𑖀」暗字를 일컬음. 大疏十八에 「이 暗字는 一切眞言의 마음이 一切眞言에서 가장 上首가 된다」고 하였음.

일체진언주(一切眞言主) 兩部의 諸尊을 일컬음.

※瑜祇經에 「一切眞言主 及金剛界大曼茶羅王 皆悉集會」

일체찰(一切刹) 모든 國土. (要集)

일체처(一切處) 또는 徧處. 禪定의 이름. 所觀의 境으로써 一切處에 周徧하는 것. 十種이 있으니 十一切處 또는 十徧處라 말함. (法界次第下·三藏法數三十八)

일체처무불상응진언(一切處無不相應眞言) 四攝菩薩眞言. →四攝菩薩.

일체취생(一切趣生) 六趣四生을 말함. 六趣는 依報요. 四生은 正報.

일체편(一切遍) ㊵〈sarva-gata〉 모든 것에 두루 미치다라는 뜻.

일체편처도지력(一切遍處道智力) 遍處行智力과 같음. →遍處行智力.

일체행(一切行) ①㊵〈sarva-saṃskārāḥ〉 萬物 모두. 構成된 모든 것. 모든 것에 고루 미치는 것. 모든 것을 包含하는 것. (正理門論)

일체허공극미진수출생금강위덕대보삼매(一切虛空極微塵數出生金剛威德大寶三昧) 大日如來가 南方灌頂智大福德門에 들어가는 大寶三昧를 일컬음. 이로부터 寶生如來가 出生함. (攝眞實經上)

일초직입(一超直入) 頓速히 本覺地에 驀直超入함을 말함. 곧 直指人心 見性成佛의 뜻으로 다른 敎相言句에 屈着하지 않으며 念佛하고 呪文을 외우는데 依賴하지 않고, 곧바로 自己가 무엇인가를 徹見하여

即心即佛, 非心非佛의 眞境에 들어가는 것을 말한다. 永嘉證道歌에 「마치 無爲實相門과 같이 한번 곧바로 如來地에 뛰어 들어간다」라고 하였음. 이른바 '單刀直入'과 같은 뜻임.

일초직입여래지(一超直入如來地) 人間은 나면서부터 부처라는 것을 自覺하여 修行者가 바로 絶對의 境地에 들어가는 것.

일촉(一觸) →一縷一觸.

일출론자(日出論者) 經部宗 本師의 別號이다. 唯識述記二本에 「日出論者는 곧 經師本師다. 佛이 去世한지 百年만에 北 天竺 怛又翅羅國에 鳩摩邏多가 있다. 번역하여 童首라 하며 九百論을 지었다. 때에 五天竺에 五大論師가 있어서 日出과 같이 밝게 世間을 引導하여 日出者라 하며 日과 같음에 비유하였다. 또한 譬喩師라하며 或은 이 師가 喩鬘論集의 모든 奇事를 지어 譬喩師라 하였다. 經部의 種族이며 經部는 이 師가 說한 것으로 宗을 삼았다 하나 當時에는 經部가 있지 않았다. 經部는 四百年中에 出世했기 때문이다」하였음.

일출일입(一出一入) 出은 進, 入은 退로, 一進一退란 뜻. 禪問答을 할 때 兩方의 力量이 相等하여 서로 優劣이 없는 것. (碧巖錄)

일취(一趣) ㊵<ekoti-karoti> 한가지를 向하여 마음이 統一되는 것.

일취(一吹) 劫滅의 大火를 사람이 한번 불어 버린다는 것. 극히 그 힘이 약함을 말함. 佛藏經上에 「비유하면 劫이 盡하여 大火가 탈 때 사람이 침을 한번 뱉어서 이 불을 끄려고 한번 불면 도리어 世界와 諸天宮이 이루어진다. 뜻에 어떠하냐 希有하지 않는가」하였음.

일취식(一揣食) 또는 一搏食·節量食·덩어리를 지어 먹음. 十二頭陀行의 하나. →揣食.

일칙(一則) 佛祖나 高僧의 言行 가운데 修行의 參考가 되는 극히 짧은 이야기를 一篇에 엮은 것을 가리킴. 한가지 話則.

일친(日親) ㊵<āditya·bandhu> 太陽의 親族·太陽의 后裔로 釋尊을 가리키는 말. (瑜伽論)

일칭(一稱) ①㊵<eka·vācā> 一言. 한마디. (法華經) ②오직 한번 부처의 名號를 일컫는 것. (三敎指歸) ③한번 阿彌陀佛의 名號를 稱名하는 것.

일칭(日稱) 人名. 印度人. 北宋 仁宗(1023～1032) 때에 中國에 와서 譯經에 從事하였다. 法護·梵才등과 함께 大乘集菩薩學論 二十五卷을 내고 十不善業道經 一卷. 諸法集要經十卷등을 번역하였음.

일타(一唾) 一吹와 같음. 그 힘이 弱小함을 말함.

일타소세계화(一唾消世界火) 佛藏經上에 「無明相가운데 假名相을 說하

였는데 이는 모두 부처님의 不可思議한 힘을 말한 예를 들면 어떤 사람이 須彌山을 한입으로 씹으면서 虛空을 날아다니며 돌로 만든 배로 바다를 건너고 四天下와 須彌山을 지고 모기다리(蚊脚)로 사다리를 만들어 梵宮에 올라가며 劫火가 다 할 때 침(唾)을 한번 뱉으면 劫火가 곧 꺼지고, 입으로 한번 불면 世界가 곧 생기고, 연뿌리 실(藕絲)로 須彌山을 매달아 놓고 한손바닥으로 四天下의 비(雨)를 모두 받는다고 한것과 같다」하였고, 止觀五下에 「劫火가 일어날 때에 菩薩이 침을 한번 뱉으면 劫火가 즉시 꺼진다」라고 하였으며, 性靈集一에 「한번 뱉은 침에 百界의 불이 꺼지고 하루 아침에 萬人의 근심 걱정을 滅할 수 있다」라고 하였음.

일탄지(一彈指) 彈指는 梵〈acchaṭā〉 拇指와 中指로 食指를 누루다가 食指를 소리가 나도록 밖으로 튕기는 것. 印度에 行해지는 風俗으로서 敬虔과 相嘱等을 의미하는 一種의 表情임. (大智度論第三十, 法華經論卷下, 法華經文句第十下, 華嚴經探玄記第十八, 祖庭事苑第三)

일탄지경(一彈指頃) 손가락을 튀길 매우 짧은 사이. (往生要集)

일탈(一脫) 三德가운데 解脫의 一德. 文句記四中에 「三德中에 一脫」이라고 하였음.

일퇴(一鎚) 鎚는 鐵鎚. 法을 說하여 衆生의 機를 開發함에 비유한 것. (鎚는 「추」로도 읽음)

일퇴변성(一椎便成) 椎는 槌라고도 쓴다. 砧石을 치는 小形의 木槌로 說法을 開始할 때 치는 椎의 소리를 듣고 곧 大悟徹底한다는 뜻. 言下에 깨달음을 말함. →一鎚便成.

일퇴변성(一鎚便成) 一言下에 徹底大悟함을 말함. 祖庭事苑五에 「雲峯이 投子에게 묻기를 "一椎로 便成할 때는 어떠한가" 投子가 말하기를 "이게 性燥漢이 아닌가" 雲峯 "一椎도 빌리지 않을 때 어떠한가" 投子 "不快한 漆桶이로군"」하였음.

일포(日晡) 해질무렵. 日暮時. (有部律雜事)

일포살공주처(一布薩共住處) 半月마다의 布薩할 때 一處에 모여 同一한 布薩을 하며 그 밖에 敎團의 일을 할 때에 그곳에 사는 修行僧들이 모두 한 곳에 모여야할 區域을 一布薩界라 하며 또는 共住處라 한다. 이것은 一敎區에서의 僧團의 單位임. →布薩. (十誦律)

일포쇄타계(一褒灑陀界) 褒灑陀는 梵〈poṣadha〉 布薩(巴〈uposatha〉)을 뜻함. 一布薩結界. 半月마다의 布薩會에 來集하여야 할 限界·地域. →布薩. (有部律)

일포시별포살(一布施別布薩) 布施物은 二住處를 共同하거나, 布薩은 따로따로 行하는 것. →布薩. (十誦律)

일품(一品) 한 經의 篇·章을 品이라고 한다. 즉 經典에서 각각 다른 뜻을 말한 各章을 말함. 梵語의 跋渠(Varga), 巴梨語의 (Vaggo)로 作品 또는 別의 뜻임.

일품경(一品經) 經의 全部는 여러 品을 合치어 이루어진 것인데 一品씩 나누어서 書寫하는 것을 一品經이라고 말함. 즉 經典을 刊行할 때 글씨 잘쓰는 사람을 모아서 한 經을 고루 나누어 각기 一品씩 書寫하여 모아서 經을 만든 것을 말함. 이것을 일러 書寫供養이라고 한다. 法華經을 書寫 供養한 것이 始初임.

일필경(一筆經) →寫經.

일필구(一筆句) 一切를 破除해 버리는 것을 말함. 蓮池大師가 七筆句의 歌訣을 지어 俗世의 人間을 勸發하였는데, 五色金章의 一筆句와 魚水夫妻의 一筆句등 七首가 있다. 내용은 一切의 俗世의 因緣은 모두 다 깨끗이 消除해야 함을 이른 것. 지금도 前事를 不准함을 一筆句鎖라고 말함.

일필구하(一筆句下) 썼던 글자를 붓으로 금을 쫙 그어서 글자를 지워 버림. 一筆句之.

일필삼례(一筆三禮) 佛像을 그릴때나 經文을 베낄적에 매번 붓 한번 잡을 때 마다 세번씩 禮拜를 함.

일하(一下) 한번 또는 붓을 한번 내림.

일하(一何) 어찌. 一은 助字.

일하(一夏) 여름 九十日동안의 修行하는 安居의 行事를 말함. 本行經에 「한 房에서 그와 더불어 一夏의 安居를 行했다」라고 하였음. →安居.

일하구순(一夏九旬) 夏安居를 이르는 말. 略하여 一夏라고 한다. 僧侶가 한 곳에서 四月十六日부터 七月十五日까지 三個月동안(九十日) 修行하는 行事를 略하여 一夏라 함.

일하자(一訶子) 한개의 阿黎勒果를 말함. 名義集三에 「訶黎勒은 또 訶梨怛鷄라고도 하는데 번역하여 天主持來라 한다. 이 과일은 藥用으로 쓰이며 功用이 至多하다」라고 하였고, 四十二章經에 「三千大千世界를 보기를 한개의 阿黎勒果를 보듯 한다」라고 하였음. →訶梨勒.

일하 흐름(一河 흐름) 같은 흐름의 물을 긷는 것도 他生의 緣이라는 뜻.

일할(一喝) 喝은 입을 벌리고 꾸짖는 소리를 내는 것. 禪家의 祖師가 사람을 提撕할 때 쓰는 것. 六祖門下의 二世法師인 馬祖道一이 일찌기 그 第子 百丈이 參謁했을 때 威嚴을 다해 一喝을 터뜨렸다. 다른 날 百丈이 그 門下에게 말하기를 「佛法은 적은 일이 아니다. 老僧이 옛날 再參했을 때 馬大師의 一喝로 三日間을 귀가 먹고 눈이 어두웠었다」하였고, 碧巖八則 評唱에 「德山의 棒과 臨濟의 喝이다」하였으며,

禪林句集坤에 「一喝에 大地가 震動하고 一棒에 須彌가 粉碎된다」하였고, 註에 「臨濟의 德山句를 贊한다」하였음. 棒喝을 盛用한 것은 德山과 臨濟 已後의 일이라함. 喝의 原音은 갈.

일할상량(一喝商量) 話「臨濟가 僧에게 묻기를 "어느 때 一喝은 金剛王의 寶劍과 같고, 어느 때 一喝은 金毛獅子가 쭈구리고 앉아 있는 것 같고, 어느 때 一喝은 장대그림자를 풀에서 찾는 것 같고, 어느 때 一喝은 一喝用도 되지 않으니 너는 왜 그러는지 알겠느냐." 僧이 말하려 하니 師 "문득 喝하다"」라고 하였음. (臨濟錄, 會元十一)

일합상(一合相) 이 世界는 微塵들이 集合하여 된 것이므로 世界를 一合相이라고 한다. 華嚴經大疏演義鈔에 「一合相이라는 것은 衆緣이 和合하였기 때문이다. 여러 微塵이 合하여 色이 이루어지고 五陰등이 合하여 사람이 되었기 때문에 一合相이라 한다」하였음.

일합자(一合子) 盒과 같음. 物件을 담는 그릇. (碧巖錄)

일항(一恒) 一恒河沙의 약칭.

일항하사(一恒河沙) 一恒河沙의 數만큼 많다는 뜻. →恒河沙.

일해탈(一解脫) 法華經方便品에 「부처님의 說法은 한결같은 解脫의 뜻이다」하였고, 文句記四의 中에 「一解脫은 옛적에 三人을 가르쳤는데 똑같이 解脫하였다」라고 하였으며, 涅槃經三十二에 「一切衆生이 똑같은 佛性이 있고, 똑같은 一乘이요. 똑같은 解脫을 한다」라고 하였음.

일해탈문(一解脫門) 깨달음에 이끄는 한 門戶. (維摩經)

일행(一行) ①直隷 鉅鹿 사람. 姓은 張氏. 本名은 遂. 처음 普寂을 따라 出家하였다. 사람됨이 强記非凡하여 諸方을 돌아다니며 律藏을 硏究하였고 또한 曆數와 算法의 秘訣을 터득하였다. 唐나라 玄宗이 그 이름을 듣고 開元三(715)年 敕書로 禁廷에 불러들여 同九年 大衍歷 九卷을 짓고 同 十一年에 黃道儀를 지었다. 善無畏가 오자 그에게 나가서 密敎를 배워 譯經에 參與하였고 또한 大日經疏를 지었다. 또한 金剛智를 만나서 秘密灌頂을 받았다. 同 十五年 華嚴에서 入寂하니 壽가 四十五歲이며 諡를 大慧禪師라 하였다. 著書로서 大日經疏 二十卷 七曜星辰別行法 一卷. 北斗七星護摩法 一卷. 梵天火羅九曜 一卷. 大毘盧遮那 佛眼修行儀軌 一卷. 宿曜儀軌 一卷. 華嚴海印懺儀 四十二卷등이었다. ②一事를 專行하는 것. 善導의 觀經疏一에 「成佛하는 法은 萬行이 圓備하여 尅成함을 要한다. 어찌 念佛一行으로 곧 成就를 바라겠는가」함.

일행거집(一行居集) 八卷. 淸나라 彭紹升 지음. 紹升의 字는 允初. 號

는 尺木. 別號는 知歸子. 法名은 際淸이다. 劉遺民. 高忠憲 二公이 往來修學하는 곳으로 모두 東林이라 하므로 그 居를 題目하여 二林이라 하며 自號하여 二林居士라 함. 居士가 古文을 다스려, 言은 有物이요. 文은 有則이라 하였다. 本朝掌에 益熟하기 때문에 所述한 事狀은 믿업고 徵兆가 있어 卓然히 後世에 傳할만 하였다. 論學의 文이 精深하고 密意로 紀律이 森然하여 모두 二十四卷이나 되며 二林居集이라 하였다. 居士가 內典의 作을 談하고 또한 擇言하여 爾雅하며 語錄이 陋習하지 않다. 字字가 性海 가운데서 흘러나오고 淨土의 淨義를 發揮함이 가장 많다. 佛門의 大著作이며 모두 八卷으로 一行居集이라 한다 하였음.

일행삼매(一行三昧) 마음을 一行에 定하여 닦는 三昧를 말함. 또는 眞如三昧 或은 一相三昧라 함. 三藏法數四에 「一行三昧는 오직 專一行으로 修習하는 三昧다」하였음. 이것에 事와 理의 二種이 있다. 理의 一行三昧는 마음을 定하여 眞如의 一理를 觀하는 것. 文殊般若經下에 「法界의 一相을 法界에 緣으로 묶는 것을 一行三昧라 한다. (中略) 一行三昧에 들어가는 이는 恒沙의 모든 佛法界가 差別相이 없음을 盡知한다」하였고, 起信論에 「이 三昧에 依하기 때문에 法界一相을 안다. 一切의 諸佛法身과 衆生身이 平等無二함을 말하며 곧 一行三昧라 하여 眞如가 三昧의 根本임을 알게된다」하였으며, 六祖檀經에 「만약 一切處의 行·住·坐·臥에 純一한 直心으로 道場에서 움직이지 않고 곧 淨土를 이루는 것을 一行三昧라 한다」하였음. ②事의 一行三昧 곧 念佛三昧의 다른 이름으로 一心念佛하는 것. 文殊般若經下에 「善男子와 善女人이 一行三昧에 들어가고자 하면 虛空閑에 應하여 모든 어지러운 마음을 相貌에 取하지 않고 마음을 一佛에 묶어 오로지 名字만 稱하여 佛의 方所를 따라 몸을 端正히 하고 바로 向하여 能히 一佛을 念念相續하면 곧 이念 가운데 能히 過去·未來·現在의 諸佛을 본다」하였음.

일행일체행(一行一切行) 하나의 行 가운데 一切의 行이 갖추어져 있음을 말한 것으로 그리하여 圓行이라 稱한다. 華嚴·天台宗 등 諸宗에서 세운 妙行이 모두 이것이다. 止觀一上에 「衆生에겐 大勇猛精進이 있고, 부처님은 一行 一切行을 說하시었으니 이것이 곧 네가지의 三昧다」라고 하였고, 探玄記一에 「一行이 곧 一切行이니 初發心 때에 문득 正覺을 이루어서 慧身을 具足한 것이요. 他에 依해서 깨우치는 것이 아니다」라고 하였음.

일향(一向) ①마음을 한 곳으로 재

향하여 다른 생각이 없이하여 敬亂한 마음이 없게 하는 것. 六十華嚴經五에 「한결같이 부처님만을 믿고 그 마음을 退轉치 않는다」하였고, 無量壽經下에 「한결같이 無量壽佛을 오로지 생각한다」하였으며, 善導의 觀經疏四에 「一向으로 阿彌陀佛의 이름을 부른다」하였고, 探玄記八에 뜻에 다른 생각이 없으므로 一向이라 한다」하였으며, ②一向은 全이며, 專이요. 偏이다. 藥師經에 「저 佛國土는 오로지 淸淨뿐이어서 女人이라곤 없다」하였음.

일향각(一向覺) ㉥〈passaddhi-sambojjhaṅga〉 깨달음을 얻는 한 條件으로서 마음의 平安. 마음이 가벼운 것. (般泥洹經)

일향공(一向空) ㉵〈eka-antena sūnyaṁ〉 徹底한 空.

일향기(一向記) 사람의 물음에 向하여 決定의 答을 주는 것. 俱舍論十九에 「만약 이렇게 一切有情이 모두 죽느냐고 묻는다면 應하여 一向記로 一切有情은 모두 죽기로 定해졌다」고 할 것임.

일향대승사(一向大乘寺) 한결같이 大乘의 敎法만을 專習하고 小乘은 겸하지 않는 寺刹의 總稱이요, 어느 한 절만을 지칭하는 말이 아님. (大藏 顯戒論)

일향불이의(一向不異義) ㉵〈ekāntibhāva〉 반드시 定하여져 있는 것.

일향선(一向善) ㉵〈eka-anta-kalyāṇa〉 慶事中 慶事였다. 絶對的인 善. (百五十讚)

일향설(一向說) 一方的으로 斷定하는 것. (中阿含經)

일향소승사(一向小乘寺) 한결같이 小乘의 敎法만을 專門으로 배우고, 大乘은 겸하지 않는 寺刹을 總稱하는 말이요, 어느 한 절을 지칭하는 말이 아님. (大藏顯戒論)

일향전념(一向專念) 한결같이 불경을 읽음.

일향전수(一向專修) 一向으로 오로지 念佛만 닦는 뜻.

일향전착(一向專著) ㉥〈ekaṃsa-vādā〉 한쪽에만 찬성하여 斷定하는 것.

일향전칭(一向專稱) 稱名念佛 以外는 아무것도 하지 않는 것. 無量壽經三輩文中의 一向專念을 말함.

일향종(一向宗) 眞言宗의 別名. 一心으로 한결같이 阿彌陀佛에게 歸命할 것을 宗旨로 삼기 때문에 一向宗이라함.

일향출생보살경(一向出生菩薩經) 佛說一向出生菩薩經의 약칭. 一卷. 隋 闍那掘多의 번역. 秘密部에 攝入되어 있음. 舍利弗을 대하여 無邊門에 들어가는 陀羅尼를 說한 것.

일향칭명(一向稱名) 專心으로 彌陀의 名號를 부르는 것.

일향후세문(一向後世門) 오로지 念佛을 닦는 實踐을 말함.

일허(一虛) 一空과 같음. 肇論에 「萬

有가 一虛와 같다」하였음.

일현(一玄) 本來無一物이라 하는 一偏의 見解. (從容錄)

일협(一篋) 四元素의 結合으로 생긴 몸. (往生要集)

일협사사(一篋四蛇) 한 箱子에 뱀 네 마리를 담았다는 뜻으로 우리의 身體가 四大의 和合으로 된 것을 비유함. 涅槃經二十三에 「비유하면 어떤 王이 네마리의 毒蛇를 한 상자에 담아가지고 사람에게 시키어 먹이를 주어 잘 기르라고 命令하였다. 그리고 늘 그 몸을 어루만지어 만일 뱀 한마리라도 성내게 한다면 내 마땅히 法에 따라 都市에서 목을 베리라 하였다 함과 같다」하였음. 四卷 金光明經一에 「地 水火風이 모여서 이뤄진 것으로 때에 따라 增減히니 서로 殘害하니 마치 네마리의 뱀이 한 箱子속에 있는 것과 같다. 四大는 사나운 뱀이라 그 性質이 각기 다르다」하였으며, 止觀一의 下에 「三界는 無常하고 一篋은 너무 괴롭다」하였음.

일형(一形) 또는 一生·一期·一世·一生涯라고도 말한다. 사람의 形骸가 存續하는 期間을 말한 것임.

일형(日馨) 初名은 寶英. 뒤에 日馨이라 함. 法號는 錦虛. 뒤에 大蓮이라 함. 俗姓은 姜氏. 晋州 사람. 高宗 12(1875)年 出生. 聰明이 絕倫하여 成童이 되기 前에 이미 經史에 通하고 往往 內典을 借覽하였다. 14歲에 謫所에서 嚴親을 여의고 金剛山 長安寺에 들어가 盂蘭會를 觀하고 目蓮의 經을 들은 뒤 震虛妙後에게 剃髮易名하고 專心으로 教學에 힘쓰다. 一生을 讀佛慧命을 己任으로 삼고 片晷寸楮도 叙述함이 없었다. 辛丑(1901)年 淳獻妃의 萬金을 下賜받아 海恩庵舊基에 海光殿·梵王樓·紫宸閣을 新建하였고, 丙午(1906)에 王妃의 命으로 六萬金을 얻어 海印寺의 經板인 四角銅板을 重修하였다. 37歲에 龍珠寺 住持가 되어 佛教振興을 꾀하였다. 壬午(1942) 2月에 入寂하니 世壽 68세 法臘이 54세.

일호의(一狐疑) →狐疑. (碧巖錄)

일호지액(一狐之腋) 여우의 겨드랑이 밑의 희고 고운 털. 轉하여 아주 진귀한 물건을 비유하는 말.

일혹(一惑) 一種의 妄惑을 말함. 歸敬義中에 「원래는 三學을 세웠는데 똑같이 一惑에 기울어 宗이 되었다」하였음.

일화(一火) 한 솥에 밥을 먹는 親舊라는 뜻. 武備志에 「五人을 一火라 한다」라고 쓰여 있다. 達磨의 兒孫을 가리킴. (碧巖錄)

일화(一化) ①부처님 一代의 敎化를 가리켜 이르는 말. 天台觀經疏에 「이 一化에 돌아가면 모두 환하게 通한다」하였음. ②一時化益의 뜻. 法華玄義一上에 「一期의 化導는 事·理가 모두 圓滿하다」하였고, 三

論玄義에 「釋迦의 小乘一化는 한갖 虛設이다」하였음.

일화(日華) 朝鮮朝 僧侶. 號 瑞巖. 長興 天官寺의 僧. 翠微守初의 法孫인 氷谷德玄의 弟子. 글씨를 잘 써서 僧俗이 다투어 글씨를 받아 갔음. 李圓嶠의 書體와 비슷한 名筆임.

일화개오엽(一華開五葉) 六祖 慧能(638～713)의 法系에 潙仰·臨濟·曹洞·雲門·法眼의 五家가 일어난 것. 元來 達磨의 禪을 한 꽃에 比喩함. (景德傳燈錄)

일화상위(一和尙位) 法要에 當하여 法臘順으로 坐席을 定할 때 首席에 앉을 長老를 말함.

일화오미지교(一化五味之教) 天台宗에서 釋迦如來 一代의 教法을 區別하여 華嚴時, 阿含時, 方等時, 般若時, 法華涅槃時의 五時로 하였는데 이 五時의 教法을 涅槃經에서 내 놓은 五味喩에 依託하여 五味之教라고 하였다. 五味는 乳·酪·生酥·熟酥·醍醐인데 그 차례를 저 五時에 配對한 것. 法華文句六下에 「四大弟子가 부처님의 뜻을 깊이 깨닫고 一代의 教化 五味를 探領하였는데 始終次第와 그 文은 여기에서 나왔다」라고 하였음. →五味.

일화오엽(一花五葉) 禪宗이 五家(潙仰宗, 臨濟宗, 曹洞宗, 雲門宗, 法眼宗)로 나누어질 것을 예언한 말. 이것을 꽃이 피는 것으로 形容하였음. 花는 心花로 곧 마음꽃이 된다는 뜻. 達磨의 傳法偈에 "吾本來玆土, 傳法救迷情, 一花開五葉, 結果自然成"이라 함.

일화일향(一花一香) 佛前에 하나의 꽃이나 하나의 香을 바치는 것.

일확사(一矍絲) 한 실패에 감긴 실.

일회(一會) 讀經과 說法의 會座. 많은 사람이 會合하기 때문에 會라 함. 阿彌陀經에 「모든 上善人이 함께 一處에 모였다」고 하였음.

일회기(一回忌) 또는 一周忌라고도 한다. 死後 滿一年이 되는 忌日을 말함. 이날은 흔히 僧侶들을 請하여 佛事를 行한다. 儒家에서는 小祥이라 함. 十王經에 「一年동안 이 여러 苦辛을 겪으면서 男女가 齋를 올리며 福業因을 닦으면 六道의 輪回가 아직 未定되었어도 佛經을 刊刻하고 佛像을 造成하면 迷律에서 벗어난다」하였음. →年忌.

일회일체회(一會一切會) 會는 納得한다. 理解한다는 뜻. 한 일을 徹底하게 理解하면 다른 모든 것이 自然히 理解된다는 것. (碧巖錄)

일회행사(一廻行事) 禪院에서의 一年間의 重要한 法要를 말함.

일흥(一興) 一은 語調를 强調하기 위한 助字. 크게 일어나다. 奮起한다는 뜻. (正法眼藏)

임(林) ①梵〈Vana〉 숲. ②梵〈āśrama〉 行者가 修行하는 곳. 힌두教의 行者는 원래 숲속에서 修行했기

때문에 由來함.

임(荏) 옛 聖王의 이름. 增一阿含經四十七에 聖王의 이름이 荏이다」하였고, 經註에 「荏은 晉言에 大胸이다」하였음.

임간록(林間錄) ㊂二卷. 後集一卷은 宋나라 釋 惠洪이 撰한 것. 본래는 編次를 밝힌 것으로 모두 禪門의 高德들의 嘉言과 善行을 記錄하였는데 贊寧의 高僧傳이 잘못된 것을 많이 訂正하고 그 가운데 자못 自己의 뜻을 叙述하여 부처님의 道理를 發明하여 놓았다. 그리하여 舊事를 전부 收錄하지는 못했고 後集一卷은 곧 惠洪이 지은 賛·偈·銘 三十一首와 漁文詞 六首가 들어 있는데 누가 거기에 附入시켰는지는 알 수가 없음. (四庫提要)

임궁(琳宮) 寺院. 琳宇.

임단(臨壇) 僧尼의 戒壇에서 授戒하는 作法을 臨壇, 그 僧尼를 臨壇大德이라 말함. 즉 三師七證임. (僧史畧下)

임등(林藤) 劫初의 사람이 식용하던 물건. 俱舍頌疏記 十二에 「林藤은 藤에서 나와 수풀을 이루었기 때문에 林藤이라 한다」 하였음.

임마(恁麼) '이와 같이'의 뜻. 中國宋나라 때의 俗語. 恁은 如此, 麼는 의심하는 것. 여러가지의 뜻이 있다. 어찌하여, 어떻게, 그러한, 저러한 이러한 등의 뜻. 什麼·與麼·甚麼·怎麼와 같음. 傳燈錄九에 「六祖가 묻기를 "어떤 물건이 이렇게 왔는고"」하였고, 婆子燒庵則에 「옛날부터 지금까지 아직도 이러한 家風이 있다」하였으며, 祖庭事苑一에 「恁麼는 위에 마땅히 作과 與를 써야 한다. 麼는 바르게는 作麼 與麼라하며, 가리키는 말이다」하였음.

임마견취(恁麼見取) 이같이 생각한다는 뜻. (正法眼藏 佛性)

임마인(恁麼人) 참다운 佛法者. 身心脫落. 大悟徹底한 사람. (正法眼藏)

임미니(林微尼) 地名. →嵐毘尼.

임바(絍婆) ㊵〈Nimba〉 또는 任婆·賃婆라 하며 나무의 이름이다. 玄應音義二에 「絍婆는 樹名이다. 葉은 다려서 먹을 수 있고 頭痛을 다스린다. 中國의 苦楝樹와 같다」하였음.

※俱舍頌疏業品六에 「從賃婆種賃婆果生其果大小 如苦楝子 其味極苦」

임바충(絍婆蟲) 絍婆樹를 먹는 벌레. 維婆蟲은 잘못된 말.

※涅槃經三十二에 「無智人樂生死 如絍婆蟲樂絍婆樹」

임변(林變) 부처님이 涅槃할 때 娑羅雙樹의 빛깔이 변하여 白이 되었다는 것. 涅槃經一에 「이때에 拘尸那城의 娑羅樹林이 白色으로 변하여 마치 白鶴같다」고 하였음.

※三代實錄二에 「調御丈夫示林變之悲 淨德夫人遺花萎之患」

임병(任病) 圓覺經에서 說한 四病의 하나. →四病.

임성(任性) 朝鮮朝 僧. 冲彦의 法號.

임수(臨修) →臨終.

임수종시(臨壽終時) 生命이 끝날 때에 臨하여 라는 뜻. 곧 臨終과 같음. (無量壽經)

임실용암리석등(任實龍岩里石燈) 全羅北道 任實郡 新平面 龍岩里에 있는 新羅 末期의 제작으로 추측. 높이 4.6m. 8각의 地臺石 위에 8面石이 있는데 각 면석에는 眼像이 조각되어 있음.

임염(荏苒) 세월이 遷延함. 時日을 자꾸 끄는 것.

임우(琳宇) 寺院. 琳宮.

임운(任運) 自然과 같음. 法의 스스로 運動에 맡기고 사람의 造作을 加하지 않는 뜻. 行事鈔上二의 一에 「사람이 이르는 곳은 運界에 맡기어 일어나기 때문에 自然이라고 한다」하였고, 同資持記에 「造作을 添加하지 않았기 때문에 任運이라 한다」하였으며, 止觀五에 「一念에 十法界를 갖추고 念具를 짓기 때문에 任運具라고 한다」하였음.

임운무공용(任運無功用) 자기의 힘으로 造作하지 아니하고, 일이 저절로 運行됨.

임운소기(任運所起) 自然히 일어남. (五敎章)

임운자재(任運自在) 모든 일에 대하여 조금도 사로잡힘이 없이 淡淡히 佛道를 걸어가는 것.

임운전(任運轉) 새삼스럽게 다른 뜻을 갖지 않고 運대로 자연히 일어나는 것. (解深密經)

임윤(琳潤) 新羅 僧侶. 新羅 文武王 十一(671)年에 唐將 薛仁貴의 편지를 가지고 新羅에 돌아와 王께 傳하였음.

임읍국(林邑國) 또는 臨邑이라고도 한다. 印度支那半島의 東部에 있는 나라 이름. 오늘날 安南의 南部地方에 해당된다. 梁書諸夷列傳 第四十八에 「林邑國은 본래 漢의 日南郡 象林縣이며 옛 越裳의 境界이다. 伏波將軍 馬援이 漢의 南境을 開拓하여 이 郡을 設置함.

임읍악(林邑樂) 林邑(베트남)에서 傳해진 雅樂.

임장(林葬) 또는 野葬. 四葬의 하나. 屍體를 숲속에다 放置하여 새나 짐승들이 먹게 하는 것.

임재(臨齋) 午時의 齋食하는 자리에 參席하여 供養하는 것. 즉 점심밥을 먹는 것이다. 午齋에 諷誦하는 것을 臨齋諷經이라고 말함.

임재풍경(臨齋諷經) 午時에 밥먹는 자리에서 讀經을 하는 것. 祖師를 위한 諷經은 半齋때에 行하고 亡者를 위한 諷經은 臨齋때에 行함.

임제(臨濟) 唐나라 鎭州 臨濟義玄, 曹州 南華사람. 俗姓은 荆氏, 黃檗을 이어 臨濟宗의 祖가 됨. (傳燈錄十三) →義玄.

임제대오(臨濟大悟) 臨濟가 黃檗에 묻기를 "어떤 것이 佛法의 的的한

大意입니까" 하니 黃檗이 갑짜기 때리기를 "三度"하였다. 黃檗에게 下直하고 大愚을 찾아가니, 大愚가 묻기를 "너 어데서 오느냐" 濟 "黃檗에게서 옵니다" 愚 "黃檗이 아무 말 않더냐" 濟 "제가 佛法의 的的한 大意를 물었다가 세대의 몽둥이를 맞았읍니다. 무슨 허물이 있는지 없는지조차 알 수 없읍니다" 愚 "黃檗늙은이에게 네가 자꾸 피곤을 주었기 때문이다. 다시 가서 허물이 있는지 없는지 물어라"하니 臨濟가 言下에 크게 깨쳤다 함. (臨濟錄, 會元十一, 從容錄, 八十六則)

임제불법대의(臨濟佛法大意) ㊟또는 定上座佇立, 定上座問臨濟, 臨濟托開 또는 擒定上座라고도 한다. 즉 臨濟義玄의 佛法大意를 直下에 承當하여 當處에 있다는 것을 指示한 것.

임제사빈주(臨濟四賓主) 臨濟가 提唱한 四句의 賓主란 뜻. 또는 濟宗四賓主라고도 한다. 곧 臨濟義玄의 賓看主, 主看賓, 主看主, 客看客의 四句를 料簡하여 禪機를 提示한 것을 말함.

임제사할(臨濟四喝) ㊟臨濟錄에 「臨濟스님이 僧에게 묻기를 "어느 때 一喝은 金剛王의 寶劍과 같고 어느 때 一喝은 땅에 웅크리고 앉아 있는 金毛獅子와 같고 어느 때 一喝은 探竿影草와 같고(鵜의 깃털을 엮어서 물속에 넣고 고기가 한곳에 모인 뒤에 그물로 잡는 것을 探竿이라 하고 풀을 물위에 띄우면 고기가 그 그림자에 모여드는 것을 影草라고 한다.) 어느 때 一喝은 一喝의 用을 짓지 못하니 너는 무엇을 알겠느냐" 僧이 말하려 하니 師가 문득 喝하였다」하였음.

임제삼구(臨濟三句) 達磨祖師 이후부터 學人을 提接하는 差別. 어떤 僧이 臨濟에게 "어떤 것이 眞佛이며 眞法이며 眞道인지 和尙께서 일러주소서" 臨濟 "佛은 心淸淨이 그것이고, 法은 心光明이 그것이고, 道는 處處 無礙 淨光이 그것이니라. 셋이 곧 하나이니 모두 이름뿐이고 참으로 있는 것이 아니다. 진정한 道人은 잠깐도 마음이 間斷하지 않는다. 達磨大師가 西域에서 오신뒤부터 다만 남의 誘惑을 받지 않을 사람을 찾으려 하였다가 나중에 二祖를 만났더니, 한마디에 알아버리고 이전에 하던 공부가 쓸데 없는 것인 줄을 알았나니라. 나의 모든 所見은 부처님이나 祖師와 다르지 않느니라. 第一句에서 깨달으면 佛祖師가 될 것이고 第二句에서 깨달으면 人天師가 될 것이고, 第三句에서 깨달으면 제몸도 救濟할 수 없나니라" 僧 "어떤 것이 第一句입니까" 臨濟 "三要의 印을 찍으니 붉은 점이 비좁고(三要印開朱點窄) 어찌할 생각을 하기 전에 主人과 客이 分別되나니라(未容擬議主賓

分)" 僧 "어떤 것이 第二句입니까" 臨濟 "微妙한 知解로는 無着禪師의 물음을 容納할수 있을까마는(妙解豈容無着問) 方便인들 어찌 동뜬 根機를 저버리겠느냐(漚和爭負截流機)" 僧 "어떤 것이 第三句입니까" 臨濟 "舞臺에서 꼭두각씨 올리는 것을 보아라(但看棚頭弄傀儡) 앉고 서고 하는 것이 모두 속에 들어 있는 사람의 짓이니라(抽牽元是裏頭人)" 또 말하기를 "宗乘을 말하는데는 第一句가운데 三玄門이 具足하고 一問가운데 三要가 具足하여 權도 있고 實도 있고 照도 있고 用도 있다. 그대들은 어떻게 아는가" 또 "어떤 때의 喝은 金剛王 寶劍과 같고, 어떤 喝은 쭈구리고 앉은 獅子와 같고 어떤 喝은 探竿影草와 같고 어떤 喝은 喝하는 作用을 하지 못하나니라" 僧이 생각하여 보려하거늘 臨濟가 문득 喝하였다 함.

임제선(臨濟禪) 臨濟宗에서 傳하는 禪風.

임제재송(臨濟栽松) 臨濟가 소나무를 심으니 黃檗이 묻기를 "깊은 이 山속에다 나무는 심어서 무엇하겠느냐" 臨濟 "하나는 山門의 境致를 만드는 것이요. 또 하나는 後人들에게 標榜을 세우는 것입니다"하고 말을 마치자 괭이로 땅을 세번 쳤다. 黃檗이 말하기를 "비록 그렇지만 이미 나의 三十棒을 먹은 뒤일거다" 臨濟가 또 괭이로 땅을 세번 치며 허허 소리를 크게 내니, 黃檗이 이르기를 "나의 宗이 너에게 이르러 크게 世上에 드날리겠다"하였음. (臨濟錄, 會元十一)

임제종(臨濟宗) 禪宗五家의 하나. 曹溪의 六祖 慧能으로 부터 南嶽·馬祖·百丈·黃檗을 거쳐 臨濟義玄에 이르러 一家가 펼쳐졌는데 이를 일컬어 臨濟宗이라 한다. 즉 慧能의 六世孫이다. 또 臨濟의 六世孫에 石霜圓禪師가 있고, 圓禪師의 아래에 楊岐와 黃龍의 二派가 갈라졌다. 臨濟의 禪風은 獨特한 峻嚴한 手段으로 學人들을 提接하므로 宗風이 크게 떨쳤으며, 그 後孫에 많은 英傑이 쏟아져 나오고 宋나라 때에 그의 宗風이 더욱 大成 元나라 明나라에 이르기까지 상당한 勢力을 가졌다. 우리나라의 禪宗은 대개 臨濟宗風이었으나 太古普愚와 懶翁이후 부터는 確實히 臨濟宗의 法脈을 이어 받았음.

임제진인(臨濟眞人) ㊋臨濟가 上堂하여 말하기를 "붉은 살덩이 위에 한 無位眞人이 있어서 항상 너희들 모든 사람을 따라 門으로 出入하는데 證據를 본 자가 없다"하였다. 그 때에 어떤 僧이 나가서 묻기를 "어떤 것이 無位眞人입니까" 師가 禪床에서 내려와 앉으면서 말하기를 "말하라 말하라"하니 그 僧이 말하려하니 臨濟가 托開하여 말하기를 "無位眞人은 바로 말라버린 똥치는

막대기다」하고 문득 方丈으로 돌아갔다 함. (臨濟錄, 人天眼目上, 從容錄三十八則)

임제할려(臨濟瞎驢) ㊟臨濟가 臨終時에 꼿꼿이 앉아서 말하기를 "내가 죽은 뒤에 나의 正法眼藏을 滅却하지 말라."하니 三聖慧然이 나가서 말하기를 "어찌 敢히 和尙의 正法眼藏을 滅却하리오" 師 "이 뒤에 어떤 사람이 그대에게 물으면 어떻게 말하려는가" 三聖이 문득 喝하였다. 師 "누가 나의 이 正法眼藏이 눈먼 나귀에게서 없어질줄을 어찌 알았으랴"하고 말을 마치자 端然히 示寂함. (臨濟錄, 會元十一, 從容錄一, 十三則)

임제혜조선사어록(臨濟慧照禪師語錄) ㊟一卷. 唐 三聖慧然 撰 또는 鎭州臨濟慧照禪師語錄이라고도 하며 略하여 臨濟錄이라고도 한다. 臨濟義玄의 語錄등을 輯錄한 것. 語錄·勘辨·行錄의 三部로 되었음.

임종(臨終) 臨命終時의 준말로 목숨이 끊어질 때를 말함.

임종내영(臨終來迎) 또는 臨終現前이라고도 한다. 念佛修行하는 사람의 命이 마치려 할 때에 佛·菩薩이 그 앞에 나타나서 極樂世界로 迎接하여 감.

임종명종(臨終鳴鍾) 죽을 때에 울려오는 鍾소리. 俱舍論에 「臨終을 當하여 善念속에서 죽도록 하는 것. 鍾을 울리고 磬을 치는 것은 善心을 끌어내기 위하기 때문이다」하였고, 佛祖統紀六에 (智者傳) 「또한 維那를 誡하기를 人命이 마치려할 때 鍾을 울리고 磬소리를 내어 그 正念을 增長시키고 더욱 오래도록 끊어 氣가 盡할때까지 한다」하였음.

임종업성(臨終業成) 臨終할 때에 往生하는 事業이 비로소 成辨된다는 뜻. 平生에 힘써 修行한 功에 依하여 죽을 때에 佛·菩薩을 뵈옵고 비로소 淨土에 往生하는 일이 決定되는 것. ↔平生業成.

임종염상(臨終念想) 臨終의 念佛.

임종정념(臨終正念) 修行者가 죽을 무렵에 三毒의 邪念을 일으키지 않고 오로지 菩提의 마음을 가지게 하는 것. 이때 마음을 바르게 갖는 것은 平生의 行業을 熏修하는 것이 된다. 彌陀經略記에 「尋常한 所行으로 말미암아 臨終時에 正念을 얻는다」하였음. 龍舒의 淨土文과 樂邦文類등에 善導의 '臨終正念決'이 記錄되어 있음.

임종현전원(臨終現前願) 또는 來迎引接願, 聖衆來迎願, 現其人前願이라고 한다. 阿彌陀如來의 四十八願 가운데 第十九願임. 阿彌陀佛을 念誦修行하는 사람이 臨終할 때에는 阿彌陀如來가 여러 聖衆들과 함께 그 사람의 앞에 나타나서 極樂淨土로 引接해 간다고 함.

임지(任持) ㊵〈ādhāna〉 맡아 있는 것.

임지(恁地) '그렇게'라는 뜻. 地는 語助辭.

임지소연(任持所緣) 大乘境地의 하나. 聖人의 말씀에 따라 얻은 智慧(聞所成智)의 境地. (辯中邊論)

임하(林下) ①禪林下의 약칭. 禪宗의. ②地方에 있는 禪宗의 大寺.

임하록(林下錄) 四卷. 朝鮮朝 有一 蓮潭의 文集.

임한(淋汗) 禪家에서 夏月에 沐浴하는 것을 淋汗이라 함. 淋은 說文에 물로 씻는 것이라 함. 大概 더울때 恒常 땀이나기 때문에 每日 沐浴하여 땀을 씻는 것을 말함.

입(入) ①眞理의 깨달음을 '入'이라고 한다. 大乘義章一에 「證會한 것을 入이라 한다」하였고, ②「事物을 깨달아 아는 것을 入이라 한다」하였고, 淨影疏에 「入은 解다」하였으며, 無量壽經上에 「여러 사람의 말소리(言音)를 알아 듣는다」라고 하였음. ③根과 境이 서로 涉入하여 識을 내는 것을 '入'이라 한다. 十二入, 十二處와 같음. 大乘義章八末에 「根塵이 서로 順入하는 것을 역시 '入'이라고 말한다」하였고, 止觀五에 「入은 涉入이다」라고 하였음. ④二入. →二入. 十二入. →三科.

입가(入假) 空觀에서 나아가 假觀으로 들어가는 것. 그것은 十住의 位에 들어간 것이 됨. (四敎儀註)

입견도(入見道) 見道位에 깨달아서 들어감을 말함.

입골(入骨) 俗에 納骨이라 함. 대개 僧家에서는 入塔, 在家에서는 入骨이라 말함. 白骨을 墓에 안장하는 것. 이에 入骨佛事를 行함. (象器箋十四)

입공(入空) 모든 法을 分析하거나 혹은 모든 法이 因緣으로 생겼다는 뜻을 깨닫고 모든 法은 實性이 없다는 眞理에 깨달아 들어감을 말함. 이 中에 모든 法을 分析하면 처음엔 空의 이치를 알게 되며 色을 分析하여 空에 들어간다 함은 小乘人의 空觀이다. 因緣으로 생기는 法은 事體가 空임을 알고 事體를 分析함으로써 要를 삼아 體色入空이라 한다. 이는 大乘人의 空觀이다. 이 二者가 모두 虛假의 境界에서 나와서 眞諦 空理에 들어가는 觀法이므로 從假入空觀이라 한다. 곧 瓔珞經에서 觀한 三觀의 하나. 四敎儀에 「小乘은 色을 分析하여 空에 들어가기 때문에 拙하다. (中略) 巧는 體色이 空에 들어가며 (中略) 用은 假를 좇아서 空에 들어가는 觀이며 眞諦의 理를 보게 된다」하였음.

입관(入棺) 入龕의 俗語.

입관(入觀) 觀은 觀照의 뜻이다. 우리들이 散亂麤動한 마음을 靜止하면 萬有諸法의 理가 저절로 觀照를 얻는 것도 觀이라고 말하고 이 觀에 드는 것을 入觀이라고 말한다.

흔히 入定과 同義로 쓰고 있다. 마음의 寂靜一邊으로 사용할 때는 定이라 말하고 理를 觀照하는 一邊으로 사용할 적에는 觀이라고 말함.

입교(立敎) 古今의 諸師가 佛의 一代敎를 向하여 敎門을 세운 것. 天台의 五時 八敎와 華嚴의 五敎 같은 것. 이를 敎相判釋이라 함. 法華玄義에는 南三 北七인 十家의 立敎를 列擧하였고, 五敎章上에는 古今의 十家를 列擧하였으며, 華嚴大疏四에는 二十餘家를 敘述하였음.

입교개종(立敎開宗) 敎相을 세우고 宗旨를 펴는 것을 말함.

입궤(立軌) ㊂立印儀軌의 약칭.

입금강문정의경(入金剛問定意經) ㊂弘道廣顯三昧經의 다른 이름.

입능가경(入楞伽經) ㊂十卷. 元魏 菩提留支가 번역. 또 舊譯四卷이 있는데 제목은 '楞伽阿跋多羅寶經'이라 하였고, 新譯七卷이 있는데 바로 이 入楞伽經이요. 또는 十卷 楞伽라고도 한다. 楞伽는 師子國의 山이름인데 부처님이 그 山에 들어가시어 說한 經이기 때문에 '入楞伽經'이라고 한 것. 楞伽經의 現存三本中에 하나임.

입능가심현의(入楞伽心玄義) ㊂一卷. 唐나라 釋 法藏 撰. →楞伽經.

입단(入壇) 金剛部 胎藏部 兩部에서 各各 如法으로 諸尊을 한 곳에 모아 모시는 것을 曼陀羅라고 하며 번역하여 壇이라 한다. 眞言을 修行하는 사람이 이 壇場에 들어가서 灌頂을 받는 것을 入壇이라고 함.

입당(入堂) 僧堂에 들어가는 것.

입당구법순례행기(入唐求法巡禮行記) 日本 僧. 圓仁 慈覺國師가 開城2(838)年 唐나라에 구법하러 갔다가 大中元(847)年 귀국하여 쓴 여행기. 당시 당나라 불교의 전모와 山東地方에 있었던 新羅坊·赤山法華院에 관한 자세한 기록이 있어 新羅史 연구에 좋은 참고가 된다. 圓仁은 張保皐의 알선으로 신라의 배를 타고 귀국하였다 함.

입당오법(入堂五法) 戒律宗에서 法堂에 들어갈 적에 지켜야할 五種의 法規로 入衆五法과 같음. →入衆五法.

입당팔가(入唐八家) 日本 平安朝 때 唐나라에 들어가 密敎를 배운 여덟 사람. 즉 傳敎·弘法·慈覺·智證·常曉·圓行·慧雲·宗叡. 이 가운데 傳敎·慈覺·智證 三人은 台密이요. 나머지는 東密로서 日本에서 이들을 총칭하여 入唐八家라 함.

입대승론(入大乘論) ㊢二卷. 印度의 堅意菩薩이 짓고 北涼의 道秦이 번역. 大乘敎의 槪論을 말한 것으로 由義品, 入摩訶衍品, 議論空品, 順修諸行品의 四品으로 이루어짐.

입도(入道) 俗世를 버리고 佛道에 들어가 修行하는 것. 出家와 같음. 그 사람을 入道人이라 하고 또는 略하여 道人이라고도 함. 寶積經三

十六에 「佛法에 淸淨한 信心을 가지고 俗家를 나와 佛道에 들어간다」하였고, 十住論七에 「혹 집을 버리고 佛道에 들어온다」하였으며, 遺敎經에 「佛道에 들어온 智慧人이다」하였고, 智度論에 「跏趺坐한 그림만 보아도 魔王은 역시 무서워하는데 하물며 佛門에 들어온 사람이리오. 편안히 앉아서 기대거나 움직이지 않아야 한다」하였음.

입두(入頭) 悟入의 곳이라는 뜻. (碧巖錄)

입득(入得) 自由로워지는 것.

입량(立量) 因明에서 宗·因·喩 三支의 比量을 세우는 것. 즉 論理의 法을 構成하고 뜻을 세움. 略하여 量이라고도 함.

입량파(立量破) 因明에서 立論者의 言論에 대하여 相對者가 따로 論法을 構成하여 그를 論破하는 것. ↔顯過破.

입류(入流) 至覺의 흐름에 들어감.

입마(入麼) 中國 宋나라 때의 俗語. 이와 같이. 그와 같이. 이렇게. 어떤. 어느 것. 이러한 등의 뜻. 恁麼와 같음.

입만다라자(入曼荼羅者) 五種三昧耶 가운데 前四種의 三昧耶를 가리킨 것. 義釋十二에 秘密印를 가리키어 말하기를 「假令 이미 曼荼羅에 든 사람일지라도 아직 前生에 얻지 못하고 있는데 하물며 나머지 사람이리요」하였고, 演奧鈔五十五에 「曼荼羅에 든다고 하는 것은 前 四種 三昧耶를 가리킨 것이다」하였음.

입멸(入滅) 滅度에 드는 것으로 또는 入涅槃이라고도 한다. 梵語의 涅槃. 번역하여 滅度. 生死의 苦界를 벗어나 涅槃의 證果에 드는 것으로 證果에 들어간 사람의 죽음을 말함.

입무분별법문경(入無分別法門經) ㊂ 一卷. 宋나라 施護 번역. 大乘의 分別이 없는 法을 說한 것.

입문해석(入文解釋) 또는 隨文作釋이라고도 하는데, 經, 論을 解釋할 적에 먼저 文章의 前論一部의 大意와 題號를 해석한 뒤에 本文에 들어가 차례대로 文句를 해석하는 것을 入文解釋이라고 말함.

입바라(入嚩羅) ㊵〈Jvāla〉 번역하여 光明. 또는 燄光이라 함. (大日經疏九)

입반열반(入般涅槃) 般涅槃에 드는 것으로 般涅槃·涅槃과 같음. →涅槃.

입법(入法) 처음으로 法에 들어간 初心의 때. (正法眼藏)

입법(立法) 萬法에 對하여 迷妄의 見解를 깨뜨린 뒤에 그 사리의 眞性을 發露시켜 바른 道理를 세우는 것. 顯正과 같음. ↔破情.

입법계(入法界) 華嚴經에서는 法界라 하였고, 法華經에서는 實相이라 하였는데 同體異名이다. 諸法本眞의 理와 諸佛 所證의 境이 法界의

理에 證入한 것을 入法界라 한다. 華嚴宗에서 三處의 入法界를 세웠는데 ①上根의 菩薩이 初住의 位에서 無明煩惱를 깨뜨리고 法界의 理를 證得한 자리. ②中根의 菩薩인 十廻向의 마지막 자리 ③下根의 菩薩인 初地의 자리. (華嚴大疏鈔七)

입법계무량(入法界無量) 菩薩의 階位가운데 十廻向의 第十位. 온갖 法이 圓融하여 相對를 여의고 中道無相의 理致에 證入하는 地位. → 廻向.

입법계체성경(入法界體性經) ㊟一卷 隋나라 闍那崛多 번역. 부처님이 寶積三昧에 住하여 法界의 義를 說하신 것.

입법계품(入法界品) ㊟華嚴經의 마지막 品. 善財童子가 南方으로 五十三善知識을 찾아다니면서 道를 求하여 法界의 理致에 證入하던 始末을 說한 品. 六十卷 華嚴經에서는 四十四卷이하. 八十卷 華嚴經에서는 六十一卷이하의 品.

입법계품초기(入法界品抄記) 一卷. 高麗初期 僧 均如 지음.

입병(入瓶) 沙彌가 通力이 있어 能히 澡瓶가운데 들어가는 것. 阿育王傳七에 「옛날 阿恕伽王이 十七歲 沙彌를 보고 隱密한 곳에 데리고 가서 禮를 짓고 沙彌에게 말을 하되 "사람을 對하여 내가 너에게 禮했다고 하지 말라" 마침 沙彌앞에 澡瓶이 있거늘 沙彌가 곧 그 속으로 들어갔다가 다시 澡瓶속에서 나왔다. 곧 말하기를 "王께서는 조심하여 다른 사람을 向해 沙彌가 澡瓶 속에 들어갔다가 나왔다는 말을 하지 마십시요" 王이 곧 沙彌에게 말하기를 "나는 當場 사람을 向해서 말하고 다시 숨기지 않을 것이다"하였다. 이러므로 諸經에 모두 이르기를 沙彌는 비록 적으나 輕率히 하지 못하고 王子가 비록 적더라도 또한 輕率히 하지 못하며 龍子가 비록 적어도 또한 가볍게 여기지 못한다. 沙彌는 비록 적으나 能히 사람을 化度하고 王子는 비록 적어도 사람을 죽이며 龍子는 비록 적어도 能히 구름을 일으켜 비를 오게한다」하였음.

입봉(入逢) 또는 入相이라고도 한다. 황혼. 日沒.

입불(入佛) 佛像을 迎入하는 것. 寺院에 迎入하고, 寺院으로부터 檀家에 迎入하는 것을 入佛이라고 말함.

입불공양(入佛供養) 入佛할 때 行하는 法會供養을 말함. 즉 새로 지은 절에 佛像을 모시는 儀式法會, 다시 말하면 信徒들이 절에서 佛像을 맞아올 때에 行하는 法會를 말함.

입불이문(入不二門) 維摩經入不二法門品에서 說한 것으로 모든 法이 둘이 아닌 道理에 證入하는 法門. 즉 一實平等의 理를 不二라고 말하며 理의 體는 無異無別함을 밝힌 것. 이 둘이 아닌 義理가 法界中에

一門이기 때문에 門이라 말하고 이 둘이 아닌 法門으로 通入하는 것을 入不二門이라 한다. 大乘義章一에 「不二는 다름이 없다는 말이며 즉 經가운데 一實의 뜻. 一實의 理는 妙寂하여 相을 여의고 如如平等하여 彼此를 없애기 때문에 不二라고 한다」하였음.

입불이법문(入不二法門) 維摩經에 있는 法門. 諸法이 둘이 아닌 道理에 證入하는 法門. 文殊菩薩등 三十二菩薩과 維摩居士가 生滅不二·受不受不二·善惡不二등 不二法門에 대하여 問答하고 最後에 維摩는 無言의 答을 함. 이 問答을 들은 五千菩薩이 모두 不二法門에 들어가 無生法忍을 얻었음.

입불평등계(入佛平等戒) 三種三昧耶의 하나로 入佛三昧를 말함. 大疏九에 「世尊이 前에 法界胎生三昧에 들었을 때에 一切衆生을 보니 모두 菩提種子가 있어 諸佛과 同等하기 때문에 入佛三昧耶持明을 說하였다. 이 三昧耶持明으로 入佛平等戒를 얻으면 바로 聖胎에 託한다는 뜻이다」하였음.

입사(入寺) 절에 들어가 居住하면서 그 財産을 保護 維持하며 主管하는 것.

입산학도(入山學道) 世尊이 出家한 후 6年 동안의 苦行. 無量壽經上에 「나라의 재물과 王位를 버리고 山에 들어가 道를 배우며(中略) 나무아래에 端坐하여 6年동안을 苦行하였다」함.

※普賢菩薩證明功德經에 「於檀德山苦行六年」此爲八相之一.

입상(立像) 반듯하게 세워놓은 佛像. 慈恩傳二에 「王城 東北山 언덕에 立石像을 세웠다」하였고, 樂邦文類三에 「三聖의 立像이 觀無量壽經에 記錄되어 있다」하였으며, 戒度觀經疏記下에 「世間에 "立像은 부처님이 아니다"라고 하였는데 疏는 주로 今經에 依據하였다. 일찌기 三聖立像記를 지었다」하였음.

입상주심(立相住心) 淨土門의 極致다. 西方을 가리켜 報土 報身의 相을 세워서 有心 有念에 安住하고 그의 境을 取하는 것. 觀經散善義에 「지금 이 觀門등은 오직 方을 가리켜 相을 세우고 心에 住하여 境을 取한다 하나 모두 無相 無念을 밝히지 못한다. 如來는 末代罪惡의 凡夫가 立相住心하여도 오히려 얻지 못하거던 어찌 하물며 相을 여의고 일을 求하는 것일까. 마치 術을 通함이 없이 사람이 空中에 집을 짓고 산다하는 것과 같다」하였음.

입선(入禪) 禪堂에서 坐禪하거나 講堂에서 看經을 始作할 때에 大衆에게 指示하는 것. 看堂들을 놓고 鍾頭가 禪을 들이기도 하고, 竹篦를 치기도 함.

입설(立雪) 二祖 慧可의 故事. 慧可

가 達磨를 參謁하였을 때 큰눈이 내려 積雪이 그 무릎을 지나도 움직이지 않았다. 達磨가 딱하게 여겨 묻기를 「그대가 눈속에 서서 무엇을 求하려는가」하니 慧可가 슬피 울면서 말하기를 「다만 和尙께서 慈悲의 甘露門을 열어 널리 群品을 濟度하여 주기를 願하옵니다」하였음. (傳燈錄達磨章)

입성(入聖) 迷惑을 끊고 眞理를 證得한 사람을 聖이라 함. 入聖은 聖者의 階位에 든 것. 俱舍論十八에 「聖에 들어가서 果를 얻으면 染을 여의고 漏가 盡한다」하였고, 往生十因에 「三乘行人은 聖에 들어가는 方便이다」하였음.

입성증과(入聖證果) 淨土에서 깨닫는 것. (敎行信證)

입세아비담론(立世阿毘曇論) ㊂十卷. 陳 眞諦 번역. 立世는 世界를 安立한다는 뜻이요. 阿毘曇은 論議의 總稱. 論中에 須彌四洲와 諸天 地獄등 世界 國土의 일을 記錄하였음.

입송팔의(立頌八意) ①少字攝多義. 能히 少字에 많은 뜻이 包含되어 있다는 뜻. ②讚嘆多以偈頌. 偈頌으로 그 德을 讚嘆함은 東西의 撥範이 같다 함. ③爲鈍根重說. 佛이 弟子를 위하여 長行을 說한다. 根이 鈍하면 오히려 解釋하지 못하므로 偈頌을 重說하는 것. ④爲隨喜樂故. 佛이 衆機를 보고 欣樂하여 偈頌하는 것. ⑤爲後來徒故. 佛이 弟子를 위하여 長行하는 뜻은 或 새로 오는 大衆이 있어 前經을 듣지 못하기 때문에 위하여 偈頌을 說하는 것. ⑥爲易受持故. 長行의 文句가 繁多하여 受持하기 어려우므로 다시 偈頌을 說하여 쉽게 記持하게 하는 것. ⑦增明前說故. 처음 長行을 說하여 뜻이 未盡하여 뒤에 偈頌을 說하여 다시 그 뜻을 밝힌 것. ⑧長行未說故. 長行을 說하지 않고 偈頌을 直說하는 것. 孤起頌을 말하는 것.

입승(立繩) 절안의 紀綱을 맡은 소임. 大衆의 진퇴와 동작을 지시하는 소임.

입승수좌(立僧首座) 立僧은 法을 說하여 여러 大衆을 成立시키는 뜻이다. 여기에는 一定한 사람이 없고 首座中에서 頭首의 外에 別度로 西堂 또는 前堂 및 나이가 많고 사물에 經驗이 많아 老熟한 사람 가운데 道가 높고 學問에 널리 通達한 사람을 選擇하여 간곡히 請하여 大衆을 爲하여 開法하도록 하며 또는 大方의 尊宿을 請하여 充當하는데 그 소임은 극히 소중하여 前堂의 首座의 住持를 代身하여 說法한다. 또 그 사람이 어려우면 名德首座가 前堂中에서 조금 德있는 사람을 골라서 한다. 그 사람을 얻기는 그리 어렵지 않다라고 하였음. (象器箋)

입신(入信) 信仰에 들어간 것을 말함.

입실(入室) 禪規에 久參한 弟子가 師室에 들어가 參問하는 것이다. 이는 弟子의 得分을 勘責하는 것이므로 久參한 사람이 아니면 許하지 않았다. 옛날에는 臨機하여 行했으므로 入室하는 規가 없었고, 馬祖 百丈이후에 따로 方規를 세운 것으로 날을 定하여 行했다 함. 世上에서 말하는 得師法으로 入室의 弟子가 된다. 그러나 入室이란 말은 반드시 師法을 다 얻는 것은 아니다. 祖庭事苑八에 「祖師傳에 말하기를 "五祖大師가 밤이 되자 가만히 侍者를 시켜 碓坊의 盧行者를 불러 入室하게 하여 옷과 法을 傳했다" 하고 또한 法華에 이르기를 "如來衣를 입고 如來室에 들어간다" 하고 阿含經에 이르기를 "佛이 苾芻에게 말하되 내가 두달을 宴坐하고자하니 너의 들은 參問할 必要가 없다. 오직 送食과 땅을 쓸 때를 除하고 때때로 이곳에 오라"하여 佛祖의 當時에 入室參問하는 儀를 알게 되었다」하였고, 敕修淸規入室에 「入室하는 者는 師家가 弟子를 勘辯하여 그 이르지 못한 것을 꾸짖고 그 虛亢을 攝하며 偏中을 攻한다」하였음. ②眞言宗의 사람이 灌頂에 들어가서 受法灌頂을 行함을 入室弟子라 한다」하였음.

※興禪護國論에 「入室謂遇和尙閒暇之日建立之 此宗一大事也」 僧堂淸規二에 「凡請益之翌日曰入室」

입실사병(入室瀉缾) 入室은 스승의 房에 參하는 것. 瀉缾은 물을 비추는 것 처럼 스승의 法을 그대로 傳하는 것. (正法眼藏 佛性)

입심(入心) 三乘이 修行하는 地位의 三心가운데 하나. 每地位마다 入·住·出의 三位로 나누는데 처음 그 地位에 들어갈 때를 일러 入心이라고 함.

입아비달마론(入阿毘達磨論) ㊄一卷. 印度의 塞建陀摩阿羅漢이 짓고 唐나라 玄奘이 번역. 薩婆多宗의 法數를 略說한 것으로 五蘊과 三無爲 등을 說明함.

입아아입(入我我入) 密教의 觀法으로 또는 三平等觀이라고도 한다. 즉 如來의 三密이 나에게 들어오고 나의 三業이 如來에게 들어가는 것. 如來의 三密과 衆生의 三業이 서로 相應하고 攝入하여 그로 인하여 一切諸佛의 功德이 내몸에 具足한 것을 三平等이라 하고 또는 三平觀이라고 한다. 秘藏記本에 「眞言과 印契등을 하여 諸佛을 내 몸 속에 引入하므로 이것을 入我라 하고, 내 몸을 諸佛의 몸속에 引入하므로 我入이라 한다. 入我我入하기 때문에 諸佛이 無數劫中에 닦은 功德을 모아서 내몸을 具足케 한다」라고 하였음.

입안(入眼) 成就. 成功.

입열반(入涅槃) 涅槃. 곧 不生不滅의 法身이 되는 일. 入滅. 入寂.

입왕궁취락의(入王宮聚落衣) 三衣가운데 大衣 즉 僧伽梨의 다른 이름. 王宮 혹은 聚落에 들어가 乞食 및 說法할 때 착용하기 때문에 이같이 말함. (六物圖)

입요교방편(立要巧方便) 六種巧方便의 하나. 菩薩이 衆生에 대하여 善法을 지키면 거기에 應하여 어떠어떠한 利益을 줄 것이라고 誓約하고 차례로 佛道에 끌어들이는 方便을 말함.

입원(入院) 晉山과 같음. 승려가 새로 절에 들어가서 처음으로 주인이 됨. 세속에서 말하는 취임식.

입원(立願) 佛·菩薩前에 祈願을 세움.

입위(入位) ①㉵<avatāra-avasthā>眞理에 들어가는 境位. ②僧侶가 된 처음을 말함.

입음성다라니(入音聲陀羅尼) 三陀羅尼의 하나. 陀羅尼를 얻으면 다른 사람의 毀·譽·褒·貶하는 말에 따라 마음이 動搖되지 않게 된다고 함. →三陀羅尼.

입인궤(立印軌) 金剛手光明灌頂經最勝立印 聖無動尊大威怒王念誦儀軌法品의 略名.

입인의궤(立印儀軌) ㉸立印軌와 같음. →立印軌.

입일체불경지배노자나장경 (入一切佛境地陪盧遮那藏經) ㉸證契大乘經의 다른 이름.

입일체평등선근(入一切平等善根) 十廻向의 第六位. →回向.

입자(立者) 또는 竪者라고도 한다. ①因明에서 論法을 構成하여 義理를 세우는 사람. ②法門의 義理를 問答할 때에 問難에 대하여 對答하는 사람. 問難에 대하여 능히 그 뜻을 그대로 세우므로 立者라고 함.

입장(入藏) ①西藏에 入國하는 것. ②大藏經을 모아 編纂하는 것을 뜻하며 印度에 있어서 結集에 해당한다. 즉 印度佛典을 中國에서 번역된 것이나 또는 日本에서 撰述된 것을 各 時代別로 大藏經으로 集大成하여 한 藏에 넣어 收錄하는 것임.

입재(入齋) 齋를 올리는 의식.

입적(入寂) 僧侶의 죽음을 敬稱하는 말. 또는 入滅·示寂·入寂滅이라고도 한다. 梵語로는 涅槃인데 번역하여 寂滅이라 함. 煩惱를 떠나는 것을 寂. 生死의 苦果를 끊어버리는 것을 滅이라고 한다. 그러므로 證果人의 죽음을 일러 入寂이라고 함.

입전수수(入鄽垂手) 禪宗에서 悟道의 極致를 말함. 鄽은 골목. 골목에 들어가 손을 드리운다는 것은 六度의 골목에 들어가 自由롭게 利他敎化하는 方便을 드리우는 것. 自利하는 修行을 마치고 다시 衆生을 敎化하는 地位, 衆生이 悟道에 들어가는 順序를 소(牛)를 찾는데 비유한 十牛圖의 第十位.

입정(入定) 禪定에 드는 것. 마음을 한 곳에 定하고 身·口·意의 三業을 止息하는 것을 入定이라고 말함. 觀無量壽經에 「出定·入定하여 늘 妙法을 듣는다」라고 하였음. 또는 僧侶의 죽음을 이르는 말.

입정리론(入正理論) ㉯因明入正理論의 약칭.

입정부정인경(入定不定印經) ㉮一卷. 唐나라 義淨 번역. 妙吉祥이 菩薩의 退行·不退行에 대하여 물으니 부처님이 五種의 行이 있음을 말씀하셨다. ①羊車行 ②象車行 ③日月神力行 ④聲聞神力行 ⑤如來神力行이다. 앞의 羊車行·象車行의 二種行은 退行으로 不定이라 하고 뒤의 日月 神力行·聲聞神力行·如來神力行의 三種行은 不退行으로 入定이라고 한다. 즉 入定과 不定의 法印이다」라고 하였음.

입정불(入定佛) 定에 든 부처님의 肉身을 말함. 또는 肉身佛·即身佛이라고도 하며 또는 肉身·眞身이라고도 한다. 그 信仰은 彌勒佛에 歸依하여 龍華三會에 遭遇하여 彌勒下生經에 說하는 것의 當來 理想鄕에 살려는 것. 스스로 미이라가 되어 肉身을 썩지 않게하여 彌勒下生을 기다리는 習俗이 옛 印度에서 있었다 함.

입정서(入定瑞) 法華六瑞의 하나. 부처님이 法華經을 說하기 전 無量義處三昧에 드는 것. 法華經序品에 나옴.

입정인(入定印) 三部의 入定印이 있는데 佛部는 法界定印, 蓮華部는 妙觀察智定印, 金剛部는 縛定印이라 함. (胎藏曼陀羅大鈔一)

입정작론(入定作論) 西域記十에 「陳那菩薩은 佛이 去世한 뒤에 그 風을 따라 染衣를 입었다. 智願이 廣大하고 慧力이 깊고 굳어 世上에 依持없음을 슬퍼하더니 聖敎의 弘布를 생각하여 因明의 論을 만들었다. 말이 깊고 理致가 넓어 學者의 헛된 功으로 成業하기 어려움을 알고 幽巖에 자취를 감추어 神을 寂靜하게 處하였다. (中略) 大光明을 放하여 燭이 幽昧를 밝힌 것 같아 그 나라 王이 深히 恭敬하였다. 이 光明相을 보고 金剛定에 들어 갈다고 疑心하였다. 因해 菩薩을 請하여 無學果를 證하였다 함. 陳那가 말하기를 "내가 定에 들어가 觀察해 보니 深經을 解釋하고자하면 마음이 正覺을 期約할 수 있으니 無學果는 願하지 아니합니다" 王 "無生의 果는 衆聖도 우러른 것이다. 三界의 欲望을 끊고 三明智를 通하는 것이 盛事다. 바라건데 速히 證하시오" 陳那가 마음으로 王의 請을 기쁘게 받아드려서 바야흐로 無學聖果를 證하고자하니 때에 妙吉祥菩薩이 알고 아까워하여 서로 警戒하고자 彈指로 깨우치고 말하기를 "아깝구나 이찌하여 廣大한 마음을 버리고 劣狹한 뜻을 가지려하는가, 獨善의 懷抱를 따름은 兼濟의 願은 버리는 것이다. (中略) 陳那菩薩이 공경하게 指誨를 받아서 周旋을 받들었다. 이에 覃思와 沈硏으로 因明論을 지었다」함.

입정정취익(入正定聚益) 現生十種益의 하나.

입제불경계장엄경(入諸佛境界莊嚴經) ㊂자세히는 '佛說大乘入諸佛境界智光明莊嚴經' 五卷. 宋나라 法護번역. 妙吉祥菩薩이 묻기를 "不生 不滅이란 어느 무엇을 더한 말입니까" 부처님이 答하시기를 "不生不滅은 바로 如來의 增語니라"하시고, 그로 인하여 더욱 갖가지 이유와 온갖 法句를 널리 說하시었음.

입주출삼심(入住出三心) 菩薩의 階位인 十地에 各各 入·住·出의 三位가 있어서 처음 그 地位에 들어가고, 다음 그 地位에 머물러 있고 그리고 그 地位에서 나와서 다음의 地位에 나아감을 말함.

입중(入衆) 또는 交衆이라고도 한다. 大衆들과 起居를 같이하는 것.

입중론(入中論) ㊵〈madhyamakāvatāra〉, ㊃〈Dhu-ma-la ḥjug-pa〉 또는 入中觀論이라고도 함. 프라산기카 中觀派의 大成者 candrakirtr(月稱 560～640頃)의 著. 티벳트地方에만 現存함. 프란산기카 中觀派 敎義의 大綱을 述한 것. 龍樹의 中論을 理證으로 하여 緣起의 修習을 說하는 것을 目的하고, 人法二無我와 空性의 差別과의 說示로 構成됨.

입중시의(入衆時衣) 衣服, 즉 入衆衣. →入衆衣.

입중오법(入衆五法) 戒律에 처음으로 僧伽에 들어가는 이의 지켜야할 다섯가지의 規法. ①下意. 스스로 자기를 낮추는 것. ②慈心. 慈悲心으로 다른 이를 對할 것. ③恭敬. 윗사람에 대하여 敬意를 表할 것. ④知次第. 事物의 차례와 순서를 알 것. ⑤不說餘事. 修行外에는 다른 이야기를 하지 말 것 등임. (五分律)

입중의(入衆衣) 鬱多羅僧 즉 七條袈裟의 다른 이름. 禮拜·齋食·講經 등 대중과 일을 함께할 때 착용함.

입중현문(入重玄門) 佛果를 成就하기 前에 다시 無始 凡夫地이래로 거듭 修習하여 하는 일이 하나 하나 理에 맞도록 하는 것. 이 것을 入重玄門倒修凡事라 함. 그러한 所以는 等覺과 菩薩의 元品無明은 끊기가 어렵기 때문이다. 輪廻生死의 苦痛은 一切衆生에게 모두 偏執의 見을 일으켜서 自他와 彼此의 隔異가 있으나 我執의 念을 더욱 禁止하기 어려웠다. 비록 初地에서 부터 地와 地에서 無明을 끊고 等覺의 자리에 들어간 뒤에도 아직 元品의 無明이 아직 남는다. 이 隔異한 我執을 만약 破하지 못하면 妙覺智의 無我法體는 다시 나타나지는 않는다. 그러므로 두번째의 凡夫가 된다. 一切衆生에 交하면 그는 他山의 돌이 되며 自他의 隔異를 遺蕩한다. 이 行力으로 元品의 無明이 自盡하여 後位의 理가 明了하게 나타나므로 凡夫의 方을 玄門이라 하며 또 이는 菩薩의 究極한 玄理가 되므로 玄門이라 함. 이미 玄理가 끝나고 凡事를 重修하는 玄門이므로 重玄이라 함. 瓔珞經上에 「第四十一地心은 入法界心이라 하고(中略) 小法을 修行하여(中略) 六入重玄門이라 한다」하였고, 天台淨名經疏一에 「圓教에는 처음 初住에서 부터 끝의 法雲에 이른다. 諸見을 斷圓하나 오히려 習氣가 남아 等覺에서 重玄門에 들어가서 千萬億劫을 凡事를 重修하여 理를 보는 것이 分明하다」하였으며, 法華文句九에 「初地에서부터 十地에 이르는 것을 善入이라 하고 十地의 重玄門에 들어가서 凡事를 倒修하는 것을 善出이라 한다」하였고, 輔正記九에 「等覺이 玄理를 證極하여 究竟하는 것을 一玄이라하고 等覺位에서부터 漸次로 下位를 向하여 차례로 藥法을 修集하여 衆病을 廣逕하는 것이 또한 一玄이 된다. 妙覺佛의 職理를 받고자함이 容易하지 않으며 觀智를 深細하게 하므로 모름지기 却入하여 凡事를 倒修한다」한 것은 別教의 뜻이다. 圓教의 뜻에 依할 것 같으면 法界를 遍應하여 十界의 身을 나타내는 것이 入重玄이 된다. 이는 홀로 獨覺位에만 그런 것이 아니고 初住이상에서 佛果에 이르는 것도 그러하다 함.

※玄義釋籤三에 「來至等覺入重玄門(中略) 觀達無始無明源底邊際智滿名爲等覺 即成圓門 遍應法界名入重玄 不同別教教道重玄」大日經疏六에 「黃是如來念處萬德開敷 爾時即入重玄門 居寂光土」

입즉(立即) 立은 即의 뜻.

입증생(入證生) 華嚴宗에서 쓰는 말. 過去世에 別教一乘의 가르침을 見聞하여 別教一乘에 親해져서 그 결과로서 깨달음에 들어가는 未來. 다만 깨달음에 들어가는 것은 現在도 일어날 수 있다. 三生成佛의 第三. (五教章)

입지(入支) 玄應音義에 「이 外道의 瓶은 둥글기가 박같고(如瓠) 발이 없어서 막대 세개로 交叉하여 支撑해 세워놓고 瓶을 걸어 놓는다. 모든 經속에 혹 '三奇를 가지고 서거나 걸터앉는다고 하고 '세개를 交叉시켜 서거나 걸터 앉는다'고 말한 것이 모두 이것임. 論文에 敍로 쓴 것은 잘못이다」하였음.

입지(立地) 簡略한 佛事를 말함. 말이 많지 않고 선자리에서 당장 이뤄지는 것을 말하는 것. 虎關의 十禪支錄序에 「내가 古今禪册을 상고하여 보니 十門이 갖추어져 있다. ①開堂 ②上堂 ③小參(陞座) ④拈提 ⑤普說 ⑥法語 ⑦對機 ⑧立地

⑨偈贊 ⑩秉佛이다」하였음. 또는 땅위에 일어선다는 뜻으로 立地聽法과 같은 경우요. 서있는 자리 그 자리란 뜻으로 忽然과 같다. 즉 立地佛과 같은 경우임.

입참(立參) 立地의 說法이 되었기 때문에 立參이라 함. 즉 脫參. (象器箋十一)

입처(入處) 悟入處의 준말.

입초구인(入草求人) 本分의 正位에서 나와 第二義門의 偏位아래서 學人을 接化함.

입축(入竺) 天竺. 즉 印度에 가는 것인데 주로 佛教徒가 佛法을 구하며 經典·佛像을 求하려 印度에 가는 것을 말한다. 또는 渡天이라고도 한다. 印度를 天竺이라 부른 것은 後漢書에 보이며 佛典중에는 魏晋이래 많이 쓰고 있음.

입출이문(入出二門) 入門과 出門의 並稱. ①入門. 淨業을 닦아 極樂의 功德莊嚴中에 들어가는 것으로 自利門이라고도 함. ②出門. 極樂에 往生한 菩薩이 慈悲心으로써 苦痛받는 衆生을 위하여 極樂으로부터 나와서 敎化를 펴는 것으로 利他門이라고 함. 淨土論에서 說한 五念門과 五功德門中에서 前四門인 禮拜·讃歎·作願·觀察은 入門. 第五門인 廻向은 出門이다. 또 往生의 果인 五功德門中에서 前四門인 近·大會衆. 宅·屋은 入門. 第五門인 園林遊戲地는 出門임.

입탑(入塔) 亡僧의 遺骨. 혹은 全身을 塔속에 安置하는 것. 이때에 入塔의 佛事가 있음. (象器箋十四)

입태(入胎) →八相.

입태상(入胎相) 入相成道의 하나. →托胎.

입파(立破) 能立과 能破. 宗·因·喩의 三支로써 自義를 成立시키는 것을 能立이라 하고, 相對論者가 세운 三支에 나아가 그의 잘못을 지적하여 공격하는 것을 能破라고 말한다. 能立과 能破는 모두 眞과 似의 二種이 있음. →入正理論.

입파(立播) 梵〈Repha, Repa〉 번역하여 裏腹衣, 寄歸傳二에 「梵語의 立播는 번역하여 裏腹衣라 한다」라고 하였음.

잉어(剩語) 쓸데 없는 말. 冗語. 贅言. 閑言語. 閑葛藤.

ㅈ

자(ङ jha) 悉曇 五十字門의 하나.

자(子) ①兩親間에 태어난 子息. 〈灌頂經〉 ②梵〈putra〉 어느 部族의 出身者를 말한다. 若提子. ③男子의

美稱. 많은 名詞에 붙여서 使用하며 이 경우는 特別한 意味는 없다. ④物名에 붙이는 接尾語. ③儒家에서 先生이란 뜻으로 쓰임.

자(字) 梵〈Akṣara〉 阿乞史羅 또는 阿刹羅라 함.

자(自) 梵〈Svayam〉 阿波拏라 한다. 作爲에 對하여 自然이란 뜻. 阿怛摩〈Atman〉他에 對한 말로 自己라는 뜻.

자(刺) 巴〈salla〉 煩惱의 화살. 〈義足經〉 가시. 또는 찌른다는 뜻.

자(者) ①人과 者에 關한 關係代名으로 그 句의 끝에 恒常 둔다. ②直前의 名詞를 限定하는 定冠詞. 直前의 名詞를 指示하는 것. ③直前에 名詞를 配할 때 그것을 形容詞化한다. 例컨대 仁者등. ④形容詞로 된 名詞가 被限定詞的 主語에 關係가 없을 때 그것은 形容詞의 價値를 잃고, 抽象名詞를 形成한다. 例컨대 仁者人也. ⑤名詞 뒤에 놓인 「者」는 그 名詞를 自動詞化한다. 例컨대 難者 免者등. ⑥自動詞 또는 他動詞의 뒤에 놓인 者는 그것과 함께 動詞的名詞를 形成한다. 例컨대 死者 耕者 刑殺者. ⑦動詞 뒤에 位置하는 者는 가끔 不定法의 앞에 놓인 希臘語의 〔to〕에 對應한다. 例컨대 徐行者. ⑧앞에 많은 動詞가 있을 경우에는 獨立文의 樣相을 나타내어, 만일에……한다면이란 뜻이 된다. ⑨代名詞의 所以一者의 形成에 使用한다. 이 경우는 他動詞의 被制辭이다. ⑩所以一者의 表現에 있어서는 挿入하여야 할 말이 많다. ⑪劇에 있어서 者는 文尾에 位置하고 命令法을 나타낸다 함.

자(慈) 사랑스러움. →慈悲.

자(觜) 星宿의 하나. 〈敎行信證 化身土卷〉

자(資) 弟子, 스승의 가르침을 받아 修行하여 法을 얻는 사람. ↔師.

자(藉) 의지하여 일어남. 〈五敎章〉

자가(自家) ①自己. 自身. ②자기의 집. 本家.

자가보장(自家寶藏) 頓悟入道要門論 下에 師가 처음 江西에 이르러 馬祖를 參禮할 때 馬祖가 묻기를 "어느 처소로 부터 왔는가," '越州大雲寺에서 왔읍니다." 祖가 말하기를 '여기에 와서 무슨 일을 하려는가""佛法을 구하려고 왔읍니다," 祖가 말하기를 '自家寶藏은 돌보지 않고 집을 버린체 무슨 일을 하려는가, 나에게는 아무것도 없는데 무슨 佛法을 구하려하는가,"하니 師가 마침내 禮拜하고 묻기를"어떤 것이 慧海의 自家寶藏입니까," 祖가 말하기를 '지금 나에게 질문하는 것이 바로 너의 寶藏이니라, 일체가 구족하여 다시 부족하거나 적음이 없으며 使用이 自在한데, 무엇때문에 외부에서 구하고 찾으며 빌리겠는가 하니, 師가 言下에 크게 깨달았다"하였음.

자가본구저불심(自家本具底佛心) 自家本心과 같음. →佛性. 〈息耕錄開筵普說〉

자가본심(自家本心) 人間 各自가 나면서부터 가지고 있는 佛性이란 뜻. 人心自性·心性이라고도 함. →佛性. 〈宗鏡錄〉

자가사(紫袈裟)→紫衣

자가옥리사(自家屋裡事) 제 집안 일이니 우리의 本分事를 뜻함. ↔別人家裡事.

자가월라(遮迦越羅) 번역하여 轉輪聖王이라 함→斫迦羅伐粹底.

자가진(自家珍) 自家의 珍寶라는 것으로 人人本具의 心性에 比喩한 것. 〈景德傳燈錄〉

자가회(炙茄會) 禪林에서 茄子를 태워 開筵함을 炙茄會라 함. 禪苑淸規監院에 「冬齋는(中略) 炙茄會와 같다」하였음.

자각(自覺) 三覺의 하나. 부처님 自利의 德. 스스로 깨달아 證得하여 알지 못함이 없는 것. 또 覺地에 대하여 衆生이 自身의 迷함을 도리켜서 깨닫는 것.

자각각타(自覺覺他) 스스로 깨달아서 남을 깨닫게 하는 것. 〈善見律〉

자각국사(慈覺國師) 高麗朝 僧侶, 高麗曹溪 第八代祖師. 覺眞國師 覺儼의 스님.

자각성지(自覺聖智) 大日如來의 法界體性智는 스승없이 스스로 깨닫기 때문에 自覺聖智라 稱함. 菩提心義十에 「如來 第五種智를 또한 法界性智라 하며, 菩提心論에서는 法界智라 했고, 牟利經에는 法界體性智라 했으며, 또는 金剛智라 했고, 瑜祇經에는 唯一金剛이 모든 煩惱를 끊고 金剛自性이 淸淨으로 이루어져서 金剛如來智가 된다. 그러므로 金剛智라 한다 했으며, 分別聖位經에는 自覺聖智라 하여 法華經의 自然成佛道와 같고, 華嚴에는 또한 他를 따라 깨달음이 아니다 했다. 지금 眞言宗의 大日如來는 모든 法의 本初를 自然히 覺了하여 流轉하지 않는 것을 비로소 닦아 證得한다」하였음.

자각오심(自覺悟心) 스스로 깨닫는 마음. 心地觀經發菩薩心品에 「스스로 覺悟하는 마음이 菩提를 發하는데 이 覺悟心 하나 뿐이고, 스스로 覺悟하는 마음에는 四相이 있는데 무엇이 四相이냐 하면 모든 凡夫에게 二種의 마음이 있음을 말하는 것으로 ①眼識 또는 意識이 自境에 同緣함을 自悟心이라 하며, ②五根을 여의고 心과 心所法이 緣境에 和合함을 自悟心이라 한다. 이같은 두 마음이 菩提를 發하고 諸佛과 菩薩이 二種의 마음이 있다. (1)眞實의 理智를 觀察하는 것. (2)一切境智를 관찰하는 것이다」하였음. 이 凡夫의 自悟心은 識에 돌아가고, 賢聖의 自悟心은 智로 돌아간다. 識 가운데는 次第와 같이 五同緣意識과 獨頭意識의 둘이 되고 智가운데는 次弟와 같이 如理智와 如量智의 둘이 있다 함.

자각지(自覺智) ㊁〈anubhavana〉 ㊵〈avadhi〉 자이나敎에서는 直觀智를 뜻함. 五智의 하나. 感知하는 것. →五智. 〈方便心論〉

자갑(紫甲) 袈裟中 으뜸은 紫地가 되고 그 緣色이 不定함을 衲袈裟儀에 비교하여 要略한 것.

자개(者箇) 正字通末中에 말하기를 「者는 또는 此다」 하였음. 這箇(자개)와 같은 말로 이것. ↔那箇

자개(這箇) 또는 者箇라 함, 物을 가리키는 말.

자거(恣擧) →自恣.

자견(自見) ①㊁〈atimāna〉 高慢 〈義足經〉 ②㊵〈satkāya-dṛṣṭi〉 身見과 같음 〈支謙譯 維摩經〉 ③自身으로 보는 것. ④自己의 見解란 뜻. 自己생각. 〈歡異抄序〉

자견각오(自見覺悟) 自己 獨斷的인 理解. 自己만 알고 있음. 〈歡異抄序〉

자경(慈敬) 慈愛의 마음으로 敬崇함. 無量壽經에 「부처님을 慈敬한다」 하였음.

자경계(者境界) 이 경계란 말.

자경록(自鏡錄) 釋門自鏡錄의 준말. 上 中 下 三卷으로 되어있으며 新修藏經 第五十一卷에 실려 있음.

자계(字界) →字緣.

자계(自界) ①㊵〈svadhātu〉 그 自身의 本質. 〈莊嚴經論述求品〉 ②自身이 있는 界. 〈俱舍論〉

자계반역(自界叛逆) 內亂. 自己領域에서의 反亂이란 뜻. 自己國內에 생기는 叛逆者에 依한 鬪爭. 藥師經에 보이는 七難의 하나. 〈安國論〉

자계자연(字界字緣) 字界와 字緣의 倂稱, 字界(Dhatu)는 또는 字體라고도 하며 梵語文典學上에 있어서 말의 主體가 되는 것, 즉 動詞語根을 말하며 字界는 붙여서 語體를 變化시키는 助緣으로 곧 動詞語根에서 名詞 또는 形容詞등을 만들기 위하여 붙이는 後接字등을 말함.

자계타방(自界他方) 自界란 釋尊一化의 國土를 말하고 他方이란 十方佛土를 가리키는 것. 〈普坐儀聞解〉

자고(自顧) ㊵〈ātmānam upanidhāya〉 自己를 돌아 보는 것.

자고(紫姑) 顯異錄에 「紫姑는 萊陽人姓은 何, 名은 眉, 字는 麗卿, 壽陽 李景이 데려다가 妾을 삼았는데 大婦 曹氏가 질투하여, 正月十五日 밤에 가만히 그를 厠間에서 죽였다. 上帝가 그를 불쌍히 여기고 命하여 厠神을 삼았는데 그 때문에 세상 사람들이 그 날로 그 형상을 厠間에 그리고 맞이하여 빌고 衆事를 점쳤다」 하였음. 상고해보니 세속에서 坑三姑라 하는데 三의 行次는 나온 곳을 알지 못했다 함.

자고반(鷓鴣斑) 좋은 香은 鷓鴣斑이라 함. 빛의 아롱진 것이 자고와 같다는 것.

자고성외사(鷓鴣聲外詞) 鷓鴣는 禪宗의 册에 자주 나오는 鶉鷄目에 屬하는 새의 이름. 소리없는 소리, 소리없는 말이란 뜻. 말이나 槪念으로는 表現할 수 없는 깨달음의 境地라는 것. 〈永平廣錄〉

자공상(自共相) ㉵〈sva-sāmānya-lakṣaṇa〉 自相과 共相을 뜻함.

자과(子果) 子는 種子다. 種子가 낳은 果를 子果라 하고, 果가 낳은 種子를 果子라고 한다. 따라서 五蘊의 果報는 過去의 煩惱가 낳은 果이므로 子果라고 하며, 小乘의 阿羅漢은 아직 이것을 끊지 못하고 無餘涅槃에 들어가서야 이에 永遠히 없어진다. 또 今生의 煩惱에 依한 未來의 報果를 果子라 하며, 阿羅漢은 來世의 果報가 없으므로 果子가 없다. 如來의 現在의 果報는 小乘에게 子果가 있는 것과 같고, 또 後生의 果報와 後後生의 果報가 없는 것은 마치 小乘 阿羅漢에게 果子가 없는 것과 같다. 止觀六에 「大經에 '無上의 報果를 얻는다'라고 한 것은 現生의 報果가 있기 때문에 無上報라 말한 것이요, 後生의 報果가 없기 때문에 부처님은 報果가 없다라고 한 것이다. 大經에 또 子果·果子를 말한 것은 現生의 報果로써 子果라 한 것이요, 後生의 報果가 없기 때문에 果子라 이름하지 않았다」라고 하였음.

자관(自觀) ㉾〈nirodha-sañña〉 自身에 對하여 觀하는 것. →七惟. 自己가 滅하는 것을 觀하는 것. 〈般泥洹經〉

자관(慈觀) ㉵〈kṛpaṇa-locana〉 慈愛로운 눈으로 바라보는 것. 〈觀音經〉 天台宗의 解釋에 依하면 三觀을 써서 衆生에게 樂을 주는 것을 慈觀이라 말한다 함.

자관심경(自觀心經) ㊂上 下二卷. 上卷에는 止觀을 얻고, 얻지 못한 것을 簡括하게 四句로 했으며, 下卷에는 觀伺·瞋恚 내지는 惡慧等多·小·有·無를 說하여 惡이 있으면 꼭 끊고, 善이 있으면 꼭 涅槃을 구하게 한 것. 〈中阿含經二十七〉

자광(慈光) 모든 부처님의 큰 慈悲光明을 말함. 讚阿彌陀佛偈에 「慈光이 멀리 덮혀 安樂을 베푼다」하였음.

자광주〔慈光呪〕 不動明王의 眞言. →不動.

자교상위(自教相違) 因明宗法 九過의 하나, 佛家에서 外道에 對해 내가 있는 것이다 한다면 이미 그 宗法이 自己의 聖教와 相違하기 때문에 自教相違라 함.

자교상위과(自教相違過) 因明 三十三過失가운데 九似宗의 하나. 스스로 세운 宗이 자기네의 教理에 어긋나는 것. 곧 佛教에서 因果의 法

則은 確實한 것이 아니다 하면 自家의 教理에 어기는 宗을 세우게 됨.

자교적불공실지락욕일체보살모명비(自教迹不空悉地樂欲一切菩薩母明妃) 自教迹이란 즉 法佛의 自證한 教며 秘密平等의 教임. 이 가운데서 모든 修行하는 자는 모두 空하지 않다고 한다. 不空은 황당하게 버리지 않는다는 뜻임, 저의 힘과 능력을 따라 法身의 이치에 향하여 곧 그 부처님과 같기 때문에 不空이다 말함. 위의 모든 菩薩이 眞言을 말함과 같이 각각 同類의 行者를 引攝하고자 하여 만일 修行하면 곧 나와 같다. 지금 法佛이 明妃眞言을 스스로 말씀하시니, 만일 修行하는 자가 있다면 바로 虛空眼〈佛의 異名〉을 따라 法身을 생하여 나와 다름이 없다는 것.

자구(自具) 저절로 具足한다는 뜻. 〈本尊抄〉

자구(資具) ㊵〈pariṣkāra〉 生活用 道具. 生活必須品. 〈有部律〉

자구불료(自救不了) 自身도 救濟하지 못한다는 것. 〈臨濟錄〉

자구진언〔慈救眞言〕 慈救呪와 같음.

자구진언보협인〔慈救眞言寶篋印〕 不動尊의 印을 말함.

자귀〔自歸〕 三寶에 自歸함을 自歸라 함, 三歸戒를 弟子에게 주는 사람을 自歸師라 稱함, 象器箋八에 觀音懺法式에 導師·香華·自歸 三職이 있다」 하였음.

자귀의(自歸依) ㊁〈atta-saraṇa〉 ㊵〈ātma-śaraṇa〉 自身에 歸依하는 것. 自身을 依支處로 하는 것. 나야 말로 내가 依支할 곳.

자금(紫金) →紫磨金

자금대(紫金臺) 紫磨黃金의 年代. 자주빛이 나도록 鍊磨한 黃金으로 만든 紫臺.

자긍고(自矜高) 스스로 뽐내는 것. 〈法華經〉

자기(自己) ㊵〈ātman〉 自己自身이란 것, 本來의 自己. 태어날 때 부터 佛性을 가지고 있는 自己란 뜻. 〈碧巖錄〉

자기가불(自己家佛) 解脫한 自己를 말함. 〈御聽書抄〉

자기문(仔夔文) 十卷. 南宋 紹興때 (1150) 金나라 仔夔가 梁나라 武帝가 정한 '水陸齋儀文'에 依하여 儀文을 制定한 책.

자기문절차조례(仔夔文節次條例) 一卷. 聖能 엮음. 水陸齋의 儀式文을 修正補充하여 朝鮮 景宗四(1724)年에 海印寺에서 刊行함.

자기보살(慈起菩薩) 또는 慈愛生菩薩이라 함. 胎臟界 除蓋障院의 九尊中 한분. 肉色이며 梵篋을 들었다. 金剛名은 慈念金剛이라 함. 〈大日經五·胎曼鈔四〉

자기불법(自己佛法) 自己와 佛法과는 다른 것이 아니라는 것. 〈隨聞記〉

자기산보문(仔夔刪補文) 淸나라 康熙三(1664)年에 西河 엮음.

자기일단대사(自己一段大事) 修行上의 根本問題라는 것. 禪門의 修行에 있어서 修行者가 태어날 때부터 가지고 있는 本來 自己의 眞實한 모양을 밝히는 것. 〈碧巖錄〉

자기즉불(自己卽佛) 사람은 태어날 때부터 佛性을 가지고 있음으로 本質的으로 各自가 모두 佛이라는 뜻. 〈正法眼藏 辯道話〉

자나(遮那) 또는 舍那라함. 毘盧遮那의 略稱. 顯敎에서는 舍字를 사용하고 密敎에서는 遮字를 사용함.

자나과덕(遮那果德) 果德은 佛果인 德用의 뜻. 바꾸어 말한다면 遮那佛이 갖춘 절대의 德用임.

자나과만(遮那果滿) 遮那佛의 果海의 衆德이 圓滿함을 말함.

자나교주(遮那敎主) 毘盧遮那如來는 眞言兩部의 敎主라는 뜻.

자나주(遮那呪) 大日經에서 說한 眞言임.

자내소증(自內所證) ㊵〈pratyātma-vedaniya〉 自己 속에서 感得되어야 할 것. 〈瑜伽論〉

자내소증지(自內所證知) ㊵〈pratyātma-vedaniya〉 自己 속에서 알게 되는 것.

자내신(自內身) ㊵〈sva-pratyātma-āryajñāna-gocara〉 自己自身.

자내증(自內證) 自己內心을 證悟한 相임.

자념(慈念) ㊵〈karuṇā〉 慈愛로운 생각.

자념중생유여적자(慈念衆生猶如赤子) 法華經 提婆品의 說로 佛이 慈悲로써 衆生을 보는 것은 恰似 어버이가 赤子를 보는 것과 같은 것. 〈正法眼藏四攝法〉

자노라(遮努羅) ㊵〈oānura〉 神의 이름. 번역하여 執持라 함.

자다(自多) 자기 자신을 賢材라고 自處하는 것. 多는 賢의 뜻. 一說에는 自多는 스스로 爲多識의 見을 말함.

자단(子斷) 煩惱는 種子와 같아서 煩惱가 생하는 苦報는 果實과 같으므로 煩惱를 끊는 것을 "子斷"이라 함. 止觀輔行六에 「子斷이라 함은 모든 阿羅漢이 이미 煩惱를 끊어서 모든 結이 爛壞한 것이다」하였음.

자단(字壇) 種子曼荼羅. 이 四曼中 法曼. 大日經疏十三에 「만일 제자가 財力이 豊贍하여 널리 준비함을 감당할 수 있는 자는 師가 즉시 畫色像의 壇을 지어야 되는데 本尊의 身印相을 보이고자 하기 때문이다. 만일 준비할 힘이 없는데 字壇을 짓는다면 바로 秘法을 隱覆한 罪를 犯한다」라고 하였음.

자단(瓷團) 사기를 둥글게 뭉쳐 놓은 것.

자단(紫檀) 熱帶産의 콩科의 常綠高木. 材는 暗紫紅色이다. 이곳에서 쓰는 紫檀은 香木이 아니다. 그것은 迦多羅木이라는 붉은 가시나무(赤樫)의 種類. 天竺의 香에 쓰는 紫檀은 건너오지 않은 것. 梅檀이 紫檀 같이 보였다 함. 〈自金〉

자단향(紫檀香) 자단 나무를 잘게 깎아서 만든 香.

자담(子曇) 中國 浙東 台州 仙居(浙江省 台州府 仙居縣 사람. 俗姓은 黃씨. 西磵이라 號하였음. 南宋 淳祐 九(1249)年 出生. 紫籜山 廣度寺에서 出家하였다. 咸淳七年에 東渡하여 日本 建長寺에 住하였고, 弘安元年에 다시 中國에 돌아와서 天童山에서 藏鑰을 맡고 至元二十三年에 台州 紫巖寺에 出世하였다. 大德三年 다시 渡日하여 布敎하고 世壽 五八세로 入寂. 塔을 定明이라 稱하고 勅하여 大通禪師라 謚號하였음.

자당(赭堂) 赤壁의 殿堂이란 것. 〈三敎指歸〉

자대어(自大語) 스스로 尊大한 태도를 취하여 하는 말. 〈曇鸞 淨土論註〉

자도(自度) 오직 자신만 제도함, 一自調.

자독(自督) 스스로 알아진 것. 安心의 다른 말.

자독(自讀) ㉵〈svayaṃ vācanaṃ〉혼자 讀誦하는 것.

자동〔慈童〕 慈童女長者의 畧稱.

자동녀〔慈童女〕 慈童女長者의 畧稱.

자동녀장자자〔慈童女長者子〕 慈童女長者의 아들. 慈童女는 長子의 이름이지 女人은 아니다, 雜寶藏經一에 「부처님이 과거 세상에 한 慈女가 되어 일을 따라 발원하기를 "일체가 받는 괴로움을 모두 나의 몸에 모이게 하소서"하고 원하였더니 죽어서 도솔천에 태어났다. 곧 가르치기를 父母에게 조금이라도 착하지 못하게 하면 큰 괴로움의 과보를 받고 조금이라도 공양한다면 한량없는 복을 얻게하였다」 함.

자두(者頭) 這頭라고도 쓴다. 이것 이쪽이란 뜻. 〈正法眼藏坐禪箴〉

자등〔字等〕 四等의 하나. 三世諸佛을 等稱하여 佛이라 한 것.

자등상삼매〔字等相三昧〕 百八三昧의 하나, 佛大品般若經에서 說한 것으로 三昧의 이름임.

자등지(慈等至) 衆生에게 樂을 얻게 하려고 생각하여 들어가는 精神統一. 〈俱舍論〉

자라장(紫羅帳) 紫色 비단으로 만든 휘장, 貴人이 있는 곳에 치는 帳幕의 一種. 禪語에서 向上一關을 임금이나 主人公이 있는 곳에 비유하여 敢히 그 이름을 부르지 않고 가리키려는 것같은 경우에 紫羅帳이라는 文字를 씀.

자라장리(紫羅帳裏) 紫色커어튼(帳幕)의 속이라는 뜻. 帝王의 居處(가장 尊貴한 곳)를 말함. 常人이 엿볼 수 없는 帝王의 居處를 常識的인 思考가 미치지 못하는 絕對의

境地에 比喩한 말. 〈碧巖錄〉

자락(自樂) 佛이 스스로의 깨달음의 境地를 즐기는 것. 自受法樂의 略稱. 〈道範消息〉

자량(資粮) 資糧과 같음. 佛道實踐의 基本이 되는 善根功德. 〈一言芳談〉

자량(資糧) 資는 資助. 糧은 糧食. 사람이 먼 길을 가려면 반드시 糧食을 가지고 그 몸을 資助하듯이 三乘의 果를 증득코자 한다면 善根功德으로 자기의 몸을 資助해야 한다. 最勝王經六에 「資糧이 具足하면 모든 聖衆에 뛰어난다」 하였고, 唯識論九에 「無上正等의 菩提에 나아감은 갖가지 殊勝한 資糧을 修習하기 때문이다」하였으며, 同述記九의 末에 「菩薩이 因의 初位로 자기 몸의 糧을 資益해야만 곧 저 果에 이르므로 資糧이라 한다」 하였음.

자량위(資粮位) 資糧位와 같음. → 資糧位. 〈四教儀註〉

자량위(資糧位) 菩薩修行의 차례인 五位가운데 初位. 十住, 十行, 十廻向의 三十位에서 初住부터 第十廻向의 住心까지를 資糧位라 하고 第十廻向의 滿心과 煖位, 頂位, 忍位, 世第一位의 加行을 修行함을 加行位라 한다. 이것은 佛果에 이르는 資糧이 될 六波羅蜜 가운데 福行임. 앞의 五波羅蜜과 智行인 第六波羅蜜을 닦아 모으는 位. 또 順解脫分이라고도 하며 有情들을 爲하여 解脫하기를 求하는 位이므로 解脫에 順應하는 因道라는 뜻.

자력(自力) 自己 自身의 修行으로 깨달음에 이르려고 하는 힘. ↔他力.

자력교(自力教) 自己의 修行努力으로 悟境에 이름을 말함. 자기의 힘을 믿고 修行하는 功을 쌓아 煩惱를 끊고 理想境에 도달하기를 기약하는 宗教.

자력문(自力門) 門은 門戶의 뜻. 自己가 修行하는 功으로 깨달음에 이름을 말하는 法門. ↔他力門.

자력불력원력(自力佛力願力) 自力과 佛力과 願力의 併稱. 自·佛·願 三證이라고 한다. 淨土宗 西山派 深草流에 있어서 觀經一部의 大綱을 判斷하는데 사용하는 명목임.

자력수선(自力修善) 自力修行과 같음. 〈正像末和讃〉

자력수행(自力修行) 自力作善과 같음. 〈末燈鈔〉

자력신(自力信) 十三信相의 하나.

자력아집(自力我執) 自力에 依한 修行에 아직 我執이 있는 것을 말함. 〈一遍語錄門人傳說〉

자력아집시(自力我執時) 아직 他力의 名號에 歸命하지 않은 때. 〈一遍語錄 門人傳說〉

자력염불(自力念佛) 자기의 노력으로 智慧를 닦으며 佛體등을 觀念하는 것. 또 功德을 쌓아 成佛하기를 바래서 꾸준히 부처님 名號를 부르는 것.

자력왕(慈力王) ㊵〈Maitrabala〉 지난 옛날에 慈力王이 十善을 行하여 鬼神은 음식이 없었고 사람은 모두 계율을 지녔다. 때에 다섯 夜叉가 와서 王을 뵈오니 왕이 몸과 피를 보시하여 배부르게 하였다, 그리고는 원하기를 "만일 내가 앞으로 成佛할때는 너희들에게 法食을 얻게 하고 먼저 제도 할 것이다"하였다. 慈力王은 지금의 釋迦牟尼佛이며 다섯 夜叉는 지금의 다섯 俱倫이라 함.

자력작선(自力作善) 佛力을 빌리지 않고 自力으로 깨달을 수 있다고 믿어 善行을 쌓는 것, 또는 그 사람. 〈歎異抄〉

자력종(自力宗) 自力修行을 趣旨로 하여 가르치는 宗派.

자력타력(自力他力) 自力과 他力의 併稱. 自他二力이라고 함. 自己의 功力을 自力이라고 하고 佛菩薩등에게 빌리는 힘을 他力이라 함.

자력회향(自力回向) ①자기가 닦은 善行의 功德을 베풀어서 果報를 얻으려고 하는 일. ②자기가 닦은 法力으로 남에게 돌려 주는 일.

자령출거(自領出去) 中國의 法廷에서 쓰던 말. 官吏들을 괴롭히지 않고 令狀을 받으면 自進하여 法廷에 나아가서 罪를 말하는 것, 禪書에서는 이 말을 자기의 일을 自白하는 뜻으로 씀.

자로도(觜盧都) 中國의 俗語로 앉아서 鼻頭를 지키는 모양이라고 하며, 또 閉口하여 말하지 않는 것이라고도 한다. 默然히 한마디도 말 하지 않는 것을 말함.

자로자(遮老子) 이 늙은 이란 뜻.

자료(自料) 스스로 料量함.

자료편고(自了偏枯) 獨善的인 치우침. 小乘佛敎徒의 修行 등을 가리켜 말함. 〈遠羅天釜〉

자료한(自了漢) 他人을 引導하려는 化他의 願이 없는 者. 〈碧巖錄〉

자류(自流) 자기의 門流. 곧 자기가 믿고 따르는 宗派.

자류인과(自類因果) 同類因과 等類果를 말한다. 곧 後念의 善心과 善業을 일으키게 하는 前念의 善心등과 같이, 性類가 같은 果를 일으키게 하는 原因과 이 原因과 同等한 性類의 果를 말함.

자륜(字輪) 輪은 轉生의 뜻. 眞言의 하나하나의 文字가 一字에서 부터 多字로 轉生한 것을 字輪이라 함. 大日經疏十四에 「字輪이라는 것은 이 輪轉에서 부터 諸字가 생한 것을 말한다. 輪은 生의 뜻. 阿의 一字에서 부터 곧 四字가 轉生됨과 같다. 阿(𑖀)는 菩薩心. 阿(𑖁)는 行. 暗(𑖀𑖽)은 成菩提. 惡(𑖀𑖾)은 大寂涅槃. 噁(𑖁𑖾)은 方便을 말함. 阿字로 迦字가 또한 五字임을 아는것과 같이 乃至 佉等의 二十字도 또한 그렇게 됨을 알아야 한다」하였고, 또 말하기를 「一嚩(ᅙ)字에서 부터 轉하여 多字가 되므로 輪이라 한다」하였음. 또한 字輪은 阿字菩提心이 不動한 것이다」하였고, 大日經疏十四에 「또한 字輪은 梵音 阿(ᅔ)刹(ᅙ)囉(ᅩ)의 輪이다. 阿(ᅩ)囉는 不動의 뜻이며 不動이란 阿字菩提心을 말하는 것. 毘盧遮那가 菩提心의 體性에 住하여 갖가지로 普門의 利益을 示現하고 갖가지 無量無邊을 變現함과 같다. 비록 이같이 자취를 드리움이 無窮하여 다함이 없지만 실제는 항상 不動에 住하며 또한 起滅하는 모양이 없음이 마치 수레바퀴가 운동을 끝없이 하지만 中心은 동요하지 않으며, 不動하기 때문에 群動을 제어하여 窮極함이 없는 것과 같다. 이 阿字도 또한 이같이 위가 없기 때문에 움직임도 물러남도 없이 일체 字를 생하여 輪轉이 無窮하다. 그러므로 不動輪이라 한다」하였음.

자륜관(字輪觀) ᅥᅴᅩᅙᅦ의 五字輪을 觀함. ①이 觀을 또한 法界體性三昧라 하는데 五字와 五大가 法界의 體性이 되기 때문이다. ②淨菩提心觀이라 하는데 大日經에 이 五字의 實際의 뜻을 說하기를 "나는 本不生등의 뜻이다" 하였는데, 疏家가 그 것을 해석하여 菩提의 實義로 判定했기 때문임. 그 法은 먼저 이 마음에 圓明한 月輪을 觀하고 그 心月輪의 위에 이 字輪을 布置하고 觀하는 것. 이는 곧 自心이 本有한 法界法門身의 功德을 나타냄을 觀하는 것. 만일 別尊일 때는 部에 應하여 이 가운데 一字가 中心이 되고 그 尊의 小眞言을 우측으로 돌면서 布置하며, 都法일 때는 전체 다섯 字를 布置함. 이 月輪을 心上의 尊者에 두면 많은 法이 나온다. 혹은 거울을 우러르듯이 평면으로 觀하며, 혹은 거울을 세우듯이 정면으로 觀하며, 혹은 또 圓珠와 같이 觀함. 그러나 모든 軌에서 밝힌 것은 仰觀함이 많음. 法華軌에 말하기를 "秋月이 光明澄靜하니 仰함이 心中에 있다" 하였고, 無量壽軌에는 말하기를 오히려 淨月과 같아서 仰함이 心中에 있다 했으며, 五字陀羅尼頌에 말하기를 "右旋하여 心月을 布하면 以水晶珠를 明鏡위에 布함과 같다" 하였고, 建立軌에는 諦想하니 心勝間의 圓明함이 一肘나 되어 마치 秋月이 맑음을 主하여 明仰이 마음에 있는 것과 같다하니 그 證이다. 그 五字의 色에 또한 多說이 있으나 或은 通觀하여 黃金色이 된다하고 或은 通觀하면 瑠璃盤 위에 水精珠와 같다 하며(이 五字는 陀羅尼頌의 뜻이다) 或은 五字는 곧 五方과 五大等의 뜻이므로 그 部를 따라 그 色이 보인다고 한다. 곧 ᅔ는 地로 黃이며 ᅙ는 水로 白이며 ᅩ는 火로 赤이며 ᅙ는 風으로

黑이며 는 空으로 青 또는 雜色이다 함.

石山次第

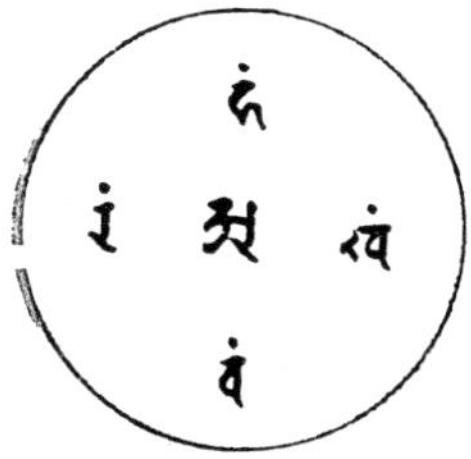

檜尾口訣

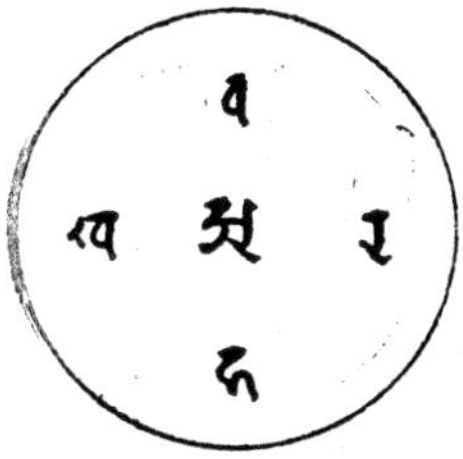

二利双修

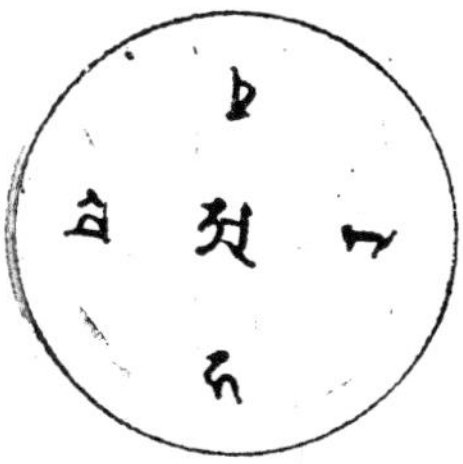

利 他

自 利

자리(者裡) 祖庭事苑二에 「這裡의 這는 마땅히 者로 지어야 하는데 事物을 가리키는 말이다. 這는 三蒼詁訓에 말하기를 '古文의 適字와 같으니 또 舊韻에는 誕·彥 二音인데 오직 禪錄에서만 자로 했으니, 모두 沿襲의 所致다」라고 하였음.

자리(自利) 스스로 修行하여 자기를 위하는 利益을 얻음. ↔利他.

자리(這裏) 또는 者裡, 這裡, 這는 此와 같다. 이곳이라는 뜻.

자리(遮裏) 這裏. 者裏. 這間과 같은 말. 遮는 此와 같다. 이 속 또는 이곳이라는 뜻.

자리신심(自利信心) 眞宗에서는 自力이란 뜻으로 사용하며, 衆生이 自力으로써 自己를 利롭게 하려는 自力의 計劃을 말함. 〈憑禿鈔〉 自力의 信心을 말함. 〈香月〉

자리이타(自利利他) 聲聞·緣覺의 行은 自利가 되고, 諸佛·菩薩의 行은 自利利他가 됨, 遺敎經에 「自利利人의 法이 모두 具足하니 내가 더 오래 산다고 할지라도 다시 이익될 것이 없다」라고 하였음.

자리이타원만(自利利他圓滿) 自利와 利他의 德이 完成된 것. 佛의 德을 말함. 〈淨土和讚〉

자리진실(自利眞實) ①自行의 眞實. 나의 三業을 밝히고 惡을 버리며 善을 닦는 것을 말한다. ②自力의 眞實. 自己힘으로 惡을 버리며 善을 行하고 三業을 밝혀서 거짓이 없도록 힘쓰는 것. ↔利他眞實.

자리행(自利行) 스스로의 利益이 되는 行. 〈一遍語錄〉 ↔利他行.

자리회향(自利回向) 自身을 爲하여 回向하는 것을 自利回向이라 함. 〈皆往〉

자마(作麼) 作麼生의 略.

자마(紫麼) 金의 最上品. 書經 禹貢에 "그의 貢物은 璆鐵이라 했는데 釋文 郭注爾雅에 「璆는 곧 紫麼金이다」하였음. 爾雅作 鏐를 詳考하니 孔融文에 "金이 우수한 것을 紫麼라 한다"하였고, 南史 林邑國傳에 夷人이 金의 精者를 陽邁라 하니 中國에서 말하는 紫磨와 같다" 하였음. 一紫磨金.

자마금(紫磨金) 紫磨黃金과 같음. 紫者는 紫色. 磨者는 때나 더러움이 없는 것. 涅槃論에 閻浮檀金에 四種이 있다. ①青 ②黃 ③赤 ④紫磨, 紫磨金은 많은 색깔을 갖추고 있다」하였음. 본래 이 것은 中國名임, 孔融의 聖人優劣論에 「金의 精한 것을 紫磨라 하며 마치 사람에게 聖이 있음과 같다」하였고, 續博物誌에 「中國 風俗에 上金을 紫磨金이라 하고 夷俗에는 上金을 陽邁金"이라 한다」하였음.

자마금색(紫磨金色) ㉵〈jambūnada〉 紫色을 띈 金色. 佛의 몸에 對하여 말한 것. 〈方廣大莊嚴經〉

자마금신(紫磨金身) 紫磨金色身이라고도 한다. 紫磨金色을 띈 佛身을 말함.

자마생(作麼生) 做麼生 似麼生 怎麼生(즘마생)이라고도 함. 자마는 무엇, 中國의 俗語. 禪宗에서 어떠냐? 어떻게? 어찌 하려느냐?의 뜻.

자마인욕(紫磨忍辱) 부처님의 紫磨金色의 몸에 忍辱·柔軟의 相이 있음을 말함. 忍辱은 有情이나 非情에게 被害를 입히지 않고 苦痛과 苦惱를 참고 瞋恚忿怒를 일으키지 않는 것.

자마황금(紫磨黃金) 物名. 또는 紫磨金이라고도 한다. 紫色이 나는 黃金. 閻浮나무 아래를 흐르는 江물속에서 나는 砂金. 곧 閻浮檀金을 말함.

자마황금색신(紫磨黃金色身) 紫色을 띈 純粹한 黃金色의 몸이라는 뜻. 佛身을 말함. 〈妻鏡〉

자만(自慢) 스스로 高慢하게 되어 거만 떠는 것. 〈萬民德用〉

자만(滋蔓) 蔓延하는 것. 〈出三〉

자만과(子滿果) 또는 石榴를 말함. 그러나 金剛智가 번역한 准提陀羅

尼經에 「第五手로 微惹羅迦果〈中國語는 子滿果. 中國에는 없고 西國에만 있음〉 잡음이라」하였고, 金剛智註에 「이 곳에는 없는데 어찌 石榴이겠는가」하였으며, 不空이 번역한 同經에는 「第五手로 俱緣果를 가진 것이다」하였음.

자만다라(字曼荼羅) 곧 種子曼荼羅로 四曼荼羅中의 法曼荼羅임. 만일 修行하는 자가 資力이 없어 能히 큰 曼荼羅를 圖畵하여 만들지 못하는 자는 이 字曼荼羅로써 法을 닦는다 함. 大日經疏十三에 「그러나 實力으로 辦備할 수 없는 자는 字曼荼羅를 만들도록 허락한다. 곧 이 곳에 부처를 안치하며 다만 阿字만을 그린다. 이것은 일체 부처님 및 菩薩의 母가 된다 (云云)」하였음.

자매(姉妹) ①梵〈bhagini〉 女子의 兄弟. 〔印度의 여러 言語에서는 姉妹를 區別하지 않는다〕 ② 巴〈bhagini〉 女人을 부르는 말. 〈五分戒本 現代印度의 산스크리트에 있어서도 모여있는 婦人 들을 부를 때에는 梵〈bhaginyaḥ〉라 한다〉 ③巴〈bhagini〉 比丘가 比丘尼를 부르는 말. 〈五分戒本〉 ④梵〈Bhagini〉 密敎에서 供養할 明妃의 一人. 〈大悲空智經〉

자면(自面) 自己의 表面. 自己의 가는 길. 〈本尊抄〉

자멸(自滅) 梵〈vinaṣṭi〉 破壞. 스스로 滅하는 것. 〈瑜伽論〉 不能自滅은 梵〈svayaṃ na api ca naśyati〉 스스로(自然히) 滅하는 것도 아님. 〈瑜伽論〉 ↔滅他

자명(自名) 梵〈svanāma〉 各自의 名稱.

자명(慈明) (986～1039) 臨濟宗. 汾陽善昭의 弟子. 廣西省 杜林府 全州에서 출생. 姓은 李氏. 諱는 慈明(또는 諡號) 號는 楚圓. 또는 慈照(別號). 22세에 출가 善昭의 會上으로 갔었다. 그러나 善昭는 法을 일러주지 않고 世俗의 더러운 욕설만 하여 하루는 정성을 다해 설법해 주기를 간청했더니, 크게 화를 내며 "네가 나를 비방하느냐?"하고 내쫓았다. 楚圓이 무어라 변명을 하려는데 汾陽은 손으로 그의 입을 틀어 막았다. 그 바람에 크게 깨쳤다. 뒤에 石霜山 崇勝寺와 潭州(湖南省)의 興化寺등에서 敎化, 法을 이은 弟子가 五十人이나 되었다. 그 中에도 黃龍 慧南, 喝岐方會가 가장 뛰어났다. 唐의 仁宗 寶元 2(1039)年 1月 5日에 世壽 54, 法臘 32세를 一期로 入寂.

자명논방(慈明論棒) 話 慈明이 黃龍에게 말하기를 "書記가 雲門禪을 배운다면 반드시 그 뜻을 잘 알아야 한다. 만일 洞山의 三頓棒을 쳤다 하니 洞山에게도 치겠느냐" 龍이 대답하기를 "치겠읍니다" 慈色이 씩씩하게 말하였다, "三頓棒 소리를 들으면 문득 棒을 먹는다는데 나는 아침 부터 저녁까지 까마귀 우는 소리·새우는 소리·鍾·木魚·法鼓·雲板의 소리를 듣고도 또한 棒을 먹으려 한다면 어느 때 이루겠는가 龍이 눈을 멍하게 뜨니 慈明이 말하기를, "나는 처음 너의 스승됨을 감당하지 못할까 의심했더니 지금은 됐다"하고는 곧 절을 시켰다 함.

자명분수(慈明盆水) ㊬ 慈明圓禪師가 어느날 方丈안에 한 盆水를 놓은뒤 위에는 한개의 칼을 가로놓고 아래는 한 켤래의 짚신을 신기고 杜丈子를 가로 놓고 앉아서 중이 문으로 들어오면 문득 가리켰는데 중이 머뭇거리면 바로 棒으로 쳤다 함. 〈會元十二〉

자명속할(慈明速喝) ㊬楊岐가 慈明에게 묻기를 "제비는 재조갈 재조갈 하는데 구름은 버리고 어지러운 봉우리로 들어갈 때는 무어라 합니까" 明이 말하기를 "나는 거친 풀 속으로 들어가나 너는 깊은 마을로 들어가라 하지" 楊岐가 말하기를 "官은 바늘을(적은 私) 용납하지 않지만 다시 한번 질문할 수 있읍니까" 慈明이 문득 喝 했다, 楊岐가 말하기를 "좋은 一喝이군요" 明이 또 喝하니 岐도 또한 喝했다. 明이 빠르게 두번이나 喝을 하니 岐가 문득 禮拜했다. 明이 말하기를 "이 일은 이 사람만이 결머질수 있구나"하니 岐가 소매를 털며 가버렸다 함.

자명집찬(慈明執爨) 慈明의 婆가 절 근처에서 살았으나 아는 사람이 없었다. 慈明이 한가한 틈이 있으면 그곳에 가곤하였다. 어느 날 아침 공양이 끝나고 參을 해야 되는데 오랫 동안 북치는 소리가 들리지 않으므로 監寺인 楊岐가 말하기를 "今日은 小參을 해야 되는데 왜 북을 치지 않는가" "和尙이 외출하고 아직 돌아오지 안했기 때문입니다" 바로 慈明의 처소에 가보니 慈明은 불을 지피고 할머니는 죽을 끓이는 것을 보고 楊岐가 "스님, 오늘 小參을 해야되므로 大衆이 오랫동안 기다리고 있는데 무엇 때문에 돌아오지 않으십니까" 慈明이 말하기를 "네가 한마디를 한다면 바로 돌아가겠지만 한마디를 못한다면 아무 곳이나 가겠다" 楊岐가 삿갓을 머리위에 쓰고 몇 걸음을 걸으니 慈明이 크게 기뻐하여 마침내 함께 돌아갔다. 함.

자명행심(慈明行心) ㊬ 慈明이 平生에 事事無碍行과 마음은 凡夫·聖人이 헤아릴 수 없다고 했으나 禪林僧寶傳五章에 보면 "이것은 圓·頓家의 常事인데 무슨 헤아리지 못함이 있으리요" 한 것.

자명호성(慈明虎聲) ㊬慈明圓禪師에게 泉大道가 와서 參禮하니 묻기를 "흰 구름은 골짜기 사이에 비껴있는데 道人은 어느 곳에서 왔는가"

泉이 左右를 顧指하며 말하기를 "밤에 왠 불이 나서 옛 사람의 무덤을 태웠읍니다" 꾸짖어 말하기를 "어디냐 다시 말해라" 泉이 호랑이 소리를 지르니 慈明이 坐具로 때렸다. 泉이 慈明을 밀어 꺼꾸러 뜨리니 明도 또한 호랑이 소리를 질렀다. 泉이 몸을 뒤로 물러나면서 크게 嘆息하기를 "내가 70여명의 善知識을 보았는데 오직 師만 臨濟의 正宗을 얻었군요" 하였다 함. (會元十二)

자모(字母) 悉檀의 摩多와 體文을 말하며 文 四十二字·四十七字·五十字의 구별이 있음. 顯密 諸經의 해석은 "이것이 諸字를 생하는 모체가 되므로 子母라" 하였고, 智度論四十八에 "四十二字母는 모든 일체 字의 근본이 된다. 字를 因하여 말이 있고, 말을 인하여 이름이 있으며, 이름을 인하여 뜻이 있다. 만일 글자를 듣는다면 바로 그 뜻을 안다」하였음, →悉曇

자모(慈母) 慈愛心이 깊은 母.〈上宮勝鬘疏〉

자모표(字母表) ㊟一卷. 一行阿闍梨지음, 悉曇의 摩多와 體文으로 四十二字 四十七字 五十字의 三種을 各各 表를 만든 것.

자모품(字母品) ㊄文殊問經字母品의 略名.

자목(咨目) 目錄을 헤아려 보는 것. 目錄대로 말씀 드리는 것. 自己보다 貴한 者를 뵙는 것.〈寶聞〉

자몽(自蒙) ㊵〈ātma-moha〉 ㊳〈bdag tu rmoṅs pa〉 스스로 어둡게(어리석게) 하는 것.

자무량〈慈無量〉 ㊵〈maitri-apramāṇa〉 ㊲〈mettā-appamaññā〉 四無量心의 하나. 慈에 依한 利他의 修行. 慈心으로써 一切世界를 觀하는 修行.〈集異門論〉

자무량심(慈無量心) ㊵〈Ma-itri-apramāṇa-citta〉 四無量의 하나. 無瞋을 體로 하고 한량 없는 衆生에게 즐거움을 주려는 마음. 처음은 자기가 받는 樂을 他人도 받게 하기로 뜻을 두고 먼저 친한 이부터 시작하여 널리 일체중생에게 까지 미치게 하는 것.

자문(字門) 字는 곧 門의 뜻. 즉 字를 門으로 하고 諸法의 이치에 悟入하는 것. 大方廣佛華嚴經 四十二字 觀門에서「善男子야 字門은 잘 法空邊際에 悟入하며, 字를 除하고는 諸法의 空을 나타낼 수 없다」라고 하였음.

자문(慈門) 佛菩薩이 자비의 마음을 따라 모든 공덕과 훌륭하고 교묘한 方便을 내는데 그 것을 慈門이라 함, 華嚴經 世主妙嚴品에「淸淨한 慈門의 刹塵數와 함께 如來의 한 妙相이 나온다」하였고, 碧巖外道問佛頌에는「慈門의 어느 곳에 塵埃가 나는가」하였음.

자문관(字門觀) 諸尊의 種子를 관찰

함을 字門觀이라 말한다. 不思議疏下에 「字門觀은 種子다」라고 하였음.

자미(子微) 微果라고도 한다. 二微果·二原子로 構成되어 있는 것. 二原子體. 〈四教儀註〉

자미득도선도타(自未得度先度他) 自己는 아직 救濟되지 않았는데 먼저 他人을 救濟하려고 盟誓하는 것. 自身은 뒤라도 좋음으로 먼저 他人을 幸福하게 해 주고자 하는 氣分. 〈修證義〉

자미지전(紫微之殿) 中國에서 北斗의 北에 있는 별이름을 紫微라 하며 거기에 天帝가 있다고 한다. 그것에서 天帝의 住處를 紫微殿이라 하며 變하여 王宮을 意味하기도 함. 〈三教指歸〉

자민(慈愍) →慧日.

자민류(慈愍流) 唐나라 때 慈愍三藏慧日이 傳한 淨土教의 한 流派. 唐嗣聖 十九(702)年에 西域으로 가서 碩學들을 만나고 다시 犍陀羅國에 가서 觀音菩薩像에서 가르침을 받고 淨土에 往生하기를 求하게 되었고 景龍三(719)年 長安에 돌아와서 傳해온 教를 넓혔다. 그의 思想은 著書가 없어서 다 알 수 없으나 法照가 지은 '五會法事讃'과 永明이 지은 '萬善回歸集'에 있는 글로 보면 禪과 念佛과 戒律의 融合을 말한 듯함.

자박(子縛) 見思의 煩惱를 苦果에 對하여 "子"라 말함. 煩惱가 몸을 繫縛하여 自在하지 못하게 함을 子縛이라 말하는데 果縛에 對한 말. 四教儀에 「子縛은 이미 끊었지만 果縛이 아직 남아 있다」하였음.

자반(者般) 這般과 같음. 이것 또는 이쪽이란 뜻.

자반저(遮般底) 遮般은 這般. 또는 這箇와 같은 말.

자발(磁鉢) 磁器 그릇의 바릿대.

자배(自拜) 스스로 王位에 오르는 것. 〈善見律〉

자백(紫柏) 明 紫柏大師. 名은 僧可요. 號는 達觀이다. 燕京에서 크게 法幢을 세웠다. 후에 誣告에 걸려 억울하게 죽음. 紫柏老人集이 있음.

자벌(自伐) 自矜과 같음. 伐은 誇로 공치사 하는 것. 自稱己功을 伐이라 한다. 제 스스로 자기의 장점을 자랑하는 것.

자법(自法) ①自己의 特質. 〈五教章〉 ②㊵〈svadharma〉 自己가 行하여야 할 道. 〈이 경우는 크샤트리야 (㊵〈kṣatriya〉)로서의 義務. 바가바드·기타 ㊵〈Bhagavad-gitā〉에서도 强調하고 있다〉 〈佛所行讚〉

자법(慈法) ㊄〈byams pa daṅ ldan pas chos〉 親切. 慈愛로움. 〈大日經住心品〉

자법애염(自法愛染) 스스로의 法을 貪愛하며 執着하는 것. 〈妻鏡〉

자변(慈辯) 慈心으로 說하는 것을 慈辯이라 함. 無量壽經에 「慈辯을

演說하여 法眼을 준다」 하였음.

자보신(自報身) 自己가 佛이 되기 爲하여 修行하여 佛인 境地를 얻은 佛身. 自受用身을 말함. →自受用身.

자복(自伏) 自己自身에 이기는 것. 〈出曜經我品〉

자복〔慈服〕 →紫衣.

자복(雌伏) 남에게 굴복하는 것. ↔雄飛.

자본(字本) 알파벳. 산스크리트語에 나타나는 十四種의 母音. 字義와 같음. →字義.

자부(慈父) 慈愛하는 아버지. 心地觀經三에 「慈父의 恩惠는 높기가 山王과 같으며 悲母의 恩惠는 깊기가 大海와 같다」 하였음.

자부안락지도(紫府安樂之都) 道敎의 仙鄕. 자주 西方極樂淨土와 同一視 되었다 함.

자부장자(慈父長者) 法華經譬喩品에 말한 窮子의 譬喩에 따라 말한다면 慈父는 즉 長者로 如來의 大悲大福에 譬喩한 것임.

자분(自分) ①本來의 狀態. 本然의 姿勢. ②自種因을 뜻함. 〈四敎儀註〉 ③自己의 身分이라는 뜻인데 修行者가 自身의 階位를 말하는 것. ④果 그 自體. 〈五敎章〉 ⑤位에 이른 바, 位를 얻는 바. →勝進分. ⑥自己. 나.

자분별(自分別) ㉵〈sva-citta-vikalpa〉 自己의 마음으로 여러가지로 생각하는 것.

자분행(自分行) 自己自身이 實踐하는 修行. 自身을 爲한 修行. 〈上宮勝鬘疏〉 ↔他分行.

자불(瓷佛) 도자기로 된 佛像.

자붕(自朋) ㉵〈sapakṣa〉 同品과 같음. 同品 定有性임.

자비(慈悲) 衆生에게 樂을 주는 것을 慈, 苦를 없애주는 것을 悲라고 한다, 또는 苦를 없애주는 것을 慈, 樂을 주는 것을 悲라 하기도 한다. 四無量心가운데 三無量임. 智度論二十七에 「大慈는 一切衆生에게 樂을 주는 것이요, 大悲는 一切衆生의 苦를 없애주는 것이다」라고 하였음.

자비관(慈悲觀) ㉵〈maitri-smrti〉 五停心觀의 하나. 瞋心이 많은 자가 一切衆生을 觀하고 慈悲心을 일으켜서 瞋心을 없애기 위하여 닦는 觀法.

자비기(慈悲驥) 慈悲의 駿馬. 〈三敎指歸〉

자비도량참법(慈悲道場懺法) 啓運慈悲道場懺法의 略稱.

자비락초(慈悲落草) ①落草란 自己의 本來의 境地에서 내려 下賤한 일을 하는 것. 諸佛 菩薩이 衆生을 爲하여 스스로 俗世에 내려와서 方便을 提示하며 說法하는 것을 말함. ②親切하다는 뜻. 〈傳光錄〉

자비량(自比量) 因明三量의 하나. 佛敎의 '論理學'인 '因明論'에서

한가지 일로 因하여 다른 일을 正確하게 미루어 아는 것을 '比量'이라고 한다. 즉 烟氣가 나는 것을 보고 불이 있는 줄을 아는 것등. 여기에 自比量, 他比量, 共比量의 三量이 있다. 自比量은 다른 사람의 생각은 관계할 것 없이 자기가 正確하다고 보는 事實로써 構成하는 論法임. →三量.

자비만행(慈悲萬行) 菩薩이 大悲의 마음에 住하여 萬行을 닦아 慈悲의 水로 萬行의 樹木을 滋榮하는 것.

자비만행보살(慈悲萬行菩薩) 慈悲萬行을 닦는 菩薩을 말함.

자비매(自比罵) 六種罵의 하나. 自己의 糞種(더러움)을 除去하지 않고 나는 牛羊을 販賣하거나 殺人등을 하지 않는다고 말하는 것.

자비수참법(慈悲水懺法) 三卷. 唐智玄 지음. 강에서 餓鬼에게 布施하는 法을 說한 것.

자비실(慈悲室) 法華三軌中에 慈悲를 如來의 室에 譬喩함. 法華經法師品에 「如來의 室이란 일체 衆生가운데 있는 大慈悲心을 말한다」하였음.

자비심(慈悲心) 중생에게 慈悲를 베푸는 마음. 慈悲之心.

자비심노파심(慈悲心老婆心) 老婆心은 자상하여 구석구석까지 미친 同情心. 慈悲心은 불쌍히 여기는 마음. 慈는 衆生에 樂을 주고, 悲는 衆生의 苦를 뽑아 버리는 것. 〈隨聞記〉

자비십력무외기(慈悲十力無畏起) 諸佛·如來의 慈悲는 十力과 四無畏에 따라서 일어난다는 것. 無量義經偈에 「戒·定·慧·解에 知見이 나고, 三明六通에서 道品이 發한다. 慈悲의 十力에서 無畏가 일어나고 衆生의 善業에 因緣이 생긴다」하였음.

자비십이리(慈悲十二利) ①福이 항상 몸을 따름. ②누어서 편안함. ③깨달음이 편안함. ④惡夢을 꾸지 않음. ⑤하늘이 보호함. ⑥사람이 사랑함. ⑦毒하지 않음. ⑧무기를 지니지 않음. ⑨물에 상하지 않음. ⑩불에 상하지 않음. ⑪얻는 것이 이로움. ⑫죽어서 梵天에 오름. →法句經.

자비오리(慈悲五利) ①칼이 상하지 못함. ②毒이 해치지 못함. ③불에 타지 않음. ④물에 빠지지 않음. ⑤瞋惡에서도 善을 보게됨〈檀特羅經〉

자비의〔慈悲衣〕 法衣의 德名임. →袈裟.

자비인양(慈悲仁讓) ㊵〈maitra-citta〉 慈悲心이 깊고 同情하는 것. 慈心이 있다는 뜻. 〈法華經提婆品〉

자비인욕(慈悲忍辱) 法華三軌 가운데 二軌임. 크게 사랑하고 가엾게 여기며 욕됨과 苦生을 참음. 法華經 法師品에 「如來室이란 一切衆生가운데 大慈悲心이라 하고 如來衣

란 柔和忍辱心을 말하는 것이다」하였음.

자비참법(慈悲懺法) ①釋氏通鑑에 梁 武帝의 妃는 郗氏다. 帝가 雍州刺史가 되었을 때 妃가 薨하였는데 그 성품이 가혹하게 질투를 하였으므로 변하여 큰 뱀이 되어 後宮으로 들어가 帝와 꿈에 통하여 공덕을 닦아 괴로움을 여의게 해주기를 구하였다. 帝가 大藏經을 역람하고 慈悲懺法을 제정하여 스님을 청하여 罪를 懺悔했더니 바로 변화해서 天人이 되어 공중에서 帝에게 사례하고 천상에 태어났다. 帝가 畢生토록 다시는 后를 세우지 않았다 함. ②慈悲道場法의 약칭. 梁武帝 지음.

자비행(慈悲行) 四安樂行의 하나. → 四安樂行. 〈上宮法華疏〉

자비호념(慈悲護念) 慈悲로써 지켜주는 것. 〈一遍語錄 誓願偈文〉

자비희사(慈悲喜捨) 梵〈mahāma:itri-mahākaruṇā-mahamuditā-mahopekṣā〉(큰 慈愛. 큰 同情共感. 큰 喜悅. 큰 平靜) 이 넷은 四無量心 또는 四梵柱라 한다. 一般的으로 樂을 주는 것이 慈, 苦를 除去하는 것이 悲, 他者가 樂을 얻는 것을 보고 기뻐하는 것이 喜, 마음의 平等한 狀態가 捨라 함. 〈法華經 提婆品〉

자사(自事) 梵〈svakārya〉 自己에게 도움이 되는 것. 善根 등. 〈百五十讚〉

자사(者些) 者의 若干이란 뜻. 이것뿐임. 조금이라는 뜻. 〈無門關〉

자사(煮沙) 진흙과 모래를 쪄서 밥을 짓고자 함. 首楞嚴經에 「마치 모래를 쪄서 嘉饌을 만들려는 것과 같아서 비록 塵劫을 지낸다해도 끝내 얻지 못한다」 하였음.

자살(自殺) 스스로 自己의 목숨을 끊음. 善見律十二에 말하기를 "한 비구가 婬欲이 마음을 어지럽혀서 밤낮으로 그 마음을 제어할려했으나 제어가 되지 않았다. 스스로 생각하고는 말하기를 '나는 戒를 具足히 지녔는데 무엇 때문에 戒를 버리고 세속으로 돌아가겠는가 나는 차라리 죽음을 취하리라" 이 때문에 耆闍崛山頂에 올라가 바위에 몸을 던져 죽어 버렸다. 부처님이 모든 비구에게 말하기를, "스스로 몸을 죽이지 말라. 몸을 죽이는 자와 죽을려고 먹지 않는자도 突吉羅罪가 된다. 만일 비구가 병이 극심하여 많은 比丘들이 병을 간호하느라고 괴로워하는 것을 보고는 스스로 생각하기를 "이들이 바로 나 때문에 괴로워 하는구나"하여 스스로 수명이 오래 살지 못할 것을 알고 음식도 먹지 않고 약도 복용하지 않으며, 또 어떤 비구는 스스로 생각하기를 '나의 병이 극히 괴로우니 나의 수명도 이미 다하여 나의 道跡이 手掌에 있음과 같구나 한다면 먹지 않고 죽어도 죄가 없다" 하였음.

자상(自相) 一切 法에서 다른 法과 共通하지 않고 그 自體만이 가지는 體相. 곧 불의 뜨거움, 물의 차거움, 등과 같이 자신이 직접 대어보고야 비로소 알게 되고 他人에게는 알려 줄 수 없는 것, 賴耶三相의 하나. ↔共相.

자상(自想) 外界의 事物은 다만 自己의 表現이라고 仔細히 觀想하는 것. 〈成唯識論〉

자상경(自相境) ㊵〈svalakṣaṇa-viṣaya〉 ㊃〈raṅ gi mtshan ṅid kyi yul〉 固有 特相의 境域. 固有의 特相인 境界. 〈俱舍論〉

자상공(自相空) 十八空의 하나. 모든 法에는 모두 共通한 一般相 곧 나고 없어지는 등의 모양과 또는 각각 가지고 있는 特殊相 곧 堅·濕·煖·動등의 모양이 있는데 어느 편으로 보아도 空인 것을 말함. →空.

자상무도(自相無倒) ㊵〈svalakṣaṇe viparyāsaḥ〉 ㊵〈svalakṣaṇa-viparyāsa〉 個別的으로 捕捉된 事物의 存在는 單只 名稱에 不過하다 ㊵(〈nāma-mātratva〉)고 알아서 이 같은 分別(㊵〈vikalpa〉)을 떠나는 것. 十無倒의 하나. →十無倒.

자상무아(自相無我) ㊵〈svabhāvo nairātmyam〉 本性인 無我.

자상속(自相續) ㊵〈svasaṃtānā〉 ㊃〈raṅ gi rgy: ud〉 自己마음의 흐름. 〈唯識二十論〉

자상자의(字相字義) ①眞言을 이해하는데 字相과 字義의 二段으로 나눈다. 처음엔 字相을 해석하고 뒤에는 字義를 해석함을 법으로 삼음. 字相의 해석은 顯敎에 通하고, 字義의 해석은 密敎의 特有한 深義가 된다. 예컨데 阿字를 해석하면 無·非·不이 되는데 이 것은 字相이며 또 訶字를 해석하면 因緣의 뜻이며 이 것도 字相이다. 阿字를 해석하여 本不生의 義가되고, 訶는 因不可得의 義가 되는데 字義다. 그러나 不可得이 즉 阿字의 本不生의 義이기 때문에 如何의 字를 論할 것 없이 阿字門에 들어가서 「何何不可得」이라 해석하면 곧 字義의 해석이 되는데 이 字義의 解釋은 三論의 無方釋과 天台의 觀心釋에 契合된다. 字母釋에 「세상 사람은 다만 그 字相만 알므로 비록 매일 쓰지만 그 뜻을 일찌기 이해하지 못하나 如來는 그 실제의 뜻을 말씀하셨는데 만일 字相에 따라서 사용한다면 세간의 文字이고, 실제의 뜻을 이해한다면 "出世陀羅尼의 文字다」하였음. ②密敎의 말은 阿字·伊字等 文字의 義理를 알지 못하고 字와 義가 각각 구별되는 것을 字相이라 하고, 字와 義가 서로 따르는 것을 字義라 말한다. 字에 따라서 말한다면 ㄎ字는 作業의 뜻으로 字義가 되며 ᅙ字가 作業이 되어 不可得임을 諦觀하면 宇宙에 到達하는 眞義를 字義라 한다" 하였음. 吽字義에 「일체 세간이 이 같은 字相만 알고 字義를 일직 이해하지 못한다. 그러므로 生死의 人이 되고, 如來는 如實한 實義를 알기 때문에 大覺이라 號한다」 하였음, 이에 四重의 義가 있다. 一重인 字相이란 字의 형상이고 字義는 字의 意味다. 이것은 文만 있고 義가 없거나, 文도 있고 義도 있어, 바로 ᅙ字의 形을 알고, ᅙ字가 作業이 됨을 안다. 二重은 ᅙ字가 作業이 됨을 固執함이 字相이 되고 詮하여 作業을 얻을 수 있다 함이 字義가 된다. 三重은 ᅙ字를 비록 평론하여 作業不可得이 되나 能詮의 體와 所詮의 理가 字相이 되고, 能詮·所詮이 一致하여 둘이 아님을 관찰함이 字義가 된다. 四重은 能과 所가 비록 一致하나 相의 한계가 있는 것이 字相이 되고, 字義는 萬法이 歷然하여 聲字에 즉시 實相·實義가 나타나는데 法爾無作의 境界를 가리킨 것이다」하였음.

자상작의(自相作意) 三種作意의 하나. 物件의 自相을 觀하는 智慧와 함께 일어나는 作意의 心所임.

자상혹(自相惑) ㊵〈Svalaksa-Klesa〉 自相을 因緣하여 일어나는 의혹의 뜻. 自相의 煩惱라고도 한다. 共相惑에 相對되는 말. 法의 各別의 自相을 因緣하여 일어나는 貪·瞋·慢등의 疑惑을 말함.

자색(字色) ㊶〈nāma-rūpa〉 名稱과 形態. 十二因緣의 第四. 名色과 같음. 古우파니샤드의 原義에 依한 譯語임. 一名色. 〈般泥洹經〉

자색청정(姿色淸淨) 佛의 모양이 淸淨한 것. 〈無量壽經〉

자생(自生) ㊵〈utpatti〉 發生. 스스로 생기는 것. 因이 스스로 果를 生하는 것. 他生의 對. 〈五敎章〉 ㊵〈svayaṃ na eva ca jayate(스스로 自然히 생기는 것은 아니다) 〈瑜伽論〉

자생(資生) 衣·食·住의 도구로 사람의 生命을 돕는 것. 法華經 法師功德品에 「生業을 돕는 것은 모두 正法을 따른다」하였고, 智度論十九에 「正命이란 일체 生을 돕고 命을 살리는 도구가 모두 바르고 삿되지 않다」 함.

자생구(資生具) 必須品〈往生要集〉

자생로(資生路) 生活이 成立되는 길. 〈佛所行讚〉

자생시(資生施) ㊵〈āmiṣa-dāna〉 生命의 資가 되는 여러가지를 베푸는 行爲. 生活에 이바지하는 飮食·臥具 등을 베푸는 것. 〈理趣經〉

자서득(自誓得) 十種得戒緣의 하나. 戒를 받을 때와 같이 三師 七證을 請하여 모시지 않고 자己 스스로의 誓願에 의하여 具足戒를 얻음을 말함.

자서삼매경(自誓三昧經) ㊂一卷. 後漢의 安世高 번역. 如來獨證自誓三昧經의 舊譯임.

자서수계(自誓受戒) 大乘의 菩薩戒는 만일 戒師가 없을 때에는 부처님앞에서 스스로 맹세하고 大戒를 받는 것을 허락하였다. 그 戒를 얻은 효험은 꿈 속에서 묘한 相을 본다. 이것을 自誓受戒라 함. 梵網經에「만일 千里안에 戒를 줄 수 있는 스승이 없으면 佛·菩薩의 像前에 스스로 맹세하고 戒를 받아도 된다. 그러나 妙相 보기를 要한다」하였음.

자석(磁石) ①㊵〈ayas-kānta〉 鐵의 戀人이란 뜻.〈俱舍論〉②鑛石의 一種으로 쇠에 달라 붙는 性質이 있음, 또는 慈石.

자석흡철(磁石吸鐵) 無緣의 慈悲心에 비유함. 止觀五之三에「磁石이 鐵을 吸引하면 無心하게 딸려오지만, 그 鐵障의 밖에 있으면 磁石은 吸引하지 못한다. 衆生의 心性도 바로 無緣의 慈心이나 無明이 가리워서 막으면 뜻대로 一切를 吸取하지 못한다. 지금 無明障을 깨고 부처님의 磁石을 나타내고자 하면 運을 無量한 佛法에 맡겨 無量衆生을 吸해야 한다」하였음.

자선(子璿) 中國 宋나라 스님. 秀州 嘉興사람. 어려서 落髮하고 처음 秀州 洪敏에게 楞嚴經을 受學하다가 動靜二相이 了然不生이란데 이르러 깨달은 바 있었다 한다. 다음 瑯琊山 廣照慧覺禪師를 뵙고 깨달음을 얻었다. 그 뒤 長水에 있으면서 華嚴經을 크게 넓히다. 世上에서 唐나라 圭峯 이후의 高僧이라 한다. 楞嚴經과 起信論義記에 대한 注釋書를 지었음.

자선근(慈善根) 여러가지 善을 産出하는 根本인 慈悲心.〈沙石集〉

자선심(慈善心) ㊵〈maitraṁ manas-karma〉 慈愛로운 마음의 作用.〈有部律雜事〉

자설(自說) ㊂〈udana〉 ㊁嫗陀羅의 번역. 小部經〈Khuddaka nikaya〉의 하나. 嫗陀羅 즉 佛陀의 感興에 依하여 發한 偈를 包含한 經典을 收集한 것. 總八品 八十經으로 되어 있음. 八品이란 ①菩提品 ②目眞隣陀品 ③難陀品 ④彌醯品 ⑤蘇那長老品 ⑥生盲品 ⑦小品 ⑧波吒離村人品이며 各品마다 十經을 收錄하였음.

자설경(自說經) 十二部經의 하나.

자섭(自攝) 戒法을 自攝하여 二業을 오로지하며 放逸치 않게 함을 自攝이라 말함. 南山戒疏一下에「이 戒法을 따라 七支를 지니고 허물이 있으면 모두 막는 것을 自攝이라 한다」하였음.

자성(自性) 모든 法이 각각 變改하지 않는 性稟이 있다. 이것을 自性이라고 한다. ①法相宗, 俱舍宗과 같이 물건의 性質과 모양을 연구하는 宗에서는 自相이라고도 한다. 萬有諸法의 體性 또는 體相을 말하며 差別 또는 共相에 대하여 쓰는 말. 이를테면 無貪, 無瞋, 無痴의 三善根이나 慚, 愧의 心作用 같은 것은 그 自性이 善하므로 自性善이라 하고, 自己의 本性은 清淨한 眞如이므로 自性清淨心이라 함과 같음. 또는 각자의 體性을 自性이라 하고 모양을 自相이라고도 한다. ②數論派 二十五諦의 하나. 現象世界를 開發하는 물질적 본체, 이에 喜, 憂, 闇의 세가지 性質이 있으며 精神的 본체인 神我의 作用이 미칠때에 物質界가 전개된다 함. ③因明에서 三支作法 가운데 宗의 前陳을 自性 또는 自相이라 한다. 곧 "이 꽃은 붉은 빛이다"할때에 "이 꽃"이란 前名辭는 꽃 그 自體를 가리키는 것 뿐이고 다른 것을 가르킨 것은 아니어서 自體에 국한한 것이므로 自性이라 하고 이것을 차별하는 "붉은 꽃"은 後名辭라 함.

※唯識述記一末에 「自性者冥性也 今名自性 古名冥性 今亦名勝性 未生大等但住自分 名爲自性」

자성견(自性見) 自性을 본다는 뜻. 頓悟入道要門論上에 「問 "身上에 무엇을 보는가. 眼見·耳見·鼻見·身心등 見의 어느 것인가" 答 "見에는 그러한 여러가지 見이 없다" 問 "이미 여러가지 見이 없다면 다시 무었을 보는가" 答 "이것은 自性을 보는 것이다. 왜냐하면 自性은 本來 清淨하여 湛然空寂하므로 곧 空寂한 體 가운데 이 見이 생긴다" 하였음.

자성계(自性戒) 十善戒란 佛의 制止를 기다리지 않고 自性으로 受持해야 하는 戒이므로 自性戒라 하며 또는 本性戒라 함, 大日經疏十七에 「菩薩戒에 대략 二種이 있다. ①은 在家. ②는 出家다, 이 二衆 가운데 다시 二種의 戒가 있으니, (1)自性修行이며, (2)是制戒다. 지금이 十戒는 菩薩修行戒며 이는 善性이기 때문에 일체 菩薩이 실천해야 한다. 즉 涅槃經에서 말한 性·自能持戒·或은 自性戒라 한다」 하였음.

자성계정혜(自性戒定慧) 戒·定·慧는 自性을 잃지 않음을 말함. 六祖壇經偈에 「心地에 잘못됨이 없음이 自性戒며, 心地에 어리석음이 없음이 自性慧며, 心地에 어지러움이 없음이 自性定이고, 不增不滅함이 自金剛이며, 身去身來가 本三昧다」 하였음.

자성공(自性空) ㉵〈prakṛti-śūnyatā〉 本性上 空인 것. 그 自身 實體性을 缺如하고 있는 것.

자성구(自性求) ㉵〈svabhāva-prajñapti-paryeṣaṇā〉 四種求의 하나. 名稱(㉵〈nāman〉)과 事物(㉵〈vastu〉)에 關하여 그 自性이 假로 設定된 것에 不過하다 (㉵〈prajñapti-mātrat:

va)고 推求하는 것. →四種求. 〈莊嚴經論功德品〉

자성궤(資成軌) 三軌의 하나. 眞理와 一切現象을 說明하는 三種의 範圍에서 眞理를 觀照하는 智慧를 돕는 一切의 萬行을 말함.

자성단(自性斷) 三斷의 하나. 煩惱의 自性을 끊어 일어나지 못하게 하는 것.

자성륜신(自性輪身) 諸佛三輪身의 하나. 正法輪身과 敎令輪身에 相對되는 말. 敎令輪身등의 自性의 身을 말함. →敎令輪身.

자성멸(自性滅) 梵〈svabhāva-nirodha〉 그 自體가 滅亡하는 것.

자성명제(自性冥諦) 數論二十五諦의 하나. 冥諦는 自性의 異名임. →自性.

자성묘법신(自性妙法身) 自性身(本然의 眞身)으로서의 妙한 法身. 즉 根本佛身을 말함. 〈秘密安心〉

자성무념(自性無念) 自性淸淨하여 本來無念인 것. 〈一遍語錄 門人傳說〉

자성미타유심정토(自性彌陀唯心淨土) 또는 己心彌陀 唯心淨土, 己心淨土 唯心彌陀라고도 한다. 自己 마음가운데 본래 갖추어 있는 性品이 부처와 다르지 않아서 迷하면 凡夫가 되고 깨달으면 부처가 되는 것으로, 阿彌陀佛이나 極樂淨土도 먼 곳에 있는 것이 아니고 오직 자기 마음가운데 있다는 말. 이것은 흔히 禪宗·華嚴宗·天台宗 등에서 說한 것으로 萬法 唯心의 理致에 依하여 자기 마음을 닦아 佛性을 깨달으려 하는 것.

자성법신(自性法身) 自性身과 같음.

자성보현여래(自性普賢如來) 普賢如來는 곧 金剛界의 大日如來로 그 如來의 自性身을 稱하는 것임.

자성본불(自性本佛) 본래부터 갖추어 있는 固有한 佛性. 곧 自性.

자성분별(自性分別) 三分別의 하나. 온갖 事와 理를 思量하여 分別하는 心作用의 하나. 지금 앞에 나타나는 모양을 비교하여 생각할 것 없이 바로 그대로 覺知하는 것. 눈이 빛을 바로 認識分別하는 것등을 말함.

자성불(自性佛) 自性 即 佛이라는 뜻. 本來부터 佛이라 함. 〈御聽書抄〉

자성불생(自性不生) 梵〈svabhāva-anutpatti〉 그 自體는 생기지 않는 것.

자성불선(自性不善) 四種不善의 하나. 本質的으로 그 性質이 不善한 것. 無慚·無愧와 貪·瞋·癡가 여기에 속함. →善惡.

자성산란(自性散亂) 梵〈prakṛti-vikṣepa〉 西〈raṅ bshin gyis rnam par g-yeṅ ba〉 自性上의 散亂. 六種散亂의 第一로 禪定에서 나온 境遇, 五識에 依해 생기는 散亂을 말한다. 이미 三昧에 들어간 者에 眼識등의 五種識의 어느 하나가 作用하

여 三昧에서 깨는 것. 〈辯中邊論〉 →六種散亂.

자성삼보(自性三寶) 三寶는 佛·法·僧이다. 佛이란 自性의 覺이며 法이란 自性의 正이며 僧이란 自性의 淨이다. 그러므로 自性三寶라 말함. 六祖檀經에 「善知識을 권하여 自性三寶에 귀의한다. 佛이란 覺이며 法이란 正이며 僧이란 淨이다. 自心으로 覺에 귀의하면 邪迷가 생기지 않으며 욕심이 적어져서 만족할줄 알며 財色을 여읠 수 있어야 兩足尊이라 한다. 自心으로 正에 귀의하여 念念히 邪見을 없애며 邪見이 없기 때문에 人·我·貢高·貪愛·執着이 없음을 離欲尊이라 하며, 自心으로 淨에 귀의하여 일체 塵勞와 愛欲의 경계가 自性에 모두 染着하지 않는 것을 衆中尊이라 한다. 만일 이 行을 닦는다면 이것이 自歸依다」하였음.

자성선(自性善) 四種善의 하나. 本質的인 善·慚·愧와 無貪·無瞋·無癡를 말함. ↔自性不善. →善惡.

자성선(自性禪) 九種大禪의 하나. 所修하는 禪이 마음의 實相을 觀하여 밖에서 求하지 아니하므로 自性禪이라 함.

자성성(自性成) ㉵〈prākṛtika〉 先天的으로 가지고 있는 것. 〈金七十論〉↔變異得.

자성수용변화삼신(自性受用變化三身) 法相宗에서 세운 三身임. 佛地論에서는 唯識論의 이름을 취했는데 이것이 또 眞·合·應의 三身으로 나누어 짐. ①自性身. 곧 위의 法身이며 ②受用身. 이것은 둘이 있다. (1)오직 부처와 부처의 경계로 다른 보살은 보거나 듣지 못하고 부처님 스스로 法樂을 受用하는 佛身을 自受用身이라 하며 이는 大圓鏡智가 변한 것이고, (2)初地이상의 보살이 感見하게 하여 그가 法樂의 佛身을 受用하게 하는 것을 他受用身이라 하며 이는 平等性智의 변화한 것으로 곧 위의 勝應身이다. ③變化身. 初地이전의 보살이 二乘·凡夫 및 諸趣의 衆生에 對하여 갖가지 몸으로 변화하여 感見하게 하는 것으로 곧 위의 劣應身이며 이는 곧 成所作智가 나타난 것임. 佛地論三에 「佛이 三種身을 갖추었으니 (1)自性 (2)受用 (3)變化다」하였고, 唯識論十에 「(1)自性身이니, 모든 如來의 眞淨한 法界를 受用하여 平等으로 變하여 依持하며 離相이 寂然하고 모든 戱論을 끊으며 無邊際의 眞淨功德을 갖추는 것을 一地法 平等實性이라 한다. 곧 이 自性은 또한 法身이라 하며 大功德法이 의지하는 곳이기 때문이다. ②受用身. 이것에는 二種이 있다. (1)自受用. 모든 如來가 三無數劫 동안 修集한 無量한 福·慧를 資糧으로 일으킨 無量한 眞實功德과 극히 圓淨하여 항상 遍色한

身이 相續湛然하여 未來際가 다하도록 항상 廣大한 法樂을 自受用함을 말하고, (2)他受用. 모든 如來가 平等智를 따라서 微妙하고 청정한 功德身을 나타내어 純淨土에 居하며 十地에 住하는 모든 보살의 무리를 위해 大神通을 나타내고 正法輪을 轉하여 衆生의 疑網을 끊고 그로 하여금 乘의 法樂을 受用케 하는 것이 二身을 合하여 受用身이라 말한다. ③變化身. 모든 如來가 成所作智를 따라 無量한 類를 따라 化身을 變現하여 淨穢土에 居하여 十地에 오르지 못한 諸菩薩·二乘·異生을 위해 그들의 機宜에 맞추어서 神通을 나타내고 법을 說하여 각각 모든 利樂事를 얻게함을 말한다」 하였음. 위의 三身과 相對시키면 아래와 같다.

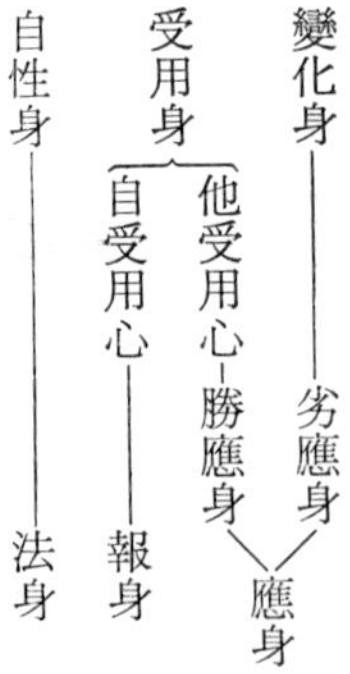

자성순수(自性順受) 梵〈sva-bhāva vedaniyatā〉 苦 또는 樂으로 感受되는 것 그 自體.

자성시(自性施) 梵〈svabhāva-dāna〉 九種施의 하나. 自身의 財産·身體를 不顧하고, 求하는데 따라 施捨하는 것. 〈瑜伽論〉

자성신(自性身) 四身의 하나. 眞言密教에서 四法身을 세움. 自性身은 一切 諸法의 本體인 동시에 모든 부처님의 本佛인 大日如來를 말함. →法身.

자성유심(自性唯心) 諸法이 곧 眞如요 萬法이 唯一心이라는 見解. 三界의 總相을 자기 마음의 變作이라고 인정하여 자기 마음 밖에는 아무것도 인정치 않는 뜻을 표시하는 말. 곧 自性은 萬法의 本性인 生滅變化가 없는 眞如요, 唯心은 萬法을 마음으로 나타내는 바 라하여 마음만을 인정한다. 이러한 思想이 淨土教에 들어가서 衆生도 부처도 다같이 同一한 眞如를 自性으로 한다 하여 자기 마음 밖에는 淨土가 따로 없다는 잘못된 所見을 내어 淨土往生을 否定함에 이르게 됨.

자성정심(自性淨心) 自性淸淨心의 略稱.

자성정혜(自性定慧) 定과 慧가 우리의 自性에서 떠나지 않음을 말함. 六祖壇經에「心地가 그르지 않음을 自性戒라 하고 心地가 어리석지 않음을 自性慧라하며 心地가 어지럽지 않음을 自性定이라 한다」하였음.

자성주불성(自性住佛性) 三佛性의 하나. 衆生이 본래 갖추고 있는 佛性으로 自性이 되어 常住하는 것.

자성중주(自性中住) 梵〈gotra-stha〉

種性에 住하는 것. 煩惱를 對治하여, 修行하여 가는 段階를 十八로 나눈 첫째로 그 後의 因이 되는 것.

자성지(自性支) ㉵〈svabhāva-aṅga〉 覺支(㉵〈bodhy-aṅga〉)에 關하여 그 本質을 이룬 支分(도움)을 말한다. 즉 法의 簡擇을 가리킴.

자성진여(自性眞如) 自性은 不變·不滅하여 절대적인 眞理라는 뜻.

자성차별(自性差別) 因明宗法五名의 하나. →宗法.

자성청정(自性淸淨) 二種淸淨의 하나. 衆生의 眞如心의 體性이 본래 청정하여 물 들고 거리낌이 없는 것. ↔離垢淸淨.

자성청정심(自性淸淨心) ①吾人 本有의 心. 自性은 청정하여 일체 妄染을 여의었기 때문에 自性淸淨心이라 함. ②如來藏心·眞心이라 하며 곧 사람의 菩提心임. 起信論義記中本에 「自性淸淨心을 如來藏이라 한다」하였고, 大日經疏一에 「本不生際者가 곧 自性淸淨心이며 自性淸淨心이 곧 阿字門이라」하였음.

자성청정심의(自性淸淨心義) 一切의 不淨한 心相을 離脫하는 것. (起信論)

자성청정열반(自性淸淨涅槃) 本來自性淸淨涅槃을 말한다. 四種涅槃의 하나. →四種涅槃.

자성청정장(自性淸淨藏) 五種藏의 하나. 秘密이 藏이라는 뜻. 만약 一切法이 이 佛性에 隨順하면 內가 되고 바르고 邪하지 않으면 곧 淸淨하다. 만약 諸法이 이 理를 거스리면 外道가 되어 邪하고 바르지 못하므로 染濁이라하기 때문이라 함.

자성추악(自性麤惡) ㉵〈sahajaṃ dauṣṭhulyam〉 俱生麁重과 같음. →俱生麤重.

자성해탈(自性解脫) 性淨解脫과 같은 말. 衆生의 본성이 청정하여 煩惱의 束縛과 汚染이 되지 않는 모양.

자성행(自性行) 四種性行의 하나. 菩薩의 自性이 本來賢良하여 父母에 孝順하고 沙門과 婆羅門을 信敬하여 十善을 갖춘 것을 自性行이라 함.

자성회(自性會) 大日如來의 自性身會에서 마음을 따라 流出하는 모든 內眷屬이 三世에 항상 스스로 法樂을 受用한다고 兩部의 大經을 說하는 것을 自性會라 함. 이 會場엔 因人의 實機는 참가할 수 없고 다만 미래 세상에 一類 頓大의 機가 이 가르침을 듣고 信解하며 修行하며 證入하는 者가 自性會의 因人이 됨. 다만 自性會의 自性身이 法을 說한다고 말하는 것은 眞言古義派의 說이고 그 新義派에 의하면 自性會의 加持身이 法을 說한다고 함.

자소득(自所得) ㉵〈sva-abhigama〉自

所證과 같음.

자소증(自所證) ㊵〈svādigama〉 스스로 깨닫는 것.

자손손타(自損損他) 自己의 잘못으로 自己가 損을 볼뿐만 아니라 他人에게도 損害를 보이는 것. 般舟讚에 「이 貪·瞋의 火를 놓으면 自身도 손해하고 남도 손해한다」하였고, 群疑論 二에 「그 바른 견해를 헐어 自損損他한다」하였음.

자수(子秀) (1664~1737) 朝鮮朝 僧侶. 字:孤松. 號:無黨. 俗姓:洪씨. 全州사람, 十二歲에 文式에게 중이 됨. 雲門의 秋溪有文을 찾아 法을 傳授받음. 世壽七十. 法臘 五十八에 入寂. 著書로 無竟集이 있음.

자수(自隨) 스스로 따르는 것 座右를 떠나지 않는 것.

자수(慈水) 慈悲의 마음이 사람을 慈榮시키므로 물에다 비유하여 慈水라 함. 性靈集七에 「慈水가 奄遊한다」하였음. 이는 慈母라는 말.

자수거행(自修去行) 親鸞 自身이 닦은 淨土에 가기 爲한 行. (歎德文)

자수법락(自受法樂) 法樂이라함은 妙法의 眞味를 翫賞하여 스스로 즐김을 말함. 그 法樂을 自身에게 받기 때문에 自受法樂이라 말함. 唯識論十에 「自受用身이 廣大한 法樂을 늘 自受用한다」하였고, 二敎論下에 「諸佛과 보살이 스스로 法樂을 받으므로 각각 自證三密門을 說한다」하였음.

자수삭발(自手削髮) 제 마음으로 머리를 깎고 중이 됨.

자수술(自手術) 손수 베프는 것. (俱舍論)

자수용(自受用) 닦아 얻은 功德利益이나 法樂을 스스로 受用함. ↔他受用.

자수용삼매(自受用三昧) 또는 三昧王三昧·自證三昧라고도 한다 禪宗에서는 부처님과 祖師들이 바로 傳하는 佛祖의 眼目이라 하며 또 菩提를 證得하는 妙한 方法이라 함. 곧 坐禪의 妙한 方法과 當體인 것을 이렇게 말한다. 이것은 他受用에 대한 것이 아니며 이 三昧밖에는 他受用도 다른 物件도 없고 온 法界가 모두 이 自受用三昧에 證引되어 남음이 없다. 이것을 모든 佛祖들의 境界로서 다른이가 엿볼 수 없으며 우리는 이 三昧에 依하여 佛祖와 同參하게 됨.

자수용신(自受用身) 四身의 하나 또는 三身의 하나. 修行이 完成되어 福德과 智慧가 밝아서 항상 眞理를 觀照하여 스스로 그 法樂을 받는 佛身. ↔他受用身.

자수용신심(自受用身心) 스스로 즐기는 몸과 마음. 自受用身에 根據하여 만들어진 말. (沙石集 拾遺)

자수용지(自受用智) 阿彌陀佛 스스로가 受用하는 智慧. (一遍語錄 門人傳說)

자수용토(自受用土) 四國土의 하나. 부처님의 因位修行에 따라 나타나는 周遍無餘의 淨土, 스스로 法樂을 받는 國土.

자수원(慈壽院) 서울에 있던 比丘尼 寺刹. 朝鮮 仁祖一(1623)年에 廢止.

자승과(自乘果) 三乘 各自의 聖果를 말함.

자신(自身) ㉵〈adhyātma〉 自己와 같음. (俱舍論) ㉵〈ātma-para〉 自己와 他人.

자신교인신(自信敎人信) 자기도 믿고 다른 사람도 믿게 하는 것.

자신불(自身佛) 即身成佛.

자신자불(自身自佛) 自身이 바로 부처라는 뜻. 觀無量壽經에 「이 마음이 부처를 지으니 이 마음이 부처라」한 말이 있으며, 그 나머지 經에는 自身自佛이라는 말이 없음.

자신즉불(自身即佛) 父母에 依하여 태어난 肉身 그대로 佛이 될 수 있다는 道理. (眞言內證)

자실오타(自失誤他) 自身도 그르치고 남도 失手케 하는 것. (改邪鈔)

자심(自心) ①㉵〈sva-citta〉 ㊇〈raṅ sems〉 自己 마음 (唯識二十論) ②㉵〈sva-mati〉 自己의 생각 ③無量壽佛에 對한 信仰 ④菩提心을 말함. →菩提心.

자심(刺心) Ⓣ〈tsher maḥi〉 가시가 사람을 찔러 사람에게 不安한 생각을 주는 것 같이 사람의 마음도 自己行爲를 언제나 後悔하며 그때문에 마음이 不安하다. 自己가 한 善한 것을 생각하여 기쁨이 생기는데 對한 것. (大日經 住心品)

자심(滋甚) 甚한 것. (出三)

자심(慈心) 四無量心의 하나. 사람에게 즐거움을 주는 마음임.

자심내증(自心內證) ㉵〈sva-pratyātma-adhigama〉 自己마음 속에서 스스로 깨닫는 것.

자심동자(慈心童子) 慈童女와 같음. →慈童女.

자심본불(自心本佛) 자기 心中에 나타나는 根本佛. 密敎에서는 法身인 大日如來를 말함. (道範消息)

자심불(自心佛) 自己 마음에 應現한 佛. (慈雲法語)

자심삼매(慈心三昧) 慈心에 住하는 三昧의 뜻. 또는 慈三昧 白光明慈三昧 大慈三昧 또는 慈心觀이라고도 한다. 널리 衆生을 憐愍하여 즐거움을 주려고 생각하는 마음씨를 말함.

자심삼보(自心三寶) 곧 自性三寶를 말함.

자심시불(自心是佛) 태어 나면서부터 갖춘 스스로의 心性이 즉 佛性이므로 人間은 모두 本來 佛이라는 것. 또는 即心是佛. (百丈大智禪師廣語)

자심십일종과보(慈心十一種果報) ①누어서 편안함 ②깨달아 편안함 ③惡夢이 없음 ④하늘이 보호함 ⑤사람이 사랑함 ⑥독이 침범치 않음

⑦兵이 침범치 않음 ⑧물이 침범치 않음 ⑨불이 침범치 않음 ⑩도적이 침범치 않음 ⑪梵天에 태어남. (增一阿含經四十七)

자심정(慈心定) 一切衆生에 對하여 慈心을 품고 慈悲의 念에 住하여 오르지 慈心을 修行하는 定. (集異門論)

자심진언(自心眞言) 스스로의 心中의 깨달음을 一字로 表現하는 聖音 自內證을 象徵하는 眞言. (理趣經)

자씨(慈氏) ㊵〈Maitreya〉 舊에는 彌勒 新에는 梅怛麗耶라 하며 번역하여 慈라 하고 그것이 姓이 되므로 慈氏라 함. →彌勒.

자씨궤(慈氏軌) 慈氏菩薩略修愈誐念誦法의 異名.

자씨보살(慈氏菩薩) 彌勒菩薩. →彌勒.

자씨보살다라니(慈氏菩薩陀羅尼) 一卷. 趙宋의 法賢 번역 함.

자씨보살략수유아념송법 (慈氏菩薩略修愈誐念誦法) 二卷. 唐 善無畏 번역.

자씨보살서현다라니경 (慈氏菩薩誓顯陀羅尼經) 一卷. 趙宋 施護 譯. 부처님이 慈氏를 위해 呪를 설하시니 慈氏가 誓願을 세워 苦를 拔去하므로 인하여 受記함.

자씨보살소설대승연생도간유경 (慈氏菩薩所說大乘緣生稻稈喩經) 大乘舍黎娑擔摩經·了本生死經·稻稈經과 同本異譯임.

자씨서원경(慈氏誓願經) 慈氏菩薩誓願陀羅尼經의 略名.

자씨소설도간유경(慈氏所說稻稈喩經) 慈氏菩薩所說緣生稻稈喩經의 略名.

자씨하생(慈氏下生) 彌勒菩薩이 兜率天에서 내려와 이 世上에 태어나는 것.

자아(自我) ㊵〈ātman〉 ㊣〈attan〉 自身. 他人에 對한 나. (法集要頌經瞋恚品)

자아(自餓) 自我外道. (俱舍論)

자아게(自我偈) ㊞法華經壽量品에 「내가 佛을 얻음으로 부터 모든 劫數를 지냄이 無量百千萬億載阿僧祇다」라고 총 二十五行의 偈가 있는데 최초의 두 글자를 취하여 自我偈라 하고 항상 구별해서 誦習함.

자아법(自餓法) 自餓外道의 行法임.

자아외도(自餓外道) 六苦行外道의 하나. 飮食을 調節하여 飢餓를 참는 것.

자안(子安) (1240～1327) 高麗朝 僧侶. 뒤에 彌授라고 고침. 俗姓 金氏. 9歲에 詩經과 書經을 배워 한번 들으면 외었고 13歲에 元與寺 宗然에게서 중이 됨. 19歲에 佛選에 뽑혀서 國寧寺에 있었고 29歲에 三重大師가 되어 唯識論을 講義함. 熊神寺에 있으면서 首座가 되고 莊義寺에 옮겨 僧統이 됨. 法經寺에 住錫하면서 敎法을 널리 傳하는 것으로 자기의 책임을 삼고 또 經·論의 解釋을 지은 것이 九

十卷이 됨. 重興寺로 옮겨 都僧統이 되고 또 兩衙都僧統이 되었다가 마침내 國尊이 되었다. 高麗 忠肅王 14(1327)年 法住寺에서 入寂. 世壽八十八, 法住寺에 碑가 있음.

자안(慈眼) 佛과 菩薩이 慈悲心으로 衆生을 보는 눈을 말함.

자암(櫨庵) 台州 赤城 崇善寺 法師. 이름은 有岩. 물러나 櫨木下에 庵子를 짓고 號를 櫨庵이라 함. 땔나무를 줍고 물을 길러 스스로 밥해 먹으며 安養으로 期約을 삼음. 宋建中 靖國元(1101)年에 入寂함. 世壽 81. 大部借備檢四卷·助覽四卷·戒對四卷을 著述함.

자애(自愛) 자신을 사랑함. 이것은 凡夫의 欲情이므로 이로부터 갖가지 고통을 낳는다. 金剛明經一에 「自愛란 바로 追求함을 일으키는 것. 追求를 따르기 때문에 많은 苦惱를 받는다. 모든 佛·如來께서는 自愛를 除去했기 때문에 길이 追求를 끊었다 그러므로 涅槃이라 한다」 하였음.

자애(慈哀) ㉺〈mettā〉 ㉵〈anukampaka〉 불쌍히 여김. 慈愛를 베품. (中阿含經)

자애(慈愛) ①귀여워하고 사랑하는 것 (般舟三昧經) ②어린이를 귀여워하고 사랑하는 것. (禪宗落草義)

자애경(自愛經) ㊟一卷. 東晋 曇無蘭 번역. 부처님이 舍衛國王의 請을 받아 네거리에서 세가지 自愛法을 說하셨는데 세가지 自愛라는 것은 三寶에 歸依하고 自身의 三業을 애호하며 放從하지 않게 하는 것임.

자양(子陽) 新羅時代의 僧으로 新羅의 聖僧인 觀機의 風度를 이은 布山 九聖의 한분임.

자어상위(自語相違) 因明宗法 九過의 하나. 宗을 세워 말하기를 나의 어머니는 不女라 하는 것. 여자가 生產하지 못하여 돌과 같은 자를 石女라 하는데 有法에서 "나의 어머니"라 말했다면 이미 자식이 있는 것이다. 그러나 能別하여 石女라 말할 수 있다면 이것은 자식이 없는 것이다. 이에 의하면 스스로 나의 어머니라 말함은 有法의 體와 能別의 義가 서로 어긋난다. 그러므로 "自語相違"라 말하는 것.

자어상위과(自語相違過) 因明 三十三過가운데 似宗 九過의 하나. 三支가운데 宗의 前名辭가 後名辭와 맞지 않는 허물. 예를 들면 '鐵瓶은 흙瓶이다'라는 것과 같은 것.

자언(自言) ㉺〈tassa-pāpiyyasikā〉 自白을 뜻함. 七滅諍法의 하나. 犯人이 虛僞를 陳述하여 罪를 自白하지 않을 때에는 白四羯磨法으로 採擇하였다 함. →白四羯磨. (五分戒本)

자언비니(自言毘尼) ㉺〈paṭiññāta-karaṇa〉 敎團의 裁判에서 被告의 告白을 尊重하는 原則을 適用하는 것. (摩訶僧祇律)

자언치(自言治) 本人의 自白에 依하는 法. (四分律)

자엄(慈嚴) 慈悲도 있고 威嚴도 있는 것을 慈嚴이라고 말한다. 慈母嚴父란 뜻. 楞嚴經一에 「慈嚴을 공경히 받들어 장차 秘密의 뜻을 求한다」라고 하였음.

자업(自業) ㉘〈sva-karman〉 各 感覺機關의 作用. (俱舍論)

자업자득(自業自得) 스스로 善·惡의 業을 지어 스스로 苦·樂의 果를 받음. 正法念經七에 「獄卒이 罪人을 꾸짖으며 偈로 말하기를 "다른 사람이 악을 지음도 아니며 다른 사람이 괴로움의 과보를 받는 것도 아니다. 자기의 業으로 스스로 果를 얻는다. 중생도 모두 이와 같다」라고 하였음.

자업자득과(自業自得果) 스스로 한 行爲(㉘〈karman〉)에 依하여 스스로 얻은 結果(㉘〈phala〉)란 뜻. 自業自得과 같음. (正法念處經)

자여(自如) 스스로 滿足하고 있는 것. (佛所行讃)

자여(自餘) 그 밖의 것. (歡異抄)

자연(字緣) 悉曇의 阿等 十二摩多, 혹은 十六摩多. 이 것이 字義를 助成하기 때문에 字緣이라 말하고 迦等三十五字 '혹은 三十六字는 字의 根本이므로 곧 字界라 말함. 探玄記十에 「悉曇章中에 처음 啞阿等 十二音에 혹 唎와 離를 加해 十四音이 되는 것을 곧 字緣이라 하고 迦佉等 三十六은 字界다. 音을 字에 加하여 일체 모든 名句文等을 轉成한다」하였음. (字緣을 字界에 加하여 말을 이룸. 探玄記解釋은 母音으로 字緣을 삼고 子音으로 字界를 삼는다함이 잘못이 아님)

자연(自然) ①自爾 ②法爾. 運을 天然에 맞기는 것. 人爲의 造作法을 여이고 自性이 自然한 것, 또한 因이 없는 自然을 말함. 後者는 自然外道의 邪執이다. 無量壽經下에 天道는 自然하다 했고 또말하기를 「無爲는 自然이라」하였으며, 法華玄義二의一에 「果는 運에 맡겼으므로 善心에 따라서 나고 報는 自然히 樂을 받는다」하였고, 同釋義에 「自然이란 通用되는 말이니 何必 外計이겠는가, 곧 任運의 다른 이름이다」하였으며, 楞嚴經二에 「저 外道等은 항상 自然을 말하지만 나는 因緣을 說한다」하였음.

자연(資緣) 衣·食·住는 佛道修行의 外緣이 되므로 資緣이라고 한다. 다시 말하면 佛道修行의 資가 되는 助緣의 뜻, 또는 資道의 因緣이라고도 한다. 統略淨住子 淨行法門에 「出家하는 근본 뜻은 解脫을 根本으로 삼고 形骸의 資持는 衣·食을 于先으로 한다. 그러므로 諸俗에는 道를 위하여 福을 일으키며 資緣을 供給하는 까닭에 正業이 隆盛한다」라고 하였음.

자연견외도(自然見外道) 自然外道와

같음. →自然外道.

자연계(自然界) 二種界의 하나, 大는 閻浮의 洲와 같고 적은 것은 一洲一島와 같이 自然으로 區域의 結界가 생긴 것을 말함.

자연덕풍(自然德風) 空中에 일어나는 바람. 風雨는 非情을 生長시킨다는 뜻에서 德風이라 함.

자연득(自然得) 戒를 얻게 되는 十種緣의 하나. 부처님과 緣覺들은 가르치는 스승이 없이 自然히 無漏眞智를 일으켜서 홀로 깨치는 동시에 具足戒를 얻음. →十種得戒緣.

자연멸(自然滅) ㉵〈svarasa-bhaṅgura〉 그 本性으로서 滅하는 것. (瑜伽論)

자연법이(自然法爾) 또는 法爾自然이라고도 한다. 다른 힘을 빌림이 없이 자기만으로 되는 것. →自然法爾.

자연생략(資緣省略) 修行의 도움이 되는 衣食住를 줄이는 것. (一言芳談)

자연석가(自然釋迦) 自然히 成佛한 釋迦를 말함. 四敎儀에 「어느 곳이 天然彌勒인가 自然釋迦가 바로 이것이다」라고 하였음.

자연성불도(自然成佛道) ㉵〈svayaṃ svayaṃ-bh: uraḥ〉 各自 獨立自存인 것. (法華經) 正法華에는 各各 自由이라 함.

자연성취진언(自然成就眞言) 壇地를 加持하는 眞言임. 怛文(너) 睇微(女天) 娑吃屣(護) 捕哆賜(親也와 於也) 번역하여 너 天親의 保護者. 薩㜸(一切) 勃馱囊(佛也 有多聲) 哆以難(度世也 곧 導師의 뜻) 번역하여 於諸佛導師 淅唎耶(行也) 娜也(修行也) 尾世鎩數(殊勝也) 번역하여 殊勝行을 修行함. 部弭(淨地也) 播囉蜜多(到彼岸也) 素者(等也) 번역하여 淨地波羅蜜 摩囉(天魔也) 素年(軍衆也) 野他(如也) 毫蜜難(奴痕返破也) 번역하여 魔群衆을 破하고 赦吃也(釋迦也) 僧係娜(師子也) 哆以那(救世也) 번역하여 釋師救世. 怛他痕(뜻과 같이) 摩囉(魔也) 若延(降也) 嘌埵(伏也) 번역하여 나 또한 魔를 降伏시킴. 漫茶藍隷(曼茶羅) 履佉(畫) 痕(密也反) 痕(我) 번역하여 내가 漫茶羅를 그림. 偈의 뜻임. 먼저 地神에게 告하기를 "그대 天女, 이 大地를 직접 守護하는 者여, 이미 일체 모든 부처님과 導師께 供養하고 殊勝한 行을 닦은 사람을 親近히 하여 모든 땅을 깨끗히 다스리고 모든 法度가 청정하여 원만하고 나머지 갖가지 功德인 摩訶般若 가운데서 널리 法을 편력하기를 如如하고 밝게 했다. 그러므로 等이라 함. 다음 偈는 所以 警發하는 뜻을 진술하여 誠實한 말을 說함. 世尊이 菩提道場에서 天魔軍衆을 항복받으실 때에 그대는 大會에 있으면서 證明을 나타냈다. 이로 말미암

아 世尊을 號하여 釋迦師子라 하는데 能히 獨步하여 두려움이 없이 世間을 救護하신다. 나도 지금 또한 世尊의 所行을 따라 如來의 事를 잇고자하므로 이 曼荼羅를 그리는 것임.

자연오도(自然悟道) 本覺內熏을 依한 것 他教에 依하지 않고 자연히 開悟한 자를 自然悟道라 함. 이 이치에 의하면 최초의 一佛은 스승없이 이루어졌다는 뜻.

자연외도(自然外道) 十種外道의 하나. 一切現象은 어떠한 原因이 있어 되는 것이 아니고 自然的으로 생긴 것이라고 주장하는 外道. 三論玄義. 廣百論釋 第一卷에 있음. →外道.

자연임운(自然任運) 저절로 되어지는 것. (敎行信卷 化身土卷)

자연자(自然慈) 스승없이 스스로 발한 菩薩의 참된 사랑을 自然慈라 말함. 維摩經 觀衆生品에 「自然慈를 行함은 因을 기다리지 않기 때문이다」하였고, 同註에 「肇가 말하기를 大乘의 道가 스승없이 이루어짐을 自然菩薩眞慈라 한다」하였음.

자연주(自然住) ①梵〈anabhoga…vihāra〉 計劃이나 努力없이 自然히 사는 것. ②梵〈sthitaṃ svayam〉 自然히 살고 있는 것. 이것은 本來的인 對象으로서 存在하는 것인데 分別性에 屬함. (莊嚴經論 功德品)

자연지(自然知) 異教(外道)徒가 스승에 依하지 않고 스스로 眞理를 안다고 일컫는 것. (上宮勝鬘疏)

자연지(自然智) 功用을 빌리지 않고 자연히 생기는 부처님의 일체 種智임. 法華經譬喩品에 「自然智는 無師智다」하였고, 同義疏六에 「自然智는 功用이 없는 智다」하였으며, 大日經疏五에 「自然智란 如來의 自覺自證한 智다. 옛 날에 듣지 못하고 알지 못했던 法을 지금에 막힘이 없기 때문에 自然智라 한다」하였고, 同六에 「만일 법을 師智에 의해서 얻고 많은 인연을 따라서 생한다면 곧 나고 멸하는 모양을 戱論함이요 法性佛의 自然의 지혜가 아니다. 만일 이것이 自然의 지혜라면 修學하여 얻을 수 없으며 또한 사람에게 줄 수도 없다」하였음.

자연지언(自然之言) 修行에 依하여 自然히 떠오른 생각. (二教論)

자연지혜(自然智慧) 梵〈svayaṃbhū-jñāna〉 人間의 本性(즉 佛性)에서 自然히 나타난 智慧. (法華經 囑累品)

자연쾌락(自然快樂) 왠지 모르게 즐거운 것. (無量壽經)

자연폐(自然閉) 저절로 惡趣를 떠나고 버리는 것. (敎行信證 信卷)

자연허무신(自然虛無身) ①如來의 自性身은 法性自然의 性德이기 때문에 自然이라 말하고, 모든 差別의 相을 여의었기 때문에 虛無라 말함. ②極樂往生人은 胎生이 아니기 때문에 自然이라 하고 飮食으로 長養함이 아니기 때문에 虛無라 함. 無量壽經上에 「自然虛無의 身은 無極의 體라」하였고, 義寂疏에 「胎胞로 生育한 것이아니므로 自然이며 飮食으로 長養한 것이 아니므로 虛無다」하였음.

자연화(紫蓮華) 紫色의 蓮꽃이란 뜻. 千手觀音의 四十手가운데 그 오른쪽 손에 쥔 蓮꽃. 그 손을 紫蓮華手라고 함.

紫蓮華

자예(自譽) 自己를 稱讚하는 것. 自贊. (雜阿含經)

자오(自悟) ①㊵〈ātma-saṃvid〉 經驗的 事物에 對하여 自身이 論理的으로 理解하는 것. (入正理論 冒頭) ②스스로 깨닫는 것. (宗門十規論)

자오국사(慈悟國師) 高麗 僧侶. 禪源寺에 있었다. 圓明 國師 冲鑑의 스승.

자오락(自娛樂) 生死를 苦痛이라고는 생각하지 않는 것. (皆往)

자온(子溫) 中國 宋末 元初의 書僧. 字는 仲言. 號는 日觀·知歸子·知非子·溫日觀이라고도 한다. 華亭(江蘇省 松江縣) 사람. 葛嶺(浙江省 杭州의 西北. 西湖의 北方) 瑪瑙寺에 머물면서 勁健한 筆致로 水墨의 葡萄를 그려서 스스로 一家를 이루었다. 書를 잘하여 葡萄畵의 枝葉의 鬚梗을 모두 草書의 法으로 그렸다고 함.

자왕(自往) ㊵〈svayaṃyāna〉 스스로 가서 服從하는 것.

자용(自用) ①㊵〈svārtha〉 自己가 使用하는 것. ②스스로 法樂을 받는 것 自受用의 略. (性靈集)

자우(牸牛) 암소. 牝牛. (四分律)

자운(紫雲) 念佛 修行한 사람의 臨終 때 彌陀尊이 타고 맞이하러 온다는 紫色구름.

자운(慈雲) ①자비의 마음이 광대하여 일체를 덮음이 구름 같음에 비유한것. 鷄跖集에 「如來慈雲은 저 大雲과 같이 世界를 蔭注한다」하였음. ②宋 抗州 天竺 靈山寺 靈應尊者의 이름은 遵式이며 字는 知白이다. 眞宗이 慈雲이라 賜號함. 天台寧海人으로 宋 太祖 乾德元年 癸亥(963)에 出生하여 國淸寺 普賢의 像前에서 한 손가락을 태우고 天台의 道를 得할 것을 맹세하였다. 明道元 壬申(1032)年 10月 8日入寂. 壽六十九. (佛祖統紀十)

자운대(紫雲臺) 紫雲이 끼는 台란 뜻. 總持寺 貫首의 居室을 말함.

자운참주(慈雲懺主) 宋나라 遵式法師 慈雲이 往生淨土懺儀, 請觀音消伏毒害懺儀, 金光明懺法을 治定하였으므로 후세에 慈雲懺主라 稱함.

자운천화(紫雲天華) 極樂世界에는 紫雲이 끼며 하늘의 꽃이 피는 것을 말한다. (一遍語錄 消息法語)

자원(子元) 中國 平江 崑山(江蘇省

蘇州府 崑山縣) 사람. 姓은 茅씨. 初名은 佛來, 萬事休라 號하였다. 本州 延祥寺 志通을 師事로하여 法華經을 誦하고 19세에 落髮하여 止觀禪法을 배우다. 廬山慧遠의 遺風을 思慕하여 三寶에 歸依하고 五戒를 受持하도록 庶人에게 勸하였다. 後 澱山湖에 白蓮懺堂을 創立하고 淨業을 닦으면서 圓融四土三觀選佛圖를 지어 蓮宗의 眼目을 開示하고 白蓮宗을 創하였음.

자원(子院) 子枝의 寺院이라는 뜻. 또는 支院·枝院이라고도 하며 혹은 寺中·寺內·塔頭라고도 한다. 本寺에 依附하여 同一山內에 있는 小院을 말함.

자원국사(慈圓國師) 高麗 僧侶. 曹溪山 第十一世 祖師. 佛祖源流에는 妙嚴慈圓이라 함.

자원만(自圓滿) 梵〈ātma-saṃpad〉 個人의 完成. 이것은 五個條件 즉 (1)人間으로서의 狀態 (2)聖스러운 곳에 出生하는 것 (3)感覺機關이 不具가 안인 것 (4)聖스러운 것에 對한 信仰 (5)障碍가 되는 行爲를 떠나는 것에 依하여 完成된다고 한다. ↔他圓滿. →他圓滿. (瑜伽論)

자위(自位) 自己의 個性 特殊性이라는 것. 모든 事象은 各各 모두 特殊한 個性을 갖고 있어서 서로 그 모양을 달리하고 있는 것. (碧巖錄)

자위(自爲) 自己를 爲한 것. (上宮維摩疏)

자위구경(自位究竟) 聲聞은 阿羅漢이 되고 緣覺도 되어 自己修行을 完成하는 것. (五敎章)

자유(自由) 拘束에서 解脫된 者의 自在無碍한 狀態를 가르키는 禪語.

자유(慈宥) 불쌍히여기며 容恕하는 것. (祖禪師行錄)

자육상(子肉想) 梵〈putra-māṃsa-bhaiṣajya〉 肉을 먹는 것은 子息의 살을 먹는 생각을 하라는 가르침.

자윤(滋潤) 濕氣가 있는 것. 恩惠가 있는 것. (四敎儀註)

자은(慈恩) ①慈悲의 恩德을 사람에게 베푸는 것. 無量壽經下에 「蜎動하는 벌레는 慈恩을 입는다」하였음. ②唐 法相宗 窺基를 말함. 京兆大慈恩寺에 있었으므로 후세에 그를 慈恩大師라 칭함. →窺基.

자은가(慈恩家) 唐나라 慈恩大師 窺基가 法相宗으로 一家를 이루었으므로 慈恩家라 함.

자은교(慈恩敎) 唐나라 慈恩大師가 크게 闡明한 法相宗을 말함.

자은사삼장(慈恩寺三藏) 唐나라 法相宗의 開祖인 玄奘三藏이 大慈恩寺에 住錫하였으므로 慈恩寺三藏이라 부름.

자은삼관(慈恩三觀) ①有觀. 依他·圓成의 二性이 있다고 觀하는 것. ②空觀. 徧計의 一性을 空하다고 觀하는 것. ③中觀. 모든 법은 徧計性 때문에 有가 아니며 依他·圓

成 때문에 空도 아니며 곧 非有 非空의 中道라고 觀하는 것. 그러나 이 中道에는 둘이 있다. (1)對望中道는 위에 말함과 같이 三性이 對望하여 非有非空의 中道를 세우는 것이며, (2)一法中道라는 것은 三性의 하나하나가 非有非空의 中道라는 것. 먼저 偏計性은 情은 있으나 理는 없는 法이 되므로 情이 있기 때문에 空이 아니며 理가 없기 때문에 有도 아니므로 즉 非有 非空의 中道임. 그 다음으로는 依他·圓性의 二性은 情無 理有가 되고 妄情의 집착한 依·圓은 그 體性이 有가 아니며 미혹한 情을 여읜 聖智의 境界며 體性이 宛然하여 空이 아니므로 非有 非空의 中道가 된다 함.

자은삼장법사전(慈恩三藏法師傳) ㊫ 十卷. 唐 慧立이 짓고 彦琮이 註를 붙임. 玄奘三藏法師의 傳記.

자은전(慈恩傳) ㊫大慈恩寺 三藏法師傳의 略名.

자은종(慈恩宗) 佛敎의 一派. 天竺에 性·相 二宗이 있는데 性宗은 즉 三論宗이고 相宗은 즉 楞伽·深密·密嚴等經으로 부터 流出하여 瑜伽·顯揚의 諸論이 있고 成唯識論으로 으뜸을 삼음. 唐 玄奘이 中印度에 이르러 戒賢論師에게 就學하고 돌아와 번역하여 傳하였음. 玄奘이 慈恩寺에 머물렀기 때문에 號를 慈恩宗이라 하였다. 明나라 말기에 이 宗이 크게 떨쳤는데 一名은 法相宗 또는 唯識宗이라고도 함.

자은팔종(慈恩八宗) 慈恩大師가 佛敎를 八宗으로 判別하였는데, ①我法空有宗은 犢子部等을 가리키고 ②有法無我宗은 有部宗等을 가리키며 ③法無去來宗은 大衆部等을 가리키고 ④現通假實宗은 說假部等을 가리키며 ⑤俗妄眞實宗은 說出世部等을 가리키고 ⑥諸法但名宗은 一說部等을 가리키며 ⑦勝義皆空宗은 般若等空宗인 龍樹의 계통을 가리키고 ⑧應理圓實宗은 華嚴法華等經과 無着의 계통을 가리킴.

자음(慈音) ㊵〈supada〉 좋은 말. (百五十讚)

자음(慈蔭) 大慈悲의 蔭覆이란 뜻으로 慈悲를 입은 것.

자응(慈應) 韓末 僧侶. 信和의 法號.

자응무도지(自應無倒智) ㊻〈ḥbad pa med par yaṅ phyin ci log med par ḥgyur ba śes pa〉 努力하지 않아도 無顚倒가 된다는 것을 안다는 뜻. (成唯識論)

자의(字義) 글자의 뜻. 大日經疏四에 眞言中에 字義가 있고 句義가 있다」함.

자의(自依) Ⓟ〈atta-saraṇa〉 自身에 依支하는 것. 自身을 믿는 것. (雜阿含經)

자의(自義) ①自身이 갖는 意味. 往自義 그 自體 意志를 갖이고 있다.

(五敎章) ②自己 멋대로의 見解(改邪鈔)

자의(紫衣) 紫色의 袈裟 혹은 上衣. 이 것은 부처님이 制定한 色이 아니고 스님에게 下賜한 紫衣인데 唐法郞等으로 부터 시작되었음. 僧史署下에 「唐書를 살펴보니 則天朝에 僧 法郞等이 있어 大雲經을 거듭 번역하여 符命을 陳하여 말하기를 則天은 彌勒의 下生으로 閻浮提의 主가 될 것이며 唐氏는 장차 미약해질 것이다 하였다. 그러므로 그것에 따라 革命하며 周라 稱하고 法郞 薛懷義등 九人을 모두 縣公을 封하고 等級에 따라 物을 下賜했는데 모두 紫袈裟·金龜袋를 주었으며, 大雲經을 天下의 절에 반포하여 각각 一本을 간직하여 高座가 講說하게 하였는데 紫衣가 이때 부터 시작하였다」하였으며, 資持記에 「지금 沙門이 紫服을 흔히 숭상 한다. 唐紀를 조사해보니 則天朝에 薛懷가 宮庭에서 義辭하니 則天이 寵用하여 朝義에 參詣하게 했는데, 僧衣는 색깔이 다르다 하여 紫袈裟를 입고 金象帶를 띄게 했으며, 후에는 大雲經을 僞撰하고 十僧을 詰託하여 疏를 지어 進上하니 다시 十僧에게 紫衣와 龜袋를 주었다. 이로 말미암아 폐단의 근원이 생기자 지금도 돌이키지 못한다」하였으며, 六物圖에 「가벼운 비단을 紫色으로 물드려 形相이 모두 잘못되었다. 佛이 俗服을 입으니 道相이 무너졌는데 좋을 것이 무언가」하였음.

자의(慈意) 다른 사람에게 즐거움을 주고자한 뜻. 法華經 普門品에 「悲體戒의 雷震과 慈意妙의 大雲으로 甘露의 法雨를 내린다」하였음.

자의첩(紫衣牒) 唐·宋時代 學德을 旌表하기 위하여 有德한 僧侶에게 下賜된 紫衣袈裟着用의 公許狀. 본래 紫色衣는 佛制上에 피해야될 것이나 大宋僧史略 卷下에 의하면 「僧侶에게 紫衣를 賜與한 일은 則天武后때 (685～704) 大雲經을 重譯하고 武周革命에 功이 있는 僧. 法朗 薛懷義등 九人을 最初로 한다 함.

자의취(自意趣) 自己 氣分대로의 說法하는 것. (二敎論)

자이(自爾) 自然을 말함. 止觀五의 三에 「自爾는 自然의 異名이라」하였음.

자이나교(Jainism) 耆那敎라고 쓰는 일이 있으나 近年의 學者가 맞춘 漢字이다. 印度의 宗敎의 하나. 紀元前 六～五世紀頃에 佛敎와 거의 때를 같이하여 發生하였고 지금도 二百萬餘의 信者가 있다. 開祖는 大雄마하바이라 梵〈Mah:āvira〉으로 지나 梵〈Jina〉勝者라고도 부른다. 釋尊과 거의 同時代人. 그의 以前에 二十三人의 祖師가 있었으나 그들 敎理를 改革 大成한 것이라 한다. 宇宙創造神을 否定하고 宇宙의 構成要素를 靈魂 梵〈jiva〉과 非靈魂 梵〈aji: va〉으로 分類하고 後者는 달마 梵〈dha: rma〉·靜止因·虛空·物質의 넷이 있고 靈魂과 合하여 다섯개의 實在體가 있다고 한다. 物質은 原子로 이루어져 下降性이 있으나 靈魂은 上昇性을 갖이며 그 自身 無障害로 自由이고 物質이 形成하는 業에 依해 繫縛된다. 이것이 輪廻의 原因이다. 이것을 벗어나기 爲하여 無傷害·不妄語·不偸盜·不淫·無所得의 五戒(五大誓)를 嚴守하는 道德的 苦行生活에 依하여야 함을 말한다. 이것에 依하여 이미 靈魂에 얽인 業도 흩어지고 靈魂의 本性을 發揮하여 止滅에 到達하며 解脫을 얻게 된다. 이것을 涅槃이라 한다. 靈魂 非靈魂·善業·惡業·漏入·繫縛·制御·止滅·解脫을 九種原理(九諦)라 한다. 또 判斷의 相對性을 說明하는 不定主義 梵〈syād-vāda〉와 批判的 觀察法을 說明하는 觀點論 梵〈naya〉은 이 宗教의 知識論의 特色이다. 教團은 後代에 白衣를 입는 것을 許하는 白衣派 梵〈Śvetāmbara〉와 裸形의 苦行을 課하는 嚴格主義의 空衣派 梵〈Digambara〉로 分裂하였다. 前者의 聖典은 「싯단타」 梵〈Siddhānta〉라 하며 알다·마가디 梵〈Ardha-māgadhi〉語로 쓰여졌으며 紀元前 三世紀～紀元六世紀頃에 成立하였다. 後代에 뛰어난 學者가 많이 輩出되고 學問도 繁昌했으나 回教徒의 侵入으로 크게 打擊을 받았지만 佛教와 같이 壞滅하지 않고 現在도 存續하며 嚴格한 戒律生活을 堅持하고 特히 富裕한 商人階級에 信者가 많다 함.

자이력(自爾力) 간직하고 있는 特別한 힘. (四教儀註)

자익(資益) 感官 등을 도와 有益하게 하는 것. (俱舍論)

자인(字印) 種子와 印契를 말함. 이는 三種 本尊中의 二種이 된다 함.

자인(慈仁) 비들기 같은 動物마져 불상히 여기는 것. (大智度論)

자인(慈忍) 慈悲와 忍辱. 이것은 三軌의 둘. 證道歌에 「악한 말을 이것이 공덕이라 觀하면 곧 나의 善知識이 되고 비방으로 怨·親을 일으키지 않으면 어찌 無生의 慈忍力을 表할 수 있을가」하였음.

자인형(字印形) 種子와 印契와 形像의 略稱. 種子란 𑖀·𑖮𑖽등 字. 印契는 三昧耶形인 塔과 五鈷杵등의 標幟. 形像은 本尊의 形像을 말함.

자입문다라니(字入門陀羅尼) 일체 文字는 모두 阿의 一字에 들어가며 阿의 一字는 일체 字를 總持하여 모든 法의 實相中에 들어가므로 字入門陀羅尼라 함. 智度論二十八에 「陀羅尼를 行하는 菩薩이 이 阿字를 들으면 즉시에 一切法이 처음 생기지 않는 곳에 들어가며 이 같은 字字에 들은 바를 따라서 모두 일체 諸法實相 가운데 들어가므로 이것을 字入門陀羅尼라 한다」하였음.

자자(自恣) ㊵〈Pravāraṇa〉 鉢刺婆刺拏는 舊翻 自恣라 하고 新譯은 隨意라 함. 夏安居를 마치는 날은 곧 舊律에 7月16日이며 新律은 9月16日이다. 다른 淸衆을 시켜 스스로 自己가 犯한 罪를 列擧하여 다른 比丘를 對하여 懺悔하므로 自恣라 함. 또는 隨意라 하며 또한 他人의 뜻을 따라 스스로 犯한 罪를 列擧하므로 隨意라 한다. 寄歸傳二에 「梵에 말하기를 鉢刺婆刺拏는 번역하여 隨意가 되며 또한 飽足의 뜻이며 또한 他人의 뜻을 따라 그 犯한 것을 列擧한다」하였음.

자자(自煮) 食法八患의 하나. 自己가 直接 밥을 짓는 것.

자자(慈子) 釋迦의 弟子를 釋子. 彌勒의 弟子를 慈子라 함. 義楚六帖에 「長阿含經에 말하기를 있는 제자가 부처님을 따라 각각 다르니 釋迦의 弟子는 號를 釋子라 하고, 彌勒의 弟子는 號를 慈子라 한다」하였음.

자자건도(自恣犍度) 二十犍度의 하나. 犍度는 塞犍陀 또는 娑建圖라 音譯. 뜻으로는 蘊·聚·積本·衆·分段이라 번역. 해마다 雨期에 行하는 여름 安居의 마지막 날 大衆앞에서 安居동안에 지은 罪를 告白하고 懺悔하여 꾸중을 구하는 일을 밝힌 章段.

자자오덕(自恣五德) 安居를 마치는 날 自恣擧罪의 式을 行한다. 스님들 가운데서 선출된 自恣擧罪의 책임을 받은 이는 반드시 두 종류의 五덕을 갖추어야 되는데 ①不愛 ②不恚 ③不怖 ④不痴 ⑤自恣와 不自恣를 아는 것. 이 것을 自恣五德이라 함. 또한 (1)知時 (2)眞實 (3)利益 (4)柔軟 (5)慈心이니, 이 것은 罪를 닦는 五德이라 이름함. 行事鈔上四에 "四分律에서는 二五法을 갖춘 이를 취한다. 不愛·恚·怖·痴·知自恣 不自恣를 말하며 이것을 自恣五德이라 하고 律文에는 또 시간을 어긋나게 아는 것은 非時가 아니며 실제와 같은 것은 허망이 아니며 利益은 損減이 아니며 柔軟은 塵穢가 아니며 慈心은 瞋恚가 아니다. 이것을 擧罪五德이라 한다」하였음.

자자일(自恣日) 夏安居의 마지막 날을 말함. 四分律. 五分律등의 舊律에서는 陰曆 7月16月을 竟日로 삼고, 十誦律根本說一切有部律등의 新律에서는 8月16日을 竟日 즉 自恣日로 함.

자자청(自咨請) 남의 要求에서가 아니고 自己의 發意로 줄려고 請하는 것. (五分律)

자작(自作) ㊁〈sayaṃkata〉 ㊵〈svakṛta〉 自身이 만들어 낸 것. 自然히

만들어 진 것. 스스로 만든 것. (中論)

자작업(自作業) (梵)〈karma-svaka〉 (巴)〈las bdag gir byed pa〉 自己가 지은 業의 果報를 받는 것.

자작자수(自作自受) 自己가 지으면 自己가 받음. 五燈會元에 「僧이 金山穎에게 묻기를 "一百二十斤의 鐵枷를 누가 질머지게 하겠읍니까" 穎이 말하기를 "스스로 짓고 스스로 받느니라"」하였음.

자장(慈藏) 신라 眞德王때의 僧. 俗姓은 金氏. 僞名은 善宗. 眞骨 출신. 蘇判茂林의 아들. 어머니가 별이 떨어져 품에 들어가는 꿈을 꾸고 잉태하여 4월 8일 석가의 탄신에 그를 낳았다. 일찌기 양친을 여의고 세상을 싫어하여 처자를 버리고 元寧寺를 지어 古骨觀을 닦았다. 善德女王이 臺輔에 임명하였으나 불응하고 하룻동안 계를 지니다. 죽을지언정 계를 파하고 백년 살기를 원치 않노라 하였다. 선덕여왕 5(636)年 王命으로 제자 僧實등 十餘名과 唐나라 五臺山에 가서 문수보살을 참알하고 袈裟와 舍利를 받은 후 終南山 운제사에서 도를 닦고 華嚴宗의 杜順과 戒律宗의 道宣에게 배운 뒤, 선덕여왕 12(643)年 藏經 1部와 佛具를 가지고 귀국. 芬皇寺 주지로 있으면서 궁중과 皇龍寺에서 大乘論, 菩薩戒本등을 강론, 大國統이 되어 僧尼의 규범과 僧統의 일체를 주관했으며 황룡사 9층탑의 창건을 건의하여 645年 완성하고 通度寺를 창건, 이듬해 金剛戒壇을 세우는등 전국 각처에 十여개의 寺塔을 건조했고, 중국의 제도를 따라 新羅에서 처음으로 冠服을 입게 했으며, 眞德女王 4(650)年에는 唐나라 年號를 쓰도록 하였다. 만년에는 江陵郡에 水多寺를 짓고 뒤에 太白山 石南院(지금의 淨巖寺)를 세우고 그곳에서 죽었다. 南山律宗의 우리나라 開祖가 되었음. 著書는 阿彌陀經義記·四分律羯磨私記·觀行法·諸經戒疏등.

자장자폐(自障自蔽) 스스로 解脫의 길을 妨害하여 스스로 正道를 싸서 감추는 것. (敎行信證 信卷)

자장장타(自障障他) 또는 自損損他라고도 하는데 자기도 障害하고 남까지도 障害함을 말함. 잘못된 이치를 믿어 自身을 害롭게 하는 동시에 남까지도 잘못되게 함.

자재(自在) 나아가고 물러남에 障礙가 없음을 自在라하고 또한 마음이 번뇌의 계박을 여의고 통달하여 걸림이 없음을 自在라 함. 法華經序品에 「모든 결박을 풀고 마음의 자재를 얻는다」하였고, 唯識演秘四末에 「베풀어 밝힘이 없음을 自在라 한다」하였음.

자재(資財) (梵)〈bhoga〉 生活用 財. 資產. (俱舍論) 眞諦譯에는 欲塵이

라 함. (上宮維摩疏)

자재계(自在戒) 智度論에서 說한 十種戒의 하나.

자재대삼마야(自在大三摩耶) 妙觀察智를 말함. (八宗綱要)

자재등인종(自在等因宗) 外道十六種의 하나. 곧 摩醯首羅外道다. 세간의 不平等이 모두 自在天의 所作이며 一切者는 모두 自在天에서 부터 생기며 모두 自在天을 따라 滅한다고 所計하는 것. 神論的 要素는 모두 自在天의 몸이 여덟가지로 나누어진다고 말하는데 虛空은 머리가 되고 日·月은 눈이 되며 大地는 몸이 되고 河海는 오줌이 되며 山丘는 똥이 되고 바람은 命이 되며 불이 열기가 되었는데 일체 중생은 몸 가운데 벌레라고함. 또한 大梵時 法 空 我等의 變化라고 主張함. 義林章一에 「自在等 因과 宗은 不平等因을 말하는데 그 일할 것을 따라 곧 이름이 된다고 所計한 莫醯伊濕伐羅等같은 것은 혹은 諸法大自在天의 變化에 執着하고 혹은 장부로 변화하며 혹은 大梵으로 변화하며 혹은 時·法·空·我等이 因이 된다」하였음.

자재무계(自在無繫) 自由롭고 束縛이 없는 것. (法華經 譬喩品)

자재미명(慈濟微命) 慈悲心으로 작은 生命도 구제하면 福을 받는다는 것. 毘奈耶雜事五에 「南方에 두 比丘가 있어 室羅伐이 世尊에게 禮하고자, 中路에서 타는 듯이 목이 말랐다. 물에 벌레가 있는 것을 보고 큰 사람은 오직 法만을 생각하여 물을 마시지 않고 죽었고, 작은 사람은 부처님 世上을 만나기 어렵다 하여 물을 마시고 갔다. 큰 사람은 바로 三十三天에 태어나 勝妙한 몸으로 世尊께 禮拜하여 法眼의 淸淨함을 얻었고, 적은 사람은 뒤에 왔으나 부처님의 呵責을 받았다」하였음. 南海寄歸傳一에 「성을 내어 가벼운 나무가지를 꺾어도 현재 龍戶에 태어났으며 慈悲로 微物의 生命을 구하여도 함께 天上帝宮에 난다」하였음.

자재변화(自在變化) 世界主宰神이 不思議한 힘으로 世界를 創造해 내는 것. (攝大乘論釋)

자재소화(自在所化) 獅子가 사슴을 잡듯이 所化의 衆生에 自在를 얻게 하므로 自在所化라 함. (圓乘)

자재신력(自在神力) ①梵〈vṛṣabhitā〉 自由로운 超自然力이란 뜻. 法華經 如來神力品에서 說한 如來의 四法의 第二. ②梵〈vikurvā〉 이미 스스로 生死를 解脫하고 더욱 生死中에 化現하는 大自在力. 神通力을 말함. (觀音經) ③阿彌陀佛의 뜻대로 하는 힘. 自在神力이란 彌陀果上의 威神力이라 함. (香月)

자재신력가지삼매(自在神力加持三昧) 大日如來 加持法界 衆生有自在 不思議妙力의 三昧임. 大日如來가 이

三昧에 安住하여 갖가지 몸을 나타내며 갖가지 法을 설하므로 이것을 加持身說法이라 함. 大日經疏一에 「世尊이 지난 옛 날에 大悲의 願 때문에 이런 생각을 하였다. 만일 내가 이 같은 境界에 머물러 있다면 諸有의 有情이 이 때문에 이익을 입지 못한다. 그러므로 自在神力加持三昧에 住하여 널리 일체 衆生을 위하여 갖가지 모든 세계에 喜見身을 示現하여 갖가지 性欲을 說하여 聞法을 세우며 갖가지 心行을 따라 觀照門을 열어야겠다」하였음.

자재심(自在心) 六十心의 하나. 생각하기를 내가 一切를 뜻대로 하고자 하는 것.

자재아(自在我) 六種我의 하나. →我.

자재여천(自在女天) 胎藏界 外金剛院 二百五尊의 하나. 白肉色이며 青蓮華를 들고 있다 함.

자재열만의명(自在悅滿意明) 自在天이 變하여 한 欲樂을 나타내는 眞言임. 大日經疏十一에 「欲界에 自在悅樂意明이 있음과 같이(中略) 自在天主가 이 悅樂意明力 때문에 갖가지 雜色의 欲樂의 도구를 나타내어 일체에 충만하며(中略) 一切天子·天女等을 爲해 內·外 有情無情의 경계를 나타내 보이며 食味音樂을 나타내 낱낱이 눈앞에 受用할 수 있는 것과 같다. 만일 女色등의 몸을 보드라도 또한 五欲을 스스로 즐기며 각각 제 마음에 하고싶은 것을 따르는데, 더구나 如來의 眞言이 能히 色身을 널리 나타내어 佛事를 짓지 못하겠는가」하였음.

자재왕(自在王) 大日如來의 尊稱. 金剛頂大敎上에 「薄伽梵大毘盧遮那가 自在王이 되어 金剛界의 한량없는 功德法을 說한다」하였음.

자재왕경(自在王經) ㊄自在王菩薩經의 署名.

자재왕보살경(自在王菩薩經) ㊓二卷. 後秦 鳩摩羅什 번역. 自在王菩薩이 自在法을 부처님께 묻고 부처님이 戒自在·五神通自在·내지 無碍慧自在등과 菩薩十力·四無所畏·十八不共法을 說함.

자재요(自在樂) ㊵〈aiśvaryam uttaram〉 無上의 榮光. (寶性論)

자재욕소작(自在欲所作) ㊁〈iddhipāda〉 四如意足을 뜻함. 四種의 自在力을 얻는 根據. 却欲·制心·精進·思惟를 말함. 孝順·三十七品經의 하나. 神足과 같음. →神足. (那先經)

자재인(自在人) 如來가 지닌 我德에 八大自在를 갖추었다. 그러므로 부처님을 '自在人'이라 稱한다. 易行品에 「남을 濟度하고 또한 濟度하므로 나는 自在人에게 禮拜한다」라고 하였음.

자재인론(自在因論) 世界主宰神(㊵

〈īśvara〉)이 世界의 原因이라고 하는 主張. (攝大乘論釋)

자재자(自在者) ㊵〈avayaṃbhū〉 그 自體로 存在하는 主宰神.

자재자천(自在子天) 오래도록 비가 오지 않게 하는 惡靈(㊄〈skem by-ed〉.)(大日經 住心品)

자재장(自在障) ㊵〈vibhutva-vipakṣa〉 自在인 것을 妨害하는 것.

자재장(資財帳) 寺院의 財產目錄을 말함.

자재전(自在轉) ㊵〈vaśvartana〉 自由인 것.

자재천(自在天) 大自在天의 略稱.

자재천궁(自在天宮) 色界의 四禪天에 있는 自在天王의 宮殿.

자재천마(自在天魔) →四魔.

자재천사자(自在天使者) 胎藏界 曼陀羅 外金剛院 二百五尊의 하나. 두 사람이 피를 마시는 形을 지음. (胎藏界鈔六)

자재천왕(自在天王) ㊵〈deva-ādhipatya〉 自在天과 같음. →自在天. (菩薩本緣經)

자재천외도(自在天外道) 또는 大自在天外道·摩醯首羅論師라고도 한다. 大自在天을 世界成立의 原因이라 믿고 온갖 것은 모두 大自在天이 만든 것이라고 믿는 印度宗敎의 一派. →自在等因宗.

자재천후(自在天后) 自在天의 后를 말함. (大日經 住心品)

자재천후인(自在天后印) 左手로 右手의 地水(小指無名指)를 잡고 掌中에 집어넣어 大指의 頭로 頭指의 大二節을 누름. 이 것을 嚕捺羅印 곧 自在天后印이라 함. →大日經疏十四.

자재최승(自在最勝) ㊵〈vittava-parmatā〉 ㊄〈dbaṅ ḥbyor pa dam pa〉 菩薩의 十種修行 十波羅蜜이 가장 뛰어난 理由의 하나. 菩薩은 虛空藏이라 하는 禪定을 얻음으로써 自在가 되고, 그것에 依하여 十種의 修行을 完成한다는 點에서 가장 훌륭한 것을 말한다. (辨中邊論)

자재혜(自在慧) 自由自在로운 智慧. (維摩經)

자재흑(自在黑) ㊵〈īśvara-kṛṣṇa〉 印度사람으로 婆羅門種에 所屬되며 姓은 拘式(kauśika) 數論派의 外道이다. 自在黑은 跋婆利의 弟子이며 般尸訶가 說한 六萬偈의 大論을 요약하여 七十偈로 만든 것이다. 漢譯 金七十論의 偈에 해당 함.

자저(者底) 這底와 같음. →這底.

자전(自纏) 自業에 纏縛되는 것.

자정(自淨) 三自의 하나. →三自.

자정(慈定) ㊵〈maitri〉 一切衆生에 對하여 慈悲의 念에 住하는 禪定. 四無量心中의 慈를 닦는 定. (人本欲生經)

자정국사(慈靜國師) 高麗의 僧. 曹溪의 十六祖師의 한 사람으로서 사적이 분명치 않다. 松廣寺 嗣院碑·海東佛祖源流에는 모두 조계 제六

대라 기록되었으나 현재 松廣寺에 高麗 曹溪山 第六世 圓鑑國師碑가 있는 것으로 보아 제 6 세는 圓鑑인 것이 분명하고, 慈靜國師는 제 7 세로 보는 것이 옳다 함.

자정기의(自淨其意) ㊵〈svacitta-paryavadāna〉 自己마음을 밝히는 것. →七曜通戒偈. (出曜經 惡行品)

자조(自調) 聲聞·緣覺 二乘의 行法이 自調·自淨·自度가 된다. 持戒는 自助며 修禪은 自淨이며 智慧는 自度임. 智度論六十一에 「福·德을 타는 것이 모두 自調·自淨·自度가 되는데 持戒는 自助며 修禪은 自淨이며 智慧는 自度다. 다시 自調란 正語·正業·正命이며 自淨이란 正念·正定이며 自度란 正見·正思惟·正方便이다」하였음. →三自.

자조(資助) 物質로 도우는 것. (俱舍論)

자조도(自調度) 自調와 같음. →自調.

자조심(自調心) 二乘聲聞과 같이 自身을 爲하여 마음을 調整하는 것.

자조자(自調者) 自己를 制御한 者. 自己를 訓練한 者. (出曜經 馬喩品)

자조자도(自調自度) 스스로 調伏하며 스스로 度脫한다는 뜻. 즉 三乘의 사람들이 利他의 弘願을 이르키지 아니하고 調度하여 오직 자기만을 위하여 닦는 것을 말함.

자조자정자도(自調自淨自度) 自調自度와 같음. →自調自度.

자존(慈尊) 慈氏菩薩 즉 彌勒菩薩을 가리킴. 往生要集上末에 「이제 상고하건대 釋尊이 入滅하신 때부터 慈尊이 出世할 때까지는 무려 五十七俱胝六十百千歲의 間隔이 있다」라고 하였고, 觀經散善義에 「만약 慈尊을 親히 따르지 않으면 어찌 이 긴 탄식을 免할 수 있으리오」라고 하였음.

자존보관(慈尊寶冠) 八大菩薩曼茶羅經에서 說한 慈尊의 寶冠을 窣覩波에 奉安하였다 함은 釋尊의 全身舍利라 함.

자존삼회(慈尊三會) 龍華會와 같음. →龍華會. 未來의 彌勒佛의 出世에 關하여 말함. (拾遺古德傳)

자존월(慈尊月) 金剛界賢劫十六尊中上首에 奉安한 慈氏菩薩이 月輪에 住하기 때문에 慈尊의 月이라 말함.

자종(自宗) ①自己學派의 主張. (俱舍論) ②立論者의 能立. (正理門論) ③各自의 宗. 自己의 宗. (五敎章)

자종(自種) ㊵〈ātma-bija〉 自己의 種子. 눈(芽)에 比喩되는 自己의 潛在的인 可能力. (瑜伽論)

자좌외도(自坐外道) 恒常 裸形으로 寒暑에 不拘하고 露地에 앉아 있는 外道. 六種苦行外道의 하나. (涅槃經)

자주(子注) ㊵〈vārttika〉 解釋書. 注를 더욱 細分 解釋하는 것.

자주(自洲) ㊄〈atta-dipa〉 ㊵〈ātma-dvipa〉 自身을 섬(島)으로 看做하여 믿는 것. 自身을 依支로 하는 것. →自熾然.

자주(慈舟) 慈悲心을 갖이고 苦惱의 衆生을 濟度하려고 宣說하는 法門.

자주(慈霔) 慈悲의 비(雨)로 사람에게 베풀어줌. 唐 高僧傳(智顗傳)에 「二時慈霔」라고 하였음.

자주보특가라(自住補特伽羅) ㊀〈ṭhi-tatto puggalo〉를 修定에 힘쓰며 天界(色·無色)에 태어나서 欲界에 還生하지 않는 사람을 말 함. (集異門論)

자준(子璿) 宋 秀州長水의 子璿으로 號는 長水다. 처음에는 本州 洪敏法師를 따라 楞嚴經을 배우고 뒤에는 瑯琊山覺禪師를 參訪하여 깨달은 바가 있었음. 후에 長水에 머물렀는데 대중이 거의 一千이었으며 賢首의 宗旨로 楞嚴經, 起信論義記等을 해석함. 唐의 圭峯으로부터 宋代에 이르기까지 華嚴을 唱導한 者는 오직 師一人뿐이라 함.

자중(自重) 제 스스로 제 몸을 所重하게 함.

자증(自證) 第一義의 眞理. 他로 부터 얻지 않고 스스로 證悟함을 自證이라 말함. 演密鈔二에 「自證이라 함은 다만 부처님의 自說은 他로 부터 얻은 것이 아님을 말하는 것이다」하였음.

자증관정(自證灌頂) 三種灌頂의 하나. →灌頂.

자증단(自證壇) 金剛界의 成身會인 曼荼羅가 이 것임. 먼저 色究竟天에서 五相으로 成身하여 圓滿한 佛身을 증득하고 바로 須彌山頂에 내려와 먼저 大日如來의 自心에서 流出한 四方·四佛의 四親近을 따라 모두 十六大菩薩이 되며, 다음으로는 四方의 四佛이 流出한 大日親近의 四波羅蜜菩薩을 따르며, 다음으로는 大日如來가 四方의 四佛을 對하고 流出한 喜·鬘·歌·舞의 四공양을 따르며, 다음은 四方으로부터 四佛에게 奉答하기 위해 流出한 香·花·燈·塗의 四에 菩薩이 되며 마침내는 일체 중생을 포섭하고 이끌어 大日如來의 流出을 따르는 鉤·索·鎖·鈴의 四菩薩이 되는 것을 自證檀의 相이라 함.

자증문(自證門) 스스로의 깨달음에 關한 가르침. ↔化他門. (眞言內證)

자증분(自證分) 法相宗에서 認識과정을 說明함에 있어 사람의 意識作用을 넷으로 나눈 가운데 相分을 認識하는 作用을 見分이라 함에 대하여 다시 統覺的 證知를 주는 作用을 自證分이라 함.

자증삼매(自證三昧) 自受用三昧와 같음. →自受用三昧. (正法眼藏 自證三昧)

자증상(自增上) ㊵〈ātma-dāhipateya〉 ㊀〈attādhi: pateya〉 自己反省을 强力한 因으로 하여 善을 일으키며

無漏의 聖智를 體得하여 涅槃에 精進하는 것을 말함. (集異門論)

자증수(自證壽) 一切諸佛의 無量壽의 德을 말함. 眞言宗에서 西方 無量壽佛의 壽命이 無量한 뜻을 解釋함에 있어서 濟度되는 衆生이 끝없으므로 부처님의 壽命도 無量함을 化他壽라 하고, 自證한 法身의 常住不變한 德을 가지고 부처님 壽命의 無量함을 證함을 自證壽라고 함. ↔化他壽.

자증신(自證身) 理·智가 다르지 아니한 大日法身을 말함. 五種의 法身 가운데 法界身이며 四種의 法身 가운데 自性身임. 이는 法界體性智로 이루어진 것으로 胎藏界에 있어서는 八葉中胎의 大日이 되고 金剛界에 있어서는 一印會의 大日이 된다. 密家의 古義로 말하면 이 自證身은 自受法樂이 되어 自心에서 流出한 內證의 모든 권속을 따라 늘 兩部의 大經을 說한다 하며 그 新義에 따라 말하면 大日의 自證身은 自利·利他의 二德을 갖추었는데 그 利他의 德에 의지하여 自證會에서 加持三昧에 스스로 머물며 加持身을 나타내고 말세 중생을 위하여 兩部大經을 說한다함. 大日經疏五에 「內心妙白蓮이란 衆生의 本心이며 妙法芬茶利華는 秘密幖幟이다. 華臺의 八葉은 원만하고 균등하여 활짝핀 형상과 같다. 이 蓮華臺는 實相自然의 智慧며 蓮華葉은 大悲方便이며, 바로 이 藏으로써 大悲胎藏 曼茶羅의 體를 삼고 그 나머지 三重은 이 自證功德이 流出한 것으로 모든 善知識이 法에 들어가는 門일 뿐이다」하였음.

자증회(自證會) 自證壇과 같음.

자지(自地) ㉵〈svabhūmi〉 自己가 住하는 境地.

자지(自知) 四知의 하나. 사람이 善惡의 마음을 일으킬 때 自己도 안다는 楊震의 故事에서 나온 말.

자지기(資持記) ㉾宋나라 靈芝元照가 지은 '四分律行事鈔 資持記'의 略稱. 南山道宣의 '四分律行事鈔'를 解釋한 책.

자지록(自知錄) ㉾一卷. 元나라 中峯지음. 三時繫念의 뒤에 附함.

자지비구(慈地比丘) 六羣比丘中 第一惡한 사람. 生과 生마다 摩羅子를 항상 怨惡을 한다 함.

자진(紫震) 天子의 宮殿. (三敎指歸)

자진(慈眞) (1215~1283) 俗姓은 梁氏. 이름은 天英. 11歲에 眞覺大師를 만나 得度하고 22歲에 禪選科에 及第하고 淸眞과 眞明의 兩國師에게 깊은 道理를 배우다. 32歲에 三重大師의 稱號를 받았고 34歲에 禪師가 되어 斷續寺에 있었다. 42歲가 되던 高宗 33(1256)年 曺溪의 正統을 이어 大禪師가 되었다. 第五世法主가 되었다. 나라에 中使 韓瑛에게 護衛토록 하였다. 忠烈王 9(1283)年 世壽 72歲로 入

寂하니 王이 慈眞圓悟國師의 諡號를 내리고 塔號를 靜照라 함.

자진자(自進者) 自進하여 入山한 者(山家學生式)

자질(資質) 資는 天資로 天稟이라 함. 質은 素質 即 先天的으로 타고난 根機.

자차(咨嗟) 梵〈parikirtayati〉 諮嗟라고도 쓴다. 稱讚하는 것. 讚歎하는 것. (無量壽經)

자착(刺着) 본다는 뜻.

자찬(自讚) ①梵〈ātma-utkarṣaṇā〉제가 제일을 칭찬하는 것. ②獨善. (三教指歸)

자찬훼타(自讚毁他) 梵〈ātma-utkarṣaṇā parapa: ṃsanā〉 自身을 稱讚하고 남을 헐뜯는 것. 菩薩이 犯하여서는 안되는 學處(梵〈śikṣā-pada〉)의 하나. 瑜伽戒에서는 四波羅夷處法의 하나. 梵網·瓔珞戒에서는 十重禁戒의 하나라 함.

자찬훼타계(自讚毁他戒) 自讚은 梵〈Atmotkarsn〉 西〈Bdag-labstod-pa〉 毁他는 梵〈parapamsaka〉 西〈Gshan-lasmod〉 十重禁의 第七. 자기의 德을 讚揚하고 他人을 毁譏하는 것을 制禦한다는 戒를 말함.

자참(咨參) 咨는 묻는다는 뜻. 師家에 參問하는 것. 스승에게 法을 묻는 것. (碧巖錄) 오직 參學의 心으로 問習하는 것. (御聽書抄)

자척(自擲) 梵〈ātmānaṃ prakṣiper〉 (ad pra-vkṣip) 自己 스스로 내던지는 것. 제 스스로 抛棄하는 것.

자청(恣請) 巴〈pavārito〉 案內하는 것. (五分戒本)

자체(自體) ①梵〈ātman〉 그 自身. 本體. 本性. (俱舍論) ②梵〈ātma-bhāva〉 自己의 狀態. 肉體를 가르킴. (瑜伽論)

자체본유(自體本有) 梵〈svābhāvika-tva〉 本來 그 自體에 屬하는 것.

자체분(自體分) 自證分. 唯識宗에서 認識 과정을 說明함에 四分으로 나누어 見分으로 認識하는 것을 다시 認識하는 認識作用을 말함. →四分

자체상(自體相) 梵〈svalakṣaṇa〉 그것 自體의 特質. 自相과 같음. →自相 (中邊分別論)

자체상사(自體相似) 梵〈svabhāva-sādṛśya〉 西〈ṅo bo ṅid ṇdra ba〉 그 自體의 本性의 類似. (瑜伽論因明)

자체상훈습(自體相熏習) 衆生의 內部인 眞如自體에 依한 熏習. (起信論)

자체애(自體愛) 三種愛의 하나.

자초(自超) (1327～1405) 高麗末 李朝초기의 高僧. 호는 無學. 姓은 朴氏, 堂號는 溪月軒. 三妓(現 陝川郡)사람. 18세에 출가 小止禪師에게 중이 되고 具足戒를 받다. 龍門山 慧明國師에게서 佛法을 배운 뒤 鎭州의 吉祥寺 妙香山의 金剛窟에서 修道하다가 공민왕 2(1353)年 元나라 燕京에 가서 指空禪師와 당시 元나라에 가 있는 惠勤

에게서 많은 가르침을 받은 후 공민왕 5(1356)年 귀국. 王師가 된 惠勤의 法을 이어 받았으며 禑王 2(1376)年 惠勤이 檜巖寺에서 落成會를 베풀때에 스님을 청하여 首座로 삼다. 1392年 조선왕조 開國후 王師가 되고, 大曹溪宗師 禪敎都摠攝 傳佛心印 辯智無碍 扶宗樹敎 弘利普濟 都大禪師 妙嚴尊者의 호를 받고 檜巖寺에 있다가 1393年 수도를 옮기려는 太祖를 따라 鷄龍山과 漢陽을 돌아다니며 地相을 보고 마침내 한양으로 정하는데 찬성. 태조 6(1397)年 王命으로 그의 壽塔이 檜巖寺 북쪽에 세워지고, 太宗 2(1402)年 회암사 監主가 되었으나 이듬해 사직하고 금강산 金藏菴에 있다가 太宗 5(1405)年 4월 죽었다. 나이 79. 법랍 61. 西山이 지은(釋王寺記)에는 李成桂가 아직 왕이 되기전에 설봉산 토굴로 그를 찾아가 解夢을 청하자 그는 그 꿈은 王業을 재촉하는 꿈이라고 하면서 그 자리에 절을 짓고, 3年 기한으로 五百聖齋를 베풀라는 말을 듣고 후일 그대로 시행하여 釋王寺가 창건되었다고 한다. 著書는 印空吟.

자총(子聰) 中國 元世祖의 顧問僧. 字는 仲晦요. 藏春散人이라 號하였다. 復飾하여 劉秉忠이라 하였다. 邢州(河北省 邢臺縣)의 사람. 그의 先代는 遼金의 仕官. 風骨이 秀異하고 志氣가 英爽하여 9歲에 入學하였으며, 17歲에 邢臺節度使府令吏가 되었다. 出家하여 天寧寺古照에게 召喚되어 書記가 되었으며 後에 忽必烈에게 認定되어 顧問이 되었고 術書에 通하여 天下事를 論함이 掌을 보는 것 같았다. 光祿大夫가 되었으며 太保에 任命되었다. 大元의 名稱도 進言에 依한 것이었음.

자치연(自熾然) ㊂〈atta-dipa〉 自身을 타오르는 불(燈火)로 믿는 것. (長阿含經) 다만 산스크리트本은 ㊂〈dipa〉를 島란 뜻으로 解釋하여 ㊵〈ātma-dvipa〉라 하였음.

자친(慈親) 慈愛로운 어버이. (三敎指歸)

자침(刺鍼) ㊵〈kaṇṭaka〉 찌르는 것.

자칭(自稱) 스스로 일컫는 것. 스스로 自己 姓名을 대는 것. (私記)

자칭비구니(自稱比丘尼) 스스로 比丘尼라고 일컫지만 正式인 者가 아닌 者. (四分律)

자칭필추(自稱苾芻) 스스로 比丘라 일컫는 者. (俱舍論)

자타(自他) ①自力과 他力 ②자기와 남.

자타견(自他見) 自身이라던가, 남이라든가 差別을 하는 見解.

자타공삼량(自他共三量) 佛敎論理學에서 推論法의 性質을 自比量·他比量·共比量으로 分類한 名稱. →自比量. →他比量. →共比量.

자타락(自墮落) 스스로 墮落한다는

말. 志操가 堅實하지 못하고 憍慢 放縱하여 利養을 求하여 스스로 墮落하는 것을 말함.

자타리(自他利) 梵〈ātma-para-hita〉 西〈bdag daṅ gshan la phan pa〉 自己와 他人의 利益. 自己와 他人을 有利하게 하는 것. 自己自身과 他人과의 福祉를 爲하여 하는 行爲. (有部律破僧事)

자타면(自他面) 自己와 他人의 表面. 이것과 저것의 方面. (本尊抄)

자타무차별(自他無差別) 印度哲學의 萬有一體觀에 由來하며 佛敎에서는 究極에 있어서 自他一切의 差別을 平等不二하다고 觀하는 것을 말한다. 自他平等·自他不二라고도 함. →自他不二.

자타법계(自他法界) 自他를 攝理하는 宇宙全體. (往生要集)

자타불이(自他不二) ①大乘佛敎에서는 人間은 自己를 사랑하는 것에서 出發한다고 생각하나 自己를 지키는 者는 他人의 自己도 지키는 者가 되지 않으면 안된다고 主張하였다. 自己를 지키는 것이 同時에 他人을 지키는 것도 되는 것. 自己는 서로 對立하는 自己가 아니고 他人과 協力하므로써 더욱 더 뚜렷해지는 自己이다. 이러한 생각에서 自他融合(梵〈para-ātma-samatā〉, 他人을 自己 속에 轉回시키는 것(梵〈pa: ra-ātma-parivarta〉이, 大乘佛敎者의 德이라고 强調하게 되었다. 自他의 區別없는 絶對의 平等. 自他平等이라고도 한다. (慈雲 短篇法語) ②天台宗의 十不二門中의 第七. (法華玄義釋籤)

자타불이문(自他不二門) 天台宗觀心十不二門의 하나. 染淨不二門. 依正不二門과 함께 十妙中의 感應妙·神通妙를 解釋한 部門. 自는 衆生의 앞에 나타나는 부처님. 他는 부처님의 敎化를 받는 衆生이다. 天台宗의 敎理에서 '衆生들의 한 생각 迷한 마음에 三千의 諸法을 갖추었다' 하므로, 자기의 한 생각에서 自他의 當體가 不二融妙하다고 觀하는 것.

자타사(自他事) 梵〈sva-para-adhikāra〉 自身과 他人의 일.

자타상속(自他相續) 梵〈sva-para-sāṃtānika〉 自他身과 같음.

자타신(自他身) 梵〈sva-para-saṃtāna〉 自身과 他人의 連續存在.

자타의정이보(自他依正二報) 自己와 他人의 身體와 그 根據로서의 環境. (敎行信證 化身土卷)

자타일여(自他一如) 自他의 區別이 없는 것 自他 모두 利로운 것. (正法眼藏 菩提薩埵四攝法)

자타작(自他作) 巴〈sayaṅkataṅ ca paraṅkatan ca〉 自己와 他人이 만들어 내었다는 뜻.

자타카 梵巴〈jātaka〉 本生話·本生譚이라 함. 釋尊이 前世에서 菩薩이였던 時代에 衆生을 救濟한 많은

善行을 모운 이야기를 말함. 釋尊의 前世이야기 過去世의 釋尊이 國王·婆羅門僧·商人·女 여러가지 動物 등의 形體를 빌어 여러가지 善業·功德을 行한 說話를 集錄한 것으로 파리語聖典에는 五百四十七의 자타카이야기가 있다. 또는 하나하나의 이야기도 자타카라 한다. 散文과 韻文으로 되어 있으며 紀元前三世紀頃 當時의 說話가 根元이 되어 佛教的 色彩를 加하여된 것으로 推定된다. 作者도 明確하지 않다 이 속에는 다른 산스크리트文學說話集의 판챠·탄트라(梵〈pañca-tantra〉) 카타·사리트·사가라(梵〈kathā-sarit-sāgara〉) 등에 있는 것도 있고, 佛教의 傳播에 따라 世界各地에 傳하여져서 「이솝」이나 「아라비안나이트」 등의 페루시아·아라비아의 寓話文學에도 깊은 影響을 주었다. 우리나라의 三國遺事와 日本에도 今昔物語 등에서 散見 할 수 있고 世界說話文學의 傳播·交流史·比較文學上 極히 重要한 依置를 찾이하고 있다. 漢譯 經典中에도 十二部經中에서 本生經을 들 수 있으며, 六度集經 生經 菩薩本行經 菩薩本緣經 등이 있다. 菩薩本生鬘論(一六卷)은 六世紀頃의 아리야·슈라(梵〈Āryaśūra〉)의 자타카·마라(梵〈Jātaka-mālā〉) 三十四種의 本生話를 集錄한 것(宋의 慧詢譯)인데, 그 翻譯의 信憑性에 對해서는 近年 學界에서 論議되고 있다 함.

자타평등(自他平等) 梵〈ātma-para-samatā〉 自他가 그 本性에 있어서 다르지 않고 不二一體인 것. (沙石集 拾遺)

자타평등법성(自他平等法性) 梵〈ātma-para-samatā〉 自他가 一體라는 理致.

자타평등일분(自他平等一分) 梵〈ātma-para-samatā〉 自他平等과 같다. 一分은 一體란 뜻.

자탑(瓷塔) 瓷器로 만든 탑.

자태(姿態) 몸짓. (四教儀註)

자통(資通) 基本으로 하는 것. (出三)

자통개도(藉通開導) 台家의 名目, 通教를 빌려 別圓의 機를 開導하는 것. 三通中 第三種의 機類임. →通教.

자피독(自披讀) 梵〈svayaṃ…vācanaṃ〉 스스로 讀誦하는 것.

자하(自下) 朝鮮朝 僧. 敬信의 號.

자항(慈航) 慈悲心으로 衆生을 구하는 일. 苦海로 부터 彼岸에 건너 줌. 또는 大慈弘誓의 船, 萬善同歸集六에 大般若의 慈航을 몰고 三有의 苦津을 넘는다」 함.

자해(自害) 스스로 제 목숨을 끊는 것. (俱舍論)

자해불승(自解佛乘) 天台大師 七德의 하나. →智顗.

자해왕생(自害往生) 스스로 身命을

誓어서 往生을 期約하는 것을 말함.

자행(自行) ①제 스스로 修行하는 것. 自進하여 實踐함. (四教儀註) ②自己修養을 爲한 行爲. 自身을 爲한 行爲. 自身을 爲하여 自力으로 닦는 實踐. (上宮法華疏)

자행(紫行) 紫甲과 같음. →紫甲.

자행(慈行) 朝鮮朝 僧侶. 俗姓 張氏. 名 策活. 號 慈行. 靈巖 玉泉사람. 頭輪山에서 出家하여 玩虎禪師에게서 具足戒를 받고 德弘大師에게 拈香하고 三如大師의 法壇에서 律과 禪을 받았다. 특히 梵唄에 能熟하여 一時에 梵唄가 重興되었다. 그래서 香炷를 사루고 請益하는 사람들이 길을 메우고 門이 터져라 몰려들었다. 사람을 대할 적에 항상 慈愛에 넘쳐 尊卑 貴賤 親疎의 差別이 없으며 비단 法號만이 아니라 모두들 慈行大師라 불렀다. 그의 濟度한 사람이 敬恩·富仁등 二十一人이며 音聲으로 得度한 사람이 龍淵 雲坡등 數十百人이며 傳法한 弟子는 應庵·學性등 三人이다. 清同治元(1862)年 正月 初三日에 伽智山에서 入寂하니 世壽八十一. 法臘六十五였다. 茶毘後 舍利 一顆와 靈珠一粒, 그리고 超骨一片이 나왔음.

자행가지(自行加持) 眞言宗의 行者가 스스로 三密加持를 行하는 것.

자행동녀(慈行童女) 五十三知識의 하나.

자행용(自行用) 스스로 修行하는 行爲. (四教儀註)

자행타행(自行他行) 自身을 爲한 行과 他人을 爲한 行. (隨聞記)

자행화타(自行化他) 自利利他와 같음. 菩薩의 萬行이 이 두가지에서 벗어나지 않음. 法華文句八之一에「구별하여 論한다면 口業은 他를 教化함이며 自意는 自行이다. 通論한다면 三業을 곧 自軌로 自行의 法이며 三業의 教詔는 他를 教化하는 法이다」하였다. 宗鏡錄三十四에「一心으로 自行化他를 了達한다」하였음.

자현(慈賢) 印度 僧侶. 글안국의 譯經 三藏. 中印度 摩竭陀國 사람. 글안국에 와서 國師가 되고 秘密部에 관한 經典十部十一卷을 번역. 至元法寶勘同總錄 第六卷에 編入. 그 가운데 五部 九卷은 明本大藏經에 실림.

자혜(慈惠) 귀여워 하고 慈悲를 베푸는 것. (無量壽經)

자화작고경(自化作苦經) 佛爲阿支羅迦葉自化作苦經의 略名.

자환희경(自歡喜經) ㊖舍利弗이 佛의 獅子吼를 向하여 如來의 말씀은 나로서는 따르기 어렵다고 칭찬한 것. (長阿含經)

자황도(雌黃塗) ㊵<haritāla-lepana> 雌黃을 칠하는 것. 雌黃은 砒素와 硫黃의 混合物로 黃色의 顏料이다. 經典이나 像에 칠하면 臭氣가 있다

고 함.

자회(慈誨) ①慈愛로운 가르침. 親切한 가르침. 慈悲에 찬 스승의 教訓을 말한다. (三教指歸) ②훌륭한 議論. (三教指歸)

자회(滋灰) ㊵〈paṃśu〉 一種의 染料 옷을 染色하는 物件. (莊嚴經論)

자훈석(字訓釋) 文字 解釋法의 하나. 解釋하려는 글자에 올바른 訓과 義訓을 붙여 그 깊은 뜻을 해석함.

작(作) ①㊵〈ihate〉 ㊷〈byed〉 南部에서는 「한다」고 읽고, 北嶺에서는 「만든다」고 읽음. 한다. (中論) ②㊵〈karman〉 機能. 作用. (中論) ③㊵〈kṛtakat: va〉 만들어진 것. 條件을 붙친 것. 被造物인 것. (順中論) ④㊵〈karman〉 行爲. 活動. (中論) ⑤밖에 나타난 勢力, 또는 作用. ⑥職業이란 것. (十誦律) ⑦㊵〈kartṛ〉 만드는 사람. (金七十論) ↔力

작(斫) ㊵〈chinatti〉 分割하는 것.

작가(作家) 禪宗에서 크게 機用이 있는 자를 말함. 碧岩二則 評唱에 「趙州는 作家다」하였고, 碧岩錄二十則 着語에 「作家는 宗師다」하였음.

작가라(斫迦羅) ㊵〈Cakravāda〉 灼羯羅·爍迦羅·斫迦婆羅라고도 함. 輪圍山이라 번역. 곧 鐵圍山.

작가라바(斫迦羅婆) ㊵〈Cakrāka〉 또는 斫迦羅婆迦라 함. 번역하여 鴛鴦. 玄應音義二에 「斫迦羅婆는 鴛鴦의 梵語다」하였음.

작가라바가(斫迦羅婆迦) ㊵〈cakravaka〉 또는 斫迦憂婆迦·折迦邏婆迦·斫迦邏婆·叔迦婆라고도 함. 새(鳥)의 이름. 즉 鴛鴦을 말함. 鳥喩品에 「雌雄이 함께 游止를 같이 하며 서로 捨離하는 바 없이 그 義를 다하라」고 하였음. (玄應音義第二, 梵語雜名, 枳橘易土集第十一)

작가라벌랄지(斫迦羅伐辣底) ㊵〈Cakrarartin〉 또는 作迦羅·跋羅底·斫迦羅伐刺底라고도 하며 이는 번역하여 轉輪이라 함. 陀羅尼集一에 「斫迦囉跋囉底는 번역하여 輪轉이다」하였고, 玄應音義四에 「斫迦羅는 번역하여 輪이며 伐辣底는 번역하여 轉이다」하였음. →斫迦羅代辣底曷羅闍.

작가라벌랄지갈라사(斫迦羅伐辣底曷羅闍) ㊵〈Cakrararti-rāja〉 또는 作遮伽羅伐過底遏羅闍·遮迦越羅·遮迦越이라 함. 轉輪王이라 번역함. 玄應音義三에 「遮迦羅代辣底遏羅闍는 번역하여 轉輪王이다」하였고, 同三에 「遮迦越羅는 바로 말하면 斫迦羅伐辣底遏羅闍다. 번역하여 轉輪王이다」하였으며, 同四에 「遮迦越羅는 번역하면 轉輪聖王이며, 바로 말하면 斫迦羅로 번역하여 輪. 伐辣底는 번역하여 轉이며 轉輪王은 번역명을 따른 것이다」하였음.

작가라인다라(斫迦羅因陀羅) 또는 賒羯羅 因陀羅라 함. 帝釋의 이름. →釋提桓因.

작가행(作加行) 梵〈abhisaṃskāra〉 努力을 하는 것.

작거(作擧) 戒律이란 말. 自恣하는 날에 僧衆中에서 有德한 사람을 請하여 比丘의 犯한 罪를 들게 하고, 사람이 罪를 들어 僧에게 告하는 것을 作擧라 함. 行事鈔資持記上一의 六에 「作擧는 僧中에 德人이 罪를 들어 僧에게 告하는 것이다」하였음.

작계(作戒) 表色의 異名. 受戒時에 身·口가 지은 업을 發表하는 것을 作戒라 하고 그 때 身內의 領納하는 業體를 無作戒라 함. 俱舍論에는 表色·無表色이라 하였고, 涅槃經에는 作戒·無作戒라 하였으며, 薩婆多論에는 無敎·身口敎라 하였음.

작공용(作公用) 梵〈abhisaṃskāra〉 努力을 하는 것.

작구(作具) ①梵〈Karaṇa〉 機官. (金七十論) ②作用道具. (正理門論)

작구가국(斫句迦國) 遮拘迦·遮居迦라고도 하며 印度의 古代 國名. 大唐 西域記 第十二에 「佉沙國으로 부터 東南으로 五百餘里에 大沙嶺을 넘으면 斫句迦國이 있다. 周圍가 千餘里에 大都城은 周圍十餘里이며 僧侶가 百餘人이며 大乘佛敎를 배운다」라고 했다. 또 歷代三寶記 第十二에는 于闐의 東南方 二千餘里라 했음. (大方等大集經 第五十五)

작근(作根) 梵〈Karma-indriyāṇi〉 산카哲學에서 다섯개의 行動機官(發聲機官·手·足·生殖機官·排泄機官).

작길상(作吉祥) 梵〈śivaṃ-kara〉 西〈śis mdsad〉 幸福하게 하는 것. 如來와 같은 말.

작남형성계(作男形成戒) 比丘尼가 男根의 모양의 물건을 만들어 婬事를 하여서는 안된다고 하는 戒律.

작념(作念) 마음 속에서 생각하는 것. (上宮維摩疏)

작단법(作壇法) 壇을 짓는 法이란 뜻. 곧 密敎에서 法을 닦으며 壇을 지을 때 行하는 法式을 일컬음. 여기에 七日作壇. 一日作壇등의 區別이 있음.

작랍(嚼蠟) 婬欲이 樂趣가 없는 것을 말함. 楞嚴經에 「나의 欲心이 없는 것에 너의 들은 따라서 行事하도록하라 橫陳(음)할 때는 맛이 밀을 씹는 것과 같다」하였음.

작략(作略) 作戰策略이란 뜻. 禪僧이 사람을 위하여 애쓰는 것.

작례(作禮) 敬禮를 지음. 佛說阿彌陀經에 「一切 世間의 天人과 阿修羅等이 부처님 말씀을 듣고 歡喜信受하여 作禮하고 갔다」 함.

작례치경원(作禮致敬願) 阿彌陀 四十八願中의 第三十七. 佛이 된다면 十方의 諸天·世人이 나를 禮하고 恭敬하게 하고 싶다고 하는 願. (無量壽經)

작록(爵祿) 높은 地位란 뜻. (三敎

指歸)

작리부도(雀離浮圖) 堂塔. 迦膩色迦王은 健馱邏國布路沙布邏(puru sapura)에 建立한 佛塔의 名稱, 또는 雀離佛圖라고도 한다. 높이가 七十丈이며 周圍가 三百步나 됨.

작마(作摩) 作麼生과 같음.

작마생(作麼生) '자마생'이라고 읽음. 禪錄의 말로 疑問詞 '如何'와 같음. 또는 做麼生·似麼生·怎麼生이라고도 한다. 生은 語助辭. 무엇. 어떠냐. 어떻게 어찌 하려느냐의 뜻으로 쓰임.

작무의(作務衣) 行道作務衣·安陀會라고도 한다. 五條衣. 대개 作務·勞役할 때에 입는 옷.

작무작(作無作) 戒律의 말. 新譯에는 表·無表라 하고, 舊譯에는 作·無作이라 한다. 作이란 身·口로 業을 짓는다는 뜻이며, 表란 身·口가 表彰한다는 뜻임. 成實論에는 敎·無敎라 말했는데, 사람의 身·口가 業을 지어 敎示한다는 뜻.

작무태고(作務馱鼓) 禪林에서 作務의 信號를 하는 북.

작문자(作文者) ㊵〈Kavi〉 文辭에 巧妙한 者. 詩人.

작범(作犯) 止作兩持에 對하여 止作兩犯이 있다. 殺生·偸盜等의 惡事를 지어서 받은 戒를 犯한 것을 作犯이라 하고, 布薩·安居等의 善事를 짓지 않음을 止犯이라 함. 行事鈔中四에 「犯은 作을 따라 이루어진다. 그러므로 作犯이라 말하며 이것은 惡法을 짓는데 對한 宗이 된다」함.

작범(作梵) 法事의 始初에 梵唄를 지어 場內의 喧亂을 止息시킴.

작범사리(作梵闍梨) 沙彌가 戒를 받고 중이 될 때에 梵唄를 부르는 阿闍梨로 禪家에서 得度式에 設施함.

작법(作法) ㊀〈Kamma〉 ㊵〈Karna〉 羯磨. 作法이라 번역함. 身·口의 作爲로 業을 받드는 것.

작법계(作法界) 攝僧·攝衣等의 地界에 作法界와 自然界의 둘이 있는데, 天然의 地形에 의해 界境을 삼는 것을 自然界라 하고, 羯磨의 作法을 行하여 結成한 地界를 作法界라 함. 곧 結界라는 뜻.

작법귀감(作法龜鑑) 二卷. 朝鮮 純祖 26(1826)年에 淳昌郡 龜巖寺 白坡가 여러가지 儀式文 가운데서 추려내고 보태서 編纂한 것. 우리나라 佛敎 禮式作法 가운데 가장 精密하게 된 책.

작법득(作法得) 三師·七證師를 請하여 羯磨의 作法을 行하고 戒를 얻음. 善來得·自誓·定共得·道共得等의 新作法得과 구별됨.

작법시종지(作法是宗旨) 曹洞宗의 穩健 着實한 禪風을 나타내는 말의 하나. 每日하는 일의 作法을 誠實히 行하며 하루 하루의 生活을 誠實히 지나는 것이 佛道의 實踐이라는 것. (正法眼藏 洗淨)

작법참(作法懺) 三種懺悔의 하나. 몸으로는 禮拜하고 입으로는 稱唱하고 뜻으로는 思惟하여 三業이 지은 것을 하나하나 法度에 의하여 懺悔함. (四敎儀集經下)

작법참회(作法懺悔) 三種懺悔의 하나. 佛前을 向하여 지은 허물과 罪를 披陳하여 身과 口로 지은 것을 하나 같이 法度에 依하여 戒를 犯한 罪를 滅하는 것.

작병천자(作瓶天子) →澡瓶天子.

작불(作佛) 成佛하는 것. 菩薩의 行이 끝난다는 것은 妄惑을 끊고 眞覺을 여는 것을 말함. 法華經譬喩品에 「菩薩 所行의 道가 具足하면 作佛하게 된다」하였음.

작불사(作佛事) 寺院에서 行하는 여러가지 佛事를 말함. 五代史石昂傳에 「그집에서 佛事를 禁하여 나의 先人을 汚辱하지 말라」하였고, 宋史穆修傳에 「母가 죽어도 浮屠를 밥주지 않고 佛事를 하지 않았다」하였으며, 儒林公議에 「馬元이 喪中에 佛事를 하지 않고 다만 孝經만 외울뿐이었다」하였고, 元史에 「文宗紀 至順元年에 中書省에서 말하기를 近歲에 帑廩이 空虛한 것은 그 虛費됨이 다섯이 있는데, 첫째가 佛事를 짓는 것이라 하였고, 順帝紀 至元22年에 李士瞻이 時政二十條를 上疏했는데 첫째가 佛事를 줄여 浮費를 절약해야한다」하였음. 元典章을 살펴보니 皇慶元年에 敎旨를 내려 말하기를 지금 이후로는 다만 好事處만 짓되 素茶飯만 주라 하였으니 이른 바 好事는 곧 佛事임.

작불형상경(作佛形像經) ㊂一卷. 譯者 미상. 優塡王이 부처님 형상을 만든 것을 서술하여 造像의 功德을 說함. 造立形像福報經의 異譯.

작비(灼臂) 佛法을 苦心으로 修行한다는 表示임. 宋史에 「寶物을 찾으려고 파헤치니 그 밑에 옛날에 佛舍利를 묻은 곳이 있어 詔書로 取하여 迎入하니, 宮人이 팔을 지지고 머리를 깎는 자가 많았다」하였음.

작사(作事) ①㊵〈pravṛtti〉 活動. (金七十論) ②㊵〈āyasa〉 할 일을 實行한다. ③作用. ④㊵〈ar: thaṃ niṣpādayati〉 目的을 達成하는 것. (金七十論)

작사수주(作事修住) ㊵〈ārambha-avasthā〉 活動을 하는 境地.

작사지(作事智) ㊵〈Kṛtya-anuṣṭhāna-jñana〉 할 일을 實行하는데 對한 智. 成所作智와 같음. →成所作智. (莊嚴經論 菩提品)

작상(作相) ㊵〈iṅgita〉 ①所持品 등의 形에 依하여 뜻을 通하는 것. (五分律) ②田地의 境界를 넘어서 杭·畔 등을 만들어 取하는 것. 有部律에서는 田繞取라 한다. (十誦律) ③因緣에 依하여 生긴 것의 모습. (維摩經)

작상(作祥) 作吉祥과 같음. →作吉祥.

작상인연경(作像因緣經) ㊖佛說作佛形像經의 異名.

작색(作色) 表色의 舊譯. →表色.

작색여성(作色厲聲) 作色은 화이 나서 얼굴 빛을 변하는 것. 厲聲은 성이 나서 목소리를 높이는 것. 성이나서 소리를 지른다는 뜻.

작서사(作書師) ㊁〈lekhā-ācariya〉 書寫의 스승. (那先經)

작선(作善) 供佛. 施僧. 立像. 寫經等을 말함. 無量壽經下에 「作善하여 善을 얻고, 道를 실천하여 道를 얻는다」하였음.

작선득복(作善得福) ㊁〈puñña〉 善을 行한 果報로서의 福. (那光經)

작선문(作善門) 作持門과 같음. →作持門.

작성(作性) ㊵〈kṛta〉 만들어진 것이란 뜻. (正理門論)

작소화상(鵲巢和尙) 鳥巢禪師의 別稱.

작승법(作勝法) ㊵〈citrikāra〉 ㊇〈ri mor byed pa〉 여러가지로 훌륭하게 하는 것. (廻諍論)

작시(作時) ①㊁〈Kamma-samaya〉 勞動할 때. (五分戒本) ②生할 때. (五教章)

작식(嚼食) 珂但尼의 異譯. →珂但尼.

작심(作心) 佛法을 求하는 마음을 일으키는 것. 佛의 正法을 다 듣고 사람 들에게 말하여 듣게 한다. (往生甲戌)

작액(斫額) 손을 이마에 대고 멀리 바라보는 모양.

작업(作業) 淨土門에서 安心·起業·作業이라 말함. 安心을 얻은 뒤에 身·口·意로 五念門 五正行 등을 行할 때 이것을 警策 修行하는 것. →四修.

작업관정(作業灌頂) 大日經에서 說하는 三灌頂의 하나. 具支灌頂이라고도 한다. 七日間 弟子에게 禮懺시키고 스승도 또한 持誦하며 壇을 設하여 供物이나 香華를 바쳐 弟子에게 秘印을 주는 것을 말한다. 現今의 傳法灌頂은 作業灌頂의 儀軌에 따라 行한다 함.

작연(灼然) 灼은 昭의 뜻. 灼然이란 事理가 明白하여 조그만한 疑心도 둘 餘地가 없는 뜻을 表한 말. 分明하다는 뜻. 灼灼, 炳然, 昭然과 같음.

작용(作用) 곧 力用·佛·菩薩이 衆生을 濟度함과 같음. 또는 識이 對象을 了別하는 力用이 있는 것과 같은 것.

작원(作願) 願을 세우는 것. 마음에 一心으로 往生을 願하는 것. (教行信證 證卷) 作은 發. 願을 發하게 된다는 것. (圓乘) 發願은 最初에 願을 세우는 것. 作願은 恒常 願하는 것. (香月) 最初에 發하는 것을 發願이라 하며 相續하여 發하는 것을 作願이라 함. (香月) 彌陀因位인 때의 發願이란 뜻. (圓乘) 作願이란 願生의 생각이란 것 即 菩薩心이란 것. 佛이 되고자 하는 마음.

작원(鵲園) 竹林을 말함. 廣弘明集二十 內典碑銘集序에 「鵲園에서 이끌어드리고, 馬苑에서 크게 宣布한다」하였음. 상고해보니 經·論가운데 鵲園이라는 말은 보이지 않고 이 것은 阿輸迦王의 鷄鵲寺를 한편으로는 雀園이라 稱하였으므로 그 音이 같은 것을 취하여 鵲者를 쓴 것이 아닌지 鵲園은 즉 竹林으로 梵語를 갖추어 쓰면〈Venuyana kārndaka nivāpa〉가 鵲이 되므로 竹林鵲園이라 번역함. 蕭條 鵲封의 곳에는 園이 아니고 鵲棲가 되며, 下句의 馬苑은 곧 漢의 白馬寺를 말함.

작원문(作願門) 五念門의 第三, 自利利他의 큰 誓願을 發하여 如實히 修行하여 極樂에 태어나기를 求하는 것.

작의(作意) 心所의 이름. 일체의 마음에 相應하여 일어나는 것. 마음을 驚覺케 하여 所緣의 境界에 나아가는 作用을 갖춘 것. 俱舍論四에 「作意는 마음을 驚覺케 함을 말한다」하였고, 成唯識論三에 「作意는 能히 驚心으로 性을 삼고 所緣의 境界에 이끌리는 마음으로 業을 삼는 것을 말한다」하였음.

작의무도(作意無倒) ㉵〈manaskāre viparyāsaḥ〉 우리 들은 事物을 主客對立的으로 捕捉하여 表現한다. 이 習慣的인 마음의 作用을 속속들이 알아서 錯倒없이 된 狀態를 말하는 것. 十無倒의 하나. →十無倒.

작의사(作意事) ㉵〈vyāpāra〉 마음의 活動이란 뜻.

작의사유(作意思惟) ㉵〈manasi-karaṇa〉 作意와 같음. →作意.

작의산란(作意散亂) ㉵〈manasikāra-vikṣepa〉 ㉳〈yid la byed paḥi rnam par g-yeṅ ba〉 自己의 利益. 또는 自己만이 涅槃에 達할 것을 目的하는 下劣한 마음. 즉 聲聞이나 獨覺의 마음을 갖이고 思惟하는 것. 六種 散亂의 하나. (辯中邊論)

작의선교(作意善巧) ㉵〈manaskāra-kuśalatā〉 ㉳〈manasikāra-kusalatā〉 여러가지 觀法思擇에 즈음하여 充分한 注意를 하는 것. (集異門論)

작의정행(作意正行) ㉵〈manasikāra-pratipatti〉 ㉯〈yid la byed pa bsgrub pa〉 思惟에 依한 實踐. 六正行의 하나. 大乘의 敎說을 學習하고 批判하고 瞑想하는 것(聞·思·修)에 依하여 思惟하는 것. 大乘에서 說한 經典을 三個의 智慧. 즉 聖人의 말씀으로 理解하여 얻은 智慧(聞所成慧)와 理와 思慮에서 얻은 智慧(思所成慧)와 修行으로 얻은 智慧(修所成慧)에 依하여 思惟하는 것. (辯中邊論)

작인(作因) ①(梵)〈kāraṇa-hetu〉 生因이라고도 한다. 實在根據가 되어 무엇인가를 만들어 내는 因〈causa essendi〉에 該當한다. (中論釋) ② 바이세시카哲學에서 德(性質)의 第二十一. 運動의 惰性에서 生기는 業이 生하는 곳으로 하나의 實에 依附하고, 有質礙의 實이 있는 勢力을 말함. (句義論)

작입(作入) (梵)〈pravartaka〉 (西)〈ḥjug par byed pa〉 앞으로 나아가게 하는 것.

작자(作者) 十六神我의 하나. 外道가 神我를 세운 것. 我로써 作者를 삼으며 我가 있어 手足等을 놀려 衆事를 짓기 때문이라 함.

작자용(作者用) (梵)〈Kāraka-Kriyā〉 行爲主體의 行動. (瑜伽論)

작장로(作長老) 三種長老의 하나. →三種長老.

작정(作淨) ①(梵)〈vikalpita〉 淨·淨化라고도 한다. 支障이 없다고 認定하는 것. 法에 맞는 것이라고 하는 것. 比丘에는 衣·食·住와 그 所作에 對하여 各其 規制가 있고 이것에 따르므로서 淸淨이 얻게 된다고 認定된다. 그 法을 行하는 것. ②贈與하는 것. ③淨施·說淨이라고도 함. 知友인 比丘에 옷을 주는 儀式을 하고 그 丘比에 代身하여 自已가 保管하여 必要할 때 쓰도록 하고 事實上 餘分의 옷을 갖게 된다 하여도 長衣禁制에 違反하지 않는 行法. (十誦律)

작정근(作正勤) (梵)〈ārabdha-virya〉 올바른 努力을 하는 것.

작정인(作淨人) 比丘의 座를 淸淨(無罪)하게 하는 사람이란 뜻인데 第三者란 것. 比丘는 혼자서 女性과 앉으면 罪가 되나 다른 第三者가 있으면 無罪가 되므로 이렇게 말함. (十誦律)

작조(作祖) 成佛作祖와 같음. →成佛作祖.

작증(作證) ①(巴)〈sacchi-karoti〉 깨닫는 것. 스스로 體驗하여 매우 똑똑히 안다. 眞實한 것으로 體得하는 것. 體驗하는 것. (雜阿含經) ②(梵)〈sākṣi-bhūta〉 證하는 것.

작지(作持) 또는 作善이라고도 함. 戒律에서 산 것을 죽이는 일. 훔치는 일을 行하는 것. 거짓말을 못하게 하는 消極的인 行爲에 대하여 積極的으로 布施 放生등의 善한 일을 지어 戒律을 가지는 것.

작지계(作持戒) 戒를 區分하면 二種이 된다. ①作持戒 ②止持戒 作持戒는 積極的으로 어떤 行爲를 하라고 命하는 것이고, 止持戒는 不殺·不倫등의 戒를 말하는 것이며, 安居하여 善事를 作說하는 것을 作持戒라 함. 또한 止持門 作持門이라 함. 모든 惡을 짓지마라 하는 것은 止持門이 되고, 모든 善을 奉行하라 하는 것은 作持門이 된다. 다만 이 區別은 戒本中 낱낱이 分

類되지 않고 戒本과 犍度를 區別한 것. →止作二持.

작지문(作持門) 作持戒를 따라 積極的으로 衆善을 行함.

작지임멸사병(作止任滅四病) 깨달음을 얻고자 하는 行爲의 病. 作病은 諸種의 行을 하여 깨닫고 止病은 여러가지 憶念의 作用을 滅하여 깨닫고, 任病은 一切에 마껴서 깨닫고, 滅病은 一切의 煩惱를 滅하여 깨달으려고 하는 것. (明惠遺訓)

작체(作諦) 梵〈Karman〉 바이세시카 哲學에서 想定하는 運動. 第三의 句義로서의 業.

작추(斫芻) 梵〈Caksus〉 또는 乞芻 번역하여 眼이라 함. 義林章四本에 「眼이란 비추어서 인도한다는 뜻이므로 眼이라 한다. 瑜伽經第三에 말하기를 여러번 衆色을 보고서는 다시 버린다. 그러므로 眼이라 한다」하였고, 梵에는 斫芻, 斫이란 行의 뜻. 芻란 盡의 뜻. 能히 境에 行하여 모든 것을 보며, 行하면서 諸色을 모두 볼 수 있으므로 行盡이라 한다. 번역해서 眼이라고 하는 것은 體·用이 相當하며 唐言의 번역에 依한 것이다」하였으며, 梵語雜名에 「眼은 斫乞芻다」하였음.

작치목(嚼齒木) 齒木을 무는 것. (有部律雜事)

작행(作行) 梵〈saṃskāra〉 行과 같음 →行.

작행신(作行身) 行을 하는 나. 活動的인 我. (人本欲生經)

작흘라(斫訖羅) 梵〈Cakra〉 번역하여 輪, 輪寶를 말함.

작희(作喜) 梵〈ārāgayati〉 西〈mñes-par byed pa〉 즐겁게 하는 것.

잔갱수반(殘羹餿飯) 남은 국과 쉰 밥. 즉 먹고 남은 飮食 舊套를 默守하여 活底의 技量이 없는 立場을 評하는 말.

잔과(殘果) 또는 遠果. 죽은 뒤에 남는 果體. 곧 농장. 마른 나무 같은 것들.

잔괄영마(剗刮瑩磨) 갈고. 닦는 것. (出三)

잔사(殘寺) 오래되어 헐어져 가는 옛 절. 衰殘 한 절.

잔숙식(殘宿食) 巴〈sannidhi-kārakaṃ kh: adaniyaṃ vā bhojaniyaṃ vā〉 今日 손에 넣고, 翌日 먹는 것. (五分戒本 貯藏한 食物)

잔승(殘僧) 늙어 衰殘해진 중. 殘弱한 중.

잔암(殘庵) 풍우에 시달려 기울어져 가는 암자.

잔자선(剗子禪) 剗子는 鍬임. 空解의 邪禪을 剗子의 鍬物에 비유함.

잔제바라밀(羼提波羅蜜) 梵〈Ksanti-aramitā〉 六波羅蜜의 하나. 번역하여 忍度, 羼提는 忍, 波羅蜜은 度, 忍辱의 行으로 生死海를 건너 涅槃岸에 이르는 길이므로 度라 稱함. 新譯에는 到彼岸이라 함.

잔지(羼底) 梵〈Ksānti〉 忍辱·安忍

이라 번역함. 옛 날에는 羼提라 稱함.

※羼底 上察限反 下丁以反 唐云忍辱 或云安忍」

잔지승하(羼底僧訶) 梵〈Ksantisiṁha〉 比丘의 이름. 獅子忍이라 번역함.

잔해(殘害) ①梵〈atipāta〉 죽이는 것. 빼앗는 것. 損傷하는 것. ②慘酷한 죽음. (往生要集)

잔해고(殘害苦) 傷處받고 죽는 苦痛. (妻鏡)

잠(箴) 鍼과 같은 뜻. 疾病을 물리치는 針과 같다. 옛 聖哲이 경계하며 풍자하는 글을 箴이라 한다. 形式은 四言句와 隔句韻이 많음.

잠가(暫暇) 起單과 같음.

잠견(蠶繭) 누에가 고치를 지으면서 자신을 결박함과 같이 중생이 스스로 번뇌의 끈으로 몸을 결박함에 비유한. 三啓經에 「三界內에 循環함이 마치 물을 푸는 두레박을 구울리는 바퀴와 같으며, 또한 누에가 고치를 지어 실을 토하며 도리어 자신을 결박함과 같다」하였고, 涅槃經二十七에 「누에가 고치를 지어 안에서 스스로 죽는 것과 같이 일체 중생도 또한 이와 같다. 佛性을 보지 못하기 때문에 스스로 業을 짓는데 나아가 生死에 流轉한다」하였음.

잠규(箴規) ①修行에 熱心이 없는 僧에 對한 訓戒. ②淸規와 같음. (永平大淸規)

잠당(湛堂) 高麗 승려. 高麗 曹溪의 第九世 祖師. 一說에는 그는 중국 사람이라하며 釋鑑稽古略續集에는 元至正 3(1343)年에 高麗에 갔다고 하였음. 俗姓은 孫氏. 名은 聖澄. 號는 越溪. 湛堂은 字. 高麗에 와서 天台의 遺書를 구하였다 함.

잠대충(岑大蟲) 사람들이 景岑禪師라 하였음.

잠도(暫到) 暫到僧의 略語. 禪家에서 暫時동안 僧院에 逗遛하다가 오래 있지 아니하고 가버리는 僧侶를 말한다. 또는 事情이 있어서 制規上 正式으로 掛塔을 許諾받지 못할 期間에 到着하였기 때문에 新到僧이 되지 못하고 逗遛하는 僧侶를 말함.

잠모(瞻謨) 梵〈Jambu〉 이 大地의 總稱. →閻浮提.

잠부(潛夫) 奉先淸源의 弟子로서 姓은 徐氏. 字는 無外. 名은 潛夫. 號는 智圓. 自號는 中庸子 또는 病夫. 宋나라 太祖 開寶 8(975)年에 生하여 眞宗의 乾興 元年(1022) 2月에 世壽 47세로 入寂. 楞嚴經 및 金剛經등의 疏를 지었음.

잠브드바이파 梵〈jambu·dvipa〉 南閻浮提·南州라 번역함. →閻浮提.

잠사(暫捨) 梵〈upekṣaka〉 泰平스러운 者. (百五十讚)

잠쇄(賺殺) 속인다는 뜻. 禪宗에서 남을 미혹케 한다는 말로 쓰임.

잠시(暫時) 梵〈tāvat-kālika〉 그間의 時間中에는 잠간동안, 刹羅등 時差를 말함.

잠연(湛然) 〔711～782〕 중국 스님. 俗姓 : 戚씨. 상주 荊溪 사람. 荊溪에 살았으므로 형계라 부르며 또 湘州 妙樂寺에 있었으므로 妙樂大師라고도 한다. 처음 儒教를 修教했으나 唐 開元 15(727)年 금화의 方巖에게 止觀을 배우고, 20세 左溪玄郞에게 教觀을 배웠으며 38세에 중이되다. 의홍 君山鄕淨樂寺에 가서 曇一에게 律藏을 배우고 玄朗이 죽은 뒤에는 教觀을 다시 넓히기로 自任. 天台宗의 제五世로서 宗風을 宣揚하였다. 註釋을 많이 지어 智者의 주장을 기록하여 갖추지 못한 점은 補充하기에 노력하였으므로 후세에 그를 記主法師라 했다. 建中 3年 佛隴莊에서 죽다. 나이·72. 北宋 開宗 때(968～976)에 吳越王인 錢氏가 圓通尊者라 시호하였다. 著書는 法華玄義釋範 十卷 法華文句記 十三卷 止觀輔行 十卷 法華文句十三卷. 止觀大義 三卷 등이 있음.

잠용(暫用) 暫時 借用의 경우. (十誦律)

잠자(簪刺) 裝飾하여 수놓는 것. 즉 刺律하는 것. (十誦律)

잠주(暫住) Ⓟ〈mattaṭṭhaka〉 (몸이) 暫時 存續하는 것. (中阿含經)

잠주무상(暫住無常) 無常하기는 하지만 어떤 것이 存在하는 期間만 머므르고 있는 것. (金七十論)

잠진(潛眞) 中國唐代의 學僧. 姓은 王氏. 字를 義璋이라 함. 夏州 朔方(陝西省 橫山縣西) 崇道鄕에서 出生하였다. 列傳과 佛書를 좋와하여 二十歲에 出家. 開元26(738)年 本城의 靈覺寺에 籍을두고 翌年 受具하여 律論을 배워 講筵마다 參列하였다. 大興善寺 翻經講論大德이 되었고 勅命을 받아 文殊師利菩薩佛利莊嚴經疏三卷을 지었으며 菩提心義·發菩提心戒等 撰著 多數임.

잠출환몰인(暫出還沒人) 四種人의 하나. 잠간 生死界에서 벗어 나왔으나 道心이 堅固하지 못하여 다시 生死界에 들어가는 사람. →四種人

잠행(潛行) 佛道를 儉素하고 淡淡하게 걸어가는 것. (寶鏡三昧)

잠행밀용(潛行密用) 內面的으로 儉素하게 그러면서도 착실히 宗教的生活에 徹底한 것. (寶鏡三昧)

잡건도(雜犍度) ①八犍度의 하나. 經典에서 聲聞들을 위하여 말한 四善根·四聖果·有餘涅槃·無餘涅槃등의 雜種法門을 모두 篇章한 것. ②二十犍度의 하나. 四分律 第五十一卷 이하의 三卷에 修道하는 資具에 대한 規定을 말하고 章段함.

잡관(雜觀) 다른 觀想을 섞은 것. (往生要集)

잡관상(雜觀想) →雜想觀.

잡구(雜具) 俗用의 道具. (沙石集)

↔佛具.

잡극(雜劇) 바쁘게 섞임. (無門鈔)

잡기(雜起) 混雜한채 行하는 것. (選擇集)

잡독(雜毒) 苦性과 煩惱가 毒이 되는데 비유함. 毒이 혼잡한 法을 雜毒이라 함. 正法念經五十六에 「諸有를 비록 樂이라 하나 마치 毒이 섞인 꿀과 같다」 함.

잡독선(雜毒善) 三毒이 뒤섞여 煩惱로 더러워진 善根을 修行함. 自力으로 善을 닦는 것. 觀經散義에 「惡性을 침범하기 어려움이 蛇蝎과 같아 비록 三業을 일으킨다 해도 雜毒의 善이 된다」 함.

잡란(雜亂) ①㉿〈ākula-vacana〉 말이 混亂하고 있는 것. (瑜伽論 因明) ②얽키고 뒤섞인 것. (往生要集)

잡략관(雜略觀) 特定한 것에 限하여 觀想하는 것. (往生要集) 彌陀의 依正에 報等을 略하여 一個所에 雜觀하는 觀法. (香月)

잡류(雜類) 여러가지 雜多한 것이란 뜻인데, 九界의 衆生을 말함. (覺海法語)

잡류세계해(雜類世界海) 三類世界海의 하나, 須彌山形 樹形 雲形등 여러가지 모양의 모든 世界의 總稱. 見聞生의 사람들이 사는 世界.

잡림원(雜林苑) 帝釋四苑의 하나. 忉利天의 王 帝釋이 居하는 善見城 西方에 있어 諸天이 그안에 들어가면 所願이 모두 같아져서 함께 勝喜를 생한다고 함.

잡만다라(雜曼茶羅) 圓像. 雜種의 曼茶羅라는 뜻. 또 諸尊曼茶羅. 또는 別尊曼茶羅라고도 함. 곧 兩部大日如來이외의 나머지 諸尊을 中尊으로 하여 建立한 曼茶羅 여기에 如來·佛頂·諸經·觀音菩薩·天等의 區別이 있음.

잡무극경(雜無極經) ㊂六度集經의 다른 이름. →六度集經.

잡문(雜門) 뒤섞인 方面. (上宮維摩疏 善과 惡이 뒤섞인 方面)

잡밀(雜密) →密敎.

잡보(雜寶) 珍寶란 것. (無量壽經)

잡보성명론(雜寶聲明論) ㊂護法菩薩 지음. 二萬五千頌이 있음. 西方의 學者가 聲明論을 至極하다고 함. (唯識樞要上本)

잡보장경(雜寶藏經) ㊂十卷. 元魏 吉迦夜 번역. 王子가 自己의 살고기를 베어 父母等을 구제한 百二十一條의 因緣을 들어서 사람에게 作福과 持戒를 勸함.

잡비유경(雜譬喩經) 弘治 7(405)年에 鳩摩羅什 번역. 모든 經·律에 말한 因緣과 譬喩를 모은 經. 比丘道略이 모음. 雀離寺 師將 沙彌喩로 부터 梵王長壽喩에 이르는 三十九譬喩가 있다. 또 같은 '雜譬喩經'에 支流迦讖이 번역한 一卷과 後漢때 번역한 二卷과 康僧會가 번역한 二卷이 있음.

잡사(雜事) 여러가지 事項. (有部律雜事)

잡상관(雜想觀) 雜觀想이라고도 하며 觀無量壽經에서 說한 十六觀法의 하나. 阿彌陀佛 觀音菩薩 大勢至菩薩의 三尊이 여러가지로 변하여 나타나는 모양을 觀하는 觀法 天台觀經疏에 普·雜이 무엇이 달라서 둘이 되는가 普觀은 自身의 往想을 지어 저 境界에 하나 하나를 具觀함을 말하며 雜觀은 佛·菩薩의 神力이 自在하여 轉變과 大小가 一定하지 않고 혹은 物을 따라 나타나므로 雜이라 한다」하였음.

잡색(雜色) 여러가지色. (灌頂經) 上方의 世界에 계시는 佛. (阿彌陀經)

잡생(雜生) 四生이 섞여 있는 것. →四生. 이 三界는 胎卵濕化의 四生이 相交하고 있는 것. (筆記)

잡생세계(雜生世界) 娑婆世界의 獄·鬼·畜·人·天의 五趣가 雜居하는 世界를 말함. 淨土論註下에 「雜生世界에 胎·卵·濕·化의 眷屬 若干과 苦樂一品이 雜生하기 때문이다」하였음.

잡선(雜善) 地力念佛에 對한 말로 自力의 모든 善을 雜善이라 말함.

잡선잡행(雜善雜行) 雜善과 같음. (秘密安心)

잡쇄계(雜碎戒) ㊄〈Khudda-anukhuddakāni sikkh: āpadāni〉 작은 시시한 戒. 小小戒라고도 한다. 普通은 三十捨墮 以下를 말하는 것. (五分戒本·十誦律)

잡쇄의(雜碎衣) 三衣中 大衣의 異名. 割截한 條數가 가장 많기 때문임. 六物圖에 말하기를 「梵語 僧伽利는 번역하여 雜碎衣라 하는데 條相이 많기 때문이라」함. 이 解釋은 妥當하지 못한 것 같다 마땅히 拾·集·破·碎한 雜布로 지은 뜻으로 糞掃衣를 말하는 것.

잡수(雜受) 여러 感覺. 이 三界는 苦受 樂受가 서로 交叉하고 있는 것. (筆記)

잡수(雜修) 異類의 行業을 雜修하는 것. 俱舍論二十四에는 有漏定과 無漏定이 相雜하여 닦음을 雜修定이라 함. 文에 「이와 같은 有漏가 中間 刹那와 前後의 刹那에 無漏가 섞여 있기 때문에 雜修定이라 한다」하였고, 또 唐나라 善導는 淨土에 往生하는 行에 五種의 正行과, 五種의 雜行으로 分別했는데 正行中에 第四의 念佛이 正業이 되고 다른 業은 助業이 되며 念佛一行은 他의 助業과 雜行이 雜糅하는 것을 雜業이라 하며 雜業은 닦음을 雜修라 한다. 往生禮讚에 「만일 專修를 雜業만을 하고자 하면 百時에 한 둘을 얻는 것도 드물고 千時에 셋 다섯을 얻는 것도 드물다」하였고, 또 말하기를 「뜻을 오로지 하여 짓는 자는 열이면 열 모두 태어나고, 雜되게 닦아 마음을 지극히 하지 않는 자는 千中에 하나도 얻지 못한다」하였음.

日本見眞大師는 다시 雜行·雜修를 둘로 구분하였는데 念佛과 雜行을 겸한 것이 雜行이 되고, 念佛과 前에 三과 後의 一을 겸한 것이 雜修가 된다 하였는데 이 것이 日本眞宗의 특색임. 淨土文類 化土卷에 「雜行·雜修는 그 말은 비록 같으나 그 뜻은 오직 다르다」하였다. 또 말하기를 「모든 善을 겸하여 행하기 때문에 雜行이라 하고, 正을 돕고 行을 겸하기 때문에 雜修라 한다」하였음.

잡수십삼실(雜修十三失) 阿彌陀佛의 淨土에 往生하기를 願하면서 여러 가지 行業을 섞어 닦는 사람에게 十三의 허물이 있다는 말.

잡수요혜(雜修樂慧) 有漏定과 無漏定을 섞어서 닦는 것. (四教儀註)

잡수정여(雜修靜慮) 有漏·無漏을 雜修하는 禪定을 말함. 雜修란 無漏의 힘으로써 有漏의 定力을 資하는 것. 五淨居天은 純聖의 依處가 되나 다만 第四禪의 有漏定이 그 果를 感하지 못하면 반드시 無漏定의 薰力으로 有漏定을 資助하는 것. 俱舍論二十四에 「먼저 第四를 雜修한다. 一念이 雜으로 말미암아 成就하면 現樂을 受生하고 煩惱를 退한다」고 하였음.

잡식지(雜飾地) ㊵〈citratala〉 훌륭히 裝飾된 場所.

잡심(雜心) ①散亂한 마음으로 禪을 닦는 散善心과 複雜한 생각을 쉬고 一念으로 極樂淨土를 생각하고 觀하는 定善心을 섞은 마음. ②淨業과 助業을 섞은 마음.

잡심론(雜心論) 雜阿毘曇心論의 略.

잡심세계(雜心世界) 散亂한 마음으로 行하는 善因(散善心)과 散亂하지 않은 마음으로 行하는 善因(定善心)이 混入되어 있는 世界. (眞言內證)

잡아비담경(雜阿毘曇經) 雜阿毘曇心論의 다른 이름.

잡아비담비바사(雜阿毘曇毘婆沙) 書 雜阿毘曇心論의 異名.

잡아비담심론(雜阿毘曇心論) ㊵〈Saṃyuktahhidharmakṛdaya-śástra〉 雜은 雜糅의 뜻이며 法勝의 阿毘曇心論을 해석한 것으로 法救가 지은 十一卷. 이를 僧伽跋摩가 번역함. 雜阿毘曇毘婆沙·雜阿毘曇經·雜心論이라고도 한다. 法勝의 阿毘曇心論 四卷을 序品·修多羅品·雜品·擇品·論品의 十一品으로 나누어 해석된 것과 知藏이 지은 疏 一卷이 있음.

잡아함경(雜阿含經) ㊵〈saṁjṇktagama〉 四阿含經 혹은 五阿含經의 하나. 雜集이 그 나머지 阿含經에 포섭되지 않은 것은 宋 求那跋陀羅가 번역한 五十卷이다. 이 외에 따로 번역된 雜阿含經 十六卷이 있는데 譯者는 알지 못하며 雜阿含經一卷도 번역자를 알지 못한다. 다만 모두 大部中에서 부터 撮要한 別譯者

라 함.

잡아비담심론(雜阿毘曇心論) ㉰略하여 雜心論이라 함. 尊者 法救가 阿毘曇心論이 지나치게 簡略하다 하여 다시 內容을 증가해서 이 책을 만들었는데 宋僧 伽跋摩等이 번역함. (十一卷)

잡업(雜業) 娑婆世界의 一界中에 鬼·畜·人·天·胎·卵·濕·化等에 感하는 갖가지 雜多한 苦果의 業因임. 이 것은 한 사람을 말하는 것이 아니고 同一界에 受生한 各人을 모두 말한 것임. 淨土論註一「雜業 때문이다」하였음.

잡연(雜緣) 외부에서와 나의 正念을 雜亂시키는 것. 어떤 일을 論할 것 없이 무릇 正念을 방해하는 것은 모두 이 것임. 往生禮讚에 「能히 위와 같이 念念이 相續하여 몸이 마칠때 까지 繼續되는 것과 같음. 十은 곧 十生 百은 곧 百生이다. 왜냐하면 밖의 雜念이 없는 正念을 얻었기 때문이다」하였음.

잡염(雜染) 일체 有漏法의 總名이다. 善·惡·無記의 三性에 該當됨. 오직 染이라고만 말한다면 煩惱가 惡性에만 국한되고 雜染이라 말하면 善과 無記에 통한다. 有漏의 善無記와 煩惱의 惡性이 雜糅되기 때문이다. 唯識論述記二末에 「모든 有漏法을 모두 雜染이라 하며 오직 染法뿐만 아니다. 梵語 僧吉隷爍은 번역하여 雜染이라 한다. 만일 僧이라 하지 않으면 오직 染일뿐이다」하였고, 淨土文類證卷에 「雜染이 많은 싹을 堪忍한다」하였음.

잡염세계(雜染世界) 더러워진 이世上. (眞言內證) →雜念.

잡예(雜穢) ①㉷〈kṣudra〉 작은, 卑賤한. ②雜然하여 더러워진 것. (正法眼藏 辯道話) ③여러가지가 있어서 더러운 곳. (五敎章)

잡예어(雜穢語) 眞實이 아닌 것을 巧妙하게 꾸며대는 말. 綺語와 같은 말.

잡예어악행(雜穢語惡行) ㉷〈saṃbhinnapralāpaanārya-vyavahāra〉 ㉻〈samphappalāpa-anariya-v: ohāra〉 거짓으로 꾸미고, 誠實함이 없는 말을 하는 것. (集異門論)

잡유(雜糅) ㉷〈Kasataṭa〉 시시한 쌀겨. (正法華)

잡잡(匝匝) 周遍의 뜻.

잡잡지(咂咂地) 또는 匝匝이라고도 쓴다. 匝匝은 말을 많이 하는 모양 地는 語助辭. 이러니 저러니 쓸데없이 잔소리 하는 것.

잡장(雜藏) 佛이 滅한 뒤 經典을 結集함에 二藏·三藏·四藏·六藏等의 分別이 있었다. 經量部는 經律二藏의 結集이며 薩婆多部는 三藏의 結集이며 大衆部는 四藏 또는 五藏의 結集이다. 四藏이란 三藏과 雜藏이니 이中에는 一切 菩薩의 敎行을 攝受하였음. 增一阿含經 序品에 「方等大乘은 모두 玄邃하고 諸

契經으로 雜藏이 되어 있다」하였고, 分別功德論一에 「雜藏은 一人의 說이 아니다. 或 佛의 所說이며 或은 弟子說이며 或은 諸天說이다. 或 宿緣인 三阿僧祇菩薩의 所生을 說한 것으로 文義가 하나가 아니며 三藏보다 많음으로 雜藏이라 한다」 하였으며, 集藏傳에 「雜藏의 法은 菩薩의 生을 讚한 것. 이 가운데의 諸義는 三藏보다 많으며 諸法을 都合하여 한 곳에 結在한 것이다」하였음. 이 雜藏은 大乘敎가 됨. 智度論四十九에 「四藏은 이른바 阿含·阿毘曇·毘尼·雜藏·摩訶般若波羅蜜等 諸摩訶衍經이며 모두 法이라 한다」고 하니 摩訶衍經도 또한 雜藏이라 解한다. 分別功德論一에 「諸方等正經은 모두 菩薩藏中의 事이다. 전에 佛이 계실때 이미 大士藏이라 하여 阿難이 撰한 것으로 지금의 四藏으로 合하면 五藏이 된다」하였음.

잡장경(雜藏經) ㊂一卷. 晋 法顯번역. 餓鬼와 目蓮의 問答을 기록한 것.

잡전(雜傳) 여러 사람의 傳記. (傳祖統紀)

잡정(剳定) 굳게 定하는 것.

잡종(雜宗) 修驗道라는 것. (類聚名物考 佛敎)

잡주(雜住) 아트만(㊵〈ātman〉) 또는 프루샤(㊵〈puruṣa〉)가 物質的인 것에 束縛되어 있는 것. (攝大乘論釋)

잡주계(雜住界) 欲界를 말한다. 地獄·餓鬼·畜生·人·天의 五趣가 섞여 사는 世界란 뜻.

잡지(帀地) 帀은 둘린다. 두루란 뜻, 一切의 土地. (正法眼藏 即心是佛)

잡지만천(帀地漫天) 全世界. 全宇宙 (正法眼藏 行持) 帀을 匝으로 한 版本도 있음.

잡지옥(雜地獄) ㊵〈pratyeka-naraka〉 孤地獄과 같음. →孤地獄.

잡지잡해(雜知雜解) 여러가지 妄想分別을 말하는 것. ↔正知正解

잡집론(雜集論) ㊍大乘阿毘達磨雜集論의 異名.

잡촉(雜觸) 여러가지의 觸이 섞여 있는 것. →觸. 이 三界는 苦觸과 樂觸이 相交하고 있다는 것. (筆記)

잡추(雜推) 잘못 推測하는 것. (出三)

잡치(雜厠) 混合됨. 빛을 받아 아름답게 빛남. 섞임. (無量壽經)

잡함(雜含) 雜阿含經의 略稱.

잡행(雜行) 唐 善導가 淨土의 行業에 나아가서 五種의 正行과 五種의 雜行을 判斷하였음. →二行.

잡화(雜華) →雜華經.

잡화경(雜華經) ㊂華嚴經의 異名. 萬行을 華에 비유함. 萬行으로 佛果를 莊嚴함을 華嚴이라 말하고 百行이 交雜한 것을 雜華라 이름하나 그 뜻은 하나임. 華嚴玄談九에 「지금 經은 名稱이 多種으로 같지 않다. (中略) 그 二는 비유에 따라 이름을 붙인 것. 涅槃經과 觀佛三昧經을 雜華經이라 함은 萬行이 交雜하여 緣起를 集成한 것이기 때문이다」하였고, 觀佛三昧經本行品에 「부처님의 實際 相好는 내가 처음 摩伽陀國寂滅道場에서 道를 이루고 普賢·賢首等 모든 大菩薩을 위하여 雜華經 가운데 이미 자세히 分別하였다」하였음.

잡화운(雜華雲) 갖가지 妙華를 뒤섞어 구름의 형체를 만든 것. 觀無量壽經에 「혹은 眞珠網을 만들고 혹은 雜華雲을 만들었다」 함.

장(仗) ㊵〈śastra〉 武器. 劍. (俱舍論)

장(莊) ㊵〈yuvan〉 ㊻〈gshon nu〉 靑年. (中論)

장(狀) 書狀. 行狀등을 말함.

장(章) ㊵〈vākya〉 文章이란 것. 命題. (俱舍論)

장(場) 十一種의 衣界의 하나. 穀物을 處理하는 場所. 즉 假屋. (四分律)

장(張) 한 말을 擴大 誇張한 뜻. 五類의 하나. →五類. (出定後語)

장(將) ①가지다. 지니다. 갖어 오는 것(책 등을). ②바야흐로… 하려고 하는. 未來를 表示함. 將來(將次…오려고 하는). ③對格(accusative)임을 나타낸다. (五敎章) ④取하다. 잡다. ⑤休養하는. 將息堂. ⑥特別한 意味없는 助字.

장(障) 煩惱의 異名. 煩惱가 聖道를 障碍하므로 障이라 함. 大乘義章五本에 「聖道를 障碍하므로 障이라 한다」하였음. →二障·三障·四障·十重障.

장(鄣) 障. 가로막다. 妨害하는 것. 惡業의 煩惱. (眞聖)

장(臧) 稱讚함. 是認함. (上宮勝鬘疏)

장(漿) 쌀을 끓인 汁. 미음. (正法眼藏 洗淨)

장(藏) 蘊積의 뜻. 包含의 뜻. 經典이 文義를 包含蘊積하기 때문에 藏이라 함. 善見律毘婆沙一에 「藏은 그릇이다. 왜 그릇이라 말하는가 그릇은 많은 義를 聚集하기 때문이다」하였고, 大乘義章一에 「包含蘊積을 藏이라 한다」하였으며, 釋摩訶衍論一에 「그 行法을 가지고 뜻에 따라서 잃지 않는 所以를 藏이라 한다」하였고, 玄應音義五에 「梵本에 篋이라 했는데 藏으로 고쳤다」하였음.

장(鏘) 槍. 鋒. 釋尊에 傷處를 준 일이 있다 함. (五敎章)

장가호도극도(章嘉呼圖克圖) 章嘉는 ㊻〈Lcan-Skya〉 또는 張家 章佳等으로도 記錄하며 原來 西藏의 一地方名. 呼圖克圖는 蒙古語〈xutuqta〉 또는 胡土胡圖·胡土克圖라고도 하며 聖者의 뜻. 곧 章嘉呼圖克圖는 章嘉地方의 聖者란 뜻. 또는 章嘉格根〈Lcan-Skya-gegen〉或은 다만 格

根<gegen>(蒙古語 光明者의 뜻)으로 通稱되며 文殊의 化身이라고 말하는 蒙古 二大喇嘛의 하나임.

장간사서상(長干寺瑞像) 阿育王像. 行事 鈔下二에 「長干寺 瑞像은 阿育王의 第四女가 만든 것. 脚趺銘에 이르기를 지금도 京師에 있으며 크게 靈相을 發한다」하였음.

장갑(莊甲) 莊客과 같음. →莊客.

장강(長講) 長期間 他人을 爲하여 經典을 講하는 것. (山家學生式)

장강회(長講會) 期限을 定하지 않고 長期間 어떤 經典을 講讚하는 法會. 大同二(807)年에 最澄이 七人의 碩德에게 各各 法華經 한 卷을 講하게 한 것이 始作이라 함.

장객(莊客) 禪林에서 莊主의 命을 받아 耕作 등을 하는 사람. (禪苑清規 訓童行)

장걸식(長乞食) 十二頭陀法의 하나. 항상 乞食하여 먹고 살며 阿練若에 앉아 음식을 받지 않는 자를 말함.

장겁(長劫) 無限히 긴 時間. 極히 긴 時間. (五教章)

장격(障隔) 障碍. 境界. 간막이란 뜻. (開目鈔)

장견(長見) 훌륭한 見解. (四分律行事鈔 序)

장경(長慶) ①中國 慧稜의 法號(?～932) ②唐나라 穆宗의 年號(821～823)

장경(章敬) 中國 唐나라 때 僧 懷暉(755～815)의 法號.

장경(藏經) 隋書 經籍志記에 梁武帝가 華林園 가운데서 釋氏經典을 總集하였는데 五千四百卷으로 沙門 寶唱이 經의 目錄을 지었다 함. 詳考해 보니 이것은 佛經의 藏의 시초이며 南史 姚察傳에 一藏經을 읽었다는 說이 있고 開元釋經錄에는 五千四十八卷을 列擧했으며 그 후에는 宋·元·明·高麗·日本에서 公的으로나 私的으로 刻板하여 많이는 二十餘副에 이르렀다. 그러나 현존한 것은 많지 않다. 대략 現存한 것을 든다면 ①高麗本인데 六千四百六十七卷으로 이 本이 가장 오래됐으며, ②宋本인데 五千七百十四卷이고, ③元本인데 五千三百九十七卷이며 日本은 天海僧正이 南宋藏을 따라서 六百六十五帙을 翻刻하였음. ④明本인데 六千七百七一卷이며, 明 萬歷年間에 密藏禪師가 當時 北藏(당시 明에는 南北二藏이 있었음)에 의해 처음 刻해서 綴本한 것을 日本 黃蘗山에서 翻刻했으며 清代에는 明本을 重刻하고 또 續藏經九十四函을 刊行했으며, 또 續藏三十函을 日本弘教書院에서 高麗藏에 근거하여 天海本·元藏·鐵眼本을 校合하고 그 나라의 古鈔本을 증가하여 藏經四十帙을 縮印출판했는데 千九百十六部, 八五百三十四卷이었으며, 그 후에 藏經書院에서 또 鐵眼本에 따라 卍字藏經 千六百六十八部와 引續續藏

經 千七百五十七部를 刊行하였다. 최근에는 頻伽精舍의 主人 羅詩氏가 弘教本을 根據로 대략 增減을 더하고 淸에서 刊行한 龍藏과 乾隆續藏千一百二十七卷을 더하여 刊行한 經典이 四十帙, 四百十四册으로 무릇 一千九百十六部, 八千四百十六卷이나 된다 함. →一切經.

장경각(藏經閣) 韓國의 寺院으로 大藏經을 安置해 둔 堂舍. 日本에선 經藏이라 함.

장경도량(藏經道場) 고려 때 성행하였던 法會의 하나. 大藏經을 공양하던 法會로서 顯宗 20(1029)年 4월 會慶殿에서 베푼 뒤, 正宗 7(1041)年 4월에 다시 이 法會를 열고 부터는 1年중 봄, 가을 두 차례에 걸쳐 행하도록 규정하여 고려 말기까지 그대로 실시되었다 함.

장경지(藏經紙) 海鹽金粟寺는 唐宋以來의 古刹인데 藏經千軸을 질긴 黃繭紙에 쓰고 紙背의 每幅마다 적은 紅印을 찍었는데 "金粟山藏經紙"라 하였고 紙의 上間에는 元豊年號가 있어서 宋나라 때의 물건임을 알 수 있다. 이 종이는 본래 黃·白 두 종류를 썼으며 지금은 모조하여 箋對와 斗方등에 쓰며 오직 빛은 黃雜色이다. 이를 藏經箋이라 함.

장과(掌果) 掌中의 菴摩羅果. 物을 쉽게 보는데 비유한 것. 止觀一에 「掌果를 보는 것과 같이 치우치거나 잘못이 없다」하였음.

장과범지(長爪梵志) ㊵〈Dirghana Kha brahmacārin〉 長爪는 그 이름. 梵志는 梵行에 뜻을 둔 外道의 총칭임. 舍利佛의 외삼촌인 摩訶俱絺羅가 누님인 舍利와 같이 이야기하는 자기가 그만 못함을 알고 생각하여 말하기를 "누님의 힘은 아니다. 반드시 지혜로운 아이를 가져 어머니의 입을 통해 표현한 것이다. 태어나지 않고도 그러한데 태어나서 長成하면 어떠 하겠는가" 하고 나서는 교만한 마음으로 論議를 잘하기 위해서 出家해 梵志가 되었다. 南天竺國에 들어가 처음으로 經書를 읽는데 다른 사람이 묻기를 "그대는 무슨 經을 읽고자 하는가" 長爪가 대답하되 "十八種의 大經을 모두 읽고자 한다" 다른 사람들이 말하기를 "그대의 壽命이 다하도록 읽어도 오히려 하나도 얻지 못할 것인데 더구나 능히 다 읽을 수 있겠는가" 長爪가 스스로 맹서해 말하기를 "내가 손톱을 깎지 않고 꼭 十八種의 經을 모두 읽겠다" 사람들이 손톱이 자라는 것을 보고 號을 長爪梵志라 하였다. 이윽고 학문을 이루고 나서는 다른 論師들을 꺾고 本國에 돌아와 누님의 자식 낳은 일을 물었더니 말하기를 "그의 나이 十六세에 이르러 論議가 일체를 이겼으며, 釋迦種族의 道人이 머리를 깎아 제자를 삼았다" 長爪가 그 것을 듣고는 바로 부처님께 나아가 말하기를 "瞿曇이시여, 나는 일체法을 받지 않겠읍니다" 부처님이 長爪에게 묻기를 "네가 일체 법을 받지 않는다 말했는데 이 見도 받지 않겠는가"하니 그가 말하기를 "이 見을 내가 받는다면 내 말과 서로 어긋나게 된다" 하고 바로 대답하기를 "일체 법을 받지 않는다고 했으니 이 見도 또한 받지 않겠읍니다" 부처님이 말씀하시기를 "네가 일체 법을 받지 않고 이 見도 또한 받지 않는다면 받은 것이 없으니 衆人과 다를 것이 없는데 무엇을 가지고 스스로 뽐내며 교만함이 이 같은가" 長爪가 대답하지 못하고 스스로 부족함을 깨닫고는 부처님을 믿는 마음이 생겼다. 부처님이 그를 위하여 법을 설하시고 그의 邪見을 끊으시니 그가 즉시에 聖果를 얻었다 함. 大日經疏二에 「長爪梵志라」 하였음.

장광(掌光) 道昂이 慧解를 일찍 이루어서 掌中에 항상 光明이 있어 燈燭을 필요로 하지 않았다 함.

장광설(長廣舌) 부처님의 說法.

장괴(張乖) 乖張과 같은 말. 어긋남.

장교(藏教) 化法四教의 하나. 곧 三藏教. 經·律·論의 三藏으로 말한 小乘教. 좁은 世界觀에 依止하여 얕은 教理를 말하고 分析하여 비로소 萬物이 本來 있는 것이 아님을 알게 되는 析空을 根本思想으로 하는 教를 말함.

장교사문(藏教四門) 藏教에는 析空觀을 함께 닦아 偏眞의 理를 證한다. 이에는 四門이 있다. ①有門. 有部宗(옛 날에는 毘曇宗이라 함)을 말함. 三世에 實有한 法體가 항상 있기 때문이며, ②空門. 成實宗을 말함. 三假를 세워 我·法의 둘이 空하기 때문이다. ③亦有亦空門. 毘勒論을 말함. 實有와 空理를 雙照하기 때문이며, ④非有非空門. 那陀迦旃延經을 말함. 有·空의 雙이 잘못이기 때문이다. 毘勒論·迦旃延經은 中國에 오지 않했으므로 智度論에 의하여 안다 함. →止觀六等.

장교칠계(藏教七階) 藏教菩薩이 修行하는 階級에 七階가 있음. ①四諦의 경계를 관찰하여 四弘誓願을 發하는 것. ②阿僧祇劫에 六度의 行을 닦아 本願이 만족함을 얻는 것. 이 것이 三祇修六度가 된다. ③百劫中에 모든 相好를 심고 百福의 德을 써서 相好를 이루고 三二相이 具足함에 이르면 몸의 장엄함을 얻는다. 이 것이 百劫種相好가 된다. ④世尊이 因位에 계실 때와 같이 多數의 善根을 修行하여 六度相이 圓滿한 것. ⑤神處菩薩이 되어 도솔천으로 降生하며, ⑥生·老·病·死의 괴로움을 싫어하여 出家하고 入山修道 하기 위해 降神出

家한 것. ⑦菩提樹下에서 魔軍을 降服받고 安坐不動하여 佛道를 成就한 것. 菩提樹下에서 成道함.

장구(章句) ㉵〈nirukti〉 語句.

장구(葬具) 葬儀에 必要한 道具.

장군점향(將軍拈香) 日本의 禪林에서 征夷大將軍을 爲하여 燒香한 것.

장군죽비(將軍竹篦) 절의 큰 방 於間 문설주에 걸어두는 長尺. 대중의 行坐와 位列을 바르게 하는 것인데 時俗에서 이것을 將軍竹篦라 함은 잘못된 말.

장궤(長跪) 양쪽 무릎을 땅에 대고 양쪽 정강이를 허공에 오르게 하며 양쪽 발의 指頭로 땅을 버티고 몸을 빼어 선 것. 經文에는 혹 胡跪라 말함. 부처님이 丈夫을 互跪하게 하고 比丘尼 무리는 長跪케 하였다. 女子는 몸이 약하므로 長跪하게 하니 互跪에 비교하여 쉽기 때문이다. 釋門歸敬儀下에 「스님은 장부라 剛幹하게 설수 있으므로 互跪를 제정하였고, 비구니는 약한 여자로 괴로움이 들면 쉽게 피로하므로 長跪케 하였다. 양쪽 무릎을 땅에 대고 양쪽 정강이를 허공에 들며, 두쪽 足指頭를 땅에 버티고 몸을 빼어 서는 것이다」하였고, 寄歸傳一에 「長跪라 말하는 것은 양쪽 무릎으로 땅에 걸터 앉자 양쪽 발을 세워 몸을 지탱하는 것이니, 옛 날에 胡跪라고 말한 것은 잘못이다. 五天竺이 모두 그런데 어찌 유독 胡라 말하는가」하였고, 釋氏要覽中에 「長跪는 양쪽 무릎을 땅에 붙이는 것인데 또한 먼저 우측 무릎을 내리는 것이 禮가 된다」하였음.

장궤합장(長跪合掌) 長跪는 兩膝을 땅에 붙이는 禮法. 合掌은 十指를 合하여 앞으로 내밀고 목을 굽히는 禮法. (十誦律)

장난(障難) ㉵〈paripantha〉 妨害.

장내상하(場內床下) 道場內. (明惠遺訓)

장노(長老) 道高臘長한 比丘를 通釋한 것. 마치 長老舍利弗·長老須菩提等이라 함과 같다. 漢書外戚傳에 「近世의 일은 말이 항상 長老의 귀에 있다」하였고, 增一阿含經에 「阿難이 世尊에게 고하기를 "어떻게 比丘가 名號를 自稱할 수 있읍니까" 世尊이 말씀하기를 "小比丘는 大比丘를 向하여 長老라 稱하고, 大比丘는 小比丘의 名字를 부른다」하였고, 十誦律에 「부처님이 말씀하기를 "지금으로 부터 下座의 比丘는 上座를 長老라 말해야한다" 이 때에 다만 長老라고만 부르기 불편하니 부처님이 말씀하기를 지금 부터는 長老某甲이라 부르도록하여 長老舍利弗·長老目犍連이라 부르는 것과 같이하라」하였고, 金剛經 纂要上에 「長老란 德長年함을 말하니 번역하여 具壽라 한다. 壽는 곧 命이며 魏譯에는 慧命이라하고 慧로써 命을 삼는다」하였음. 또는 職位니 禪家에서 住持僧을 長老라 하였으며, 勅修清規住持章에 「처음 그 스승을 받들어 住持를 삼고 그를 존대해서 長老라 말한다」하였고, 祖庭事苑에 「지금 禪宗의 住持는 반드시 長老라 부른다」하였으며, 行事鈔下二의 二에 「毘尼母가 이르기를 「五十夏가 이미 지나면 일체 沙門과 國王이 尊敬하니 이가 耆宿長老다」하였음.

장뇌(障惱) ①梵〈āvaraṇa〉 妨害하며 괴롭히는 것. (百五十讚)

장단(長短) 梵〈dirgha-hrasva〉 긴 것과 짧은 것.

장단(障斷) 梵〈āvaraṇa-kṣaya〉 障碍를 斷切하는 것.

장단멸(障斷滅) 梵〈āvaraṇa-prahāṇa〉 障斷과 같음.

장대(長大) 成人이 되는 것. 어른이 되는 것. (法王帝說)

장대치(障對治) 梵〈vipakṣa-pratipakṣatā〉 障碍를 對治하는 것.

장도(將導) 梵〈nayana〉 引導하는 것. (中邊分別論)

장도(障道) 巴〈antarāya〉 修道를 妨害하는 것. 佛道修行의 障碍. (隨聞記)

장도법(障道法) 巴〈antarāy; kā dhammā〉(五分戒本) 道를 障碍하는 것을 다스리는 法을 말함.

장도인(將導因) 梵〈upanaya-hetu〉引導하여 가는 原因. (眞諦譯에는 將因이라 함)

장도인연(障道因緣) 佛道의 障碍가 되는 事項. (正法眼藏 谿聲山色)

장두(醬頭) 叢林에서의 된장·간장類의 布施. 寄進을 檀越에 請하는 職分. (禪苑清規 監院)

장두백해두흑(藏頭白海頭黑) 話어느 僧이 馬祖에게 묻기를 "四句를 떠나고 百非를 끊고 請하오니 스님께서 저에게 西來意를 바로 가르쳐 주소서" 馬祖 "내가 오늘은 疲困해서 말할 수 없으니 智藏에게 가서 물으라" 僧이 智藏에게 물으니 智藏 "어째서 和尙에게 묻지 않는가" 僧 "和尙께서는 스님에게 가서 물으라 합디다" 智藏 "내가 오늘 머리가 아파서 말할 수 없으니 海兄에게 가서 물으라" 懷海에게 물으니 懷海 "나는 그것에 대해서는 알지 못하노라" 僧이 다시 馬祖에게 가서 그 事緣을 말하니 馬祖 "智藏의 머리는 희고 懷悔의 머리는 검다"라고 하였음.

장두하(葬頭河) 十王經의 妄說에서 나온 것. 그 文에 「葬頭河는 굽다. 첫 江邊에서 건너는 곳에 官廳이 서로 連이어져 있다. 앞에 있는 大河가 곧 葬頭河이며 亡人을 보고 건내주는 곳을 奈何津이라 한다. 건너는 곳이 세군데 인데 ①山水瀨 ②江深淵 ③有橋渡다」하였음.

장두하파(葬頭河婆) 十王經의 妄說로 葬頭河의 주변에 奪衣婆가 있어

亡人의 옷을 빼앗는다고 말한 것. 文에 「官前에 大樹가 있는데 이름을 衣領樹라 하며 그림자에 두 鬼神이 머물러 있는데, ①奪衣婆이고 ②懸衣翁(中畧)이다. 婆鬼는 옷을 빼앗고, 翁鬼는 가지에 달아맨다」 하였음.

장등(長燈) 부처님 앞에 불을 켬.

장등시주(長燈施主) 부처님 앞에 불켜는 기름을 시주함.

장래(將來) ①未來와 같음. (上宮法華疏) ②가져 온다.

장래세(將來世) 未來世와 같음. (단來世를 뜻하는 것은 아니다) →未來世. (摩訶止觀)

장련상(長連牀) 또는 長連榻. 禪寺의 僧堂에 놓여 있는 길고 큰 牀座. 그 한 牀에 五·六人에서 十人정도가 앉을 수 있음.

장련탑(長連榻) 長連牀과 같음. →長連牀.

장렴(葬斂) 葬式과 같음. →葬式.

장례(葬禮) 사람의 죽음을 葬事지내는 禮式. →葬式.

장로(長路) 時間이 걸리는 길이라는 뜻인데 小乘을 가리킴. (出三)

장로게(長老偈) 巴〈There-gatha〉 巴利의 小部經〈Khud〉중의 하나. 佛弟子中에서 長老가 頌한 偈를 收集한 것. 처음에는 序偈三頌이 있고, 다음에는 本文 頌數에 依하여 一偈集 또는 大集의 二十一集으로 나누어졌다. 總 一二七九頌으로 되어 있음.

장로니게(長老尼偈) 巴〈Theri-gatha〉 弟利伽陀. 巴利小部經〈Khuddaka-nikaya〉의 하나. 佛弟子中에서 長老尼等이 頌한 偈言을 收集한 것. 頌數에 依하여 一偈集 또는 大集의 十六集〈nipata〉으로 나누어지며 總五二二頌이 있음.

장록(獐鹿) 사슴의 一種. 不孝한 動物이라고 함. (安國論)

장론(藏論) 巴〈petakopadesa〉 摩訶迦旃延〈Mahakaccayana〉지음. 十六範疇·五方法·十八根本句等을 中心으로하여 巴利三藏 特히 經藏의 所說을 解釋한 것. 巴利語로 記述되어 있다. 總八章으로 되어 있음.

장륙(丈六) 身長이 一丈六尺, 이 것은 普通 化身佛의 身量임. 佛說十二遊經에 「調達은 身長이 丈五四寸이고 부처님 身長은 丈六尺이고 難陀는 身長이 丈五四寸이며 阿難은 身長이 丈五三寸이며 그 貴姓인 舍夷는 一丈四尺이고 그 나머지 나라는 다 長이 丈三尺이다」하였고, 行事鈔下에 「明了論에 말하기를 사람의 몸 길이는 八尺인데 부처님은 그 것을 倍로해서 丈六이다」하였고, 業疏四上에는 「부처님은 사람의 倍가 된다. 사람의 길이는 八尺이며 부처님은 丈六이니 모두 周尺에 의한 것이며 그로써 律·呂를 定한다」하였고, 觀無量壽經에 「阿彌陀佛은 神通이 如意하여

十方國에서 變現을 자유로이 하시며, 혹은 큰 몸이 허공에 가득함을 나타내며, 혹은 적은 몸 丈六이나 八尺을 나타낸다. 나타낸 형상은 모두 眞金色이다」하였음.

장륙(藏六) 거북이 六處를 숨겨서 野干의 難을 免한 것을 比丘가 六根을 간직하여 魔害를 免한 것에 비유함. →龜藏六.

장륙금신(丈六金身) 佛身을 말함. 傳燈錄에 「西方에 부처님이 계시니 그 形像이 丈六이며 黃金色이다」하였고, 北史에 「때에 蜀沙門 法成이 僧 數千人을 거느리고 丈六金身을 鑄造하였다」 함.

장륙당(丈六堂) 丈六의 阿彌陀佛을 安置한 堂.

장륙불신(丈六佛身) ①一丈六尺의 佛身. 應身佛인 釋尊의 身長이다. →丈六. ②天台敎學에서 말하는 劣應身을 뜻함.

장륙상(丈六像) 一丈六尺의 佛像이라는 뜻. 부처님 當時의 사람들의 키는 八尺. 부처님은 그 곱인 一丈六尺이었다 한다. 이것은 周尺으로 부처님 等像을 彫刻하거나 幀畵를 그리는 데는 娑婆世界의 키에 依할 것이므로 옛부터 佛像의 높이를 一丈 六尺으로 한 것은 이러한 까닭이다. 만일 이것을 坐像으로 한다면 立像의 五分의 三, 곧 八尺정도가 될 것이다. 이것도 丈六像이라고 함.

장륙신(丈六身) 佛身이란 뜻. 釋尊은 뛰어나게 거룩하여 人間의 身長 八尺(周尺)에 對하여 그 倍量인 一丈六尺이였다고 하므로 釋尊을 가리켜 丈六身이라 함. (典座敎訓)

장륙존특합신불(丈六尊特合身佛) →勝應身.

장륙팔척(丈六八尺) 佛身은 서서 一丈六尺, 앉아서 八尺이 된다고 하므로 佛身을 意味함. (正法眼藏有時)

장륙팔척수기현형상 (丈六八尺隨機現形像) 서서 一丈六尺, 앉아서 八尺이라는 佛의 形象. 사람들의 素質(機)에 따라 나타난다는 뜻. (改邪鈔)

장리(長吏) 長官이란 뜻. 座主·檢校·別當의 異稱. 中國에서는 옛부터 一種의 官名으로 使用되었다. 日本에서는 僧職의 名稱으로 使用하여 三井園城寺·勸修寺·橫川楞嚴院 등의 首長의 呼稱으로 되었다. 特히 園城寺의 長吏를 三井長吏·寺門長吏라고 부름.

장리(藏理) 如來藏의 實理를 말함. 止觀十에 「實相이 곧 如來藏인데 無量한 客塵이 이 藏理를 덮었으므로 恒沙法門을 닦아야 청정한 性이 나타난다」하였음.

장림(杖林) 外道가 竹杖으로 부처님의 身量을 헤아린 것. 西域記九에 「佛陀伐那山의 빈 골짜기 가운데서 동쪽으로 三十餘里를 가면 洩瑟知

林에 이른다. 唐言으로는 杖林이라 한다. 대나무가 길고 견고하여 산을 덮고 골짜기에 가득하였다. 옛날에 婆羅門이 釋迦부처님의 身長이 丈六이라 함을 듣고 항상 의혹을 품고 믿지 않았다. 이에 丈六의 竹杖을 가지고 佛身을 헤아리고자 했는데 항상 지팡이 끝이 丈六을 지나게하여 재는 것 보다가 더 높게하여 실제를 재지 못하고 마침내 지팡이를 던져 버리고 떠났는데 그로 인하여 種子가 뿌리를 내렸다」하였음.

장멸과(障滅果) 梵〈vipakṣa-phala〉 障을 滅한다고 하는 結果.

장명등(長命燈) 長明燈. 또는 長合燈이라 하며 長命을 기원하는 뜻.

장명등(長明燈) 또는 續明燈·無盡燈이라 하며 佛前에 밤·낮으로 항상 밝히는 燈이다. 五百이 묻기를 「부처님의 광명을 계승하면 낮에라도 끌 수 있읍니까" 대답하기를 "안된다. 만약 끄면 犯罪에 떨어진다"」하였고, 勅修淸規 亡僧에 「밤에는 長明燈을 밝힌다」하였으며, 劉餗의 隋唐 嘉話에 「江寧縣寺에 晋의 長明燈이 있는데 세월이 오래되어 불빛이 푸른 색으로 변하여 뜨겁지 않았다. 隋文帝가 陳을 평정하고 그 옛것을 맞이해 지금까지 남아 있다」하였음. 살펴보니 晋으로 부터 唐에 이르기 까지 五百餘年이나 되었으니 오래되었다고 말할만하며 日本의 出雲大社에서는 地神氏 때에 長明燈이 있었는데 지금 거의 三千年이나 되었으니 천지간에 아마도 다시는 이 燈보다 오래된 것은 없을 것이다 함.

장무(庄務) 절이 가지고 있는 莊園의 事務.

장물(長物) 비구가 한 몸에 資持하는 모든 도구를 三種으로 나누는데 ①六物. ②百一資具. ③長物임. 이 가운데 六物은 制門에 속하며 三根의 사람에게 通用되니 반드시 受持해야 하고, 百一이하는 聽門에 속하며, 中根의 사람은 다만 六物을 감당하지 못하므로 百一資具를 受持함을 許落하고 下根의 사람은 六物과 百一資具를 감당하지 못하므로 다시 長物 畜積을 허락한다. 長物이란 많이 남은 衣鉢·藥과 金·銀·쌀·곡식등인데 그것을 축적한 자는 마땅이 淨施法을 행해야 하며 만일 이 법을 행하지 않고 축적하면 捨墮罪를 犯함. 行事鈔下一에 「薩婆多에 말하기를 百一物에 각각 하나는 축적해도 되지만 百一이외에는 모두 長物이며 만일 보배 같은 것이 百一物의 數에 들어감은 반드시 說淨을 하지 않아도 되며 나머지 일체 그릇과 그릇아닌 것 하나밖에는 모두 說淨을 지어야 한다」하였음.

장미노목(張眉怒目) 눈썹을 낚아 올리고 눈을 치켜 올리는 것. 거친

指導方法. (正法眼藏 行持)

장미사문(長眉沙門) 곧 長眉僧을 말함.

장미승(長眉僧) 賓頭盧尊者. 尊者가 긴 壽命을 보존하여 세상에 머물렀는데 눈썹이 길기 때문에 長眉僧이라 함. 雜阿含經二十三에 「때에 王이 尊者賓頭盧를 보니 머리 털이 하얗고 辟支佛의 體였다. 頭面으로 禮足하고 長脆合掌하여 (中略) 말하기를 尊者는 世尊을 보셨읍니까. 三界가 높히 우러러 보는 분입니다」하니, 때에 尊者賓頭盧가 눈썹을 쓸고 王을 보면서 말하기를 「나는 如來를 보았는데 세상에서 類를 비교할 수가 없었읍니다」하였고, 祖道載七에 「道安이 매양 經義의 疏를 쓸 때 반드시 聖證을 구하였다. 하루는 龐眉尊者가 내려옴을 느끼고 安이 지은 것을 내어 보니 그와 같았다」하였으며, 僧史畧上에 「南山 宣律師가 法을 詳考하여 壇을 세웠는데 長眉僧(即賓頭盧尊者)이 感應하여 隨喜讃歎하였다」 함.

장발(杖鉢) 중이 가지고 다니는 錫杖과 食鉢. 또는 그것을 가지고 다니는 중.

장발(長鉢) 比丘가 한 개의 鐵鉢 外에 다른 鐵鉢을 가지는 것을 長鉢이라 함. 비구가 만일 長鉢을 얻었다면 十日 이내에 不得不 淨施法을 지어야 한다. 만일 짓지 않고 十日이 경과하면 罪가 長衣와 같다 함.

장발과한계(長鉢過限戒) 二百五十戒中三十捨墮의 하나. 長鉢을 얻으면 반드시 十日이내에 淨施의 戒法을 行하여야 한다. 만일 行하지 않고 十日의 한도가 지나면 捨墮罪를 짓는다 함. (行事鈔中)

장발범지(長髮梵志) 梵志의 頭髮이 긴 것. 伽耶山頂經에 「大比丘의 무리 一千人으로 함께 하였는데 그들은 전에 모두 長髮梵志 였다」하였음.

장발승(長髮僧) 머리털을 길게 기른 중.

장법(葬法) 印度의 葬法에 三種과 四種이 있는데 ①三種이란 (1)火葬 (2)水葬 (3)野葬이며 ②四種이란 (1)火葬 (2)水葬 (3)土葬 (4)林葬임. 西域記二에 送終殯葬에 그 儀式이 셋이 있다. (1)火葬. 나무단을 쌓고 불로 태우는 것이며, (2)水葬. 흐르는 물에 던져 沈流漂散케 함이며, (3)野葬. 숲 속에 버려 짐승이 먹게하는 것이다」하였고, 毘奈耶雜事十八에 「부처님이 말씀하시기를 比丘의 몸이 죽거던 供養하게 해야한다」苾芻들이 알지 못하여 "어떻게 供養합니까" 부처님이 말씀하시기를 "火葬해야 한다. (中畧)"하셨다. "태우고자 하나 나무를 얻지 못하면 어떻게 합니까" 부처님이 말씀하시기를 "강 속에 버려도 된다. 만일 강이 없으면 땅을 파고 묻으라"하셨고, 여름에는 땅이 습하고 벌레·개미가 많이 있었다. 부처님이 말씀하시기를 "숲이 조밀하지 않고 깊은 곳에 머리를 북쪽으로 하고 우측 옆구리로 눕게 하고 풀이나 볏단으로 머리를 비게 하고 풀이나 잎으로 그 위를 덮으라"하였고, 行事鈔瞻病送終篇에는 「中國에 四葬이 있는데 水葬은 흐르는 江에 던지고 火葬은 불로 태우고 土葬은 언덕곁에 매장하고 林葬은 숲 속에 버려 鵰·虎가 먹게 한다 하였고, 律中에는 火·林 二葬을 밝힌 것이 많으며, 또한 蘊가 있는데 五分에 이르기를 屍體를 蘊하는데 돌 위에서 불로 태우고 풀 위에 안치해서 안된다」하였고, 中國에도 또한 四蘊의 說이 있다. 列子에 「晏平仲이 말하기를 죽고나면 어찌 내가 있겠는가, 태워도 또한 되며 물에 던져도 또한 되며 땅에 묻어도 되며 땅 위에 버려도 또한 된다」하였음.

장벽(牆壁) 牆은 담. 壁은 벽. 土塀을 意味할 때도 있다. 微動도 하지 않는다는 뜻. (禪源諸詮集都序)

장벽와력(牆壁瓦礫) ①牆(垣)·壁·瓦·礫(石)이란 것. 둘러 싼 壁과 기와와 자갈. ②變하여 이 넷을 象徵的으로 宇宙의 現象 一切를 意味함. (正法眼藏 佛性)

장복의(章服義) ㊂ 釋門章服義의 略稱. 道宣지음.

장본(張本) 일의 發端되는 根源.

장부(丈夫) ㊵〈puruṣa〉 男子의 義稱으로 六根이 完全한 男子를 가리킴. 본래 키가 一丈(十尺)이 되는 男子를 사람가운데 가장 훌륭한 사람이라고 하는 것이나, 佛性의 理致를 깨달은 이도 丈夫라 하며 이러한 뜻으로는 女子도 丈夫라고 할 수 있다. 또 부처님을 大丈夫라고 함은 사람가운데서 英雄이며 가장 殊勝한 분이라는 뜻이다. 또는 勇猛健實한 사람으로 正道 修行에 勇進하여 물러서지 않는 사람을 가리킴.

장부(臧否) 吉凶. 좋고 나쁨. (出三碧巖錄)

장부국(丈夫國) 北印度에 있는 天親菩薩이 태어난 나라 이름. 婆藪槃豆傳에 「婆藪槃豆法師는 北天竺 富婁沙富羅國 ㊵〈Purusapura〉 사람인데 富婁沙를 번역하면 丈夫가 되고 富羅를 번역하면 土(中畧)가 된다. 毘搜紐天이 이 땅에 居하고 나서 丈夫의 能力을 나타냈으므로 이로 인하여 丈夫國이라 함.

장부배(丈夫拜) 女人拜를 말하는 것. 異說이 매우 많지만 다만 普通으로는 座拜라 함.

장부지간(丈夫志幹) 意志가 强固하고 용맹한 자가 永劫의 修行을 堪忍하여 德을 쌓아 맹렬히 進趣하는 菩薩을 가리킴. ↔尫弱·怯劣.

장부판관(掌簿判官) 神名. 禪院에 있는 伽藍. 土地의 守護神의 하나. 帳簿를 맡아서 善惡을 判別하는 神

이라 하여 이렇게 부름.

장사(壯士) 힘이 있는 사람. (俱舍論)

장사(葬事) 葬式과 같음. →葬式.

장사(藏司) 一大佛敎叢書인 大藏經을 모신 經藏을 管理하는 사람인 藏主가 사는 집을 말함. 사람은 藏主라 한다 함.

장사방초낙화(長沙芳草落花) 話또는 長沙遊山 長沙一日遊山 長沙遊山來라고도 한다. 즉 長沙의 景岑이 봄날 芳草落花를 좇아 遊山하는 이야기에 붙이어 遊戲三昧의 妙境을 商量한 것.

장삼(長衫) 法衣의 하나. 웃 옷인 偏衫과 아랫 바지인 裙子를 위 아래로 합쳐 꿰맨 法服. 중국에서는 直綴이라 함.

장삼의(藏三義) 第八阿賴耶識을 藏識이라 부르는데 세가지의 뜻이 있다. ①能藏. 第八識이 능히 物·心 萬法의 種子을 自識안에 藏置하였음을 말함. 種子가 所藏임에 대하여 이것은 藏하고 있는 能藏. ②所藏. 第八識이 前七識을 위하여 각각의 種子를 熏하여 장치하는 바가 됨을 말함. 곧 前七識이 能藏임에 대하여 이것은 所藏. ③執藏. 第八識은 끊임 없이 항상 相續하여 常一主宰인 實我와 비슷하므로 第七末那識에 依하여 항상 我라고 執着함이 되는 까닭이다. 곧 第七識의 能執藏에 대한 所執藏의 뜻.

장삼이사(張三李四) 張家의 三男. 李家의 四男. 平凡한 사람이란 뜻. (祖堂集 洞山傳)

장상(長想) 梵〈vipratisāra〉 西〈yid la gcags pa〉 오래도록 마음에 걸리는 것. 後悔.

장생(長生) 極樂의 壽命. 無量壽經下에 「어찌 世事를 버리고 부지런히 실천하여 道德을 구하며 極한 長生을 얻어서 壽와 樂이 끝남이 없다」하였고, 또 말하기를 「어찌 衆事를 버리고 각각 강건할 때에 노력하여 부지런히 善을 닦아 精進하여 세상을 제도하기를 원하여 長生의 極을 얻지 않겠는가」하였으며, 敎行證信에 「마음을 믿는 자는 곧 長生不死의 神方이다」하였음.

장생(將生) 바야흐로 생기려하는 中有의 有情. (瑜伽論)

장생고(長生庫) 長生錢을 貯藏하는 창고. 지금 世俗에서는 典當을 長生庫라 부름. 老學菴筆記에 「지금 僧寺에서 걸핏하면 庫를 지어놓고 錢으로 이익을 취하는 것을 長生庫라 말한다. 梁甄彬이 일찌기 苧(모시)를 지고 長沙寺庫에 가서 質錢을 쓰고 뒤에 돈을 갚고 苧를 찾으니 그 묶음 속에서 金五兩이 나왔으므로 돌려 주었다」하였는데 이 일은 이미 오래된 것임.

장생부(長生符) 부처님의 敎法을 仙道에 비교하여 長生符라 稱함. 提謂經에 「죽지 않는 땅을 얻고자 한다면 長生符를 차야하고 죽지 않는 약을 복용하며 長樂의 印을 지녀야 한다」하였고, 法華玄義十에 「長生符란 곧 三乘法을 말한다」하였음.

장생불단(長生不斷) 梵〈avyucchinn-a〉 길이 繼續되어 끊어지지 않는 것.

장생불사지신방(長生不死之神方) ①長生을 圖謀하는 術. ②永遠한 生命을 獲得하는 不思議한 方法. (敎行信證 信卷冒頭) 心言으로 不測함을 神이라 한다. 方은 術로 길이라는 것. 長生不死의 不思議한 길. (圓乘) 人間으로 하여금 長生不死케 하는 妙方. (香月)

장생전(長生錢) 無盡財의 다른 이름. 또는 庫質錢이라고도 한다. 저당물을 잡고 利子를 정하여 빌려주는 절의 돈.

장생탑(長生塔) 生存中에 세워두는 石塔. 永久히 傳할 것을 目的으로 함.

장석(掌石) 바다 밑에 掌石이 있는데 微塵만큼 평평하지 않음이 없으므로 經中에는 그것을 國土가 平正한데 비유함. 法華經 五百弟子授記品에 「땅이 평탄하기가 손바닥과 같다」하였고, 法華文句七에 「經에 곧 掌과 같다 하고 手掌이라 말하지 않은 것은 手掌이 평탄하지 못하면 인용할 수가 없기 때문이며, 바다 밑에 있는 돌을 掌이라 하는데 이 돌은 微塵만큼도 평탄치 않음이 없으니 類가 法掌과 같음을 알 수 있다」하였음.

장성(匠成) 匠人이 물건을 마음대로 다루어 집을 짓고, 연장을 만들듯이 스승이 弟子를 잘 지도하여 成就하게 함을 말한다. 匠은 옛날의 有名한 조각사(대목)인 匠石(字는 伯)이란 사람을 말함. 뒤에는 工匠의 뜻으로 쓰였음.

장성(長成) 萬物이 成長하는 것. (維摩經玄疏)

장세(長世) 久長한 세상. 行事鈔上一에 「後世를 잘못 引用하면 罪가 長世에 흐른다」하였음.

장소(章疏) ①篇章을 나누어 法門을 論한 것을 章이라 함. 大乘義章·法苑義林章等과 같음. 經論을 全部 해석한 文句를 疏라한다 하며, ②述記·義記等이라 稱함. 寄歸傳四에 「經 典 章 疏를 모두 분별하지 않고 經藏에 편입하여 四方僧이 함께 읽을 수 있게 한다」하였음.

장송(葬送) 죽은 사람을 葬處에 보내는 것. 佛滅度後棺斂葬送經에 「내가 滅度한 후에는 梵志가 있어 집을 다스리고 禮를 극진히 하여 葬送할 것이다」하였음.

장송염불(葬送念佛) 念佛이 自己의 往生을 爲하여 流行하게 되고, 그것이 亡靈追薦의 手段으로 採用하게 되었다. 病者가 숨을 거둘 前後 念佛僧이 와서 臨終念佛을 부르거나 驗者(加持祈禱하는 者)의 代身

으로 念佛하는 僧이 奉仕해 주거나 한 것.

장수(長水) 宋 秀州 長水의 子璿 字는 仲微. 號는 長水. 華嚴으로 宗을 삼음. 처음에는 本州 洪敏法師에 의하여 楞嚴經을 배우고 후에는 瑯瑘山 慧覺禪師께 參禮하고 割然大悟하여 그의 法을 잇고자 하니 瑯瑘가 말하기를 "너의 宗風이 떨치지 못한지가 오래다. 마땅히 뜻을 가다듬고 扶持하여 부처님의 恩德에 보답하고 다른 宗派에 介入하지 말라"하였다. 곧 두번 절하여 가르침을 받았다. 뒤에 長水에 머물며 賢首의 宗으로써 楞嚴經等의 疏를 지었는데 모두 세상에 流行하였다 함. (五燈會元十二)

장수(長壽) ①長生. (九橫經) ②佛의 목숨이 긴 것. (華嚴經)

장수(張手) 搩手와 같음. →搩手.

장수(漿水) ①漿은 끓였다가 식힌 물(名義抄). 물을 한번 끓였다가 식혀서 飮用으로 한다. 道中의 飮料. (正法眼藏 佛性) ②쌀뜨물. (典座敎訓) ③간장.

장수(醬水) 쌀을 씻은 흰 물. 쌀 뜨물. (永平大淸規) 진한 물. 濃水也 (聞解) 간장.

장수멸죄경(長壽滅罪經) 佛說長壽滅罪護諸童子陀羅尼經의 略稱. 줄여서 長壽經이라고도 함. 罽賓國 佛陀波利가 번역.

장수법(長壽法) 阿字의 數息觀으로 長壽를 成就함.

장수왕(長壽王) 부처님이 지난 옛날에 長壽王이 되어 布施를 널리 행하였는데 이웃 나라의 貪王이 와서 攻擊하므로 더불어 싸우지 않기로 맹서하고 長生太子와 함께 도망하였다. 후에 가난한 사람이 와서 왕의 몸을 구걸하므로 민망히 여겨 그를 따라 貪王을 보았는데 貪王이 즉시 그를 죽였다. 죽음을 당할 때에 長生太子에게 遺命하기를 삼가 원한을 보복하지 말라 하였는데 太子가 遺命을 받들어 곧 보복을 그만 두었다 함. →佛說長壽王經·中阿含十七·長壽王本起經.

장수왕경(長壽王經) ㊀一卷. 譯者未詳. 長壽王의 因緣을 說한 것.

장수제일(長壽第一) 오래 산 弟子. 增一阿含經三에 「나의 聲聞中에 第一比丘는 壽命이 極長하여 中間에 夭死하지 않았다. 이는 婆薄羅比丘를 말한다」하였음.

장수천(長壽天) ㊀天人의 長壽者를 말함. 色界第四禪인 無想天의 壽命은 五百大劫이 되는데 이 것이 色界天의 가장 長壽가 되며 無色界의 第四處인 非想·非非想天은 八萬劫으로 이 것이 三界의 最長壽임.

장순(將順) 弟子의 依賴를 받아 스승에게 같이 가서 이것을 懺悔시키기 爲하여 仲介의 勞를 取하는 것. (四分律)

장시(長時) ①㊵⟨ākṣatah⟩ 間斷없이

끊어지지 않는 의뜻. 恒常이란 뜻. (眞聖) ②梵〈dirgha-kāla〉 梵긴 時間. (修證義)

장시간무(長時間無) 끊어진 사이가 없는 (無間). 無限이 긴 時間. (碧巖錄)

장시수(長時修) ①四修의 하나. 三大阿僧祇劫의 오랜 歲月을 게으르지 않고 修行하는 일. ②四修의 하나. 一生동안 阿彌陀佛께 禮拜하고 念佛하여 목숨이 마칠 때까지 그치지 아니함. →四修.

장시최승(長時最勝) 梵〈āyatatva-paramatā〉 西〈yun rin ba dam pa〉 菩薩의 十種修行(十波羅蜜)이 가장 뛰어 난 理由의 하나. 菩薩은 긴 時間(三阿僧祇劫)에 걸쳐 修行하는 點에서 가장 뛰어나다고 함. (辯中邊論)

장식(長食) 많이 남은 食物. 行事鈔中一에 「僧祇에 말하기를 만일 僧家의 長食을 가지고 房에 돌아가면 偸蘭罪가 된다」하였음.

장식(將息) 休息. (臨川家訓)

장식(葬式) 佛家의 葬禮儀式. 본래는 後分涅槃經과 淨飯王泥洹經等에 說한 것과 茶毘耶雜事에 說한 亡僧葬法에 의한 것임. →葬法. 後世에 이르러서는 諸宗이 각각 다른데 오직 禪宗典例가 가장 자세하고 정밀하다. 지금 그 大要를 기록하면 僧이 죽으면 먼저 죽은 사람을 목욕시키고 목욕시킨 다음으로 옷을 입히고 침실에 눕혀두고 入龕하는 佛事를 行한다. 그 두번째는 밤에는 밤새도록 經을 독송하고 다음에 入龕한다. 세번째 날에는 침실에서 龕을 옮기는 佛事를 行하여 法堂으로 옮긴다. 法堂에 옮긴 뒤에 鎖龕佛事를 行하고 龕의 덮개를 닫는다. 이 때에 擧哀하는 의식과, 茶湯을 드리는 佛事를 행하고 다음에 龕을 옮기는 佛事를 한다. 法堂에서 부터 龕을 옮겨서 山門의 머리까지 가서 龕을 轉하여 속으로 향하게 한다. 이 때에 香·華·茶湯을 공양하여 龕을 굴리는 佛事를 하고 鈸을 울리면서 葬處에 이른다. 葬處에 이르러서는 먼저 香을 사르고 茶를 드리며 다음으로 횃불(또는 下火라 말함) 잡는 일을 한다. 導師가 횃불과 비슷한 적은 나무를 취하여 下火佛事를 하고 茶毘에 붙인다. 茶毘後에 뼈를 거두는데 흰 뼈만 줍는다. 다음으로 뼈를 봉안하여 침실로 맞이하는 佛事를 행하며, 다음에 起骨佛事를 행하여 뼈를 들고 塔所에 간다. 塔所에서는 入塔佛事를 행하여 뼈를 墓에 安葬한다. 이 것이 그 大要임. 在家의 法에 對한 것은 諸宗이 또한 일치하지 않고 오직 죽은 사람을 위해 수염과 머리를 깍고 法名을 주는 것이 일반적인 의식임. 대체로 죽은 스님의 격식대로 행함. 律書에서 나온 것. →葬法.

장식(藏識) 八識中 第八阿賴耶識. 阿賴耶는 번역하여 藏, 일체 種子를 含藏하는 識이다. 性宗에 依하면 眞妄和合의 識이 됨. 圓覺經에 「我相을 堅固하게 執持하면 藏識이 潛伏하고 諸根에 遊履하여 일찌기 間斷하지 않는다」하였고, 六婆羅蜜多經十에 「藏識이 所依가 되면 因緣을 따라 衆像이 나타남이 마치 사람의 눈에 백태가 끼어 허망하게 空中에 꽃을 보는 것과 같다」하였고, 業疏濟緣記三下에 「梵語로는 阿利耶며, 혹은 阿賴耶라 한다. 번역하여 含藏識이라 하며 일체 善·惡·因·果·染·淨의 種子를 含藏함을 말한 것이다」하였음.

장식경(裝飾經) 아름답게 裝飾을 한 寫經에 對한 現代의 呼稱. 산스크리트語 經典寫本의 夾板에 佛像을 그리는 것은 信力入印法門經에 쓰여 있으며, 現存의 貝葉에 寫經된 經典에도 그 例가 있다. 佛名經의 一佛名 마다 佛像을 그린 例는 敦煌의 寫經中에도 볼 수 있다. 紺紙金泥經은 中國에서 發達한 것.

장식사상(藏識四相) 起信論法門. 阿梨耶의 心體는 無生 無滅하나 無明이 있어 자기의 心體를 미혹하고 寂靜한 性을 어기며 鼓動하여 생각을 일으키면 生滅의 四相이 있다. 곧 心體로 生·住·移·滅하여 細로 부터 麤에 이르게 한다. 지금 이 뜻에 따라 四相을 밝힌다면 이미 鼓動하여 움직이게 하면 문득 前·後·麤·細의 다름이 있고 거기에 의지하면 그 先際는 가장 적은 것으로 生相이라 하며 최후는 가장 거친 것으로 滅相이라 한다. 中間의 住相과 異相을 취하여 三細·六麤에 配하면 生相은 三細中 業相의 一이며 住相은 三細中 轉相·現相과 六麤中의 智相·續相의 四相이요. 異相은 六麤中의 執取相·計名字相의 二相이며 滅相은 六麤中의 起業相의 하나이다. 그러나 斷位에 逆으로 차례하면 먼저 滅相을 끊으면 十信이 되며 이 것은 內凡의 자리다. 異相을 끊으면 十住·十行·十回向이 되며 이 것이 相似覺의 자리요. 住相을 끊으면 十地가 되는데 이 것은 隨分覺의 자리며 生相의 一念을 끊으면 佛이 되는데 이것은 究竟覺이라 함. (起信論 中本)

장실(丈室) 禪院의 住持의 居室. → 方丈. (黃龍書尺集)

장실(場室) 灌頂을 行하는 壇場을 말함.

장아함경(長阿含經) ㊵〈Dirgh āgama-sūtra〉 ㊷四阿含經의 하나. 二十二卷. 姚秦佛陀耶舍와 竺佛念이 함께 번역. 四阿含 가운데 비교적 長篇의 經文을 모은 것이므로 長阿含經이라 한다. 四分 三十經으로 되어 四諦十二因緣의 가르침을 말한 것. 第一分에는 過去七佛과 釋

尊의 涅槃등을 밝히고, 第二分에는 四姓의 平等. 慈氏의 出現. 六方에 禮拜하는 것 등을 말하고 第三分에는 外道婆羅門의 그릇된 뜻을 破하고, 第四分에는 南炎浮洲·轉輪聖王·地獄·阿修羅·四天王·三災등을 說明한 것. 一阿含經.

장아함십보법경(長阿含十報法經) ㊵ 一卷. 後漢 安世高 번역. 長阿含中의 十이며 上經과 同本異譯임. 十種法은 增一阿含에서 說하였음.

장안(章安) (561~632) 中國 僧侶. 章安은 地名. 諱 灌頂. 後學들이 尊崇하여 그가 所生한 곳을 가리키어 號稱함. 天台宗의 四祖. 俗姓 吳氏. 어려서 父親을 여의고 七歲에 攝淨寺 慧極에게 중이 되었다. 二十三歲에 天台山 智者를 뵙고 항상 그 곁에 있으면서 智者의 說法한 것을 記錄하여 天台教義의 根本이 되는 法華玄義·法華文句·摩訶止觀의 三大部와 觀經妙宗鈔·金光明經文句記·金光明經玄義拾遺記·別行觀音玄義記·別行觀音義疏記의 五小部를 만들었다. 智者가 죽은 뒤에는 그의 遺言으로 國淸寺에서 講說하기에 힘쓰고, 隋나라가 衰함에 隱退하여 많은 책을 著述하였다. 貞觀 六(632)年 國淸寺에서 入寂. 世壽七十二. 著書 涅槃經疏 二十卷. 涅槃玄義 二卷. 觀心論疏 二卷. 國淸百錄 五卷등임. (垂裕記一)

장애(障礙) 障害와 妨礙라는 뜻. 障 또는 礙라고 한다. 諸法이 生하고 住하는 일에 있어서 障害가 되고 妨礙가 되는 것을 말함.

장애산(障碍山) ㊵〈Vinataka〉 毘那怛迦山을 번역한 이름.

장애유대(障礙有對) 三有對의 하나. 有對는 障礙되는 것이 있다는 말. 한 物體가 한 場所를 차지하면 다른 物體는 같은 場所에 있을 수 없는 것 같이 다른 것을 障礙하는 것이 곧 有對의 뜻. 極微로 成立된 五根·五境도 이에 屬함.

장야(長夜) 凡夫가 生死에 流轉하여 無明의 昏迷함이 잠들지 않은 사이를 말함. 法華經 譬喩品에 「너는 긴 밤을 나를 따라 배움을 받는다」하였고, 唯識論七에 「眞覺을 얻지 못하면 항상 꿈 속에 처하므로 부처님이 生死의 長夜라고 說하셨다」하였으며, 勝鬘寶窟中本에 「長夜라는 것은 生死가 遠曠함을 長이라 하고, 解없이 自照함을 夜라 한다. 또 生死는 밝히기 어렵기 때문에 長夜라 한다」하였음.

장야면(長夜眠) 마음의 엇갈림으로 깨달음을 얻을 수 없어 오래도록 生死의 苦境을 헤매이는 것.

장약(狀若) 같다 라는 뜻. (出三)

장양(長養) 功德 善根을 生長養育함. 唐 華嚴經十四에 「信이 道의 元功德의 母다. 일체 善法을 長養한다」하였고, 新譯 仁王經中에 「善男子야

처음 忍位를 攝伏하고 習種性을 일으켜 十住行을 닦으며(中略) 그리고 少分이라도 모든 衆生을 敎化하면 二乘의 일체 善地를 超過한다. 이 것이 菩薩의 처음 長養하는 마음이며 聖胎가 되기 때문이다」하였음.

장양자애지은(長養慈愛之恩) 父母가 子息을 귀여워하고 사랑하면서 養育하여 준 恩惠. (盂蘭盆經)

장엄(庄嚴) 바르게는 莊嚴이라 쓴다. 佛像·佛堂의 裝飾. 天蓋·瓔珞등.

장엄(莊嚴) ①㊵〈vyuha〉 建立하는 것. 光輝. 잘 配置·排列되어 있다는 듯. ②㊵〈alaṃkṛta〉 ㊷〈rgyan〉 裝飾이란 뜻으로 굉장한 것. 嚴肅하게 裝飾된 模樣. ③㊵〈manḍ: ita〉 裝飾된. 약간의 宗派에서 獻革·獻燈·燒香의 儀式을 말함. 주로 善과 美로써 國土를 修飾함. 혹은 功德으로 依身을 修飾하는 것을 莊嚴이라 하고 惡事가 몸에 쌓인 것을 말함. 阿彌陀經에 「功德이 莊嚴하다」라 하였고, 探玄記三에 「莊嚴에 두가지가 있으니, ①德을 갖춘다. ②交飾의 뜻이다」하였고, 輔行一의 一에 「一心三諦는 所莊嚴이 되며 一心三觀은 能莊嚴이 된다」하였음.

장엄겁(莊嚴劫) 三世의 三大劫中에 過去의 大劫을 莊嚴劫이라 함. 大劫中에는 모두 成·住·壞·空의 八十增小劫이 있으며 그 住劫의 二十小劫中에는 千佛이 出世하여 華光佛이 처음이 되며 毘舍浮佛이 끝이 된다 함. 千佛이 出世하여 그 劫을 莊嚴하기 때문에 莊嚴劫이라 함. (過去莊嚴劫千佛名經)

장엄겁천불명경(莊嚴劫千佛名經) ㊟ 過去莊嚴劫千佛名經의 異名.

장엄경(莊嚴經) ㊟大乘無量壽莊嚴經의 略名.

장엄경론(莊嚴經論) 大乘莊嚴經論의 준 이름. 또는 莊嚴論이라고도 한다. 印度 無着菩薩이 지음.

장엄구(莊嚴具) ①㊵〈bhūṣaṇa〉 裝飾을 爲한 道具. 裝飾. (佛所行讚) ②特히 堂宇內를 裝飾하는 道具.

장엄기의(莊嚴己義) 自己의 義를 莊嚴한다는 뜻. (開目鈔)

장엄론(莊嚴論) ㊢二部가 있음. 하나는 無着이 지었는데 波羅頗迦羅密多羅가 번역한 大乘莊嚴經論 十三卷이며 하나는 馬鳴菩薩이 지었는데 羅什이 번역한 大莊嚴論十五卷임.

장엄문(莊嚴門) 六度萬行·持戒·持齋等. 이 것은 佛法을 莊嚴하는 外面의 假裝이지 참다운 佛法은 아님. 臨濟論에 「다만 諸方에서는 六度萬行을 說하여 佛法을 삼지만, 나는 莊嚴門·佛事門은 佛法이 아니라고 말한다」하였음.

장엄보리심경(莊嚴菩提心經) ㊟一卷. 秦 羅什 번역한 最勝王經淨地陀羅尼品의 別譯임.

장엄보왕경(莊嚴寶王經) ㊟佛說大乘

莊嚴寶王經略名 四卷. 趙宋 天息災 번역. 觀自在菩薩이 歷劫토록 괴로움을 구제한 일을 說하였음. 또는 갖가지 所住할 三昧의 名稱을 說하였고, 또는 毛孔의 希有한 功德도 說하였음.

장엄불법경(莊嚴佛法經) 持心梵天所門經의 異名.

장엄불법제의(莊嚴佛法諸義) ㊂持心梵天所門經의 異名.

장엄삼매(莊嚴三昧) 莊嚴王三昧의 略稱.

장엄왕경(莊嚴王經) ㊂莊嚴王陀羅尼呪經의 略名.

장엄왕다라니경(莊嚴王陀羅尼經) ㊂一卷. 唐 義淨의 번역. 부처님이 布怛落迦山에 계시면서 觀世音과 妙吉祥 두 大菩薩을 위해 往昔에 所持한 妙呪를 說하셨는데, 지니는 자는 極樂國에 태어난다 함.

장엄왕삼매(莊嚴王三昧) 法華妙音品에서 설한 十六三昧의 하나.

장엄입일체불경계경 (莊嚴入一切佛境界經) ㊂如來莊嚴智慧光明入一切佛境界經의 略名.

장엄점(莊嚴點) 裝飾으로서의 點이란 뜻. 悉曇에서는 空點 밑에 접시와(皿과) 같은 形을 加한 것을 말한다. 莊嚴點은 莊飾에 不過하므로 있던 없던 같은 것이며 發音에는 變함이 없다 함.

장엄청정장삼매(莊嚴淸淨藏三昧) 이것은 大日如來의 三世無礙力과 如來가 加持한 不思議力의 두 힘이 依藏한 것. 大日經三에 「이 때에 세존께서 三世無礙力에 住하시며 如來의 加持한 不思議力에 依하시며 莊嚴淸淨藏三昧에 의지 하신다」하였고, 義釋八에 「세간 중생의 갖가지 身·口·意業은 모두 마음에 依하며, 毘盧遮那도 또한 그러하다. 一切三世無礙智力과 一切 神變加持不思議力은 莊嚴淸淨藏에 의한다」하였음. 三世無礙力은 自證이 되고, 如來加持力은 化他가 되며 莊嚴淸淨三昧는 𑖀字門이 되어 菩提心의 體가 된다. 內證과 外用의 일체 事業은 𑖀에 所依가 되어 轉한다 함.

장엄탑(莊嚴塔) 圓覺寺의 탑과 같이 예술적으로 아름답게 만든 탑.

장엄필경(莊嚴畢竟) 大乘의 因行(佛이 되기 爲한 原因으로서의 修行)인 六度를 말함. (敎行信證)

장연(莊緣) 禪宗寺院의 僧堂에서 修行僧이 앉는 툇마루. 거기서 食事도 한다 함.

장연상(長連床) 禪林僧堂에 安置한 큰 床을 말함. 長大하여 많은 사람이 連座할 수 있는 것. 禪門規式에 「僧堂에 長連床을 設하고 椸架를 달아 搭의 道具를 건다」하였음.

장열(瘴熱) 熱病을 發生하는 더위. (出三)

장염(葬殮) 葬斂이라하며 葬式을 말함.

장옥(場屋) 試驗場. 貢院(貢士를 試驗하는 곳)과 같음. (景德傳燈錄)

장옹(長翁) 宋 明州 天童山 如淨禪師. 號는 長翁. 雪竇鑑禪師의 法嗣. 어려서 岐嶷하였다. 자라서는 出世法을 배웠다. 長翁이 雪竇禪師를 參禮 했을 때 庭前柏樹子의 話頭를 看하고 깨달음이 있어 頌을 받쳤더니 西來한 祖師의 뜻은 庭前의 소나무요(西來祖意庭前柏) 콧구멍만 고요하게 눈동자 대하였네(鼻孔寥寥對眼睛) 땅에 떨어진 곤가지도 잠깐 발돋음하니(落地枯枝纔跨跳) 松蘿이 양격한 웃음이 흔등 한다(松蘿亮鬲笑掀騰)하니 鑑이 그 것을 받아드렸다. 世上에 나와 자주 名刹에 옮겨 다녔는데 후에는 勅書를 받들어 天童에 올라갔다가 入寂하니 壽는 六十六, 本山에 全身塔을 세움. 一會元續略一上.

장왕(藏王) 보살의 하나. 日本 修驗道의 本尊. 크게 노하여 오른 발을 들고 오른 손에 三鈷를 들었으며 네팔의 密敎中에 나오는 바이라바 ㊵〈Bhairava〉의 象과 비슷하다 함.

장왕권현(藏王權現) 修驗道의 本尊. 日本의 獨特한 佛로 印度에도 中國에도 볼 수 없다. 役行者가 感得한 것. 役行者가 金峰山中에서 修行中에 感得하였다고 傳하는 日本에 出現한 佛像. 修驗道의 發達에 따라 全國的으로 信仰되고 形像은 金剛童子와 닮아서 한쪽 발을 높이 든 踊躍의 모양인데 伯耆(鳥取縣) 三佛寺에는 木像八體 등의 作品이 있다. (네팔 密敎의 바이라바神 (㊵〈Bh: airava〉)과 恰似하다. 모두 密敎에서 由來한 것.

장왕당(藏王堂) 藏王權現을 모신 堂. 長谷寺 등에 있음.

장원(長遠) (佛의)壽命이 길고 悠久한 것. (上宮法華疏)

장위(將謂) '생각컨대'란 뜻. (涉典和語鈔)

장유화순(長幼和順) 長老와 젊은 사람이 親하여져서 協力하는 것. (이 말은 산스크리트本·파리本·티벧本에는 없음으로 漢譯者가 挿入한 것이다) (長阿含經)

장의(長衣) 比丘의 三衣 或은 百一資具外의 衣體로 周尺으로 長이 一尺二寸 廣이 八寸已上이면 옷을 만든 뒤에 남은 천 조각도 長衣가 된다. 長은 長物의 뜻. 上根의 比丘는 三衣以外를 모두 長衣라 하고 下根의 比丘는 三衣와 百一資具 밖에 것을 모두 長物이라 한다. 含注戒本 畜長衣過限戒에 「佛께서 舍衛國에 계실 때 三衣를 가지는 것만 許諾하고 長衣는 갖지 못하게 하였으나 六羣比丘는 많은 長衣를 가졌다. 或은 旦起衣. 或은 中時衣 或은 晡時衣로 그들은 恒常 莊嚴한 衣服을 經營하여 쌓아 두고 입었다. 比丘들이 허물을 들추어내자 佛이 문득 訶責을 한 뒤 因하여 重

制를 만들었다. (中略) 衣에 十種이 있는데 長衣의 限界는 長이 如來의 八指의 길이와 같고 幅은 四指의 길이와 같이 함이 옳다」하였고, 戒疏三上에 「限分의 餘를 長이라 한다」하였으며, 行指鈔中二에 「長衣는 三衣밖에 財物을 말한다」하였으며, 同資持記中二의 二에 「三衣外란 만약 百一을 받으면 百一外는 長物이 된다」하였음.

장의(葬儀) 葬死지내는 儀式.

장의과안계(長衣過限戒) 畜長衣過限戒의 준말. 二百五十戒中 三十捨墮罪의 第一임. 比丘가 만일 三衣나 혹은 百一 資具外에 周尺이 一尺六寸 廣이 八寸 이상의 衣體를 얻는다면 十日이내에 마땅히 說淨의 法을 行하여야 한다. 만일 이 법을 짓지 않고 축적하여 十日의 限이 지나면 十一日 明相이 나타날 때는 捨墮罪를 맺게 된다. 舍注戒本上에 「長衣를 축적하거나 不淨한 施物을 얻어 축적하여 만일 十日이 지나면 尼薩耆波逸提다」하였고, 戒本疏三上에 「저장해서 自己가 使用하는 것을 畜이라 하고 限分이 넘는 것을 長이라 하며 기한을 넘겼기 때문에 畜長衣過限戒라 한다」하였음.

장의과한계(長衣過限戒) 二百五十戒中 三十捨墮의 第一. 衆生의 機根에 따라 上根의 機에는 三衣를 입고 六物을 갖추어 놓도록 定하고 다음 機에는 三衣 외에 臥具 등도 갖추어 놓는 것을 許容하였는데 그것은 自己物件이라는 것이 아니라 그 僧團의 物件으로 受用하라고 하는 戒. 다른 解釋에 依하면 比丘가 三衣 또는 百一資具 외에 周尺의 一尺六寸 幅 八寸 以上의 衣體를 얻으면 十日以內에 說淨의 法을 行할 것을 定한 戒. (戒本疏)

장이화상(長耳和尙) 吳越時의 杭州의 法相寺 長耳行修和尙을 말함. 泉南 陳氏의 아들. 긴 귀가 어깨에 드리웠는데 七歲까지도 말을 하지 못했다. 어떤 사람이 그에게 물으니 홀연히 곧 對答하기를 "作家를 만나지 못하면 한갖 烟樓를 撞破할 뿐이다"하고 金陵 瓦棺寺에 出家하여 雪峯을 參禮하고 그의 心印을 얻었다. 이로 부터 猛獸가 순종해 따르고 신령하고 특이함이 더욱 들어났다. 僧이 묻기를 "무엇때문에 長耳라 하는가" 師가 손으로 귀를 끌어서 그에게 보여주었다. "남쪽 봉우리는 도달하기 어렵읍니까" 대답하기를 "다만 다른이가 아는 것에 지나지 않는다" 묻기를 "도달한 후에는 어떻게 됩니까" 答 "외로운 봉우리에서 홀로 잘 뿐이지" 하였다. 吳越王이 永明에게 묻기를 "지금도 참다운 스님이 있읍니까" 答 "長耳和尙은 곧 定光佛의 應身입니다" 王이 定光佛이 出世하심을 禮拜하고 稱贊하니, 師가 말하기를 "彌勒이 혀를 놀렸군"하고는 조금 있다가 化하니 宋나라에서 號를 下賜하여 宗慧大師라 하였음.

장일(長日) 날마다 繼續되어 오래 가는 것. 常日과 平生동안 끊어지지 않음과 같음.

장자(長者) ①㉵疑叨賀鉢底<Drhapati> 재산을 축적하고 덕을 갖춘 자의 通稱으로서 須達長者等을 말함. 法華玄賛十에 「마음은 평등하고 성품은 곧으며 말은 진실하고 행은 돈독하며 나이는 많고 재산은 충분한 것을 長者라 한다」하였고, ② 나이가 많은 자를 지칭하는 것. 孟子에 「서서히 걸어가서 長者의 뒤에 가는 것이다」하였고, ③현달하여 고위한 자를 칭하는 것. 史記에 「문밖에는 長者의 수대가 많다」하였고, ④謹厚한 사람을 稱하는데 漢書에는 말하기를 「寬大한 長者라」하였음.

장자궁자유(長者窮子喩) →窮子.

장자녀(長者女) 長者의 女.

장자녀암제차사자후요의경 (長者女菴提遮師子吼了義經) ㉿一卷. 譯者未詳. 부처님이 長者 婆私膩伽의 집에서 供養을 받으시니, 그 女와 夫가 함께 부처님을 뵙고 舍利弗과 文殊와 더불어 깊은 뜻을 問答한 것.

장자법지처경(長者法志妻經) ㉿一卷. 번역한 사람은 모른다. 부처님이 祇園에 계시면서 城에 들어가 乞食하시며 長者 法志의 妻와 그의 下婢를 教化하여 모두 男子의 몸으로 바꾸어 得하게 함을 記錄 함.

장자시보경(長者施報經) ㉿一卷. 趙宋의 法天 번역. 부처님이 須達長者를 위해 過去에 須達長者가 大布施를 行한 것과 그 功德은 慈心에 三歸함만 같지 못하다고 說한 것.

장자영자유(長者嬰子喩) →三車.

장자음열경(長者音悅經) ㉿一卷. 吳支謙 번역. 王舍城의 音悅長者가 四種의 吉祥을 얻었는데 부처님이 가서 그를 찬탄하시고 福을 심게 하였고, 뒤에는 四種의 不吉祥을 얻었는데 尼犍子가 가서 그를 찬탄하고는 매우 두들겨 맞았거늘 부처님이 그를 因하여 長者의 夙緣을 說한 것.

장자자(長者子) 長者의 아들. 維摩經佛國品에 「長者의 아들 이름을 寶積이라 하였다」함.

장자자오뇌삼처경(長者子懊惱三處經) ㉿一卷. 後漢 安世高 번역. 舍衛城 長者의 아들이 죽자 부모가 悲哀하여 그치지 않거늘 부처님이 이 아들이 전에 天上에서 죽어 長者의 집에 태어 났으며, 지금은 죽어 龍으로 태어났는데 바로 金翅鳥에게 잡아 먹혔다고 說하여 三處가 一時에 啼哭하였다. 또 이 아이의 前生因緣을 說하시니 長者가 듣고 法忍을 얻었다 함.

장자자육과출가경(長者子六過出家經) ㉿一卷. 宋 慧簡 번역. 舍衛城 僧伽

羅摩 長子의 아들이 往昔에 여러번 出家했으나 지금은 일곱번째 釋迦 부처님의 處所에 出家하여 道를 배웠다. 부처님이 止觀法을 주니 그가 바로 阿羅漢을 증득하였다. 부처님이 말씀하시기를 「나의 弟子中에 魔鬼를 降伏 받은 것은 僧伽羅摩 比丘가 第一이다」하셨음.

장자자제경(長者子制經) ㊂一卷. 後漢의 安世高 번역. 佛說逝童子經과 同本異譯임. 制는 童子의 이름.

장자포금(長者布金) 須達長者가 金을 땅에 깔아 祇陀의 園林을 사드려서 祇園精舍를 建立하고 부처님을 받든 것.

장장(長長) 永遠히 恒常. (正法眼藏現成公案)

장장점점(粧粧點點) 粧點과 같은 말. ①化粧하는 것. ②외양을 꾸밈. 장식함. 군데군데 단장함.

장장지(樁樁地) 枯木과 같이 멍하게 아무 감각이 없다는 뜻.

장재(長齋) 齋食을 길게 계속함. 齋食이란 正午를 지나서 먹지 않는 行法을 말함. 七日長齋라 말한 것은 七日間의 齋食임. 般舟三昧經에 말하기를 「一食長齋라」했고, 南史에 「劉蚪가 釋氏를 精信하여 粗布를 입고 禮佛하고 長齋하였다」했으며, 杜甫時에 「蘇晋이 長齋하여 佛前에 繡놓았다」하였음.

장재월(長齋月) 正·五·九의 三個月, 이 三個月은 一月齋食을 계속해도 되는 달임. →三長齋月.

장전(藏殿) 經藏의 異名. 藏經은 安置하는 樓殿을 말함. 釋門正統三에 「諸方梵刹에 藏殿을 건립했다」하였음.

장정(長淨) 布薩과 같다. →布薩. (有部律)

장정(樁定) 樁은 말뚝. 말뚝을 박은 것 같이 움직이지 않는다는 뜻. 活用이 없는 禪客을 꾸짖는 말.

장제(章制) ㊵<Kriyākāra> 規定. 法度. 規則(有部律破僧事)

장제(蔣濟) 중국 三國時代 魏나라의 사람. 字는 子通. 漢나라 明帝때 中護軍을 지냄.

장조(章藻) 註釋. (四敎儀註)

장조(醬醋) 간장과 된장의 構成.

장조범지(長爪梵志) 俱絺羅를 말한다. 나면서부터 손톱이 길었으므로 이렇게 부름. →俱絺羅.

장조범지청문경(長爪梵志請問經) ㊂一卷. 唐 義淨의 번역. 長爪梵志가 와서 부처님께 三十二相의 業因을 물었는데 부처님이 낱낱이 대답하시니 그가 믿고 좋아하여 八戒를 받은 것을 記錄한 것.

장주(莊主) 우리나라의 農監과 같은 소임.

장주(藏主) 經藏을 담당한 자. 大禪苑에 大藏經을 二副로 나누어 東西에 두었으므로 東藏主와 西藏主가 있다 함.

장주(藏住) 阿賴耶識이 머물러 있는

것. (五教章)

장중론(掌中論) ㊵〈Diṅnāga〉 一卷. 印度의 陳那菩薩이 지은 것으로 唐 義淨이 번역함. 三界의 온 宇宙는 오직 假名으로 우리의 心識이 변해 나타난 것으로 主張한 論. 主로 뱀·옷등의 비유로써 解釋되며 六個 項으로 되어 각 조목마다 四句의 偈를 들어서 맺음.

장중암마라과(掌中菴摩羅果) 楞嚴經 二에 「阿那律이 閻浮提 보기를 掌中에 菴摩羅果를 보듯한다」하여, 一目瞭然한데 비유함. 阿那律은 天眼이 第一이라 함.

장중암마륵과(掌中菴摩勒果) 菴摩羅와 같이 두가지로 사용함. 維摩經 弟子品에 「내가 이 釋迦牟尼 佛土인 三千大千世界 보기를 손바닥 가운데 菴摩勒果를 보듯한다」하였고, 楞伽經四에 「如來者는 앞에 나타난 세계를 마치 손바닥 가운데 菴摩勒果를 보듯한다」하였음.

장지(藏持) 五持의 하나. 如來藏의 뜻을 總持하여 漏失함이 없는 것.

장진(障盡) ㊵〈āvaraṇa-nirmokṣa〉障碍가 없어지는 것.

장진(藏塵) 부처님의 劣應身三十二相을 勝應身의 尊特한 相에 對하여 말한 것. 塵垢를 含藏하였다는 뜻. 法華經 信解品에 「즉시 瓔珞細軟의 上服과 嚴飾의 具를 벗고 다시 티끌에 가린 垢膩의 옷을 입는다」하였음.

장진론(掌珍論) ㊫大乘掌珍論의 略名. 一卷. 淸辯菩薩지음. 唐나라 玄奘의 번역. 諸法無相의 뜻을 밝혀 護法의 諸法有相을 破한 것. 곧 相宗을 破한 根本論임.

장진해탈(障盡解脫) 二解脫의 하나. 衆生의 本性이 본래 淸淨한 것을 性淨解脫이라 함에 대하여 우리의 修行을 障礙하는 煩惱를 모두 끊고 자유로운 境地에 이름을 障盡解脫이라고 함.

장착취착(將錯就錯) 錯으로써 錯에 나아간다. 錯은 잘못이란 뜻. ①잘못(錯) 위에 다시 잘못을 더하는 것. ②앞의 잘못과 뒤의 잘못에 二面이 없는 것. 잘못을 잘못으로 明白히 認得하는 것. (從容錄)

장채(醬菜) 飮料와 과실. (往生要集)

장처(場處) 穀物을 處理하는 場所. (十誦律)

장천(長天) 大空. 天空이 끝이 없는 것.

장체(長體) ㊵〈dirghatva〉 긴 것. 또 바이세시카哲學에 있어서 德(性質)의 第六(量)의 第四. 「多體를 因으로 하여 長體가 있다」한 것. (勝宗十句義論)

장치(障治) ㊵〈vipakṣa-prātipakṣika〉 障碍와 그것을 다스리는 것이란 뜻.

장통(藏通) 三藏教와 通教. 天台四教第一과 第二를 말함.

장통별원(藏通別圓) 天台宗에서 부처님이 說하신 教理의 內容을 넷으로 나눈 것. 이것을 化法四教라고 한다. ①藏教. 곧 三藏教. 經·律·論 三藏으로 말한 小乘教. 좁은 世界觀에 依止하여 얕은 教理를 말하고 分析해 보고서야 모든 것이 空인 줄 아는 析空을 根本思想으로 하는 教이다. ②通教. 앞뒤에 通하는 教를 말한다. 聲聞·緣覺·菩薩이 함께 받는 教다. 그 받는 사람의 영리하고 鈍함에 따라서 깊고 妙하게 또는 얕고 下劣하게 아는 教임. 根性이 下劣한 사람이 이것을 얕게 알면 앞의 藏教와 같은 결과가 되고, 根性이 殊勝한 사람이 깊고 妙하게 알면 뒤의 別教·圓教에 通하므로 通教라고 한다. 世界觀은 좁지마는 理致를 밝힘이 깊어서 모든 것이 있는 그대로가 空하다고 體達하는 體空을 根本思想으로 한다. ③別教. 다른 것과 같지 아니한 教라는 말이다. 聲聞·緣覺의 教와는 다르고 또 圓教와도 같지 아니하므로 別教라고 한다. 이 教는 넓은 世界觀에 依止하였으나 理致가 얕아 隔歷次第의 差別觀에서 벗어나지 못하고 또 空과 有에 치우치지 않는 中道를 말하였으나 아직 融通無碍한 理致에는 이르지 못한 教이며 다만 中을 根本思想으로 한다. ④圓教. 圓滿 完全한 教라는 말이다. 別教가 三界 밖의 事教임에 대하여 이것은 三界 밖의 理教이다. 別教에서 有와 空의 對立은 眞理가 아니라 하여 中道를 말한 것은 옳지마는 有 空에 對立한 中道를 세웠으므로 참된 中道가 아니다. 참말 實在는 萬有를 여윈 것이 아니며 萬有 그대로가 空이며 假며 中이어서 現象·實在와 迷·悟와 煩惱·菩提등의 사이에 서로 갖추고 서로 圓融한 不但中을 말하여 가장 整頓된 現象, 곧 實在論이 그 教理이다. 大乘教 가운데 至極한 妙理를 말한 法華經을 말한 것. →四教.

藏教─┐
　　　├─界內─┬─事教─析空─┐
通教─┘　　　　└─理教─體空─┴─空

別教─┐
　　　├─界外─┬─但中(隔歷)─┐
圓教─┘　　　　└─不但中(圓融)─┴─中

장파류난(障破留難) 佛法의 施行에 障碍를 이루는 것. (香月)

장판(長板) 禪寺에서 오랫동안 雲板을 치는 것으로 齊를 올릴 때 울린다. 치는 方法은 36回, 치는 것을 一會라 하고, 이것을 세번 거듭한 三會를 長板이라 함. (象器箋十八)

장하(長河) 간지스江이나 楊子江과 같은 大河란 것. (正法眼藏 現成公案)

장해(章亥) 十二支의 方位. (西北方)

장해(藏海) 如來藏을 海에 비유함. 秘藏論下에 「藏海에서 七轉의 파도를 쉬고, 蘊落에서 六賊의 害를 끊는다」하였고, 吽字義에 「藏海는 常住하나 七波는 推轉한다」하였음.

장행(長行) 經文가운데 法相을 곧 바

로 宣說하고 字字句句의 文句의 數字에 制限받지 않음을 말한다. 곧 文句의 行數가 길기 때문에 長行이라 한다. 이것은 韻文體의 偈頌에 대하여 散文體의 經文을 말함. 十二分敎 가운데 第一修多羅이다. 그러므로 모든 經典을 能詮의 文體로서 分類하면 오직 長行과 偈頌의 두가지가 있을 뿐이다. 百論疏上에 「부처님의 設敎를 모두 따져보면 三門이 있다. ①다만 長行만이 있고 偈頌은 없으며 大品과 같은 類요. ②다만 偈頌만이 있고 長行은 없으며 法句經과 같은 流요. ③長行과 偈頌의 두가지를 모두 갖추고 있으며 法華經과 같은 것이다」라고 하였고, 法華經義疏三에 「龍樹十住毘婆沙에 이르기를 國法에 따라서 같지 않으니 震旦에는 序銘의 文이 있지만 天竺에는 散華·貫華의 說이 있는 것과 같은 것이다」라고 하였음.

장행리양(將行利養) 막 떠나려고 할 때의 送別供養. (有部律)

장향(裝香) 그릇에 香을 담음.

장호(莊昊) (1869~1930) 朝鮮末期僧. 號 龍虛. 俗姓 李氏. 高宗九(1869)年 京畿道 安城郡에서 出生. 十六歲에 安城郡 青龍寺에서 敬思에게 중이 됨. 公州 東鶴寺·長城 白羊寺에서 經·論을 배우고 青龍寺 內院庵·公州 麻谷寺·報恩 法住寺에서 講席을 폈다. 1930年 4月 24日 法住寺에서 入寂. 世壽 63歲 法臘 47.

재(在) ㊵〈antar-vbhū〉 包含되어 있는 것. ②動詞의 바로 뒤에 두어 그 意味를 强化한다. ③位置를 表示하는 位格(locative) (那先經) ④單純한 助字. (碧巖錄)

재(災) ㊵〈antarāya〉 ㊵〈vyasana〉災禍. →三災. (俱舍論)

재(哉) 주로 文章의 終結詞로 語勢를 調整하고 咏嘆과 反語의 뜻을 나타낸다는 뜻.

재(財) ①㊵〈dhana〉 物質的·精神的으로 有用한 것. ②㊵〈vastu〉 施與物.

재(栽) ①草木의 어린 것을 栽라 하고 자란 것을 樹라 한다. ②㊢〈phassa〉 感官에 依한 對象과의 接觸. 十二因緣中의 第六. 觸과 같음. →觸. (般泥洹經)

재(裁) 때로는 栽를 代用하며 옷을 마름질 한다는 뜻.

재(齊) 限한다. 같다. 가즈런하다. (齊는 齋와 混同하기 쉬우나 元來 딴 字이다) (天台四敎儀 五敎章) 같은. 同等하다는 文字라도 等字의 同等과는 다르며 여러개 있는 것의 끝을 같게한 것이 齊字이다. (香月) 齊라는 字는 五乘齊入의 齊字로서 몇개로 갈라진 것이 一處에 있는 것을 齊라고 함. (香月)

재(齋) 또는 時라한다. 齋食과 時食을 말함. 齋란 日中을 지나지 않고 먹는 食事로 正午以前에 먹는 것을 말함. 戒律上에서 食에 時와 非時로 나누니 正午이전은 正時가 되고 이후는 非時가 된다. 時란 食에 마땅한 것. 非時란 食에 마땅하지 않는 것. 食을 齋食이라 함. 字典에 「齋는 敬이며 戒다」하였음. 이것은 一切에 通함. 烏哺沙他 또는 布薩 梵〈Upavasatha〉 巴〈Uposatha〉이라하며 式을 말하여 淸淨한 뜻임. 뒤에 轉하여 齋라 하고 時라 함. 바로 日中을 지나지 않는 食法이며 이것을 지키는 것을 持齋라 하고 이것이 齋의 本義가 된다. 그런 뒤에 또 一轉하여 肉食을 하지 않게 되었다. 大乘敎의 本義에 따라 重하게 肉食을 禁하여 마침내 持齋란 肉食을 禁하는 것을 말하게 된다. 精進이라 말하는 것은 오직 肉食하지 않는 일 뿐임. 寄歸傳三에 「時·非時는 또한 時經에 說한 것과 같다. 스스로 會機와 區別되어야 한다. 四部律文에는 모두 午時를 바르다 하였고, 만일 해 그림자가 線을 조금만 지나면 바로 非時라 말한다」하였으며, 起世經七에 「烏哺沙他는 隋言으로 增上이니 齋法을 受持하고 善根을 增上함을 말한다」하였고, 起世因本經七에 「烏哺沙他는 隋言으로 受齊라 하며 또한 增長이라 한다」하였으며, 多一論에 「齋法은 過中하면 不食하는 것으로 體를 삼는다」하였음.

재가(在家) 居家라고도 한다. 중이 되는 것을 出家라 하고 중이 안된 사람을 在家라 함. ↔出家.

재가계(在家戒) 小乘의 五戒·八戒와 大乘의 十善戒는 在家의 戒法임.

재가법사(在家法師) 머리만 깎았을 뿐 집에 妻子를 기르는 僧. (沙石集)

재가보살(在家菩薩) 維摩居士와 같이 梵儀에 依하지 않고 佛道를 닦는자. 다만 五戒·八戒 혹은 十善戒만을 받음. 優婆塞戒經에 「菩薩에 二種이 있는데 ①는 在家 ②는 出家다」하였음.

재가사미(在家沙彌) 沙彌가 十戒를 지님으로 法을 삼는다. 그러므로 婬을 끊고 生計를 끊어 완전히 出家의 分이 된다. 그러나 다만 머리만 깎고 집에는 妻子가 있는 자를 入道 혹 在家沙彌라 한다. 비록 그러나 入道라 稱함은 옳지 않음. →入道.

재가승(在家僧) →在家和尙.

재가승촌(在家僧村) 咸北. 慶興. 慶源. 會寧. 鍾城. 富寧. 穩城 등의 각 고을 부근에 모여사는 僧도아니고 俗人도 아닌 特殊한 무리들. 산골에 살면서 머리를 깎고 고기를 먹으며 妻子를 두고 그들이 사는 마을을 山門이라 하고 山門마다 佛堂이 있어 佛像를 모셨으며, 婚姻이나 葬事지내는 禮式을 이절에서 行한다. 男子들은 종이를 만들고

女子들은 베를 짜며, 또 농사도짓고 하여 극히 下賤한 階級에 속하며 일반 사람들과는 서로 혼인하지 아니한다. 이 由來는 여러가지 말이 있으나 그 하나는 朝鮮仁祖 丙子胡亂 때에 朝鮮과 淸나라가 條約을 맺고 젖 큰 여자 3천명. 암말 3천필을 청나라에서 요구할때에 보내주기로 하였으므로 朝廷에서 女眞族의 後孫들을 募集하여 산 골짝에서 살게하다가 필요할때에 뽑기로 한 것이라 하고, 또 하나는 高麗의 尹瓘이 女眞族을 몰아내고 남아 있는 사람들은 區城을 定하여 살게한 것이라고도 한다. 高麗圖經에 "在家和尙 들은 袈裟도 입지 않고 戒律도 지키지 않고 妻子들을 데리고 살면서 물건을 운반하고 길을 청소하며 개울을 치고 城을 쌓으며 국경에 싸움이 있을 때에는 단결하여 나서서 防禦하는 일에 當한다" 고 함.

재가양배(在家兩輩) 優婆塞와 優婆夷. 男女의 在俗信者. (黑谷上人語燈錄 漢語燈錄)

재가이계(在家二戒) ①五戒 ②八戒 부처님이 在家하면서 佛道를 믿는 자를 위해 이 二戒를 제정함. 五戒는 一生동안 지켜야하므로 다만 邪婬만을 禁하게 하고 八戒는 一日一夜의 戒이기 때문에 婬은 全部 禁함.

재가인(在家人) 在家의 사람. 家庭生活을 하며 職業을 營爲하는 者. ↔出家人. (沙石集)

재가지주(在家止住) 家庭에 머물러 世俗生活을 하는자. 집에 있어서 出家하지 않는 것을 말함. (蓮如御文)

재가출가(在家出家) 비록 僧은 되지 않했지만 能히 一切를 擺脫한 것. 廬山蓮社雜錄에「謝靈運이 이름을 던지고 入社코자 하였는데 遠公이 허락하지 않거늘 靈運이 生法師에게 말하기를 白蓮道人이 나의 俗緣이 다하지 않음을 말하지 않았으나 내 在家했으나 出家한지 오래임을 알지 못하는구나」하였음. 長慶集에 在家·出家의 詩가 있음.

재가출가분(在家出家分) ㊵〈gṛhi-pravrajita-pa: kṣa〉 在家人 들과 出家人 들.

재가화상(在家和尙) ①高麗때 특수부락을 이루고 모여 살던 중도 아니고 속인도 아닌 무리들. 宋나라 徐兢의 高麗圖經에 의하면 이들은 袈裟도 입지 않고 戒律도 지키지 않으며 妻子를 거느리고 집에 살면서 평상시에 道路를 소제하고 개천이나 도랑을 치는등 公役에 종사하나 戰時에는 단체를 조직하여 종군하였다. 그리고 그 신분은 削髮한 刑餘의 사람이었으며 고려 사람들이 이들을 "재가화상"이라 한 것은 머리와 수염을 깎았기 때문에 붙인 이름이라 하였다. 한편

조선왕조 때는 여진족으로서 우리나라에 歸化하여 부족을 형성하고 사는 사람들을 "在家僧"이라 하였는데 최근까지도 함경북도의 山地에 살던 여진의 귀화 부락민들은 그들이 살던 촌락을 山門이라 하고 山門마다 佛殿을 세워 여기서 결혼이나 장례식을 지냈었다. 이들의 신분은 극히 하천한 계급에 속하였으며 일반사람들과는 서로 혼인하지 아니하였다 함. →在家僧村.

재각염려(才覺念慮) 배워서 얻은 智慧의 作用과 天然의 마음의 作用. (隨聞記)

재간(財慳) 二慳의 하나. 財施에 인색함.

재감(再勘) 再次 尋問하여 點檢하는 것. (碧巖錄)

재감변(再勘辨) 勘辨은 勘檢·辨別의 뜻. 師家가 學人의 根機가 깊고 얕음을 施驗하고 學人이 師家의 옳고 그름을 다루어 보는 것. 再勘辨은 두번째 다시 勘定하는 것.

재견(齊肩) 어깨를 同等하게 하는 것.

재경(齋經) ㉮佛說齋經 一卷. 吳 支謙 번역. 中阿含經持齋經을 말함. 持齋의 功德을 說하였음.

재계(齋戒) 마음의 不淨을 밝히는 것을 齋라 하고 몸의 過非를 禁하는 것을 戒라 함. 大乘義章十二에 「防禁하기 때문에 戒라 하고 潔清하기 때문에 齋라 한다」하였고, 周易 韓康伯注에 「洗心을 齋라 하고 防患을 戒라 한다」하였음.

재고(齋鼓) 또는 雲鼓라고도 한다. 禪寺에서 食事때를 알리는데 치는 북. 우리나라 俗語로 '기판'이라고 함.

재공(齋供) 佛前에 齋飯을 바치는 것.

재공양(財供養) 三供養의 하나. 世間의 財寶로써 佛·菩薩에게 供養하는 것.

재관(宰官) 支配者. 命令者. 宰는 掌握한다는 뜻. 官은 功能이란 뜻. 權限으로서 政事를 도우는 者. 人民을 主宰하는 官公職者. (觀音經)

재교(齋敎) 臨齊宗의 系統을 引用하여 中國南部와 臺灣에 普及한 在家敎團. 또는 持齋宗이라고도 함. 敎團스스로 傳承한 것에 依하면 中國禪宗의 六祖慧能은 五祖弘忍으로부터 衣鉢을 傳授받아 南方에 숨어살기 四年 俗裝하여 行商이 되어서 布敎하였다는 것. 이 것이 齋敎의 濫觴이라고 함.

재궁사찰(齋宮寺刹) 무덤을 지키기 위하여 그 곁에 지은 절.

재기(齋己) 中國五代의 詩僧. 姓은 胡氏. 스스로 衡嶽沙門이라 號하였다. 益陽(湖南省 益陽縣)의 사람. 僞山 同慶寺에 出家하여 律儀를 學習하고 吟詠을 耽한 後에 德山의 禪客을 禮訊하고 解悟를 發하였다. 뒤 梁 太祖때에 荆州留侯에 封해졌

다가 節度使가 되었고 唐 莊宗때 僧正에 任을 받았음.

재당(齋堂) 禪寺의 食堂. 齋堂이 곧 食堂이고 食堂이 곧 僧堂임.

재도기(載道器) 佛法을 傳道하는 그릇. 手段이란 뜻. 目的과 手段을 明確히 區別하여야 할 것을 나타내는 말. (碧巖錄)

재동불퇴(齋同不退) 淨土에 往生한 者는 모두 平等한 깨달음을 얻어 再次 迷妄한 世界에 떨어지지 않는다는 것. (敎行信證 證卷)

재등(齋等) 同等한 것. 줄지어 정리하다. 모든 것을 모아서 갖추다. 모든 것을 同等하게 維持하는 것. (無量壽經)

재등(齋燈) 柴燈과 같음. →柴燈.

재래(再來) ①한번 간後 다시 오는 것. ②還生하여 오는 것. (正法眼藏 佛性) ③化身.

재량거(載梁車) 梁帝를 싫은 車를 말함. (十誦律)

재려(災厲) 天災와 疫病. (無量壽經)

재료(齋料) 晝食의 材料. (典座敎訓)

재리(財利) ㉵〈anugraha〉 金錢的인 利益. 돈벌이.

재리교(在理敎) 異敎의 이름. 白蓮敎의 支流. 淸初에 일어났는데 그 祖는 楊萊如며, 山東 即墨縣 사람임. 明나라 萬歷에 進士가 되었고, 明이 亡한 뒤에는 勞山 程楊旺을 따라 道를 배웠으며, 후에는 燕과 齊의 사이에 道를 傳하고 마침내 在理敎를 세웠다. 在理라는 것은 儒·釋·道 三敎의 理 가운데 있음을 말하며 佛敎의 法을 받들고 道敎의 行을 닦고 儒敎의 禮를 익힘. 像을 설치하지 않고 香을 사르지 않으며 담배와 술을 금해도 냄새나는 채소 즉 마늘·파등은 금하지 않으며 흔히 呪·歌·偈語를 사용하였다. 北人들이 많이 믿고 따랐다 함.

재물(財物) ㉵〈vastu〉 財로 쓸 수 있는 것. (俱舍論)

재물(齋物) 사람을 다스리는 것. (上宮維摩疏)

재물등(齊物等) 物件을 살려서 使用하는 것. (出三) 濟品을 適當하게 고쳐서 再活用함.

재반(齋飯) 齋를 할 때에 供養하는 밥이란 것.

재배(再拜) 두번 절 하는 것. (三敎指歸)

재백(財帛) ①財物幣帛이란 뜻. ②中國北部의 禪院에서는 副寺를 가리킨다. 이것은 副寺가 一山의 財物 幣帛을 取扱하기 때문이다 함. →副寺.

재범불용(再犯不容) 한번 過誤를 犯하는 것은 容恕받지만, 두번이나 過誤를 犯하는 것을 容恕 받지 못한다는 뜻. (碧巖錄)

재법(齋法) ①正午가 지나면 먹지 않는 法. →齋. ②또는 맑고 엄숙하게 威儀를 정돈하는 法. 楞嚴經

一에 「위의를 엄정히 하고 齋法으로 肅慕한다」하였음.

재법구시행(財法俱施行) 財施도 法施도 둘 모두 빠짐 없이 行하는 것을 말함.

재법이시(財法二施) 財施와 法施. 財施는 飮食·衣服·金錢 등 物質的인 것을 베프는 것을 말하며, 法施는 사람으로서의 바른 길을 說示하는 것.

재보시(財布施) 중이나 가난한 사람에게 財物을 주는 일.

재보시(齋布施) 齋를 치른 뒤에 사례로 주는 돈과 物品을 말함.

재봉(霽峯) 이름은 雲峰. 一名은 霽山雲史이라 함. 本來 嶺南 사람. 中間에 全州 威鳳寺에 住錫하여 文章과 聲名이 草衣와 같았다. 西方山 震默禪師의 語錄을 校正하였음. 終南山 松廣寺 大雄殿 東壁에 霽峯의 影像이 있다. 自贊하기를 "人間의 萬事는 꿈속의 因緣인데(人間萬事夢中緣) 自性의 彌陀는 目前에 있네(自性彌陀在目前) 바다는 넓고 바람은 맑으며 구름 한 점 없는데(海潤風淸雲已散) 한쪼각 외로운 배가 西天으로 가네"(一帆風送向西天)하였다 함.

재분(財分) ㉵〈āmiṣa-dāyāda〉 遺產인 財產. (摩訶般若經)

재불추(在不墜) 滅亡하지 않는 것. (出三) 잘 지녀서 잃어버리지 않는 것.

재비시(齋非時) 午前의 食을 時라 하고, 午後의 食을 非時라 함. 沙彌의 十戒에는 正午(中)를 지나서는 먹지 않는다 하였고 比丘의 具足戒에는 非時食戒가 있음. 그러므로 出家한 僧尼는 모두 非時食을 받아서는 안된다. 뒤에 齋非時를 불러서 齋供非時라고 稱하는 것은 잘못임. 善見論十六에 「非時食과 時食을 말한다」하였고, 寄歸傳三에 「時·非時는 經의 說과 같다」하였음.

재삭(再削) 되깎이. 重削. 削除하고 또 削除한다는 뜻으로 再削髮 再削文등 여러곳으로 쓰임.

재산(財產) ㉵〈bhoga〉 經濟的으로 價値있는 것. 資產. (出曜經 無常品)

재색(財色) 財寶와 女色을 말함. 無量壽經上에 「나라와 왕을 버리고 財色을 끊어버렸다」하였고, 四十二章經에 「財色을 사람에게 베풀어주면 사람이 받아들이는 것이 刀刃에 꿀이 묻어 있는 것과 같음에 비유한다. 淨心戒 觀法上에 「일체 괴로움의 因果는 財色이 근본이 된다」하였음.

재생(再生) ㉶〈punabbhava〉 再次 出生하는 것. 再次 還生하는 것. (俱舍論) 이 말은 漢譯佛典에는 거의 없으나 다만 ㉵〈pu:nar-bhava〉를 再生이라고 翻譯할 수 있음.

재생백(哉生魄) 음력 每月 16日. 陰初 1日은 死魄, 2日은 旁死魄, 3日은 吉日. 또는 哉生明, 8日은 上絃

10日은 旬日, 15日은 望日, 16日은 哉生魄, 17日은 旣望, 20日은 念日 23日은 下絃, 25日은 念五, 月末은 晦日등의 異名이 있다. 16日은 조금 光明이 缺虧하므로 哉生魄이라 한다. 哉는 始의 뜻. 魄은 달 둘레에 빛이 없는 곳.

재석(在昔) 옛날. (出三) 宿世의 일을 말할 때 分明하지 않는 時間의 表示.

재석(齋席) 齋供을 設하는 法席을 말함.

재선일구(在先一句) 佛法의 要諦. 第一義를 說破한 一句. 또는 最先一句·本來一句라고도 함. (景德傳燈錄)

재섭(財攝) 財를 사람 들에게 주어서 協力하는 것. (像法決疑經)

재성(災星) 災難을 주는 별.

재세(在世) 부처님이 生存中임을 말함. 行事鈔上의 一에 「大師가 在世함으로 부터 이 典이 매우 널리 퍼졌다」하였고, 同資持記上의 一에 「賢劫中의 第九減劫은 사람의 壽命이 百歲로 出世한 때이다. 三十에 成道하고 三乘法을 說하여 사람 제도하기를 한량없이 하시었고, 八十에 滅하였다 하니 지금 五十年中 行化한 시기를 가리켜서 在世라 한다」하였음.

재속(在俗) 세속에 빠져 있는 자로 正道를 닦지 않는 사람을 말함.

재수발원(財數發願) 부처님에게 재수가 있게 해 달라고 비는 일.

재수보살(財首菩薩) 財首菩薩이 스스로 往因을 말하기를 "無限한 과거 세상에 부처님이 계셨는데 이름을 釋迦牟尼라 하였다. 부처님이 滅하신 뒤에 나는 金幢이란 왕자로 태어나서 삿된 견해를 가지고 바른 법을 믿지 않았다. 그때 이름을 定自在라고 부르는 知識比丘가 있어 탑에 들어가 佛像에게 절할 것을 가르치고 또 南無佛을 稱하게 하였다. 이 因緣에 의하여 九百億那由陀佛을 만나 매우 깊은 念佛三昧를 얻었다. 그 뒤로 셀 수 없는 劫을 惡道에 떨어지지 않고 오늘날 마침내 매우 깊은 首楞嚴三昧를 얻었다"하였음. (觀佛三昧經九·安樂集上·往生要集下本)

재승(齋僧) 음식을 설치하여 많은 大衆을 공양함. 唐六典에 "무릇 나라의 忌日에는 兩京에서 큰 寺·觀을 各 둘씩 定하여 散齋하고 모든 道士와 僧尼가 모두 齋所에 모이게 하였다"하였고, 五代會要에는 "晋天福五(941)年에 명령하기를 國忌를 만날 때 마다 行香한 뒤에 僧一百人에게 齋하여 길이 定制를 삼으라"하였음.

재시(財施) 三施의 하나. 衣服·飮食·田宅·珍寶等을 다른 사람에게 施與하는 것.

재시(齋時) 齋食을 먹을 때 새벽부터 正午에 이르는 사이를 말함. 僧

祗律에 「午時는 해 그림자가 一髮·一瞬만 지나도 곧 이것은 때가 아니다」하였음.

재시파(齋時罷) 정심 食事後를 말함. 禪院의 正式의 食事는 아침은 粥, 낮은 밥의 二食뿐 임. (典座敎訓)

재식(齋食) 午時를 지나면 먹지 않고 午前中에만 먹는 것을 말한다. 齋는 食體에 따라 말하는 것이 아니고 食時에 따라서 말하는 것. 比丘戒와 沙彌戒를 지닌 자는 勿論 在家하여 八齋戒를 지닌 자의 食法이기도 하다. 그러므로 僧家의 음식과 法會의 施食을 모두 "齋"라 한다. 다만 세속에서는 精進을 위해 肉類를 禁한다고하나 이 것은 大乘戒의 딴뜻이며 齋의 本意에는 관계치 않은 것이라 함.

재식시(齋食時) 佛家에서 午正 전에 먹는 때를 말하며 午正이 지내면 非時食이 된다 함.

재실(齋室) 禪院에서 食堂을 말함.

재심재연재결정(在心在緣在決定) 心에 있고 緣에 있고 決定에 있다는 뜻. 다시 말하면 心과 緣과 決定의 三點을 비교함을 말함. 五逆과 十惡의 罪人이 겨우 죽음을 맞아 十念을 한 功德에 따라 往生하여도 결정코 業道를 위배하지 않는다는 이치를 분별한 것임. 觀經等을 살펴보니, 「만일 어떤 중생이 五逆·十惡等의 모든 착하지 못한 業을 지었으면 惡道에 떨어져서 多劫間을 無限한 고통을 받는 것이 마땅하다. 죽을 때에 善知識의 가르침을 만나 十念이 具足하게 南無阿彌陀佛을 稱하면 能히 八十億劫生死의 罪를 除去하고 곧 極樂世界에 往生한다」하였다. 이것은 業道에 반대되는 것이 저울이 무거운 쪽으로 먼저 기울어지는 이치와 같다 하였다. 그러므로 往生論註上에는 在心·在緣·在決定의 三義를 비교하여 罪業은 가볍고 念佛의 功德이 무겁다는 이치를 보인 것이다. 心에 있다는 것은 能造心의 虛實에 따라 그 輕重과 强弱을 비교한 것으로 곧 저 惡을 지은 사람은 虛妄顚倒한 마음에 의지하여 지은 것이고 이 十念은 부처님의 眞實한 공덕을 듣고 淸淨한 믿음을 發起하여 이름을 稱한 것으로 一實과 一虛가 된다. 비유하면 千歲의 어두운 房에도 한 燈을 켜면 홀연히 밝아지는 것과 같다. 念佛은 이미 彌陀의 큰 光明이 되었기 때문에 一念·十念에 無明에 重昏을 照破할 수 있는 것에 비유한다. 緣에 있다는 것은 所對境의 眞妄에 따라 비교한다. 곧 저 罪를 지은 사람은 煩惱 虛妄의 衆生으로써 所緣의 對境이 되고, 이 十念은 부처님의 眞實·淸淨한 無量功德으로써 所對의 境界가 된다. 決定에 있다는 것은 業은 짓는 시기의 緩急에 따라 論한 것. 저 罪를 지은 사람은 業을 지은 것이 平常에 있기 때문에 惡을 지은 뒤에 善·無記等의 나음이 계속되어 일어나기도 끊어지기도 하지만 이 十念은 생명이 須臾에 있어 修念하는 善心이 가장 맹렬하고 날카로워 다른 생각이 뒤이어 일어날 사이가 없다. 이 세가지 뜻이 있기 때문에 臨終十念의 힘은 能히 모든 罪를 滅하고 往生을 얻을 수 있다는 것이라 함.

재연(齋筵) 齋食을 設하여 三寶에 供養하는 法會를 말함.

재왕(再往) 또는 二往이라 함. 거듭 事物을 論究하는 것. 止觀七에 「한번 감은 그러하나 두번가면 그렇지 않다」하였고, 法華論記二에 「한번 三藏에 가는 것을 小乘이라 하고 거듭 三敎에 가는 것을 小乘이라 한다」하였음.

재욕(財欲) 五欲의 하나. 世間의 財物을 얻고자 貪내어 求하는 慾心을 말함.

재운전래(再運前來) 再次 같은 짓을 하여 온다는 뜻. 再次 같은 問題를 提起하여 오는 것. (碧巖錄)

재월(齋月) 正·五·九月 三個月에는 마땅히 齋食法을 지녀야 하고 惡事를 삼가해야 하는 달. 그러므로 三長齋月이라 함. →三長齋月.

재월재일(齋月齋日) 三個月의 齋月과 月에 六日의 齋日. (往生要集)

재위(財位) 財產과 地位. (俱舍論)

재위의(在位儀) 皇帝在位의 올바른 威儀를 말함.

재일(齋日) ①俗家에 있는 사람이 行動·言語 생각등에 부처님의 戒律을 지켜서 惡業을 조심하고 善業을 行하는 날을 말함. 六齋日·十齋日·三長齋月·八王日등의 區別이 있다. ②祖先의 忌日등 齋 올리는 날. 죽은 사람의 冥福을 빌기 위하여 死亡日로 부터 一週日마다 佛供을 드리는데 四十九日째에 올리는 齋를 四十九齋라고 함.

재자재(財自在) ①㊵〈parişkāra-vaśitā〉 ㊇〈yo byadla bdaṅ ba〉 生活에 必要로 하는 것에 對한 自在. 菩薩의 十自在의 하나. ②㊵〈Dhaneśvara〉 王名.

재장(齋場) 齋供을 하는 場所.

재재처처(在在處處) 各處各方이란 뜻. 涅槃經九에 「在在處處에 生을 示現함이 마치 저 달과 같다」하였음.

재전(在纏) ①在纏眞如의 略. 곧 眞如法性의 理가 煩惱纏縛 가운데 숨어 있다는 뜻. 梵網經 菩薩戒本疏三에 「纏에 있는 것을 正性이라 한다」하였고, 起信論義記中末에 「在纏은 性이 청정하여 空하지 않음이 如來藏이다」한 것임. ②纏은 煩惱를 말함. 煩惱는 衆生을 束縛하여 迷한 세계에서 벗어나지 못하게 한다는 뜻. 그 反對로 煩惱의 속박속에서 벗어나 깨달은 경계에 이르는 것을 出纏이라 함. ↔出纏.

재전진여(在纏眞如) 纏은 煩惱의 다른 이름. 初地의 境界에 이르기 전에는 修行이 不足하므로 眞如가 煩惱에 덮여 있으니 이것이 在纏眞如임.

재정(齊整) 가지런히 하다. 整頓하다.

재정착의(齊整着衣) 百衆學戒의 하나. 몸차림이 깨끗하게 衣服을 입도록 경계하는 戒律. (八宗綱要)

재종(齋鐘) 齋時를 알리는 大鍾을 말함. (僧堂淸規五)

재주(宰主) 梵〈svāmin〉 所有者. 나를 가르킴. (瑜伽論)

재주(齋主) 齋食의 施主. 楞嚴經一에「最後의 檀越을 求하여 그로써 齋主를 삼는다」하였음.

재주용(宰主用) 梵〈svāmi-kriyā〉 所有者의 活動. (瑜伽論)→宰主.

재죽(齋粥) 齋는 午食. 粥은 朝餐. 釋門正統三에「齋粥은 時를 넘기지 않는다」하였고, 또「粥은 새벽 손금이 보일 때 먹고 齋는 午時가 지나면 먹지 않는다」하였음. 새벽에 빛이 점점 밝아와서 掌中에 文(손금)을 알아볼 수 있으면 粥時가 된다 함.

재중복(財中福) 梵〈aupadhikaṃ puṇya-kriya-vastu〉 西〈bdsas las byuṅ baḥi bsod nams bya ba: ḥi dṅos po〉 財寶를 올바르게 使用함으로서 生기는 福의 種類임.

재지(齋持) 修行 때문에 午後에는 食事를 하지 않는다는 原始佛敎以來의 法을 지키는 것. (著聞集)

재진(再進) 禪院에서 食事時 더 주는 것.

재참(再參) 再次 스승을 뵈어 指導를 받는 것. (碧巖錄)

재처(在處) 어딘가 있는 곳. (雜阿含經)

재청(再請) 禪林의 말인데, 鉢盂에 거듭 밥을 받는 것. 세속에 再進이라 하는 것은 잘못임. (象器箋十六)

재청선(再請禪) 定式에 坐禪과 定은 鍾이 울리면 그친다. 이 후로 거듭 坐禪하는 것을 再請禪이라 함. (百丈淸規六)

재청정(齋淸淨) 潔齋라고도 한다. 齋戒淸淨이란 뜻. 齋戒를 하며 酒·肉·五辛을 끊고 身心이 淸淨한 것.

재충(裁衷) 判斷. (出三)

재친(齋嚫) 齋는 齋食. 嚫은 施物.

재칠(齋七) 사람이 죽은 뒤에 七七日의 齋會. →累九齋.

재칠번자(齋七幡子) 七七日齋會에 종이 幡子(畫像)을 그려 主僧으로 하여금 불로 태우게 하여 亡靈이 幡子의 相好를 보고 좋은 몸을 얻게 함. 釋氏要覽下에「北方風俗에 사람이 죽으면 七齋日마다 모두 齋를 主宰하는 僧으로 하여금 종이를 베어 幡子 한개를 만들어 그림에 따라 그를 化하게 한다」하였는데, 正法念處經을 살펴보니 十七種의 中有

가 있는데 죽을 때에 만일 하늘에 태어나는 자는 즉시 中有가 흰 담요가 아래로 드리워진 것과 같음이 보이는데, 그 사람의 識神이 보고 나서는 손을 들어 그 것을 잡고 바로 天·人의 中有를 받는다. 그러므로 지금 七七日은 中有死生의 날이며 白紙幡子로 勝幢의 相을 보인다」하였음.

재퇴(齋退) 禪林의 말. 또는 齋罷午齋의 後를 말함.

재파(齋罷) 또는 齋退라 말함. 午齋終後를 말함.

재판(齋板) 庫司에 큰 板이 있는데 齋時에 그 것을 치는 사람. (象器箋十八)

재편(再遍) 二回. (出三)

재학(才學) 배워서 얻는 知識이나 學識. 才能과 學問. (隨聞記)

재함정(在含情) 마음이 있는 것. (書記) 情에 두는 것.

재해(災害) 不幸한 事故. 災難. (出三)

재혜(財慧) 梵名 縛蘇摩底이며 또는 地慧라 이름함. 혹은 文殊師利使者文殊師利使者女라 함. 文殊 五使者의 하나로 胎藏界 文殊院二十五尊中文殊師利使者의 左에 居하며 菩薩四十二位 地地修行으로 慧가 增進하게하는 文殊使者이므로 이렇게 부름. 密號를 吉祥金剛이라 하고, 혹은 般若金剛이라 함.

재환(災患) 禪定을 닦는데 八種의 災患이 있음. →八災患.

재회(再會) 再次 만나는 것. 再次淨土에 邂逅하는 것. (歸本鈔下末諺註)

재회(齋會) 僧을 모아 齋食을 布施하므로 齋食이라 함. 佛祖統紀三七에 「陳 文帝 天嘉四(568)年에 帝가 太極殿에서 無遮大會를 베풀었다」하였고, 또 「後主 至德二(584)年에 虎丘智聚法師에게 詔書를 내려 太極殿에 나아가서 金光明經을 講하게 하였다」했는데 모두 齋會임.

재횡(災橫) ㉵〈upaghāta〉 ㊄〈gegs bgyid〉 災害. (俱舍論)

잽슨담파호독토(Rjebtsun Dampa Khotokto) 哲布尊丹巴呼圖克圖라고 한다. 〈Rje-btsun Dam-pa〉는 西藏語로서 至尊最上이란 뜻. 〈Khotokto〉는 蒙古語로서 活佛의 뜻. 蒙古庫倫에 住在한 蒙古佛教의 教主의 稱號. 蒙古人은 일반적으로 〈Ündür-gegen 높고 빛나는 사람〉 또는 〈Bogdo-gegen 聖스럽게 빛나는 사람〉이라고 부름.

쟁(箏) 樂器의 이름. 絃樂器의 一種. 또는 秦箏·唐琴이라고도 한다. 옛부터 東洋諸國에서 行하여 온 樂器이다. 佛典中에서도 六度集經第七, 佛本行集經第二, 同第十四常飾納妃品, 正法華經第一善權品, 華嚴經普賢行願品第十五, 大般涅槃經第十一現病品, 大哀經第六十八不共法品, 大方等大集經第四十七諸阿修羅詣佛

所品, 守護國界主陀羅尼經第六, 十誦律第十九, 成實論第十一假名相品等에 그 이름이 散見하고 있음.

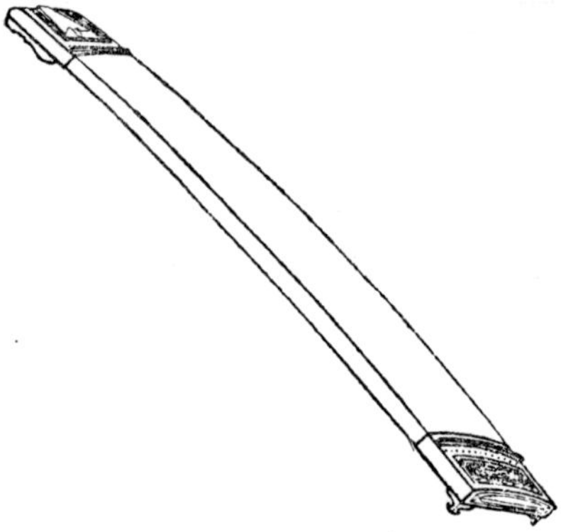

箏

쟁(諍) 自己의 意見과 차이가 있을 적에 소견을 고집하여 다툼. 四分律에는 言諍. 覓諍. 犯諍. 事諍이 있다. 諍論을 和解하는 것을 和諍이라 함.

쟁근(諍根) ①煩惱의 異名. 諍은 煩惱. 迷妄의 根本이므로 根이라 한다. ②㊵〈vivāda-mūla〉諸欲에 執着하는 것. 모든 見解에 執着하는 것. (俱舍論)

쟁론(諍論) ㊵〈pravāda〉 자기의 意見과 差異가 있을 때 자기의 所見을 固執하여 서로 다툼. 四分律에는 言諍·覓諍·犯諍·事諍이 있다. 諍論을 和解하는 것을 和諍이라고 함. 寶積經九十二偈에 「諍論을 戱論하는 곳에 모든 煩惱가 일어나니 智慧있는 사람은 論諍을 멀리 떠나 마땅히 百由旬이나 떨어져야 한다」라고 하였음. 元曉大師가 지은 '十門和諍論'이 있음.

쟁변(諍變) ㊇〈vivāda〉 論爭이란 것. (義足經)

쟁사(諍事) ㊇〈adhikaraṇa〉 教團에서의 다툼. (四分律)

쟁송(諍訟) ①㊵〈Kalaha〉 다투는 일. ②裁判할 訴訟. (佛所行讚)

쟁송사(諍訟事) ㊵〈vivāda-adhikaraṇa〉 가르침에 對하여 論議하는 것. 言諍事라고도 함. (十誦律)

쟁심(諍心) ㊃〈rtsod paḥi sems〉 속에 是非心을 품고 한 일을 생각하여도 곧 그 反對를 생각하여 늘 內心에 得失을 헤아리고 있는 마음. 六十心의 하나. →六十心. (大日經住心品)

쟁착(爭着) 다투다의 뜻.

쟈바(Java) ㊵〈yava〉의 轉訛語. 闍婆·社婆·爪哇라고도 한다. 인도네시아 共和國의 中核가 되는 섬의 名稱. 이섬은 太古以來로 말래이人種에 屬하는 쟈바族과 순다〈Sunda〉族의 居住地였으나 西歷一世紀以後 西方에 있는 스마트라島와 함께 印度의 植民地가 되었다. 그러나 只今은 인도네시아 共和國의 領土가 分明함.

저(底) ①밑이니 深奧의 뜻. 深深海底 또는 桶底의 따위. ②程度의 뜻. 空間의 限界. 物事의 分限(遠近多少長短) ③助詞이니 그(其). 의.

것(者). ④助詞이니 어디에 있어서 ⑤指示代名詞 이것. ⑥疑問代名詞 무엇.

저(罝) ㊵<mauri> 그물.

저(這) 近稱의 指示代名詞. 이것. 여기. 禪의 語錄에 나오는 것. (碧巖錄)

저개(這箇) 這는 '이', '이것' 등의 뜻을 指示하는 代名詞. 箇는 指示代名詞에 添加하는 말로 特定한 意義는 없다. 따라서 這箇는 '이것' '그것' '이의' '저의' 뜻으로 사용된다. 또는 '者箇'라고도 하며 中國 唐代 이후의 俗語임 本音은 자. →자개.

저거경성(沮渠京聲) 北涼 王蒙遜의 從弟. 安陽侯라 함. 그는 天水 甘肅省(秦州 西南) 臨成縣의 胡人으로 匈奴의 沮渠벼슬에 있었으므로 이렇게 부름. 어려서 五戒를 받고 佛典 읽기를 힘썼으며 젊어서 于闐國에 가서 佛陀斯那를 만나 禪要秘密 治病經. 治禪病惡法을 받았고 또 高昌郡에서 觀彌勒菩薩上生兜率天經, 觀世音觀經을 얻었다. 그는 北涼이 亡하자 宋나라에 들어갔으며 항상 塔寺에 노닐었고 平生 妻奴가 없이 榮利를 모르고 經典만 宣通하여 僧俗의 尊敬을 받았다. 禪要를 먼저 譯出하였고, 宋나라에 와서는 彌勒上生經과 觀世音觀經을 譯出했는데 現大藏經가운데 그의 이름으로 나온 經은 八關齋經, 淨飯王 般涅槃經, 諫王經, 末羅王經, 旃陀越國王經, 摩達國王經, 佛大僧大經, 耶祇經, 五無反復經, 進學經 弟子死復生經, 迦葉禁戒經, 五恐怖世經各 一卷. 治禪病秘要法二卷이 있어 十六部 十七卷에 이르고 있으나 開元釋敎錄에는 그가 번역한 經典을 무려 二十九部 三十卷으로 記錄되어 있음. (出三藏記集 第十四, 高僧傳 第二曇無讖傳, 居士傳第四)

저과의(�踝衣) 허리 附近에 입는 衣類. (四分律)

저극시하(底極厮下) 가장 賤한. 極端的으로 賤한 最下劣의 身分. (無量壽經)

저대(抵對) 他人에게 宗旨를 說明하여 盛行하게 하는 것. 對揚과 같음. (碧巖錄)

저돌(牴突) 衝突하다. 마음대로 누구든 衝突하는 것. (無量壽經)

저돌(觝突) 성내는 마음을 지니고 남을 해치는 것이 마치 포악한 소가 사람을 떠 받은 것과 같음. 無量壽經下에 「矇冥한 觝突이다」하고 또한 「魯扈한 觝突이다」하며, 法華文句 四에 「인색하고 貪을 내면 餓鬼에 떨어지고 觝突은 畜生에 떨어지고 十惡은 地獄에 떨어진다」고 함.

저두(低頭) ①㊵<adho-mukha> ㊄<mgosmad pa> 머리를 푹 숙이는 것. 長上에 對한 禮儀의 하나. ②沈思熟考하는 것. (碧巖錄)

저두(這頭) 여기. 이곳. 這邊과 同義.

저두화상(猪頭和尙) 禪師의 頭面이 돼지와 비슷하기 때문에 世人이 猪頭和尙이라 稱함. 釋門正統四에 「宋眞宗皇帝 景德三(1006)年에 猪頭和尙의 뜻으로 顯化와 衢婺二郡을 啓蒙하다」하였음.

저로한(這老漢) 이 老人. 이 영감. (正法眼藏 行持)

저리(底理) 窮極的인 道理. 言語에 依한 表現의 奧底에 含有한 趣意. 깊은 奧義. 極意. (碧巖錄 普照序)

저리(底裡) 底理와 같음. →底理.

저리(底裏) 底理와 같음. →底理.

저리(這裡) 這裏와 같음. →這裏.

저리(這裏) 여기. 이 속. 이 中에 (景德傳燈錄) 지금쯤. 이맘때. (忠)

저리삼매경(底哩三昧經) ㊂'底哩三昧耶不動尊威怒王使者念誦法'의 줄인 이름.

저리삼매야경(底哩三昧耶經) ㊂底哩三昧耶不動尊聖者念誦秘密法의 略稱.

저리삼매야부동존성자염송비밀법 (底哩三昧耶不動尊聖者念誦秘密法) ㊂三卷. 唐 不空 譯. 誦佛蓮金三部不動尊의 儀軌를 說함.

저리삼매야부동존위노왕사자염송법 (底哩三昧耶不動尊威怒王使者念誦法) ㊂一卷. 唐나라 不空 번역. 또는 底哩三昧耶法 또는 底哩三昧耶經이라고도 한다. 不動尊의 念誦法을 記述한 것. 처음에 道場에 들어 오기의 護身法을 밝히고 나음에 結界法 香火등의 供養法, 念誦등의 眞言을 들었고 다음에 不動尊法品의 題에 話法등을 說하여 갖가지의 除障등의 護摩法을 밝힌 것.

저립(佇立) 멈춰 서 있는 것. (臨濟錄)

저막(底莫) 根據. 決定的인 것. (四行論 雜錄)

저말국(沮末國) 古代 印度에 있던 나라 이름. 또는 左末·且末·折摩馱那라고도 한다. 中國 新疆省 lop-ner의 西南 Charchan 地方을 일컬음. 곧 王門陽關으로 부터 葱嶺地方으로 通하는 南道에 해당 함.

저망(罝網) 鳥獸를 잡는 그물. (俱舍論)

저미(抵彌) ㊵〈Tini, Tinigica〉 大魚의 이름. 玄應音義二에는 「抵彌는 帝彌祇羅라고 말해야 한다. 大身의 魚를 말함. 그 類가 四種이 있는데 이것이 第四 最小者다」하였음.

저미의라(低迷宜羅) ㊵〈timingila〉 ㊁〈timingala〉 또는 帝彌祇羅·蟄民伽羅·低民祇羅·제미자라라 하며 闍呑魚라 번역된다. 呑이란 魚를 呑食하는 것.

저반(這般) 這는 比와 같음. 이것. 이것들. (碧巖錄)

저번(羝藩) 羝는 牡羊. 藩은 藩에 通하며 울타리를 뜻함. 羊이 울타리에 머리를 찔러 넣어 빼낼수도 꽂아 넣을 수도 없는 狀態란 뜻으로 精神的으로 낮은 境地에 머물러 있어 高次의 段階에 올라가려는 向上心이 없는 사람에 比喩하여 말함. 一羝羊觸藩. (二敎論)

저사(底沙) ㊵〈Tiṣya〉 釋迦牟尼佛이 일찌기 이 부처님 처소에서 彌勒과 함께 佛道를 닦았는데 七日七夜를 한쪽 다리를 들고 一偈로 부처님을 찬탄하였다. 그 공덕에 의하여 百劫中에 九劫을 초월하여 成佛했다 함. 玄應音義二十四에 「底沙는 舊에 『弗沙라 말했는데, 번역하여 明이다」하였고, 同二十二에 「이 것은 또한 별 이름이다. 별을 따라서 이름을 세웠으며 西國에는 이런 경우가 많다」하였으며, 俱舍光記十八에 底沙는 번역하여 圓滿이다. 이 것은 별 이름이며, 별을 따라서 이름했다」하였고, 慧林音義十八에 「底沙는 唐言으로는 鬼宿니, 즉 그 사람이 여기에 宿直에 매일 西方에서 나와 二十八宿로써 日을 기록하는데 다만 月이 宿에 臨함으로써 이름을 삼는다. 舊經에 蛭數란 이 것이다」하였으며, 婆娑論一百七十七에 「契經의 말씀과 같이 과거에 부처님이 계셨는데 이름을 底沙라 하거나 혹은 補沙라 말했다. 저 부처님이 두 보살제자가 있어 부지런히 梵行을 닦았는데 하나는 釋迦牟尼라 이름했고, 하나는 梅怛儷藥(譯言慈氏)라 이름했다. 이 때에 저 부처님이 두 제자가 누가 먼저 근기가 익숙해졌는가를 관찰했는데, 곧 如實知는 慈氏가 먼저 익숙하고 能寂이 뒤에 익숙함을 아셨다. 다시 二士가 有情의 敎化함을 보다 근기가 먼저 익숙한가를 관찰하고는 또한 如實智 釋迦의 敎化할 근기가 먼저 익숙함을 알고나서는 즉시 생각하셨다. 내가 지금 어떻게 저 기틀이 감응하여 서로 만나게 할 것인가, 그러나 한사람을 속히 익숙하게 한다면 쉽겠지만 많은 사람은 않되겠구나. 이 생각을 하시고나서 바로 釋迦에게 말하셨다. 내가 山에 노닐고자 하니 너는 따라와도 된다. 이 때에 저 부처님이 尼師檀을 取하여 길을 따라 먼저 가셨는데, 이미 山上에 이르고나서 吠瑠璃龕에 들어가 尼師檀을 펴고 跏趺坐를 맺고는 火界定에 들어가 七晝夜를 지내며 妙喜의 즐거움을 받았는데 威光이 熾然하셨다. 釋迦도 잠깐 사이에 또한 山上에 올라가 곳곳에서 부처님을 찾았는데, 송아지가 어미 소를 찾듯이 점점 저 龕室앞에 이르러 홀연히 부처님의 威儀가 단정·엄숙하고 광명이 밝게 비침을 보고는 오로지 진실로 간절히 발원하여 기쁘게 찬탄함을 감당하지 못했으며, 행하기를 간단이 없이 하였다. 한 발을 내리는 것도 잊어버리고 尊顔을 우러르며 눈을 잠시도 떼지 않고 七晝夜를 지내며 一伽他로 저 부처님을 찬탄해 말했다. 天地此界 多聞室, 逝宮天處十方無, 丈夫牛王大沙門, 尋地山林遍無等 이 같이 찬탄하고 나서는 바로 九劫을 超過하여 慈氏보다 앞에 無上覺을 얻었다」하였음.

저사(底砂) ⓢ〈Tiṣya〉 또는 底沙·弗沙·補沙라고도 한다. 번역하여 明·圓·滿·鬼宿라고도 한다. 釋迦牟尼佛이 彌勒佛과 함께 이 부처님會上에서 佛道를 修行하였는데, 釋尊은 七日七夜 동안을 이 부처님의 尊顔을 우러르면서 天地此界多聞逝宮天處十方無, 大夫牛王 大沙門室尋地山林遍無等"이라는 偈頌(다른 번역본에는 '天上天下無如佛, 十方世界亦無非, 世間所有我盡見, 一切有無如佛者)으로 讚歎하였다. 그 功德으로 彌勒보다 九劫을 빠르게 成佛하였다고 함. →底沙.

저사불(底沙佛) ⓢ〈Tisya〉 또 弗沙라고도 함. ⓢ〈Pusya〉 부처님 이름. 원래는 별인데 별로써 부처님 이름을 삼음. 釋尊이 百劫의 相好를 닦던중 이 부처님을 만나 발을 들고 偈로 찬탄하였으므로 인하여 九劫을 뛰어넘음. →底沙.

저사정기(佇思停機) 佇思는 멈추어서서 이것 저것 걱정하는 것. 機는 마음의 作用으로 걱정하여 마음의 作用이 中止해 버리는 것. (碧巖錄)

저양촉번(羝羊觸藩) 周易 雷天大壯卦中의 句. 羊이 울타리 사이에 머리를 찔러 넣어 뿔이 걸려 빼지도 끕지도 못하는 것. (碧巖錄)

저언다(底彥多) ⓢ〈Tinnata〉 곧 〈T-inlanta〉 또는 丁岸哆라 함. 梵語文法二聲의 하나로 動詞의 變化를 보인 것임. 十八轉이 있는데 彥多는 後의 뜻에, 底字는 後의 소리에 둔다. 그러므로 動詞 가운데 第三人稱이 單數의 語尾의 이름이며 動詞語尾의 一般的인 名目임. 唯識樞要上本에 「底彥多聲은 十八囀이 있는데 이 聲 가운데 底字를 분별하여 後에 居한다. 彥多를 後義라 하면 곧 이 底字는 後聲에 居한다」하였고, 寄歸傳四에는 「二九韻者란 上·中·下·彼·此·尊·卑의 구별을 밝힌 것이며 말에 十八不同이 있다. 이것을 丁岸哆聲이라 한다」하였음. 十八轉이란 慈恩寺傳三에 「그 底彥多의 十轉者에 둘이 있다. ①般羅颯迷(Parasmai)며 ②阿答末涅(Ātmane)다. 각각 九轉이 있으므로 합하면 十八이 된다」하였음. 般羅颯迷의 九轉이란 一事를 當體·自·他의 三으로 나누며 그 三에서 각각 一言·二言·多言의 三으로 나눈 것. 지금 有無의 有에 따라 九轉을 보인다면 아래와 같음.

當體 有三人稱	婆皺底	Bhavati	一言聲(單數)
	婆皺吒	Bhavataḥ	
	婆皺底	Bhavanti	
說他 有二人稱	婆皺斯	Bhavasi	二言聽(兩數)
	婆皺破	Bhavathaḥ	
	婆皺他	Bhavata	

說 自 有 一人稱	婆皰彌 Bhavāmi 婆皰靴 Bhavāvaḥ 婆皰摩 Bhavāmaḥ	多言聲 (複數)

阿答末涅聲의 九轉이란 앞 九轉의 아래에 각각 毘耶底의 말을 둔 것임. "阿答末涅의 九轉에 의하면 앞 九轉의 아래 各各 毘耶底의 말을 두었으며 나머지는 위와 같음. 이를 안치함은 文을 교묘하게 함이지 다른 뜻은 없으며 또한 극히 아름다운 뜻을 표시한 것이다」하였음. 이 가운데 毘耶底의 有無는 上·中·下의 尊卑로 나누어지며 自·他의 說에 의하여 彼·此를 구별하는 것.

저의(底意) 어떤 뜻이냐 하고 疑心하여 묻는 말.

저의(抵擬) 抵抗하는 척 하는 것. 또는 人事란 뜻. (洞山錄)

저일저리(底逸底哩) ㉵〈tittri〉 鷓鴣. (金剛針論)

저자(詆訿) 서로 헐뜯고 흉보는 것.

저저(這底) 底는 助字. 이것. 這箇와 같음. →這箇.

저채(抵債) 借用金의 返濟를 拒否하는 것. (四敎儀註)

저축(杼軸) 북과 바디. 文章을 構成하는 것. (出三)

저통(箸筒) 젓가락을 넣는 細長한 통. 無邊光佛의 德에 適用하여 말함. (一遍語錄 道具秘釋)

저포(樗蒲) 賭博의 戱. 雙六 博奕등을 말함. 來玄道는 樗와 蒲 모두가 植物의 이름으로 그 열매는 形狀은 같지만 빛이 다름으로 古와 今으로 使用하였다 함.

저하(底下) 人中에 가장 下賤한 자. 無量壽經上에 「貧窮乞人은 底斯極下라」하였고, 往生十因에 「薄地의 凡夫와 底下의 異生이다」하였음.

저하범우(底下凡愚) 最底의 수준에 있는 어리석은 사람 들. (正像末淨土和讚) 解釋例에 煩惱의 밑바닥에 가라앉은 凡夫라 함. (眞聖)

저하우박범부(底下愚縛凡夫) 最底인 愚癡에 束縛된 凡庸者. (一遍語錄 門人傳說)

적(炙) ①㊂〈visivana〉 몸을 따뜻하게 하는 것. (五分戒本) ②뜸(灸)을 뜨는 것. (灌頂經)

적(的) ①圓의 뜻이니 目에 當하는 곳. 또는 肝要의 뜻. ②確定. 正直의 뜻. 端的의 뜻. 佛法的的大意따위. ③助詞이니 儞的(거) 用心 禪的修養 따위, 宗·明·淸의 時代로부터 俗語로서 많이 使用되었다. ④활쏘기를 익힐적에 화살이 맞히는 板(과녁).

적(迹) ①十六行相의 하나로서의 行 ㉵〈pratipad〉의 異譯. (雜阿毘曇心論經) ②業과 煩惱에 依하여 生死輪廻하는 것. (四分律) ③나타난 모양. (玄義) ④敎化의 모습. 救濟의 모습. (上宮維摩疏) ⑤分別意識이란 것. (景德傳燈錄)

적(寂) 또는 滅, 涅槃의 異名. 維摩

問疾品에 「사람을 引導하여 寂에 든다」하였고, 淨影疏에 「寂은 涅槃이며, 또 寂은 眞諦다」하였음.

적(賊) ①一般的으로 말하는 盜賊. 盜人. (俱舍論) 盜賊질 하는 者는 왠지 모르게 늘 마음이 不安한 것. (碧巖錄) ②妄想迷執에서 脫却하지 못한 修行僧. 執着心이 있는 修行僧. (臨濟錄) ③뛰어난 禪者란 것. 師家가 修行者의 迷惑이나 欲을 빼앗아서 敎化하는 것에 比喩한 말. (景德傳燈錄 保福傳)

적(嫡) ①相續. 代를 이음. ②後嗣, 總領의 子息을 말함. (寶聞)

적(適) ①벌써 이미라는 뜻. (俱舍論) ②단지. 單只 하나에만 限하지 않고, 하나만이 아니라 함. (五敎章)

적(聻) 또는 聻이라고도 함. 詰問하는 말의 餘聲. 嚌도 또한 같음. 諸錄俗解에 「聻은 또한 聻이라고도 하는데, 正字의 通音은 儞며, 梵書에 聻으로 助語를 삼는데, 禪錄에 무엇을 聻이라하는가 桃花를 보지 못한 때를 時聻이라 하며 語餘聲이라 함과 같다 하였고, 宗門統要七에 「百丈이 와서 불을 일으키고는 말하기를 儞道無 這個聻이라」하였음.

적(籍) 빌다. 깔다. 따라서 依據하여. (敎行信證) 깔개로 하는 것. (香月)

적(聻) 또는 聻鬼라고 함. 音讀은 賊과 같음. 或音은 據, 相傳하기를 鬼神이 죽은 것은 聻鬼이라 한다함이 字門에 써서 붙이면 邪祟를 피하는 것을 辟邪符라 말함.

적가사(赤袈裟) 또는 赤衣, 絳袈裟, 赤絳衣等이라 함. 根本毘奈耶三十九에 靑·泥·赤의 三色은 부처님이 제정한 壞色이다. 말하기를 「赤者는 나무의 赤皮다」한 것. 이 것은 十誦律十五에서 말한 茜色이며, 四分律十文等에서 말한 木蘭色이며 純粹한 赤色은 아님. 그러므로 十誦律十五와 薩婆多毘尼 毘婆沙八에 靑·黃·赤·白·黑의 五種의 純色을 쓰는 것을 禁했음. 만일 赤衣를 얻는다면 三種淨을 해야 한다 하였음. 毘奈耶雜事二十九에 「때에 大世主가 부처님이 떠나심을 듣고 五百釋女와 함께 스스로 머리털을 깎고 모두 赤色僧伽胝衣를 입었다」했으며, 善見律毘婆沙二에 「末闡提가 몸에 赤衣를 입었다.」기록했으며, 西域記一 梵衍那國條에 「商諾迦縛娑는 九條僧伽胝衣로 絳赤色이며, 設諾迦는 草皮로 짜서 만든 것이다」하였음. 이 것은 모두 茜色을 가리킨 것임. 대체로 印度律의 五部에 그 服色을 달리했는데 舍利弗問經에 曇無屈多加部가 赤色을 입는다 했고, 三千威儀卷下에 「薩和多部는 絳袈裟를 입는다」했으며, 僧史畧上에 「漢·魏의 世에는 出家한 자가 赤布僧伽梨를 많이 입었다 했는데, 曇無德의 僧이 먼저 漢土에 이르렀다. 이로써 證하면 中國에서도 오래전부터 썼음을 알 수 있다. 密教에서도 또한 이 色을 重히 여겼는데 陀羅尼集經一 金剛輪佛頂像法下에 「그 疊上에 세존의 상을 그렸는데 몸은 眞金色이며, 赤袈裟를 입혔다」하였으며, 要略念誦經에 「부처님 몸을 자세히 살펴보니 마치 紫金과 같다. 三十二相·八十種好가 있어 赤袈裟를 입고 跏趺坐를 하셨다」하였음.

적가회(炙茄會) 가지를 굽거나 삶아서 供養하는 法會. (이것이 무엇을 意味하는지 明白하지 않다. 炙茄가 釋迦와 音이 같다고도 하나 그것도 充分한 說明은 되지 않는다. 五祖法演의 「海會錄」에 炙加會上堂이 있고, 聯燈會要 應化賢聖에도 「寒山因衆僧炙茄次」가 있음으로 宋代의 叢林에서는 이와 같은 風習이 있었는 것 같다.) (禪苑淸規 監院)

적각(赤脚) 赤脚仙의 略稱. 부처님의 別名.

적각주(赤脚走) 맨발로 달리는 것. 숨긴 것이 없는 것. 숨김 없는 마음. 숨긴 것 없는 氣分. 解脫의 마음씨. (御抄)

적골력(赤骨力) 赤裸裸. 露骨的.

적골률(赤骨律) 赤骨力과 같음. → 赤骨力.

적공(積功) 功德을 積累함. 法華經 菩薩品에 「難行을 苦行하면 積功과 累德이 된다」하였음.

적공루덕(積功累德) 功德이란 字를 나누어 功을 쌓고 德을 거듭한다고 한 것으로 功德을 쌓아 올리는 것. (法華經 提婆品) (修證義)

적광(赤光) ㉵〈rohita-nirbhāsa〉 붉게 빛남. (阿彌陀經)

적광(寂光) 中國律宗 千華派의 始祖 廣陵(江蘇省 江都縣)의 사람. 姓은 錢氏. 字는 三昧. 二十一세에 淨源을 따라 出家하여 雪浪洪恩에게 賢首의 教觀을 배워 그 宗乘에 通하였다. 後에 小天台에서 閉關하고 面壁治心하였으며 江州 東林寺 塔龕中에서 晋太尉 陶侃이 奉獻한 文殊金像을 얻었다. 金陵 報恩寺에서 演戒할때는 寺塔에서 빛을 發하는 것이 二十餘夜나 되었다. 千華大社를 열자 學僧이 雲集하였다고 한다. 弘化元(一六四五)年 金陵에서 壇을 設할때는 紫衣와 白金의 特賜를 받고 文武百官이 寺內에 近謁하여 國師의 稱을 받았음.

적광토(寂光土) 부처만이 사는 四土의 하나. 常寂光土의 略稱. 寂靜常住인 眞理의 智慧에 의하여 비추어 보이는 세계로 곧 法身佛의 세계.

적광해회(寂光海會) 寂光이 常寂光土가 되고 海會는 一會의 大衆이 된다. 十方法界諸佛菩薩과 天·龍·八部諸衆까지 來集함이 마치 萬川이 大海에 朝宗함과 같으므로 海會라 함. 大日經疏三에 「다시 衆生의

一會心中에 如來의 壽量이 長遠한 몸인 寂光會海 내지는 不退菩薩도 또한 다시 알지 못한다. 이 법이 배나 믿기 어렵다는 것을 알아야 한다」하였고, 演密鈔四에 「寂光會海란 寂光은 土이며 會海는 衆이니 곧 常寂光土中의 塵沙의 大衆으로 眞·應에 通한다」하였음.

적구(積久) 오랜 것. (出三)

적귀(赤鬼) 地獄의 獄卒. 牛頭·馬頭와 같이 赤色인 者.

적념(寂念) 寂靜의 念慮로 즉 禪定. 圓覺經에 「陀羅尼에서 寂念과 모든 靜慧를 잃지 않는다」하였음.

적념(積念) 念佛을 여러번 하는 것. 積念이란 十念의 念佛. 念一念 쌓아 올리듯 부르는 것. (香月)

적단(籍單) 禪林의 僧堂內에 各自의 單位(修行의 座席) 위에 걸어 둔 名禮. (洞上行持軌範)

적당(的當) 的中하는 것. (正法眼藏佛性)

적덕(磧德) 磧은 大. 德이 뛰어난 者. (隨聞記)

적도(寂都) 寂靜之都의 略. 깨달음의 世界. (道範消息)

적도(趯倒) 차서 넘어뜨림. 밀어 쓸어뜨림. 차는 것. (五燈會元 潙山傳)

적도정병(趯道淨甁) ㊟潙山靈祐의 淨甁을 趯道하였다는 이야기.

적동(適同) 정말로 틀림없이란 뜻. 趣意가 一致하는 것. (那先經)

적동엽(赤銅葉) 赤銅으로 貝葉의 形을 만든 것으로 사용하여 文字를 새김.

적동자(赤童子) 肉體는 赤色이며 形態는 童子形이다. 보통 左手에 輪寶를 만들며 右手는 劍을 잡고 있다 또 皇孫이 降天할 때에 扶翼臣으로 役割 함.

赤童子

적두(赤豆) ㉵〈masura-akṣa〉 콩의 一種. 붉은 팥.

적라라(赤躶躶) 萬事를 放下하고 天眞이 獨朗한 모양. →赤灑灑.

적라라·정쇄쇄(赤裸裸·淨灑灑) 思量 分別心이 떨어져 解脫境界에 든 것이 마치 옷을 발가벗은 알몸과 같고 깨끗하기는 물을 뿌리는 것과 같다는 비유.

적락(寂樂) ㉵〈sukha-ânuśaṃsa〉 安樂의 利益. (寶性論)

적래(適來) 先刻. 아까. 조금전의 뜻.

적론(敵論) ㉵〈prativādin〉 反對論者 敵論者와 같음. (正理門論)

적론자(敵論者) 因明의 對論法. 三支로써 自宗을 건립하는 자를 立論者라 하고, 立論者와 상대하는 자를 敵論者라 말함.

적료(寂寥) 고요하고 쓸쓸함. (出二)

적루(積累) 功德·善根을 積聚함. 無量壽經下에 「精明하게 願을 求하여 善本을 積累한다」하였음.

적루덕본(積累德本) 德本은 善根과 같음. 德을 쌓는 것. →德本. 六度十波羅蜜의 功德을 쌓아 올리는 것. (香月)

적류명(寂留明) 涅槃의 靜寂에 住하는 明智. 寂은 寂靜이란 뜻. 留는 住處란 뜻. 明은 智慧라는 뜻으로 即是蓮華部의 禪定과 智慧가 相應한다는 뜻. (兩曼隨)

적류명보살(寂留明菩薩) 胎藏界 觀音院 第二行 第七位, 密號는 定光金剛이라 함. 彌陀定門의 尊. 寂靜心留의 뜻으로 이름한 것. 肉色이며 左手는 四指를 굽히고 頭指를 세워 가슴에 대고 右手掌은 밖을 향하여 높이 들고 天衣를 입었으며, 左膝을 세우고 赤蓮華에 앉아 띠를 드리워 바람에 펄럭이는 風天과 같음.

寂留明菩薩

적막(適莫) 適者는 나의 뜻에 적합한 것. 莫者는 적합하지 않은 것. 無量壽經上에 「去來進止에 情에 얽매인 것이 없고 뜻을 따라 自在하며, 適莫한 것이 없어 彼도 없고, 我도 없으며 다툼과 訟事가 없다」하였고, 淨影疏에 「衆生에게 있어서 適適의 親도 없으며, 莫莫의 疏도 없음을 無適莫이라 한다」하였음.

적막지빈(寂漠之濱) 常寂光土 또는 寂光淨土와 같은 말. 常寂하여 理智圓滿한 淸淨國土로 淨土, 極樂涅槃境을 말함.

적면(覿面) 눈 앞에 直接 面對함. 正面으로 봄. 目前에 봄. 親히 봄. (碧巖錄)

적멸(寂滅) 寂滅 梵名으로는 涅槃 <Nirvāna> 그 體가 寂靜하여 일체의 相을 여의 었기 때문에 寂滅이라 함. 法華經序品에 「어떤 보살이 寂滅法을 보았다」하였고, 維摩經佛國品에 「일체 法이 모두 寂滅한 줄 안다」하였으며, 註에 「肇가 말하기를 相을 버렸기 때문에 寂滅이라 한다」하였고, 同弟子品에 「法이 本來 그렇지 않는데 지금은 滅함이 없다. 이 것이 寂滅의 義다」하였고, 無量壽經上에 「世間을 超出하고 寂滅을 깊이 즐긴다」하였으며, 智度論 五十五에 「三毒과 모든 戲論을 滅했기 때문에 寂滅이라 한다」하였음.

적멸궁(寂滅宮) 佛像을 모시지 않고 法堂만 있는 佛殿.

적멸도(寂滅道) ㊵〈śānti-mārga〉 安靜에의 길. 靜寂에의 길. (寶性論)

적멸도량(寂滅道場) 化身佛이 有餘涅槃을 證得한 道場, 釋尊이 摩竭陀國 迦耶山頭 尼連禪河邊 菩提樹下 金剛座에 계셨다 함과 같음. 晋華嚴經一에 「一時에 부처님이 摩竭陀國 寂滅道場에 계시면서 비로소 正覺을 이루셨다」하였음.

적멸락(寂滅樂) 五種樂의 一, 一樂.

적멸무이(寂滅無二) 涅槃은 일체 차별의 모양을 여의었으므로 寂滅無二라 함. 圓覺經에 「圓覺은 普照하고 寂滅은 無二하다」하였음.

적멸법(寂滅法) ㊵〈śānta-dharma〉寂靜의 法, 寂滅의 가르침이란 뜻. 迷妄世界를 離脫한 境界. 特히 小乘의 涅槃을 뜻함. 解脫. (法華經序品)

적멸보궁(寂滅寶宮) 韓國의 寺院에서 속에 戒壇만 있고, 佛像이 전혀 없는 堂舍를 말함. 곧 本尊이 없이 속이 텅 비어서 이슬람教의 모스크나, 시크教寺院을 생각하게 한다. 다만 이 堂舍의 밖 背後에는 舍利塔이 있다. 이런 形式의 堂舍는 韓國全體에 적어도 셋이나 된다 함.

적멸삼매(寂滅三昧) ㊵〈nirodha-samādhi〉 寂滅한 禪定의 境地.

적멸상(寂滅相) 涅槃의 相이 일체의 相을 여읜 것을 寂相이라 함. 法華經方便品에 「諸法은 本來부터 있어서는 寂滅相이 된다」하였고, 智度論八十七에 「涅槃은 곧 寂滅相이다」하였음.

적멸위락(寂滅爲樂) 寂滅은 涅槃임. 生死의 苦에 對하여 涅槃이 樂이 됨. 涅槃經에 「諸行은 無常하여 滅法을 生하며 나(生)면 滅하고 滅하면 그만인 것. 寂滅이 樂이 된다」하였음.

적멸인(寂滅忍) 五忍의 一, 一忍.

적멸장(寂滅場) 寂滅道場의 略, 四教儀集註上에 「곳을 따라 법을 굴리는 것을 寂滅場이라 한다」하였음.

적멸평등(寂滅平等) 닐바나의 境地에 있어서는 모든 것이 똑같이 煩惱에서 떠나 있는 것. 煩惱가 없어진 것이다. (皆往) 八地에 이르러서는 微細한 煩惱를 떠난 八地의 無功用에 이르는 것을 寂滅平等이라 함. (皆往)

적멸평등신(寂滅平等身) 涅槃寂滅의 道理를 깨달아, 모든 것에 平等한 慈悲心을 일으키는 것을 佛身이라 함. (法華經 序品)

적멸현전(寂滅現前) 寂滅이 그대로 나타나 있는 것. 生滅의 위가 그대로 生滅이 없는 것. (六祖壇經)

적명(籍名) 戶籍의 이름. (山家學生式)

적묵(寂默) ①㊵〈pratisaṃlayana〉 고요히. 홀로 돌아가 사는 것. (曇無讖의 譯) ②㊵〈śama〉 煩惱가 安靜

되는 것. 靜寂. (佛所行讚)

적묵외도(寂默外道) 六種苦行의 하나로, 墓地에서 살면서 無言行을 하는 修行者. (北本 涅槃經)

적문(迹門) ①本迹二門의 하나. (佛의)應迹(迹을 보여 주는 것. 救濟活動)을 나타내는 方面이란 뜻. 이 世上에 모습을 나타낸 佛은 根源的인 佛이 衆生을 救濟하기 爲하여 本地로 부터 迹을 나타낸 것이라 하여 永遠한 佛의 應迹을 나타낸 方面을 이렇게 말한다. 本門의 對. (本尊抄) ②法華經 二十八品가운데서 앞의 十四品을 말함. 圓融三諦의 이치를 밝혔다 함. 이것은 久遠劫前의 本佛에 대하여 이 世界에 탄생한 迹佛의 法門을 迹門이라 함.

적문(跡門) 普通은 迹門이라 쓴다. 迹門과 같음. →迹門. 王宮誕生 迦耶成道의 佛. (人登道隨)

적문개현(迹門開顯) 天台宗에서 法華經의 앞의 절반을 迹門. 뒤의 절반을 本門이라 하고, 迹門의 부처 곧 菩提樹아래에서 成道하신 釋尊께서 法華經 以前에 말씀하신 三乘敎는 方便敎라 하고, '法華經'만을 一乘實敎라 開顯하여 이에 들어가게 함을 말하는 것. 開三顯一, 開權顯實과 같음.

전문부속상승(迹門附屬相承) 迹門의 釋尊으로 부터의 付屬이라 하는 傳承關係(또는 繼受關係)라는 뜻. 釋尊으로부터 藥王菩薩·智顗·最澄·日蓮에 이른 法華經의 가르침의 傳承이란 것. 日蓮宗學의 用語. 또 外相承이라고도 함. →迹門.

적문십묘(寂門十妙) ①境妙. 境은 곧 理境이다. 十如是等境을 말하며 心佛 衆生이 差別이 없어 不可思議한 것. 經에 「오직 부처와 부처만이 能히 諸法實相을 究盡한다」하였는데, 諸法의 如是相과 如是性等을 말하는 것이 六境은 (1)十如是境 (2)十二因緣境 (3)四諦의 境 (4)二諦의 境 (5)三諦의 境 (6)一諦의 境임. ②智妙. 智는 全境에 卽하여 일어나는 智로 境이 妙하기 때문에 智도 또한 따라서 妙하며 函과 덮개가 서로 응하여 不可思議한 것. 經에 「내가 얻는 지혜가 미묘하여 가장 제일이다」한 것. ③行妙. 行은 곧 닦은 행이다. 妙智로 行을 인도하기 때문에 또한 따라서 妙함이 不可思議한 것. 經에 「이 모든 道를 행하고나서 道場에서 成果를 얻었다」한 것. ④位妙. 位는 곧 諸行이 편력한 位次다. 十住에서 十地까지가 이 것임. 行으로 妙하게 하기 때문에 所證의 位도 또한 妙하여 不可思議한 것. 經에 「이 實乘을 타고 四方에 노닌다」한 것. ⑤三法妙. 三法은 곧 眞性·觀照·資成의 三法이다. 眞理는 理며 觀照는 慧며 資成은 定으로 이 三法은 부처님의 所證이 되어 妙가 不可思議한 것. ⑥感應妙. 感은 衆生. 應

은 곧 佛를 말함. 衆生의 圓機로써 부처님을 感하고 부처님은 곧 妙應으로 應함을 말한다. 마치 물이 上昇하지 못하고 달이 下降하지 못하지만 한개의 달이 많은 물에 두루 나타나듯이 이 妙는 不可思議한 것. 經에 「一切衆生이 모두 吾子다」한 것. ⑦神通妙. 如來는 應함을 圖謀하지 않지만 善權方便에 알맞게 들어 맞으며, 機宜를 變現함이 自在하여 이 妙함이 不可思議한 것. 經에 「지금 佛世尊께서 三昧에 들어가자 不可思議한 希有한 일을 나타내신다」한 것. ⑧說法妙. 大·小乘의 偏·圓의 法을 說하여 중생으로 부처님의 知見에 感悟하여 들어가게 하므로 이 妙가 不可思議한 것. 經에 「부처님이 갖가지 분별로 교묘하게 모든 법을 說하사 言辭가 유연하며 衆心을 기쁘게 한다」한 것. ⑨眷屬妙. 부처님이 세상에 출현하시면 즉시 十方의 諸大菩薩이 모두 와서 찬탄하고 보좌하는데, 혹은 神通으로써 와서 태어나는 자도 있고, 혹은 宿願으로써 와서 태어나는 자도 있으며, 혹은 應現으로써 와서 태어나는 자도 있는데, 모두 眷屬이 된다 하며, 함께하는 妙는 不可思議한 것. ⑩利益妙. 부처님이 法을 說하시면 일체중생이 모두 本性을 開悟하고 佛知見에 들어감이 마치 時雨가 널리 흡족하게 뿌리면 大地가 利益을 입는 것과 같이 이 妙를 不可思議한 것. (玄義二의 二)

적문십사품(迹門十四品) 法華經二十八品中에서 佛의 應迹(救濟活動)을 表示하는 方面의 前十四品(梵<parivarta>)이란 뜻. (本尊抄)

적박비구(賊縛比丘) →草繫比丘.

적발(赤鉢) 舍衛國에서 上貴한 赤色瓦鉢인데 모든 비구는 감히 받지 못하고, 부처님이 허락해야 受用하는 것.

적백이적(赤白二滴) 赤白二渧와 같음. →赤白二渧.

적백이제(赤白二渧) 어머니의 精이 赤渧가 되고 아버지의 精이 白渧가 되는데 二渧가 和合하는 곳. 그 가운데 心·識이 의탁함. 止觀七에 「赤·白二渧가 和合하여 그 가운데 識을 의탁하여 體質을 삼는다」하였고, 承陽大師發菩提心에 「身體髮膚를 父母에게 받았으나 赤·白二渧는 始終空하다」하였음.

적본(迹本) 法華의 迹門과 本門을 말함. 法華玄義七에 「또 이 꽃으로 佛法界의 迹·本兩門에 비유한다」하였음.

적본이문(迹本二門) 迹門과 本門. 佛의 應迹 救濟活動을 顯示하는 方面과 佛의 本體를 顯示하는 方面이란 뜻. (本尊抄)

적분(擿分) 分類. (出三)

적불(迹佛) 迹門의 佛을 말함.

적불적토(迹佛迹土) 垂迹한 佛과 垂

迹한 佛國土를 말함. (本尊抄)

적사(的嗣) 的子와 같음. →的子.

적사(嫡嗣) 嫡子와 같음. 法的으로 正統의 相續子. (正法眼藏 佛道)

적사판대장경(磧砂板大藏經) 또는 延聖院板. 延聖寺板이라고도 함. 中國 南宋末에서 부터 元祖에 이르기까지 平江府磧砂延聖院(江蘇省吳縣의 東南方 陳湖中에 있음)에서 開板한 私板大藏經을 말함. 磧砂는 磧沙로도 表記함.

적산법화원(赤山法華院) 統一新羅時代 唐나라 山東省 文登縣 赤山村에 張保皐가 창건한 신라의 절. 新羅沙門의 國外진출. 海外活躍이 빈번할 때 생긴 新羅院 新羅坊과 같이 중국에 세운 新羅의 절이다. 신라승려로써 당나라로 가는 사람은 물론 倭僧들도 이 절의 도움을 많이 받았다. 이 절은 장보고가 武寧軍의 小將으로 있을 때 1年의 수확고 5백섬인 토지를 그본 재산으로 하여 창설하였다. 여름에는 金光明經을 겨울에는 法華經을 강의했는데, 그때마다 신라의 남녀 승속으로 참석한 사람이 250명에 달했다고 한다. 그때 이곳을 직접 찾았던 日本의 중 圓仁의 唐求法巡禮行記에 의하면 당나라의 중으로서 신라 沙門을 侍奉하면서 스승으로 섬기는 자도 있었다고 한다. 여기서 행하던 의식은 본국과 같았다고 함.

적상(寂常) 煩惱가 없음을 寂이라 하며 生滅이 없음을 常이라 함. 즉 涅槃의 理다. 楞嚴經一에 「世尊이시여 저희들은 지금 二障에 얽매었기 때문에 진실로 寂常의 心性을 알지 못합니다」하였음.

적새새(赤灑灑) 赤은 空하다는 뜻. 아무 것도 없는 것. 灑灑는 淸淨하여 물들지 않는 것을 形容한 것. 곧 아무 것에도 拘碍되지 않고 自由 自在한 모양.

적색(赤色) ㊵〈Kasāya〉 梵語로는 乾陀色, 舊의 袈裟色이 이 것임. 有部百一羯磨九에 「或은 乾陀色, 梵에는 袈裟野, 번역하여 赤色이다」하였음.

적색삼매(赤色三昧) 魔王(他化自在天)인 것을 破하는 三昧. (四敎儀註)

적선(積善) 善을 쌓아 올림. 착한 일을 여러번 함. (妻鏡)

적선여경(積善餘慶) 積善을 한 기쁨의 歲月. 積善한 報應으로 오는 즐거운 일. 過去에 積善한 報應으로 받는 幸福. (無量壽經)

적손(的孫) 法孫(法을 繼承하는 子孫)이란 뜻. 祖師의 法을 바르게 繼承한 法孫을 말함. (石屋禪師塔銘并叙)

적수(赤手) 손에 아무 것도 갖지 않는 것. 空手. (從容錄)

적수적동(滴水嫡凍) 물이 한방울씩 똑똑 떨어져서 그 옆에서 곧 얼어붙는 것. 間髮을 넣지 않는 修行에

徹底히 沒頭하는 것. (碧巖錄)

적수호(赤鬚胡) 붉은 수염의 外國人이라는 것. →胡鬚赤(雲門廣錄)

적시이이(適時而已) (佛法은) 때에 맞을 뿐이라는 뜻. (開目鈔)

적식(積殖) 功德을 쌓는 것. 쌓아 불리는 것. (無量壽經)

적신(適身) ㊵〈Kāya-prahlādana-Karin〉 ㊞〈lu:s sim par byed pa〉 몸을 恍惚하게 하는 것.

적신명왕(赤身明王) 馬頭明王을 말함.

적심(赤心) 있는 그대로의 마음. 아무 것에도 가리어지지 않는 마음. 즉 佛性 그 自體를 말함. (正法眼藏)

적심수계(賊心受戒) 거짓으로 比丘가 되어 敎團中에 사는 者. 賊住比丘와 같음. (四分律)

적심입도(賊心入道) 異敎徒(外道)가 마음에서 佛法을 믿지 않고, 다만 利益을 爲하여 佛法에 들어오는 것. (四分律)

적심편편(赤心片片) 眞心이 充滿한 것. (碧巖錄) 섞인 것 없이 그것만인 것. (私記) 赤裸裸한 마음씨. (御聽書抄)

적악(積惡) 多年間에 쌓인 惡行. (妻鏡)

적안(赤眼) 龜의 異名. 虛堂淨慈後餘에 「赤眼이 큰 뗄나무 가리에 머리를 처박았다」하였음.

적안(寂岸) 寂滅의 彼岸. 곧 涅槃을 말함. 寄歸傳一에 「우러러 寂岸을 바라며 悟寂의 虛關을 삼는다」하였음.

적양화(摘楊花) 楊花를 따는 것으로 無益한 것. 無用의 말을 하는 것. (聯燈錄 趙州章)

적업사자(寂業師子) 釋迦의 異名. 大日經疏四에 「그러므로 無量 衆生을 제도하니 四種魔軍이 이로 말미암아 退散하였다. 그러므로 號를 寂業師子라 한다」하였고, 演密鈔五에 「號를 寂業師子라 하는 것은 偈中에 말하기를 釋師子가 世上을 救하였다했으나, 具足히 말한다면 '釋迦師子가 世上을 救했다한 것. 偈는 五字로 글귀를 이루기 때문에 迦字를 간략히 제거하고, 다만 釋字만 두었음. 이 釋迦란 말은 尋常히 번역하면 혹은 다만 能이라 하고 혹은 能人이라 한다. 지금 寂業이라 하는 것은 대체로 字門에 依해서 그 이름을 세운 것. 前梵本偈中에 赦吃也라 함. 赦는 곧 奢字門이며, 奢者는 一切法寂의 뜻. 吃也者는 上의 吃者는 迦字門으로 連合이됨. 也字는 소리의 편의를 취했기 때문에 마침내 吃音을 이루고 迦는 一切法造作의 뜻을 詮한 것이며 造作은 즉 業임. 그러므로 寂業師子라 한다」하였음.

적연(寂然) 寂靜無事의 모양. 維摩經弟子品에 「法이 항상 寂然함은 모든 相을 滅하였기 때문이다」하였고, 註에 「生이 말하기를 寂然이란 寂靜無事의 뜻이다」하였음.

적연계(寂然界) 二乘이 증득한 涅槃의 境界. 大日經一에 「蘊處界의 能執·所執이 모두 法性을 여읜다. 이 같음은 寂然한 界를 증득한다」하였고, 同疏二에 「行者가 이 같이 觀照할 때 無性門을 따라 諸法이 곧 空함을 通達하여 一重法倒를 여의고 心性을 了知한다. 이 같이 蘊處界의 能執·所執에 동요되기 때문에 寂然界를 증득했다 함. 이 寂然界를 증득할 때는 잠깐 사이에 二乘의 境界를 지난다」하였음.

적연지덕(寂然智德) 있는 그대로 事物을 빛추어 들어내는 智慧. (道範消息)

적연호마(寂然護摩) 息災의 護摩, 灌頂을 行할 때에 弟子를 위해 罪를 滅하고 護摩를 닦는데, 이 것을 寂然護摩라 함. 大日經疏八에 「다음으로 모든 弟子를 爲해 寂然護摩를 짓는데, 이 것은 扇底迦〈Śānti-ka〉法이며, 또한 번역하면 息災가 된다」하였음.

적열(適悅) 男女交合하여 快感을 맛보는 것. 男女交合하여 맛 보는 快美感. (理趣經)

적열지금강(適悅持金剛) 胎藏界金剛手院 第三行 第三位의 尊. 密號는 慶喜金剛이라 함. 主로 오직 부처님과 부처님만이 法樂의 適悅을 스스로 받기 때문에 이름한 것.

적염(赤鹽) 阿羅漢이 비록 染汚의 無智를 끊고 涅槃의 眞理를 증득했으나, 그러나 不染汚의 無知를 끊지 않했기 때문에 世間의 事相을 通達하지 못하고 지극히 愚蒙함이 그 例가 赤鹽을 알지 못함과 같음. 俱舍光記一에 「모든 경계 가운데 혹은 阿羅漢이 赤鹽을 알지 못하고 異生에서 三藏을 通한 이가 나왔다 한다. 이것을 境智(阿羅漢)가 愚(異生)에 미치지 못한다 하는 것이다」하였고, 止觀四에 「五鹽을 알지 못하는 것을 睡蓋라 한다」하였음.

적오지성(赤烏之城) 日天子가 있는 太陽의 宮殿. (三敎指歸)

적용(寂用) →寂用湛然.

적용담연(寂用湛然) 眞如의 理體는 有爲의 諸相을 여의었으므로 寂이라 하고, 世間과 出世間의 善法을 生하므로 用이라 함. 곧 起信論에서 說한 三大中의 體와用의 二大다. 體는 곧 用이 되어 體와 함께 모두 常住하여 滅하지 않으므로 湛然이라 함. 觀經玄義分에 「恒沙功德이 寂用湛然하라」하였음.

적위(赤位) 判官. 新羅때 僧官의 하나. 四天王寺成典, 奉聖寺成典, 感恩寺成典, 奉德寺成典등에 있었던 第三位의 僧官. 定員一名.

적유전(滴油箭) 小努로 쏘는 화살. 勢力이 빨라서 지체하지 않음을 말함.

적육단(赤肉團) ①붉은 고기덩어리

라는 뜻인데 心臟을 말함. 廣義로는 肉體라는 뜻. 赤肉團上에 一無位의 眞人이 있다. (臨濟錄) ②人間의 마음. 肉團心.

적육단상(赤肉團上) 肉體의 身上. 사람의 肉團心을 말함. 臨濟玄義語에 「赤肉團上에 一無爲의 眞人이 있다」하였음. →傳燈錄十二義玄章.

적육중대(赤肉中臺) 胎藏界 曼茶羅의 中臺八葉院, 赤肉은 衆生의 肉團心으로 곧 心臟임. 이 中臺八葉이란 三密瑜伽에서 衆生肉團心을 成就하기 爲해 開敷한 相이 되므로 赤肉中臺라 함. 心蓮華라 함과 같음.

적음존자(寂音尊者) 唐 大莊嚴寺 慧齡의 弟子로 그 傳은 續高僧傳二十八(慧齡傳)에 붙어 있음.

적의(赤衣) ①赤色의 깨끗한 옷. 密敎修法에는 本尊에 따라서 그 색깔을 달리 함. 五大明王中에 軍陀利明王은 南方이 되므로 眞言師의 淨衣는 赤色으로 한다 함. ②赤色의 袈裟. →赤袈裟.

적의(的意) 正意라는 뜻.

적의(適意) 마음대로, 適은 알맞게 이루어지는 것. (四敎儀註·上宮維摩疏)

적인(寂忍) 寂靜과 忍辱을 말함. 指要鈔序에 「寂·忍의 옷을 입고 大慈室에 거한다」하였음. (785～819) 俗姓은 朴氏. 이름 字는 體空 惠哲 慶州출신. 禪門九山의 桐裏山派의 開祖이다. 15歲때 僧이 되어 浮石寺에서 華嚴宗을 硏究하고 30歲에 徐州에 있는 浮沙寺에서 3年間 不枕不席하여 大藏經을 閱覽하였음. 그후 55歲때 谷城 桐裏山, 大定寺에서 法會를 열었음. 大師가 雙峰蘭若에서 夏安居할때 가뭄이 들어서 山川이 枯渴되므로 州司가 와서 비를 빌기를 仰請하니 大師가 應諾하고 內室에 고요히 앉어 향을 피웠다. 未久에 단비가 쏟아져서 解渴하였다. 또한 桐裏山 大安寺를 創建할때 桐裏山에 사람이 살수 없을 만큼 많던 蚊虻을 神通力으로 모두 쫓아 없애니 그 후부터 고개이름을 逐虻峙라 하였다 함.

적인선사조륜청정탑(寂忍禪師照輪淸淨塔) 全南 谷城郡 竹谷面 大安寺에 있는 塔. 國寶 第421號.

적자(赤子) 갓난아이. 嬰兒.

적자(的子) 師匠으로 부터 佛法의 奧義를 繼承한 弟子. 嫡子·法嗣와 같음. →嫡子. →法嗣. (碧巖錄)

적자(嫡子) ①正室(本妻)의 몸에서 낳은 아들. ↔庶子. ②宗門에서는 嗣法한 弟子를 稱하여 嫡子라 한다. ③長子 이외의 아들.

적자(敵子) 敵論者의 略稱. 佛敎의 論理學인 因明에서 三支作法으로써 자기가 論理를 세우는 것을 立論者라 함에 대하여 그 相對者를 敵者라고 함. 또는 對論者.

적자비바사(赤髭毘婆沙) ㊵〈Budhayāsa〉. 天竺佛陀耶舍 번역하여 覺明이라 함. 後秦 弘始九(407)年에 長安에 당도. 毘婆沙論에 能하였는데 콧 수염이 붉었으므로 時人이 赤髭毘婆沙라 불렀다 함. (稽古史略二)

적장(寂場) 寂滅道場의 略稱, 法華玄義一上에 「비록 높은 산과 같이 돌연히 말하지만 寂場은 움직이지 않고 鹿苑에 遊化한다」하였음.

적장수(寂場樹) 寂滅道場의 菩提樹. 또는 釋尊이 入滅한 場所의 菩提樹를 가리킴. →菩提樹.

적재(積載) 數年. (出三)

적재진언(寂災眞言) 나무사만다 발다남(南麼三曼多 勃馱喃) 아(阿) 마하사지얼다(摩訶奢底蘖多) 사지가라(舍底迦羅) 발라(鉢羅, 二合) 사마달마 이울야다(舍摩達磨儞栗惹多) 아바박사바사바달마(阿婆縛娑嚩婆嚩達磨) 사만마다 발라발다(三曼麼多鉢羅鉢多) 사하(莎訶) 〈Namaḥ samantabuddhānaṃ Aḥ mahāsāntigata śuddhikara prasama-dharmanirjātata abhāvas vabhāvadharma samantaprāpat Svāhā〉 大日經疏八, 同義釋六에 細釋이 있음.

적적(的的) 바르다. 바르게. 明白함 뚜렷하게. 法의 內容의 正當함을 이르는 말. (臨濟錄)

적적(賊賊) 盜賊이란 뜻을 強하게 하기 위하여 거듭 말하는 것.

적적(嫡嫡) 嫡은 正妻가 낳은 長男이란 뜻으로, 血統의 바른 것을 말함. (正法眼藏 無情說法)

적적단전(嫡嫡單傳) 佛祖의 法을 實地로 傳한 直系. (正法眼藏 行持)

적적대의(的的大意) 釋尊으로 부터 歷代의 祖師에 의하여 바르게 繼承되어 온 佛法의 根本精神. (碧巖錄)

적적상승(的的相承) 佛法의 奧義를 師匠으로부터 弟子에 正統으로 繼承하여 가는 것. 明白히(法을) 相傳, 相受하여 가는 것. 正統을 力說하여 말함. (臨濟錄)

적적상승(嫡嫡相承) 血統이 바르게 師匠으로부터 弟子로 佛法을 바르게 傳하여 가는 것. 系譜의 正統을 力說하여 하는 말. (正法眼藏 無情說法)

적전(嫡傳) 嫡嫡相承과 같음. →嫡嫡相承.

적전단(赤旃檀) 旃檀中 赤·白 二種이 있는데 이 것은 그 赤色임. 法華經分別功德品에 「赤旃檀으로 모든 宮殿을 지었다」하였음.

적정(寂定) 妄心·妄想을 여읨을 寂定이라 함. 無量壽經上에 「廣大하고 넓은 寂定으로 깊히 菩薩法藏에 들어간다」하였고, 淨影疏上에 「일체 法 가운데 妄想을 일으키지 않음을 廣寂定이라 한다」하였음.

적정(寂靜) 煩惱를 여읨을 寂이라 하고, 苦患을 끊음을 靜이라 함. 곧 涅槃의 理임. 華嚴經一에 「調御大丈夫가 群生을 導引하여 寂靜道에 이르게 한다」하였고, 資持記下

四의 二에 「寂靜은 곧 涅槃이다」하였으며, 往生要集上末에 「일체 모든 법이 本來 寂靜하여 有도 아니고, 無도 아니다」하였음.

적정고행선(寂靜苦行仙) ㉵〈Śantanu〉仙人인 산타누(㉵〈Śantanu〉)를 말함. (佛所行讚)

적정도(寂靜道) 깨달음. (毘婆尸仙經)

적정락(寂靜樂) 五種樂의 一, →樂.

적정림(寂靜林) ㉵〈śama-vihāra〉조용히 生活하는 곳. 寂靜한 庵子. (佛所行讚)

적정문(寂靜門) 일체 모든 法은 本來 寂靜한 것이므로 일체 法을 稱하여 寂靜門이라 함. 寶篋經에 「文殊師利에 東方莊嚴의 세계 부처님 이름은 光相인데, 現在說法하고 있고, 大聲聞의 이름은 智燈인대 이를 因해 文殊에게 물으니 묵묵히 대답하지 않았다. 그 부처님이 文殊에게 말하기를 '法門을 說하여 모든 衆生에게 無上道를 얻게 할 수 있겠는가' 文殊가 대답하기를 '일체 諸法은 모두 寂靜門입니다'」하였음.

적정법(寂靜法) ㉵〈Śāntika〉眞言五種護摩中 第一의 息災法은 寂靜法이라 함. 또는 寂靜法災이라고도 함. 要略念誦經에 「寂靜을 닦는 자는 跏趺坐를 맺고 北方을 向하여 圓相을 對하고 一心으로 緣을 여의고 成就法을 짓는 것을 扇底迦라 한다」하였음.

적정법성(寂靜法性) ㉵〈śānta-dharmatā〉모든 것의 本性이(苦惱를 떠나) 靜寂하다는 것. 一切의 苦惱와 근심을 떠나 寂靜한 諸事象의 本性. (理趣經)

적정상응진언(寂靜相應眞言) 扇底迦法에 相應하는 眞言, 大日經疏七에 「眞言 가운데 納磨(歸命意)莎縛訶等字가 있는데, 이 것은 三摩地 寂靜相應의 眞言임을 알아야 한다」하였고, 要略念誦經에 「처음에 唵字를 安置하고 뒤에 方言인 莎嚩訶를 稱함을 扇底訶라 한다」하였음. 이 가운데 納磨와 唵이 相違하는데, 胎藏界에서는 納磨라 하고, 金剛界에서는 唵이라 함.

적정수행(寂靜修行) ㉵〈yogācāra〉요가의 實踐.

적정음해야신화도삼십칠문(寂靜音海夜神化導三十七門) 善財童子가 南詢하여 서른다섯번째로 寂靜夜神을 參禮했는데, 童子를 對하여 三十七類의 衆生을 自說하여 三十七門의 化導를 한 것. (唐華嚴七十一).

적정진언(寂靜眞言) 寂災眞言임. 大日經疏八에 「寂靜眞言으로 蘇密酪을 사용하여 飯을 調和하기를 百遍해야 한다」하였음. →寂災眞言.

적정처(寂靜處) ㉵〈upaśama-adhiṣṭhāna〉㉶〈upasama-adhiṭṭhāna〉一切煩惱를 끊어버린 寂靜은 安住할 根據라고 하는 뜻. 止息處·寂靜行安住處라고도 함. (集異門論)

적정행(寂靜行) 마음에 煩惱가 없고 몸에 괴로움이 없는 편안한 모양으로, 聲聞·緣覺들이 涅槃寂靜을 求하는 修行法이라 함. 探玄記五에 「寂靜行을 가르침에 세가지 뜻이 있다. ①은 저 三乘이 生死의 喧雜을 여의도록 닦는 行法이요. ②는 證得한 사람으로 하여금 空寂靜을 닦게 하는 行法이요. ③은 無餘 涅槃을 寂靜이라 하는데 저 名을 닦는 行法이다」라고 하였음.

적제(狄鞮) 西方의 言語를 通譯하는 것. (四敎儀註)

적조(寂照) 眞理의 體를 寂이라 하고, 眞智의 用을 照라 함. 楞嚴經六에 「淨이 極하면 光明이 通達하고 寂照는 虛空을 포함한다」하였고, 正陳論에 「眞如가 비추면서도 항상 고요한 것이 法性이 되고, 고요하면서도 항상 비추는 것이 法身이다. 義는 비록 두개의 이름이지만 寂·照는 또한 둘이 아니다」하였음.

적조신변경(寂照神變經) ㉿寂照神變三摩地經의 略名.

적조신변삼마지경(寂照神變三摩地經) 一卷. 唐 玄奘 번역. 부처님이 靈山에 계실 때 海衆이 騈集하였는데 賢護菩薩이 法을 물으니 부처님이 寂照界變三摩地로써 대답하여 菩薩로 하여금 일체 諸法이 모두 圓滿함을 얻게 하셨음.

적조음소문경(寂調音所問經) 一卷. 劉宋의 法海 번역. 淸淨毘尼方廣經의 異譯.

적조조(赤條條) 赤은 空하여 아무것도 없는 것. 條條는 洒落·脫洒하다는 뜻. 곧 깨끗하여 아무 물건도 붙어 있지 않다는 것을 표시하는 말. 赤灑灑와 같음.

적조혜(寂照慧) 六慧의 一.

적종(寂種) 聲聞·緣覺乘이 涅槃·寂滅을 즐기는 種性임. 二敎論에 「寂種한 사람과 膏妄의 病은 醫王도 拱手(손을 쓰지 못함)한다」하였음.

적종(適從) 좇아 가는 것. 方向. (鐵笛倒吹)

적종지인(寂種之人) 佛이 될 수 있는 種을 불사라버린 者. (二敎論)

적죄(謫罪) 罰하다. 罪. 허물. (要集)

적주(賊住) 아직 具足戒를 받지 않은 者가 具足戒를 받은 比丘 무리 가운데 머물며 僧事를 함께 하는 것. 寄歸傳에 「咽咽을 생각하지 않으면 流漿의 괴로움이 있을 것이니 누구라서 步步에 賊住의 殃을 現招함을 알 수 있을까」하였으며, 行事鈔上三에 「四分에 말하기를 비구와 外道가 相濫하기 때문에 부처님이 어느 때, 어느 달, 어느 和尙·闍梨等인가를 물어서 곧 佛法과 外道와 俗人이 다르다는 것을 알게 하고 堪問하여 賊이 住하지 못함을 알게 한다」하였음.

적주비구(賊住比丘) 佛法을 盜賊질

하려고 比丘의 모습을 하여 比丘의 僧因에 들어온 外道. 普通原語는 ㉡〈they : ya-saṅkhata-bhikkhu〉이다. 아직 受戒하지 않았는데 比丘인체 하는 者. (十誦律)

적증(敵證) 敵論者와 證義者. 本에 말하기를 「數가 智慧다」하였음.

적지(赤地) 求道心이 없는 無緣의 衆生. 赤地凡夫란 赤子와 같은 狀態에 있는 凡夫. 十信 즉 初心의 求道者가 닦아야 할 十種心의 凡夫라는 뜻. (凝然의 維摩經義疏菴羅記 說에 依하면 사람이 태어났을 때는 그 色이 極히 붉으므로 赤子와 같은 狀態에 있는 凡夫라는 뜻. (上宮維摩疏)

적지(的旨) 佛法의 바른 精神. 佛法의 참된 趣意. (正法眼藏 辨道話)

적지(寂志) ㉡〈samaṇa〉 沙門과 같음. ㉡〈sam: aṇa〉라는 말을 ㉡〈√śam〉(조용해지다)이라는 語源에 由來한다고 解釋한 通俗語源解釋이다. (寂志果經)

적지과경(寂志果經) ㉢一卷. 東晋 竺曇無蘭 번역. 長阿含沙門果經과 同本임. 부처님이 阿闍世王을 위하여 沙門이 現在에 果 얻음을 說한 것.

적진주(赤眞珠) 智度論에서 說한 七寶의 하나. →七寶.

적집(積集) ①㉵〈saṃcita〉 모여서 構成하는 것. (俱舍論) ②㉵〈ācinoti〉 모으는 것. (瑜伽論) ③㉵〈upacaya〉善根을 쌓는 것. 쌓아 모우고 修習하는 것. (瑜伽論)

적천(寂天) ㉵〈Santideva〉 ㉦〈shi-ba lha〉 西歷八世紀頃의 印度의 學僧. 南印度의 샤우라스트라〈Saurastra〉國王 갈야마발맨〈Kalyanavarman〉의 王子. 처음에는 寂鎧〈santivarman〉라 불리웠으며 弱年 諸宗의 學藝를 받아 特히 一修袚者로 부터 快利文殊師利成就法 〈Tiksna-manjusri Sadhana〉을 배워 文殊師利의 尊容을 拜하는데 이르다. 爭王이 崩한後 即位前夜에 文殊舍利의 夢告에 依하여 那蘭陀寺로 달아나서 勝天을 따라 出家하였다. 그리고 이름을 寂天이라 改名하였다. 그後 大乘集菩薩學論 菩提行經 諸經要集을 著作하였고 王과 住民의 大部分을 佛敎에 歸依시키었음.

적초린(赤梢鱗) 영리한 衲僧을 칭하는 말. 梢는 船尾로 여기서는 고기의 꼬리. 鱗은 잉어를 가리킴. 곧 꼬리를 태운 잉어라는 뜻. →禹門三級浪.

적취(積聚) 心六義의 하나. →心.

적취상(赤聚相) ㉵〈piṇḍa-lakṣana〉 모여서 된 特質.

적취심(積聚心) →六十心.

적취정요(積聚精要) 많이 모인 것 中에서 肝要한 것. 心臟을 말 함. (四敎儀註)

적취정요심(積聚精要心) 四種心의 하나. →心.

적친(的親) 自己의 참 어버이. (禪苑淸規 衆中特爲尊長前點)

적탑(積塔) 자갈을 쌓은 程度의 簡單한 墓石. (謠曲 江口)

적택(赤澤) 西域. 印度를 가르키는 것. (出三)

적토차우내(赤土搽牛嬭) 嬭는 젖이니 소가 흘리는 침이라 함. 진흙물 속에서 진흙탕을 씻듯, 不淨에 對할 때는 不淨으로써 한다는 것. (無門關 後序)

적행(積行) 行((梵)〈caryā〉)을 쌓는 것. (撰時鈔)

적현(赤懸) 中國을 뜻함. (玄義)

적혼(積昏) 해가 지는 것. (出三)

적화(迹化) 法華經에는 本迹二門의 敎化가 있는데, 후의 十四品을 本化라 하고, 前의 十四品을 迹化라 함. →本迹二門↔本化.

적화(適化) 緣을 따라 敎化함이 適宜함. 瓔珞經上에 「適化는 마땅하게 따른다는 것이다」하였고, 肇論에 「衆生을 알맞게 敎化함을 漚和(方便)라 한다」하였고, 三論玄義에 「適化는 따로 方法이 없고 陶誘는 하나가 아니다」하였음.

적화무방(適化無方) 適合한 敎化는 一定한 方法이 없다는 뜻. 또는 自在의 機에 適合한 敎化를 한다는 뜻. 부처님은 機에 適合한 敎化를 하는데 一定한 方規와 方式에 拘碍되지 않는다는 뜻.

적화타방(迹化他方) 迹化他方菩薩의 略. 迹當한 敎化를 받아서 他方(다른 國土)에서 來遊한 菩薩의 뜻. (本尊抄)

전(田) ①(梵)〈kṣetra〉 福田의 略. →福田. ②베품을 받는 者. 行爲를 하는 相對. ③(梵)〈kṣetra〉 僧衆을 말함.

전(前) ①(梵)〈pūrva〉 앞. ②나타나는 것. 現前. (五敎章) ③(1)動詞뒤에서는 形容詞. (2)動詞 앞에서는 副詞. 미리. 事前에란 뜻. (3)動詞 뒤에서는 앞이란 뜻. (4)名詞 뒤에서는 年月日에 關하여, …以前의 뜻. (5)居前 席前 生前이라는 말투가 있음.

전(展) (梵)〈gadya〉 (西)〈rkyaṅ pa〉 散文.

전(筌) 고기를 잡는 그물. 能破(論破하는 理論)를 말함. (百論 僧叡序)

전(電) 金剛般若經 六喩의 하나. 維摩經·大般若經 十喩의 하나. 홀연히 생겼다가 홀연히 없어지므로 世相의 無常하고 신속함에 비유함. 金剛般若經에 「일체 有爲法은 꿈과 같고 물거품·그림자 같으며, 이슬 같고, 또한 번개와 같다. 응당 이 같이 보아야 한다」하였고, 維摩經 方便品에 「이 몸이 번개와 같아서 念念히 머물지 않는다」하였으며, 無量壽經下에 「法을 번개 그림자와 같음을 알면 菩薩道를 究竟하고 모든 功德의 근본을 갖추면 부처가 되는 決定을 받을 것이다」하였음.

전(傳) 梵〈kila〉 ①世人이 말 하는데에 依하면 甲과 乙사이에 連絡되는 것. 또는 傳記.

전(詮) 究極處. (一遍語錄 門人傳說)

전(鈿) 金이나 銀의 裝飾. 金이나 銀을 갈아서 섞은 것을 鈿이라 하며 青具細工을 螺鈿이라 함. (自金)

전(塼) 벽돌이나 까는 기와와 같은 것으로 흙에 佛像이나 鳳凰 등을 浮彫하여 굽은 것. 塼은 甎·磚이라고도 쓰며 土型을 뽑아 단단하게 하고 또는 굽은 平板한 建築材料로 圖案이 있는 것이 中國을 中心하여 發達하였다. 敷瓦(床面)와 貼瓦(壁面)의 裝飾에 쓴다. 天人과 鳳凰의 무늬가 있는 것이 있다 함. →瓦.

전(殿) 巴〈pāsāda〉 宮殿. (那先經)

전(箭) 梵〈iṣu〉 梵〈kāṇḍa〉 화살이란 것. 煩惱의 比喩. 煩惱는 恒常 움직여서 安靜하지 않고, 먼 옛날부터 뒤따라 다니는 것이나 이것은 화살이 멀리서 움직여 오는 것과 닮았음으로 화살에 比喩한 것. (瑜伽論)

전(碾) 맷돌로 가는 것. 갈아서 잘게 빻는 것. (四教儀註)

전(轉) 梵〈vṛt〉를 語根으로 하는 動詞는 가끔 구른다고 翻譯됨. ①梵〈pravartate〉 일어남. 活動함. 展開함. (百五十讚) ②動作. 機能. (五教章) ③梵〈vartate〉 …에 있다. 存在한다. (唯識三十頌) ④梵〈pravartate〉 西〈ḥb: yuṅ ba〉 생긴다. 出現한다. 事物이 因緣으로 생기는 것. (四教儀註) ⑤梵〈pravartaka〉 惹起케 한다. 回轉시킨다. 活動하게 한다. (法華經 神力品) ⑥變化하는, 轉變하는. (四教儀註) ⑦…가 되다. ⑧돌아 다니다. (要集) ⑨轉回한다. 淨化한다. (五教章) ⑩轉回하는 것. 四諦의 三轉. (上宮維摩疏) ⑪梵〈parāvṛtti〉 反對方向으로 轉換한다. ⑫梵〈anvāhiṇḍayitvā〉 (佛光등이) 이리저리 떠돌아 다니다. ⑬梵〈trai: vṛtta〉 眞言密教에서 말하는 三十二種의 脈管의 하나. (大悲空智經 序品) ⑭더욱 더 몹시. (五教章) ⑮한 單語가 變化別傳한 意味로 쓰이는 것. 五類의 하나. →五類. ⑯物의 因緣에 의하여 生起는 것을 轉이라 하는데 生起가 그 物의 轉變이기 때문임. 唯識論一에 「種種의 相轉이 있다」하였고, 同述記에 「轉은 일으키는 義다」하였음.

전(纏) 煩惱의 異名. 煩惱가 사람의 心身을 自在하지 못하게 하기 때문임. 大乘義章五에 「能히 行人을 얽어매는 것을 지목해 纏이라 하며, 또한 心을 纏하는 것을 또한 纏이라 한다」하였음.

전(鱣) 鱣魚와 같음. (五分律)

전가(全加) 또는 全跏라 함. →全跏趺坐.

전가(全跏) 跏는 두 발등을 포개고 서 도사려 앉는 形. 結跏趺坐. 半跏의 對. →結跏趺坐. (正法眼藏坐禪儀)

전가(前架) 僧堂 앞에 다시 設置한 坐禪의 床. (正法眼藏 行持) 外床 知事가 앉는 床을 말함. (聞解) ↔後架.

전가(顚迦) 번역하면 極惡. 또는 畢竟이라 함. 畢竟涅槃의 性이 없기 때문이다. 곧 無性闡提를 말함.

전가부(全跏趺) 全跏趺坐의 略.

전가부좌(全跏趺坐) 結跏趺坐에 全跏·半跏의 구별이 있는데, 두 발을 교차하여 양쪽 무릎에 안치하는 것이 全跏趺坐이고, 한 발을 一方의 무릎에 안치하는 것을 半跏趺坐라 말함. →結跏趺坐.

전가좌(全跏坐) 結跏趺坐를 뜻함. →結跏趺坐.

전가행사(專可行斯) 오로지 이것을 行하여야 한다는 뜻. 자나 깨나 念佛하라고 하는 것. (圓乘)

전간(全揀) 否定的(遮詮式) 論理. 例컨대 眞知를 說明함에 있어서 그 眞知는 性도 아니고 相도 아니며, 佛도 아니고 衆生도 아니며, 空도 아니고 色도 아니며, 有도 아니고 無도 아니며, 明도 아니고 暗도 아니며, 大도 아니고 小도 아니며, 能도 아니고 所도 아니며, 內도 아니고 外도 아니며, 長도 아니고 短도 아니며, 圓도 아니고 方도 아니다. 等等으로 一切가 아니라고 揀去하고, 一切가 아닌 眞空이 바로 그것이라고 陰性的으로 論理를 展開하는 것. ↔全收.

전감(轉龕) 禪家에서 죽은 사람을 中路인 山門首에서 전송할 때에 龕을 굴려 안쪽을 향하게 하고 茶湯을 드리는 佛事임. (象器箋十四)

전강(田岡) (1898～?) 全南 谷城出身. 鄭海龍의 아들. 十六歲에 海印寺에서 印空和尙에게 僧侶가 됨. 그후 金泉 直指寺의 霽山에게 學業精進하고 八年동안 參禪하였음. 한때는 海印寺講院에서 大敎科를 修了하였음. 二十五歲때 滿空에게 法을 印可받고 禪宗法脈을 이었다. 그후 그 當時에 有名한 六大善知識인 慧月·慧峰·漢岩·龍城·滿空·寶月等 여러스님들과도 法話를 나누어 印可를 받음. 三十三歲때 佛刹大本山 通度寺에 있었고 그뒤 梵魚寺등 여러 禪院에 住錫하고 특히 悟後의 話頭打成一片을 위하여 三十餘年間 保任까지 하였음.

전객(典客) 知客의 다른 이름. 禪寺에서 손님의 接對를 맡은 소임. →知客.

전거(典據) ①古事의 證據. ②典則으로 삼을 근거.

전격란(轉格欄) 西藏所志中에 「拉薩宮殿의 廻廊壁에 모두 佛像을 그렸는데 信徒가 여기에 이르러서 머리로 비벼대기 때문에 까맣게 되어 광채가나며, 宮殿의 內外의 道路는 모두 돌 계단으로 되었는데 信徒가 포복하여 지나면서 머리를 땅에 붙이고 敬禮를 극진히 하므로 돌 길이 미끄럽기가 마치 기름을 바른 것 같으며, 宮殿의 주위는 약 七里인데, 한 바퀴 도는 것을 轉格欄이라 함. 禮을 빌고 災殃을 제거 할 수 있으므로 婦女가 매양 午後에 이르러 함께 轉格欄을 한 바퀴 도는데, 三步를 갈 때 마다 全身을 땅에 엎드리고 입으로 經의 말씀을 외우면, 이마에다 叉手하고 右手는 牛骨을 잡고 頭上을 向하여 한 줄을 긇고 일어나 三步를 行하여 다시 앞과 같이 하여 數日이 지나야 한 바퀴를 돌게 된다. 始終이 꼭 三十餘里가 된다 한다」하였음.

전경(前境) ㊵〈avabhāsa〉 現在 對象으로 하고 있는 것. 마음 앞에 顯現한 對象. (四教儀註)

전경(轉經) ①二義가 있다. 誦經을 말하는데, 즉 尋常한 讀經으로 行마다 보면서 지나치는 것을 眞讀이라 함. 이 것이 讀經임. 高僧傳經師論에「經을 읊조리는 것을 轉讀이라 하고, 노래하며 찬탄하는 것을 梵音이라 한다」하였음. 轉經과 讀經은 구별이 있다. 眞讀을 讀經이라 하며 따로 轉讀하는 法이 있다. 轉讀이란 오직 每卷의 初·中·後의 數行만 읽으며 經卷을 넘기기만 하는 것. 轉經卷이란 大般若經을 轉讀하는 것. ②轉은 旋轉의 義가 있다. 唐詩에 服玩僧收爲轉經이라하였는데 今人이 寫字를 轉經이라 함은 잘못임. 西域의 風俗에 나무로 規圓한 二輪象을 만드는데, (1)은 梵篆牝書로 사용하고, (2)는 梵篆牡書로 사용한다. 牝書는 內로 부터 外로 쓰며, 牡書는 外로 부터 內로 쓴다. 牡輪은 위에 있고, 牝輪은 아래 있어 機로 圓轉시키는 것을 三藐母馱라 함. (升庵外集)

전경전심(轉境轉心) 心과 境(環境)의 둘을 세워 心이 境을 轉하며 境이 心을 轉한다고 하는 見解. (正法眼藏 山水經)

전경회(轉經會) 大般若經을 轉讀하는 法會.

전계(傳戒) 僧寺에서 四方의 새로 出家한 僧人을 召集하여 그들에게 戒를 주는 것을 傳戒라 함. 佛家에서는 殺·盜·婬·妄·酒로 五戒를 삼고, 계율을 주어 遵守할줄 알게 하는 것을 말함.

전계(轉計) 分別하여 만든 宗義를 計라 하며 他로부터 非難되어서 그 宗義를 바꾸는 것을 轉計라고 함.

전계사(傳戒師) 또는 戒師. 戒法을 傳해주는 僧侶.

전계상승(傳戒相承) 傳戒는 戒를 傳授하는 것. 相承은 弟子가 스승으로부터 法脈을 받아 相續하는 것.

전계인(典計人) 會計係. 雇傭人의

우두머리. (十誦律)

전고(田庫) 田舍와 같음. 農事.

전고(典故) ①典禮와 故事 ②典據가 되는 故事.

전골(轉骨) 禪林의 葬式. 塔에다 入骨할 때에 寢堂으로 부터 骨을 옮겨 塔所로 향하다가 途中이나 門首에서 骨을 내려 안쪽을 향하게 하고는 茶湯을 드리는 것을 轉骨佛事라 말함. (象器箋十四)

전공(前空) 空見에 머므르는 것. (景德傳燈錄)

전공(傳供) 佛壇에 供物을 傳送하는 儀式. 원래 禁中(王宮)에서 大法會를 行하는 儀式이었는데, 뒤에 禪門에도 또한 이 儀式을 行했음. 大鑑淸規 佛誕生에 「住持가 이르면 一炷香을 사르고 크게 三拜를 하며, 坐具를 걷우지 않고 侍者가 一班으로 卓子를 進하고 늘어서서 供養을 傳한다」하였고, 敕修淸規 聖節에 「住持가 茶湯을 올리면 上首와 知事가 번갈아 올린다」하였음.

전과신라(箭過新羅) 新羅는 멀리 中國의 東方에 있는데 만일 활을 쏘아 멀리 新羅를 지난다면 누가 그 落處를 알겠는가. 그로써 物의 落著을 알기 어려운데 비유함.

전광(電光) ①㊵〈vidyut〉 번개. 迅速하기가 電光과 같다는 비유로 쓰임. ②電光三昧의 略. (四敎儀註)

전광(顚狂) ㊵〈unmatta〉 精神異常이 생긴 것. 미치광이.

전광(癲狂) ㊵〈unmatta〉 精神統一을 喪失한 病. 미친 사람. (藥師本願經)

전광석화(電光石火) 일의 신속 함. 勢의 맹열함에 비유함. 會元七保福章에 「이 일은 돌을 치는 불과 같아서 閃電光과 같다」하였음.

전광조로(電光朝露) 몸의 無常에 비유함. 慈恩傳二에 「무엇이 電光朝露인가, 젊을 때의 몸으로 阿僧企耶의 오랫동안의 苦種을 만든다」하였고 心地觀經一에 「마치 夢幻과 泡影과 같으며, 또한 朝露와 電光과 같다」하였음.

전교(傳敎) 佛道를 이어 받아 남을 가르치는 일.

전교관정(轉敎灌頂) 또한 傳法灌頂, 受職灌頂이라 함. 秘密한 일을 傳受하는 法인데 阿闍利의 位를 계승하는 灌頂임. 演密鈔四에 「灌頂의 말에 二種의 구별이 있다. ①은 傳敎灌頂이며, ②는 結緣灌頂이다. (中略) 傳敎灌頂은 初發心으로 부터 阿闍利를 구하여 阿闍利의 位를 계승하고자 하기 때문에 스승이 허가하고 나서는 曼茶羅를 造立하고 儀軌를 具足하게 하여 灌頂을 준다. 灌頂을 얻고 나면 스승의 지위를 계승하기 때문에 傳敎灌頂한 阿闍利라고 말한다」하였음.

전교대사(傳敎大師) (767～822) 日本 天台宗의 開祖. 十四歲에 중이 됨. 名 最澄. 十九歲에 비예산에

草庵을 짓고 起信論·五教章을 배우고 天台의 三大部와 四教의 維摩經의 註疏를 배웠다. 三十八歲에 唐나라에 가서 荆溪湛然의 弟子 道邃에게 止觀·釋懺·法華·涅槃의 經疏를 배우고 翛然에게 禪을 順曉에게 密教를 傳해 받고 一年後에 歸國. 822年에 중도원에서 入寂. 世壽 五十六.

전교부재(轉教付財) 天台가 세운 五時가운데 제四인 般若時를 말함. 부처님이 일부러 須菩提等 聲聞人으로 代身하여 般若經을 大乘菩薩에게 說하게 함을 轉教라 함. 大乘의 妙理는 원래 聲聞人은 알지 못하지만 다만 부처님의 加被力으로 부처님의 가르침을 다른 사람에게 移轉할 수 있음. 부처님이 須菩提로 하여금 가르치게한 것은 그 뜻이 須菩提가 스스로 大乘의 妙理를 알게함에 있었다. 그러므로 비유에 붙여 付財라고 함. 付財의 信은 法華經信解品의 비유에서 취한 것으로 轉教의 本義를 보인 것. 四教儀에 「다음으로 般若를 說하여 轉教付財하여 能히 淘汰를 通하였다」하였고, 同集註上에 「그 菩薩의 뜻을 轉教케한 까닭은 二乘이 法門을 깨닫게 함에 있으므로 付財라 하며, 二乘은 본래 알지 못하지만 다만 加被로 說하게 했기 때문에 轉教라 한다」하였음.

전교회(傳教會) 六月會와 같음. →六月會.

전구령(傳口令) 입으로 傳하는 命令.

전구색학(塡溝塞壑) 도랑이 가득 차고 산골짜기가 막힌다. 世界안에 가득 차는 것. 佛教에서 말하는 道理가 到處에 充滿하다는 뜻. (曹山錄)

전구좌(氈氍座) →臺座.

전국새(傳國璽) 國家의 統治를 繼承할 때 그 象徵으로 傳承케 하는 國璽. 나라를 傳하는 國王의 玉璽. 璽는 天子 또는 諸侯의 印彰. (正法眼藏 傳衣)

전궐(顚蹶) 굴러 넘어짐. 물건에 걸려 넘어짐. (碧巖錄)

전귀(戰鬼) 胎藏界 曼茶羅 外金剛部院의 東北쪽 가까운 곳. 곧 師子宮 왼쪽위에 安置한 神像. 形像은 寶冠을 쓰고 양손에는 笏과 같은 물건을 들었으며 五色구름을 타고 있다. 大日經疏에는 震動神이라고 하나 文獻에 따라 一定치 않음. (兩部曼茶羅義記第三, 大日經疏演奧鈔第十四, 胎藏界曼茶羅尊位現圖鈔秘第七)

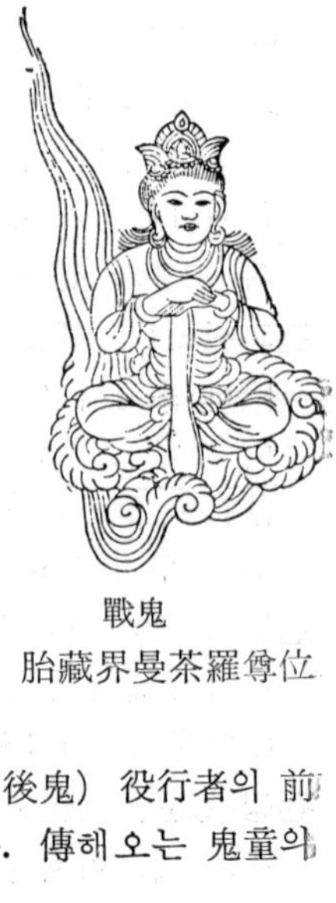
戰鬼

전귀·후귀(前鬼·後鬼) 役行者의 前後에 隨持하였다. 傳해오는 鬼童의

이름.

전극(轉劇) 더욱 더 甚하게. (往生要集)

전근(轉根) ①聲聞·緣覺의 根性이 바뀌어서 菩薩의 根性이 됨. ②男根이 바뀌어서 女根이 되거나 女根이 變하여 男根이 되는 것. 곧 男子가 女子가 되고, 女子가 男子가 되는 것.

전근(轉筋) 장단지 筋肉의 갑작스런 痙攣. (從容錄)

전금수론복(轉禽獸論卜) ㊁〈sakuṇa-vijjā…miga-cakka〉 禽獸의 形像을 만들어 이것을 並列하고, 動轉하여 吉凶을 占치는 것. (四分律)

전기(全機) 全分의 機用이란 뜻. 事物의 作用·機能의 一切. 生活의 全體. (碧巖錄)

전기(前起) ㊵〈agraja〉 以前에 생기는 것.

전기(轉起) 轉은 즉 起의 義, 有爲法의 因緣에 의하여 生起는 것. 唯識述記一本에 「轉은 起의 뜻이다」 하였음.

전기독로(全機獨露) 行動의 一切가 모조리 나타나는 것. (碧巖錄)

전기투탈(全機透脫) 全機는 生活의 모든 것. 透脫은 깨달음. 우리들의 一切의 活動(生活의 모든 것) 그대로 解脫의 境地를 얻는 것. (碧巖錄)

전기현(全機現) 全機現前이란 뜻. 사람의 全體活動이 現前하는 것. (圓悟心要)→全機.

전나라(戰捺羅) →戰達羅條.

전나라야(戰捺羅野) ①㊵〈Oandrāya〉 月天子의 이름과 곧 그 眞言임. 일체 世間의 熱惱를 息除하고, 淸凉의 樂을 베풀기 때문에 甘露라 함. 지금 최초의 戰字를 眞言의 體로 삼는다. 戟은 不死의 뜻임. 일체 甘露味 가운데 淨月三昧 보다 지나는 것이 없다. 그것을 복용하는 자는 모든 변천을 여의고 不死不生함. 捺는 施與의 뜻, 羅는 無塵의 뜻임. ②淨月의 用, 曳字의 소리를 加하면 月天乘이 됨. (大日經義釋七)

전납(毡衲) ㊵〈nāmantika〉 ㊃〈ḥph-yiṅs pa pa〉 氈毛의 옷을 입은 者. 毡은 氈의 俗字이며 十二頭陀의 하나.

전납(氈衲) →毡衲.

전녀성남(轉女成男) 變成男子라고도 한다. 女身이 變하여 男子가 되는 것. 女子의 몸으로는 成佛할 수 없기 때문이라 함.

전녀성남원(轉女成男願) 阿彌陀佛 四十八願中의 第三十五. →女人成佛願. (無量壽經)

전녀성불경(轉女成佛經) ㊇佛說轉女身經의 異名.

전녀신경(轉女身經) ㊇一卷. 劉宋 曇摩蜜多 번역. 부처님이 無垢光女를 위하여 女子의 몸을 바꾸어 男子가 되는 法을 說하였는데 一法에서 十法까지 되고 겸하여 女身의 갖가지고뇌를 밝힌 것.

전념(前念) 心·法의 相續을 시간적으로 분석하여 그 極處에 이르는 것을 一念이라 함. 念의 過去를 前念이라 하고, 將次 念할 것을 後念이라 함. 禮讚에 「今身이 저 국토에 태어나기를 원하는 자는 行·住·座·臥에 반드시 마음을 가다듬고 剋己하여 밤·낮으로 廢하지 않고 生命이 다할 때 까지로 기약하면, 위에 한 형체가 있어서 조금 괴로운 것 같지만 前念의 命이 끝나면 後念이 즉시 저 나라에 태어나 長時永劫에 恒常無爲의 法樂을 받는다」하였음.

전념(專念) 오로지 一境에 專念하는 것. 無量壽經下에 「一向無量壽佛을 專念한다」하였음.

전념(轉念) 經을 읽으며, 佛을 念하는 것. (三代實錄)

전념관찰(專念觀察) 한결같은 觀察. 다만 經論의 所明을 見聞하여 마음에 빛추는 것. (圓乘)

전념명종후념즉생(前念命終後念即生) ①淨土敎에 있어서 前念(앞의 刹那)에 命終하고, 그것에 막힘없이 後念(뒤의 刹那)에 곧 淨土에 往生한다는 뜻을 말한다. ②특히 眞宗에 있어서는 信心獲得의 一念(一刹那)을 前念命終으로 하고, 即時 不退의 位에 들어가서 往生成佛로 決定되는 것을 後念即生으로 함. (愚禿鈔·六要鈔)

전다(奠茶) 茶를 佛前·祖前·靈前에 받침. 무릇 禪規에 茶를 드리고 湯을 드리는 것이 恒例가 되어 있고 또 葬式에 棺을 龕堂後에 두고 茶와 湯을 드리는 佛事가 있는데, 茶와 湯의 前後는 午前에는 先湯後茶, 午後에는 先茶後湯으로 반드시 함께 공양함.

전다기리가(旃陀耆利柯) ㊵〈Candag〉 번역하여 可畏山이라 함.

전다라(旃陀羅) ㊵〈Caṇḍāla〉 또는 旃茶羅. 번역하면 屠者·嚴熾·執暴惡人·下姓等이라 함. 四姓의 밖에 있으며 屠殺로 業을 하는 자. 男子는 旃陀羅, 女子는 旃陀利라 함. 우리나라의 白丁·楊水尺등과 같은 것. 玄贊九에 「旃陀羅를 屠者라 함은 律儀가 아니다. 바로 말하면 旃茶羅이며, 번역하여 嚴熾라 한다. 惡業으로 생활하기 때문이며 다닐 때 幖幟를 가진다. 방울을 흔들거나 나무를 가지고 自己의 標를 삼기 때문이다」하였고, 玄應音義三에 「旃陀羅는 혹은 旃茶羅라 하며 번역하여 嚴熾라 함. 屠殺하는 者들의 種類의 이름이다. 說에는 殺人을 주재하는 獄卒이라 한다. 西域記를 詳考해 보니, 그 사람이 만일 행할 때에는 방울을 흔들어 자신을 標하며, 혹은 머리가 깨진 대나무를 짚는다. 만일 그렇지 않으면 王이 곧 그 罪를 준다」하였으며, 法顯傳에 「旃茶羅는 惡人의 이름이다. 다른 사람과 따로 살게한다. 만일 城이 나 市에 들어오게 되면 나무를 두드리며 스스로를 알리어 사람들이 곧 피하여 서로 부딛치지 않게 한다」하였고, 同二十三에 「旃茶羅는 번역하여 執暴惡人이라 하며 또한 惡殺이라 한다」하였으며, 阿育王經三에 「旃陀利女는 下姓이라 번역한다」하였음.

전다라(旃茶羅) 佛國記에 「擧國人民이 모두 殺生하지 않으며, 술마시지 않으며, 마늘·파를 먹지 않는데 오직 旃茶羅만 除外된다. 旃茶羅는 惡을 하는 사람인데, 사람들과 따로 산다」하였는데, 곧 旃陀羅를 말함.

전다라(氈陀羅) ㊵〈caṇḍāla〉 賤民. ㊵〈caṇḍāli〉 婢女. 〈金剛針論〉

전다라제바(旃陀羅提婆) ㊵〈Candradera〉 비구의 이름. 번역하여 月天이라 함. (求法高僧傳上)

전다리(旃陀利) →旃陀羅.

전다바라비(旃陀婆羅鞞) 王名. 번역하여 月光. →戰達羅鉢喇.

전다아수가(旃陀阿輸柯) ㊵〈Cāṇḍaaśoka〉 阿輸柯王이 暴惡하므로 사람들이 旃陀阿輸柯라 불렀다. 旃陀는 旃陀羅가 되는데, 번역하면 暴惡 혹은 可畏라 말함. 阿育王經一에 「阿育王이 화가 나면 즉시 대발로 모든 여인을 싸서 불에 태우는데, 그 惡 때문에 時人이 栴陀阿輸柯王이라 하였다. 번역하여 可畏다」하였음.

전다월(旃陀越) 國名. 所在는 不明.

전다월국왕경(旃陀越國王經) ㊮〈Candrapati-sūtra〉 一卷. 宋 沮渠京聲 번역. 旃陀越國王이 婆羅門의 참소를 믿고 임신한 夫人을 흙 속에 묻어 버렸다. 아이가 무덤 속에서 태어나니 어머니의 半身은 썩지 않고 三年동안 젖을 먹였으며, 六歲에 이르자 부처님이 제도하여 出家케 하여 阿羅漢果를 증득하고 神通力으로 그 父王을 敎化하였음.

전다탕(奠茶湯) 奠茶奠湯의 略. →奠茶. →奠湯. (堂山淸規)

전단(展單) 禪林의 말. 單은 半單임. 晩參이 없을 때 放參하는 鍾을 세 번 울리면 그 때 半單을 펴고, 뒤에 마침내 放參하는 鍾을 치면 展單하는 것을 말함.

전단(旃丹) 地名. →震旦.

전단(旃檀) ㊵〈Candana〉 갖추어 말하면 旃檀那, 香木의 이름. 번역하여 與樂이라 함. 南印度 摩羅耶山에서 나온다. 그 山의 형체가 소머리와 비슷하기 때문에 牛頭旃檀이라 함. 慧苑音義上에 「旃檀은 번역하여 與樂이라 함. 白檀은 熱病을 다스리고, 赤檀은 風과 종기를 다스리는데, 모두 이는 몸에 病을 제거하고 편안하고 즐겁게 하기 때문에 與樂이라 한다」하였고, 玄應音義二十三에 「旃檀那는 혹은 旃彈那라 하며, 이 것은 外國의 香木으로 赤·白·紫等의 諸種이 있다」하였음. 漢 明帝 때에 天竺國 竺法師가 釋迦의 像을 그리니 이는 優塡國 旃檀師의 第四作이라 하고 또 本草를 詳考해보니 檀香은 白檀·黃檀·紫檀의 구별이 있다. 그러므로 古今注에 紫檀을 稱하여 旃檀이라 하나, 紫檀은 檀香의 別種이지 지금 通用하는 紫檀木은 아니라함.

전단(栴檀) ㉵〈Gandana〉 旃檀. 栴檀娜·栴彈那라고도 音譯한다. 번역하여 與樂이라 함. 治病의 藥用이므로 이렇게 부름. 常綠樹로 香木의 이름. 보통 二十내지 三十피이트 크기. 나무에는 香氣가 있다. 彫刻材로도 쓰이고 뿌리와 함께 가루를 만들어 香으로 쓰고, 香油를 만들기도 한다. 1~2寸되는 칼끝 모양의 잎이 마주 나고 꽃은 주머니 모양이며, 씨가 굳고, 둥근 열매가 열린다. 印度의 남쪽 데칸高原地方에서 많이 난다. 紫·白色의 多種이 있음. 慧苑音義에 「白檀은 능히 熱病을 治療하고, 赤檀은 능히 風腫을 除去하고 몸을 편안케 하여 즐거움을 주기 때문에 與樂이라고 한다」하였음.

전단나(栴檀那) →旃檀.

전단림(栴檀林) ①栴檀(香木名)의 숲이란 뜻. 叢林이란 뜻으로 쓰인다. 主로 禪僧이 修行하는 道場. (禪林淸規) ②曹洞宗의 吉祥寺가 元祿元年에 神田의 駿河台에 만든 學寮. 뒤에 駒込으로 옮겼다 함.

전단서상(栴檀瑞像) 優塡王이 지은 佛像. →瑞像.

전단서상회(栴檀瑞像會) 法會의 하나. 부처님이 生母 摩耶夫人을 위하여 忉利天에 올라가 說法할 때에 地上의 人間世界에서는 부처님이 가신 곳을 몰라 騷動이 일어났다. 이 때에 優塡王이 栴檀으로 부처님 形像을 만드니 이것이 栴檀瑞像이다. 사람들이 佛像을 만든 처음이다. 本尊이 없는 法會에는 變相圖를 씀.

전단세말향(栴檀細末香) ㉵〈candana〉 栴檀의 香木을 작게 粉末로 한 香. (佛所行讚)

전단수이(栴檀樹耳) ㊁〈sūkara-maddava〉이 單語를 파리文 註解者는 부드러운 野猪의 肉이라 解釋한다. 栴檀樹에 돋은 버섯. 鍛冶工찬다가 이것을 釋尊에게 供養하였는데 釋尊이 이것을 먹고 病苦에 伸吟하다가 마침내 涅槃에 들어갔다고 함. (長阿含經)→栴檀耳.

전단신진(旃檀薪盡) 부처님의 涅槃을 말함. 法華經序品에 「부처님이 이 밤에 滅道하심이 섶이 다하여 火가 滅함과 같았다」하였음.

전단연(旃檀烟) 佛의 荼毘를 말함. 栴檀의 섶으로 부처님을 荼毘한 것

전단계니타(旃檀罽昵吒) 月支國王의 이름. 中印度를 정벌하여 馬鳴菩薩을 모시고 돌아왔음. (付法藏傳五

馬鳴傳)

전단용(㫋檀茸) →栴檀樹耳.

전단이(栴檀耳) 栴檀木에 나는 귀란 뜻. 純陀가 이것을 부처님께 공양하였는데 부처님이 그것을 받으시고 열반하심, 純陀는 또는 周那라고도함. 長阿含經三에 「이 때에 世尊이 負味城에서 便宜에 따라 안주하시고 나서 賢者인 阿難에게 말하기를 「함께 波婆城에 가자고 하셨다. (中略) 길이 末羅을 경유하여 波婆城 闍頭園 가운데 이르렀는데 때에 工師의 아들 周那가 있었다. (中略) 곧 세존에게 다음 날 집에서 음식잡수실 것을 청하니 때에 부처님께서 말없이 청을 받으셨다. (中畧) 大衆이 애워싸고 그 집에 가서 좌석에 나아가 앉았는데, 이 때에 周那가 마침내 음식을 준비해 부처님과 스님께 공양하고 따로 栴檀樹의 耳를 볶아서 세상에서 진기하게 여기는 것이라하여 유독 부처님께만 드렸다. 부처님이 周那에게 말하기를 이 耳는 다른 비구에게는 주지 말라 周那가 가르침을 받고는 감히 주지 못했다」하였으며, 玄義七에 「八十二歲 늙은 비구의 몸으로 純陀의 집에 나아가 발우를 지니고 걸식하실제 栴檀耳의 국을 잡수시고 법을 설하셨으나, 果報인 壽命이 中夜에 다 하셨다」하였음.

전단향(栴檀香) ①梵〈candana-gandha〉 栴檀의 香. (無量壽經) ②梵〈candana〉 栴檀으로 만든 練香. 더울 때에 몸에 바르면 시원하게 느껴짐. (佛所行讃)

전단향벽지불(㫋檀香辟支佛) 四緣覺의 하나로 麟喩獨覺이다. 胎藏界曼茶羅釋迦院上行北端第八位에 있고, 密號를 淸冷金剛이라 하며 형체는 수척하고 색깔은 黃白色, 左掌은 밖으로 向하여 가슴의 옆구리에 세우며, 右手로는 袈裟의 角을 잡고 赤蓮에 앉아 있다 함.

㫋檀香辟支拂

전단향신다라니경(㫋檀香身陀羅尼經) 一卷. 趙宋 法賢의 번역. 陀羅尼의 이름은 栴檀香身이다. 그것을 持誦하면 觀音을 볼 수 있으며 또 몸의 惡疾을 제거한다 함.

전단향풍(栴檀香風) 栴檀의 香을 머음은 바람. (法華序品) 栴檀의 香氣로운 바람. (法門百首)

전달라(戰達羅) ①梵〈Candra〉 또는 戰捺羅라 함. 번역하여 달이라 함. ②外道의 이름. 因明大疏中에 「十

八部中에 上道를 戰達羅라 하고 번역하여 慧月이라 하며 十句經을 지었다」하였음.

전달라발자파(戰達羅鉢喇婆) ㊵〈candraprabha〉 國王의 이름. 번역하여 月光이라 함. 西域記三에 「如來께서 옛날에 菩薩行을 닦아 大國의 主가 되었는데 號를 戰達羅鉢剌婆라 하였다. 唐言으로 月光이며 菩提를 求하는데 뜻을 두어 머리를 끊어 惠施하였다」하였고, 賢愚經五에 「旃陀婆羅鞞王, 晉言으로 月光이다」하였음.

전달라벌마(旃達羅伐摩) ㊵〈Candravrman〉 比丘의 이름. 번역하여 月胄라 함. (慈恩傳二)

전당(前堂) 禪刹의 僧堂東面의 中央에 聖僧의 龕을 安置하고 그 前面이 前堂이 되고, 後面이 後堂이 되어 각각 한 首座가 있어 統領한다 함. (象器箋一)

전당(專當) 寺刹의 別堂에 있으면서 庶務를 管掌하는 責任者. (僧侶官位志)

전당(殿堂) 神佛을 모셔 놓은 집.

전당수좌(前堂首座) 已下는 禪門에서 私立한 稱號임. 僧堂의 前版을 前堂이라 말하며 前堂의 首座가 모든 首座 가운데 가장 높은 자로 住持의 次席에 앉으므로 第一座·座元·禪頭·首衆等의 別稱이 있음, 僧堂에서 座禪을 號令하는 權限은 首座에게 있고 住持에게는 없다. 首座를 禪頭라 함은 衆僧이 모두 首座의 命令을 듣기 때문임. 勅修淸規에 「前堂首座가 叢林을 表率하며 人天眼目이 分座說法하여 後昆을 열어주며, 坐禪의 衆을 領率하며 條章을 삼가 지키며, 齋粥의 精粗를 執事에게 힘써 말하며, 僧이 行의 儀를 잃으면 規에 의하여 罰하며, 老病이 亡沒하면 垂恤하여 送終하며, 凡衆의 일을 모두 奉行함이 마치 옷의 옷깃과 그물의 벼리와 같다」하였음.

전대반야경(轉大般若經) 大般若經六百卷을 轉讀하는 것. 轉讀이란 每卷의 初·中·後의 數行만 읽는 것. 만일 大般若經을 읽는다고 한다면 每行은 通讀해야 하며, 이 것은 轉讀의 反對가 되는 眞讀이라 함. 이 轉讀般若의 本據는 蘇悉地經 成就具支法品에 이른 것으로 「아직도 이루지 못한 자는 이 法을 짓게되면 결정코 성취한다. 이른 바 乞食精勤·念誦으로 大恭敬을 發하여 八聖跡을 巡禮하여 禮拜行道하며, 혹 다시 大般若經을 七遍, 혹은 一百遍을 轉讀한다」하였음.

전대법륜(轉大法輪) 佛의 가르침을 法輪이라 함. 그것이 偉大하므로 大法輪이라 한다. 轉이란 그것을 설명하는 것. 說法. (正法眼藏 辯道話)

전도(全途) 全體의 道程. 佛道修行이라고 하는 길의 全行程이 限없이

긴 것을 말함. ↔半途. (學道用心集)

전도(全道) 唯一絶對의 길. 安全한 道. 다른 것과 代身할 수 없는 唯一의 道. (正法眼藏 辯道話)

전도(傳道) 教를 傳布하는 것. 宗教를 믿지 않는 사람에게 教를 傳하여 믿게 함. 密儀宗教에는 이것이 없으나 다른 宗教에는 다 있음.

전도(箭道) 화살이 도달할 수 있는 거리. 法華經義疏에 「한 箭道는 二里이다」하였음.

전도(戰掉) 부들부들 떠는 것. (佛所行讚)

전도(顚倒) 無常을 常이라 하고, 苦를 樂이라 하는 것과 같이, 本眞事理에 반대되는 妄見임. 이는 無明의 使者가 된 까닭에 事理를 꺼꾸로 본 것임. 圓覺經에 「一切衆生이 無始來로 부터 갖가지 전도함이 마치 미혹한 사람의 四方을 뒤바꾸는 對事와 같다」하였고, 維摩經 觀衆生品에 「虛妄한 分別이 무엇이 근본이 되는가」 答 「顚倒妄想이 근본이 된다」하였고, 註에 「什이 말하기를 有無의 見이 法相에 반대 되는 것을 顚倒라 한다」하였으며, 宗鏡錄七十八에 「顚倒 이 것이 煩惱의 근본이다」하였음.

전도망계(顚倒妄計) ㊵〈viparitena kalpyate〉 倒錯하여 생각한다. 잘못 생각한다는 뜻. (瑜伽論)

전도망념(顚倒妄念) 凡夫의 妄念이 苦·空·無常·無我인 諸法을 常·樂·我·淨으로 보는 등의 顚倒의 생각. (眞要鈔)→顚倒.

전도망상(顚倒妄想) →五妄想.

전도몽상(顚倒夢想) ㊵〈viparyāsa〉 顚倒된 마음. 바르게 事物을 볼 수 없는 迷妄을 뜻함. (般若心經) (또한 一般的으로 使用하는 讀誦用 般若心經에는 遠離一切顚倒夢想으로 되어 있으나 縮冊藏經·卍藏經·大正藏經의 原本에는 一切의 文字가 없고, 또 산스크리트原文에는 一切라는 譯語에 該當하는 ㊵〈sarva〉이라는 原語가 없다.)

전도상(顚倒相) ㊵〈vitatha〉 잘못된 모양.

전도상(顚倒想) ㊵〈viparyastā saṃjñā〉 잘못된 表象. (維摩經 觀衆生品)

전도선과(顚倒善果) 人間·天上의 果報를 말함. 비록 五戒·十善으로 因하여 얻은 善果라할지라도 그 果報에 집착한 凡夫는 境界에 迷倒하므로 顚倒의 善果라 함.

전도수업(傳道受業) 傳道하며, 道業(바른 修行)을 스승에게서 받는 것. (正法眼藏 谿聲山色)

전도심(顚倒心) 眞實에 反한 마음. (往生要集)

전도의(顚倒意) ㊵〈viparyasta-mati〉 ㊾〈the tshom〉 잘못된 見解. 疑惑. (寶性論)

전도작의(顚倒作意) ㊵〈viparyastamanaskāra〉 잘못된 意欲.

전도전(顚倒轉) ㉵〈viparitaṃ pravartate〉 反對로 作用하는 것. (佛所行讚)

전도허가(顚倒虛假) 거꾸로 되고 거짓의 것. (一遍語錄 門人傳說)

전독(全獨) 그것뿐. (五教章)

전독(轉讀) ①經典을 讀誦함. 轉이란 이곳에서부터 저곳으로 옮기는 展轉하는 뜻임. 地藏本願經下에 「或은 轉讀尊經이라」 했고, 高僧傳 經師論에 「經을 읊조리는 것을 轉讀이라 하고, 노래로 찬탄하는 것을 梵音이라 한다」하였음. ②眞讀의 反對로 轉讀이라 함. 經의 初·中·後의 數行을 讀誦하여 經本을 轉廻함이니 轉大般若經과 같음.

전독반야(轉讀般若) 大般若經 六百卷을 轉讀함. →轉大般若經.

전득(全得) 全部 받아 가지는 것. (碧巖錄)

전등(傳燈) ①法이 어두움을 파함으로 燈에 비유하고, 다른 사람에게 法을 傳하기 때문에 傳燈이라 함. 大般若經四百六에 「尊者 善現이 尊者 舍利子에게 말 하기를 "모든 부처님 제자가 모두 말하는 것은 일체가 부처님의 威神力을 받는다. 왜냐하면 舍利子에 如來가 다른 사람을 위해 法要를 宣說하면 모든 法性과 더불어 항상 서로 어긋나지 않는다". 부처님의 제자가 설한 法에 의하여 부지런히 修學하면 法의 實性을 증득한다. 이것때문에 다른 사람들을 위해 宣說하는 것이 모두 法性과 서로 어긋나지 않는다. 그러므로 부처님 말씀은 燈이 傳하여 비춤과 같다」하였고, 維摩經 菩薩品에 「無盡燈이란 비유하면 一燈이 百千燈을 밝혀 어두운 것을 모두 밝혀도 밝음은 끝이 없는 것과 같다」하였고, 智度論百에 「所以囑累란 法이 滅하지 않게 하기를 위하기 때문이다. 너는 제자를 教化하고, 제자는 다시 다른 사람을 가르쳐 轉展하여 서로 가르친다. 비유하면 一燈이 다른 燈을 밝혀 그 밝음이 더욱 많아짐과 같다」하였음. ②明의 釋傳燈의 字는 無盡. 號는 有門. 高明寺에 居하며 內典에 널리 통하였음. 南教宗을 傳하고 楞嚴·維摩 諸經을 해석하고 天台山房外志를 지었음.

전등대법사위(傳燈大法師位) 傳燈住位와 같음. →傳燈住位.

전등록(傳燈錄) ㊂三十卷. 宋 眞宗 景德元年 吳沙門 道彥이 釋迦以來 祖祖의 法脈을 체계화하고 法語를 기록한 것. 후에 이 것을 본받아 갖가지 燈錄이 있었는데 이 것이 그 효시임.

전등만위(傳燈滿位) 傳燈住位와 같음. →傳燈住位.

전등법사위(傳燈法師位) 傳燈住位와 같음. →傳燈住位.

전등식(傳燈式) 法脈을 相承하는 儀

式.

전등아사리(傳燈阿闍梨) 傳法阿闍梨의 다른 이름.

전등옥영집(傳燈玉英集) ㊥十五卷. 宋의 王隨 編. 宋初에 編成된 道原의 景德傳燈錄 三十卷을 刪定한 拔華本으로 景祐元(1034)年에 完成됨.

전등입위(傳燈入位) 傳燈住位와 같음. →傳燈住位.

전등주위(傳燈住位) 僧位의 하나. →僧位.

전라희(囀羅呬) ㊵〈Vāiāhi〉 地下의 神. 慧林音義四十二에 「地下 모든 天의 이름. 이 天人의 몸은 돼지 머리·네 팔에 큰 神力이 있으며, 항상 地下에 居하는데 일종의 地神의 類다」하였음.

전락(剪落) 剃髮과 같음. →剃髮.

전람(典攬) 典은 經典. 攬은 撮要임. 經典의 要義를 요약한 것을 典攬이라 함. 無量壽經上에 「泥洹에 開入하여 典攬을 敎授한다」하였고, 同淨影疏에 「經典을 잘 이해하고, 衆義를 攬知함을 典攬이라 한다」하였음.

전련환산(煎練丸散) 藥種. 煎藥. 湯藥. 丸藥. 散藥. (秘密安心)

전렵(畋獵) ㊵〈mṛga-lubdhaka〉 畋이란 禽獸를 잡는 것. 사냥(法華經安樂行品)

전령(展翎) (?～1826) 朝鮮 朝僧. 字 天游. 號 海鵬. 順天 出生. 仙巖寺에서 중이 되어 嘿庵 最訥의 法을 이음. 禪과 敎의 깊은 뜻을 研究하여 글을 잘하고 德望이 높았다. 이름이 名士들 사이에 드날려 그때 湖南七高明의 한 사람으로 불리었다. 著書 壯遊大方錄이 있음.

전로(前路) 앞으로 向하는 길. 佛處에 이르려고 나아가는 길. (圓乘)

전록록지(轉轆轆地) 碧岩五十三則評에 「阿轆轆地라」하였고, 中峯語錄二十四에 「轉轆轆地다」 하였는데, 圓轉自在의 모습을 말함.

전륜(轉輪) 轉輪王, 轉輪의 威德. 轉輪의 果報等을 말함.

전륜고좌(轉輪高座) 轉輪王의 高座. 四分律三十六에 「한곳에 大衆이 來集하면 戒를 說하는 자의 聲音이 크고 적어서 衆生이 모두 듣지 못하므로 모든 비구가 부처님께 가서 아뢰었다. 부처님께서 말씀하시기를 지금부터 이후로는 대중 가운데 서서 說戒 함을 허가한다. 그래도 들리지 않거던 대중 가운데 높은 좌석을 만들어 극히 높고 좋게하여 좌석 위에서 戒를 說하게하라 그래도 들리지 않거든 돌아가면서 높은 자리를 만들어 平手하고 서거나 또는 좌석 위에서 說戒하도록 하라」하였음.

전륜성왕(轉輪聖王) 轉輪王이라 하며 또는 輪王이라 함. →轉輪王.

전륜성자(轉輪聖子) 轉輪聖王의 太子. (敎行信證 行卷)

전륜오도경(轉輪五道經) ㊃罪福報應

經의 異名.

전륜왕(轉輪王) ①㊵〈Cakrararti-raja〉 斫迦羅伐辣底曷羅闍 또는 斫迦越羅라하며 번역하여 轉輪聖王, 轉輪聖帝, 轉輪王, 輪王이라고도 함. 이 王은 몸에 三十二相을 갖추고 卽位할 때에 하늘로 부터 輪寶를 感得하고 그 輪寶를 굴려 四方를 降伏하였으므로 轉輪王이라 하고, 또 空中을 날아다니므로 飛行皇帝라 한다. 增劫에는 사람의 수명이 二萬歲以上이 되면 세상에 출현하고, 減劫에는 사람의 수명이 한량없는 나이로 부터 八萬歲에 이를 때에 세상에 출현 함. 그 輪寶는 金·銀·銅·鐵의 四種이 있으면, 그 次弟로 四·三·二·一의 大洲를 거느리는데, 즉 金輪王은 四洲를 다스리고 銀輪王은 東·西·南의 三洲를 다스리고, 銅輪王은 東·南의 二洲를' 鐵輪은 南閻浮提의 一洲를 다스림. 俱舍論十二에「이 洲에 사람의 수명이 無量歲로 부터 八萬歲에 이르면 轉輪王이 태어나며, 八萬으로 減할 때에는 有情이 富樂하고 壽量이 損減하면 많은 악이 점점 성하여 大人의 그릇이 아니기 때문에 輪王이 없음. 이 王이 輪을 돌리면서 引導하면 威嚴이 一切를 降伏시키므로 轉輪王이라 함. 施設이 만족한 가운데 四種을 說하였다. 金·銀·銅·鐵의 輪으로 구별할 수 있으므로 그 차례는 勝·上·中·下이며 逆次로 王이 되어 一·二·三·四洲를 거느린다」(中略) 梨經에 이르기를「만일 王이 刹帝利種族에 태어나 灌頂位를 이어 十五日에 齋戒를 받을 때 首身을 목욕하여 훌륭한 齋戒를 받고, 高台殿에 오르니 臣僚가 輔佐하였다. 東方에서 홀연히 金輪寶가 나타나는데, 그 輪은 千輻이며, 轂輞이 구족하고 衆相이 前淨하여 巧匠이 만든 것과 같으며, 妙한 光明을 펴서 왕의 처소에까지 뻗치었다. 이 王은 바로 金輪이며, 다른 전륜왕도 또한 그러함을 알아야 한다」하였고, 智度論四에「轉輪王이 三十二相이 있듯이 菩薩도 또한 三十二相이 있다는데, 어떻게 差別합니까, 대답하기를 菩薩의 相은 七事가 있어서 轉輪聖王보다 勝하다. 菩薩相은 (1)淨好 (2)分明 (3)不失處 (4)具足 (5)深入 (6)智慧行을 따르고 世間을 따르지 않음이며, (7)멀리 여읨을 따르는 것인데 轉輪王의 相은 그렇지 않다」하였으며, ②十王의 第十으로 殿은 幽冥의 沃焦石 밖 正東에 위치하며 바로 世界五濁한 곳을 마주하고 金·銀·玉·石·木板·奈何等 다리의 六座를 시설하여 各殿에 解到한 鬼魂을 專擔하여 分別·核定發往 投生시킨다. 每月 자세한 數를 모아서 記錄하고 第一殿의 註册과 對照하여 酆都에 보낸다 함.

전륜왕위반게완신연천등 (轉輪王爲半偈剜身燃千燈) 옛 날에 轉輪聖王이 婆羅門을 위해 몸을 깎아 千燈을 켜서 그에게 供養하고 半偈를 들었는데 「태어나면 바로 죽지만 이 滅은 寂이 된다」하였음. (大方便佛報恩經三, 經律二相二十四)

전륜왕일자심주 (轉輪王一字心呪) 𧱂勃嚕唵이란 眞言 또한 部林이라 함. (一字心呪經)

전륜왕칠보 (轉輪王七寶) 轉輪王이 出現할 때 世上에 나타난다고 하는 七寶로 金輪寶·白象寶·紺馬寶·神珠寶·玉女寶·居士寶·主兵寶를 말함.

전륜왕칠보천자 (轉輪王七寶千子) 轉輪王이 輪寶 以外에 六種의 寶를 갖추어 합하면 七寶가 되며 千子가 具足함. 長阿含六卷 轉輪聖王修行經에 「①金輪寶 ②白象寶 ③紺馬寶 ④神珠寶 ⑤玉女寶 ⑥居士寶 ⑦主兵寶와 千子를 具足하여 勇健하고 雄猛하다」하였고, 涅槃經十二에 「곧 東方에는 金輪寶로 그 輪이 千輻에 輻輞이 具足하였고(中略), 다시 象寶가 있는데 형상이 희고 단엄하여 흰 연꽃과 같으며(中略), 다음에는 馬寶로 그 색은 紺焰, 髦尾는 金色이며(中略), 다음에는 女寶로 形容이 단정하여 미묘하기 제일이며(中略), 그 후에 오래지 않아서 王宮內에 자연히 寶摩尼珠를 얻는데 순수한 푸른 유리로 크기가 人脞와 같으며(中略), 그 후에 오래지 않아 主藏臣이 자연히 나와 財物과 보배를 넉넉하게 하여 巨富를 헤아릴 수 없으며(中略), 그 후에 오래지 않아 主兵臣이 자연히 나와 勇健猛略하여 策謀가 第一이었으며(中略), 七寶로 성취한 千子가 具足하였다」하였으며, 俱舍論十二에 「經에 말씀하시기를 輪王이 세상에 出現하면 바로 七寶가 세상에 나타난다. 그 일곱은 무엇인가, (1)輪王 (2)象寶 (3)馬寶 (4)珠寶 (5)女寶 (6)主藏臣寶 (7)主兵臣寶다」하였음. 長阿含에 말한 居士寶는 涅槃을, 俱舍에서는 主藏臣寶라 했고, 雜譬喩經에는 典財寶라 했음.

전륜장 (轉輪藏) 輪藏. 경전을 넣어둔 책장으로 廻轉하도록 만든 책궤. 書架를 회전하면서 經文을 찾는 것. 梁의 傅大士가 처음 받들었음. → 輪藏.

전률 (戰慄) 梵<kampati> (마음이)떨리는 것. (佛所行讚)

전리 (殿裏) 宮殿 안. (往生要集)

전리 (纏裏) 싸는 것. 묶는 것. (要集)

전리욕탐 (全離欲貪) 欲은 欲界의 煩惱. 欲界 第九品의 修惑과 色界·無色界의 七地(九地 가운데서 欲界 五趣雜居地와 無色界의 第四天을 除한 것)의 修惑을 끊고, 具道에 들어간 이는 不還向이 되며, 見道 第十六心때에 不還果가 된다. 이것

을 超越의 不還이라 하거나, 또는 欲界의 煩惱를 모두 끊어 버렸다는 뜻으로 全離欲이라고도 함.

전마(碾磨) 精米하는 곳. (永平大淸規)

전맥(傳脈) 釋尊으로부터 傳하여진 菩薩戒의 血脈을 傳受하는 것. (禪戒篇)

전면(前面) 또는 어간. 절의 큰방에서 앞 門으로 들어서는 쪽이다. 그곳은 가장 높은 자리로 地位가 높고 나이 많은 高僧이 앉는 자리. 於間門에서 아랫편으로는 '靑山'이라 壁에 써붙여 그 자리에는 住持가 앉고, 그 밑으로 主人格이 되는 僧들이 法階와 戒臘의 차례로 앉으며, 또 윗편 壁에는 '白雲'이라 써 붙여 그 자리에는 祖室이 앉고 그 아래로 客格이 되는 僧들이 차례로 앉음.

전면(纏綿) ㊵〈abhyavapāta〉(墮落하는 것) 마음에 얽히어서 떨어지지 않는 모양. 얽힘. 나의 것에 얽힘. 諸物이 모조리 나의 것이라고 생각되는 것. (佛所行讚)

전멸(轉滅) ㊵〈parivṛttitva〉 迷妄을 除去하는 것.

전명기현(專名祈現) 阿彌陀佛의 名號인 "南無阿彌陀佛"을 입으로 부르면서 이 世上에서 福樂을 求할려고 祈願하는 것. 또는 입으로 阿彌陀佛을 부르면서 現世의 幸福을 求하기 위하여 阿彌陀佛 이외의 佛·菩薩에게 祈願하는 것.

전모(典謨) 옛날 聖人들이 정해 놓고 法訓을 부름. 또는 法則이란 뜻.

전묘법륜(轉妙法輪) 轉法輪과 같음. 妙法을 說함.

전무(全無) ㊵〈sarvathā·'bhāvaḥ〉全然 存在하지 않는 것.

전무공능(全無功能) ㊵〈niḥsāmarthya〉 全然能力이 없는 것. 全無用이라 번역한 것도 있음.

전무구론(轉無垢論) 깨끗한 理論을 展開하는 것. 說法이란 뜻. (圓乘)

전무명(纏無明) 四無明의 하나. 纏이란 纏縛의 뜻임. 無明·煩惱가 衆生을 繫縛하여 生·死에서 벗어나지 못하게 하기 때문에 이렇게 부름. 大藏法數에 「纏은 곧 纏縛을 말하는데 이 無明의 惑을 纏縛하므로 生·死에서 벗어나지 못한다. 그러므로 纏無明이라 한다」하였음.

전문(前門) 僧堂·佛殿·法堂·衆寮 등의 正面의 入口. →後門. (永平大淸規). ↔後門.

전물(轉物) 經에 이르기를 「만일 轉物할 수 있다면 즉시 如來와 같다」하였고, 古德이 말하기를 「山河를 굴려 自己에게 돌리고, 自己를 굴려 山河로 돌아가게 한다」했고, 또 말하기를 「老僧은 十二時를 굴리지만 모든 사람은 十二時에 굴림을 당한다」하였으며, 또 말하기를 「한 줄기의 풀을 들어 丈八金身을 만들고, 丈六金身을 들어 한 줄기의 풀을 만든다」하였다. 모두 轉物의 뜻임. 또 敎義에 의하면 羅漢이 神通을 얻을 때에 地·水·火·風·空이 모두 自由롭게 轉變하고 菩薩의 神通은 羅漢보다 지나므로 山河大地를 모두 헛깨비 그림자와 같이 본다. 芥子에 須彌山을 들어가게 하고 털이 큰 바다를 삼키게 하는 것이 또한 尋常한 일임.

전미개오(轉迷開悟) 三界에 輪廻生死하는 迷惑을 버리고 涅槃의 깨달음에 到達하는 것. 즉 煩惱의 迷를 끊고 菩提의 깨달음을 證得하는 것을 말함.

전미해오(轉迷解悟) 迷惑한 것을 돌이켜 깨달음을 얻음. 곧 번뇌를 끊고 佛法의 理想인 涅槃을 얻음. →轉迷開悟.

전박(纏縛) 十纏 四縛. 곧 一切의 煩惱가 衆生의 몸과 마음을 얽어 묶어서 三界의 獄에 가두어 自由스럽지 못하게 하는 것이므로 纏縛이라 함. 無量壽經上에 「모든 纏縛을 풀어라」하였고, 同淨願疏에 「纏은 十纏을 말하고, 縛은 四縛을 말한다. 또는 一切의 煩惱를 묶어서 通稱으로 纏縛이라 한다」하였음.

전박판(氈拍版) 拍版은 音樂을 調節하는 기구. 그러나 氈으로 거죽을 씌워서 치면 소리가 나지 않으므로 그것을 氈拍版이라 한다. 音響이 없는 것을 말함.

전발(傳鉢) 傳衣鉢의 준말. 衣鉢을 전하여 주는 일.

전방(轉方) 어느 方向이든지 向한 쪽을 西方이라고 생각하는 것. (但信鈔)

전범륜(轉梵輪) 轉法輪의 다른 이름. 梵은 淸淨의 뜻. 佛法은 淸淨하므로 梵輪이라 함. 智度論二十五에 「轉梵輪은 淸淨하기 때문에 梵이라 하고, 부처님의 智慧와 智慧相應法을 輪이라 말하고 부처님의 說하신 것을 받은 사람이 法에 따라서 行하는 것을 轉이라고 한다」라고 하였음.

전범위성(轉凡爲聖) 凡夫가 깨치어 聖人이 되는 것. 宗鏡錄에 둥근 丹한 粒이 鐵을 轉하여 金이 되게 하고 至極한 이치의 한 말씀이 凡夫를 깨치어서 聖人이 되게 한다」하였음.

전범입성(轉凡入聖) 凡夫의 狀態를 變하여 聖者의 境地에 들어가는 것.

전법(傳法) ①佛法을 널리 폄. ②깊은 法을 스승이 弟子에게 傳해 줌.

전법(轉法) 變易法(梵〈vipariṇām-dharma〉)과 같음. →變更. (七處三觀經)

전법관정(傳法灌頂) 二種灌頂의 第二, 五種灌頂의 第四, 또는 受職灌頂이라고도 함. 大阿闍利의 職을 받아 위에서 密法을 人의 자리로 傳授하는 灌頂임. 이 灌頂에 의하여 大日如來의 職을 받으면 자신이 傳法阿闍利가 된다. 그러므로 傳法

阿闍梨位灌頂이라 함.

전법륜(轉法輪) 부처님의 敎法을 法輪이라 하고, 敎法을 說함을 轉法輪이라 함. 輪이라 轉輪聖王의 輪寶로 廻轉과 碾摧의 二義가 있는데 四天下를 廻轉하여 모든 怨敵을 碾摧하며 부처님의 敎法도 또한 一切衆生界를 廻轉하여 모든 煩惱를 摧破하기 때문에 비유하여 法輪이라 함. 轉이란 敎法을 說함에 비유함이니, 自心의 法을 굴려 他人의 마음에 옮기는 것이 흡사 轉車輪과 같음. 止觀輔行一에 「輪은 二義를 갖추었는데, (1)轉義며, (2)摧破義니, 四諦輪으로 轉度하여 다른 사람의 結惑을 摧破함이 王輪寶가 파괴할 수도 편안하게 할 수도 있는 것과 같다」하였고, 嘉祥法華義疏에 「圓을 流하고 通을 演하여 一人도 얽메이지 않게 하기 때문에 輪이라 하며, 累를 破하지 않음이 없는 것이 또한 輪의 義다」하였으며, 法華經方便品에 「恭敬하게 合掌하여 禮를 하고 나에게 轉法輪을 請하였다」하였고, 法華文句五에 「부처님 마음 가운데 化他의 法을 굴려 다른 사람 마음에 度入하는 것을 轉法輪이라 한다」하였음.

전법륜개(轉法輪蓋) 또는 瑞鳳蓋·蓮華蓋라고도 한다. 說法할 때에 높은 자리위에 매달아 놓은 天蓋를 말함. →蓋. 天蓋.

전법륜경(轉法輪經) ㊁一卷. 後漢安世高가 번역. 부처님이 鹿野園 菩提樹아래에서 손으로 飛輪을 만지면서 苦·集·滅·道 四聖諦의 法을 세번이나 說하신 것.

전법륜경론(轉法輪經論) ㊂一卷. 轉法輪經優婆提舍의 다른 이름. →轉法輪經優婆提舍.

전법륜경우바제사(轉法輪經優婆提舍) ㊂一卷. 天親菩薩이 짓고 元魏 毘目智仙이 번역. 이것은 大乘의 轉法輪經을 解釋한 것임.

전법륜당(轉法輪堂) 佛祖가 說法하는 堂舍. 禪宗에서는 法堂이라 하고 敎宗에서는 講堂이라고 함.

전법륜대장(轉法輪大將) 普通은 法將이라고 하며 舍利弗을 가리킴. (出三)

전법륜력(轉法輪力) ㊵〈dharma-cakra-pravartanabala〉 ㊄〈chos kyi ḥkhor 10 rab tu〉 法輪을 구르는 힘. 菩薩十力의 하나. →十力.

전법륜법(轉法輪法) 轉法輪菩薩을 本尊으로 하여 怨敵摧破 國家安穩을 爲하여 修하는 秘法을 말한다. 또는 車水輪法이라 함.

전법륜보살(轉法輪菩薩) 仁王經에서 說한 五大力菩薩中에 金剛波羅蜜多菩薩(또는 般若菩薩)의 異名. 不空三藏이 所持한 梵本 金剛頂瑜伽經에는 轉法輪菩薩이라 하였고, 新譯仁王經에는 金剛波羅蜜多菩薩이라 하였으며, 舊譯 仁王經에는 無量力菩薩이라 하였다. 이 菩薩은 大日

如來의 正法輪身이 되고, 不動明王은 곧 그의 敎令輪身이 된다 하였음. 仁王經儀軌下에 「金剛般若波羅蜜多라 함은 번역하여 到彼岸이며 저 經에서 말한 轉法輪菩薩과 같다. 正法輪에 의하여 勝妙身을 나타내고, 行·願이 원만하여 等覺의 位에 머문다. 손에 金剛輪을 잡은 것은 毘盧遮那佛이 처음 正覺을 이룰 때에 轉法輪을 請한 것을 표시하기 때문이며, 또 法輪으로 有情을 化道하여 彼岸에 이르게 하기 때문이며, 敎令輪에 의하여 威怒金剛不動이 되어 나타나서 일체 鬼魅惑亂의 모든 障碍를 摧伏한다」하였음.

전법륜사륜(轉法輪四輪) 부처님이 敎法을 넓히는 네가지 法輪. ①金剛輪. 東方阿閦佛의 法輪. ②寶輪. 南方寶生佛의 法輪. ③法輪. 西方阿彌陀佛의 法輪. ④羯磨輪. 北方不空成就佛의 法輪이라 함. (理趣釋下)

전법륜상(轉法輪相) 八相成道의 하나. 부처님이 成道한 뒤 涅槃할 때까지 一代中에 說法하신 相을 말함.

전법륜상(轉法輪像) 如來의 轉輪法의 像을 標幟하여 寺中에서 公用하는 印에 새기게 하는 것. 毘奈耶雜事一에 「무릇 印이 二種이 있는데, 一은 大衆이며, 二는 私物이다. 만일 大衆의 印이라면 轉法輪像을 새기고, 兩邊에 사슴이 엎드리고 꿇어 앉은 모습을 安置하고, 그 아래는 원래 절을 지은 施主의 名字를 써야 한다」하였음.

전법륜시(轉法輪時) 嘉祥이 세운 三法輪敎의 第一. →三敎.

전법륜연(轉法輪緣) 眞理를 말하는 緣. 因緣. (妻鏡)

전법륜인(轉法輪印) 三種의 三昧耶中 金剛薩埵三昧耶印의 德名임.

轉法輪印

전법륜일(轉法輪日) 부처님이 처음 鹿野苑에 계시면서 說法했던 八月八日이다. 俱舍論疏一에 「法輪을 轉한 날을 定한 것은 諸經論中에 다 말하기를 婆羅奈國 鹿野苑中에서 五比丘를 爲하여 四諦法輪을 轉하셨다 하여 中間事의 日數를 說함이 같지 않다. 그러나 說法의 月·日을 진술하여 지적하지 않아서 표준할 근거가 없고, 오직 婆沙와 釋律論에만 說法하신 月·日을 분명히 지적해서 말하였으니, 이 글에 의해야 할 것이다. 婆沙一百八十三에 이르기를 부처님이 迦栗底迦月의 白半인 第八日에 阿若憍陳那를 제도하셨다 하였는데, 迦栗底迦는 中國 八月에 해당한다. (中略) 그러므로 八月八日로 法輪을 轉한 날로 定한 것을 알 수 있다」하였고,

行事鈔中三에 「만약 佛生日과 轉法日과 또는 大會에는 밤새도록 說法해야 한다」하였음.

전법륜좌(轉法輪座) 說法할 때에 앉는 높은 牀座. 우리나라에서는 說法牀·法牀이라 함.

전법보기(傳法寶紀) ㊂一卷. 中國初期 禪宗史傳의 하나. 近年 燉煌寫本中에서 發見 紹介된 것. 巴利圖書館 所藏에 二種이 있다. 本書는 아직 南北 二宗 抗爭이 激하기 以前의 北宗禪 最盛期의 所產인 것으로 推測됨. 注目할 점은 祖統說에 있어서 一般的으로 五祖라 하는 雙峯山 弘忍아래에 嵩山 少林寺 法如를 가하여 法如에게서 玉皇 神秀로 傳法하였다고 하는 점이다. 本書에 이어 禪의 祖統을 主張한 史傳書가 잇달아 나와 각각 異說을 主張한 後 드리어 南宗系의 寶林傳에 이르러 西天二十八代 東土六祖의 傳燈을 결정하였다. 本書는 이러한 것의 先驅를 이루는 것으로 가장 注目할 만 함.

전법사위(傳法師位) 傳法(傳教·傳燈)阿闍梨位. 傳法灌頂을 받아 이미 密教를 傳할 수 있는 資格을 얻은 位. →傳法阿闍梨位. (眞言內證)

전법아사리위(傳法阿闍梨位) 傳法灌頂을 받고 密法身을 教示하는 자리 이것이 密教의 極果인데, 大日如來와 同位이며, 또한 傳教阿闍梨, 또는 傳燈阿闍梨라고도 함.

전법원(傳法院) 事物紀原에 宋朝會要를 引用하여 太平興國五(980)年에 太平興國寺에 詔書를 내려, 大殿 西便에는 譯經院을 짓고 中央에는 譯經堂을 設置하고 東便에는 潤文堂을 세우고, 西便에는 正義堂을 세우게 하여 이로부터 每年 佛誕節에는 經을 獻貢하도록 하였다. 同八(983)年에 다시 고쳐 傳法院을 만들었다」라고 하였음.

전법정종기(傳法正宗記) ㊂九卷. 諸宗部. 宋나라 佛日 契嵩 지음. 禪宗의 嫡嫡傳法의 차례를 記述한 것.

전변(詮辯) 말로 事理를 따져 辯論하는 것. 唯識述記序에 「言蹄의 밖에서는 詮辯을 그치게 한다」하였음.

전변(轉變) ①㊵〈pariṇāma〉 산캬哲學에서 말함. 根本原質(自性 ㊵〈prakṛti〉)의 平衡狀態가 破壞되어 開展하는 것. 젖이 酪과 같이 變化하는 것. (金七十論) ②㊵〈vaikṛta〉 變化되어 만들어진 것. 變化. (佛所行讚) ③轉變에는 自體轉變과 作用轉變의 二種이 있다. 前者는 有爲法이 相續하는 中에 앞의 瞬間에서 뒤의 瞬間으로 體가 改變하는 것. 後者는 有爲法이 相續하는 中에 未來·現在·過去에 있어서 생기지 않으며, 생기고 있고, 생겼다는 등의 變化를 말한다. 說一切有部에서는 後者만을 認定한다. 또 自體轉變과 功能轉變의 區別을 認定할 때도 있다. (大毘婆沙論) ④㊵〈pariṇamati〉 ㊁〈ḥgyur ba〉 아리야識의 種子가 變化하여 展開하는 것. →相續轉變. 隨緣轉變. (唯識二十論) ⑤因緣에 依하여 生起며 存在하는 事物이 變移하는 것. (大智度論) ⑥生滅變化하여 마지않는 虛妄不眞實한 마음. (慈雲 短篇法語) 安慧(㊵〈Sthiramati〉)의 解釋에 依하면 轉變(㊵〈pariṇāma)이란 다르다는 것(㊵〈anyathātva〉). 以前狀態에서 달라진 것(㊵〈pūrvāvasthātonyathā-bhāvaḥ〉)이며, 因의 刹那와는 달리 생기는 것이라 하고 世親(㊵〈vasuband:hu〉)은 이와 같은 意味를 갖는 轉變이라는 말에 우리들의 認識(㊵〈vijṅāna〉)의 狀態를 規定하였다. 그것이 識의 轉變이라는 말로 表現되는 것. 그리고 이 轉變은 妄分別을 나타내나, 妄分別에 依하여 分別되는 對象의 所分別이라고 規定되며 그것은 事實有로는 存在하지 않는다고 한다. 그러나 그것을 認識分別하는 主體를 나타내는 識의 轉變은 實體有로 存在한다고 認定된다. 왜냐하면 그러한 識은 緣起한 것이기 때문이며, 그 緣起인 것을 表示하는 것이 轉變이라는 말이다. 여기서 識이 緣起(相互 依存하여 成立하고 있는 것)로 捕捉되고 있는 것은 極히 重要한 것이다. 그 뜻은 한번 肯定된 識도 결코 永遠不變한 獨立的 存在로서 認定된 것이 아님을 알기 때문이다. 唯識說에서 識은 他에 依한 自性이라고 規定하나 그것은 그 轉變에 依하여도 表記되어 있다. 이 轉變에는 三種이 區別된다. (1)異熟 (2)思量 (3)境의 了別이며 (1)은 아라야識 (2)는 染汚意(汚染된 마음이란 뜻) (3)은 六識을 가리킨다. 또 因의 경우와 果의 경우로 區別할때는 二種의 轉變을 말한다. 因轉變(㊵〈hetu-pariṇāma〉)과 果轉變(㊵〈phala-par: iṇāma〉)이다. 因轉變이란 아라야識中에 異熟과 等流와의 潛在餘力이 增長하는 것을 말한다. 이 경우 善과 惡의 轉識이 아라야識中에 異熟과 等流와의 潛在餘力을 貯蓄하고, 無記의 轉識과 染汚意는 等流의 潛在餘力만을 貯蓄한다고 한다. 果轉變이 作用하여 異熟의 潛在餘力에서 아라야識이 생기며, 또 等流의 潛在餘力에서 轉識과 染汚意가 그 아라야識에서 生기는 것이다. 또한 玄奘이 能變所變이라 한 말은 이 ㊵〈pariṇema〉라는 同一原語에 對한 그의 獨自的인 번역이다. 一般的으로 산스크리트에 있어서는 이 같은 抽象名詞는 作用과 作用의 結果를 意味한다. 거기에는 護法의 唯識說의 立場에서 그 自身의 理解가 表示되어 있음으로 옛 唯識說을 배우는 경우에는 注意를 要함.

※因緣生之法 於相續中前後異其相者 四相中之異相也. 俱舍論四에 「何名轉變

謂相續中前後異性」

전변론(轉變論) ㉵〈pariṇama-vādin〉 轉變을 말하는 主張. →轉變.

전변무상(轉變無常) 萬有의 生滅變化가 無常한 것. →七種無常.

전변비밀(轉變秘密) 隱密한 名言을 말하여 散亂한 마음을 고요하게 하며 올바른 見解를 나게 하여 淸淨한 菩提의 果를 얻게 하는 것. →四種秘密.

전변상(轉變相) 事物의 生滅變化하는 모양. 現豫. (反故集)

전변차별(轉變差別) ㉵〈pariṇāma-viśeṣa〉 ㉳〈gyur paḥi khyad par〉 特殊한 變化. (唯識二十論)

전변처(轉變處) 修行者의 마음가짐에 따라 이 世界가 그대로 佛의 깨달음의 境地도 되고, 또 凡夫의 迷妄이나 다툼에 찬 世界로도 된다고 하는 道理. (碧巖錄)

전병(煎餠) ㉵〈pūpa〉 ㉶〈pūva〉 膳物로 만드는 맛있는 煎餠類. 摩訶僧祇律에는 送女食이라 함. (十誦律)

전보(纏報) 有情에 얽매여 自由自在치 못한 生死苦의 業報를 말함.

전복지귀경(前覆之龜鏡) 先例. (三敎指歸)

전봉상주(箭鋒相拄) 箭과 鋒이 맞부딪치는 것과 같은 것. 法眼의 宗風에 對한 古來의 評語이다. 箭鋒이란 화살촉이다. 스승과 弟子가 서로 意氣가 딱맞아 조금도 틈이 없는 것. 또는 質問과 對答이 딱 들어 맞는 것을 말함. (碧巖錄)

전부(田夫) ㉵〈karṣaka〉 農夫. (百喩經)

전분계(全分戒) 五戒 또는 具足戒등의 全分을 受持하는 戒를 말함.

전분수(全分受) 全分戒를 받음. →全分戒.

전불(前佛) 이미 入滅한 부처님을 말함. 항상 彌勒佛에 대해서 釋迦佛을 가리켜 이르는 말임. →前佛後佛.

전불(傳佛) 傳佛道란 뜻. 佛敎의 眞理를 傳하는 것. (正法眼藏 傳衣)

전불(塼佛) 塼에 佛像을 浮彫한 것. 佛像을 나타낸 것은 中國·韓國에서 日本에 傳來되었음. →塼.

전불퇴법륜방편(轉不退法輪方便) 十種方便 가운데 하나. 眞實한 敎를 말하여 衆生을 敎化하고, 가르침과 같이 修學하여 智慧를 鍊磨하여 修行의 階位에서 물러나지 않게 하는 것. →十種方便.

전불후불(前佛後佛) 前佛은 釋迦 世尊. 後佛은 彌勒佛을 가리킴. 釋尊이 入滅한 뒤의 未來佛로 五十六億七千萬年을 지나서 이 娑婆世界에 出現한다는 부처님이 彌勒佛임.

전불후불중생(前佛後佛衆生) 前佛은 釋迦 世尊. 後佛은 彌勒佛. 釋尊이 入滅한 뒤로 未來의 彌勒佛이 出世할 때까지의 그 中間에 있는 衆生. 곧 부처님의 出世하심을 만나지 못하는 衆生.

전비(前比) ㊵〈pūrvavat〉 앞에 것에 根據하는 比量이란 뜻. 推論의 一種. (方便心論)

전빈(典賓) 禪寺에서 賓客을 接待하는 소임. 또는 知客·知賓이라고도 함. →知客.

전사(田舍) 農事. (出三)

전사(展事) 文字·言句. 또는 其他 方法으로 自己의 心境이나 見解 등을 말하는 것. (正法眼藏 畵餠)

전사(專使) ①어떤 일 때문에 特別히 派遣하는 使者를 뜻함. (臨濟錄) ②曹洞宗에서는 大本山을 代表하여 派遣된 使者.

전사(傳舍) 旅舘. 旅人宿. (出三)

전사(殿司) ①또는 殿主·知殿·佛殿에 關한 온갖 일을 맡아 보는 소임. 우리 나라에서는 知殿·佛殿(부전)이라 한다. ②知殿이 居處하는 집. 우리나라의 노전이란 말과 같음.

전사노(田厙奴) ㊪어떤 僧이 趙州에게 「至極한 道는 어렵지 아니하다. 揀擇하는 것이 나쁘다 하였으니, 어떤 것이 揀擇치 않는 것입니까" 趙州 "天上天下 唯我獨尊이니라" 僧 「그것도 역시 揀擇입니다」 趙州 「이 田厙奴야 어디가 揀擇이냐」하였다 함. 田厙奴는 촌뜨기란 말임.

전사미(前四味) 앞의 네개의 맛이란 뜻. 天台의 敎相判釋인 五時八敎에서는 乳(華嚴經)·生酥(阿含經)·熟酥(方等經)·酪(般若經)의 넷을 第五味의 醍醐(法華經·涅槃經)에 對하여 前四味라 함. (本尊抄)

전사불선계(轉捨不善戒) 不善(惡)을 버리고, 그것을 하지 않는 戒. (解深密經 地波羅蜜多品)

전사시(前四時) 天台宗에서 부처님이 一生동안 說敎하신 것을 時間的으로 차례를 五時期로 나누고, 最後에 法華經·涅槃經을 說하기 이전의 四時期를 말함.

전사인(傳事人) 다른 僧衆에 事件을 傳하여 그 判決을 請하는 職分者. (十誦律)

전사투기(展事投機) 展은 展敍. 事는 事相·已事. 自己心事를 他人에게 밝히는 것. 즉 修行者가 自己의 理解를 스승에게 나타내는 것. 投機는 機에 投合하는 것으로, 스승과 弟子가 서로 投合하는 것. (正法眼藏 一顆明珠)

전삭(栓索) 栓은 나무로 만든 못. 索은 노끈. 栓索은 못으로 박아 붙치고 노끈으로 얽어서 一定한 形體를 만든다는 말인데 달라져서 模型·條目의 뜻으로 쓰인다. 또는 栓의 종적, 索의 흔적이라 하여 자취의 뜻으로도 씀.

전삼(前三) 前三三 後三三의 준말.

전삼교(前三敎) 天台宗에서 說法한 思想·內容에 따라 부처님 一代敎法을 分類한 化法 四敎에서 圓敎를 제한 다른 三敎. 곧 藏敎·通敎·別敎를 말함.

전삼삼(前三三) 無着禪師가 文殊菩薩과 問答하던 말. 唐나라 宣宗때 無着禪師가 五臺山에 가서 文殊에게 禮拜하려던 길에 道中에 어떤 老人을 만나서「前三三 後三三」이란 이야기를 들었다. 三三은 一定한 數量이 아니고 前과 後는 彼와 此와 같으니 前도 三三이요, 後도 三三이란 뜻으로 彼此가 같음을 보이는 말이다. 또 三三은 無數量의 뜻으로 곧 前後三三이란 뜻이니, 前과 後는 별로 重要한 것이 아니고 無數 無限한 뜻을 表示한 것. →無着.

전삼삼후삼삼(前三三後三三) 唐나라 때 無着文喜禪師가 杭州인 南方에서 北쪽에 있는 五臺山에 文殊菩薩을 親見하려고 五臺山에 당도하여 한 노인의 영접을 받아 어떤 절로 갔다. 그 老人이 묻기를「어디서 왔는가」無着「南方에서 왔읍니다」老人「南方의 佛法은 어떻게 住持하고 있는가」無着「末法의 比丘가 戒律을 奉持하는 이가 적습니다」老人「大衆이 얼마나 지내는가」無着「南方의 叢林에는 혹 3百 혹 5百씩 살지만 北方의 佛法은 어떻게 住持합니까?」老人「龍蛇가 混雜하고 凡聖이 同居니라」無着「그것이 얼마나 됩니까」老人「前三三 後三三이니라」한데서 나온말인데, 이는 一定한 數量이 아니고 前과 後는 彼此와 같으니 前도 三三이요, 後도 三三이란 뜻으로 彼此가 같음을 보이는 말. 또는 無數量의 뜻으로 쓰인다. (仁岳記)에 傳하면 前三三은 複數이니 3,000과 300과 30을 各倍하면 9,990이고, 後三三은 單數이니 3을 3倍하면 9, 合하면 9,999인데 文殊 自己를 더하면 10,000名이라 한다. 이것은 華嚴經에 중국 淸涼山에 文殊보살이 萬보살과 함께 常住說法한다는데 근거한 것임.

전상(田相) →三衣.

전상(全相) 모양 全部. (五敎章)

전상(前相) 巴〈pubbaṅgama〉 先驅者 原因. (雜阿含經)

전상(專想) 마음을 오로지 한 곳에만 集中하여 散亂치 않는 것. 觀無量壽經에「생각을 專一히 하여 흩어지지 아니 한다」하였음.

전상(轉相) 三細의 하나. 能見相見相이라고도 한다. 無明業相이 한번 轉하여 主觀的 認識作用을 일으키기 始作하는 狀態를 말하는 것. 이것은 主客, 能所가 나누어 지지 않았던 業相이 비로소 主觀의 作用을 일으켜 將次 客觀境을 인식하려고 하나 아직 인식할 대상인 客觀이 생기지 않았으므로 實際 即 前의 狀態를 말하는 것.

전상법사(殿上法師) 坊官·廣務라고도 한다. 門跡에서 일하는 俗僧으로 머리를 깍고, 僧衣를 입고, 腰刀를 차고, 고기를 먹으며 帶妻한다는 日本의 風俗에서 나온 말임.

전상의 (田相衣) 또는 田衣라고도 한다. 袈裟는 竪·橫으로 있는 條가 밭두렁 모양과 같으므로 田相衣라고 한다. 釋氏要覽上에 「僧祇律에 이르기를 부처님이 王舍城에 계실 적에 帝釋의 石窟 앞을 걸으시면서 벼밭두렁이 가로 세로가 分明한 것을 보시고 阿難에게 일러 말씀하시기를 '過去 諸佛의 옷모양이 이와 같았느니라, 이제부터 이것을 모방하여 옷모양을 만들도록 하라'고 하셨다」하였음.

전생 (全生) 아직 完全한 狀態에 이르지 않은 것. 頓敎에서는 凡夫가 變(轉)하여 佛이 되는 일이 없다. 전혀 설(不熟)기는 젖과 같다 함. (四敎儀註)

전생 (前生) 前世와 같음. 現世에 태어나기 이전의 몸. 즉 過去世의 몸을 말함. 唐音 戊籤에 「鄭還古의 吉州道中詩에 '만약 前生의 빚이 있다면 당장 오늘 아침에 갚아주기를 걱정하지 않을 것이다'라고 하였다」하였음.

전생 (傳生) ㉵〈paraṃparā〉 順次로 생기는 것. (俱舍論)

전생 (轉生) 다시 태어나는 것. (要集 菩薩地持經)

전생선계 (轉生善戒) 善을 닦는 戒. (解深密經 地波羅蜜多品)

전생요익유정계 (轉生饒益有情戒) 衆生을 利롭게 하는 戒. (解深密經 地波羅蜜多品)

전생인 (前生因) ㉵〈pūrva-jāta-hetu〉 時間的으로 앞에 있는 原因. 結果는 時間的으로 뒤에 일어남. (中論釋)

전생지취 (前生之醉) 前生으로 부터의 긴 醉함. (三敎指歸)

전석 (箋釋) 箋은 箋注 또는 箋註. 釋은 解의 뜻.

전석기 (滇釋紀) 四卷. 淸 圓昇和空編. 雲南關係의 僧侶들의 傳記를 集錄한 것. 總十二編으로 되어 있다. 第一 法源編. 第三 應化編. 第三 隋釋編. 第四 唐釋編. 第五 後晋釋編. 第六 後周釋編. 第七 宋釋編. 第八 元釋編. 第九 明釋編. 第十 淸釋編. 第十一 雜科編. 第十二 補遺編. 十二編中에 253名의 傳記가 收錄되어 있음.

전설 (傳說) ㉵〈kila〉 ㉵〈kila…iti〉 ㊄〈na re…〉 사람들이 말하는데 依하면. …라고 傳해 들은 말. (俱舍論)

전성남자 (轉成男子) 女性이 男性으로 變하는 것. 女子가 淨土에서는 轉變하여 男子로 되는 것. (大寶積正法經)

전성석 (轉聲釋) 元來의 말의 뜻을 轉改하는 解釋. 日本天台에서 말함.

전세 (前世) 또는 前生·宿世라고도 한다. 現世에 태어나그 已前세상의 몸을 말함.

전세 (轉世) 二十七賢聖의 하나. 前生에 預流果·一來果를 證得하고

뒤에 몸을 바꾸어서 今生에 태어나 不還果의 聖을 얻은 사람을 말한다. 이러한 사람은 色界·無色界에 들어가지 않고 곧 바로 般涅槃에 듬.

전세삼전경(前世三轉經) ㊂一卷. 西晋 法炬 번역. 부처님이 前世에 세번이나 바꿔 태어나면서도 檀波羅蜜을 行하였던 일을 說하신 것.

전세지계(前世之戒) 前生의 몸에서 지킨 戒行을 말함. 前生에서 五戒를 지킨 사람은 今生에서 사람으로 태어나고 前生에서 十善戒를 지킨 사람은 今生에서 天上에 태어나고 또한 人間의 王으로 태어난다고 함.

전송지부(傳送之府) 排泄物을 내어 보내는 役割을 하는 곳. (往生要集)

전수(全收) 認定的(表詮式)論理로서 例컨데 우리의 眞心을 說明함에 있어서 染淨諸法이 心이 아님이 없는지라 眞心은 곧 性이며, 곧 相이며 곧 佛이며, 곧 衆生이며, 곧 空이며, 곧 色이며, 곧 無이며, 곧 明이며, 곧 暗이며, 곧 大이며, 곧 小이며, 곧 能이며, 곧 所이며, 곧 內이며, 곧 外이며, 곧 長이며, 곧 短이며, 곧 圓이며, 곧 方이며, 곧 染이며, 곧 淨이며, 곧 迷이며, 곧 悟이며, 곧 天이며, 곧 地이며, 곧 上이며, 곧 下이란 等等으로 一切가 다…이다 라고(即 또는 收) 攝收하여 現象界의 善別萬象 全體가 眞心 아님이 없다고 眞空과 妙有를 合一하여 陽性的으로 論理를 展開하는 것. ↔全揀.

전수(全數) 대체. 대략이란 뜻. (出三)

전수(前修) 前代에 修道한 諸師를 말함. 行事鈔資持記上一의 一에 「前修는 곧 前代의 諸師다」라고 하였음.

전수(專修) ①雜行을 버리고 오로지 五正行만을 닦음. 阿彌陀佛에 관한 行業만을 專修하는 것을 말함. ②雜行과 助業을 버리고 稱名 念佛하는 한가지만을 오로지 修行하는 것. 오직 阿彌陀佛의 本願에 順應하여 淨土에 往生하는 正定業인 念佛만을 닦음. 敎行信證六本에 「專修란 오직 阿彌陀佛의 名號만을 부르고 自力의 마음은 여의는 것이다」라고 하였음.

전수(傳授) 스승에서 弟子에게 口頭로 傳하는 것. (法顯傳)

전수사득(專修四得) 雜修의 十三失에 대하여 오직 입으로 阿彌陀佛의 名號인 "南無阿彌陀佛"만을 부르면 네가지의 所得이 있다는 것. 唐나라 善導가 지은 往生禮讚에 「밖으로 雜緣이 없고 正念을 얻기 때문이며 부처님의 本願과 相應하기 때문이며 敎法을 어기지 않기 때문이며 부처님 말씀에 隨順하기 때문이다」라고 함.

전수염불(專修念佛) 입으로 「南無阿彌陀佛」만을 부름.

전수전(轉隨轉) 轉과 隨轉과의 倂稱.

轉은 ㊵〈pravrtti〉 法의 생기는 것을 말하며, 隨轉은 ㊵〈Dnuvrtti〉로 그 法에 隨從하여 생기는 것을 말함.

전숙가(旃叔迦) ㊵〈Kiṁśuka〉 또는 甄叔迦·堅叔迦·緊叔迦·緊祝迦라고도 한다. 번역하여 赤色이라 한다. 寶石의 이름으로 鮮明한 붉은 빛이 나는 寶石. →甄叔迦.

전숙습(前宿習) 前世의 因緣을 말함. 前生의 作業. (忠)

전습(傳習) 스승의 가르침을 받아 배움. 一說에는 傳은 남을 가르쳐 주는 것이고, 習은 가르치기 전에 자기가 먼저 익히는 것.

※論語 學而篇注에 「傳謂受之於師 習謂熟之於己」

전승(傳承) 相承과 같음. →相承.

전승(轉勝) ㊵〈parāvṛtti〉(나의 몸을) 훌륭한 쪽으로 轉向시키는 것.

전승량(傳承量) ㊵〈aitihya〉 남으로부터 傳하여진 것. 니야야學派에 對한 反對者에 依하면 知識根據의 하나. 印度佛典의 번역에는 이 말은 없으며 現代의 若干의 印度學者가 쓰고 있는 譯語임.

전시(全是) 全部를 그것이라고 가리킨다. 天台의 四明知禮의 語.

전식(轉識) ①起信論에서 說한 五識가운데 하나. 거울에 形相을 비치는 作用이 있는 것 같이 無明으로 생긴 業識은 다시 轉하여 能見 初動하는 相을 이루고, 여러가지 境界에 대하여 攀緣하려는 作用을 나타내므로 轉識이라 한다. ②唯識論에서 說한 八識가운데 第八阿賴耶識을 本識이라 하고 그 밖의 眼·耳·鼻·舌·身·意·末那의 七識을 轉識이라고 한다. 이 七識은 第八本識으로 부터 轉生 變現하는 末識이므로 이렇게 말한다. ③有漏의 八識을 轉하여 無漏의 四智를 얻는 것을 轉識이라고 함. →轉識得智.

전식득지(轉識得智) 有漏의 八識을 轉하여 無漏의八識과 相應함을 얻는 四智로써 즉 有漏의 第八識을 轉하여 無漏의 八識과 相應함을 얻는 大圓鏡智와 有漏의 七識을 轉하여 無漏의 第七識과는 相應을 얻는 平等性智와 有漏의 第六識을 轉하였 無漏의 第六識과 相應함을 얻는 妙觀察知와 有漏의 前五識을 轉하여 無漏의 前五識과 相應함을 얻는 成所作智를 말함. 이 四智는 각각 二十二의 心과 心所가 있어 함께 相應하여 일어나지만, 그러나 이 가운데 智의 心所 作用이 가장 顯勝하다. 그러므로 智라는 이름을 標함. 唯識論十에 「이같은 四智가 相應하는 心品이 비록 각각 二十二法이 定해 있어 能變이 갖가지로 나타나지만, 그러나 智의 用이 증가하여 智로써 이름을 나타내므로 이 四品이 佛他에 總攝되어 일체 有爲功德이 다하는데, 이것이 有漏의 八·七·六·五識이 相應하는 品을

轉하여 차례와 같이 얻는다」하였음.

전신(前身) 前生을 말함. 白居易의 詩에「조용히 지난 일을 생각하면 마치 前生의 몸과 같아진다」라고 하였음.

전신(轉身) ①心性(如來藏)의 完全한 顯示(㊵〈āśraya-parivṛtti〉) 더러움으로 가리워졌던 心性이 더러움을 拂拭하여 躍如하게 顯現하는 모양을 말함. →轉衣. 〈寶性論〉 ②禪門의 語. 迷妄한 境地에서 깨달음의 境地에 轉入하여 安住하는 것. 〈碧巖錄〉

전신독로(全身獨露) 自己本來의 面目이 남김 없이 모두 現前하고 있는 것. 〈傳光錄〉

전신사리(全身舍利) 부처님의 舍利에는 全身舍利·碎身舍利·生身舍利·法身舍利의 四種이 있는데 全身舍利는 多寶佛과 같이 全身이 그대로 舍利인 것임. →舍利.

전신일로(轉身一路) 몸을 뒤치는 自由를 알고 向上에서 向下로, 向下에서 向上으로 通하는 活路가 있음을 말함.

전신입탑(全身入塔) 四葬中의 하나인 埋葬法으로 火葬하지 않고 全身을 그대로 塔속에 넣는 것을 말한다. 佛家에서는 본래 火葬하는 것이 원칙이지만 法華多寶塔속에는 全身舍利가 있고 또 迦葉은 雞足山에서 入定한 것. 가끔 埋葬하기도 함.

전신탑(全身塔) 涅槃한 이의 全身을 넣고 쌓아 만든 塔. 法華經속에 말한 多寶塔같은 것.

전심(田心) ㊃〈shin gi sems〉 좋은 밭은 가지고 있으면 늘 갈고 깨끗하게하여 두고 싶은 것 같이, 自己 몸을 香水나 꽃으로 꾸며 언제나 아름답게 하여 두고 싶은 사람의 마음으로 六十心의 하나. →六十心. 〈大日經住心品〉

전심(傳心) 禪家의 마음에서 마음으로 傳하는 것, 唐詩紀事 僧希運에「上乘의 印은 오직 이 一心뿐이요, 다시 다른 法이 없으며, 心體가 一空하면 萬緣이 具寂하므로 裵休가 그것을 기록하여 傳心法要를 만들었다」하였고, 傳心法要上에「達磨大師가 中國에 도달함으로부터 오직 一心만 說하고, 오직 一法만 傳하였는데 佛心을 佛心에 傳했을 뿐 다른 事佛은 說하지 안했으며, 佛法만을 法으로 傳하고 다른 法을 傳하지 않았으니, 法이란 곧 說할 수 없는 法이며, 佛이란 곧 說할수 없는 佛이다. 이것은 本源清淨의 마음을 뜻한다. 오직 이 一事만 실제일뿐 다른 二事는 참이 아니다. 般若若는 慧가 되고 이 慧는 곧 相이 없는 本心이다」하였고, 또「무릇 道를 배우는 자는 먼저 雜學의 諸緣을 물리쳐서 결정코 구하지 않아야 되며 결정코 집착하지 않해야 된다. 매우 깊은 法을 들으면 흡사 밝은 바람이 귀에 이르렀다가 잠간 사이에 지나쳐 버리는 것과 같아서 다시는 追尋하지 못한다. 이것을 매우 깊은 것이라 한다. 如來禪에 들어가서 禪想이 생기는 것을 여의고 위의 祖師로부터 오직 一心만 전하고 따로 두 법이 없으며, 마음이 부처님이라 가리키는 것은 等·妙二覺을 頓超하는 表示이며 결정코 第二念에 흘러내리지 않아야 비로소 우리 宗門에 들어온 것 같다」 하였음. →以心傳心.

전심(轉心) 外物로 말미암아 自己의 마음이 變하게 되는 것. 어느 쪽을 向하고 있을지라도 마음을 西天으로 돌린다는 뜻. 〈但信鈔〉

전심자재(轉心自在) 마음을 돌리는 것이 自由自在인 것. 〈碧巖錄〉

전심전묘(轉深轉妙) 深妙. 즉 大乘의 가르침에 轉向하는 것. 〈秘密安心〉

전악(田樂) 田家의 音樂이란 뜻. 모내기할 때에 農民의 勞苦를 慰勞하기 위하여 피리나 북을 치면서 춤추는 것에서 발생하였다 하며, 一說에 田神을 祭祀할 때의 歌舞奏樂에 起因한다고 함.

전악법사(田樂法師) 田樂에 춤추는 法師. 〈明惠遺訓〉

전악성선익(轉惡成善益) 現生十種益 가운데 하나. 阿彌陀佛을 믿는 信心은 그 利益이 능히 五逆·十惡의 罪惡의 罪障을 끊어 없애고, 不可稱 不可說의 大善根을 成就한다고 함.

전안거(前安居) 三安居의 하나. 安居에 前·中·後의 三種이 있음. →三安居, 安居.

전어(筌魚) 筌과 魚. 筌은 물고기를 잡는 竹器(통발), 能詮의 經文을 筌에 譬喩하고, 所詮의 義理를 魚에 譬喩함.

전어(傳語) 綺語의 古譯. 〈八正道經〉

전어(鱣魚) 큰 상어와 닮은 大魚. 투들 뱀장어. 〈十誦律〉

전업(前業) 前世의 業因을 말함.

전역(轉易) 翻譯하는 것. 〈出三〉

전연(展演) 展開演說의 略. 修行者나 一般人들을 引導하는 手段으로 說教하는 것. 〈碧巖錄〉

전연(旃延) 迦旃延의 略稱. 釋尊十大弟子의 하나. 論議第一.

전영(電影) 번개(電)로 法의 無常迅速함을 譬喩하고 그림자로 實體가 없는 것을 譬喩한 것. 無量壽經下에 「萬法이 電影같은 것임을 알게 되면 끝내는 菩薩道를 이룬다」라고 하였음.

전오식(前五識) 唯識宗에서 우리의 對境을 認識하는 마음 作用을 여덟으로 나눈 가운데서 眼識, 耳識, 鼻識, 舌識, 身識의 五識을 總稱함.

전요(前要) 앞의 誓約. 〈有部律〉

전요(詮要) 所詮肝要의 略. 要領.

要緊. 사북. 〈一言芳談〉

전욕(轉欲) 衆僧이 法事를 行할 때에 그자리에 缺席하게 되는 比丘가 자기도 大衆이 하는 일에 贊同하려 한다는 欲望을 다른 比丘에게 위탁하여 그 比丘가 大衆에게 傳達하여 說明하게 하는 것을 欲法이라고 한다. 缺席하는 本人이 出席하는 比丘에게 欲望을 委託하는 것을 與欲이라고 하고, 出席하는 比丘가 그 것을 承諾하는 것을 受欲이라 하며 와서 大衆에게 그말을 傳하는 것을 說欲이라 한다. 그러나 만일 受欲한 그 比丘가 사고가 생겨서 出席하지 못할 때에는 또 다른 比丘에 다시 與欲할 수 있는 것이니 이것을 轉欲이라고 하는 것.

※行事鈔上一에 「受欲已更忽緣礙欲轉與他 毘尼母云得齊七反」同資持記에 「律云 持欲比丘自有事起 佛言聽授與餘比丘」

전원(全圓) 全도 圓도 完全하여 缺如한 곳이 없는 것을 나타낸다. 온전하고 圓滿한 것. 〈正法眼藏 辯道話〉

전원(轉遠) 佛道를 멀리하여 떠나는 것. 〈正法眼藏 身心學道〉

전위(全威) 크고 작은 일에 모두 全力을 다 쏟음을 말함. 涅槃經에 「큰 獅子가 코끼리를 죽일 때에 모두 그 온 힘을 다 쏟으며, 토끼 한마리를 잡을 때도 또한 그와 같이 있는 힘을 다 쓰고 조그만치도 가벼운 생각을 내지 않는다. 諸佛如來도 또한 이와 같이 모든 菩薩이나 한 闡提를 爲하여 說法을 할 때도 功用을 한결같이 한다」라고 하였음.

전유(煎揉) 惡靈의 退治 등을 本尊에 强要하는 것.

전유경(箭喩經) ㊅一卷, 譯者未詳. 中阿含第六十箭喩經의 다른 번역. 有鬘童子가 부처님이 "항상 世間이 有常하다"고 說하게 하고자 하니 부처님께서 꾸짖으시고 毒화살을 뽑는데 譬喩하여 說하시었음.

전유경(轉有經) ㊅一卷. 元魏 佛陀扇多 번역. '佛說大乘流轉諸有經'의 다른 번역.

전유분유(全喩分喩) 全體의 譬喩와 一部分의 譬喩라는 뜻. 〈開目鈔〉

전육가(旃育迦) 王名. 佛滅後 七百年에 나서 祇園精舍를 再建함. 法苑珠林三十九에 「經律에 大明祇桓寺의 基趾가 흔히 八十頃地에 一百二十院이며 東西가 약 十里, 南北이 七百餘步가 된다. 祇陀와 須達 두 사람이 함께 造成하였다. 完成된 已後 二百年이 지나서 모두 불타 없어졌다(中略). 그 뒤 五百年이 되던 해에 旃育迦王이 있어 그 터에 다시 세웠으나 十에 一도 미치지 못하였다」라고 하였음.

전의(田衣) 袈裟의 다른 이름. 袈裟의 五條 또는 二十五條의 줄이 마치 밭이랑이 벌려있는 것과 같음을 말함. 佛祖統紀三十七에 「梁武帝가

田衣를 입고 北面하여 敬禮하고 具足戒를 받았다」라고 하였음. →田相衣.

전의(傳衣) 禪宗에서 金襴의 大衣로 法衣를 삼는데 이는 法을 傳受한 信表로 하기 때문에 傳衣라고 한다. 上堂할 때나 陞座할 적에 입고 其他의 다른 때에는 一切 입지 않는다. 처음 釋迦佛이 四十九年間의 說法을 마치고 金縷僧迦梨衣를 가져다가 摩訶迦葉에게 傳해 주었다. 그 뒤로 그것을 스승이 弟子에게 代代로 傳하여 菩提達摩에 이르렀다. 達摩가 中國에 와서 六祖 慧能에게까지 傳하여졌다. 그러나 慧能이 五祖에게서 이것을 傳해받을 때에 빼앗으려는 者가 있었으므로 六祖는 이것을 曹溪山에다 두고 다시 傳하지 않았다. 그래서 七祖以後부터는 傳해오는 옷이 없다. 그러나 後世에서는 스승이 弟子에게 자기의 袈裟를 주어서 法을 傳해준 信印으로 삼았으므로 그 袈裟를 傳衣라고 한다. 그것이 변하여 敎法을 弟子에게 傳하는 것도 傳衣라고 하게 되었음. →傳燈錄.

전의(詮義) 詳細히 설명하여 뜻을 밝힘.

전의(轉衣) 禪門의 傳法儀式을 말함. 黑衣에서 色衣로 傳한다는 뜻. 曹洞宗에 있어서 傳法하는 僧侶가 永平, 摠持 兩本山中 하나에 나아가 色衣를 입고 晋山式을 行하며 하룻밤 住함을 말함.

전의(轉依) 菩提·涅槃의 二果를 말함. 轉이란 轉捨·轉得의 뜻이며 依란 所依의 뜻임. 第八識을 가리킨다. 第八識이 依他起性의 法이 되며 이 가운데는 煩惱·所知 二障의 種子와 아울러 無漏智(즉 菩提)의 種子를 간직하였음. 또한 第八識의 實性은 곧 圓成實性의 涅槃인데, 이 가운데 二障의 種子가 所轉捨의 法이 되며, 菩提와 涅槃이 所轉得의 法이 된다. 이와 같으면 第八識은 所轉捨二障과, 所轉得 二果의 所依가 되므로 이름한 것. 그것을 따라 지금 聖道를 닦으면 그 第八識中 煩惱障의 種子를 轉捨하여 그 實性의 涅槃을 轉得하고 또한 第八識中의 所知障의 種子를 轉捨하여 그 中의 無漏의 眞智(곧 菩提)를 轉得하여 轉依라 하며, 所得의 菩提·涅槃을 二轉依의 妙果가 된다고 함. 唯識論九에 「煩惱가 轉함을 따라 大涅槃을 얻으며, 所知障을 轉하여 無上覺을 證하므로 唯識을 成立하며 有情이 이같은 二轉依의 果를 證得함을 뜻한다」하였음. (百法問答鈔八)

전의난증굴(轉依難證屈) →三退屈.

전의발(傳衣鉢) 道를 弟子에게 傳함을 이르는 말. 傳衣. 傳鉢.

전이(轉異) ㊵〈vaikṛta〉 산캬哲學에서 自我意識(㊵〈ahaṃkāra〉)을 뜻함. →三德轉異. 〈金七十論〉

전인(前人) ①只今 당장 對象으로 되어 있는 者. 〈四教儀註〉 ②過去의 사람. 〈上宮維摩疏〉

전인(前因) 前世의 原因. 〈出三〉

전입(轉入) 돌아 들어오는 것. 〈眞聖〉 옮겨 오는 것. 〈圓乘〉

전자(前者) ㉶〈atita〉 過去의 것. 〈雜阿含經〉

전자(前資) 禪寺에서 쓰는 말. 일찌기 副寺已下 東序의 職에 세번이나 소임을 맡았다가 물러난 사람을 가리키는 말. 즉 前의 事務을 資助했던 사람이라는 뜻임. (象器箋五)

전자근구(前資勤舊) 前資는 先輩의 僧. 勤舊는 오래 叢林에 있어서 役職등을 한 僧이나 經驗者를 뜻함. 〈永平大淸規〉

전자기(全自己) 自身의 모든 것. 他없음을 말함. 〈私記〉

전자륜(轉字輪) ㊵〈cakra-akṣara-parivarta〉 現象이 眞言으로부터 離脫함이 없이 輪과 같이 連關을 가지면서 文字 言語를 手段으로 하여 展開되어 있는 것. 또는 一切의 語音을 恰似 車輪이 돌아가듯 自由로히 回轉시키는 言語活動. 〈理趣經〉

전자륜만다라(轉字輪曼茶羅) 大日經 轉字輪品에 說明되어 있는 胎藏界 曼茶羅에서 佛의 語業의 活動을 表示하는 法曼茶羅를 말함. 〈大日經〉

전자마나(旃遮摩那) ㊵〈Caṇḍamanā〉 또는 栴闍摩·戰遮라고도 한다. 暴志라 번역함. 釋尊의 敎化를 妨害한 比丘尼의 이름. 婆羅門의 딸로 부처님이 祇園精舍에서 說法할 때에 슬며시 나무 鉢盂를 배에 대어 아이 밴 모양을 하고 大衆가운데 들어가서 이 說法하는 사람은 나와 姦通하였다. 내가 밴 아이는 곧 釋迦의 種子다라고 외치면서 釋尊을 비난하다가 帝釋天王이 쥐로 變하여 鉢盂를 배에 얽어 맨 노끈을 끊어버리니 鉢盂가 땅에 떨어져 거짓말이 綻露되고 땅이 저절로 꺼지면서 이 女人은 그대로 無間地獄에 떨어졌다고 함.

전자바라문녀(旃遮婆羅門女) 旃遮摩那를 말함. 婆羅門의 딸로 釋尊의 敎化를 妨害한 比丘尼의 이름. →旃遮摩那.

전작(田作) ㉶〈kasi〉 耕作. 〈中阿含經〉

전잡(專雜) 專念과 雜修, 淨土宗에서 淨土에 往生하는 行業을 닦는데 專念과 雜修의 둘이 있다. 專念은 淨土에 往生하기를 願하는 南無阿彌陀佛만을 專念으로 稱名하는 것이고, 雜修는 五淨 이외의 善行인 雜行을 닦거나 또는 五淨 가운데서 正定業인 第四稱名과 다른 넷의 助業을 함께 닦는 것을 말함. →雜修.

전잡득실(專雜得失) 專修의 四得과 雜修의 十三失을 말함.

전잡이수(專雜二修) 淨土宗에서 淨土에 往生하는 行業을 닦는데, 專修와 雜修의 둘이 있음. 專修는 淨

土에 往生하는 바른 行業인 五正行을 修行하거나, 五正行가운데서 稱名 하나만을 修行하는 것이고, 雜修는 五正行 以外의 善行인 雜行을 닦거나 또는 五正行 가운데서 正淨業인 第四稱名과 다른 넷의 助業과를 아울러 닦는 것. →專雜.

전장(典章) 典은 五帝의 글. 章은 文이니 ①제도와 문물 ②法則, 規則.

전장(戰將) 뛰어난 禪僧이란 뜻. 또 극히 뛰어난 힘을 갖는 修行者를 말할 때도 있음. 〈雲門廣錄〉

전장(轉藏) 大藏經을 건너가면서 읽는 것. 轉藏은 看藏과는 다르다. 看藏은 經文의 글자대로 每行마다 하나도 빠뜨리지 않고 처음부터 끝까지 낱낱이 읽어가지만 轉藏은 오직 每卷의 初·中後의 몇줄씩만을 읽고 다른 책장은 그저 넘기는 것임. →轉讀.

전재(全材) 完全한 才能.

전재(錢財) 金錢과 財貨. 〈灌頂經〉

전쟁(戰爭) ㊵〈yuddha〉 싸움. 〈佛所行讚〉

전적(典籍) 책. 書籍. 〈永平正宗訓〉

전적(傳迹) 傳은 傳記, 迹은 事迹.

전전(展轉) 身體를 되돌려서 다른 곳으로 옮겨감을 말함. 四卷楞伽一에 「되풀이해서 서로 因이 되었다」라고 하였고, 無量壽經下에 「그 中에서 世世累劫을 展轉하여 뛰쳐 나올 期限이 없다」라고 하였으며, 唯識論八에 「展轉하는 힘때문에 저것과 저것이 分別되어 태어난다」라고 하였음.

전전경후전심(前箭輕後箭深) 箭은 矢. 師家의 態度나 方法이 점점 嚴하고 辛辣하게 되어, 修行者의 弱點이나 急所를 질러 오는 것을 말함. 〈碧巖錄〉

전전력(展轉力) ㊵〈anyonya-vaśa〉 ㊄〈phan tsh: un dag gi dbaṅ〉 展開·持續의 原動力, 更互力. 〈唯識三十頌〉

전전마광(展轉磨光) 반복하여 빛이 나도록 가는 것.

전전상생(展轉相生) ㊁〈santati〉 個人存在의 흐름. 持續. 輪廻轉生. →輪廻. 〈那先經〉

전전상속(展轉相續) 代代로 傳해 내려 오는 것. 〈四教儀註〉

전전상전(展轉相傳) 車輪이 回轉하듯 조금은 막힘 없이 師匠으로 부터 弟子로 代代 佛法이 繼承되는 것. 〈禪源諸詮集都序〉

전전식(展轉食) 請食이란 것. 남의 懇請을 받아 몇번이고 이것에 應하여 그 食을 받는 것. 施與者의 請求가 아닌 것은 몇 번을 먹어도 展轉食이라고는 말하지 않음. 〈四分律〉

전점(煎點) 차(茶)로 點心하는 것. 煎茶로써 空心을 때우는 것 또는 點心의 다른 이름. 이는 차를 내기 前에 먼저 조금 點心하는 물건임.

(象器箋十七)

전정(專精) 마음을 專一히 하여 道에 精進하는 것, 無量壽經下에「마음을 오로지 精進하여 道를 行한다」라고 하였음.

전정(轉淨) 이미 煩惱를 끊은 마음을 次次로 淸淨하게 하는 것.〈五敎章〉

전정각산(前正覺山) ㊵〈prāgbodhi〉 鉢羅笈菩提라 함. 中印度 摩竭陀國 尼連河의 附近에 있는 山으로 釋尊께서 六年동안 苦行을 한 뒤에도 아직 깨달음을 얻지 못하였으므로 苦行을 버리고 소치는 女人에게서 乳糜粥을 받아 잡수시고는 이 山에 이르러 깨달음을 얻으려고 하셨으나 땅이 震動하여 金剛定에 들 수 없으므로 드디어 이 山에서 내려와 菩提樹 아래에 이르러 正覺을 이루셨다. 그러므로 正覺直前의 山이라 하여 前正覺山이라 이름하였다. 西域記八에「鉢羅笈菩提山은 번역하여 前正覺山이라고 한다. 如來께서 장차 正覺을 證得하려는 前에 먼저 이 山에 오르셨으므로 前正覺山이라고 한다」라고 하였음.

전제(全提) 宗門의 綱要를 完全히 提起하는 것을 말함. 碧巖第二則垂示에「歷代의 祖師들도 完全히 提起하지 못하였다」라고 하였고, 無門關頌에「'狗子도 佛性이 있다'라고 한 말은 完全히 正令을 提起한 것이다」라고 하였음.

전제(全濟) 活動. 作用.〈出三〉

전제(前際) 三際의 하나. 過去와 같음.

전제(筌罤) 또는 筌蹄라고도 한다. 筌은 물고기를 잡는 기구(통발)요, 罤는 토끼를 잡는 그물이다. 이것으로써 方便門과 言語 文句등 實義를 實現하는 用具에 譬喩한 것. 罤는 혹 蹄로도 쓰는데 이건 假借이다. 玉篇에「罤는 토끼를 잡는 그물이다」라고 하였고, 法華文句一에「微와 著와 權과 實이 모두 佛道를 위하여 筌罤가 된다」라고 하였으며, 起信論義記序에「참다운 마음은 고요하고 비었으며 말로는 표현할 수 없어 筌罤로 형용한다」라고 하였음.

전제(筌蹄) 筌은 고기를 잡는 그물, 蹄는 짐승을 잡는 그물. 目的을 達成하기 爲한 道具・手段이란 뜻. 經論은 修行者를 佛의 境地로 引導하기 위한 道具에 不過하다고 하는 比喩. 眞理에 達하면 벌써 이들은 無用하다고 생각하였음.〈宗門十規論〉

전제라(旃提羅) ㊵〈Saṇḍha, Ṣaṇḍa. Ṣaṇḍha)〉 번역하여 奄人, 男根을 자른 사람, 勝鬘經에「즉 內人으로 보내는 것을 旃提羅라고 한다」하였고, 同寶窟上本에「旃提羅는 번역하여 '奄人'이다. (中略) 또 旃提羅는 '善信'이라 번역하는데, 그 사람은 착하고 信實하기 때문에 善信

이라고 말했다. 이제 奄人을 稱할 때 이 善信으로 通稱한다. 善信은 그의 別名이요, 일찌기 經에는 없는 말이다. 旃提羅는 번역하여 應作이라 한다」라고 하였음.

전제불기(全提不起) 全提할 수가 없다는 뜻. 꼭 그대로 들어내어 보일려하여도 보일 수가 없다는 뜻.

전제전멸(轉齊轉滅) 轉齊와 轉滅과의 併稱, 轉齊란 劣品의 種子가 變轉하여 本有한 勝品의 種子와 齊等하게 되는 것을 말하며 轉滅이란 劣品의 種子가 그 劣性을 滅하여 勝品의 種子로 轉하는 것을 말함.

전제·중제·후제(前際·中際·後際) 三世를 말함. →三世.

전종(田種) 巴〈khetta〉 田을 뜻함. 〈義足經〉

전종(前蹤) 古人의 발자취. 〈洞山語錄〉

전종(殿鍾) 禪寺宗에서 佛殿의 鍾을 말함. 敕修淸規 法器章에 「殿鍾은 住持가 아침 저녁으로 香을 供養할 때 일곱 번을 친다. 그리고 大衆을 모을 때는 반드시 僧堂鍾과 서로 應하도록 함께 친다. 이것은 智殿이 主管하여 行한다」라고 하였음.

전종(轉宗) 改宗과 같음. 소속된 宗派에서 벗어나 다른 宗으로 옮아감.

전좌(典座) 禪林에서 大衆의 牀座와 齋粥等 雜事를 主宰하는 所任. 僧史略中에 「典座란 牀座의 九事를 典主하는 것, 座를 一色으로 攝하는 것은 通典雜事다」 하였고, 僧祇律六에 「부처님이 舍衛城에 머무셨는데, 이 때에 陀驃摩羅子라 하는 比丘가 있었다. 많은 衆僧이 知典九事를 시켰다는데, 九事란 牀座를 차례로 부치며 請會를 差擇하며 차례로 房色를 나누며, 衣物을 차례로 나누며, 花香을 차례로 나누며, 果蓏를 차례로 나누며, 煖水를 차례로 사람에게 주며, 雜餅食을 차례로 나누며, 뜻을 따라 일을 감당할 만한 사람을 알아서 쓴다. 이것을 僧拜典知라 한다」 하였고, 僧堂淸規五에 「이 직책은 大衆의 齊食을 主宰하므로 時時로 食物을 改變하여 大衆이 受用하는데 安樂한 것을 妙로 삼는다. 齋了를 마치면 채소·소금·醬類를 일체 보호하고 축적하며 오래도록 쓰게 하고, 밥을 지을 때에는 자신이 익고 익지 않은 것을 조사해야 되며, 국을 끓일 때도 짜고 신 것을 자신이 시험해야 되며, 밥이나 죽을 먹을 때에는 僧堂을 향하여 아홉번 절하고 밥을 나누는 것이 祖師의 가르침이다」 하였고, 傳燈錄에 「潙山이 百丈의 會下에서 典座가 되었다. 또한 遵有에게 笊籬·木杓을 分付하여 典座에게 주게 했다는 말이 있다」 조사해보니 釋家에서 典座라 하는것은 마치 居士를 司厨라 함과 같으며, 무릇 寺院에 각 스님은 으레히 東·西 兩序로 나뉘어 그 직책이 거친 일을 하는 자는 東序에 속하게 하나 典座가 이것임. 五燈會元에 雪峯이 洞山에 있으면서 飯頭가 되었고, 慶諸는 潙山에 있으면서 米頭가 되었으며, 道匡은 招慶에 있으면서 桶頭가 되었으며, 灌溪는 末山에 있으면서 園頭가 되었으며 紹遠은 石門에 있으면서 田頭가 되었으며 智通은 潙山에 있으면서 直歲가 되었으며, 曉聰은 雲居에 있으면서 燈頭가 되었으며, 稽山은 投子에 있으면서 柴頭가 되었고, 義懷는 翠峯에 있으면서 水頭가 되었고, 佛心은 海印에 있으면서 淨頭가 되었다 했는데, 이런 직책이 다 東序의 職이므로 典座의 이름이 세속에 더욱 들어났음.

전좌교훈(典座敎訓) 부엌의 守則. →典座.

전좌구(展坐具) 앉거나 또는 禮拜하기 爲하여 坐具를 펴는 것. 〈鐵笛〉

전주(典主) 官吏. 官廳. 〈要集〉

전주(前主) 옛 偉大한 사람 들. 〈上宮法華疏〉

전주(前住) 前의 住持라는 뜻. 이미 住持를 지내고 물러난 사람.

전주(專注) 마음을 오로지 한 對象에 向하는 것. 精神을 集中하는 것. 〈碧巖錄〉 마음을 오로지 佛教에만 멈추게 하는 것. 注는 마음을 멈추는 것이다. 〈香月〉 注는 흘러 들어가게 한다는 文字인데 相續하는 것. 〈圓乘〉

전주(殿主) 知殿의 다른 이름. 또는 殿司라고도 함. →知殿.

전주국(戰主國) 戰主는 ㊵〈yuddha-pati〉 中印度 恒河流域에 있던 옛날 나라 이름. 大唐西域記에 「戰主國은 周圍二千餘里에 都城은 周圍十餘里땅이 기름지다」라고 하였음.

전주봉행(專注奉行) 마음을 한결같이 하여, 한눈 팔지 않고 佛說대로 實行하는 것. 〈選擇集〉

전주불급(詮註不及) 아무리 해도 解釋할 수가 없다는 뜻. 〈碧巖錄〉

전주일경(專注一境) 坐禪할 때 마음을 한 곳(一境)에 集中하여 思量하는 것. 〈禪源諸詮集都序〉

전중지전(專中之專) 專修中의 專修. →專修. 專修中의 專修란 오직 佛名만 稱한다는 뜻. 〈圓乘〉

전지(田地) ①土地 또는 場所의 뜻. ②安穩한 곳, 落着處 또는 安心境界.

전지(專至) 오로지. 마음을 잠그고. 〈出三〉

전지(傳持) 다른 사람으로부터 法을 전해 받아가지고 내몸에 잘 간직하는 것을 말함. 法華文句一에 「如來의 無礙 智慧를 전하여 받아가지고 잘 간직하였다」라고 하였고, 戒疏一上에 「위로부터 傳해 받아가지고 正法이 興隆하여 나타났다」라고 하였음.

전지(詮旨) 詮에 依하여 旨를 말하는 것을 詮이라 하고 詮을 廢하고

旨를 말하는 것을 旨라고 한다. 이것은 法相宗의 名目임.

전지조등(傳持祖燈) 傳은 다른 이로부터 法을 받는 것. 持는 자기가 保持하는 것. 祖燈은 여러 祖師의 法燈을 말함. 代代로 相承하는 것을 傳이라 하고 眷眷하여 執守하는 것을 持라 하며 祖燈은 祖師의 心燈이라 함.

전진(前陳) 또는 前說이라고도 하며 먼저 叙述한다는 뜻. 因明에서 宗과 前段에 두는 前說에 해당하는 主辭. ↔後陳. (因明入正理論疏卷上, 同明燈抄第二本, 同瑞源記第二)

전진(前塵) 妄心이 앞에 나타나는 六塵境을 前塵이라고 한다. 楞嚴經一에 「부처님이 阿難에게 일러 말씀하시기를 '이게 바로 前塵虛妄相의 생각으로 너의 眞性을 惑한다'」라고 하였음.

전진(轉進) [巴]〈saṃvattati〉 어느 곳에 向한다. 무엇이 되다라는 뜻. 〈雜阿含經〉

전차(旃遮) [梵](Ciñca mānarika) 旃闍·戰遮라 함. 婆羅門의 이름으로 또는 遮摩那라 함. 光明玄上에 「만일 배고프면 음식을 얻으려하고, 병들었으면 쾌차를 얻으려하고, 옥에 갇혔으면 벗어나려 하고, 獼猴는 술을 얻으려하고, 旃遮婆羅門은 배부르게 밥 먹게 되면 배를 가르킨다. 이것은 世人이 모두 마음에 만족하면 涅槃했다라고 한다」하였음. 이 孫陀利라 하는 婆羅門의 딸이 배에다 항아리를 안고는 부처님을 비방하니 부처님의 아홉 고뇌의 하나가 되었다. 興起行經下에 「부처님이 舍利弗에게 말씀하기를 "지난 옛날 阿僧祇劫前에 盡勝如來라 하는 佛이 계셨는데 이 때에 두 비구가 있었다. 첫째는 無勝이라 했고, 둘째는 常觀이라 했다. 波羅那城에 大愛라는 長者가 있어 그 부인을 善幻이라 했다. 두 비구가 그 집에 가서 檀越을 삼았는데 善幻이 無勝에게는 供養하여 四事가 궁핍함이 없게 했으나 常觀에게는 供養을 지극히 박절하게 하였다. 이 때문에 無勝比丘는 諸漏를 끊고 六通을 具足했으나 常觀比丘는 結使가 다하지 않했기 때문에 常觀이 스스로 말하기를 無勝比丘가 善幻과 私通했기 때문이지 道法으로 供養한 것은 아니며 나는 恩愛할 뿐이다. 너는 그 때에 常觀은 바로 나의 몸이며 善幻婦人은 바라문의 딸 旃遮임을 알 것이다. 그 때에 無故한 無勝羅漢을 허물했기 때문에 無數한 千載를 地獄에 있으면서 모든 고통을 받았다. 지금은 비록 부처가 되었으나 모든 대중을 위해 法要를 설할 때에 재앙이 남아 있기 때문에 多舌童女가 鉢盂를 엎어 배를 부르게 하여 나의 처소에 와서 말하기를 "沙門은 무엇 때문에 자기의 일을 말하지 않고 다른 사람의 일만 말하는가, 그대는 지금 홀로 즐기면서 나의 고통은 알지 못하는가. 그대가 먼저 나와 같이 간통하여 나를 임신하게 하여 지금 出產할 달이 되었는데…" 이 때에 衆會에서는 모두 머리를 숙이고 말이 없었다. 그때에 帝釋 桓因이 뒤에서 모시고 있다가 부처님을 가리고는 신통의 힘으로 한 마리의 쥐가 되어 그의 옷속에 들어가 舞盂를 물어뜯으니 홀연히 땅에 떨어졌다. 모든 四部大衆과 六個의 무리들이 舞盂가 땅에 떨어진 것을 보고는 모두 크게 환희하여 소리를 높혀 "잘했다"고 칭찬했다」하였음. 智度論二에 「旃闍婆羅門의 딸이 盂를 덮고 부처님을 비방했다」 하였으며, 法顯傳에 「外道의 딸을 旃遮摩那라 하는데 嫉妬心을 일으켜 옷을 말아서 배에다 붙혀서 임신한 것과 같이했다」 했으며, 西域記六에 「瞿伽梨가 빠진 구덩이에서 남쪽으로 팔백여보를 가면 크고 깊은 구덩이가 있는데 이것이 戰遮婆羅門의 딸이 如來를 비방하고 산 몸으로 지옥에 떨어진 곳이다」 하였음.

전차(轉次) 이것이 저것으로 轉하는 것. 〈御抄〉

전창(全彰) 숨김없이 나타난 眞理라는 뜻.

전창부양(傳唱敷揚) 大法師가 되어 正教를 弘宣하는 것.

전처(轉處) 몸이 窮한 곳에서 몸을 옮기는 것. 對立하는 두개 中의 어느 한쪽을 整理하지 않으면 안됨을 말함. 〈碧巖錄〉

전체(全體) ①全身. 모두. ②처음부터. 本來.

전체상탈(全體相奪) 空 속에 有를 넣고, 有 속에 空을 넣는 것. 〈五教章〉

전체작용(全體作用) 宇宙에 꽉 찬 自己가 된 境地(全體)에 서서 作用하는 것. 〈臨濟錄〉

전초(全超) ①不還果의 聖者로 色界十六天中 最初의 梵衆天에 誕生하여, 梵衆天을 沒한 後 즉시 第十六의 色究竟天에 誕生하여 中間의 十四天을 超越하는 것을 말한다. →樂慧. 〈俱舍論〉 ②모두 超越함. 〈四教儀註〉

전초불차차(全超不借借) 四借의 하나. →四借.

전최(殿最) 軍隊列에서 第一 뒤에 있는 部隊와 先頭部隊. 즉 優劣, 勝負란 뜻. 〈選擇集〉

전칭(專稱) 精神을 集中하여 阿彌陀佛의 名號를 부르는 것. 〈往生禮讚偈〉

전타문구(轉他門句) 大日如來가 說한 四句의 하나. 大日經百字成就持誦品에 「그 때에 世尊께서 또 다시 淨除無盡衆生句와 流出三昧句와 不思議句와 轉他門句를 宣說하시었다」라고 하였음.

전탁(前卓) 부처님 앞에 놓은 佛具

의 器具.

전탁(展托) 展은 把持. 托은 旅行. 禪僧이 修行者를 引導하는 두 手段을 말함. →把持. →旅行. 〈洞上夜明簾〉

전탑(塼塔) 黑灰色, 또는 灰色의 벽돌로 쌓은 塔. 中國 慈恩寺 大雁塔 天福寺 小雁塔, 우리나라 慶州 芬皇寺塔, 漆谷 松林寺塔 등이 有名함.

전탕(奠湯) →點茶湯.

전통(傳通) 혹은 西에서 東으로, 혹은 古에서 今으로 敎法이 傳來하면서 크게 퍼진 것을 傳通이라고 한다. 宗輪論述記上에 「貝葉의 傳通으로 道가 결국 쇠하지 않았다」라고 하였고, 行宗記上一의 一에 「옛적에서 오늘날로 道가 傳하여 널리 퍼졌다」라고 하였음.

전통연기(傳通緣起) ㊂三國佛法傳通緣起의 略稱.

전파(轉派) 所屬된 宗派에서 離脫하여 다른 宗派로 轉向하는 것 곧 宗旨를 바꾸는 것.

전판(前板) 禪寺의 僧堂中에 聖僧龕의 左右에 出入板을 만들었는데 그 앞에 있는 것을 前板이라고 한다. 前堂이라고 하는 말과 같음. (象器箋一)

전표(詮表) 意味를 表示하는 것.〈俱舍論〉

전학(專學) ㊵〈tat-para〉 배우는 것에 專念하는 것. 〈地持經〉

전할(全割) (?~887) 德山宣鑑(782~865)의 弟子로 姓은 柯氏. 諱는 全割, 號는 岩頭, 諡는 淸嚴. 塔號는 出塵. 會昌沙汰(845)를 만나 西湖江邊에 隱仕하면서 뱃사공으로 難을 免하였으며 그後 887年 4月 8日에 中原에 盜賊이 일어남에 모두 피난 갔으나 스님이 端居晏如하였다. 盜黨이 當到하여 財物을 要求하거늘 스님이 이 山間僻地에 무엇이 있느냐고 책망하였는데 도적이 大怒하여 師의 목을 傳刄(갑작스레 칼로 찌름)하였으나 師의 神色이 自若하여 大叫一聲을 던지고 世壽 60世를 一期로 入寂하였다 함.

전해(前解) ㊵〈abhisamaya〉 ㊃〈mṅon par rtogs pa〉 直觀.

전행(專行) 餘法을 버리고 오로지 一法만을 行하는 것. 敎行信證六本에 「專行은 오로지 같은 善行만을 닦기 때문에 專行이라고 한다」라고 하였음.

전행(轉行) 더욱더 旅行을 繼續하는 것. 〈那先經〉

전향(轉向) 方向을 바꾸는 것. 돌아서 向하는 것. 苦痛의 終滅에 向한다. 〈雜阿含經〉 小乘에서 大乘으로 轉하여 向하는 것. 〈妻鏡〉

전허(傳許) ㊵〈kila...iṣṭo〉 그렇게 傳한다. 그렇다고 傳한다는 뜻.

전현(全現) 生活이 그대로 나타나는 것을 全現이라 함. 〈私記〉

전현(詮顯) 表現하는 것. 말로 나타-

내는 것.

전형(典型) ①어떤 部類의 本質的 特色을 나타내는 본보기, 그 틀. ② 조상이나 스승을 본받는 틀.

전호(佃戶) 小作農. 賤한 百姓의 일. 〈御抄〉

전홍숙(錢弘俶) 中國 杭州 사람. 吳越國 文穆王 元瓘의 第九子, 字는 文德, 天成四年에 出生, 後漢 隱帝 乾祐 元年에 二十歲로 吳越國 王位를 이었다. 東南西 兵馬都元帥 鎭海鎭東軍節度使, 開府儀同三司 撿校太師兼中書令, 杭越等州大都督에 任命되었다. 天性이 厚誠하여 佛에 歸嚮하여 天台德韶의 德望을 듣고 使臣을 보내어 이를 맞이하여 스승을 삼았다. 王位에 오르자 國師의 禮로 恭敬하였고 杭州 報恩寺 慧明을 王府로 맞이하여 法을 묻기도 하였다. 乾祐年中에 道潛을 따라 菩薩戒를 받고 스스로 號하여 慈化定慧禪師라 하였다. 後周 世宗으로부터 天下兵馬元帥에 任命되었고, 뒤에 推誠保德安那致治忠正功臣의 號를 받았음.

전화(田火) ㉺〈dakkhiṇeyyaggi〉 ㊵〈dakṣiṇāgni〉 婆羅門敎의 天啓發祀에서 태우는 세개의 불 中의 하나. 〈雜阿含經〉

전화(前話) 앞의 이야기. 以前에 된 일. 〈碧巖錄〉

전화(轉化) 遷化와 같음. 이 娑婆世界의 衆生들을 敎化할 因緣이 끝나서 다른 國土의 衆生들을 敎化하러 가는 것, 즉 大僧高德의 죽음을 말하며 遷轉變化의 뜻이다. 無量壽經 下에 「이 두 菩薩이 이 國土에 菩薩行을 닦다가 죽어서 轉化하여 저 佛國土에 태어났다」라고 하였음.

전환지탄(電幻之歎) 덧없이 사라져 간다고 불쌍히 생각하는 것. 〈三敎指歸〉

전황(電恍) 번개. 우뢰. 〈四天王經〉

전회(轉廻) 즉 輪廻. 이미 죽었다가 다시 태어나고 태어나서는 또 죽고 하여 수레바퀴의 廻轉과 같음을 말함. 心地觀經에 「衆生들이 六道에 轉廻하여 태어나는 것이 마치 수레바퀴의 廻轉과 같이 始終이 없다」라고 하였음.

전후(前後) ㊵〈paurvāparya〉 前後의 關係. 繼起. 연달아 繼續하는 것. 〈瑜伽論〉

전후문파(前後門破) 한 事實이 다른 것보다 앞에 있어도 뒤에 있어도, 어느 것이든 成立할 수 없다는 것을 證明하는 論破方法. 〈中論釋 第四品에 對한 嘉祥의 疏〉

전후자상위(前後自相違) ㊵〈pūrva-uttara-vacan: a-vyāghāta-doṣa〉 앞에 말 한 것과 뒤에 말 한 것이 相違한다고 하는 過誤.

전후제(前後際) ㊄〈sṅon gyi mthaḥ daṅ phyi ma: ḥi mtḥaḥ〉 처음 끝과 마지막 끝. 〈大日經 住心品〉

전후제단(前後際斷) 有爲法의 前際

와 後際가 끊어져서 常住不滅하지 못함을 말한다. 그러나 다만 斷絕되지 않은 것처럼 보이는 것은 前後가 相續되는 까닭이다. 마치 불을 빨리 돌리면 둥근 바퀴같이 보이는 것과 같은 것이다. 維摩經弟子品에 「法에 사람이 없는 것은 前後際가 끊겼기 때문이다」라고 하였고, 淨影疏에 「有爲의 法은 前後가 서로 일어나서 前은 前際가 되고, 後는 後際가 된다」라고 하였음.

전후피대(前後皮袋) 前代, 後代의 사람. 皮袋는 사람이란 뜻. 〈正法眼藏 佛性〉

절(切) 자세한 모양. 소상한 모양. 〈永平元禪師語錄抄〉

절(寺) 伽藍·精舍라고도 한다. 佛像을 모시고 僧侶들이 居住하면서 佛道를 닦고 敎法을 演說하는 집. 절하는 곳이라는 뜻이라고도 하며 또는 巴梨語 Thera에서 온 말이라고도 하며, 그 語源이 자세치 않음.

절(折) ①가지런히 하는 것. 齊와 같음. →齊. 〈中論 僧叡序〉 ②까닭을 하나하나 들어 말하여 학대하는 것. 〈四敎儀註〉 ③微細한 部分으로 나누는 것.

절(竊) ①梵〈caurya〉 도적질하는 것. ②몰래, 남 모르게.

절각당(折脚鐺) 발하나가 부러진 솥 즉 궁색한 살림살이를 말함. 傳燈錄에 「無蒙國師가 이르기를 "저 古德道人들을 보아라. 得意後에도 옛집, 또는 石窟에서 다리 하나가 없는 솥가장자리에서 밥을 끓여 먹기를 二·三十年씩이나 하였다"」라고 하였음.

절각오와(節角聱訛) 말이나 文章이 마디와 角투성이로 꺼칠꺼칠하며, 뒤섞이어 趣意를 모르며 甚히 難解한 것을 말함. 〈碧巖錄〉

절관론(絕觀論) 一卷. 또는 達磨和尙絕觀論. 入理緣門論. 菩薩心境相融一合論이라고도 한다. 心境相融等 禪의 大道를 說明한 것. 序頭에 「무릇 大道는 沖虛하고 幽微寂寞하다. 마음으로 會得할 수 없고 말로서 表現할 수 없다. 假說로 二人을 두어 함께 眞實을 談論함에 스승을 入理, 弟子를 緣門이라하나 入理先生은 寂然하여 말이 없다」等으로 說明된 것.

절관망수(絕觀忘守) 眞理를 考察하는 일(觀)이나, 바른 길을 忠實히 實踐하는 것(守)을 專心으로 하려는 마음을 모두 超越하여 淡淡하게 佛道를 걷는 것. 〈心銘〉

절구(絕句) 否定. 〈玄義〉

절근(切近) 切親과 같음. 아주 가까운 것. 매우 친절한 것.

절단(截斷) 자르는 것. 끊는 것. 〈碧巖錄〉

절단중류(截斷衆流) 衆流는 雜念·妄想을 뜻한다. 修行者의 妄想을 斷切하는 것.

절단중류구(截斷衆流句) 雲門三句의

하나. →雲門三句.

절담(節談) 淨土眞宗에서 一種의 가락을 붙친 說敎.

절대(絶大) 大의 至極한 것. 이 大에는 다시 견줄 데가 없는 것을 말함. 止觀三에 「絶大不可思議」라고 하였음.

절대(絶待) 絶對라고도 쓴다. 相對에 대한 말. 止觀三에 「가히 견줄 것이 없는 것이다. 오직 한 法界뿐이기 때문에 絶待 止觀이라고 이름하였다」라고 하였음.

절대(絶對) 絶待라고도 쓴다. 오직 한 法뿐이요 이밖에 또다른데에 견줄데가 없는 것을 絶對라고 한다. 相對에 對하여 이르는 말. 敎行信證二에 「本願一乘을 살펴보면 바다처럼 圓融滿足하고 極速無礙하여 絶對의 둘도 없는 敎다」라고 하였고, 또 이르기를 「金剛信心은 絶對不二의 機다」라고 하였음.

절대묘(絶對妙) 天台宗에서 '妙法蓮華經'의 '妙'字를 解釋함에 絶待妙와 相待妙를 說하였는데 法華經이전의 差別있는 敎法을 相待妙라 하고, 그대로 純一圓妙한 法華의 一乘法을 絶待妙라고 함. 法華을 妙를 말하는 것. ↔相待妙.

절대불이지기(絶對不二之機) 念佛로 救濟되는 사람. 〈敎行信證 行卷〉

절대중(絶待中) 四中의 하나, 大乘·小乘의 修行人이 斷·常·有·無의 偏見을 제하였으므로 中道도 認定하지 않는 것이니, 이른바 中도 아니고 偏도 아닌 것을 억지로 中이라고 이름함. →四中.

절대지관(絶待止觀) 二者의 相對·對立을 絶한 것, 즉 止即不止·觀即不觀. 따라서 또 止即觀이며, 能觀即所觀이며, 無明即法性인 것을 말한다. 이와 같은 絶對의 止觀을 不思議의 止觀·無生의 止觀·一大事의 止觀이라고 한다. 絶待止觀에 있어서는 現實의 惡한 諸相의 모두가 止觀의 對象이 된다. 煩惱나 惡德이나 病苦이나 모두 살려서 使用하여야 할 것 들이다. 그러므로 止觀이 大行이 되는 것이다. 이같은 絶待止觀이 다름아닌 圓頓止觀이라 함. 〈摩訶止觀〉

절두(截頭) 水經注에 釋 法顯이 말한 紇尸羅國으로 번역하여 截頭라 함. 부처님이 菩薩일 때에 머리를 사람에게 보시했으므로 因하여 나라의 이름으로 함.

절려(絶慮) 妄分別을 超越하는 것. 〈信心銘〉

절려망연(絶慮忘緣) 絶言絶慮라고도 한다. 緣은 認識이란 뜻. 〈樂道歌〉

절로(折蘆) 達磨祖師가 갈대를 꺾어서 江을 건넜음을 말함. 釋氏通鑑에 「達磨祖師가 金陵에 이르러서 時機가 아직 맞지 않음을 알고 드디에 梁나라로 가서 갈대를 꺾어 타고 魏나라로 달려가서 雒邑을 찾아가서는 嵩山少林寺에 머물러서는

終日 壁을 향하여 앉았었다」라고 하였음.

절류기(截流機) 截流로 截斷衆流의 略. 一切의 妄想·煩惱(衆流, 流)를 끊은 者(機). 또는 斷切하는 行爲(機)를 뜻함. 〈臨濟錄〉

절륜(絕倫) 매우 뛰어난 것. 出衆한 것. 〈出三〉

절리달라(折利怛羅) ㉵〈Caṛitra〉 城名 번역하여 發行. (西域記十)

절목(節目) 節인즉 木理의 剛한 것이요(나무의 마디), 目인즉 木理의 精敏한 것이니(나무의 눈) 모든 일의 端緖를 節目이라 한다. 條目과 같은 말임.

절묘(絕妙) 絕待妙와 같음. →絕待妙. 〈法華玄義〉

절물(節物) 계절에 따라 나오는 產物 또는 景致.

절백비(絕百非) 大概는 「離四句, 絕百非」라는 成語로 쓴다. 百이나 되는 많은 否定을 超越하는 것. 絕對의 眞理는 四句라던가, 百非라던가 하는 모든 言語表現을 絕한 것이다라는 뜻. →離四句.

절복(折伏) 나쁜 사람 또는 나쁜 敎法을 꺾어 굴복시킴. 破邪. ↔攝受.

절복섭수(折伏攝受) 惡人을 꺾어 屈伏시키고 善人을 받아들이는 것. 이 두 門은 佛道의 大綱이다. 勝鬘經에 「내가 得力하였을 때에 그곳에서 여기 衆生을 보고 응당 꺾어서 屈伏시킬 것은 꺾어 屈伏시키고 응당 받아들여야 할 것은 받아들인다. 왜 그런고 하면 折伏 攝受함으로써 法이 오래 머물도록 하게 하기 때문이다」라고 하였고, 止觀十에 「무릇 부처님은 兩說을 하셨으니, 하나는 攝이고, 또 하나는 折이다. 安樂의 行으로서 長短을 稱하지 않은 것은 바로 攝의 뜻이요, 大經으로써 칼이나 몽둥이를 들거나 또는 목을 치는 것은 바로 折의 뜻이다. 비록 주고 빼앗는 것이 현저히 다르지만 똑같이 利益케 하는 것이다"」라고 하였으며, 勝鬘寶窟上末에 「剛强하게 하는 것은 屈伏시키는 것이다. 屈伏시키는 것은 惡을 멀리하는 것이요. 柔軟하게 하는 것은 攝受하는 것이다. 攝受하는 것은 善에 住하도록 하는 것이므로 折伏 攝受라고 말한다」라고 하였다. 折伏은 智慧門에 配對하고 攝受는 慈悲門에 配對된 것임.

절분(節分) 계절이 바뀌는 날. 立春·立夏·立秋·立冬의 前日. 特히 立春의 前夜를 말함. 二月三日 또는 四日. 民間의 災厄을 쫓는 액막이 行事. 〈枕草子〉

절상(折床) 오래 坐禪하여 坐床을 부러뜨리는 것.

절상(絕想) 思考를 超越하는 것. 〈五敎章〉

절상일승(絕想一乘) 五種一乘의 하나. 華嚴宗에서 始敎·終敎·頓敎·圓敎에 각각 一乘의 이름을 세우는

가운데 頓教의 一乘을 絶想一乘이라 한다. 言語로도 미치지 못하고, 心想으로도 미칠 수 없는 絶對의 法門을 말한 一乘教라는 뜻.

절석(折石) 또는 破石이라고도 한다. 波羅夷罪 四喩의 하나. 마치 깨진 돌과 같이 다시 맞출수 없는 것에 譬喩함. 寄歸傳四에 「만일 어째서 火坑에가 던져버리지 않느냐고 말한다면 곧 折石의 허물이라고 말하리라」고 하였음.

절소탄대(折小歎大) 小乘教를 破折하고 大乘教를 讚歎하는 것.

절수(折水) 折은 버린다는 뜻. 죽이나 밥을 먹은 뒤에 鉢盂 씻은 물을 버리는 것.

절식(絶食) 斷食과 같음. 修行하거나 祈禱를 하기 위하여 一定한 期間에 食事를 하지 않는 것. →斷食.

절언(絶言) 言語表現을 超越한 것. 〈道範消息〉

절언절려(絶言絶慮) 言語·思慮를 超越한다는 뜻. 眞理는 言語나 思慮로는 결코 捕捉할 수 없을 만큼 深奧하다는 것. 〈信心銘〉

절언진여(絶言眞如) 곧 離言眞如, 말로써 說明할 수 없는 眞如 自體를 말함.

절언탄(絶言歎) 讚嘆의 말을 바로 記述한 것을 寄言嘆이라 하고, 말로서는 讚嘆하는 말을 다할 수 없어서 讚歎하는 말뜻을 記述함을 멈춘 것을 絶言嘆이라고 한다. 法華經方便品에서는 부처님이 이 두 觀으로써 如來의 權·實 二智를 觀하였다. 文句三에 「一은 二智를 寄言嘆하고, 二는 二智를 絶言歎이라 하였다」라고 하였음.

절역(絶域) ①淨土〈出三〉 ②極히 먼 地域, 즉 中國. 〈性靈集序〉

절요(切要) 極히 必要한 事項. 〈正法眼藏 重雲堂式〉

절요(節要) 普照知訥이 지은 法集別行錄節要並入私記의 畧稱. 중국 圭峰, 荷澤 등의 주장을 인용 비판하여 定慧雙修를 말한 책.

절우주(截雨呪) 비가 그치기를 비는 神呪. 〈密呪圓因往生集〉

절이(絶異) 普通사람들 보다 훨씬 卓越한 것. 〈那先經〉

절이(竊以) 竊以는 盂蘭盆經新記에 竊以하게 目慮함을 말한다고 말함. 竊은 自不共他를 말하고 以는 意이다. 思慮한다는 것. 〈圓乘〉 卑下謙退하는 말. 가만히 남 모르게 생각한다는 뜻. 〈香月〉

절일(節日) ㉺〈giraggasamajja〉 祭日. 元來는 王舍城의 山上에서 行한 祭祀. 〈十誦律〉

절입(絶入) 숨이 끊어지는 것. 또는 氣絶하는 것. 〈反故集〉

절작시념(竊作是念) 남몰래 이와 같이 생각하는 것. 〈正法眼藏 摩訶般若波羅蜜〉

절저(折筯) 부러진 젓가락이란 것. 〈從容錄〉

절절(切切) 懇切貌(지성스럽고 절실한 모양). 화두를 놓칠까 하고 간절히 하는 모양.

절절행풍(節節行風) 巴〈aṅgamaṅgā-nusārino vātia〉 手足에 따라 움직이는 바람. 〈中阿含經〉

절중(折中)(826～900) 新羅 末期의 僧. 號는 通曉, 德岩 사람. 先幢의 아들. 7세에 오관산 珍傳에게 중이 되고, 15세에 浮石寺에서 華嚴經을 배웠다. 19세에 백성산 장곡사에서 具足戒를 받고, 명산을 遊歷하다가 道允이 唐나라에서 돌아와 楓岳에 있단 말을 듣고 찾아갔다. 道允은 중국에서 曹溪의 嫡孫인 南泉(남전)의 법을 참구하였으므로 좌우에 모시어 그의 법을 이었다. 뒤에 慈忍에게 가서 16年을 있으면서 깊은 도리를 탐구하여 忘言의 경계에 이르렀다. 憲康王 8(882)年 왕명으로 谷山寺에 있다가 釋雲의 청으로 사자산에 있으면서 사방의 학자들을 提接하며, 임금의 존경을 받았다. 난리를 피하여 조령, 동림지방으로 옮겨 다니다가 뒤에 평진의 은강선원에 있었다. 眞聖女王이 사신을 보내어 국사로 봉하려 하였으나 사퇴. 효공왕 4(900)年 나이 75세로 죽었다. 시호는 澄曉大師. 탑호는 寶仁으로 고려 혜종때에 비를 세웠음.

절진청신(絕塵清信) 世上을 逃避한 在家의 信者. 〈出三〉

절차(切磋) 努力. 〈三敎指歸〉

절차탁마(切磋琢磨) 切은 칼로 끊는 것. 磋는 줄로 가는 것. 琢은 쪼는 것. 磨는 닦는 것이니 轉하여 學業에 열중함을 비유함.

절학(絕學) 어디 비할 데 없는 뛰어난 學問. 傳心法要上에 「옛 사람의 心利함을 겨우 한 말씀을 들으니 문득 더할 나위없는 學問임을 알게 되었다. 그러므로 이에 絕學을 불러일으켜서 無爲의 道를 듣는 사람이 되게 한다」라고 하였음.

절학무위(絕學無爲) 絕學은 벌써 배울 것이 없는 境涯, 깨달음의 境地, 無爲는 淡淡히 道를 行한다는 뜻. 佛法에 貫徹한 모양. 〈景德傳燈錄〉

절합(折合) 맞추다의 뜻.

절후재소(絕後再蘇) →懸崖撒手. 〈碧巖錄〉

절희(切喜) →且喜.

점(漸) ①梵〈kramaśas〉 漸次로, 次次로란 뜻. 〈五敎章〉 가르침을 順序를 따라 말하여 가는 것〈四敎儀註〉 ②多少, 若干이란 뜻. 〈五敎章〉 ③漸次의 가르침이란 뜻. 化儀四敎의 하나. 小乘에서 大乘으로 漸進, 誘引하는 것을 말하며, 小乘에서 諸大乘에 걸친 說法이 이것에 包含됨.

점(點) ①흔적, 얼룩. 班點. 〈五敎章〉 ②標的. ③간단한 食事. (點心) ④個所. 部分. (一點) ⑤물을 따르다. (點茶) ⑥調査하다. 吟味하다.

(點檢) ⑦더러움. 더럽히다. (點汚) ⑧조각. 落片. 「萬點을 飄함」 ⑨불을 켜다. (點火) ⑩首肯하다. (點頭) ⑪세게 때리다. 문지르다. (點額) ⑫가리키다. (指點) ⑬그리다. (點一點) ⑭點定과 같다. 거기서 움직이지 말라. 〈碧巖錄〉 ⑮禪門에서 初夜에서 後夜까지를 五更으로 나누고, 一更을 다시 五分하여 點이라 함.

점(霑) 霑被의 뜻. 은혜를 입는 것. 또는 受의 뜻도 됨.

점개(漸開) 新羅 僧侶, 師가 六輪會를 興輪寺에 베풀려고 福安의 집에 가서 化主에게 베 五十疋을 布施받고 祝願하였더니, 金大城이 듣고 머슴살이 하여 받은 밭을 師에게 布施하였다 함.

점검(點檢) ①일일히 표를 해 가며 조사함. 點勘. ②몸을 삼가함.

점교(漸教) ①華嚴宗에서 五教 가운데 始教와 終教를 말한다. 이것은 文字로 理致를 나타내고 修行하는 階級을 세워 漸次로 證果함을 말한 法門이므로 漸教라고 한다. ②化儀四教의 하나. 天台宗의 所說이다. 小乘에서 大乘으로 正則的인 漸次의 順序를 밟아 說한 教이다. 곧 阿含·方等·般若의 順序로부터 法華·涅槃에 이르는 說法이다. 즉, 처음에 小乘을 說하고 뒤에 大乘을 說하여 얕은 데서 깊은데로 次第로 說한 教法이다. ③南中三教의 하나. 鹿野苑에서 阿含經을 說함으로부터 雙林에서 涅槃經을 說할 때까지 小乘에서 漸次로 大乘에 이르는 것. ④光通三教의 하나. 根機가 未熟한 사람을 위하여 먼저 無常을 말하고 뒤에 常을 말하며 또는 먼저 空을 말하고 뒤에 不空을 말하는 등, 이렇게 많은 法門을 漸次로 說하는 教法임. ⑤二教의 하나. 淨影·慧觀·智藏·菩提流支 등은 小乘·大乘의 次第順序를 밟지 아니하면 깨칠 수 없는 漸悟할 衆生에게 대하여 說한 教法을 漸教라 한다. ⑥二教의 하나. 善導는 修行의 階級을 밟아 漸次로 果를 證得하는 利益을 얻는 教法을 漸教라고 한다. 止觀三에 「漸教은 次第를 말하는 것으로 얕은 데서 깊은 데로 들어가는 것을 이름한다」라고 하였음.

점귀부(點鬼簿) 過去帳과 같음. → 過去帳.

점기(漸機) 곧 眞實한 가르침에 들어가지 못하고, 漸次로 方便誘導된 後, 眞實한 道에 들어가는 사람들을 말한다. 또 漸次로 修學하여 깨닫는 鈍根者를 말함. 〈四教儀註〉↔ 頓機.

점다(點茶) 點은 茶筅을 湯에 넣는 것을 말함. 또는 冷水를 湯에다 넣는 것. 文公家禮에 「主婦는 茶筅을 들고 執事는 湯甁을 들고 따라 간다. 點茶는 대개 神主앞에 먼저 놓여있는 盞에다 이때에 湯을 붓는데

茶筅을 이용하여 넣는다. 옛사람은 茶를 마실 적에 粉末을 사용하였는데 이른바 點茶라는 것은 먼저 末茶를 湯器안에 넣은 뒤에 끓는 물을 붓고 또 冷水로 떨어뜨린다. 그런데 그때에 茶筅으로 調節한다. 요새 사람들이 끓는 湯에다 葉茶를 끓이면서도 오히려 點茶라고 하는 것은 아직 옛 것이 남아 있는 것이다」라고 하였음.

점다점탕(點茶點湯) 點茶와 點湯의 倂稱, 혹은 奠茶奠湯이라 하며 또는 點茶湯이라 한다. 禪林에서 佛祖의 眞體앞이나 大衆等에게 茶와 湯을 點하여 供養함을 말함.

점다탕(點茶湯) 點茶와 같음. 또는 點茶點湯이라고도 함. 禪寺에서 佛前이나 大衆에게 차를 供養하는 것.

점단(漸斷) 三界九地 八十一品中 修惑의 一品을 徐徐히 끊는 것을 말함. ↔頓斷.

점대(點對) 帳簿上의 記錄과 實在를 點檢對校하는 것.

점돈(漸頓) ①漸次와 頓速의 뜻. 과일이 차차로 익어가는 것같음을 漸이라 하고, 거울이 물건을 모두 비치는 것 같음을 頓이라 함. ②漸敎와 頓敎. →漸敎, 頓敎.

점돈교(漸頓敎) 二種이 있다. ①은 漸敎·頓敎로 一代의 敎를 科判한 것, ②은 華嚴의 淸凉이 華嚴經으로써 頓敎를 삼고, 法華經으로 漸頓敎를 삼은 것. 앞에 漸·頓敎란 陳의 眞諦三藏等이 漸·頓二敎로 一代敎를 判한 것으로 漸悟菩薩이 먼저 小乘을 배우고, 뒤에 마음을 돌이켜 큰 것을 향해 大乘을 배우는 것, 부처님이 이 機에 대하여 說하신 諸經은 漸敎가 되며 鹿苑以下의 大小乘을 말함. 이 가운데 小乘은 漸敎小乘이 되고, 大乘은 漸敎大乘이 됨. 바로 頓悟에 들어가는 菩薩은 바로 佛果를 좋아하여 發心修行한다. 부처님이 이 機을 대하여 바로 大乘을 說한 것을 頓敎라 하여 華嚴經을 말함. 이 뜻에 의한다면 法華·涅槃經도 漸敎에 攝受되며 法相宗에서는 頓·漸의 명칭을 사용한다. 또한 天台宗에서는 化儀의 四敎를 法華以前의 經이라 判하여 漸敎·頓敎의 명칭이 있는데, 즉 이 뜻에 의한 것임. 그러나 天台智者는 五雙으로 止觀을 判하였다. 그 가운데 漸·頓의 一雙을 法門의 體에 따라 論하였다. 圓敎은 圓足頓極한 成佛의 法이 되므로 頓敎라 하고, 藏·通·別의 三敎는 차례로 점점 成佛의 法에 들어가므로 漸敎라 함. 그러므로 天台로부터 말한다면 華嚴經의 化儀로부터 위를 비록 頓敎라 하나, 化法으로부터 위는 別·圓의 二敎를 겸해서 설하므로 因하여 頓敎에 漸敎를 겸했다 말할 수 있고, 法華는 순수한 圓敎의 法이므로 오직 頓敎라고만 말한다. 華嚴宗의 淸凉은

華嚴經이 所化한 機가 頓이 되고 所說한 法도 또한 頓이 되므로 頓頓이라 할 수 있고 法華經에 所說한 法은 頓이지만, 所化한 機는 漸이 되므로 漸頓이라 할 수 있다 하였음. 止觀三에 「四明의 漸頓이란 漸의 次第의 이름이며 淺에서부터 深에 이르므로 頓名 頓足 頓極이라 한다」 하였음.

점두(點頭) ①머리를 끄덕끄덕하여 首肯하는 것. ②승락하거나 옳다는 뜻으로 머리를 약간 끄덕임.

점득(漸得) 次次로 얻는 것. 〈俱舍論〉

점바라굴(苫婆羅窟) ㊵〈Cāmpalu〉 地名, 瞻波樹의 이름을 따라 窟이름을 그렇게 부름. 慧苑音義下에 「苫婆는 바로 香花樹의 이름인데 그 窟 側近에 이 나무가 많이 나기 때문에 그렇게 이름하였다」라고 하였음.

점박가(占博迦) ㊁〈campaka〉 占匐華와 같음. →占匐華. 〈有部律〉

점복(占卜) ㊵〈nyasana〉 점치는 것.

점복화(占匐華) ㊵〈campaka〉 黃花樹. 金色華. 甚히 香氣있는 꽃이 핀다 함. 〈道行般若經〉

점비일체지덕경(漸備一切智德經) ㊈ 一卷, 西晋 竺法護 번역. 華嚴經十地品의 別譯.

점사(漸死) ㊵〈krama-eyuti〉 次次 弱하여져서 죽는 것. 〈俱舍論〉

점사(漸寫) 法布施로서 法華經을 筆寫하는데 여러 사람이 品目別로 나누어서 當日에 筆寫하는 것을 頓寫라 하고 數日에 걸쳐서 筆寫하는 것을 漸寫라고 함.

점삼의(漸三義) 漸修頓悟. 頓修漸悟 漸修漸悟를 말함. ↔頓三義.

점상(占相) 점. 점장이. 〈俱舍論〉

점상제사(占相祭祀) 점을 치고, 鬼神을 받들어 모시는 것. 〈一念多念文意〉

점서(漸書) 法華經을 漸寫하는 것을 말함. →漸寫.

점석(點石) 돌맹이가 머리를 끄덕거린다는 말. 竺道生이 平江의 虎丘山에 있을 적에 돌을 상대하여 聽衆으로 삼고 涅槃經을 講說하는데 闡提도 成佛한다고 하니 여러 돌이 머리를 끄덕거렸다는 故事. →道生.

점수(漸修) 漸次로 修學하는 것. 段階를 밟아 修行하는 것. 徐徐히 높은 境地에 나아가는 修行法. →頓漸. 〈禪源諸詮集都序〉

점숭(占崇) 高麗僧侶. 明宗 3 (1173)年에 衆生寺에 住錫. 文字를 알지 못하였으나 香火받들기를 精誠껏 하더니 어느 중이 그 절을 빼앗으려고 하여 나라에서 보낸 使臣에게 "이절은 國家의 福을 비는 곳인데 祝願文을 읽을 수 있는 중을 두어야 한다"고 하였다. 使臣도 그렇게 생각하고 祝願文을 꺼꾸로 주면서 읽어보라 하였더니 占崇은 그것을 물 흐르듯이 읽었다. 使臣이 感歡

하고 房에서 물러나와 다시 읽게 하였더니 占崇은 말을 하지 않았다. 使臣은 그것을 보고 "스님은 聖賢이 두호하는 분"이라 하고 그대로 있도록 하였다 함.

점시(點示) 가리키다. 〈四教儀註〉

점심(點心) 正食前後에 조금 먹는 것. 小食하여 空腹에 點친다는 뜻. 본래는 새벽에 조금 먹거나 또는 一定한 食事와 食事사이에 그때의 시장함을 위로하기 위하여 飮食을 조금 먹어 요기하는 것을 말함. 뒤에는 이것이 변하여서 낮에 먹는 밥을 點心이라고 하게 되었다. 啜耕錄에 「이제 早飯前이나 早飯後 또는 午前이나 午後, 밥을 조금 먹는 것을 點心이라 한다. 唐史에 鄭修가 江淮에 머물은 뒤, 집 사람이 夫人의 새벽 饌을 준비하니 夫人이 그 아우를 돌아보면서 말하기를 "化粧이 아직 끝나지 않았으니 나는 밥을 먹을 수 없다. 너희들이나 點心을 하여라"고 하였다. 즉 이말은 唐나라때부터 이미 쓰였던 말이다」라고 하였음.

점안(點眼) ①佛, 祖, 神등의 像을 新造한 뒤에 呪文을 읽고 그 눈에 동자를 그리는 일. ②開眼.

점안불사(點眼佛事) 佛像에 점안할 때 올리는 佛供.

점액(點額) 올라 가려다가 挫折하여 물러서는 것. 落苐하는 것. 每年 三月三日 桃花가 필 때에 一陽來復의 天地의 氣를 느끼고, 잉어가 물결을 거슬러 올라가 龍門을 넘어 龍이 되나, 그때 어떤 것은 물결때문에 이마를 바위에 들이받아 끌어 내렸다는 中國傳說에서 出世關門으로 볼 수 있는 試驗을 登龍門이라 하며, 落苐를 點額이라 함. 〈碧巖錄〉

점오(漸悟) 二悟의 하나. 차례대로 修行의 階段을 밟아 점점 깨닫는 경지에 드는 것. ↔頓悟. →二悟.

점오보살(漸悟菩薩) 唯識宗에서 말하는 五性가운데의 不定性人. 이는 끝없는 옛적부터 三乘無漏의 種子를 第八阿賴耶識가운데 갖추었으므로 먼저 聲聞·緣覺의 證果를 얻고 다시 廻心하여 菩薩의 行位에 드는 것. ↔頓悟菩薩. →八六四二萬十千劫.

점적(占籍) 定着하는 것. 〈景德傳燈錄〉

점점(漸漸) ①㊵〈kramena〉 …함에 따라. 次次로. 〈佛所行讚〉 ②次次로 나아가는 것. 〈上宮維摩疏〉

점점증익실당성불(漸漸增益悉當成佛) 次次로 福得을 얻어 언젠가는 모두 佛이 된다는 뜻. 〈妻鏡〉

점정(點定) 點찍어 決定하는 것. 곧 일을 判然하게 決定하는 뜻.

점정(點淨) 比丘가 三衣·座具·尼師壇등을 얻어서 受用할 때에 낡은 옷의 한쪽 천을 새옷에다 붙이고는 또는 거기에다가 墨으로 點을 찍는 것을 點淨이라고 한다. 淨은 過非를 여의어서 淸淨하다는 뜻이다. 이 點찍는 法에 依하여 受用하면 制規에 어긋나지 아니하므로 點淨이라고 한다. 行事鈔中三에 「僧祇律에 "點淨을 할 때에는 아무리 커야 손가락 넷을 合친 것만 하게 하고 아주 작은 것은 豌豆콩만하게 한다(善見律에서는 삼씨(麻子) 큰 것만하게 한다). 그리고 두가지를 같이 섞어 지어서는 않된다. 혹 一三五七九로 하는데 꽃무늬처럼 해서는 않된다. 僧[illegible]에서는 한조각을 써서 짓기도 하고 또는 一切의 옷을 새로 작게 접어서 지을 때도 역시 그렇게 한다」라고 하였음.

점진(點塵) 塵點劫의 數量을 말함. 恒河沙의 數에 대하여 點塵이라고 말한다. 性靈集七에 「點塵같은 몸의 구름이요, 恒河沙와 같은 마음의 數다」라고 하역음. →塵點.

점차(漸次) ①㊵〈upaniṣad〉 順序. ②㊵〈kram: aśas〉 順序대로, 次次로. 〈五教章〉

점차관(漸次觀) 天台 三種止觀의 하나. 漸次 止觀의 略名. 天台宗에서 처음에 얕은 五戒·十善을 지켜 數息觀을 이루고 漸進的으로 깊고 妙한 實相觀을 닦음을 말한다. 天台가 瓦官寺에 있으면서 說한 次第禪門임.

점차교수(漸次教授) →四種教授.

점차대승생구(漸次大乘生句) ㊄〈mthar kyis theg pa chen po la ḥjug paḥi gshi〉 次次로 大乘에 올라가는 것의 根本. 〈大日經住心品〉

점차지관(漸次止觀) 三種 止觀의 하나. 줄여서 漸次觀이라고도 함. 天台宗에서 처음에 얕은 五戒·十善을 지키고 다음에 禪定을 닦고, 뒤에 깊고 妙한 實相觀을 漸次로 닦는 것. →止觀.

점찰(占察) 占筮의 法, 密教의 秘法으로 나의 마음을 月輪이나, 혹은 蓮華로 觀하여 그 위에서 字를 觀하면 阿字가 變하여 如意寶가 되어 그 寶珠가 法界에 두루 가득하게 되므로 그 가운데 一切 善·惡의 相이 모두 나타나 그 吉·凶·禍·福을 알게 됨, 大日經疏四에 「스스로 마음을 觀하되, 蓮華위에 如意寶珠를 內外가 明徹하도록 해야하며, 저를 자세히 관찰할 때에 所有한 善·惡이 모두 그 가운데 나타난다」 하였고, 또 「이 如意珠는 다만 阿字를 끝뿐이다」 하였음. 秘藏記末에 「아직 싹트지 않은 일을 결정할 때에 내 마음으로 月輪을 觀하고 輪上에서 阿字를 觀하여 阿字가 變하여 如意珠가 되고 寶珠가 法界에 두루하게 한다」 하였음. ② 占察經에서 說한 法을 말함.

점찰경(占察經) ㊎占察善惡業報經의 略名. 二卷, 隋나라 菩提燈이 번역 地藏菩薩이 나무쪽을 던져 吉·凶·善·惡을 占치는 法과 懺悔하는 法

을 說하고, 또 一實境界에 二道의 觀道事理가 具備한 것을 보여준 經이다. 明나라 智旭이 지은 占察經疏三卷과 占察行法 一卷이 있음.

점찰법회(占察法會) 法會의 하나. 占察經에 依한 法會. 新羅 圓光法師가 占察寶를 만들고 이 法會를 처음 열었음.

점찰보(占察寶) →寶.

점철성금(點鐵成金) 쇠를 黃金으로 만든다는 뜻으로 革凡成聖과 같은 말.

점탕(點湯) 禪寺의 儀式으로 點茶外에 또 點湯이 있는데, 大衆에게 湯을 供養하는 것을 點湯이라 한다. 湯에는 米湯과 七香湯等이 있음.

점파(點破) 點을 찍어 없애버리는 것.

점현관(漸現觀) 漸次 깨달음의 階梯로 나아가는 것. 〈俱舍論〉

점화(點化) 他緣에 빌붙은 바가 되어 自己의 性分이 變化된 것을 말함.

점휘(黏黴) 끈끈이의 그물. 〈三敎指歸〉

점흉담판(點胸擔板) 氣分轉換과 一知半解라는 뜻. 點胸이란 心胸을 點改하는 것. 擔板은 板을 멘 者가 한쪽은 보이지만 다른 쪽은 보이지 않는 것과 같이, 하나는 알고 둘은 모르는 것. 〈禪苑淸規〉

접(接) ①接木. 〈四敎儀註〉 ②끌리다. 〈俱舍論〉 ③記入하는 것. 〈四敎儀註〉

접(楪) 日本 禪林에서 鐵鉢을 놓는 臺를 말함.

접거(接渠) 指導者가 學人을 直接指導하는 것. 〈正法眼藏 谿聲山色〉

접대(接待) ①賓客을 厚히 對接하는 것. 客을 應接하여 對接하는 것. ②變하여 베푼다, 對接한다는 뜻. 〈「五家正宗贊」香林遠章〉

접득(接得) ①修行者를 自己身邊에 두고 指導하는 것. 學人을 親히 敎導하는 것. 〈隨聞記〉 ②他人을 自己 身邊가까이 끌어당기는 것. 〈碧巖錄〉

접물리생(接物利生) 人生에 苦痛하고 迷妄한 者들(物·生)을 敎導(接·利)하는 것. 〈碧巖錄〉

접물심(接物心) 修行者를 敎導하는 者의 마음가짐. 〈宗門十規論〉

접벽(摺襞) 접는 것. 개는 것. 〈聞解〉

접불(摺佛) 死者에 對한 供養·疾病

法隆寺藏

唐招提寺藏　　　妙法院藏

平癒·諸怨降伏 등을 目的으로 하여 佛이나 菩薩·天部·高僧 등의 圖像을 종이 또는 천(布)에 印刷한 것. 造佛의 가장 簡單한 것으로, 唐代로 부터 行하여진 것 같음.

접생계(接生戒) 攝衆生戒와 같음. 大乘菩薩이 大慈悲心으로써 衆生을 敎化하는 것을 말함. →攝衆生戒.

접선계(接善戒) 攝善法戒와 같음. 大乘菩薩이 온갖 善을 닦는 것을 말함. →攝善法戒.

접심(接心) 一定한 期間에 不斷히 坐禪하여 마음을 모아 散亂하지 않게 하는 일. 五家參詳要路門 附錄 第五夜에 「接心은 長期 120日, 中期 90日, 下期 80日, 期限을 決定하여 大事를 밝히고자 한다. 한 사람도 밖으로 나감도 없는데 하물며 雜談을 할가보냐. 參禪은 다만 勇猛한 一機일 뿐이다」 하였음.

접유(接誘) 應對〈出三〉. 피어 引導하는 것. 勸하여 引導하는 것. 〈圓乘〉

접인(接引) ①佛이 사람들을 淨土에 引導하는 것. 觀無量壽經에 「이 寶手로서 衆生을 接取하여 引導한다」 하였음. ②師家가 修行僧을 引導하는 것. 〈禪林僧寶傳〉

접인일로(接人一路) 學人을 接하여 引導하는 것. 一路는 여기서는 方法·手段이란 뜻. 〈景德傳燈錄〉

접입(接入) 接木하여 넣는 것. 〈四敎儀註〉

접자(楪子) 日本의 禪宗에서 중발(椀)을 놓는 작은 臺를 말한다. 얕고 밑굽이 있음.

접접(沾沾) 언어와 행동이 경솔하고 방정맞음.

접족례(接足禮) 또는 頭面禮足, 稽首禮足. 줄여서 頭面禮, 稽首禮, 印度의 절하는 法. 두 손으는 사람의 발을 받들어 자기의 머리에 대는 것. →接足作禮.

접족작례(接足作禮) 또는 頭面禮足·稽首禮足이라고도 한다. 줄여서 頭面禮·稽首禮로 印度의 절하는 法, 두손으로 尊者의 발을 받들어 자기의 머리에 대어 敬禮하는 것. 觀無量壽經에 「韋提希가 無量壽佛을 보고는 두손으로 발을 받들어 머리에 대고 禮를 하였다」라고 하였음.

접취광명(接取光明) 攝取한 光明의 轉訛. 佛光 속에 衆生을 집어 넣어

救濟하는 것.〈沙石集〉

접화(接化) 接得하여 化導한다는 뜻. 師家가 修行者를 親히 引導하는 것.

정(正) ①梵〈samyak〉 바른 것.〈百五十讃〉 ②梵〈śāta〉 平正한 形.〈俱舍論〉. ③十六行相의 하나로서의 如의 異譯〈雜阿毘曇心論〉. ④梵〈samyaktva〉 正性과 같음. 涅槃을 뜻함.〈眞諦譯 俱舍論〉 ⑤梵〈pramāṇa〉 바른 知識의 根據. 普通은 量이라고 함. →量.〈金剛計論〉 ⑥참으로 正面에〈上宮維摩疏 觀衆生品〉 ⑦主로 하는 것. 第一義〈山家學生式〉 ⑧現在分詞를 나타낸다.…하고 있다 라는 뜻. ⑨正使煩惱의 略.〈四教儀註〉

정(定) 梵〈Samādhi〉 마음이 一境에 定止하여 흩어지거나 움직이지 않게 하는 것을 定이라 함, 心性의 作用으로 二類가 있다. ①은 태어나면서 얻는 散定이고 ②는 닦아서 얻은 禪定임, 태어나면서 얻은 散定이라는 것은 欲界의 有情도 또한 생하는데 마음과 相應하여 일어나서 所對의 境界에 專注하는 作用임, 俱舍論에서는 三摩地라 하며 그것으로써 大地法의 하나를 삼고 唯識論에서는 定이라 번역하여 그것으로써 五別境의 하나를 삼는다. 닦아서 얻은 禪定이라는 것은 色界와 無色界의 心地의 作用인데, 반드시 부지런히 修習을 行하여야만 얻는 것임 三學中에 定學이나, 六度中에 禪定婆羅蜜 같은 것은 곧 닦아서 얻은 禪定을 가리킴, 梵〈samādhi〉 三摩地라 하며 번역하여 定 혹은 等, 等持者는 平等히 保持하는 心性의 뜻임, 이것은 散定에 오직 心만 있는 것이나 또한 等持와 等引의 둘이 있음.

정(淨) ①巴〈suddhi〉 梵〈śuddhi〉 깨끗한 것. 맑은 것. ②梵〈amala〉 더러움이 없는 것. 無煩惱〈慈雲 生死海法語〉 ③梵〈pariśuddhi〉 妄想이 일어나지 않는 것〈俱舍論〉 ④淨土를 뜻함.〈五教章〉 ⑤淨土에 태어나는 行.〈上宮維摩疏〉

정(頂) 梵〈mūrdhan〉 산꼭대기, 頂上. 머리의 꼭대기 또는 頂法의 略(俱舍論)〈百五十讃〉

정(停) 멎는 것. 움직이지 않는 것. 安住하는 것.〈四教儀註〉

정(情) ①梵〈sattva〉 有情이란 것.→有情〈俱舍論〉 ②根(梵〈indriya〉) 機官. 認識의 機官〈人本欲生經〉 ③마음. 有情이라 할 때의 情.〈玄義〉 ④생각. 우리들의 普通생각. 常識的인 생각〈五教章〉 ⑤趣意〈十七條憲法〉 性이 動하는 곳. 情識으로 된 마음〈香月〉.

정(程) ①通路〈景德傳燈錄〉 ②法과 같음(碧嚴錄) →法. ③ 길이의 단위〈要集〉

정(鉦) 징, 鐃의 작은 것을 말함. 說文에 「鐃은 작은 鉦이다」라고 하였음. 그런데 지금은 오히려 鉦이 鏡에 比하여 작다. 法事때는 두들겨서 消息을 알리는 것으로 사용하고 또 念佛時에 두들기면서 念佛하기도 함.

정(精) 精液이란 것. 〈十誦律〉

정(靜) ①梵〈śanta〉 고요한 것. 十六行相의 하나. →十六行相. 〈俱舍論〉 ②巴〈san:ta〉 梵〈śānta〉 平安한이란 뜻. 〈義足經〉

정(錠) 燈明이란 것. 〈法句經 老耄品〉

정가(淨家) 淨土宗을 淨家라 함.

정가행장(正加行障) 梵〈samyak-prayoga-āvaraṇa〉 바른 努力을 妨害하는 것.

정각(正覺) 梵〈Sambodhi〉 三菩提. 부처님 十號의 하나. 等正覺의 略稱, 번역하여 正覺이라 한다. 부처님의 智를 이름하여 正覺이라 함. 부처님은 無漏正智를 얻어 一切諸法의 實相을 깨달았기 때문에 成佛을 成正覺이라고 말한다. 法華玄賛二에 「三은 正을 말하고 菩提는 覺을 말한다」라고 하였음.

정각(淨覺) ①淸淨한 覺悟임, 圓覺經에 「淨覺心은 靜을 取하여 行을 삼는다」 하였음 ②이름은 仁岳, 自號를 潜夫, 淨覺은 勅賜한 號임. 처음에 四明法智를 따라 배웠으나 뒤에는 스승을 등지고 一家를 이루었는데 세상에서 山外派의 泰斗라 하였음, 저술은 楞嚴會解十卷・熏聞記五卷・楞嚴文句三卷・金剛般若經疏二卷・發軫鈔五卷. 彌陀經疏二卷・指歸記二卷・十不二門文心解二卷・雜錄名義十二卷・義學雜篇六卷等이 있음. 〈佛祖統記二十一〉 ②魏書에 「浮屠의 正號를 佛陀라 함. 佛陀와 浮屠는 소리가 서로 가까운 西方의 말이다. 그것이 來轉하여 二音이 되었는데, 번역하면 淨覺이라 한다」 하였음,

정각(靜覺) 高麗(1145～1229)때 僧 至謙의 諡號. →至謙.

정각도(正覺道) 梵〈bodhāya〉 바른 깨달음이란 것. 〈佛所行讃〉

정각불(正覺佛) 無著佛이라고도 한다. 華嚴宗에서 말하는 行境十佛의 하나. 正覺은 諸德의 根本이에 如來는 執着을 떠나 正德에 充滿되어 있으므로 正覺佛이라 함.

정각의(定覺意) 巴〈samādhi-sambojjhaṅga〉 梵〈samādhi saṃbodhyaṅga〉 七覺意(七覺支)의 하나. 定覺支와 같음 →七覺意. 〈長阿含經〉

정각일념(正覺一念) 阿彌陀佛이 十劫前에 正覺을 얻어 부처가 되시여 처음 한 생각을 말함.

정각자(正覺者) 잠에서 깬 者. 自覺한 者로 佛을 뜻함.

정각지(定覺支) 七覺支(七覺意)의 하나. 禪定으로 마음을 統一하여 깨달음에 들어가는 것. 마음을 鎭靜한다는 뜻. 〈御抄〉

정각화(正覺華) 極樂淨土의 蓮華는

阿彌陀如來의 正覺에 依하여 이뤄진 꽃이기 때문에 正覺華라고 한다. 즉 부처님의 正覺을 말한다. 煩惱雜染을 여의고 智慧가 밝은 것이 마치 蓮꽃이 진흙속에서 나와 淸淨無垢한 것과 같은 것에 비유함, 淨土論에 「如來는 衆生가운데서 깨끗하고 아름다운 꽃이기에 正覺華로 化生하였다」라고 하였음.

정간(淨竿) 禪寺의 浴室에 淨竿과 觸竿의 두 장대를 設置해 놓고 淨竿에는 새로 갈아입을 淨衣를 걸고 觸竿에는 벗어놓을 穢衣를 걸어놓음(衆器箋二十)

정감(正感) 淨土에서 바르게 樂의 갚음을 느끼는 作用. 〈上宮維摩疏〉

정감(貞感) 믿어 靈感이 있는 것. 〈出三〉

정거(淨居) ①色界의 第四禪天인 淨居天을 말함. 이 天에 不還果를 證得한 聖人이 태어남 ②伽藍의 땅. 舊唐書 高祖記에 「伽藍의 땅은 本來 淨居라고 말하는데 마음을 棲息하는 곳이요, 理는 幽寂을 숭상한다」라고 하였음.

정거제천중(淨居諸天衆) 梵〈śuddhādhivāsā vibu:dharṣayas〉 淸淨하게 사는 神 들과 聖仙 들. 〈佛所行讚〉

정거천(淨居天) 五淨居天을 말함. 色界第四禪天. 不還果를 證得한 聖人이 태어나는 天으로 無煩天·無熱天·善理天·善見天·色究竟天의 五天임. →五淨居天.

정거천진언(淨居天眞言) 眞言. →五淨居天.

정건(淨巾) 手巾을 말함. 곧 깨끗한 手巾,

정건곤지안(定乾坤底眼) 天地가 開闢하기 이전까지도 알아볼 수 있는 眼充이란 말. 一機가 움직이기 이전을 알아차리는 大宗師의 見地를 비유한 것.

정검(淨檢) 中國 彭城 사람. 俗姓은 仲씨, 이름은 令儀로 武威太守誕의 딸이다. 어려서부터 學을 좋아하고 일찌기 寡婦가 되어 貴한 집 子女에게 琴書를 敎授하였다. 禪林寺를 建築함을 알고 이것을 도왔으며 그 說法을 듣고 省悟하여 佛經을 閱覽하여 幽旨를 通하였다. 沙門智山을 뵈옵고 說法을 듣고 중이 되어 十戒를 받다. 宮城西門에 竹林寺를 세우고 居하였다. 그 후 衆徒를 위하여 說法하여 名聲이 대단히 높았음.

정견(正見) 梵〈Samyagdrsti〉 八正道의 하나, 有·無의 모든 邪倒의 偏見을 여윈 正中의 見解로 곧 佛敎의 正道理를 是認하는 見解를 말한다. 華嚴經三十에 「正見이 굳건하면 모든 妄見을 여읜다」라고 하였고, 勝鬘經에 「顚倒된 見解가 아닌 것이 바로 正見이다」라고 하였음. →八正道.

정견(情見) 妄情의 所見. 唯識樞要上本에 「情見은 각각 달라서 禀하

는 사람이 依止할 데가 없다」라고 하였음.

정견(淨見) ㊵〈dṛṣṭi-viśuddhi〉 ㊶〈diṭṭhi-visud:dhi〉 深淨한 見解. 〈集異門論〉

정견자(正見者) 바른 知見, 眞實한 智慧가 있는 者. 〈明惠遺訓〉

정결(淨潔) 有部 등에서는 月期라 한다. 月經의 終期를 뜻함. 〈十誦律〉

정결오욕(淨潔五欲) 欲界의 麤弊한 五欲에 대하여 色界·無色界의 色·聲·香·味·觸의 五欲을 淨潔五欲이라고 함.

정결지이(頂結支夷) ㊵〈makuṭa-bandhana-cetiya〉 天冠寺·寶冠塔이라고도 한다. 世尊의 遺骸를 燒却한 塔處. 〈十誦律〉

정경(淨經) ㊷文殊師利淨律經의 줄인 이름.

정경심왕(定境心王) 自己의 主體를 心王의 位置에 놓는다는 뜻. 心王(마음 그自體)은 心所(마음의 作用)에 對하여 그 主體가 된다는 것을 말하는데 禪에서는 心 그 自體를 王者에 比喩하는 일이 많음. 〈四行論 禪門撮要〉

정계(正戒) ①㊵〈śila〉 바른 行爲. 〈佛所行讚〉 ②授戒會時, 스스로 와서 七日間의 加行을 하고 戒脉을 받는 것. →代戒. ↔代戒.

정계(定戒) 定共戒의 略稱, 三種戒의 하나 또는 靜慮律儀·禪律儀라고도 한다. 色界 有漏定에 들어가는 동시에 잘못을 防止하고 惡을 制止하는 戒體를 얻어 몸가짐과 말하는 것 등이 저절로 律儀에 契合함을 말함. →定共戒.

정계(淨戒) 부처님이 制定하신 清淨한 戒行. 法華經序品에 「精進하여 清淨한 戒行을 지키는 것을 마치 明珠를 保護하는 것과 같이 하라」고 하였음.

정계(淨界) 清淨한 地域. ①諸佛의 淨土. ②寺院·靈場의 呼稱.

정고(鉦鼓) 物名, 樂器의 이름 또는

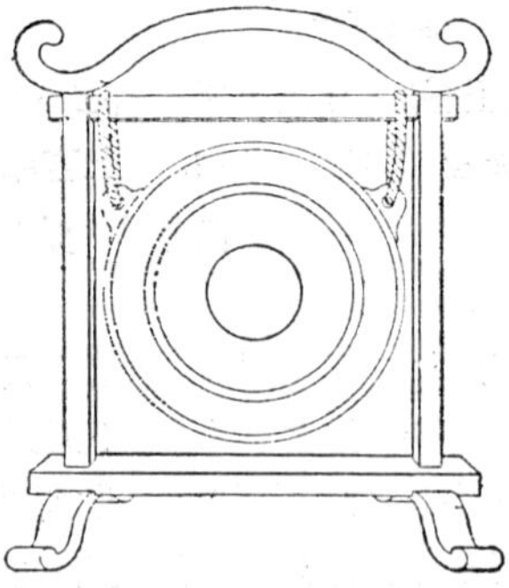

(Ⅰ)

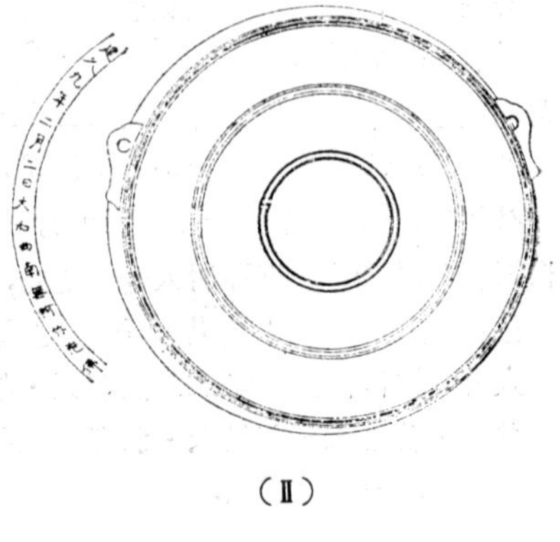

(Ⅱ)

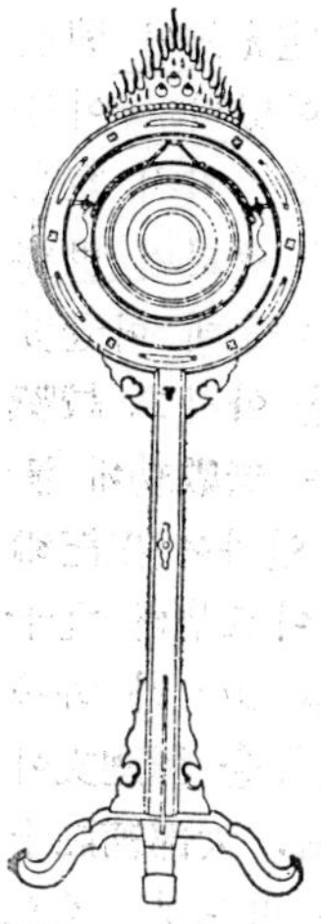

大鉦鼓

伏鉦

鍾鼓. 常古라고도 하며 箏이라 한다. 雅樂 또는 念佛등에 調和시켜 音調를 고르기를 취하도록 하는 기구임.

정골(頂骨) ㉵〈Kāpālika〉 頭蓋骨. 〈有部律〉

정공경경(正恭敬經) ㉿一卷. 元魏 佛陀扇多 번역. 比丘가 法을 恭敬하고 스승을 恭敬하는 儀則을 說하였음.

정공계(定共戒) 三戒의 하나. 또는 靜慮生律儀라 함. 初禪·二禪等 모든 禪定에 들어가면 禪定으로 더불어 共生하여 自然히 잘못을 방지하고 惡을 그치는 戒體. 身·口의 所作은 모두 律儀에 매인다고 함, 俱舍論十四에 「靜慮生이란 이 律儀는 고요한 생각을 따라 생한다고 하며 혹 고요한 생각에 의한다고 한다. 만일 靜慮를 얻은 자는 定으로 律儀를 성취한다」하였고 七十五法名目에 「靜慮律儀는 또한 定共戒라 하는데 定과 더불어 同時이기 때문이다」하였음.

정과(正果) 佛教를 배우는 사람이 精進修行하여 얻음이 있는 것을 證果라고 말하는데 外道와 다르기 때문에 正果라고 말한다. 果는 果實이 成熟한 것과 같음을 譬喩한 것임.

정과(定果) ①㉵〈dhyāna-phala〉 禪定의 結果. ②禪定의 結果로서의 色. 〈四教儀註〉

정과색(定果色) 定所引色이라고도 한다. 定自在所生色과 같음. →定自在所生色.

정과인(正果因) 正果와 正因.

정관(正觀) ①觀이 經과 合하면 正見이라 稱하는데 곧 正觀임. 觀無量壽經에 「이 觀을 짓는자를 正觀이라 한다」 하였음. ②어리석음을 여의고 法을 보는 것을 正觀이라 함, 無量壽經上에 「正念은 正觀이다」하였고, 同淨影疏에 「痴見을 여의는 法을 正觀이라 이름한다」하였음. ③三論宗에서 正觀·中觀의 이름을 많이 쓰는데 八不을 中觀이라 하고 無得을 正觀이라 함. 三論玄義에 「無得은 正觀의 宗이 된다」 했음.

정관(淨官) 寺院의 執事를 말한다. 淨人의 呼稱에서 由來한 것.

정관(淨觀) 清淨한 觀法, 淨土의 十

六觀을 말하는 것. 歸敬儀에 「젊어서 婬欲의 苦痛을 여의고 그로 하여금 淸淨한 觀法을 닦도록 한다」라고 하였음.

정관(靜觀) 朝鮮朝 僧侶, 西山의 心法을 傳受받은 一禪의 號.

정관세음보살(正觀世音菩薩) 觀世音菩薩의 正體本身이라는 뜻, 또는 正觀音, 聖觀音이라고도 한다. 즉 千手觀音 十二面觀音 如意輪觀音 등에 대하여 그 正體本身의 觀世音菩薩을 말함.

정관유식(正觀唯識) 空의 理에 根據한 唯識說. 方便唯識에 對하여 말함. →方便唯識. 〈十八空論〉

정관음강(正觀音講) 聖觀音을 講讚하는 法會를 말함.

정광(定光) ㉠〈Dipaṁkara〉 提洹羯佛, 번역하여 錠光佛 혹은 然燈佛이라 함. 발이 있는 것을 錠이라하고 발이 없는것을 燈이라 하는데 定이라함은 잘못임. 釋迦佛을 옛날에 儒童이라 했는데 이 부처님이 세상에 출현하실 때에 다섯 줄기의 연꽃을 싸서 부처님께 바쳤다. 그로 因하여 未來에 成佛할 것이라는 記別을 얻음, 智度論九에 「저 然燈佛이 出生하실 때에 일체 身邊이 燈과 같았기 때문에 燃燈太子라 이름했으며 부처가 되어서도 또한 然燈이라 했음, 舊名은 錠光佛이다」하였고, 玄應音義一에 「錠光은 곧 然燈佛이다, 梵語로는 提洹羯佛이다」하였으며, 輔行一의 一에 瑞應이 말하기를 옛날 定光佛이 興起하실 때에 나는 菩薩이었다. 이름을 儒童이라 하고 꽃을 사서 定光佛에게 奉養하고 꽃을 뿌리며 供養했더니 꽃이 虛空 가운데 머물렀다. 부처님이 그 뜻을 아시고 讚嘆해 말씀하기를 "너는 無數劫에 淸淨을 배우리라" 하고 인하여 授記해 말씀하시기를 "너는 이로부터 九十一劫이 지나면 劫號를 賢이라 하며 너가 부처가 되어 이름을 釋迦文이라 할 것이다" 하였음. 大部補註十一에 「定光佛의 定은 바르게 지으면 錠이며 또한 然燈佛이라 함. 有足은 錠이요 無足은 燈이라 한다」하였음, ②玻璃珠의 이름. 晋華嚴經小相品에 「또한 念念하는 가운데서 百千億那由他佛刹의 微塵等如來를 본다. 부처님이 寶手菩薩에게 告해 말씀하기를 비유하면 錠光玻

定光如來

璃珠가 十方佛刹의 微塵等 世界를 비춤과 같다」 하였음.

정광(頂光) 부처님이나 菩薩의 頂上의 光明 또는 後光이라고도 한다. 大阿彌陀佛經에 「諸佛의 頂光이 阿彌陀佛의 頂中光明에는 못미친다」 라고 하였고, 觀無量壽經에 「부처님의 머리위에는 肉髻가 있고 목에는 圓光이 있다」라고 하였음.

정광불(定光佛) ㊵〈Dipaṅkara〉 또는 錠光佛·然燈佛이라고도 한다. 過去 久遠한 옛적에 出現하여 釋尊에게 未來에 반드시 成佛하리라고 授記를 주었다고 함. →燃燈佛.

정광불(錠光佛) 燃燈佛의 異名.

정광불수(定光佛手) 天台佛隴에 禪師가 있는데 定光이라 하였다. 智者顗禪師가 일찌기 꿈을 꾸었는데 師가 손짓으로 그를 불렀다함. 佛은 禪門에서 悟道한 사람을 通稱하는 것. 또 옛날 錠光佛에 비긴 것. 祖庭事苑五에 「智者顗禪師가 나이 15歲 때에 佛像에 禮拜하니 황홀하여 꿈을 꾸는 것과 같았다. 큰 山이 바다 끝에 있는데 峯頂에는 어떤 僧이 손을 흔들어 한 伽藍에 接入하고 "너는 여기에 살도록 하라, 너는 여기서 닦게 될 것이다" 하심을 보았다. 天台佛隴에 定光禪師가 먼저 이 봉우리에 살았는데 弟子에게 말하기를, "오래지 않아 善知識이 무리를 거느리고 여기에 이를 것이다" 하였다. 얼마쯤 있다가 智者가 이르니 光이 말하기를 「아직도 지난 날 손을 흔들며 招引하던 때를 기억하느냐」 하였음. 冷齋夜話十에 「然渠가 海外에 있는데 나에게는 定光佛手가 없으니 어찌 손짓하여 부를까」 하였음.

정광여래(錠光如來) 燃燈佛이라고도 한다. 過去 久遠한 옛적에 出現하여 釋尊에게 未來에 반드시 成佛하리라는 授記를 주었음.

정광파리경(錠光頗璃鏡) 錠은 玉의 이름으로 빛난다는 뜻. 或은 燈이란 뜻. 頗璃 ㊵〈sphaṭikā〉는 水晶이란 뜻. 透明에 느끼는 눈을 말함. 〈五教章〉

정교(正教) 말한 것이 正理에 딱들어맞는 것을 正教라고 말함.

정교(定教) 사람 들이 다름없이 理解하는 가르침. 〈四教儀註〉

정교량(正教量) ㊵〈āpta-agama〉 ㊄〈yid ches pa : ḥi lun〉 信賴하여야 할 權威. 〈瑜伽論 因明〉

정교법(正教法) 大乘의 가르침. 〈五教章〉

정교일치(政教一致) 政治와 宗教를 混合하여 宗教的인 立脚地에서 天下를 號令하는 것을 말함.

정구(淨垢) ㊀〈cutūpapāta〉 死生이란 뜻. 〈義足經〉

정구(鼱鼩) 새앙쥐. 〈三教指歸〉

정구업진언(淨口業眞言) 곧 修唎修唎 摩訶修唎 修修唎 薩婆訶의 十四字다. 銷釋 金剛科儀會要註解二

에 「이 眞言을 외우는 사람은 一切의 口業이 모두 淸淨하여지고, 眞言을 외우지 않는 사람은 恒河水의 물로 다 양치질을 하여도 깨끗해지지 않는다」라고 하였음.

정국(淨國) 淸淨한 佛國. 維摩經佛國品에 「菩薩은 淨國에서 取하여 모두 모든 衆生을 饒益하게 하기 때문이다」라고 하였고, 觀無量壽經에 「반드시 淸淨한 國土에 태어날 것이다」라고 하였으며, 淨土論註에 淨國은 衰變함이 없다」라고 하였음.

정굴(定窟) 禪定을 닦는 岩窟을 말함. 義楚六帖七에 「부처님은 誠實한 말이 있으니 四等六通이 禪林에서 비로소 이루어지고 八除十入이 定窟에서 바야흐로 이루어 진다」라고 하였음.

정궁(定弓) 密敎의 幖幟, 오른손은 智慧를 나타내고 왼손은 禪定을 나타내기 때문에 화살을 慧에 配對하고 활을 定에 配對하였음.

정궁(淨宮) 절. 梵宮.

정근(正根) 나타나 보이는 眼耳 등의 속에 淸淨精妙한 物의 玉과 같은 것이 있다. 이것을 正根이라 함. 〈唯識大意〉

정근(正勤) 善法을 더욱 자라게 하고 惡法을 멀리 여의려고 부지런히 修行하는 法을 말함. →四正勤.

정근(定根) 五根의 하나, 마음을 한 곳에 머물러 두어 散亂치 않게 하는 禪定은 一切의 善根功德을 發生하는 根源이라는 뜻으로 根이라고 이름함.

정기(正忌) 바로 忌日을 당함. 즉 사람의 死亡을 말함.

정기(正機) 바로 그 敎法을 받을 만한 機根을 正機라고 한다. 淨土宗에서 말한 惡人正機 또는 女人正機 등과 같음. 法華玄義六에 「未來에는 善惡이 正機가 된다」라고 하였음.

정기(定機) 定心의 根機, 雜念, 雜慮를 쉬고, 定心에 있어서 善根을 닦는 사람.

정기(精氣) 사람의 精神氣力을 말함. 藥師經에 「사람으로 그 精氣를 빼앗기지 않은 사람이 없다」라고 하였음.

정나라(淨躶躶) 또는 赤裸裸라고도 한다. 天眞獨朗하여 纖毫의 情塵도 없음을 말함. 즉 明明白白地, 碧巖九則評唱에 「모름지기 이 關捩子를 透過하고 荊棘林을 벗어나야 비로소 淨裸裸하고 赤灑灑하다」라고 하였음.

정녀(貞女) ㉺〈sussūsā bhariyā〉 恒常 男便의 일을 생각하는 妻. 貞淑한 妻. 〈別譯雜阿含經〉〈金七十論〉

정념(正念) 八聖道의 하나. 邪念分別을 버리고 항상 法의 實性을 생각하여 向上을 위하여 修行하기에 精神을 集中하는 것. 起信論에 「마음이 만일 흩어져 달아나면 곧 마땅히 거두어 들이어 正念에 住하게 하라」고 하였고, 慧遠觀經疏에 「相을 버리고 實에 들어가는 것을 正念이라고 한다」라고 하였음.

정념(情念) 생각. 感情을 움직이는 方面. 〈典座敎訓〉

정념관찰(正念觀察) 바르게 念하며 觀察하는 것. 〈往生要集〉

정념법적(正念法迹) ㊵〈samyak-smṛtidharma-pada〉 ㊁〈samāsati-dhamma-pada〉 여러가지 善事로 생기는 正念을 말함. 〈集異門論〉

정념상응(正念相應) 바른 생각에 맞는 것.

정념송(正念誦) 五種念誦가운데 三摩地 念誦을 말함, 修行者가 定心에 住하여 眞言을 念하는 字相을 觀하는 것을 말함.

정념왕생(正念往生) 四種往生의 하나. 죽음에 당하여 마음이 흔들리지 않고 바로 淨土에 생각을 두어 阿彌陀佛의 來迎을 맞아 合掌하고 죽음에 나아감을 말함.

정념현존(正念現尊) 臨終時에 마음이 어지럽지 않고 淨土를 願하며 諸尊이 나타나서 迎道하는 것. 〈沙石集〉

정녕(叮嚀) 苦口叮嚀의 준말. 老婆心에서 입이 닳도록 이르고 또 일러서 再三 부탁하는 말.

정녕(頂額) 最高의 곳. 先人의 眞實한 精神이라는 것. 〈正法眼藏 山水經〉 向上의 뜻. 〈辨邪〉

정녕안정(頂額眼睛) 頂이나 額은 꼭대기. 곧 머리 꼭대기, 眞骨頂. 眞面目. 根本精神. 〈正法眼藏 山水經〉

정단(正斷) ㊵〈samyak-prahāṇa〉 바르게 煩惱를 끊는 것. 〈瑜伽論〉

정답(定答) 四種問答의 하나, 決定되어 바꿀 수 없는 答, 어떤 比丘가 부처님께 묻기를 "五蘊은 항상 變異하지 않습니까" 부처님이 말씀하시기를 "五蘊은 決定코 變異하는 것이다"라고 하였다. 이것을 定答이라고 말함.

정당(正堂) 禪林에서 方丈室을 일컬어 正堂이라고 한다. 즉 住持가 거처하는 房. (象器箋一)

정당(正當) 바로 忌日을 당한 날.

정당임마시(正當恁麽時) 또는 正與麽時, 正恁麽時라고도 한다. 마치 이러한 때, 이때와 같음. 恁麽는 指定辭.

정대(頂戴) ㊵〈śirṣā-udvāhana〉 머리 위에 이는 것. 〈十二禮〉

정덕(淨德) 四德의 하나. 淨은 淸淨의 뜻. 惑業의 苦痛을 여의고 湛然淸淨한 果德이 있음을 말함.

정덕부인(淨德夫人) 妙莊嚴王의 夫人. →妙莊嚴王.

정도(正道) 바르고 참된 師道. 三乘所行의 道를 일컬음. 또는 無漏의 眞正한 道로 萬有諸法의 體性이 一味平等한 理致를 體達한 無漏智는 平等한 正理에 契合하고 이 智慧로 말미암아 佛果에 到達하므로 正道

라고 한다. 無量壽經下에 「오직 正道를 즐기면 餘他가 기쁘고 슬픈일이 없다」라고 하였음. →八正道分.

정도(淨道) 淸淨한 佛道를 말함. 法華經序品에 「無上의 慧를 求하기 위하여 淸淨한 道를 說하였다」라고 하였음.

정도삼매경(淨度三昧經) 閻羅王이 사람의 功過를 詳考하여 그 壽命을 增減하는 等을 說明한 것. 疑心하건데 僞經같음. 首題에 佛說淨度三昧經一卷 尾題에는 淨度經一卷이라 記錄되어 있다. 地獄의 天子를 閻羅王이라고 하며 小王과 八王이 있으며 또 附庸王 三十國이 있어 各九十六의 小國을 統率하며 五官, 外監, 都督, 司察, 司隷等이 있어 人의 善惡을 探査하여 功壽 過夭로 命의 長短을 定함.

정두(淨頭) 禪寺에서 변소를 소제하며 洗淨하는 물을 긷는 일을 맡은 소임.

정두료(淨頭寮) 淨頭의 寮舍, 淨頭는 禪寺에서 便所를 掃除하여 洗淨하는 물을 긷는 일을 맡은 사람.

정등각(正等覺) 諸佛의 無上 正智를 일컬어 正等覺이라고 한다. 覺은 諸法을 깨달아 아는 智慧, 그 智慧가 邪가 없는 것을 正이라 하고 한쪽으로 치우치지 않는 것을 等이라 한다. 七佛經에 「毘婆尸佛은 應正等覺이다」라고 하였음. →阿耨多羅三藐三菩提.

정등각무소외(正等覺無所畏) 四無所畏의 하나, 부처님은 一切諸法을 바르고 平等하게 깨달아 알아서 모름이 없다. 만일 다른 사람이 그렇지 않아도 부정하여 問難하더라도 다시 두려워할 것이 없으므로 無畏라고 함.

정등각무외(正等覺無畏) 四無所畏의 하나, 부처님은 一切諸法을 바르고 平等하게 깨달아 알아서 모름이 없다. 만일 다른 사람이 그렇지 않다고 否定하여 問難하더라도 다시 두려워할 것이 없으므로 無畏라 함.

정등정각(正等正覺) 正은 邪에 대하여 이른 말, 等은 한쪽에 치우치지 않고 平等함을 보인 것, 覺은 一切諸法을 깨달아 아는 智慧로 바로 宇宙의 一切 萬象을 두루 아는 智慧, 三藐三菩提, 新譯에 正等正覺이라고 하였음. 法華玄贊二에 「三은 正이요, 藐은 等이라고 한다. 또는 三을 正이라 하고 菩提는 覺이라 한다」라고 하였음.

정람(精藍) 精舍伽藍의 略. 寺院. 修行道場. 〈正法眼藏 行持〉 精舍와 伽藍. 〈涉典和語鈔〉

정랑(淨廊) 절에서 便所(뒷간)을 말함.

정량(情量) 妄情思量의 뜻.

정량부(正量部) ㊵〈Sammatiya〉 小乘十八部의 하나. 부처님이 入滅하신 뒤 三百年에 犢子部로 부터 흘러나온 四部인데 이것은 그 가운데 第三임. 是非를 刊定함을 量이라 하고 量이 邪謬가 없음을 正이라 함, 이 部를 세운 것은 刊定이 잘못이 없기 때문에 正量이라 지목하며 所立의 法을 따라서 部라 함. (宗輪論述記).

정려(井驢) ㊖井戶와 驢馬, 曹山錄에 「師가 德上座에게 묻기를 "부처의 眞法身은 虛空과 같고, 物에 따라서 形을 나타내는 것은 물 속의 달과 같다 하였는데 어느것이 道理에 맞는 말이냐" 德이 答하기를 "나귀가 우물을 굽어보는 것과 같습니다" 山이 말하기를 "다만 八成을 얻었다 할 수 있다", 德 "和尙은 무엇이 生하였다고 하겠읍니까" 山 "우물이 나귀를 보는 것과 같다"」라고 하였음.

정려(定侶) 禪衆과 같음. 禪定을 修習하는 사람 들. 變하여 僧侶. 〈性靈集〉

정려(淨侶) 때묻지 않은 淸淨潔白한 僧衆을 말함.

정려(情慮) 思慮란 뜻. 〈安國論〉

정려(靜慮) ①㊵〈Dhyāna〉 馱耶演那. 七種定命의 하나, 이 靜慮에 生·定의 二種이 있는데 色界 四禪天에 태어나서 그 禪定을 닦는 것을 四種定靜慮라 하고, 그가 태어난 天處를 四種生靜慮라고 함. →三昧 四禪定, 四禪天. ②禪定. 가만이 眞理를 생각하는 것. 마음이 散亂하지 않도록 統一하는 것. 禪과 같음. 〈俱舍論〉

정려바라밀(靜慮波羅蜜) 十波羅蜜의 하나, →十波羅蜜.

정려바라밀다(靜慮波羅蜜多) ㊵〈dhyāna-pāramitā〉 ㊍〈bsam gtangi pha rol tu phyin pa〉 十波羅蜜多의 하나. 靜慮란 마음을 한 對象에 集中시키는 것. 이것에 依하여 神通力을 얻어 사람들의 마음을 끌어 敎說을 믿게 하는 것. 〈弁中邊論〉

정려범(靜慮颿) 禪定이라는 돛대. 〈三敎指歸〉

정려생(靜慮生) 生靜慮라고도 한다. 色界定인 四禪의 어딘가에 태어나는 것. 〈俱舍論〉

정려생율의(靜慮生律儀) 三種戒의 하나인 定共戒, →律儀.

정려율의(靜慮律儀) 三種戒의 하나인 定共戒. 色界定에 든 이는 스스로 身·語의 허물을 멀리하므로 定과 함께 戒體를 얻음, →三律儀.

정려율의무표색(靜慮律儀無表色) →無表色.

정려응신(靜慮凝神) 坐禪을 하는 것. 〈正法眼藏 行持〉

정려처(靜慮處) ㊵〈dhyāna〉 色界에서 禪定을 닦는 場所. 이것에 四種이 있음. 〈俱舍論〉

정려해탈등지등지지력(靜慮解脫等持等至智力〉 十力의 하나. 여러가지의 定의 일을 如實히 아는 佛의 智力. →十力.

정력(定力) ㊵〈Samādhibala〉 五力의 하나. 禪定의 힘이 能히 모든 散亂心을 부수어 버리고 마음을 한 곳에만 쏟게 함. 無量壽經下에 「定力은 禪力이다」라고 하였음.

정력(靜力) 靜慮, 곧 禪定의 힘을 말함. 圓覺經에 「모든 菩薩이 極靜을 取하는 것은 靜力으로 말미암기 때문에 永遠히 煩惱를 끊는다」라고 하였음.

정렴(定瀲) 禪定에 들어 맑고 고요한 것을 잔잔한 맑은 물에 譬喩한 것. 寄歸傳四에 「오로지 뜻을 律儀에 두면 맑은 마음이 조용히 가라앉는 물과 같다」라고 하였음.

정령(正令) 禪門에서 敎外別傳을 本分의 命令으로 삼는데 棒喝의 外에는 一法도 세우지 않는 것을 正令이라고 말한다. 碧巖序에 正令을 끌어 모아라」고 하였고, 同種電鈔에 「正令은 바로 本分의 命令으로 棒喝을 并行하는데 一法도 세우지 않는다. 이것을 일러 正令이라 말한다」라고 하였음.

정령(精靈) 또는 聖靈이라고도 한다 ①神識, 즉 죽은 사람의 魂靈을 말한다. 業疏濟緣記四下에 「精靈은 곧 神識이다」라고 하였다. ②邪鬼의 上品, 楞嚴經六에 「만일 偸心을 끊지 않으면 반드시 邪道에 떨어져 上品은 精靈이고, 中品은 妖魅요, 下品은 邪人으로 온갖 魑魅가 달라붙는다」라고 하였음.

정령당행(正令當行) 正令은 바른 法令으로 佛法에 比喩한 말. 佛祖의 가르침(正令)을 바르게 行하는 것. 〈碧巖錄〉

정령붕(精靈棚) 盂蘭盆齋때 飮食을 供養하는 건물.

정령송(精靈送) 盂蘭盆의 末日에 精靈이 돌아가는 것을 보내는 것.

정령영(精靈迎) 盂蘭盆의 初日에 精靈이 오는 것을 맞이하는 儀式.

정령용(精靈踊) 盆踊과 같음. 日本四國地方에서 말하는 陰七月十五日夜에 男女가 모여 추는 輪舞.

정령제(精靈祭) 盂蘭盆會.

정령회(精靈會) 盂蘭盆 때 죽은 사람의 魂에게 제사지내는 일.

정례(頂禮) 五體를 땅에 대고 나의 이마를 尊者의 발에다 대는 禮法으로, 五體投地, 接足禮·頭面禮라고도 한다. 印度 古代의 절하는 法, 歸敬儀下에 「經·律文가운데 흔히 '頭面禮足'이라고도 하고, 혹은 '頂禮佛足'이라고도 하였는데 나에게서 貴한 것은 머리요, 相對便의 賤한 것은 발이라, 나의 尊貴한 것으로써 相對便의 卑賤한 것에 敬禮하는 것은 禮의 至極한 것이다」라고 하였음.

정례불족(頂禮佛足) ㊵〈bhagavataḥ pādauśirasā vandati〉 머리를 佛의 兩足이 있는 곳에 붙여서 禮하는 것. 〈有部律雜事〉

정로(正路) ㊵〈san-mārga〉 바른 道.

바른 道理. 邪路의 對. 〈佛所內讚〉

정론(正論) 正은 邪에 對한 말로 正論은 正法의 論議. 無量壽經下에 「世間의 말을 즐기는 것이 아니고 樂이 正論에 있다」라고 하였음.

정론경(政論經) ㉃佛爲優塡王說王法政論經의 略名. 부처님이 優塡王을 위하여 王法政을 說한 經.

정료연(正了緣) →三因佛性.

정륜왕(頂輪王) 金輪佛頂의 다른 이름.

정륜진언(頂輪眞言) 佛頂尊의 眞言.

정리(正理) ①㉵〈nyāya〉 바른 道理. 事理. 바른 理致. 〈俱舍論〉 ②論理 〈正理門論〉

정리문론(正理門論) 因明正理門論의 略名.

정마니주〔淨摩尼珠〕 淨水珠를 말함. 寶珠의 德이 濁水를 청정히 할 수 있기 때문에 淨水珠라 함. 淨土論註下에 「비유하면 淨摩尼珠를 濁水에 두면 물이 즉시 청정해짐과 같이 만일 사람이 비록 한량없는 生·死의 罪濁이 있다해도, 저 아미타불여래의 至極無生淸淨寶珠各號를 듣고 탁한 마음을 던져 버리고 念念하는 가운데 죄를 멸하고 마음을 맑게 하면 즉시 往生을 얻는다」하였음. →淨水珠

정만(淨滿) 盧舍那佛을 가리킴.

정매(靖邁) 中國四川省 縣州사람. 또는 靜邁라고 하며 姓名은 確實치 않다. 經論에 통하고 氣性이 沈厚하였으며 玄奘三藏의 譯經때의 證大德 十一人 가운데 選拔됐다. 古今譯經圖紀, 般若心經疏등 많은 著書가 있음. (宋高僧傳第四, 法相宗章疏).

정맥(正脈) 正統의 法脈, 즉 佛祖로부터의 正傳을 말함.

정멸(正滅) 現在 滅亡中에 있는 것. 〈俱舍論〉

정명(正命) 八正道의 하나. 行動 言語 思念등으로 惡業을 짓지 않고 正當한 生活을 하여 五邪命을 여의는 것.

정명(正明) 바른 學問. 因明이라는 것은 正明의 하나로 菩薩은 이 五를 밝혀야 한다고 함. 因明外道法, 內明佛法, 聲明, 醫方明, 工巧明을 말하는 것. 〈沙石集拾遺〉

정명(定命) 사람의 壽命이 一定함이 있는데 八萬四千歲가 가장 길고 十歲가 가장 짧다. 百歲에 一歲씩 增減하며 그 增加하는 時期를 增劫이라 하고, 그 減하는 時期를 減劫이라 한다. 지금은 減劫의 時期가 된다. 釋迦佛이 세상에 出現하였을 때는 定命이 百歲의 時였다함. 彌勒上生經疏上에 「釋迦佛은 減劫 百歲時에 출현하고, 彌勒은 劫이 增加할 때 출세한다」하였음. 그러나 통상적으로 사람의 定命을 五十歲라고 하는 것은 釋迦如來 때문이며 二十歲를 減하고 八十歲에 入滅했으므로, 八十으로 기점을 삼아 三

千歲를 經過하였는데 三十歲가 減하였으므로 이것을 一往의 說이라 함.

정명(淨名) 淨名居士, 印度毘耶離國의 富豪인 維摩詰. →淨名居士, 維摩居士.

정명〔淨命〕 비구가 四種의 邪命法을 여의고 청정하게 活命하는 것을 淨命이라 말함. 즉 八正道 가운데 正命이고 또 淸淨한 마음으로 生命을 삼는 것을 淨命이라 함. 維摩經菩薩品에 「善行을 바로 행함이 淨命에서 일어난다」하였고, 註에 「肇가 말하기를 모든 곳에서 善을 行하고 邪心으로써 하지 않는 것이 命이 된다」 하였으며, 不思議疏上에 「淨命이란 少欲知足의 行이다」하였음.

정명(淨明) 元나라때의 僧인 高峰和尙(1238～1295)의 在家弟子 朱顯遠의 號.

정명(精明) 精良明白, 心意가 淸潔한 것을 말함. 無量壽經下에 「精良明白한 心意로 求願한다」라고 하였음.

정명(靜明) 高麗때 僧 天因의 法號. →天因.

정명거사(淨名居士) 維摩居士를 가리킴. 舊稱에는 維摩詰, 新稱에는 毘摩羅詰이라고 한다. 번역하여 無垢 또는 淨名이라 함. →維摩.

정명거사방장(淨名居士方丈) 維摩居士의 居室을 말함. 그 방은 넓이가 四方이 一丈이기 때문에 方丈이라 말함. 法苑珠林三十八에 「大唐顯慶年中에(656～660) 勅使 衛長史와 王玄策이 印度에 가다가 淨名居士宅을 지나면서 笏로써 그 집터를 재어보니 겨우 十笏에 不過하였다. 그러므로 方丈의 室이라고 하였음.

정명경(淨名經) ㊂ 維摩詰經의 다른 이름. 淨名은 維摩居士.

정명경집해관중소(淨名經集解關中疏) 二卷. 唐 道液集 또는 關中集解 關中疏·關中鈔라고도 한다. 淨名經集解 곧 後秦 僧肇의 注維摩詰經十卷에 刪補를 加한 것. 上卷에 僧肇의 維摩詰經序와 自序가 登載되어 있고 佛國品에서 菩薩品까지 四品을 解釋했으며 下卷에는 文殊師利問疾品已下 十品을 解釋한 것임.

정명경칠유(淨名經七喩) 淨名經方篇品에 「이 몸은 丘井과 같다」 한글을 土臺로 사람의 몸이 無常함을 보인 비유. 그 줄거리는 옛날 어떤 죄인이 도망하였으므로 왕이 사나운 코끼리를 시켜 쫓게 하였다. 罪人은 위급함을 피하기 위하여 마른 우물에 들어가다가 중간에서 썩은 넝쿨을 붙들었다. 밑에는 악한 龍이있고 그 옆에는 다섯마리 毒蛇가 있고 희고 검은 두마리 쥐가 가까히 지키고 있다. 그런데 머리위에 나무가 하나 서 있어 달콤한 꿀 방울이 떨어져 입에 들어옴으로 그만 그 맛에 끌려 자기가 어려운

처지에 놓여 있는 것도 잊어버렸다는 것. 우물은 生死, 코끼리는 無常, 惡龍은 惡趣, 다섯 독사는 五蘊에 비유한 것.

정명대사변암라원위강당 (淨名大士變菴羅園爲講堂) 부처님이 菴羅樹園에서 法을 說하였는데, 淨名大士(維摩)가 方丈의 病室에서 文殊를 따라 함께 이 곳에 나아가려 했는데 먼저 神力으로써 이 菴羅樹園을 변화시켜 淨土의 大講堂 모양을 만들었다 함. 維摩經菩薩行品에 「이 때에 부처님이 菴羅樹園에서 法을 說하시니 그 땅이 홀연히 광대하고 장엄하여졌으며 일체 대중의 모임은 모두 金色이 되었다. 아란이 부처님께 告하기를 "세존이시여, 어떠한 인연 때문에 이 瑞應이 있읍니까〈中略〉" 부처님이 阿難에게 말하기를 "이것은 維摩詰과 文殊舍利를 모든 大衆이 공경하여 에워싸고 오고자 하는 생각을 말했기 때문에 먼저 이 瑞應이 있는 것이다」 하였음.

정명식 (正命食) 二食의 하나로 出家한 사람의 正·邪의 食物인 正命食과 邪命食이 있음. →二食.

정명현 (淨名玄) ㊂ 天台地者가 지은 維摩經玄疏 六卷으로 世稱淨名玄이라고 한다. 淨名은 維摩居士.

정명현론 (淨名玄論) ㊂ 八卷, 隋나라 吉藏지음, 維摩經의 要旨를 解釋한 책.

정명현의 (淨名玄義) ㊂ 四卷, 元興寺智光이 지음. 維摩經玄疏를 解釋한 것.

정목 (定木) 模範이란 뜻. 자(尺)와 같음. 〈明惠遺訓〉

정묘 (淨妙) ㊵〈accha〉 깨끗한, 淸淨微妙한 것을 말함. 法華經譬喩品에 「이 모두 一相에 一種의 淨妙第一의 樂을 生한다」라고 하였음.

정묘국 (淨妙國) 淨土. 〈沙石集〉

정묘국토 (淨妙國土) 淸淨微妙한 國土란 뜻으로 淨土를 말함. 〈正法眼藏 佛性〉

정묘토 (淨妙土) 淸淨微妙한 國土라는 뜻으로 淨土를 말함. 〈眞言內證〉

정묘화삼매 (淨妙華三昧) 百八三昧의 하나.

정무멸 (定無滅) ㊵〈nāsti samādhi-hāniḥ〉 ㊄〈tiṅ ṅe ḥdsin ñams pa med pa〉 마음을 集中하는데 衰損함이 없는 것. 十八不共法의 하나. →十八不共法.

정무상 (正無上) ㊵〈saṃpatti-param-atā〉 如來의 行爲가 뛰어난 것. 七無上의 하나 〈菩薩地持經〉

정무색 (定無色) →四無色定.

정무표 (定無表) 散無表에 對하여 이르는 말. 禪定에 들면 얻어지는 定共戒의 無表와 無漏心을 일으키면 얻어지는 道共戒의 無表를 말한다. 이 無表는 가령 無想定·滅盡定등 無心定에 들어가도 역시 相續함.

정문(正文) 經典에 있는 그대로의 글. 〈往生要集〉

정문(正門) 第一의 方法. 〈正法眼藏變道話〉

정문(定門) 定·慧二門 가운데 하나. 定은 禪定, 門은 差別의 뜻으로 慧門에 대하여 이르는 말. 慈恩寺 傳序에 「繩墨을 잘 맞추어서 定門을 세웠으니 곧 華嚴을 貫하여 律部를 폈다」라고 하였음.

정문(淨門) 六妙門의 하나, 마음이 不住不着하여 妄想이 일어나지 않고 淸淨한 關門임.

정문십륙존(定門十六尊) 定의 德을 主張하는 十六尊의 뜻. 慧門十六尊의 相對語, 金剛界 三十七尊中의 四波羅蜜·內四供養·外四供養과 四攝의 十六尊을 말함.

정문안(頂門眼) ㊵〈maheśvara〉 摩醯首羅天(시바神) 정수리에 있는 또 한개의 눈이란 뜻, 摩醯首羅天은 세개의 눈이 있는데 그의 머리 꼭대기에 또 한개의 눈이 있기 때문에 頂門眼이라고 한다. 보통 사람이 가지고 있는 눈보다 특별히 뛰어나 一切의 事理를 환하게 비쳐 아는 특별한 眼力이 있었다. 碧巖三十四則 頌古著語에 「頂門에 또 한개의 눈을 가졌다」라고 하였고, 同三十五則垂示에 「만약 이 頂門위에 눈이 있지 않고 肘臂밑에 符가 있지 않다면 이따금 잘못을 저지르게 될 것이다」라고 하였음.

정문일침(頂門一針) 頭上에 刺針하듯 相對方의 急所를 찔러서 警戒를 加하는 것. 알맞는 忠告 적절한 批判 따끔한 警戒등을 말함. 原來 鍼灸術의 用語로 九針穴중 頭上에 加하는 가장 痛烈한 一針에서 나온 말, 略하여 頂이라고도 함.

정미(定味) ㊵〈samāpatti-sukha〉 禪定의 즐거움.

정미(精微) 詳細한 것.

정미귀(精媚鬼) 三種鬼의 하나. 一鬼.

정밀(靜謐) 고요하고 조용함. 〈安國論〉

정바라밀(淨波羅蜜) 四波羅蜜의 하나, 淨은 淸淨의 뜻. 涅槃에 갖추어 있는 德, 菩薩의 修行은 淸淨한 涅槃에 이르는 길이라는 뜻으로 하는 말.

정반(淨飯) ㊁〈Suddhodana〉 ㊵〈Śuddhodana〉 白米의 純白한 밥. 釋尊의 父王은 淨飯王이라 함.

정반기(淨飯器) ㊁〈pāniya-thālaka〉 물병을 뜻함. 印度人은 손으로 밥을 먹은 後에 물병의 물로 깨끗하게 하므로 이렇게 말하는 것. 〈五分戒本〉

정반성(定盤星) 定盤子와 같음, 定盤은 秤, 星은 衡의 눈금임. 定盤星은 저울의 기점이 되는 눈금이며 物의 輕重과는 관계가 있으므로 집착의 의미와 초월의 의미로 사용함. 碧巖錄第二則評唱에 「鉤頭의

意를 識取하고 定盤星을 莫認하라」 하였음. (鉤頭는 물건을 거는 곳임)

정반왕(淨飯王) ㊵〈Śuddhodana〉 中印度 迦毘羅衛國의 임금. 釋尊의 아버지, 輸頭檀·首圖馱那·屑頭등으로 불리며 白淨王이라고도 한다. 師子頰王의 아들, 拘利城의 임금 善覺王의 누이동생인 摩訶摩耶를 王妃로 맞았으나 悉達多太子를 낳고 죽었다. 그의 동생 摩訶波闍波提를 王妃로 定하여 悉達多太子를 養育하게 하였고 그 뒤에 難陀를 낳았다. 晩年에 病들어 釋尊·難陀·羅睺羅등의 看護를 받으면서 죽었다. 나이 79歲 또는 97歲라고도 함. 名義集三에 「首圖馱那(Śuddhodana)는 번역하여 淨飯 또는 白淨이라고 한다」라고 하였음.

정반왕반열반경(淨飯王般涅槃經) ㊷ 一卷, 劉宋 沮渠京聲이 번역, 부처님과 難陀, 阿難, 羅云이 몸소 淨飯王의 喪輀를 運送하여 孝道를 빛낸 것.

정반왕자(淨飯王子) ㊵〈Śauddhodani〉 ㊻〈Zas gtsaṅ gi sras〉 淨飯王의 子. 釋尊을 말함.

정반왕천불부(淨飯王千佛父) 雜寶藏經一에 鹿女의 因緣을 밝혀 이르기를 "옛날 암사슴이 仙人의 오줌을 먹고 문득 端正한 女人을 낳았는데 걸을 때 발자욱마다 蓮꽃이 생겼다. 그 때에 梵領國王이 이 女人을 맞아서 第2夫人을 삼았는데 一千 꽃잎의 蓮華를 낳았다. 蓮꽃잎 속에 一千아이가 있었는데 커서 모두 力士가 되었다. 그 때의 一千 아들은 賢劫의 千佛이요, 아버지는 白淨王이요, 어머니는 摩耶夫人이었다」라고 하였음.

정발(淨髮) 削髮과 같음. 僧侶가 머리를 깎는 것. 淨髮의 法이 半箇月만에 한번씩 깎는다. 高僧傳 闍那崛多傳에 「遮拘迦國山中에 滅定에 든 羅漢三人이 있었는데 禪定에 한번 들면 매양 半箇月에 이른다. 모든 僧侶들이 山에 가서 그들을 위하여 淨髮을 한다」라고 하였고, 同求那跋陀羅傳에 「淨髮하기 前에는 흰머리털이 하얗다」라고 하였음.

정방(亭坊) 亭主의 主持. 住職. 〈世間胸算用〉

정방(淨方) 方은 方所, 淨方은 곧 淨土를 가리키며 淨邦과 같음. 歸敬儀中에 「淨方은 一定한 것이 아니어서 뜻의 즐거움에 따라 받는다」라고 하였음.

정방(淨邦) 淨土와 같음. 敎行信證序에 「淨邦에 緣이 깊어서 阿闍世가 逆害를 일으킴을 調達하였다」라고 하였음.

정방(淨房) ①淸淨한 房. 〈往生要集〉 ②便所. 雪隱.

정방편(正方便) ㊸〈sammā-vāyāma〉 正精進과 같음. →正精進. 〈雜阿含經〕

정번(正翻) 文字대로 翻譯하는 것. 〈四教儀註〉

정범왕(淨梵王) 天名, 梵은 淸淨의 뜻, 梵天은 모두 婬欲을 여의었기 때문에 梵이라고 한다. 오늘날 梵語와 中國語를 합친 合成語로 稱하여 淨梵 또는 梵天王이라 함.

정범행(淨梵行) ①淸淨한 行爲를 말한다. ②男女間의 性的 關係를 끊는 것.

정법(正法) ①眞正한 道法 즉 부처님의 敎法을 말함. 理致에 어긋남이 없는 것을 正이라 하고 三寶中의 法寶로써 教·理·行·果의 넷을 體라고 한다. 無量壽經上에 「正法을 널리 펴다」라고 하였음 ②三時의 하나로 부처님의 敎가 盛하여 敎法과 實踐的 修行과 그 結果인 證果가 있는 時代, 그 期間에 대하여는 五百年과 一千年의 두가지의 說이 있음.

정법(定法) 定하여진 敎義. 〈傳心法要〉

정법(淨法) ①깨달음. 〈起信論〉 ②㊵〈vaiyavadāniKa-dharma〉 淸淨한 法. ③㊵〈buddha-dharma-viśodhaka〉 佛法을 깨끗이 하는 것.

정법(頂法) 또는 頂位라 함, 四善根의 하나. 四善根中에 煖과 頂의 二者는 動善이 되고 忍과 世第一의 二者는 不動善이됨. 이 動善 가운데 最極으로 마치 사람의 頂과 같으므로 頂法이라 함, 俱舍論二十三에 「動善根 가운데 이 法이 가장 훌륭하여 마치 사람의 頂과 같기 때문에 頂法이라 함, 혹은 이에 따라 양쪽에 나아가고 물러남이 山頂과 같기 때물에 頂이라 說한다」하였으며, 唯識論八에 「尋伺位가 極했기 때문에 다시 頂이라 한다」하였음.

정법거(正法炬) 正法은 능히 生死의 어둠을 밝혀주기 때문에 횃불에 비유함, 論玄義에 「공교로운 말로 잘 說法함은 正法의 횃불을 밝혀 邪見을 滅하는 幢이다」라고 하였음.

정법경(正法經) ㊇大迦葉問寶積正法經. 또는 大乘菩薩正法經의 略名.

정법계(淨法界) 眞如를 말함. 또는 淸淨法界라고도 한다. 眞如의 體는 一切의 더러운 때(坧穢)를 씻어버리므로 淨이라 하고, 一切의 世間 出世間 功德의 依止하는 것이 되므로 法界라고 한다. 佛地論三에 「淨法界는 眞如로 體를 삼는다」라고 하였음.

정법계인(淨法界印) 結印相, 左右의 손으로 주먹쥐고 가운데 두 손가락을 손바닥 속에 넣고 두 엄지손가락을 편 것.

정법계주(淨法界呪) 淨法界眞言과 같음.

정법교(正法橋) 正法은 능히 사람이 生死海를 건넬 수 있게 하므로 다리(橋)에 譬喩함. 大集經五十六에 「正法橋가 부서지면 法足으로 다시 다닐 수 없다」라고 하였음.

정법구주(正法久住) ㊵〈saddharma-cira-sthi:tikatā〉 바른 가르침이 오래 繼續하는 것.

정법기(正法器) ㊵〈vijñātum imaṃ dharmaṃ paramaṃ bhājanaṃ bhavān〉 너는 이 法을 알아야 할 最高의 그릇이다. 바른 法을 알 수 있는 才能을 가진 者.

정법념경(正法念經) ㊷ 正法念處經의 略名.

정법념경처(正法念經處) ㊷七十卷, 元魏 瞿曇般若流支 번역. 十善業道 및 生死의 過患과 地獄등 六道의 業果를 자세히 說하고 맨 뒤에 身念處의 法을 說하였음.

정법념처경(正法念處經) 줄여서 正法念經이라 한다. 七十卷 東魏 瞿曇般若流支 번역. 七段으로 나누어 善惡의 業에 依하여 받는 果報에 差別있음을 말하고 各處의 形便을 자세히 말하였음.

정법륜(正法輪) 부처님이 說한 敎法. →法輪.

정법륜신(正法輪身) 三種輪身의 하나, 大日如來가 菩薩身으로 化現하여 大日如來의 敎法을 말하는 몸. 金剛界曼陀羅의 理趣會 中央에 모신 金剛薩埵. →敎令輪身

정법률(正法律) 眞言律宗과 같음.

정법만족(正法滿足) 淸淨한 德性을 完全히 具備한 것. 〈起信論〉

정법멸(比法滅) 正法滅盡과 같음. 〈俱舍論〉

정법멸진(正法滅盡) ㊵〈saddharma-kṣiṇa〉 正法이 滅하여 없어지는 것. 正法이 行하여지는 時代가 끝나는 것. 〈法華經 譬喩品〉

정법명여래(正法明如來) 觀世音菩薩이 過去世에 이미 成佛했을 때의 이름. 千手陀羅尼經등에서 說한 것.

정법묘심(正法妙心) 正法眼藏涅槃妙心의 줄인 말. →正法眼藏.

정법무(正法務) 宮中의 法務를 맡은 長官.

정법보장(正法寶藏) ㊵〈saddharma-kośa〉 佛의 가르침을 寶藏에 比喩함. 〈藥師本願經〉

정법수(正法壽) 正法의 壽命을 말함. 佛滅後 一千年 正法時의 期間을 正法壽라고 한다. 敎·行·證의 三으로써 正法의 體를 삼는데 이 三世에 住하는 것을 正法의 壽命이라 한다. 俱舍論二十八에 「이미 부처님의 正法壽를 알았으니 漸次로 시들어져서 목구멍에까지 이른 것을 알겠다」라고 하였음. →正像末.

정법시(正法時) 三時의 하나, →正像末.

정법안(正法眼) 눈은 智慧의 比喩. 正法을 깨달은 智慧를 뜻함. 그것은 모든 것을 看破한다. 〈正法眼藏陀羅尼〉 不思議不可得에 대하여 말한 것. 〈無門鈔〉

정법안당(正法眼堂) 雲水의 修禪의 道場. 鎌倉의 圓覺寺에서는 禪堂의

別稱이라 함.

정법안장(正法眼藏) 또는 淸淨法眼, 禪家에서 그 것으로써 敎外別傳의 心印을 삼음. 釋氏稽古略一에 「부처님이 靈鷲山中에 계시니 大梵天王이 金色婆羅華를 가지고 부처님께 드렸다. 世尊이 꽃을 들고 대중에게 보였으나 人·天 百萬이 모두 어찌할 것을 알지 못하나 유독 迦葉만이 破顏微笑하므로 世尊이 말씀하시기를 나에게 正法眼藏涅槃妙心이 있는데 迦葉에게 分付하노라」 하였음. 지금 禪門의 뜻으로 해석한다면 이것은 바로 佛心의 德名이며 이 마음이 正法을 徹見했기 때문에 正法眼이라 하며, 깊고 광대해서 萬德을 含藏했기 때문에 藏이라 하며 法華經에서 말하는 佛知見임, 涅槃의 妙心은 佛心의 本體로 體가 寂滅하기 때문에 涅槃이라하며 思量分別을 할 수 없기 때문에 妙라하며 法華에서 말하는 妙法임, 다만 法華는 客觀에 따라 妙法이라 하나 지금은 主觀에 따라 妙心이라 한다. 一類頓悟의 機에 對하여 言句의 假名을 여의고 바로 이 佛心을 會得하게함을 以心傳心이라 함. 그러나 세존께서 가섭에게 付屬하신 正法眼藏은 비록 涅槃經의 誠說이나 拈華微笑의 일은 실로 禪門後輩의 蛇足이다. 그 說은 慧炬의 寶林傳에서 비롯되어 人天眼目·五燈會元 이하에서 거기에 雷同하여 오직 그 宗을 誇張하는 도구가 되었을 뿐이며, 隋·唐의 모든 祖師는 이 일을 말한 자가 없다. 傳燈錄二에 「法을 說하시며 세상에 머물기를 四十九年 하시다가 뒤에 제자 摩訶迦葉에게 말하시기를 내가 淸淨法眼·涅槃妙心·實相無相·微妙正法을 너에게 부촉하며, 아울러 阿難에게 다음(副貳)을 조칙하니 傳化를 斷絕함이 없게 하라」 했으며, 또 부처님이 모든 큰 弟子에게 말하시기를 迦葉은 將來에 正法眼藏을 宣揚케 할 것이다」 하였음, 明教傳法正宗記에 실린 것도 같음. 이 것이 涅槃經二에 이때에 부처님이 모든 비구에게 말하기를, "내가 지금 소유한 無上正法을 모두 摩訶迦葉에게 부촉하노니 이 迦葉은 앞으로 너희들이 크게 의지함이 될 것이다」 한 것, 그렇다면 正法眼藏이라 하고 淸淨法眼이라 함은 모두 總體的으로 佛이 一代에 설하신 無上正法이다. 大悲經 敎品에 「如來法을 諸聖에게 부촉한 正法眼의 이름은 또 滅後에 三藏을 結集하고는 結集法眼이라 말했으니, 어찌 敎外別傳의 心印에만 국한되겠는가」 하였음, →拈華微笑 ②書, 明나라 徑山 宗泉의 正法眼藏이 있으며 日本 道元禪師의 永平正法眼藏도 있음.

정법안장수문기(正法眼藏隨聞記) 書 六卷, 孤雲懷奘 編, 曹洞宗祖 道元

이 隨時로 그 會下에 示敎한 坐禪 學道의 用心을 門下生 懷奘이 和文으로 筆記한 것.

정법안장열반묘심(正法眼藏涅槃妙心) →涅槃妙心.

정법왕(正法王) 바른 가르침의 王. 〈往生要集〉

정법의(正法依) 부처님을 높혀 부르는 말. 부처님은 正法으로써 衆生에게 說하여 주기 때문에 부처님은 正法의 所依가 된다. 勝鬘經에 「부처님은 正法依가 된다」라고 하였고, 同寶窟中本에 「부처님은 正法으로써 衆生에게 주기 때문에 正法依라 한다」라고 하였음.

정법지(正法智) 바른 理致의 認識. 〈勝鬘經 十大受草〉

정법천년(正法千年) →三時〈俱舍論〉

정법천재(正法千載) →三時〈俱舍論〉

정법행(正法行) 梵〈dharma-caryā〉 바른 가르침의 實踐. 바른 行爲. 〈瑜伽論〉

정법화경(正法華經) 經十卷, 西晋 竺法護 번역, 이것은 法華譯本으로 처음 나온 것임. 後世에 羅什이 번역한 것과 大同하지만 다만 藥草喩品中에 迦葉의 問答과 生盲喩와 五百第子授記品의 처음에 있는 入海取寶의 비유와, 法師品을 藥王如來品이라하여 寶蓋王과 千子善蓋太子가 法供養하는 일과, 또 모든 呪의 梵語를 번역해 漢文으로 한 것과 囑累品이 最後에 있는 것이 다름.

정변각(正偏覺) 梵〈Samyak-saṁbuddha〉 또는 正偏智라고도 한다. 부처님의 十號의 하나. 三藐三佛陀라 함. 名義集一에 「三藐三佛陀는 鳩摩羅什이 번역하여 正偏覺이라 하였다. 이것은 法에 差別이 없기 때문에 正이라 하고, 智慧는 周遍하지 않음이 없기 때문에 偏이라 하며 生死의 꿈에서 벗어나기 때문에 覺이라고 한다」라고 하였음.

정변지(正偏知) 부처님 十號의 하나. 正眞道, 等正覺, 等覺, 正覺이라고도 한다. 부처님은 一切智를 갖추어서 宇宙間의 모든 精神的 物質的 현상에 대하여 알지 못하는 것이 없다는 뜻에서 正偏智라 한다. 偏은 遍과 同.

정변지(正偏智) 梵語 正偏覺과 같음. 一譯은 正偏知로 眞正하게 일체 法을 두루 아는 것, 智度論二에 「무엇을 三藐三佛陀라 하는가 三藐은 正이라 하고 三은 偏이라 하며 佛은 知라 하는데 이것은 일체 법을 두루 바르게 아는 것이다」하였고, 涅槃經十八에 「무엇을 正偏智라 하는가, 正은 전도되지 않음이며 偏智란 四顚倒에 통달하지 않음이 없는 것이다」하였으며, 大乘義章二十에 「正偏知란 그 解를 圓明하게 밝히는 것이다」하였음 ②梵語 三藐三菩提의 一譯은 正偏知다. 註維摩經一에 「肇가 말하기를 三藐三菩提는

秦言으로 正偏知다. 그 道가 眞正하여 法을 알지 못함이 없으므로 正偏知라 한다」하였음.

정변지부(正遍知部) 佛部의 다른 이름. 大日經疏六에 「正遍知部 三昧門이라」고 하였음.

정변지해(正偏知海) 부처님의 正偏智는 깊고 광대하여 측량하지 못하기 때문에 바다에 비유함. 觀無量壽經에 「諸佛의 正偏智海는 心想에서 생겨난다」 하였고, 往生論註上에 「正偏知란 眞正으로 如法界를 아는 것. 法界는 모양이 없기 때문에 諸佛은 알지 못하며 알지 못하기 때문에 알지 못함이 없다. 알지 못하고 아는 것이 이 正偏知다. 이 知는 깊고 광대하여 측량이 불가능하기 때문에 바다에 비유한다」 했으며, 觀經妙宗鈔上에 「三智가 融妙함을 正偏知라 하며, 한량없이 매우 깊기 때문에 바다와 같다고 비유한 것이다」 하였음.

정병(淨甁) ㉵〈Kuṇḍikā〉 軍遲, 또는 捃稚迦라 하며 번역하여 甁이라 함. 淨·觸의 二甁이 있는데 淨甁의 물은 淨手를 씻고 觸甁의 물은 觸手를 씻음. 또한 澡甁이라 하는데 지금 俗에서 尋常의 花甁이 거기에 해당한다함은 매우 잘못임. 釋氏要覽中에 「淨甁은 梵語로 軍遲니, 번역하면은 甁이다. 항상 물을 저장하여 몸에 차고 다니며 淨手에 사용한다」 寄歸傳에 이르기를 軍持가 둘이 있다, 甕甁 같은 것은 淨用이고 銅鐵은 觸用이다」 하였음. 義淨의 受用三水要行法의 舊律十誦 五十九에 이르기를 「淨甁罐과 則澡罐이 있다」 했으며, 四十一에 이르기를 「淨水甁은 恒常 쓰는 물병이다」 하였고 또한 新譯 有部律文에 淨甁과 觸器는 극히 분명하니 이것은 金口로 직접 말씀하신 것이며 사람이 조작한 것은 아니다, 어찌 한 銅甁만 용납하고 淨觸을 구분하지 않겠는가, 비록 함께 告해 말한다 해도 나를 마음에 두지 않는데 어찌 習俗에서 늘 생기는 일로 일부러 聖敎를 어기겠는가」 하였음.

정보(正報) 二報의 하나. 또는 正果라고도 한다. 衆生의 自心으로 이는 過去에 지은 業因에 依하여 感得한 果報의 正體이기 때문에 正報라고 한다 라고 하였음, →依報.

정보(定報) 定하여진 報應. 〈生往要集〉

정보(淨報) 좋은 報應. 〈上宮維摩疏〉

정보리심(淨菩提心) 眞言 修行者가 처음 初地에 들어서 法을 보고 道를 밝히어 無蓋障三昧를 얻는 것을 淨菩提心이라 한다. 大疏三에 「처음 淨菩提心門에 들어서 法을 보고 道를 밝히는 것이 마치 識種子迦羅羅때와 같다」라고 하였음.

정보리심관(淨菩提心觀) 五字 輪觀의 다른 이름, 密敎에서 心臟인 心

月輪위에 글자를 自在하게 觀하는 觀法임. 本尊의 意密과 衆生의 意密이 一體無二라고 觀하는 것. →字輪觀.

정보리심문(淨菩提心門) 淸淨菩提心. 이것은 東方 阿閦如來의 三摩地로 일체 중생이 成佛하는 正因이다. 일체 중생이 반드시 이 淸淨菩提心으로 因을 삼고, 일체 如來의 境界에 들어간다. 그러므로 門의 稱號가 있음, 大日經疏一에「佛의 智慧에 들어가는 無量한 方便門이 있다. 지금 이 宗은 바로 淨菩提心의 門이 된다. 만일 이 門에 들어가면 곧 처음으로 一切如來의 境界에 들어간다」하였음.

정보리심지(淨菩提心地) 初地의 다른 이름. 이는 眞言을 修行하는 사람의 初發心의 자리로 三句의 뜻. 菩提心을 이 자리에 因配하였음. (秘藏記末)

정복(淨福) 부처님의 惠澤. 佛敎를 믿음으로써 얻는 幸福.

정본(正本) 元來의 책. 〈華嚴刊定記 大東急文庫本, 奥書〉.

정부정무도(淨不淨無倒) 梵〈aviśuddhau viśu:ddhau ca aviparyāsaḥ〉 淨과 不淨에 對하여 틀리지 않는 것. 染淨無倒와 같음. →染淨無倒.

정분(情分) 사람의 情欲에 갖가지 差別이 있는 것을 말함. 身分이라고 말함과 같음.

정불〔淨佛〕 佛에도 深·淺·勝·劣의 구별이 있는 데 究竟의 眞佛을 淨佛이라 말함. 大日經疏八에「淨佛이라 함은 聲聞法 가운데 阿羅漢도 또한 佛이라 한다. 모두 다른 大乘의 未了義經에도 成佛의 뜻이 있다. 그러나 얻지 못함을 遮淨이라 한다. 지금은 바로 本心을 밝힌 常佛이므로 淨字를 머리에 놓은 것이다」하였음. 이것은 台宗에서 法相의 成佛을 배척한 것인데 有爲의 報佛과 夢中의 權果를 말하는 것.

정불국토성취중생(淨佛國土成就衆生) 淨佛國土란 維摩經 佛國品에서「만일 보살이 淨土를 얻고자 한다면 그 마음을 淸淨하게 해야한다. 그 마음이 청정하면 따라서 佛土도 청정하다」한 것임, 佛國土는 곧 菩薩이 成佛할 때에 感得하는 國土이며 대체로 當來에 自身이 所住할 國土를 淸淨하게 하고자 한다면 반드시 먼저 자기 마음을 청정하게 해야하며 자기 마음이 청정해진다면 그 國土도 淸淨함을 얻는다, 그러므로 菩薩이 大願의 마음을 發하여 當來의 自己의 淨土를 성취하려고 心行을 청정하게 함을 淨佛國土라 함, 成就衆生이라 하며 또한 維摩經 佛國品에「衆生의 類는 菩薩의 淨土다. 왜냐하면 보살이 所在하는 衆生을 따라 淨土를 取하기 때문이다」한 것. 菩薩이 佛土를 感得하면 반드시 所在하는 衆生이 있으며 佛土의 청정하고 더러움은

所在 衆生의 청정과 더러움에 따른다. 所在한 중생이 청정하면 그 국토도 청정하고, 所在한 衆生이 더러우면 그 국토도 또한 더럽다, 그러므로 보살이 莊嚴佛國土를 위하여 今日에 衆生을 敎化하는데 중생이 그 가르침을 따라 몸으로 청정한 善業을 성취하기 때문에 當來에 저 불국토에 가서 태어난다. 能·所의 二化와 依·正의 二報는 모두 청정함을 얻는다. 그것을 因하여 衆生을 敎化하는 것을 成就衆生이라 함, 法華經 信解品에 「菩薩法에 神通을 遊戲하여 佛國土를 清淨하게하고 衆生을 成就하나 마음에는 喜樂이 없다」하였음.

정불능남(精不能男) 根이 變現하여 男子를 만나면 女根이 일어나고 女子를 만나면 男根이 일어나는 者. 〈十誦律〉

정불정(定不定) ①梵〈sad-asad-bhū-ta〉 實有이면서 非實有인 것. 〈中論〉 ②뿌리가 박힌 强한 것과 不安定한 것. 〈往生要集〉

정불정(淨不淨) 梵〈śubha-aśubha〉西〈dge daṅ mi dge〉 맑고, 맑지 않다는 뜻. 〈俱舍論界品〉 善·不善을 淨·不淨이라 한다 함. 〈俱舍論〉

정비(定妃) 男子를 慧에 配對하고 女子를 曼茶羅中의 天女에 配對하여 모두 定門의 幖幟으로 삼기때문에 定妃라고 한다. 秘藏寶鑰上에 「八供天女는 妙供에서 雲海를 일으키고 四波의 定妃는 法樂에서 適悅을 받는다」라고 하였음.

정비(鼎沸) 솥속의 물이 끓듯이 어지럽게 일어남을 비유할때 쓰는 말.

정비정(情非情) 有情과 非情. 情識(마음) 있는 것과 情識이 없는 것. 生存하는 것(梵〈sattva〉)과 生存하지 않는 것이란 뜻. 情은 有情과 같으며 舊譯은 衆生이라 함. 感情이나 意識을 갖는 것이라는 意味로 一切의 살아 있는 것을 總稱하는 말. 이에 對하여 草木·山河·大地등을 非情이라 함. 〈正法眼藏 洗淨〉〈本尊抄〉

정빈(定賓) 人名 唐나라때 사람. 鄕貫 生 卒 年代 未詳. 중이 된뒤 長安崇福寺滿意를 따라 律을 배우고 相部宗의 傳한 것을 硏究하다. 大亮·法藏등 十五人과 함께 滿意門下의 上足이라 하였다. 後에 崇山鎭國寺에 住하여 四分律疏飾宗義記 十卷을 지어서 礪의 四分律疏를 자세히 解釋하였다. 四分律戒本疏 二卷등 著書가 많음.

정사(正士) 菩薩을 가리키는 말. 迷한 執着, 邪된 所見을 여의고, 바른 法理를 보는 사람이란 뜻으로 즉 正道를 求하는 大士란 뜻. 無量壽經上에 「十六正士」라 하였고, 同下에 「十方에서 온 正士다」 하였음.

정사(正邪) 梵〈samyaktva-mithyā-tva〉 바른 것과 잘못된 것.

정사(正使) 習氣에 대하여 일컫는

말. 바로 나타나 일어나는 煩惱의 正體를 正使라 하고, 그 煩惱의 餘習을 習氣라고 한다. 다시 말하면 煩惱의 主體를 正이라 하고, 煩惱는 衆生을 몰아서 三界에 流轉케 하므로 使라고 한다. 阿羅漢은 비록 正使는 끊었지만 習氣는 아직 없어지지 않았다. 觀經玄義分偈에 「煩惱는 끊어도 끊기지 않고 習氣는 없애도 없어지지 않는다」라고 하였고, 四敎儀에 「다만 正使는 끊어도 習氣는 侵犯하기 어렵다」라고 하였음.

정사(正思) 高麗 僧. 南原 松林寺에 있었다. 參知政事 鄭國儉이 원천동을 지나다가 左右의 岩壁위에 正思가 큰 글씨로 "古佛岩前水 哀鳴復鳴咽 應恨到人間 永與雲山別"이라고 한 絶句를 써놓은 것을 보고 이튿날 梁積中과 함께 찾아가서 벗을 맺고 그 뒤부터 人物을 評論할 때마다 正思는 僧中의 龍이라 칭찬하였음.

정사(正師) 바르게 實踐하고 있는 高僧을 뜻함. 〈學道用心集〉 正見의 師家라는 뜻. 〈聞解〉↔邪師.

정사(呈似) 바치다의 뜻. 似는 助字로 擧似. 付似등과 같은 따위.

정사(精舍) 寺院의 異名, 精行者가 거처하는 곳이기 때문에 精舍라 함. 精妙함을 말하는 것은 아님. 이 이름은 祇園精舍로부터 유래함. 學林新編에 「晉나라 孝武가 어려서 佛法을 받들었는데 精舍를 殿門에 세우고 沙門을 불러서 그곳에 살게 하였으므로 이로 인하여 俗에서 佛寺를 靜舍 또는 精舍라 한다」 하였음. 조사해보니 漢나라 儒者가 生徒를 敎授하며 거처한 곳을 모두 精舍라 했으며, 范書 包咸傳에 咸이 東海에 住하며 精舍를 세우고 講授했다 하였고, 黨錮傳에 劉淑과 檀敷가 함께 精舍를 세워 敎授했다 하였으며, 姜肱傳에 도적이 精廬에 가서 보기를 구했다 했는데 注에 精廬는 곧 精舍라 하였음. 이것으로 본다면 精舍는 本來 儒士를 위해 설치한 것인데 晉時에 따로 沙門을 살게 하고는 그 名稱을 따라서 사용했을 뿐임. 三國志注에 江表傳을 인용하여 「于吉이 吳나라에 와서 精舍를 세우고 香을 사르고 道書를 읽으며 符水를 제작하여 병을 치료했다」 하니 晉武以前의 道士도 또한 일찍 精舍의 명칭을 襲用했다 함. 釋迦譜八에 「마음을 쉬고 棲하는 곳이므로 精舍라 한다」 했고, 慧苑音義上에는 「藝文頭에 말하기를 精舍란 舍가 精妙함으로 精舍라 한 것이 아니고 그 精練하는 行者가 居하는 곳이므로 精舍라 한다」 하였으며, 名義集七에 「靈佑寺誥에 거칠고 포악한 자가 사는 곳이 아니기 때문에 精舍라 한다」 하였음.

정사(靜思) 梵語로 沙門의 하나. 번

역하여 靜思라 한다. 그 行에 約하여 義譯한 것. 歸敬儀에「沙門을 번역하여 靜思라 하며 뜻으로 指目한다」하였음.

정사경(正事經) ㊄'佛爲年少比丘說正事經'의 略名.

정사량(正思量) 正思惟力과 같음.

정사유(正思惟) 八正道의 하나. 無漏의 智慧로 四諦의 理致를 推求考察하고 觀이 더욱 進取하게 함을 말함.

정사유력(正思惟力) 마음에 思惟함으로 생기는 決定心. 〈香月〉

정산(定散) 定은 禪定. 마음이 항상 한곳에 머물러 있는 것, 散은 散亂. 마음이 항상 六塵의 境界를 攀緣하여 잠시만 머물러 있는 것. 定心은 賢聖을 닦아서 이루는 것이며 散身은 凡夫의 自性이 된다. 定心에는 有漏無漏의 區別이 있고, 散心에는 善·惡·無記의 三이 있다. 이 두 가지로써 一切의 마음을 統率하는 것임.

정산서정리구층석탑 (定山西亭里九層石塔) 忠南 青陽郡 定山面 西亭里 所在. 高麗初期의 建立으로 推測되며 높이 5.5m, 三層 基壇위에 方形 九層石塔으로 理存하는 것이 極히 稀貴함.

정산심(定散心) ①定心과 散心. → 定散. ②他力의 信心에 對하여 定心이나 散心을 닦으려고 하는 自力의 마음을 말함. 〈敎行信證 化身土卷〉

정산이선(定散二善) 唐 善導가 觀經 一部에서 밝힌 十六想觀의 行을 定과 散의 二善에 포섭하였는데, 앞에 十三觀은 禪定의 마음으로 淨土의 依·正 二報를 觀하기 때문에 定善이라 하고 뒤의 三觀은 散心으로 三福·九品의 行을 닦기 때문에 散善이라 함. 散善義에「앞에 十三觀을 밝혀 그로써 定善을 삼았다. 곧 이것은 韋提가 청을 하여 如來가 이미 대답하신 것이며 뒤에 三福과 九品을 밝혀 散善이라 하며 이것은 부처님 스스로 말씀하신 것이다. 비록 定·散의 兩門에 다름이 있으나 모두 正宗分의 竟을 밝힌 것이다」하였으며, 觀經玄義分에「그 要門이란 곧 이 觀經의 定·散 二門이다. 定은 곧 생각을 쉬고 마음을 엉키게 하는 것이며, 散은 즉 惡을 폐하고 善을 닦는 것인데 이 두 行을 돌이켜 往生을 救願한다」하였음.

정산이심(定散二心) 定心과 散心. 定은 禪定. 마음이 항상 한곳에 머물러 있는 것. 散은 散亂. 마음이 밖의 境界를 따라서 잠시도 머물러 있지 않는 것. 이 定善·散善을 닦는 마음을 定散二心이라고 함.

정산자력(定散自力) 弘願他方의 反對. 他力大行의 念佛에 對하여 定善 散善을 自力廻向의 行業으로 삼기 때문에 定散自力이라고 함.

정산자리신심(定散自利信心) 罪福信이다. 罪와 善根에 綿密한 注意를 하는 마음. 〈圓乘〉

정산자리심(定散自利心) 定善·散善을 自力廻向의 行業으로 믿는 마음. 즉 自力의 定·散心으로써 證果를 얻고자 하는 마음을 말함.

정산자심(定散自心) 定散自利心과 같음. →定散自力. 定散自利心.

정산제기(定散諸機) 禪定이나 散亂心의 善行에 依賴하는 사람들. 〈教行信證 化身土卷〉 定心散心의 衆生. 〈眞聖〉

정산지행(定散之行) 念佛以外의 行을 가리킨다. 즉 定은 定善으로 마음을 集中하여 雜念을 버리는 것이며, 散은 散善으로 惡을 끊고 善을 닦는 것인데 모두 自力이라 함. 〈選擇集〉

정삼루(情滲漏) 取捨의 念이 아직 存在하는 것. 三滲漏의 하나. →三滲漏 〈碧巖錄〉 〈洞山錄〉

정삼업인(淨三業印) 結印相. 蓮華合掌으로 淸淨三業의 印契를 삼기 때문에 淨三業印이라고 함. →蓮華合掌.

정상(正像) 正法·像法을 말함. →正像末.

정상(呈上) 向上과 같음. 目的하는 絕對平等의 境地. 〈慈雲 短篇法語〉

정상(定相) ①常住不變하는 相. 一切 世間의 法은 定相이 없고 오직 涅槃만이 定相인 것임. ②禪定에 든 相을 말함.

정상(頂上) 이마 위. 頭上. 〈二菩薩經〉

정상〔頂相〕 如來의 頂上에 肉髻가 있는데 一切 人·天이 볼 수 없기 때문에 無見頂相이라 함. 三十二相의 하나. 大法炬陀羅尼經에 「如來의 頂相은 肉髻가 원만한데 일체 人·天이 볼 수 없는 것이다」 하였고, 涅槃經에 「나의 頂上을 보는 자가 없다」 하였음. 禪家에서 祖師의 半身肖像을 頂相이라 함. 그것을 존대하여 如來의 無見頂相에 비기기 때문임.

정상(靜相) ㉵〈śamakāra〉 刑本에 ㉵〈samā:kāra〉라 한 것을 訂正한 것. 고요하고 平安한 모양. 〈眞諦譯「俱舍論」〉

정상말(正像末) 대체로 一佛이 세상에 출현하시면 그 부처님을 근본으로 해서 正法·像法·末法의 三時를 세움. 그러나 모든 經에는 모두 正·像의 二時만 說하였고, 大悲經에만 홀로 正·像·末의 三時를 說하였음. 또한 雜阿含·俱舍論에는 오직 正法의 一時만 說하였음. ①正法. 正이란 證이니 부처님이 비록 세상을 버리셨으나 法과 儀는 고쳐지지 않아서 教도 있고 行도 있어 바로 證果를 얻는 자가 있는데 이것을 正法의 時라 함. ②像法. 像이란 같다는 뜻. 訛替임. 道化가 점점 訛替하여 眞正한 法儀와 行儀

가 行해지지 않으며, 따라서 證果한 자도 없다. 다만 敎만 있고 行만 있어 像似한 佛法만 行한다. 이 때를 像法의 時라 함. ③末法. 末이란 微, 더욱 微末하여 다만 敎만 있고 行도 없으며 證果한 자도 없는 때인데 이것을 末法의 時라 함. 嘉祥의 法華義疏五에 「부처님이 비록 세상을 버리셨으나 法·儀가 아직 고쳐지지 않는 것을 正法時라 말하고, 부처님이 세상을 버리신지가 오래되어 道化가 訛替함을 像法時라 하며 더욱 다시 微末함을 末法時라 한다」 하였고, 法華玄賛五에 「부처님의 正法時에 敎·行·證의 三이 모두 具足하고 佛의 像法時에는 오직 敎·行만 있고 證果하는 이 없으며 부처님의 末法時에는 오직 敎만 있고 行·證이 모두 없다」 하였으며, 靑龍仁王經疏三下에 「敎도 있고 行도 있으며 果證을 얻을수도 있는 것을 正法이라 하며 敎도 있고 行도 있으나 果證이 없는 것을 像法이라 하며 오직 敎만 있고 行도 없고 證도 없음을 末法이라 한다」 하였고, 三大部補注七에 「正이란 證이며, 像이란 似며, 末이란 微라」 했으며, 또 俱舍論二十九에는 敎·證으로 正을 삼고 法의 體가 正法의 세상에 안주함이 一千歲가 된다고 밝혔다. 敎法이란 經·律·論의 三藏이며, 證法이란 三乘의 菩提分法임(앞에 말한 證果와 다름). 만일 어떤 사람이 그 敎法을 외우고 지니며 바르게 說한다면 敎法 세상에 住하게 되고, 어떤 사람이 그 菩提分法을 行하는 자는 證法世에 住하게 된다. 그러므로 이 세 사람이 세상에 머무는 時量으로 正法世의 時量이 됨을 알 수 있다」 聖敎中에는 총체적으로 千歲住를 말했을 뿐임(證法이 오직 千歲동안 머물고 敎法이 머무는 시기는 다시 이 보다 지나는데, 곧 像法임). 頌에 「佛正法에 둘이 있는데 敎證이 體가 되고 持說이 行이 되는데 이것이 문득 世間에 머문다」 하였음.

정상말삼시(正像末三時) →正像末. 〈傳光錄〉

정상육계(頂上肉髻) 梵〈ūrṇa-kośa〉 頂肉髻相과 같음. →頂肉髻相.

정쌍(貞雙) 高麗 僧侶. 普濟寺에 住錫. 高麗 宣宗一(1084)年에 九山門에서 工夫하는 僧侶들을 進士의 禮에 依하여 三年마다 한번씩 選拔하기로 奏請하여 王이 그대로 實行함.

정색(定色) 梵〈dhyāna-āpta〉 禪定에서 생기는 것. 〈俱舍論〉

정색(淨色) 梵〈rūpa-prasāda〉 西〈gzugs daṅ ba〉 淸淨한 物質的 存在. 透明하고 淸淨한 物質이란 뜻. 眼·耳·鼻·舌·身의 五根을 말함. 〈俱舍論〉

정색가염(正色可染) 正色은 물들기가 쉽다는 뜻. →生像.

정생(正生) 現在 생기고 있는 것. 〈俱舍論〉

정생삼매(頂生三昧) 佛頂尊의 三昧를 出生하는 것. 出生義에 이와 같이 또 頂生三昧에 住하여 頂生의 몸을 나타낸다」라고 하였음.

정생왕(頂生王) 지난 옛날에 布殺陀王이란 王이 있었다. 왕의 頂에서 홀연히 皰가 났는데 皰로 부터 한 아들이 태어났다. 뒤에 長大하여 金輪王이 되었는데, 頂生王이라 稱하였다. 頂生金輪王이 이미 四天下를 정복하고는 마침내 忉利天에 올라가 帝釋을 헤치고 자기가 그를 대신하고자 했는데 이루지 못하고 다시 땅으로 내려왔으나 피곤하여 병들어 죽었다. 頂生王은 지금의 釋迦佛이 이것임. 俱舍光記八에「曼駄多는 王의 이름인데, 中國말로 我養이다. 이는 布殺王의 頂皰에서 태어났으나 얼굴모습이 단정하므로 왕이 안고 궁전에 들어가 말하기를 "누가 기르겠느냐" 하니 모든 후궁들이 모두 내가 기르겠다 하므로 그로써 이름을 지었다. 옛날에 頂生王이라 말함은 이 뜻으로 번역한 것이나 바로 지목한 것은 아니다. 이 王이 長大하여 金輪王이 되었다」 하였음. 頂生王의 故事 經은 文陀竭王經·頂生王 因緣經·賢愚經 頂生王品·涅槃經十二에 說에는 頂生王이 帝釋을 害하려 하다가 도리어 敗死하는 因緣이 되었다 하고, 仁王經下의 說에는 此時에 帝釋이 百座仁王會를 설치하여 頂生王을 물리쳤다는 분이 있음.

정생왕경(頂生王經) ㊄二部가 있다. ①'佛說頂生王故事經' 一卷, 西晋 法炬 번역. ②'佛說頂生王 因緣經' 六卷, 趙宋 施護 번역. 두 經이 모두 頂生王의 行蹟을 說한 것인데 다만 具備되고 省略한 것이 다를 뿐이다. 頂生王은 부처님의 前生의 일.

정생지격(情生智隔) 凡夫의 情(分別의 行爲)이 일어나면 眞實의 智가 가로막힌다는 것. 〈正法眼藏 一顆明珠〉

정석(頂石) 머리위에 있는 磐石. 즉 머리위에 있는 磐石은 빨리 치어놓아야 하는 것처럼 生死의 危急함을 譬喩하여 頂石이라 하였다. 心地觀經五에「精勤修習하여 잠시라도 놓아서는 안된다. 煩惱妄想은 머리위의 바위를 버리는 것같이 하고 머리가 불붙는 것을 끄는 것 같이 速히 救하라」고 하였음.

정선(定善) 마음을 한 곳에 머물게 하고 닦는 善根. 淨土宗의 根本經典中의 하나인 '觀無量壽經'에 十六觀을 말하였는데, 前十三觀으로 淨土·聖衆등의 모양을 觀想하는 것을 定善이라고 함.

정선(頂禪) 最高의 禪이란 뜻. 智度論에서는 禪의 究極의 상태를 가리키는 異名으로 사용하나, 이 말을 받아 天台宗에서는 超越三昧의 異名으로 쓰고 있다. 普寂은 邊除를 頂禪으로 한다고 說하고 있음.

정선의(定善義) ㊂唐나라 善導지음. 四帖疏 가운데 第三. 淨土三部經의 하나인 觀無量壽經의 觀法 正宗分 十六觀가운데 前 定善十三觀을 解釋한 것.

정설(正說) 邪說에 대하여 이르는 말. 또는 傍說에 대하여 이르는 말임.

정성(正性) 聖性과 같음. →聖性.

정성(定性) 聲聞·緣覺·菩薩의 三乘에 있어서 각각 오직 한 種子만 갖춘 衆生을 定性이라 하며, 二種 혹은 三種을 갖춘 衆生을 不定性이라 하고, 三乘의 無漏種子를 모두 갖추지 못하고 다만 人·天의 有漏種子만 있는 자를 無種性이라 한다. 定性가운데 三性이 있는데, 不定性과 無種性을 더한다면 五性이 된다. 곧 法相宗에서 세운 五性이 각각 다르다 한 것.

정성(定省) ①저녁에는 잠자리를 보아 드리고 아침에는 問安을 드리는, 父母에게 孝道를 하는 것. 세멋대로의 行動을 하지 않는 것. 〈大慧書 答樓樞密第一書〉

정성(淨性) 煩惱를 떠난 淸淨한 本性. 〈眞言內證〉

정성(淨聖) 淸淨한 聖者. 聖者로서 淸淨하지 않은 사람이 없지만 여기서는 그 上位의 人을 指稱한 것이다. 法華經普門品偈에 「觀世音淨聖은 괴롭거나 슬프거나 죽을 厄運에도 믿고 依止할 수 있다」라고 하였음.

정성결정(正性決定) 見道의 位를 말한다. 반드시 涅槃을 向하여 간다는 뜻. 俱舍의 敎學에 依하면 苦法智忍을 얻은 位를 말함. 〈俱舍論〉

정성보살(定性菩薩) 法相宗에서 衆生에 五種性을 세우는 가운데 先天的으로 菩薩이 되어서 成佛할 수 있는 資格을 가진 사람.

정성성문(定性聲聞) 法相宗에서 세운 衆生 五種性 가운데 하나. 本來 唯一한 聲聞의 無漏種子만을 갖추고 있는 사람으로 오직 聲聞의 因만을 닦아서 聲聞의 果만을 證得하고 다시 더 佛道에 나아가 求하지 않는 사람을 定性聲聞이라고 함.

정성연각(定性緣覺) 法相宗에서 세운 衆生 五種性 가운데 하나. 本來부터 唯一한 緣覺의 無漏種子만을 갖추고 있어서 오직 緣覺의 因을 닦아서 緣覺의 果를 證得하고 다시 佛道에 나아가 求하지 않음을 定性緣覺이라고 말함.

정성이생(正性離生) ①見道의 異名. 正性이란 無漏의 聖道. 離生이란 分別에 依해 생기는 煩惱를 끊는 것. 또 離生은 凡夫의 生을 떠난다는 뜻으로 解釋될 때도 있다. 俱舍의 敎學에 依하면 苦法智忍을 얻은 位를 말한다. 正性決定과 같음. 〈俱

舍論〉 ②正性은 涅槃·聖道등의 性이 꼭 바르고 그릇됨이 없는 것. 生은 煩惱, 煩惱없는 聖道, 곧 見道를 말함.

정성이성(正性離性) 聖性離生과 같음. →聖性離生.

정성이승(定性二乘) 定性聲聞과 定性緣覺, 즉 五性가운데 前二性을 말함. 어떤 衆生은 緣覺의 種子만 있어 即時 緣覺이 되어 無餘涅槃에 들어가며 어떤 衆生은 聲聞의 種子만 있어 聲聞이 되어 無餘涅槃에 들어가게 된다. 이 두 사람을 定性二乘이라 함(唯識大意).

정성이승(定姓二乘) 定性二乘과 같음. →定性二乘.

정성정취(正性定聚) 三聖의 하나. →三聖.

정성희락지(定性喜樂地) 色界의 第二禪天, 三界九地 가운데 하나. 이곳의 天의 衆生은 勝妙한 禪定에 住하며 禪定으로부터 心識의 喜樂이 生기므로 定性喜樂地라고 말함.

정소(頂巢) 坐禪할 적에 몸을 곧바로 세워 까딱도 않으니 새가 날아와서 그 머리위에다 둥지를 틀었다는 것. 觀音玄記下에 「尙闍梨가 第四禪을 證得하고 呼吸도 하지 않으니 새들이 나무인줄 알고 그의 머리에다 알을 낳았다. 禪定에서 깨어나 다니고자 해도 어미새가 오지 않을까 두려워서 곧 다시 禪定에 들었다. 새가 날아간 뒤에야 일어났으니 이것이 바로 禪滿相이다」라고 하였음.

정소생(定所生) 禪定力에 依해 생긴 色. 定自在所生色과 같음. →定自在所生色. 〈八宗綱要〉

정소생자재색(定所生自在色) 法處所攝色의 하나. 定力에 依하여 變해 나타나는 色·聲·香·味觸등의 對境. 이것은 定力에 依하여 變現自在하게 생기는 뜻으로 이렇게 말함.

정소인색(定所引色) 또는 定果色이라고도 한다. 法處所生色의 하나. 定力으로 말미암아 變出하는 色을 말함.

정소피(正所被) 바로 敎化를 받을 標的을 指摘하여 말한 것으로 무릇 어리석은 사람의 機類는 모두 阿彌陀佛의 正所被가 된다고 말할 수 있음.

정소피기(正所被機) 바로 敎化할 目標가 되는 機類.

정소행(淨所行) ㉵〈viśuddhi-gocara〉 ㉵〈śuddhiviṣaya〉 淸淨하게 하기 爲한 對象.

정소행진실(淨所行眞實) ㉵〈viśuddhi-gocara-tattva〉 ㉳〈rnam par dag paḥi spyod yul gyl dek:ho na〉 淸淨하게 하기 爲한 智의 對象이 眞實한 것. 이것에 二種이 있다. 道德的 障害(㉵〈kleśa-āvaraṇa〉)를 淸淨하게 하기 爲한 智의 對象과 認識的 障害(㉵〈jṅeya-āvaraṇa〉)를 淸淨하게 하기 爲한 智의 對象의 二

種을 말함. 〈辯中邊論 辯眞實品〉

정수(正受) 梵〈Samaya〉 三昧. 一譯은 正受. 三은 正이 되고 昧는 受가 됨. 이는 禪定의 異名임. 마음을 일정히 하여 邪亂을 여의는 것을 正이라 하며 無念無想하여 納法在心을 受라 함. 明鏡이 無心히 物을 들어내는 것과 같음. 大乘義章十三에 「邪亂을 여의었기 때문에 正이라 說하며 法을 받아들였으므로 受라 한다」하였고, 觀經玄義分에 「正受라 하는 것은 想心을 모두 쉬고 緣慮를 함께 잊어버려서 三昧가 相應하는 것을 正受라 한다」 하였으며, 同序分義에 「앞에 思想이 점점 희미함을 따라서 미세한 覺想을 모두 잊어버리고 오직 定心과 前境이 合함을 正受라 한다」 하였음.

정수(正秀) 新羅後期의 僧侶. 哀莊王 때 皇龍寺 僧으로 눈 덮인 어느 겨울 저녁 三郞寺로부터 돌아오는 길에 天嚴寺 문앞에서 한 女子 乞人이 애를 낳고 누워 얼어죽게 된 것을 보고 안아서 蘇生시킨 후 옷을 벗어 덮어주고 알몸으로 皇龍寺에 돌아와 벼짚으로 몸을 덮고 밤을 지냈다. 이날 밤중에 하늘로부터 宮中에 소리가 들리기를 「皇龍寺 僧 正秀는 마땅히 王師가 되어야 한다」 하므로 王이 急히 사람을 보내어 事實을 알아본 後 國師로 삼았다 함.

정수(正修) 梵〈prapatti〉 바른 實踐.

정수(定水) 마음을 고요히 맑게 가라앉힌 것을 止水에 譬喩한 것. 往生十因에 「만약 물을 고요히 가라앉혀 맑고 깨끗해지면 저절로 滿月尊이 나타난다. 이 淸淨한 물이 緣이 되어 空中의 本來 달이 보인다」라고 하였음.

정수(定壽) 사람의 壽命이 定해져 있다는 것을 말한다. 또는 定命이라고도 한다. 사람의 命數 혹은 運命이 定해져 있다는 뜻으로도 사용됨.

정수(淨水) ①梵〈sita-ambu〉 淸淨한 물. 흐리지 않는 물. 〈佛所行讚〉 ② 布薩時 酒水를 갖는 役을 말함.

정수(頂受) 巴〈sussūsissati〉 들어 주는 것. 承諾하는 것. 〈雜阿含經〉

정수(情數) 梵〈sattva-ākhya〉 有情에 關係하는 것.

정수락(正受樂) 梵〈samāpatti-sukha〉 禪定의 즐거움.

정수삼매(正受三昧) 三昧는 번역하여 正受라 하니 正受三昧는 梵語와 中國語를 함께 쓴 것.

정수염불(正修念佛) 바르게 念佛을 닦는 것. 〈要集〉 五念門이란 뜻. 〈圓乘〉

정수용(定受用) 梵〈niyata-vedaniya〉 西〈myon bar ṇgyur ba ṅes pa〉 必然的으로 果報를 받는 것.

정수장지(停囚長智) 獄에서 惡智慧를 더한다는 말. 〈碧巖錄〉

정수주(淨水珠) 寶珠를 말함. 이 寶

珠는 능히 濁水를 깨끗이 맑게 하므로 淨水珠라고 말한다. 이 寶珠를 慈心과 信心에게 譬喩함. 智度論二十에 慈相應心은 慈名心數法으로 능히 마음속의 憒濁을 除한다. 이른 바 瞋·恨·慳貪 등의 煩惱를 가라 앉히므로 마치 淨水珠를 흐린 물속에 넣으면 물이 곧 밝아짐과 같음에 비유한 것이다」라고 하였음.

정수지감(情數之感) 有情의 輪廻. 〈玄義〉

정수진언(淨水眞言) ㊵〈pādya-mantra〉 발을 씻기 爲한 물을 쓸 때 부르는 眞言. 起源은 힌두敎에 있다. ㊵〈oṃ ni ri hūṃ khaḥ〉라 함. 〈大悲空智經 現證儀軌王品〉

정수행(正受行) 三昧의 古譯. →三昧(㊵Ⓟ〈samādhi〉) 〈陰持入經〉

정수행(正修行) 眞理를 다 깨닫고 修行하는 것을 말함. 〈圓乘〉

정순(定順) ㊵〈śuśrūṣā〉 ㊥〈bsgo ba bshin byed pa〉 柔順. 〈廻諍論〉

정습(正習) 正使와 習氣의 併稱. 四敎儀에 「正使와 習氣를 모두 除滅하라」고 하였음. →正使.

정승(正乘) 眞實에 引導하기 爲하여 臨時方便으로 假設한 가르침을 方便乘이라 하며 이에 對하여 眞實 그 自體의 가르침을 正乘이라 함. 바른 가르침.

정승방편승(正乘方便乘) 正乘과 方便乘의 并稱. 眞實하고 바르게 衆生을 이끌어주는 法門을 正乘이라 하고, 方便을 베푸는 法門을 方便乘이라 함. (梁譯 攝大乘論釋 第十五, 華嚴經孔目章)

정승삼매(靜勝三昧) 寂靜한 境地에서 坐禪三昧에 잠기는 것. 〈「大慧書」答富樞密第二書〉

정승의요지(淨勝意樂地) 初地. 歡喜地. 〈五敎章〉

정시(正時) ㊵〈Kṛta-yuga〉 世上이 墮落하지 않았던 좋은 時代.

정시(淨施) ㊵〈Vikalpana〉 ㊇〈Vikappana〉 ㊥〈Sbyin-pa〉 施를 깨끗이 한다는 뜻. 甲인 比丘가 乙로부터 比丘라 하며 個人所有로 許可된 이상의 물건을 布施를 받으려고 할 때 직접 받지 아니하고 逆으로 乙이 그 施物을 施與하고, 혹은 丙을 施主로 假定하여 그 物件을 施與하였다가 뒤에 甲은 乙, 혹은 丙으로부터 그 施物의 返還을 받아야 비로소 자기의 身邊에 싸아두는 形式을 取하는 것을 말한다. 그 중에 甲으로부터 施物을 받아 다시 甲에게 되돌려주는 사람을 淨施者라 하며 甲은 淨施者에 대하여 施與의 뜻을 述하는 일을 淨施 또는 說淨이라고 함.

정시의(淨施衣) ㊇〈civaraṃ vikappetvā…〉 節次를 밟아 讓與된 옷. 〈五分戒本〉

정시자전(丁侍者傳) 高麗에 僧. 息影庵이 지은 假傳體 隨筆. 지팡이를 擬人化한 것.

정식(正食) 僧侶에게 許諾된 食物로 飯·麥豆飯·麨·餅등이다. 舊本에는 蒲闍尼인데 번역하여 正食이라 하였고, 新本에는 蒲善尼라하여 噉食이라 번역하였다. 여기에 五種이 있음. →半者蒲膳尼.

정식(停息) 멎는 것. 묵는 것. 〈要集〉

정식(淨識) ①無漏의 識. 類智의 品類. 〈俱舍論〉 ②淸淨한 阿摩羅識(梵〈amala-vijñā:na〉). 阿摩羅識을 말함. →阿摩羅識. 〈瑜伽論〉 ③淸淨한 根本識. 〈三無性論〉

정식(情識) 凡夫의 迷妄心의 見解를 말한다. 마음. 〈香月〉

정식(精識) 사람의 精靈心識이다. 無量壽經下에 「魂·神·精·識이 自然히 따른다」라고 하였음.

정식(靜息) 梵語로 琰魔라 하는데 번역하여 靜息이라 한다. 琰魔의 方便으로 사람의 罪를 靜止시키고 사람의 罪를 滅息시킴. →琰魔.

정신(正信) 正은 邪에 대하여 한 말. 正信은 正法을 믿는 마음. 維摩經 方便品에 「모든 異道를 받아가지고 正道를 믿는 마음을 毁廢하지 않는다」라고 하였고, 起信論에 「大乘의 正道를 믿는 마음을 일으켰다」라고 하였음.

정신(定身) 五分法身의 하나. 또는 禪定에 든 몸을 말한다. 禪定의 功德으로 法身의 一部分을 組織한 것을 말함. 부처님의 自體에 갖추고 있는 다섯가지 功德가운데 如來의 眞心이 寂靜하여 온갖 妄念妄想을 여윈 몸을 가리킴.

정신(淨信) 淸淨한 信念. 仁王經中에 「一念으로 淨信한다」라고 하였음.

정신(精神) 有情들의 心識을 말함. 精微한 것을 '精'이라 하고 헤아려 알 수 없는 것을 '神'이라고 한다. 無量壽經下에 「精神이 苦痛스럽다」라고 하였음.

정신게(正信偈) ㊕宋나라 慈雲의 天竺別集中에 往生正信偈와 彌陀經正信偈가 있고, 日本 見眞大師의 敎行信證行卷에 正信念佛偈가 있으며 또 略文類에 念佛正信偈가 있는데 뜻은 같으나 文章이 조금 다르다. 그 門徒들이 正信偈라 稱함.

정신득급(正信得及) 正信으로서 비로소 道에 들어올 수 있는 것. 〈正法眼藏 佛性〉

정신심(淨信心) 梵〈prasāda〉 淸淨한 信仰心.

정실(貞實) 그 마음이 誠實하여 諂曲이 없으며 敎法을 받을만한 者를 가리킴. 法華經 方便品에 「내가 이제 이 大衆들은 다시 딴 枝葉이 없고 純專히 貞實한 사람만이 있다」라고 하였음.

정실(精室) 佛法을 닦는 道場을 말한다. 즉 精妙한 壇場. 또는 精進修練하는 사람의 室宅이기 때문에 精室이라고 한다. 三摩地法에 「精

室을 建立하여 法輪의 壇을 폈다」 라고 하였고, 准提儀軌에 「佛像을 精室에 모셔놓고 秘密히 供養한다」 라고 하였음.

정실〔靜室〕 禪定에 비유해서 말함. 智度論十七에 「常樂涅槃은 실제 지혜를 따라서 나며, 실제 지혜는 一心禪定을 따라서 생한다. 비유하면 燈을 켜는 것과 같아 燈이 비록 비출 수는 있지만 큰 바람 가운데 있으면 작용하지 못하고 만일 密室에 安置한다면 그 작용이 完全함과 같다. 흩어진 마음 속에서는 지혜도 또한 이와 같다. 만일 禪定의 靜室이 없다면 비록 지혜가 있다 해도 그 작용은 완전하지 못하며 禪定을 얻으면 실제의 지혜가 생긴다」 하였음.

정심(井心) ㊇〈khron paḥi sems〉 사람 마음의 善·不善을 헤아리기 어려운 것을 우물물의 깊고 얕은 것을 보기만 하여서는 헤아릴 수 없는 것에 比喩한 말. 六十心의 하나. →六十心. 〈大日經 住心品〉

정심(正心) 朝鮮朝 僧侶. 號 碧溪, 名 正心, 淨心, 俗姓 崔氏, 錦山 사람, 龜谷覺雲의 法을 잇고, 또 明나라에 가서 總統和尙의 法印을 傳해 오다. 太宗이 佛法을 사태할 때에 머리를 기르고 黃洞 黃嶽山에 들어가 숨다. 뒤에 禪을 碧松智儼에게, 敎를 淨蓮法俊에게 傳함.

정심(定心) 禪行을 닦아서 散亂한 마음을 멀리 여의는 것. 散心에 대하여 이르는 말. 다시 말하면 자주 變하여 옮겨가는 散亂한 마음을 散心이라 함에 대하여 意識을 統一하여 한 곳에 集中하는 마음을 定心이라고 한다. 無量壽經下에 「마음을 깊이 간직하는 것이 定心이다」 라고 하였고, 智度論二十六에 「定心은 安定되어 한결같은 마음이 흔들리지 않음을 말한다. 흔들리는 마음속에서는 實事를 얻어볼 수 없다. 마치 파도치는 물에서는 얼굴을 볼 수 없는 것과 같고, 바람에 흔들리는 燈불에서는 촛점을 얻을 수 없는 것과 같다」라고 하였음.

정심(淨心) 우리들에게 본래 갖추어져 있는 自性淸淨한 마음. 宗鏡錄二十六에 「거짓 나를 부수어 버리고 참 나를 드러내는 門이며, 情心을 물리치고 淨心으로 돌아오는 道다」 라고 하였다. 密敎金剛界에서는 內明의 月輪에 譬喩함.

정심(停心) 五停心觀을 말함. 마음의 허물을 停止시키는 五種의 觀法임. →五停心觀.

정심(精尋) 祥細히 檢討하는 것. 〈出三藏記集〉

정심(靜心) 禪定을 닦아서 靜寂에 歸하여 아주 맑아진 마음. 〈碧巖錄〉

정심계관법(淨心誡觀法) ㊍一卷. 南山 道宣이 지음. 本書의 註述로 數種이 있다. 淨心誡觀法科 一卷. 宋

나라 允堪이 지음. 淨心誡觀法發眞鈔 六卷. 宋나라 允堪이 지음. 이 두 책을 日本 慧光이 合本한 것이 있음.

정심별시염불(定心別時念佛) 特別한 時期를 정하여 修行하는 念佛은 마음을 한곳으로 集中하여 부처님 보기를 目的으로 한다. 三昧를 發得하여 今生에 부처님의 몸을 뵙고자 하므로 二七日, 또는 三七日 혹 九十日을 期限으로 定하여 道場에 들어가서 惠心으로 念佛을 하는 것을 定心別時念佛이라고 말함.

정심보살(淨心菩薩) 第八地의 菩薩과 그 위의 菩薩을 말한다. 初地以上 第七地까지의 菩薩을 未證淨心의 菩薩이라 함. 〈敎行信證 證卷〉

정심삼매(定心三昧) 觀佛三昧의 異名임. 一心으로 佛의 名號를 부르는 것을 口稱三昧라 하고 淨土의 依와 正의 二報를 觀念하는 것을 觀佛三昧라 함. 觀佛이라 함은 口稱하는 名號에 對한 말이며 定心이라 함은 口稱하는 散業에 對한 말임. 이 定心과 口稱의 두가지 三昧는 모두 念佛三昧가 된다. 觀念法門에 「만약 定心三昧와 口稱三昧를 얻으면 心眼이 곧 열려서 저 淨土의 一切莊嚴을 보며 說이 窮盡함이 없다」 하였음.

정심염불(定心念佛) 마음을 統一하여 念佛에 힘쓰는 것. 淨土眞宗에 依하면 이것도 自力行이라 함. 〈末燈鈔〉

정심주(正心住) 十住의 第六.

정심주(淨心住) 六種住의 하나. 初地見道位에서 一切의 見惑을 破하고 마음을 一分 淸淨케 하는 것.

정심지(淨心地) ㊵〈Śuddhy-adhyāśaya-bhūmi〉의 번역. 無漏淸淨의 마음을 證得하는 곳이라는 뜻. 또는 淨心住 淨勝意樂地라고도 한다. 七地의 하나, 十二住의 하나, 煩惱를 斷하고 淸淨解脫을 證하는 初地의 位置를 말한다. 歡喜地와 같음.

정심행인(淨心行人) ㊵〈śuddha-adhyāśayika〉 淸淨한 마음을 가지고 修行하는 者.

정심행처(正心行處) 三昧의 또 다른 번역. 三昧는 마음이 邪曲한 곳으로 가는 것을 바로 잡는 것임.

정안(正眼) 바른 눈, 깨달음의 눈. 師家의 活眼. 바른 般若의 智慧. 卓越한 見識. 〈臨濟錄〉〈無門關〉

정안(定眼) 禪定에 들어가서 寂靜으로 되어 對象에 對하여 動搖하지 않는 눈을 말함.

정안(淨眼) ①淸淨한 法眼을 말함. 五眼中에 法眼이 事理諸法을 보는 淸淨한 눈이다. 華嚴經에 「이와 같은 淨眼을 볼수 있다」라고 하였다. ②王子의 이름. →淨藏淨眼.

정안론사(淨眼論師) 二十種外道의 하나. 涅槃은 常住하는 것이며 無煩惱의 결과라고 計量하는 印度外道의 一派를 말함.

정안방제(正按傍提) 禪僧이 修行者를 敎育하는 方法·手段을 말하는 말. 또는 眞正面(正)에서 修行者의 見解를 否定(按)하고, 또는 側面(傍)에서 그것을 肯定(提)하거나 하여 修行者의 素質·力量이나 狀況에 따라 適切히 修行者를 指導하는 것. 〈碧巖錄〉

정안삼매(淨眼三昧) 一心으로 梵釋諸天의 淸淨身을 觀하는 것을 淨眼三昧라 한다. 大日經疏에 「梵釋諸尊의 解脫身에 一心不亂한 것을 彼天의 淨眼三昧라 한다」라고 하였음.

정암(晶岩) 朝鮮 僧侶. 法號 即圓. →即圓.

정애(情愛) 分別判斷과 좋아하는 것과 싫어하는 것에의 執着. 〈隨聞記〉

정액(定額) ①禪寺에서 住持의 居室 入口에 걸어 둔 定字의 類. ②定額寺의 略. 〈元亨釋書〉

정액승(定額僧) 勅願寺에 둔 定하여진 供僧.

정어(正語) ①八正道의 하나. 正見, 正思惟에 의하여 온갖 妄語·邪語 등을 하지 않는 말. ②釋尊이 成道한 뒤에 처음으로 敎化를 받은 五比丘의 한 사람인 婆敷를 말함.

정어(淨語) 眞實된 말을 淨語라고 한다. 大集經十에 「須彌山을 입으로 불어서 움직일 수 있다고 말할 수 있지만 부처님에게 두 말이 있다고 할 수 없으니 곧 實語와 眞語와 淨語다」라고 하였음.

정억(正憶) ㊵〈yoniśo-manasikriyā〉 바르게 注意하는 것. 如理作意와 같음. →如理作意.

정억념(正憶念) ①受와 身과 法에 對한 三念處. 〈四分律〉 ②㊵〈yoniśo-manaskāra〉 바르게 注意하는 것. 如理作意와 같음. →如理作意.

정언(正言) 바른 말. 〈開目鈔〉

정언설(正言說) ㊵〈samyag-vāc〉 바른 말.

정업(正業) 八正道의 하나. 身·口·意의 三業이 淸淨하여 一切의 邪妄을 여읜 것을 말함. 淨土 眞宗에서는 他力의 念佛로써 往生의 正業을 삼는다. 敎行信證行卷에 「阿彌陀佛의 稱名은 곧 最勝眞妙의 正業이요, 正業은 바로 念佛이다」라고 하였음.

정업(定業) ①生·死의 苦果를 받게 되는 定業의 因이다. 이것에는 善과 惡의 둘이 있는데, 善의 定業은 樂果를 定受하고, 惡의 定業은 苦果를 定受한다. 또 善·惡의 定業은 각각 三種이 있는데, 善惡의 業을 짓고 태어나서 바로 苦·樂의 果를 感得하는 것을 順現受業이 되고 一世를 지나서 그 果를 感得하는 것은 順先受業이 되며, 二世以上을 지나서 그 果를 感得하는 것을 順受受業이 됨. 이상은 모두 定業中의 差別이며 이 밖에 善·惡은 모두 不正業의 一種으로 業力이 미약해서 반드시 果를 感得하지 못한다. 因하여 모두 四業이 됨. ②念佛 四業의 하나. 散業에 對한 말. 坐禪으로 入定하여 부처를 觀하는 것. 往生要集下에 「定業은 坐禪하며 定에 들어가 부처를 보는 것을 말한다」하였음.

정업(淨業) ①清淨한 善業. 온갖 善한 業을 말한다. ①西方淨土에 往生할 業因을 말함. 觀無量壽經에 「이 三種의 業은 過去·未來·現在의 三世諸佛의 清淨한 業의 正因이다」라고 하였음.

정업부경(淨業部經) ㊎淨業障經의 다른 이름.

정업안심(淨業安心) 念佛에 依한 安心. 마음은 本願을 疑心하지 않고 阿彌陀佛의 絕對의 救濟를 믿는 마음. 〈慈雲短篇法語〉

정업역능전(定業亦能轉) 文句記十에 「만일 그 機感이 厚하면 定業도 또한 轉할 수 있다」하였음. 惡의 定業은 비록 반드시 苦果를 받지만 만일 중생의 근기가 佛·菩薩에 感得함이 두텁다면 佛·菩薩의 힘으로 그 定業을 轉하여 苦果를 받지 않게 함. 理趣釋下에 「마음이 머뭇거리지 않고 청정한 믿음을 말하며 修行할 수 있다면 現世의 惡報와 來生에 定業을 轉할 수 있어 빨리 無上菩提를 증득한다」하였음.

정업장경(淨業障經) ㊎一卷. 번역자 未詳. 無垢光比丘가 城에 들어와 乞食하다가 婬女의 呪術에 걸려 根本戒를 犯하고 큰 苦惱가 생겨서 文殊師利菩薩을 뵈었다. 菩薩이 부처님 處所에 나아가서 事實을 아뢰니 부처님이 無性의 法을 說하시었다. 發心하여 授記를 얻음을 因하여 널리 淨業障의 法을 說하시었음.

정업정인(淨業正因) 清淨한 行爲로서 佛이 되는 直接의 原因. 〈往生要集〉

정역(征役) ①兵役에 뽑히어 감. ②租稅와 賦役.

정역(淨域) 淨界와 같음. 清淨한 地域. 諸佛의 淨土를 말함. 절 또는 靈地를 淨域이라 한다. 西方要決에 「모름지기 娑婆世界를 멀리 떠나면 神이 깃드는 清淨한 地域이다」라고 하였음.

정연등(正燃燈) 三燃燈의 하나. →三燃燈.

정연령좌(正延令坐) ㊵〈sampraticchati〉 함께 앉기를 願하는 것.

정엽(挺葉) 돋아나는 잎. 〈俱舍論〉 또는 곧게 자란 잎을 말함.

정영(淨影) (1183～1252) 中國 隋나라 淨影寺의 慧遠을 말한다. 隋나라 文帝가 長安에 지은 淨影寺에 있었으므로 世上에서 그 절 이름을 따서 淨影이라고 號稱하였음.

정예불이(淨穢不二) 淨은(Suddha) 清淨 清白淨潔이고 穢는(asuddha) 不淨 汚穢不淨이라고 한다. 諸法은 清淨과 汚穢로 峻別되지만 大乘佛教思想의 極致에서 본다면 一切諸

法이 固定不度하는 實性을 認定하지 아니하므로 淨은 淨의 實性이 없고 穢는 穢의 實性이 없어서 모두 因緣性이며 空性平等이다. 그러므로 不二가 된다고 하는 것임.

정오(丁午) 高麗 僧侶. 忠宣王 때에 王師가 되어 妙蓮寺에 있었다. 國統國一大禪師를 삼았다. 즉 無畏國統.

정오구(正五九) 正月과 五月과 九月. 이달에는 齋食의 法을 지킨다. 現在 大寺院에서는 가장 重要한 달이라 함.

정오구대호마(正五九大護摩) 不動尊의 緣日에 닦는 大護摩. 一月二十八日, 五月二十八月, 九月二十八日에 行하므로, 正五九라고 함.

정오구월(正五九月) 三長齋月을 말함. →三長齋月.

정옥(淨屋) 比丘가 사는 罪가 없는 家屋을 淨屋이라 함. →淨主.

정온(定蘊) ㊵〈samadhi-skandha〉 ㊴〈tiṅ ṅe ḥds: in gyi phuṅ po〉 ㊶〈samādhi-kkhandha〉 여러 가지의 三昧란 것. 定의 要素의 集合. 佛의 五蘊의 하나. 〈集異門論〉

정완(靜琬) 隋 大業中 幽州智泉寺 沙門, 大藏經을 돌에다 새기고, 涿州白帶山에 封藏한 僧을 말함.

정왕경(頂王經) ㊎두 책이 있는데 하나는 西晋 竺法護가 번역한 책으로 一卷. 책 이름을 '大方等頂王經'이라 하였고, 또 하나는 梁나라 月婆首那가 번역한 것으로 이름을 '大乘頂王經'이라 하였다. 두 책이 모두 '善思童子經'과 같은 책인데 번역만 다름.

정왕생교(正往生敎) 「無量壽經」에 對한 呼稱으로 他經典을 傍往生經이라 이름하는데 對한 것. 〈黑谷上人語燈錄〉

정외(情外) 우리들의 普通 생각(分別) 밖에 나오는 것. 〈五敎章〉

정욕(情欲) 四欲의 하나. 貪하고 執着하는 마음. 大藏法數에 「欲界의 衆生은 男女의 情欲에 愛着이 많아 貪欲을 일으키기 때문에 情欲이라고 한다」 하였음.

정원(淨院) 절. 禪院.

정원(淨源) 趙宋 杭州 南山 慧因寺 法師. 이름은 淨源. 晋江 楊氏에서 태어났으며, 先世에는 爲泉의 晋水人이므로 學者가 晋水라 稱함. 師가 具足戒를 받고 參方하여 華嚴을 五臺山 承遷에서 배웠으며 合論(李通玄의 華嚴合論)을 橫海明覃에게 배우고 남쪽으로 돌아 와 楞嚴·圓覺·起信을 長水法師 了璿에게 배웠는데, 四方의 宿學이 推崇하여 義龍이라 하였음. 哲宗元祐三年十一月己酉에 入寂, 世壽는 七十八. 〈釋氏稽古略四〉

정원(情猿) 心情이 자주 움직여 변하는 것이 마치 원숭이처럼 방정맞은 것과 같음을 譬喩함. 慈恩寺傳九에 「원숭이처럼 放逸躁急한 情을

抑制하고 코끼리처럼 사뭇 내닫는 意를 매어두어라」고 하였음.

정원각심(淨圓覺心) 부처님의 淸淨微妙한 圓覺心을 말함. 圓覺經에 「末世의 衆生들이 부처님의 淸淨微妙한 圓覺心을 찾고자 하면 응당 생각을 바르게하여 모든 幻影을 멀리 여의여야 한다」라고 하였음.

정원경(貞元經) ㊝四十卷. 華嚴經을 가리킴.

정원기년신라종(眞元紀年新羅鍾) 憲宗 14(1848)年 江原道 襄陰郡에서 發見된 新羅때의 鍾. 哀莊王五(804)年에 製作한 높이 1.22m, 鍾內面에 銘文이 새겨져 있으며 아름다운 飛天文이 그려져 있다. 月精寺에 所藏되어 있는데 6.25動亂때 불에 타서 現在는 부서진 채로 있다. 貞元은 唐나라 德宗의 年號임.

정원록(貞元錄) '貞元新定釋敎目錄'의 略稱.

정원소(貞元疏) 10卷. 新譯法界品 40卷을 太原府 崇福寺의 澄觀(淸凉大師)이 勅命을 받아 唐 德宗 貞元 12年 丙子(796)에 經의 疏를 지었으므로 貞元疏라 한다. 그런데 지금 東國에는 流行되지 않고 다만 지금 流行되고 있는 것은 行願品 1卷의 疏뿐이다. 日本의 續藏經에 수록되어 있다 함.

정원신역화엄경소(貞元新譯華嚴經疏) 十卷. 唐나라 澄觀 지음. 四十華嚴經의 綱要를 풀어서 그 文義를 解釋한 것.

정원신정석교목록(貞元新定釋敎目錄) ㊟三十卷. 唐나라 圓照가 貞元十六(800)年에 勅命에 依하여 지음. 佛敎가 中國에 傳來한 後漢永平 十(67)年부터 貞元 十六(800)年까지 七百三十四年동안에 번역된 經·論의 目錄. 주로 開元 十八(730)年에 지은 智昇의 '開元釋敎錄'을 기준삼고 그 뒤 顯宗·肅宗·代宗·德宗의 四代 七十年동안에 번역된 것을 더하여 이 책을 만들었다. 내용은 總錄·特承恩旨錄·總集群經錄·別錄分乘藏·有譯有本錄·有譯無本錄·支派別行錄·刪略繁重錄·補闕拾遺錄·疑惑再詳錄·僞妄亂眞錄·入藏錄·大乘入藏錄·小乘入藏錄·不入藏目錄으로 나누어 있음.

정원화엄(貞元華嚴) ㊝貞元經이라고도 한다. 般若三藏이 번역한 '大方廣佛華嚴經四十卷의 다른 이름. 唐나라 貞元十四(798)年에 번역하였으므로 이렇게 부름.

정월(淨月) ㊵<Suddhacandra> 戍陀戰陀羅라 함. 印度의 僧侶로 唯識論十大論師의 한 사람. 安慧와 同時代의 사람으로 '唯識三十頌·勝義七十·集論'의 註解書를 지음. →十大論師.

정위(正位) 小乘의 涅槃. 涅槃을 證得하는 地位를 말함. 維摩維問疾品에 「비록 諸法이 不生인 줄을 觀하더라도 正位에 든것은 아니다」라고 하였고, 註에 「肇가 말하기를 "正位는 證得을 取한 地位다"」라고 하였으며, 同慧遠疏에 「聲聞이 無爲涅槃을 證得한 것을 正位에 들었다 한다」 하였음.

정위 (頂位) 梵〈Mūrdhāna〉 頂法의 位, 四善根의 하나. ①小乘俱舍宗에서는 四諦를 觀하는데 있어서 十六行相을 닦는 것은 煖位와 같으면서도 여기서 다시 一善根을 일으킨 位이므로 나아가면 다음의 忍位에 들어가며, 물러나면 煖位에 떨어지는 位라고 한다. 이와 같이 나아가고 물러나는 中間에 있는 것이 마치 山頂에 올라가고 내려가는 中間인 것과 같다고 譬喩하여 이름한 것이다. 이 頂位에 들어가면 善根을 끊는 사람이 될 念慮는 없다. ②大乘唯識宗에서는 四善根의 體가 되는 四定中의 明增定에 依하여 上品의 尋伺觀을 일으키고 尋伺의 對象인 名·義·自性·差別은 모두 자기 마음이 變해 나타난 것이므로 假로 있는 것이라고 推想하여 完全히 이 名등의 넷을 없이함을 말한다. 이것을 尋伺·觀의 終極이라고 함. →頂法.

정위 (情謂) 情은 情識. 謂는 言謂. 分別이나 言語를 말한다. 知的인 行爲. 우리들의 分別. 〈徒容錄〉

정위각편 (正位却偏) →正偏五位.

정위중래 (正位中來) →正偏五位.

정유 (定有) 梵〈asti〉 絕對的으로 있는 것. 〈中論〉

정유 (情有) 三性의 하나인 遍計所執性을 말한다. 凡夫들의 忘念으로 생각한 一切의 境界는 理는 없으나 다만 情만 있기때문에 情有라고 한다. 즉 우리의 主觀인 情으로는 實在라고 하는 客觀인 理致로는 없는 것이므로 이렇게 부른다. 歸敬儀中에 「사람은 오직 情만이 있다」라고 하였음. 情有理無와 같음.

정유리 (淨瑠璃) 淸淨하고 透明한 유리. 瑠璃는 寶石名. 가장 깨끗함에 비유함. 理想意이란 뜻.

정유리세계 (淨瑠璃世界) 藥師如來의 淨土. 瑠璃와 같이 淸淨한 國土라는 뜻. →藥師.

정유리정토 (淨瑠璃淨土) 또는 淨瑠璃世界라고도 한다. 藥師瑠璃光如來가 사는 곳으로 瑠璃와 같이 淸淨한 國土라는 뜻. 東方에 있다는 世界.

정유이무 (情有理無) 我·法二者가 겨우 迷情의 所見은 있으나 理致로는 그 本體가 없는 것으로 곧 遍計所執性을 말한다. 예를들면 새끼줄을 보고 뱀인 줄 잘못 아는 것과 같음. →情有.

정유희 (定遊戲) 梵〈samādhi-vikriḍita〉 禪定에 노는 것.

정육 (淨肉) 比丘가 먹어도 罪가 되지 않는 고기를 淨肉이라고 함. 즉 佛弟子로서 特別한 경우에 먹음이 허락된 깨끗한 고기를 말함. 여기에 三淨肉 五淨肉 九淨肉의 종류가 있음. →食.

정육계상(頂肉髻相) ㊵〈uṣṇiṣa-śiras-katā〉 ㊴〈dbu gtsug tor daṅ ldan pa〉 머리에 肉髻를 한 相. 三十二相의 하나. →三十二相.

정의(正依) 正所依의 준 이름. 한 宗派에서 依支하여 쓰는 經·論 가운데서 바로 依支함을 삼는 經. 예를 들면 淨土宗의 '淨土三部經'과 '經生淨土論' 같은 것. ↔傍依.

정의(正意) 뜻에 삿된 생각이 없는 것. 無量壽經에 「正心·正意로 齋戒하여 淸淨히 한다」라고 하였음.

정의(正義) ①一個의 學派에서의 傳統的인 見解. 〈俱舍論〉 ②바른 뜻(意義). 〈方便心論〉

정의(定意) 定心과 같음. 意識을 統一하여 한 곳에 集中하는 마음을 말한다. 無量壽經上에 「定意를 잃지 말라」고 하였음. ↔散意. →定心.

정의(淨衣) 衣服. 神·佛에게 祈禱할 때에 입는 깨끗한 옷. 또는 精進·潔齋할 때에 입는 옷이다. 眞言師가 각기 그 修法에 依하여 그 色을 달리하는데 다만 俗人들은 一般的으로 白衣를 입음. →護摩.

정의(淨依) ㊵〈āśraya-śuddhi〉 우리들의 存在를 맑히는 것. 〈莊嚴經論〉

정의(庭儀) 法會를 行할 때에 佛堂 앞마당에서 行道하는 儀式을 말함.

정의(淨義) (1856～1936) 朝鮮末期僧侶. 號 東宣. 俗姓 金氏. 安東 사람. 純組 13(1873)年에 太白山 淨巖寺에서 藥庵西灝에게 중이 됨. 懶隱·幻鏡·龍湖등 여러 師에게서 經·敎를 硏究하고 藥庵의 法系를 잇고 金剛山 楡岾寺에서 開講하고 楡岾寺 般若庵에서 오랫동안 法華會를 經營하다. 金剛山 神溪寺普光庵에서 入寂. 世壽八十一. 法臘六十二. 遺稿一卷이 있음.

정의경(正依經) ㊷各 宗派에 각기 正經과 依經의 根本經典이 있으니 淨土宗의 三經등이 이것임.

정의경(正意經) ㊷阿含正行經의 異名.

정의광명(淨意光明) ㊵〈prakṛtiś cit-tasya prabh: āsvaratā〉 마음의 本性이 맑고 깨끗한 것. 〈大明度經〉

정의만다라공(庭儀曼茶羅供) 三種曼茶羅供의 하나. 法會를 行할 때에 佛堂 앞마당에서 크게 行道를 하는 曼茶羅供을 말함.

정의문경(淨意問經) ㊷淨意優婆塞所問經의 줄인 이름.

정의삼매(定意三昧) ㊵〈samāhite-citte…〉 意가 禪定에 들어간 境地. 〈長阿含經〉

정의우바새소문경(淨意優婆塞所問經) ㊷一卷. 趙宋 施護가 번역. 부처님이 祇園精舍에 계실적에 淨意優婆塞가 부처님께 와서 長壽하는 사람과 短命한 사람, 그리고 愚痴한 사람과 智慧있는 사람등 八種의 因緣

을 물으니 부처님이 거기에 대해서 具體的으로 答辯하여 주신 것.

정의자(精義者) 探題의 別名. 〈武峯論話〉

정의지(正依持) ㉵〈pratipatty-ādhāra〉 바른 實踐의 根據.

정의호(定意互) 禪定에서의 뛰어난 智. 互는 差로 훌륭한 것을 意味한다. 〈普法義經〉

정이(正爾) 또한 그렇다는 뜻. 〈出三〉

정이(定異) 二十四不相應法의 하나. 差別된 因果가 서로 差別된 데에 섰으되 混亂치 않게 나누어진 자리를 말함.

정인(正人) 바르게 空을 觀하는 者. 〈上宮維摩疏〉

정인(正印) 바른 標識이란 뜻. 佛心印이란 것. 「單傳의 正印」〈正法眼藏 坐禪箴〉

정인(正因) 緣因에 대하여 일컫는 말. ①바로 物, 心 諸法을 내는 因種. ②往生 또는 成佛하는 結果를 얻는데 대하여 정당한 因種이 되는 것. 다시 말하면 能生의 힘을 正因이라 하고 資助의 힘을 緣因이라고 함.

정인(定印) 入定相의 印契를 標함. 三部의 구별이 있는데, ①佛部의 定印 또는 法界의 定印이라 함. 胎藏界大日如來의 住定印임. ②蓮華部의 定印 또는 彌陀의 定印이라 하며 혹은 妙觀察智의 定印이라 함. 阿彌陀如來의 住定印임. ③金剛部의 定印·縛定印이라 함. 天鼓雷音如來의 定印을 말하는 것(胎藏界曼茶羅大鈔三).

정인(定因) ①禪定을 成立시키는 原因. 〈俱舍論〉 ②不定因이 아닌 因. 正因. →不定因. →正因. 〈正理門論〉

정인(淨人) 比丘僧을 奉侍하는 俗人을 말함. 그 사람은 比丘의 淸淨한 말을 理解하기 때문에 淨人이라고 한다. 比丘의 指示하는 命令은 모두 戒律을 따르는 作法이므로 淨語라고 한다. 資持記中三의 一에 「知는 앞 사람에 屬하고 淨은 이 사람에게 있다. 이 뜻을 알므로 말미암아 淨人이라고 부른다」라고 하였음.

정인(淨因) 淨土의 因. 淨土에 往生하기 爲한 因. 〈選擇集〉

정인(淨忍) 忍辱 忍耐 一切을 견디어 참는 것. 〈正法眼藏 洗淨〉

정인법문경(淨印法門經) ㊂海意菩薩所問法印經의 略名.

정인불성(正因佛性) 三因佛性의 하나. 온갖 衆生이 모두 가지고 있고 一切의 邪된 것을 여읜 中 正의 眞如. 이것이 바로 부처가 될 本性임.

정인연(正因緣) 外道들이 人頭·國土를 모두 大自在天의 손에 의하여 만들어진 것이라 하는 것등의 邪因緣에 대하여 佛敎에서 말하는 因緣.

정일(正日) 葬送하는 當日. 〈象器箋

三)

정임마(正恁麼) ①참으로 그대로. 참으로 이와 같은. ②變하여 있는 그대로인 것. 眞如. 〈曹山錄〉

정입원심(淨入願心) 淨土의 淸淨함은 阿彌陀佛이 法藏菩薩로 修行하던 때에 選定한 願에 根據한 것이며 本願이 形體를 取하여 나타난 것이므로 結局 如來의 本願의 마음에 들어간다는 뜻. 〈教行信證 信卷〉 入이란, 相入이란 뜻으로 그 器世論도 衆生世淨도 法藏菩薩의 願心에 相入하여 다른 相이 없다는 것. 〈香月〉 淨은 淸淨의 義. 因淨果淨을 말하여 入은 攝入이란 뜻이며, 三種의 莊嚴은 法藏의 願心에 攝入한다. 〈皆往〉 淨土의 莊嚴을 二十九種에 밝힌다 하여도 말아버리면 願心뿐이란 뜻. 〈圓乘〉

정자(定者) 大法會에서 道를 行할 때에 火舍(香爐의 一種)를 들고 앞에 가는 小僧을 말함. 定者란 沙彌 혹은 善財童子를 말하며 또는 定座라 쓴다. 導師의 아래에 자리를 定하기 때문임. 善財童子者는 華嚴經入法界品에 五十三善知識을 歷詢한 童子로 그 形이 沙彌의 相이 되었기 때문에 지금 定者의 形을 取하여 그 異稱으로 삼음.

정자(淨者) ㊵〈vyavadātṛ〉 淸淨하게 하는 者. 〈瑜伽論〉

정자요어(淨慈要語) ㊢二卷. 明나라 皷山元賢 지음. 念佛과 放生에 關한 要語를 集成한 것. 淨慈라는 名稱은 그 스승 聞谷廣印의 命으로 暗號를 취하여 命名한 것이며 이로 말미암아 淨門과 慈門의 二門을 세움.

정자재소생색(定自在所生色) 五種法處攝色의 하나. 定中에 있을 때 自由自在로 變現出生하는 色體. 예를 들면 火定에 들어서는 火光을 나타내고 水定에 들면 물로 나타나는 것등임.

정작(正作) 이제 정말로 만들고 있다는 뜻. 〈四教儀註〉

정잡(正雜) 正行과 雜行을 말한다. 〈教行信證 信卷〉 彌陀一佛에 對하여 닦는 것을 正行이라 하고 餘佛餘善을 닦는 것을 雜行이라 함. 〈眞聖〉

정잡이행(正雜二行) 極樂往生을 말하는 淨土門에서 往生하는 行業에 대하여 나눈 두가지 行. ①正行. 阿彌陀佛의 淨土에 往生하려는 사람이 닦는 正當한 行業으로 五種正行이나 또는 '南無阿彌陀佛'이라고 자꾸 외우는 것. ②雜行. 五種正行 이외의 다른 온갖 行을 하는 것. →二行. 五正行.

정장(淨藏) 妙莊嚴王의 두 아들가운데 하나. →淨藏淨眼.

정장삼매(淨藏三昧) 法華經 第七卷에 있는 十六種 三昧가운데의 하나.

정장정안(淨藏淨眼) 法華經에 나오는 妙莊嚴王本師品中 因緣談 가운

데의 사람임. 과거 세상에 光明莊嚴國에 王을 妙莊嚴이라 하였음. 邪見이 熾盛하여 佛法을 믿지 않았다. 두 아들인 淨藏·淨眼은 일찍 佛法을 믿어 神力을 얻고 父王의 邪見을 불쌍히 여기고 그를 위해 갖가지 기이한 단서로 보여서 마침내 父王으로 하여금 마음을 바꾸고 부처님 처소에 이르러 法華의 利益을 얻게 하였다 함.

정재(正災) 自然히 생기는 災害. 〈顯戒論〉

정재(淨財) 寺院, 또는 慈善을 위하여 寄附하는 깨끗한 財物.

정재(淨齋) 淨齋所의 略稱.

정재(頂載) 머리(꼭대기)에 이다. 〈玄義〉 받다의 敬語.

정재소(淨齋所) 절에서 밥을 짓는 곳. 줄여서 淨齋라고도 함.

정적(正的) ①佛祖正傳의 的意. 〈典座敎訓〉 ②참으로 바른 곳. 〈正法眼藏 佛性〉

정적(正嫡) 正統의 嫡子란 뜻. 스승의 法脈의 繼承한 弟子 또는 바르게 系統을 繼承하는 것. 〈正法眼藏 佛道〉

정전(丁錢) 免丁錢 또는 免丁이라고도 함. 丁은 일정한 壯年(흔히 20세)에 달한 이를 말한다. 중국 宋나라 建炎 15年에 天下의 僧徒에 조칙을 내려 처음으로 丁錢을 받치게 했으니 10천으로 부터 1천3백까지 9等級으로 나누고 이것을 淸閑錢이라 하였으며, 나이 60세 이상된 이와 疾病을 앓는 이는 丁錢을 바치지 않아도 된다고 허락하였다 한다. 우리나라에서는 李朝 睿宗 1年(1469)에 승려의 得道하는 法을 定하고 베 30필씩의 丁錢을 받고 度牒을 주었다 함.

정전(正典) ㉵〈Bhārata〉 산스크리트語에 依한 叙事詩의 하나인 「마하바라타」(㉵〈Mahābhārata〉)를 말하는 것. 〈金剛針論〉

정전(正傳) 스승에서 弟子로 바르게 佛法을 傳하여 가는 것. 〈正法眼藏 佛道〉

정전백수자(庭前栢樹子) ㊟趙州와 僧과의 問答으로 중이 조주에게 묻되 "어떤 것이 조사가 서쪽에서 온 뜻입니까." 趙州 "뜰앞에 잣나무"라 한 것.

정전사지십삼층석탑 (淨專寺址十三層石塔) 慶北 月城郡 江西面 玉山里 淨專寺 터에 있음. 國寶 제202號.

정전활로(正傳活路) 佛에서 後人에 傳하여 온 산 佛法의 本然의 모습. 〈正法眼藏 理成公案〉

정정(正定) ①八正道의 하나로 散亂한 생각을 여의고 참으로 마음이 安定되는 것. ②正定聚의 略稱.

정정(淨定) 等至와 같음. →等至.

정정려(定靜慮) 有心定과 같음. →有心定.

정정멸도(正定滅度) 必至滅度願과 같음. →必至滅度願. 四十八願의

第十一願. 正行이란 行者가 現生에 不退의 位에 定하는 것이고 滅道란 淨土에 往生한 後 大涅槃의 證을 얻는 것을 말함. 〈行乞篇〉

정정법적(正定法迹) 諸善에 依한 定을 말함. 〈集異門論〉

정정업(正定業) 彌陀의 名號를 부르는 것. 第十八願으로 往生의 正目을 삼았는데, 바로 그것을 맹세한 때문임. 五念門中 前三後一의 助業에 對한 말. 觀經散善義에 「한 마음으로 오로지 彌陀의 名號를 念하여 行·住·坐·臥에 時節이 오래고 가까움을 묻지 않고 念念하여 버리지 않는 것. 이것을 正定의 業이라 하며 저 佛願을 따르기 때문이다」 하였음.

정정지업(正定之業) 正定業과 같음. 〈漢語燈錄〉

정정지인(正定之因) 正定聚의 數에 들어가는 因이라는 뜻. 〈正信偈〉

정정진(正精進) 梵〈Samyag-vyāyāma〉 巴〈Samma-vāoyāma〉 八正道의 하나. 一心努力하여 아직 發生하지 아니한 惡을 생하지 못하게 하며, 나지 아니한 善을 發生케 하는 것.

정정취(正定聚) 三定聚의 하나. 佛敎에서 사람의 性質을 三性으로 分類하는 가운데 반드시 成佛하기로 決定된 機類.

정제업장경(淨除業障經) 經淨業障經의 다른 이름.

정제죄개오락불법경(淨除罪蓋娛樂佛法經) 經五句章句經의 다른 이름.

정조(正助) 正行과 雜行. 淨土敎의 用語. 〈敎行信證 信卷〉〈秘密安心〉

정조(精粗) 착함과 惡함. 善惡.

정조이법(正助二業) 正業과 助業의 并稱 또는 助正二業 正助二行이라고도 한다. 淨土往生의 行業에 正定業과 助業의 二種의 分別을 세우는 것을 말함.

정조이행(正助二行) 正行과 助行이란 뜻. 助正二業이라고도 한다. →正助雜三行. →助正二業. 〈「敎行信證」化身土卷〉

정조잡삼행(正助雜三行) 正行·助行·雜行의 三行을 말함. 念佛하는 사람이 修行하는 五種正行에서 第四의 稱名을 正行이라 한다. 다른 넷은 稱名을 돕는 行業이므로 助行이라고 한다. 이 助行에는 讀誦·觀察·禮拜·讃歎供養의 四稱이 있음. 修行人이 淨土에 생각을 두고 닦는 正行·助行 以外의 온갖 行은 모두 雜行이라 한다. 즉 이 다섯가지에 들지 않는 一切의 諸善萬行을 雜行이라고 함.

정종(正宗) 初祖에서 부터 傳해 내려오는 宗派를 말함. 雲峰悅禪師語錄序에 「燃燈佛의 記別을 받지 않고도 스스로 三印의 正宗을 提援하였다」라고 하였음.

정종(正種) 正法의 種子란 뜻. 佛法을 繼承하여 斷絕하는 일이 없는

弟子를 말함. 〈正法眼藏 辯道話〉

정종(定鍾) 初更을 다섯번 친 후, 조금 지나서 鍾을 十八번 울리는 것을 定鍾이라 함. 또는 十八鍾이라 하는데, 바로 亥時에 해당함. 그후 조금 있다가 二更을 침. 무릇 坐禪하여 定鍾에 이르러 그치고 大衆이 바로 僧堂에서 나옴. 만일 다시 坐禪하고자 하면 定鍾坐禪을 報告하고 다시 堂에 들어가며, 定鍾한 뒤에 前門을 잠그면 衆이 모두 後門으로 出入한다. 지금 俗에서 이른바 初夜의 鍾이라함이 바로 이 定鍾임. (象器箋十八)

정종(淨宗) 淨土宗의 略稱, 또는 淨家라고도 함.

정종분(正宗分) 또는 正說分이라고도 한다. 한 經典이나 論을 三分으로 나누고 그 經論의 宗要를 말한 部分. →三分科經.

정종분 · 유통분(正宗分 · 流通分) 三分科經이라 하여, 經을 飜譯하는데 三分科를 設置하는 것 中의 第二와 第三. 晋의 道安에서 비롯됨. 正宗分은 本經을 說明하는 部分. 流通分은 經의 利益을 들어 正說의 流通을 勸하는 部分. 〈本尊抄〉

정좌(定坐) 正身端坐. 坐禪. 〈隨聞記〉

정좌(定座) 法會에서 佛座의 周圍를 도는 行道를 할 때, 香爐를 받들고 앞에서 가는 沙彌를 말한다. 法師 모양으로 차린 두 어린 沙彌가 함. 定者沙彌라고도 함.

정주(亭主) 旅館 主人.

정주(頂珠) 髻珠와 같음. 法華七喩의 하나. →髻珠. ②부처님 肉髻의 둥글기가 珠의 모양과 같음. 祖庭事苑四에 말하기를 「頂珠는 佛의 頂珠인데, 即 世尊의 頂의 둥글기가 구슬과 같다」하였고, 大般若經 三百八十一에 「世尊頂上에 烏瑟膩沙는 高顯周圓하여 마치 天蓋와 같다」하였음.

정주(停住) 멎는 것. 묵는 것. 〈臨濟錄〉

정주(淨主) 家屋으로 비구가 得住하는 것을 淨屋이라 하고 그 施主를 淨主라 함. 善見律十七에 「邊房은 어떻게 淨屋을 結緣하는가, 만일 처음 기둥을 건립할 때에는 먼저 구덩이를 파고 기둥을 구덩이 가까히 세우고는 비구가 기둥을 에워싸고 잡으면서 "僧衆을 위해 淨屋을 짓는다" 이같이 세번 말하고 말이 끝나면 기둥을 세우며 제이 · 제삼 · 제사도 또한 이 같이 말한다. 만일 한 기둥만 말해도 또한 淨屋이 된다" "말일 집을 지었다면 어떻게 淨을 짓는다 하는가", "집 주인을 불러서 말하기를 "이 집이 청정하지 못하니 너를 위해 衆들이 청정하게 할 것이다"하면 檀越은 말하기를 "이 淨屋은 衆僧에게 布施하오니 마음대로 사용하십시요" 하면 바로 淨屋이 된다. "만일 먼저 집을 지었으나 집 주인이 없다면 어떻게 淨을 지어야 되는가", 만일 마음에 老宿이 있다면 불러와서 "이 집이 淨하게 짓지 못했으니 바라건대 淨主가 되라" 한다. 만일 檀越이 말을 理解하지 못하면 비구가 이렇게 가르쳐서 말하게 한다. "이 淨屋을 衆生에게 布施하였으니 마음대로 受用하십시요" 하면 즉시 淨屋이 되어 뜻을 따라 사용하게 되며 음식을 안치하여도 內宿罪가 없다」 하였음.

정주(淨住) 寺名十種의 하나. 淸淨한 住居地로 罪없는 比丘가 산다는 뜻임.

정주(淨珠) 寶石. 〈成實論〉

정주(淨籌) 아직 사용하지 않은 厠籌. 厠籌는 印度의 風習으로 변소에서 休紙대신에 쓰는 대조각이다. 中國에서도 僧侶間에 이런 風習이 있었으니 厠簡 또는 厠橛.

정주(靜主) 禪僧이 고요히 생각을 가라앉히고 坐禪하는 것을 靜衆이라 하고 그 中에 나이가 많고 德이 높은 분을 靜主라고 한다. 黃檗淸規에 「本山住持와 各院의 靜主는 모두 같은 宗派다」라고 하였음.

정주사(淨住舍) 淸淨安住의 곳. 즉 佛寺를 말함. →法苑珠林.

정주사(淨住社) 齊나라 宣王이 僧俗에서 罪없이 淸淨하게 사는 사람을 뽑아서 살게 한 것을 이름하여 淨住社라 하였음. (僧史略下)

정주자(淨住子) ㊍齊나라 蕭子良이 지음. 沙門들이 身·口를 淸淨하게 하는 七支로써 모든 惡을 일으키지 않고 菩提善根을 長養增進시킴을 말함. 이와 같이 修習하면 成佛하는데 어긋나지 않으며 곧 能히 三世佛種을 이을 수 있다. 이것이 곧 佛의 子이기 때문에 淨住子라 한다. 淨住子는 즉 淸淨한 곳에서 사는 佛弟子라는 뜻.

정중(正中) 五時의 하나. 곧 正午.

정중(淨衆) 戒律을 잘 지키는 淸淨無垢의 僧衆.

정중노월(井中撈月) 僧祇律에 「부처님이 모든 비구에게 말하기를 過去世에 波羅奈란 城이 있었는데 國名을 伽尸라하였다. 空間에 五百의 원숭이가 있어 숲 속에 노닐다가 尼俱 나무 아래에 가보니 그 아래 우물이 있고, 우물 속에 달 그림자가 비치었다. 때에 원숭이의 主將이 이 달 그림자를 보고 모든 동료들에게 말하기를 '달이 오늘 죽어서 우물 속에 떨어졌으니 함께 들어내서 세간의 긴 밤을 어둡게하지 말자 하고는 함께 의론하기를 '어떻게 들어내지' 하였다. 그때에 원숭이의 主將이 말하기를 「나는 들어내는 법을 안다. 내가 나무 가지를 잡을 테니 너는 내 꼬리를 잡고 다음은 또 그 꼬리를 잡아 서로 연결하면 들어낼 수 있을 것이다」하였다. 모든 원숭이가 主將의 말과 같이 줄줄이 서로 붙잡으니 나무가 약하여 가지가 꺾어져서 모든 원숭이가 우물 속에 빠졌다」하였음.

정중독두의식(定中獨頭意識) 四種意識가운데 하나. 八定中에 作用하는 意識으로 第六識을 말한다. 八定中에 前五識은 그作用을 보이는 것이 온전치 않지만 오직 第六識만은 그 作用을 하기 때문에 獨頭라고 稱한 것임.

정중래(正中來) →正偏五位.

정중묘협(正中妙挾) 平等한 本體中에 自然히 差別의 妙用을 나타낸다는 뜻.

정중의식(定中意識) 定中獨頭意識과 같음. →定中獨頭意識.

정중편(正中偏) →正偏五位.

정증(正證) 中國 福州連江 福建省福州府 連江縣 사람. 字도 清拙. 俗姓은 劉氏. 南宗 度宗咸淳十(1274)年에 出生. 四歲에 就學하여 敏慧過人하였다. 十五歲에 城南 報恩寺에 들어가 癡絕道沖에게 중이 되었고 開元寺에서 受具하였다. 原州太守 本齋王公이와서 道를 물었고 鷄足山에 出世하였다. 元 泰定三(1326)年에 耽羅·高麗·新羅를 거쳐 渡日하였음.

정지(正至) ㊁〈sammaggata〉 正已行 또는 已至란 뜻으로, 正當히 이를 곳에 이르는 것. (集異門論)

정지(正志) ㊁〈sammā-saṃkappa〉 바른 생각. 바른 覺悟. 八正道의 하나. 正思惟와 같음. →正思惟. (雜阿含經)

정지(正知) ㊁〈saṃpajāna〉 ㊵〈saṃprajṅana〉 잘 알고 있는 것. 確實히 마음 속에 새겨 둔 것. 잊지 않은 것. (俱舍論) 解가 滿足한 곳. (圓乘)

정지(正持) (1779～1852) 朝鮮朝 僧侶. 號 荷衣. 俗姓 林氏. 靈岩 사람. 어려서 頭輪山 白蓮에게 중이 되고 玩虎에게 具足戒를 받고 그의 法을 이었다. 여러 곳으로 다닌 뒤에 三十年동안 門을 닫고 眞理를 探求하였다. 哲宗三(1852)年에 入寂 世壽 七十四. 法臘 五十八. 著書 語錄一卷.

정지(正智) ①㊵〈Samyak-jñāna〉 바른 智慧 또는 正理에 맞는 智慧로 法의 어떠함을 바로 깨달은 智慧를 말함. 聖智와 같음. 往生論註下에 「正은 聖智다. 法相과 같은 知이기 때문에 正智라고 말한다」라고 하였고, 大乘義章三에 「正智라고 말한 것은 法의 緣起에 自性이 없음을 깨닫고 妄念의 分別을 여의면 眞相을 對照하는 것과 꼭 契合되기 때문에 이름하여 正智라고 한다」라고 하였음. ②高麗의 僧. 智泉의 諡號. →智泉.

정지(定地) ㊵〈dhyāna-bhūmi〉 禪定의 境地. 禪定을 닦아 태어나는 곳. (俱舍論)

정지(定智) 禪定과 智慧.

정지(淨地) 比丘가 사는 無罪의 땅을 淨地라고 한다. 淸淨한 그 땅에 있는 法을 말함.

정지(停止) ①멎다. (出三) ②禁止란 뜻. (拾遺古德傳)

정지(淨智) ㊵〈prajñā malā〉 淸淨한 智慧.

정지(靜志) ㊵〈brāhmaṇyatā〉 修行을 完成한 것. (法集要頌經 樂品)

정지(靜智) 靜寂하여 煩亂한 생각을 끊은 智慧. 歸敬儀에 「前後의 因業을 거듭거듭 닦아서 밝히면 고요한 智慧가 맑고 깨끗하여져서 바야흐로 前願을 이룬다」라고 하였음.

정지갈마(淨地羯磨) 淨地는 僧團의 一部의 土地에 定한 厨房의 땅으로 이 땅을 選定하는 것을 淨地羯磨라 함. (十誦律)

정지견(正知見) 因果의 理法에 對한 바른 認識. 正見과 같음. →正見.

정지견작의(淨智見作意) 四種作意의 하나.

정지경(淨智境) ㊵〈viśuddhy-ālambana〉 淸淨한 智慧의 對象.

정지계(淨持戒) 戒律을 維持하는 것이 堅固한 것.

정지부(正地部) 化地部와 같음. →化地部.

정지탁발(停止托鉢) 品行이 좋지 않아 行化受財의 德을 깨뜨린 僧侶에게 동냥을 禁하는 일.

정지혜광명(淨智慧光明) ㊵〈tejas〉 淸淨한 智慧가 發하는 光明威·光. (佛所行讚)

정직(正直) ①方正 質直하여 邪曲을 여읜 마음. 往生論註下에 「正直을 方이라고 한다. (中略) 正直에 依止하기 때문에 一切衆生을 憐愍히 여기는 마음이 생긴다」라고 하였다. ②一乘 成佛의 法을 正直이라고 함. →正直捨方便.

정직견(正直見) ㉶〈sammā-diṭṭhi〉八正道의 第一, 正見의 古譯. →正見 (四諦經)

정직도(正直道) ㉶〈uju-magga〉 直道라고도 한다. 中道의 가르침으로서의 八正道를 말함. (集異門論)

정직방편(正直方便) ①㉶〈sammā-vāyāma〉 八正道의 第六, 正精進의 古譯. 바른 努力. →正精進. (四諦經) ②平等心이란 것. 一切衆生에 偏頗의 情이 없는 것. (皆往)

정직사권(正直捨權) 法華經 方便品에 正直捨方便이라 한 思考方法을 가리킴. →正直捨方便. (椎地四郞 殿御書)

정직사방편(正直捨方便) 法華經 方便品偈에 「모든 보살 가운데서 正直으로 方便을 버리고 다만 無上道를 설한다」하였는데, 台家가 그것을 해석해 말하기를 「正이란 傍에 對한 말이며, 直이란 曲에 對한 말이다. 通·別 二教의 偏도 아니며 人·天은 五乘의 曲이 아니므로 正直한 一道라 하는데 곧 圓教의 一乘이다」하였음. 法華文句五에 「五

乘은 曲하고 正이 아니며 通·別도 偏傍하여 正이 아니므로 지금은 모두 저 偏曲을 버리고 다만 正直一道를 說한다」하였음.

정직심(正直心) ①梵〈adhyāsaya〉 强한 意向. 또는 決意. (華嚴經) ②거짓없는 마음으로 阿彌陀佛을 믿는 마음. (教行信證 信卷) 한 눈 팔지 않고 一心으로 極樂往生으로 나아가는 마음. (香月) 한눈 팔지 않고 똑바로 極樂에 往生한다고 나아가는 것. (廣文)

정직어(正直語) 巴〈sammā-vācā〉 八正道의 第三. 正語의 古譯. →正語. (四諦經)

정직업(正直業) 巴〈sammā-ajiva〉 八正道의 第五, 正命의 古譯. 바른 生活. →正命. (四諦經)

정직치(正直治) 巴〈sammā-saṅkappa〉 八正道의 第二, 正思의 古譯. →正思惟. (四諦經)

정직행(正直行) 巴〈sammā-kammanta〉 八正道의 第四. 正業의 古譯. →正業. (四諦經)

정진(正眞) 佛陀의 別稱.

정진(情塵) ①六根과 六塵을 併稱한 것. 舊譯에는 六根을 六情이라고 했다. 智度論二十三에 「情塵識이 和合하여 事業이 이뤄진다」라고 하였음. ②心情의 塵垢를 말한 것. 慈恩寺 傳九에 「定이 慧水에 어린 것은 情塵이 가리워진 것이 아니다」라고 하였음.

정진(精眞) 精明한 眞如의 性을 말함. 楞嚴經十에 「唯一 精明한 眞如의 性이다」라고 하였음.

정진(精進) 또는 勤이라 함. 小乘七十五法 가운데 大善地法의 하나이며, 大乘百法 가운데 善心所의 하나임. 용맹하게 善法을 닦고 惡法을 끊는 마음의 작용임. 唯識論六에 「勤은 精進을 말하는데 善·惡品을 닦고 끊는 일 가운데 勇悍이 性이 되고, 懈怠를 對治하는 원만한 善이 業이 된다」하였고, 輔行二에 「法에 無染한 것을 精이라 하고 念念히 나아가서 구하는 것을 進이라 한다」하였으며, 慈恩上生經疏下에 「精은 精純하여 惡雜이 없는 것을 말하고, 進은 昇進하여 懈怠하지 않는 것을 말한다」하였고, 華嚴大疏五에 「精進은 마음을 法대로 단련함을 精이라 하고, 精心으로 目的을 達하기를 힘쓰는 것을 進이라 한다」하였으며, 維摩經 佛國品에 「精進은 이 보살의 淨土다」하였음. 漢書를 詳考해보니 召屬縣의 長吏를 불러 精進하는 掾史를 선발했다 하고 注에 精明하게 進趣한다 하였는데 이 것이 精進二字의 出處임.

정진(靜眞) 新羅末 高麗初의 僧. 兢讓의 謚號. →兢讓.

정진각(正盡覺) 新譯에는 正等覺이라 하고 舊譯에는 正盡覺이라고 함. 等은 證得한 理를 말한 것이고, 盡

이란 所斷한 惑을 말한 것이다. 그리고 覺은 一切 諸法을 깨달아 아는 智慧로 바로 宇宙의 森羅萬象을 두루 아는 智慧를 말한다. 中阿含經五十九에「부처님은 어디에 執着한 바가 없이 正盡覺을 이루었다」라고 하였음.

정진각(精進覺) 七覺意의 하나. →七覺意.

정진각의(精進覺意) (巴)〈viriya-sambojjhaṅga〉 (梵)〈saṃbodhyaṅga〉 깨달음의 要素인 努力. 七覺意·七覺支의 하나. →七覺支. (遊行經·長阿含經)

정진각지(精進覺支) →七覺分.

정진개(精進鎧) 鎧는 갑옷을 말함. 三種精進가운데 精進을 갑옷을 입는데에 비유함. 法華經涌出品에「너희들은 마땅히 똑같이 精進의 갑옷을 입고 뜻을 굳건히 가져라」고 하였음.

정진광(精進光) 努力에 依해 얻은 功德. (往生要集)

정진궁(精進弓) 智慧를 화살(箭)에 譬喩하고 精進을 활(弓)에 譬喩한 것임. 智度論十에「忍心은 갑옷처럼 堅固하고 精進은 활처럼 强하고 智慧는 화살처럼 굳세고 날카롭게 하여 憍慢의 모든 賊을 물리쳐야 한다」라고 하였음.

정진근(精進根) 五根의 하나. →五根.

정진근방편(精進勤方便) (梵)〈parākrama〉 精進하여 方便에 힘쓴다는 뜻. (佛所行讚)

정진대사원오탑(精進大師圓悟塔) 慶北 聞慶郡 鳳岩寺에 있음. 國寶 第289號.

정진대사원오탑비(靜眞大師圓悟塔碑) 慶北 聞慶郡 鳳岩寺에 있음. 國寶. 第290號.

정진도(正眞道) 바른 眞實의 道. (正法華) 最高의 完全한 깨달음. 無上正等覺과 같음. →無上正等覺. (正法華)

정진도최정각(正眞道最正覺) (梵)〈anuttara-sam: yak-saṃbuddha〉 正眞道와 같음. (大明度經)

정진도피안(精進到彼岸) (梵)〈virya-pāramitā〉 (西)〈brtson ḥgrus kyi pha rol tu phyin pa〉 精進行을 完成한 것. 精進波羅蜜多.

정진동(精進橦) 精進이라는 돛대. (三教指歸)

정진력(精進力) 五力의 하나. →五力.

정진무감(精進無減) 二十二無減의 하다. →無減.

정진무멸(精進無滅) (梵)〈nāsti virasya hānih〉 (西)〈brtson ḥgrus ṅams pa med pa〉 努力이 減損하는 일이 없는 것. 十八不共佛法의 하나. →十八不共法.

정진바라밀(精進波羅蜜) 六波羅蜜의 하나. 또는 勤波羅蜜이라고도 한다. 梵語로는 毘梨耶波羅蜜이라 함. 몸과 마음을 깨우쳐 勇猛하게 修行하는 것.

정진바라밀다(精進波羅蜜多) ㉵〈virya-pāram:itā〉 ㊃〈brtson ḥgrus kyi pha rol tu phyin pa〉 六波羅蜜多·十波羅蜜多의 하나. 精進에 依하여 훌륭한 功德을 몸에 지니는 것. 精進의 完成. (辯中邊論)

정진바라밀보살(精進波羅蜜菩薩) ㉵〈Ārya-virya-pāramitā〉 阿利也微利也波羅蜜多라 함. 十波羅蜜菩薩이 한 분. 現圖胎藏界 曼茶羅 虛空藏院의 윗줄 左側에서 세번째 位에 奉安된 菩薩의 이름. 密號는 慧護 金剛임.

精進波羅蜜菩薩

정진방편(精進方便) 十種方便의 하나. →十種方便.

정진성신(精進誠信) ㉥〈sampakkhandana-lakkha: ṇā saddhā〉 積極的으로 努力하는 信仰. 躍入을 特質로 하는 信仰. 誠信의 하나. (那先經)

정진수행(精進修行) 깨달음을 求하여 實踐努力하는 것. (慈雲 正見)

정진신(精進信) 十信의 하나. →十信.

정진심(精進心) →十信.

정진여의족(精進如意足) 四如意足의 하나. 또는 進如意足이라고도 한다. 쉬지 않고 한결같이 나아가는 것. →四如意足.

정진일(精進日) 世間에서 흔히 忌日에는 반드시 精進을 하므로 精進日이라 함.

정집(情執) ①常識的인 생각. (五敎章) ②感情的인 迷妄에서 생기는 것에 사로잡힘. (道範消息)

정찬(淨饌) 깨끗하고 정갈한 반찬. (醉菩)

정찰(淨刹) 淸淨한 世界. 곧 佛國. 淨土를 말한다. 또는 절을 가리키는 말. 華嚴經土에 「廣大한 佛國土를 모두 成就한다」라고 하였고, 行事鈔下四의 一에 「부처님으로 말미암아 淨土에 往生한다는 뜻이다」라고 하였음.

정참회(正懺悔) 懺法의 式에 七日의 加行法이 있는데 그 마지막 날에 하는 行事를 正懺法이라고 함.

정채(精彩) ①精神의 活氣. 生氣가 넘치는 活潑한 氣像. ②精妙라고 뛰어난 光彩.

정처(靜處) ㉥〈rahogata〉 ①고요한 場所. (雜阿含經) ②㉵〈viveka〉 사람 들을 떠나 隱棲하는 것. (法華

經 踊出品) ③森林中의 生活 또는 고요한 場所. (法華經 踊出品)

정천(井泉) ㊵〈kūpa-prapā〉 우물과 給水處. (佛所行讚)

정천(淨天) 四種天의 하나. →天.

정천안(淨天眼) 清淨한 天眼을 말함. 中阿含經十三에 「이미 靜正住를 얻었으니 淨天眼을 얻는데 까지 이를 것이다」라고 하였음.

정천안삼매(淨天眼三昧) 五種三昧의 하나. →三昧.

정천천(淨天天) 淨天이라 하는 天. 즉 神. 遍淨天. (人本欲生經)

정철(正轍) 異轍에 대하여 일컫는 말로 眞正한 軌轍, 法華文句記十에 「더구나 이 法華의 眞正한 軌轍이다」하였음.

정체(正體) ①事物의 본바탕. ②神佛등의 本體를 말함.

정체지(正體智) 根本無分別智를 뜻함. (八宗綱要)

정초초지(靜悄悄地) 悄悄는 두가지의 뜻이 있다. ①憂愁貌 ②靜貌 즉 고요한 것.

정촉(淨觸) 淨과 觸의 併稱. 淨은 淨潔, 觸은 觸穢의 뜻.

정출가(正出家) ㊵〈pravajy〉 宗教生活에 몸을 던지는 것. (瑜伽論)

정취(定聚) 三聚가운데 正定聚을 말함. 三乘의 修行人이 각기 그 因을 닦아서 바로 그 果를 얻은 자리이다. 또는 不退位라고도 함. 無量壽經上에 「國中의 人天이 定聚에 住하지 않으면 반드시 滅度에 이르러서도 正覺을 얻지 못할 것이다」라고 하였음.

정취(定趣) 規定. 規則.

정치(政治) ①바른 생각에 立脚하는 것. 바른 思惟. (出曜經憂要品) ②바르게 나라를 다스리는 것. (灌頂經)

정칠명(定七名) 禪定의 일곱가지의 다른 이름. ①三摩呬多 ②三摩地 ③三摩鉢底 ④陀那延那 ⑤奢摩他 ⑥現法樂經 ⑦質多翳迦阿羯羅多.

정칭(定稱) 定하여진 名稱. (上宮維摩疏)

정타(頂墮) 菩薩이 十信의 相似位에서 見·思 二惑을 끊어 버리고, 길이 三途에 빠지지 않고, 六根互用의 功德을 얻어서 그 분수에 安着하며 그 法을 나타내어 다시 進修하여 十住의 位에 들어가지 않음을 頂墮라 함. 三界의 惑을 여의는 자리기 때문에 頂이라 하고, 이 頂位에서 墮落하여 나아가지 않기 때문에 곧 頂墮라 함. 八教大意에 「만일 오로지 似位에만 머물음을 法愛라 하며, 이미 相似를 얻어 六根을 互用하고 이미 두 惑을 끊으면 길이 떨어지는 괴로움이 없다. 만일 이 似位를 사랑한다면 頂墮가된다」하였고, 智度論二十七에 「모든 공덕을 애착하여 五衆에서 無常·苦·空·無我의 모양을 취하여 마음이 나타난다면 이 것이 菩薩의 頂墮이다」하였음.

정타(精唾) 精液·唾液. (三敎指歸)

정토(淨土) 聖者가 所住하는 國土로 五濁의 垢染이 없기 때문에 淨土라 함. 梁攝論八에 「所居하는 土는 五濁이 있고 저 玻瓈珂等과 같으므로 淸淨土라 한다」하였고, 大乘義章十九에 「經 가운데 혹은 때로 佛地라 하고, 혹은 佛界라 하며 혹은 佛國이라 하고, 혹은 佛土라하며, 혹은 다시 淨刹·淨首·淨國·淨土라 說한다」하였음.

정토경관요문(淨土境觀要門) ㊂一卷 元나라 懷則지음. 約心觀과 佛境地觀의 不二한 法門을 밝힌 것.

정토교(淨土敎) 自己修行을 主로 하는 聖道의 여러 敎에 대하여 阿彌陀佛의 救濟를 믿고 極樂 世界에 往生하여 阿彌陀佛을 뵙고 여러 聖人들과 사귀는 동시에 다시 娑婆世界에 와서 다른 衆生들을 敎化救濟하기를 願하는 一派.

정토당(淨土堂) 彌陀三尊을 安置한 堂.

정토락(淨土樂) 淨土를 기뻐하는 것이 欲樂을 基本으로 한다고 하는 欲樂 때문에 태어나려고 하는 사람은 태어날 수가 없다는 것이며 도리어 穢土에 태어나서 生死에 輪廻한다. 欲樂은 穢土의 法이기 때문이며 淨土의 樂은 愛欲의 樂이 아니기 때문이라 함. (唯識大意)

정토론(淨土論) ①㊂一卷. 天親菩薩이 짓고 菩提流支가 번역. 原名은 無量壽經優婆提舍願生偈이며 또는 無量壽經論·往生淨土論·往生論이라고도 한다. 五言九十六句의 偈頌으로 되어 있다. 極樂淨土의 聖衆, 國土등의 形便을 말하고 뒤에 散文으로 偈頌의 뜻을 解釋하여 五念門의 行을 닦아 五功德門의 果를 얻음을 밝혔음. ②三卷. 唐나라 迦才가 지음. 國土의 體性, 往生하는 사람, 往生하는 因, 道理, 聖敎, 現世에 往生하는 사람의 모양, 南方淨土와 兜率天의 比較, 敎가 생긴 시절, 사람으로 하여금 淨土를 좋아하고 穢土를 싫어하게 하는 것, 등의 九章으로 나누고, 經·論 解釋書등을 引用하여 他力敎가 行하기 쉬운 敎法임을 밝힌 책임.

정토론주(淨土論註) 二卷. 北魏 曇鸞 지음. 天親의 淨土論을 註釋한 것.

정토만다라(淨土曼茶羅) 觀經曼茶羅의 다른 이름. 淨土變相 가운데 阿彌陀佛의 淨土인 極樂世界의 모양을 그린 曼茶羅를 말함.

정토문(淨土門) 淨土敎와 같음. 門은 差別의 뜻. 聖道門에 대하여 淨土門이라고 말한다. 즉 자기 힘으로 修行하여 現世에 聖人이 되는 聖道에 대한 것으로 阿彌陀佛의 救援에 의하여 極樂淨土에 往生해서 成佛하고, 다시 이 世界에 돌아와서 衆生濟度의 聖業에 從事할 것을 가르친 法門을 말함. →二門.

정토문류(淨土文類) ㊏日本眞言宗의 根本經典. 敎行信證文類임.

정토발원(淨土發願) 往生極樂을 願하여 비는 것.

정토변(淨土變) 淨土變相의 준말.

정토변상(淨土變相) 變이란 動이며 圖畵는 不動한 것. 極樂의 갖가지 變相을 그리기 때문에 變相이라 말함. 혹은 變이란 變現의 뜻을 말하는 것으로 淨土의 갖가지 모양을 그려서 變現케하는 것이므로 變相이라 함. 樂邦文類에 「李翰林 白이 金·銀·泥로 그린 淨土變相讚에 말하기를 金으로 그려 端緖를 시작하고, 銀으로 그려 像을 設하였다. 八法의 功德은 靑蓮의 연못에 波動치고, 七寶의 香華는 龍金 땅에 光映한다. 맑은 바람 스치는 곳에 五音이 나는듯 하고 百千妙樂에 모두 動作을 說하였다」하였음.

藥師淨土變

정토보리(淨土菩提) 佛·菩薩이 사는 五濁이나 惡이 없는 淸淨한 나라와 煩惱를 斷切한 正覺의智. 極樂에 태어나는 死後의 幸福. (沙石集)

정토불퇴지(淨土不退地) 淨土門 四不退가운데 處不退地를 말함. 곧 淨土에 往生하면 다시는 穢土에 떨어지지 않는다는 것. →不退.

정토사업(淨土事業) 參禪을 떠나서 念佛을 主로 하는 일.

정토삼부경(淨土三部經) ㊎淨土敎의 根本經典. 無量壽經 二卷 魏나라 康 僧鎧 번역. 觀無量壽經 一卷 宋나라 畺良耶舍 번역. 阿彌陀經 一卷. 後秦 鳩摩羅什번역의 三部經을 말함. →三部經.

정토삼십익(淨土三十益) 廬山 蓮宗寶鑑九에서 말한 것으로 天台 智者의 淨土群疑論에 羅列한 淨土의 三十益을 引用하였다. ①佛土에 往生하는 利益, ②大法樂을 얻는 利益, ③모든 부처님을 親近하는利益, ④十方에 遊歷하며 부처님께 供養하는 이익, ⑤직접 부처님의 말씀을 듣는 이익, ⑥福慧資糧을 빨리 圓滿하게 얻는 이익, ⑦속히 菩提를 證得하는 利益, ⑧모든 天·人等이 一會에 同集하는 利益, ⑨물러남이 없는 利益, ⑩無量한 行願을 增進하는 利益, ⑪鸚鵡舍利가 法音을 宣揚하는 利益, ⑫나무에 바람이 불면 음악이 메아리치는 이익, ⑬

摩尼水가 苦·空을 漩演하는 利益, ⑭모든 음악이 묘한 소리를 연주하는 利益, ⑮四十八願의 利益, ⑯眞金色身의 利益, ⑰형체가 醜陋함이 없는 利益, ⑱六通이 具足한 利益, ⑲항상 定聚에 머무는 利益, ⑳모든 不善이 없는 利益, ㉑壽命이 長遠한 利益, ㉒衣食이 自然히 되는 利益, ㉓오직 衆樂만 받는 利益, ㉔三十二相의 利益, ㉕실제로 女人이 없는 利益, ㉖小乘이 없는 利益. ㉗八難을 여읜 利益, ㉘四法忍을 얻는 利益, ㉙몸에 항상 광채가 있는 利益, ㉚은 那羅延의 身力을 얻는 利益이라 함.

정토쌍륙(淨土雙六) 南炎浮提를 振出이라 하고, 極樂으로 올라간다는 것을 그림으로 된 雙六을 말한다. 選佛圖 혹은 遷佛圖의 文字에 상당하는 수도 있다. 「그림雙六」은 '淨土雙六'이라고도 한다. 望一千句願이란 오직 極樂의 꽃을 因緣하는 그림 雙六이며(中留) 永浸雙六이라」고도 하였음.

정토생무생론(淨土生無生論) [書]一卷 明나라 傳燈 지음. 諸家의 註述은 다음과 같다. 淨土生無生論註 一卷 明나라 正寂이 註解. 淨土生無生論親聞記 二卷 明나라 受教가 記錄. 淨土生無生論會集 一卷 達默이 모음.

정토십의(淨土十疑) 天台의 智者大師가 淨土往生에 따라 十疑를 낸것을 通釋하여 勸誘往生이라함. 「①

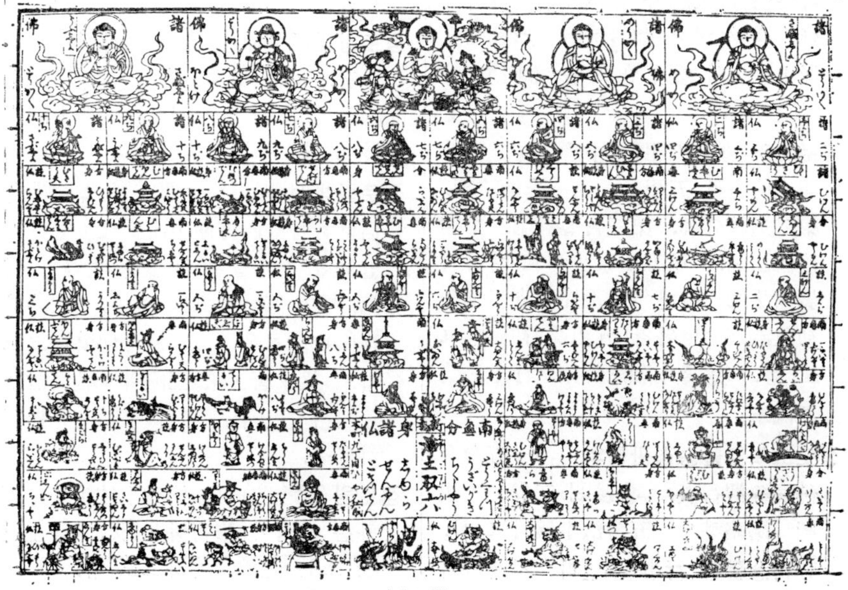

淨土雙六

淨土에 태어나기를 구하면서 大慈悲心이 없을까 의심하는 것. ②태어나기를 구하는데 어긋나게 태어나는 이치가 없을까 의심하는 것. ③편벽되게 태어남을 구하여 한번 태어날까 의심하는 것. ④한 부처님만 치우쳐 念하는가 하는 의심. ⑤縛이 그대로 태어날까 하는 의심 ⑥바로 물러나지 않음을 얻을 수가 있을까 하는 의심, ⑦內院을 구하지 않을까 하는 의심, ⑧十念으로 往生할수 있을까 하는 의심, ⑨女人은 根이 缺하여 태어나지 못할까 하는 의심, ⑩어떤 行業을 지어야만 태어날 수 있을까 하는 의심을 말한다」하였음. (淨土十疑論)

정토십의론(淨土十疑論) ㊂一卷. 隋나라 智顗大師가 지음. 열가지의 疑心을 꺼내어 問答하는 形式으로 淨土往生의 要緊한 뜻을 說明한 책임.

정토오조(淨土五祖) 中國 淨土宗의 淨土傳燈의 五祖師. 第一曇鸞法師. 第二道綽禪師. 第三善導禪師. 第四懷憾法師. 第五少康法師로 여기에 曇鸞法師 이전에 菩提流支三藏을 初祖로 하여 위의 五祖를 初祖라고도 함. (選擇本願念佛集, 淨土法門源流章)

정토오회염불송경관행의 (淨土五會念佛誦經觀行儀) ㊂殘闕 二卷. 唐法照 纂略하여 五會法事儀라고 함. 五會念佛의 行事를 널리 자세하게 記錄한 것. 淨土五會念佛略法事儀纂序에 「이제 大無量壽經에 依해서 五會念佛한다. 만일 法事를 널리 짓자면 五會法事儀 三卷에 갖추어 있다」라고 하였다. 그러나 이 책은 오래 前에 잃어버려서 傳해 오지 않았는데 西紀 1908年에 佛國人 pheliot가 燉煌에서 그 가운데 二卷을 발견하였음. (鳴沙餘韻解說)

정토오회염불약법사의찬 (淨土五會念佛略法事儀讃) ㊂一卷. 唐나라 法照述. 五會法師讃이라고도 하며 五會念佛의 行事를 略하여 記述한 것. 本書는 淨土五會念佛誦經觀行儀의 廣法事儀에 대해 略法事儀則, 곧 省略된 것. (淨土依憑經論章疏目錄)

정토왕생론(淨土往生論) ㊂淨土論과 같음. →淨土論.

정토왕생론주해(淨土往生論註解) ㊂二卷. 元魏 曇鸞지음. 天親의 淨土論을 註釋한 책. 略하여 淨土論註라 칭함. →淨土論註.

정토왕생전(淨土往生傳) 阿彌陀佛을 信仰하여 西方淨土에 往生한다고 믿었던 사람들의 傳歷을 集錄한 書籍. 往生傳이라고도 한다. 宋나라 飛山戒珠지음. 또 戒珠傳이라고도 함. 梁·唐·宋 三國의 各高僧傳 등에서 淨土往生者의 事蹟을 採集하였음.

정토원(淨土院) 極樂淨土往生을 願하는 사람이 修行하는 곳. 淨土道場 또는 念佛堂이라고도 함.

정토인(淨土因) 淨土의 往生을 成立하는 因. (正信偈)

정토장엄변(淨土莊嚴變) 淨土의 그림.

정토재회(淨土再會) 淨土에 태어나서 훌륭하고 善한 사람 들과 함께 만나는 것. 俱會一處. (一遍語錄消息法語)

정토종(淨土宗) 佛教의 一派. 普賢을 初祖로 삼아 念佛往生을 主로 함. 晋의 慧遠이 오로지 淨土 法門을 倡導하여 廬山에 머물며 蓮社를 맺고 一百二十三人을 얻어 함께 極樂國土에 往生하기를 願했으며, 魏의 曇鸞과 唐의 道綽은 모두 이 道를 오로지 닦았는데, 觀想持名을 專修함을 上으로 삼았음. 一名은 蓮宗, 日本에도 또한 盛行하여 二十宗의 一이 되었음.

정토종전서(淨土宗全書) ㊀二十卷. 淨土宗宗典刊行會編. 淨土宗에 關한 印度 典籍의 主要한 것을 收錄한 叢書. 全編을 所依經論. 震旦祖釋, 震旦諸師, 選擇立宗, 宗義顯彰要義解釋, 光德述作, 圓戒章疏, 傳記系譜, 寺誌宗史등 十類로 나누어 짐.

정토주(淨土主) 阿彌陀佛을 가리킴.

정토진종(淨土眞宗) 보통 간략히 眞宗이라 함. 日本 二十宗의 하나. 淨土宗에서 分出한 것인데 他力廻向의 信心으로써 淨土往生의 正因을 삼고 信後 相續하는 稱名으로 佛恩에 보답하고 사례하는 行業을 삼음. 또 그 宗規가 妻를 두고 고기 먹는 것을 치락하며 따로 持戒를 要하지 않고 倫理綱常이 通히 세상의 修齋와 같음. 親鸞이 그 宗祖임.

정토진증(淨土眞證) 淨土眞實의 課果. (香月)

정토참의(淨土懺儀) 阿彌陀佛을 觀하여 行하는 懺法. 天台宗에서 日光山 輪王寺 등에 傳함.

정토칠경(淨土七經) 中國 淨土敎가 의지하는 經典인 七經임. 無量淸淨平等覺經 二卷. 大阿彌陀經 二卷. 無量壽經 二卷. 觀無量壽經 一卷. 阿彌陀經 一卷. 稱讚淨土佛攝受經 一卷. 鼓音聲三陀羅尼經 一卷. 다 淨土를 찬란한 經典임. 그러므로 稱讚淨土七經이라고도 말함.

정토회향(淨土回向) 젊었을 때에는 다른 일을 하다가 늙어서 염불을 하는 일.

정통(淨桶) 韓國寺院에서는 觸甁을 뜻함. 韓國의 寺院에서는 上桶이란 洗面器 또는 洗濯에 쓰는 그릇. 下桶이란 발이나 걸레를 빠는데 쓰는 그릇. 淨桶이란 用便時에 쓰는 水筒으로 觸桶이라고도 한다. 極히 깨끗하게 하여야 한다는 뜻으로 淨桶이라 함.

정특(挺特) 挺傑과 같은 말. 남보다 뛰어남. 우뚝 솟음. 훨씬뛰어남.

정파리(淨婆利) 淨玻璃의 鏡과 같음.

婆利·玻瓈는 梵〈sphaṭika〉 水晶을 뜻함. 業鏡이라고도 한다. 閻魔廳의 法廷中央에 있어서 亡者가 前世에 犯한 罪를 모조리 빛추어 내는 거울. (沙石集)

정파리경 (淨玻璃鏡) 地獄의 閻魔王廳에 있는 光明王院의 中央에 있어 죽은 사람의 生前의 善惡을 그대로 비쳐 보인다는 거울. 業鏡이라고도 함. →業鏡.

※在閻魔廳 罪人一生惡業之事實悉現於前 令當人見之 此淨玻璃鏡之名 出於僞造之十王經

정판 (定判) 決定된 判釋. 雜阿含經四十二에 「우리들 낱낱이 各己 第一이라고 말한다면 뜻에 定判이 없다」라고 하였고, 俱舍論二十九에 「定判의 識은 二緣으로 부터 일어난다」라고 하였으며, 大乘義章四에 「大乘法中에도 글이 決定된 判釋이 없다」라고 하였음.

정패 (靜牌) 坐禪牌. 靜은 靜慮의 뜻. 梵語는 禪那임. (象器箋十六)

정편 (正偏) ①正과 偏. 理와 事. 法性과 諸法을 뜻함. ②正은 中正. 偏은 치우침, 中正한 것과 치우친 것. (正法眼藏 重雲堂式) ③洞山良价가 말한 五位中의 둘로, 正位란 空界無物, 偏位란 色界萬像을 말한 것. →正偏五位. (傳光錄)

정편오위 (五偏五位) 洞山良价가 提唱한 說의 하나. 佛教教理의 大綱을 五個項目으로 要約하여 說明한 것으로, (1)正位却偏 (2)偏位却正 (3)正位中來 (4)偏位中來 (5)相兼帶來의 五位로 되어 있다. 뒤에 曹山은 그 名稱을 (1)正中偏 (2)偏中正 (3)正中來 (4)偏中至 (5)兼中到로 고쳤으나 內容은 洞山說을 그대로 繼承하고 있다. 正은 宇宙의 理나 眞如. 偏은 事로 諸現象을 意味함. →五位.

정편지각 (正徧知覺) 梵〈samyak-saṃbuddha〉 西〈yaṅ dag par rdsogs paḥi saṅs rgyas〉 바르게 두루 깨달은 者. 如來와 같은 말. 正徧知와 같음. →正徧知.

정편지자 (正徧知者) 佛의 十號의 하나. 正等覺者·正徧知와 같음. →正徧知.

정품 (淨品) 梵〈vyavadāna-pakṣa〉 清淨한 部類.

정풍 (精豊) 마음씨나 注意가 구석구석까지 미치며 또한 豊足한 것. (典座教訓)

정하 (井河) 몸이 무상하다는 두 곳에 비유. 井이란 사람이 曠野에서 미친 코끼리에게 쫓기다가 나무를 잡고 우물 속에 들어간 것. →鼠. 河란 涅槃經에 말한 「비유하면 강 언덕 험준한 곳에 있는 나무가 만일 사나운 바람을 만나면 반드시 꺼꾸러지는 것과 같다. 善男子야 사람도 또한 이와 같이 늙음의 험한 언덕에 이르러 죽음의 바람이 홀연히 이르면 형세를 머무르지 못한다」한 것. 釋門歸敬義中에 「井·河의 비유를 인용함은 形器가 刹那에 핍박하기 때문이다」하였음.

정학(正學) ①正學女의 略. 正學女와 같음. (集異門論) ②바르게 배우는 者. (上宮維摩疏)

정학(定學) 三學의 하나. 禪定을 修習하는 學問. 마음의 散亂함을 安定시켜 고요하고 平安한 境地에서 眞智가 나타내도록 하는 것. 三藏法數九에 「定은 禪定으로 흔들리는 마음을 攝收하고 神을 證得하여 見性悟道하게 하므로 定學이라 한다」하였음. 小乘의 四無色定·四禪定·九想·八背捨와 大乘의 九種大禪·百八三昧·百二十三昧등이 있음.

정학녀(正學女) 出家五衆의 하나. 舊譯에는 學法女. 新譯 正學女. 沙彌尼가 具足戒를 받으려 할 때는 十八歲에서 二十歲까지의 滿二年間 따로 六法을 배우게 하여 아이를 밴 與否를 確認하고 또 戒行이 참으로 堅固한 가를 試驗하는 것. 이 期間을 式叉摩那尼라고 함. →式叉摩那尼.

정학육법계(正學六法戒) 正學女가 受學할 때 지키는 六種의 戒法. →式叉摩那尼. 正學女.

정해(正解) 正覺과 같음. 바로 法性을 깨달음. 唯識論一에 「二空에 迷謬가 있는 것은 正解가 生하기 때문이다」라고 하였고, 同述記一本에 「正解는 正覺의 다른 이름이다」라고 하였음.

정해문(呈解問) 十八問의 하나. 自身의 생각을 師家에 提示하여 가르침을 請하는 물음. →十八問.

정해탈(正解脫) ㉶〈sammā-vimutta〉 완전히 解脫하는 것. (別譯雜阿含經)

정행(正行) 佛敎를 믿는 사람이 닦는 眞正한 行業. 혹은 邪行에 대하여 하는 말이고 혹은 雜行에 대하여 하는 말임. ①十種의 正行. 書寫·供養·流傳·聽受·轉讀·敎他習禪·解脫·思擇·修習. (法苑珠林第十七) ②淨土敎에서는 善導가 지은 散善義에 있는 讀誦·觀察·禮拜·稱名. 讚歎供養을 五正行이라 하며 이 가운데 第四稱名을 正定業이라 하고, 다른 넷을 助業이라 함. →五正行.

정행(淨行) 淸淨한 修行.

정행경(正行經) ㊎阿含正經의 略名.

정행경(淨行經) ㊎優婆夷淨行法門經의 略名.

정행녀(淨行女) ㊵〈brāhmaṇi〉 바라문의 婦女. (大悲空智經 大眞言品)

정행무상(正行無上) ㊵〈pratipatty-ānuttarya〉 ㊃〈bsgrub pa bla na med pa ñid〉 大乘에 있어서 三種類의 無上의 훌륭한 點의 하나. 菩薩이 하여야 할 十種의 修行(十波羅密)이 다른 어떤 修行보다 훌륭하다는 것. (辯中邊論)

정행바라문(淨行波羅門) ㊵〈śrotriya〉

㊄〈bramze gtsaṅ smra can〉 베다에 通한 者.

정행범지(淨行梵志) 梵天行을 닦은 婆羅門을 淨行梵志라고 한다. 大日經疏四에 「火神은 바로 淨行梵志들이 불을 祭祠하는 곳이다」라고 하였음.

정행여(正行如) ㊵〈samyak-pratipatti-tathatā〉 正行眞如와 같음. 諦假建立. →正行眞實. (莊嚴經論 功德品)

정행육도품(正行六度品) 觀行位五品의 하나. →五品.

정행자(淨行者) 또는 梵志라고도 한다. 婆羅門行을 닦는 사람의 通稱임. →梵志.

정행자길상인(淨行者吉祥印) 結印의 相. 大梵天王印의 이름. 色界 初禪天의 華麗한 高樓巨閣에 있으면서 娑婆世界를 主宰함. →大梵天.

정행지률(淨行持律) 行爲는 淸淨하여 戒律을 굳게 지키는 것.

정행진실(正行眞實) ㊵〈samyak-pratipatti-tattva〉 바른 行爲의 眞實.

정행진여(正行眞如) 七眞如의 하나. 부처님이 가르치신 六度등의 行을 말한다. 이것은 모두 眞如의 理體를 依止하여 세운 行이므로 正行眞如라고 함.

정행품(淨行品) ㊂菩薩本業經一 다른 이름.

정향(定香) 五分法身香의 하나. 善惡 등의 여러가지 對象에 對하여 마음이 조금도 動搖하지 않는 것을 말함.

정향반(定香盤) 常香盤과 같음. →常香盤.

정현(定玄) 新羅 僧侶. 眞聖女王8(894)年에 崔孤雲이 海印寺에 숨어 玄俊·定玄등과 함께 道友를 맺었다 함.

정현(鼎賢) (971～1050) 高麗 僧侶. 俗姓 李氏. 鼎賢은 法號. 어려서 光敎寺 忠會에게 중이 되고 竹山 漆長寺의 融哲에게 經을 배웠다. 十歲에 靈通寺에서 具足戒를 받은 후 成宗 十五(996)年에 彌勒寺의 五敎大選에 뽑히고, 穆宗때 大師, 顯宗때 首座, 德宗때 僧統이 되어 玄化寺에 있었다. 文宗元(1046)年에 王에게 金鼓經을 講하고 同4(1049)年에 王師. 文宗 八(1054)年에 國師가 되었다. 文宗七(1053)年에 世壽 八十三, 法臘 七十四歲로, 漆長寺에서 入寂, 諡號는 慧炤國師. 漆長寺에서 그의 塔碑가 남아 있으나 글씨가 흐려서 알아 볼 수 없다. 漆長寺 事蹟에는 鼎賢이 中國에 가서 宋나라 太祖의 王師가 되어 돌아와서 이 절을 創建하여 일곱 惡人을 敎化 濟度하였으므로 七賢山 七長寺라 한다 하였음.

정혈(精血) ㊵〈śukla〉 ㊵〈śoṇita〉 父의 精과 母胎의 血. (俱舍論)

정형향로(鼎形香爐) 香爐의 一種. 三脚 위에 불룩 튀어나온 胴이 있고, 兩側에 上向의 귀가 붙어 있음.

정혜(正慧) 眞正한 慧心. 智度論四에 「眞正한 慧心으로 母胎에 들어갔다」라고 하였음.

정혜(定慧) ①禪定과 智慧. 三學中의 二法임. 어지러운 뜻을 거두는 것이 定이 되고, 事·理를 觀照하는 것이 慧가 됨. 또는 止觀이라 함. 法華經序品에 「佛子는 定·慧를 具足하다」하였고, 無量壽經上에 「如來의 定·慧는 究暢하면 끝이 없다」하였으며. 六婆羅蜜多經八에 「佛果大菩薩은 定慧로 根本을 밝힌다」하였으며, 六波檀經에 「師가 大衆에게 보여 말하기를 善知識인 나의 이 法門은 定·慧가 근본이 된다」하였음. ②(1685~1741) 朝鮮의 僧侶. 號는 晦庵이며, 姓은 金氏. 本貫은 昌原. 9歲때 梵魚寺의 自守에게서 僧이 된 후 冲虛에게 修學, 伽倻山의 圓旻에게 具足戒를 받았다. 湖南을 유력하고 원민에게 돌아와 27歲 때 講席을 열어 後學을 敎導했다。金剛山에 들어가 坐禪하고 돌아와 釋王寺·鳴鳳寺·青巖寺·碧松寺등 名刹에서 講席을 연 뒤 青巖寺에서 入寂. 佛靈山, 雙溪寺에 碑가 있음.

정혜(淨慧) ①梵〈prajñā malā〉 西〈śes rab dri med〉 清淨한 智慧. 不潔함이 없는 智慧. ↔染慧. (俱舍論) ②高麗 僧侶. 號 復庵. 高麗 曹溪山 第十四代祖師. 白庵山淨土寺 事蹟의 轉藏經榜에 主法 曹溪 第十四代 和尙復庵淨慧라는 글이 있고, 大智國師 古樗粲英의 碑에 淨慧國師에게 나아갔다는 글이 있음.

정혜(靜慧) 安靜된 智慧를 말하는 것으로 곧 空慧라 함. 圓覺經에 「陀羅尼에서는 寂念과 모든 靜慧를 잃지 않는다」라고 하였고, 또 이르기를 「靜慧가 發生하면 身心의 모든 煩惱가 이로부터 永遠히 滅盡된다」라고 하였음.

정혜결사문(定慧結社文) 高麗 普照國師가 明宗 21(1191)年에 八公山 居祖寺에서 지은 것으로 松廣寺에서 修禪社를 차릴적에 結社의 趣旨를 쓴 글이라 함.

정혜등학(定慧等學) 禪定을 배울 때 智慧를 배우는 것은 邪魔가 되지 않는다는 뜻. 禪定과 智慧는 同時라는 뜻. (正法眼藏 佛性)

정혜원명(定慧圓明) 定과 慧가 모두 完全한 것. 兩者는 別個가 아님. (證道歌)

정혜이승(定慧二乘) 定·慧二法을 左右의 손에 配對하여 左手를 定手라 하고 右手를 慧手라 한다. 大日經疏三에 「左手는 三昧의 뜻이고 右手는 般若의 뜻이다」라고 하였음.

정호(正浩) (?~1834) 朝鮮朝 僧侶 號는 銀巖. 俗姓 宋氏. 海布사람. 젊어서 頭輪山에서 중이 되고 正祖 23(1799)年에 義庵暢印의 法을 이

어 받음. 玩虎의 講席을 이어 上院庵에서 開講. 純祖 25(1825)年 冥寂庵을 重修. 純祖 34(1834)年에 入寂함.

정혼(精魂) 精氣와 魂魄을 말함. 碧巖 第一則頌評에 「精魂에 흘려 眼睛이 흐려 가지고 廓結히 聖이 없다라고 말한다」하였음.

정혼활계(精魂活計) 欲望으로 歲月을 보내는 人間의 意識生活上의 일.

정화(井華) 이른 새벽의 우물물을 華水라고 한다. 이 井華水를 功德水·香水라고 하여 佛殿이나 精誠드릴 때 드리는 물로 쓴다. 華는 그물이 清淨하다는 뜻. →華水.

정화(正化) 正道로 衆生을 敎化함. 無量壽經上에 「여러 무리들을 宣導하여 正化한다」라고 하였음.

정화(淨華) 淨土의 聖者들을 清淨한 蓮華에 比喩하여 말함. (入出門偈頌)

정화(靖和) 新羅 景明王 때(917~923)의 僧侶. 弘繼와 더불어 當時의 佛畫의 雙璧이었다. 弘繼와 함께 興輪寺 南門과 回廊을 重建하고 普賢菩薩像을 그렸다. 그 그림은 新羅의 名畫로서 오래 傳함.

정화대(淨華臺) 清淨한 蓮華臺.

정화중(淨華衆) 清淨한 蓮雯에서 化生한 大衆이란 뜻으로 極樂淨土에 往生한 사람들을 말함. 즉 七種淨法을 갖춘 사람을 淨華衆이라고 한다. 願生偈에 「부처님은 淨華의 사람으로서 正覺華에서 태어나시었다」라고 하였음. →七華.

韓國 佛教大辭典 5

初版 發行●佛紀 2526年(西紀 1982年) 9月 15日
重版 發行●佛紀 2543年(西紀 1999年) 2月 25日

監　修●閔　泳　珪
　　　　趙　明　基
編　者●韓國佛教大辭典編纂委員會
發行者●金　東　求

發行處●明　文　堂
서울특별시 종로구 안국동 17～8
대체 010041-31-0516013
전화 (영) 733-3039, 734-4798
(편) 733-4748
FAX 734-9209
등록 1977. 11. 19. 제1～148호

값 35,000원
ISBN 89-7270-095-9
ISBN 89-7270-009-6 (전7권)